PRESENTACIÓN

El idioma es para los niños y niñas, como un misterio que poco a poco van descubriendo. Día a día crece en sus cerebros el caudal precioso de las palabras. El proceso que se realiza en sus mentes y que ocurre como sin darse cuenta, con el mismo empuje incontenible de sus cuerpos que crecen, es lento y constante.

De repente, un buen día exclamamos: - La niña ha dicho *¡mamá!*, y ha llamado *perro* al perro.- Entonces nos sentimos conmovidos, porque siempre es como un milagro estupendo que, una y otra vez, nos llega a todos.

La vida entera, tan variada, tan compleja y tan diversa, se va abriendo ante sus ojos. Las innumerables teorías sobre los sentimientos y las sensaciones, llegan a ellos al mismo tiempo que las descubren y analizan. Pero, para bautizar las ideas necesitan un nombre, algo que las fije y las concrete en sus mentes. Día a día, hallazgo tras hallazgo, el tesoro del idioma va aumentando para ellos. En ocasiones oyen palabras que no saben a qué aplicar, y que ni siquiera casan con las representaciones que tienen en sus mentes. En ese momento, es cuando necesitan un diccionario. Para ellos es un libro precioso que les descubre mundos desconocidos, tesoros escondidos, un libro claro y justo que carece de imprecisiones, y constituye una base firme para lograr el dominio del idioma.

El *Diccionario Vértice de la Lengua Española* cuenta con 30 000 voces y 60 000 acepciones. Gran parte de sus voces se desparraman en varias acepciones, figurando además, en el mismo, numerosos extranjerismos y neologismos que han adquirido carta de naturaleza en el español. La ordenación alfabética de todo este registro de vocablos se ha llevado a cabo según los criterios internacionales, establecidos por el conjunto de las Academias de la Lengua de los países hispanohablantes, por los que se suprimían del alfabeto español las letras «ch» y «ll». Por último, también hemos querido incluir 16 páginas con fotografías e ilustraciones a todo color, que harán más amena la presente obra.

Para todas aquellas personas ávidas de conocimiento, creemos haber cumplido el encargo de presentar una visión panorámica y al mismo tiempo sintética de nuestro fecundo idioma: el español.

EDITORIAL EVEREST

EVEREST VÉRTICE

DICCIONARIO DE LA LENGUA ESPAÑOLA

ABCDEFG HIJKLMN ÑOPQRST UVWXYZ

EVEREST
DICCIONARIOS

El **Diccionario Vértice de la Lengua Española**
ha sido concebido y realizado por el equipo lexicográfico de Editorial Everest.

Diseño de cubierta: Jesús Cruz

No está permitida la reproducción total o parcial de este libro, ni su tratamiento informático, ni la transmisión de ninguna forma o por cualquier medio, ya sea electrónico, mecánico, por fotocopia, por registro u otros métodos, sin el permiso previo y por escrito de los titulares del Copyright.
Reservados todos los derechos, incluido el derecho de venta, alquiler, préstamo o cualquier otra forma de cesión del uso del ejemplar.

© EDITORIAL EVEREST, S. A.
Carretera León-La Coruña, km 5 - LEÓN
ISBN: 84-241-1279-2
Depósito legal: LE. 832-2003
Printed in Spain - Impreso en España

EDITORIAL EVERGRÁFICAS, S. L.
Carretera León-La Coruña, km 5

ABREVIATURAS

adj.	adjetivo
adj. compar.	adjetivo comparativo
adj. distrib.	adjetivo distributivo
adj. indef.	adjetivo indefinido
adj. num.	adjetivo numeral
adj. pos.	adjetivo posesivo
adj. rel.	adjetivo relativo
adj. sup.	adjetivo superlativo
adv.	adverbio, adverbial
adv. afirm.	adverbio afirmativo
adv. c.	adverbio de cantidad
adv. compar.	adverbio comparativo
adv. dud.	adverbio de duda
adv. l.	adverbio de lugar
adv. m.	adverbio de modo
adv. neg.	adverbio negativo
adv. rel.	adverbio relativo
adv. t.	adverbio de tiempo
antonom.	antonomasia
art. det.	artículo determinado
art. indet.	artículo indeterminado
conj.	conjunción
conj. advers.	conjunción adversativa
conj. caus.	conjunción causal
conj. comp.	conjunción comparativa
conj. conces.	conjunción concesiva
conj. cond.	conjunción condicional
conj. consec.	conjunción consecutiva
conj. cop.	conjunción copulativa
conj. distrib.	conjunción distributiva
conj. disy.	conjunción disyuntiva
conj. ilat.	conjunción ilativa
conj. temp.	conjunción temporal

contracc.	contracción
dg	decigramo
dm	decímetro
desp.	despectivo
expr.	expresión
fam.	familiar
fig.	figurado
interj.	interjección
loc. adv.	locución adverbial
loc. lat.	locución latina
m	metro
mm	milímetro
n. p.	nombre propio
onomat.	onomatopeya
pl.	plural
poét.	poético
por ext.	por extensión
prep.	preposición, preposicional
pron. excl.	pronombre exclamativo
pron. indef.	pronombre indefinido
pron. int.	pronombre interrogativo
pron. pers.	pronombre personal
pron. pos.	pronombre posesivo
pron. rel.	pronombre relativo
p. us.	poco usado
s.	siglo
s. amb.	sustantivo ambiguo
s. f.	sustantivo femenino
s. m.	sustantivo masculino
sing.	singular
v. aux.	verbo auxiliar
v. cop.	verbo copulativo
v. impers.	verbo impersonal
v. intr.	verbo intransitivo
v. prnl.	verbo pronominal
v. tr.	verbo transitivo
vulg.	vulgar, vulgarismo

a[1] *s. f.* Primera letra del abecedario español y primera de sus vocales.

a[2] *prep.* **1.** Une al verbo con el complemento indirecto y con el directo cuando éste es de persona determinada o está personificado. **2.** Indica dirección, distancia, etc.

ab *prep.* Se emplea en algunas locuciones latinas utilizadas en nuestro idioma.

ababol *s. m.* **1.** Amapola. **2.** *fig.* Persona distraída, simple.

abacá *s. m.* Planta tropical musácea, variedad de plátano.

abacería *s. f.* Tienda donde se venden al por menor comestibles.

ábaco *s. m.* **1.** Tablero contador. **2.** Parte superior del capitel.

abad *s. m.* Título ordinario del superior de un monasterio o de una colegiata.

abadejo *s. m.* Bacalao salado y prensado.

abadesa *s. f.* Superiora de ciertos conventos de religiosas.

abadía *s. f.* Iglesia o monasterio regido por un abad o una abadesa.

abajo *adv. l.* En lugar o parte inferior.

abalanzar *v. tr.* **1.** Lanzar con violencia. **2.** Igualar, equilibrar.

abaldonar *v. tr.* Ofender o deshonrar.

abalear *v. tr.* Separar con una escoba apropiada del grano ya aventado los granzones y paja gruesa que han caído con él.

abalizar *v. tr.* Señalar con balizas algún paraje en aguas navegables.

abalorio *s. m.* Cuentecillas de vidrio agujereadas para hacer sartas.

abanderado, da *s. m. y s. f.* Persona que lleva la bandera.

abanderar *v. tr.* Matricular o registrar bajo la bandera de un Estado un buque extranjero. También prnl.

abandonado, da *adj.* Se aplica al que no atiende debidamente la limpieza o el arreglo de su persona o de sus cosas.

abandonar *v. tr.* Dejar desamparada a una persona o cosa.

abanicar *v. tr.* Dar aire con el abanico. También prnl.

abanico *s. m.* Instrumento para hacer o hacerse aire.

abanino *s. m.* Adorno de gasa blanca.

abanto *s. m.* Ave rapaz parecida al buitre.

abañar *v. tr.* Seleccionar la simiente con un cribado especial.

abaratar *v. tr.* Disminuir o bajar el precio de un producto. También intr. y prnl.

abarca *s. f.* Calzado rústico de cuero o de caucho.

abarcar *v. tr.* Rodear algo con los brazos o con las manos.

abarloar *v. tr.* Situar un barco en el costado casi pegado al de otro o a un muelle. También prnl.

abarquillar *v. tr.* Encorvar una superficie plana y delgada. También prnl.

abarracar *v. intr.* Acampar en chozas o barracas. También prnl.

abarraganarse *v. prnl.* Amancebarse.

abarrancar *v. tr.* Meter en un barranco. También prnl.

abarrotar *v. tr.* **1.** Equilibrar con abarrotes. **2.** Llenar completamente un lugar.

abarrote *s. m.* Cada fardo con el que se abarrotaba el barco.

abasia *s. f.* Afección nerviosa caracterizada por la imposibilidad de andar.

abastar *v. tr.* Abastecer. También prnl.

abastecer *v. tr.* Proveer de bastimentos o de otras cosas indispensables. También prnl.

abasto *s. m.* Provisión de bastimentos, y especialmente de víveres.

abatanar *v. tr.* Batir el paño en el batán.

abate *s. m.* Clérigo de órdenes menores.

abatir *v. tr.* Derribar. También prnl.

abazón *s. m.* Bolsa que tienen algunos mamíferos, particularmente los monos, en los carrillos.

abdicar *v. tr.* Renunciar a una alta dignidad o empleo.

abdomen *s. m.* Vientre, cavidad del cuerpo de los animales vertebrados.

abducción *s. f.* Movimiento por el cual un miembro u otro órgano se aleja del plano medio del cuerpo.

abductor *adj.* Se dice del músculo capaz de ejecutar una abducción. También s. m.

abedul *s. m.* Árbol betuláceo, de corteza plateada y ramas flexibles y colgantes.

abeja *s. f.* Insecto himenóptero que vive en enjambres y segrega cera y miel.

abejorro *s. m.* Insecto himenóptero largo y velludo, que zumba mucho al volar.

abellacar *v. tr.* **1.** Envilecer. ‖ *v. prnl.* **2.** Hacerse bellaco.

abellotar *v. tr.* Dar a una cosa la forma de bellota.

abemolar *v. tr.* **1.** Suavizar la voz. **2.** Poner bemoles.

abencerraje *s. m.* Miembro de una familia árabe granadina del s. XV rival de los Cegríes.

aberración *s. f.* **1.** Grave apartamiento de lo que es normal, justo, lógico, etc. **2.** Desvío aparente de los astros.

abertal *adj.* Se dice del terreno agrietado por la sequía.

abertura *s. f.* Cualquier separación entre dos partes de una cosa.

abéstola *s. f.* Aguijada, vara larga que usan los labradores cuando aran.

abeto *s. m.* Árbol de tronco alto y recto, cuya madera es apreciada por su tamaño y blancura.

abey *s. m.* Árbol de las Antillas.

abietáceo, a *adj.* Se dice de árboles como el abeto, el pino y el cedro. También s. f.

abitar *v. tr.* Sujetar el cable del ancla a las bitas. También prnl.

abjurar *v. tr.* Retractarse con juramento.

ablación *s. f.* Extirpación o separación de una parte cualquiera del cuerpo.

ablativo *s. m.* Caso de la declinación latina, que expresa relaciones de procedencia, situación, modo, tiempo, etc.

ablegación *s. f.* Destierro impuesto por el padre al hijo en el derecho romano.

ablepsia *s. f.* Pérdida de la vista.

abluir *v. tr.* Limpiar los pergaminos, documentos u otros escritos, para avivar la tinta borrada por el tiempo.

abnegación *s. f.* Cualidad o actitud del que arrostra peligros, sufre privaciones o realiza cualquier clase de sacrificios por otras personas, por un ideal, etc.

abnegar *v. tr.* Renunciar al propio interés en beneficio de otro. Se usa más como prnl.

abobar *v. tr.* Hacer bobo a alguien. También prnl.

abocar *v. tr.* Aproximar la boca de una vasija, saco, etc. a la de otro recipiente. También prnl.

abocardar *v. tr.* Ensanchar la boca de un tubo o de un agujero.

abocardo *s. m.* Barrena que sirve para labrar los tubos de minas.

abocelado, da *adj.* Semejante a un bocel.

abocetar *v. tr.* Ejecutar un boceto o dar el carácter de tal a las obras artísticas.

abochornar *v. tr.* Producir bochorno el exceso de calor. También prnl.

abofetear *v. tr.* Dar bofetadas a alguien.

abogacía *s. f.* Profesión y ejercicio de abogar.

abogado, da *s. m. y s. f.* Licenciado en Derecho que, como profesión, defiende ante los tribunales de justicia los intereses de sus clientes.

abogar *v. intr.* **1.** Defender en un juicio, por escrito o de palabra. ‖ *v. tr.* **2.** *fig.* Interceder, hablar en favor de alguien.

abolengo *s. m.* Ascendencia de abuelos o antepasados.

abolicionista *adj.* Se dice del que procura dejar sin fuerza ni vigor un precepto o costumbre. También s. m. y s. f.

abolir *v. tr.* Derogar, dejar sin vigor en el futuro un precepto o costumbre.

abollar *v. tr.* Hacer un bollo o depresión con un golpe. También prnl.

abomaso *s. m.* Cuajar, parte del estómago de los rumiantes.

abombar *v. tr.* Dar figura convexa.

abominar *v. tr.* Condenar, maldecir a personas o cosas por malas o perjudiciales.

abonado, da *s. m. y s. f.* Persona que disfruta de cierta cosa mediante el pago del abono correspondiente.

abonanzar *v. intr.* Calmarse la tormenta.

abonar *v. tr.* **1.** Acreditar, calificar de bueno. **2.** Echar en la tierra materias fertilizantes.

abonaré *s. m.* Documento de crédito expedido en equivalencia de una partida de cargo sentada en cuenta.

abono *s. m.* **1.** Sustancia que mejora la calidad de una tierra. **2.** Derecho del que se abona.

aboquillar *v. tr.* Poner boquilla a algo.

abordaje *s. m.* Choque de una embarcación con otra.

abordar *v. tr.* **1.** Juntarse una embarcación a otra o chocar con ella. También intr. **2.** *fig.* Dirigirse a alguien para hablarle.

aborigen *adj.* Que es originario del suelo en que vive.

aborrecer *v. tr.* Tener aversión a alguien o a algo.

aborregarse *v. prnl.* Cubrirse el cielo de nubes blanquecinas y revueltas a modo de vellones de lana.

abortar *v. tr.* **1.** Parir antes de que el feto pueda vivir fuera. ‖ *v. intr.* **2.** *fig.* Fracasar.

abotagarse *v. prnl.* Hincharse el cuerpo.

abotinado, da *adj.* De figura de botín.

abotonar *v. tr.* **1.** Pasar un botón por su ojal. También prnl. ‖ *v. intr.* **2.** Echar botones o yemas las plantas.

abovedado, da *adj.* Corvo, combado.

aboyado, da *adj.* Se dice de la finca que se arrienda con los bueyes para labrarla.

abra *s. f.* **1.** Bahía pequeña. **2.** Espacio amplio entre dos montañas. **3.** Grieta.

abracadabra *s. m.* Palabra cabalística, a la que se le atribuía la propiedad de curar ciertas enfermedades.

abrahonar *v. tr., fam.* Ceñir o abrazar con fuerza a otro por los brahones.

abrasar *v. tr.* **1.** Reducir a brasa, quemar. **2.** *fig.* Consumir a uno una pasión, especialmente el amor. También prnl.

abraxas *s. m.* Palabra simbólica entre los gnósticos, que expresaba el curso del Sol en los 365 días del año.

abrazar *v. tr.* **1.** Ceñir con los brazos. También prnl. **2.** *fig.* Aceptar una doctrina.

ábrego *s. m.* Viento sur o sudoeste.

abrelatas *s. m.* Instrumento metálico utilizado para abrir latas de conserva.

abrenuncio *expr.* que se usa familiarmente para dar a entender que se rechaza algo.

abrevadero *s. m.* Sitio natural con agua, o pila, donde beben los animales.

abrevar *v. tr.* Dar de beber al ganado.

abreviar *v. tr.* **1.** Acortar el tiempo o el espacio. **2.** Acelerar, apresurar. También intr.

abreviatura *s. f.* Representación abreviada de una palabra en la escritura.

abrigaño *s. m.* Abrigo, paraje defendido de los vientos.

abrigar *v. tr.* **1.** Resguardar del frío. También prnl. **2.** *fig.* Amparar.

abrigo *s. m.* Protección contra el frío.

abril *s. m.* Cuarto mes del año.

abrillantar *v. tr.* Dar o sacar brillo.

abrir *v. tr.* **1.** Descorrer la cerradura. **2.** Comenzar, inaugurar.

abrocalar *v. tr.* Poner brocales.

abrocar *v. tr.* Quitar las brocas.

abrochar *v. tr.* Ajustar con botones o broches. También prnl.

abrojal *s. m.* Lugar poblado de abrojos.

abrojo *s. m.* Planta cigofilácea, de tallos largos y rastreros, de fruto esférico y espinoso perjudicial para la agricultura.

abroma *s. m.* Arbusto tropical de cuya corteza fibrosa se hacen cuerdas muy resistentes.

abromado, da *adj.* Oscurecido con vapores o nieblas.

abroquelar *v. tr.* **1.** Disponer el velamen de forma que reciba el viento de proa. || *v. prnl.* **2.** Resguardarse con el broquel.

abrótano *s. m.* Planta herbácea de olor suave, cuya infusión se emplea para hacer crecer el cabello.

abrumar *v. tr.* **1.** Oprimir con un gran peso. **2.** *fig.* Agobiar. También prnl. || *v. prnl.* **3.** Saturarse de bruma la atmósfera.

abrupto, ta *adj.* Escarpado.

absceso *s. m.* Formación de pus en los tejidos orgánicos.

abscisa *s. f.* Coordenada horizontal del sistema cartesiano. Es la distancia de un punto en un plano a la coordenada vertical, llamada eje de ordenadas o de las íes, medida en la dirección del eje horizontal, llamado de abscisas o de las equis.

abscisión *s. f.* Separación de una parte pequeña de un cuerpo, hecha con instrumento cortante.

absenta *s. f.* Ajenjo, bebida alcohólica.

absentismo *s. m.* Ausencia habitual de un propietario del lugar donde posee bienes inmuebles.

ábside *s. m. y s. f.* Parte abovedada que se proyecta hacia el exterior en la parte posterior del altar mayor de un templo.

absidiola *s. f.* Cada una de las capillas levantadas en la parte interior del ábside.

absoluto, ta *adj.* Lo que no puede ser afectado por ninguna condición, influencia o relación y, por tanto, es inmutable, totalmente independiente, invariable.

absolutorio, ria *adj.* Se dice del fallo, sentencia, declaración, etc., que absuelve.

absolver *v. tr.* **1.** Liberar de una obligación o de un cargo. **2.** Perdonar los pecados.

absorber *v. tr.* Sorber, chupar.

absorto, ta *adj.* **1.** Que tiene el pensamiento totalmente fijo en algo. **2.** Que queda admirado ante una noticia, suceso, etc.

abstenerse *v. prnl.* Prescindir de algo.
absterger *v. tr.* Desinfectar, purificar.
abstinencia *s. f.* Privación de ciertos apetitos, como los sexuales y la consumición de la carne.
abstracto, ta *adj.* **1.** Genérico, no concreto. **2.** Que significa alguna cualidad con exclusión del sujeto.
abstraer *v. tr.* **1.** Separar mentalmente algo de algo. || *v. prnl.* **2.** Apartar alguien la atención de los objetos sensibles para concentrarla en su pensamiento.
abstraído, da *adj.* **1.** Distraído, absorto. **2.** Retirado del trato de las gentes.
abstruso, sa *adj.* De difícil comprensión.
absurdo, da *adj.* Contrario y opuesto a la razón.
abubilla *s. f.* Pájaro insectívoro dotado de un típico penacho de plumas en la cabeza.
abuchear *v. tr.* Censurar públicamente con ruidos o murmullos algo o a alguien.
abuelastro, tra *s. m. y s. f.* **1.** Respecto de una persona, padre o madre de su padrastro o de su madrastra. **2.** Respecto de una persona, segundo o ulterior marido de su abuela, o segunda o ulterior mujer de su abuelo.
abuelo, la *s. m. y s. f.* **1.** Padre o madre de la madre o del padre. **2.** *fam.* Anciano.
abulia *s. f.* Falta de voluntad.
abultado, da *adj.* Voluminoso, grueso.
abultar *v. tr.* **1.** Aumentar la cantidad, grado, etc. **2.** Aumentar, exagerar algo.
abundancia *s. f.* Gran cantidad o número de cierta cosa.
abundante *adj.* Copioso, en gran cantidad.
abundar *v. intr.* **1.** Tener gran cantidad de una cosa. **2.** Adherirse a una opinión.

abuñolar *v. tr.* Freír los huevos y algún otro manjar de modo que queden redondos, esponjosos y dorados.
aburar *v. tr.* Abrasar, quemar.
aburguesarse *v. prnl.* Adquirir costumbres, hábitos y convencionalismos de la sociedad burguesa.
aburrimiento *s. m.* Cansancio, tedio.
aburrir *v. tr.* Cansar, molestar, fastidiar.
abusar *v. intr.* Usar excesiva o indebidamente de alguna cosa.
abusionero, ra *adj.* Supersticioso.
abuso *s. m.* Acción realizada excediéndose en lo que se considera normal o legal.
abyección *s. f.* Envilecimiento.
abyecto, ta *adj.* Despreciable, vil.
acá *adv. l.* Indica proximidad.
acabado, da *adj.* Perfecto, consumado.
acabar *v. tr.* **1.** Dar fin a una cosa, terminarla. También *prnl.* || *v. intr.* **2.** Rematar, terminar, finalizar.
acabose *s. m.* Último extremo, desastre, ruina. Suele aparecer siempre con artículo.
acacia *s. f.* Árbol leguminoso, de madera dura.
academia *s. f.* **1.** Sociedad científica o literaria establecida con autoridad pública. **2.** Centro docente.
academismo *s. m.* Copia servil de las obras antiguas, en oposición al arte verdadero inspirado en la naturaleza.
acaecer *v. intr.* Suceder.
acalaca *s. m.* Hormiga americana del tamaño de la langosta silvestre.
acalefo, fa *adj.* Se dice de ciertos celentéreos marinos de la clase de las medusas.
acalia *s. f.* Malvavisco, planta malvácea.
acallar *v. tr.* **1.** Hacer callar. **2.** *fig.* Aplacar, aquietar.

ACALORAMIENTO - ACCIDENTE

acaloramiento *s. m.* **1.** Encendimiento, ardor, arrebato de calor. **2.** *fig.* Arrebatamiento de una pasión violenta.

acalorar *v. tr.* **1.** Dar o causar calor. ‖ *v. prnl.* **2.** Fatigarse.

acampanar *v. tr.* Dar forma de campana. También prnl.

acampar *v. intr.* Detenerse temporalmente en el campo, alojándose en tiendas o barracas.

ácana *s. f.* Árbol sapotáceo, cuya madera fuerte y compacta es excelente para la construcción.

acanaca *s. f.* Planta medicinal de las Indias, que se utiliza como sudorífico.

acanalado, da *adj.* De figura larga y abarquillada.

acanalar *v. tr.* **1.** Hacer canales o estrías en un objeto. **2.** Dar a algo forma de canal.

acanelonar *v. tr.* Azotar con disciplinas.

acanillado, da *adj.* Se aplica al paño u otra tela que forma canillas.

acansinarse *v. prnl.* Cansarse, volverse perezoso.

acantáceo, a *adj.* Se dice de las plantas con tallos y ramas nudosos, caja membranosa, semillas sin albumen, hojas opuestas y flores de cinco pétalos.

acantear *v. tr.* Tirar piedras a alguien.

acantilado *s.m.* Terreno que cae verticalmente en el mar.

acantolis *s. m.* Reptil que tiene el lomo lleno de tubérculos puntiagudos.

acantonamiento *s. m.* Sitio en que hay tropas acantonadas.

acantonar *v. tr.* Alojar las tropas en diversos poblados. También prnl.

acaparar *v. tr.* Reunir y retener cosas en un número excesivo.

acápite *s. m.* Párrafo, especialmente en textos legales.

acaramelar *v. tr.* Bañar de azúcar en punto de caramelo.

acardenalar *v. tr.* Causar cardenales a alguien.

acariciar *v. tr.* Hacer caricias.

ácaro *s. m.* Arácnido de abdomen sentado y diminuto. Muchos de estos animales son parásitos de vegetales o animales.

acarrarse *v. prnl.* Resguardarse el ganado del sol en verano, juntándose una res con otra para procurarse sombra.

acarrear *v. tr.* **1.** Transportar en carro. **2.** Ocasionar, causar.

acartonarse *v. prnl.* Adquirir una consistencia y apariencia semejantes al cartón.

acaso *adv. m.* Por casualidad.

acatar *v. tr.* Tributar homenaje de sumisión y respeto a alguien.

acatarrarse *v. prnl.* Contraer un catarro.

acaudalar *v. tr.* Reunir gran riqueza.

acaudillar *v. tr.* **1.** Mandar gente de guerra. **2.** Guiar, conducir.

acceder *v. intr.* Consentir de buen grado en lo que otro solicita, cediendo a veces de la propia voluntad.

accésit *s. m.* En certámenes científicos, literarios o artísticos, recompensa inferior inmediata al primer premio.

acceso *s. m.* **1.** Camino de entrada. **2.** Golpe de tos.

accidentado, da *adj.* Se dice de la persona que ha sufrido un accidente.

accidental *adj.* **1.** No esencial. **2.** Casual.

accidentar *v. tr.* Producir un accidente a alguien.

accidente *s. m.* Suceso fortuito del que normalmente resulta un daño.

ACCIÓN - ACERO

acción *s. f.* Operación y resultado de una fuerza o potencia.

accionar *v. intr.* Hacer movimientos y gestos.

accionista *s. m. y s. f.* Dueño de acciones en una sociedad comercial.

acebo *s. m.* Árbol aquifoliáceo, poblado todo el año de hojas de color verde oscuro, duras y con espinosas.

acebuche *s. m.* Olivo silvestre.

acechar *v. tr.* Observar, aguardar.

acecinar *v. tr.* Salar las carnes y ponerlas al humo y al aire para que se conserven.

acedera *s. f.* Planta cuyas hojas se emplean como condimento.

acedía[1] *s. f.* Resultado de la acidificación de la comida en el estómago.

acedía[2] *s. f.* Platija, pez.

acedo, da *adj.* **1.** Ácido. ‖ *s. m.* **2.** Agrio.

acéfalo, la *adj.* Falto de cabeza.

aceitar *v. tr.* Untar con aceite.

aceite *s. m.* Líquido graso que se extrae de la aceituna, de otros frutos o semillas y de algunos animales como la ballena.

aceiteras *s. f. pl.* Vinagreras, conjunto de dos recipientes para el aceite y el vinagre.

aceituna *s. f.* Fruto del olivo.

aceitunado, da *adj.* Verdoso, del color de la aceituna antes de madurar.

aceitunillo *s. m.* Árbol de las Antillas, de fruto venenoso y madera muy dura.

acelerar *v. tr.* **1.** Dar celeridad. También prnl. **2.** Accionar el mecanismo acelerador de un automóvil.

aceleratriz *adj.* Se dice de la fuerza que aumenta la velocidad de un movimiento.

acelga *s. f.* Planta de hojas radicales muy anchas, lisas y jugosas, con tallo grueso y acanalado.

acémila *s. f.* Mula o macho de carga.

acemita *s. f.* Pan hecho de acemite.

acemite *s. m.* Salvado mezclado con harina.

acendrado, da *adj.* Sin mancha ni defecto.

acendrar *v. tr.* Depurar los metales en la cendra por medio del fuego.

acensuar *v. tr.* Imponer un censo.

acento *s. m.* **1.** Mayor intensidad con que se pronuncia una palabra. **2.** Signo ortográfico que indica la sílaba destacada.

acentuar *v. tr.* **1.** Dar acento prosódico a las palabras. **2.** Ponerles acento ortográfico. **3.** *fig.* Recalcar.

aceña *s. f.* Molino harinero de agua situado dentro del cauce de un río.

acepción *s. f.* Significado o sentido en que se toma una palabra o frase.

acepilladura *s. f.* Viruta.

acepillar *v. tr.* Alisar con el cepillo la madera o los metales.

aceptar *v. tr.* Recibir o admitir voluntariamente lo que se da, ofrece o encarga.

acepto, ta *adj.* Agradable.

acequia *s. f.* Zanja por donde se conduce el agua para el riego u otros usos.

acera *s. f.* Orilla pavimentada, algo más alta que el piso de la calle, situada junto al paramento de las casas y destinada al tránsito de peatones.

acerado, da *adj.* Parecido al acero.

acerar *v. tr.* Dar al hierro las propiedades del acero.

acerbo, ba *adj.* Áspero al gusto.

acercar *v. tr.* Poner cerca. También prnl.

acerico *s. m.* Almohadilla para clavar en ella alfileres o agujas.

acero *s. m.* Aleación de hierro y carbono, que adquiere con el temple gran dureza y elasticidad.

acerolo s. m. Árbol rosáceo, de ramas cortas y frágiles, con espinas en el estado silvestre y sin ellas en el de cultivo, hojas pubescentes y flores blancas.

acérrimo, ma adj. sup., fig. de acre. Muy fuerte, vigoroso o tenaz.

acertar v. tr. Dar en el punto a que se dirige algo.

acertijo s. m. Especie de enigma o adivinanza propuesta como entretenimiento.

acervo s. m. Montón de cosas menudas.

acetato s. m. Sal formada por la combinación del ácido acético con una base.

acético, ca adj. Se dice de un ácido que se produce oxidando el alcohol vínico.

acetileno s. m. Hidrocarburo gaseoso, obtenido por la acción del agua sobre el carburo de calcio, que arde con llama muy brillante y se emplea en el alumbrado.

acetona s. f. Líquido incoloro, volátil e inflamable.

acetre s. m. Caldero pequeño en el que se lleva agua bendita para las aspersiones.

achacar v. tr. Atribuir, imputar.

achaflanar v. tr. Hacer chaflanes.

achampañado, da adj. Se dice de la bebida que imita al vino de Champaña.

achaparrado, da adj. Se dice de las cosas bajas y extendidas.

achaque s. m. **1.** Indisposición habitual. **2.** fig. Defecto habitual de una persona.

acharolado, da adj. Semejante al charol.

achatar v. tr. Poner chata una cosa. También prnl.

achicar v. tr. **1.** fig. Humillar, acobardar. También prnl. **2.** Extraer el agua.

achicharrar v. tr. **1.** Freír demasiado. También prnl. **2.** Calentar mucho. También prnl.

achicoria s. f. Planta de hojas y raíces amargas.

achispar v. tr. Poner casi ebria a una persona. También prnl.

achuchar v. tr., fam. Aplastar, estrujar.

aciago, ga adj. Infeliz, desgraciado.

aciano s. m. Planta de tallo erguido y ramoso, de flores en cabezuelas grandes y redondas con receptáculo pajoso.

acibarar v. tr., fig. Turbar el ánimo con algún pesar o desazón.

acicalar v. tr. Limpiar, alisar, bruñir.

acicate s. m. Especie de espuela para montar a la jineta con sólo una punta de hierro.

acicatear v. tr. Incitar, estimular.

acicular adj. De figura de aguja.

acidia s. f. Pereza, flojedad.

ácido, da adj. Agrio.

acinesia s. f. Falta, pérdida o cesación de movimiento.

ación s. f. Correa que pende del estribo en la silla de montar.

acirate s. m. Loma o caballón, que se hace en las heredades y sirve de lindero.

aclamar v. tr. Dar voces la multitud en aplauso de alguien.

aclarar v. tr. **1.** Explicar, manifestar. || v. intr. **2.** Disiparse las nubes o la niebla.

aclimatarse v. prnl. Acostumbrarse a un clima o ambiente.

acobardar v. tr. Amedrentar, causar miedo. También prnl. y intr.

acodado, da adj. Doblado en forma de codo.

acodar v. tr. Apoyar el codo.

acodiciar v. tr. Encender en deseo o codicia de algo. También prnl.

acodo s. m. Vástago acodado.

acoger v. tr. Admitir en su casa o compañía.

acogollar *v. tr.* Cubrir las plantas para defenderlas de los agentes externos.

acogotar *v. tr.* Matar a una persona o animal con herida en el cogote.

acolar *v. tr.* Unir, juntar, combinar escudos de armas.

acolchar *v. tr.* Poner algodón, seda cortada, lana, etc., entre dos telas y bastearlas.

acolitado *s. m.* De las cuatro órdenes menores, la superior.

acólito *s. m.* **1.** Clérigo que ha recibido la orden del acolitado. **2.** Monaguillo.

acometer *v. tr.* **1.** Atacar con ímpetu. **2.** Emprender, intentar.

acometimiento *s. m.* Ramal de cañería que desemboca en la alcantarilla o conducto general de desagüe.

acompañado, da *adj.* **1.** *fam.* Pasajero, concurrido. **2.** *fam.* Se dice de la persona que acompaña a otra. También s. m. y s. f.

acompañar *v. tr.* **1.** Estar o ir en compañía de otro u otros. También prnl. **2.** Ejecutar el acompañamiento. También prnl.

acompasado, da *adj.* **1.** Hecho o puesto a compás. **2.** Que suele hablar pausadamente o andar y moverse con lentitud.

acompasar *v. tr.* Medir por medio del compás.

acondicionar *v. tr.* Dar cierta condición o calidad.

acongojar *v. tr.* Oprimir, fatigar, afligir. También prnl.

aconitina *s. f.* Principio activo del acónito. Es veneno muy violento.

acónito *s. m.* Planta ranunculácea, venenosa; es medicinal y crece en las montañas altas y en los jardines.

aconsejar *v. tr.* **1.** Dar consejo. ‖ *v. prnl.* **2.** Tomar consejo o pedirlo a otros.

acontecer *v. intr.* Suceder, ocurrir.

acontecimiento *s. m.* Suceso.

acopar *v. intr.* Formar copa las plantas y árboles.

acopiar *v. tr.* Juntar, reunir en gran cantidad.

acoplar *v. tr.* Unir entre sí dos piezas de modo que ajusten exactamente.

acoquinar *v. tr.* Acobardar. También prnl.

acorazado *s. m.* Buque de guerra blindado y de grandes dimensiones.

acorazar *v. tr.* Blindar con planchas de hierro o acero barcos de guerra, fortificaciones, etc. También prnl.

acorchado, da *adj.* Se dice de lo que es fofo y esponjoso como el corcho.

acorcharse *v. prnl.* Ponerse una cosa fofa como el corcho.

acordar *v. tr.* Determinar o resolver de común acuerdo o por mayoría de votos.

acorde *adj.* En armonía y consonancia.

acordelar *v. tr.* **1.** Medir con cuerda o cordel. **2.** Señalar con cuerdas.

acordeón *s. m.* Instrumento musical de viento, compuesto de lenguetas de metal, un pequeño teclado de válvulas y un fuelle.

acordonado, da *adj.* Dispuesto en forma de cordón.

acordonar *v. tr.* Sujetar con un cordón.

acores *s. m. pl.* Enfermedad de la piel, semejante a la tiña, que los niños suelen padecer en la cabeza o en la cara.

acornear *v. tr.* Dar cornadas.

ácoro *s. m.* Planta de flores de color verde claro, raíces blanquecinas y olor suave, que forman maraña a flor de tierra.

acorralar *v. tr.* Encerrar el ganado en el corral. También prnl.

acortar *v. tr.* Disminuir la longitud, cantidad o duración de una cosa. También intr. y prnl.

acosar *v. tr.* Perseguir sin descanso a un animal o a una persona.

acostado, da *adj.* Inclinado, recostado.

acostar *v. tr.* **1.** Echarse o tenderse para dormir o descansar. **2.** Arrimarse.

acostumbrar *v. intr.* Tener costumbre de algo. También prnl.

acotar *v. tr.* **1.** Poner coto. **2.** Poner o escribir al margen.

acotiledóneo, a *adj.* Se dice de las plantas cuyo embrión carece de cotiledones.

acotillo *s. m.* Martillo grueso de herrero.

acoyundar *v. tr.* Uncir, poner la coyunda.

acoyuntar *v. tr.* Reunir dos labradores caballerías sin pareja para formar yunta y labrar a medias.

acre[1] *adj.* Áspero, picante al gusto y olfato.

acre[2] *s. m.* Medida inglesa de superficie.

acrecentar *v. tr.* Aumentar. También prnl.

acreditar *v. tr.* **1.** Afamar, dar crédito o reputación. También prnl. **2.** Abonar una partida en el libro de cuentas.

acribillar *v. tr.* **1.** Abrir muchos agujeros en algo. **2.** Molestar mucho.

acriminar *v. tr.* Acusar de un delito.

acrisolar *v. tr.* Purificar los metales en el crisol.

acristianar *v. tr.* Hacer cristiano.

acróbata *s. m. y s. f.* Persona que hace diversos ejercicios gimnásticos en los espectáculos públicos.

acromático, ca *adj.* Se dice del cristal que está exento de cromatismo.

acromion *s. m.* Parte más alta del omóplato, articulada con la extremidad externa de la clavícula.

acrópolis *s. f.* El lugar más alto y fortificado en las ciudades griegas.

acróstico, ca *adj.* Se aplica a la composición poética cuyas letras iniciales, medias o finales de los versos forman un vocablo o una frase. También s. m.

acrotera *s. f.* Pedestal que sirve de remate en los frontones, y sobre el cual suelen colocarse estatuas o adornos.

acta *s. f.* Relación escrita de lo tratado en una junta.

actitud *s. f.* **1.** Postura. **2.** *fig.* Disposición de ánimo manifestada externamente.

activar *v. tr.* Avivar, acelerar una cosa.

actividad *s. f.* **1.** Facultad de obrar. **2.** Prontitud en el obrar.

acto *s. m.* **1.** Hecho público o solemne. **2.** Parte de un drama.

actor *s. m.* **1.** Persona que representa en el teatro, en el cine o en la televisión. **2.** Demandante o acusador.

actriz *s. f.* Mujer que representa en el teatro, en el cine o en la televisión.

actual *adj.* Que existe o sucede en el tiempo de que se habla.

actualidad *s. f.* Tiempo presente.

actualizar *v. tr.* Hacer actual una cosa.

actuar *v. tr.* Poner en acción.

actuario *s. m.* Auxiliar judicial que da fe en los autos procesales.

acuadrillar *v. tr.* Juntar en cuadrilla. También prnl.

acuarela *s. f.* Pintura sobre papel o cartón con colores diluidos en agua.

acuario *s. m.* Depósito de agua donde se tienen vivos animales o vegetales acuáticos.

acuartelamiento *s. m.* Lugar donde se acuartela.

acuartelar *v. tr.* Poner la tropa en cuarteles. También prnl.

acubado, da *adj.* De figura de cubo.

acuchillar *v. tr.* Herir, cortar o matar con el cuchillo.

acucia *s. f.* **1.** Diligencia, solicitud, prisa. **2.** Deseo vehemente.

acuciar *v. tr.* Estimular, dar prisa.

acudir *v. intr.* **1.** Ir al sitio donde conviene a uno o adonde es llamado. **2.** Ir en socorro de alguien. **3.** Recurrir a alguien.

acueducto *s. m.* Conducto por donde se lleva el agua a alguna parte.

acuerdo *s. m.* **1.** Unión entre dos o más personas. **2.** Resolución tomada en una junta.

acuitar *v. tr.* **1.** Poner en apuro. **2.** Afligir. También prnl.

acular *v. tr.* **1.** Hacer que un animal, carro, etc., quede arrimado por detrás a alguna parte. También prnl. **2.** *fam.* Arrinconar. Se usa más como prnl.

acullá *adv. l.* En lugar opuesto o distante al que habla.

acumular *v. tr.* Amontonar, juntar.

acunar *v. tr.* Mecer en la cuna.

acuñar[1] *v. tr.* **1.** Imprimir y sellar una pieza de metal por medio de cuño o troquel. **2.** Fabricar la moneda.

acuñar[2] *v. tr.* Meter cuñas.

acuoso, sa *adj.* Abundante en agua.

acurrucarse *v. prnl.* Encogerse.

acusado, da *s. m. y s. f.* Persona a quien se acusa.

acusar *v. tr.* **1.** Denunciar, delatar. También prnl. **2.** Notificar.

acusativo *s. m.* Caso de la declinación del nombre, que indica el complemento directo del verbo.

acuse *s. m.* **1.** Acción y efecto de acusar, avisar el recibo de una carta. **2.** Naipe con que se acusa en ciertos juegos para ganar ciertos tantos.

acústica *s. f.* Parte de la física que trata del sonido.

acutángulo *adj.* Se dice del triángulo que tiene los tres ángulos agudos.

adagio[1] *s. m.* Sentencia breve, frecuentemente moral, que estimula a proceder conforme a su enseñanza.

adagio[2] *s. m.* Composición musical que se ha de ejecutar en todo o en parte con movimiento lento.

adalid *s. m.* Caudillo de gente de guerra.

adamascado, da *adj.* Parecido al damasco.

adán *s. m.*, *fig.* y *fam.* Hombre desaliñado, sucio, haraposo.

adaptar *v. tr.* Ajustar una cosa a otra. También prnl.

adaraja *s. f.* Diente que se deja sobresaliendo en un edificio o construcción.

adarga *s. f.* Escudo de cuero.

adarme *s. m.* Decimosexta parte de una onza.

adarve *s. m.* Camino detrás de un muro y en lo alto de una fortificación.

adecentar *v. tr.* Poner decente. Se usa más como prnl.

adecuado, da *adj.* Apropiado, proporcionado.

adecuar *v. tr.* Acomodar. También prnl.

adefesio *s. m.* **1.** *fam.* Despropósito. Se usa más en pl. **2.** *fam.* Traje, prenda de adorno extravagante.

adehesar *v. tr.* Hacer dehesa alguna tierra. También prnl.

adelantado, da *adj.* **1.** Precoz. **2.** *fig.* Atrevido, imprudente.

adelantar *v. tr.* **1.** Mover, llevar hacia delante. También prnl. **2.** Anticipar. ‖ *v. intr.* **3.** *fig.* Aventajar a alguien.

adelante *adv. l.* **1.** Más allá. **2.** Hacia la parte opuesta a otra.

adelfa *s. f.* Arbusto apopináceo, muy ramoso, de hojas persistentes y flores blancas, rosáceas o amarillas.

adelgazar *v. tr.* Poner delgado.

ademán *s. m.* Actitud que denota algún afecto del ánimo.

además *adv. c.* A más de esto o aquello.

adenitis *s. f.* Inflamación de alguna glándula y de los ganglios linfáticos.

adentellar *v. tr.* Hincar los dientes.

adentrarse *v. prnl.* Penetrar en el interior de algo.

adentro *adv. l.* **1.** A o en lo interior. ‖ *s. m. pl.* **2.** Lo interior del ánimo.

adepto, ta *adj.* Afiliado en alguna secta.

aderezar *v. tr.* **1.** Componer, adornar, hermosear. También prnl. **2.** Disponer o preparar. También prnl.

aderezo *s. m.* Lo que se utiliza para aderezar una persona o cosa.

adeudar *v. tr.* **1.** Deber, tener deudas. También prnl. **2.** Satisfacer impuesto.

adeudo *s. m.* **1.** Deuda. **2.** Cantidad que se debe pagar en las aduanas.

adherencia *s. f.* Unión física de cosas.

adherir *v. tr.* Pegar una cosa a otra.

adhesivo, va *adj.* Capaz de adherirse.

adiamantado, da *adj.* Parecido al diamante.

adición *s. f.* Operación de sumar.

adicional *adj.* Se dice de aquello que se añade a una cosa.

adicto, ta *adj.* **1.** Dedicado, muy inclinado. También s. m. y s. f. **2.** Partidario.

adiestrar *v. tr.* Enseñar. También prnl.

adietar *v. tr.* Poner a dieta. También prnl.

¡adiós! *interj.* que denota saludo o despedida.

adiposo, sa *adj.* Grasiento, cargado de grasa.

adivas *s. f. pl.* Inflamación de la garganta en las bestias.

adivinación *s. f.* Acción de adivinar.

adivinanza *s. f.* **1.** Adivinación. **2.** Acertijo.

adivinar *v. tr.* Predecir lo futuro o descubrir un enigma.

adivino, na *s. m. y s. f.* Persona que adivina.

adjetivar *v. tr.* Aplicar adjetivos.

adjetivo *s. m.* Parte de la oración que se aplica a un sustantivo y expresa una cualidad de la cosa designada por dicho nombre o lo determina o limita en su extensión.

adjudicar *v. tr.* **1.** Declarar que una cosa corresponde a una persona. ‖ *v. prnl.* **2.** Apropiarse alguien algo.

adjuntar *v. tr.* Acompañar, enviar adjunta alguna cosa.

adminículo *s. m.* Lo que ayuda para un intento.

administración *s. f.* Casa donde el administrador y dependientes ejercen su empleo.

administrar *v. tr.* Gobernar, regir, cuidar.

admirable *adj.* Digno de admiración.

admiración *s. f.* Sorpresa.

admirar *v. tr.* Causar admiración.

admitir *v. tr.* Recibir, aceptar.

adobar *v. tr.* **1.** Aderezar, componer. **2.** Curtir las pieles.

adobe *s. m.* Masa de barro moldeada en forma de ladrillo y secada al aire.

adobo *s. m.* Salsa para sazonar y conservar las carnes.

adocenado, da *adj.* Vulgar y de escaso mérito.

adolecer *v. intr.* Caer enfermo o padecer alguna enfermedad.

adolescencia *s. f.* Edad que sucede a la niñez.

adonde *adv. rel.* A la parte que, al lugar que.

adondequiera *adv. l.* **1.** A cualquier parte. **2.** Dondequiera.

adonis *s. m., fig.* Mancebo hermoso.

adoptar *v. tr.* **1.** Recibir como hijo, con los requisitos legales, al que no lo es por naturaleza. **2.** Recibir, admitir alguna opinión o doctrina.

adoptivo, va *adj.* **1.** Se aplica a la persona adoptada. **2.** Se dice de la persona que adopta.

adoquín *s. m.* Piedra labrada en forma de prisma rectangular para empedrados, etc.

adoquinado *s. m.* Suelo empedrado con adoquines.

adoquinar *v. tr.* Empedrar con adoquines.

adorable *adj.* Digno de adoración.

adorar *v. tr.* **1.** Honrar con culto religioso. **2.** *fig.* Amar con extremo.

adormecer *v. tr.* **1.** Dar o causar sueño. También prnl. **2.** *fig.* Calmar.

adormidera *s. f.* Planta de hojas abrazadoras, color garzo, flores grandes y terminales. De su zumo se extrae el opio.

adormitarse *v. prnl.* Dormirse a medias.

adornar *v. tr.* Engalanar con adornos. También prnl.

adorno *s. m.* Lo que se pone para la hermosura o mejor parecer de persona o cosa.

adosar *v. tr.* Poner una cosa, por su espalda o envés, contigua a otra.

adquirir *v. tr.* Ganar, coger, empezar a poseer.

adragante *adj.* Se aplica a la goma procedente del tragacanto.

adral *s. m.* Cada uno de los zarzos o tablas que se ponen en los costados de los carros.

adrede *adv. m.* Con intención deliberada.

adrenalina *s. f.* Hormona segregada principalmente por las glándulas suprarrenales, alcaloide y cristalizable. Se usa como medicamento hemostático.

adscribir *v. tr.* Inscribir, asignar algo a una persona o cosa.

aduana *s. f.* Oficina pública donde se registran, en el tráfico internacional, los géneros y mercaderías que se importan y exportan, y se cobran los derechos de aduana.

aduanar *v. tr.* Registrar en la aduana.

aduar *s. m.* Pequeña población de beduinos formada de tiendas o cabañas.

adúcar *s. m.* Seda que rodea el capullo del gusano de seda y que es más basta.

aducción *s. f.* Movimiento por el que un miembro u órgano cualquiera del cuerpo se acerca al plano medio del cuerpo.

aducir *v. tr.* Presentar, alegar pruebas, razones, etc.

aductor *adj.* Se dice del músculo que sirve para producir aducción. También s. m.

adueñarse *v. prnl.* Hacerse alguien dueño de una cosa o apoderarse de ella.

adufe *s. m.* Pandero morisco.

aduja *s. f.* Cada vuelta que hace el cable, cuerda, etc., recogidos.

adula *s. f.* Dula.

adular *v. tr.* Halagar a alguien servilmente para ganar su voluntad con fines egoístas.

adulterar *v. tr.* Falsificar una cosa.

adulterio *s. m.* Unión carnal ilegítima de hombre con mujer, siendo uno de los dos casados o ambos.

adúltero, ra *adj.* Que comete adulterio.

adulto, ta *adj.* Llegado al término de la adolescencia. También s. m. y s. f.

adusto, ta *adj., fig.* Austero, rígido, melancólico.

advenedizo, za *adj.* Extranjero o forastero.

advenimiento *s. m.* **1.** Venida o llegada. **2.** Exaltación a gran dignidad.

advenir *v. intr.* Venir, ocurrir.

adventicio, cia *adj.* Extraño, que sobreviene.

adverbio *s. m.* Parte invariable de la oración que modifica la significación del verbo.

adversario, ria *s. m. y s. f.* Persona contraria o enemiga.

adversidad *s. f.* Situación desgraciada en la que se encuentra una persona.

adverso, sa *adj.* Contrario, enemigo.

advertido, da *adj.* Experto, avisado.

advertir *v. tr.* Fijar en algo la atención, reparar, observar. También intr.

adviento *s. m.* Tiempo del año litúrgico que comprende las cuatro semanas precedentes a la fiesta de la Natividad de Cristo.

advocación *s. f.* Título que se da a un templo, capilla o altar.

adyacente *adj.* Situado en la proximidad de otra cosa.

aéreo, a *adj.* **1.** De aire. **2.** *fig.* Sin solidez ni fundamento.

aerodinámica *s. f.* Parte de la mecánica, que estudia el movimiento de los gases.

aeródromo *s. m.* Terreno con servicios anexos preparado para la entrada y salida de aviones, etc., y sus maniobras.

aerofobia *s. f.* Enfermedad nerviosa en la que se siente horror al aire.

aerograma *s. m.* Carta en papel especial para enviarla por correo aéreo.

aerolito *s. m.* Fragmento de un bólido, que cae sobre la Tierra.

aeromancia *s. f.* Adivinación supersticiosa por las señales e impresiones del aire.

aerómetro *s. m.* Instrumento para medir la densidad del aire y de otros gases.

aeronáutica *s. f.* Ciencia o arte de la navegación aérea.

aeronave *s. f.* Vehículo dirigible que, lleno de un gas más ligero que el aire, se emplea en la aerostación.

aeroplano *s. m.* Vehículo aéreo.

aerostática *s. f.* Parte de la mecánica, que estudia el equilibrio de los gases.

aerostato *s. m.* Aeronave provista de uno o más recipientes llenos de un gas más ligero que el aire atmosférico.

afán *s. m.* **1.** Trabajo excesivo, solícito y congojoso. **2.** Anhelo vehemente.

afanar *v. intr.* Entregarse al trabajo con solicitud excesiva.

afasia *s. f.* Pérdida del habla a consecuencia de desorden cerebral.

afear *v. tr.* **1.** Hacer o poner fea a una persona o cosa. También prnl. **2.** *fig.* Tachar, vituperar.

afección *s. f.* **1.** Afición, inclinación de una persona a otra por afecto. **2.** Impresión.

afectación *s. f.* Extravagancia.

afectar *v. tr.* **1.** Poner demasiado cuidado en las palabras, movimientos, etc., de forma que pierdan su sencillez y naturalidad. **2.** Fingir algo.

afecto, ta *adj.* **1.** Inclinado a alguna persona o cosa. ‖ *s. m.* **2.** Cualquiera de las pasiones del ánimo.

afectuoso, sa *adj.* Amoroso, cariñoso.

afeitar *v. tr.* **1.** Adornar, componer. También prnl. **2.** Esquilar.
afeite *s. m.* **1.** Aderezo, compostura. **2.** Cosmético.
afelio *s. m.* Punto que en la órbita de un planeta dista más del Sol.
afelpado, da *adj.* Hecho o tejido en forma de felpa.
afeminado, da *adj.* Se dice del que en su aspecto y modales externos se parece a las mujeres. También s. m.
afeminar *v. tr.* Hacer a alguien perder su energía varonil o inclinarle a que en sus modales y aspecto exterior se parezca a las mujeres. Se usa más como prnl.
aféresis *s. f.* Supresión de una o más letras en principio de palabra.
aferrar *v. tr.* **1.** Agarrar o asir fuertemente. También prnl. **2.** Atrapar con el bichero u otro instrumento de garfio. **3.** Asegurar la embarcación echando las anclas.
afestonado, da *adj.* Labrado en forma de festón.
afianzar *v. tr.* **1.** Dar fianza por alguien para la seguridad del cumplimiento de una obligación. **2.** Afirmar o asegurar con puntales, clavos, etc.
afición *s. f.* **1.** Inclinación a alguna persona o cosa. **2.** Ahínco.
aficionar *v. tr.* Inclinar, inducir a otro a que guste de alguna persona o cosa.
afijo, ja *adj.* Se dice de los pronombres personales que se unen al verbo, y también de las preposiciones y partículas que se emplean en la formación de palabras derivadas y compuestas. Se usa más como s. m.
afilar *v. tr.* **1.** Sacar filo o hacer más delgado o agudo el filo de un arma o instrumento. **2.** Aguzar.

afiliar *v. tr.* **1.** Juntar, unir. ‖ *v. prnl.* **2.** Asociar una persona a otras que forman una corporación. También tr.
afiligranar *v. tr.* **1.** Hacer filigrana. **2.** Pulir.
afín *adj.* **1.** Próximo, contiguo. **2.** Que tiene afinidad con otra cosa.
afinar *v. tr.* **1.** Perfeccionar. También prnl. **2.** Hacer fino, delicado. **3.** Poner en tono los instrumentos, acordándolos entre sí.
afincar *v. intr.* Fincar, adquirir fincas. También prnl.
afinidad *s. f.* **1.** Analogía o semejanza de una cosa con otra. **2.** Parentesco que se establece mediante el matrimonio entre cada cónyuge y los deudos del otro.
afirmar *v. tr.* **1.** Poner firme, dar firmeza. También prnl. **2.** Asegurar o dar una cosa por cierta.
aflicción *s. f.* Congoja, pena.
aflictivo, va *adj.* Se dice de lo que causa aflicción.
afligir *v. tr.* Causar molestia o sufrimiento físico. También prnl.
aflojar *v. tr.* **1.** Disminuir la presión. También prnl. **2.** *fig.* Perder fuerza una cosa.
aflorar *v. intr.* Asomar a la superficie del terreno un filón o capa mineral.
afluente *adj.* **1.** Abundante en palabras. ‖ *s. m.* **2.** Arroyo o río secundario.
afluir *v. intr.* Concurrir en abundancia, en gran número, a un sitio determinado.
aflujo *s. m.* Afluencia excesiva de líquidos a un tejido orgánico.
afollar *v. tr.* Soplar con los fuelles.
afondar *v. tr.* **1.** Echar a fondo. ‖ *v. intr.* **2.** Hundirse. También prnl.
afonía *s. f.* Falta de voz.
aforar *v. tr.* Valuar mercancías para el pago de los derechos.

AFORISMA - AGENCIAR

aforisma *s. f.* Tumor debido a la relajación o rotura de alguna arteria.

aforismo *s. m.* Sentencia breve y doctrinal que se propone como regla en alguna ciencia o arte.

aforo *s. m.* Capacidad total de las localidades de un teatro, cine, etc.

afortunado, da *adj.* Feliz.

afrecho *s. m.* Salvado, cáscara del grano.

afrenta *s. f.* Vergüenza y deshonor que resulta de algún dicho o hecho afrentoso.

afrentar *v. tr.* **1.** Causar afrenta a alguien. || *v. prnl.* **2.** Avergonzarse, sonrojarse.

afrentoso, sa *adj.* Que causa afrenta.

afrodisia *s. f.* Exageración enfermiza del apetito venéreo.

afrodisíaco, ca *adj.* Se dice de la sustancia que excita el apetito sexual.

afrontar *v. tr.* **1.** Poner una cosa frente a otra. **2.** Carear. **3.** Arrostrar trabajos y calamidades con energía.

afta *s. f.* Úlcera pequeña, blanquecina, que se forma en la mucosa bucal o en la membrana del tubo digestivo.

afuera *adv. l.* Fuera del sitio en que uno está.

afuste *s. m.* En los primeros tiempos de la artillería, cureña, armazón del cañón de dos gualderas.

agachadiza *s. f.* Ave zancuda, pequeña, que vuela bajo y se esconde en sitios pantanosos.

agacharse *v. prnl., fam.* Encogerse, inclinarse.

agalla[1] *s. f.* Excrecencia redonda que se forma en algunos vegetales por la picadura de ciertos insectos al depositar sus huevos.

agalla[2] *s. f.* **1.** Órgano de la respiración de los peces, branquia. Se usa más en pl. || *s. f. pl.* **2.** *fig. y fam.* Ánimo esforzado.

ágape *s. m.* Convite de caridad entre los cristianos primitivos.

agaricina *s. f.* Principio activo del agárico que se emplea para calmar la tos y combatir el sudor de los tísicos.

agárico *s. m.* Hongos que viven parásitos en los troncos de determinados árboles; tienen sombrerillo membranoso y son de muy diversas especies, algunas comestibles y otras venenosas.

agarrada *s. f., fam.* Altercado, riña.

agarradero *s. m.* **1.** Asa o mango de cualquier cosa. **2.** Protección.

agarrado, da *adj.* Mezquino, tacaño.

agarrar *v. tr.* **1.** Asir fuertemente con la mano o de cualquier modo. **2.** Coger, tomar.

agarrochar *v. tr.* Herir con garrocha a los toros.

agarrotar *v. tr.* Apretar fuertemente los fardos retorciendo las cuerdas con un palo.

agasajar *v. tr.* **1.** Tratar con atención cariñosa. **2.** Halagar con regalos u otras muestras de afecto o consideración.

agasajo *s. m.* Regalo o muestra de afecto o consideración.

ágata *s. f.* Variedad del cuarzo duro, translúcido, de colores generalmente dispuestos en franjas.

agave *s. amb.* Pita, planta.

agavillar *v. tr.* **1.** Hacer gavillas. **2.** *fig.* Acuadrillar. También prnl.

agazapar *v. tr.* **1.** *fig. y fam.* Agarrar o prender a alguien. || *v. prnl.* **2.** Agacharse para no ser visto.

agencia *s. f.* **1.** Diligencia. **2.** Oficio de agente. **3.** Despacho del agente.

agenciar *v. tr.* Procurar o conseguir con maña o diligencia una cosa. También prnl. y como intr.

agenda *s. f.* Libro o cuaderno en el que se anota lo que se ha de recordar.

agenesia *s. f.* Impotencia de engendrar.

agente *adj.* Que obra o tiene la virtud de obrar.

agerasia *s. f.* Estado del que conserva el vigor de su juventud en edad avanzada.

agigantado, da *adj.* Se dice de quien tiene mucha estatura.

ágil *adj.* Ligero, pronto, expedito.

agio *s. m.* Especulación sobre los fondos públicos en sus alzas y bajas.

agiotaje *s. m.* **1.** Agio. **2.** Especulación abusiva, con perjuicio de un tercero.

agitar *v. tr.* **1.** Mover con frecuencia y violentamente. También prnl. **2.** *fig.* Inquietar, turbar el ánimo. También prnl.

aglutinar *v. tr.* Poner en contacto, por medio de un emplasto, las partes cuya adherencia se quiere lograr. También prnl.

agnación *s. f.* Parentesco de consanguinidad entre agnados.

agnado, da *adj.* Se dice del pariente por consanguinidad, respecto de otro, cuando ambos descienden de un tronco común por línea masculina.

agobiar *v. tr.* **1.** Inclinar o encorvar la parte superior del cuerpo hacia la tierra. Se usa más como prnl. **2.** *fig.* Causar gran molestia y fatiga.

agobio *s. m.* Sofocación.

agolpar *v. tr.* Juntar de golpe en un lugar.

agonía *s. f.* Angustia y congoja del moribundo.

agonizar *v. intr.* Luchar entre la vida y la muerte.

ágora *s. f.* **1.** Plaza pública en las antiguas ciudades griegas. **2.** Asamblea que se reunía en ellas.

agorar *v. tr.* Predecir lo futuro.

agostar *v. intr.* Pastar el ganado en rastrojeras o dehesas durante el verano.

agostero *s. m.* Obrero que trabaja en las faenas de las eras durante la recolección.

agosto *s. m.* Octavo mes del año.

agotar *v. tr.* **1.** Extraer todo el líquido que hay en un sitio. También prnl. **2.** Gastar del todo, consumir. También prnl.

agraciar *v. tr.* **1.** Conceder alguna gracia o merced a alguien. ‖ *v. intr.* **2.** Agradar.

agradar *v. intr.* Complacer, gustar. También prnl.

agradecer *v. tr.* Sentir gratitud.

agramadera *s. f.* Máquina para agramar.

agramar *v. tr.* Majar el cáñamo o el lino para separar la fibra del tallo.

agramilar *v. tr.* Cortar y raspar los ladrillos para igualarlos en grueso y ancho.

agramiza *s. f.* Caña quebrantada que queda como desperdicio después de haber agramado el cáñamo o el lino.

agrandar *v. tr.* Hacer más grande alguna cosa. También prnl.

agravar *v. tr.* **1.** Aumentar el peso de alguna cosa. **2.** Oprimir con tributos o gravámenes. ‖ *v. prnl.* **3.** Hacerse una cosa más grave o molesta de lo que ya era.

agraviar *v. tr.* Hacer agravio a alguien.

agravio *s. m.* Ofensa que se hace a alguien en su honra o fama.

agrazón *s. m.* **1.** Uva silvestre. **2.** Grosellero silvestre.

agredir *v. tr.* Acometer a alguien para matarle, herirle o hacerle algún daño.

agregado *s. m.* **1.** Conjunto de cosas homogéneas que forman un cuerpo. **2.** Empleado adscrito a un servicio del que no es titular.

agregar *v. tr.* Unir unas personas o cosas a otras. También prnl.

agremán *s. m.* Labor de pasamanería, en forma de cinta, usada para adornos y guarniciones.

agremiar *v. tr.* Reunir en gremio. También prnl.

agresivo, va *adj.* Propenso a ofender o provocar al prójimo.

agreste *adj.* **1.** Campesino o perteneciente al campo. **2.** Áspero. **3.** Rudo, tosco.

agriar *v. tr.* **1.** Poner agria alguna cosa. Se usa más como prnl. **2.** *fig.* Exasperar.

agrícola *adj.* Concerniente a la agricultura o al que la ejerce.

agricultor, ra *s. m. y s. f.* Persona que cultiva la tierra.

agricultura *s. f.* Arte de cultivar la tierra.

agridulce *adj.* Que tiene mezcla de agrio y dulce.

agrietar *v. tr.* Abrir grietas. Se usa más como prnl.

agrimensura *s. f.* Arte de medir tierras.

agrio, gria *adj.* **1.** Ácido. **2.** Áspero, abrupto, difícilmente accesible.

agronomía *s. f.* Conjunto de conocimientos aplicables al cultivo de la tierra.

agrupar *v. tr.* Reunir en grupo, apiñar. También prnl.

agua *s. f.* Líquido formado por la combinación de un volumen de oxígeno y dos de hidrógeno. Es inodoro, insípido e incoloro en cantidad pequeña.

aguacate *s. m.* Árbol lauráceo, con hojas siempre verdes y fruto parecido a una pera grande.

aguada *s. f.* Sitio donde hay agua potable.

aguadija *s. f.* Humor que se forma en grandes llagas de color claro y parecido al agua.

aguaducho *s. m.* Avenida impetuosa de agua.

aguafuerte *s. amb.* Lámina obtenida por el grabado al agua fuerte.

aguaje *s. m.* Creciente impetuosa del mar.

aguamanil *s. m.* Jarro para echar agua en la palangana y para lavarse las manos.

aguamarina *s. f.* Variedad de berilo, transparente, de color verde mar y muy apreciada en joyería.

aguamiel *s. f.* Agua mezclada con una porción de miel.

aguanoso, sa *adj.* Lleno de agua o demasiado húmedo.

aguantar *v. tr.* **1.** Contener. **2.** Admitir a disgusto algo molesto o desagradable. **3.** Resistir alguien con fortaleza.

aguante *s. m.* **1.** Sufrimiento, tolerancia, paciencia. **2.** Fuerza, vigor para resistir cargas físicas o morales.

aguapié *s. m.* Vino muy bajo que se obtiene echando agua en el orujo pisado y apurado en el lagar.

aguar *v. tr.* **1.** Mezclar agua con vino u otro licor cualquiera. También prnl. **2.** *fig.* Turbar, interrumpir cosas agradables.

aguardar *v. tr.* Estar esperando que llegue algo o alguien, o que suceda algo. También prnl.

aguardiente *s. m.* Bebida alcohólica que se obtiene por destilación del vino y de otras sustancias.

aguarrás *s. m.* Esencia volátil de trementina. Se utiliza en barnices y como medicina.

aguazal *s. m.* Sitio bajo donde se detiene el agua llovediza.

agudeza *s. f.* Perspicacia de la vista, olfato y oído.

agudo, da *adj.* Delgado, sutil.

agüera *s. f.* Zanja hecha para encaminar el agua de lluvia a las heredades.

agüero *s. m.* **1.** Presagio de una cosa futura. **2.** Pronóstico.

aguerrido, da *adj.* Ejercitado en la guerra.

aguerrir *v. tr.* Acostumbrar a los soldados nuevos a los peligros de la guerra. También prnl.

aguijada *s. f.* Vara larga con una punta de hierro en el extremo con la que los boyeros pican a la yunta.

aguijar *v. tr.* Picar con la aguijada u otra cosa a los bueyes, mulas, caballos, etc., para que anden aprisa.

aguijón *s. m.* Punta de la aguijada.

aguijonear *v. tr.* Aguijar, estimular.

águila *s. f.* Ave rapaz diurna, falcónida, con pico recto en la base y corto en la punta, de vista perspicaz, fuerte musculatura y vuelo rapidísimo.

aguinaldo *s. m.* Regalo que se da en Navidad o Epifanía.

aguja *s. f.* **1.** Barrita de metal, madera, hueso, etc., con un extremo que acaba en punta y el otro provisto de un ojo por donde se pasa un hilo, cuerda, etc., para coser, bordar o tejer. **2.** Cada uno de los dos rieles movedizos que en los ferrocarriles y tranvías sirven para que los vagones vayan por una vía determinada de entre dos o más que concurren en un punto. **3.** Obelisco. **4.** Pez teleósteo de hocico alargado en forma de aguja.

agujal *s. m.* Agujero que queda en las paredes al sacar las agujas de los tapiales.

agujerear *v. tr.* Hacer uno o varios agujeros en alguna cosa.

agujero *s. m.* **1.** Abertura hecha en una cosa. **2.** Alfiletero.

agujeta *s. f.* **1.** Correa o cinta con un herrete en cada extremo, que se utiliza para sujetar algunas prendas de vestir. **2.** Dolores que se sienten en los músculos después de algún ejercicio desacostumbrado o violento.

¡agur! *interj.* que se usa para despedirse.

agusanarse *v. prnl.* Criar gusanos alguna cosa.

aguzanieves *s. f.* Pájaro insectívoro, de color negro, blanco y ceniciento, que vive en parajes húmedos.

aguzar *v. tr.* **1.** Hacer o sacar punta a un arma u otra cosa. **2.** *fig.* Incitar, estimular.

¡ah! *interj.* con la que se denota estados o movimientos del ánimo, en especial de sorpresa, pena, admiración, etc.

aherrojar *v. tr.* **1.** Poner a alguien grilletes de hierro. **2.** *fig.* Oprimir, subyugar.

aherrumbrar *v. tr.* **1.** Dar a una cosa color o sabor de hierro. || *v. prnl.* **2.** Cubrirse de herrumbre.

ahervorarse *v. prnl.* Calentarse el trigo y otras semillas por efecto de la fermentación.

ahí *adv. l.* **1.** En ese lugar o a ese lugar. **2.** En esto o en eso.

ahijado, da *s. m. y s. f.* Cualquier persona respecto de sus padrinos.

ahijar *v. tr.* Adoptar el hijo ajeno.

ahilar *v. intr.* **1.** Ir en fila. || *v. prnl.* **2.** Adelgazarse por causa de enfermedad.

ahincar *v. tr.* **1.** Instar con ahínco y eficacia. || *v. prnl.* **2.** Apresurarse, darse prisa.

ahínco *s. m.* Eficacia, empeño o diligencia con que se solicita una cosa o se ejecuta.

ahíto, ta *adj.* **1.** Se aplica al que padece alguna indigestión. **2.** *fig.* Cansado, enfadado de alguna persona o cosa.

ahocicar *v. intr.* Meter el buque la proa en el agua por llevar la carga mal estibada.

ahocinarse *v. prnl.* Correr los ríos por angosturas o quebraderas.

ahogado, da *adj.* Se dice de la persona que muere por falta de respiración, especialmente en el agua.

ahogar *v. tr.* Quitar la vida a alguien impidiéndole respirar. También prnl.

ahogo *s. m.* **1.** Opresión, fatiga en el pecho que impide respirar bien. **2.** *fig.* Aprieto, congoja o aflicción grande.

ahoguío *s. m.* Opresión y fatiga en el pecho, que impide respirar con libertad.

ahondar *v. tr.* **1.** Hacer una cosa más honda. **2.** Escudriñar lo más profundo y recóndito de un asunto. También intr.

ahora *adv. t.* En este momento, en el tiempo actual o presente.

ahorcado, da *s. m. y s. f.* Persona ajusticiada en la horca.

ahorcar *v. tr.* Quitar a alguien la vida por estrangulación, colgándolo de una cuerda pasada alrededor del cuello. También prnl.

ahormar *v. tr.* Ajustar algo a su horma.

ahornagarse *v. prnl.* Abochornarse o abrasarse la tierra y sus frutos por el excesivo calor.

ahorrar *v. tr.* **1.** Cercenar y reservar alguna parte del gasto ordinario. También prnl. **2.** Evitar algún trabajo, riesgo, etc.

ahorrativo, va *adj.* Se dice de aquel que ahorra.

ahoyar *v. intr.* Hacer hoyos.

ahuecar *v. tr.* Poner hueca o cóncava alguna cosa.

ahumar *v. tr.* **1.** Poner al humo una cosa. *v. intr.* **2.** Echar humo. ‖ *v. prnl.* **3.** Ennegrecerse.

ahusado, da *adj.* De figura de huso.

ahusar *v. prnl.* Irse adelgazando alguna cosa en figura de huso.

ahuyentar *v. tr.* Hacer huir a alguien.

airado, da *adj.* Enfadado, enojado.

airar *v. tr.* Agitar, alterar violentamente.

aire *s. m.* **1.** Fluido transparente, inodoro e insípido, formado por una mezcla en cantidades diversas de oxígeno y nitrógeno principalmente, en unión de otros gases, como el argón, anhídrido carbónico, vapor de agua y corpúsculos orgánicos. **2.** *fig.* Garbo.

airear *v. tr.* Poner al aire o ventilar algo.

airón *s. m.* **1.** Garza real. **2.** Penacho de plumas que tienen en la cabeza algunas aves. **3.** Adorno de plumas, o de cosa que procure imitarlas, en sombreros, gorras, etc., o en el tocado femenino.

airoso, sa *adj.* **1.** Se aplica al tiempo o lugar donde hace mucho aire. **2.** *fig.* Garboso, gallardo.

aislador, ra *adj.* Se aplica a los cuerpos que interceptan el paso a la electricidad y al calor. También s. m.

aislamiento *s. m.* Incomunicación, desamparo.

aislante *adj.* Se aplica a los cuerpos que interceptan el paso a la electricidad y al calor.

aislar *v. tr.* **1.** Cercar de agua por todas partes algún sitio o lugar. **2.** Dejar una cosa sola y separada de otras. También prnl.

¡ajá! *interj. fam.* que denota complacencia o aprobación.

ajar *v. tr.* Maltratar una cosa o deslucirla. También prnl.

ajarafe *s. m.* **1.** Terreno alto y extenso. **2.** Azotea o terrado.

ajea *s. f.* Artemisa pegajosa.

ajear *v. intr.* Repetir la perdiz su chillido típico al verse acosada.

ajedrecista *s. m. y s. f.* Persona diestra en el juego de ajedrez.

ajedrez *s. m.* Juego entre dos personas, cada una de las cuales dispone de 16 piezas movibles según ciertas reglas sobre un tablero de 64 casillas.

ajenjo *s. m.* Planta medicinal, amarga y un poco aromática.

ajeno, na *adj.* **1.** Que pertenece a otro. **2.** *fig.* Extraño.

ajete *s. m.* **1.** Ajo tierno. **2.** Salsa con ajo.

ajetrear *v. prnl.* Fatigarse.

ají *s. m.* Variedad de pimiento muy picante.

ajimez *s. m.* Ventana arqueada u ojival, dividida en el centro por una columna.

ajipuerro *s. m.* Puerro silvestre.

ajo *s. m.* Planta cuyo bulbo se utiliza mucho como condimento.

ajobar *v. tr.* Llevar a cuestas.

ajobo *s. m.* Trabajo, molestia.

ajonjera *s. f.* Planta perenne, de raíz fusiforme, hojas puntiagudas y espinosas, y flores amarillentas.

ajorca *s. f.* Especie de argolla de oro, plata u otro metal, que traían como adorno las mujeres en las muñecas, brazos o en la garganta de los pies.

ajuar *s. m.* **1.** Conjunto de muebles, enseres y ropas de uso común en la casa. **2.** Conjunto de muebles, alhajas y ropas que aporta la mujer al matrimonio.

ajustador *s. m.* Jubón que se ajusta al cuerpo.

ajustar *v. tr.* **1.** Adaptar una cosa de modo que venga justo con otra. También prnl. **2.** Concertar.

ajuste *s. m.* Medida proporcionada de las partes de alguna cosa para el efecto de ajustar o cerrar.

ajusticiar *v. tr.* Castigar al reo con pena de muerte.

al *contracc.* de la preposición "a" y el artículo "el".

ala *s. f.* **1.** Parte del cuerpo de algunos animales, de que se sirven para volar. **2.** Tropa formada en cada uno de los extremos de un orden de batalla. **3.** Paleta de hélice.

Alá *n. p.* Nombre que dan a Dios los mahometanos y los cristianos orientales.

alabar *v. tr.* Elogiar, celebrar con palabras. También prnl.

alabarda *s. f.* Arma ofensiva, formada por un asta de madera y una moharra con cuchilla transversal, aguda por una parte y en figura de media luna por la otra.

alabardero *s. m.* **1.** Soldado armado de alabarda. **2.** Soldado especial del cuerpo de infantería que daba guardia de honor a los reyes de España, y cuya arma distintiva era la alabarda.

alabastrino, na *adj.* De alabastro.

alabastro *s. m.* Mármol translúcido.

álabe *s. m.* **1.** Rama de árbol combada hacia la tierra. **2.** Estera que se pone a los lados del carro.

alabearse *v. prnl.* Torcerse o combarse la madera labrada.

alabeo *s. m.* Vicio que toma una tabla u otra pieza de madera al alabearse.

alacena *s. f.* Hueco hecho en la pared, con puertas y anaqueles para guardar cosas.

alacrán *s. m.* Arácnido con la parte posterior del abdomen que se prolonga en forma de cola y termina en un aguijón

ALACRIDAD - ALAZÁN

curvo y venenoso que clava en el cuerpo de sus presas.

alacridad *s. f.* Alegría y presteza de ánimo para hacer alguna cosa.

aladierna *s. f.* Arbusto perenne, de flores blancas y fruto en baya negra y jugosa cuando está madura.

aladrero *s. m.* Carpintero que labra las maderas para la entibación de las minas.

alafia *s. f., fam.* Gracia, perdón.

álaga *s. f.* Especie de trigo que produce un grano largo y amarillento.

alagar *v. tr.* Llenar de lagos o charcos. También prnl.

alajor *s. m.* Tributo que se pagaba antiguamente por los solares de edificios.

alajú *s. m.* Pasta de almendras, nueces, piñones, pan rallado y tostado, especia fina y miel bien cocida.

alamar *s. m.* Presilla y botón.

alambicado, da *adj., fig.* Dado con escasez y muy poco a poco.

alambicar *v. tr.* **1.** Destilar. **2.** *fig.* Examinar atentamente alguna cosa hasta apurar su verdadero sentido o utilidad.

alambique *s. m.* Aparato de metal, vidrio, etc., para destilar.

alambrada *s. f.* Red de alambre grueso, sujeta al suelo con piquetes.

alambrar *v. tr.* Cercar un lugar o terreno con alambre.

alambre *s. m.* Hilo tirado de cualquier metal.

alambrera *s. f.* Red de alambre que se pone en las ventanas y otras partes.

alameda *s. f.* Lugar poblado de álamos.

alamín *s. m.* Juez de riegos.

álamo *s. m.* Árbol salicáceo, propio de lugares húmedos, que se eleva a bastante altura, de hojas anchas con largos pecíolos.

alampar *v. intr.* **1.** Enardecer el paladar las sustancias picantes. ‖ *v. prnl.* **2.** Sentir ansiedad grande por el logro de una cosa.

alamud *s. m.* Barra de hierro que, como pasador o cerrojo, servía para asegurar puertas o ventanas.

alancear *v. tr.* Dar lanzadas, herir con lanza.

alano, na *adj.* Se dice del perro de raza cruzada de dogo y lebrel.

alantoides *adj.* Se dice de una bolsa membranosa que comunica con la cavidad intestinal del embrión de los reptiles, aves y mamíferos. También s. m.

alanzar *v. tr.* Dar lanzadas.

alar *s. m.* Alero, del tejado.

alarde *s. m.* **1.** Ostentación y gala. **2.** Visita que a los presos hace el juez.

alardear *v. intr.* Hacer alarde.

alargar *v. tr.* **1.** Dar a una cosa mayor longitud. **2.** Hacer que una cosa dure más tiempo. También prnl.

alarido *s. m.* Grito lastimero de dolor, espanto o pena.

alarife *s. m.* Arquitecto o maestro de obras.

alarije *adj.* Se dice de una variedad de uva de color rojizo.

alarma *s. f.* **1.** Aviso o señal que se da para preparse a la defensa. **2.** Inquietud, susto causado por algún riesgo o mal.

alarmar *v. tr.* **1.** Incitar a tomar las armas. **2.** *fig.* Asustar. También prnl.

alarmista *adj.* Se dice de la persona que difunde una noticia alarmante. También s. m. y s. f.

alazán, na[1] *adj.* Se dice del color muy parecido al de la canela.

alazán, na[2] *adj.* Se dice especialmente del caballo o de la yegua que tienen el pelo alazán.

alazor s. m. Planta cuyas flores, de color de azafrán, se usan para teñir, y cuyas semillas se dan a las aves para cebarlas.

alba s. f. Primera luz del día, antes de salir el Sol.

albacea s. m. y s. f. Persona designada por el testador o por el juez para asegurar el cumplimiento de la última voluntad del finado.

albaceazgo s. m. Cargo de albacea.

albalá s. amb. Carta o cédula real en la que se concedía o se proveía alguna cosa.

albañal s. m. Canal que da salida a las aguas inmundas.

albañil s. m. Maestro u oficial de albañilería.

albañilería s. f. 1. Arte de construir edificios. 2. Obra de albañilería.

albar adj. Blanco.

albarán s. m. Recibo que firma el destinatario de una mercancía cuando la recibe.

albarazo s. m. Especie de lepra o herpes.

albarda s. f. Pieza principal del aparejo de las caballerías de carga.

albardilla s. f. Silla para domar potros.

albaricoque s. m. Fruto del albaricoquero, de sabor agradable y con hueso liso de almendra amarga.

albaricoquero s. m. Árbol rosáceo, de hojas brillantes y acorazonadas, flores grandes de corola blanca y cáliz rojo, cuyo fruto es el albaricoque.

albariza s. f. Laguna salobre.

albayalde s. m. Carbonato básico de plomo, de color blanco, empleado en la pintura.

albear v. intr. Blanquear.

albedrío s. m. Potestad de elegir.

albenda s. f. Colgadura antigua de lienzo blanco con encajes, cuyas labores representaban figuras de flores y animales.

alberca s. f. Depósito artificial de agua.

alberchiguero s. m. Árbol, variedad del melocotonero.

albérchigo s. m. 1. Fruto del alberchiguero. 2. En algunas partes albaricoque.

albergar v. tr. Dar hospedaje.

albergue s. m. Sitio donde una persona encuentra hospedaje o resguardo.

albino, na adj. Se dice de los seres vivos con la piel, el pelo, el iris, etc., más o menos blancos.

albo, ba adj. Blanco.

albogue s. m. Instrumento musical pastoril de viento compuesto por dos cañas.

albohol s. m. Correhuela, planta.

albóndiga s. f. Cada una de las bolas que se hacen de carne o pescado picados.

albor s. m. 1. Luz del alba. Se usa más en pl. 2. fig. Comienzo o principio de una cosa.

alborada s. f. Tiempo de amanecer.

alborear v. intr. Amanecer o rayar el día.

alborga s. f. Calzado rústico, que se hace a manera de alpargata.

albornoz s. m. 1. Tela hecha con estambre muy torcido y fuerte. 2. Especie de capa o capote con capucha.

alboroque s. m. Agasajo que hacen el comprador o el vendedor, o ambos, a los que intervienen en la venta.

alborotar v. tr. 1. Inquietar, alterar. También prnl. v. intr. 2. Causar alboroto.

alboroto s. m. 1. Vocerío. 2. Desorden, tumulto.

alborozar v. tr. Causar un regocijo, placer o alegría extraordinarios. También prnl.

alborozo s. m. Extraordinario regocijo.

albricias s. f. pl. Regalo que se da a la persona que trae la primera noticia de una buena nueva.

albufera *s. f.* Laguna formada en las playas bajas por el agua del mar. Su boca está cerrada por un banco de arena.

álbum *s. m.* Libro en blanco para escribir en él poesías, piezas de música, etc., o coleccionar fotografías, grabados, etc.

albumen *s. m.* Tejido que en algunas semillas rodea el embrión y que está destinado a servirle de primer alimento.

albúmina *s. f.* Cualquiera de las sustancias orgánicas nitrogenadas que forman principalmente la clara del huevo.

albur[1] *s. m.* Pez teleósteo de río.

albur[2] *s. m.* Contingencia a que se fía el resultado de un cometido o empresa.

albura *s. f.* Blancura perfecta.

alcabala *s. f.* Tributo que el vendedor pagaba al fisco con el contrato de compraventa y ambos contratantes en el de permuta.

alcachofa *s. f.* Planta hortense con cabezuelas que forman una especie de piña y son en parte comestibles.

alcahaz *s. m.* Jaula grande para encerrar aves.

alcahazar *v. tr.* Guardar aves en el alcahaz.

alcahuete, ta *s. m. y s. f.* Persona que procura, encubre o facilita un amor ilícito.

alcaide *s. m.* Persona que tenía a su cargo la guardia y defensa de una fortaleza.

alcaldada *s. f.* Acción imprudente e inconsiderada que ejecuta un alcalde o cualquier otra persona abusando de su autoridad.

alcalde, desa *s. m. y s. f.* Persona que preside el ayuntamiento de cada municipio.

alcaldía *s. f.* **1.** Oficio o cargo de alcalde. **2.** Territorio de su jurisdicción.

álcali *s. m.* Nombre dado a los óxidos metálicos que por su gran solubilidad en el agua pueden actuar como bases energéticas.

alcalino, na *adj.* De álcali.

alcaloide *s. m.* Cualquiera de las sustancias nitrogenadas, de propiedades alcalinas o básicas que existen naturalmente en células vegetales, casi siempre combinados con ácidos orgánicos.

alcance *s. m.* **1.** Seguimiento, persecución. **2.** Distancia a que llega el brazo de una persona. **3.** *fig.* Capacidad o talento. Se usa más en pl.

alcancía *s. f.* Vasija cerrada, con una hendidura por donde se echan las monedas para guardarlas.

alcándara *s. f.* Percha o varal en la que se ponían las aves de cetrería o donde se colgaba la ropa.

alcandora *s. f.* Hoguera que se utilizaba para hacer señales con el humo de su llama.

alcanfor *s. m.* Sustancia blanca, sólida, cristalina, volátil, de sabor ardiente y olor característico.

alcanforero *s. m.* Árbol lauráceo, de hojas alternas y coriáceas, flores pequeñas y blancas, y fruto en baya negra. De sus raíces y ramas se extrae el alcanfor.

alcantarilla *s. f.* Acueducto subterráneo o sumidero.

alcantarillado *s. m.* Conjunto de alcantarillas.

alcantarillar *v. tr.* Hacer alcantarillas.

alcanzadura *s. f.* Contusión o herida que se hacen las caballerías en el pulpejo o algo más arriba de las manos.

alcanzar *v. tr.* **1.** Llegar a juntarse con una persona o cosa que va delante. **2.** *fig.* Llegar a tocar algo con la mano.

alcaparra *s. f.* Mata ramosa, de tallos tendidos y espinosos, hojas alternas y flores axilares.

alcaparrón s. m. Fruto de la alcaparra, que es una baya carnosa parecida en la forma a un higo pequeño.

alcaraván s. m. Ave zancuda, de cuello muy largo y cola pequeña, de alas blancas y negras, y cuerpo rojo.

alcaravea s. f. Planta umbelífera, de flores blancas, cuyas semillas tienen propiedades estomacales y sirven para condimento.

alcarraza s. f. Vasija de arcilla porosa poco cocida, que deja rezumar cierta cantidad de agua, cuya evaporación enfría la de dentro.

alcarria s. f. Terreno alto y, por lo común, raso y de poca hierba.

alcatifa s. f. Tapete o alfombra fina.

alcatraz s. m. Pelícano americano.

alcaucil s. m. Alcachofa silvestre.

alcaudón s. m. Pájaro dentirrostro, carnívoro, de alas y cola negras, manchadas de blanco, que se usó como ave de cetrería.

alcayata s. f. Escarpia de hierro.

alcazaba s. f. Recinto fortificado.

alcázar s. m. **1.** Fortaleza. **2.** Palacio real.

alce s. m. Anta, rumiante parecido al ciervo.

alcoba s. f. Aposento para dormir.

alcohol s. m. Líquido incoloro, diáfano, inflamable y de olor fuerte, que arde con llama azulada.

alcoholar v. tr. Obtener alcohol de una sustancia por destilación.

alcoholímetro s. m. Areómetro que sirve para medir la cantidad de alcohol existente en un líquido.

alcoholismo s. m. Enfermedad ocasionada por abuso de bebidas alcohólicas.

alcoholizar v. tr. **1.** Echar alcohol en otro líquido. **2.** Alcoholar.

alconcilla s. f. Color arrebol utilizado como afeite.

alcornoque s. m. Árbol cupulífero, de hoja persistente y madera muy dura, cuya corteza, gruesa y fofa, constituye el corcho.

alcorque s. m. Chanclo con suela de corcho.

alcorza s. f. Pasta muy blanca de azúcar y almidón.

alcotán s. m. Ave rapaz diurna, semejante al halcón.

alcotana s. f. Herramienta de albañilería.

alcurnia s. f. Linaje, ascendencia.

alcuza s. f. Vasija para contener aceite.

alcuzcuz s. m. Pasta de harina y miel.

aldaba s. f. Pieza de hierro o bronce que se pone en las puertas para llamar o cerrar.

aldea s. f. Pueblo de poco vecindario y sin jurisdicción propia.

aldeano, na adj. Natural de una aldea. También s. m. y s. f.

aldehído s. m. Nombre genérico de los cuerpos resultantes de la deshidrogenación de un alcohol primario.

aleación s. f. Producto homogéneo, de propiedades metálicas, compuesto de dos o más elementos, uno de los cuales, al menos, debe ser un metal.

aleatorio, ria adj. Dependiente de algún suceso eventual.

alebrarse v. prnl. Echarse en el suelo pegándose a él como las liebres.

aleccionar v. tr. Dar lecciones enseñar.

aledaño, ña adj. Lindante.

alegar v. tr. Citar algo que sirve de prueba o abona una pretensión.

alegato s. m. Escrito en que el abogado expone los fundamentos de su defensa.

alegoría s. f. Figura que traduce una idea a imagen poética, de manera que haya correspondencia entre los elementos del término real y los de la imagen.

ALEGRAR - ALFILETERO

alegrar *v. tr.* **1.** Causar alegría. **2.** *fig.* Avivar, hermosear.

alegre *adj.* **1.** Que siente alegría. **2.** De colores vivos.

alegreto *adv. m.* Con movimiento menos vivo que el alegro.

alegría *s. f.* Movimiento del ánimo grato y vivo, originado generalmente por una viva satisfacción del alma.

alegro *adv. m.* Con movimiento moderadamente vivo.

alelar *v. tr.* Poner lelo. También prnl.

aleluya *s. m.* Canto religioso de júbilo, especialmente en tiempo de Pascua.

alentada *s. f.* Respiración ininterrumpida.

alentado, da *adj.* Animoso, valiente.

alentar *v. intr.* **1.** Respirar. || *v. tr.* **2.** Infundir aliento, dar vigor. También prnl.

alepín *s. m.* Tela muy fina de lana.

alerce *s. m.* Árbol conífero, muy alto, de tronco derecho y alisado, ramas abiertas y hojas blandas, cuyo fruto es una piña menor que la del pino.

alero *s. m.* Parte inferior del tejado, que sobresale de la pared.

alerta *adv. m.* Con vigilancia.

alesnado, da *adj.* Puntiagudo, a manera de lezna o punta.

aleta *s. f.* Membranas externas a manera de alas que tienen los peces.

aletargar *v. tr.* Causar letargo.

aletazo *s. m.* Golpe de ala o de aleta.

aletear *v. intr.* Mover frecuentemente las alas sin empezar el vuelo.

aleurona *s. f.* Sustancia existente en algunas semillas.

alevosía *s. f.* Traición, perfidia.

alevoso, sa *adj.* Se dice del que comete alevosía. También s. m. y s. f.

alfa *s. f.* Primera letra del alfabeto griego, correspondiente a la "a" de nuestro abecedario.

alfalfa *s. f.* Mielga común que se cultiva para forraje.

alfalfar *s. m.* Tierra sembrada de alfalfa.

alfaneque *s. m.* Ave rapaz de plumaje oscuro, con la cola en listas de gris claro.

alfanje *s. m.* Sable corto, corvo y con filo solamente por un lado.

alfaque *s. m.* Banco de arena en las desembocaduras de los ríos. Se usa más en pl.

alfaquí *s. m.* Doctor o sabio de la ley entre los musulmanes.

alfarería *s. f.* Arte de fabricar vasijas de barro.

alfarero, ra *s. m. y s. f.* Persona que fabrica vasijas de barro.

alfarje *s. m.* Piedra inferior del molino de aceite.

alfarjía *s. f.* Madero de sierra que se emplea para cercos de puertas y ventanas.

alféizar *s. m.* Vuelta que hace una pared en el corte o vuelta de una puerta o ventana.

alfeñique *s. m.* Pasta de azúcar, cocida y estirada en barras delgadas y retorcidas.

alferecía *s. f.* Enfermedad de la infancia, caracterizada por convulsiones y pérdida del conocimiento.

alférez *s. m.* Oficial del Ejército en el grado y empleo inferior de la carrera.

alfil *s. m.* Pieza del ajedrez que se mueve diagonalmente.

alfiler *s. m.* Clavillo de metal muy fino, con punta en uno de sus extremos, que sirve para prender alguna parte de los vestidos, tocados y otros adornos personales.

alfiletero *s. m.* Cañuto para alfileres y agujas.

alfolí *s. m.* **1.** Granero. **2.** Almacén de sal.

alfombra *s. f.* Tejido de lana u otras materias, con diversos dibujos y colores, con que se cubre el piso de las habitaciones, escaleras, etc.

alfombrar *v. tr.* Cubrir el suelo con alfombra.

alfombrilla *s. f.* Erupción cutánea parecida al sarampión, del que se distingue por la ausencia de síntomas catarrales.

alfóncigo *s. m.* Árbol anacardiáceo, de hojas compuestas y color verde oscuro.

alforfón *s. m.* Planta poligonácea, con tallos nudosos, hojas grandes y acorazonadas, y fruto negruzco del que se hace pan.

alforja *s. f.* Especie de talega, abierta por el centro y cerrada por los extremos, formando dos bolsas grandes, donde se pone lo que se quiere trasladar.

alforza *s. f.* Parte del vestido que se pliega en la parte inferior de una ropa talar.

alga *s. f.* Planta talofita, unicelular o pluricelular, con tallos de figura de cintas filamentosas.

algaida *s. f.* Sitio lleno de matorrales.

algalia *s. f.* Sonda para las operaciones de vejiga.

algara *s. f.* Tropa a caballo que hacía irrupciones para robar en el campo enemigo.

algarabía *s. f.* Griterío de varias personas que hablan a un tiempo.

algarada[1] *s. f.* Vocería grande causada por algún tropel de gente.

algarada[2] *s. f.* Máquina de guerra.

algarroba *s. f.* Fruto del algarrobo, que es una vaina azucarada y comestible.

algarrobo *s. m.* Árbol leguminoso, propio de regiones templadas, de hojas persistentes, cuyo fruto es una vaina azucarada.

algazara *s. f.* Vocerío de una tropa, sobre todo morisca, al atacar al enemigo.

algazul *s. m.* Planta ficoidea, de hojas crasas y verde amarillentas.

álgebra *s. f.* Parte de las matemáticas que trata de la cantidad considerada en general, valiéndose para representarla de letras u otros símbolos.

algidez *s. f.* Frialdad glacial.

álgido, da *adj.* Acompañado de frío glacial.

algo *pron. indef.* **1.** Expresa una cosa que no se quiere o no se puede nombrar. **2.** Cantidad indeterminada. ‖ *adv. c.* **3.** Un poco, no completamente o del todo.

algodón *s. m.* Planta vivaz, con tallos verdes al principio y rojos al tiempo de florecer. Su fruto es una cápsula con semillas envueltas en una borra muy blanca y larga.

algorín *s. m.* Cada uno de los departamentos del molino de aceite en el que se deposita por separado la aceituna de cada uno de los cosecheros.

algoritmo *s. m.* Método y notación en las diversas formas del cálculo.

alguacil *s. m.* Oficial inferior de justicia que ejecuta las órdenes del tribunal.

alguien *pron. indef.* Persona indeterminada.

algún *adj. indef.* Apócope de alguno.

alguno, na *adj.* Se aplica indeterminadamente a una persona o cosa con respecto a varias o muchas.

alhaja *s. f.* Joya, pieza de oro o plata.

alhajar *v. tr.* **1.** Adornar con alhajas. **2.** Amueblar.

alharaca *s. f.* Demostración extraordinaria con que, por ligero motivo, se manifiesta la vehemencia de algún afecto.

alharma *s. f.* Planta rutácea, de hojas laciniadas y flores blancas, muy olorosas.

alhelí *s. m.* Planta crucífera, de flores sencillas o dobles, de varios colores y olor agradable.

alheña *s. f.* Arbusto oleáceo, de flores pequeñas y olorosas, cuyas hojas reducidas a polvo se usan para teñir.

alhóndiga *s. f.* Local público destinado para la venta, compra y depósito de granos y otros comestibles.

alhumajo *s. m.* Hojas de los pinos.

aliado, da *adj.* Se dice de la persona con quien uno se ha unido y coligado. También s. m. y s. f.

alias *adv. m.* De otro modo, por otro nombre.

alible *adj.* Capaz de nutrir o alimentar.

alicaído, da *adj.* **1.** Caído de alas. **2.** Débil, falto de fuerzas por edad o indisposición.

alicatado *s. m.* Obra de azulejos, generalmente de estilo árabe.

alicates *s. m. pl.* Tenacillas de acero con brazos encorvados y puntas cuadrangulares, que sirven para coger objetos menudos, torcer alambres, etc.

aliciente *s. m.* Atractivo o incentivo.

alícuota *adj.* Se dice de cada una de las partes iguales de un todo.

alidada *s. f.* Regla para dirigir visuales, propia de algunos instrumentos de topografía.

alienista *adj.* Se dice del médico especialista en enfermedades mentales. También s. m. y s. f.

aliento *s. m.* Respiración.

aligación *s. f.* Ligazón, trabazón.

aligerar *v. tr.* **1.** Hacer ligero o menos pesado algo. También prnl. **2.** Abreviar, acelerar.

alígero, ra *adj.* Alado, que tiene alas.

alijar[1] *v. tr.* **1.** Descargar parcial o totalmente una embarcación. **2.** Separar la borra del algodón de sus semillas.

alijar[2] *s. m.* Terreno inculto.

alijo *s. m.* Conjunto de géneros de contrabando.

alimaña *s. f.* Animal peligroso para la caza menor.

alimentar *v. tr.* Dar alimento. También prnl.

alimento *s. m.* Comida y bebida que el ser humano y los animales toman para subsistir.

alindar *v. tr.* **1.** Señalar los lindes. || *v. intr.* **2.** Lindar.

alinear *v. tr.* Poner en línea recta. También prnl.

aliñar *v. tr.* Aderezar, componer, adornar.

alioli *s. m.* Salsa hecha de ajos machacados y aceite.

aliquebrar *v. tr.* Quebrar las alas. También prnl.

alisar[1] *s. m.* Sitio poblado de alisos.

alisar[2] *v. tr.* Poner liso algo. También prnl.

alisma *s. f.* Planta perenne alismatácea, que crece en terrenos pantanosos, con hojas acorazonadas, ovales o lanceoladas, y flores blanquecinas.

alistar *v. tr.* **1.** Poner en lista. También prnl. || *v. prnl.* **2.** Inscribirse como soldado.

aliteración *s. f.* Repetición del mismo o de los mismos sonidos, sobre todo consonánticos, en una frase.

aliviar *v. tr.* Aligerar, hacer menos pesado.

alizar *s. m.* Cinta o friso de azulejos de diferentes labores en la parte inferior de los aposentos.

aljaba *s. f.* Caja portátil para flechas o saetas.

aljama[1] *s. f.* **1.** Morería, judería. **2.** Sinagoga.

aljama² *s. f.* Mezquita.

aljamía *s. f.* Textos moriscos en romance, pero transcritos con caracteres árabes.

aljamiado, da *adj.* Escrito en aljamía.

aljez *s. m.* Mineral de yeso.

aljibe *s. m.* **1.** Cisterna. **2.** Barco en cuya bodega se lleva el agua a las embarcaciones.

aljófar *s. m.* Perla pequeña de figura irregular.

aljofifa *s. f.* Pedazo de paño basto de lana para fregar el suelo.

aljuba *s. f.* Vestidura morisca, especie de gabán, con mangas cortas que usaron también los cristianos españoles.

allá *adv. l.* **1.** Indica lugar alejado del que habla. || *adv. t.* **2.** Denota tiempo pasado o futuro.

allanamiento *s. m.* Acto de conformación con una demanda o decisión.

allanar *v. tr.* **1.** Poner llana la superficie de un terreno, suelo o cualquier cosa. También prnl. e intr. **2.** *fig.* Pacificar, aquietar.

allegado, da *adj.* **1.** Cercano, próximo. **2.** Pariente. También s. m. y s. f.

allegar *v. tr.* Recoger, juntar.

allende *adv. l.* **1.** De la parte de allá. || *adv. c.* **2.** Además.

allí *adv. l.* **1.** En aquel lugar. || *adv. t.* **2.** Entonces, en tal ocasión.

allozo *s. m.* Almendro silvestre.

alma *s. f.* Sustancia espiritual e inmortal que, con el cuerpo, constituye la esencia del ser humano.

almacén *s. m.* Edificio donde se guardan géneros.

almacenaje *s. m.* Derecho que se paga por guardar las cosas en un almacén.

almáciga¹ *s. f.* Resina amarillenta y aromática que se extrae de una variedad de lentisco.

almáciga² *s. f.* Lugar donde se siembran las semillas de las plantas para transplantarlas después a otro sitio.

almadía *s. f.* **1.** Especie de canoa usada en la India. **2.** Armadía, conjunto de maderos unidos para conducirlos flotando.

almadraba *s. f.* Red o cerco de redes con que se pescan los atunes.

almadreña *s. f.* Calzado de madera de una pieza.

almagesto *s. m.* Libro antiguo de astronomía.

almagral *s. m.* Terreno en que abunda almagre, óxido de hierro.

almagre *s. m.* Óxido rojo de hierro, abundante en la naturaleza.

almanaque *s. m.* Registro de todos los días del año, con indicaciones astronómicas, meteorológicas, etc.

almarada *s. f.* Puñal agudo de tres aristas y sin corte.

almarjo *s. m.* Cualquiera de las plantas que dan barrilla.

almarraja *s. f.* Vasija de vidrio que servía para rociar o regar.

almártaga *s. f.* Cabezada que se ponía a los caballos sobre el freno para tenerlos asidos cuando los jinetes se apeaban.

almazara *s. f.* Molino de aceite.

almea *s. f.* **1.** Azúmbar, planta. **2.** Corteza del estoraque después de haberse sacado la resina.

almeja *s. f.* Nombre que se da a varios moluscos lamelibranquios comestibles.

almena *s. f.* Cada uno de los prismas que coronan los muros de las antiguas fortalezas.

almenar¹ *s. m.* Pie de hierro rematado en arandela erizada de púas donde se clavaban teas.

ALMENAR - ALMOHADILLA

almenar[2] *v. tr.* Guarnecer o coronar con almenas un edificio.

almenara *s. f.* **1.** Fuego que se hace en las atalayas o torres, en la costa o tierra adentro, para dar avisos diversos. **2.** Candelero sobre el que se ponían candiles de mechas para alumbrar el aposento.

almendra *s. f.* Fruto del almendro.

almendrada *s. f.* Bebida compuesta de leche de almendras y azúcar.

almendro *s. m.* Árbol rosáceo, de madera dura y hojas aserradas, flores blancas o rosadas, cuyo fruto es la almendra.

almendruco *s. m.* Fruto del almendro, con el mesocarpio todavía verde, el endocarpio aún blando y la semilla a medio cuajarse.

almete *s. m.* Pieza de la armadura antigua, que cubría la cabeza.

almez *s. m.* Árbol ulmáceo, de copa ancha, hojas lanceoladas y dentadas de color verde oscuro, flores solitarias, cuyo fruto es la almeza.

almeza *s. f.* Fruto del almez.

almiar *s. m.* Pajar al descubierto, con un palo largo en el centro, alrededor del cual se va apretando la mies, la paja o el heno.

almíbar *s. m.* Azúcar disuelto en agua y cocido al fuego hasta que tome consistencia de jarabe.

almibarado, da *adj.* Meloso, dulce.

almibarar *v. tr.* **1.** Cubrir con almíbar. **2.** Suavizar con arte y dulzura las palabras.

almidón *s. m.* Fécula, especialmente la de las semillas de los cereales.

almidonar *v. tr.* Mojar la ropa blanca en almidón desleído en agua.

almilla *s. f.* Especie de jubón con mangas o sin ellas, ajustado al cuerpo.

alminar *s. m.* Torre de las mezquitas, por lo común elevada y poco gruesa.

almirantazgo *s. m.* Alto tribunal o consejo de la Armada.

almirante *s. m.* El que tiene el cargo superior de la Armada, equivalente al de Teniente General en el Ejército de Tierra.

almirez *s. m.* Mortero de metal, pequeño y portátil.

almizclar *v. tr.* Aderezar con almizcle.

almizcle *s. m.* Sustancia olorífera formada de grumos secos y fáciles de aplastar, de sabor amargo, color pardo rojizo y untuosa al tacto.

almocadén *s. m.* En la antigua milicia, caudillo o capitán de tropa de a pie.

almocafre *s. m.* Instrumento que sirve para escardar y limpiar la tierra de malas hierbas, y para transplantar plantas pequeñas.

almocrí *s. m.* Lector del Corán en las mezquitas.

almodrote *s. m.* **1.** Salsa compuesta de aceite, ajo, queso y otros ingredientes, con la que se sazonan las berenjenas. **2.** *fam.* Mezcla confusa de varias cosas o especies.

almófar *s. m.* Parte de la armadura, especie de cofia o malla, sobre la que se ponía el capacete.

almogávar *s. m.* En la milicia antigua, soldado de una tropa escogida y muy diestro en la guerra, que se empleaba en hacer entradas y correrías en las tierras de los enemigos.

almohada *s. f.* Colchoncillo para reclinar la cabeza en la cama o para sentarse.

almohadilla *s. f.* Cojín sobre el que cosen las mujeres y que suele estar unido a la tapa de una cajita en que se guardan los avíos de coser.

almohadón *s. m.* Colchoncillo a manera de almohada utilizado para recostarse, sentarse o apoyar los pies en él.

almohaza *s. f.* Instrumento hecho de una chapa de hierro con cuatro o cinco serrezuelas de dientes menudos y romos, y de un mango de madera, que sirve para limpiar las caballerías.

almojarifazgo *s. m.* Derecho que se pagaba por las mercaderías que se introducían en España, o de ella salían, o por aquellas con que se comerciaba de un puerto a otro del reino.

almojarife *s. m.* Ministro real que recaudaba las rentas y derechos del rey.

almona *s. f.* Sitio donde se pescan sábalos.

almoneda *s. f.* Venta pública de bienes muebles con licitación y puja.

almorejo *s. m.* Planta gramínea, que crece en los campos cultivados; tiene flores en espiga, separadas y cubiertas de pelos.

almorrana *s. f.* Tumorcillo sanguíneo que se forma en la parte exterior del ano o en la extremidad del intestino recto.

almorta *s. f.* Planta papilionácea con tallo herboso y ramoso, su fruto es comestible con cuatro semillas en forma de muela.

almorzada *s. f.* Porción de cualquier cosa suelta, que cabe en el hueco que se forma con las manos juntas.

almorzar *v. intr.* **1.** Tomar el almuerzo. ‖ *v. tr.* **2.** Comer en el almuerzo una cosa u otra.

almotacén *s. m.* Persona encargada oficialmente de contrastar las pesas y medidas.

almud *s. m.* Medida de áridos.

almuédano *s. m.* Musulmán que desde el alminar convoca al pueblo para que acuda a la oración.

almuerzo *s. m.* Comida que se toma por la mañana, o durante el día, antes de la principal.

alnado, da *s. m. y s. f.* Hijastro.

alocución *s. f.* Discurso breve.

alodial *adj.* Se dice de los bienes libres de todo derecho o carga señorial.

alodio *s. m.* Heredad, patrimonio o cosa alodial.

áloe *s. m.* Planta con hojas largas y carnosas de las que se extrae un jugo resinoso y muy amargo empleado en medicina.

aloja *s. f.* Bebida compuesta de agua, miel y especias.

alojamiento *s. m.* Lugar donde está alguien alojado o aposentado.

alojar *v. tr.* Hospedar o aposentar. También *intr.* y *prnl.*

alomar *v. tr.* Arar la tierra dejando entre los surcos un espacio mayor al ordinario, de manera que quede formando lomos.

alón *s. m.* Ala entera de cualquier ave, quitadas las plumas.

alondra *s. f.* Pájaro insectívoro que anida en las mieses.

alopecia *s. f.* Caída o pérdida del pelo.

alotropía *s. f.* Diferencia que en las propiedades físicas o químicas puede presentar un mismo cuerpo simple, debido a la distinta agrupación de los átomos que constituyen sus moléculas.

alpaca[1] *s. f.* **1.** Rumiante, variedad doméstica de la vicuña, propio de América del Sur. **2.** *fig.* Tela gruesa de algodón abrillantado.

alpaca[2] *s. f.* Metal blanco, parecido a la plata.

alpargata *s. f.* Calzado de cáñamo, en forma de sandalia.

alpechín *s. m.* Líquido oscuro y fétido que sale de las aceitunas apiladas antes de la molienda y cuando, al extraer el aceite, se las exprime con ayuda de agua hirviendo.

alpende *s. m.* Casilla para guardar herramientas de las obras.

alpinismo *s. m.* Deporte consistente en la ascensión a las altas montañas.

alpiste *s. m.* Planta gramínea, cuyas semillas, muy pequeñas, se dan de comer a los pájaros.

alquequenje *s. m.* Planta solanácea, con tallo empinado y fruticoso, hojas ovaladas y puntiagudas, flores agrupadas de color blanco verdoso y fruto encarnado del tamaño de un guisante.

alquería *s. f.* Casa de labranza o granja lejos de poblado.

alquermes *s. m.* Licor de mesa, muy agradable, pero excitante.

alquez *s. m.* Medida de vino de doce cántaras.

alquibla *s. f.* Punto del horizonte o lugar de la mezquita hacia el que los musulmanes dirigen la vista cuando rezan.

alquicel *s. m.* Vestidura morisca a modo de capa y comúnmente blanca y de lana.

alquila *s. f.* Pieza de metal fija en el extremo de una varilla, con que en los taxis se indicaba cuándo estaban libres u ocupados.

alquilar *v. tr.* Dar o tomar alguna cosa por un tiempo determinado y mediante el pago de una cantidad convenida.

alquimia *s. f.* Preciencia, desarrollada durante la Edad Media, que trataba de buscar la clave para la interpretación del Universo.

alquitrán *s. m.* Sustancia untuosa, compuesta de resina y aceites esenciales.

alquitranar *v. tr.* Dar de alquitrán a alguna cosa.

alrededor *adv. l.* **1.** Denota la situación de personas o cosas que circundan a otras. ‖ *s. m.* **2.** Contorno de un lugar. Se usa más en pl.

álsine *s. f.* Planta cariofilácea, con hojas pequeñas y aovadas, y flores blancas.

altanería *s. f.* **1.** Caza hecha con aves de alto vuelo. **2.** *fig.* Altivez, soberbia.

altanero, ra *adj.* **1.** Se aplica al halcón y otras aves de rapiña de vuelo alto. **2.** *fig.* Altivo, soberbio.

altar *s. m.* **1.** Monumento para ofrecer el sacrificio. **2.** Mesa para celebrar la Misa.

alterar *v. tr.* Cambiar la esencia o forma de una cosa. También prnl.

altercar *v. intr.* Disputar, porfiar.

alternar *v. tr.* Variar las acciones diciendo o haciendo cosas diversas y repitiéndolas sucesivamente.

alternativa *s. f.* **1.** Acción o derecho que tiene cualquier persona o comunidad para ejecutar algo o gozar de ello alternando con otra. **2.** Opción entre dos cosas.

alteza *s. f.* **1.** Altura, elevación, sublimidad. **2.** *fig.* Tratamiento de príncipes.

altibajo *s. m.* **1.** Tela antigua, al parecer la misma que la llamada hoy terciopelo labrado. ‖ *s. m. pl.* **2.** Desigualdades de altos y bajos de un terreno.

altillo *s. m.* Cerrillo o sitio algo elevado.

altilocuencia *s. f.* Grandilocuencia.

altimetría *s. f.* Parte de la topografía que enseña a medir las alturas.

altísono, na *adj.* Altamente sonoro, de alto sonido. Se dice del lenguaje o estilo muy elevado y del escritor que emplea tal estilo.

altitud *s. f.* Altura de un punto de la tierra con relación al nivel del mar.

altivez *s. f.* Orgullo, soberbia.

altivo, va *adj.* Orgulloso, soberbio.

alto, ta *adj.* Levantado, elevado sobre la tierra.

altozano *s. m.* Cerro o monte de poca altura en terreno llano.

altramuz *s. m.* Planta papilionácea, de flores en espigas terminales, y semillas duras, redondas y achatadas, que se comen después de remojadas en agua.

altruismo *s. m.* Esmero y complacencia en el bien ajeno, aun a costa del propio, y por motivos puramente humanos.

altura *s. f.* **1.** Elevación que tiene cualquier cuerpo sobre la superficie de la tierra. **2.** Cumbre de los montes. **3.** Dimensión de los cuerpos perpendiculares a su base.

alubia *s. f.* Judía.

aluciar *v. tr.* **1.** Dar lustre a alguna cosa material; ponerla lúcida y brillante. ‖ *v. prnl.* **2.** Pulirse, acicalarse.

alucinar *v. tr.* **1.** Engañar haciendo que se tome una cosa por otra. También prnl. ‖ *v. intr.* **2.** Confundirse, ofuscarse.

alud *s. m.* Gran masa de nieve que se derrumba de los montes con violencia.

aluda *s. f.* Hormiga con alas.

aludel *s. m.* Cada uno de los caños de barro cocido que, unidos con otros en fila, se emplean para sublimar.

aludir *v. intr.* Referirse a una persona o cosa, sin nombrarla.

alumbrar *v. tr.* **1.** Llenar de luz y claridad. ‖ *v. intr.* **2.** Parir la mujer.

alúmina *s. f.* Óxido de aluminio.

aluminio *s. m.* Metal maleable que destaca por su ligereza y resistencia a la oxidación.

alumno, na *s. m. y s. f.* Persona que asiste a un centro de enseñanza para recibir instrucción.

aluvial *adj.* De aluvión.

aluvión *s. m.* Avenida de agua muy fuerte, inundación.

álveo *s. m.* Madre del río o arroyo.

alveolo *s. m.* **1.** Celdilla del panal. **2.** Cada una de las cavidades en que están engastados los dientes.

alza *s. f.* **1.** Aumento de precio que toma alguna cosa. **2.** Regla graduada que sirve para graduar la puntería. **3.** Cada uno de los maderos que sirven para formar una presa movible.

alzacuello *s. m.* Prenda suelta del traje eclesiástico, como una especie de corbatín.

alzada *s. f.* **1.** Estatura del caballo medida desde el rodete del talón de la mano hasta la parte más elevada de la cruz. **2.** Recurso de apelación en lo gubernativo.

alzamiento *s. m.* Puja llevada a cabo en la subasta.

alzapaño *s. m.* Cada una de las piezas de hierro, bronce u otra materia que sirven para tener recogida la cortina hacia los lados del balcón o puerta.

alzar *v. tr.* **1.** Levantar. **2.** Elevar la hostia y el cáliz después de la consagración. También intr. ‖ *v. prnl.* **3.** Rebelarse.

ama *s. f.* **1.** Señora de la casa o familia. **2.** Dueña o poseedora de alguna cosa.

amachetear *v. tr.* Dar machetazos.

amadrigarse *v. prnl.* Meterse en la madriguera.

amaestrar *v. tr.* **1.** Adiestrar. También prnl. **2.** Domar, enseñar a los animales.

amagar *v. tr.* **1.** Dejar ver la intención o disposición de ejecutar próximamente al-

AMAINAR - AMATISTA

guna cosa. También intr. ‖ *v. prnl.* **2.** *fam.* Esconderse. También tr.

amainar *v. tr.* **1.** Recoger en todo o en parte las velas de una embarcación. ‖ *v. intr.* **2.** Aflojar, perder su fuerza el viento.

amajadar *v. tr.* Meter el ganado en el redil.

amalgama *s. f.* Aleación de mercurio con otro metal.

amalgamar *v. tr.* Combinar el mercurio con otros metales. También prnl.

amamantar *v. tr.* Dar de mamar.

amancebamiento *s. m.* Relación sexual ilícita y habitual de hombre y mujer.

amancebarse *v. prnl.* Unirse en amancebamiento.

amancillar *v. tr.* **1.** Manchar la fama o linaje. **2.** Deslucir, afear, ajar.

amanecer *v. intr.* Empezar a aparecer la luz del día.

amanerarse *v. prnl.* **1.** Dar cierta afectación el escritor, el artista, etc., a sus obras ,lenguaje, etc. También tr. **2.** Adoptar una persona, por afectación, ademanes repetidos en el modo de accionar, de hablar, etc.

amansar *v. tr.* Hacer manso a un animal, domesticarlo. También prnl.

amantillo *s. m.* Cada uno de los cabos que sirven para asegurar la posición de una verga cruzada.

amanuense *s. m. y s. f.* Persona que escribe al dictado.

amañado, da *adj.* Mañoso, hábil.

amañar *v. tr.* **1.** Componer algo mañosamente. ‖ *v. prnl.* **2.** Darse maña, acomodarse con facilidad a hacer alguna cosa.

amaño *s. m.* Disposición para hacer con maña alguna cosa.

amapola *s. f.* Planta papaverácea, de flores rojas abundante en los sembrados.

amar *v. tr.* Tener cariño o aprecio a personas, animales o cosas.

amaranto *s. m.* Planta amarantácea, de hojas alternas, flores en espiga aterciopelada a manera de cresta y fruto de muchas semillas negras y relucientes.

amarar *v. intr.* Posarse en el agua el hidroavión.

amargar *v. intr.* **1.** Tener alguna cosa sabor desagradable al paladar, parecido al de la hiel. También prnl. ‖ *v. tr.* **2.** Causar aflicción o disgusto. También prnl.

amargor *s. m.* Sabor o gusto amargo.

amaricado, da *adj., fam.* Afeminado.

amarilis *s. f.* Planta amarilidácea, bulbosa, de adorno, de flores de colores muy vivos.

amarillear *v. intr.* **1.** Tirar a amarillo. **2.** Palidecer.

amarillo, lla *adj.* De color semejante al del oro, limón, etc. También *s. m.*

amariposado, da *adj.* De figura semejante a la de la mariposa.

amarra *s. f.* Cable para asegurar la embarcación en el paraje donde da fondo.

amarraco *s. m.* Tanteo de cinco puntos en el juego del mus.

amarradero *s. m.* Sitio donde se amarran los barcos.

amarrar *v. tr.* **1.** Atar, sujetar. **2.** Sujetar el buque en el puerto o fondeadero.

amasadera *s. f.* Artesa en que se amasa.

amasar *v. tr.* Hacer masa mezclando harina, yeso, tierra, etc., con agua u otro líquido.

amasijo *s. m.* **1.** Porción de harina amasada para hacer pan. **2.** *fig. y fam.* Obra o tarea. **3.** *fig. y fam.* Mezcla o unión de ideas diferentes que causan confusión.

amatista *s. f.* Variedad de cuarzo cristalizado de color violeta que se usa en joyería.

amaurosis s. f. Ceguedad más o menos completa y transitoria, debida a una afección del nervio óptico o de los centros nerviosos.

amazacotado, da adj. Pesado, compuesto groseramente a manera de mazacote.

amazona s. f. Mujer de alguna de las razas guerreras que suponían los antiguos haber existido y que no admitían ningún hombre en sus filas.

ambages s. m. pl. Rodeos de palabras o circunloquios.

ámbar s. m. Resina fósil de color amarillo algo oscuro, translúcida, electrizable por fricción y susceptible del pulimento.

ambición s. f. Pasión por conseguir poder, dignidades, riquezas, etc.

ambicionar v. tr. Desear ardientemente una cosa.

ambidextro, tra adj. Que usa igualmente de la mano izquierda que de la derecha.

ambiente s. m. Lo que rodea a las personas o cosas.

ambigú s. m. Local de un edificio destinado a reuniones o espectáculos públicos, en el que se sirven manjares.

ámbito s. m. Espacio comprendido dentro de determinados límites.

amblar v. intr. Andar moviendo al mismo tiempo el pie y la mano de un mismo lado, en lugar de moverlos en cruz.

ambliopía s. f. Debilidad o disminución de la vista, sin lesión orgánica del ojo.

ambón s. m. Cada uno de los púlpitos que están a ambos lados del altar mayor para cantar la epístola y el evangelio.

ambos, bas adj. pl. El uno y el otro; los dos.

ambrosía s. f. Manjar o alimento de los dioses.

ambulancia s. f. Coche con camilla para transportar heridos y enfermos.

ambulante adj. Que va de un lugar a otro sin tener asiento fijo.

ambulatorio s. m. Dispensario en que se presta atención médica.

amedrentar v. tr. Infundir miedo, atemorizar. También prnl.

amelga s. f. Faja de terreno que el labrador señala en un haza para esparcir la simiente con igualdad y proporción.

amelgar v. tr. Hacer surcos distanciándolos regularmente para sembrar el terreno con igualdad.

amén expr. que se dice al final de las oraciones de la Iglesia. También s. m.

amenazar v. tr. Dar a entender con actos o palabras que se quiere hacer algún mal a alguien.

amenguar v. tr. **1.** Disminuir, menoscabar. También intr. **2.** Deshonrar, infamar.

amenizar v. tr. Hacer amena alguna cosa.

ameno, na adj. Grato, placentero, deleitable por su frondosidad y hermosura.

amenorrea s. f. Enfermedad que consiste en la supresión del flujo menstrual.

amento s. m. Espiga articulada por su base y compuesta por muchas flores masculinas, como la del avellano.

amerengado, da adj. **1.** Semejante al merengue. **2.** fig. Se dice de la persona empalagosa.

americana s. f. Chaqueta de hombre.

ametralladora s. f. Especie de fusil que dispara muy rápidamente gran número de proyectiles.

ametrallar v. tr. Disparar metralla.

amianto s. m. Mineral que se presenta en fibras blancas y flexibles, de aspecto sedoso.

AMÍGDALA - AMORTECER

amígdala *s. f.* Órgano formado por la reunión de numerosos nódulos linfáticos.

amigdalitis *s. f.* Inflamación de las amígdalas.

amigo, ga *adj.* Que tiene amistad.

amilanar *v. tr.* **1.** *fig.* Causar tal miedo a alguien que quede aturdido y sin acción. ‖ *v. prnl.* **2.** Caer de ánimo, abatirse.

amillarar *v. tr.* Regular los caudales y granjerías de los vecinos de un pueblo para repartir entre ellos las contribuciones.

aminorar *v. tr.* Disminuir una cosa. También prnl.

amir *s. m.* Príncipe o caudillo árabe.

amistad *s. f.* **1.** Afecto personal que nace y se fortalece con el trato. **2.** Merced, favor.

amistar *v. tr.* Unir en amistad. También prnl.

amito *s. m.* Lienzo fino, cuadrado y con una cruz en medio, que el sacerdote se pone sobre sus espaldas, debajo del alba.

amitosis *s. f.* Modalidad de división de la célula, consistente en la división del núcleo y citoplasma en dos porciones iguales.

amnesia *s. f.* Pérdida de la memoria, a consecuencia de lesiones en determinados centros de la corteza cerebral.

amnios *s. m.* Membrana que envuelve la parte dorsal del embrión de los reptiles, mamíferos y aves.

amnistía *s. f.* Olvido de los delitos políticos, otorgado por la ley ordinariamente a cuantos reos tengan responsabilidades análogas entre sí.

amnistiar *v. tr.* Conceder amnistía.

amo *s. m.* **1.** Cabeza o señor de la casa o familia. **2.** Dueño de alguna cosa.

amodorrarse *v. prnl.* Adormilarse.

amohinar *v. tr.* Causar mohína. También prnl.

amojamar *v. tr.* Hacer mojama una cosa. También prnl.

amojonar *v. tr.* Señalar con mojones los linderos de una propiedad o de un término jurisdiccional.

amoladera *s. f.* Piedra de afilar.

amolar *v. tr.* **1.** Sacar corte o punta a un arma o instrumento en la muela. **2.** *fig. y fam.* Molestar con pertinacia.

amoldar *v. tr.* Ajustar una cosa al molde. También prnl.

amonedar *v. tr.* Reducir a moneda algún metal.

amonestar *v. tr.* Hacer presente algo para que se considere, procure o evite.

amoníaco *s. m.* Gas incoloro, compuesto de ázoe e hidrógeno, que, unido con el agua, sirve de base para la formación de ciertas sales.

amonita[1] *s. f.* Concha fósil en espiral, perteneciente a un cefalópodo ya extinguido.

amonita[2] *s. f.* Mezcla explosiva cuyo principal componente es el nitrato amónico.

amontonar *v. tr.* **1.** Poner unas cosas sobre otras sin orden. También prnl. **2.** *fig.* Amancebarse.

amor *s. m.* **1.** Afecto por el cual el ánimo busca el bien verdadero o imaginado y apetece gozarlo. **2.** Blandura, suavidad.

amordazar *v. tr.* Poner mordaza.

amorfo, fa *adj.* Sin forma determinada.

amormío *s. m.* Planta perenne de cebolla pequeña y con flores blancas.

amorrar *v. intr.* **1.** *fam.* Bajar o inclinar la cabeza. También prnl. **2.** Hacer que el barco cale mucho la proa.

amortajar *v. tr.* Poner la mortaja al difunto.

amortecer *v. tr.* **1.** Amortiguar. También intr. ‖ *v. prnl.* **2.** Quedar como muerto.

amortiguar *v. tr.* **1.** Dejar como muerto. También prnl. **2.** *fig.* Templar, hacer menos vivos los dolores.

amortizar *v. tr.* Redimir o extinguir el capital de un censo, préstamo u otra deuda.

amoscarse *v. prnl., fam.* Enfadarse.

amostazarse *v. prnl., fam.* Irritarse.

amotinar *v. tr.* **1.** Alzar en motín a una multitud. También prnl. **2.** Turbar las potencias del alma o los sentidos. También prnl.

amparar *v. tr.* Favorecer, proteger.

amparo *s. m.* Abrigo o defensa.

amperímetro *s. m.* Aparato que sirve para medir el número de amperios de una corriente eléctrica.

amperio *s. m.* Unidad de intensidad de la corriente eléctrica, equivalente al paso de un culombio por segundo.

ampliar *v. tr.* **1.** Extender, dilatar. **2.** Reproducir una fotografía en tamaño mayor del que tenga.

amplio, plia *adj.* Extenso, espacioso.

amplitud *s. f.* Extensión, dilatación.

ampo *s. m.* **1.** Blancura resplandeciente. **2.** Copo de nieve.

ampolla *s. f.* Vejiga que se forma por la elevación de la epidermis.

ampolleta *s. f.* Reloj de arena.

ampuloso, sa *adj.* Se dice del estilo o lenguaje hinchado y redundante.

amputar *v. tr.* Cortar y separar enteramente del cuerpo un miembro o porción de él.

amueblar *v. tr.* Dotar de muebles un edificio, habitación, etc.

amugronar *v. tr.* Acodar un sarmiento para hacerle retoñar.

amuleto *s. m.* Figura a la que se le atribuye alguna virtud sobrenatural para alejar daños o peligros.

amunicionar *v. tr.* Proveer de municiones.

amura *s. f.* Parte de los costados del buque donde éste se estrecha para formar la proa.

amurallar *v. tr.* Murar, fortificar.

amurar *v. tr.* Tirar por la amura, sujetando con ella los puños de las velas.

amusgar *v. tr.* Echar hacia atrás las orejas el caballo, el toro, etc., en ademán de querer morder, embestir, etc. También intr.

ana *s. f.* Medida de longitud equivalente al metro, más o menos.

anacarado, da *adj.* Parecido al nácar.

anacardo *s. m.* Árbol anacardiáceo, con tronco grueso, flores pequeñas, cuyo pedúnculo se hincha en forma de pera comestible, algo ácida y muy suculenta.

anaconda *s. f.* Serpiente americana de la familia de las boas.

anacoreta *s. m. y s. f.* Persona que vive en lugar solitario, retirada del trato humano.

anacronismo *s. m.* Error que consiste en atribuir a sucesos, costumbres, etc., una fecha o época que no les corresponde.

anadiplosis *s. f.* Figura consistente en la repetición de la última parte de un grupo sintáctico o de un verso, al comienzo del siguiente.

anadón *s. m.* Pollo del ánade.

anaerobio, bia *adj.* Se aplica al ser que puede vivir y desarrollarse sin aire, y en especial sin oxígeno. También intr.

anáfora *s. f.* Repetición de la misma palabra al principio de una frase.

anafrodita *adj.* Se dice del que por temperamento o virtud se abstiene de placeres sensuales. También s. m. y s. f.

anaglifo *s. m.* Vaso u obra tallada, de relieve abultado.

anagrama s. m. Transformación de una palabra o sentencia en otra por medio de la transposición de sus letras.

anales s. m. pl. Relaciones de sucesos por años.

analfabetismo s. m. Falta de instrucción elemental en un país.

analfabeto, ta adj. Que no sabe leer.

analgesia s. f. Falta o supresión de toda sensación dolorosa, sea natural o provocada.

análisis s. m. Distinción o separación de las partes de un todo.

analista[1] s. m. y s. f. Autor de anales.

analista[2] s. m. y s. f. **1.** Persona que hace los análisis químicos o médicos. **2.** Persona que se dedica al estudio del análisis matemático.

analizar v. tr. Hacer análisis de alguna cosa.

analogía s. f. Relación de semejanza entre dos o varias cosas.

análogo, ga adj. Que tiene analogía con otra cosa.

anamorfosis s. f. Pintura o dibujo que ofrece a la vista, en dependencia del ángulo de visión, una imagen deforme y confusa o regular y acabada.

ananás s. m. Planta exótica de hojas glaucas, espinosas, flores de color morado, y fruto grande en forma de piña, carnoso y amarillento.

anaquel s. m. Cada una de las tablas puestas horizontalmente en los muros, o en armarios, alacenas, etc., para colocar sobre ellas libros, piezas de vajilla, etc.

anaranjado, da adj. De color semejante al de la naranja. También s. m.

anarquía s. f. **1.** Ausencia de todo gobierno y autoridad en un Estado. **2.** fig. Desorden, confusión.

anata s. f. Renta, frutos o emolumentos que produce en un año cualquier beneficio o empleo.

anatema s. amb. **1.** Excomunión. **2.** Maldición, imprecación.

anatematizar v. tr. Imponer el anatema.

anatomía s. f. Ciencia que trata de la estructura, número, situación y relaciones de las diferentes partes del cuerpo de los animales o de las plantas.

anca s. f. Cada una de las dos mitades laterales de la parte posterior de algunos animales.

ancestral adj. **1.** Perteneciente o relativo a los antepasados remotos o procedente de ellos. **2.** Tradicional y de origen remoto.

ancho, cha adj. Holgado.

anchoa s. f. El boquerón, desangrado y curado en salmuera.

anchura s. f. **1.** Latitud. **2.** fig. Libertad, desenvoltura.

anchuroso, sa adj. Muy espacioso.

ancianidad s. f. Último período de la vida ordinaria del hombre.

anciano, na adj. Se dice de la persona que tiene muchos años. También s. m. y s. f.

ancla s. f. Instrumento de hierro en forma de arpón o anzuelo doble, compuesto de una barra, llamada caña, que lleva unas uñas dispuestas para aferrarse al fondo del mar y sujetar la nave.

anclar v. intr. Quedar sujeta la nave por medio del ancla.

anconada s. f. Ensenada.

áncora s. f. **1.** Ancla. **2.** fig. Lo que sirve o puede servir de amparo en un peligro.

andada s. f. Pan que se pone muy delgado y llano para que al cocer quede muy duro y sin miga.

ANDADERA - ANFIBOLOGÍA

andadera *s. f. pl.* Aparato utilizado para que el niño aprenda a andar, sin caerse.

andamiada *s. f.* Conjunto de andamios.

andamio *s. m.* Armazón de tablones pa trabajar en la construcción.

andana *s. f.* Orden de algunas cosas puestas en línea.

andanada *s. f.* Descarga cerrada de toda una andana o batería de un buque.

andante *adv. m.* Con movimiento moderadamente lento.

andanza *s. f.* Acontecimiento o suceso.

andar *v. intr.* Ir de un lugar a otro.

andaraje *s. m.* Rueda de la noria.

andariego, ga *adj.* Que anda mucho.

andarín, na *adj.* Se dice de la persona andadora, y en especial de la que lo es por oficio. También s. m. y s. f.

andarivel *s. m.* Maroma tendida entre las dos orillas de un río o canal para dirigir el paso de una barca.

andas *s. f. pl.* Tablero que sirve para conducir efigies, personas o cosas.

andén *s. m.* Corredor o sitio para andar, a lo largo de una calle, un muelle, la vía de un ferrocarril, etc.

andorga *s. f., fam.* Vientre, barriga.

andrajo *s. m.* **1.** Pedazo o jirón de ropa muy usada. **2.** *fig. y desp.* Persona o cosa muy despreciable.

andrajoso, sa *adj.* Cubierto de andrajos.

androceo *s. m.* Tercer verticilo de la flor, formado por los estambres.

androide *s. m.* Autómata de figura de hombre.

andrómina *s. f., fam.* Embuste, enredo. Se usa más en pl.

andurrial *s. m.* Paraje alejado y de difícil tránsito. Se usa más en pl.

anea *s. f.* Planta tifácea, que crece en sitios pantanosos, cuyas hojas se emplean para hacer asientos de sillas, cestas, etc.

anear *v. tr.* Medir una cosa por anas.

aneblar *v. tr.* **1.** Cubrir de niebla. También prnl. **2.** Anublar, marchitar. También prnl.

anécdota *s. f.* Relación breve de algún suceso notable.

anegar *v. tr.* Inundar, ahogar.

anélido *adj.* Se dice de animales pertenecientes al tipo de los gusanos, de cuerpo segmentario y sangre roja.

anemia *s. f.* Empobrecimiento de la sangre; en especial, disminución de los glóbulos rojos o de la hemoglobina.

anemómetro *s. m.* Instrumento para medir la velocidad o la fuerza del viento.

aneroide *adj.* Se dice del barómetro compuesto de una cajita metálica en que se ha hecho el vacío y cuya tapa se comba o se deprime según varía la presión atmosférica. También s. m.

anestesia *s. f.* Privación total o parcial de la sensibilidad.

aneurisma *s. amb.* Dilatación localizada de una arteria o vena.

anexar *v. tr.* Unir o agregar una cosa a otra con dependencia de ella.

anexo, xa *adj.* Unido, agregado a otra cosa con dependencia de ella.

anfibio, bia *adj.* Que puede vivir dentro y fuera del agua.

anfíbol *s. m.* Mineral compuesto de sílice, magnesia, cal y óxido ferroso, de color, por lo común, verde o negro, y brillo anacarado.

anfibología *s. f.* Doble sentido, vicio de la palabra, frase, o manera de hablar, a que puede darse más de una interpretación.

ANFITEATRO - ANIMOSIDAD

anfiteatro *s. m.* Edificio de figura redonda u oval con gradas alrededor, y en el cual se celebraban varios espectáculos como los combates de gladiadores o de fieras.

anfitrión, na *s. m. y s. f., fig. y fam.* Persona que tiene convidados a su mesa y les regala con esplendidez.

ánfora *s. f.* **1.** Cántaro alto con dos asas. ‖ *s. f. pl.* **2.** Jarras para consagrar los óleos.

anfractuoso, sa *adj.* Quebrado, sinuoso, escabroso, desigual.

angarillas *s. f. pl.* Armazón para llevar a mano materiales para edificios y otras cosas.

angazo *s. m.* Instrumento para pescar mariscos.

ángel *s. m.* Espíritu celeste.

angélica *s. f.* Planta herbácea de aplicación en farmacia.

angelical *adj.* Parecido a los ángeles por su hermosura, candor o inocencia.

angelote *s. m.* **1.** Figura grande de ángel. **2.** *fig. y fam.* Persona sencilla y apacible.

ángelus *s. m.* Oración en honor del misterio de la Encarnación y que se reza tres veces al día.

angina *s. f.* Inflamación de las amígdalas y de las regiones contiguas a ellas.

angla *s. f.* Cabo, lengua de tierra que avanza en el mar.

anglicismo *s. m.* Giro o modo de hablar propio y privativo de la lengua inglesa.

angosto, ta *adj.* Estrecho o reducido.

angostura *s. f.* Estrechura o paso estrecho.

anguarina *s. f.* Gabán de paño burdo y sin mangas.

anguila *s. f.* Pez teleósteo, fisóstomo, sin aletas abdominales, de cuerpo largo y cilíndrico; es comestible y remonta los ríos, pero para criar desciende al mar.

angular *adj.* De figura de ángulo.

ángulo *s. m.* Abertura formada por dos líneas que parten de un mismo punto.

angustia *s. f.* Aflicción, congoja.

angustiar *v. tr.* Causar angustia, afligir, acongojar. También prnl.

anhelar *v. intr.* **1.** Respirar con dificultad. **2.** Tener ansia de conseguir algo. También tr.

anhélito *s. m.* Respiración corta y fatigosa.

anhelo *s. m.* Deseo vehemente.

anheloso, sa *adj.* Se dice de la respiración frecuente y fatigosa.

anhídrido *s. m.* Cuerpo formado por una combinación del oxígeno con un elemento no metal y que, al reaccionar con el agua, da un ácido.

anhidro, dra *adj.* Se aplica a los cuerpos en cuya formación no entra para nada el agua, o que la han perdido si la tenían.

anidar *v. intr.* Hacer nido las aves o vivir en él. También prnl.

anilina *s. f.* Alcaloide líquido, artificial, obtenido por transformación de la bencina procedente del carbón de piedra.

anilla *s. f.* Argolla.

anillo *s. m.* Aro pequeño.

ánima *s. f.* Alma que pena en el purgatorio.

animación *s. f.* Viveza.

animadversión *s. f.* **1.** Enemistad. **2.** Crítica o advertencia severa.

animal *s. m.* Ser orgánico que vive, siente y se mueve por propio impulso.

animalada *s. f., fam.* Dicho o hecho de la persona brutal.

animar *v. tr.* Infundir ánimo, vigor.

ánimo *s. m.* **1.** Alma o espíritu. **2.** Valor, energía.

animosidad *s. f.* **1.** Valor. **2.** Ojeriza.

aniñarse *v. prnl.* Hacerse el niño quien no lo es.

aniquilar *v. tr.* Reducir a la nada. También prnl.

anís *s. m.* Planta de semillas aromáticas y de sabor agradable.

anisar *s. m.* **1.** Tierra sembrada de anís. ‖ *v. tr.* **2.** Echar anís o espíritu de anís a algo.

anisete *s. m.* Licor compuesto de aguardiente, azúcar y anís.

aniversario, ria *adj.* **1.** Anual. ‖ *s. m.* **2.** Oficio y misa que se celebran en sufragio de un difunto el día en que se cumple el año de su fallecimiento. **3.** Día en que se cumplen años de algún suceso.

anjeo *s. m.* Especie de lienzo basto.

ano *s. m.* Orificio en que remata el tubo digestivo y por el cual se expele el excremento.

anoche *adv. t.* En la noche de ayer.

anochecer *v. intr.* Empezar a faltar la luz del día, venir la noche.

anodino, na *adj.* Insustancial.

ánodo *s. m.* Polo positivo de un generador de electricidad.

anofeles *s. m.* Mosquito propagador del paludismo.

anomalía *s. f.* Irregularidad.

anómalo, la *adj.* Irregular, extraño.

anona[1] *s. f.* Provisión de víveres.

anona[2] *s. f.* Arbolito de tronco ramoso, hojas grandes y lanceoladas, flores blancas, y fruto carnoso cubierto de escamas.

anonadar *v. tr.* Humillar, abatir.

anónimo, ma *adj.* Que no ostenta nombre de su autor.

anopluro *adj.* Se dice de insectos ápteros, que viven como ectoparásitos en el cuerpo de algunos mamíferos. También s. m.

anorexia *s. f.* Falta anormal de ganas de comer.

anormal *s. m. y s. f.* Persona cuyo desarrollo físico o intelectual es inferior al que corresponde a su edad.

anotar *v. tr.* **1.** Poner notas en un escrito, cuenta o libro. **2.** Apuntar alguna cosa.

anquilosar *v. tr.* Producir anquilosis.

anquilosis *s. f.* Disminución o imposibilidad de movimiento en una articulación de ordinario móvil.

ánsar *s. m.* Ave palmípeda cuyas plumas sirven para rellenar colchones y para escribir.

ansarino *s. m.* Pollo del ánsar.

ansia *s. f.* **1.** Congoja. **2.** Angustia o aflicción del ánimo. **3.** Anhelo.

ansiar *v. tr.* Desear con ansia.

ansiedad *s. f.* Estado de agitación, inquietud o zozobra del ánimo.

anta *s. f.* Mamífero rumiante, parecido al ciervo, de color gris oscuro, astas en forma de pala con recortaduras profundas en los bordes.

antaño *adv. t.* En tiempo antiguo.

antañón, na *adj.* Muy viejo.

antártico, ca *adj.* Se dice del polo opuesto al ártico.

ante[1] *s. m.* **1.** Anta, rumiante parecido al ciervo. **2.** Piel de ante adobada y curtida.

ante[2] *prep.* En presencia de, delante de.

anteanoche *adv. t.* En la noche de anteayer.

anteayer *adv. t.* En el día que precedió inmediatamente al de ayer.

antebrazo *s. m.* Parte del brazo desde el codo hasta la muñeca.

antecámara *s. f.* Pieza delante de la sala o salas principales de un palacio o casa grande.

antecesor, ra *s. m. y s. f.* Persona que precedió a otra en una dignidad, empleo, ministerio, obra o encargo.

anteco, ca *adj.* Se aplica a los moradores del globo terrestre que están bajo un mismo meridiano y a igual distancia del ecuador, pero en distinto hemisferio.

antedata *s. f.* Fecha falsa de un documento anterior a la verdadera.

antediluviano, na *adj.* Anterior al diluvio universal.

antefirma *s. f.* Fórmula del tratamiento que corresponde a una persona o corporación y que se pone antes de la firma en el oficio, memorial o carta que se le dirige.

anteiglesia *s. f.* Atrio, pórtico o lonja delante de la iglesia.

antejuicio *s. m.* Juicio previo y necesario para la incoación de una causa contra jueces y magistrados.

antelación *s. f.* Anticipación con que, en orden al tiempo, sucede una cosa respecto a otra.

antemeridiano, na *adj.* Anterior al mediodía.

antemural *s. m.* **1.** Fortaleza. **2.** *fig.* Reparo o defensa.

antena *s. f.* **1.** Mástil del telégrafo para recoger y emitir ondas eléctricas. **2.** Apéndices articulados de los artrópodos.

antenombre *s. m.* Nombre o calificativo que se pone antes del nombre propio.

anteojera *s. f.* Caja en que se tienen o guardan anteojos.

anteojo *s. m.* Instrumento óptico para ver objetos lejanos.

antepasado, da *adj.* **1.** Se dice del tiempo anterior a otro tiempo ya pasado. ‖ *s. m.* **2.** Ascendiente. Se usa más en pl.

antepecho *s. m.* Pretil que se suele poner en parajes altos para evitar caídas.

antepenúltimo, ma *adj.* Inmediatamente anterior al penúltimo.

anteponer *v. tr.* **1.** Poner delante. También prnl. **2.** Preferir.

anteportada *s. f.* Hoja que precede a la portada de un libro y en la que ordinariamente se pone sólo el título de la obra.

anteproyecto *s. m.* Conjunto de trabajos preliminares para redactar el proyecto de una obra de arquitectura o de ingeniería.

antepuerta *s. f.* Repostero o cortina que se pone delante de una puerta para abrigo o adorno.

antepuerto *s. m.* Parte avanzada de un puerto artificial.

antera *s. f.* Parte del estambre de las flores que contiene el polen.

anterior *adj.* Que precede en lugar o tiempo.

anterioridad *s. f.* Precedencia temporal de una cosa con respecto a otra.

antes *adv. t. y l.* Denota prioridad de tiempo o lugar.

antesala *s. f.* Pieza delante de la sala.

antibiótico *s. m.* Sustancia química que impide la actividad de otros microorganismos.

anticiclón *s. m.* Área de gran presión barométrica.

anticipar *v. tr.* Hacer que ocurra o tenga lugar una cosa antes del tiempo señalado.

anticipo *s. m.* **1.** Anticipación. **2.** Dinero anticipado.

anticuar *v. tr.* Graduar de antigua y sin uso alguna cosa.

anticuerpo *s. m.* Sustancia que se produce en el organismo por un proceso es-

ANTIFAZ - ANTITOXINA

pontáneo o provocado, y que se opone a la acción de otros elementos tales como bacterias, toxinas, etc.

antifaz *s. m.* Velo, máscara, etc., con que se cubre la cara.

antífona *s. f.* Breve pasaje, tomado de ordinario de la Sagrada Escritura, que se canta o reza antes y después de los salmos y de los cánticos en las horas canónicas, y guarda relación con el oficio propio del día.

antífrasis *s. f.* Figura que consiste en designar personas o cosas con voces que signifiquen lo contrario de lo que se debiera decir.

antigualla *s. f.* Obra u objeto de arte de antigüedad remota.

antiguo, gua *adj.* Que existe desde hace mucho tiempo.

antihigiénico, ca *adj.* Contrario a la higiene.

antilogía *s. f.* Contradicción entre dos textos o expresiones.

antílope *s. m.* Cualquiera de los mamíferos rumiantes que forman un grupo intermedio entre las cabras y los ciervos, como la gacela y la gamuza.

antimilitarismo *s. m.* Oposición a las instrucciones militares.

antimonio *s. m.* Metal blanco azulado y brillante, de estructura laminosa, quebradizo, muy agrio e insoluble en el ácido nítrico. Aleado con el plomo, sirve para fabricar los caracteres de imprenta.

antinomia *s. f.* Contradicción entre dos leyes o principios que son de igual fecha o están declarados vigentes.

antipapa *s. m.* El que no está canónicamente elegido Papa y pretende ser reconocido como tal, contra el verdadero y legítimo.

antipara *s. f.* **1.** Biombo. **2.** Polaina.

antiparras *s. f. pl., fam.* Anteojos o gafas.

antipatía *s. f.* Repugnancia natural o instintiva que se siente hacia alguna persona o cosa.

antipendio *s. m.* Velo o tapiz de tela preciosa que tapa los soportes y la parte delantera de algunos altares entre la mesa y el suelo.

antiperistáltico, ca *adj.* Se aplica al movimiento de contracción del estómago y los intestinos, contrario al peristáltico.

antipirético, ca *adj.* Medicamento eficaz contra la fiebre. También s. m.

antipirina *s. f.* Base oxigenada que se presenta ordinariamente en forma de polvo blanco y se usa en medicina para rebajar la calentura y los dolores nerviosos.

antípoda *adj.* Se dice de cualquier habitante del globo terrestre con respecto a otro que more en lugar diametralmente opuesto.

antirrábico, ca *adj.* Se dice del medicamento utilizado para combatir la rabia.

antisepsia *s. f.* Método que consiste en combatir o prevenir los padecimientos infecciosos, destruyendo los microbios que los causan.

antisocial *adj.* Contrario, opuesto a la sociedad, al orden social.

antítesis *s. f.* Oposición o contrariedad de dos juicios o afirmaciones.

antitóxico, ca *adj.* Se dice de la sustancia que sirve para neutralizar una acción tóxica. También s. m.

antitoxina *s. f.* Cualquiera de los anticuerpos que destruyen los efectos de las toxinas y sirve para neutralizar ulteriormente nuevos ataques de la misma toxina.

antocianina *s. f.* Cualquiera de los pigmentos que se encuentran disueltos en el protoplasma de las células de algunos órganos vegetales, y a los cuales deben su color las corolas de todas las flores azules y violadas, y la mayoría de las rojas.

antófago, ga *adj.* Se dice de los animales que se alimentan principalmente de flores.

antojarse *v. prnl.* Hacerse objeto de vehemente deseo de alguna cosa.

antojera *s. f.* Pieza de guarnición que cubre por los lados los ojos de las caballerías.

antojo *s. m.* Deseo vivo y pasajero de alguna cosa.

antología *s. f.* Florilegio, colección de poesías, etc.

antonomasia *s. f.* Sinécdoque que consiste en poner el nombre apelativo por el propio, o el propio por el apelativo.

antracita *s. f.* Carbón fósil y brillante que arde con poca llama y sin humo ni olor.

ántrax *s. m.* Inflamación confluente de varios folículos pilosos, con abundante formación de pus y, a veces, complicaciones locales y generales graves, sobre todo si la padecen personas diabéticas.

antro *s. m.* Caverna, cueva, gruta.

antropofagia *s. f.* Costumbre de algunos salvajes de comer la carne humana.

antropoide *adj.* Se dice de los animales que por sus caracteres externos se asemejan al hombre, se aplica en especial a los monos antropoideos. También s. m.

antropología *s. f.* Ciencia que trata del hombre considerado física y moralmente.

antropomorfo, fa *adj.* Se aplica a lo que tiene forma o apariencia humana.

antruejo *s. m.* Los tres días de carnestolendas, carnaval.

antuvión *s. m.* Golpe repentino.

anual *adj.* Que sucede o se repite cada año.

anuario *s. m.* Libro que se publica de año en año.

anubarrado, da *adj.* Nubloso, cubierto de nubes.

anublar *v. tr.* **1.** Ocultar las nubes el azul del cielo o la luz de un astro. También prnl. **2.** *fig.* Oscurecer. También prnl.

anudar *v. tr.* Hacer uno o más nudos. También prnl.

anular *v. tr.* Dar por nulo.

anunciar *v. tr.* Dar noticia o aviso de algo, proclamar, hacer saber una cosa.

anuncio *s. m.* Pronóstico.

anuria *s. f.* Supresión de la secreción urinaria.

anúteba *s. f.* Llamamiento a la guerra.

anverso *s. m.* En las monedas y medallas, haz que se considera principal.

anzuelo *s. m.* Arponcillo pequeño que sirve para pescar.

añadido *s. m.* Postizo.

añadidura *s. f.* Lo que se añade a alguna cosa.

añadir *v. tr.* **1.** Agregar, incorporar una cosa a otra. **2.** Aumentar, acrecentar.

añafil *s. m.* Trompeta recta morisca.

añagaza *s. f.* **1.** Señuelo para coger aves. **2.** *fig.* Artificio para atraer con engaño.

añalejo *s. m.* Especie de calendario para los eclesiásticos que señala el orden y rito del rezo y oficio divino de todo el año.

añejar *v. tr.* Hacer añeja alguna cosa. También prnl.

añejo, ja *adj.* Se dice de ciertas cosas que tienen uno o más años.

añicos *s. m. pl.* Trocitos en que se divide una cosa al romperse.

añil *s. m.* Arbusto perenne papilionáceo, de hojas compuestas y flores en racimo o espiga, y legumbre con granillos lustrosos y muy duros, de cuyos tallos y hojas se saca una materia colorante.

añino *s. m.* Cordero de un año.

año *s. m.* **1.** Tiempo transcurrido durante una revolución real de la Tierra alrededor del Sol. **2.** Período de doce meses.

añojo, ja *s. m. y s. f.* Becerro de un año cumplido.

añoranza *s. f.* Melancolía por la pérdida o separación de una persona o cosa.

añorar *v. tr.* Recordar con pena la pérdida o ausencia de una persona o cosa muy querida. También intr.

añoso, sa *adj.* De muchos años.

aojar[1] *v. tr.* Hacer mal de ojo.

aojar[2] *v. tr.* Ojear la caza.

aónides *s. f. pl.* Las musas.

aoristo *s. m.* Cada uno de ciertos pretéritos indefinidos de la conjugación griega.

aorta *s. f.* Arteria principal que arranca del ventrículo izquierdo del corazón.

aortitis *s. f.* Inflamación de la aorta.

aovado, da *adj.* De figura de huevo.

aovar *v. intr.* Poner huevos las aves y otros animales.

apabullar *v. tr.* Dejar a alguien confuso y sin saber qué hablar o responder.

apache *adj.* Se dice del indígena nómada de las llanuras de Nuevo México. También *s. m. y s. f.*

apacible *adj.* **1.** Dulce y agradable en la condición y en el trato. **2.** De buen temple, tranquilo, agradable.

apaciguar *v. tr.* Poner en paz, aquietar.

apadrinar *v. tr.* Acompañar o asistir como padrino a una persona.

apagado, da *adj.* De genio muy sosegado y apocado.

apagar *v. tr.* **1.** Extinguir el fuego o la luz. También prnl. **2.** Aplacar, disipar, extinguir. También prnl.

apaisado, da *adj.* Se dice de lo que es más ancho que alto.

apalancar *v. tr.* Levantar, mover alguna cosa con palanca.

apalear[1] *v. tr.* Dar golpes a una persona o cosa con un palo.

apalear[2] *v. tr.* Aventar con pala el grano para limpiarlo.

apandillar *v. tr.* Hacer pandilla. Se usa más como prnl.

apañado, da[1] *adj.* Se aplica a tejidos semejantes al paño.

apañado, da[2] *adj.* Hábil, mañoso.

apañar *v. tr.* **1.** Coger con la mano o coger en general. ‖ *v. prnl.* **2.** *fam.* Darse maña para hacer alguna cosa.

apaño *s. m.* **1.** Apañadura. **2.** *fam.* Compostura.

aparador *s. m.* **1.** Mueble donde se guarda o contiene lo necesario para el servicio de la mesa. **2.** Taller de un artífice.

aparar *v. tr.* **1.** Aparejar, preparar, adornar una cosa. **2.** Coser las piezas de que se compone el calzado antes de ponerle la suela.

aparato *s. m.* **1.** Apresto, prevención. **2.** Instrumento o conjunto de ellos que sirven para determinado objeto.

aparcería *s. f.* Trato o convenio de los que llevan en común una granjería.

aparear *v. tr.* **1.** Arreglar o ajustar una cosa con otra formando par. También prnl. **2.**

APARECER - APERITIVO

Juntar las hembras de los animales con los machos para que críen. También prnl.

aparecer *v. intr.* Manifestarse, dejarse ver, por lo común repentinamente. También prnl.

aparecido *s. m.* Espectro de un difunto.

aparejar *v. tr.* **1.** Preparar, prevenir, disponer. También prnl. **2.** Poner el aparejo a las caballerías.

aparejo *s. m.* Conjunto de palos, vergas, jarcias y velas de un buque.

aparentar *v. tr.* Manifestar o dar a entender lo que no es o no hay.

aparente *adj.* Que parece y no es.

aparición *s. f.* Visión de un ser sobrenatural o fantástico, fantasma.

apariencia *s. f.* **1.** Aspecto exterior de una persona o cosa. **2.** Probabilidad.

apartadero *s. m.* Lugar en los caminos ferrocarriles y canales, donde se apartan las personas, las caballerías, los carruajes, etc., para que quede libre el paso.

apartado, da *adj.* **1.** Retirado, remoto. **2.** Diferente, distinto.

apartar *v. tr.* Separar, desunir, dividir. También prnl.

aparte *adv. l.* **1.** En otro lugar. **2.** A distancia, desde lejos.

aparvar *v. tr.* Hacer parva.

apasionar *v. tr.* Causar, excitar alguna pasión. Se usa más como prnl.

apatía *s. f.* Impasibilidad, dejadez.

apeadero *s. m.* En los ferrocarriles, sitio de la vía preparado para el servicio público, pero sin apartadero ni estación.

apear *v. tr.* **1.** Desmontar, bajar a uno de una caballería o carruaje. **2.** Calzar algún coche o carro. **3.** Cortar un árbol por el pie y derribarlo.

apechugar *v. intr.* Aguantar.

apedazar *v. tr.* Remendar.

apedrear *v. tr.* Tirar o arrojar piedras a una persona o cosa.

apegarse *v. prnl.* Tomar afecto a alguien o algo.

apego *s. m., fig.* Afición o inclinación particular a una persona o cosa.

apelar *v. intr.* Recurrir una sentencia.

apelativo *adj.* Se dice del nombre común a todos los individuos de la misma especie. También s. m.

apelde *s. m.* En los conventos de franciscanos, toque de campana antes de amanecer.

apellidarse *v. prnl.* Tener tal nombre o apellido.

apellido *s. m.* Nombre de familia con que se distinguen las personas.

apelmazar *v. tr.* Hacer que una cosa esté menos esponjosa o hueca de lo que requiere para su uso. También prnl.

apelotonar *v. tr.* Formar pelotones. También prnl.

apenar *v. tr.* Causar pena. También prnl.

apenas *adv. t.* Luego que, al punto que.

apencar *v. intr., fam.* Apechugar venciendo la repugnancia.

apéndice *s. m.* Cosa adjunta o añadida a otra.

apendicitis *s. f.* Inflamación del apéndice vermicular.

aperar *v. tr.* Componer carros y aparejos para el acarreo y trajín del campo.

apercibir *v. tr.* **1.** Disponer todo lo necesario para alguna cosa. También prnl. **2.** Amonestar, advertir.

apergaminarse *v. prnl., fam.* Acartonarse.

aperitivo, va *adj.* Que sirve para abrir el apetito. También s. m.

apero *s. m.* Conjunto de instrumentos y demás cosas necesarias para la labranza.

aperrear *v. tr.* Echar perros a alguien para que lo maten y despedacen.

apertura *s. f.* Acto de dar o volver a dar principio a las funciones de una asamblea, teatro, curso académico, etc.

apesadumbrar *v. tr.* Causar pesadumbre, afligir. Se usa más como prnl.

apestar *v. tr.* **1.** Causar o comunicar la peste. También prnl. ‖ *v. intr.* **2.** Arrojar o comunicar mal olor.

apétalo, la *adj.* Se dice de la flor que carece de pétalos.

apetecer *v. tr.* Tener gana de alguna cosa, o desearla. También prnl.

apetecible *adj.* Digno de apetecerse.

apetencia *s. f.* Apetito, gana de comer.

apetito *s. m.* Gana de comer.

apetitoso, sa *adj.* Gustoso, sabroso.

apiadar *v. tr.* **1.** Causar piedad. ‖ *v. prnl.* **2.** Tener piedad.

apicararse *v. prnl.* Adquirir modales o proceder de pícaro.

ápice *s. m.* **1.** Extremo superior o punta de una cosa. **2.** Parte pequeñísima, nonada.

apículo *s. m.* Punta corta, aguda y poco consistente.

apicultura *s. f.* Arte de criar abejas para aprovechar sus productos.

apilar *v. tr.* Amontonar, poner una cosa sobre otra formando pila.

apimpollarse *v. prnl.* Echar pimpollos las plantas.

apiñar *v. tr.* Juntar o agrupar estrechamente personas o cosas. También prnl.

apio *s. m.* Planta umbelífera, de hojas largas y hendidas, y flores muy pequeñas y blancas.

apiolar *v. tr.* **1.** Poner correas a los halcones o caballerías. **2.** Prender.

apirexia *s. f.* Falta de fiebre.

apisonar *v. tr.* Apretar con pisón la tierra u otra cosa.

aplacar *v. tr.* Amansar. También prnl.

aplanadera *s. f.* Instrumento de piedra, madera u otra materia, con que se aplana el suelo, terreno, etc.

aplanar *v. tr.* **1.** Allanar. **2.** *fig. y fam.* Dejar a alguien pasmado.

aplastar *v. tr.* Deformar una cosa con presión o golpe disminuyendo su grueso o espesor. También prnl.

aplaudir *v. tr.* Palmotear en señal de aprobación o entusiasmo.

aplazar *v. tr.* Diferir un acto.

aplicar *v. tr.* **1.** Poner una cosa sobre otra o en contacto de otra. **2.** *fig.* Adaptar, apropiar.

aplomar *v. tr.* Examinar con la plomada si las paredes u otras partes que se están construyendo están verticales o a plomo. También intr.

aplomo *s. m.* Gravedad, serenidad, circunspección.

apnea *s. f.* Falta o supresión de la respiración.

apocado, da *adj.* De poco ánimo.

apocar *v. tr.* **1.** Minorar, reducir a poco. **2.** *fig.* Limitar, estrechar.

apocopar *v. tr.* Cometer apócope.

apócope *s. f.* Supresión de algún sonido al fin de algún vocablo. También s. m.

apócrifo, fa *adj.* Fabuloso, supuesto o fingido.

apodar *v. tr.* Poner o decir apodos.

apoderado, da *adj.* Se dice del que tiene poderes de otro para representarle.

APODERAR - APOTEOSIS

apoderar *v. tr.* **1.** Dar poder una persona a otra para que la represente. || *v. prnl.* **2.** Hacerse alguien dueño de alguna cosa.

apodíctico, ca *adj.* Demostrativo, conveniente, que encierra una verdad necesaria.

apodo *s. m.* Nombre que suele darse a una persona, tomado de sus defectos corporales o de otra circunstancia.

ápodo, da *adj.* Falto de pies.

apódosis *s. f.* Segunda parte del período en que se completa el sentido de la primera, llamada prótasis.

apófisis *s. f.* Parte saliente de un hueso.

apogeo *s. m.* En la órbita de la Luna, el punto más distante de la Tierra.

apógrafo *s. m.* Copia de un escrito original.

apolillar *v. tr.* Roer la polilla las ropas u otras cosas. Se usa más como prnl.

apología *s. f.* Discurso de palabra o por escrito, en defensa o alabanza de personas o cosas.

apólogo *s. m.* Fábula.

apoltronarse *v. prnl.* Hacerse poltrón.

aponeurosis *s. f.* Membrana formada por tejido conjuntivo fibroso cuyos hacecillos colágenos están entrecruzados y que sirve de envoltura a los músculos.

apoplejía *s. f.* Suspensión súbita y más o menos completa de la acción cerebral, debida comúnmente a derrames sanguíneos en el encéfalo o las meninges.

aporcar *v. tr.* Cubrir con tierra ciertas plantas para que se pongan más tiernas y blancas.

aportadero *s. m.* Paraje donde se puede o suele aportar.

aportar *v. intr.* Tomar puerto o arribar a él.

aposentar *v. tr.* Dar habitación y hospedaje.

aposento *s. m.* **1.** Cuarto o pieza de una casa. **2.** Posada, hospedaje.

aposición *s. f.* Efecto de poner, consecutivamente sin conjunción, dos o más sustantivos que denoten una misma persona o cosa.

apósito *s. m.* Remedio que se aplica exteriormente.

apostadero *s. m.* Paraje o lugar donde hay personas o gente apostada.

apostar *v. tr.* **1.** Hacer apuesta. **2.** Poner determinado número de personas en un sitio o paraje para algún fin. También prnl.

apostema *s. f.* Postema, absceso.

apostilla *s. f.* Acotación que interpreta, aclara o completa un texto.

apóstol *s. m.* **1.** Cada uno de los doce principales discípulos de Cristo. **2.** Propagador de una doctrina cualquiera.

apostolado *s. m.* Oficio de apóstol.

apostrofar *v. tr.* Dirigir apóstrofes.

apóstrofe *s. amb.* Figura consistente en cortar el orador el discurso para dirigir la palabra con vehemencia, a una o varias personas o cosas personificadas.

apóstrofo *s. m.* Signo ortográfico en figura de vírgula, que indica la oclusión de una vocal.

apostura *s. f.* Gentileza.

apotegma *s. m.* Dicho breve y sentencioso, dicho feliz. Se llama así al que tiene celebridad por haberlo proferido o escrito algún hombre ilustre.

apotema *s. f.* Perpendicular trazada desde el centro de un polígono regular a uno cualquiera de sus lados.

apoteosis *s. f.* **1.** Ensalzamiento de una persona con grandes honores o alabanzas. **2.** Éxito total.

apoyadura *s. f.* Raudal de leche que acude a los pechos de las hembras cuando dan de mamar.

apoyar *v. tr.* Hacer que una cosa descanse sobre otra.

apoyatura *s. f.* Nota pequeña y de adorno que, puesta delante de otra, hace que ésta retarde un poco su sonido para apoyarse en el de ella.

apoyo *s. m.* **1.** Lo que sirve para sostener. **2.** *fig.* Protección, auxilio, favor.

apreciable *adj.* Digno de aprecio.

apreciar *v. tr.* **1.** Poner precio o tasa a las cosas vendibles. **2.** *fig.* Reconocer y estimar el mérito de alguien o algo.

aprehender *v. tr.* **1.** Coger, asir, prender. **2.** Concebir las especies de las cosas sin hacer juicio de ellas o sin afirmar ni negar.

apremiar *v. tr.* **1.** Dar prisa, compeler a alguien a que haga pronto una cosa. **2.** Oprimir, apretar.

aprender *v. tr.* Adquirir el conocimiento de alguna cosa por medio del estudio o de la experiencia.

aprendiz, za *s. m. y s. f.* Persona que aprende algún arte u oficio.

aprensión *s. f.* Opinión, figuración, idea infundada o extraña. Se usa más en pl.

aprensivo, va *adj.* Se dice de la persona muy pusilánime que ve peligros en todas las cosas para su salud, o imagina que son graves sus dolencias más leves.

apresar *v. tr.* **1.** Asir. **2.** Tomar por fuerza alguna nave o apoderarse de ella.

aprestar *v. tr.* Aparejar, disponer lo necesario para alguna cosa. También prnl.

apresto *s. m.* Preparación para alguna cosa.

apresurar *v. tr.* Dar prisa, acelerar. También prnl.

apretado, da *adj., fig. y fam.* Mezquino.

apretar *v. tr.* **1.** Estrechar ciñendo. **2.** *fig.* Acosar, estrechar a alguien persiguiéndole o atacándole.

apretón *s. m.* Apretadura muy fuerte y rápida.

apretura *s. f.* **1.** Opresión causada por la excesiva concurrencia de gente. **2.** Sitio o paraje estrecho.

aprieto *s. m.* **1.** Apretura. **2.** *fig.* Apuro.

aprisa *adv. m.* Con celeridad.

aprisco *s. m.* Paraje donde los pastores recogen el ganado para resguardarlo de la intemperie.

aprisionar *v. tr.* **1.** Meter en prisión. **2.** *fig.* Atar, sujetar.

aprobar *v. tr.* Calificar o dar por bueno.

aproches *s. m. pl.* Conjunto de trabajos que van haciendo los que atacan una plaza para acercarse a batirla, como son las trincheras, baterías, etc.

aprontar *v. tr.* Prevenir, disponer con prontitud.

apropiado, da *adj.* Acomodado o proporcionado para el fin a que se destina.

apropiar *v. tr.* Hacer propia de alguien cualquier cosa.

apropincuarse *v. prnl.* Acercarse.

aprovechar *v. intr.* Servir de provecho alguna cosa.

aproximar *v. tr.* Arrimar, acercar. También prnl.

ápside *s. m.* Cada uno de los dos extremos del eje mayor de la órbita trazada por un astro. Se usa más en pl.

apsiquia *s. f.* Pérdida del conocimiento.

aptitud *s. f.* Capacidad y disposición.

apto, ta *adj.* Idóneo, hábil, a propósito para hacer alguna cosa.

apuesta *s. f.* Cosa que se apuesta.
apuesto, ta *adj.* Ataviado, adornado.
apunchar *v. tr.* Abrir los peineros las púas del peine, especialmente las gruesas.
apuntación *s. f.* Notación.
apuntalar *v. tr.* Poner puntales.
apuntar *v. tr.* **1.** Dirigir un arma arrojadiza o de fuego hacia un objetivo. **2.** Señalar hacia el sitio u objeto determinado. **3.** Tomar nota de alguna cosa.
apunte *s. m.* Nota que se hace por escrito de alguna cosa.
apuntillar *v. tr.* Acachetar, rematar al toro con la puntilla.
apuñalar *v. tr.* Dar de puñaladas.
apurar *v. tr.* **1.** Purificar, santificar. **2.** Acabar, agotar.
apuro *s. m.* **1.** Aprieto, escasez grande. **2.** Aflicción, conflicto. **3.** Apremio, prisa.
aquel, lla, llo *pron. dem.* Designa una persona o cosa que está lejos del hablante y del oyente.
aquelarre *s. m.* Conciliábulo de brujas o sitio donde se celebra.
aquende *adv. l.* De la parte de acá.
aquí *adv. l.* En este lugar.
aquiescencia *s. f.* Consentimiento.
aquietar *v. tr.* Sosegar, apaciguar. También prnl.
aquilatar *v. tr.* Examinar y graduar los quilates del oro y de las piedras preciosas.
ara *s. f.* **1.** Altar en que se ofrecen sacrificios. **2.** Piedra consagrada.
arabesco *s. m.* Dibujo de adorno compuesto de tracerías, follajes, volutas, etc., y que se emplea comúnmente en frisos, zócalos y cenefas.
arabista *s. m. y s. f.* Persona que se ocupa en estudiar la lengua y literatura árabes.

arácnido, da *adj.* Se dice de los artrópodos sin antenas de respiración aérea, con cuatro pares de patas y con cefalotórax. Carecen de ojos compuestos y tienen dos pares de apéndices bucales variables por su forma y función. También s. m.
aracnoides *adj.* Se dice de la meninge situada entre la duramáter y la piamáter, y formada por un tejido claro y seroso. También s. f.
arada *s. f.* Cultivo y labor del campo.
arado *s. m.* Instrumento de agricultura con que se labra la tierra abriendo surcos en ella.
arador *s. m.* Ácaro parásito y casi microscópico que produce la sarna.
aragonito *s. m.* Carbonato de calcio nativo que difiere de la calcita por su cristalización en prismas hexagonales.
arambel *s. m., fig.* Andrajo o trapo que cuelga del vestido.
arana *s. f.* Embuste, trampa, estafa.
arancel *s. m.* Tarifa oficial que determina los derechos que se han de pagar en varios ramos, como el de costas judiciales, aduanas, ferrocarriles, etc.
arándano *s. m.* Planta ericácea, de hojas alternas aovadas y aserradas, flores solitarias, axilares y fruto en baya dulce y comestible.
arandela *s. f.* Corona o anillo metálico de uso frecuente en las máquinas y artefactos, para evitar el roce entre dos piezas.
arandillo *s. m.* Pájaro insectívoro que habita en los cañaverales en los que le gusta mecerse. Se alimenta de semillas e insectos.
aranero, ra *adj.* Embustero, tramposo, estafador. También s. m. y s. f.

aranzada *s. f.* Medida de tierra que equivalía casi a la fanega.

araña *s. f.* Arácnido pulmonado con cuatro pares de patas.

arañar *v. tr.* Raspar, rasgar, herir ligeramente el cutis con las uñas u otra cosa. También prnl.

arañazo *s. m.* Rasgadura ligera hecha en el cutis con las uñas, un alfiler u otra cosa.

arañuela *s. f.* Planta ranunculácea de jardín, de hermosas flores.

arañuelo *s. m.* Larva de insectos que destruyen los plantíos.

arar *v. tr.* Remover la tierra haciendo en ella surcos con el arado.

araucaria *s. f.* Árbol conífero, de gran altura, de hojas verticiladas y siempre verdes, flores dioicas y fruto drupáceo. Es originario de América.

arbitraje *s. m.* Juicio arbitral.

arbitral *adj.* Perteneciente o relativo al arbitrador o al juez árbitro.

arbitrar *v. tr.* **1.** Proceder alguien libremente, usando de su facultad y arbitrio. **2.** Juzgar como árbitro.

arbitrariedad *s. f.* Acto o proceder contrario a la justicia, la razón o las leyes, dictado sólo por la voluntad o el capricho.

arbitrio *s. m.* **1.** Facultad que tenemos de adoptar una resolución con preferencia a otra. **2.** Sentencia del juez árbitro.

árbitro, tra *adj.* Que puede obrar por sí solo, con plena independencia.

árbol *s. m.* Planta leñosa y elevada que se ramifica a diversa altura.

arbolado, da *adj.* Se dice del sitio poblado de árboles.

arboladura *s. f.* Conjunto de árboles y vergas de un buque.

arbolar *v. tr.* **1.** Poner los árboles a una embarcación. ‖ *v. intr.* **2.** Elevarse mucho las olas del mar.

arboleda *s. f.* Sitio poblado de árboles, principalmente el sombrío y ameno.

arbollón *s. m.* Desaguadero de un estanque y albañal.

arbóreo, a *adj.* Relativo al árbol.

arborescencia *s. f.* Crecimiento o calidad de las plantas arborescentes.

arborescente *adj.* Se dice de las plantas que tienen caracteres parecidos a los del árbol.

arboricultura *s. f.* Cultivo de los árboles.

arbotante *s. m.* Arco que se apoya en un botarel y contrarresta el empuje de algún arco o bóveda.

arbusto *s. m.* Planta leñosa de poca altura, perenne y ramificada desde la base.

arca *s. f.* Caja, generalmente de madera sin forrar y con tapa llana.

arcabucear *v. tr.* Tirar arcabuzazos.

arcabucero *s. m.* Soldado armado de arcabuz.

arcabuz *s. m.* Arma antigua de fuego, semejante al fusil.

arcada *s. f.* Movimiento molesto y violento del estómago que excita a vómito. Se usa más en pl.

arcaduz *s. m.* **1.** Caño por donde se conduce el agua. **2.** Cangilón de una noria.

arcaísmo *s. m.* **1.** Voz, frase o modo de decir anticuado. **2.** Empleo de voces, frases o maneras de decir anticuadas.

arcángel *s. m.* Espíritu angélico bienaventurado.

arcano, na *adj.* **1.** Secreto, recóndito. ‖ *s. m.* **2.** Misterio, cosa oculta y muy difícil de conocer.

arce *s. m.* Árbol de madera muy dura, hojas sencillas, flores en corimbo o en racimo y fruto de dos sámaras unidas.

arcediano *s. m.* En lo antiguo, el primero o principal de los diáconos. Hoy es dignidad en el cabildo catedralicio.

archiduque *s. m.* Antiguamente, duque revestido de autoridad superior a la de otros duques.

archimandrita *s. m.* En la Iglesia griega, dignidad eclesiástica del estado regular, inferior al obispo.

archipámpano *s. m., fam.* Persona de gran dignidad o autoridad imaginaria.

archipiélago *s. m.* Parte del mar poblada de islas.

archivar *v. tr.* Poner y guardar papeles o documentos en un archivo.

archivo *s. m.* Local en que se custodian documentos.

archivolta *s. f.* Conjunto de molduras que decoran un arco.

arcilla *s. f.* Sustancia mineral ordinariamente blanca, combinación de sílice y alúmina.

arcillar *v. tr.* Mejorar el terreno silíceo echándole arcilla.

arciprestazgo *s. m.* Dignidad o cargo de arcipreste.

arcipreste *s. m.* Antiguamente, el primero de los presbíteros de una iglesia. Hoy es dignidad en el cabildo catedralicio.

arco *s. m.* **1.** Porción de curva. **2.** Arma que sirve para disparar flechas.

arcosa *s. f.* Roca detrítica compuesta de granos de cuarzo mezclados con otros de feldespato. Se emplea en construcción y pavimentación.

arder *v. intr.* Estar encendido.

ardid *s. m.* Artificio, medio utilizado hábil y mañosamente para el logro de algún intento.

ardido, da *adj.* Valiente, intrépido.

ardilla *s. f.* Pequeño mamífero roedor de régimen arborícola.

ardimiento *s. m.* Valor, intrepidez.

ardite *s. m.* Moneda de poco valor que hubo antiguamente en Castilla.

ardor *s. m.* **1.** Calor grande. **2.** Valentía, ansia.

ardora *s. f.* Fosforescencia del mar que indica la presencia de un banco de sardinas.

ardoroso, sa *adj., fig.* Ardiente, vigoroso.

arduo, a *adj.* Muy difícil.

área *s. f.* Espacio de tierra ocupada por un edificio, campo, etc.

areca *s. f.* Palma cuyo fruto es una especie de nuez fibrosa con almendra dura y sirve para hacer buyo.

arel *s. m.* Criba para limpiar el trigo en la era.

arena *s. f.* Conjunto de partículas desagregadas de las rocas.

arenal *s. m.* Terreno cubierto de arena.

arenga *s. f.* Discurso enardecedor y frecuentemente solemne.

arengar *v. intr.* Decir una arenga. También prnl.

arenilla *s. f.* Arena menuda que se echa en los escritos recientes para secarlos y que no se borren.

arenisco, ca *adj.* Se aplica a lo que tiene mezcla de arena.

arenque *s. m.* Pez teleósteo, fisóstomo, que se come fresco, salado o desecado al humo.

areola *s. f.* Círculo algo moreno que rodea el pezón.

areómetro *s. m.* Instrumento que sirve para determinar las densidades relativas a los pesos específicos de los líquidos y de los sólidos, por medio de los líquidos.

arestín *s. m.* **1.** Planta de color azulado, con las hojas partidas en tres gajos y llenas de púas en los bordes, así como el cáliz de la flor. **2.** Excoriación que sufren los cuadrúpedos en las cuartillas.

arete *s. m.* Arillo de metal que como adorno se lleva atravesado en el lóbulo de cada una de las orejas.

arfar *v. intr.* Cabecear el buque.

argado *s. m.* Enredo, travesura, dislate.

argallera *s. f.* Serrucho curvo para labrar canales en redondo.

argamandijo *s. m., fam.* Conjunto de cosas menudas que sirven para algún arte u oficio o para otro fin.

argamasa *s. f.* Mezcla de cal, arena y agua, que se emplea en las obras de albañilería.

árgana *s. f.* Máquina a modo de grúa para subir piedras o cosas de mucho peso.

arganeo *s. m.* Argolla de hierro en el extremo superior de la caña del ancla.

argayo *s. m.* Abrigo de paño burdo que usaban los dominicos.

argemone *s. f.* Planta papaverácea. En Europa se cultiva como planta de adorno y se emplea en medicina. Su jugo lechoso y amarillento se usa en Asia y América como antídoto contra la mordedura de las culebras venenosas.

argentado, da *adj.* Plateado.

argentar *v. tr.* Platear.

argolla *s. f.* Aro grueso de metal, que afirmado debidamente sirve para amarre o de asidero.

argón *s. m.* Cuerpo simple, gaseoso, existente en el aire, del cual no se conoce ningún compuesto.

argonauta *s. m.* Cada uno de los héroes griegos que, según la mitología, fueron a la conquista del vellocino de oro a Colcos.

argos *s. m., fig.* Persona muy vigilante.

argot *s. m.* **1.** Jerga, lenguaje de germanía. **2.** Lenguaje especial de personas que tienen el mismo oficio.

argucia *s. f.* Sutileza, sofisma, argumento falso presentado con agudeza.

argüir *v. tr.* Descubrir, probar.

argumentar *v. intr.* Argüir.

argumento *s. m.* Razonamiento que se emplea para demostrar una proposición.

aria *s. f.* Composición musical sobre cierto número de versos para que la cante una sola voz.

árido, da *adj.* **1.** Seco, estéril. **2.** *fig.* Falto de amenidad.

ariete *s. m.* Máquina militar antigua que se empleaba en batir murallas.

arietino, na *adj.* Semejante a la cabeza del carnero.

arijo, ja *adj.* Se dice de la tierra delgada y fácil de cultivar.

ario, ria *adj.* Se dice del individuo de una raza o pueblo primitivo que habitó en el centro de Asia en época muy remota, y del cual proceden, según la opinión más general, todos los pueblos indoeuropeos.

arísaro *s. m.* Planta viscosa, de olor desagradable, muy acre; pero, después de cocida, se come sobre todo la raíz, de la que se extrae fécula abundante.

arisco, ca *adj.* Áspero, intratable.

arista *s. f.* Línea de intersección de dos planos.

ARISTARCO - ARMONIO

aristarco s. m., fig. Crítico entendido, pero excesivamente severo.

aristocracia s. f. 1. Gobierno en que sólo ejercen el poder las personas más notables del Estado. 2. Clase noble de una provincia, región, nación, etc.

aristócrata s. m. y s. f. Individuo de la aristocracia.

aristón s. m. Cualquier esquina de una obra de fábrica.

aritmética s. f. Parte de las matemáticas que estudia la cantidad discreta o discontinua.

arlequín s. m. 1. Personaje cómico de la antigua comedia italiana, que llevaba mascarilla negra y traje de cuadros de distintos colores. 2. fig. y fam. Persona informal, ridícula y despreciable.

arma s. f. 1. Instrumento destinado a defender o defenderse. ‖ s. f. pl. 2. Tropas o ejércitos de un Estado.

armada s. f. 1. Conjunto de fuerzas navales de un Estado. 2. Escuadra, conjunto de buques de guerra.

armadía s. f. Conjunto de vigas o maderos unidos con otros en forma plana, para poderlos conducir fácilmente a flote.

armadijo s. m. Trampa para cazar.

armadillo s. m. Mamífero del orden de los desdentados, cuyo dorso y cola están protegidos por placas córneas articuladas de manera que le permiten arrollarse en bola.

armadura s. f. Conjunto de armas de hierro con que se vestían para su defensa los que habían de combatir.

armamento s. m. 1. Aparato y prevención de todo lo necesario para la guerra. 2. Conjunto de armas para el servicio de un cuerpo militar o de un soldado.

armar v. tr. 1. Proveer de armas. También prnl. 2. Juntar entre sí las diversas piezas de que se compone un mueble, artefacto, etc. 3. Aprestar una embarcación.

armario s. m. Mueble con puertas y anaqueles, donde se pueden guardar ropas, libros u otros objetos cualesquiera.

armatoste s. m. Cualquier máquina o mueble tosco, pesado y mal hecho, que sirve más de embarazo que de conveniencia.

armazón s. amb. 1. Pieza o conjunto de piezas que sostienen a otra. 2. Armadura, esqueleto.

armelina s. f. Piel blanca procedente de Laponia.

armella s. f. Anillo de metal que suele tener una espiga o tornillo para clavarlo en parte sólida.

armería s. f. 1. Edificio en que se guardan diferentes clases de armas para curiosidad o estudio. 2. Arte de fabricar armas.

armero s. m. Aparato para tener las armas en los puestos militares y otros puntos.

armilar adj. Se dice de la esfera movible que representa los círculos astronómicos.

armiño s. m. Mamífero carnívoro de piel muy suave y delicada.

armisticio s. m. Suspensión de hostilidades pactada entre pueblos o ejércitos beligerantes.

armón s. m. Juego delantero de la cureña de campaña.

armonía s. f. 1. Combinación de sonidos simultáneos y diferentes, pero acordes. 2. fig. Amistad y buena correspondencia.

armonio s. m. Órgano pequeño, con la figura exterior semejante al piano, y al cual se da aire mediante un fuelle que se mueve con los pies.

armonioso, sa *adj.* Agradable al oído.

armonizar *v. tr.* Poner en armonía unas cosas con otras.

arnés *s. m.* **1.** Conjunto de armas de acero defensivas, que se vestían y aseguraban al cuerpo. ‖ *s. m. pl.* **2.** Guarniciones de las caballerías.

árnica *s. f.* Planta compuesta, de raíz perenne, tallo hueco, velloso y áspero, de cabezuela amarilla. Las flores y la raíz tienen sabor acre, aromático y olor fuerte, que hace estornudar.

aro *s. m.* **1.** Pieza de hierro, madera, etc., en figura de circunferencia. **2.** Argolla o anillo grande de hierro.

aroma *s. f.* **1.** Flor del aromo, de olor muy fragante. **2.** Perfume, olor muy agradable.

aromatizar *v. tr.* Dar o comunicar aroma a alguna cosa.

aromo *s. m.* Árbol mimosáceo, especie de acacia, de ramas espinosas y flores amarillas muy olorosas.

arpa *s. f.* Instrumento musical, de figura triangular, con cuerdas colocadas verticalmente y que se tocan con ambas manos.

arpadura *s. f.* Araño o rasguño.

arpar *v. tr.* Arañar o rasgar con las uñas.

arpegio *s. m.* Sucesión más o menos acelerada de los sonidos de un acorde.

arpía *s. f.* **1.** Ave fabulosa, cruel y sucia. **2.** *fig. y fam.* Mujer de mala condición.

arpillera *s. f.* Tejido de estopa muy basta, con que se cubren cosas diversas para defenderlas del polvo o del agua.

arpón *s. m.* Instrumento que se compone de astil de madera armado con una punta de hierro para herir y otras dos para hacer presa.

arponear *v. tr.* Herir con arpón.

arquear[1] *v. tr.* **1.** Dar figura de arco. También prnl. **2.** Sacudir la lana y ahuecarla con un arco de uno a dos cuerdas.

arquear[2] *v. tr.* Medir la cabida de una embarcación.

arqueo[1] *s. m.* Cabida de una embarcación.

arqueo[2] *s. m.* Reconocimiento de los caudales que existen en la caja.

arqueología *s. f.* Ciencia que estudia todo lo que se refiere a las artes y monumentos de la antigüedad.

arquetipo *s. m.* **1.** Tipo supremo, prototipo ideal de todas las cosas. **2.** Modelo original y primario de un arte u otra cosa.

arquimesa *s. f.* Mueble con tablero de mesa y varios compartimientos o cajones.

arquitectura *s. f.* Arte de proyectar o construir edificios.

arquitrabe *s. m.* Parte inferior del entablamento, que descansa inmediatamente sobre el capitel de la columna.

arrabal *s. m.* **1.** Barrio fuera del recinto de la población a que pertenece. **2.** Población anexa a otra mayor.

arracada *s. f.* Arete con adorno colgante.

arracimarse *v. prnl.* Unirse o juntarse algunas cosas en figura de racimo.

arráez *s. m.* **1.** Caudillo o morisco. **2.** Capitán de embarcación árabe o morisca.

arraigar *v. intr.* **1.** Echar o criar raíces. También prnl. **2.** *fig.* Hacerse muy firme y difícil de extinguir una virtud, vicio, costumbre, etc. Se usa más como prnl.

arramblar *v. tr.* Arrastrarlo todo, llevándoselo con violencia.

arrancada *s. f.* Partida o salida violenta.

arrancar *v. tr.* **1.** Sacar de raíz. **2.** Sacar con violencia una cosa del lugar a que está adherida o sujeta.

ARRANQUE - ARRENDAJO

arranque *s. m.* Ímpetu de cólera, piedad u otro afecto.

arras *s. f. pl.* **1.** Lo que se da como prenda o señal de algún contrato o concierto. **2.** Las trece monedas que, al celebrarse el matrimonio, pasan de las manos del desposado a las de la desposada y sirven para la formalidad de aquel acto.

arrasar *v. tr.* **1.** Allanar la superficie de una cosa. **2.** Echar por tierra, destruir, arruinar violentamente. **3.** Llenar una vasija hasta el borde.

arrastrar *v. tr.* **1.** Llevar a una persona o cosa por el suelo, tirando de ella. **2.** Llevar alguien tras sí, o traer a otro a su dictamen o voluntad. || *v. prnl.* **3.** *fig.* Humillarse vilmente.

arrate *s. m.* Libra de 16 onzas.

arratonado, da *adj.* Comido o roído por los ratones.

arrayán *s. m.* Arbusto de hojas compuestas y persistentes, flores axilares, pequeñas, blancas y olorosas, y fruto en baya de color negro azulado.

¡arre! *interj.* que se emplea para arrear a los animales.

arrear *v. tr.* Estimular a las bestias para que echen a andar o para que aviven el paso.

arrebatado, da *adj.* **1.** Impetuoso. **2.** *fig.* Color del rostro muy encendido.

arrebatamiento *s. m., fig.* Furor.

arrebatar *v. tr.* **1.** Quitar o tomar alguna cosa con violencia y fuerza. **2.** *fig.* Enfurecerse, dejarse llevar de la pasión.

arrebato *s. m.* **1.** Arrebatamiento, furor. **2.** Éxtasis.

arrebol *s. m.* Color rojo de las nubes heridas por los rayos del Sol.

arrebolar *v. tr.* Poner de color de arrebol. También prnl.

arrebujar *v. tr.* Coger mal y sin orden alguna cosa flexible, como ropa, etc.

arrechucho *s. m., fam.* Indisposición rápida y que dura poco.

arreciar *v. intr.* Irse haciendo cada vez más recia, fuerte o violenta alguna cosa. También prnl.

arrecife *s. m.* **1.** Afirmado o firme de un camino. **2.** Escollo en el mar.

arrecirse *v. prnl.* Entorpecerse los miembros con el frío.

arredrar *v. tr.* **1.** Apartar, separar. También prnl. **2.** *fig.* Retraer.

arregazar *v. tr.* Recoger las faldas hacia el regazo. Se usa más como prnl.

arreglar *v. tr.* **1.** Ajustar o conformar a regla, a la costumbre, a la ley. **2.** Ordenar, concertar, componer, reparar.

arregostarse *v. prnl., fam.* Engolosinarse, aficionarse a una cosa.

arrejada *s. f.* Aguijada de labrador.

arrellanarse *v. prnl.* Ensancharse y extenderse en el asiento con toda comodidad y regalo.

arremangar *v. tr.* Recoger hacia arriba las mangas o la ropa. También prnl.

arremeter *v. intr.* Acometer con ímpetu.

arremolinarse *v. prnl., fig.* Amontonarse desordenadamente la gente.

arrendadero *s. m.* Anillo de hierro al cual se atan las caballerías en los pesebres.

arrendajo *s. m.* Ave de la familia de los córvidos, parecida al cuervo, pero más pequeña, de color gris morado, que se alimenta principalmente de los frutos de los árboles y también de los huevos de otras aves cuyas voces imita.

arrendar¹ *v. tr.* Ceder o adquirir por precio el goce o aprovechamiento temporal de cosas, obras o servicios.

arrendar² *v. tr.* Asegurar y atar por las riendas una caballería.

arreo *s. m.* **1.** Atavío, adorno. ‖ *s. m. pl.* **2.** Guarniciones o jaeces de las caballerías de montar o de tiro.

arrepentimiento *s. m.* Pesar de haber hecho alguna cosa.

arrepentirse *v. prnl.* Pesarle a alguien haber hecho o haber dejado de hacer alguna cosa.

arrestar *v. tr.* Detener, poner preso.

arresto *s. m.* Detención provisional del presunto reo.

arriar *v. tr.* Bajar las velas o las banderas que están izadas.

arriate *s. m.* Era estrecha y dispuesta para tener plantas de adorno junto a las paredes de los jardines y patios.

arriba *adv. l.* **1.** A lo alto, hacia lo alto. **2.** En lo alto.

arribada *s. f.* Bordada que da un buque, dejándose ir con el viento.

arribar *v. intr.* **1.** Llegar la nave al puerto en que termina su viaje. **2.** *fig. y fam.* Convalecer.

arriería *s. f.* Oficio o ejercicio de arriero.

arriero *s. m.* Persona que trajina, por oficio, con bestias de carga.

arriesgado, da *adj.* **1.** Aventurado, peligroso. **2.** Osado, temerario.

arriesgar *v. tr.* Exponer a riesgo o peligro. También prnl.

arrimadero *s. m.* Cosa en que se puede estribar o a que alguien puede arrimarse.

arrimadillo *s. m.* Estera o tela a modo de friso que se pone en una habitación.

arrimadizo, za *adj.* **1.** Se aplica a lo que está hecho de propósito para arrimarlo a alguna parte. **2.** *fig.* Se dice del que interesadamente se arrima o pega a otro.

arrimar *v. tr.* Poner una cosa junto a otra de modo que toque con ella. También prnl.

arrinconar *v. tr.* Poner alguna cosa en un rincón o lugar retirado.

arriñonado, da *adj.* De figura de riñón.

arriscado, da *adj.* **1.** Atrevido, resuelto. **2.** Ágil, gallardo.

arriscar *v. tr.* Arriesgar. También prnl.

arritmia *s. f.* Falta de ritmo regular.

arroba *s. f.* Peso equivalente a 11 kg y 502 gr.

arrobarse *v. prnl.* Enajenarse, quedarse fuera de sí.

arrodillarse *v. prnl.* Hincar la rodilla o ambas rodillas.

arrodrigonar *v. tr.* Poner rodrigones a las vides.

arrogante *adj.* **1.** Altanero, soberbio. **2.** Valiente, alentado. **3.** Gallardo, airoso.

arrogar *v. tr.* Adoptar o recibir como hijo al huérfano o al emancipado.

arrojado, da *adj., fig.* Resuelto, osado, intrépido, inconsiderado.

arrojar *v. tr.* Echar, lanzar, tirar, despedir.

arrojo *s. m., fig.* Osadía, intrepidez.

arrollar *v. tr.* **1.** Envolver una cosa de tal suerte que resulte en forma de rollo. **2.** *fig.* Atropellar.

arropar¹ *v. tr.* Cubrir con ropa. También prnl.

arropar² *v. tr.* Endulzar el vino con arrope.

arrope *s. m.* Mosto cocido, con consistencia de jarabe, al que suele añadirse alguna fruta cocida.

ARROSTRAR - ARTESONADO

arrostrar *v. tr.* Hacer cara, resistir, a las calamidades o peligros.

arroyada *s. f.* **1.** Valle por donde corre un arroyo. **2.** Corte o surco producido en la tierra por el agua corriente.

arroyo *s. m.* **1.** Caudal corto de agua, casi continuo. **2.** Cauce por donde corre.

arroz *s. m.* Planta propia de terrenos muy húmedos y climas cálidos, cuyo grano, rico en almidón, se come cocido.

arrozal *s. m.* Tierra sembrada de arroz.

arrufar *v. intr.* Gruñir los perros enseñando los dientes.

arruga *s. f.* **1.** Pliegue que se hace en la piel. **2.** Pliegue deforme o irregular que se hace en la ropa o en cualquier tela o cosa flexible.

arrugar *v. tr.* Hacer arrugas. También prnl.

arruinar *v. tr.* **1.** Causar ruina. También prnl. **2.** *fig.* Destruir, ocasionar grave daño. También prnl.

arrullar *v. tr.* **1.** Atraer con arrullo el palomo o el tórtolo a la hembra, o al contrario. **2.** *fig. y fam.* Enamorar una persona a otra con frases dulces.

arrullo *s. m.* **1.** Canto grave y monótono con que se enamoran las palomas y tórtolas. **2.** Habla dulce y halagüeña con que se enamora una persona.

arrumaco *s. m., fam.* Demostración de cariño hecha con gestos o ademanes. Se usa más en pl.

arrumar *v. tr.* Distribuir y colocar la carga en un buque.

arrumbar *v. tr.* Poner una cosa como inútil en lugar apartado.

arsenal *s. m.* Establecimiento militar o particular en que se construyen, reparan y conservan las embarcaciones.

arseniato *s. m.* Cualquier sal formada por la combinación del ácido arsénico con una base.

arsénico *s. m.* Metaloide de color, brillo y densidad semejantes a los del hierro colado, cuyos componentes son muy venenosos.

arseniuro *s. m.* Combinación del arsénico con otro cuerpo simple.

arte *s. amb.* **1.** Virtud, disposición e industria para hacer algo. **2.** Cautela, maña.

artefacto *s. m.* Obra mecánica hecha según arte.

artejo *s. m.* **1.** Nudillo de los dedos. **2.** Cada una de las piezas articuladas entre sí de que están formados los apéndices segmentados de los artrópodos.

artera *s. f.* Instrumento de hierro con que cada uno marca su pan antes de enviarlo a un horno común.

arteria *s. f.* Cada uno de los vasos que llevan la sangre desde el corazón a las demás partes del cuerpo.

arteriola *s. f.* Arteria pequeña.

arteritis *s. f.* Inflamación de las arterias.

artero, ra *adj.* Mañoso, astuto.

artesa *s. f.* Cajón cuadrilongo que por sus cuatro lados se va angostando hacia el fondo. Sirve para amasar el pan y otros usos.

artesano, na *s. m. y s. f.* Persona que ejerce un arte u oficio mecánico.

artesiano, na *adj.* Se dice del pozo tubular muy hondo.

artesón *s. m.* Artesa redonda o cuadrada que regularmente sirve en las cocinas para fregar.

artesonado, da *adj.* Adornado con artesones.

artesonar *v. tr.* Adornar con artesones.

articulación *s. f.* **1.** Enlace de dos piezas o partes de una máquina o instrumento. **2.** Pronunciación clara y distinta de las palabras.

articular *v. tr.* **1.** Unir, enlazar. También prnl. **2.** Pronunciar las palabras clara y distintamente.

articulista *s. m. y s. f.* Persona que escribe artículos para periódicos o publicaciones análogas.

artículo *s. m.* **1.** Una de las partes en que suelen dividirse los escritos. **2.** Cada una de las divisiones de un diccionario encabezado con distinta palabra. **3.** Escrito de cierta extensión e importancia inserto en un periódico. **4.** Parte de la oración.

artífice *s. m. y s. f.* **1.** Artista. **2.** Persona que ejecuta científicamente una obra artística o mecánica.

artificial *adj.* Hecho por mano o arte del hombre.

artificio *s. m.* Arte, primor, ingenio o habilidad con que está hecha alguna cosa.

artificioso, sa *adj.* Hecho con artificio o arte.

artillar *v. tr.* Armar de artillería las fortalezas o las naves.

artillería *s. f.* Arte de construir y usar las armas, máquinas y municiones de guerra.

artillero *s. m.* **1.** Persona que profesa por principios teóricos la facultad de la artillería. **2.** Individuo que sirve en la artillería del ejército o de la armada.

artimaña *s. f.* **1.** Trampa para cazar. **2.** *fam.* Artificio o astucia.

artista *s. m. y s. f.* Persona dotada de las cualidades necesarias para el cultivo de un arte bello.

artolas *s. f. pl.* Aparato similar a las aguaderas y con dos asientos que se coloca sobre las caballerías para que puedan ir sentadas dos personas, espalda con espalda.

artritis *s. f.* Inflamación de las articulaciones.

artritismo *s. m.* Enfermedad general consistente en una propensión a las enfermedades originadas por el exceso de acido úrico en la sangre.

artrópodo *adj.* Se dice de los animales invertebrados, de cuerpo con simetría bilateral, segmentado, con esqueleto exterior y patas articuladas como los insectos y las arañas. También s. m.

arúspice *s. m.* Sacerdote pagano de la antigua Roma, que examinaba las entrañas de las víctimas para adivinar los sucesos.

arveja *s. f.* Planta leguminosa, de flores violadas o blanquecinas.

arvense *adj.* Se dice de toda planta que crece en los sembrados.

arzobispo *s. m.* Obispo de iglesia metropolitana o que tiene honores de tal.

arzolla *s. f.* Planta compuesta, de tallo y fruto espinoso, y hojas largas y hendidas.

arzón *s. m.* Fuste de la silla de montar.

as *s. m.* **1.** Unidad romana primitiva de monedas, pesos y medidas. **2.** Carta que en la numeración de cada palo de la baraja de naipes lleva el número uno.

asa *s. f.* Parte que sobresale del cuerpo de una vasija, bandeja, sartén, etc.

asador *s. m.* Varilla puntiaguda en que se clava y se coloca al fuego lo que se quiere asar.

asadura *s. f.* Conjunto de las entrañas del animal. Se usa también en pl.

asaetear *v. tr.* **1.** Disparar saetas contra alguien. **2.** Herir o matar con saetas.

asalariar *v. tr.* Señalar salario a una persona.

asaltar *v. tr.* **1.** Acometer impetuosamente una plaza fuerte. **2.** Acometer repentinamente y por sorpresa a las personas.

asalto *s. m.* Combate simulado.

asamblea *s. f.* Reunión numerosa de personas convocadas para algún fin.

asar *v. tr.* Hacer comestible un manjar poniéndolo al fuego para que se cueza.

ásaro *s. m.* Planta perenne con rizoma rastrero, hojas radicales, flores terminales de color rojo y olor nauseabundo.

asativo, va *adj.* Se dice del cocimiento que se hace de alguna cosa con su propio zumo.

asbesto *s. m.* Mineral de composición y caracteres semejantes a los del amianto, pero de fibras duras y rígidas comparables al cristal hilado.

ascáride *s. f.* Lombriz intestinal.

ascendencia *s. f.* Serie de ascendientes o antecesores de una persona.

ascender *v. intr.* **1.** Subir. **2.** *fig.* Adelantar en empleo o dignidad.

ascendiente *s. m.* y *s. f.* Padre, madre o cualquiera de los abuelos, de quien desciende una persona.

ascensión *s. f.* Exaltación a una dignidad suprema.

ascenso *s. m.* **1.** *fig.* Promoción a mayor dignidad o empleo. **2.** Escalada.

ascensor *s. m.* Aparato para trasladar personas de unos a otros pisos.

asceta *s. m.* y *s. f.* Persona que practica la vida ascética.

ascitis *s. f.* Acumulación anormal del vientre.

asco *s. m.* Alteración del estómago causada por la repugnancia que se tiene a alguna cosa que incita a vómito.

ascua *s. f.* Pedazo de cualquier materia sólida y combustible que está ardiendo sin dar llama.

asear *v. tr.* Adornar, componer con curiosidad y limpieza. También prnl.

asechanza *s. f.* Engaño o artificio para hacer daño a otro. Se usa más en pl.

asedar *v. tr.* Poner alguna cosa suave como la seda.

asediar *v. tr.* **1.** Cercar un punto fortificado, para impedir que salgan los que están dentro o que reciban socorro de fuera. **2.** *fig.* Importunar a alguien sin descanso con pretensiones.

asegurar *v. tr.* **1.** Dejar firme y seguro, establecer, fijar sólidamente. **2.** Preservar de daño a las personas o a las cosas.

asemejar *v. tr.* Hacer una cosa con semejanza a otra.

asendereado, da *adj., fig.* Agobiado de trabajos o adversidades.

asenderear *v. tr.* **1.** Hacer sendas o senderos. **2.** Perseguir a alguien haciéndole andar fugitivo por los senderos.

asentaderas *s. f. pl., fam.* Nalgas.

asentar *v. tr.* **1.** Sentar, poner en silla. Se usa más como prnl. **2.** Fundar pueblos o edificios. **3.** Aplanar, apisonar.

asentimiento *s. m.* Asenso.

asentir *v. intr.* Admitir como cierto o conveniente lo que otro ha afirmado o propuesto antes.

asentista *s. m.* Persona que contrata suministros de víveres y otros efectos.

aseo *s. m.* Limpieza, curiosidad.

asepsia *s. f.* Método que se propone para evitar el acceso de gérmenes patógenos.

aserción *s. f.* Proposición en que se afirma o da por cierto algo.

aserradero *s. m.* Paraje donde se asierra la madera u otra cosa.

asesar *v. tr.* **1.** Hacer que alguien adquiera seso o cordura. ‖ *v. intr.* **2.** Adquirir seso o cordura.

asesinar *v. tr.* Matar alevosamente, por precio o con premeditación, a alguien.

asesorar *v. tr.* **1.** Dar consejo o dictamen. ‖ *v. prnl.* **2.** Tomar consejo una persona de otra.

asestar *v. tr.* **1.** Dirigir un arma hacia el objeto que se quiere amenazar u ofender con ella. **2.** Descargar contra un objeto el proyectil o el golpe de un arma o de cosa que haga su oficio.

aseverar *v. tr.* Afirmar o asegurar lo que se dice.

asexual *adj.* Sin sexo, ambiguo.

asfaltar *v. tr.* Revestir de asfalto.

asfalto *s. m.* Mezcla de asfalto con arena, cal, etc., utilizada para pavimentar.

asfixia *s. f.* Suspensión de la respiración.

asfixiar *v. tr.* Producir asfixia. También prnl.

así *adv. m.* De esta o de esa suerte o manera.

asidero *s. m.* **1.** Parte por donde se ase alguna cosa. **2.** *fig.* Ocasión o pretexto.

asiduidad *s. f.* Frecuencia, puntualidad.

asiduo, dua *adj.* Frecuente, puntual, perseverante.

asiento *s. m.* Silla, taburete o cualquier clase de mueble destinado para sentarse en él.

asignar *v. tr.* Señalar, fijar.

asignatura *s. f.* Cada una de las materias que se enseñan en un instituto docente, o forman un plan académico de estudios.

asilar *v. tr.* Albergar en un asilo. También prnl.

asilo *s. m.* Establecimiento benéfico donde se recogen los pobres o indigentes.

asimilar *v. tr.* Asemejar, comparar. También prnl.

asimismo *adv. m.* De este o del mismo modo.

asíndeton *s. m.* Figura que consiste en omitir las conjunciones en la construcción de la cláusula para dar mayor energía o viveza al concepto.

asíntota *s. f.* Línea recta que, prolongada indefinidamente, se acerca de continuo a una curva, sin llegar nunca a encontrarla.

asir *v. tr.* **1.** Tomar, coger con la mano y, en general, tomar de cualquier modo. ‖ *v. prnl.* **2.** Agarrarse de alguna cosa.

asistenta *s. f.* Criada de una casa particular que no pernocta en ella.

asistente *s. m.* Soldado destinado al servicio personal de un general, jefe u oficial.

asistir *v. intr.* **1.** Estar o hallarse presente. ‖ *v. tr.* **2.** Cuidar y procurar la curación de los enfermos.

asistolia *s. f.* Insuficiencia de la sístole cardíaca. Es síndrome grave.

asma *s. f.* Enfermedad de los bronquios.

asno *s. m.* Mamífero équido, que se emplea como bestia de carga.

asociación *s. f.* Conjunto de los asociados para un mismo fin y persona jurídica formada por ellos.

asociar *v. tr.* **1.** Dar a alguien por compañero, persona que le ayude. **2.** Juntar una cosa con otra, de suerte que se hermanen o concurran a un mismo fin.

asolar *v. tr.* Destruir, arruinar.

asolear *v. tr.* Tener al sol una cosa por algún tiempo.

asomar *v. intr.* **1.** Empezar a mostrarse. ‖ *v. tr.* **2.** Sacar o mostrar alguna cosa por una abertura.

ASOMBRAR - ASTROSO

asombrar *v. tr.* **1.** Hacer sombra una cosa a otra. **2.** Asustar, espantar. También prnl. **3.** Causar gran admiración. También prnl.

asombro *s. m.* **1.** Susto, espanto. **2.** Admiración grande.

asomo *s. m.* **1.** Indicio o señal de alguna cosa. **2.** Presunción, sospecha.

asonada *s. f.* Reunión numerosa para conseguir, tumultuaria y violentamente, cualquier fin de ordinario político.

asonar *v. intr.* Hacer asonancia o convenir un sonido con otro.

aspa *s. f.* **1.** Conjunto de dos maderos atravesados en forma de una "X". **2.** Aparato exterior del molino de viento, especie de cruz de madera en cuyos brazos se colocan unos lienzos a manera de velas, y que sirve para mover la máquina.

aspar *v. tr.* **1.** Hacer madeja el hilo en el aspa. **2.** *fam.* Molestar mucho a alguien.

aspaviento *s. m.* Demostración excesiva o afectada de espanto, admiración o sentimiento.

aspecto *s. m.* Apariencia de las personas y los objetos a la vista.

asperges *s. m., fam.* Rociadura, aspersión.

áspero, ra *adj.* No suave al tacto.

asperón *s. m.* Arenisca de cemento silíceo o arcilloso.

áspid *s. m.* Víbora muy venenosa.

aspillera *s. f.* Abertura larga y estrecha en un muro, para disparar por ella.

aspirar *v. tr.* Atraer el aire a los pulmones, o gases o líquidos a una máquina aspiradora.

aspirina *s. f.* Cuerpo blanco, cristalizado en agujas, insípido y muy poco soluble en el agua, compuesto de los ácidos acético y salicílico.

asquerosidad *s. f.* Suciedad que mueve a asco.

asta *s. f.* **1.** Palo de la lanza, pica, venablo, etc. **2.** Palo en cuyo extremo se iza una bandera. **3.** Cuerno.

ástaco *s. m.* Cangrejo de agua dulce.

astenia *s. f.* Falta considerable de fuerzas.

asterisco *s. m.* Signo ortográfico empleado para llamada a nota u otros usos convencionales.

asteroide *adj.* **1.** De figura de estrella. ‖ *s. m.* **2.** Cada uno de los planetas telescópicos cuyas órbitas se encuentran entre las de Marte y Júpiter.

astigmatismo *s. m.* Defecto del ojo o de los instrumentos dióptricos, que hace confusa la visión.

astilla *s. f.* Fragmento irregular que queda de una cosa de madera que se parte.

astillero *s. m.* **1.** Percha en que se ponen las astas o picas y lanzas. **2.** Establecimiento donde se construyen y reparan buques.

astracán *s. m.* Piel de cordero nonato o recién nacido, muy fina y con el pelo rizado.

astrágalo *s. m.* Hueso del tarso que está articulado con la tibia y el peroné.

astringir *v. tr.* Contraer, estrechar una sustancia los tejidos orgánicos.

astro *s. m.* Cualquiera de los innumerables cuerpos celestes que pueblan el firmamento.

astrolabio *s. m.* Instrumento matemático antiguo, que se usaba para observar la situación y movimiento de los astros.

astrología *s. f.* Ciencia de los astros.

astronomía *s. f.* Ciencia que trata de cuanto se refiere a los astros.

astroso, sa *adj.* **1.** Infausto, malhadado, desgraciado. **2.** *fig.* Vil, despreciable.

ASTUCIA - ATAVÍO

astucia *s. f.* Ardid para lograr un intento.
astuto, ta *adj.* Agudo, hábil.
asueto *s. m.* Vacación por un día o una tarde y en especial la que se da a los estudiantes.
asumir *v. tr.* Atraer a sí o tomar para sí.
asunción *s. f.* Por excelencia, elevación de la Virgen Santísima al cielo por obra de Dios.
asunto *s. m.* **1.** Materia de que se trata. **2.** Tema o argumento de una obra.
asustar *v. tr.* Dar o causar susto. También prnl.
atabal *s. m.* **1.** Timbal. **2.** Tambor pequeño.
atabalero *s. m.* Persona que toca el atabal.
atacar *v. tr.* Acometer, embestir.
atadero *s. m.* Lo que sirve para atar.
atadijo *s. m., fam.* Lío pequeño y mal hecho.
atadura *s. f.* **1.** Hecho y resultado de atar. **2.** Lo que sirve para atar.
ataharre *s. m.* Banda de cuero o cáñamo que, sujeta a la silla o albarda, rodea las ancas de la caballería e impide que el aparejo se corra hacia adelante.
atajadero *s. m.* Obstáculo que se pone en las acequias, regueras, etc., para hacer entrar el agua en una finca.
atajar *v. intr.* **1.** Ir o tomar por el atajo. **2.** Salir al encuentro de una persona o animal por un atajo.
atajo *s. m.* Senda por donde se abrevia el camino.
atalaya *s. f.* Torre hecha comúnmente en lugar alto para descubrir o dar aviso.
atalayar *v. tr.* **1.** Registrar el campo o el mar desde la atalaya. **2.** *fig.* Espiar.
atanor *s. m.* Tubo o cañería para conducir el agua.

atañer *v. intr.* Corresponder, tocar o pertenecer.
atar *v. tr.* Unir, sujetar con ligaduras o nudos.
atarantado, da *adj.* **1.** Picado de la tarántula. **2.** *fig. y fam.* Inquieto.
atarantar *v. tr.* Aturdir, turbar los sentidos. También prnl.
atarazana *s. f.* **1.** Arsenal. **2.** Cobertizo o recinto en que trabajan los cordeleros.
atarazar *v. tr.* Morder o rasgar con los dientes alguna cosa.
atarear *v. tr.* Poner o señalar una tarea.
atarjea *s. f.* Caja de ladrillo con que se protegen las cañerías.
atarquinar *v. tr.* Llenar de tarquín, enlodar. Se usa más como prnl.
atarugar *v. tr.* Asegurar con tarugos, cuñas o clavijas.
atasajar *v. tr.* Hacer tasajos la carne.
atascadero *s. m.* Lodazal o sitio donde se atascan los carruajes, las caballerías o las personas.
atascar *v. tr.* **1.** Tapar con tascos o estopones un agujero o hendidura. **2.** *fig. y fam.* Quedarse detenido por algún obstáculo, no pasar adelante.
atasco *s. m.* Impedimento que no permite el paso.
ataúd *s. m.* Caja donde se pone el cadáver para llevarlo a enterrar.
ataudado, da *adj.* De figura de ataúd.
ataujía *s. f.* Obra de taracea moruna hecha con metales finos y esmaltes.
ataurique *s. m.* Obra de ornamentación hecha con yeso. Representaba hojas y flores.
ataviar *v. tr.* Componer, adornar. También prnl.
atavío *s. m.* Compostura y adorno.

atavismo *s. m.* Semejanza con los abuelos y antepasados.

ataxia *s. f.* Perturbación de las funciones del sistema nervioso que incapacita para coordinar los movimientos musculares voluntarios.

atelaje *s. m.* Tiro, conjunto de caballerías que tiran del carruaje.

ateles *s. m.* Mono sudamericano, llamado también "mono araña".

atemorizar *v. tr.* Causar temor. También prnl.

atemperar *v. tr.* Moderar, templar. También prnl.

atenacear *v. tr.* Arrancar con tenazas pedazos de carne de una persona.

atender *v. tr.* **1.** Satisfacer un deseo, ruego o mandato. También intr. || *v. intr.* **2.** Aplicar el entendimiento a un objeto espiritual o sensible. **3.** Tener en cuenta.

atendible *adj.* Digno de ser atendido o de atención.

ateneo *s. m.* Nombre de algunas asociaciones científicas o literarias.

atenerse *v. prnl.* Ajustarse alguien en sus acciones a alguna cosa.

atentado *s. m.* Delito.

atentar *v. tr.* **1.** Emprender o ejecutar alguna cosa ilegal o ilícita. **2.** Intentar un delito; cometer atentado.

atenuar *v. tr.* **1.** Poner tenue, sutil o delgada alguna cosa. **2.** *fig.* Disminuir.

ateo, a *adj.* Que niega la existencia de Dios. También s. m. y s. f.

aterciopelado, da *adj.* Semejante al terciopelo.

aterirse *v. prnl.* Pasmarse de frío.

aterrajar *v. tr.* Labrar con la terraja las roscas de los tornillos o tuercas.

aterrar[1] *v. tr.* Derribar, abatir.

aterrar[2] *v. tr.* Aterrorizar. También prnl.

aterrizar *v. intr.* Descender a tierra el aviador con el aparato que dirige.

aterronar *v. tr.* Hacer terrones alguna materia suelta. Se usa más como prnl.

aterrorizar *v. tr.* Causar terror. También prnl.

atesorar *v. tr.* Reunir y guardar dinero o cosas de valor.

atestado *s. m.* Documento oficial en que se hace constar alguna cosa.

atestar[1] *v. tr.* **1.** Henchir. **2.** Rellenar.

atestar[2] *v. tr.* Testificar, atestiguar.

atestiguar *v. tr.* Deponer, declarar, afirmar como testigo algo.

atezado, da *adj.* De color negro.

atezar *v. tr.* Ennegrecer. También prnl.

atiborrar *v. tr.* Atestar de algo un lugar, especialmente de cosas inútiles.

aticismo *s. m.* Delicadeza, elegancia propia de los escritores y oradores atenienses de la época clásica.

ático *s. m.* Último piso de un edificio, más bajo de techo que los inferiores.

atifle *s. m.* Utensilio de barro de los alfareros que lo utilizan para evitar que se peguen, unas contra otras, las piezas al cocerse.

atigrado, da *adj.* Manchado como la piel de tigre.

atildar *v. tr.* **1.** Poner tildes a las letras. **2.** *fig.* Componer, asear. También prnl.

atinar *v. intr.* Acertar o dar en el blanco.

atiplar *v. tr.* Elevar la voz o el sonido de un instrumento hasta el tono de tiple.

atisbar *v. tr.* Mirar, observar con cuidado, recatadamente.

atizar *v. tr.* Remover el fuego o añadirle combustible para que arda más.

atlas s. m. 1. Colección de mapas geográficos en un volumen. 2. Colección de láminas.

atleta s. m. y s. f. 1. Deportista. 2. Persona muy robusta y fuerte.

atletismo s. m. Afición a los ejercicios atléticos.

atmósfera s. f. 1. Envoltura de aire que rodea el globo terráqueo. 2. Unidad de presión.

atoar v. tr. Llevar a remolque una nave por medio de un cabo que se echa por la proa para que tiren de él una o más lanchas.

atocha s. f. Esparto, planta.

atolladero s. m. Atascadero, lodazal.

atollar v. intr. 1. Dar en un atolladero. También prnl. ‖ v. prnl. 2. Atascarse.

atomicidad s. f. Capacidad de los átomos para combinarse.

átomo s. m. Elemento que constituye la materia y que, actualmente, es divisible en las denominadas partículas elementales, descubriéndose así su complejidad; está formado por un núcleo con protones y neutrones, y una envoltura de electrones negativos.

atonía s. f. Falta de tono y de vigor, o debilidad de los tejidos orgánicos.

atónito, ta adj. Pasmado.

átono, na adj. Se aplica a la vocal, sílaba o palabra que se pronuncia sin acento prosódico.

atontar v. tr. Aturdir o atolondrar. También prnl.

atormentar v. tr. Causar dolor o molestia corporal. También prnl.

atornillar v. tr. 1. Introducir un tornillo haciéndole girar alrededor de su eje. 2. Sujetar con tornillos.

atorozonarse v. prnl. Padecer torozón las caballerías.

atosigar v. tr. Emponzoñar con tósigo o veneno.

atrabiliario, ria adj. De genio destemplado. También s. m. y s. f.

atrabilis s. f. Cólera negra y acre.

atracadero s. m. Paraje donde pueden arrimarse a tierra, sin peligro, las embarcaciones pequeñas.

atracador, ra s. m. y s. f. Persona que asalta con la finalidad de robar.

atracar[1] v. tr. 1. fam. Hartar. También prnl. 2. fam. Asaltar con la finalidad de robar.

atracar[2] v. tr. 1. Arrimar unas embarcaciones a otras. ‖ v. intr. 2. Arrimarse una embarcación a tierra.

atracción s. f. Fuerza que atrae.

atraer v. tr. 1. Traer hacia sí alguna cosa. 2. fig. Inclinar o reducir una persona a otra a su voluntad, opinión, etc.

atrafagar v. intr. Fatigarse o afanarse.

atragantarse v. prnl. 1. No poder tragar algo que se atraviesa en la garganta. 2. fig. Turbarse en la conversación. Se usa alguna vez como tr.

atraillar v. tr. Atar con correa a los perros.

atrancar v. tr. 1. Asegurar la puerta por dentro con una tranca. 2. Atascar o cegar un conducto. Se usa más como prnl.

atranco s. m. 1. Atolladero. 2. Apuro.

atrapar v. tr. 1. Coger al que huye o va de prisa. 2. Coger algo.

atrás adv. l. Hacia la parte que está o queda a las espaldas de alguien.

atrasado, da adj. Alcanzado, empeñado.

atrasar v. tr. 1. Retardar. También prnl. ‖ v. prnl. 2. Quedarse atrás.

atravesar *v. tr.* **1.** Pasar cruzando de una parte a otra. ‖ *v. prnl.* **2.** Ponerse alguna cosa entremedias de otras.

atreverse *v. prnl.* Determinarse a algún hecho o dicho arriesgado.

atribución *s. f.* Cada una de las facultades que a una persona da el cargo que ejerce.

atribuir *v. tr.* **1.** Aplicar hechos o cualidades a alguna persona o cosa. También prnl. **2.** Señalar alguna cosa a alguien como de su competencia.

atribular *v. tr.* **1.** Causar tribulación. ‖ *v. prnl.* **2.** Padecer tribulación.

atributo *s. m.* **1.** Cada una de las propiedades de un ser. **2.** Señalar alguna cosa a alguien como de su competencia.

atrición *s. f.* Dolor de haber ofendido a Dios, por la fealdad de los pecados y miedo del castigo eterno, con propósito de enmienda.

atril *s. m.* Mueble en forma de plano inclinado que sirve para sostener libros.

atrincherar *v. tr.* Fortificar una posición militar con trincheras.

atrio *s. m.* Espacio descubierto y por lo común cercado de pórticos.

atrirrostro, tra *adj.* Se dice de las aves que tienen negro el pico.

atrocidad *s. f.* **1.** Crueldad grande. **2.** *fam.* Dicho o hecho muy necio.

atrofia *s. f.* Disminución del volumen y vitalidad de un órgano.

atrofiarse *v. prnl.* Padecer atrofia.

atronar *v. tr.* **1.** Asordar o perturbar con ruido como el trueno. **2.** Aturdir, atontar.

atropellar *v. tr.* **1.** Pasar precipitadamente por encima de alguna persona. **2.** Derribar o empujar a alguien para abrirse paso.

atropina *s. f.* Alcaloide venenoso usado en medicina, que se extrae de la belladona y se emplea para dilatar las pupilas de los ojos y otros usos terapéuticos.

atroz *adj.* **1.** Fiero, inhumano. **2.** Enorme.

atruchado, da *adj.* Se dice del hierro colado cuyo grano semeja a las pintas de la trucha.

atuendo *s. m.* **1.** Aparato, ostentación. **2.** Atavío, vestido.

atufar *v. tr.* **1.** Enfadar. Se usa más como prnl. ‖ *v. prnl.* **2.** Recibir o tomar tufo.

atún *s. m.* Pez acantopterigio comestible.

aturdimiento *s. m.* **1.** Perturbación de los sentidos. **2.** Perturbación moral. **3.** Torpeza, falta de desembarazo para hacer algo.

aturdir *v. tr.* Confundir, desconcertar. También prnl.

aturrullar *v. tr., fam.* Turbar a alguien dejándole sin saber qué decir o hacer.

atusar *v. tr.* **1.** Recortar e igualar el pelo con tijeras. ‖ *v. prnl.* **2.** *fig.* Componerse con demasiada afectación y prolijidad.

audacia *s. f.* Osadía, atrevimiento.

audaz *adj.* Osado, atrevido.

audiencia *s. f.* Tribunal de justicia colegiado.

audífono *s. m.* Aparato usado por los sordos para oír mejor.

auditor *s. m.* Asesor jurídico de un tribunal militar o eclesiástico.

auditoría *s. f.* **1.** Empleo de auditor. **2.** Tribunal o despacho de auditor.

auditorio *s. m.* Concurso de oyentes.

auditorio, ria *adj.* Auditivo.

auge *s. m.* **1.** Elevación grande en dignidad o fortuna. **2.** Apogeo.

augita *s. f.* Mineral formado por un silicato doble de cal y magnesia, brillante, de color verde oscuro o negro, que constituye una variedad del piroxeno.

augur *s. m.* Ministro de la religión gentílica, que en la antigua Roma practicaba la auguración.

augurar *v. tr.* Presagiar, presentir, predecir.

augurio *s. m.* Presagio, anuncio, indicio de algo futuro.

augusto, ta *adj.* Se dice de lo que infunde o merece gran respeto y veneración por su majestad y excelencia.

aula *s. f.* Sala donde se enseña algún arte o facultad en las universidades, colegios, etc.

aulaga *s. f.* Planta papilionácea, de hojas lisas, terminadas en púa y flores amarillas, que se emplea como pienso.

aullar *v. intr.* Dar aullidos.

aullido *s. m.* Voz triste y prolongada del lobo, el perro y otros animales.

aumentar *v. tr.* Acrecentar, dar mayor extensión, número o materia a alguna cosa. También intr. y como prnl.

aumento *s. m.* Acrecentamiento o extensión de una cosa.

aun *adv. m.* Funciona como una conjunción con valor concesivo.

aún *adv. m.* Todavía, no obstante, sin embargo.

aunarse *v. prnl.* Unir, confederarse para algún fin.

aunque *conj. conces.* Alude a una objeción y dificultad que puede superarse.

¡aúpa! *interj.* Se usa para animar a los niños a que se levanten.

aupar *v. tr.* **1.** *fam.* Levantar o subir a una persona. También prnl. **2.** *fig.* Ensalzar, enaltecer. También prnl.

aura *s. f.* **1.** *poét.* Viento suave y apacible. **2.** *fig.* Aplauso, aceptación general.

áureo, a *adj.* Parecido al oro o dorado.

aureola *s. f.* Resplandor, disco o círculo luminoso que suele figurarse detrás de la cabeza de imágenes santas.

aureolar *v. tr.* Adornar como con aureola.

áurico, ca *adj.* De oro.

aurícula *s. f.* **1.** Pabellón de la oreja. **2.** Cada una de las dos cavidades del corazón que reciben la sangre de las venas.

auriga *s. m., poét.* Persona que dirige las caballerías de un carruaje.

aurívoro, ra *adj., poét.* Codicioso de oro.

aurora *s. f.* Luz sonrosada que precede inmediatamente a la salida del sol.

auscultar *v. tr.* Escuchar, aplicando el oído inmediatamente o por medio de instrumentos adecuados, los sonidos que se producen en el cuerpo, sobre todo en el pecho y abdomen.

ausentarse *v. prnl.* Alejarse alguien, especialmente de su población.

ausente *adj.* Se dice del que está separado de alguna persona o lugar, en especial de la población en que se reside. También s. m. y s. f.

auspicio *s. m.* **1.** Agüero. **2.** Protección.

austero, ra *adj.* **1.** Agrio. **2.** Severo.

austro *s. m.* Viento que sopla de la parte del Sur.

auténtico, ca *adj.* **1.** Acreditado de cierto y positivo. **2.** Autorizado o legalizado, que hace fe pública.

autentificar *v. tr.* Autenticar, autorizar o legalizar alguna cosa.

autillo *s. m.* Ave rapaz nocturna, parecida a la lechuza, pero algo mayor.

auto *s. m.* Forma de resolución judicial.

autobiografía *s. f.* Vida de una persona escrita por ella misma.

autobús *s. m.* Automóvil destinado al transporte de viajeros.

autocamión *s. m.* Camión automóvil.

autoclave *s. f.* Aparato en forma de vasija cilíndrica para la esterilización por vapor, bajo presión y a temperaturas elevadas.

autocopista *s. f.* Aparato para sacar copias de un escrito o dibujo.

autocracia *s. f.* Forma de gobierno en la cual la voluntad de un solo hombre es la suprema ley.

autócrata *s. m. y s. f.* Persona que ejerce por sí sola la autoridad suprema de un Estado.

autóctono, na *adj.* Se dice de la persona originaria del mismo país en que vive. También s. m. y s. f.

autógeno, na *adj.* Se dice de la soldadura metálica que se hace, sin intermedio de materia extraña, fundiendo con el soplete de oxígeno y acetileno las partes por donde ha de hacerse la unión.

autogiro *s. m.* Aparato volador provisto de hélice horizontal.

autografía *s. f.* Procedimiento para reproducir escritos o dibujos hechos sobre un papel en tinta grasa, por medio de una piedra preparada para tal efecto.

autógrafo, fa *adj.* Se aplica al escrito de mano de su mismo autor. También s. m.

autointoxicación *s. f.* Intoxicación del organismo por productos que él mismo elabora y que deberían ser eliminados.

autómata *s. m.* Máquina que imita la figura y movimientos de un ser animado.

automático, ca *adj., fig.* Maquinal.

automatismo *s. m.* Ejecución de actos diversos sin participación de la voluntad.

automedonte *s. m., fig.* Auriga, cochero.

automotor, ra *adj.* Se dice de la máquina o aparato que se mueve sin intervención de una acción exterior.

automóvil *adj.* **1.** Que se mueve por sí mismo. ‖ *s. m.* **2.** Cualquier vehículo movido de ordinario por motor de explosión.

automovilismo *s. m.* Utilización deportiva del automóvil.

automovilista *s. m. y s. f.* Persona que es aficionada al automovilismo o que conduce un auto.

autonomía *s. f.* Capacidad de una provincia o región para entender y manejar su sistema económico, político, administrativo, etc., sin ingerencias del poder central.

autopsia *s. f.* Examen anatómico de un cadáver.

autópsido, da *adj.* Se dice de los minerales que tienen aspecto metálico.

autor, ra *s. m. y s. f.* Persona que es causa de alguna cosa.

autoridad *s. f.* Derecho o poder de mandar y hacerse obedecer.

autorizar *v. tr.* Dar a alguien autoridad o facultad para hacer algo.

autorretrato *s. m.* Retrato de una persona hecho por ella misma.

autosugestión *s. f.* Sugestión que se produce en una persona con independencia de toda influencia extraña.

auxiliar[1] *s. m.* Funcionario técnico o administrativo de categoría subalterna.

auxiliar[2] *v. tr.* **1.** Dar auxilio. **2.** Ayudar a bien morir.

auxilio *s. m.* Ayuda, socorro.

avacado, da *adj.* Se dice de la caballería parecida a la vaca en que tiene mucho vientre y pocos bríos.

aval *s. m.* Firma puesta al pie de una letra o documento de crédito, para responder de su pago en caso de no efectuarlo la persona principalmente obligada a ello.

avalar *v. tr.* Garantizar por medio de aval.

avalista *s. m. y s. f.* Persona que avala.

avalorar *v. tr.* Dar valor o precio a alguna cosa.

avaluar *v. tr.* Valuar, valorar.

avambrazo *s. m.* Pieza del arnés que servía para cubrir y defender el antebrazo.

avance *s. m.* Anticipo de dinero.

avantrén *s. m.* Juego delantero de los carros de artillería.

avanzada *s. f.* Partida de soldados destacada del cuerpo principal, con el fin de observar de cerca al enemigo y precaver posibles sorpresas.

avanzar *v. intr.* Ir hacia adelante especialmente las tropas.

avaricia *s. f.* Afán desordenado de poseer y adquirir riquezas para atesorarlas.

avaro, ra *adj.* Que tiene avaricia.

avasallar *v. tr.* Sujetar, rendir o someter a la obediencia.

ave *s. f.* Animal vertebrado, ovíparo, de respiración pulmonar y sangre de temperatura constante, pico córneo, cuerpo cubierto de plumas y extremidades torácicas en forma de alas.

avechucho *s. m.* **1.** Ave de figura desagradable. **2.** *fig. y fam.* Sujeto despreciable por su figura o costumbres.

avecinarse *v. prnl.* **1.** Acercarse. **2.** Avecindarse.

avecindarse *v. prnl.* Establecerse en algún pueblo como vecino.

avejentar *v. tr.* Poner a alguien viejo antes de serlo por edad. Se usa más como prnl.

avellana *s. f.* Fruto del avellano.

avellanador *s. m.* Barrena que sirve para avellanar.

avellanar *v. tr.* Ensanchar en una corta porción de su longitud los agujeros para los tornillos a fin de que la cabeza de éstos quede embutida en la pieza taladrada.

avellano *s. m.* Arbusto de hojas acorazonadas y aserradas, que crece en los bosques de las regiones templadas.

avemaría *s. f.* **1.** Oración compuesta de las palabras con que el arcángel San Gabriel saludó a Nuestra Señora, de las que dijo Santa Isabel y de las que añadió la Iglesia. **2.** Cada una de las cuentas pequeñas del Rosario.

avena *s. f.* Planta gramínea, de espigas colgantes, cuyo grano se da como pienso a las caballerías.

avenencia *s. f.* **1.** Convenio, transacción. **2.** Conformidad, unión.

avenida *s. f.* **1.** Creciente impetuosa de un río o arroyo. **2.** Vía ancha con árboles a los lados.

avenir *v. tr.* **1.** Concordar, ajustar las partes discordes. Se usa más como prnl. || *v. prnl.* **2.** Componerse de entenderse bien con alguna persona o cosa.

aventajar *v. tr.* **1.** Conceder alguna ventaja. También prnl. **2.** Preferir.

aventar *v. tr.* **1.** Echar aire a alguna cosa. **2.** Impeler el viento alguna cosa.

aventura *s. f.* **1.** Acaecimiento, suceso extraño. **2.** Casualidad.

aventurar *v. tr.* Arriesgar, poner en peligro. También prnl.

avergonzar *v. tr.* Causar vergüenza.

avería *s. f.* Daño que padecen las mercancías o géneros.

averiar v. tr. **1.** Producir, avería. También prnl. ‖ v. prnl. **2.** Echarse a perder alguna cosa.

averiguar v. tr. Inquirir la verdad hasta dar con ella.

aversión s. f. Oposición y repugnancia que se tiene a alguna persona o cosa.

avesta s. m. Conjunto de libros sagrados de los antiguos persas.

avestruz s. m. Ave corredora de gran tamaño.

avezar v. tr. Acostumbrar. También prnl.

aviación s. f. Locomoción aérea por medio de aparatos más pesados que el aire.

aviador, ra adj. Se dice de la persona que tripula un aparato de aviación. También s. m. y s. f.

aviar v. tr. **1.** Prevenir o disponer alguna cosa para el camino. **2.** fam. Alistar, arreglar algo. También prnl.

avicultor, ra s. m. y s. f. Persona que se dedica a la cría y fomento de aves para aprovechar sus productos.

avicultura s. f. Arte de criar las aves y aprovechar sus productos.

avidez s. f. Ansia, codicia.

ávido, da adj. Ansioso, codicioso.

avieso, sa adj. Torcido, fuera de regla.

avilantez s. f. Audacia, insolencia.

avinagrar v. tr. **1.** Poner agria una cosa. Se usa más como prnl. ‖ v. prnl. **2.** fig. Volverse áspero el carácter de una persona.

avío s. m. Prevención, apresto.

avión[1] s. m. Pájaro, especie de vencejo.

avión[2] s. m. Vehículo aéreo más pesado que el aire.

avioneta s. f. Avión pequeño y de poca potencia.

avisado, da adj. Prudente, sagaz.

avisar v. tr. **1.** Dar noticia de algún hecho. **2.** Advertir o aconsejar.

aviso s. m. Noticia dada a alguien.

avispa s. f. Insecto de color amarillo con franjas negras, que tiene en la extremidad posterior del cuerpo un aguijón con el que pica.

avispado, da adj., fig. y fam. Vivo, despierto, agudo.

avispero s. m. **1.** Panal que fabrican las avispas. **2.** Conjunto de avispas.

avistar v. tr. Alcanzar con la vista alguna cosa.

avitaminosis s. f. Carencia o escasez de vitaminas.

avituallar v. tr. Proveer de vituallas.

avivar v. tr. Dar viveza, excitar, animar.

avizor s. m. Persona que avizora.

avocar v. tr. Atraer o llamar a sí un juez o tribunal superior la causa que se estaba litigando ante otro inferior.

avuguero s. m. Árbol, variedad del peral, cuyo fruto es el avugo.

avutarda s. f. Ave zancuda, muy común en España, de vuelo bajo, cuerpo grueso, de color rojo manchado de negro, con las remeras exteriores blancas y las otras negras.

axioma s. m. Principio, sentencia, proposición tan clara y evidente que no necesita demostración.

axiomático, ca adj. Evidente.

axis s. m. Segunda vértebra del cuello, sobre la cual se verifica el movimiento de rotación de la cabeza.

¡ay! interj. que expresa ordinariamente aflicción o dolor.

ayer adv. t. En el día que precedió inmediatamente.

ayo, ya *s. m. y s. f.* Hombre o mujer encargados en las casas de la custodia o crianza de un niño.

ayudante *s. m.* Oficial destinado personalmente a las órdenes de un general o jefe superior.

ayudar *v. tr.* Auxiliar, socorrer.

ayunar *v. intr.* Abstenerse total o parcialmente de comer y de beber.

ayuno *s. m.* Abstinencia.

ayuntamiento *s. m.* Corporación que administra los intereses de un municipio, compuesta por alcalde y concejales.

azabache *s. m.* Variedad de lignito, bastante dura, de hermoso color negro de ébano y susceptible de pulimento.

azada *s. f.* Instrumento de labranza.

azadón *s. m.* Azada de pala algo curva y más larga que ancha.

azafata *s. f.* **1.** Criada de la reina. **2.** Persona que presta sus servicios a bordo de un avión.

azafate *s. m.* Canastillo tejido ordinariamente de mimbres, llano y con borde de poca altura.

azafrán *s. m.* Planta iridácea, usada como condimento y para teñir de amarillo.

azafranal *s. m.* Sitio poblado de azafrán.

azafranar *v. tr.* **1.** Teñir de azafrán. **2.** Poner azafrán en un líquido.

azagaya *s. f.* Dardo pequeño arrojadizo.

azahar *s. f.* Flor del naranjo, del limonero y del cidro, que es blanca y muy olorosa.

azalea *s. f.* Arbolito de hojas oblongas y flores reunidas en corimbo, con corolas divididas en cinco lóbulos desiguales, que tienen una sustancia venenosa.

azamboa *s. f.* Fruto del azamboero, variedad de cidra muy arrugada.

azamboero *s. m.* Árbol, variedad del cidro, cuya fruta es la azamboa.

azar *s. m.* Casualidad, caso fortuito.

azarar *v. tr.* Sobresaltar. También prnl.

azarja *s. f.* Instrumento que sirve para coger la seda cruda, que se compone de cuatro costillas unidas en dos rodetes agujereados por el medio, a fin de que pueda pasar el huso.

ázimo *adj.* Se dice del pan sin levadura.

azoar *v. tr.* Impregnar de nitrógeno.

ázoe *s. m.* Nitrógeno.

azogue *s. m.* Metal blanco y brillante como la plata y más pesado que el plomo.

azor *s. m.* Ave rapaz diurna.

azorar *v. tr., fig.* Conturbar, sobresaltar. También prnl.

azotaina *s. f., fam.* Zurra de azotes.

azotar *v. tr.* Dar azotes a alguien. También prnl.

azote *s. m.* Instrumento de suplicio formado con cuerdas anudadas y a veces erizadas de puntas, con que se castigaba a los delincuentes.

azotea *s. f.* Cubierta llana de un edificio, dispuesta para poder andar por ella.

azúcar *s. amb.* Cuerpo sólido, cristalizable, perteneciente al grupo químico de los hidratos de carbono, de color blanco en estado puro, soluble en el agua y de sabor muy dulce. Se extrae especialmente de la caña de azúcar y de la remolacha.

azucarar *v. tr.* Endulzar con azúcar.

azucarera *s. f.* Recipiente para el azúcar.

azucarillo *s. m.* Porción de masa esponjosa de almíbar, clara de huevo y limón.

azucena *s. f.* Planta perenne de tallo alto y flores terminales grandes, blancas y muy olorosas.

azud *s. amb.* Máquina con que se saca agua de los ríos para el riego.

azuela *s. f.* Herramienta de carpintero que sirve para desbastar.

azufaifa *s. f.* Fruto del azufaifo. Se usa como medicamento pectoral.

azufaifo *s. m.* Árbol de tronco tortuoso, con las ramas llenas de aguijones y hojas alternas; flores pequeñas y amarillas, y fruto en drupa elipsoidal, dulce y comestible.

azufrar *v. tr.* Sahumar con azufre.

azufre *s. m.* Metaloide amarillo, quebradizo, insípido, que se electriza fácilmente por frotación y da un olor característico.

azul *adj.* Del color del cielo sin nubes. También s. m.

azulado, da *adj.* De color azul o que tira a él.

azulejo *s. m.* Ladrillo pequeño vidriado, de varios colores.

azulete *s. m.* Viso de color azul dado a algunas prendas de vestir.

azúmbar *s. m.* Estoraque, bálsamo.

azumbrado, da *adj.* Medido por azumbres.

azumbre *s. f.* Medida de líquidos, compuesta de cuatro cuartillos y equivalente a 21 y 16 ml.

azur *adj.* Se dice del azul oscuro. También s. m.

azuzar *v. tr.* **1.** Incitar a los perros para que embistan. **2.** *fig.* Estimular, irritar.

B

b *s. f.* Segunda letra del abecedario español y primera de sus consonantes.

baba *s. f.* Saliva espesa y abundante que fluye a veces de la boca de las personas y de algunos mamíferos.

babaza *s. f.* Humor viscoso que segregan algunos animales.

babear *v. intr.* Echar baba.

babel *s. amb.* Gran desorden y confusión.

babero *s. m.* Pedazo de tela que por limpieza se pone a los niños para comer pendiente del cuello y sobre el pecho.

babieca *s. m. y s. f., fam.* Persona floja y boba. También adj.

bable *s. m.* Dialecto hablado en Asturias.

babor *s. m.* Costado izquierdo de la embarcación mirando de popa a proa.

babosa *s. f.* Molusco gasterópodo pulmonado, que segrega en su marcha una baba clara y pegajosa.

babosear *v. tr.* Llenar de babas.

baboso, sa *adj.* Que echa muchas babas.

baboyana *s. f.* Lagarto pequeño.

babucha *s. f.* Zapato ligero y sin tacón.

baca *s. f.* Sitio en la parte superior de las diligencias y otros coches de camino, donde podían ir pasajeros y se colocaban los equipajes, resguardados por una cubierta impermeable.

bacalao *s. m.* **1.** Pez teleósteo, anacanto, con tres aletas dorsales y dos anales, de tamaño variable y cabeza muy grande. **2.** Carne de este mismo pez que se sala y se prensa para su conservación. **3.** Música electrónica de ritmo repetitivo.

bacanal *s. f., fig.* Orgía tumultuosa y desordenada.

bacará *s. m.* Juego de naipes de origen italiano.

baceta *s. f.* Naipes que quedan sin repartir después de haber dado a cada jugador los que le corresponden.

bache *s. m.* Hoyo que se forma en una vía pública por el paso de vehículos.

bachear *v. tr.* **1.** Rellenar los baches de las vías públicas. || *v. prnl.* **2.** Llenarse una carretera de baches.

bachiller *s. m. y s. f.* Persona que ha obtenido el grado que se concede al terminar la enseñanza media.

bachillerato *s. m.* **1.** Grado que se obtiene al terminar la enseñanza media. **2.** Estudios necesarios para obtenerlo.

bacía *s. f.* **1.** Vasija poco honda y de borde muy ancho. **2.** La que utilizaban los barberos para mojar la barba.

bacilo *s. m.* Bacteria en forma de bastoncillo o filamento más o menos largo, recto o encorvado según las especies.

bacín *s. m.* Vaso de barro vidriado, alto y cilíndrico, que sirve para evacuar los excrementos.

bacina *s. f.* Bacín.

bacinete *s. m.* Pieza de la armadura antigua, que cubría la cabeza a modo de yelmo.

bacinilla *s. f.* Bacín bajo y pequeño.

bacteria *s. f.* Organismo unicelular, microscópico y sin clorofila, del que hay varias especies.

bactericida *adj.* Que mata las bacterias.

bacteriología *s. f.* Parte de la microbiología que estudia las bacterias.

báculo *s. m.* **1.** Palo o cayado para sostenerse las personas débiles o ancianas. **2.** Signo de dignidad episcopal.

badajo s. m. Pieza metálica que cuelga en el interior de la campana para hacerla sonar.

badana s. f. Piel curtida de carnero u oveja.

badén s. m. Zanja que deja en el terreno la corriente de las aguas llovedizas.

badil s. m. Paleta para remover y recoger la lumbre en las chimeneas y braseros.

badulaque adj. Informal, embustero.

bafle s. m. Soporte plano y rígido provisto de un orificio que se ajusta al cono de un altavoz para conseguir una difusión más pura.

bagaje s. m. **1.** Equipaje militar de una tropa en marcha. **2.** fig. Conjunto de conocimientos de que dispone una persona.

bagatela s. f. Cosa de poco valor.

¡bah! interj. que denota incredulidad o desdén.

bahía s. f. Entrada de mar en la costa.

bailar v. intr. Mover el cuerpo, los brazos y los pies a compás. También tr.

bailarín, na s. m. y s. f. Persona que profesa el arte de bailar.

baile s. m. Cada una de las maneras de bailar que reciben un nombre particular, como vals, rigodón, etc.

bailotear v. intr. Bailar mucho y sin gracia.

baivel s. m. Escuadra falsa usada para labrar dovelas.

baja s. f. **1.** Disminución del precio, valor o estimación de algo. **2.** Cese temporal de una persona en su trabajo por motivos de enfermedad, accidente, etc.

bajá s. m. En Turquía, título honorífico.

bajada s. f. **1.** Acción de bajar. **2.** Camino o senda por donde se baja.

bajamar s. f. **1.** Fin o término del reflujo del mar. **2.** Tiempo que dura.

bajar v. intr. **1.** Ir desde un lugar a otro que esté más bajo. **2.** Apear. **3.** Disminuir.

bajel s. m. Buque, embarcación.

bajete s. m. Barítono.

bajeza s. f. Hecho vil.

bajío s. m. Banco de arena en el mar.

bajista s. m. y s. f. **1.** Persona que juega a la baja en la bolsa. **2.** Persona que toca el bajo o el bajón.

bajo, ja adj. **1.** De poca altura. **2.** fig. Humilde, despreciable. || s. m. **3.** Sitio o lugar hondo. || adv. m. **4.** En voz baja. || prep. **5.** En lugar inferior a, debajo de.

bajuno, na adj. Bajo, soez.

bala s. f. Proyectil, generalmente de plomo o de hierro, para cargar las armas de fuego.

balada s. f. Canción de carácter popular, de asunto amoroso y ritmo lento.

baladí adj. De poca sustancia y aprecio.

baladrón, na adj. Fanfarrón.

baladronada s. f. Hecho o dicho propio de baladrones o fanfarrones.

bálago s. m. Paja larga de los cereales después de quitarle el grano.

balalaica s. f. Instrumento musical de cuerda, de uso popular en Rusia.

balance[1] s. m. Oscilación de un cuerpo que se inclina a un lado y a otro.

balance[2] s. m. Cuenta comercial demostrativa del estado del capital.

balancear v. intr. **1.** Dar balances. También tr. y prnl. || v. tr. **2.** Equilibrar.

balancín s. m. En los jardines, terrazas, etc., asiento colgante cubierto con toldo.

balandra s. f. Embarcación pequeña y con un solo palo.

balandrán s. m. Vestidura talar.

balandro s. m. Balandra pequeña.

bálano s. m. **1.** Parte extrema o cabeza del miembro viril o pene. **2.** Crustáceo que se encuentra asido a las piedras.

balanza *s. f.* Instrumento que sirve para pesar equilibrando con pesos conocidos el de aquel cuerpo que se pesa.

balar *v. intr.* Dar balidos.

balastar *v. tr.* Tender el balasto.

balasto *s. m.* Capa de grava o piedra picada que se extiende sobre la explanación de los ferrocarriles para asentar y sujetar sobre ella las traviesas.

balaustrada *s. f.* Serie de balaustres, colocados entre los barandales.

balaustre *s. m.* Cada una de las columnitas de las barandillas de balcones, escaleras, azoteas, y corredores.

balbucear *v. intr.* Balbucir. También tr.

balbucir *v. intr.* Hablar o leer con pronunciación dificultosa, tarda y vacilante.

balcón *s. m.* Hueco abierto desde el suelo, en la pared exterior de una habitación, generalmente con barandilla saliente.

balconcillo *s. m.* Localidad situada sobre el toril en las plazas de toros.

baldaquín *s. m.* **1.** Dosel hecho de tela de seda. **2.** Pabellón que cubre un altar o trono.

baldar *v. tr.* Impedir una enfermedad o accidente el uso de los miembros o de alguno de ellos. También prnl.

balde *s. m.* Cubo.

balde, de *adv. m.* Gratuitamente.

baldear *v. tr.* Regar las cubiertas de los buques con baldes.

baldés *s. m.* Piel de oveja curtida, de tacto suave, que se utiliza en confección.

baldío, a *adj.* Se aplica al terreno que ni se labra ni está adehesado. También s. m.

baldón *s. m.* Oprobio, injuria.

baldosa *s. f.* Ladrillo fino para solar.

balduque *s. m.* Cinta angosta de hilo que se usa en las oficinas para atar legajos.

balido *s. m.* Voz del ganado lanar.

balín *s. m.* Bala pequeña.

balista *s. f.* Máquina usada antiguamente para arrojar piedras de mucho peso.

balística *s. f.* Ciencia que tiene por objeto el cálculo del alcance y dirección que llevan los proyectiles.

baliza *s. f.* **1.** Señal fija o flotante que se pone para guiar a los navegantes en un paso difícil. **2.** Señal terrestre destinada a indicar una pista de aterrizaje.

ballena *s. f.* El mayor de todos los animales conocidos, cetáceo, sin dientes y con dos orificios nasales.

ballenato *s. m.* Cría de la ballena.

ballenero *s. m.* Barco especialmente preparado para la captura de ballenas.

ballesta *s. f.* **1.** Máquina antigua de guerra para arrojar piedras o saetas gruesas. **2.** Cada uno de los muelles que se utilizan en la suspensión del material rodante de los vehículos.

ballet *s. m.* Espectáculo de danza escénica.

balneario *s. m.* Casa de baños, especialmente para las medicinales.

balón *s. m.* Pelota grande.

baloncesto *s. m.* Juego de pelota entre dos equipos de cinco jugadores cada uno. Se practica con las manos y consiste en introducir el balón el mayor número de veces posible en la canasta del contrario, situada a una altura determinada.

balonmano *s. m.* Juego de pelota entre dos equipos de siete jugadores cada uno. Se juega con las manos y consiste en introducir el balón en la portería del contrario siguiendo unas reglas determinadas.

balonvolea s. m. Voleibol.
balsa[1] s. f. Estanque.
balsa[2] s. f. Maderos que unidos entre sí, forman una plataforma flotante.
balsamina s. f. Planta cucurbitácea, con semillas grandes en forma de almendra.
bálsamo s. m. **1.** Líquido aromático resinoso. **2.** Medicamento compuesto de sustancias aromáticas, que se aplica como remedio en las heridas, llagas, etc.
baluarte s. m. **1.** Obra de fortificación en figura de pentágono. **2.** Amparo, defensa.
balumba s. f. Bulto que hacen muchas cosas juntas.
bambalina s. f. Cada una de las piezas de lienzo pintado que cuelgan del telar del teatro de uno a otro lado del escenario.
bambolearse v. prnl. Moverse de un lado a otro sin perder el sitio en que se está.
bambú s. m. Planta gramínea, originaria de la India, de tallo en forma de caña leñosa y muy resistente.
banana s. f. Fruto del banano.
banano s. m. Plátano, planta.
banasta s. f. Cesto grande de mimbres.
banca[1] s. f. Asiento sin respaldo.
banca[2] s. f. Conjunto de organismos cuyo objetivo es facilitar la financiación de las diferentes actividades económicas.
bancal s. m. Rellano de tierra que se forma en una pendiente y se aprovecha para el cultivo.
bancarrota s. f. Quiebra de un establecimiento o entidad comercial o financiera.
bance s. m. Palo suelto que atravesado cierra los portillos de las fincas.
banco s. m. **1.** Asiento largo y estrecho. **2.** Mesa de trabajo que usan algunos artesanos. **3.** Establecimiento público de crédito. **4.** Asociación constituida por numerosos peces de una especie.
banda[1] s. f. Cinta ancha que se lleva atravesada desde un hombro al costado opuesto.
banda[2] s. f. Grupo de gente armada.
bandada s. f. Grupo numeroso de aves que vuelan juntas.
bandazo s. m. Balance repentino de una embarcación hacia un lado.
bandear v. intr. **1.** Vacilar en la propia opinión. || v. prnl. **2.** Saberse ingeniar para satisfacer las necesidades de la vida o salvar otras dificultades.
bandeja s. f. Pieza plana o algo cóncava, con bordes de poca altura, que sirve para llevar o presentar algo.
bandera s. f. **1.** Lienzo, tafetán u otra tela, generalmente de forma cuadrada o cuadrilonga, que se asegura por uno de sus lados a un asta o driza, y se utiliza como insignia o señal. **2.** Trozo de lienzo u otra tela, de uno o varios colores, que se cuelga como adorno o se usa para hacer señales.
banderilla s. f. Palo adornado y con una lengüeta de hierro en un extremo, que se clava en el cerviguillo de los toros.
banderillear v. tr. Poner banderillas a los toros.
banderillero, ra s. m. y s. f. Torero que pone banderillas.
banderín s. m. **1.** Bandera pequeña. **2.** Soldado que sirve de guía a la infantería en sus ejercicios, y lleva al efecto una bandera en la bayoneta del fusil.
banderola s. f. Bandera pequeña, con varios usos en topografía, marina y milicia.
bandido s. m. Bandolero.
bando[1] s. m. Edicto o mandato publicado de orden superior.

bando[2] *s. m.* **1.** Facción. **2.** Bandada.
bandola *s. f.* Instrumento musical de cuatro cuerdas y de cuerpo combado.
bandolera *s. f.* Correa que cruza por el pecho y la espalda y que en el remate lleva un gancho para colgar un arma de fuego.
bandolero, ra *s. m. y s. f.* **1.** Salteador de caminos. ‖ **2.** *s. m.* Persona perversa.
bandolina *s. f.* Instrumento musical pequeño de cuatro cuerdas y de cuerpo curvado como el del laúd.
bandujo *s. m.* Tripa grande de cerdo, carnero o vaca, llena de carne picada.
bandurria *s. f.* Instrumento musical de cuerda semejante a la guitarra, pero de menor tamaño, que se toca con una púa.
banquero, ra *s. m. y s. f.* Persona que se dedica a operaciones bancarias.
banqueta *s. f.* Asiento de tres o cuatro pies y sin respaldo.
banquete *s. m.* **1.** Comida a la que acuden muchas personas para celebrar algo. **2.** Comida espléndida.
banquillo *s. m.* **1.** Asiento en que se coloca al procesado ante el tribunal. **2.** Lugar donde permanecen los jugadores reservas y entrenadores durante el partido.
bañador *s. m.* Traje para bañarse.
bañar *v. tr.* **1.** Meter el cuerpo o parte de él en un líquido, generalmente agua. También prnl. **2.** Regar o tocar el agua alguna cosa. **3.** Sumergir algo en un líquido.
bañera *s. f.* Baño, pila para bañarse.
bañista *s. m. y s. f.* Persona que concurre a tomar baños.
baño *s. m.* **1.** Acción y efecto de bañar o bañarse. **2.** Capa de materia extraña con que queda cubierta la cosa bañada.

bao *s. m.* Cada una de las piezas de la armazón de un buque que van de un costado a otro y sostienen la cubierta.
baobab *s. m.* Árbol bombacáceo tropical, de fruto carnoso y sabor agradable.
baptisterio *s. m.* Sitio donde está la pila bautismal.
baquear *v. intr.* Navegar dejándose llevar por la corriente.
baquelita *s. f.* Nombre comercial de un tipo de resina sintética plástica.
baqueta *s. f.* **1.** Vara delgada para atacar las armas de fuego. ‖ *s. f. pl.* **2.** Palillos que se usan para tocar el tambor.
baquetear *v. tr.* Incomodar demasiado.
baquio *s. m.* Pie de las métricas griega y latina, compuesto de tres sílabas: la primera breve y las otras dos largas.
bar *s. m.* Establecimiento donde se sirven bebidas y cosas ligeras para comer, que se suelen consumir de pie ante el mostrador.
barahunda *s. f.* Gran Ruido y confusión.
baraja *s. f.* Conjunto de naipes.
barajar *v. tr.* **1.** Mezclar los naipes antes de repartirlos. **2.** Mezclar, revolver unas personas o cosas con otras. También prnl.
baranda *s. f.* **1.** Barandilla. **2.** Borde que tienen las mesas de billar.
barandal *s. m.* **1.** Listón de hierro u otra materia en que se asientan los balaustres. **2.** El que los sujeta por arriba.
barandilla *s. f.* Antepecho compuesto de balaustres de madera, hierro u otra materia, y de los barandales que los sujetan.
baratería *s. f.* Fraude en compras o ventas.
baratija *s. f.* Cosa de poco valor.
barato, ta *adj.* Vendido o comprado a bajo precio.
báratro *s. m.* Infierno.

BARATURA - BARJULETA

baratura *s. f.* Bajo precio.

barba *s. f.* **1.** Parte de la cara debajo de la boca. **2.** Pelo que nace en esta parte de la cara y en los carrillos. Se usa más en pl.

barbacana *s. f.* Obra avanzada de forticación para defensa de plazas, puentes, etc.

barbacoa *s. f.* Parrilla usada para asar al aire libre carne o pescado.

barbada *s. f.* Quijada inferior de las caballerías.

barbado *s. m.* **1.** Árbol o sarmiento que se planta con raíces. **2.** Renuevo de árbol o arbusto.

barbaridad *s. f.* **1.** Calidad de bárbaro. **2.** Dicho o hecho necio. **3.** Atrocidad.

barbarie *s. f.* **1.** Rusticidad. **2.** Crueldad.

barbarismo *s. m.* Vicio del lenguaje, que consiste en pronunciar o escribir mal las palabras, o en emplear vocablos impropios.

barbarizar *v. intr. fig.* Decir o hacer barbaridades.

bárbaro, ra *adj.* **1.** Cruel. **2.** Inculto.

barbechar *v. tr.* Arar o labrar la tierra disponiéndola para la siembra.

barbecho *s. m.* Tierra de labranza que no se siembra durante uno o más años.

barbería *s. f.* **1.** Tienda del barbero. **2.** Oficio del barbero.

barbero *s. m.* Persona que tiene por oficio afeitar la barba, cortar el pelo, etc.

barbeta *s. f.* Trozo de parapeto destinado a la artillería.

barbilampiño *adj.* Se dice del varón adulto que no tiene barba o tiene poca.

barbilla *s. f.* Punta o remate de la barba.

barbitúrico *s. m.* Nombre común a varios derivados de un ácido cristalino que tienen propiedades hipnóticas y sedantes.

barbo *s. m.* Pez de río, fisóstomo, comestible.

barboquejo *s. m.* Cinta que sujeta el sombrero por debajo de la barba.

barbotar *v. intr.* Mascullar. También tr.

barbudo, da *adj.* Que tiene mucha barba.

barbullar *v. intr.* Hablar atropelladamente.

barca *s. f.* Embarcación pequeña para pescar o para atravesar los ríos.

barcarola *s. f.* Canción popular italiana.

barcaza *s. f.* Lanchón para transportar carga de los buques a tierra, o viceversa.

barcia *s. f.* Desperdicio, ahechaduras que se sacan al limpiar el grano.

barco *s. m.* Vehículo dispuesto para flotar y correr por el agua, impulsado por el viento, por remos o por ruedas o hélices movidas por un motor.

barda[1] *s. f.* Armadura antigua de los caballos.

barda[2] *s. f.* Cubierta que se pone sobre las tapias de los corrales, huertas y heredades para su resguardo.

bardar *v. tr.* Poner bardas a las tapias.

bardo *s. m.* **1.** Barro, fango. **2.** Vallado de cañas o espinos. **3.** Vivar de conejos.

baremo *s. m.* **1.** Lista de tarifas. **2.** Conjunto de normas establecidas convencionalmente para evaluar los méritos personales, la solvencia de empresa, etc.

baricentro *s. m.* En geometría, punto de intersección de las tres medianas de un triángulo.

bario *s. m.* Metal blanco amarillento, dúctil y difícil de fundir.

barítono *s. m.* **1.** Voz media entre las de tenor y bajo. **2.** El que tiene esta voz.

barjuleta *s. f.* Bolsa grande de cuero que llevan a la espalda los caminantes.

barloa *s. f.* Cable utilizado para atracar.

barlovento *s. m.* Parte de donde viene el viento, con respecto a un lugar determinado.

barman *s. m.* Camarero.

barnacla *s. m.* Ave anseriforme marina que habita en las costas europeas.

barniz *s. m.* Disolución de una o más sustancias resinosas en un líquido que al aire se volatiza o se deseca. Se utiliza para dar lustre a pinturas, maderas, etc.

barnizar *v. tr.* Dar un baño de barniz.

barómetro *s. m.* **1.** Instrumento que sirve para determinar la presión atmosférica. **2.** Índice o exponente de una realidad.

barón *s. m.* Título de dignidad, de más o menos preeminencia, según los países.

baronesa *s. f.* **1.** Mujer del barón. **2.** Mujer que goza de una baronía.

baroscopio *s. m.* Balanza dispuesta para demostrar la presión atmosférica.

barquear *v. tr.* Atravesar un río, lago, etc. con la barca.

barquilla *s. f.* **1.** Molde prolongado, a manera de barca, que sirve para hacer pasteles. **2.** Cesto pendiente de un globo en el que van los tripulantes.

barquillo *s. m.* Hoja delgada de pasta hecha con harina, azúcar y una esencia a la que se da forma de canuto.

barquín *s. m.* Fuelle grande que se usa en las fraguas.

barra *s. f.* **1.** Pieza de hierro, de forma prismática o cilíndrica, y mucho más larga que gruesa. **2.** Palanca de hierro para levantar o mover cosas de mucho peso.

barrabás *s. m., fam.* Persona mala, díscola.

barraca *s. f.* Albergue o vivienda construida toscamente.

barracón *s. m.* Caseta construida en las ferias para diversos fines.

barragán *s. m.* **1.** Tela de lana, impenetrable al agua. **2.** Abrigo de esta lana.

barragana *s. f.* Manceba, concubina.

barranco *s. m.* Despeñadero, precipicio.

barranquear *v. tr.* Conducir por arroyos la madera que se corta en los montes.

barredura *s. f.* Acción de barrer.

barrena *s. f.* Barra de acero con la punta en espiral, para taladrar madera, metal u otro cuerpo duro.

barrenar *v. tr.* Taladrar.

barrenillo *s. m.* Insecto coleóptero que horada la corteza de los árboles.

barreno *s. m.* **1.** Barrena grande. **2.** Agujero que se hace con la barrena.

barreño *s. m.* Vasija de barro para fregar loza y otros usos.

barrer *v. tr.* Quitar del suelo con la escoba el polvo, la basura, etc.

barrera *s. f.* **1.** Valla para atajar un camino, cercar un lugar, etc. **2.** En ciertos juegos deportivos, fila de jugadores que se coloca delante de su meta para protegerla de un lanzamiento contrario.

barriada *s. f.* Barrio.

barrica *s. f.* Especie de tonel que tiene diversos usos.

barricada *s. f.* Parapeto improvisado para estorbar el paso del enemigo.

barriga *s. f.* Vientre.

barriguera *s. f.* Correa que se pone en la barriga a las caballerías de tiro.

barril *s. m.* Vasija de madera para conservar y transportar licores y géneros.

barrila *s. f. fam.* Bronca, jaleo.

barrilla *s. f.* Planta quenopodiácea, de cuyas cenizas se obtiene la sosa.

barrillo *s. m.* Barro, granillo rojizo.
barrio *s. m.* **1.** Cada una de las partes en que se dividen los pueblos grandes o sus distritos. **2.** Arrabal.
barrizal *s. m.* Terreno lleno de barro.
barro[1] *s. m.* **1.** Masa que resulta de la unión de tierra y agua. **2.** Lodo que se forma en las calles cuando llueve.
barro[2] *s. m.* Cada uno de los granillos de color rojizo que salen en el rostro.
barrote *s. m.* **1.** Barra gruesa. **2.** Barra de hierro que sirve para asegurar algo.
barrueco *s. m.* Perla de forma irregular.
barruntar *v. tr.* Conjeturar, presentir por algún indicio.
bártulos *s. m. pl.* Enseres que se manejan.
barullo *s. m., fam.* Confusión, desorden.
basa *s. f.* **1.** Base, fundamento o apoyo. **2.** Parte inferior de la columna en que descansa el fuste.
basalto *s. m.* Roca volcánica, de color negro o verdoso, compuesta ordinariamente de feldespato y piroxeno.
basamento *s. m.* Cuerpo formado por la basa y el pedestal de la columna.
basar *v. tr.* **1.** Asentar algo sobre una base. **2.** Fundar, apoyar. También prnl.
basca *s. f.* Desazón que se experimenta en el estómago cuando se quiere vomitar.
bascosidad *s. f.* Inmundicia, suciedad.
báscula *s. f.* Aparato para medir pesos generalmente grandes.
bascular *v. intr.* **1.** Oscilar, tener un cuerpo movimiento de vaivén. **2.** Inclinarse la caja de ciertos vehículos de transporte, para que la carga resbale hacia fuera por su propio peso.
base *s. f.* Fundamento o apoyo en que estriba o descansa alguna cosa.

básico, ca *adj.* Fundamental, esencial.
basílica *s. f.* Iglesia notable por algún concepto.
basilisco *s. m.* Animal fabuloso que mataba con la vista.
bastante *adv. c.* **1.** Ni mucho ni poco, ni más ni menos de lo regular. **2.** No poco.
bastar *v. intr.* Ser suficiente para alguna cosa. También prnl.
bastardear *v. intr.* Degenerar de su naturaleza los frutos y las plantas.
bastardillo, lla *adj.* Se dice de la letra cursiva. También s. f.
bastardo, da *adj.* Que degenera de su origen o naturaleza.
bastidor *s. m.* Armazón de palos o listones en la que se fijan los lienzos o telas para pintar o bordar, y para otros usos.
bastilla *s. f.* Doblez que se hace y asegura con puntadas a los extremos de la tela.
basto *s. m.* Cualquiera de los naipes del palo de bastos.
basto, ta *adj.* Grosero, tosco.
bastón *s. m.* Caña o palo que sirve para apoyarse al andar.
basura *s. f.* Inmundicia, suciedad.
basurero *s. m.* Sitio en donde se amontona la basura.
bata *s. f.* Prenda de vestir larga, con mangas y abierta por delante, que se pone para estar en casa con comodidad.
batacazo *s. m.* Golpe fuerte y con estruendo que da alguien cuando cae.
batalla *s. f.* Combate de un ejército con otro, o de una armada naval con otra.
batallar *v. intr.* **1.** Pelear, reñir con armas. **2.** *fig.* Disputar, debatir.
batallón *s. m.* **1.** Unidad táctica de infantería. **2.** Grupo numeroso de gente.

batán *s. m.* Máquina para golpear, desengrasar y enfurtir los paños.

batata *s. f.* Planta convolvulácea, de tallo rastrero y raíces como las de la patata.

bate *s. m.* Palo usado en el béisbol para golpear en el aire la pelota.

batear *v. tr.* En el béisbol, dar a la pelota con el bate. También intr.

batel *s. m.* Bote, barco pequeño.

batería *s. f.* **1.** Conjunto de piezas de artillería dispuestas para hacer fuego. **2.** Conjunto de instrumentos de percusión en una banda u orquesta.

batida *s. f.* **1.** Acción de batir el monte para levantar la caza. **2.** Reconocimiento de algún paraje, en busca de alguien o algo.

batido *s. m.* **1.** Claras, yemas o huevos batidos. **2.** Bebida refrescante.

batidor, ra *s. m. y s. f.* Instrumento utilizado para batir los ingredientes de alimentos, salsas, bebidas, etc.

batiente *s. m.* Parte del marco de puertas y ventanas en el que se detienen y baten cuando se cierran.

batín *s. m.* Bata que suele llegar sólo un poco más abajo de la cintura.

batir *v. tr.* **1.** Dar golpes, golpear. **2.** Mover con fuerza una cosa.

batista *s. f.* Lienzo fino muy delgado.

batracio, cia *adj.* Se dice de los animales de sangre fría, circulación incompleta y respiración branquial en la primera edad, pulmonar después.

batuda *s. f.* Serie de saltos que dan los gimnastas.

baturrillo *s. m.* Mezcla de cosas que desdicen unas de otras.

batuta *s. f.* Varita con que el director de orquesta indica el compás.

baúl *s. m.* Cofre, arca.

bauprés *s. m.* Palo grueso de la proa de los barcos.

bautismo *s. m.* **1.** Primero de los sacramentos de la Iglesia. **2.** Bautizo.

bautizar *v. tr.* **1.** Administrar el bautismo. **2.** *fig.* Poner nombre a una cosa.

bautizo *s. m.* Acción de bautizar y fiesta con que ésta se celebra.

baya *s. f.* Fruto de ciertas plantas, carnoso y jugoso.

bayeta *s. f.* **1.** Tela de lana, floja y poco tupida. **2.** Paño que se utiliza para fregar el suelo y otras superficies.

bayoneta *s. f.* Arma blanca que se fija en la boca del fusil.

baza *s. f.* En ciertos juegos de naipes, número de cartas que recoge el que gana.

bazar *s. m.* Tienda en que se venden productos de varias industrias.

bazo *s. m.* Víscera vascular situada en el hipocondrio izquierdo.

bazofia *s. f.* **1.** Mezcla hecha con sobras de comida. **2.** Comida poco apetitosa.

bazucar *v. tr.* Revolver un líquido moviendo la vasija en que se encuentra.

be *onomat.* Voz del carnero, de la oveja y de la cabra.

beata *s. f., fam.* Mujer que frecuenta mucho los templos.

beatificar *v. tr.* Declarar el Sumo Pontífice que algún siervo de Dios goza de la eterna bienaventuranza y se le puede dar culto.

beatilla *s. f.* Lienzo delgado y ralo.

beatitud *s. f.* Bienaventuranza eterna.

beato, ta *adj.* **1.** Feliz o bienaventurado. ∥ *s. m.* **2.** *fig.* Hipócrita, santurrón.

bebé *s. m.* Nene o rorro.

bebedero, ra *adj.* **1.** Se dice del agua u otro líquido que es bueno para beber. || *s. m.* **2.** Vasija con agua que se pone a ciertos animales para que beban.

bebedizo *s. m.* Bebida que se da por medicina.

beber *v. intr.* Hacer que un líquido pase de la boca al estómago. También tr.

bebida *s. f.* **1.** Acción y efecto de beber. **2.** Líquido que se bebe.

bebido, da *adj.* Embriagado.

bebistrajo *s. m., fam.* Bebida muy desagradable.

beca *s. f., fig.* Ayuda económica que percibe un estudiante.

becada *s. f.* Ave de pico largo y plumaje oscuro, que vive en terrenos húmedos.

becado, da *s. m. y s. f.* Becario.

becar *v. tr.* Conceder a alguien una beca para que pueda realizar sus estudios.

becerrada *s. f.* Lidia de becerros hecha por aficionados.

becerro, rra *s. m. y s. f.* Toro o vaca desde que deja de mamar hasta que cumple un año.

bedel, la *s. m. y s. f.* Especie de celador en las universidades y otros centros docentes, que cuida del orden, anuncia la hora de entrada y salida de las clases, etc.

beduino, na *adj.* Se dice de los árabes nómadas. Se usa más como s. m. y s. f.

befa *s. f.* Grosera expresión de desprecio.

befar *v. intr.* **1.** Mover los caballos el befo. || *v. tr.* **2.** Burlar, escarnecer.

befo, fa *adj.* De labios abultados y gruesos.

begonia *s. f.* Planta perenne begoniácea, de hojas grandes y acorazonadas y grandes flores rosadas.

behetría *s. f., fig.* Confusión o desorden.

beicon *s. m.* Panceta ahumada.

beige *adj.* Se dice del color natural de la lana, pajizo, amarillento. También s. m.

beis *adj.* Beige. También s. m.

béisbol *s. m.* Juego entre dos equipos, en que los jugadores han de recorrer ciertos puestos o bases de un circuito, en combinación con el lanzamiento de una pelota desde el centro de dicho circuito.

bejín *s. m.* **1.** Hongo semejante a una bola. **2.** Persona que se enoja con facilidad.

bejucal *s. m.* Sitio donde se crían bejucos.

bejuco *s. m.* Planta tropical, sarmentosa, de tallos leñosos, largos y delgados.

beldad *s. f.* **1.** Belleza o hermosura. **2.** Persona muy bella.

belemnita *s. f.* Fósil, de figura cónica o de maza, de una clase de cefalópodos.

belén *s. m.* **1.** Nacimiento. **2.** *fam.* Confusión, desorden y sitio donde lo hay.

beleño *s. m.* Planta solanácea, narcótica, de hojas vellosas y fruto capsular.

belesa *s. f.* Planta plumbaginácea, de flores purpúreas, muy menudas y en espiga.

belfo, fa *adj.* Befo.

bélico, ca *adj.* Perteneciente o relativo a la guerra, guerrero.

belicoso, sa *adj.* **1.** Guerrero, marcial. **2.** *fig.* Agresivo, pendenciero.

beligerante *adj.* Se aplica a la potencia, nación, etc. que está en guerra.

belígero, ra *adj., poét.* Belicoso, dado a la guerra.

belitre *adj., fam.* Pícaro, ruin.

bellaco, ca *adj.* **1.** Malo, pícaro. **2.** Astuto, sagaz.

belladona *s. f.* Planta solanácea, muy venenosa y narcótica.

belleza *s. f.* Conjunto de cualidades de una cosa cuya manifestación nos hace amarla, produciendo un deleite espiritual, un sentimiento de admiración.

bello, lla *adj.* **1.** Que tiene belleza. **2.** Excelente, de buen carácter.

bellota *s. f.* Fruto de la encina, del roble y otros árboles del mismo género.

bellotear *v. intr.* Comer la bellota el ganado de cerda.

belorta *s. f.* Vilorta del arado.

bemol *adj.* Se dice de la nota cuya entonación es un semitono más bajo que la de su sonido natural.

benceno *s. m.* Hidrocarburo inflamable, que se obtiene por destilación de la hulla.

bencina *s. f.* Mezcla de varios hidrocarburos que se obtiene por destilación del alquitrán de hulla, de los petróleos, etc.

bendecir *v. tr.* **1.** Alabar, ensalzar. **2.** Consagrar algo al culto divino. **3.** Hacer el sacerdote la señal de la cruz sobre personas o cosas, recitando oraciones.

bendito, ta *adj.* **1.** Santo o bienaventurado. **2.** Dichoso, feliz.

beneficencia *s. f.* **1.** Virtud de hacer bien a otro. **2.** Conjunto de fundaciones benéficas y de sus servicios.

beneficiable *adj.* Que puede o merece ser beneficiado.

beneficiado, da *s. m. y s. f.* Persona en beneficio de la cual se ejecuta un espectáculo público.

beneficiar *v. tr.* Hacer bien a alguna persona o cosa. También *prnl.*

beneficiario, ria *adj.* Se dice de la persona que goza de un beneficio.

beneficio *s. m.* **1.** Bien que se hace o recibe. **2.** Utilidad, provecho.

beneficioso, sa *adj.* Provechoso, útil.

benéfico, ca *adj.* **1.** Que hace bien. **2.** Perteneciente o relativo a la ayuda gratuita que se presta a las personas necesitadas.

benemérito, ta *adj.* Digno de galardón.

beneplácito *s. m.* Aprobación, permiso.

benevolencia *s. f.* Simpatía y buena voluntad hacia las personas.

benévolo, la *adj.* Que tiene buena voluntad o afecto.

bengala *s. f.* Clase especial de luces pirotécnicas.

benigno, na *adj.* **1.** Afable, benévolo. **2.** Se dice de las enfermedades no graves y de los tumores que no son malignos.

benjamín *s. m.* **1.** Hijo menor. **2.** El más joven de un grupo.

benjuí *s. m.* Bálsamo aromático que se obtiene de un árbol de las Indias Orientales.

benzoato *s. m.* Sal resultante de la combinación del ácido benzoico con una base.

benzol *s. m.* Nombre que suele darse al benceno.

beodo, da *adj.* Embriagado, borracho.

berberecho *s. m.* Molusco bivalvo, que se come crudo o guisado.

berbiquí *s. m.* Manubrio semicircular que puede girar alrededor de un puño ajustado en una de sus extremidades, y tener sujeta en el otro la espiga de cualquier herramienta propia para taladrar.

beréber *s. m.* Individuo de la raza más antigua y numerosa de las que habitan en África septentrional.

berenjena *s. f.* Planta anual solanácea, hortense, de fruto aovado y comestible.

berenjenal *s. m.* **1.** Sitio plantado de berenjenas. **2.** Asunto de difícil solución.

bergamota *s. f.* **1.** Variedad de pera muy jugosa y aromática. **2.** Variedad de lima muy aromática.

bergamoto *s. m.* Árbol que produce la bergamota.

bergante *s. m.* Pícaro, sinvergüenza.

bergantín *s. m.* Buque de dos palos y vela cuadrada o redonda.

beriberi *s. m.* Enfermedad endemoepidémica, propia de países que se alimentan casi exclusivamente de arroz molido, cuyas manifestaciones son parálisis, edema e insuficiencia cardiaca.

berilio *s. m.* Elemento químico o metal alcalino térreo, ligero, de color blanco y sabor dulce.

berilo *s. m.* Variedad de esmeralda de color verdemar.

berlanga *s. f.* Juego de naipes en el que se gana reuniendo tres cartas iguales.

berlina *s. f.* Coche de caballos cerrado, generalmente con dos asientos.

bermejear *v. intr.* **1.** Mostrar una cosa color bermejo. **2.** Tirar a bermejo.

bermejo, ja *adj.* Rojo muy encendido.

bermellón *s. m.* Cinabrio reducido a polvo, que toma color rojo vivo.

berrear *v. intr.* **1.** Dar berridos los becerros u otros animales. **2.** Llorar o gritar desconsoladamente un niño.

berrendo, da *adj.* Manchado de dos colores por naturaleza o por arte.

berrido *s. m.* **1.** Voz del becerro y otros animales. **2.** Grito desaforado de una persona.

berrinche *s. m., fam.* Coraje, enojo grande, sobre todo el de los niños.

berro *s. m.* Planta crucífera cuyas hojas, de gusto picante, se comen en ensalada.

berza *s. f.* **1.** Col. || *s. m. pl.* **2.** *fig. y fam.* Ignorante, simple, berzotas.

besamel *s. f.* Salsa blanca que se hace con harina, crema de leche y manteca.

besana *s. f.* Labor de surcos paralelos que se hacen con el arado.

besar *v. tr.* Tocar una cosa con los labios en señal de afecto.

beso *s. m.* Acción de besar o besarse.

best-seller *s. m.* Libro de gran éxito editorial y de mucha venta.

bestia *s. f.* **1.** Animal cuadrúpedo. || *s. m. y s. f.* **2.** Persona ruda e ignorante.

bestialidad *s. f.* Brutalidad, irracionalidad.

besugo *s. m.* Pez teleósteo, acantopterigio, de carne blanca y muy apreciada.

betún *s. m.* Mezcla de varios ingredientes que se utilizan para lustrar el calzado.

bezo *s. m.* **1.** Labio grueso. **2.** Carne que se levanta alrededor de la herida infectada.

bibelot *s. m.* Muñeco, figurilla, juguete, etc. y, en general, objeto de adorno.

biberón *s. m.* Botella pequeña de cristal, con una tetina en uno de los extremos, para la lactancia artificial.

Biblia *n. p.* La Sagrada Escritura, que comprende los libros canónicos del Antiguo y Nuevo Testamento.

bibliobús *s. m.* Biblioteca ambulante de préstamo instalada en un autobús que recorre varias poblaciones.

bibliófilo, la *s. m. y s. f.* Persona que siente pasión por los libros.

bibliografía *s. f.* Conocimientos, descripción de libros o manuscritos.

biblioteca *s. f.* **1.** Local donde se tienen libros en un orden determinado para su consulta o lectura. **2.** Conjunto de estos libros. **3.** Armario especial para libros.

BIBLIOTECONOMÍA - BILLAR

biblioteconomía *s. f.* Ciencia que estudia la conservación, ordenación y administración de una biblioteca.

bicarbonato *s. m.* Sal que resulta de sustituir la mitad del hidrógeno del ácido carbónico por un metal monovalente.

bicéfalo, la *adj.* Que tiene dos cabezas.

bíceps *adj.* Se dice de los músculos que tienen por arriba dos porciones o cabezas.

bichero *s. m.* Asta larga que sirve para atracar y desatracar.

bicho *s. m.* **1.** Animal pequeño. **2.** *fig.* Persona de figura ridícula o mal genio.

bicicleta *s. f.* Velocípedo de dos ruedas, de las cuales la posterior es motriz y se impulsa por pedales.

bicoca *s. f.* **1.** *fam.* Cosa de poca estima y aprecio. **2.** *fig. y fam.* Ganga.

bicolor *adj.* De dos colores.

bidé *s. m.* Lavabo bajo y ovalado destinado a la higiene íntima.

bidón *s. m.* Recipiente de hojalata que sirve para transportar líquidos.

biela *s. f.* Barra que en las máquinas sirve para transformar el movimiento de vaivén en otro de rotación, o viceversa.

bieldo *s. m.* Instrumento para aventar.

bien *s. m.* **1.** Lo que se presenta a la facultad volitiva como objeto propio para ser querido. **2.** Beneficio, utilidad. **3.** Lo que es bueno. ǁ *s. m. pl.* **3.** Riqueza. ǁ *adv. m.* **4.** Con acierto. **5.** Con buena salud.

bienal *adj.* **1.** Que sucede o se repite cada dos años. **2.** Que dura dos años.

bienandante *adj.* Feliz, afortunado.

bienaventurado, da *adj.* **1.** Que goza de Dios en el cielo. **2.** Feliz, dichoso.

bienestar *s. m.* **1.** Comodidad. **2.** Vida holgada.

bienhechor, ra *adj.* Que hace bien a otro. También s. m. y s. f.

bienio *s. m.* Tiempo de dos años.

bienquerencia *s. f.* Buena voluntad.

bienquisto, ta *adj.* De buena fama y estimado de todos.

bienvenida *s. f.* Parabién que se da a alguien por su feliz llegada a un lugar.

bies *s. m.* Trozo de tela cortado al sesgo.

bífido, da *adj.* Se dice de lo que está dividido en dos partes o que se bifurca.

bifurcarse *v. prnl.* Dividirse en dos ramales, brazos o puntas alguna cosa.

bigamia *s. f.* Estado de un hombre casado con dos mujeres al mismo tiempo, o de la mujer casada con dos hombres.

bigardía *s. f.* Burla, fingimiento.

bígaro *s. m.* Caracol marino de pequeño tamaño y carne comestible. Abunda en las costas del Cantábrico.

bigote *s. m.* Pelo que nace sobre el labio superior. Se usa también en pl.

bigotera *s. f.* Compás pequeño, cuya abertura se gradua mediante una rosca.

bigudí *s. f.* Tubo pequeño, largo y estrecho, utilizado para rizar el cabello.

bilabial *adj.* **1.** Se dice del sonido en cuya pronunciación intervienen los dos labios, como la "b" y la "p". **2.** Se dice de la letra que representa este sonido.

bilateral *adj.* Que afecta a ambas partes o lados.

bilingüe *adj.* **1.** Que habla dos lenguas. **2.** Escrito en dos idiomas.

bilis *s. f.* Líquido viscoso amargo de color amarillo verdoso, segregado por el hígado de los vertebrados.

billar *s. m.* Juego que consiste en impulsar, por medio de tacos, bolas de marfil.

billete *s. m.* **1.** Tarjeta que da derecho para entrar u ocupar asiento en alguna parte o para viajar en un tren, autobús, etc. **2.** Papel impreso o grabado, emitido generalmente por el banco nacional de un país, que representa cantidades de dinero; papel moneda.

billetero *s. m.* Cartera pequeña de bolsillo para llevar billetes, documentos, etc.

billón *s. m.* **1.** Un millón de millones; se expresa por la unidad seguida de doce ceros. **2.** En Estados Unidos, un millar de millones.

bimestre *s. m.* Tiempo de dos meses.

binar *v. tr.* **1.** Dar segunda labor a las tierras después del barbecho. **2.** Hacer la segunda cava en las viñas.

binario, ria *adj.* Compuesto de dos elementos, unidades o guarismos.

bingo *s. m.* Juego de azar que consiste en ir tachando cada jugador los números impresos en su cartón que coincidan con los del sorteo. **2.** Local público en que se juega.

binocular *adj.* **1.** Relativo a los dos ojos. || *s. m. pl.* **2.** Anteojos con una lente para cada ojo.

binomio *s. m.* Expresión algebraica formada por la suma o la diferencia de dos términos.

binza *s. f.* **1.** Película interna de la cáscara del huevo. **2.** Película exterior de la cebolla.

biodegradable *adj.* Relativo a los residuos inorgánicos que pueden descomponerse fácilmente en contacto con la tierra o con otros residuos orgánicos.

biografía *s. f.* Historia de la vida de una persona.

biología *s. f.* Ciencia que trata de los seres vivos, considerándolos en su doble aspecto fisiológico o morfológico.

biombo *s. m.* Mampara plegable.

biopsia *s. f.* Examen histológico que se hace de un trozo de un tejido tomado de un ser vivo, generalmente para completar un diagnóstico.

biosfera *s. f.* **1.** Conjunto de los medios en que se desenvuelve la vida vegetal y animal sobre la Tierra. **2.** El conjunto que forman los seres vivos con el medio en el que se desarrollan.

bipartición *s. f.* División de una cosa en dos partes.

bípedo, da *adj.* De dos pies.

biplano *adj.* Se dice del avión con cuatro alas, que forman dos planos paralelos.

bipolar *adj.* Que tiene dos polos.

biquini *s. m.* Conjunto de dos prendas femeninas de baño, formado por un sujetador y una braga.

birlar *v. tr., fig. y fam.* Quitar alguna cosa a alguien, valiéndose de un engaño.

birreactor *s. m.* Avión provisto de dos reactores.

birrete *s. m.* Gorro de forma prismática coronado por una borla de diversos colores, que usan los profesores, jueces y abogados en los actos solemnes.

birria *s. f., fam.* Cosa deforme o ridícula.

bis *adv. c.* **1.** Se usa para indicar repetición hecha o por hacer. || *s. m.* **2.** Ejecución repetida de una pieza musical a petición del público.

bisabuelo, la *s. m. y s. f.* **1.** Respecto de una persona, el padre o la madre de su abuelo o de su abuela. || *s. m. pl.* **2.** El bisabuelo y la bisabuela.

bisagra *s. f.* Conjunto de dos planchitas unidas por medio de cilindros huecos atravesados con un pasador, y que sirve para facilitar el movimiento giratorio de las puertas y otras cosas que se abren y cierran.

biscote *s. m.* Rebanada de pan de molde, tostado.

bisector, triz *adj.* Que divide en dos partes iguales. Se aplica especialmente a un plano o a una recta.

bisel *s. m.* Corte oblicuo en el borde de una lámina, plancha o cristal.

bisiesto *adj.* Se dice del año de 366 días, en el que el mes de febrero tiene 29.

bisílabo, ba *adj.* De dos sílabas. También s. m. y s. f.

bisnieto, ta *s. m. y s. f.* Respecto de una persona, hijo o hija de su nieto o nieta.

bisonte *s. m.* Rumiante bóvido; parecido al toro, con la cabeza grande, la cruz formando giba, cubierto de pelo áspero y con cuernos poco desarrollados.

bisoñé *s. m.* Peluca que cubre sólo la parte anterior de la cabeza.

bistec *s. m.* **1.** Loncha de carne de vaca asada o frita. **2.** Por ext., cualquier loncha de carne preparada de esta manera.

bisturí *s. m.* Instrumento quirúrgico que sirve para sajar o hacer incisiones.

bisulfito *s. m.* Sal formada por el ácido sulfuroso.

bisulfuro *s. m.* Combinación de un radical con dos átomos de azufre.

bisutería *s. f.* Joyería de imitación, hecha de materiales no preciosos.

bit *s. m.* Unidad de información, la más pequeña de representación en el sistema binario. Se usa más en pl.

bivalvo, va *adj.* Que tiene dos valvas.

bizarro, rra *adj.* **1.** Valiente, esforzado. **2.** Generoso, espléndido.

bizarrón *s. m.* Candelero grande.

bizco, ca *adj.* Bisojo.

bizcocho *s. m.* Masa de harina, huevos y azúcar, que se cuece en el horno.

blanco, ca *adj.* **1.** De color de nieve o leche. También s. m. || *s. m.* **2.** Espacio en un escrito que se deja sin llenar.

blandir *v. tr.* Mover un arma u otra cosa haciéndola vibrar en el aire.

blando, da *adj.* **1.** Tierno y suave al tacto. **2.** *fig.* Suave, dulce, benigno. **3.** *fig.* Pusilánime, cobarde.

blanquear *v. tr.* Poner de color blanco una cosa.

blasfemia *s. f.* **1.** Palabra o expresión injuriosa contra Dios o sus santos. **2.** *fig.* Palabra gravemente injuriosa contra una persona.

blasón *s. m.* Escudo de armas.

bledo *s. m.* Planta anual quenopodiácea, de hojas ovales verde oscuro y flores rojas muy pequeñas.

blindar *v. tr.* Proteger exteriormente, por lo general con planchas metálicas, ciertas cosas o lugares contra los efectos de las balas, el fuego, etc.

bloc *s. m.* Conjunto de hojas de papel, para escribir o dibujar, cosidas y grapadas en forma de cuaderno y que pueden desprenderse fácilmente.

bloque *s. m.* **1.** Trozo grande de piedra sin labrar. **2.** Sillar artificial de hormigón.

bloquear *v. tr.* Realizar una operación militar o naval con el fin de cortar las comunicaciones de un puerto, un territorio, un ejército, etc.

blues *s. m.* Canto y melodía del folclore negro estadounidense, surgido a principios del s. XIX, que tuvo gran influencia en el origen y desarrollo del jazz.

blusa *s. f.* Prenda de vestir femenina, de tela fina, que cubre la parte superior del cuerpo.

blusón *s. m.* Blusa larga y suelta.

boa *s. f.* Serpiente americana, de piel con vistosos colores; no es venenosa pero posee gran fuerza para estrangular a sus víctimas y devorarlas luego.

boato *s. m.* Ostentación en el porte exterior.

bobería *s. f.* Dicho o hecho de necio.

bobina *s. f.* Carrete para devanar o arrollar en él hilo, alambre, etc.

bobo, ba *adj.* **1.** De entendimiento muy corto, poco capaz. También s. m. y s. f. **2.** Extremadamente cándido.

boca *s. f.* **1.** Cavidad con abertura en la parte anterior de la cabeza del hombre y de muchos animales, por la cual se toma el alimento. **2.** *fig.* Entrada o salida.

bocadillo *s. m.* Panecillo o trozo de pan relleno con algún alimento.

bocado *s. m.* **1.** Porción de comida que cabe con facilidad de una vez en la boca. **2.** Una pequeña cantidad de comida.

bocanada *s. f.* Cantidad de líquido, aire o humo que de una vez se toma en la boca o se expulsa de ella.

bocarte *s. m.* Pez semejante a la sardina, pero más pequeño.

bocel *s. m.* Moldura lisa convexa, de sección semicircular.

bocera *s. f.* Lo que queda pegado a la parte exterior de los labios después de haber comido o bebido.

boceto *s. m.* **1.** Borroncillo en colores que hacen los pintores antes de pintar un cuadro. **2.** Esquema general y provisional de un proyecto.

bochorno *s. m.* **1.** Viento caliente y molesto en verano. **2.** Calor sofocante.

bocina *s. f.* **1.** Instrumento de metal con figura de trompeta, que se usa especialmente en los buques para hablar de lejos. **2.** Instrumento que se hace sonar mecánicamente haciendo vibrar una lengüeta por insuflación.

bocio *s. m.* Aumento del volumen de la glándula tiroides.

boda *s. f.* Casamiento y fiesta con que se solemniza.

bodega *s. f.* **1.** Lugar donde se guarda y cría el vino. **2.** Almacén de vinos.

bodegón *s. m.* **1.** Establecimiento donde se sirven comidas. **2.** Taberna.

body *s. m.* Prenda de ropa interior femenina de una sola pieza.

bofetada *s. f.* Golpe dado en la cara con la mano abierta.

bofetón *s. m.* Bofetada dada con fuerza.

boga[1] *s. f.* Pez teleósteo y fisóstomo, fluvial y comestible.

boga[2] *s. f., fig.* Buena aceptación, fortuna.

bogar *v. intr.* Remar.

bogavante *s. m.* Crustáceo marino decápodo, comestible y parecido a la langosta, aunque con pinzas muy grandes y fuertes en el primer par de patas.

boicot *s. m.* Medida de presión contra un individuo, entidad o país mediante el bloqueo de sus relaciones sociales o comerciales.

boina *s. f.* Gorra sin visera, redonda, de lana y generalmente de una sola pieza.

boj *s. m.* Arbusto busáceo, de madera dura, amarilla y compacta.

bol *s. m.* Recipiente en forma de taza, ancha y sin asas.

bola *s. f.* Cuerpo esférico de cualquier materia.

bolero *s. m.* Composición musical popular española, de compás ternario y movimiento solemne.

boleta *s. f.* Cedulilla que permite entrar en algún lugar.

boletín *s. m.* **1.** Publicación periódica de un ramo o una corporación, que trata un tema especializado. **2.** Publicación periódica de carácter oficial.

boleto *s. m.* **1.** Papeleta que acredita la participación en un sorteo, lotería, etc. **2.** Billete de teatro, tren, etc.

bólido *s. m.* **1.** Masa mineral en ignición que atraviesa la atmósfera con enorme velocidad y suele estallar, provocando la caída de aerolitos. **2.** *fig.* Vehículo muy veloz.

bolígrafo *s. m.* Utensilio para escribir que lleva en su interior un tubo de tinta y que termina en una pequeña bolita metálica que gira según se escribe.

bollo[1] *s. m.* Panecillo de harina amasada con leche, huevo, etc., cocido al horno.

bollo[2] *s. m., fam.* Abolladura.

bolo *s. m.* Trozo de palo labrado, de forma cónica, con base plana para que se sostenga derecho.

bolsa[1] *s. f.* **1.** Especie de saco que sirve para llevar o guardar alguna cosa.

bolsa[2] *s. f.* **1.** Reunión oficial de los que operan con efectos públicos, y establecimiento donde tiene lugar. **2.** Conjunto de operaciones con efectos públicos.

bolsillo *s. m.* **1.** Bolsa o saquillo en que se guarda el dinero. **2.** Saquillo cosido en los vestidos, y que sirve para meter en él algunas pequeñas cosas usuales.

bolso *s. m.* **1.** Bolsillo del dinero. **2.** Bolsa para guardar la ropa u otras cosas cuando se va de viaje. **3.** Bolsa de mano, pequeña y con una o dos asas, utilizada para llevar objetos de uso personal.

bomba[1] *s. f.* Máquina para elevar agua u otro líquido.

bomba[2] *s. f.* Cualquier proyectil hueco lleno de materia explosiva y provisto del artificio necesario para que estalle en el momento preciso.

bombardear *v. tr.* **1.** Disparar bombas desde un avión. **2.** Hacer fuego violento y sostenido de artillería.

bombear *v. tr.* Elevar agua u otro líquido.

bombero *s. m.* Cada uno de los operarios encargados de extinguir los incendios.

bombilla *s. f.* Globo de cristal en cuyo interior, en el que se ha hecho el vacío, hay un filamento adecuado para que al paso de una corriente eléctrica se ponga incandescente y se ilumine.

bombo *s. m.* En las orquestas y bandas militares, tambor muy grande que se toca sólo con una maza.

bombón *s. m.* Pieza de chocolate que puede estar rellena de licor o crema.

bombona *s. f.* **1.** Vasija de vidrio o loza, de boca estrecha, barriguda y de bastante capacidad, utilizada en el transporte de ciertos líquidos. **2.** Vasija metálica, muy resistente, para contener gases a presión o líquidos muy volátiles.

bonanza *s. f.* **1.** Tiempo tranquilo o sereno en el mar. **2.** *fig.* Prosperidad.

bondad s. f. **1.** Calidad de bueno. **2.** Natural inclinación a hacer el bien.

bonete s. m. Gorro, generalmente de cuatro picos, usado por los eclesiásticos.

bongó s. m. Instrumento musical caribeño de percusión.

boniato s. m. Planta convolvulácea, variedad de batata.

bonificar v. tr. Conceder un aumento en una cantidad que alguien tiene que cobrar, o un descuento en la que tiene que pagar.

bonito s. m. Pez teleósteo comestible, parecido al atún pero más pequeño.

bonito, ta adj. Lindo, agraciado.

bono s. m. **1.** Vale canjeable por artículos de consumo de primera necesidad o por dinero. **2.** Tarjeta de abono que da derecho a utilizar un servicio durante un número determinado de veces o durante cierto tiempo.

bonobús s. m. Tarjeta de abono que da derecho a realizar cierto número de viajes en un autobús.

bonsái s. m. Árbol de adorno, enano, sometido a una técnica de cultivo que impide su crecimiento normal.

boñiga s. f. Excremento del ganado vacuno y el semejante de otros animales.

boom s. m., fig. Crecimiento o éxito repentino de cualquier actividad cultural, comercial, etc.

boquerón s. m. Pez teleósteo, fisóstomo, parecido a la sardina, pero mucho más pequeño. Es comestible.

boquete s. m. Entrada angosta de un lugar.

boquilla s. f. **1.** Parte de la pipa que se introduce en la boca. **2.** Pieza adaptable a algunos instrumentos de viento.

borbotar v. intr. Nacer o hervir el agua impetuosamente o haciendo ruido.

borceguí s. m. Calzado que llegaba hasta más arriba del tobillo, abierto por delante.

borda s. f. Canto superior del costado de un buque.

bordado s. m. **1.** Acción de bordar. **2.** Bordadura, labor de aguja.

bordadura s. f. Labor de relieve realizada en tela o piel con aguja e hilo.

bordar v. tr. **1.** Adornar una tela o piel con bordadura. **2.** fig. Hacer alguna cosa con arte y primor.

borde s. m. **1.** Extremo u orilla de alguna cosa. **2.** En las vasijas, orilla que tienen alrededor de la boca.

bordear v. intr. Andar por la orilla o borde.

bordillo s. m. Encintado de la acera, del andén, etc.

borla s. f. Botón hecho de hilos o cordoncillos sujetos sólo en uno de sus extremos, que se usa como adorno.

borne s. m. Botón metálico a que va unido el hilo conductor en ciertos aparatos eléctricos.

boro s. m. Metaloide de color pardo oscuro.

borra s. f. **1.** Cordera de un año. **2.** Parte más corta de la lana.

borrachera s. f. Efecto de emborracharse.

borracho, cha adj. Ebrio.

borrador s. m. **1.** Primer esquema de un escrito. **2.** Utensilio que se usa para borrar lo escrito con tiza en una pizarra.

borrar v. tr. Hacer desaparecer lo escrito o representado con tinta, lápiz, etc.

borrasca s. f. **1.** Tempestad en el mar. **2.** Tormenta o temporal fuerte en tierra.

borrego, ga s. m. y s. f. Cordero o cordera de uno a dos años.

borrico *s. m.* Asno.

borrón *s. m.* Mancha de tinta en el papel.

borroso, sa *adj.* **1.** Se dice de un escrito o dibujo cuyos trazos aparecen confusos y desvanecidos. **2.** *fig.* Que no se distingue con claridad.

boscoso, sa *adj.* Abundante en bosques.

bosque *s. m.* Sitio poblado de árboles y matas espesas.

bosquejar *v. tr.* Pintar o modelar sin precisar los contornos.

bosquejo *s. m.* **1.** Primer boceto de una obra plástica. **2.** *fig.* Idea vaga y general de alguna cosa.

bostezar *v. intr.* Abrir la boca con movimiento espasmódico, por efectos del sueño, aburrimiento, etc.

bota[1] *s. f.* Odre pequeño, untado de pez por dentro, que remata en un cuello con brocal por donde se llena de vino y se bebe.

bota[2] *s. f.* Calzado que resguarda el pie y parte de la pierna.

botar *v. tr.* **1.** Echar fuera con violencia. **2.** Echar al agua una embarcación. **3.** Hacer saltar la pelota lanzándola contra el suelo.

bote[1] *s. m.* Salto desde el suelo que da una persona, animal o cosa cualquiera.

bote[2] *s. m.* Vasija pequeña.

bote[3] *s. m.* Barco pequeño de remo y sin cubierta.

botella *s. f.* Vasija de cuello angosto que sirve para contener líquidos.

botica *s. f.* Lugar donde se hacen y se venden medicinas.

botijo *s. m.* Vasija de barro, de vientre abultado, con asa en la parte superior, una boca para echar el agua, en uno de los lados, y un pitón para beber, en el lado opuesto.

botín[1] *s. m.* Calzado que cubre la parte superior del pie y parte de la pierna.

botín[2] *s. m.* Despojo que se concedía a los soldados, como premio de conquista.

botiquín *s. m.* **1.** Mueble, caja o maletín para guardar medicinas e instrumental de primeros auxilios. **2.** Conjunto de estas medicinas.

botón *s. m.* **1.** Yema de los vegetales. **2.** Pieza pequeña para abrochar o adornar una prenda de vestir.

botones *s. m. y s. f.* Persona que en los hoteles y otros establecimientos hace los recados o encargos.

bóveda *s. f.* Obra de fábrica que sirve para cubrir el espacio comprendido entre dos muros o pilares.

bovedilla *s. f.* Bóveda pequeña entre viga y viga del techo de una habitación.

bóvido, da *adj.* Se dice de los mamíferos rumiantes, con cuernos óseos cubiertos por estuche córneo y desprovistos de incisivos en la mandíbula superior, como la cabra, el toro, los búfalos, etc.

bovino, na *adj.* Perteneciente o relativo al toro o a la vaca.

boxeo *s. m.* Deporte que consiste en la lucha de dos púgiles con las manos enfundadas en guantes especiales, de acuerdo con unas reglas determinadas.

boya *s. f.* Cuerpo flotante, sujeto al fondo del mar, de un lago, etc. que se coloca como señal indicadora de peligro.

bozal *s. m.* Aparato que se pone en la boca a los perros para que no muerdan.

bracear *v. intr.* **1.** Mover repetidamente los brazos, generalmente con esfuerzo o con ímpetu. **2.** Nadar sacando los brazos fuera del agua y volteándolos hacia delante.

braga *s. f.* Prenda que usan las mujeres y los niños pequeños, y que cubre desde la cintura hasta el arranque de las piernas, con aberturas para el paso de éstas.

bragueta *s. f.* Abertura delantera de los calzones o pantalones.

bramar *v. intr.* Dar bramidos.

bramido *s. m.* Voz del toro y de otros animales salvajes.

branquia *s. f.* Órgano respiratorio de muchos animales acuáticos.

brasa *s. f.* Leña o carbón encendido.

brasero *s. m.* Pieza metálica, honda y circular, en la que se hace lumbre.

bravío, vía *adj.* Feroz, salvaje.

bravo, va *adj.* **1.** Valiente. **2.** Bueno, excelente. **3.** Hablando de animales, feroz.

bravura *s. f.* **1.** Fiereza de los animales. **2.** Valentía o esfuerzo de las personas.

braza *s. f.* Medida de longitud, que equivale a dos varas o 1,671 m.

brazada *s. f.* Movimiento que se hace con los brazos extendiéndolos y recogiéndolos, cuando se rema, se nada, etc.

brazalete *s. m.* Aro metálico o de otra materia que se lleva en el brazo, un poco más arriba de la muñeca, como adorno.

brazo *s. m.* Cada uno de los dos miembros anteriores del cuerpo que comprende desde el hombro a la extremidad de la mano.

brea *s. f.* Sustancia viscosa de color rojo oscuro que se obtiene de varios árboles coníferos.

brebaje *s. m.* Bebida compuesta de ingredientes de sabor desagradable.

brecha *s. f.* **1.** Cualquier abertura hecha en una pared. **2.** *fig.* Herida, especialmente en la cabeza.

brécol *s. m.* Variedad de la col común, cuyas hojas, más oscuras, no se apiñan.

bregar *v. tr.* **1.** Luchar, reñir unos con otros. **2.** *fig.* Luchar con los riesgos y dificultades para superarlos.

breva *s. f.* Primer fruto anual de la higuera.

breve *adj.* De corta extensión o duración.

breviario *s. m.* Libro que contiene el rezo eclesiástico de todo el año.

brezo *s. m.* Arbusto ericáceo, de madera dura y raíces gruesas, que sirven para hacer carbón de fragua y pipas para fumar.

bribón, na *adj.* **1.** Haragán, dado a la holgazanería. **2.** Pícaro, bellaco.

bricolaje *s. m.* Conjunto de actividades de carpintería, electricidad, etc., que una persona realiza en su propia vivienda, sin necesidad de acudir a un profesional.

brida *s. f.* Freno del caballo con las riendas y el correaje, que sirve para sujetarlo a la cabeza del animal.

brigada *s. f.* **1.** Unidad militar formada por dos o tres regimientos. **2.** Categoría superior dentro de la clase de suboficial.

brillar *v. intr.* **1.** Despedir rayos de luz. **2.** *fig.* Lucir o sobresalir en alguna cosa.

brillo *s. m.* **1.** Lustre o resplandor. **2.** *fig.* Lucimiento, gloria.

brincar *v. intr.* Dar brincos.

brinco *s. m.* Movimiento que se hace impulsando el cuerpo hacia arriba y levantando los pies del suelo con ligereza.

brindar *v. intr.* **1.** Manifestar el bien que se desea a alguien o algo, levantando la copa antes de beber. **2.** Ofrecer voluntariamente a alguien alguna cosa. También tr.

brindis *s. m.* **1.** Acción de brindar. **2.** Lo que se dice al brindar. **3.** Dedicación de una suerte a una persona.

brío *s. m.* **1.** Pujanza. Se usa más en pl. **2.** Valor, resolución. **3.** Garbo, gallardía.

brioso, sa *adj.* Que tiene brío.

brisa *s. f.* **1.** Viento de la parte del Nordeste. **2.** Airecillo que en las costas viene del mar durante el día y de la tierra durante la noche. **3.** Viento suave.

brisca *s. f.* Juego de naipes.

brizna *s. f.* **1.** Filamento delgado o hebra de plantas y frutos. **2.** En general, parte pequeña y delgada de una cosa.

broca *s. f.* **1.** Carrete que dentro de la lanzadera lleva el hilo para la trama de ciertos tejidos. **2.** Barrena de boca cónica usada con las máquinas de taladrar.

brocado *s. m.* Tela de seda, entretejida con oro o plata.

brocha *s. f.* Escobilla de cerda atada al extremo de un mango, que sirve para pintar y también para otros usos.

broche *s. m.* Conjunto de dos piezas que enganchan o encajan entre sí.

broma *s. f.* **1.** Bulla. **2.** Chanza, burla.

bromear *v. intr.* Usar bromas o chanzas.

bromista *adj.* Aficionado a gastar bromas.

bromo *s. m.* Metaloide líquido venenoso, de color rojo pardusco y olor fuerte y repugnante.

bromuro *s. m.* Combinación del bromo con un radical simple o compuesto.

bronca *s. f.* **1.** Riña, disputa. **2.** Represión áspera. **3.** Manifestación pública y ruidosa de desagrado en un espectáculo.

bronce *s. m.* Cuerpo metálico que resulta de la aleación del cobre con el estaño.

bronco, ca *adj.* **1.** Tosco, sin desbastar. **2.** Se dice de la voz y de los instrumentos de música que tienen sonido desagradable y áspero. **3.** De genio áspero.

bronquio *s. m.* Cada uno de los dos conductos fibrocartilaginosos en que se bifurca la tráquea y que entran en los pulmones. Se usa más en pl.

bronquiolo *s. m.* Cada una de las pequeñas ramificaciones en que se dividen los bronquios dentro de los pulmones.

broquel *s. m.* Escudo pequeño de madera o corcho.

brotar *v. intr.* **1.** Salir la planta de la tierra. **2.** Salir en la planta renuevos, hojas, etc. **3.** Echar la planta hojas o renuevos. **4.** Manar el agua de los manantiales.

brote *s. m.* **1.** Pimpollo o renuevo que empieza a desarrollarse. **2.** Acción de brotar o empezar a manifestarse una cosa.

broza *s. f.* **1.** Conjunto de hojas, ramas y otros despojos de las plantas. **2.** Desecho o desperdicio de alguna cosa.

brujería *s. f.* Conjunto de prácticas maléficas que realizan los brujos y las brujas.

brujo, ja *s. m.* **1.** Persona conocedora de sabidurías antiguas o de rituales eficaces contra ciertas enfermedades. **2.** persona que, según la superstición popular, tiene poderes extraordinarios debido a un pacto con el diablo.

brújula *s. f.* Instrumento formado por una barrita o flecha imantada que, puesta en equilibrio sobre una púa, se vuelve siempre hacia el Norte magnético.

bruma *s. f.* Niebla, especialmente la que se forma sobre el mar.

bruñir *v. tr.* Sacar lustre o brillo a una cosa.

brusco, ca *adj.* **1.** Áspero, desapacible. **2.** Rápido, repentino.

brutal *adj.* **1.** Propio de los animales por su irracionalidad. **2.** Enorme o exagerado en su tamaño, calidad o cualidad.

bruto, ta *adj.* **1.** Necio, que obra como falto de razón. **2.** Rudo, carente de educación. **3.** Se dice de las cosas toscas.

bucal *adj.* Relativo a la boca.

bucear *v. intr.* **1.** Nadar bajo el agua. **2.** *fig.* Explorar acerca de algún tema o asunto.

buche *s. m.* **1.** Bolsa membranosa que comunica con el esófago de las aves, en la cual se reblandece el alimento. **2.** En algunos animales cuadrúpedos, estómago.

bucle *s. m.* Rizo del cabello en forma helicoidal.

bucólico, ca *adj.* Se aplica al género de poesía en que se trata de cosas concernientes a la vida pastoril o campestre.

buen *adj.* Apócope de bueno.

buenaventura *s. f.* **1.** Buena suerte. **2.** Adivinación supersticiosa que hacen las gitanas de la suerte de las personas.

bueno, na *adj.* **1.** Que tiene bondad en su género. **2.** Útil y a propósito para algo.

buey *s. m.* Macho vacuno castrado.

búfalo, la *s. m. y s. f.* **1.** Bóvido salvaje y corpulento, con largos y gruesos cuernos deprimidos. **2.** Bisonte de América del Norte.

bufanda *s. f.* Prenda con que se abriga el cuello y la parte inferior de la boca.

bufar *v. intr.* Resoplar con ira.

bufete *s. m.* Despacho de un abogado.

bufido *s. m.* **1.** Voz del animal que bufa. **2.** *fam.* Expresión de enojo o enfado.

bufón, na *adj.* **1.** Chocarrero. || *s. m. y s. f.* **2.** Truhán que se ocupa en hacer reír.

buhardilla *s. f.* **1.** Ventana encima de los tejados de las casas. **2.** Desván.

búho *s. m.* Ave rapaz nocturna, de vuelo silencioso, color rojo y negro, ojos grandes y pico corvo.

buitre *s. m.* Ave rapaz de gran tamaño, que se alimenta de carroña y vive en bandadas.

bujía *s. f.* **1.** Vela de cera blanca, de esperma de ballena o estearina. **2.** Candelero en que se pone.

bula *s. f.* Documento apostólico concediendo un privilegio.

bulbo *s. m.* Parte gruesa y subterránea del tallo de algunas plantas, cuyas hojas están cargadas con sustancias nutritivas.

bulevar *s. m.* Paseo público o calle ancha y con árboles.

bulimia *s. f.* Hambre exagerada que impulsa a una persona a comer con exceso y constantemente.

bulla *s. f.* **1.** Ruido que hace una o más personas. **2.** Concurrencia de mucha gente.

bullanguero, ra *adj.* Alborotador, amigo de tumultos. También *s. m. y s. f.*

bullicio *s. m.* **1.** Ruido y rumor que causa mucha gente. **2.** Alboroto o tumulto.

bullir *v. intr.* **1.** Hervir el agua u otro líquido. **2.** Agitarse una cosa con movimiento similar al del agua que hierve.

bulo *s. m.* Noticia falsa.

bulto *s. m.* **1.** Tamaño de cualquier cosa. **2.** Busto o estatua. **3.** Fardo, baúl, maleta, etc., tratándose de viajes.

bumerán *s. m.* Arma arrojadiza de madera que, lanzada con movimiento giratorio, puede volver al punto de partida. Es propia de los indígenas de Australia.

bungaló *s. m.* Edificación sencilla, generalmente de madera, de una sola planta y abierta a amplias terrazas.

búnker *s. m.* **1.** Fuerte pequeño. **2.** Refugio subterráneo para protegerse de bombardeos.

buñuelo s. m. **1.** Masa de harina batida y frita en aceite. **2.** *fig. y fam.* Cosa mal hecha y atropelladamente.

buque s. m. **1.** Capacidad que tiene una cosa para contener otra. **2.** Casco del barco. **3.** Barco con cubierta adecuado para navegaciones de importancia.

buqué s. m. Gustillo o aroma de los vinos.

burbuja s. f. Glóbulo de aire u otro gas, que sube a la superficie de los líquidos.

burdel s. m. Casa de prostitución.

burdo, da adj. Tosco, basto, grosero.

burger s. m. Hamburguesería.

burgués, sa s. m. y s. f. Persona de la clase media, acomodada u opulenta.

burguesía s. f. Cuerpo o conjunto de burgueses o ciudadanos de las clases acomodadas.

buril s. m. Instrumento de acero, prismático y puntiagudo, para grabar los metales.

burla s. f. **1.** Acción o palabras con las que se intenta poner en ridículo a personas o cosas. **2.** Chanza. **3.** Engaño.

burladero s. m. Valla que se pone delante de las barreras de las plazas de toros para que pueda refugiarse el lidiador.

burlar v. tr. Chasquear, zumbar. Se usa más como prnl. **2.** Engañar. **3.** Esquivar a quien trata de impedirle el paso o detenerlo.

burlesco, ca adj., *fam.* Festivo, jocoso.

burlón, na adj. **1.** Inclinado a decir o hacer burlas. **2.** Que implica burla.

buró s. m. Escritorio que tiene una parte con cajoncillos, más alta que el tablero y que se cierra con una especie de persiana.

burocracia s. f. **1.** Conjunto de funciones y trámites administrativos. **2.** Clase social que forman los empleados del Estado. **3.** Exceso de normas administrativas y de papeleo que impiden la pronta resolución de un asunto.

burra s. f. Hembra del burro.

burrada s. f. **1.** Manada de burros. **2.** Necedad. **3.** Barbaridad, cantidad grande.

burro s. m. Asno, animal.

bursátil adj. Concerniente a la bolsa y a las operaciones que en ella se hacen.

bus s. m., *fam.* Autobús.

buscar v. tr. Hacer diligencia para encontrar alguna cosa o persona.

busto s. m. **1.** Escultura o pintura de la cabeza y parte superior del tórax. **2.** Parte superior del cuerpo humano. **3.** Pecho de la mujer.

butaca s. f. **1.** Silla con brazos, que tiene el respaldo inclinado hacia atrás. **2.** Entrada para ocupar butaca en el teatro.

butano s. m. Hidrocarburo gaseoso natural o derivado del petróleo, que se usa como combustible industrial y doméstico.

butifarra s. f. Embutido de carne de cerdo que se hace principalmente en Cataluña, las islas Baleares y Valencia.

buzo s. m. **1.** Persona que tiene por oficio trabajar sumergida en el agua. **2.** Cierta embarcación antigua.

buzón s. m. **1.** Conducto artificial por donde desaguan los estanques. **2.** Abertura por donde se echan las cartas para el correo.

byte s. m. Conjunto de dígitos binarios, formado de ocho bits, que se manejan como una unidad en su procesamiento y corresponden a un solo carácter de información.

C

c *s. f.* **1.** Tercera letra del abecedario español y segunda de sus consonantes. **2.** Letra numeral que tiene el valor de ciento en la numeración romana.

¡ca! *interj., fam.* que expresa negación.

cabal *adj.* **1.** Ajustado a peso o medida. **2.** *fig.* Completo, justo.

cábala *s. f., fig.* Conjetura, suposición.

cabalgada *s. f.* Tropa de gente de a caballo que salía a correr el campo.

cabalgadura *s. f.* Bestia para cabalgar o de carga.

cabalgar *v. intr.* Andar a caballo.

cabalgata *s. f.* Desfile de jinetes, carrozas, danzantes, etc.

caballa *s. f.* Pez acantopterigio comestible, de carne roja y poco apreciada.

caballería *s. f.* **1.** Animal solípedo que sirve para cabalgar en él. **2.** Conjunto de caballeros que se obligaban a combatir por la fe y la justicia y a proteger al débil. **3.** Una de las armas que integran el ejército.

caballeriza *s. f.* Sitio destinado para estancia de caballos y bestias de carga.

caballero *s. m.* **1.** Persona que pertenece a alguna de las órdenes de caballería. **2.** Persona que se porta con nobleza y generosidad. **3.** *fig.* Señor, término de cortesía.

caballete *s. m.* **1.** Parte más elevada de un tejado que lo divide en dos vertientes. **2.** Bastidor con tres pies, sobre el que se coloca el cuadro que se ha de pintar.

caballitos *s. m. pl.* Tiovivo.

caballo *s. m.* **1.** Mamífero perisodáctilo de la familia de los équidos, fácilmente domesticable. **2.** Pieza de ajedrez. **3.** Naipe que representa un caballo con su jinete.

cabaña *s. f.* **1.** Casita tosca, hecha en el campo. **2.** Número considerable de cabezas de ganado.

cabás *s. m.* Especie de cartera en forma de caja o pequeño baúl, con asa.

cabecear *v. intr.* **1.** Mover la cabeza. **2.** Dar cabezadas hacia el pecho el que se va durmiendo.

cabecera *s. f.* **1.** Parte principal de una cosa. **2.** Parte superior de la cama donde se colocan las almohadas.

cabecilla *s. m.* Jefe de rebeldes.

cabello *s. m.* **1.** Cada uno de los pelos que nacen en la cabeza. **2.** Conjunto de todos ellos.

caber *v. intr.* **1.** Poder hallarse una cosa dentro de otra. **2.** Tener entrada o lugar. || *v. tr.* **3.** Tener capacidad.

cabestrillo *s. m.* Banda o aparato pendiente del hombro para sostener la mano o el brazo heridos.

cabestro *s. m.* **1.** Ronzal que se ata a la cabeza de la caballería. **2.** Buey manso que sirve de guía en las manadas de toros.

cabeza *s. f.* **1.** Parte superior del cuerpo del ser humano y superior o anterior de muchos animales. || *s. m.* **2.** Superior, jefe que gobierna una comunidad, corporación, etc.

cabezada *s. f.* Correaje que ciñe y sujeta la cabeza de una caballería.

cabezal *s. m.* Almohada pequeña en que se reclina la cabeza.

cabezón, na *adj.* **1.** *fam.* Cabezudo, de cabeza grande. **2.** *fig.* Terco, obstinado.

cabezota *s. m. y s. f.* **1.** *fam.* Persona de cabeza grande. **2.** *fam.* Persona testaruda.

cabezudo, da *adj.* **1.** Que tiene grande la cabeza. || *s. m.* **2.** Figura de enano de gran cabeza que en algunas fiestas suele llevarse con los gigantones.

cabida *s. f.* Espacio o capacidad que tiene una cosa para contener otra.

cabildo *s. m.* **1.** Comunidad de eclesiásticos capitulares de una iglesia, o de miembros de ciertas cofradías. **2.** Ayuntamiento, corporación compuesta de un alcalde y varios concejales.

cabina *s. f.* Departamento pequeño, generalmente aislado y para usos muy diversos.

cabizbajo, ja *adj.* Que tiene la cabeza inclinada hacia abajo.

cable *s. m.* **1.** Maroma gruesa. **2.** Cordón formado con hacecillos de hilos de cobre aislados unos de otros, protegido por una cubierta flexible e impermeable.

cablegrama *s. m.* Telegrama transmitido por cable submarino.

cabo *s. m.* **1.** Extremo de una cosa. **2.** Lengua de tierra que penetra en el mar.

cabotaje *s. m.* Tráfico marítimo en las costas de un país determinado.

cabra *s. f.* Mamífero rumiante doméstico con cuernos.

cabrahigo *s. m.* Higuera silvestre.

cabrear *v. tr., fam.* Enfadar, molestar.

cabrestante *s. m.* Torno colocado verticalmente para mover grandes pesos.

cabria *s. f.* Máquina para levantar grandes pesos.

cabrilla *s. f.* Pez acantopterigio marino, de carne blanda e insípida.

cabrío, a *adj.* Relativo a las cabras.

cabriola *s. f.* **1.** Brinco que dan los que danzan, cruzando varias veces los pies en el aire. **2.** *fig.* Voltereta.

cabriolé *s. m.* Coche de cuatro ruedas, descubierto.

cabritilla *s. f.* Piel curtida de cualquier animal pequeño, como cabrito, cordero, etc.

cabrito *s. m.* Cría de la cabra.

cabrón *s. m.* **1.** Macho de la cabra. **2.** *vulg.* Persona peligrosa, de mala índole.

cabujón *s. m.* Piedra preciosa pulimentada sin tallar, de forma convexa.

cabuya *s. f.* **1.** Pita, planta amarilídea. **2.** Fibra de la pita con que se fabrican cuerdas y tejidos.

caca *s. f.* Excremento humano, y especialmente el de los niños pequeños.

cacahuete *s. m.* Planta leguminosa, cuyo fruto es de cáscara coriácea y con dos o más semillas comestibles.

cacao *s. m.* Árbol esterculiáceao, de fruto en baya con semillas carnosas que se usan como principal ingrediente del chocolate.

cacarear *v. intr.* Dar voces repetidas el gallo o la gallina.

cacatúa *s. f.* Ave trepadora de plumaje blanco, con un ancho moño eréctil.

cacera *s. f.* Zanja por donde se conduce el agua para regar.

cacería *s. f.* Partida de caza.

cacerina *s. f.* Bolsa de cuero que se usa para llevar cartuchos y balas.

cacerola *s. f.* Cazuela con mango.

caceta *s. f.* Cazo con mango corto y fondo taladrado.

cacha *s. f.* Cada una de las dos piezas que forman el mango de una navaja o cuchillo.

cachalote *s. m.* Cetáceo que produce una materia sólida llamada ámbar gris.

cacharro *s. m.* **1.** Vasija tosca. **2.** Cualquier mecanismo viejo que funciona mal.

cachava *s. f.* Cayado.

cachaza *s. f., fam.* Lentitud y sosiego en el modo de hablar y de obrar.

caché *s. m.* **1.** Distinción de una persona o cosa. **2.** Cantidad que cobra un artista por su trabajo.

cachear *v. tr.* Registrar a una persona.

cachemir *s. m.* Tejido de lana muy fino.

cachera *s. f.* Ropa de lana muy tosca.

cachete *s. m.* Golpe que con el puño cerrado se da en la cabeza o en la cara.

cachimba *s. f.* Pipa para fumar.

cachiporra *s. f.* Palo con una bola en uno de sus extremos.

cachirulo *s. m.* Vasija para los licores.

cachivaches *s. m. pl.* **1.** Vasijas, utensilios. **2.** Trastos viejos.

cacho *s. m.* Pedazo pequeño de alguna cosa.

cachondearse *v. prnl., fam.* Burlarse.

cachondo, da *adj.* **1.** *fig.* Dominado del deseo carnal. **2.** *fam.* Burlón, divertido.

cachorrillo *s. m.* Pistola pequeña.

cachorro, rra *s. m. y s. f.* **1.** Perro de poco tiempo. **2.** Hijo pequeño de otros mamíferos, como león, tigre, etc.

cachucha *s. f.* **1.** Bote o lancha. **2.** Especie de gorra.

cacique *s. m., fig.* Persona que en un pueblo o comarca ejerce excesiva influencia en asuntos políticos o administrativos.

caco *s. m., fig.* Ladrón, ratero.

cacofonía *s. f.* Vicio del lenguaje, que consiste en el encuentro o repetición frecuente de unas mismas letras o sílabas.

cacto *s. m.* Nombre de diversas plantas perennes, de tallo redondeado, cilíndrico, prismático o dividido en una serie de paletas ovaladas con espinas o pelos y flores.

cacumen *s. m., fam.* Agudeza, perspicacia.

cada *adj. distrib.* Sirve para designar separadamente una o más cosas o personas con relación a otras de su especie.

cadalso *s. m.* **1.** Tablado que se levanta para un acto solemne. **2.** El que se levanta para la ejecución de una pena de muerte.

cadáver *s. m.* Cuerpo muerto.

cadejo *s. m.* Parte del cabello muy enredada que se separa para desenredarla y peinarla.

cadena *s. f.* **1.** Conjunto de muchos eslabones enlazados entre sí. **2.** Sucesión de cosas. **3.** Conjunto de establecimientos pertenecientes a una sola empresa. **4.** Grupo de transmisores y receptores de televisión que radiodifunden el mismo programa.

cadencia *s. f.* Serie de sonidos que se suceden de un modo regular o medido.

cadeneta *s. f.* **1.** Labor que se hace en figura de cadena delgada. **2.** Cadena de papel de colores, usada como adorno.

cadente *adj.* **1.** Que amenaza ruina o está para caer. **2.** Que tiene cadencia.

cadera *s. f.* Cada una de las dos partes salientes formadas a los lados del cuerpo por los huesos superiores de la pelvis.

cadete *s. m.* Alumno de una academia militar.

cadi *s. m. y s. f.* En el deporte del golf, persona que lleva los instrumentos de juego.

cadí *s. m.* Juez turco.

cadmio *s. m.* Metal de color blanco algo azulado y brillante, dúctil y maleable.

caducar *v. intr.* **1.** Extinguirse un derecho, una instancia o recurso. **2.** Acabarse alguna cosa por antigua y gastada.

caduco, ca *adj.* **1.** Decrépito, muy anciano. **2.** Mortal, de poca duración.

caer *v. intr.* **1.** Venir un cuerpo hacia el suelo en virtud de la gravedad. También prnl. **2.** Inclinarse. También prnl.

café *s. m.* **1.** Cafeto. **2.** Semilla del cafeto. **3.** Bebida que se hace por infusión con esta semilla tostada y molida. **4.** Sitio público donde se vende y toma esta bebida.

cafeína *s. f.* Alcaloide blanco que se obtiene de las semillas y hojas del café y té.

cafetera *s. f.* Vasija para hacer o servir café.

cafetería *s. f.* Local público donde se sirve café y otras bebidas.

cafeto *s. m.* Árbol rubiáceo, de flores blancas y olorosas, fruto en baya roja y semillas con un surco longitudinal en su cara plana.

cafre *adj., fig.* Zafio y rústico.

caftán *s. m.* Túnica turca.

cagada *s. f.* Excremento que sale cada vez que se evacúa el vientre.

cagajón *s. m.* Cada una de las porciones de excremento de las caballerías.

cagalera *s. f.* Diarrea.

cagar *v. intr.* Evacuar el vientre. También tr. y prnl.

cagón, na *adj., fam.* Cobarde, pusilánime.

cahiz *s. m.* Medida de capacidad para áridos, de distinta cabida según las diversas regiones.

caimán *s. m.* Reptil saurio, propio de los ríos americanos, parecido al cocodrilo.

cairel *s. m.* Cerco de cabellera postiza.

caja *s. f.* Pieza hueca, de materia variada, para encerrar algo dentro.

cajero, ra *s. m. y s. f.* Persona que en los comercios, bancos y otros establecimientos está encargada de la caja.

cajetilla *s. f.* Paquete de tabaco.

cajón *s. m.* **1.** Caja grande, generalmente de madera, y de base rectangular. **2.** En algunos muebles, cada uno de los receptáculos que se pueden sacar y meter en ciertos huecos a los que se ajustan.

cajonería *s. f.* Conjunto de cajones de un armario o estantería.

cal *s. f.* Óxido de calcio, sustancia blanca, ligera, cáustica y alcalina.

cala *s. f.* Ensenada pequeña.

calabacera *s. f.* Nombre de varias plantas cucurbitáceas de tallos rastreros, hojas lobuladas, flores amarillas y cuyo fruto es la calabaza.

calabacín *s. m.* Calabacita cilíndrica de corteza verde y carne blanca.

calabaza *s. f.* Fruto de la calabacera.

calabobos *s. m., fam.* Lluvia continua y menuda.

calabozo *s. m.* Lugar seguro para encerrar presos.

calabriada *s. f.* Mezcla de cosas diversas.

calabrote *s. m.* Cabo grueso.

caladero *s. m.* Sitio a propósito para calar las redes de pesca.

calado *s. m.* Labor que se hace con aguja en alguna tela, sacando o juntando hilos.

calafatear *v. tr.* Cerrar las junturas de las maderas de las naves con estopa y brea.

calamaco *s. m.* Tela de lana delgada.

calamar *s. m.* Molusco cefalópodo comestible de cuerpo oval, con ocho tentáculos en la cabeza y dos más largos.

calambre *s. m.* Contracción espasmódica, involuntaria y dolorosa, de los músculos.

calamento *s. m.* Planta medicinal perenne, de hojas aovadas y flores purpúreas.

calamidad *s. f.* **1.** Desgracia, infortunio. **2.** Persona incapaz, inútil o molesta.

calamina *s. f.* **1.** Carbonato de cinc. **2.** Cinc fundido.

calamita *s. f.* **1.** Piedra imán. **2.** Brújula que señala hacia el Norte.

calamite *s. m.* Sapo pequeño.

calamitoso, sa *adj.* Infeliz, desdichado.

cálamo *s. m.* Especie de flauta antigua.

CALAMÓN - CALENDAS

calamón¹ *s. m.* Ave zancuda con la cabeza roja y cuerpo verde por encima.

calamón² *s. m.* Parte superior de la alcoba o caja de la balanza.

calandrajo *s. m.* **1.** *fam.* Trapo viejo. **2.** *fig. y fam.* Persona ridícula.

calandria¹ *s. f.* Pájaro de la misma familia que la alondra.

calandria² *s. f.* Máquina para prensar y satinar ciertas telas o el papel.

calaña *s. f.* **1.** Modelo, patrón. **2.** *fig.* Índole, naturaleza de una persona o cosa.

calar *v. tr.* Penetrar un líquido en un cuerpo permeable.

calarse *v. prnl.* Pararse bruscamente un motor de explosión.

calavera *s. f.* Conjunto de huesos de la cabeza mientras permanecen unidos, pero despojados de carne y de piel.

calcáneo *s. m.* Hueso del tarso en la parte posterior del pie, donde forma el talón.

calcañar *s. m.* Parte posterior de la planta del pie.

calcar *v. tr.* Sacar copia de un dibujo, relieve, etc. por contacto del original con el papel o la tela a que han de ser trasladados.

calcáreo, a *adj.* Que tiene cal.

calce *s. m.* Llanta de los carruajes.

calcedonia *s. f.* Ágata muy translúcida.

calceta *s. f.* **1.** Media del pie y pierna. **2.** *fig.* Grillete que se ponía al forzado.

calcetín *s. m.* Media que sólo llega a la mitad de la pantorrilla.

calcificación *s. f.* Alteración de los tejidos, por depositarse en ellos sales de cal.

calcinar *v. tr.* **1.** Reducir a cal viva los minerales calcáreos, privándolos del ácido carbónico por el fuego. **2.** Reducir a cenizas. También prnl.

calcio *s. m.* Metal blanco moderadamente blando.

calcita *s. f.* Carbonato cálcico cristalizado.

calco *s. m.* **1.** Copia que se obtiene calcando. **2.** Plagio, imitación o reproducción idéntica o muy próxima al original.

calcografía *s. f.* Arte de estampar con láminas metálicas grabadas.

calcomanía *s. f.* **1.** Entretenimiento consistente en pasar imágenes coloridas, preparadas con trementina, de un papel a objetos diversos. **2.** Imagen obtenida por este medio. **3.** El papel que tiene la figura, antes de pasarla a otro objeto.

calcopirita *s. f.* Sulfuro natural de cobre y hierro.

calculadora *s. f.* Aparato o máquina con que se ejecutan operaciones aritméticas.

calcular *v. tr.* Determinar una suma, cantidad, etc. por procedimientos aritméticos.

cálculo *s. m.* **1.** Cuenta o investigación hecha por medio de operaciones matemáticas. **2.** Conjetura. **3.** Concreción anormal que se forma en las vías urinarias y biliares.

caldear *v. tr.* Calentar mucho. También prnl.

caldera *s. f.* Vasija de metal, grande y redonda.

caldereta *s. f.* **1.** Guiso de pescado. **2.** Guiso con carne de cordero o cabrito.

calderilla *s. f.* Conjunto de monedas.

caldero *s. m.* Caldera pequeña.

caldo *s. m.* Líquido que resulta de cocer en agua un alimento.

calé *s. m.* Persona de raza gitana.

calefacción *s. f.* Conjunto de aparatos destinados a calentar un edificio o parte de él.

calefactor *s. m.* Aparato para calentar.

calendas *s. f. pl.* En el antiguo cómputo romano, el primer día de cada mes.

CALENDARIO - CALÓ

calendario *s. m.* Almanaque.

calentador *s. m.* Recipiente con lumbre, agua, vapor o corriente eléctrica, que sirve para calentar la cama, el baño, etc.

calentar *v. tr.* Hacer subir la temperatura. También prnl.

calentura *s. f.* Fiebre.

calepino *s. m., fig.* Diccionario latino.

calera *s. f.* **1.** Cantera que da la piedra para hacer cal. **2.** Horno donde se calcina la piedra caliza.

calesa *s. f.* Carruaje de cuatro o dos ruedas, con la caja abierta por delante, dos o cuatro asientos y capota de vaqueta.

calesín *s. m.* Carruaje ligero, tirado por una sola caballería.

caletre *s. m., fam.* Tino, discernimiento.

calibrar *v. tr.* **1.** Medir o reconocer el calibre de los proyectiles o el grueso de los alambres, chapas de metal, etc. **2.** Medir el talento u otras cualidades de una persona.

calibre *s. m.* **1.** Diámetro interior de las armas de fuego. **2.** *fig.* Tamaño, importancia.

calicó *s. m.* Tela delgada de algodón.

cáliculo *s. m.* Verticilo de brácteas que rodea el cáliz de algunas flores.

calidad *s. f.* **1.** Manera de ser una persona o cosa. **2.** Carácter, genio, índole.

calidez *s. f.* Calor, ardor.

cálido, da *adj.* **1.** Que da calor o excita ardor en el organismo animal. **2.** Caluroso.

caliente *adj.* **1.** Que tiene calor. **2.** Acalorado, vivo; tratándose de disputas, riñas, etc.

califa *s. m.* Título de los príncipes sarracenos que, como sucesores de Mahoma, ejercieron la suprema potestad civil y religiosa.

calificar *v. tr.* **1.** Expresar las cualidades de una persona o cosa. **2.** Resolver la nota que se ha de dar al examinando.

caligine *s. f.* **1.** Niebla, oscuridad, tenebrosidad. **2.** Bochorno.

caligrafía *s. f.* Arte de escribir con letra correctamente formada.

calina *s. f.* Bruma.

calistenia *s. f.* Parte de la gimnasia dirigida al desarrollo de la fuerza.

cáliz *s. m.* **1.** Vaso sagrado en que el sacerdote consagra el vino en la Santa Misa. **2.** Cubierta externa de las flores completas.

calizo, za *adj.* **1.** Que tiene cal. ‖ *s. f.* **2.** Roca formada de carbonato de cal.

callado, da *adj.* Silencioso, reservado.

callar *v. intr.* **1.** Guardar silencio una persona. También prnl. **2.** Cesar de hablar. **3.** Cesar de llorar, de gritar, de cantar, de meter ruido, etc. También prnl.

calle *s. f.* Camino, público o particular, dentro de un poblado.

calleja *s. f.* Calle angosta.

callejero *s. m.* Lista de las calles de una ciudad populosa, que traen las guías descriptivas de ella.

callejón *s. m.* Paso estrecho y largo entre paredes, casas o elevaciones de terreno.

callicida *s. amb.* Sustancia para extirpar y curar callos.

callo *s. m.* Dureza formada por roce o presión en los pies, manos, rodillas, etc.

callón *s. m.* Utensilio para afilar las leznas.

callosidad *s. f.* Dureza de la especie del callo, menos profunda.

calma *s. f.* **1.** Estado de la atmósfera cuando no hay viento. **2.** Paz, tranquilidad.

calmante *adj.* Se dice de los medicamentos narcóticos. También s. m.

calmar *v. tr.* **1.** Sosegar, adormecer. ‖ *v. intr.* **2.** Estar en calma o tender a ella.

caló *s. m.* Lenguaje del pueblo gitano.

CALOBIÓTICA - CÁMBARO

calobiótica s. f. Arte de vivir bien.
calón s. m. Pértiga con que se puede medir la profundidad de un río, canal o puerto.
calor s. m. **1.** Forma de energía que se considera originada por el movimiento vibratorio de los átomos y moléculas de los cuerpos. || s. **2.** Recibimiento entusiasta.
caloría s. f. Unidad de medida térmica.
calorífero s. m. Aparato de calefacción.
calorimetría s. f. Medición de calor específico.
calostro s. m. Primera leche que la hembra da después de haber parido.
caloyo s. m. Cordero o cabrito recién nacido.
calseco, ca adj. Curado con cal.
calumnia s. f. Acusación falsa.
calumniar v. tr. Atribuir falsa y maliciosamente a alguien palabras, actos o intenciones deshonrosas.
calvario s. m. **1.** Vía crucis. **2.** fam. Serie de adversidades o pesadumbres.
calvero s. m. Paraje sin árboles en el interior de un bosque.
calvicie s. f. Falta de pelo en la cabeza.
calvo, va adj. Que ha perdido el pelo de la cabeza.
calza s. f. Prenda de vestir que cubría el muslo y la pierna.
calzada s. f. **1.** Camino empedrado y cómodo por su anchura. **2.** Parte de la calle comprendida entre dos aceras.
calzado s. m. Todo género de zapato, abarca, alpargata, etc. que sirve para cubrir y adornar el pie, la pierna.
calzador s. m. Instrumento que sirve para hacer que entre el pie en el zapato.
calzar v. tr. **1.** Cubrir el pie con el calzado. También prnl. **2.** Tratándose de guantes, espuelas, etc., llevarlos puestos.

calzón s. m. Prenda de vestir masculina que cubre desde la cintura hasta las rodillas.
calzoncillos s. m. pl. Calzones interiores de punto o de tela de hilo, algodón, etc.
cama s. f. Armazón o mueble que se utiliza principalmente para dormir.
camada s. f. Todos los hijuelos que paren de una vez la coneja u otros animales.
camafeo s. f. Figura tallada de relieve en ónice u otra piedra dura y preciosa.
camaleón s. m. Reptil saurio de cuerpo comprimido lateralmente y cola prensil.
camandulear v. intr. Ostentar falsa o exagerada devoción.
cámara s. f. **1.** Sala, pieza principal de una casa. **2.** Cada uno de los cuerpos colegisladores en los gobiernos representativos. **3.** Máquina de hacer fotografías.
camarada s. m. y s. f. Compañero.
camarero, ra s. m. y s. f. Persona que atiende a la clientela en un café, hotel, etc.
camarilla s. f. Conjunto de palaciegos que influyen subrepticiamente en la política.
camarín s. m. Capilla pequeña colocada detrás de un altar.
camarlengo s. m. Título de dignidad entre los cardenales, presidente de la Cámara apostólica.
camarón s. m. Crustáceo marino comestible, de color pardusco.
camarote s. m. Compartimento pequeño que hay en los barcos para poner la cama.
camastro s. m. Lecho pobre y sin aliño.
cambalache s. m. fam. Trueque de objetos de poco valor.
cambaleo s. m. Compañía antigua de cómicos y cantantes.
cámbaro s. m. Crustáceo marino braquiuro, con el caparazón verde.

cambera s. f. Red pequeña para pescar cámbaros y otros crustáceos.

cambiar v. tr. 1. Dar, tomar o poner una cosa por otra. También intr. 2. Mudar, variar, alterar. También prnl.

cambista s. m. y s. f. 1. Persona que cambia dinero. 2. Banquero.

cambray s. m. Lienzo blanco y sutil.

cambronera s. f. Arbusto solanáceo con multitud de ramas mimbreñas curvas y espinosas.

cambur s. m. Planta musácea, parecida al plátano, de fruto comestible.

camelar v. tr., fam. Engañar adulando seriamente o en broma.

camelete s. m. Pieza de artillería de gran tamaño que se usó para batir murallas.

camelia s. f. Arbusto rosáceo, de hojas perennes y flores blancas, rojas o rosadas.

camélido adj. Se dice de los rumiantes del grupo del camello. También s. m.

camello s. m. Mamífero rumiante camélido, con dos jorobas en el dorso, formadas por una aglomeración de grasa.

camelo s. m. 1. Galanteo. 2. Chasco, burla.

camelote s. m. Tejido fuerte e impermeable, que se hace con lana.

cameraman s. m. Técnico de cine o televisión especializado en el manejo de la cámara tomavistas.

camerino s. m. Cuarto donde los actores y actrices se visten para ir a escena.

camicace adj., fig. Se dice de la persona que se arriesga en una misión suicida.

camilla s. f. 1. Cama estrecha y portátil para trasladar enfermos o heridos. 2. Mesa de forma especial debajo de la cual hay un enrejado y una tarima con un brasero para calentarse.

caminar v. intr. 1. Ir de viaje. 2. Andar.

caminata s. f. Paseo largo y fatigoso.

camino s. m. 1. Tierra pisada por donde se transita habitualmente. 2. fig. Medio para hacer o conseguir alguna cosa.

camión s. m. Vehículo de cuatro o más ruedas, grande y fuerte, usado para transportar cargas o fardos muy pesados.

camisa s. f. Prenda de vestido interior que se pone inmediatamente sobre el cuerpo o sobre la camiseta.

camiseta s. f. 1. Camisa corta y con mangas anchas. 2. Camisa corta, ajustada y sin cuello, que se pone por lo común directamente sobre el cuerpo.

camisón s. m. Camisa larga para dormir.

camorra s. f., fam. Riña, pendencia.

camorrista adj., fam. Que con facilidad arma camorras y pendencias.

campamento s. m. Instalación eventual en terreno abierto de un grupo de excursionistas, cazadores, etc.

campana s. f. Instrumento de metal, en forma de copa invertida, que suena herido por el badajo o por un martillo exterior.

campanario s. m. Torre o espadaña donde se colocan las campanas.

campanilla s. f. Cualquier flor de corola acampanada.

campaña s. f. 1. Campo llano. 2. Conjunto de esfuerzos o actos de diversa índole que se aplican a un fin determinado. 3. Duración de un determinado servicio militar.

campar v. intr. 1. Sobresalir. 2. Acampar.

campechano, na adj., fam. Franco, dispuesto para cualquier broma o diversión.

campeche s. m. Madera dura y negruzca, que sirve principalmente para teñir de encarnado.

CAMPEÓN - CANCIONERO

campeón, na s. m. y s. f. Persona que obtiene el primer puesto en un campeonato.

campeonato s. m. Certamen o contienda en que se disputa el premio en ciertos juegos o deportes.

campesino, na adj. Labrador.

cámping s. m. Lugar acondicionado para hacer vida al aire libre, en tiendas de campaña.

campiña s. f. Espacio grande de tierra llana que es labrable.

campo s. m. **1.** Terreno extenso fuera de poblado. **2.** Tierra laborable. **3.** Campiña. **4.** Sembrados, árboles y demás cultivos.

campus s. m. Espacio abierto que rodea a los edificios universitarios.

camueso s. m. Árbol, variedad de manzano, cuyo fruto es la camuesa.

camuflar v. tr. Disimular dando a una cosa el aspecto de otra.

can s. m. Perro.

cana s. f. Cabello que se ha vuelto blanco.

canal s. amb. **1.** Cauce artificial por el que se conduce el agua. || s. m. **2.** Estrecho marítimo que separa dos islas o dos continentes.

canaladura s. f. Moldura hueca hecha en un miembro arquitectónico, en línea vertical.

canalete s. m. Remo corto, con pala muy ancha.

canalizar v. tr. **1.** Abrir canales. **2.** Regularizar el cauce de un río o arroyo.

canalizo s. m. Canal estrecho.

canalla s. f. **1.** fam. Gente baja y ruin. || s. m. **2.** fam. Persona despreciable.

canalón s. m. Conducto que recibe y vierte el agua de los tejados.

canana s. f. Cinto dispuesto para llevar cartuchos.

canapé s. m. **1.** Escaño con el asiento y respaldo acolchados. **2.** Aperitivo consistente en una rebanadita de pan sobre la que se extienden o colocan otras viandas.

canaricultura s. f. Arte de criar canarios.

canario s. m. Pájaro conirrostro, del que existen numerosas variedades domésticas.

canasta s. f. **1.** Cesto de mimbres con dos asas. **2.** Tanto conseguido en el baloncesto.

canastilla s. f. Cestilla de mimbres.

cancamusa s. f., fam. Artificio para deslumbrar a alguien.

cancán s. m. Baile de origen francés que estuvo de moda en el s. XIX.

cancel s. m. Contrapuerta, generalmente de tres hojas.

cancelar v. tr. **1.** Anular, hacer ineficaz un instrumento público, una obligación, etc. **2.** Saldar o extinguir una deuda.

cáncer s. m. Tumor maligno que destruye los tejidos orgánicos animales.

cancha s. f. **1.** Local destinado a juego de pelota, riñas de gallos u otros usos semejantes. **2.** Parte de la explanada del frontón o trinquete en la que juegan los pelotaris.

cancho s. m. Peñasco grande.

cancilla s. f. Puerta hecha a manera de verja que cierra los huertos, corrales o jardines.

canciller s. m. **1.** Empleado auxiliar en las embajadas, legaciones, consulados, etc. **2.** Título que lleva en algunos Estados europeos un alto funcionario que es a veces jefe o presidente del gobierno.

canción s. f. **1.** Composición en verso para ser cantada. **2.** Música de la canción.

cancionero s. m. Colección de canciones y poesías, por lo común de autores diversos.

candado s. m. Cerradura suelta que por medio de argollas asegura puertas, ventanas, tapas de cofre, etc.

candeal adj. Se dice del trigo aristado, de espiga cuadrada y granos ovales, que da harina y pan blancos de superior calidad.

candela s. f. **1.** Vela **2.** Candelero en que se coloca la vela. **3.** Flor del castaño.

candelabro s. m. Candelero de dos o más brazos.

candelecho s. m. Choza levantada sobre estacas, desde la que el viñador otea y guarda toda la viña.

candelero s. m. Utensilio que sirve para mantener derecha la vela o candela.

candente adj. **1.** Se dice del cuerpo enrojecido o blanqueado por la acción del calor. **2.** Se dice de una cuestión difícil y apasionante, y de una situación tensa.

candidato, ta s. m. y s. f. Persona que pretende alguna dignidad, honor o cargo.

candidatura s. f. **1.** Reunión de candidatos. **2.** Papeleta en que aparece el nombre de uno o varios candidatos.

cándido, da adj. **1.** Sencillo, sin malicia ni doblez. **2.** Simple, poco advertido.

candil s. m. Lámpara de aceite formada por dos recipientes de metal superpuestos.

candileja s. f. **1.** Recipiente interior del candil. || s. f. pl. **2.** Línea de luces en el proscenio o parte delantera del escenario.

candiota s. f. Barril para vino.

candongo, ga adj., fam. Zalamero, astuto.

candor s. m. **1.** Suma blancura. **2.** fig. Sinceridad, sencillez. **3.** fig. Inocencia.

caneca s. f. Frasco de barro vidriado, utilizado para contener licores.

canela s. f. Segunda corteza del canelo, de olor muy aromático y sabor agradable.

canelo s. m. **1.** Árbol lauráceo de corteza aromática, hojas parecidas a las del laurel, flores agrupadas en racimos y fruto en drupa ovalada.

canelones s. m. pl. Plato de origen italiano hecho a base de una masa rectangular de pasta que se enrolla con carne, pescado, verduras, etc. dentro.

canesú s. m. **1.** Cuerpo de vestido femenino corto y sin mangas. **2.** Pieza superior de la camisa o blusa.

cangilón s. m. Vaso grande de barro o metal para traer o verter líquidos.

cangrejo s. m. Cualquiera de los artrópodos crustáceos del orden de los decápodos.

canguro s. m. Mamífero marsupial, herbívoro, que anda a saltos por tener las extremidades delanteras mucho más cortas que las posteriores.

caníbal adj. Se dice del habitante de las Antillas que era tenido por antropófago.

canica s. f. **1.** Cada una de las bolas del juego infantil de las canicas. **2.** Juego de niños que se hace con bolitas de barro, vidrio u otra materia. Se usa más en pl.

caniche adj. Se dice del perro perteneciente a una raza que se caracteriza por el pequeño tamaño y el pelo lanoso y rizado. También s. m.

canícula s. f. Período del año en que es más fuerte el calor.

canijo, ja adj., fam. Débil y enfermizo.

canilla s. f. **1.** Cualquiera de los huesos largos de la pierna o del brazo. **2.** Cañón para sacar el vino de la cuba. **3.** Carrete metálico en que se devana el hilo.

canino, na adj. **1.** Relativo al can. || s. m. **3.** Colmillo, diente.

canje s. m. Cambio, trueque o sustitución.

cano, na *adj.* **1.** Que tiene canas. **2.** *fig.* Anciano o antiguo.

canoa *s. f.* Embarcación de remo muy estrecha, con proa muy aguda y popa recta.

canon *s. m.* Regla o precepto.

canónico, ca *adj.* Conforme con los cánones.

canónigo *s. m.* Miembro del cabildo de una catedral o colegiata.

canonizar *v. tr.* Declarar solemnemente santo y poner el Papa en el catálogo de ellos a un siervo de Dios, ya beatificado.

canoro, ra *adj.* **1.** Se dice del ave de canto grato y melodioso. **2.** Grato y melodioso.

canoso, sa *adj.* Que tiene muchas canas.

cansado, da *adj.* **1.** Fatigado. **2.** Se aplica a la persona que cansa o molesta.

cansancio *s. m.* Falta de fuerzas que resulta de haberse fatigado.

cansar *v. tr.* **1.** Causar cansancio. También prnl. **2.** Enfadar, molestar. También prnl.

cantante *s. m. y s. f.* Persona que tiene por oficio cantar.

cantaor, ra *s. m. y s. f.* Cantante de flamenco.

cantar[1] *s. m.* Copla o composición breve poética puesta en música para cantarse.

cantar[2] *v. intr.* **1.** Formar con la voz sonidos modulados. También tr. **2.** *fig. y fam.* Descubrir lo secreto.

cántaro *s. m.* Vasija grande de boca angosta, barriga ancha y pie estrecho.

cantata *s. f.* Composición poética escrita para que se ponga en música y se cante.

cantautor, ra *s. m. y s. f.* Cantante que compone sus propias canciones.

cante *s. m.* Cualquier género de canto popular.

cantera *s. f.* Sitio de donde se saca piedra.

cántico *s. m.* Composición poética de los libros sagrados y los litúrgicos en que se dan gracias o tributan alabanzas a Dios.

cantidad *s. f.* **1.** Todo lo susceptible de aumento y disminución, de número y medida. **2.** Porción grande de alguna cosa. **3.** Porción de dinero.

cantiga *s. f.* Antigua composición poética destinada al canto.

cantil *s. m.* Sitio o lugar que forma escalón en la costa o en el fondo del mar.

cantilena *s. f.* **1.** Cantar, copla. **2.** *fig.* Repetición molesta de alguna cosa.

cantimplora *s. f.* Frasco aplanado para la bebida, revestido de cuero, paño, etc.

cantina *s. f.* Puesto público en que se venden bebidas y algunos comestibles.

canto[1] *s. m.* Arte de cantar.

canto[2] *s. m.* Lado de cualquier parte o sitio.

canto[3] *s. m.* Piedra.

cantor, ra *adj.* Que canta.

cantoral *s. m.* Libro de coro.

cánula *s. f.* Tubo corto que se emplea en diferentes operaciones de cirugía o que forma parte de aparatos físicos o quirúrgicos.

canuto *s. m.* Cañón hueco, corto y no muy grueso, utilizado para diferentes usos.

caña *s. f.* **1.** Tallo de las plantas gramíneas. **2.** Planta gramínea leñosa, propia de parajes húmedos.

cañada *s. f.* **1.** Espacio de tierra entre dos alturas poco distantes entre sí. **2.** Vía para los ganados trashumantes.

cañamazo *s. m.* Tela tosca de cáñamo.

cáñamo *s. m.* Planta morácea, de cuyo tallo se extrae una fibra textil que sirve especialmente para hacer cuerdas.

cañamón *s. m.* Simiente del cáñamo.

cañaveral *s. m.* Sitio poblado de cañas.

CAÑERÍA - CAPITULACIÓN

cañería s. f. Conducto formado de caños por donde se distribuyen las aguas o el gas.

cañizo s. m. Tejido de cañas formando un rectángulo empleado para secar frutos.

caño s. m. Tubo corto de metal, vidrio o barro a modo de canuto.

cañón s. m. **1.** Pluma del ave cuando empieza a nacer. **2.** Pieza de artillería destinada a lanzar balas, metralla, etc.

caoba s. f. Árbol meliáceo, de tronco alto y grueso, hojas alternas y flores blancas; su madera es muy apreciada en ebanistería.

caolín s. m. Arcilla blanca muy pura usada en la fabricación de loza y porcelana.

caos s. m. Confusión, desorden.

capa s. f. Ropa larga y suelta, sin mangas, que se usa sobre el vestido.

capacho s. m. Espuerta de juncos o mimbres.

capacidad s. f. **1.** Espacio vacío de alguna cosa, suficiente para contener otra u otras. **2.** Aptitud para alguna cosa.

capacitar v. tr. Hacer a alguien apto, habilitarle para alguna cosa. También prnl.

capar v. tr. **1.** Extirpar o inutilizar los órganos genitales. **2.** fam. Disminuir, cercenar.

caparazón s. m. Cubierta dura que protege las partes blandas del cuerpo de los insectos, arácnidos y crustáceos.

capataz, za s. m. y s. f. Persona que gobierna y vigila un grupo de operarios.

capaz adj. **1.** Que tiene capacidad. **2.** Grande o espacioso. **3.** fig. Apto, diestro.

capazo s. m. Espuerta grande de esparto.

capcioso, sa adj. Artificioso, engañoso.

capear v. tr. Hacer suertes con la capa al toro o novillo.

capellán s. m. Clérigo que obtiene una capellanía.

capellanía s. f. Fundación en la que determinados bienes quedan sujetos al cumplimiento de misas y otras obras pías.

capellina s. f. Pieza de la armadura antigua que cubría la parte superior de la cabeza.

capelo s. m. Cierto derecho que los obispos percibían del estado eclesiástico.

caperuza s. f. Bonete que remata en punta inclinada hacia atrás.

capicúa s. m. Número igual leído de izquierda a derecha que de derecha a izquierda.

capilar adj. Relativo al cabello.

capilla s. f. **1.** Capucha. **2.** Edificio contiguo a una iglesia o parte integrante de ella, con altar y advocación particular.

capirote s. m. Cucurucho que traen los que van en las procesiones de Semana Santa.

capital adj. **1.** Perteneciente a la cabeza. **2.** Que constituye el origen, cabeza o parte vital de una cosa principal. **3.** Se dice de la población principal de un Estado, provincia o distrito. También s. f. ll s. m. **4.** Cantidad de dinero o bienes, patrimonio.

capitalizar v. tr. **1.** Fijar el capital que corresponde a un determinado rendimiento o interés. **2.** Agregar al capital los intereses devengados.

capitán, na s. m. y s. f. **1.** Persona que tiene el mando de una compañía, escuadrón o batería. **2.** Jefe de un equipo deportivo.

capitel s. m. Parte superior de la columna, que la corona con diversas ornamentaciones y figuras.

capitolio s. m. Edificio majestuoso y elevado.

capitulación s. f. **1.** Convenio o pacto entre dos o más personas. **2.** Convenio en que se estipula la rendición de un ejército, plaza o punto fortificado.

CAPITULAR - CARBÓN

capitular *v. intr.* **1.** Pactar, hacer algún ajuste. || *v. tr.* **2.** Disponer, ordenar.

capítulo *s. m.* **1.** Junta de religiosos y clérigos seglares. **2.** División que se hace en los libros o escritos.

capolar *v. tr.* Despedazar, dividir.

capón *adj.* Se dice del animal castrado.

caporal *s. m.* Persona que hace de cabeza de alguna gente y la manda.

capota *s. f.* **1.** Tocado femenino. **2.** Cubierta plegadiza que llevan algunos vehículos.

capote *s. m.* **1.** Capa con menor vuelo que la común. **2.** Capa corta para torear.

capricho *s. m.* **1.** Idea que uno forma sin razón. **2.** Antojo, deseo vehemente.

cápsula *s. f.* **1.** Cilindro pequeño y hueco en cuyo fondo está el fulminante que comunica el fuego a la carga explosiva de las armas de percusión. **2.** Pequeña envoltura insípida y soluble en que se cierran algunos medicamentos.

captar *v. tr.* **1.** Percibir por medio de los sentidos. **2.** Recibir sonidos, imágenes, ondas, emisiones radiodifundidas.

capturar *v. tr.* Aprehender, apoderarse de alguien o de algo.

capucha *s. f.* Pieza del vestido para cubrir la cabeza, que remata en punta y se echa sobre la espalda.

capullo *s. m.* **1.** Cubierta protectora que el gusano de seda, fabrican con el hilo que segrega. **2.** Botón de las flores.

cara *s. f.* **1.** Parte anterior de la cabeza. **2.** Semblante. **3.** Fachada. **4.** Anverso, haz de las monedas o medallas.

carabao *s. m.* Rumiante parecido al búfalo.

carabela *s. f.* Antigua embarcación larga con una sola cubierta y tres palos.

carabina *s. f.* Fusil ligero.

carabinero *s. m.* **1.** Soldado destinado a la persecución del contrabando. **2.** Crustáceo de carne comestible.

caracol *s. m.* Molusco gasterópodo, de concha en espiral y dos o cuatro tentáculos.

caracola *s. f.* **1.** Caracol marino grande, de forma cónica. **2.** Caracol terrestre que tiene la concha de color blanco.

carácter *s. m.* Naturaleza fundamental de un ser.

característico, ca *adj.* Se aplica a la cualidad que sirve para distinguir una persona o cosa de sus semejantes.

caracterizar *v. tr.* Determinar a una persona o cosa por sus cualidades peculiares.

¡caramba! *interj.* que denota extrañeza.

carámbano *s. m.* Pedazo de hielo más o menos largo y puntiagudo.

carambola *s. f.* **1.** Lance del juego del billar, consistente en que la bola con que se juega toque a las otras dos. **2.** Casualidad.

caramelo *s. m.* Pasta de azúcar hecha almíbar.

caramillo *s. m.* Flautilla de sonido agudo.

carantoñas *s. f. pl., fam.* Halagos y caricias que se hacen para conseguir algo.

carapacho *s. m.* Caparazón que cubre las tortugas, los cangrejos y otros animales.

carátula *s. f.* **1.** Careta, máscara. **2.** Portada de un libro, disco, casete o vídeo.

caravana *s. f.* **1.** Grupo de viajeros, peregrinos, mercaderes, etc., que se juntan para atravesar el desierto u otros lugares **2.** *fam.* Remolque habitable.

¡caray! *interj.* ¡Caramba!

carbón *s. m.* Materia sólida, ligera, negra y muy combustible, que resulta de la destilación o de la combustión incompleta de la leña o de otros cuerpos orgánicos.

carbonato s. m. Cualquier sal resultante de la combinación del ácido carbónico con un radical simple o compuesto.

carboncillo s. m. Palillo de madera ligera, carbonizado, que sirve para dibujar.

carbonera s. f. Lugar para guardar carbón.

carbónico, ca adj. Se aplica a muchas combinaciones en que entra el carbono.

carbonilla s. f. Carbón mineral menudo que, como residuo, suele quedar al mover y trasladar el grueso.

carbonizar v. tr. Reducir a carbón un cuerpo orgánico. También prnl.

carbono s. m. Metaloide cuadrivalente, sólido, insípido e inodoro.

carbunco s. m. Enfermedad del ganado, virulenta y contagiosa, que se puede transmitir al hombre, dando origen al ántrax.

carbúnculo s. m. Rubí.

carburador s. m. Pieza de los motores donde se efectúa la carburación.

carburante s. m. Mezcla de hidrocarburos que se emplea en los motores de explosión y de combustión interna.

carburar v. tr. Mezclar los gases o el aire atmosférico con los carburantes gaseosos o con los vapores de los líquidos carburantes.

carburo s. m. Combinación del carbono con un cuerpo simple.

carcaj s. m. Aljaba.

carcajada s. f. Risa impetuosa y ruidosa.

carcamal s. m., fam. Persona achacosa y vieja. También adj.

carcamán s. m. Barco grande y malo.

cárcavo s. m. Hueco en que juega el rodezno o rueda vertical de los molinos.

cárcel s. f. Edificio o local destinado para la custodia y seguridad de los presos.

carcinoma s. m. Tumor canceroso.

carcoma s. f. Insecto coleóptero muy pequeño, cuya larva roe y taladra la madera.

carcomer v. tr. **1.** Roer la carcoma la madera. **2.** Consumir poco a poco alguna cosa.

cardar v. tr. Preparar una materia textil para el hilado.

cardenal[1] s. m. Cada uno de los prelados que componen el Sacro Colegio.

cardenal[2] s. m. Mancha amoratada que aparece en el cuerpo por efecto de un golpe.

cardenillo s. m. Mezcla venenosa de acetatos básicos de cobre, que se forma en la superficie de los objetos de cobre.

cárdeno, na adj. De color amoratado.

cardias s. m. Orificio superior del estómago.

cardillo s. m. Planta bienal, de flores amarillentas y hojas rizadas.

cardinal adj. Principal, fundamental.

cardiógrafo s. m. Aparato que mide y registra los movimientos del corazón.

cardiología s. f. Tratado del corazón, de sus funciones y enfermedades.

cardiopatía s. f. Enfermedad del corazón.

cardiovascular adj. Relativo al corazón y los vasos sanguíneos.

cardo s. m. Planta compuesta, anual, de hojas grandes y espinosas.

cardume s. m. Banco de peces.

carear v. tr. **1.** Poner a una o varias personas en presencia de otra u otras, para esclarecer la verdad de dichos o hechos. **2.** Dirigir el ganado hacia alguna parte.

carecer v. intr. Tener falta de algo.

carena s. f. Reparo y compostura hecha en el casco de la nave.

carenar v. tr. Reparar el casco de la nave.

carencia s. f. Falta o privación de algo.

carestía s. f. **1.** Falta o escasez de algo. **2.** Precio alto de las cosas de uso común.

careta s. f. Máscara de cartón u otra materia utilizada para cubrir la cara.

carey s. m. Tortuga marina.

carga s. f. **1.** Cosa que hace peso sobre otra. **2.** Lo que se transporta en hombros, a lomo o en cualquier vehículo. **3.** *fig.* Tributo, imposición, hipoteca, etc.

cargador s. m. Pieza o instrumento que sirve para cargar ciertas armas de fuego.

cargamento s. m. Conjunto de mercaderías que carga una embarcación o vehículo.

cargante adj. Que molesta o incomoda.

cargar v. tr. **1.** Poner peso o mercancías sobre una persona, bestia o vehículo para transportarlo. **2.** Introducir la carga en un arma de fuego. **3.** *fig.* Fastidiar, cansar.

cargo s. m. **1.** Carga, peso. **2.** Empleo. **3.** Obligación. **4.** Falta, acusación.

cariar v. tr. Corroer, producir caries.

cariátide s. f. Figura humana que en un cuerpo arquitectónico sirve de columna.

caribú s. m. Reno salvaje del Canadá.

caricatura s. f. Figura ridícula en que se deforman las facciones de alguna persona.

caricia s. f. Demostración cariñosa que consiste en rozar suavemente con la mano el rostro de una persona, el cuerpo de un animal, etc.

caridad s. f. **1.** Una de las tres virtudes teologales, que consiste en amar a Dios sobre todas las cosas, y al prójimo como a alguien mismo, por amor de Dios.

caries s. f. Desintegración del esmalte y la dentina de los dientes.

carilla s. f. Plana o página.

cariño s. m. **1.** Inclinación de amor o buen afecto. **2.** Expresión de dicho afecto.

carisma s. m. Don que concede Dios gratuitamente y con abundancia a una criatura.

cariz s. m. Aspecto.

carlanca s. f. Collar erizado de puntas de hierro, con el que se preserva a los mastines de las mordeduras de los lobos.

carleta s. f. Lima para desbastar el hierro.

carlinga s. f. **1.** Hueco en que se encaja un mástil u otra pieza semejante. **2.** Espacio destinado en el interior de los aviones para los pasajeros y la tripulación.

carmenar v. tr. Desenredar y limpiar el cabello, la lana o la seda. También prnl.

carmesí adj. Se aplica al color de grana dado por el quermes animal. También s. m.

carmín s. m. Color rojo encendido que se saca principalmente de la cochinilla.

carnada s. f. Cebo para pescar o cazar.

carnaval s. m. Los tres días que preceden al miércoles de ceniza.

carne s. f. **1.** Parte mollar del cuerpo de los animales. **2.** Parte mollar de la fruta.

carné s. m. Documento que se expide a favor de una persona, provisto de su fotografía, y que la faculta para ejercer ciertas actividades o la acredita como miembro de determinada agrupación.

carnero s. m. Rumiante bóvido doméstico.

carnicería s. f. Lugar donde se vende carne.

cárnico, ca adj. Se dice de lo relativo a la carne destinada al consumo.

carnívoro, ra adj. Que come carne.

caro, ra adj. **1.** Que excede mucho del valor o estimación regular. **2.** Subido de precio.

carótida adj. Cada una de las dos arterias que por uno y otro lado del cuello llevan la sangre a la cabeza. Se usa más como s. f.

carpa[1] s. f. Pez malacopterigio comestible.

carpa[2] s. f. Construcción de lona, móvil, que se utiliza como cubierta en atracciones de feria, circos, etc.

carpeta s. f. Cartera grande para escribir sobre ella y guardar papeles.

carpintero, ra s. m. y s. f. Persona que por oficio trabaja y labra madera.

carpo s. m. Una de las tres partes del esqueleto de la mano.

carquesa s. f. Horno para templar el vidrio.

carraca[1] s. f. Nave antigua de transporte.

carraca[2] s. f. Instrumento de madera que produce un ruido seco y desapacible.

carrasca s. f. Encina, generalmente pequeña.

carraspera s. f. Aspereza en la garganta.

carrera s. f. Paso rápido del hombre o del animal para trasladarse de un sitio a otro.

carreta s. f. Carro largo, más bajo que el ordinario, y con una lanza.

carrete s. m. **1.** Cilindro para devanar. **2.** Rueda en que se lleva rodeado el sedal.

carretera s. f. Camino público, ancho y espacioso, dispuesto para carros y coches.

carretilla s. f. Carro pequeño de mano, con una sola rueda en la parte anterior.

carricoche s. m. Coche viejo o feo.

carril s. m. **1.** Huella de las ruedas de un carruaje. **2.** Cada una de las dos barras de hierro de las líneas del ferrocarril. **3.** En una vía pública, cada banda longitudinal destinada al tránsito de una sola fila de vehículos.

carrillo s. m. Parte carnosa de la cara.

carrizo s. m. Planta gramínea, cuyas hojas sirven para forrajes, los tallos, para construir cielos rasos, y las panojas para escobas.

carro s. m. Carruaje de dos ruedas con lanza o varas para enganchar el tiro.

carrocería s. f. Parte de los coches automóviles, asentada sobre el bastidor y destinada para pasajeros o carga.

carrocín s. m. Silla volante.

carromato s. m. Carro con bolsas de cuerdas para la carga y un toldo de lienzo y cañas.

carronada s. f. Cañón antiguo de marina.

carroña s. f. Carne corrompida.

carroza s. f. Coche grande, ricamente adornado.

carruaje s. m. Vehículo formado por un armazón de madera o hierro montada sobre ruedas.

carta s. f. **1.** Papel escrito, y de ordinario cerrado, que una persona envía a otra para comunicarse con ella por algún motivo. **2.** Naipe. **3.** Mapa.

cartabón s. m. Instrumento de dibujo lineal en forma de triángulo rectángulo.

cartapacio s. m. **1.** Cuaderno para escribir. **2.** Funda para meter libros y papeles.

cartel s. m. Papel que se fija en algún lugar público para hacer saber alguna cosa.

cartelera s. f. **1.** Armazón para fijar carteles. **2.** Conjunto de anuncios, especialmente de espectáculos.

cárter s. m. En los automóviles y otras máquinas, pieza que protege determinados órganos y a veces sirve como depósito de lubricante.

cartera s. f. **1.** Utensilio de bolsillo para llevar dinero, documentos, etc. **2.** Bolsa de piel, con tapa y generalmente con asa, para llevar libros, legajos, etc. **3.** *fig.* Empleo de ministro.

cartero, ra s. m. y s. f. Repartidor de las cartas del correo.

cartílago s. m. Tejido animal blanquecino, elástico y resistente.

cartilla s. f. **1.** Abecedario para aprender a leer. **2.** Libreta para apuntar datos.

cartografía s. f. **1.** Arte de trazar cartas geográficas. **2.** Ciencia que las estudia.

CARTOMANCIA - CASQUIVANO

cartomancia s. f. Arte supersticioso de adivinar lo futuro por medio de los naipes.

cartón s. m. Hoja gruesa de pasta de papel, endurecida por compresión de un conjunto de varias hojas de papel sobrepuestas.

cartuchera s. f. 1. Caja destinada a llevar la dotación individual de cartuchos de guerra o caza. 2. Canana.

cartucho s. m. 1. Cilindro que contiene una cantidad de explosivo. 2. Cucurucho.

cartulina s. f. Cartón delgado, terso y limpio.

carúncula s. f. 1. Excrecencia carnosa de algunos animales. 2. Excrecencia contigua al micrópilo de ciertas semillas.

casa s. f. 1. Edificio, o parte de él, para habitar. 2. Piso o parte de una casa en que vive una familia o un individuo. 3. Descendencia, linaje.

casaca s. f. Vestidura ceñida al cuerpo, con mangas y con faldones hasta las corvas.

casar v. intr. 1. Contraer matrimonio. Se usa más como prnl. 2. Corresponder, conformarse, cuadrar una cosa con otra.

casca s. f. Hollejo de la uva después de pisada y exprimida.

cascabel s. m. Bola de metal, hueca y agujereada, que lleva dentro un pedacito de hierro o latón para que, moviéndolo, suene.

cascada s. f. Salto de agua desde cierta altura por desnivel brusco del terreno.

cascajo s. m. Guijo, fragmentos de piedra.

cascamajar v. tr. Quebrantar una cosa, machacándola algo.

cascanueces s. m. Utensilio para partir nueces, avellanas, etc.

cascar v. tr. 1. Romper. También prnl. 2. fam. Charlar. Se usa más como intr.

cáscara s. f. 1. Cubierta exterior de los huevos u otras cosas. 2. Corteza de los árboles.

cascarón s. m. Cáscara del huevo.

cascarrabias s. m. y s. f., fam. Persona que fácilmente se enoja o enfada.

casco s. m. 1. Cada uno de los pedazos de vasija que se rompe. 2. Cada una de las capas de la cebolla. 3. Pieza de armadura que cubre la cabeza. 4. Cuerpo de un buque. 5. Pezuña de las caballerías. 6. Botella.

cascote s. m. Escombro.

caseína s. f. Albuminoide de la leche.

caserío s. m. 1. Conjunto de casas. 2. Casa aislada en el campo.

casero, ra adj. 1. Que se hace o cría en casa. 2. Se dice de la persona que está mucho en su casa. || s. m. y s. f. 3. Dueño de una casa, que la alquila a otro.

caserón s. m. Casa grande y destartalada.

caseta s. f. Casa pequeña de construcción ligera, ordinariamente de madera.

casete s. amb. 1. Cajita que contiene una cinta magnética. || s. m. 2. Magnetófono.

casi adv. c. Cerca de, aproximadamente.

casilla s. f. Cada uno de los compartimentos del casillero, o de algunas cajas, estanterías, etc.

casillero s. m. Mueble con divisiones, para tener clasificados papeles y otros objetos.

casino s. m. Sociedad de recreo.

caso s. m. 1. Suceso, acontecimiento. 2. Coyuntura, lance, ocasión.

caspa s. f. Escamillas que se forman en el cuero cabelludo, efecto de la seborrea.

casquete s. m. 1. Pieza de la armadura que cubría la cabeza. 2. Cubierta de cuero, tela, etc., que se ajusta a la cabeza.

casquijo s. f. Multitud de piedra menuda.

casquillo s. m. Anillo de metal que refuerza la extremidad de una pieza de madera.

casquivano, na adj. Alocado, irreflexivo.

casta *s. f.* **1.** Generación o linaje. **2.** *fig.* Especie o calidad de una cosa.

castaña *s. f.* Fruto del castaño, nutritivo y sabroso, con una cáscara correosa de color pardo oscuro.

castañetear *v. intr.* Sonarle a alguien los dientes dando los de una mandíbula contra los de la otra.

castaño *s. m.* Árbol cupulífero, con tronco grueso, copa ancha, hojas grandes y flores blancas, cuyo fruto es la castaña.

castañuela *s. f.* Instrumento de percusión compuesto de dos piezas cóncavas de madera o marfil, a modo de conchas.

castellano *s. m.* Español, lengua de España y de Hispanoamérica.

castidad *s. f.* Virtud que se opone a los afectos carnales.

castigar *v. tr.* **1.** Ejecutar algún castigo en un culpado. **2.** Mortificar y afligir.

castigo *s. m.* Pena que se impone al que ha cometido alguna falta o delito.

castillo *s. m.* Lugar con edificios cercados de murallas, baluartes, fosos, etc.

castizo, za *adj.* **1.** De buen origen y casta. **2.** Se aplica al lenguaje puro y sin mezcla de voces ni giros extraños.

casto, ta *adj.* Que guarda castidad.

castor *s. m.* Mamífero roedor, de cuerpo grueso, cubierto de pelo espeso y fino.

castrar *v. tr.* **1.** Extirpar los órganos genitales. **2.** Quitar parte del panal.

castrense *adj.* Relativo al ejército.

castro *s. m.* Castillo o fortificación antigua y lugar en que se hallaba emplazada.

casual *adj.* Que sucede por casualidad.

casualidad *s. f.* Suceso fortuito.

casulla *s. f.* Vestidura que se pone el sacerdote sobre las demás para celebrar la misa.

cataclismo *s. m.* **1.** Trastorno grande del globo terráqueo, producido por el agua. **2.** Gran trastorno social o político.

catacumbas *s. f. pl.* Galerías subterráneas en las que los primeros cristianos enterraban a sus muertos y practicaban sus ceremonias.

catadura *s. f.* Semblante, gesto.

catafalco *s. m.* Túmulo elevado en los templos para las exequias solemnes.

catalejo *s. m.* Instrumento óptico para ver a larga distancia.

catalepsia *s. f.* Fenómeno nervioso por el que se produce una suspensión repentina de la sensibilidad y de los movimientos.

catalogar *v. tr.* Apuntar, registrar ordenadamente libros, manuscritos, etc.

catálogo *s. m.* **1.** Inventario o lista de personas, cosas, etc. **2.** Elenco de libros clasificados por orden alfabético, de materias, etc.

cataplasma *s. f.* Tópico blando, que se aplica como calmante o emoliente.

catapulta *s. f.* Máquina militar antigua para arrojar piedras o saetas.

catar *v. tr.* **1.** Probar una cosa para examinar su sabor. **2.** Examinar, registrar.

catarata *s. f.* **1.** Cascada o salto grande de agua. **2.** Opacidad del cristalino del ojo.

catarro *s. m.* Inflamación de una membrana mucosa.

catastro *s. m.* Censo y padrón estadístico de las fincas rústicas y urbanas.

catástrofe *s. f.* Suceso desastroso que altera gravemente el orden regular de las cosas.

catecismo *s. m.* Obra que, redactada en preguntas y respuestas, contiene la exposición sucinta de alguna ciencia o arte.

cátedra *s. f.* **1.** Empleo de catedrático y asignatura que enseña. **2.** Aula. **3.** En las basílicas, asiento destinado al obispo.

catedral *adj.* Se dice del templo principal de una diócesis. También s. f.
catedrático, ca *s. m. y s. f.* Persona que tiene cátedra para dar enseñanza en ella.
categoría *s. f.* **1.** Cada uno de los conceptos básicos en los que puede incluirse todo conocimiento. **2.** Condición social. **3.** Cada apartado de una clasificación.
catequizar *v. tr.* Instruir en una doctrina y en especial en la religión católica.
caterva *s. f.* Multitud de personas o cosas sin concierto, o de poco valor e importancia.
catéter *s. m.* Sonda metálica empleada en la cistotomía.
cateto *s. m.* Cada uno de los dos lados del ángulo recto en el triángulo rectángulo.
catilinaria *s. f.* Discurso o escrito vehemente contra una persona.
catión *s. m.* Elemento electropositivo de una molécula.
cátodo *s. m.* Polo negativo de un generador de electricidad o de una batería eléctrica.
catón *s. m., fig.* Censor severo.
catorce *adj. num.* Diez más cuatro.
catre *s. m.* Cama ligera para una persona
catsup *s. m.* Salsa de tomate con vinagre, azúcar y otros ingredientes.
cauce *s. m.* **1.** Lecho de los ríos y arroyos. **2.** Acequia.
caucho *s. m.* Sustancia elástica que se halla en el jugo de algunas plantas tropicales.
caución *s. f.* Prevención, precaución.
cauda *s. f.* Falda o cola de la capa magna.
caudal *s. m.* **1.** Hacienda, bienes. **2.** Cantidad de agua que mana o corre.
caudaloso, sa *adj.* De mucha agua.
caudillo *s. m.* **1.** Persona que guía y manda la gente de guerra. **2.** Persona que dirige algún gremio, comunidad o cuerpo.

causa *s. f.* **1.** Principio del que procede algo. **2.** Lo que se considera como fundamento u origen de una cosa. **3.** Motivo o razón de obrar. **4.** Pleito. **5.** Proceso criminal.
causalidad *s. f.* Relación entre causa y efecto.
causar *v. tr.* **1.** Producir la causa su efecto. **2.** Ser causa de una cosa. También *prnl.*
cáustico, ca *adj.* **1.** Se dice de lo que quema y desorganiza los tejidos animales. **2.** *fig.* Mordaz, agresivo.
cautela *s. f.* **1.** Precaución y reserva en el proceder. **2.** Astucia y maña para engañar.
cautelar *v. tr.* Prevenir, precaver.
cautivar *v. tr.* **1.** Aprisionar al enemigo en la guerra. **2.** *fig.* Atraer, ganar.
cautivo, va *adj.* Aprisionado en la guerra.
cauto, ta *adj.* Sagaz, precavido.
cavar *v. tr.* Levantar y mover la tierra con la azada u otro instrumento semejante.
caverna *s. f.* Concavidad profunda, subterránea o entre rocas.
caviar *s. m.* Manjar que consiste en huevas de esturión.
cavidad *s. f.* Espacio hueco de un cuerpo.
cavilar *v. tr.* Meditar tenazmente algo.
cayado *s. m.* **1.** Palo o bastón. **2.** Báculo pastoral de los obispos.
caz *s. m.* Canal para tomar y conducir el agua.
caza *s. f.* Animales salvajes, antes y después de cazados.
cazar *v. tr.* Seguir a las aves, fieras y otras clases de animales para cogerlos o matarlos.
cazatorpedero *s. m.* Buque de guerra bien armado, de marcha muy rápida.
cazcarria *s. f.* Barro que se pega en la parte de la ropa que va cerca del suelo.
cazo *s. m.* Utensilio de cocina, semiesférico y con mango largo para manejarlo.

cazoleta s. f. Pieza que se pone debajo del puño de la espada y del sable, y sirve para resguardo de la mano.

cazuela s. f. Vasija más ancha que honda, que sirve para guisar y otros usos.

cazurro, rra adj. fam. De pocas palabras.

cebada s. f. Planta gramínea que sirve de alimento a varios animales.

cebar v. tr. Dar cebo a los animales para alimentarlos, engordarlos o atraerlos.

cebo s. m. Comida dada a los animales para alimentarlos, engordarlos o atraerlos.

cebolla s. f. **1.** Planta hortense liliácea. **2.** Bulbo de esta planta.

cebolleta s. f. Planta muy parecida a la cebolla, con el bulbo pequeño y parte de las hojas comestibles.

cebollino s. m. **1.** Sementero de cebollas. **2.** Simiente de cebolla.

cebra s. f. Mamífero perisodáctilo, parecido al asno, de pelaje blanco amarillento con listas transversales pardas o negras.

cebú s. m. Mamífero bovino que tiene encima del lomo una o dos gibas grasientas.

ceca s. f. Casa donde se labra moneda.

cecal adj. Relativo al intestino ciego.

cecear v. intr. Pronunciar la "s" como "c".

cecina s. f. Carne salada, enjuta y secada al aire, al sol o al humo.

cedazo s. m. Instrumento compuesto de un aro y de una tela, ordinariamente de cerdas, que cierra la parte inferior.

ceder v. tr. **1.** Dar, transferir a otro una cosa, acción o derecho. || v. intr. **2.** Rendirse, sujetarse. **3.** Mitigarse, disminuir en fuerza el viento, la calentura, etc.

cedilla s. f. **1.** La letra "c" con una virgulita, "ç". **2.** Virgulita de esta letra.

cedras s. f. pl. Alforjas de pellejo.

cedro s. m. Árbol conífero abietáceo, de madera usada en la construcción y ebanistería.

cédula s. f. **1.** Pedazo de papel escrito o para escribir en él. **2.** Documento en que se reconoce una obligación. **3.** Citación.

cefalalgia s. f. Dolor de cabeza.

cefalópodo adj. Se dice de los moluscos marinos que tienen tentáculos en la cabeza.

cegar v. intr. **1.** Perder la vista. || v. tr. **2.** fig. Ofuscar, obcecar los afectos o pasiones.

ceguera s. f. **1.** Total privación de la vista. **2.** fig. Afecto que ofusca la razón.

ceja s. f. Parte prominente y curvilínea cubierta de pelo sobre la cuenca del ojo.

cejar v. intr. **1.** Retroceder, andar hacia atrás. **2.** Ceder en un negocio, empeño, etc.

cejijunto, ta adj. Que tiene las cejas muy pobladas de pelo hacia el entrecejo.

cejo s. m. Niebla que se levanta sobre los ríos.

celada s. f. **1.** En la armadura, pieza que cubría la cabeza. **2.** Emboscada.

celaje s. f. **1.** Conjunto de nubes. **2.** Claraboya. **3.** Presagio favorable.

celar[1] v. tr. **1.** Procurar el cumplimiento de una obligación. **2.** Vigilar, espiar.

celda s. f. **1.** Aposento destinado al religioso o religiosa en su convento. **2.** Aposento donde se encierra a un preso en la cárcel.

celdilla s. f. Cada casilla de los panales.

celebrar v. tr. **1.** Alabar a alguien o algo. **2.** Realizar un acto, reunión, espectáculo, etc.

célebre adj. Famoso, que tiene fama.

celebridad s. f. **1.** Fama, renombre. **2.** Persona famosa.

celemín s. m. Medida para áridos, que equivale a 4,625 litros.

celentéreo s. m. Animal metazoo de simetría radiada, como los pólipos y las medusas.

celeridad s. f. Prontitud, rapidez.

CELESTE - CENTIGRAMO

celeste *adj.* **1.** Perteneciente al cielo. **2.** Se dice del color azul claro. También s. m.

celestial *adj.* **1.** Perteneciente al cielo. **2.** *fig.* Perfecto, delicioso.

célibe *adj.* Se dice de la persona soltera.

cellisca *s. f.* Temporal de nieve muy menuda.

cello *s. m.* Tipo de papel de pegar que es transparente y se adhiere por contacto.

celo *s. m.* **1.** Interés. **2.** Fervor. **3.** Excitación sexual de los animales, y período que dura. || *s. m. pl.* **4.** Resentimiento del que sospecha la persona amada no le guarda fidelidad y amor exclusivos.

celosía *s. f.* Enrejado que se pone en un hueco para ver desde dentro, sin ser visto.

celoso, sa *adj.* Que tiene celos.

célula *s. f.* Elemento anatómico microscópico de los vegetales y animales.

celulosa *s. f.* Sustancia de la membrana de la célula de los vegetales, que se utiliza en la fabricación de papel, tejidos, barnices, etc.

cementerio *s. m.* Terreno destinado a enterrar cadáveres.

cemento *s. m.* Sustancia pulverulenta capaz de formar con el agua pastas blandas que se endurecen al contacto con el aire o agua.

cena *s. f.* **1.** Comida que se toma por la noche. **2.** Acción de cenar.

cenáculo *s. m.* Sala en que Cristo celebró la Última Cena.

cenador *s. m.* Espacio que suele haber en los jardines, cercado y vestido de plantas.

cenagal *s. m.* Sitio o lugar lleno de cieno.

cenar *v. intr.* **1.** Tomar la cena. || *v. tr.* **2.** Comer en la cena un determinado alimento.

cencerrada *s. f.* Ruido hecho con cencerros y otras cosas, para burlarse de alguien.

cencerro *s. m.* Campana pequeña y tosca, que se ata al pescuezo de las reses.

cenefa *s. f.* **1.** Lista en los bordes de cortinas, pañuelos, etc. **2.** Dibujo de ornamentación puesto en muros, techos y pavimentos.

cenicero *s. m.* Vasija o platillo donde se echa la ceniza del cigarro.

cenit *s. m.* Punto del hemisferio celeste superior al horizonte que corresponde verticalmente a un lugar determinado de la Tierra.

ceniza *s. f.* **1.** Polvo de color gris claro que queda como residuo de una combustión completa. **2.** *fig.* Restos de un cadáver.

cenobio *s. m.* Monasterio.

censo *s. m.* Lista oficial de los habitantes, riqueza, etc.

censura *s. f.* **1.** Vigilancia y corrección que se ejerce sobre una actividad para que se respeten los principios establecidos. **2.** Crítica.

censurar *v. tr.* **1.** Formar juicio. **2.** Corregir, reprobar. **3.** Murmurar, vituperar.

centauro *s. m.* Monstruo fingido por los antiguos, mitad hombre y mitad caballo.

centavo, va *adj. num.* Se dice de cada una de las 100 partes iguales en que se divide un todo. También s. m.

centella *s. f.* Rayo, chispa eléctrica.

centellear *v. intr.* Despedir rayos de luz.

centena *s. f.* Conjunto de cien unidades.

centenario *s. m.* Tiempo de cien años.

centeno *s. m.* Planta graminácea, semejante al trigo.

centena *s. f.* Conjunto de cien unidades.

centesimal *adj.* Se dice de cada uno de los números del 1 al 99 inclusive.

centésimo, ma *adj. num.* Que ocupa el último lugar en una serie ordenada de 100.

centígrado, da *adj.* Que tiene la escala dividida en cien grados.

centigramo *s. m.* Peso que es la centésima parte de un gramo.

CENTILITRO - CERNER

centilitro *s. m.* Medida de capacidad que tiene la centésima parte de un litro.

centímetro *s. m.* Medida de longitud que tiene la centésima parte de un metro.

centinela *s. m. y s. f., fig.* Persona que está en observación de alguna cosa.

centolla *s. f.* Crustáceo marino comestible.

central *s. f.* **1.** Oficina o establecimiento principal. **2.** Oficina donde se produce la energía eléctrica o se transforman las corrientes.

centralizar *v. tr.* Reunir varias cosas en un centro común.

centrar *v. tr.* Determinar el punto céntrico de una superficie o de un volumen.

centrífugo, ga *adj.* Que aleja del centro.

centrípeto, ta *adj.* Que atrae hacia el centro.

centro *s. m.* Punto medio de una cosa.

céntuplo *s. m.* Producto de la multiplicación por cien de una cantidad cualquiera.

centuria *s. f.* **1.** Número de cien años. **2.** En Roma, compañía de cien hombres.

centurión *s. m.* Jefe de una centuria.

ceñir *v. tr.* Rodear, ajustar.

ceño *s. m.* Señal de enojo que se hace con el rostro, arrugando la frente.

cepa *s. f.* **1.** Parte del tronco de una planta que está dentro de la tierra. **2.** Tronco de la vid, y por ext., toda la planta.

cepillar *v. tr.* **1.** Quitar el polvo con un cepillo. **2.** Alisar la madera o los metales.

cepillo *s. m.* **1.** Instrumento de carpintería para pulir la madera. **2.** Instrumento que sirve para quitar el polvo a la ropa.

cepo *s. m.* Trampa de caza.

cera *s. f.* Sustancia segregada por las abejas para formar las celdillas de los panales.

cerámica *s. f.* Arte de fabricar vasijas y otros objetos de barro, loza y porcelana.

cerbatana *s. f.* Tubo en que se introduce algo para hacerlo salir violentamente después, soplando por uno de sus extremos.

cerca¹ *s. f.* Vallado, tapia o muro.

cerca² *adv. l. y adv. t.* Próximamente.

cercano, na *adj.* Próximo, inmediato.

cercar *v. tr.* **1.** Rodear con valla, muro, etc. **2.** Rodear mucha gente a alguien o algo.

cercenar *v. tr.* **1.** Cortar las extremidades. **2.** Disminuir o acortar.

cerciorar *v. tr.* Asegurar a alguien la verdad de una cosa. También prnl.

cerco *s. m.* **1.** Lo que ciñe o rodea. **2.** Asedio.

cerda *s. f.* Pelo grueso de la cola y crin de las caballerías, y del cuerpo del jabalí, del puerco, etc.

cerdo, da *s. m. y s. f.* **1.** Mamífero paquidermo, doméstico, de cuerpo grueso, cabeza grande, hocico casi cilíndrico y patas cortas. **2.** Persona desaliñada y sucia.

cereal *adj.* Se dice de las gramíneas de semillas farináceas, como el trigo y el centeno.

cerebelo *s. m.* Porción del encéfalo que ocupa las fosas occipitales inferiores.

cerebro *s. m.* Parte anterior y superior del encéfalo.

ceremonia *s. f.* **1.** Acto o serie de actos exteriores en celebración de una solemnidad. **2.** Ademán afectado.

cereza *s. f.* Fruto del cerezo.

cerezo *s. m.* Árbol rosáceo de flores blancas y fruto en drupa pequeña, encarnada, jugosa y dulce.

cerilla *s. f.* **1.** Vela de cera delgada y larga, que sirve para encender. **2.** Fósforo.

cerner *v. tr.* **1.** Separar con el cedazo una materia reducida a polvo de las partes más gruesas. **2.** *fig.* Observar. **3.** *fig.* Depurar, afinar los pensamientos y acciones.

cernícalo *s. m.* **1.** Ave de rapiña, falcónida. **2.** Persona ruda e ignorante.

cero *s. m.* Signo sin valor propio.

cerote *s. m.* **1.** Mezcla de pez y cera que usan los zapateros. **2.** *fam.* Miedo, temor.

cerquillo *s. m.* Corona de cabello en la cabeza de los religiosos de algunas órdenes.

cerradura *s. f.* Mecanismo de metal que se fija en puertas, cajones, etc., para cerrarlos.

cerrar *v. tr.* **1.** Hacer que una cosa no pueda verse por dentro, o que deje de tener entrada o salida. **2.** Correr el cerrojo, echar la llave, encajar una puerta en su marco, etc. **3.** Poner término a una cosa.

cerril *adj.* **1.** Se aplica al terreno áspero y escabroso. **2.** Se dice del ganado no domado. **3.** *fig. y fam.* Grosero y tosco.

cerro *s. m.* **1.** Elevación de tierra aislada. **2.** Cuello del animal. **3.** Espinazo o lomo.

cerrojo *s. m.* Pasador de hierro con manija que cierra una puerta o ventana.

certamen *s. m.* **1.** *fig.* Función literaria. **2.** *fig.* Concurso con premios.

certero, ra *adj.* **1.** Diestro y seguro en tirar. **2.** Seguro, acertado.

certeza *s. f.* Conocimiento seguro, claro y evidente de alguna cosa.

certificación *s. f.* Documento que certifica algo.

certificar *v. tr.* **1.** Asegurar una cosa, darla por cierta. **2.** Tratándose de envíos por correo, registrarlos, obteniendo resguardo.

cerumen *s. m.* Cera de los oídos.

cervato *s. m.* Ciervo menor de seis meses.

cerveza *s. f.* Bebida hecha con granos germinados de cebada fermentados en agua, y aromatizada con lúpulo.

cerviz *s. f.* Parte posterior del cuello del hombre y de los animales.

cesar *v. intr.* **1.** Suspenderse o acabarse una cosa. **2.** Dejar de hacer lo que se está haciendo, o de desempeñar un empleo.

cese *s. m.* **1.** Acción y efecto de cesar en un empleo o cargo. **2.** Nota o documento que se expide para este efecto.

cesión *s. f.* Renuncia de alguna cosa, acción o derecho que se hace a favor de otra.

césped *s. m.* Hierba menuda y tupida que cubre el suelo.

cespitoso, sa *adj.* Que crece en forma de matas espesas.

cesta *s. f.* Recipiente de mimbres, juncos, etc., que se utiliza para llevar objetos.

cesto *s. m.* Cesta grande, más ancha que alta.

cesura *s. f.* Pausa exigida por el ritmo, que divide los versos en dos hemistiquios.

cetáceo, a *adj.* Se dice de los mamíferos pisciformes, de gran tamaño, como la ballena.

cetrería *s. f.* Arte de criar halcones y cazar con ellos.

cetrino, na *adj.* De color amarillo verdoso.

cetro *s. m.* Vara de oro que usan los reyes por insignia de su dignidad.

chabacano, na *adj.* Grosero, de mal gusto.

chabola *s. f.* **1.** Choza. **2.** Vivienda con las mínimas condiciones de construcción e higiénicas, existente en zonas suburbanas.

chacal *s. m.* Mamífero carnívoro de la familia de los cánidos, de tamaño medio entre el lobo y la zorra.

chacha *s. f.* **1.** *fam.* Niñera. **2.** Por ext., sirvienta.

cháchara *s. f.* **1.** *fam.* Serie de palabras inútiles. **2.** Conversación poco importante.

chacina *s. f.* **1.** Cecina, carne desecada. **2.** Carne de cerdo adobada para embutidos.

chacolotear *v. intr.* Hacer ruido la herradura floja.

chacota *s. f.* Bullicio y alegría ruidosa.
chacotear *v. intr.* Burlarse, divertirse con bulla, voces y risa. También prnl.
chafallo *s. m.* Remiendo mal echado.
chafar *v. tr., fam.* Deslucir a alguien en una conversación o concurrencia.
chaflán *s. m.* Cara que resulta en un objeto al cortar una esquina o arista de él.
chaira *s. f.* **1.** Cuchilla que usan los zapateros. **2.** Cilindro de acero que usan los carniceros para afilar las cuchillas.
chal *s. m.* Paño de seda o lana que se pone sobre los hombros y espalda.
chalado, da *adj.* **1.** *fam.* Falto de juicio. **2.** *fam.* Muy enamorado.
chalán, na *adj.* Se dice de la persona que negocia con compras y ventas.
chalar *v. tr.* Poner a alguien en estado de no discurrir bien; particularmente, por enamorarle. También prnl.
chalaza *s. f.* Cada uno de los dos filamentos que mantienen la yema del huevo en medio de la clara.
chalé *s. m.* Casa con jardín.
chaleco *s. m.* Prenda de vestir sin mangas, que se pone encima de la camisa y llega de los hombros a la cintura.
chalina *s. f.* Corbata ancha que se ata con una lazada grande.
chalupa *s. f.* **1.** Embarcación pequeña con cubierta y dos palos. **2.** Lancha, bote.
chamarasca *s. f.* Leña menuda y hojas que, dándoles fuego, levantan mucha llama de poca duración.
chamarilero, ra *s. m. y s. f.* Persona que compra y vende cosas usadas.
chamarra *s. f.* Vestidura de jerga o paño burdo, parecida a la zamarra.
chamba *s. f.* Suerte, casualidad, chiripa.

chambelán *s. m.* Gentilhombre de cámara.
chamón, na *adj.* Que en el juego hace buenas jugadas por casualidad.
chambra *s. f.* Vestidura interior, no ajustada, de mujer o de niño, que cubre la parte superior del cuerpo.
chamiza *s. f.* Hierba silvestre y medicinal, de la familia de las gramíneas.
chamizo *s. m.* **1.** Leño medio quemado. **2.** Choza cubierta de chamiza, cañas, etc.
chamorro, rra *adj.* Esquilado.
champán[1] *s. m.* Embarcación grande de fondo plano, empleada en China y Japón.
champán[2] *s. m., fam.* Champaña.
champaña *s. m.* Vino blanco espumoso, originario de Francia.
champiñón *s. m.* Nombre común a varias especies de hongos agaricáceos, algunos de los cuales son comestibles.
champú *s. m.* Loción para el cabello.
chamuscar *v. tr.* Quemar algo superficialmente o por las puntas. También prnl.
chamusquina *s. f., fam.* Camorra, riña.
chanada *s. f., fam.* Engaño, superchería.
chanchullo *s. m.* **1.** Negocio ilícito. **2.** Hecho oscuro, poco claro.
chancleta *s. f.* Zapatilla sin talón.
chanclo *s. m.* **1.** Calzado de madera. **2.** Zapato de goma en que entra el pie calzado.
chándal *s. m.* Prenda de vestir especialmente utilizada para hacer deporte.
chanfaina *s. f.* Guiso de asadura hecha en trozos menudos.
chanquete *s. m.* Pez pequeño comestible, semejante a la cría del boquerón.
chantaje *s. m.* Presión que, mediante amenazas, se ejerce sobre una persona para obtener de ella dinero o para obligarla a obrar en determinado sentido.

chanza *s. f.* Dicho o hecho gracioso.
chapa *s. f.* Hoja o lámina de metal, madera u otra materia.
chapaleta *s. f.* Válvula de la bomba de sacar agua.
chaparral *s. m.* Sitio poblado de carrascas.
chaparrón *s. m.* Lluvia violenta de corta duración.
chapear *v. tr.* Cubrir o adornar con chapas.
chapeta *s. f.* Color encendido de las mejillas.
chapitel *s. m.* **1.** Remate en punta de una torre. **2.** Capitel de columna.
chapodar *v. tr.* Cortar ramas de los árboles aclarándolos, a fin de que no se envicien.
chapotear *v. intr.* **1.** Golpear el agua de modo que salpique. **2.** Agitar los pies o las manos en el agua.
chapucero, ra *adj.* **1.** Se aplica a las cosas que están hechas con poco esmero o poca limpieza. **2.** Se dice de la persona que trabaja de este modo.
chapurrar *v. tr.* Hablar imperfectamente un idioma extranjero.
chapuza *s. f.* **1.** Trabajo mal hecho o sucio. **2.** Trabajo de poca importancia que hace un obrero por su cuenta, generalmente fuera de las horas de jornal.
chaqué *s. m.* Especie de levita con los faldones separados por delante.
chaqueta *s. f.* Prenda de vestir exterior con mangas, que se ajusta al cuerpo y pasa poco de la cintura.
chaquetero, ra *adj.* **1.** *fam.* Que cambia de opinión o de partido por conveniencia personal. **2.** *fam.* Adulador.
chaquetilla *s. f.* Chaqueta hasta la cintura y con adornos.
chaquetón *s. m.* Prenda exterior más larga y de más abrigo que la chaqueta.

charamada *s. f.* Enigma, acertijo.
charanga *s. f.* Banda de música de poca importancia, formada con instrumentos de viento, generalmente de metal.
charca *s. f.* Depósito de agua, detenida en el terreno, natural o artificialmente.
charco *s. m.* Agua estancada en un hoyo o depresión del terreno o piso.
charcutería *s. f.* Tienda en que se venden embutidos, jamón, etc.
charlar *v. intr.* **1.** Hablar mucho y sobre temas sin trascendencia. **2.** Conversar sin objeto determinado.
charlatán, na *adj.* **1.** Que habla mucho y sin sentido. **2.** Que habla sin discreción.
charlotada *s. f.* **1.** Festejo taurino bufo. **2.** Actuación colectiva, grotesca o ridícula.
charnela *s. f.* Gozne o bisagra.
charol *s. m.* **1.** Barniz muy lustroso. **2.** Cuero barnizado con este barniz.
charrán *adj.* Pillo, tunante.
charretera *s. f.* Insignia del uniforme militar consistente en una pieza forrada de tejido de seda, oro o plata, con un fleco, la cual se lleva en el hombro de la guerrera.
¡chas! *interj.* con que se imita un chasquido.
chascarrillo *s. m.* Anécdota ligera y picante.
chasco *s. m.* Decepción, engaño.
chasis *s. m.* Armazón de algunos objetos, en particular de los coches.
chasquear[1] *v. tr.* Dar chasco o broma.
chasquear[2] *v. tr.* Dar chasquidos la madera u otra cosa.
chasquido *s. m.* Ruido seco y súbito que produce una materia al resquebrajarse.
chatarra *s. f.* Escoria del mineral de hierro.
chato, ta *adj.* **1.** De nariz poco prominente y aplastada. **2.** Se dice de la nariz que tiene esta figura.

chaval, la s. m. y s. f. Popularmente, joven.
chaveta s. f. Clavo hendido.
chef s. m. Jefe de cocina.
chepa s. f. Joroba.
cheque s. m. Documento para que una persona cobre cierta cantidad de los fondos que otra tiene disponibles en un banco.
chequeo s. m. Revisión médica general a que se somete una persona.
cheviot s. m. 1. Lana de cordero de Escocia. 2. Paño que se hace con ella.
chic s. m. Gracia, elegancia.
chicha[1] s. f., fam. Hablando con los niños, carne comestible.
chicha[2] s. f. Bebida alcohólica que resulta de la fermentación del maíz.
chicharro s. m. Jurel, pez.
chicharrón s. m. Residuo de las pellas del cerdo, después de derretida la manteca.
chichón s. m. Bulto en la cabeza producido por un golpe.
chicle s. m. Pastilla de goma blanda, impregnada en una sustancia dulce y aromatizada, que se lleva en la boca masticándola como golosina.
chico, ca adj. 1. Pequeño o de poco tamaño. 2. Niño o muchacho. También s. m. y s. f.
chifla s. f. Especie de silbato.
chiflado, da adj., fam. Se dice de la persona que tiene algo perturbada la razón.
chiflar v. intr. 1. Silbar con la chifla. || v. tr. 2. Hacer burla de algo o alguien en público. || v. prnl. 3. fam. Encapricharse con algo. 4. fam. Perder las facultades mentales.
chilaba s. f. Prenda de vestir con capucha que usan los moros.
chile s. m. Variedad de pimiento picante.
chilindrina s. f. 1. fam. Cosa poco importante. 2. fam. Anécdota ligera.

chillar v. intr. 1. Producir con la boca sonidos fuertes, agudos y estridentes. 2. Hablar en tono alto y malhumorado.
chillido s. m. Grito agudo y desagradable.
chillón, na adj. 1. Que chilla mucho. 2. Se dice del sonido agudo y desagradable. 3. fig. Se aplica al color demasiado vivo.
chimenea s. f. 1. Conducto para dar salida al humo. 2. Hogar o fogón.
chimpancé s. m. Mono antropomorfo africano.
china s. f. Piedra pequeña.
chinchar v. tr., fam. Molestar, fastidiar.
chinche s. f. 1. Insecto hemíptero que chupa la sangre de las personas. || s. m. y s. f. 2. Persona molesta.
chincheta s. f. Clavito metálico de cabeza grande y plana y de punta corta y fina.
chinchilla s. m. Mamífero roedor sudamericano, parecido a la ardilla.
chinchorronear v. intr. 1. Andar con chismes y cuentos. || v. tr. 2. Fastidiar.
chinela s. f. Calzado casero sin talón, de suela ligera.
chingar v. tr., fam. Beber vino o licores.
chip s. m. Microprocesador.
chipirón s. m. Calamar.
chiquero s. m. 1. Pocilga. 2. Toril.
chiquillo, lla adj. Chico, muchacho.
chiribita s. f. 1. Chispa, partícula pequeña y encendida. 2. Margarita de prado.
chiribitil s. m. 1. Desván, escondrijo bajo y estrecho. 2. fam. Habitación muy pequeña.
chirigota s. f., fam. Cuchufleta.
chirimbolo s. m., fam. Trasto, cosa.
chirimía s. f. Instrumento musical de viento hecho de madera y parecido al clarinete.
chirimoya s. f. Fruto del chirimoyo.
chirimoyo s. m. Árbol anonáceo americano.

chiringuito s. m. Quiosco o puesto de bebidas al aire libre.
chiripa s. f., fam. Casualidad favorable.
chirivía s. f. Planta umbelífera, de raíz carnosa comestible, parecida al nabo.
chirla s. f. Almeja.
chirle s. m. Excremento del ganado lanar o cabrío.
chirlo s. m. Herida o cicatriz en la cara.
chirona s. f., fam. Cárcel, prisión.
chirriar v. intr. Producir un sonido estridente cualquier cosa que se roza con otra.
chirrido s. m. Sonido agudo y desagradable.
¡chis, chis! interj. que se emplea para llamar la atención de alguien.
chiscón s. m. Habitación muy pequeña.
chisgarabís s. m. Zascandil, mequetrefe.
chisme s. m. 1. Murmuración. 2. Baratija.
chismorrear v. intr., fam. Contarse chismes mutuamente varias personas.
chispa s. f. 1. Partícula encendida que salta de la lumbre, del hierro herido por el pedernal, etc. 2. Destello, punto de luz.
chispear v. intr. 1. Echar chispas. 2. Relucir o brillar mucho. 3. Llover muy poco.
chispo, pa adj., fam. Bebido, alegre.
chisporrotear v. intr. Despedir chispas.
¡chist! interj. que se emplea para imponer silencio o para hacer callar a alguien.
chistar v. intr. Llamar la atención de alguien.
chiste s. m. 1. Dicho agudo y gracioso. 2. Suceso gracioso. 3. Burla o chanza.
chistera s. f. 1. Cesta de pescadores y de pelotaris. 2. Sombrero con la copa muy alta y cilíndrica.
chita s. f. Astrágalo, hueso del pie.
¡chito! interj. usada para imponer silencio.
chivarse v. prnl. Irse de la lengua, decir algo que perjudica a otro.

chivato, ta adj. 1. Soplón, delator. || s. m. 2. Dispositivo que advierte de una anormalidad o que llama la atención sobre algo.
chivo, va s. m. y s. f. Cría de la cabra.
choc s. m. Suspensión repentina de la actividad del organismo por causa de una impresión fuerte de carácter psíquico o físico.
chocar v. intr. 1. Encontrarse violentamente dos cuerpos. 2. fig. Causar extrañeza.
chocarrería s. f. Chiste grosero.
chocha s. f. Ave zancuda, poco menor que la perdiz, muy estimada por su carne.
chochear v. intr. Tener debilitadas las facultades mentales por efecto de la edad.
chocolate s. m. 1. Pasta hecha a base de cacao y azúcar. 2. Bebida hecha de esta pasta, desleída y cocida en agua o leche.
chocolatina s. f. Pedazo pequeño de chocolate selecto.
chófer s. m. Conductor de automóvil.
chollo s. m. Situación ventajosa en la que se saca mucho provecho con poco esfuerzo.
chopo[1] s. m. Álamo negro.
chopo[2] s. m. Fusil.
choque s. m. 1. Encuentro violento de una cosa con otra. 2. fig. Contienda con una o más personas.
chorizo s. m. Embutido de carne de cerdo, picada y adobada, que se cura al humo.
chorlito s. m. Ave zancuda de pico largo y recto, cuya carne es muy apreciada.
chorrear v. intr. Caer un líquido a chorro.
chorrera s. f. 1. Sitio por donde cae un chorro pequeño de líquido. 2. Adorno consistente en una especie de cascada de encaje que cubre el cierre del vestido por delante.
chorro s. m. 1. Golpe de líquido, que sale por una abertura con fuerza. 2. Caída continua de cosas iguales y pequeñas.

CHOTO - CICATRIZ

choto, ta *s. m. y s. f.* Ternero.

choza *s. f.* Cabaña formada de estacas y cubierta de ramas o paja.

chozno, na *s. m. y s. f.* Cuarto nieto.

chubasco *s. m.* Lluvia de más o menos violencia, que sólo dura unos momentos.

chubasquero *s. m.* Impermeable.

chuchería *s. f.* **1.** Objeto de poco valor, pero apreciado. **2.** Golosina.

chucho, cha *s. m. y s. f., fam.* Perro común.

chufa *s. f.* Cada uno de los tubérculos de la raíz de una especie de juncia, utilizados para la fabricación de refrescos y aceite.

chufla *s. f.* Broma.

chulear *v. tr.* **1.** Burlar con gracia y chistes. También prnl. || *v. prnl.* **2.** Jactarse.

chuleta *s. f.* **1.** Costilla con carne. **2.** Papel con anotaciones para copiar en los exámenes. **4.** *fam.* Bofetada. || *s. m.* **5.** Presumido.

chulo, la *adj.* Engreído, jactancioso.

chumbera *s. f.* Planta cactácea de países tropicales, cuyo fruto es el higo chumbo.

chumbo, ba *adj.* Fruto envuelto en una corteza espinosa, de carne muy dulce.

chunga *s. f., fam.* Broma o burla.

chupa *s. f.* **1.** Chaleco con cuatro faldillas y mangas ajustadas. **2.** *fam.* Cazadora.

chupado, da *adj.* **1.** Despojado de jugo. **2.** Muy flaco y débil. **3.** Fácil.

chupar *v. tr.* Sacar o aspirar con los labios el jugo de una cosa. También intr. **2.** Coger una cosa esponjosa en su masa un líquido.

chupete *s. m.* Objeto de goma elástica, en forma de pezón, que se da a chupar a los niños de pecho para que se distraigan.

chupito *s. m.* Sorbito de vino u otro licor.

churrasco *s. m.* Carne asada a la brasa.

churre *s. m., fam.* Pringue gruesa y sucia.

churrete *s. m.* Mancha.

churro *s. m.* **1.** Fritura consistente en un trozo de masa de harina y agua, de forma cilíndrica y estriada. **2.** *fam.* Chapuza.

churro, rra *adj.* Se dice de una lana más basta que la merina y del ganado que la produce.

churruscar *v. tr.* Tostar demasiado el pan, la comida, etc. puestos al fuego.

churumbela *s. f.* Instrumento musical de viento, semejante a la chirimía.

chusco *s. m.* Mendrugo o panecillo.

chusma *s. f.* **1.** Grupo de gente desvergonzada. **2.** Muchedumbre.

chutar *v. intr.* Lanzar la pelota con un golpe del pie, en el juego del fútbol.

chuzo *s. m.* **1.** Palo con un pincho. **2.** Carámbano, pedazo de hielo.

cía *s. f.* Hueso de la cadera.

cianógeno *s. m.* Gas incoloro, de olor penetrante, compuesto de ázoe y de carbono.

cianuro *s. m.* Sal resultante de la combinación del ácido cianhídrico con un radical simple o compuesto.

ciar *v. intr.* **1.** Andar hacia atrás, retroceder. **2.** Remar hacia atrás.

ciático, ca *adj.* **1.** Perteneciente a la cadera. || *s. f.* **2.** Neuralgia del nervio ciático.

cibera *s. f.* Trigo que se echa en la tolva del molino para que vaya cebando la rueda.

cibernética *s. f.* **1.** Ciencia que estudia el funcionamiento de las conexiones nerviosas en los seres vivos. **2.** Ciencia que estudia la construcción de aparatos y dispositivos que transforman los datos que se les suministran en un resultado.

cicatero, ra *adj.* **1.** Ruin, miserable, tacaño. **2.** Que se ofende por pequeñas cosas.

cicatriz *s. f.* Señal que queda en los tejidos orgánicos después de curada una herida.

cicatrizar *v. tr.* Completar la curación de las heridas, hasta quedar bien cerradas.

ciclismo *s. m.* Deporte de los aficionados a la bicicleta.

ciclo *s. m.* Período de cierto número de años en que se verifican una serie de acontecimientos hasta llegar a uno a partir del cual vuelven a producirse en el mismo orden.

ciclocross *s. m.* Modalidad ciclista en la que se corre por un terreno accidentado.

ciclón *s. m.* Huracán.

cíclope *s. m.* Cada uno de los gigantes que tenían un solo ojo en medio de la frente.

cicuta *s. f.* Planta umbelífera de zumo venenoso.

cidra *s. f.* Fruto del cidro, semejante al limón.

cidro *s. m.* Árbol rutáceo, con tronco liso, hojas permanentes y flores encarnadas.

ciego, ga *adj.* **1.** Privado de la vista. **2.** *fig.* Ofuscado, poseído de alguna pasión.

cielo *s. m.* **1.** Esfera aparente azul y diáfana que rodea a la Tierra. **2.** Atmósfera.

ciempiés *s. m.* Miriápodo con un par de patas en cada uno de los 21 anillos en que tiene dividido el cuerpo.

cien *adj.* Apócope de ciento.

ciénaga *s. f.* Lugar lleno de cieno.

ciencia *s. f.* **1.** Conocimiento cierto de las cosas por sus principios y causas. **2.** Sabiduría, erudición. **3.** Habilidad, maestría.

cieno *s. m.* Lodo blando que forma depósito en ríos, lagunas o sitios húmedos.

ciento *adj. num.* **1.** Diez veces diez. ‖ *s. m.* **2.** Centena.

cierre *s. m.* **1.** Clausura temporal de un establecimiento. **2.** Lo que sirve para cerrar.

cierto, ta *adj.* **1.** Verdadero, seguro. **2.** Precediendo inmediatamente al sustantivo tiene sentido indeterminado.

ciervo *s. m.* Mamífero rumiante, esbelto, armado de astas estriadas y ramosas.

cierzo *s. m.* Viento septentrional.

cifra *s. f.* Número, signo o guarismo con que se representa.

cifrar *v. tr.* **1.** Escribir en cifra o clave. **2.** Compendiar un discurso o un tema.

cigala *s. f.* Especie de langostino, pero de mayor tamaño que éste.

cigarra *s. f.* Insecto hemíptero, de alas membranosas y abdomen cónico.

cigarrillo *s. m.* Cigarro pequeño de picadura envuelta en un papel.

cigarro *s. m.* **1.** Rollo de hojas de tabaco para fumar. **2.** Cigarrillo.

cigoto *s. m.* Huevo de animales y plantas.

cigüeña *s. f.* Ave zancuda, de cuello largo, cuerpo blanco, alas negras, patas largas y rojas, lo mismo que el pico.

cigüeñal *s. m.* Doble codo en el eje de ciertas máquinas.

cija *s. f.* Cuadra para el ganado lanar.

cilanco *s. m.* Charco a orillas de los ríos.

cilicio *s. m.* Faja de cerdas de hierro con puntas, ceñida al cuerpo para mortificación.

cilindro *s. m.* Sólido limitado por una superficie cilíndrica cerrada y dos planos que forman sus bases.

cima *s. f.* Lo más alto de una montaña o de un árbol.

cimborrio *s. m.* Cuerpo cilíndrico que sirve de base a la cúpula.

cimbra *s. f.* Curvatura de la superficie interior de un arco o bóveda.

cimentar *v. tr.* **1.** Poner los cimientos de un edificio o fábrica. **2.** Fundar, edificar.

cimiento *s. m.* **1.** Parte del edificio que está debajo de la tierra y sobre el que estriba toda la fábrica. **2.** Principio de algo.

cimógeno, na *adj.* Se dice de las bacterias que producen fermentaciones.

cinabrio *s. m.* Mineral compuesto de azufre y mercurio, muy pesado y rojizo.

cinc *s. m.* Metal azulado, de estructura laminosa, quebradizo a bajas temperaturas.

cincel *s. m.* Herramienta utilizada para labrar a golpe de martillo piedras y metales.

cincelar *v. tr.* Labrar, grabar con cincel.

cincha *s. f.* Faja con que se asegura la silla o albarda sobre la cabalgadura.

cinco *adj. num.* Cuatro y uno.

cincuenta *adj. num.* Cinco veces diez.

cine *s. m.* **1.** *fam.* Apócope de cinematógrafo. **2.** *fam.* Cinematografía. **3.** *fam.* Local público en que se proyectan películas. **4.** *fam.* Arte e industria de hacer películas.

cinegética *s. f.* Arte de la caza.

cinemática *s. f.* Parte de la mecánica que estudia el movimiento.

cinematografía *s. f.* Técnica de representar imágenes por medio del cinematógrafo.

cinematógrafo *s. m.* Linterna de proyección que permite el paso muy rápido de imágenes fotográficas que representan momentos consecutivos de una acción y que al aparecer sobre una pantalla producen la ilusión del movimiento.

cíngulo *s. m.* Cordón que utiliza el sacerdote para ceñirse el alba al revestirse.

cínico, ca *adj.* Descarado, impúdico.

cínife *s. m.* Mosquito común.

cinismo *s. m.* Imprudencia, desvergüenza.

cinta *s. f.* Tejido largo y angosto que sirve para atar ceñir u adornar.

cinto *s. m.* Tira de cuero o de tejido fuerte que se utiliza para ceñir y ajustar la cintura.

cintura *s. f.* Parte más estrecha del cuerpo humano por encima de las caderas.

cinturón *s. m.* Cinto.

ciprés *s. m.* Árbol conífero, de tronco derecho y copa espesa y cónica.

circo *s. m.* **1.** Lugar destinado entre los romanos a espectáculos públicos. **2.** Espectáculo variado con acróbatas, payasos, fieras amaestradas, etc.

circuito *s. m.* Terreno comprendido dentro de un perímetro cualquiera.

circulación *s. f.* **1.** Tránsito de personas o vehículos por las vías urbanas. **2.** Movimiento continuo de la sangre en el cuerpo.

circular *v. intr.* **1.** Andar o moverse en derredor. **2.** Ir y venir.

círculo *s. m.* Área o superficie plana comprendida dentro de la circunferencia.

circuncidar *v. tr.* Cortar circularmente una porción del prepucio.

circundar *v. tr.* Cercar, rodear.

circunferencia *s. f.* Curva plana, cerrada, cuyos puntos son equidistantes de otro que se llama centro.

circunflejo *adj.* Se dice del acento compuesto de agudo y grave unidos por arriba.

circunscribir *v. tr.* **1.** Reducir a ciertos límites. También *prnl.* **2.** Trazar una figura que rodee a otra tocándola en el mayor número posible de puntos.

circunspección *s. f.* **1.** Cordura, prudencia. **2.** Seriedad, decoro y gravedad.

circunstancia *s. f.* **1.** Accidente de tiempo, lugar, modo, etc. que está unido a la sustancia. **2.** Calidad o requisito.

circunvalar *v. tr.* Cercar, rodear una ciudad, fortaleza, etc.

circunvolución *s. f.* Rodeo de una cosa.

cirio *s. m.* Vela de cera larga y gruesa.

cirro *s. m.* **1.** Zarcillo de la vid. **2.** Nube, generalmente blanca, de textura fibrosa.

cirrosis *s. f.* Enfermedad caracterizada por la induración de los tejidos de un órgano.
ciruela *s. f.* Fruto del ciruelo.
ciruelo *s. m.* Árbol frutal amigdaláceo, de flores blancas y fruto en drupa jugosa.
cirugía *s. f.* Parte de la medicina que cura las enfermedades mediante operaciones.
cisco *s. m.* **1.** Carbón menudo. **2.** *fig. y fam.* Bullicio, reyerta, alboroto.
cisma *s. m.* Escisión religiosa.
cisne *s. m.* Ave palmípeda, de cuello largo y flexible, plumaje blanco y el pico rojo.
cisterna *s. f.* **1.** Depósito donde se recoge agua. **2.** Depósito de agua de un retrete.
cistitis *s. f.* Inflamación de la vejiga.
cita *s. f.* **1.** Señalamiento de día, hora y lugar para verse dos o más personas. **2.** Mención.
citación *s. f.* Determinación de una diligencia judicial.
citar *v. tr.* **1.** Avisar a alguien señalándole día, hora y lugar para tratar de algo. **2.** Alegar algo en comprobación de lo que se dice. **3.** Notificar, hacer saber a alguien el llamamiento del juez.
cítara *s. f.* Instrumento musical semejante a la guitarra, pero más pequeño.
citología *s. f.* Parte de la biología que trata del estudio de la célula y sus funciones.
citoplasma *s. m.* Parte del protoplasma que en la célula rodea al núcleo.
cítrico, ca *adj.* **1.** Relativo al limón. **2.** Se dice de un ácido cristalino que se encuentra en el limón y algunas otras frutas.
ciudad *s. f.* Población grande de mayor importancia que las villas.
ciudadano, na *adj.* **1.** Natural o vecino de una ciudad. **2.** Relativo a la ciudad.
ciudadela *s. f.* Fortaleza en el interior de una plaza de armas.
cívico, ca *adj.* Civil, ciudadano.
civil *adj.* **1.** Ciudadano, perteneciente a la ciudad. **2.** Educado, atento. **3.** Se aplica a la persona que no es militar ni eclesiástico.
civilización *s. f.* Conjunto de creencias, arte, costumbres, etc. de un pueblo.
civilizar *v. tr.* **1.** Sacar del estado salvaje a pueblos o personas. **2.** Educar, ilustrar.
civismo *s. m.* Celo por las instituciones e intereses de la patria.
cizaña *s. f.* Planta gramínea que crece entre los cereales.
clamar *v. intr.* Dar voces lastimosas.
clámide *s. f.* Capa corta y ligera usada por los griegos y romanos.
clamor *s. m.* **1.** Grito o voz proferidos con vigor y esfuerzo. **2.** Voz lastimosa.
clan *s. m.* **1.** Grupo social en los pueblos celtas. **2.** Grupo de personas unidas por un interés común.
clandestino, na *adj.* Secreto, oculto.
claque *s. f.* Conjunto de personas que aplauden por una recompensa en el teatro.
clara *s. f.* Citoplasma o materia albuminosa que rodea a la yema del huevo.
claraboya *s. f.* Ventana en el techo o en la parte alta de las paredes.
clarear *v. intr.* Empezar a amanecer.
clarificar *v. tr.* **1.** Iluminar, alumbrar. **2.** Aclarar alguna cosa.
clarín *s. m.* Instrumento musical de viento, de sonidos más agudos que la trompeta.
clarinete *s. m.* Instrumento de viento, compuesto por un tubo con agujeros que se tapan con los dedos o con llaves.
clarión *s. m.* Pasta hecha de yeso que se utiliza para escribir en los encerados.
clarividencia *s. f.* **1.** Facultad de comprender claramente las cosas. **2.** Perspicacia.

claro, ra *adj.* **1.** Bañado de luz o brillante. **2.** Se dice del color poco subido. **3.** Puro. **4.** Transparente. **5.** Comprensible.

clase *s. f.* **1.** Conjunto de seres de una misma especie. **2.** Aula.

clasificar *v. tr.* Ordenar por clases.

claudicar *v. intr.* Transigir, rendirse.

claustro *s. m.* **1.** Galería que cerca el patio principal de una iglesia, convento, etc. **2.** *fig.* Junta formada por el rector, decanos y profesorado de las universidades.

cláusula *s. f.* **1.** Disposición de un contrato, tratado, etc. **2.** Conjunto de palabras que forman un sentido completo.

clausura *s. f.* Obligación que tienen determinadas órdenes religiosas de no salir de cierto recinto.

clausurar *v. tr.* **1.** Poner fin solemnemente a una asamblea, exposición, etc. **2.** Cerrar un establecimiento por orden gubernativa.

clavar *v. tr.* Introducir un clavo u otra cosa aguda, a fuerza de golpes.

clave *s. f.* **1.** Lo que explica algo. **2.** Lo que es fundamental o decisivo para algo.

clavel *s. m.* Planta cariofilácea, de hojas largas y estrechas y flores olorosas.

clavicordio *s. m.* Antiguo instrumento musical de cuerdas de alambre y con teclado.

clavícula *s. f.* Cada uno de los dos huesos situados transversalmente en uno y otro lado de la parte superior y anterior del pecho.

clavija *s. f.* Trozo de metal, madera u otra materia, que se encaja en el taladro de una pieza sólida para sujetar algo, para hacer señales en un tablero, etc.

clavo *s. m.* Pieza de hierro con cabeza y punta, que sirve para fijarla en alguna parte, o para asegurar una cosa a otra.

claxon *s. m.* Bocina de automóvil.

clemencia *s. f.* Virtud que modera el rigor de la justicia.

clepsidra *s. f.* Reloj de agua.

cleptomanía *s. f.* Propensión morbosa al hurto.

clerecía *s. f.* Clero.

clérigo *s. m.* Persona que ha recibido las órdenes sagradas.

clero *s. m.* **1.** Conjunto de los clérigos, tanto de órdenes mayores como menores. **2.** Clase sacerdotal de la Iglesia Católica.

cliché *s. m.* Imagen fotográfica negativa obtenida mediante cámara oscura.

cliente *s. m. y s. f.* Respecto de un comerciante, la persona que habitualmente compra en su establecimiento.

clima *s. m.* Conjunto de condiciones atmosféricas que caracterizan una región.

clínica *s. f.* **1.** Parte práctica de la enseñanza de la medicina. **2.** Hospital privado regido por uno o varios médicos.

clítoris *s. m.* Cuerpecillo carnoso eréctil, situado en la vulva.

cloaca *s. f.* Conducto por donde van las aguas sucias.

clorhídrico, ca *adj.* Relativo a las combinaciones del cloro y del hidrógeno.

cloro *s. m.* Metaloide de color verdoso y brillo anacarado, sofocante y venenoso.

clorofila *s. f.* Materia colorante verde de los vegetales.

cloroformo *s. m.* Cuerpo compuesto de carbono, hidrógeno y cloro.

cloruro *s. m.* Compuesto de cloro y otro elemento o radical.

clown *s. m.* Payaso.

club *s. m.* **1.** Junta de individuos de una sociedad política, a veces clandestina. **2.** Sociedad de recreo.

CLUECO - COCO

clueco, ca *adj.* Se aplica a las gallinas y otras aves cuando empollan sus huevos.

coacción *s. f.* Fuerza o violencia para obligar a alguien a decir o hacer algo.

coactivo, va *adj.* Que puede obligar.

coadyuvar *v. tr.* Contribuir, asistir o ayudar a la consecución de alguna cosa.

coagular *v. tr.* Cuajar, solidificar lo líquido como la leche, la sangre, etc. También prnl.

coágulo *s. m.* **1.** Coagulación de la sangre. **2.** Masa coagulada.

coalición *s. f.* Confederación, liga, unión.

coartada *s. f.* Prueba que da al acusado de que estaba ausente del lugar del delito.

coautor, ra *s. m. y s. f.* Autor con otro u otros.

coba *s. f.* Halago o adulación fingidos.

cobarde *adj.* Pusilánime, sin valor.

cobardía *s. f.* Falta de ánimo y valor.

cobaya *s. m. y s. f.* Conejillo de Indias, mamífero roedor que se utiliza en laboratorio para experimentos de bacteriología.

cobertera *s. f.* **1.** Pieza circular para tapar las ollas y otras vasijas. **2.** Cada una de las plumas del ave que cubren la inserción de las remeras y timoneras.

cobertizo *s. m.* **1.** Tejado que sale fuera de la pared y sirve para guarecerse. **2.** Sitio cubierto ligera o rústicamente.

cobertor *s. m.* **1.** Colcha. **2.** Manta.

cobija *s. f.* **1.** Teja que abraza dos canales del tejado. **2.** Cada una de las plumas que rodean el arranque de la cola del ave.

cobijar *v. tr.* **1.** Cubrir o tapar. También prnl. **2.** Albergar, hospedar. También prnl.

cobra *s. f.* Serpiente venenosa de los países tropicales, con más de dos m de largo.

cobrar *v. tr.* **1.** Percibir alguien la cantidad que otro le debe. **2.** Recuperar.

cobre *s. m.* Metal rojo, dúctil y maleable, buen conductor del calor y la electricidad.

cobrizo, za *adj.* **1.** Que contiene cobre. **2.** Parecido al cobre en color.

coca *s. f.* Arbusto americano, con hojas alternas y flores blanquecinas.

cocaína *s. f.* Alcaloide de propiedades anestésicas, obtenido de las hojas de la coca.

cóccix *s. m.* Hueso que constituye la terminación de la columna vertebral.

cocear *v. intr.* Dar o tirar coces.

cocer *v. tr.* Exponer un manjar crudo en un líquido a la acción de la lumbre, para que se pueda comer.

coche *s. m.* Carruaje, generalmente de cuatro ruedas, con una caja, dentro de la cual hay asientos.

cochera *s. f.* Lugar para guardar coches.

cochinilla[1] *s. f.* Pequeño crustáceo, terrestres y propio de parajes húmedos.

cochinilla[2] *s. f.* Insecto hemíptero, del que se extrae una materia colorante roja.

cochinillo *s. m.* Cochino o cerdo de leche.

cochino, na *s. m. y s. f.* **1.** Cerdo. **2.** Persona muy sucia y desaseada. También adj.

cochitril *s. m.* **1.** *fam.* Pocilga. **2.** *fig. y fam.* Habitación estrecha y desaseada.

cocido *s. m.* Olla, guiso común.

cociente *s. m.* Resultado que se obtiene dividiendo una cantidad por otra.

cocimiento *s. m.* Líquido cocido con hierbas u otras sustancias medicinales.

cocina *s. f.* **1.** Pieza de la casa en que se guisa la comida. **2.** Aparato eléctrico o con fuegos, hornillos, etc. para cocer la comida. **3.** Arte de preparar la comida.

cocinar *v. tr.* Guisar, aderezar los alimentos.

coco[1] *s. m.* **1.** Cocotero. **2.** Fruto del cocotero. **3.** *fig. y fam.* Cabeza humana.

coco² s. m. **1.** Bacteria de forma redondeada. **2.** Gorgojo, insecto coleóptero.

coco³ s. m. Fantasma que se figura para atemorizar a los niños.

cocodrilo s. m. Reptil anfibio saurio muy voraz.

cocotero s. m. Árbol palmáceo, de los países tropicales, de tallo alto y esbelto.

cóctel s. m. **1.** Mezcla de varios licores. **2.** Reunión donde se toman estas bebidas.

cocuyo s. m. Insecto coleóptero amarillento, que de noche despide luz.

coda s. f. Período adicional con que termina una pieza musical.

codear v. intr. **1.** Mover los codos o dar golpes con ellos. || v. prnl. **2.** Tratarse de igual a igual una persona con otra.

codeína s. f. Alcaloide que se extrae del opio y que se usa como calmante.

codera s. f. Pieza de refuerzo que se pone en los codos de una prenda de vestir.

codeso s. m. Mata leguminosa, ramosa, con hojas compuestas y flores amarillentas.

códice s. m. Libro manuscrito en que se conservan obras o noticias antiguas.

codicia s. f. Apetito excesivo de riquezas.

codiciar v. tr. Desear algo con ansia.

código s. m. **1.** Cuerpo sistematizado de leyes. **2.** Conjunto de reglas o preceptos sobre cualquier materia.

codo s. m. **1.** Parte posterior y prominente de la articulación del brazo con el antebrazo. **2.** Pieza de tubería formando ángulo.

codorniz s. f. Ave gallinácea de carne fina.

coeficiente adj. Que juntamente con otra cosa produce un efecto.

coercer v. tr. Contener, refrenar, sujetar.

coetáneo, a adj. Que es de la misma edad o tiempo. También s. m. y s. f.

coexistir v. intr. Existir una persona o cosa a la vez que otra.

cofia s. f. Antiguo tocado femenino de encajes, cintas, blondas, etc.

cofín s. m. Cesto de esparto, mimbres, etc.

cofrade s. m. y s. f. Persona que pertenece a una cofradía.

cofradía s. f. **1.** Congregación o hermandad de devotos. **2.** Gremio, compañía o unión de personas para un fin.

cofre s. m. Arca, generalmente de tapa convexa y forrada de tela o papel.

cogedor s. m. Utensilio para recoger la basura que se barre.

coger v. tr. **1.** Asir, agarrar o tomar. También prnl. **2.** Alcanzar. **3.** Ocupar un espacio. **4.** Encontrar. **5.** Sorprender.

cogida s. f. **1.** fam. Cosecha de frutos. **2.** fam. Acto de coger un toro al torero.

cogitabundo, da adj. Muy pensativo.

cognación s. f. Parentesco de consanguinidad por la línea femenina.

cogollo s. m. **1.** Lo interior y más apretado de la lechuga, berza, etc. **2.** Lo mejor de algo.

cogote s. m. Parte posterior del cuello.

cogujada s. f. Pájaro granívoro parecido a la alondra, con un penacho en la cabeza.

cogulla s. f. Hábito de ciertos monjes.

cohabitar v. tr. **1.** Habitar juntamente con otro u otros. **2.** Hacer vida marital.

cohechar v. tr. Sobornar.

coheredar v. tr. Heredar junto con otro u otros.

coherencia s. f. Conexión, relación lógica o unión de unas cosas con otras.

cohesión s. f. Acción y efecto de unirse las cosas entre sí.

cohete s. m. **1.** Tubo de papel, lata, etc. lleno de pólvora, que se prende fuego por la

cohibir *v. tr.* Reprimir en sentido moral.

cohobo *s. m.* Piel de ciervo.

cohombro *s. m.* Planta hortense, variedad de pepino, de fruto largo y torcido.

cohorte *s. f.* Cuerpo de infantería del antiguo ejército romano.

coima *s. f.* Manceba.

coincidir *v. intr.* **1.** Convenir una cosa con otra. **2.** Ocurrir dos o más cosas al mismo tiempo. **3.** Concurrir simultáneamente dos o más personas en el mismo lugar.

coito *s. m.* Unión sexual del hombre con la mujer.

cojear *v. intr.* Andar inclinando el cuerpo más a un lado que a otro, por no poder sentar con regularidad ambos pies.

cojín *s. m.* Almohadón.

cojinete *s. m.* **1.** Almohadilla para coser. **2.** Pieza en la que gira un eje.

cojo, ja *adj.* **1.** Que cojea. **2.** Que carece de un pie o pierna o ha perdido su uso.

cojudo, da *adj.* Se dice del animal no castrado.

col *s. f.* Planta hortense crucífera.

cola¹ *s. f.* **1.** Extremidad posterior del cuerpo y de la columna vertebral de algunos animales. **2.** Conjunto de plumas fuertes que tienen las aves en la rabadilla.

cola² *s. f.* Pasta fuerte y pegajosa, que sirve para pegar.

colaborar *v. intr.* Trabajar con otra u otras personas en una misma cosa.

colación *s. f.* Cotejo de una cosa con otra.

colada *s. f.* Ropa lavada.

coladero *s. m.* Manga, paño, vasija en que se cuela un líquido.

colador *s. m.* Coladero.

colage *s. m.* Técnica artística que consiste en pegar trozos de diferentes materiales sobre una superficie.

colágeno *s. m.* Constituyente de la sustancia fundamental de los tejidos conjuntivo y cartilaginoso.

colapso *s. m.* Síncope o postración repentina de las fuerzas vitales.

colar *v. tr.* **1.** Pasar un líquido por manga, cedazo o paño. || *v. prnl.* **2.** *fam.* Introducirse sin permiso en alguna parte. **3.** *fam.* Equivocarse por inadvertencia.

colateral *adj.* Se dice de las cosas que están a uno y otro lado de otra principal.

colcha *s. f.* Cobertura de cama.

colchón *s. m.* Especie de saco cuadrilongo, relleno de lana, pluma, cerda, etc. de tamaño proporcionado para dormir en él.

colchoneta *s. f.* **1.** Cojín largo y delgado que se pone encima del asiento de un sofá, banco, etc. **2.** Colchón inflable, utilizado para dormir en el campo.

colear *v. intr.* Mover la cola con frecuencia.

colección *s. f.* Conjunto de cosas reunidas para algún fin particular.

colecta *s. f.* Recaudación de donativos voluntarios, especialmente con fines benéficos.

colectividad *s. f.* **1.** Conjunto de personas asociadas para un fin. **2.** La totalidad del pueblo.

colectivo *s. m.* Agrupación de personas con diversos fines.

colector *s. m.* Conducto subterráneo en el que vierten sus aguas las alcantarillas.

colega *s. m. y s. f.* Compañero en un colegio, iglesia, corporación o ejercicio.

colegial, la *s. m. y s. f.* Alumno que tiene plaza en un colegio o asiste a él.

colegiarse *v. prnl.* Reunirse en colegio las personas de una misma profesión o clase.

colegio *s. m.* **1.** Establecimiento de enseñanza primaria o secundaria. **2.** Corporación de personas de la misma profesión.

colegir *v. tr.* **1.** Juntar, unir. **2.** Inferir, deducir una cosa de otra.

colegislador, ra *adj.* Se dice del cuerpo que concurre con otro para la formación de las leyes.

coleóptero *s. m.* Insecto masticador de metamorfosis complicada.

cólera *s. f.* **1.** Ira, enojo, enfado. || *s. m.* **2.** Enfermedad aguda caracterizada por vómitos repetidos y abundantes deposiciones.

colesterol *s. m.* Sustancia grasa de la sangre, la bilis y otros humores.

coleta *s. f.* Mechón largo de cabello en la parte posterior del pelo.

colgadero *s. m.* Garfio, escarpio u otro cualquiera de los instrumentos que sirven para colgar de él algo.

colgador *s. m.* Utensilio para colgar ropa.

colgajo *s. m.* Cualquier trapo o cosa mala que cuelga como pedazos de ropa rota.

colgar *v. tr.* Poner una cosa pendiente de otra, sin que llegue al suelo.

colibrí *s. m.* Pájaro americano muy pequeño.

cólico *s. m.* Acceso doloroso en el intestino, que se caracteriza por retortijones, con vómitos, ansiedad y sudores.

colicuar *v. tr.* Derretir. También prnl.

coliflor *s. f.* Variedad de col que al entallecerse echa una pella de varias cabezuelas.

coligar *v. tr.* Unirse unos con otros para algún fin. También prnl.

colilla *s. f.* Resto que queda del cigarro.

colimar *v. tr.* Obtener un haz de rayos paralelos a partir de un foco luminoso.

colina *s. f.* Elevación natural de terreno, menor que la montaña.

colindar *v. intr.* Lindar entre sí dos o más fincas.

colirio *s. m.* Medicamento que se aplica a la conjuntiva del ojo por instilación.

coliseo *s. m.* **1.** Anfiteatro romano. **2.** Sala de espectáculos de cierta importancia.

colisión *s. f.* **1.** Choque de dos cuerpos. **2.** *fig.* Pugna de ideas, intereses, etc.

colitis *s. f.* Inflamación del intestino colon.

collado *s. m.* **1.** Colina. **2.** Depresión suave por donde se pasa de un lado a otro de una sierra.

collar *s. m.* Adorno que rodea el cuello y a veces está formado de piedras preciosas.

collarín *s. m.* **1.** Alzacuello de eclesiásticos. **2.** Sobrecuello angosto que se pone en algunas casacas.

colleja *s. f.* Hierba cariofilácea, con hojas blanquecinas y suaves, y flores blancas.

collón, na *adj., fam.* Cobarde, tímido.

colmar *v. tr.* Llenar hasta el borde.

colmena *s. f.* Vaso de madera y cinc, que sirve de habitación a un enjambre.

colmenilla *s. f.* Nombre de varios hongos ascomicetos, comestibles.

colmillo *s. m.* Diente agudo y fuerte colocado entre los incisivos y los molares.

colmo *s. m.* Porción de materia que sobresale por encima del borde del vaso que lo contiene.

colocar *v. tr.* **1.** Poner a una persona o cosa en su debido lugar. También prnl. **2.** Situar a alguien en un empleo. También prnl.

colocasia *s. f.* Planta oroidea, de origen indio, con hojas grandes y flor de color rojo.

colodra *s. f.* Vasija de madera que usan los pastores para ordeñar el ganado.

colodrillo *s. m.* Parte posterior de la cabeza.

colofón *s. m.* Anotación al final de los libros, para indicar el nombre del impresor y el lugar y fecha donde los imprimió.

colofonia *s. f.* Resina sólida e inflamable, residuo de la destilación de la trementina.

colon *s. m.* Parte del intestino grueso que se extiende desde el ciego hasta el recto.

colonia[1] *s. f.* Conjunto de personas que van de un país a otro para poblarlo y cultivarlo o establecerse en él.

colonia[2] *s. f.* Perfume.

colonizar *v. tr.* Formar colonia en un país.

colono *s. m.* **1.** Persona que habita en una colonia. **2.** Labrador que cultiva una tierra por arrendamiento y suele vivir en ella.

coloquial *adj.* Se dice del lenguaje propio de la conversación, a diferencia del escrito.

coloquio *s. m.* **1.** Conferencia entre dos personas. **2.** Género de composición literaria en forma de diálogo.

color *s. m.* Calidad de los fenómenos visuales que depende de la impresión distinta que producen en el ojo las luces de diferente longitud de onda.

colorado, da *adj.* Que tiene color rojo.

colorear *v. tr.* Dar de color o teñir algo.

colorido *s. m.* Disposición y grado de intensidad de los colores de una pintura.

colosal *adj.* **1.** De estatura mayor que la normal. **2.** Extraordinario.

coloso *s. m.* **1.** Estatua de gran magnitud. **2.** *fig.* Persona o cosa que por sus cualidades sobresale muchísimo.

columbrar *v. tr.* Divisar, ver desde lejos.

columna *s. f.* **1.** Apoyo de forma generalmente cilíndrica, de mucha más altura que diámetro. **2.** Serie o pila de cosas colocadas ordenadamente unas sobre otras.

columnata *s. f.* Serie de columnas que sostienen o adornan un edificio.

columpiar *v. tr.* Impeler al que está puesto en un columpio. También prnl.

columpio *s. m.* Cuerda fuerte atada en alto por sus dos extremos, para que se siente alguna persona en el seno que forma en el medio, meciéndose por impulso propio o ajeno asiéndose a los ramales.

coluro *s. m.* Cada uno de los dos círculos máximos de la esfera celeste.

colza *s. f.* Planta crucífera, variedad de nabo.

coma[1] *s. f.* Signo ortográfico ",", que sirve para indicar la división de las frases o miembros más cortos de la oración, y que también se emplea en aritmética para separar los enteros de las fracciones decimales.

coma[2] *s. m.* Sopor más o menos profundo dependiente, por lo común, de congestión o de derrame en el cerebro.

comadreja *s. f.* Mamífero carnívoro nocturno, muy vivo y perjudicial.

comadrón, na *s. m. y s. f.* Persona que atiende a la mujer en el acto del parto.

comandante *s. m.* Jefe militar de categoría comprendida entre la de capitán y la de teniente coronel.

comandar *v. tr.* Mandar un ejército.

comanditar *v. tr.* Aportar los fondos necesarios para una empresa comercial o industrial, sin contraer obligación mercantil alguna.

comando *s. m.* Mando militar.

comarca *s. f.* División de territorio que comprende varias poblaciones.

comba *s. f.* **1.** Inflexión que toman algunos cuerpos sólidos cuando se encorvan. **2.** Juego infantil que consiste en saltar por encima de una cuerda.

combate *s. m.* Pelea, lucha.

combatiente *s. m.* Cada uno de los soldados que componen un ejército.

combatir *v. intr.* **1.** Pelear. También prnl. || *v. tr.* **2.** Acometer, embestir. **3.** Contradecir.

combinado *s. m.* Mezcla de licores.

combinar *v. tr.* Unir cosas diversas de manera que formen un compuesto.

combustible *adj.* **1.** Que puede arder. || *s. m.* **2.** Leña, carbón u otra materia que sirve para hacer lumbre.

combustión *s. f.* **1.** Acción y efecto de arder, quemar. **2.** Combinación de un cuerpo combustible con otro que la activa.

comecocos *s. m., fam.* Cualquier cosa que concentra por completo los pensamientos y la atención de una persona.

comedero *s. m.* Vasija o cajón donde se echa la comida a las aves y otros animales.

comedia *s. f.* **1.** Obra dramática en la que se desarrolla una acción de feliz desenlace. **2.** Género cómico. **3.** *fig.* Fingimiento.

comediante, ta *s. m. y s. f.* **1.** Actor, actriz. **2.** *fig.* Persona que para algún fin aparenta lo que no siente en realidad.

comedido, da *adj.* Cortés, prudente.

comedirse *v. prnl.* Moderarse, contenerse.

comedor *s. m.* **1.** Pieza destinada en las casas para comer. **2.** Establecimiento destinado para servir comidas.

comején *s. m.* Insecto neuróptero, que vive en parajes húmedos y climas cálidos.

comendador, ra *s. m. y s. f.* Persona que tiene encomienda.

comensal *s. m. y s. f.* Cada una de las personas que comen en una misma mesa.

comentar *v. tr., fam.* Hacer comentarios.

comentario *s. m.* Escrito que sirve de explicación de una obra.

comenzar *v. tr.* Empezar, dar principio.

comer *v. intr.* **1.** Masticar y desmenuzar el alimento en la boca y pasarlo al estómago. También tr. **2.** Tomar la comida principal del día.

comercial *adj.* **1.** Relativo al comercio. **2.** Que se vende fácilmente.

comerciante *s. m. y s. f.* Persona a quien son aplicables las leyes mercantiles.

comerciar *v. intr.* Negociar comprando y vendiendo géneros.

comercio *s. m.* **1.** Negociación que se hace comprando y vendiendo cosas. **2.** Conjunto de comerciantes de un país. **3.** Establecimiento comercial.

comestible *adj.* **1.** Que se puede comer. || *s. m.* **2.** Cualquier alimento.

cometa *s. m.* **1.** Astro formado por un núcleo acompañado de una larga cola. || *s. f.* **2.** Juguete que consiste en una armazón plana cubierta de papel o tela que se arroja al aire sujeta con una cuerda.

cometer *v. tr.* Incurrir en una falta o error.

cometido *s. m.* **1.** Comisión, encargo. **2.** Incumbencia, obligación moral.

comezón *s. f.* **1.** Picazón. **2.** *fig.* Desazón interior que ocasiona el deseo de algo.

cómic *s. m.* **1.** Serie de viñetas que presenta un desarrollo narrativo. **2.** Revista o libro que contiene estas viñetas.

comicios *s. m. pl.* Reuniones y actos electorales.

cómico, ca *adj.* **1.** Relativo a la comedia. **2.** Divertido. || *s. m. y s. f.* **3.** Comediante, actor o actriz que representa papeles jocosos.

comida *s. f.* **1.** Lo que se toma como alimento. **2.** Alimento principal que cada día toman las personas.

comienzo *s. m.* Principio, origen de algo.

comillas *s. f. pl.* Signo ortografico, " ", que se pone al principio y al final de las frases incluidas como citas o ejemplos.

comilón, na *adj.* **1.** Que come mucho. ‖ *s. f.* **2.** *fam.* Comida variada y abundante.

comino *s. m.* Planta umbelífera cuyas semillas se usan en medicina y como condimento.

comisaría *s. f.* **1.** Empleo del comisario. **2.** Oficina del comisario.

comisario, ria *s. m. y s. f.* Persona que tiene poder y facultad de una autoridad superior para ejecutar alguna orden o entender en algún negocio.

comisión *s. f.* **1.** Acción de cometer. **2.** Encargo. **3.** Conjunto de personas delegadas temporalmente para entender algún asunto. **4.** Retribución que percibe la persona que vende una cosa por cuenta ajena.

comistrajo *s. m., fam.* Mezcla irregular y extravagante de manjares.

comisura *s. f.* Punto de unión de ciertas partes similares del cuerpo, como los labios.

comité *s. m.* Comisión de personas.

comitiva *s. f.* Acompañamiento de personas.

como *adv. m.* **1.** Del modo o manera. **2.** De la misma forma que. **3.** En sentido comparativo denota idea de equivalencia, semejanza o igualdad.

cómoda *s. f.* Mueble con tablero de mesa y cajones que ocupan todo el frente.

comodidad *s. f.* Abundancia de las cosas necesarias para vivir a gusto y con descanso.

comodín *s. m.* Lo que se hace servir para fines diversos, según convenga.

cómodo, da *adj.* Conveniente, oportuno, acomodado, fácil.

compacto, ta *adj.* **1.** De textura apretada y poco porosa. **2.** Apretado, apiñado.

compadecer *v. tr.* **1.** Compartir la desgracia ajena, sentirla. **2.** Inspirar lástima o pena a uno la desgracia de otro. También prnl.

compaginar *v. tr.* Poner en buen orden cosas que tienen alguna relación.

compañerismo *s. m.* Armonía y buena correspondencia entre compañeros.

compañero, ra *s. m. y s. f.* **1.** Persona que acompaña a otra. **2.** Cosa que hace juego con otra. **3.** Cada uno de los individuos de un colegio, corporación, etc.

compañía *s. f.* **1.** Persona o personas que acompañan a otras. **2.** Sociedad unida para fines comerciales o industriales. **3.** Unidad orgánica de soldados. **4.** Grupo de actores.

comparar *v. tr.* **1.** Examinar dos o más objetos para descubrir sus relaciones, diferencias o semejanzas. **2.** Cotejar.

comparecer *v. intr.* Presentarse uno ante otro, en especial ante el juez.

comparsa *s. f.* **1.** Acompañamiento en representaciones teatrales. **2.** Conjunto de personas que van vestidas de máscaras.

compartimiento *s. m.* Cada una de las partes que resultan de compartir un todo, y especialmente un espacio o local.

compartir *v. tr.* **1.** Repartir, dividir, distribuir las cosas en partes. **2.** Participar alguien en alguna cosa.

compás *s. m.* **1.** Instrumento que sirve para trazar arcos de circunferencia y tomar distancias. **2.** En música, medida del tiempo.

compasión *s. f.* Sentimiento de ternura y lástima hacia el mal que padece alguien.

compatible *adj.* Que tiene aptitud o proporción para unirse o concurrir en un mismo lugar o sujeto.

compatriota *s. m. y s. f.* Persona de la misma patria que otra.

compeler *v. tr.* Obligar a alguien a que haga lo que no quiere.

compendiar *v. tr.* Reducir a compendio.

compendio *s. m.* Breve y sumaria exposición de lo más sustancial de una obra.

compenetrarse *v. prnl., fig.* Identificarse las personas en ideas y sentimientos.

compensar *v. tr.* **1.** Neutralizar el efecto de una cosa con el de otra. También prnl. **2.** Dar alguna cosa, o hacer un beneficio en resarcimiento del daño que se ha causado. También prnl.

competencia *s. f.* **1.** Rivalidad, oposición. **2.** Incumbencia. **4.** Aptitud, idoneidad.

competente *adj.* **1.** Proporcionado, adecuado. **2.** Se dice de la persona a quien compete alguna cosa. **3.** Apto, idóneo.

competir *v. intr.* Contender dos o más personas para lograr una misma cosa.

compilación *s. f.* Colección de varias noticias, leyes o materias.

compilar *v. tr.* Reunir en un solo cuerpo de obra extractos de libros o documentos.

compinche *s. m. y s. f., fam.* Camarada.

complacer *v. tr.* **1.** Acceder alguien a lo que otro desea. ‖ *v. prnl.* **2.** Encontrar plena satisfacción en alguna cosa.

complejo, ja *adj.* **1.** Se dice de lo que está compuesto por elementos diversos. ‖ *s. m.* **2.** Conjunto o unión de dos o más cosas. **3.** Conjunto de establecimientos fabriles de industrias básicas, derivadas o complementarias, próximos unos a otros.

complementar *v. tr.* Dar a una cosa lo necesario para que sea íntegra o perfecta.

completar *v. tr.* **1.** Integrar, hacer cabal una cosa. **2.** Hacerla perfecta en su clase.

completo, ta *adj.* **1.** Entero, lleno. **2.** Acabado, perfecto.

complexión *s. f.* Constitución fisiológica de una persona o animal.

complicación *s. f.* **1.** Concurrencia de cosas diversas. **2.** Embrollo de difícil solución.

complicar *v. tr.* **1.** Mezclar, unir cosas diversas. **2.** *fig.* Enredar, dificultar, confundir.

cómplice *s. m. y s. f.* Persona que, sin ser autora de un delito, coopera sustancialmente en su perpetración.

complot *s. m.* **1.** Confabulación entre dos o más personas contra otra. **2.** Trama, intriga.

componenda *s. f.* Arreglo o transacción censurable o inmoral.

componer *v. tr.* **1.** Constituir, formar un cuerpo de varias personas o cosas. **2.** Hacer, producir obras literarias o musicales. **3.** Adornar alguna cosa. **4.** Ataviar.

comportamiento *s. f.* Conducta, manera de portarse.

comportar *v. tr.* **1.** *fig.* Sufrir, tolerar. ‖ *v. prnl.* **2.** Portarse, conducirse.

compositor, ra *adj.* Que hace composiciones musicales.

compostura *s. f.* **1.** Construcción de un todo que consta de varias partes. **2.** Reparo de una cosa descompuesta o rota. **3.** Aseo, aliño de una persona.

compota *s. f.* Dulce de fruta cocida con agua y azúcar.

comprar *v. tr.* **1.** Adquirir algo por dinero. **2.** Sobornar.

compraventa *s. f.* Negocio de la persona que se dedica a comprar objetos usados para revenderlos.

comprender *v. tr.* **1.** Abrazar, ceñir, rodear. **2.** Contener, incluir en sí alguna cosa. También prnl. **3.** Entender, alcanzar.

compresa *s. f.* Lienzo o gasa para poner sobre una herida, absorber hemorragias, etc.

comprimir *v. tr.* Apretar, estrechar por presión el volumen de una cosa.

comprobar *v. tr.* Verificar, confirmar una cosa mediante demostración o prueba que la acrediten como cierta.

comprometer *v. tr.* **1.** Exponer a algún peligro o daño. **2.** Constituir a alguien en una obligación. También prnl.

compuerta *s. f.* Puerta de gruesos tablones que sirve, en los canales o presas, para graduar o cortar el paso del agua.

compuesto, ta *adj.* **1.** *fig.* Que consta de varios elementos. ‖ *s. m.* **2.** Agregado de varias cosas que componen un todo.

compulsa *s. f.* Copia o traslado de una escritura, instrumento o autos.

compulsar *v. tr.* **1.** Examinar dos o más documentos, confrontándolos entre sí. **2.** Sacar compulsas de un documento.

compulsión *s. f.* Apremio que se hace a una persona por mandato de la autoridad.

compungido, da *adj.* Atribulado, dolorido, afligido.

compurgación *s. f.* Purgación, refutación de indicios de culpabilidad.

computar *v. tr.* Calcular por números.

cómputo *s. m.* Cuenta o cálculo.

comulgar *v. tr.* **1.** Dar la Sagrada Comunión. ‖ *v. intr.* **2.** Recibirla.

común *adj.* **1.** Que pertenece o se extiende a varios. **2.** Ordinario, frecuente y muy sabido. **3.** Bajo, de inferior clase.

comunal *adj.* **1.** Común, propio de todos. ‖ *s. m.* **2.** Común, el conjunto de habitantes.

comunicación *s. f.* **1.** Escrito en que se comunica algo. **2.** Trato o correspondencia entre dos o más personas. **3.** Unión que se establece entre cosas determinadas como mares, pueblos, casas, etc. mediante pasos, canales, escaleras, etc. ‖ *s. f. pl.* **4.** Correos, telégrafos, teléfonos, etc.

comunicado *s. m.* Nota o parte que se comunica para conocimiento público.

comunicar *v. tr.* **1.** Hacer saber. **2.** Tratar con alguien. **3.** Tener correspondencia o paso unas cosas inanimadas con otras. ‖ *v. prnl.* **4.** Estar una cosa en unión con otra.

comunidad *s. f.* Reunión de personas que viven juntas y bajo ciertas reglas.

comunión *s. f.* En la Iglesia Católica, acto de recibir los fieles la eucaristía.

con *prep.* **1.** Significa el medio, instrumento o modo para hacer una cosa. **2.** En ciertas locuciones, aunque. **3.** Juntamente.

conato *s. m.* **1.** Empeño, esfuerzo. **2.** Propensión, tendencia. **3.** Acto y delito que se empezó y no llegó a consumarse.

cóncavo, va *adj.* Que presenta un hueco o depresión curva.

concebir *v. intr.* **1.** Quedar preñada la hembra. También prnl. **2.** *fig.* Formar en la mente idea o concepto de una cosa, comprenderla. También tr.

conceder *v. tr.* Dar, otorgar.

concejal, la *s. m. y s. f.* Persona de un concejo o ayuntamiento.

concejo *s. m.* **1.** Ayuntamiento, municipio. **2.** Sesión celebrada por los componentes de un concejo. **3.** Municipio.

concentrar *v. tr.* **1.** *fig.* Reunir en un centro o punto lo que estaba separado. También prnl. **2.** Aumentar la proporción de materia disuelta con relación al disolvente.

concéntrico, ca *adj.* Se dice de las figuras y de los sólidos que tienen un mismo centro.

concepto *s. m.* **1.** Idea que concibe el entendimiento. **2.** Opinión, juicio.

concernir *v. intr.* Atañer, tocar, pertenecer.

concertar *v. tr.* **1.** Componer, arreglar las partes de una o varias cosas. **2.** Pactar, acordar algo. También prnl.

concertina *s. f.* Acordeón de figura hexagonal u octogonal.

concertista *s. m. y s. f.* Persona que dirige un concierto o canta o toca en él.

concha *s. f.* **1.** Parte exterior y dura que cubre a los animales testáceos, como las tortugas, caracoles, etc. **2.** Ostra.

conchabar *v. tr.* **1.** Unir, asociar, mezclar. || *v. prnl.* **2.** *fam.* Confabularse.

conciencia *s. f.* Conocimiento que el espíritu humano tiene de su propia existencia, estados y actos.

concienciar *v. tr.* Hacer que alguien sea consciente de algo. También prnl.

concienzudo, da *adj.* **1.** Que es de estrecha y recta conciencia. **2.** Que estudia o hace las cosas con mucha atención.

concierto *s. m.* **1.** Buen orden y disposición de las cosas. **2.** Ajuste, convenio. **3.** Función de música.

conciliábulo *s. m.* Junta para tratar de una cosa que se presume ilícita.

conciliar *v. tr.* Componer y ajustar los ánimos de los que estaban opuestos entre sí.

concilio *s. m.* Junta o congreso, especialmente de eclesiásticos.

concisión *s. f.* Brevedad en el modo de expresar los conceptos.

concitar *v. tr.* Instigar a uno contra otro.

cónclave *s. m.* **1.** Lugar en donde los cardenales se reúnen para elegir sumo pontífice. **2.** La misma reunión o junta.

concluir *v. tr.* **1.** Acabar o finalizar una cosa. También prnl. **2.** Determinar y resolver algo. **3.** Deducir una verdad de otras que se admiten, demuestran o presuponen.

concordancia *s. f.* **1.** Conformidad de una cosa con otra. **2.** Conformidad de accidentes entre dos o mas partes variables de la oración.

concordar *v. tr.* **1.** Poner de acuerdo lo que no lo está. || *v. intr.* **2.** Convenir una cosa con otra. **3.** Guardar concordancia.

concordia *s. f.* Conformidad, unión, ajuste.

concreción *s. f.* Acumulación de varias partículas que se unen para formar masas.

concretar *v. tr.* **1.** Combinar, concordar. **2.** Reducir a lo más esencial una materia.

concreto, ta *adj.* **1.** Se dice de un objeto considerado en sí mismo, excluyéndolo de lo accesorio. **2.** Real, particular.

concubina *s. f.* Mujer que vive con un hombre como si éste fuera su marido.

concupiscencia *s. f.* **1.** Apetito y deseo de los bienes terrenos. **2.** Lascivia.

concurrencia *s. f.* **1.** Junta de varias personas en un mismo lugar. **2.** Ayuda.

concurrir *v. intr.* **1.** Juntarse en un mismo lugar o tiempo diferentes personas, sucesos o cosas. **2.** Contribuir con una cantidad para un fin determinado.

concurso *s. m.* **1.** Concurrencia. **2.** Competencia abierta entre diversas personas en quienes concurren las mismas condiciones, para escoger la mejor o las mejores. **3.** Certamen.

conde *s. m.* Uno de los títulos nobiliarios de que los soberanos hacen merced a ciertas personas.

condecoración *s. f.* Cruz u otra insignia de honor.

condena *s. f.* **1.** Parte de la sentencia dictada por un juez o tribunal en la cual se impone la pena al acusado de un delito o falta. **2.** Extensión y grado de la pena.

CONDENAR - CONFIDENCIA

condenar *v. tr.* **1.** Declarar culpable el juez al reo. **2.** Reprobar una doctrina u opinión. **3.** Desaprobar una cosa.

condensador *s. m.* Aparato para reducir los gases a menor volumen.

condensar *v. tr.* **1.** Convertir un vapor en líquido o en sólido. **2.** Reducir una cosa a menor volumen o extensión.

condesa *s. f.* Mujer del conde, o la que por sí tiene condado.

condescender *v. intr.* Acomodarse por bondad al gusto y voluntad de otro.

condestable *s. m.* Antigua dignidad militar.

condición *s. f.* Índole, naturaleza, propiedad o carácter de una persona o cosa.

condicionar *v. tr.* Hacer depender una cosa de alguna condición.

condimentar *v. tr.* Sazonar los manjares.

condimento *s. m.* Lo que sirve para sazonar la comida y darle buen sabor.

condiscípulo, la *s. m. y s. f.* Persona que estudia o ha estudiado con otra u otras.

condolerse *v. prnl.* Compadecerse.

condón *s. m.* Preservativo, funda de goma.

cóndor *s. m.* Ave rapaz diurna, especie de buitre que habita en los Andes.

conducir *v. tr.* **1.** Dirigir, guiar a alguien. **2.** Dirigir y guiar un negocio o un vehículo.

conducta *s. f.* Manera de conducirse.

conductibilidad *s. f.* Propiedad natural de los cuerpos, que consiste en transmitir el calor o la electricidad.

conducto *s. m.* **1.** Canal, tubo, vía. **2.** Intermediario.

conductor, ra *adj.* **1.** Que conduce. **2.** Se aplica a los cuerpos según conduzcan bien o mal el calor y la electricidad.

condumio *s. m., fam.* Manjar que se come con pan, como cualquier cosa guisada.

conectar *v. tr.* **1.** Combinar con el movimiento de una máquina el de un aparato dependiente de ella. **2.** Poner en contacto.

conejo *s. m.* Mamífero roedor, que se domestica fácilmente. Su carne es comestible.

conexión *s. f.* Trabazón, relación de una cosa con otra.

confabulación *s. f.* Conspiración, trama.

confeccionar *v. tr.* Hacer una obra material combinando sus diversos elementos, ingredientes, etc.

confederación *s. f.* Alianza, liga o pacto entre personas, o entre naciones o estados.

confederar *v. tr.* Hacer alianza, liga, unión o pacto entre varios. También prnl.

conferencia *s. f.* **1.** Disertación en público sobre una cuestión científica, literaria, etc. **2.** Reunión de representantes de gobiernos para tratar asuntos internacionales.

conferir *v. tr.* Conceder, asignar a alguien dignidad, empleo, facultades o derechos.

confesar *v. tr.* **1.** Manifestar o decir alguien sus actos, ideas o sentimientos íntimos. **2.** Declarar el reo ante el juez. **3.** Declarar el penitente sus pecados al confesor.

confeso, sa *adj.* Que ha confesado su culpa.

confesor *s. m.* Sacerdote que confiesa a los penitentes.

confeti *s. m.* Pedacitos de papel de color, que se arrojan en los días de carnaval y otras fiestas.

confianza *s. f.* **1.** Esperanza firme que se tiene de una persona o cosa. **2.** Seguridad que alguien tiene en sí mismo para obrar.

confiar *v. intr.* **1.** Esperar con firmeza y seguridad. También prnl. || *v. tr.* **2.** Encargar o poner al cuidado de alguien algo.

confidencia *s. f.* **1.** Confianza. **2.** Revelación secreta, noticia reservada.

confidente, ta *adj.* **1.** De confianza. ‖ *s. m.* **2.** Canapé con dos asientos. ‖ *s. m. y s. f.* **3.** Persona a quien otra fía sus secretos.

configurar *v. tr.* Dar determinada figura a una cosa. También prnl.

confín *s. m.* Término, límite.

confinar *v. intr.* **1.** Lindar. ‖ *v. tr.* **2.** Desterrar a un lugar determinado.

confingir *v. tr.* Mezclar una o más cosas con un líquido hasta formar una masa.

confirmar *v. tr.* Corroborar la verdad, certeza o probabilidad de una cosa.

confiscar *v. tr.* Privar a alguien de sus bienes y aplicarlos al fisco.

confitar *v. tr.* **1.** Cubrir con baño de azúcar. **2.** Cocer las frutas en almíbar.

confite *s. m.* Pasta de azúcar y algún otro ingrediente, en forma de bolitas.

confitura *s. f.* Fruta u otra cosa confitada.

conflagración *s. f.* **1.** Incendio. **2.** Perturbación repentina y violenta de naciones.

conflagrar *v. tr.* Inflamar, incendiar, quemar alguna cosa.

conflicto *s. m.* **1.** Lo más recio en un combate. **2.** *fig.* Angustia del ánimo. **4.** *fig.* Apuro, situación de difícil salida.

confluencia *s. f.* Paraje donde confluyen los ríos o los caminos.

confluir *v. intr.* **1.** Juntarse corrientes de agua o caminos en un paraje. **2.** Concurrir mucha gente en un lugar.

conformación *s. f.* Disposición de las partes que forman una cosa.

conformar *v. tr.* **1.** Ajustar, convenir. ‖ *v. prnl.* **2.** Sujetarse alguien a hacer algo por lo que se siente cierta repugnancia.

conforme *adj.* **1.** Igual, proporcionado, correspondiente. **2.** Acorde. **3.** Resignado y paciente en las adversidades.

conformidad *s. f.* **1.** Semejanza, igualdad. **2.** Simetría entre dos partes que componen un todo. **3.** Tolerancia.

confort *s. m.* Comodidad.

confortar *v. tr.* **1.** Dar vigor, espíritu y fuerza. **2.** Animar, alentar al afligido.

confraternidad *s. f.* **1.** Hermandad de parentesco. **2.** Hermandad de amistad.

confraternizar *v. intr.* Tratarse con amistad y camaradería.

confrontar *v. tr.* **1.** Carear una persona con otra. **2.** Comparar una cosa con otra.

confundir *v. tr.* **1.** Mezclar. **2.** Equivocar, perturbar. También prnl. **4.** *fig.* Humillar, abatir, avergonzar. También prnl.

confusión *s. f.* **1.** Falta de orden, de concierto. **2.** *fig.* Perplejidad, desasosiego.

confuso, sa *adj.* **1.** Mezclado, revuelto. **2.** Dudoso, oscuro. **3.** *fig.* Temeroso, turbado.

confutar *v. tr.* Impugnar de modo convincente la opinión contraria.

congelador *s. m.* En las neveras, compartimiento especial donde se produce hielo y se guardan los alimentos cuya conservación requiere más baja temperatura.

congelar *v. tr.* **1.** Pasar de líquido a sólido. **2.** Helar.

congénere *adj.* Del mismo género, del mismo origen o de la propia derivación.

congeniar *v. intr.* Tener dos o más personas genio, carácter o inclinaciones que concuerdan fácilmente.

congénito, ta *adj.* **1.** Se dice de lo que se engendra juntamente con otra cosa. **2.** Connatural y como nacido con alguien.

congestión *s. f.* **1.** Acumulación excesiva de sangre en alguna parte del cuerpo. **2.** *fig.* Concurrencia excesiva de personas, vehículos, etc., que entorpece el tráfico.

conglomerar *v. tr.* **1.** Aglomerar. || *v. prnl.* **2.** Unirse fragmentos de diversas sustancias formando una masa compacta.

conglutinar *v. tr.* Unir una cosa con otra.

congoja *s. f.* Desmayo, fatiga, angustia.

congraciar *v. tr.* Conseguir la benevolencia o el afecto de alguien.

congratular *v. tr.* Manifestar alegría y satisfacción a la persona a quien ha acaecido un suceso feliz. También prnl.

congregación *s. f.* **1.** Junta para tratar de un negocio. **2.** Cofradía, sociedad de cofrades.

congregar *v. tr.* Juntar, reunir.

congreso *s. m.* Junta para deliberar sobre algún asunto. **2.** Asamblea nacional en algunos países.

congrio *s. m.* Pez malacopterigio ápodo, de carne blanca y comestible.

congruo, grua *adj.* **1.** Conveniente, oportuno. || *s. f.* **2.** Renta que debe tener el sacerdote para sustentarse.

conífero, ra *adj.* Se aplica a los árboles y arbustos dicotiledóneos, de hojas persistentes y fruto cónico.

conirrostro, tra *adj.* Se dice de los pájaros que tienen el pico corto y cónico.

conjeturar *v. tr.* Formar juicio probable de una cosa por indicios y observaciones.

conjugar *v. tr.* **1.** Combinar varias cosas entre sí. **2.** Poner o decir en serie ordenada las palabras de varia inflexión, con que en el verbo se denotan sus diferentes modos, tiempos, números y personas.

conjunción *s. f.* **1.** Unión. **2.** Parte invariable de la oración que enlaza oraciones o palabras que desempeñan una función sintáctica equivalente.

conjuntivo, va *adj.* **1.** Que junta y une. || *s. f.* **2.** Membrana mucosa que cubre la parte interior del globo del ojo, excepto la córnea.

conjunto, ta *adj.* **1.** Unido o contiguo a otra persona. || *s. m.* **2.** Agregado de varias cosas iguales o diferentes.

conjurar *v. intr.* **1.** Ligarse con otro mediante juramento para algún fin. También prnl. **2.** *fig.* Conspirar las personas o cosas contra alguien. || *v. tr.* **3.** Juramentar.

conjuro *s. m.* Imprecación supersticiosa con la que cree el vulgo que hacen sus prodigios los hechiceros.

conllevar *v. tr.* **1.** Ayudar a alguien a llevar los trabajos. **2.** Sufrirle a alguien el genio y las impertinencias.

conmemoración *s. f.* Acto que se celebra en memoria de una persona o cosa.

conmemorar *v. tr.* Recordar solemnemente.

conmensurar *v. tr.* Medir con igualdad o debida proporción.

conmigo *pron. pers.* Forma del pronombre personal de primera persona, género masculino o femenino y número singular, cuando funciona como complemento precedido de la preposición "con".

conminar *v. tr.* **1.** Amenazar. **2.** Intimar la autoridad un mandato, bajo apercibimiento de corrección o pena determinada.

conmiseración *s. f.* Compasión que uno tiene por el mal de otro.

conmoción *s. f.* **1.** Perturbación violenta del ánimo. **2.** Levantamiento, alteración de un estado, provincia o pueblo.

conmocionar *v. tr.* Producir conmoción.

conmover *v. tr.* **1.** Perturbar, inquietar, alterar. También prnl. **2.** Enternecer.

conmutar *v. tr.* Trocar, permutar, cambiar una cosa por otra.

connatural *adj.* Propio o conforme a la naturaleza del ser viviente.

connivencia *s. f.* **1.** Disimulo o tolerancia del superior para las faltas de sus subordinados. **2.** Acción de confabularse.

connotar *v. tr.* Hacer relación.

cono *s. m.* Sólido limitado por una base plana de periferia curva y la superficie formada por las rectas que unen cada punto de esta base con el vértice.

conocer *v. tr.* **1.** Tener idea o noción de alguna cosa. **2.** Entender, comprender.

conocido, da *adj.* **1.** Distinguido, ilustre. || *s. m. y s. f.* **2.** Persona con quien se tiene trato, pero no amistad.

conocimiento *s. m.* Entendimiento, inteligencia razón natural.

conque *conj. ilat.* Anuncia una consecuencia de lo que acabamos de decir.

conquistar *v. tr.* **1.** Adquirir o ganar a fuerza de armas un reino, provincia, ciudad, etc. **2.** Ganar la voluntad de alguien.

consabido, da *adj.* Conocido, habitual.

consagrar *v. tr.* **1.** Hace sagrada a una persona o cosa. **2.** Pronunciar el sacerdote palabras rituales para transformar en el acto de la consagración el pan y el vino en el cuerpo y en la sangre de Jesucristo.

consanguinidad *s. f.* Parentesco de las personas que descienden de un mismo tronco.

consciente *adj.* **1.** Que tiene conciencia de sus actos. **2.** Con pleno uso de los sentidos y facultades.

consecuencia *s. f.* **1.** Proposición que se deduce lógicamente de otra. **2.** Hecho que se sigue o resulta de otro.

consecuente *adj.* **1.** Que es consecuencia de una cosa. **2.** Conforme a la lógica.

conseguir *v. tr.* Lograr lo que se pretende.

consejero, ra *s. m. y s. f.* Persona que aconseja.

consejo *s. m.* **1.** Parecer o dictamen. **2.** Cuerpo legislativo o administrativo de un estado, de una corporación, especialmente municipal.

consenso *s. m.* Asenso, consentimiento.

consentir *v. tr.* **1.** Permitir algo o condescender en que se haga. **2.** Mimar a los hijos.

conserje *s. m.* Persona que tiene a su cuidado la custodia, limpieza y llaves de un edificio o establecimiento.

conserva *s. f.* Carne, pescado, frutas, etc. que se conservan comestibles durante mucho tiempo con vinagre, aceite, almíbar, etc.

conservar *v. tr.* **1.** Mantener una cosa o cuidar de su permanencia. También prnl. **2.** Hacer conservas.

conservatorio *s. m.* Establecimiento oficial para enseñar ciertas artes.

considerable *adj.* **1.** Digno de consideración. **2.** Grande, cuantioso.

considerar *v. tr.* **1.** Pensar, meditar algo con atención. **2.** Juzgar, estimar.

consigna *s. f.* **1.** Orden. **2.** En estaciones de ferrocarril, depósito de equipaje.

consignar *v. tr.* **1.** Destinar. **2.** Asentar por escrito opiniones, doctrinas, etc. **3.** Enviar las mercancías a un corresponsal.

consigo *pron. pers.* Forma reflexiva del pronombre personal de tercera persona, género masculino o femenino y número singular, cuando funciona como complemento precedido de la preposición "con".

consiguiente *adj.* Que depende y deduce de otra cosa.

consistencia *s. f.* Duración, solidez.

consistir *v. intr.* Estribar una cosa en otra.

consistorio *s. m.* **1.** Consejo que celebra el Papa con asistencia de los cardenales. **2.** En algunas ciudades, ayuntamiento.

consola *s. f.* Mesa arrimada a la pared, comúnmente sin cajones y con un segundo tablero, inmediato al suelo.

consolar *v. tr.* Aliviar la pena de alguien.

consolidar *v. tr.* Dar firmeza a una cosa.

consomé *s. m.* Caldo en que se ha sacado la sustancia de la carne.

consonancia *s. f.* Identidad de sonido en la terminación de dos palabras desde la última vocal acentuada.

consonante *adj.* Se dice de cada una de las letras cuyo sonido se debe al estrechamiento o cierre de los órganos de la articulación. También *s. f.*

consorcio *s. m.* Participación de una misma suerte con otros.

consorte *s. m. y s. f.* **1.** Persona que es partícipe de la misma suerte. **2.** Marido respecto de la mujer y mujer respecto del marido.

conspicuo, cua *adj.* Ilustre.

conspirar *v. intr.* **1.** Unirse algunos contra su superior o soberano. **2.** Unirse contra un particular para hacerle daño.

constancia *s. f.* **1.** Firmeza, tesón. **2.** Certeza, exactitud de algún dicho o hecho.

constar *v. intr.* **1.** Ser manifiesta una cosa. **2.** Tener un todo determinadas partes.

constatar *v. tr.* Comprobar un hecho.

constelación *s. f.* Conjunto de estrellas fijas que forman una figura determinada.

consternarse *v. prnl.* Abatirse, afligirse.

constiparse *v. prnl.* Acatarrarse, resfriarse.

constitución *s. f.* **1.** Configuración fisiológica de un individuo. **2.** Forma de gobierno de cada estado.

constituir *v. tr.* Formar, componer.

constreñir *v. tr.* **1.** Obligar a alguien para que haga algo. **2.** Cerrar como oprimiendo.

construir *v. tr.* **1.** Fabricar, erigir, edificar. **2.** Ordenar las palabras o unirlas entre sí con arreglo a las leyes gramaticales.

consuegro, gra *s. m. y s. f.* Padre o madre de una de dos personas unidas en matrimonio, respecto del padre o madre de la otra.

consuelo *s. m.* Alivio de la pena o aflicción.

consuetudinario, ria *adj.* Se dice de lo que es de costumbre.

cónsul *s. m.* Agente diplomático que protege en una población las personas e intereses de los nacionales del país que representa.

consultar *v. tr.* **1.** Tratar y discurrir con alguien sobre un asunto. **2.** Pedir parecer, dictamen o consejo.

consultorio *s. m.* **1.** Establecimiento privado donde se despachan consultas sobre materias técnicas. **2.** Establecimiento en el que los médicos reciben a los enfermos.

consumar *v. tr.* Llevar a cabo del todo en todo una cosa.

consumición *s. f.* Lo que se consume en un café, bar o establecimiento público.

consumir *v. tr.* **1.** Destruir, extinguir. **2.** Gastar comestibles u otros géneros.

consumo *s. m.* Gasto de aquellas cosas que con el uso se extinguen o destruyen.

contabilizar *v. tr.* Apuntar una partida o cantidad en los libros de cuentas.

contactar *v. tr.* Establecer comunicación.

contacto *s. m.* **1.** Acción de tocarse dos o más cosas. **2.** Conexión entre dos partes de un circuito eléctrico. **3.** Trato entre dos o más personas o entidades.

contador *s. m.* Aparato que cuenta automáticamente las revoluciones de una rueda o el consumo de electricidad, gas o agua.

contagiar *v. tr.* **1.** Comunicar o pegar a otro u otros una enfermedad contagiosa. **2.** *fig.* Pervertir con el mal ejemplo.

contaminar *v. tr.* **1.** Penetrar la inmundicia en un cuerpo causando en él manchas o mal olor. **2.** Inficionar, corromper.

contante *adj.* Se aplica al dinero efectivo.

contar *v. tr.* **1.** Enumerar. **2.** Referir un suceso. **3.** Formar cuentas, según reglas de aritmética. **4.** Importar.

contemplar *v. tr.* **1.** Poner la atención en alguna cosa material o espiritual. **2.** Considerar, juzgar. **3.** Complacer a una persona, ser condescendiente con ella.

contemporáneo, a *adj.* **1.** Existente al mismo tiempo que otra persona o cosa. **2.** Relativo al tiempo o época actual.

contemporizar *v. intr.* Acomodarse alguien al gusto o dictamen ajeno.

contencioso, sa *adj.* Que es objeto de litigio.

contender *v. intr.* **1.** Pelear, luchar. **2.** *fig.* Debatir, rivalizar. **3.** *fig.* Disputar.

contener *v. tr.* **1.** Llevar o encerrar dentro de sí una cosa a otra. **2.** Reprimir, refrenar.

contenido *s. m.* Lo que se contiene dentro de una cosa.

contentar *v. tr.* **1.** Satisfacer el gusto de alguien; darle contento. **2.** Alegrar.

contento, ta *adj.* **1.** Alegre, satisfecho. || *s. m.* **2.** Alegría, satisfacción.

contestar *v. tr.* Responder a lo que se pregunta, se habla o se escribe.

contexto *s. m.* Serie del discurso, tejido de una narración, hilo de la historia.

contienda *s. f.* Pelea, disputa.

contigo *pron. pers.* Forma del pronombre personal de segunda persona, género masculino o femenino y número singular, cuando funciona como complemento precedido de la preposición "con".

contiguo, gua *adj.* Que está tocando a otra cosa.

continencia *s. f.* Templanza, sobriedad.

continente *s. m.* Cada una de las grandes extensiones de tierra separadas por los océanos.

contingencia *s. f.* **1.** Posibilidad de que una cosa suceda o no. **2.** Cosa que puede suceder o no suceder. **3.** Riesgo.

continuar *v. tr.* **1.** Proseguir alguien lo comenzado. || *v. intr.* **2.** Durar, permanecer. || *v. prnl.* **3.** Seguir, extenderse.

continuidad *s. f.* **1.** Unión natural de las partes de un todo. **2.** Perseverancia.

continuo, nua *adj.* Que dura, obra, se hace o se extiende sin interrupción.

contonearse *v. prnl.* Hacer al andar movimientos afectados con los hombros y caderas.

contornear *v. tr.* **1.** Dar vueltas alrededor o en contorno de un paraje o sitio. **2.** Perfilar, hacer los perfiles de una figura.

contorno *s. m.* **1.** Territorio o conjunto de parajes de que está rodeado un lugar o una población. **2.** Conjunto de las líneas que limitan una figura o composición.

contorsión *s. f.* Movimiento irregular y convulsivo que contrae los miembros, las facciones del rostro, etc.

contorsionista *s. m. y s. f.* Persona que ejecuta contorsiones difíciles en los circos.

contra *prep.* que denota la oposición y contrariedad de una cosa con otra.

contraalmirante *s. m.* Oficial inmediatamente inferior al vicealmirante.

contraatacar *v. tr.* Reaccionar ofensivamente contra el avance del enemigo.

contrabajo *s. m.* Instrumento de cuerda, de figura de un violoncelo, pero de un tamaño mucho mayor.

contrabando *s. m.* Introducción o producción de géneros prohibidos por las leyes.

contracción *s. f.* **1.** Acción de contraer. **2.** Metaplasmo que consiste en hacer una sola palabra de dos. **3.** Sinéresis.

contráctil *adj.* Que se puede contraer.

contradecir *v. tr.* Decir alguien lo contrario de lo que otro afirma.

contradicción *s. f.* **1.** Afirmación y negación que se oponen una a la otra y recíprocamente se destruyen. **2.** Oposición.

contraer *v. tr.* **1.** Estrechar, juntar una cosa con otra. **2.** Adquirir costumbres, vicios, obligaciones, enfermedades, etc.

contrafuerte *s. m.* **1.** Pieza de cuero con que se refuerza el calzado por la parte del talón. **2.** Refuerzo saliente en el paramento de un muro, para fortalecerlo.

contraindicar *v. tr.* Disuadir de la utilidad de un remedio.

contralto *s. f.* Voz media entre la de tiple y la de tenor.

contraluz *s. f.* Vista o aspecto de las cosas desde el lado opuesto a la luz.

contramaestre *s. m.* **1.** Jefe o vigilante en algunos talleres. **2.** Oficial de mar que manda en la marinería.

contrapeso *s. m.* Peso que equilibra.

contraponer *v. tr.* **1.** Comparar cosas contrarias. **2.** *fig.* Oponer. También prnl.

contraproducente *adj.* De efectos opuestos a los deseados.

contrapunto *s. m.* Concordancia de voces contrapuestas.

contrariar *v. tr.* **1.** Oponerse a la intención, deseo, etc. de alguien. **2.** Disgustar, afligir.

contrariedad *s. f.* **1.** Oposición que tiene una cosa con otra. **2.** Accidente que impide o retarda el logro de un deseo. **3.** Disgusto, desazón.

contrario, ria *adj.* **1.** Opuesto a una cosa o enemigo de ella. ‖ *s. m. y s. f.* **2.** Persona que tiene enemistad con otra.

contrarrestar *v. tr.* **1.** Hacer oposición. **2.** Volver la pelota desde la parte del saque.

contrasentido *s. m.* Inteligencia contraria al sentido natural de las palabras o expresiones.

contraseña *s. f.* Señal que se dan unas personas para reconocerse entre sí.

contrastar *v. tr.* **1.** Resistir, hacer frente. **2.** Mostrarse una cosa como distinta de otra con la que se compara.

contrata *s. f.* **1.** Contrato, convenio y documento que lo asegura. **2.** Contrato para ejecutar una obra o prestar un servicio.

contratar *v. tr.* **1.** Pactar, convenir, comerciar, hacer contratos o contratas. **2.** Hacer operaciones mercantiles.

contratiempo *s. m.* Infortunio, calamidad casi siempre inesperados.

contratista *s. m. y s. f.* Persona que ejecuta una obra material por contrata.

contrato *s. m.* Acuerdo entre dos o más partes, que tiene por objeto establecer una obligación de carácter patrimonial.

contribución *s. f.* Cantidad con que se contribuye, especialmente la que se impone para las cargas del Estado.

contribuir *v. tr.* **1.** Pagar un impuesto. **2.** Concurrir voluntariamente con una cantidad para un determinado fin. ‖ *v. intr.* **3.** Ayudar con otros al logro de un fin.

contribuyente *s. m. y s. f.* Persona que paga contribución al Estado.

contrición *s. f.* Dolor y pesar de haber ofendido a Dios por ser quien es.

contrincante *s. m. y s. f.* **1.** Cada uno de los que forman parte de una misma trinca en oposiciones. **2.** Competidor, rival.

control *s. m.* **1.** Comprobación, fiscalización, intervención, inspección. **2.** Dominio, mando, supremacía.

controlar *v. tr.* Ejercer el control.

controvertir *v. intr.* Discutir detenidamente sobre una materia. También prnl.

contubernio *s. m.* Cohabitación ilícita.

contumacia *s. f.* **1.** Tenacidad y dureza en mantener un error. **2.** Rebeldía.

contumaz *adj.* **1.** Porfiado en mantener un error. **2.** Rebelde, que no comparece.

contumelia *s. f.* Oprobio, injuria u ofensa dicha a una persona en su cara.

contundente *adj.* **1.** Que produce contusión. **2.** *fig.* Que produce gran impresión en el ánimo, convenciéndolo.

contundir *v. tr.* Magullar, golpear.

conturbar *v. tr.* Turbar, inquietar.

contusión *s. f.* Daño interno que recibe alguna parte del cuerpo por golpe.

convalecer *v. intr.* Recobrar las fuerzas perdidas por enfermedad.

convecino, na *adj.* **1.** Vecino próximo, cercano. **2.** Que tiene vecindad con otro del mismo pueblo.

convencer *v. tr.* Precisar con argumentos o pruebas a reconocer la verdad de algo.

convención *s. f.* **1.** Ajuste, acuerdo, trato, convenio. **2.** Conveniencia, conformidad. **3.** Asamblea de los representantes de los países que asumen el poder.

conveniente *adj.* **1.** Útil, oportuno, provechoso. **2.** Conforme, concorde.

convenio *s. m.* Ajuste, convención.

convenir *v. intr.* **1.** Ser alguien del mismo parecer. **2.** Juntarse dos o más personas en un mismo lugar. **3.** Importar, ser a propósito. || *v. prnl.* **4.** Ajustarse.

convento *s. m.* Comunidad de religiosos o religiosas y casa en que habitan.

convergir *v. intr.* Dirigirse dos o más líneas a unirse en un mismo punto.

conversación *s. f.* Acción de conversar.

conversar *v. intr.* Hablar una o varias personas con otra u otras.

convertir *v. tr.* **1.** Mudar o volver una cosa en otra. También prnl. **2.** Reducir al cristianismo al que no lo profesaba.

convexo, xa *adj.* Que tiene la superficie más prominente en el medio que en los extremos.

convicción *s. f.* Convencimiento.

convicto, ta *adj.* Se dice del reo a quien legalmente se ha probado en su delito.

convidar *v. tr.* Rogar una persona a otra que la acompañe a comer o a una función.

convincente *adj.* Que convence.

convite *adj.* Banquete, ágape.

convivir *v. intr.* Vivir con otro u otros.

convocar *v. tr.* **1.** Citar a varias personas. **2.** Aclamar.

convocatoria *s. f.* Anuncio o escrito con que se convoca.

convoy *s. m.* **1.** Escolta o guardia. **2.** *fig. y fam.* Séquito, acompañamiento.

convoyar *v. tr.* Escoltar a una persona o cosa para protegerla.

convulsión *s. f.* Movimiento de contracción muscular espasmódica, violenta y repetida.

convulso, sa *adj.* Atacado de convulsiones.

cónyuge *s. m. y s. f.* Consorte, marido y mujer respectivamente. Se usa más en pl.

coña *s. f., fam.* Guasa, burla disimulada.

cooperar *v. tr.* Obrar juntamente con otro u otros para el mismo fin.

cooperativa *s. f.* Sociedad de derecho, cuyo objeto es verificar operaciones económicas que reporten mutuas ventajas a sus socios.

coordinar *v. tr.* Disponer cosas metódicamente.

copa *s. f.* **1.** Vaso con pie para beber. **2.** Conjunto de ramas y hojas de un árbol.

copar *v. tr.* Conseguir en una elección o concurso todos los puestos o premios.

copete *s. m.* **1.** Pelo que se trae levantado sobre la frente. **2.** Penacho de ave.

copia *s. f.* **1.** Reproducción de algo. **2.** Imitación del estilo o de las obras de escritores o artistas. **3.** Gran cantidad de algo.

copiar *v. tr.* **1.** Escribir en una parte lo que ya estaba escrito en otra. **2.** Escribir lo que otro dicta. **3.** Sacar copia de algo. **4.** Imitar servilmente las obras de escritores y artistas. **6.** Imitar a una persona.

copla *s. f.* **1.** Combinación métrica o estrofa. **2.** Estrofa, especialmente la que sirve de letra en las canciones populares.

copo *s. m.* **1.** Mechón o porción de lino, lana, algodón, etc. **2.** Cada una de las porciones de nieve que cae cuando nieva.

coproducción *s. f.* Producción hecha conjuntamente por varias personas o empresas.

coprófago, ga *adj.* Se dice de los animales que se alimentan de excrementos.

cópula *s. f.* **1.** Ligamento de una cosa con otra. **2.** Unión sexual. **3.** Término que une el predicado con el sujeto.

copular *v. tr.* Unirse carnalmente.

copyright *s. m.* Propiedad de los derechos de reproducción de una obra literaria o artística.

coque *s. m.* Sustancia carbonosa sólida, residuo combustible del carbón de piedra.

coquetear *v. intr.* Tratar de agradar a una persona por mera vanidad.

coraje *s. m.* **1.** Impetuosa decisión y esfuerzo del ánimo; valor. **2.** Irritación, ira.

coral[1] *s. m.* Nombre de ciertos pólipos alcionarios que viven en colonias.

coral[2] *s. m.* Composición vocal armonizada a cuatro voces, de ritmo lento y solemne.

coraza *s. f.* **1.** Armadura del busto. **2.** Blindaje. **3.** Concha de los quelonios.

corazón *s. m.* **1.** Órgano central de la circulación de la sangre. **2.** Voluntad, amor, benevolencia. **4.** *fig.* Ánimo, valor.

corazonada *s. f.* **1.** Impulso espontáneo con que alguien se mueve a hacer alguna cosa. **2.** Presentimiento.

corbata *s. f.* Trozo de seda, lienzo, etc. que se pone alrededor del cuello como adorno.

corbeta *s. f.* Embarcación de guerra semejante a la fragata, aunque más pequeña.

corcel *s. m.* Caballo ligero de gran alzada.

corchea *s. f.* Figura musical que equivale a la mitad de una negra.

corchete *s. m.* **1.** Especie de broche metálico compuesto de macho y hembra. **2.** Signo gráfico para abarcar dos o más cosas.

corcho *s. m.* **1.** Parte exterior de la corteza del alcornoque. **2.** Tapón de corcho.

corcova *s. f.* Joroba de ciertos rumiantes camélidos.

corcovo *s. m.* Salto que dan algunos animales encorvando el lomo.

cordaje *s. m.* Jarcia de una embarcación.

cordal[1] *s. m.* Pieza que en los instrumentos de cuerda ata éstas por el cabo opuesto al que se sujeta en las clavijas.

cordal[2] *adj.* Se dice las muelas del juicio.

cordel *s. m.* Cuerda delgada.

cordero, ra *s. m. y s. f.* Hijo de la oveja que no pasa de un año.

cordial *adj.* Afectuoso, de corazón.

cordillera *s. f.* Serie de montañas enlazadas entre sí.

cordón *s. m.* **1.** Cuerda redonda. **2.** Conjunto de personas colocadas a intervalos para impedir al paso.

cordura *s. f.* Prudencia, buen seso, juicio.

corear *v. tr.* **1.** Componer música para cantarla con acompañamiento de coros. **2.** Asentir ostensiblemente al parecer ajeno.

coreografía *s. f.* **1.** Arte de componer bailes. **2.** Arte de la danza.

corifeo *s. m.* **1.** Persona que guiaba el coro en las tragedias antiguas griegas y romanas. **2.** *fig.* El que es seguido de otros en una opinión, secta o partido.

corindón *s. m.* Piedra preciosa, la más dura después del diamante.

cornalina *s. f.* Ágata de color de sangre.

cornamenta *s. f.* Cuernos de algunos cuadrúpedos, como el toro, venado, etc.

cornamusa *s. f.* **1.** Trompeta larga de metal. **2.** Especie de gaita gallega.

córnea *s. f.* Membrana transparente que se halla en la parte anterior del ojo.

corneja *s. f.* Especie de cuervo, con plumaje completamente negro y de brillo metálico en el cuello y dorso.

cornejo *s. m.* Arbusto cornáceo, muy ramoso y de madera muy dura.

corneta *s. f.* Instrumento de viento parecido al clarín, pero de sonidos menos agudos.

cornetín *s. m.* Instrumento de viento que tiene casi la misma extensión que el clarín.

cornezuelo *s. m.* Honguillo que se cría en la espiga del centeno.

cornisa *s. f.* Coronamiento compuesto de molduras, o cuerpo voladizo con molduras, que sirve de remate a otro.

coro *s. m.* Conjunto de personas para cantar, regocijarse, alabar o celebrar algo.

corografía *s. f.* Descripción de un país, de una región o de una provincia.

corola *s. f.* Cubierta interior de las flores completas, que protege los órganos de la reproducción.

corolario *s. m.* Proposición que se deduce fácilmente de lo demostrado antes.

corona *s. f.* **1.** Cerco de ramas, flores, o de metal precioso, con que se ciñe la cabeza. **2.** Dignidad real. **3.** *fig.* Monarquía.

coronar *v. tr.* **1.** Poner la corona en la cabeza. **2.** Perfeccionar, completar una obra.

coronel *s. m.* Jefe militar que manda un regimiento.

coronilla *s. f.* Parte más eminente de la cabeza humana opuesta a la barbilla.

corpa *s. f.* Trozo de mineral en bruto.

corpiño *s. m.* Almilla o jubón sin mangas.

corporación *s. f.* Cuerpo, comunidad.

corporal *adj.* Perteneciente al cuerpo, en oposición a espiritual, intelectual, etc.

corpóreo, a *adj.* **1.** Que tiene cuerpo. **2.** Corporal, perteneciente al cuerpo.

corpulento, ta *adj.* Que tiene mucho cuerpo.

corpus *s. m.* Amplio conjunto ordenado de datos que puede utilizarse como base de una investigación.

corpúsculo *s. m.* Partícula pequeña, célula, molécula, elemento.

corral *s. m.* **1.** Sitio cerrado y descubierto, especialmente el destinado a los animales. **2.** Casa, patio o teatro donde se representaban las comedias.

corrala s. f. Casa de vecinos con un gran patio interior desde el cual se accede a todas las viviendas.

correa s. f. **1.** Tira de cuero. **2.** Flexibilidad y extensión de una cosa correosa.

corrección s. f. **1.** Acción de corregir. **2.** Represión de un delito, falta o defecto.

correctivo, va adj. Que corrige o subsana.

correcto, ta adj. Libre de errores o defectos, conforme a las reglas.

corredor, ra adj. **1.** Que corre mucho. || s. m. **2.** Pasillo, pieza de paso de un edificio.

corregir v. tr. **1.** Enmendar lo errado. **2.** Advertir, amonestar, reprender.

correlación s. f. Analogía o relación recíproca entre dos o más cosas.

correligionario, ria adj. Que profesa la misma religión u opinión política que otro.

correo s. m. Servicio público que tiene por objeto el transporte y reparto de la correspondencia oficial y privada.

correoso, sa adj. **1.** Que se dobla y extiende fácilmente, sin romperse. **2.** fig. Se dice de alimentos difíciles de masticar.

correr v. intr. **1.** Caminar con impulso y velocidad. **2.** Transcurrir el tiempo.

correspondencia s. f. **1.** Trato recíproco entre dos personas. **2.** Conjunto de cartas que se reciben o expiden.

corresponder v. intr. **1.** Pagar con igualdad afectos, beneficios recibidos. **2.** Tocar o pertenecer.

correspondiente adj. **1.** Proporcionado, conveniente. **2.** Que tiene correspondencia con una persona o corporación.

corresponsal Persona que trabaja para un periódico o cadena de televisión y envía noticias desde un país extranjero.

corretear v. intr. Andar de un lugar a otro.

correveidile s. m. y s. f. **1.** Persona que lleva y trae chismes. **2.** fam. Alcahuete.

corriente adj. **1.** Cierto, sabido, admitido comúnmente. || s. f. **2.** Masa de agua o de aire que se mueve continuamente en dirección determinada y movimiento de esta masa. **3.** Tendencia, opinión.

corro s. m. **1.** Cerco de gente para hablar, solazarse, etc. **2.** Espacio circular o casi circular. **3.** Juego infantil.

corroborar v. tr. **1.** Vivifica, dar mayores fuerzas. **2.** Confirmar algo.

corroer v. tr. **1.** Desgastar lentamente una cosa como royéndola. **2.** fig. Perturbar el ánimo o arruinar la salud.

corromper v. tr. **1.** Alterar y trastocar la forma de alguna cosa. También prnl. **2.** Echar a perder, depravar, dañar, podrir.

corruptela s. f. Mala costumbre o abuso, especialmente si es contra la ley.

corsario s. m. Pirata.

corsé s. m. Prenda interior femenina que sirve para ceñirse el cuerpo.

corso s. m. Campaña que hacen por el mar los buques mercantes para perseguir a las embarcaciones enemigas.

cortacésped s. f. Máquina para recortar el césped en los jardines.

cortacircuitos s. m. Aparato que automáticamente interrumpe la corriente eléctrica.

cortadura s. f. **1.** Separación hecha en un cuerpo continuo por instrumento cortante. **2.** Abertura o paso entre montañas.

cortafrío s. m. Cincel fuerte para cortar hierro frío a golpes de martillo.

cortafuego s. m. **1.** Vereda ancha que se deja en los sembrados y montes para que no se propaguen los incendios.

cortapisa s. f. **1.** Condición. **2.** Dificultad.

cortar *v. tr.* **1.** Dividir una cosa con algún instrumento afilado. **2.** Recortar. **3.** Detener, suspender, atajar.

corte[1] *s. m.* **1.** Filo del instrumento con que se corta, taja. **2.** Cantidad de tela necesaria para hacer un vestido, pantalón, etc.

corte[2] *s. f.* **1.** Conjunto de todas las personas que componen la familia y comitiva del rey. || *s. f. pl.* **2.** Conjunto formado por los representantes de la nación, con facultad de hacer leyes y otras atribuciones.

cortedad *s. f.* **1.** Pequeñez y poca extensión. **2.** *fig.* Falta o escasez de talento.

cortejar *v. tr.* **1.** Asistir, acompañar a alguien. **2.** Galantear, requebrar.

cortés *adj.* Atento, comedido, afable.

cortesía *adj.* Demostración de atención, respeto o afecto.

corteza *s. f.* **1.** Parte exterior del tallo, raíz y ramas de los vegetales leñosos. **2.** Parte exterior y dura de algunas cosas, como el limón, el queso, el pan, etc.

cortijo *s. m.* Finca rústica de tierra y casa de labor.

cortina *s. f.* Paño grande, colgante, con que se cubre una puerta o ventana.

corto, ta *adj.* **1.** Se dice de las cosas que no tienen extensión o el tamaño que les corresponde. **2.** De poca duración, estimación o entidad. **3.** Tímido, encogido.

cortocircuito *s. m.* Circuito que se produce accidentalmente por contacto entre los conductores y determina una descarga.

cortometraje *s. m.* Película cuya duración no es mayor de treinta minutos ni menor de ocho.

corvejón *s. m.* Articulación de los cuadrúpedos, situada entre la parte inferior de la pierna y superior de la caña

corveta *s. f.* Movimiento que se enseña al caballo, obligándole a ir sobre las patas traseras con los brazos en el aire.

corvo, va *adj.* **1.** Arqueado o corvado. || *s. m.* **2.** Garfio. || *s. f.* **2.** Parte de la pierna, opuesta a la rodilla.

corzo *s. m.* Mamífero rumiante, cérvido, rabón y con las cuernas pequeñas.

cosa *s. f.* **1.** Todo lo que tiene entidad, ya sea corporal o espiritual, natural o artificial, real o abstracta. **2.** Objeto inanimado.

coscoja *s. f.* Árbol o arbusto cupulífero, semejante a la encina.

coscorrón *s. m.* Golpe dado en la cabeza.

cosecante *s. f.* Secante del complemento de un ángulo o de un arco.

cosecha *s. f.* Conjunto de frutos que se recogen de la tierra, como trigo, cebada, etc.

coseno *s. m.* Seno del complemento de un ángulo o de un arco.

coser *v. tr.* Unir con hilo dos o más pedazos de tela, cuero u otro material.

cosificar *v. tr.* **1.** Convertir algo en cosa. **2.** Considerar como cosa algo que no lo es.

cosmético, ca *adj.* Se dice de los productos que se emplean para el cuidado o embellecimiento de la piel y del cabello.

cosmogonía *s. f.* Ciencia o sistema que trata de la formación del universo.

cosmografía *s. f.* Descripción astronómica del mundo, o astronomía descriptiva.

cosmonave *s. f.* Vehículo capaz de navegar más allá de la atmósfera terrestre.

cosmopolita *adj.* **1.** Que considera a todo el mundo como su patria. **2.** Que es común a todos los países o a muchos de ellos.

cosmos *s. m.* Mundo, universo.

coso *s. m.* **1.** Lugar cercado donde se corren y lidian toros y se celebran otras fiestas públicas. **2.** En algunas poblaciones, calle principal.

cosquillas *s. f. pl.* Sensación que se experimenta en algunas partes del cuerpo al ser tocadas ligeramente por otra persona, que provoca involuntariamente la risa.

costa[1] *s. f.* **1.** Cantidad que se paga por una cosa. ‖ *s. f. pl.* **2.** Gastos judiciales.

costa[2] *s. f.* Orilla del mar y tierra que está cerca de ella.

costado *s. m.* **1.** Cada una de las dos partes laterales del cuerpo humano. **2.** Lado.

costal *s. m.* Saco grande de tela ordinaria.

costar *v. intr.* **1.** Ser comprada una cosa por determinado precio. **2.** *fig.* Causar una cosa cuidado, desvelo, perjuicio, etc.

coste *s. m.* Costa, lo que cuesta una cosa.

costear *v. tr.* Abonar, sufragar un gasto.

costilla *s. f.* Cada uno de los huesos largos y encorvados que insertos por un extremo en unas vértebras forman el armazón de la caja torácica.

costoso, sa *adj.* **1.** Que cuesta mucho. **2.** *fig.* Que acarrea daño o sentimiento.

costra *s. f.* Cubierta exterior que se endurece sobre una cosa húmeda o blanda.

costumbre *s. f.* **1.** Manera de obrar establecida por un largo uso. **2.** Práctica muy usada que ha adquirido fuerza de precepto.

costura *s. f.* **1.** Acción y efecto de coser. **2.** Serie de puntadas que une dos piezas cosidas.

costurero *s. m.* Caja, canastilla para guardar los útiles de costura.

cota[1] *s. f.* Arma defensiva del cuerpo usada antiguamente.

cota[2] *s. f.* Cuota.

cotangente *s. f.* Tangente del complemento de un ángulo o de un arco.

cotejar *v. tr.* Confrontar una cosa con otra u otras; compararlas teniéndolas a la vista.

cotidiano, na *adj.* Diario, de todos los días.

cotiledón *s. m.* Parte de la semilla que rodea al embrión.

cotilla *s. m. y s. f.* Persona chismosa.

cotillón *s. m.* Danza con figuras, que suele ejecutarse al fin de los bailes de sociedad.

cotizar *v. tr.* **1.** Asignar el precio en la bolsa o en el mercado. ‖ *v. intr.* **2.** Pagar una cuota.

coto *s. m.* **1.** Terreno acotado. **2.** Término, límite.

cotorra *s. f.* **1.** Papagayo pequeño. **2.** Urraca. **3.** *fig.* Persona habladora.

country *s. m.* Género musical popular, propio de Estados Unidos.

covacha *s. f.* **1.** Cueva pequeña. **2.** Vivienda o aposento pobre y pequeño.

coxa *s. f.* **1.** Primer artejo de las patas de los insectos. **2.** Cadera.

coyote *s. m.* Especie de lobo gris que se cría en México.

coyuntura *s. f.* **1.** Articulación movible de un hueso con otro. **2.** *fig.* Sazón, oportunidad para alguna cosa.

coz *s. f.* Golpe que da un animal al echar hacia atrás una o ambas patas traseras.

crac *s. m.* Quiebra comercial.

cráneo *s. m.* Caja ósea en que está contenido el encéfalo.

crápula *s. f.* Persona de vida licenciosa.

crascitar *v. intr.* Graznar el cuervo.

crasitud *s. f.* Gordura, graso.

craso, sa *adj.* **1.** Grueso, gordo o espeso. **2.** Indisculpable.

cráter *s. m.* Boca por donde los volcanes arrojan humo, ceniza, lava, etc.

creación *s. f.* **1.** Acto o acción de crear. **2.** Mundo, todo lo creado.

crear *v. tr.* **1.** Criar, producir de la nada. **2.** *fig.* Instituir un nuevo empleo o dignidad. **3.** *fig.* Establecer, fundar.

creativo, va *adj.* Que posee o estimula la capacidad de creación, invención, etc.

crecer *v. intr.* **1.** Tomar aumento insensiblemente y por la propia fuerza los seres orgánicos. **2.** Recibir aumento o adquirir mayor cantidad una cosa.

creciente *s. m.* Media luna con las puntas hacia arriba.

credencial *adj.* **1.** Que acredita. ‖ *s. f.* **2.** Documento que sirve para que a un empleado se le dé posesión de su plaza.

crédito *s. m.* **1.** Reputación, fama, autoridad. **2.** Derecho que alguien tiene a recibir de otro alguna cosa, por lo común dinero. **3.** Abono, apoyo, comprobación.

credo *s. m.* **1.** Símbolo de la fe. **2.** Conjunto de doctrinas comunes a una colectividad.

crédulo, la *adj.* Que cree fácilmente.

creencia *s. f.* **1.** Firme asentimiento y conformidad con alguna cosa. **2.** Religión.

creer *v. tr.* **1.** Tener por cierta una cosa que el entendimiento no alcanza o que no está comprobada o demostrada. **2.** Tener fe. **3.** Pensar, juzgar una cosa.

creído, da *adj., fam.* Se dice de la persona vanidosa u orgullosa.

crema[1] *s. f.* **1.** Nata de leche. **2.** Confección cosmética para suavizar el cutis. **4.** Pasta untuosa para limpiar las pieles curtidas, en especial a las del calzado. **5.** Sopa espesa. **6.** Lo selecto, lo principal.

crema[2] *s. f.* Diéresis, signo ortográfico.

cremallera *s. f.* Cierre consiste en dos tiras flexibles guarnecidas de dientes, que se aplica a una abertura longitudinal en prendas de vestir, bolsos, etc.

crematorio, ria *adj.* Relativo a la incineración de los cadáveres.

crenchar *v. tr.* Hacer raya en el pelo.

crepitar *v. intr.* Hacer ruido semejante al de la leña cuando arde.

crepúsculo *s. m.* **1.** Claridad que hay desde que raya el día hasta que sale el sol y desde que éste se pone hasta que es de noche. **2.** Tiempo que dura esta claridad.

cresa *s. f.* Los huevos que pone la reina de las abejas.

crespo, pa *adj.* Ensortijado, rizado.

crespón *s. m.* **1.** Gasa en que la urdimbre está más retorcida que la trama. **2.** Gasa negra que se usa en señal de luto.

cresta *s. f.* **1.** Carnosidad roja que algunas aves y el gallo tienen sobre la cabeza. **2.** Copete, moño de plumas de algunas aves. **3.** *fig.* Cumbre peñascosa de algunas montañas. **4.** *fig.* Cima de una ola.

cretáceo, a *adj.* Se dice del terreno inmediatamente posterior al jurásico.

cretino, na *adj., fig.* Estúpido, necio.

cretona *s. f.* Tela, blanca o estampada, comúnmente de algodón.

criadero *s. m.* **1.** Lugar a donde se trasplantan los árboles silvestres o los sembrados en semilleros para que se críen. **2.** Lugar destinado a la cría de animales.

criadilla *s. f.* Testículo.

criado, da *s. m. y s. f.* Persona que sirve por un salario.

crianza *s. f.* **1.** Urbanidad, atención, cortesía. **2.** Época de la lactancia.

criar *v. tr.* **1.** Dar ser a lo que no lo tenía. **2.** Producir, engendrar. **3.** Nutrir la madre o la nodriza al niño. **4.** Instruir, educar.

criatura *s. f.* **1.** Toda cosa criada. **2.** Niño recién nacido o de poco tiempo.

criba *s. f.* Cuero agujereado sujeto por un marco de madera que sirve para cribar.

cribar *v. tr.* Limpiar el trigo y otras semillas por medio de la criba.

cric *s. m.* Gato, instrumento de mecánica para levantar pesos.

cricoides *adj.* Se dice del cartílago anular de la laringe. También s. m.

crimen *s. m.* Delito grave.

criminal *adj.* **1.** Que pertenece al crimen. **3.** Que lo ha cometido o procurado.

criminología *s. f.* Tratado acerca del delito, sus causas y su represión.

crin *s. f.* Conjunto de cerdas que tienen algunos animales en la parte superior del cuello y en la cola.

crío, a *s. m. y s. f.* **1.** *fam.* Niño o niña que se está criando. ‖ *s. f.* **2.** Acción y efecto de criar a los hombres o a los animales. **3.** Niño o animal mientras se está criando. **4.** Conjunto de hijos que tienen los animales de un parto o de un nido.

cripta *s. f.* **1.** Lugar en que se solía enterrar a los muertos. **2.** Piso subterráneo destinado al culto en una iglesia.

criptograma *s. m.* Documento cifrado.

crisálida *s. f.* Ninfa de los insectos lepidópteros.

crisantemo *s. m.* Planta perenne compuesta, de flores abundantes de colores variados, pero el más corriente es el morado.

crisis *s. f.* **1.** Mutación considerable en una enfermedad, bien para mejorar, bien para agravarse el enfermo. **2.** Momento decisivo en un negocio.

crisma *s. m.* **1.** Aceite y bálsamo mezclados que consagran los obispos el Jueves Santo para ungir a los que se bautizan y se confirman. ‖ *s. f.* **2.** *fam.* Cabeza.

crisol *s. m.* Vaso que se emplea para fundir una materia a temperatura muy elevada.

crisólito *s. m.* Variedad verdadera de olivino, de uso en joyería.

crispar *v. tr.* Causar contracción repentina y pasajera en el tejido muscular.

cristal *s. m.* **1.** Cuerpo sólido de forma poliédrica, como sales, piedras y otros. **2.** Vidrio que resulta de la mezcla y fusión de arena con potasa y minio. **3.** *fig.* Espejo.

cristalera *s. f.* **1.** Armario con cristales. **2.** Aparador. **3.** Puerta o cierre de cristales.

cristalino, na *adj.* **1.** De cristal o parecido a él. ‖ *s. m.* **3.** Cuerpo de forma lenticular, situado detrás de la pupila, en el ojo.

cristalizar *v. intr.* Tomar ciertas sustancias la forma cristalina. También prnl.

cristalografía *s. f.* Rama de la mineralogía que se ocupa de estudiar las formas que adoptan los cuerpos al cristalizar.

cristiano, na *adj.* **1.** Perteneciente o relativo a la religión de Cristo. **2.** Que profesa esta religión. También s. m. y s. f.

Cristo *n. p.* El Hijo de Dios hecho hombre.

criterio *s. m.* **1.** Norma para conocer la verdad. **2.** Juicio y discernimiento.

criticar *v. tr.* **1.** Juzgar las cosas fundándose en los principios de la ciencia o en las reglas del arte. **2.** Censurar, vituperar, etc., la conducta o acciones de alguien.

crítico, ca *adj.* **1.** Que pertenece a la crítica. **2.** Relativo a la crisis. **3.** Decisivo. ‖ *s. m. y s. f.* **4.** Persona que juzga según las reglas de la crítica. ‖ *s. f.* **5.** Arte de juzgar de la verdad y belleza de las cosas. **6.** Conjunto de opiniones vertidas sobre un asunto.

croar *v. intr.* Cantar la rana.

croché *s. m.* **1.** Gancho, ganchillo. **2.** Labor que se hace con ellos.

cromar *v. tr.* Dar un baño de cromo a los objetos metálicos para hacerlos inoxidables.

cromo *s. m.* Metal blanco gris, quebradizo, que se emplea para rayar el vidrio.

cromosfera *s. f.* Parte de la fotosfera que se supone compuesta de hidrógeno inflamado.

cromosoma *s. m.* Cada una de las porciones de los filamentos o gránulos del núcleo celular, que durante la mitosis se dividen, forman el huso y los dos núcleos hijos.

crónico, ca *adj.* **1.** Se aplica a las enfermedades habituales. **2.** Que viene de tiempo atrás. || *s. f.* **3.** Historia en que se observa el orden de los tiempos. **4.** Artículo periodístico sobre temas de actualidad.

cronología *s. f.* **1.** Ciencia que tiene por objeto determinar el orden y fechas de los sucesos históricos. **2.** Serie de personas o sucesos históricos por orden de fechas.

cronometraje *s. m.* Operación de medir con el cronómetro el tiempo que dura una acción.

cronómetro *s. m.* Reloj de fabricación muy esmerada, para conseguir la mayor regularidad en el movimiento de su máquina.

croqueta *s. f.* Fritura que se hace en pequeños trozos y de forma ovalada, rellena de carne, pollo, pescado, etc., y rebozada con huevo y harina o pan rallado.

croquis *s. m.* Dibujo ligero, tanteo.

cross *s. m.* Carrera de campo a través.

crótalo *s. m.* Serpiente venenosa de América que tiene en la punta de la cola una especie de anillos o discos.

cruasán *s. m.* Especialidad de bollería hecha de hojaldre en forma de media luna.

cruce *s. m.* **1.** Acción de cruzar. **2.** Punto donde se cortan mutuamente dos líneas.

crucero *s. m.* Espacio en que se cruzan la nave mayor de una iglesia y la que la atraviesa.

crucial *adj., fig.* Decisivo, resolutorio.

crucificar *v. tr.* **1.** Fijar o clavar en una cruz a una persona. **2.** *fam.* Sacrificar.

crucifijo *s. m.* Efigie o imagen de Cristo crucificado.

crucifixión *s. f.* Acción y efecto de crucificar.

crucigrama *s. m.* Pasatiempo consistente en un cuadro dividido en casillas blancas y negras, a modo de tablero de ajedrez, en que las blancas representan los huecos para las letras de las palabras que se deben combinar en sentido horizontal y vertical.

crudeza *s. f.* Rigor o aspereza.

crudo, da *adj.* **1.** Se dice de los comestibles que no están cocidos. **2.** *fig.* Cruel, áspero, despiadado.

cruel *adj.* Que se deleita haciendo mal a un ser viviente.

crueldad *s. f.* **1.** Inhumanidad, fiereza del ánimo. **2.** Acción cruel e inhumana.

cruento, ta *adj.* Sanguinario.

crujir *v. intr.* Hacer cierto ruido los cuerpos cuando rozan unos con otros o se rompen.

crúor *s. m.* Principio colorante de la sangre.

crustáceo, a *adj.* Se aplica a los animales de respiración branquial, caparazón duro o flexible, y que tienen cierto número de patas dispuestas simétricamente.

cruz *s. f.* **1.** Figura formada de dos líneas que se cortan perpendicularmente. **2.** Patíbulo formado por un madero hincado perpendicularmente en el suelo y atravesado por otro en su parte superior. **3.** Insignia y señal de cristiano.

cruzada *s. f.* **1.** Expedición militar contra los infieles. **2.** Tropa que iba en esta expedición.

cruzar *v. tr.* **1.** Atravesar. **2.** Dar machos de distintas procedencias a las hembras de los animales de la misma especie para mejorar la casta.

cuaderno *s. m.* Conjunto de pliegos de papel, doblados y cosidos en forma de libro.

cuadrado, da *adj.* **1.** Se aplica a la figura plana cerrada por cuatro líneas rectas iguales que forman otros tantos ángulos rectos. También s. m. **2.** *fig.* Perfecto, cabal.

cuadragésimo, ma *adj.* **1.** Que sigue inmediatamente al o a lo trigésimo nono. **2.** Se dice de cada una de las cuarenta partes iguales en que se divide un todo.

cuadrángulo, la *adj.* Que tiene cuatro ángulos. Se usa más como s. m.

cuadrante *s. m.* Cada una de las cuatro porciones en que la media esfera del cielo superior al horizonte queda dividida por el meridiano y el primer vertical.

cuadrar *v. tr.* **1.** Dar a una cosa figura de cuadro. **2.** Tratándose de cuentas, balances, etc., hacer coincidir las sumas del debe con las del haber. ‖ *v. intr.* **3.** Ajustarse una cosa con otra.

cuadrícula *s. f.* Conjunto de los cuadrados que resultan de cortarse perpendicularmente ambos series de rectas paralelas y equidistantes.

cuadricular *v. tr.* Trazar líneas que formen una cuadrícula.

cuadriga *s. f.* Tiro de cuatro caballos enganchados de frente.

cuadrilátero *s. m.* Polígono de cuatro lados.

cuadrilla *s. f.* Reunión de personas para el desempeño de algunos oficios.

cuadrilongo, ga *adj.* Rectangular.

cuadrivio *s. m.* **1.** Lugar donde concurren cuatro sendas o caminos. **2.** Antiguamente, conjunto de cuatro artes matemáticas: aritmética, música, geometría y astronomía o astrología.

cuadro, dra *adj.* **1.** De figura cuadrada. ‖ *s. m.* **2.** Lienzo, lámina, etc., de pintura. ‖ *s. f.* **3.** Caballeriza.

cuadrúpedo *adj.* Se aplica al animal que tiene cuatro pies. También s. m.

cuádruple *adj. num.* Que contiene un número exactamente cuatro veces.

cuadruplicar *v. tr.* **1.** Hacer cuádruple. **2.** Hacer una cosa cuatro veces mayor.

cuajada *s. f.* Parte crasa de la leche que, por la acción del calor o de un cuajo, se espesa para hacer requesón, queso, etc.

cuajar[1] *s. m.* Última de las cuatro cavidades del estómago de un rumiante.

cuajar[2] *v. tr.* **1.** Unir las partes de un líquido para convertirse en sólido. ‖ *v. intr.* **2.** *fam.* Lograrse, tener efecto una cosa.

cuajarón *s. m.* Porción de sangre o de otro líquido que se ha cuajado.

cuajo *s. m.* **1.** Materia que en los rumiantes que todavía no pacen está contenida en el cuajar para coagular la leche. **2.** Sustancia con que se cuaja un líquido. **3.** *fig. y fam.* Calma, lentitud.

cual *pron. rel.* **1.** Equivale al pronombre "que". **2.** Se emplea con acento en frases interrogativas o dubitativas. ‖ *adj.* **3.** Adjetivo correlativo que expresa idea de igualdad o semejanza.

cualesquiera *adj. y pron. indef.* Plural de cualquiera.

cualidad *s. f.* **1.** Cada una de las circunstancias o caracteres, naturales o adquiri-

dos, que distinguen a las personas o cosas. **2.** Calidad, manera de ser.
cualificado, da *adj.* **1.** Que posee autoridad y merece respeto. **2.** De buena calidad o buenas cualidades. **3.** Se dice del trabajador que está especialmente preparado para una tarea determinada.
cualitativo, va *adj.* Que denota cualidad.
cualquier *adj. indef.* Apócope de cualquiera. También pron.
cualquiera *adj. indef.* Una persona indeterminada, alguien. También pron.
cuan *adv. c.* Se usa para encarecer la significación del adjetivo, el participio y otras partes de la oración, excepto el verbo, precediéndolas siempre.
cuando *conj. temp.* **1.** En el tiempo, en el punto, en la ocasión en que. ‖ *adv. t.* **2.** En sentido interrogativo, y también refiriéndose a verbo anteriormente citado, equivale a "en qué tiempo".
cuantía *s. f.* Cantidad, porción de algo.
cuantioso, sa *adj.* Grande en cantidad o número.
cuantitativo, va *adj.* Se dice de lo relativo a la cantidad.
cuanto, ta *pron. rel.* **1.** Equivale a "todos los que" y "todas las que". ‖ *pron. excl. e int.* **2.** Se emplea para inquirir o ponderar el número, la cantidad, el precio, el tiempo, el grado, etc., de algo.
cuarcita *s. f.* Roca silícea, de textura granujienta, fractura astillosa y lustre craso.
cuarenta *adj. num.* Cuatro veces diez.
cuarentena *s. f.* **1.** Conjunto de 40 unidades. **2.** Tiempo de cuarenta días, meses o años. **3.** Espacio de tiempo en que los que vienen de un lugar sospechoso de algún mal contagioso están sin comunicación.
cuaresma *s. f.* Tiempo de 46 días que dura desde el miércoles de ceniza, inclusive, al domingo de Resurrección.
cuarta *s. f.* Cada una de las cuatro partes iguales en que se divide un todo.
cuartal *s. m.* Pan que de ordinario tiene la cuarta parte de una hogaza.
cuartear *v. tr.* Partir una cosa en cuatro partes.
cuartel *s. m.* **1.** Cada uno de los distritos en que se suelen dividir las grandes poblaciones. **2.** Cada una de las partes en que se acuartela el ejército cuando está en campaña y se distribuyen en regimientos.
cuarteo *s. m.* Movimiento rápido del cuerpo para evitar un golpe.
cuarteta *s. f.* Redondilla, combinación de cuatro versos de arte menor.
cuarteto *s. m.* **1.** Combinación métrica de cuatro versos endecasílabos. **2.** Composición para cantarse a cuatro voces diferentes.
cuartilla *s. f.* Medida de capacidad para áridos, cuarta parte de una fanega.
cuarto, ta *adj. num.* **1.** Se dice de cada una de las cuatro partes iguales en que se divide un todo. También s. m. **2.** Que ocupa el último lugar en una serie ordenada de cuatro. También pron. ‖ *s. m.* **3.** Parte de una casa destinada para una familia. **4.** Habitación.
cuarzo *s. m.* Mineral formado por la sílice, de brillo vítreo color blanco y muy duro.
cuasi *adv. c.* Casi.
cuasia *s. f.* Planta rutácea medicinal.
cuaternario, ria *adj.* Que consta de cuatro unidades, números o elementos.
cuatrero, ra *adj.* Se dice del ladrón de caballerías. También s. m. y s. f.

cuatrimestre *adj.* **1.** Que dura cuatro meses. || *s. m.* **2.** Espacio de cuatro meses.
cuatro *adj. num.* Tres y uno.
cuatrocientos, tas *adj. num.* Cuatro veces cien.
cuba *s. f.* **1.** Recipiente de madera que sirve para contener agua, vino, aceite u otros líquidos. **2.** *fam.* Persona que bebe mucho.
cubalibre *s. m.* Bebida alcohólica, combinado de un refresco y algún tipo de alcohol.
cubertería *s. f.* Conjunto de cucharas, tenedores, cuchillos y utensilios semejantes para el servicio de mesa.
cubicar *v. tr.* Elevar a la tercera potencia a un número polinomio o a un monomio.
cubículo *s. m.* Aposento, alcoba.
cubierto, ta *s. m.* **1.** Servicio de mesa que se pone a cada uno de los que han de comer. **2.** Juego compuesto de cuchara, tenedor y cuchillo. || *s. f.* **3.** Lo que se pone encima de alguna cosa para taparla.
cubil *s. m.* **1.** Sitio donde los animales se recogen para dormir. **2.** Cauce de las aguas corrientes.
cubilete *s. m.* Vaso de cobre más ancho por la boca que por la base.
cúbito *s. m.* El hueso más largo y grueso de los dos que forman el antebrazo.
cubo *s. m.* **1.** Vaso con asa de madera, metal u otra sustancia. **2.** Tercera potencia de un número, monomio o polinomio. **3.** Sólido regular limitado por seis cuadrados iguales.
cuboides *adj.* Se dice del hueso de tarso, situado en el borde externo del pie.
cubrecama *s. f.* Colcha.
cubrir *v. tr.* **1.** Ocultar y tapar una cosa con otra. También prnl. **2.** Proteger la acción ofensiva o defensiva de alguien.

cucamonas *s. f. pl., fam.* Carantoñas.
cucaña *s. f.* **1.** Palo largo, untado de jabón o de grasa, por el que se ha de trepar para coger como premio un objeto colocado en su extremidad.
cucaracha *s. f.* **1.** Cochinilla, crustáceo terrestre. **2.** Insecto de color negro por encima y rojizo por debajo.
cuchara *s. f.* Instrumento en forma de palita con que se llevan a la boca los líquidos, las cosas blandas o menudas.
cucharón *s. m.* Cacillo para servir en la mesa algunos manjares.
cuchichear *v. intr.* Hablar en voz baja o al oído a alguien.
cuchichiar *v. intr.* Cantar la perdiz.
cuchilla *s. f.* Instrumento compuesto de una hoja muy ancha de hierro acerado, de un solo corte.
cuchillo *s. m.* Instrumento acerado de una hoja y un solo corte.
cuchipanda *s. f., fam.* Comida que toman varias personas.
cuchufleta *s. f., fam.* Dicho de chanza.
cuclillo *s. m.* Ave trepadora.
cuco, ca *adj.* **1.** *fam.* Pulido, mono. **2.** *fam.* Taimado y astuto.
cucú *s. m.* Canto del cuclillo.
cucurucho *s. m.* Papel arrollado en forma cónica.
cuello *s. m.* **1.** Parte del cuerpo que une la cabeza con el tronco. **2.** Tira de una tela, que se une a la parte superior de los vestidos.
cuenca *s. f.* **1.** Escudilla de madera. **2.** Cavidad en que está cada uno de los ojos. **3.** Territorio cuyas aguas afluyen todas al mismo río, lago o mar.
cuenco *s. m.* Vaso de barro, hondo y ancho, y sin borde.

cuenta *s. f.* **1.** Acción de contar. **2.** Cálculo u operación aritmética. **3.** Razón, satisfacción de alguna cosa. **4.** Cálculo, cómputo.

cuentagotas *s. m.* Utensilio que sirve para contar un líquido gota a gota.

cuentahílos *s. m.* Útil para contar en un tejido la cantidad de hilos que tiene.

cuentista *adj., fam.* Chismoso.

cuento *s. m.* **1.** Relación de un suceso, de una cosa falsa o de pura invención. **2.** Fábula. **3.** Cómputo. **4.** Chisme.

cuerda *s. f.* **1.** Conjunto de hilos que torcidos forman un solo cuerpo grueso y largo. **2.** Línea recta tirada de la parte de un arco a la otra.

cuerdo, da *adj.* **1.** Se dice del que está en su juicio. **2.** Prudente.

cuerno *s. m.* **1.** Prolongación ósea que tienen algunos animales en la región frontal. **2.** Antena de los animales articulados.

cuero *s. m.* **1.** Pellejo que cubre la carne de los animales. **2.** Odre.

cuerpo *s. m.* **1.** Lo que tiene extensión limitada y produce impresión en nuestros sentidos por calidades que le son propias. **2.** En el ser humano y en los animales, materia orgánica que constituye sus diferentes partes.

cuervo *s. m.* Pájaro carnívoro, de plumaje negro con visos pavonados.

cuesco *s. m.* **1.** Hueso de la fruta. **2.** *fam.* Pedo ruidoso.

cuesta *s. f.* Terreno en pendiente.

cuestión *s. f.* **1.** Pregunta que se hace para averiguar la verdad de algo. **2.** Gresca, riña. **3.** Materia de discusión. **4.** Problema.

cuestionar *v. tr.* Controvertir algo dudoso.

cuestionario *s. m.* Libro o serie de preguntas.

cuestor *s. m.* Magistrado romano.

cueva *s. f.* Cavidad natural o artificial más o menos extensa y subterránea.

cuévano *s. m.* Cesto grande y hondo, tejido de mimbre, un poco más ancho de arriba que de abajo.

cuezo *s. m.* Artesilla en que se amasa el yeso.

cuidado *s. m.* **1.** Solicitud y atención para hacer bien alguna cosa. **2.** Dependencia o negocio que está a cargo de alguien. **3.** Recelo, sobresalto, temor.

cuidadoso, sa *adj.* **1.** Solícito y diligente en la ejecución de algo. **2.** Atento, vigilante.

cuidar *v. tr.* **1.** Poner diligencia, atención y solicitud en la ejecución de alguna cosa. **2.** Asistir, guardar, conservar algo. || *v. prnl.* **3.** Mirar o cuidar por su salud.

cuita *s. f.* Trabajo, aflicción, desventura.

cuitado, da *adj.* Afligido, desventurado.

cuja *s. f.* Bolsa de cuero asida a la silla del caballo, para meter el puntal de la lanza.

culata *s. f.* Parte posterior de la caja de la escopeta, pistola o fusil.

culebra *s. f.* Reptil sin pies, de cuerpo cilíndrico y muy largo respecto al de su grueso.

culebrear *v. intr.* Andar formando eses.

culebrina *s. f.* Pieza antigua de artillería, larga y de poco calibre.

culebrón *s. m., fig.* Serie de televisión compuesta por muchos capítulos.

culinario, ria *adj.* Relativo a la cocina.

culmen *s. m.* Punto más elevado de algo.

culminar *v. intr.* **1.** Llegar una cosa a la posición más elevada que puede tener. **2.** Pasar un astro por el meridiano superior al observador. || *v. tr.* **3.** Dar fin o cima a una tarea.

culo *s. m.* **1.** Parte posterior o asentaderas. **2.** Ancas del animal. **3.** Ano.

culpa *s. f.* Falta cometida a sabiendas y voluntariamente.

culpar *v. tr.* Atribuir la culpa. También prnl.

cultivar *v. tr.* **1.** Dar a la tierra y a las plantas para que fructifiquen las labores necesarias. **2.** Hablando de la amistad, trato, etc., poner los medios para mantenerlos.

culto, ta *adj.* **1.** Se dice de las tierras y plantas cultivadas. **2.** *fig.* Dotado de las calidades que provienen de la cultura o instrucción. || *s. m.* **3.** Homenaje que el hombre tributa a Dios.

cultura *s. f.* **1.** Cultivo. **2.** *fig.* Resultado de cultivar los conocimientos humanos.

culturar *v. tr.* Cultivar la tierra.

cumbé *s. m.* Cierto baile africano.

cumbre *s. f.* Cima de un monte.

cúmplase *v. m.* Decreto que, para que puedan tomar posesión de su destino, se coloca en el título de los funcionarios públicos.

cumpleaños *s. m.* Aniversario del nacimiento de una persona.

cumplimentar *v. tr.* **1.** Dar parabién a alguien. **2.** Poner en ejecución los despachos u órdenes superiores.

cumplir *v. tr.* **1.** Ejecutar, llevar a efecto. **2.** Dicho de la edad, llegar a tener aquella que se indica. || *v. intr.* **3.** Hacer alguien aquello que debe o está obligado. **4.** Ser el tiempo o día que termina la obligación, empeño o plazo. || *v. prnl.* **5.** Verificarse, realizarse.

cúmulo *s. m.* **1.** Montón, conjunto de cosas. **2.** *fig.* Conjunto de nubes que tienen apariencia de montañas nevadas.

cuna *s. f.* **1.** Camita para niños. **2.** Patria o lugar de nacimiento de alguien. **3.** *fig.* Estirpe, linaje. **4.** *fig.* Origen de una cosa.

cundir *v. intr.* **1.** Extenderse hacia todas partes una cosa. **2.** Propagarse una cosa con rapidez. **3.** Dar mucho de sí una cosa.

cuneta *s. f.* Zanja en cada uno de los lados de un camino.

cuña *s. f.* Pieza de madera o metal terminada en ángulo diedro muy agudo, que se emplea para dividir cuerpos sólidos.

cuñado, da *s. m. y s. f.* Hermano o hermana del marido respecto a la mujer, y de la mujer respecto al marido.

cuño *s. m.* **1.** Troquel con que se sellan las monedas, medallas y otras cosas análogas. **2.** Impresión o señal que deja.

cuota *s. f.* **1.** Parte o porción fija y determinada. **2.** Cantidad que se designa a cada contribuyente en la lista cobratoria.

cupé *s. m.* Berlina, coche.

cuplé *s. m.* Copla, canción, tonadilla.

cupo *s. m.* Cuota, parte asignada.

cupón *s. m.* Cada una de las partes de un documento de la deuda pública o de una sociedad individual, que periódicamente se van cortando para presentarlas al cobro de los intereses vencidos.

cúprico, ca *adj.* De cobre o relativo a él.

cúpula *s. f.* **1.** Bóveda en forma de una media esfera, con la que suele cubrirse parte de un edificio o todo él.

cura *s. m.* **1.** Sacerdote. || *s. f.* **2.** Curación.

curación *s. f.* Acción o efecto de curar.

curandero, ra *s. m. y s. f.* Persona que sin ser médico se dedica a curar.

curar *v. intr.* **1.** Sanar. También prnl. || *v. tr.* **2.** Aplicar al enfermo los remedios necesarios. **3.** Preparar las carnes y pescados para que se conserven.

curasao *s. m.* Licor fabricado de corteza de naranja y otros ingredientes.

curato *s. m.* **1.** Cargo espiritual del cura de almas. **2.** Parroquia.

cúrcuma *s. f.* Rizoma que se parece al jengibre, huele como él y es algo amargo.

cureña *s. f.* Armazón en la cual se monta el cañón de artillería.

curia *s. f.* **1.** Tribunal en el que se tratan los negocios contenciosos. **2.** Conjunto de abogados, procuradores y empleados en la administración de justicia.

curiosear *v. intr.* **1.** Ocuparse de lo que otros hacen o dicen. **2.** Fisgonear.

curiosidad *s. f.* **1.** Deseo de averiguar o saber alguna cosa. **2.** Aseo, limpieza.

curioso, sa *adj.* **1.** Que tiene curiosidad. **2.** Limpio y aseado. **3.** Interesante.

currículo *s. m.* Plan de estudios.

currículum vitae *s. m.* Relación de los títulos, cargos, trabajos realizados, datos biográficos, etc. que califican a una persona.

curruca *s. f.* Pájaro canoro, de plumaje pardo por encima y blanco por debajo.

cursar *v. tr.* **1.** Estudiar una materia en una universidad, colegio, etc. **2.** Dar curso a una solicitud, instancia, etc.

cursi *adj., fam.* Que, sin serlo, presume de fino y elegante.

cursillo *s. m.* **1.** Curso de poca duración para completar la preparación. **2.** Serie de conferencias acerca de una materia.

cursivo, va *adj.* Se dice del carácter y de la letra de mano que se liga mucho para escribir de prisa. También s. f.

curso *s. m.* **1.** Dirección o carrera. **2.** Tiempo señalado en cada año para asistir a oír las lecciones en las universidades o escuelas públicas. **3.** Serie de informes, consultas, etc., que precede a la resolución de un expediente.

cursor *s. m.* Pieza pequeña que en algunos aparatos se desliza sobre otra mayor.

curtido *s. m.* **1.** Cuero curtido. Se usa más en pl. **2.** Corteza de ciertos árboles.

curtir *v. tr.* **1.** Adobar, aderezar las pieles. **2.** *fig.* Tostar el sol el cutis de las personas que andan a la intemperie.

curuja *s. f.* Lechuza.

curva *s. f.* Línea curva.

curvar *v. tr.* Combar, encorvar.

curvatura *s. f.* Desvío de la dirección recta.

curvilíneo, a *adj.* **1.** Compuesto de líneas curvas. **2.** Que se dirige en línea curva.

curvo, va *adj.* Se dice del que se aparta de la dirección recta sin formar ángulos. También s. m. y s. f.

cuscurro *s. m.* Pequeño cantero de pan muy cocido.

cuscuta *s. f.* Planta parásita convolvulácea, sin hojas y de flores sonrosadas.

cúspide *s. f.* **1.** Cumbre puntiaguda de los montes. **2.** Remate de alguna cosa que termina en punta en la parte superior.

custodiar *v. tr.* Guardar con cuidado.

cutáneo, a *adj.* Perteneciente al cutis.

cutí *s. m.* Tela de lienzo rayado o con otros dibujos.

cutícula *s. f.* **1.** Película, piel delgada y delicada. **2.** Epidermis.

cutis *s. m.* Piel que cubre el rostro.

cutre *adj.* Tacaño, miserable

cuyo, ya *pron. rel.* Además de relativo tiene el carácter de posesivo y concierta no con el poseedor, sino con la persona o cosa poseída.

D

d *s. f.* **1.** Cuarta letra del abecedario español y tercera de sus consonantes. **2.** Sexta letra de la numeración romana, que tiene el valor de quinientos.

dable *adj.* Hacedero, posible.

daca *contracc.* Da, o dame, acá.

dactiloscopia *s. f.* Sistema de identificación mediante el estudio de las impresiones digitales.

dádiva *s. f.* Cosa que se da gratuitamente.

dado *s. m.* Pieza cúbica en cuyas caras hay señalados puntos desde uno hasta seis.

daga[1] *s. f.* Arma blanca de hoja parecida a la espada, pero mucho más corta.

daga[2] *s. f.* Cada una de las tongas de ladrillo que se cuecen a la vez en el horno.

daguerrotipo *s. m.* Arte de fijar en las chapas metálicas las imágenes formadas en la cámara oscura.

dalia *s. f.* Planta compuesta anual de jardín, de flores de botón central amarillo y corola grande, con muchos pétalos de variada coloración.

dalmática *s. f.* Vestidura sagrada que se pone encima del alba.

daltonismo *s. m.* Defecto de la vista que consiste en no percibir determinados colores o confundir alguno de los que se perciben.

dama *s. f.* **1.** Mujer noble o distinguida. **2.** Cada una de las señoras que acompañaban y servían a la reina o a las princesas.

damajuana *s. f.* Vasija de vidrio o barro cocido, de cuello corto y protegida por un revestimiento de mimbre o paja.

damasco *s. m.* Tela fuerte de seda o lana y con dibujos formados con el tejido.

damasquinado *s. m.* Incrustación de metales finos sobre hierro o acero.

damisela *s. f.* Joven bonita, alegre y que presume de dama.

damnificar *v. tr.* Causar daño a alguna persona o cosa.

danzar *v. tr.* Bailar.

danzarín, na *s. m. y s. f.* Persona que danza con destreza.

dañar *v. tr.* **1.** Causar determinado perjuicio, dolor, etc. También prnl. **2.** Maltratar o echar a perder una cosa. También prnl.

dar *v. tr.* **1.** Donar. **2.** Entregar. **3.** Conceder, otorgar. También prnl.

dardo *s. m.* **1.** Arma arrojadiza, semejante a una lanza pequeña y delgada, que se tira con la mano. **2.** Dicho satírico o agresivo.

dársena *s. f.* Parte resguardada artificialmente, en aguas navegables, dispuesta para la carga y descarga.

data *s. f.* En un escrito, inscripción, etc., indicación del lugar y tiempo en que se ha escrito.

datar *v. tr.* Poner la data.

dátil *s. m.* Fruto comestible de la palmera, de carne blanquecina y hueso muy duro.

dativo *s. m.* Caso de la declinación gramatical en que se pone la palabra que desempeña la función de objeto indirecto.

dato *s. m.* **1.** Antecedente necesario para llegar al conocimiento de una cosa. **2.** Documento, testimonio. **3.** Unidad funcional de información.

de *prep.* Indica posesión o pertenencia.

deán *s. m.* Persona que preside, después del prelado, el cabildo de una catedral.

debajo *adv. l.* En lugar o puesto inferior.

debatir *v. tr.* **1.** Altercar, discutir, contender. **2.** Combatir, guerrear.

debe *s. m.* Una de las dos partes en que se dividen las cuentas corrientes, en la que aparecen las cantidades que se cargan al titular de la cuenta.

debelar *v. tr.* Rendir a fuerza de armas al enemigo.

deber[1] *s. m.* Aquello a que está obligado el ser humano por los preceptos religiosos o por las leyes naturales o positivas.

deber[2] *v. tr.* Estar obligado a algo por la ley divina, natural o positiva. También prnl.

débil *adj.* De poco vigor o de poca fuerza.

debilidad *s. f.* Falta de fuerza física o moral.

debilitar *v. tr.* Disminuir la fuerza, el vigor o el poder de alguien o algo. También prnl.

debut *s. m.* Estreno, primera actuación en público de un artista, compañía, etc.

debutar *v. intr.* Presentarse un artista, compañía, etc. por primera vez ante el público.

década *s. f.* **1.** Serie de diez. **2.** Período de diez días. **3.** Período de diez años.

decadencia *s. f.* Declinación, menoscabo, principio de debilidad o de ruina.

decaedro *s. m.* Sólido de diez caras.

decaer *v. intr.* Ir a menos, perder una persona o cosa alguna parte de las condiciones o propiedades que constituían su fuerza, bondad, importancia o valor.

decágono *s. m.* Polígono de diez lados.

decagramo *s. m.* Peso de diez gramos.

decanato *s. m.* Dignidad de decano y despacho que ocupa oficialmente.

decano, na *s. m. y s. f.* Miembro más antiguo de una comunidad, cuerpo, junta, etc.

decantar[1] *v. tr.* Propalar, ponderar.

decantar[2] *v. tr.* Inclinar una vasija sobre otra, para que caiga el líquido contenido en la primera sin que salga el poso.

decapitar *v. tr.* Cortar la cabeza.

decápodo, da *adj.* Se dice de los crustáceos que tienen diez patas.

decasílabo, ba *adj.* De diez sílabas.

decena *s. f.* Conjunto de diez unidades.

decenal *adj.* **1.** Que se repite cada decenio. **2.** Que dura un decenio.

decencia *s. f.* **1.** Aseo de una persona o cosa. **2.** Recato, honestidad, modestia.

decenio *s. m.* Período de diez años.

decente *adj.* **1.** Honesto. **2.** Ordenado, limpio.

decenviro *s. m.* En la Roma antigua, cada uno de los miembros de una comisión de diez personas.

decepción *s. f.* Engaño.

deciárea *s. f.* Medida de superficie, equivalente a la décima parte de un área.

decidido, da *adj.* Resuelto, audaz.

decidir *v. tr.* **1.** Cortar la dificultad, formar juicio definitivo sobre algún asunto dudoso. **2.** Resolver. También prnl.

decigramo *s. m.* Peso equivalente a la décima parte de un gramo.

decilitro *s. m.* Medida de capacidad que equivale a la décima parte de un litro.

décima *s. f.* Cada una de las diez partes iguales en que se divide un todo.

decimal *adj.* **1.** Se aplica a cada una de las diez partes iguales en que se divide un todo. **2.** Se dice del sistema de numeración cuya base es diez.

decir *v. tr.* **1.** Manifestar con palabras lo que se piensa o siente. **2.** Asegurar, sostener.

decisión *s. f.* Determinación, resolución adoptada en una cosa dudosa.

decisivo, va *adj.* Que decide o resuelve.

declamar *v. intr.* Hablar o recitar con la entonación debida y los ademanes convenientes. También intr.

declarar *v. tr.* **1.** Dar a conoce lo que está oculto. **2.** Manifestar los testigos o el reo ante el juez lo que saben acerca de lo que se les pregunta. También prnl.

declaratorio, ria *adj.* Que declara o explica lo que no se sabía o estaba dudoso.

declinación *s. f.* **1.** Caída, descenso o declive. **2.** *fig.* Decadencia, menoscabo. **3.** *fig.* En las lenguas flexivas, serie ordenada de los casos gramaticales.

declinar *v. intr.* **1.** Inclinarse hacia abajo o hacia un lado u otro. **2.** *fig.* Decaer, menguar. **3.** Poner las palabras declinables en los casos gramaticales.

declive *s. m.* Pendiente, cuesta o inclinación del terreno o de la superficie de una cosa.

decomisar *v. tr.* Declarar que una mercancía ha caído en decomiso.

decomiso *s. m.* **1.** Pena del perdimiento de la cosa, en que incurre quien comercia en géneros prohibidos. **2.** Pérdida de la persona que contraviene un contrato en que se estipuló esta pena. **3.** Cosa decomisada.

decoración *s. f.* **1.** Cosa que decora. **2.** En el teatro, telones, bambalinas y objetos con que se figura el lugar de la escena.

decorar *v. tr.* Adornar una cosa o un sitio.

decoro *s. m.* **1.** Honor, respeto que se debe a una persona. **2.** Circunspección, gravedad. **3.** Pureza, honestidad, recato.

decrecer *v. intr.* Disminuir, menguar.

decrepitud *s. f.* Extrema debilitación de las facultades físicas y mentales a causa de la vejez.

decreto *s. m.* Decisión o determinación tomada por la autoridad competente.

decúbito *s. m.* Posición que adoptan las personas o los animales cuando se echan en el suelo, en la cama, etc.

décuplo, pla *adj. num.* Que contiene un número exactamente diez veces.

decuria *s. f.* En la antigua Roma, grupo civil o político de diez personas.

decurión *s. m.* Jefe de una decuria.

decurso *s. m.* Sucesión del tiempo.

dedal *s. m.* Utensilio pequeño, cilíndrico y hueco, que sirve para proteger la punta del dedo cuando se cose.

dédalo *s. m., fig.* Laberinto, lugar o cosa confusos y enmarañados.

dedicar *v. tr.* **1.** Consagrar, destinar algo a un fin. **2.** Consagrar una cosa a personajes eminentes, hechos gloriosos, etc.

dedicatoria *s. f.* Carta o nota dirigida a la persona a quien se dedica una obra.

dedil *s. m.* Cada una de las fundas que se ponen en los dedos para que no se lastimen o manchen en ciertos trabajos.

dedo *s. m.* Cada una de las cinco partes en que terminan la mano y el pie del ser humano y de muchos animales.

deducir *v. tr.* **1.** Sacar consecuencias de un principio, proposición o supuesto. **2.** Rebajar, restar alguna partida de una cantidad.

defecar *v. tr.* Quitar las heces o impurezas. ‖ *v. intr.* **2.** Expeler los excrementos.

defectivo, va *adj.* **1.** Defectuoso. **2.** Se dice del verbo cuya conjugación no es completa.

defecto *s. m.* **1.** Carencia o falta de las cualidades propias y naturales de una cosa. **2.** Imperfección natural o moral.

defectuoso, sa *adj.* Imperfecto, falto.

defender *v. tr.* **1.** Amparar, librar, proteger. También prnl. **2.** Mantener, sostener una cosa contra el dictamen ajeno.

defendido, da *adj.* Se dice de la persona a quien defiende un abogado.

defensa *s. f.* Arma, instrumento u otra cosa con que alguien se defiende.

defensiva *s. f.* Situación o estado de la persona que sólo trata de defenderse.

deferente *adj.* **1.** Que defiere o asiente a la opinión ajena por atención, respeto, etc. **2.** *fig.* Respetuoso, cortés.

deferir *v. intr.* Adherirse al dictamen de alguien por respeto o cortesía.

deficiencia *s. f.* Defecto o imperfección.

deficiente *adj.* **1.** Falto o incompleto. **2.** Que tiene algún defecto o que no alcanza el nivel considerado normal.

déficit *s. m.* En el comercio, cantidad que falta a las ganancias para que se equilibren con los gastos.

definición *s. f.* **1.** Proposición que expone con exactitud los caracteres genéricos y diferenciales de algo. **2.** Explicación de cada uno de los vocablos, locuciones, expresiones, etc., que tiene un diccionario. **3.** Nitidez de reproducción de una imagen fotográfica o de televisión.

definir *v. tr.* **1.** Fijar con claridad, exactitud y precisión la significación de una palabra o la naturaleza de una persona o cosa. **2.** Decidir, resolver una cosa dudosa.

definitivo, va *adj.* Que resuelve o concluye.

deflagrar *v. intr.* Arder una sustancia súbitamente con llama y sin explosión.

deformar *v. tr.* Alterar la forma natural de una persona o cosa. También prnl.

deforme *adj.* Desproporcionado o irregular en la forma.

deformidad *s. f.* Cosa deforme.

defraudar *v. tr.* **1.** Privar a alguien, con abuso de su confianza y con engaño, de lo que le toca de derecho. **2.** Cometer un fraude.

defunción *s. f.* Muerte de una persona.

degeneración *s. f.* **1.** Alteración grave o pérdida de los caracteres funcionales o morfológicos de los tejidos o elementos anatómicos. **2.** Disminución progresiva de las facultades físicas y mentales de una persona. **3.** Pasar de un estado a otro más grave.

degenerar *v. intr.* **1.** Decaer de las cualidades de su especie, raza o linaje. **2.** Decaer, desdecir de la primera calidad o estado.

deglutir *v. intr.* Tragar los alimentos.

degollar *v. tr.* Cortar la garganta o el cuello a una persona o a un animal.

degradar *v. tr.* **1.** Privar a una persona de sus dignidades, honores, etc. **2.** Humillar, envilecer. También prnl.

degustar *v. tr.* **1.** Probar alimentos o bebidas. **2.** Disfrutar de una sensación agradable.

dehesa *s. f.* Tierra acotada para pastos.

dehiscente *adj.* Se dice del fruto cuyo pericarpio se abre naturalmente para que salga la semilla.

deicida *adj.* Se dice de los que dieron muerte a Jesucristo o contribuyeron a ella.

deificar *v. tr.* **1.** Divinizar. **2.** *fig.* Ensalzar excesivamente.

dejadez *s. f.* Pereza, negligencia, abandono de sí mismo o de sus cosas.

dejar *v. tr.* **1.** Soltar una cosa. **2.** Abandonar.

delación *s. f.* Acusación, denuncia.

delantal *s. m.* **1.** Prenda de vestir que, atada a la cintura, se usa para cubrir la parte delantera del traje o vestido. **2.** Mandil.

delante *adv. l.* Con prioridad de lugar, en la parte anterior o en sitio detrás del cual está una persona o cosa.

delantera *s. f.* **1.** Parte anterior de una cosa. **2.** Distancia con que uno se adelanta a otro en el camino.

delantero, ra *adj.* **1.** Que está o va delante. || *s. m.* y *s. f.* **2.** En algunos deportes, persona que juega en la primera línea.

delatar *v. tr.* **1.** Revelar a la autoridad un delito designando el autor. **2.** Descubrir, poner de manifiesto algo que estaba oculto.

delator, ra *adj.* Denunciador, acusador.

dele *s. m.* Signo con que el corrector indica en las pruebas que se debe efectuar la supresión de una palabra, letra, párrafo, etc.

delegado, da *adj.* Se dice de la persona en quien se delega una facultad o jurisdicción.

delegar *v. tr.* Dar una persona a otra la jurisdicción que tiene por su dignidad u oficio, para que haga sus veces.

deleitar *v. tr.* Producir deleite.

deleite *s. m.* **1.** Placer del ánimo. **2.** Placer sensual.

deletéreo, a *adj., fig.* Mortífero, venenoso.

deletrear *v. intr.* Pronunciar separadamente las letras de cada sílaba, las sílabas de cada palabra y luego la palabra entera.

delfín *s. m.* Mamífero cetáceo carnívoro, de cabeza voluminosa y hocico prolongado en forma de pico.

delgado, da *adj.* **1.** Flaco, de pocas carnes. **2.** Tenue, de poco grosor.

deliberado, da *adj.* Voluntario, intencionado, hecho de propósito.

deliberar *v. intr.* **1.** Examinar atentamente el pro y el contra de algo. || *v. tr.* **2.** Resolver una cosa con premeditación.

delicadez *s. f.* **1.** Debilidad, flaqueza, falta de vigor o robustez. **2.** Nimiedad, escrupulosidad de genio que se ofende por poco.

delicadeza *s. f.* **1.** Finura. **2.** Atención y exquisito miramiento con las personas o las cosas. **3.** Ternura, suavidad.

delicado, da *adj.* **1.** Atento, suave, tierno. **2.** Débil, enfermizo. **3.** Quebradizo.

delicia *s. f.* **1.** Placer muy intenso del ánimo. **2.** Placer sensual muy vivo. **3.** Aquello que causa delicia.

delicioso, sa *adj.* Capaz de causar delicia, muy agradable o ameno.

delicuescente *adj.* Que tiene la propiedad de atraer la humedad del aire y liquidarse lentamente.

delimitar *v. tr.* Fijar los límites de algo.

delincuencia *s. f.* Conjunto de delitos, ya en general, ya referidos a un país o época.

delineante *s. m.* y *s. f.* Persona que tiene por oficio trazar planos.

delinear *v. tr.* Trazar las líneas de una figura.

delinquir *v. intr.* Quebrantar una ley.

deliquio *s. m.* Desmayo, desfallecimiento.

delirar *v. intr.* Tener perturbada la razón por una enfermedad o pasión violenta.

delirio *s. m.* Perturbación mental originada por una enfermedad o una pasión.

delírium trémens *s. m.* Delirio ocasionado por el alcoholismo crónico.

delito *s. m.* **1.** Culpa, crimen, quebrantamiento de la ley. **2.** Acción u omisión antijurídica imputable y culpable, sancionada por la ley con pena grave.

delta *s. f.* Terreno de forma triangular que se forma en la desembocadura de ciertos ríos.

deltoides *adj.* Se dice del músculo triangular situado en la cara superior del hombro, que sirve para levantar el brazo.

demacrarse *v. prnl.* Perder carnes, enflaquecer por causa física o moral.

demagogia *s. f., fig.* Uso del habla de forma retórica y excesiva con fines propagandísticos, agitadores o engañosos.

demanda *s. f.* **1.** Solicitud, petición. **2.** Pregunta. **3.** Petición que un litigante sustenta en el juicio.

demarcación *s. f.* Terreno demarcado.

demarcar *v. tr.* Delinear, separar los límites o confines de un país o terreno.

demás *adj.* Precedido de los artículos "lo", "la", "los", "las", equivale a lo otro, la otra, los otros o los restantes, las otras.

demasía *s. f.* **1.** Exceso. **2.** Atrevimiento. **3.** Maldad, delito.

demencia *s. f.* Locura, trastorno de la razón.

demente *adj.* Loco, falto de juicio.

democracia *s. f.* Sistema político basado en la intervención del pueblo en el gobierno mediante elecciones universales.

demoler *v. tr.* Deshacer, derribar, arruinar.

demora *s. f.* Tardanza, dilación.

demorar *v. tr.* **1.** Retardar. || *v. intr.* **2.** Detenerse o hacer mansión en una parte.

demostración *s. f.* **1.** Comprobación, por hechos ciertos o experimentos repetidos, de un principio o de una teoría. **2.** Manifestación externa de sentimientos e intenciones. **3.** Razonamiento que, partiendo de verdades universales y evidentes, hace cierta otra verdad que antes no lo era.

demostrar *v. tr.* **1.** Probar algo sirviéndose de cualquier género de demostración. **2.** Mostrar alguna cosa con signos inequívocos. **3.** Manifestar algo. **4.** Hacer ver que una verdad particular está comprendida en otra universal cierta y evidente.

demostrativo, va *adj.* **1.** Que demuestra. **2.** Se dice de los adjetivos y pronombres que sirven para indicar la situación relativa de las personas o cosas.

demudar *v. tr.* **1.** Mudar, variar. **2.** Alterar, disfrazar, desfigurar.

denario, ria *adj.* Que se refiere al número diez o lo contiene.

denegar *v. tr.* No conceder lo que se pide.

dengue *s. m.* **1.** Melindre. **2.** Enfermedad epidémica producida por un virus inoculado por un mosquito.

denigrar *v. tr.* **1.** Deslustrar, ofender la opinión o fama de alguien. **2.** Injuriar.

denigrativo, va *adj.* Que denigra.

denodado, da *adj.* Intrépido, esforzado.

denominar *v. tr.* Nombrar, señalar o distinguir con un título particular a algunas personas o cosas.

denostar *v. tr.* Injuriar gravemente.

denotar *v. tr.* Indicar, anunciar, significar.

densidad *s. f.* Relación entre la masa y el volumen de un cuerpo.

denso, sa *adj.* **1.** Compacto, que contiene mucha materia en poco espacio. **2.** Oscuro, confuso. **3.** Espeso, engrosado.

dentadura *s. f.* Conjunto de dientes, muelas y colmillos de una persona o un animal.

dentellar *v. intr.* Dar diente con diente, batir los dientes como cuando se tiembla.

dentellear *v. tr.* Mordiscar.

dentera *s. f.* Sensación desagradable que se experimenta en los dientes y encías al comer ciertas cosas, oír ciertos ruidos o tocar determinados cuerpos.

dentición *s. f.* Tiempo en que se echa la dentadura.

dentífrico, ca *adj.* Se dice de los polvos, pastas, aguas, etc., que se usan para limpiar y mantener sana la dentadura.

dentista *s. m. y s. f.* Médico odontólogo dedicado a conservar la dentadura y curar sus enfermedades.

dentro *adv. l. y t.* A o en la parte interior de un espacio o de un período de tiempo.

denuedo *s. m.* Brío, esfuerzo, intrepidez.
denuesto *s. m.* Injuria grave.
denuncia *s. f.* Notificación a la autoridad de una violación de la ley. **2.** Documento en que consta dicha notificación.
denunciar *v. tr.* **1.** Notificar, avisar. **2.** Pronosticar. **3.** *fig.* Delatar.
deparar *v. tr.* **1.** Suministrar, proporcionar, conceder. **2.** Poner delante, presentar.
departamento *s. m.* **1.** Cada una de las partes en que se divide un territorio, un edificio, etc. **2.** Ministerio o ramo de la administración pública.
departir *v. intr.* Hablar, conversar.
depauperar *v. tr.* **1.** Empobrecer. **2.** Debilitar, extenuar. Se usa más como prnl.
dependencia *s. f.* **1.** Hecho de depender de una persona o cosa. **2.** Oficina pública o privada que depende de otra superior.
depender *v. intr.* Estar subordinado a una persona o cosa.
dependiente *adj.* **1.** Que depende. ‖ *s. m. y s. f.* **2.** Persona que se encarga de atender a los clientes en un establecimiento.
depilar *v. tr.* Arrancar el pelo o producir su caída por medio de sustancias o medicamentos depilatorios. También prnl.
deplorable *adj.* Lamentable.
deplorar *v. tr.* Sentir vivamente un deseo.
deponer *v. tr.* **1.** Dejar, apartar de sí. **2.** Bajar o quitar una cosa del lugar en que está. **3.** Privar a una persona de su empleo.
deportar *v. tr.* Desterrar a alguien a un lugar determinado.
deporte *s. m.* Recreación, pasatiempo, diversión o ejercicio físico.
deportista *s. m. y s. f.* **1.** Persona aficionada a los deportes o entendida en ellos. **2.** Persona que practica algún deporte.

deposición[1] *s. f.* **1.** Exposición y declaración de una cosa. **2.** Privación o degradación de empleo o dignidad.
deposición[2] *s. f.* Evacuación de vientre.
depositar *v. tr.* **1.** Poner bienes o cosas de valor bajo la custodia de una persona o entidad. **2.** Confiar algo a una persona. **3.** Colocar algo en un sitio determinado y por tiempo indefinido.
depósito *s. m.* **1.** Cosa depositada. **2.** Lugar donde se deposita. **3.** Sedimento de un líquido.
deprecar *v. tr.* Rogar, pedir, suplicar.
depreciación *s. f.* Disminución del valor o precio de una cosa.
depredación *s. f.* **1.** Pillaje, robo con violencia. **2.** Malversación o acción injusta.
depredar *v. tr.* **1.** Robar, saquear con violencia y destrozo. **2.** Cazar algunos animales a otros para su subsistencia.
depresión *s. f.* **1.** Concavidad en un terreno u otra superficie. **2.** Decaimiento del ánimo o de la voluntad.
depresivo, va *adj.* Que deprime.
deprimir *v. tr.* **1.** Disminuir el volumen de un cuerpo por la presión. **2.** Hundir alguna parte de un cuerpo. **3.** *fig.* Producir decaimiento del ánimo. También prnl.
depuesto, ta *adj.* Sustituido o rebajado de categoría.
depurar *v. tr.* **1.** Limpiar, purificar. **2.** Rehabilitar en su cargo al que, por causas políticas, estaba separado o en suspenso.
derecho, cha *adj.* **1.** Recto, directo, continuo, vertical. **2.** Justo, legítimo, fundado. **3.** Que mira o cae hacia la mano derecha.
derivar *v. intr.* **1.** Traer su origen de alguna cosa. **2.** Desviarse el buque de su rumbo.

DERMATOLOGÍA - DESACOMODAR

dermatología *s. f.* Parte de la medicina que trata de las enfermedades de la piel.

dermatosis *s. f.* Enfermedad de la piel que se manifiesta por costras, granos, etc.

dermis *s. f.* Capa inferior y más gruesa de la piel, situada bajo la epidermis.

derogación *s. f.* **1.** Abolición, anulación. **2.** Disminución, deterioración.

derogar *v. tr.* **1.** Anular o modificar una ley o costumbre. **2.** Destruir, suprimir.

derrabar *v. tr.* Cortar el rabo a un animal.

derramar *v. tr.* **1.** Verter, esparcir cosas líquidas o menudas. También prnl. || *v. prnl.* **2.** Esparcirse por varias partes con desorden y confusión.

derrame *s. m.* **1.** Lo que se sale o se pierde de un líquido al romperse el envase que lo contiene. **2.** Acumulación anormal de líquidos o gases en una cavidad orgánica o salida de este fuera del cuerpo.

derredor *s. m.* Contorno de una cosa.

derrengado, da *adj.* **1.** Torcido, encorvado, inclinado. **2.** *fig.* Agotado.

derrengar *v. tr.* **1.** Lastimar el espinazo o los lomos de una persona o de un animal. También prnl. **2.** Torcer, inclinar a un lado más que a otro. También prnl.

derretir *v. tr.* **1.** Liquidar por medio del calor. También prnl. **2.** *fig.* Consumir, gastar.

derribar *v. tr.* **1.** Demoler, echar a tierra. **2.** Hacer dar en el suelo a una persona, animal o cosa.

derrocar *v. tr.* **1.** Despeñar, precipitar desde una peña o roca. **2.** Echar por tierra un edificio. **3.** Destituir a un gobernante.

derrochar *v. tr.* Malgastar los bienes.

derrota *s. f.* **1.** Camino, vereda. **2.** Dirección de una embarcación. **3.** Vencimiento del ejército contrario.

derrotar *v. tr.* **1.** Disipar la hacienda. **2.** Destruir, arruinar la salud. **3.** Vencer y hacer huir al ejército contrario. **4.** Apartarse la embarcación del rumbo que lleva.

derrote *s. m.* Cornada que da el toro.

derrotero *s. m.* **1.** Línea señalada en la carta de marear, para gobierno de los pilotos en los viajes. **2.** Rumbo.

derrubiar *v. tr.* Robar lentamente el río tierras de riberas o tapias. También prnl.

derruir *v. tr.* Derribar, destruir un edificio.

derrumbadero *s. m.* Despeñadero.

derrumbar *v. tr.* Precipitar, despeñar.

desabastecer *v. tr.* Desproveer, dejar de surtir los productos necesarios.

desabollar *v. tr.* Quitar a las piezas y vasijas de metal las abolladuras o bollos.

desabor *s. m.* Desabrimiento en el paladar.

desaborido, da *adj.* **1.** Sin sabor. **2.** Sin sustancia. **3.** *fig. y fam.* Se aplica a la persona de carácter indiferente o sosa.

desabotonar *v. tr.* Sacar los botones de los ojales. También prnl.

desabrido, da *adj.* **1.** Se dice de la fruta u otro manjar que carece de gusto. **2.** Se dice del tiempo destemplado, desigual. **3.** *fig.* Áspero y desapacible en el trato.

desabrigar *v. tr.* Descubrir, desarropar, quitar el abrigo. También prnl.

desabrimiento *s. m.* **1.** Falta de sabor. **2.** Aspereza en el trato.

desabrochar *v. tr.* **1.** Desasir los botones, broches, etc. **2.** Abrir, descubrir.

desacato *s. m.* **1.** Irreverencia para con las cosas sagradas. **2.** Falta del debido respeto a los superiores.

desacertar *v. intr.* No tener acierto.

desacomodar *v. tr.* Privar de la comodidad.

desaconsejar *v. tr.* Disuadir, aconsejar que no se haga una cosa.

desacordar *v. tr.* Destemplar un instrumento musical o templarlo más alto o más bajo que el que da el tono. También prnl.

desacorde *adj.* Se dice de lo que no concuerda con otra cosa.

desacostumbrar *v. tr.* Hacer perder o dejar el uso y costumbre que alguien tiene. También prnl.

desacreditar *v. tr.* Disminuir o quitar la reputación de una persona, o el valor y la estimación de una cosa.

desacuerdo *s. m.* Discordia o disconformidad en los dictámenes o acciones.

desafección *s. f.* Desafecto, mala voluntad.

desaferrar *v. tr.* **1.** Soltar lo que está aferrado. También prnl. **2.** Sacar a alguien del dictamen que tenazmente defiende.

desafiar *v. tr.* **1.** Retar a singular combate, batalla o pelea. **2.** Competir con alguien en cosas que requieren fuerza o destreza.

desafinar *v. intr.* Apartarse la voz o el instrumento de la debida entonación.

desafío *s. m.* Rivalidad, competencia.

desaforado, da *adj.* **1.** Que obra sin ley ni fuero. **2.** Grande con exceso, desmedido.

desafortunado, da *adj.* Sin fortuna.

desafuero *s. m.* Acto violento contra la ley.

desagraciado, da *adj.* Sin gracia.

desagradar *v. intr.* Disgustar, causar desagrado. También prnl.

desagradecer *v. tr.* No corresponder debidamente al beneficio recibido.

desagrado *s. m.* Disgusto, descontento.

desagraviar *v. tr.* Borrar el agravio hecho, dando al ofendido satisfacción cumplida. También prnl.

desaguadero *s. m.* Conducto de desagüe.

desaguazar *v. tr.* Quitar el agua de alguna parte.

desagüe *s. m.* Desaguadero para la salida de las aguas.

desaguisado, da *adj.* **1.** Hecho contra la ley o la razón. ‖ *s. m.* **2.** Agravio, denuesto.

desahogar *v. tr.* **1.** Aliviar el ánimo de la pasión, fatiga o cuidado que le oprime. También prnl. ‖ *v. prnl.* **2.** Decir una persona a otra el sentimiento o queja que tiene de ella, hacer confidencias.

desahogo *s. m.* Alivio de la pena, trabajo o aflicción.

desahuciar *v. tr.* **1.** Quitar a alguien la esperanza de conseguir lo que desea. **2.** Despedir o expulsar al inquilino o arrendatario el dueño de la finca.

desairado, da *adj.* Que carece de gala, garbo y donaire.

desairar *v. tr.* **1.** Despreciar, desatender a una persona. **2.** Desestimar una cosa.

desaire *s. m.* Falta de garbo o de gentileza.

desajustar *v. tr.* Desconcertar.

desalar[1] *v. tr.* Quitar la sal a una cosa.

desalar[2] *v. tr.* Quitar las alas a un ave.

desalar[3] *v. intr.* **1.** Andar o correr con aceleración. **2.** Sentir vehemente anhelo.

desalentar *v. tr.* **1.** Hacer dificultosa o embarazar la respiración por la fatiga. **2.** Quitar el ánimo, acobardar. También prnl.

desaliento *s. m.* Decaimiento del ánimo, falta de vigor o de esfuerzo.

desaliñar *v. tr.* Descomponer el atavío o compostura. También prnl.

desaliño *s. m.* **1.** Desaseo, descompostura. **2.** *fig.* Negligencia, descuido.

desalmado, da ‖ *adj.* **1.** Falto de conciencia. **2.** Cruel, inhumano.

desalmar *v. tr.* **1.** *fig.* Quitar la fuerza y virtud de una cosa. También prnl. **2.** *fig.* Desasosegar. También prnl.

desalmenar *v. tr.* Quitar o destruir las almenas.

desalmidonar *v. tr.* Quitar el almidón.

desalojar *v. tr.* **1.** Sacar o hacer salir de un lugar a una persona o cosa. || *v. intr.* **2.** Dejar el sitio o morada.

desalquilar *v. tr.* Dejar o hacer dejar una habitación o cosa que se tenía alquilada.

desalterar *v. tr.* Quitar la alteración, sosegar, apaciguar.

desamarrar *v. tr.* **1.** Quitar las amarras. **2.** *fig.* Desasir, desviar, apartar.

desamistarse *v. prnl.* Enemistarse, perder o dejar la amistad de alguien.

desamor *s. m.* **1.** Mala correspondencia de uno al afecto de otro. **2.** Enemistad, aborrecimiento.

desamortizar *v. tr.* Dejar libres los bienes amortizados.

desamparar *v. tr.* **1.** Abandonar, dejar sin amparo ni favor a la persona o cosa que lo pide o necesita. **2.** Ausentarse, abandonar un lugar.

desamueblar *v. tr.* Dejar sin muebles un edificio o parte de él.

desandar *v. tr.* Volver atrás, retroceder en el camino ya andado.

desangrar *v. tr.* Sacar la sangre a una persona o a un animal en gran cantidad.

desanidar *v. intr.* Dejar las aves el nido cuando acaban de criar.

desánimo *s. m.* Desaliento, falta de ánimo.

desapacible *adj.* Que causa disgusto o enfado, o es desagradable a los sentidos.

desaparecer *v. tr.* Ocultar, quitar de delante con presteza una cosa.

desapego *s. m., fig.* Falta de afición o interés, alejamiento, desvío.

desaposentar *v. tr.* Echar de la habitación, privar del aposentamiento al que lo tenía.

desaprobar *v. tr.* Reprobar, no asentir a una cosa.

desaprovechar *v. tr.* Desperdiciar o emplear mal una cosa.

desapuntalar *v. tr.* Quitar a un edificio los puntales que lo sostenían.

desarbolar *v. tr.* Destruir o derribar los árboles o palos de una embarcación.

desarmar *v. tr.* **1.** Quitar, hacer entregar las armas. **2.** Descomponer una cosa separando las piezas de que se compone. **3.** Templar, aplacar los ánimos de alguien.

desarraigar *v. tr.* **1.** Arrancar de raíz un árbol o una planta. También prnl. **2.** *fig.* Extinguir, extirpar enteramente una pasión, costumbre o vicio. También prnl.

desarreglar *v. tr.* Trastornar, desordenar, sacar de regla. También prnl.

desarreglo *s. m.* Falta de regla, desorden.

desarrollar *v. tr.* **1.** Deshacer un rollo. También prnl. **2.** *fig.* Explicar una teoría.

desarropar *v. tr.* Quitar o apartar la ropa. También prnl.

desarticular *v. tr.* **1.** Separar dos o más huesos articulados entre sí. **2.** *fig.* Separar las piezas de una máquina o artefacto.

desaseo *s. m.* Falta de aseo.

desasir *v. tr.* **1.** Soltar lo asido. También prnl. || *v. prnl.* **2.** *fig.* Desprenderse de algo.

desasnar *v. tr., fam.* Hacer perder la rudeza por medio de la enseñanza. También prnl.

desasosegar *v. tr.* Privar de sosiego. También prnl.

desastrado, da *adj.* **1.** Infausto, infeliz. **2.** Se dice de la persona desaseada.

desastre *s. m.* Desgracia grande, suceso infeliz y lamentable.

desatacar *v. tr.* **1.** Desatar una cosa soltándola los botones, agujetas o corchetes con que está ajustada. También prnl. **2.** Sacar los tacos de las armas de fuego.

desatar *v. tr.* **1.** Desenlazar una cosa de otra, soltar lo que está atado. También prnl. **2.** Desleír, derretir. ‖ *v. prnl.* **3.** *fig.* Excederse en hablar.

desatascar *v. tr.* **1.** Sacar del atascadero. También prnl. **2.** Desatrancar.

desatención *s. f.* **1.** Distracción, falta de atención. **2.** Descortesía.

desatender *v. tr.* **1.** No prestar atención a lo que se dice o hace. **2.** No hacer caso o aprecio de una persona o cosa.

desatento, ta *adj.* **1.** Se dice de la persona que aparta la atención que debiera poner en alguna cosa. **2.** Descortés.

desatinar *v. tr.* **1.** Hacer perder el tino. ‖ *v. intr.* **2.** Decir o hacer desatinos.

desatracar *v. tr.* Separar una embarcación de otra o de la parte en que atracó. También prnl.

desatrancar *v. tr.* **1.** Quitar a la puerta la tranca u otra cosa que impide abrirla. **2.** Limpiar una cañería, tubería, pozo, etc.

desautorizar *v. tr.* Quitar a personas o cosas autoridad, poder, crédito o estimación. También prnl.

desavenencia *s. f.* Oposición, discordia.

desavenir *v. tr.* Desconcertar, discordar, desconvenir. También prnl.

desayuno *s. m.* Alimento ligero que se toma por la mañana.

desazón *s. f.* **1.** Desabrimiento, insipidez. **2.** Falta de sazón y tempero en las tierras. **3.** Disgusto, pesadumbre, sinsabor.

desazonar *v. tr.* **1.** Quitar el sabor o el gusto a un manjar. **2.** *fig.* Disgustar, enfadar. También prnl. ‖ *v. prnl.* **3.** *fig.* Sentirse indispuesto en la salud.

desbancar *v. tr.* **1.** Ganar al banquero todo el fondo que puso de contado, en el juego de la banca. **2.** *fig.* Hacer perder a alguien el cariño o la amistad de otra persona, ganándola para sí.

desbandarse *v. prnl.* Huir en desorden.

desbarajustar *v. tr.* Desordenar, trastornar.

desbaratar *v. tr.* **1.** Deshacer, arruinar una cosa. **2.** Disipar, malgastar.

desbarrar *v. intr.* **1.** Tirar, en el deporte de la barra, sin cuidarse de hacer tiro. **2.** Discurrir, obrar o hablar fuera de razón.

desbastar *v. tr.* Quitar las partes más bastas a una cosa que se haya de labrar.

desbordar *v. intr.* **1.** Salir de los bordes, derramarse. Se usa más como prnl. ‖ *v. prnl.* **2.** Exaltarse las pasiones o los vicios.

desbravar *v. tr.* **1.** Amansar el ganado cerril. **2.** Desahogar el ímpetu de la cólera. También prnl.

desbriznar *v. tr.* **1.** Reducir a briznas, desmenuzar una cosa. **2.** Quitar la brizna a las legumbres.

desbrozar *v. tr.* Quitar la broza.

desbullar *v. tr.* Sacar la ostra de su concha.

descabalar *v. tr.* Quitar o perder algunas de las porciones para formar una cosa completa o cabal. También prnl.

descabalgar *v. intr.* Desmontar, bajar de una caballería.

descabezar *v. tr.* **1.** Quitar o cortar la cabeza. **2.** *fig.* Cortar la parte superior de las puntas a ciertas cosas.

descaecer *v. intr.* Ir a menos, perder poco a poco la salud, el crédito, etc.

descaecimiento s. m. Debilidad, falta de fuerzas y vigor en el cuerpo o en el ánimo.

descalabrar v. tr. **1.** Herir en la cabeza. También prnl. **2.** Causar daño o perjuicio.

descalzar v. tr. **1.** Quitar el calzado. También prnl. **2.** Socavar.

descalzo, za adj. Que trae desnudas las piernas o los pies o las dos cosas.

descamación s. f. Desprendimiento de la epidermis seca en forma de escamillas.

descaminar v. tr. **1.** Sacar a alguien del camino que debía seguir. También prnl. **2.** fig. Apartar a alguien de un buen propósito. También prnl.

descamisado, da adj. **1.** fam. Sin camisa. **2.** fig. y desp. Muy pobre.

descampado, da adj. **2.** Se dice del terreno descubierto, libre.

descansar v. intr. **1.** Cesar en el trabajo. **2.** Tener en los cuidados algún alivio. **3.** Tener consuelo. **4.** Reposar, dormir.

descanso s. m. **1.** Pausa en el trabajo. **2.** Alivio en los cuidados físicos o morales.

descantillar v. tr. Romper, quebrar las aristas de cualquier cosa. También prnl.

descarado, da adj. Que habla u obra con desvergüenza, sin pudor ni respeto.

descarburación s. f. Acto en que se separa de los carburos de hierro el carbono que entra en su composición.

descargar v. tr. **1.** Quitar o aliviar la carga. **2.** Disparar las armas de fuego.

descarnar v. tr. Quitar al hueso la carne. También prnl.

descaro s. m. Desvergüenza, atrevimiento.

descarriar v. tr. **1.** Apartar a alguien del carril, echarlo fuera de él. **2.** Apartar del rebaño cierto número de reses. También prnl.

descarrilar v. intr. Salir fuera del carril.

descartar v. tr. **1.** fig. Desechar una persona o cosa o apartarla de sí. **2.** fig. Rechazar una posibilidad.

descascarillar v. tr. Quitar la cascarilla.

descastado, da adj. Que manifiesta poco cariño a los parientes.

descendencia s. f. Conjunto de hijos, nietos y demás generaciones por línea recta descendente.

descender v. intr. **1.** Pasar de un lugar alto a otro más bajo. **2.** Proceder por generaciones sucesivas de una cuna o estirpe.

descentralizar v. tr. Hacer más independientes del poder o de la administración central ciertas funciones, servicios, etc.

descentrar v. tr. Sacar a una persona o cosa de su centro. También prnl.

desceñir v. tr. Desatar, quitar el ceñidor.

descerrajar v. tr. **1.** Arrancar la cerradura. **2.** fam. Disparar las armas de fuego.

descifrar v. tr. **1.** Interpretar lo que está escrito en caracteres desconocidos. **2.** Interpretar lo oscuro o de difícil inteligencia.

desclavar v. tr. Arrancar los clavos.

descocarse v. prnl., fam. Manifestar demasiada libertad y desenvoltura.

descolgar v. tr. **1.** Bajar lo que está colgado. **2.** Descender, escurriéndose por una cuerda u otra cosa.

descolorar v. tr. Quitar o amortiguar el color. También prnl.

descolorido, da adj. De color pálido, o bajo en su línea.

descombrar v. tr. Desembarazar un lugar de cosas que estorban.

descomedido, da adj. **1.** Excesivo, desproporcionado. **2.** Descortés.

descomedirse v. prnl. Faltar al respeto, de obra o de palabra.

descomponer *v. tr.* **1.** Separar las diversas partes que forman un todo. **2.** Desorganizar, desbaratar. También prnl.

descompostura *s. f.* Deaseo, desaliño en el adorno de las personas o cosas.

descompuesto, ta *adj.* **1.** Estropeado, deteriorado. **2.** Se dice del alimento en mal estado. **3.** *fig.* Atrevido, descortés. **4.** *fam.* Con dolor de vientre o diarrea.

descomunal *adj.* Extraordinario, monstruoso, enorme.

desconcertado, da *adj., fig.* Desbaratado, de mala conducta, sin gobierno.

desconcertar *v. tr.* Turbar el orden, concierto y composición de algo. También prnl.

desconcierto *s. m.* **1.** Descomposición de las partes de un cuerpo o de una máquina. **2.** *fig.* Desorden, desavenencia.

desconfianza *s. f.* Falta de confianza.

desconfiar *v. intr.* No tener confianza.

desconocer *v. tr.* **1.** No recordar la idea que se tuvo de una cosa, haberla olvidado. **2.** No conocer.

desconocido, da *adj.* **1.** Ingrato, falto de reconocimiento o gratitud. **2.** Ignorado.

desconsiderar *v. tr.* No guardar la consideración debida.

desconsolar *v. tr.* Privar de consuelo, afligir. También prnl.

desconsuelo *s. m.* Angustia y aflicción por falta de consuelo.

descontar *v. tr.* **1.** Rebajar una cantidad al tiempo de pagar una cuenta, una factura, un pagaré, etc. **2.** *fig.* Pagar una letra u otro documento no vencido, rebajando de su importe la cantidad que se estipula en su concepto de intereses.

descontentar *v. tr.* Disgustar, desagradar. También prnl.

descontento, ta *adj.* **1.** Insatisfecho, enfadado. || *s. m.* **2.** Disgusto o desagrado.

desconvenir *v. intr.* No concordar entre sí dos personas o dos cosas. También prnl.

descorazonar *v. tr.* **1.** Arrancar, quitar, sacar el corazón. **2.** *fig.* Desanimar, acobardar, amilanar. También prnl.

descorchar *v. tr.* **1.** Quitar el corcho al alcornoque. **2.** Quitar el tapón de una botella.

descornar *v. tr.* Quitar, arrancar los cuernos a un animal. También prnl.

descorrer *v. tr.* **1.** Volver alguien a correr el espacio que antes había corrido. **2.** Plegar o reunir lo que estaba antes estirado, como las cortinas, el lienzo, etc.

descortés *adj.* Falto de cortesía.

descortezar *v. tr.* Quitar la corteza al árbol, al pan o a otra cosa. También prnl.

descoser *v. tr.* Soltar, cortar las puntadas de lo cosido. También prnl.

descoyuntar *v. tr.* **1.** Desencajar los huesos de su lugar. También prnl. **2.** *fig.* Molestar a alguien con pesadeces.

descrédito *s. m.* Disminución o pérdida de la reputación de las personas, o del valor y estima de las cosas.

descreído, da *adj.* Incrédulo, falto de fe.

describir *v. tr.* **1.** Delinear, dibujar. **2.** Representar por medio del lenguaje.

descriptivo, va *adj.* Que describe.

descrismar *v. tr.* Quitar el crisma.

descuajar *v. tr.* Licuar, convertir en líquida una sustancia que estaba condensada o cuajada. También prnl.

descuajaringar *v. tr.* **1.** Desvencijar, estropear. || *v. prnl.* **2.** *fam.* Relajarse las partes del cuerpo por efecto de cansancio.

descuartizar *v. tr.* **1.** Dividir un cuerpo en varias partes. **2.** Hacer pedazos algo.

descubierto, ta *adj.* **1.** Destocado, sin sombrero. **2.** Con los verbos "estar", "quedar", etc., expuesto alguien a cargos o reconvenciones.

descubrimiento *s. m.* **1.** Hallazgo de lo oculto o ignorado. **2.** Adelanto científico, literario, etc.

descubrir *v. tr.* **1.** Destapar lo que estaba tapado o cubierto. **2.** Hallar lo que estaba ignorado o escondido.

descuento *s. m.* Rebaja de una parte de la deuda o precio.

descuidado, da *adj.* **1.** Negligente o que falta al cuidado que debe poner en las cosas. **2.** Desaliñado, que cuida poco su forma de vestir. **3.** Desprevenido.

descuidar *v. tr.* **1.** Descargar a alguien del cuidado u obligación que debía tener. También intr. **2.** Distraer a alguien para que desatienda lo que le importa.

descuido *s. m.* **1.** Negligencia, falta de cuidado. **2.** Olvido. **3.** Desliz, falta.

desde *prep.* Indica el punto de que procede, se origina o ha de empezar a contarse algo, tratándose de lugar o de tiempo.

desdecir *v. intr.* **1.** *fig.* Degenerar una persona o una cosa de su condición primera. **2.** *fig.* Decaer, venir a menos. **3.** Retractarse de lo dicho.

desdén *s. m.* Indiferencia y despego que denotan desprecio.

desdeñar *v. tr.* Tratar con desdén a una persona o cosa.

desdibujado, da *adj.* Se dice del dibujo defectuoso o de la cosa mal conformada.

desdicha *s. f.* **1.** Desgracia, adversidad. **2.** Pobreza suma, miseria, necesidad.

desdichado, da *adj.* Desgraciado, que padece desgracias o tiene mala suerte.

desdoblamiento *s. m.* Separación de un compuesto en sus diferentes componentes.

desdoblar *v. tr.* Extender una cosa que estaba doblada. También prnl.

desdoro *s. m.* Deslustre, mancilla en la virtud, reputación o fama.

desear *v. tr.* **1.** Sentir atracción por una cosa o persona hasta el punto de quererla poseer o alcanzar. **2.** Anhelar que acontezca o deje de acontecer algún suceso.

desecar *v. tr.* Secar, extraer la humedad. También prnl.

desechar *v. tr.* **1.** Excluir, reprobar. **2.** Rechazar, menospreciar. **3.** Apartar de sí un pesar, temor, sospecha, etc. **4.** Dejar por inútil un vestido u otra cosa.

desecho *s. m.* **1.** Residuo que se desecha de una cosa, después de haber escogido lo mejor. **2.** Cosa que, por usada o por cualquier otra razón, no sirve a la persona para quien se hizo.

desembalar *v. tr.* Desenfardar, deshacer los fardos.

desembarazar *v. tr.* **1.** Quitar el impedimento que se opone a una cosa. También prnl. **2.** Evacuar, desocupar un espacio, habitación, etc.

desembarcar *v. tr.* **1.** Sacar de la nave y poner en tierra lo embarcado. || *v. intr.* **2.** Salir de una embarcación. También prnl.

desembarco *s. m.* Operación militar realizada en tierra por la dotación de un navío.

desembargar *v. tr.* **1.** Quitar un impedimento. **2.** Alzar el embargo o secuestro.

desembarrancar *v. tr.* Sacar o salir a flote la nave que está varada. También intr.

desembocadura *s. f.* Paraje por donde un río, un canal, etc., desemboca en otro, en el mar o en un lago.

DESEMBOLSAR - DESENGRASAR

desembolsar *v. tr.* **1.** Sacar lo que está en la bolsa. **2.** Pagar una cantidad de dinero.

desembolso *s. m.* Entrega de dinero efectivo y al contado.

desembozar *v. tr.* Quitar a alguien el embozo. También prnl.

desembragar *v. tr.* Desconectar del eje motor un mecanismo o parte de él.

desembrollar *v. tr., fam.* Aclarar.

desembuchar *v. tr.* **1.** Echar las aves lo que tienen en el buche. **2.** *fig. y fam.* Decir todo cuanto se sabe sobre una cosa.

desemejante *adj.* Diferente, no semejante.

desemejanza *s. f.* Diferencia, diversidad.

desemejar *v. intr.* No parecerse una cosa a otra, diferenciarse.

desempapelar *v. tr.* Quitar a una cosa el papel en que está envuelta, o a una habitación el que revestía sus paredes.

desempaquetar *v. tr.* Desenvolver lo que estaba en uno o más paquetes.

desempatar *v. tr.* Deshacer un empate.

desempedrar *v. tr.* Arrancar las piedras de un sitio empedrado.

desempeñar *v. tr.* **1.** Sacar, liberar lo que estaba en garantía de un préstamo. **2.** Representar un papel en el teatro.

desempolvar *v. tr.* Quitar el polvo.

desempotrar *v. tr.* Sacar alguna cosa de donde estaba empotrada.

desencadenar *v. tr.* **1.** Quitar la cadena al que está sujeto con ella. **2.** Provocar.

desencajar *v. tr.* **1.** Sacar de su lugar una cosa. También prnl. || *v. prnl.* **2.** Descomponerse el semblante.

desencajonar *v. tr.* Sacar lo que está dentro de un cajón.

desencantar *v. tr.* Deshacer el encanto.

desencanto *s. m.* Desilusión, desengaño.

desencapotarse *v. prnl.* Despejar el cielo, el horizonte, etc.

desencaprichar *v. tr.* Desimpresionar, disuadir a alguien de un error, tema o capricho. Se usa más como prnl.

desencolar *v. tr.* Despegar lo que estaba pegado con cola. También prnl.

desencolerizar *v. tr.* Apaciguar al que está encolerizado.

desenconar *v. tr.* Mitigar, quitar la inflamación o encendimiento. También prnl.

desencuadernar *v. tr.* Deshacer lo encuadernado. También prnl.

desenfadado, da *adj.* Desembarazado, alegre.

desenfado *s. m.* **1.** Desahogo, desembarazo. **2.** Diversión o desahogo del ánimo.

desenfardar *v. tr.* Abrir y desatar los fardos.

desenfilar *v. tr.* Poner las tropas, fuertes y buques a cubierta de los tiros directos del enemigo. También prnl.

desenfrenar *v. tr.* **1.** Quitar el freno a las caballerías. || *v. prnl.* **2.** Desmandarse, entregarse a los vicios.

desenfundar *v. tr.* Quitar la funda a una cosa o sacarla de ella.

desenganchar *v. tr.* Soltar una cosa que está enganchada. También prnl.

desengañar *v. tr.* **1.** Hacer reconocer el engaño o el error. También prnl. **2.** Quitar esperanzas o ilusiones.

desengaño *s. m.* Conocimiento de la verdad, con que se sale del error en que se estaba.

desengarzar *v. tr.* Deshacer el engarce, desprender lo que está unido.

desengranar *v. tr.* Soltar el engranaje de una cosa con otra.

desengrasar *v. tr.* Quitar la grasa.

desengrosar *v. tr.* Adelgazar, enflaquecer.

desenhebrar *v. tr.* Sacar la hebra de la aguja. También prnl.

desenjaular *v. tr.* Sacar de la jaula.

desenlace *s. m.* Resolución del nudo o la trama de una narración o un drama.

desenlosar *v. tr.* Levantar el enlosado. También prnl.

desenmarañar *v. tr.* **1.** Desenredar, deshacer la maraña. **2.** *fig.* Poner en claro una cosa que estaba oscura y confusa.

desenmascarar *v. tr.* **1.** Quitar la máscara. También prnl. **2.** *fig.* Dar a conocer una persona tal como es moralmente.

desenmohecer *v. tr.* Quitar el moho.

desenojar *v. tr.* Aplacar el enojo.

desenredar *v. tr.* **1.** Deshacer el enredo. **2.** *fig.* Poner en orden y sin complejidad las cosas que estaban desordenadas.

desenroscar *v. tr.* **1.** Extender aquello que está enroscado. También prnl. **2.** Sacar aquello que se ha introducido a vuelta de rosca. También prnl.

desensillar *v. tr.* Quitar la silla a una caballería.

desentenderse *v. prnl.* **1.** Fingir que no se entiende una cosa. **2.** Prescindir de un asunto, no tomar parte de él.

desenterrar *v. tr.* **1.** Sacar lo que está debajo de tierra. **2.** *fig.* Traer a la memoria lo olvidado.

desentonar *v. intr.* Subir o bajar la entonación de la voz o de un instrumento de forma inoportuna.

desentrañar *v. tr.* **1.** Sacar las entrañas. **2.** Averiguar lo más dificultoso de un asunto.

desentronizar *v. tr.* **1.** Destronar. **2.** *fig.* Deponer a alguien de la autoridad que tenía.

desentumecer *v. tr.* Hacer que un miembro entumecido pueda recobrar la agilidad.

desenvainar *v. tr.* **1.** Sacar de la vaina un arma. **2.** *fam.* Sacar lo que está oculto.

desenvoltura *s. f.* **1.** Soltura. **2.** *fig.* Despejo, facilidad en el decir.

desenvolver *v. tr.* Desenrollar lo que está enrollado o envuelto. También prnl.

desenzarzar *v. tr.* **1.** Sacar de las zarzas una cosa enredada en ellas. **2.** *fig. y fam.* Separar o aplacar a los que riñen.

deseo *s. m.* Movimiento enérgico de la voluntad que apetece algo.

desequilibrio *s. m.* **1.** Falta de equilibrio. **2.** Alteración de la personalidad.

desertar *v. tr.* **1.** Desamparar, abandonar el soldado sus obligaciones. También prnl. **2.** Abandonar la causa o apelación.

desertor, ra *s. m. y s. f.* **1.** Soldado que abandona sus obligaciones. **2.** *fam.* Persona que abandona una opinión o causa.

desesperación *s. f.* Pérdida total de la esperanza.

desesperar *v. tr., fam.* Impacientar, exasperar. También prnl.

desestimar *v. tr.* **1.** Tener en poco. **2.** Denegar, desechar.

desfachatez *s. f., fam.* Descaro, desvergüenza.

desfalcar *v. tr.* **1.** Quitar parte de una cosa, descabalarla. **2.** Tomar para sí un caudal que se tenía bajo obligación de custodia.

desfallecer *v. tr.* **1.** Debilitarse. **2.** Padecer desmayo.

desfavorable *adj.* Perjudicial, adverso.

desfibrar *v. tr.* Eliminar las fibras de la madera, plantas textiles, etc.

desfigurar *v. tr.* **1.** Afear, ajar la composición, orden y hermosura del semblante y

DESFILADERO - DESHINCHAR

de las facciones. **2.** *fig.* Disfrazar y encubrir con apariencia diferente el propio semblante, la intención u otra cosa.

desfiladero *s. m.* Paso estrecho, generalmente entre montañas.

desflorar *v. tr.* **1.** Ajar, quitar la flor o el lustre. **2.** Desvirgar.

desfogar *v. tr.* **1.** Dar salida al fuego. **2.** *fig.* Manifestar con vehemencia una pasión. También prnl.

desfondar *v. tr.* Quitar o romper el fondo a un vaso, caja, etc. También prnl.

desgaire *s. m.* Desaliño, desaire.

desgajar *v. tr.* **1.** Desgarrar, arrancar, separar con violencia la rama del tronco de donde nace. También prnl. **2.** Despedazar, romper alguna cosa compacta.

desgana *s. f.* **1.** Inapetencia, falta de ganas de comer. **2.** *fig.* Falta de aplicación, tedio, disgusto o repugnancia a una cosa.

desgañitarse *v. prnl., fam.* Esforzarse alguien violentamente, gritando o voceando.

desgarbado, da *adj.* Falto de garbo.

desgarrar *v. tr.* **1.** Rasgar, romper. También prnl. **2.** *fig.* Apartarse, separarse, huir uno de la compañía de otro u otros.

desgarro *s. m.* **1.** Rotura o rompimiento. **2.** *fig.* Arrojo, desvergüenza, descaro.

desgarrón *s. m.* Rasgón o rotura grande del vestido o de otra cosa semejante.

desgastar *v. tr.* Quitar o consumir poco a poco, por el uso o el roce, parte de una cosa.

desglosar *v. tr.* **1.** Quitar la glosa o nota a un escrito. **2.** Quitar algunas hojas de un documento, dejando nota de su contenido.

desgobernar *v. tr.* Deshacer, perturbar y confundir el buen orden del gobierno.

desgobierno *s. m.* Desorden, desbarate, falta de gobierno.

desgomar *v. tr.* Quitar la goma a los tejidos.

desgoznar *v. tr.* Quitar los goznes.

desgracia *s. f.* Acontecer adverso o funesto.

desgraciar *v. tr.* **1.** Disgustar, desagradar. || *v. prnl.* **2.** Echarse a perder, malograrse.

desgranar *v. tr.* **1.** Sacar el grano de una cosa. También prnl. || *v. prnl.* **2.** Soltarse las piezas ensartadas. También tr.

desgreñar *v. tr.* Descomponer, desordenar los cabellos. También prnl.

desguace *s. m.* Materiales resultantes de desguazar algo.

desguarnecer *v. tr.* **1.** Quitar la guarnición que servía de adorno. **2.** Quitar la fuerza o la fortaleza a una cosa.

desguazar *v. tr.* **1.** Desbastar un madero. **2.** Desbaratar o deshacer un buque.

deshabitar *v. tr.* **1.** Dejar de vivir en un lugar o casa. **2.** Dejar sin habitantes una población o territorio.

deshacer *v. tr.* Destruir lo que está hecho.

desharrapado, da *adj.* Andrajoso, roto.

deshebrar *v. tr.* Sacar las hebras o los hilos, destejiendo una tela.

deshelar *v. tr.* Licuar lo que está helado. También prnl.

desherbar *v. tr.* Quitar o arrancar las hierbas perjudiciales.

desheredar *v. tr.* Excluir a alguien de la herencia forzosa.

desherrar *v. tr.* Quitar las herraduras a una caballería. También prnl.

deshidratar *v. tr.* Privar a un organismo del agua que contiene. También prnl.

deshilachar *v. tr.* Sacar hilachas de una tela. También prnl.

deshilvanar *v. tr.* Quitar los hilvanes. También prnl.

deshinchar *v. tr.* Quitar la hinchazón.

deshojar *v. tr.* Quitar las hojas a una planta o los pétalos a una flor. También prnl.

deshollinar *v. tr.* Limpiar las chimeneas, quitándoles el hollín.

deshonesto, ta *adj.* Falto de honestidad.

deshonor *s. m.* **1.** Pérdida del honor. **2.** Afrenta, deshonra.

deshonra *s. f.* **1.** Pérdida de la honra. **2.** Cosa deshonrosa.

deshuesar *v. tr.* Quitar los huesos a un animal o a la fruta.

desiderátum *s. m.* Objeto y fin de vivo o constante deseo.

desidia *s. f.* Negligencia, inercia.

desierto, ta *adj.* **1.** Despoblado, deshabitado. ‖ *s. m.* **2.** Lugar despoblado especialmente por su esterilidad.

designar *v. tr.* Determinar una persona o cosa por su nombre o rasgo distintivo.

designio *s. m.* Pensamiento o propósito del entendimiento aceptado por la voluntad.

desigual *adj.* **1.** Que no es igual. **2.** *fig.* Arduo, grande, dificultoso.

desigualar *v. tr.* Hacer a una persona o cosa desigual a otra.

desilusión *s. f.* **1.** Carencia o pérdida de las ilusiones. **2.** Desengaño.

desilusionar *v. tr.* **1.** Hacer perder a alguien las ilusiones. ‖ *v. prnl.* **2.** Perder las ilusiones. **3.** Desengañarse.

desimantar *v. tr.* Hacer perder la imantación a un imán. También prnl.

desinencia *s. f.* Morfema que se añade a la raíz de una palabra para indicar caso, género, número, persona, tiempo, etc.

desinfectante *adj.* Que desinfecta o sirve para desinfectar.

desinfectar *v. tr.* Quitar lo que puede ser causa de infección. También prnl.

desinflamar *v. tr.* Quitar la inflamación.

desinflar *v. tr.* Sacar el aire u otra sustancia aeriforme del cuerpo flexible que lo contenía. También prnl.

desintegrar *v. tr.* Descomponer un todo. También prnl.

desinterés *s. m.* Desapego y desprendimiento de todo provecho personal.

desinteresado, da *adj.* **1.** Desprendido, apartado del interés. **2.** Generoso.

desistir *v. intr.* **1.** Apartarse de una empresa o intento empezado a ejecutar. **2.** Abdicar o abandonar un derecho.

deslavar *v. tr.* Limpiar y lavar una cosa muy por encima, sin aclararla bien.

desleal *adj.* Que obra sin lealtad.

deslealtad *s. f.* Falta de lealtad.

desleír *v. tr.* Disolver las partes de algunos cuerpos por medio de un líquido.

deslenguado, da *adj.*, *fig.* Desvergonzado, desbocado, malhablado.

desliar *v. tr.* Deshacer el lío, desatar lo liado. También prnl.

desligar *v. tr.* **1.** Desatar, soltar las ligaduras. También prnl. **2.** *fig.* Dispensar de la obligación contraída. También prnl.

deslindar *v. tr.* Señalar los lindes de un lugar, población o heredad.

desliz *s. m.* Falta que se comete por flaqueza o inadvertencia.

deslizar *v. tr.* **1.** Irse los pies u otro cuerpo sobre una superficie lisa o mojada. También prnl. ‖ *v. prnl.* **2.** Decir o hacer una cosa de forma no deliberada.

deslomar *v. tr.* Quebrantar, romper o maltratar los lomos. Se usa más como prnl.

deslucir *v. tr.* **1.** Quitar la gracia, atractivo o lustre a una cosa. También prnl. **2.** *fig.* Desacreditar. También prnl.

deslumbrar *v. tr.* Ofuscar la vista o confundirla con una luz excesiva. También prnl.

deslustrar *v. tr.* **1.** Quitar el lustre. **2.** *fig.* Desacreditar, deslucir.

desmadejar *v. tr., fig.* Causar flojedad en el cuerpo. También prnl.

desmadrado, da *adj.* Se aplica al animal que ha sido abandonado por la madre.

desmán[1] *s. m.* Exceso, desorden, demasía en obras o palabras.

desmán[2] *s. m.* Mamífero insectívoro que vive en las orillas de los ríos y arroyos.

desmanotado, da *adj., fig. y fam.* Apocado, encogido, torpe.

desmantelar *v. tr.* **1.** Echar por tierra y arruinar los muros y fortificaciones de una plaza. **2.** *fig.* Desamparar, abandonar una casa, una habitación, etc.

desmaña *s. f.* Falta de maña y habilidad.

desmañado, da *adj.* Falto de pericia, destreza o habilidad.

desmarojar *v. tr.* Quitar a los árboles el marojo u hoja inútil.

desmayar *v. tr.* **1.** Causar desmayo. || *v. intr.* || *v. prnl.* **2.** Perder el sentido.

desmayo *s. m.* Desaliento, desfallecimiento de las fuerzas, privación de sentido.

desmedido, da *adj.* Desproporcionado, falto de medida, que no tiene término.

desmedirse *v. prnl.* Desmandarse, descomedirse o excederse.

desmedrar *v. tr.* **1.** Deteriorar. También prnl. || *v. intr.* **2.** Ir a menos.

desmejorar *v. tr.* **1.** Hacer perder el lustre y perfección. También prnl. || *v. intr.* **2.** Ir perdiendo la salud. También prnl.

desmelar *v. tr.* Quitar la miel a la colmena.

desmelenar *v. tr.* Descomponer y desordenar el cabello. También prnl.

desmembrar *v. tr.* Dividir y apartar los miembros del cuerpo.

desmemoriado, da *adj.* Torpe de memoria.

desmentir *v. tr.* **1.** Decir a alguien que miente. **2.** Demostrar la falsedad de algo. **3.** Disimular o desvanecer una cosa para que no se conozca.

desmenuzar *v. tr.* **1.** Deshacer una cosa, dividiéndola en partes menudas. También prnl. **2.** Examinar algo detalladamente.

desmerecer *v. intr.* Perder una cosa parte de su mérito o valor.

desmigajar *v. tr.* Hacer migajas una cosa.

desmigar *v. tr.* Desmigajar o deshacer el pan para hacer migas.

desmilitarizar *v. tr.* Suprimir el carácter militar de algo.

desmochar *v. tr.* Quitar, arrancar la parte superior de una cosa dejándola mocha.

desmonetizar *v. tr.* Abolir el empleo de un metal para la acuñación de moneda.

desmontar *v. tr.* **1.** Cortar en un monte, o en parte de él, los árboles o matas. **2.** Bajar alguien de una caballería o de otra cosa. También intr. y prnl.

desmoralizar *v. tr.* **1.** Corromper las costumbres con malos ejemplos o doctrinas perniciosas. **2.** Desanimar. También prnl.

desmoronar *v. tr.* **1.** Deshacer y arruinar poco a poco los edificios. También prnl. || *v. prnl.* **2.** Venir a menos, irse destruyendo los imperios, los caudales, etc.

desmotar *v. tr.* Quitar las motas a la lana o al paño.

desnacionalizar *v. tr.* Quitar el carácter nacional a algo.

desnarigado, da *adj.* Que no tiene narices o las tiene muy pequeñas.

desnatar *v. tr.* Quitar la nata a la leche o a otros líquidos.

desnaturalizado, da *adj.* Que falta a los deberes que impone la naturaleza.

desnivel *s. m.* **1.** Falta de nivel. **2.** Diferencia de alturas entre dos a más puntos.

desnivelar *v. tr.* Sacar de nivel.

desnucar *v. tr.* **1.** Sacar de su lugar los huesos de la nuca. **2.** Matar con un golpe en la nuca. También prnl.

desnudar *v. tr.* Quitar todo el vestido o parte de él. También prnl.

desnudo, da *adj.* **1.** Sin vestido. **2.** Sin revestimiento o adornos.

desobedecer *v. tr.* No hacer alguien lo que ordenan las leyes o los superiores.

desocupación *s. f.* Ociosidad.

desocupar *v. tr.* **1.** Desembarazar, dejar un lugar libre y sin impedimento. **2.** Sacar lo que hay dentro de alguna cosa.

desodorante *adj.* Que destruye los olores molestos y nocivos.

desoír *v. tr.* Desatender, dejar de oír.

desolar *v. tr.* **1.** Asolar, destruir. ‖ *v. prnl.* **2.** *fig.* Afligirse, sentir gran angustia.

desollar *v. tr.* Quitar la piel del cuerpo de un animal.

desorden *s. m.* **1.** Alteración del orden propio de una cosa.

desordenar *v. tr.* Turbar, confundir y alterar el buen concierto de una cosa.

desorganizar *v. tr.* Desordenar en sumo grado. También prnl.

desorientar *v. tr.* Hacer perder la orientación.

desovar *v. intr.* Soltar las hembras de los peces y anfibios los huevos o huevas.

desove *s. f.* Época en que desovan las hembras de los peces y anfibios.

despabilado, da *adj.* Que no tiene sueño.

despabilar *v. tr.* **1.** Quitar la parte ya quemada del pabilo a velas y candiles. **2.** *fig.* Despachar brevemente. **3.** *fig.* Avivar el entendimiento. También prnl.

despachar *v. tr.* **1.** Concluir un negocio. **2.** Resolver, decidir. **3.** Vender los géneros o mercancías. **4.** Despedir, apartar a alguien. **5.** *fam.* Atender el dependiente a los clientes. También intr.

despacho *s. m.* **1.** Habitación de una casa destinada a la resolución de negocios o al estudio. **2.** Establecimiento donde se venden determinados efectos.

despachurrar *v. tr. fam.* Aplastar o reventar una cosa apretándola con fuerza.

despacio *adv. m.* Poco a poco, lentamente.

despalmar *v. tr.* Limpiar y dar sebo a los fondos de las embarcaciones.

despampanar *v. tr.* **1.** Quitar los pámpanos a las vides. **2.** *fig. y fam.* Dejar atónita a una persona.

desparejar *v. tr.* Deshacer una pareja. También prnl.

desparpajo *s. m., fam.* Desenvoltura en el hablar o en las acciones.

desparramar *v. tr.* Esparcir, extender lo que estaba junto. También prnl.

desparvar *v. tr.* Levantar la parva después de trillada.

despatarrar *v. tr., fam.* Abrir excesivamente las piernas. También prnl.

despavorido, da *adj.* Lleno de pavor.

despechar[1] *v. tr.* Causar despecho.

despechar[2] *v. tr., fam.* Destetar a los niños.

despecho *s. m.* **1.** Malquerencia originada por el fracaso en algún propósito. **2.** Disgusto o sentimiento vehemente. **3.** Desesperación. **4.** Rigor o aspereza.

despechugar *v. tr.* **1.** Quitar la pechuga a un ave. ‖ *v. prnl.* **2.** *fig. y fam.* Mostrar el pecho, traerlo descubierto.

despedazar *v. tr.* Hacer pedazos un cuerpo. También prnl.

despedir *v. tr.* **1.** Soltar, arrojar una cosa. **2.** Quitar a alguien su empleo. También prnl.

despedregar *v. tr.* Limpiar de piedras la tierra.

despegado, da *adj., fam.* Áspero o desabrido en el trato.

despegar *v. tr.* **1.** Apartar dos cosas que están pegadas o muy ligadas. También prnl. ‖ *v. intr.* **2.** Separarse del suelo o del agua, cuando va a iniciar el vuelo, un avión.

despeinar *v. tr.* Deshacer el peinado o descomponerse el cabello. También prnl.

despejado, da *adj.* Que tiene desembarazo y soltura en su trato.

despejar *v. tr.* **1.** Desocupar un sitio o espacio. **2.** *fig.* Aclarar, poner en claro. También prnl. **3.** *fig.* Separar por medio del cálculo una incógnita.

despeluzar *v. tr.* **1.** Desordenar el cabello de la cabeza, de la felpa, etc. También prnl. **2.** Erizar el cabello, generalmente por miedo. Se usa más como prnl.

despender *v. tr.* Despilfarrar algo.

despensa *s. f.* Lugar de la casa donde se guardan las cosas comestibles.

despeñadero *s. m.* Precipicio, lugar o sitio alto, con peñascos y escarpado.

despeñar *v. tr.* Precipitar y arrojar una persona o cosa desde una prominencia.

despepitar[1] *v. tr.* **1.** Desembuchar. ‖ *v. prnl.* **2.** Hablar o gritar con vehemencia o con enojo.

despepitar[2] *v. tr.* Quitar las pepitas de algún fruto.

desperdiciar *v. tr.* No aprovechar algo debidamente.

desperdicio *s. m.* **1.** Derroche de la hacienda u otra cosa. **2.** Residuo de lo que no se puede o no es fácil de aprovechar, o se deja de aprovechar por descuido.

desperdigar *v. tr.* Separar, esparcir.

desperezarse *v. prnl.* Extender o estirar los miembros para sacudir la pereza o librarse del entumecimiento.

desperfecto *s. m.* Leve deterioro.

despertar *v. tr.* **1.** Interrumpir el sueño al que está dormido. También prnl. **2.** *fig.* Traer a la memoria una cosa ya olvidada. **3.** *fig.* Mover, excitar.

despiadado, da *adj.* Impío, inhumano.

despicar *v. tr.* **1.** Satisfacer. **2.** Vengarse.

despido *s. m.* **1.** Cese laboral impuesto. **2.** Indemnización o finiquito que recibe el trabajador que ha sido despedido.

despilfarrar *v. tr.* Malgastar.

despilfarro *s. m.* **1.** Destrozo de la ropa u otras cosas. **2.** Gasto excesivo y superfluo.

despintar *v. tr.* **1.** Borrar lo pintado. **2.** *fig.* Desfigurar un asunto.

despiojar *v. tr.* Quitar los piojos.

despique *s. m.* Satisfacción que se toma de una ofensa o desprecio.

despistar *v. tr.* Hacer perder la pista. También intr.

desplacer *v. tr.* Disgustar, desagradar.

desplante *s. m.* **1.** Postura irregular. **2.** *fig.* Dicho o acto lleno de arrogancia, descaro o desabrimiento.

desplazar *v. tr.* Desalojar el buque un volumen de agua igual al de la parte sumergida y cuyo peso es igual al peso del buque.

desplegar *v. tr.* Extender, desdoblar. También prnl.

despliegue *s. m.* Exhibición de algo.
desplomar *v. tr.* **1.** Hacer que una cosa pierda la posición vertical. ‖ *v. prnl.* **2.** Caerse una pared.
desplumar *v. tr.* **1.** Quitar las plumas al ave. **2.** *fig.* Dejar a alguien sin dinero.
despoblado *s. m.* Desierto, sitio no poblado y que tuvo antes población.
despoblar *v. tr.* Reducir a desierto lo que antes estaba poblado, o hacer que disminuya la población. También prnl.
despojar *v. tr.* Privar a alguien, generalmente por la fuerza, de lo que posee.
despojo *s. m.* **1.** Botín del vencedor. **2.** Desperdicio. ‖ *s. m. pl.* **3.** Restos mortales. **4.** Vientre, asadura, cabeza y manos de las reses.
desposado, da *adj.* Recién casado.
desposar *v. tr.* **1.** Autorizar el párroco o el juez el matrimonio. ‖ *v. prnl.* **2.** Contraer esponsales.
desposeer *v. tr.* Privar a alguien de lo que posee.
desposorio *s. m.* Promesa mutua de contraer matrimonio y, en especial, casamiento por palabras de presente.
déspota *s. m.* **1.** Persona que ejercía mando supremo entre algunos pueblos antiguos. **2.** Soberano que gobierna sin sujeción a ley alguna.
despótico, ca *adj.* Absoluto, sin ley, tiránico.
despotricar *v. intr., fam.* Hablar sin consideración ni reparo todo lo que a alguien se le ocurre. También prnl.
despreciar *v. tr.* **1.** Desestimar y tener en poco. **2.** Desairar o desdeñar. ‖
desprecio *s. m.* **1.** Desestimación, falta de aprecio. **2.** Desaire, desdén.

desprender *v. tr.* Desunir, despegar, desasir. También prnl.
desprendido, da *adj.* Desinteresado, generoso.
desprendimiento *s. m.* Desapego, desasimiento de las cosas.
despreocupación *s. f.* Estado de ánimo de quien carece de preocupaciones.
despreocuparse *v. prnl.* Salir o librarse de una preocupación.
desprestigiar *v. tr.* Quitar el prestigio.
desprevención *s. f.* Falta de prevención.
desprevenido, da *adj.* Descuidado en sus prevenciones.
desproporción *s. f.* Falta de la proporción debida.
despropósito *s. m.* Dicho o hecho fuera de razón.
desproveer *v. tr.* Despojar a alguien de sus provisiones o de lo necesario para su conservación.
después *adv. t. y l.* Posterioridad de tiempo, lugar o situación.
despuntar *v. tr.* **1.** Quitar o gastar la punta. También prnl. ‖ *v. intr.* **2.** Empezar a brotar las plantas.
desquiciar *v. tr.* **1.** Desencajar o sacar de quicio. También prnl. **2.** Quitar a una persona su aplomo. También prnl.
desquitar *v. tr.* **1.** Restaurar la pérdida, reintegrarse de lo perdido. También prnl. **2.** *fig.* Tomar desquite o vengarse por un disgusto recibido. También prnl.
destacamento *s. m.* Porción de tropa destacada.
destacar *v. tr.* **1.** Separar del cuerpo principal una porción de tropa. También prnl. **2.** Hacer resaltar los objetos de un cuadro. Se usa más como prnl.

destajo s. m. Trabajo que se ajusta por un tanto alzado.

destapar v. tr. 1. Quitar la tapa o tapón. 2. fig. Descubrir lo tapado o abrigado.

destaponar v. tr. Quitar el tapón.

destartalado, da adj. Descompuesto, desproporcionado y sin orden.

destazar v. tr. Hacer piezas o pedazos.

destejar v. tr. 1. Quitar las tejas a los tejados de los edificios. 2. fig. Dejar sin reparo o defensa a una cosa.

destejer v. tr. Deshacer lo tejido.

destellar v. tr. Despedir destellos o emitir rayos, chispazos o ráfagas de luz.

destello s. m. Chispazo o ráfaga de luz intensa y breve.

destemplar v. tr. 1. Alterar, desconcertar la armonía o el buen orden de una cosa. || v. prnl. 2. Sentir cierto malestar. 3. Descomponerse, perder la moderación.

destemple s. m. 1. Disonancia de las cuerdas de un instrumento. 2. Indignación. 3. Alteración, desconcierto.

desteñir v. tr. Quitar el tinte, apagar los colores. También prnl. y intr.

desterrar v. tr. Expulsar por justicia de un territorio o lugar.

destetar v. tr. Hacer que deje de mamar el niño o las crías de los animales.

destiempo, a loc. adv. Fuera de tiempo.

destierro s. m. 1. Pena de la persona desterrada. 2. fig. Lugar muy apartado o distante de lo que se considera céntrico.

destilar v. tr. Separar por medio de calor una sustancia volátil de otras más fijas, enfriando luego su vapor para reducirla nuevamente a líquido.

destilería s. f. Lugar en que se hacen las destilaciones.

destinar v. tr. 1. Ordenar, determinar alguna cosa para un fin o efecto. 2. Designar a una persona para un empleo o para que preste sus servicios en determinado lugar.

destinatario, ria s. m. y s. f. Persona a quien va dirigida o destinada alguna cosa.

destino s. m. 1. Hado, suerte. 2. Consignación de una cosa o de un lugar para determinado fin. 3. Empleo, ocupación.

destituir v. tr. 1. Privar a alguien de alguna cosa. 2. Separar a alguien de su cargo como corrección o castigo.

destornillador s. m. Instrumento que sirve para destornillar.

destornillar v. tr. Sacar un tornillo dándole vueltas.

destral s. m. Hacha pequeña manejable con una sola mano.

destrenzar v. tr. Deshacer la trenza. También prnl.

destreza s. f. Habilidad, arte, primor o propiedad con que se hace una cosa.

destripacuentos adj., fam. Se dice de la persona que interrumpe inoportunamente la relación de la que habla.

destripar v. tr. Quitar o sacar las tripas.

destripaterrones s. m. y s. f., fig., fam. y desp. Jornalero que cava o labra la tierra.

destrocar v. tr. Deshacer el trueque o cambio.

destronar v. tr. Deponer y privar del reino a alguien, echarle del trono.

destroncar v. tr. 1. Cortar, tronchar un árbol o planta. 2. Corta, descoyuntar el cuerpo.

destroyer s. m. Cazatorpedero, buque.

destrozar v. tr. 1. Despedazar, romper. 2. Derrotar a los enemigos con mucha pérdida por su parte.

destrucción s. f. Ruina, asolamiento.

destructor, ra *s. m.* Buque de guerra de pequeño tamaño y muy veloz, cuyo principal armamento es el torpedo.

destruir *v. tr.* Arruinar, deshacer, inutilizar.

desuncir *v. tr.* Quitar del yugo las bestias sujetas a él.

desunir *v. tr.* **1.** Separar lo que estaba junto o unido. **2.** Introducir discordia entre los que estaban en buena correspondencia.

desuso *s. m.* Falta de uso de una cosa.

desvaído, da *adj.* **1.** Se dice del color bajo y como disipado. **2.** Se dice de lo que ha perdido fuerza o vigor.

desvalido, da *adj.* Desamparado, falto de ayuda y socorro.

desvalijar *v. tr.* **1.** Robar el contenido de una maleta, caja fuerte, casa, habitación, etc. **2.** *fig.* Despojar a alguien del dinero o bienes mediante robo, engaño, etc.

desvalorizar *v. tr.* **1.** Depreciar, quitar valor o estimación a una cosa. **2.** Devaluar una moneda.

desván *s. m.* Parte más alta de la casa, inmediata al tejado.

desvanecer *v. tr.* **1.** Disgregar o difundir las partículas de un cuerpo en otro. También prnl. **2.** Suprimir, anular. **3.** Quitar de la mente una idea, recuerdo, etc. || *v. prnl.* **4.** Turbarse el sentido, desmayarse.

desvarar *v. tr.* **1.** Resbalar, deslizarse. También prnl. **2.** Poner a flote la nave que estaba varada.

desvariar *v. intr.* Decir despropósitos.

desvarío *s. m.* **1.** Dicho o hecho fuera de concierto. **2.** Delirio que sobreviene a algunos enfermos.

desvelar *v. tr.* **1.** Quitar el sueño. También prnl. || *v. prnl.* **2.** *fig.* Poner gran cuidado en lo que se desea hacer o conseguir.

desvenar *v. tr.* **1.** Quitar las venas a la carne. **2.** Sacar de la vena o filón el mineral.

desvencijar *v. tr.* Aflojar, desconcertar las partes de una cosa. También prnl.

desvendar *v. tr.* Quitar el vendaje.

desventaja *s. f.* Mengua o perjuicio que se nota por comparación.

desvergonzarse *v. prnl.* Descomedirse, insolentarse faltando al respeto.

desvergüenza *s. f.* **1.** Falta de vergüenza. **2.** Dicho o hecho impúdico o insolente.

desviación *s. f.* Separación lateral de un cuerpo de su posición media.

desviar *v. tr.* **1.** Alejar, separar de su lugar o camino una cosa. También prnl. **2.** *fig.* Disuadir o apartar a alguien de la intención que tenía. También prnl.

desvincular *v. tr.* Romper la vinculación o lazo entre personas, instituciones, etc.

desvirgar *v. tr.* Quitar la virginidad a una persona.

desvirtuar *v. tr.* Quitar la virtud, sustancia o vigor. También prnl.

desvivirse *v. prnl.* Mostrar incesante y vivo interés o solicitud por una persona o cosa.

detallar *v. tr.* Tratar, referir una cosa al por menor, circunstanciadamente.

detalle *s. m.* Pormenor, relación, lista circunstanciada.

detallista *s. m. y s. f.* Persona que se cuida de los detalles.

detective *s. m. y s. f.* Persona que se encarga de hacer investigaciones sobre hechos misteriosos.

detector *s. m.* Aparato fundamental de la telegrafía sin hilos que sirve para cambiar las oscilaciones captadas por la antena en otras de menos frecuencia utilizables en los órganos de registro o audición.

detener *v. tr.* **1.** Suspender una cosa, impedir que pase adelante. También prnl. **2.** Arrestar. **3.** Retener, conservar, guardar.

detentar *v. tr.* Retener alguien sin derecho lo que no le pertenece.

detergente *s. m.* Compuesto químico líquido o en polvo usado para lavar la ropa.

deteriorar *v. tr.* Estropear, menoscabar, echar a perder una cosa. También prnl.

determinación *s. f.* Osadía, valor.

determinar *v. tr.* Fijar los términos de una cosa, previa deliberación o estudio.

detestable *adj.* Abominable, execrable.

detonar *v. intr.* Dar estampido o trueno.

detractor, ra *adj.* Maldiciente, difamador.

detraer *v. tr.* **1.** Sustraer, apartar o desviar. **2.** Denigrar, infamar.

detrás *adv. l.* En la parte posterior.

detrimento *s. m.* **1.** Destrucción leve o parcial. **2.** *fig.* Daño moral.

detrito *s. m.* Resultado de la descomposición de una masa sólida en partículas.

deuda *s. f.* Obligación que uno tiene de pasar o reintegrar a otro una cosa. **2.** *fig.* Pecado, culpa u ofensa.

devanar *v. tr.* Enrollar hilo, alambre, etc., en un ovillo o carrete.

devaneo *s. m.* **1.** Delirio, desatino, desconcierto. **2.** Relación amorosa pasajera.

devastar *v. tr.* Arrasar un territorio.

devengar *v. tr.* Adquirir derecho a retribución por razón de trabajo, servicio u otro título.

devoción *s. f.* Amor, fervor religioso.

devocionario *s. m.* Libro que contiene varias oraciones para uso de los fieles.

devolver *v. tr.* **1.** Volver una cosa al estado o situación que tenía. **2.** Restituir.

devorar *v. tr.* Tragar con ansia.

deyección *s. f.* **1.** Conjunto de materias que arroja un volcán o que se desprenden de una montaña. **2.** Defecación de los excrementos.

día *s. m.* Tiempo que la Tierra tarda en dar una vuelta sobre sí misma.

diabetes *s. f.* Enfermedad caracterizada por excesiva eliminación de orina cargada a veces de glucosa, sed inextinguible y enflaquecimiento progresivo.

diabla *s. f., fam.* Máquina para cardar lana o algodón.

diablo *s. m.* Nombre general y particular de los ángeles rebeldes arrojados por Dios al abismo.

diablura *s. f.* Travesura de niños.

diábolo *s. m.* Juguete consistente en un carrete formado por dos conos que se unen por el vértice; gira sobre una cuerda atada al extremo de dos palillos, que se manejan con ambas manos.

diácono *s. m.* Ministro de la Iglesia de grado segundo en dignidad, inmediato al sacerdocio.

diadema *s. f.* Adorno de cabeza, en forma de media corona abierta por detrás.

diadoco *s. m.* Título del príncipe heredero en la Grecia moderna.

diáfano, na *adj.* **1.** Se dice del cuerpo a través del cual pasa la luz casi en su totalidad. **2.** Transparente, claro, cristalino.

diafragma *s. m.* Membrana formada por fibras musculares que separa la cavidad pectoral de la abdominal.

diagnóstico *s. m.* Determinación de una enfermedad por sus signos.

diagonal *adj.* Se dice de la línea que en un polígono va de un vértice a otro inmediato, y en un poliedro une dos vérti-

DIAGRAMA - DICTAMEN

ces cualesquiera no situados en la misma cara.

diagrama *s. m.* Dibujo geométrico que sirve para demostrar una proposición, resolver un problema o figurar de una manera gráfica la ley de variación de un fenómeno.

dialéctica *s. f.* Forma de discurrir por contradicción o enfrentamiento de razones.

dialecto *s. m.* Cada una de las variedades de un idioma, propia de una determinada región de la nación, a diferencia de la lengua general y literaria.

dialogar *v. intr.* Hablar en diálogo.

diálogo *s. m.* Conversación entre dos o más personas.

diamante *s. m.* Piedra preciosa, formada de carbono cristalizado en el sistema cúbico, diáfano, de gran brillo, generalmente incoloro.

diámetro *s. m.* Línea recta que pasa por el centro del círculo y termina por ambos extremos en la circunferencia.

diana *s. f.* **1.** Toque militar al romper el día para que la tropa se levante. **2.** Punto central de un blanco de tiro.

diapasón *s. m.* Intervalo que comprende cinco tonos y dos semitonos mayores.

diario, ria *adj.* **1.** Correspondiente a todos los días. || *s. m.* **2.** Relación histórica de lo que ha ido sucediendo día a día. **3.** Periódico que se publica todos los días.

diarrea *s. f.* Fenómeno morboso consistente en frecuentes evacuaciones intestinales líquidas o semilíquidas.

diastema *s. m.* Espacio interdentario.

diástole *s. f.* **1.** Licencia poética que consiste en usar como larga una sílaba breve. **2.** Expansión rítmica del corazón y de las arterias que alternan con la sístole.

diátesis *s. f.* Predisposición orgánica a contraer una determinada enfermedad.

diatónico, ca *adj.* Se aplica a uno de los tres géneros del sistema musical, que procede por dos tonos y un semitono.

diatriba *s. f.* Discurso o escrito violento.

dibujante *s. m. y s. f.* Persona cuya profesión es el dibujo.

dibujar *v. tr.* **1.** Representar un cuerpo por medio del lápiz, la pluma, etc. También prnl. **2.** *fig.* Describir.

dibujo *s. m.* Imagen dibujada.

dicacidad *s. f.* Agudeza, mordacidad ingeniosa.

dicción *s. f.* **1.** Palabra. **2.** Manera de hablar o escribir. **3.** Pronunciación.

diccionario *s. m.* Libro en que, por orden alfabético, se contienen y explican las palabras y expresiones de uno o más idiomas, las de una ciencia, materia, etc.

dicha *s. f.* Felicidad, ventura.

dicharachero, ra *adj., fam.* Que prodiga dichos poco decentes y vulgares.

dicho *s. m.* Sentencia u opinión original característica.

dichoso, sa *adj.* Feliz.

diciembre *s. m.* Duodécimo mes del año.

dicotiledóneo, a *adj.* Se dice de la planta, del subtipo de las angiospermas, que tiene dos cotiledones.

dicromático, ca *adj.* Que tiene dos colores.

dictado *s. m.* **1.** Acción de dictar para que otro escriba. || *s. m. pl.* **2.** Preceptos de la razón o la conciencia.

dictador *s. m.* En los estados modernos, persona que por la fuerza toma el derecho de asumir todos los poderes.

dictamen *s. m.* Opinión y juicio técnico o pericial que se emite sobre una cosa.

díctamo *s. m.* Planta de adorno de la familia de las labiadas.

dictar *v. tr.* Decir uno algo con las pausas necesarias para que otro lo vaya escribiendo.

dictatorial *adj.* Absoluto, no sujeto a leyes.

dicterio *s. m.* Dicho denigrativo que insulta y provoca.

didáctica *s. f.* Arte de enseñar.

diedro *adj.* Se dice del ángulo formado por dos planos que se cortan.

diente *s. m.* **1.** Cualquiera de los órganos blanquecinos, duros, de consistencia pétrea que, en el ser humano y en ciertos vertebrados inferiores, se hallan engastados en las mandíbulas y sirven como órganos de masticación y de defensa. **2.** Cada una de las puntas que tienen algunos instrumentos, especialmente los redondeados.

diéresis *s. f.* **1.** Figura de dicción y licencia poética, que consiste en pronunciar en dos sílabas las vocales de un diptongo. **2.** Signo ortográfico (¨) que se pone sobre la "u" para indicar que esta letra debe pronunciarse.

diestro, tra *adj.* **1.** Que cae o mira a mano derecha. **2.** Hábil, experto en un arte u oficio. || *s. m.* **3.** Matador de toros.

dieta[1] *s. f.* Régimen alimenticio que se guarda por enfermedad o para adelgazar.

dieta[2] *s. f.* Asamblea política de ciertos estados europeos y de Japón.

dietética *s. f.* Parte de la medicina que trata de la alimentación adecuada para una perfecta nutrición.

diez *adj. num.* Nueve y uno.

diezmar *v. tr.* **1.** Sacar de diez uno. **2.** Pagar el diezmo.

difamar *v. tr.* Desacreditar a alguien publicando cosas contra su buena fama.

diferencia *s. f.* Cualidad o accidente por el cual una cosa se distingue de otra.

diferenciar *v. tr.* Hacer distinción, conocer la diversidad de las cosas.

diferente *adj.* Que difiere en algo.

diferir *v. tr.* **1.** Dilatar, retardar o suspender la ejecución de una cosa. || *v. intr.* **2.** Distinguirse una cosa de otra, ser diferente.

difícil *adj.* **1.** Que no se logra, ejecuta o entiende sin mucho trabajo. **2.** Se dice de la persona que es poco tratable.

dificultad *s. f.* Inconveniente o contrariedad que impide lograr, ejecutar o entender bien y pronto una cosa.

dificultar *v. tr.* Poner dificultades a las pretensiones de alguien.

dificultoso, sa *adj.* Difícil, lleno de impedimentos.

difracción *s. f.* División e inflexión de los rayos luminosos cuando pasan por el borde de un cuerpo opaco.

difteria *s. f.* Enfermedad infecciosa aguda, caracterizada por la formación de falsas membranas en las mucosas.

difundir *v. tr.* **1.** Extender, derramar. También prnl. **2.** *fig.* Divulgar, propagar.

difunto, ta *adj.* Se dice de la persona muerta.

difuso, sa *adj.* **1.** Ancho, dilatado. **2.** Superabundante en palabras.

digerir *v. tr.* Convertir en el aparato digestivo los alimentos en sustancia propia para la nutrición.

digitación *s. f.* Adiestramiento de los dedos en la ejecución musical con ciertos instrumentos.

digital *adj.* Se dice de los mecanismos que graban o reproducen el sonido en dígitos concretos y no en forma analógica.

dignarse *v. prnl.* Tener a bien hacer algo.

dilacerar *v. tr.* Desgarrar, despedazar las carnes. También prnl.

dilapidar *v. tr.* Derrochar los bienes.

dilatar *v. tr.* **1.** Hacer mayor algo o hacer que ocupe más lugar o tiempo. También prnl. **2.** Diferir, retardar. También prnl.

dilema *s. m.* Argumento formado de dos proposiciones contrarias disyuntivamente de tal modo que, negada o concedida cualquiera de las dos, queda demostrado lo que se intenta probar.

diletante *adj.* Aficionado al arte y, especialmente, al de la música.

diligencia *s. f.* **1.** Cuidado y actividad en ejecutar una cosa. **2.** Prontitud, agilidad, prisa. Se usa más con v. de movimiento.

dilucidar *v. tr.* Declarar y explicar un asunto.

diluir *v. tr.* **1.** Desleír. También prnl. **2.** Añadir líquido en las disoluciones.

diluviar *v. intr.* Llover a manera de diluvio.

diluvio *s. m.* Inundación causada por lluvias copiosas.

dimanar *v. intr.* Proceder o venir el agua de sus manantiales.

dimensión *s. f.* **1.** Longitud de una línea, área de una superficie o volumen de un cuerpo. **2.** Extensión de un objeto en dirección determinada.

diminutivo, va *adj.* Que tiene cualidad de disminuir o reducir a menos una cosa.

diminuto, ta *adj.* **1.** Defectuoso, imperfecto. **2.** Excesivamente pequeño.

dimitir *v. tr.* Renunciar a un cargo.

dimorfo, fa *adj.* Que puede presentar dos formas o aspectos diferentes.

dina *s. f.* Unidad de fuerza en el sistema cegesimal que, actuando sobre la masa de un gramo, comunica a ésta la velocidad de un centímetro por segundo.

dinámica *s. f.* Parte de la mecánica que estudia las leyes del movimiento en relación con las fuerzas que lo producen.

dinamita *s. f.* Explosivo que está formado por una mezcla de nitroglicerina y una sustancia porosa inerte.

dinamo *s. f.* Máquina destinada a convertir la energía mecánica en eléctrica o viceversa mediante la inducción electromagnética.

dinamómetro *s. m.* Instrumento destinado a evaluar y comparar las fuerzas.

dinastía *s. f.* Serie de príncipes soberanos en un determinado país, pertenecientes a una familia.

dinero *s. m.* **1.** Moneda corriente. **2.** *fig.* y *fam.* Caudal, fortuna.

dintel *s. m.* Parte superior de una puerta, ventana, etc., que carga sobre las jambas.

diócesis *s. f.* Distrito o territorio en que tiene y ejerce jurisdicción espiritual un prelado; como arzobispo, obispo, etc.

dioico, ca *adj.* Se aplica a las plantas que tienen las flores de cada sexo en pie separado, y también a estas mismas flores.

dioptría *s. f.* Unidad utilizada para medir la refracción del ojo y el poder refringente de las lentes.

diorama *s. m.* Lienzo transparente pintado por las dos caras en el que, según la iluminación, se pueden ver en un mismo sitio dos cosas distintas.

diorita *s. f.* Roca ígnea que está compuesta de feldespato y anfibolita.

Dios *n. p.* Nombre con que en las religiones monoteístas se designa al Ser Supremo, creador del universo.

diosa *s. f.* Deidad del sexo femenino.

diplococo *s. m.* Cada una de ciertas bacterias de forma redondeada, que se agrupan de dos en dos.

diplodoco *s. m.* Reptil dinosaurio fósil, gigantesco, de la era jurásica.

diploma *s. m.* Despacho, bula, etc., autorizado por un soberano.

diplomacia *s. f.* Ciencia de los intereses y relaciones internacionales.

diplomático, ca *adj.* Se dice de los negocios de Estado internacionales y de las personas que intervienen en ellos.

díptero, ra *adj.* Que tiene dos alas.

díptico *s. m.* Cuadro o bajo relieve formado con dos tableros que se cierran como las tapas de un libro.

diptongar *v. tr.* Unir dos vocales formando en la pronunciación una sola sílaba.

diptongo *s. m.* Conjunto de dos vocales diferentes que forman una sola sílaba y, en especial, la combinación monosilábica formada dentro de una misma palabra por una de las vocales abiertas "a", "e", "o", con una de las cerradas "i", "u".

diputado, da *s. m. y s. f.* **1.** Persona nombrada por un cuerpo para representarlo. **2.** Persona elegida por los electores como representante de una cámara legislativa.

dique *s. m.* **1.** Muro hecho para contener las aguas. **2.** Cavidad revestida de fábrica en la orilla de una dársena, río, etc., con compuertas para llenarla o vaciarla, y donde se hacen entrar los buques para limpiarlos y carenarlos.

dirección *s. f.* Camino o rumbo que un cuerpo sigue en su movimiento.

directivo, va *adj.* Se dice de lo que tiene facultad y virtud de dirigir.

dirigir *v. tr.* **1.** Llevar rectamente una cosa hacia un lugar señalado. **2.** Guiar, encaminar. También prnl. **3.** Gobernar una empresa.

dirimir *v. tr.* **1.** Deshacer, disolver, desunir. **2.** Ajustar, acabar una controversia.

discernir *v. tr.* Percibir la diferencia existente entre las cosas por un acto especial de los sentidos o de la inteligencia.

disciplina *s. f.* **1.** Doctrina, enseñanza. **2.** Asignatura. **3.** Modalidad deportiva. **4.** Conjunto de reglas para mantener el orden y la subordinación.

disciplinar *v. tr.* Instruir, enseñar a alguien su profesión, dándole lecciones.

discípulo, la *s. m. y s. f.* Persona que aprende una doctrina del maestro o que cursa en una escuela.

disco *s. m.* Cuerpo cilíndrico cuya base es muy grande respecto de su altura.

discóbolo *s. m.* Atleta que arroja el disco.

discoidal *adj.* A manera de disco.

díscolo, la *adj.* Travieso, indócil.

discontinuo, nua *adj.* Interrumpido.

discordancia *s. f.* Contrariedad, diversidad, disconformidad.

discorde *adj.* **1.** Disconforme, opuesto. **2.** Disonante, falto de consonancia.

discordia *s. f.* Oposición, desavenencia de voluntades.

discreción *s. f.* **1.** Sensatez para formar juicio y tacto para hablar u obrar. **2.** Don de expresarse con agudeza y oportunidad.

discrecional *adj.* Que se hace libre y prudencialmente.

discrepancia *s. f.* **1.** Diferencia que resulta de comparar dos cosas entre sí. **2.** Disentimiento personal en opiniones o conducta.

discrepar *v. intr.* Desdecir una cosa de otra, diferenciarse, ser desigual.

discreto, ta *adj.* **1.** Dotado de discreción. **2.** Que se compone de partes separadas.

disculpa *s. f.* Razón que se da y causa que se alega para excusarse de una culpa.

disculpar *v. tr.* **1.** Dar razones o pruebas que descarguen de una culpa. También prnl. **2.** *fam.* No tomar en cuenta o perdonar las faltas que otro comete.

discurrir *v. intr.* **1.** Andar, caminar por diversos lugares. **2.** Reflexionar, razonar.

discurso *s. m.* **1.** Facultad de discurrir. **2.** Razonamiento pronunciado en público a fin de convencer o mover el ánimo.

discutir *v. tr.* Examinar detalladamente una cuestión entre dos o más personas.

disecar *v. tr.* **1.** Dividir en partes una planta o animal muerto para su estudio. **2.** Preparar los animales muertos para que conserven la apariencia de vivos.

diseminar *v. tr.* Sembrar, esparcir. También prnl.

disensión *s. f.* **1.** Oposición de varias personas en sus opiniones o propósitos. **2.** *fig.* Contienda, riña.

disentería *s. f.* Enfermedad infecciosa que tiene por síntomas característicos la diarrea con pujos y alguna mezcla de sangre.

disentir *v. intr.* No ajustarse al parecer de otra persona, opinar de modo distinto.

diseñar *v. tr.* Hacer un diseño.

diseño *s. m.* Traza, delineación de un edificio o de un objeto.

disertar *v. intr.* Razonar metódicamente sobre alguna materia.

disfagia *s. f.* Dificultad de tragar.

disfavor *s. m.* **1.** Desaire o distanciamiento. **2.** Suspensión del favor.

disforme *adj.* Que carece de forma regular, proporción y medida en sus partes.

disfraz *s. m.* **1.** Artificio con que se desfigura una cosa. **2.** Vestido de máscara utilizado en fiestas y carnavales.

disfrazar *v. tr.* Desfigurar la forma natural o la apariencia de las personas o de las cosas, para que no sean conocidas.

disfrutar *v. tr.* Percibir, aprovechar los productos o ventajas de las cosas.

disgregar *v. tr.* Separar, desunir, apartar lo que está unido. También prnl.

disgustar *v. tr.* Causar disgusto o desazón. También prnl.

disgusto *s. m.* **1.** Desabrimiento causado por una comida o bebida. **2.** Pesadumbre, inquietud. **3.** Contienda o diferencia. **4.** Fastidio que causa una persona o cosa.

disidencia *s. f.* Grave desacuerdo de opiniones.

disidir *v. intr.* Separarse de la común doctrina, creencia, conducta o régimen político.

disimetría *s. f.* Defecto de simetría.

disimular *v. tr.* **1.** Encubrir la intención o los sentimientos. **2.** Tolerar algo afectando ignorancia.

disimulo *s. m.* Arte con que se oculta lo que se siente, se sabe o se sospecha.

disipar *v. tr.* **1.** Esparcir y desvanecerse una cosa por disgregación y dispersión de sus partes. También prnl. **2.** Desperdiciar, malgastar. || *v. prnl.* **3.** Evaporarse.

dislocar *v. tr.* Sacar una cosa de su lugar. Se usa más como prnl.

disminución *s. f.* Merma de una cosa.

disminuir *v. tr.* Hacer menor la intensidad, extensión o número de una cosa. También intr.

disnea *s. f.* Dificultad de respirar.

disociar *v. tr.* Separar una cosa de otra a que estaba unida.

disolución *s. f.* **1.** Unión de un sólido, líquido o gas con un disolvente líquido, formando un todo homogéneo. **2.** *fig.* Relajación de vida y costumbres.

disoluto, ta *adj.* Licencioso, entregado a los vicios.

disolver *v. tr.* **1.** Separar o desunir lo que estaba unido. También prnl. **2.** *fig.* Deshacer, destruir, aniquilar. También prnl.

disonancia *s. f.* Sonido desagradable.

disonar *v. intr.* **1.** Sonar desapaciblemente. **2.** *fig.* Discrepar, carecer de conformidad y correspondencia algunas cosas que debieran poseerla.

dispar *adj.* Desigual, diferente.

disparador *s. m.* Pieza que sujeta la llave del fusil y otras armas de fuego y sirve para dispararlas.

disparar *v. tr.* **1.** Hacer que un arma despida su proyectil. **2.** Lanzar una cosa con violencia. También prnl.

disparatado, da *adj.* Contrario a la razón.

disparatar *v. intr.* Decir o hacer una cosa fuera de razón y regla.

disparate *s. m.* Hecho o dicho disparatado.

disparidad *s. f.* Desemejanza, desigualdad.

dispendio *s. m.* Gasto excesivo.

dispensa *s. f.* Privilegio, excepción de lo dispuesto por las leyes o normas generales.

dispensar *v. tr.* **1.** Dar, conceder. **2.** Eximir de una obligación. También prnl.

dispersar *v. tr.* **1.** Separar y diseminar lo que estaba o debía estar reunido. También prnl. **2.** Desbaratar al enemigo.

displicencia *s. f.* **1.** Desagrado e indiferencia en el trato. **2.** Desaliento en la ejecución de un hecho.

displicente *adj.* Se dice de lo que desplace, desagrada y disgusta.

disponer *v. tr.* **1.** Colocar, poner en orden y situación conveniente. También prnl. **2.** Deliberar, mandar lo que se ha de hacer. **3.** Preparar, prevenir. También prnl.

dispositivo *s. m.* Mecanismo preparado para obtener un resultado automático.

dispuesto, ta *adj.* Apuesto, gallardo.

disputar *v. tr.* **1.** Debatir, especialmente con calor y vehemencia. **2.** Porfiar y altercar. También intr.

disquisición *s. f.* Examen riguroso que se hace de alguna cosa.

distancia *s. f.* Intervalo de tiempo o espacio que media entre dos cosas o sucesos.

distanciar *v. tr.* Separar, poner a distancia.

distar *v. intr.* Estar apartada una cosa de otra.

distender *v. tr.* **1.** Disminuir la tensión. **2.** Causar una tensión violenta en los tejidos, membranas, etc. También prnl.

dístico *s. m.* Composición poética que sólo consta de dos versos, con los que se expresa un concepto cabal.

distinción *s. f.* Diferencia en virtud de la cual una cosa no es otra o no es semejante a otra.

distinguido, da *adj.* Ilustre, aventajado.

distinguir *v. tr.* Conocer la diferencia que hay entre unas cosas y otras.

distintivo, va *s. m.* Insignia, señal, marca.

distinto, ta *adj.* **1.** Que no es lo mismo. **2.** Inteligible, claro, sin confusión.

distracción *s. f.* Cosa que atrae la atención apartándola de aquella que está fijada.

distraer *v. tr.* **1.** Divertir, entretener. También prnl. **2.** Apartar la atención de una persona del objeto que la aplicaba o que debía aplicarla. También prnl.

distribuir *v. tr.* **1.** Dividir una cosa entre varios, designando lo que a cada uno co-

DISTRITO - DOBLEZ

rresponde. **2.** Dar a cada cosa su oportuna colocación o el destino conveniente.

distrito *s. m.* Cada una de las demarcaciones en que se subdivide un territorio o población con un fin administrativo o jurídico.

disturbio *s. m.* Alteración, turbación de la paz y concordia.

disuadir *v. tr.* Inducir a alguien con razones a cambiar de dictamen o de propósito.

disyuntivo, va *adj.* Se dice de lo que tiene la cualidad de desunir o separar.

ditirambo *s. m.* **1.** Composición poética inspirada, en un arrebatado entusiasmo, por alguien o algo y escrita generalmente en variedad de metros. **2.** *fig.* Alabanza exagerada, encomio excesivo.

diurético, ca *adj.* Se dice de lo que tiene virtud de aumentar la secreción y excreción de la orina.

divagar *v. intr.* **1.** Vagar, andar a la ventura. **2.** Separarse del asunto de que se trata.

diván *s. m.* Banco con brazos o sin ellos, generalmente sin respaldo y con almohadones sueltos.

divergencia *s. f., fig.* Diversidad de opiniones o pareceres.

diversidad *s. f.* Variedad, desemejanza.

diversión *s. f.* Recreo, pasatiempo.

diverso, sa *adj.* De distinta naturaleza, especie, número, figura, etc.

divertido, da *adj.* Alegre, de buen humor.

divertir *v. tr.* **1.** Apartar, desviar. También prnl. **2.** Entretener, recrear. También prnl.

dividendo *s. m.* Cantidad que ha de dividirse por otra.

dividir *v. tr.* **1.** Partir, separar en partes. También prnl. **2.** Distribuir. **3.** Desunir los ánimos y voluntades, introduciendo discordias.

divieso *s. m.* Inflamación local dolorosa que se forma en la piel.

divinidad *s. f.* Naturaleza divina y esencia del ser de Dios en cuanto Dios.

divinizar *v. tr.* Hacer o suponer divina a una cosa o tributarle honores divinos.

divisa *s. f.* **1.** Señal exterior para distinguir personas, grados u otra cosa. **2.** Lazo de cintas con que se distinguen los toros de cada ganadero. **3.** Moneda mercantil de cualquier país extranjero.

divisar *v. tr.* Ver, aunque confusamente.

divisor *s. m.* Cantidad por la que ha de dividirse otra.

divo, va *adj.* **1.** *poét.* Divino. **2.** Se dice del artista famoso y, especialmente, del cantante de ópera.

divorciar *v. tr.* **1.** Disolver la autoridad competente un matrimonio. También prnl. **2.** *fig.* Separar dos personas o cosas.

divulgar *v. tr.* Publicar, poner al alcance del público una cosa. También prnl. **2.**

diyambo *s. m.* Pie de la poesía griega y latina compuesto de dos yambos.

do *s. m.* Primera voz de la escala musical que en el sistema moderno ha sustituido al "ut".

dobladillo *s. m.* Pliegue que como remate se hace en el borde de una tela.

doblar *v. tr.* Aumentar una cosa, echándole otro tanto más de lo que era o tener el doble que otro.

doble *adj. num.* Duplo.

doblegar *v. tr.* Doblar o torcer encorvando. También prnl.

doblete *adj.* Entre doble y sencillo.

doblez *s. m.* **1.** Parte que se dobla o pliega en una cosa. **2.** *fig.* Astucia con que alguien obra dando a entender lo contrario de lo que piensa.

doblón *s. m.* Moneda antigua de oro, con diferente valor según las épocas.

doce *adj. num.* Diez y dos.

docena *s. f.* Conjunto de doce cosas.

docente *adj.* Que enseña.

dócil *adj.* **1.** Suave, apacible. **2.** Obediente.

docto, ta *adj.* Que posee muchos conocimientos.

doctor, ra *s. m. y s. f.* Persona que adquiere el último grado académico que confiere una universidad.

doctrina *s. f.* **1.** Enseñanza que se da para instrucción de alguien. **2.** Ciencia o sabiduría.

documental *adj.* Se dice de la película cinematográfica o programa televisivo de carácter informativo.

documentar *v. tr.* Probar, justificar algo con documentos.

documento *s. m.* Instrucción que se da a alguien en cualquier materia.

dodecaedro *s. m.* Sólido de 12 caras.

dodecágono, na *adj.* Se aplica al polígono de 12 ángulos y 12 lados.

dogal *s. m.* Cuerda de la que se forma un lazo para atar por el cuello a las caballerías.

dogma *s. m.* Proposición que se asienta como cierta y como principio innegable de la ciencia.

dogmatizar *v. tr.* Afirmar con presunción, como innegables, principios sujetos a examen y contradicción.

dolencia *s. f.* Indisposición, achaque.

doler *v. intr.* Padecer dolor una parte del cuerpo.

dolmen *s. m.* Monumento megalítico en forma de mesa, compuesto por una o más lajas colocadas de plano sobre dos o más piedras verticales.

dolo *s. m.* Engaño, fraude, simulación.

dolomía *s. f.* Roca formada por el carbonato doble de cal y magnesio.

dolor *s. m.* **1.** Sensación molesta y aflictiva de una parte del cuerpo causada por lesiones o enfermedad. **2.** Sentimiento, pena que se padece en el ánimo.

dolora *s. f.* Breve composición poética de carácter dramático.

dolorido, da *adj.* **1.** Que padece o siente dolor. **2.** Apenado, afligido.

doloroso, sa *adj.* Lamentable, lastimoso.

doloso, sa *adj.* Engañoso, fraudulento.

domar *v. tr.* **1.** Amansar y hacer dócil al animal. **2.** *fig.* Sujetar, reprimir.

domeñar *v. tr.* Someter, sujetar, rendir.

domesticar *v. tr.* Acostumbrar a la compañía de las personas a un animal salvaje.

doméstico, ca *adj.* Se dice del animal que se cría en la compañía de las personas.

domiciliar *v. tr.* Dar domicilio.

domicilio *s. m.* Morada fija y permanente de una persona.

dominación *s. f.* Imperio que tiene sobre un territorio la persona que ejerce soberanía.

dominar *v. tr.* Tener dominio sobre personas o cosas.

dómine *s. m., fam.* Maestro o preceptor de gramática latina.

domingo *s. m.* Día de la semana comprendido entre el sábado y el lunes.

dominico, ca *adj.* Se dice del religioso o religiosa de la orden de Santo Domingo.

dominio *s. m.* **1.** Poder que alguien tiene de usar y disponer de lo suyo libremente. **2.** Superioridad legítima sobre las personas.

dominó *s. m.* Juego que se hace con 28 fichas rectangulares, blancas por la cara y negras por el envés, con aquélla dividida en dos cuadrados, cada uno de los cuales lleva marcados de uno a seis puntos o no lleva ninguno.

don¹ *s. m.* Dádiva, presente o regalo.

don² *s. m.* Tratamiento de respeto que se antepone a los nombres de pila masculinos.

donaire *s. m.* Gracia en lo que se dice.

donar *v. tr.* Traspasar alguien gratuitamente a otra persona algo que posee.

donativo *s. m.* Dádiva, regalo, cesión.

doncel *s. m.* Joven noble que aún no estaba armado caballero.

doncella *s. f.* **1.** Mujer que no ha mantenido relaciones sexuales. **2.** Criada que se ocupa de las tareas domésticas ajenas a la cocina.

donde *adv. rel.* Con antecedente y sin preposición, equivale a en qué lugar, o en el lugar en que; precedido de antecedente y preposición, equivale al simple pronombre que, el que, lo que, etc.

dondequiera *adv. l.* En cualquier parte.

donoso, sa *adj.* Que tiene donaire y gracia.

doña *s. f.* Tratamiento de respeto que se antepone a los nombres de pila femeninos.

dorada *s. f.* Pez marino acantopterigio comestible, de color negro azulado y con una mancha dorada entre los ojos.

dorado, da *adj.* De color de oro o semejante a él.

dorar *v. tr.* Cubrir con oro la superficie de una cosa.

dormilón, na *adj.* Que duerme mucho.

dormir *v. intr.* Estar en aquel reposo que consiste en la inacción o suspensión de los sentidos y de todo movimiento voluntario.

dormitar *v. intr.* Estar medio dormido.

dormitorio *s. m.* Pieza de la casa destinada para dormir en ella.

dornajo *s. m.* Artesa pequeña y redonda.

dorso *s. m.* Revés o espalda de una cosa.

dos *adj. num.* Uno y uno.

doscientos, tas *adj. num.* Dos veces ciento.

dosel *s. m.* Mueble de adorno que cubre o resguarda un altar, cama, trono, etc.

dosificar *v. tr.* Dividir o graduar las dosis de un medicamento.

dotación *s. f.* **1.** Aquello con que se dota. **2.** Conjunto de personas que tripulan un buque de guerra.

dotar *v. tr.* **1.** Constituir dote a la mujer que va a contraer matrimonio o a profesar en una orden religiosa. **2.** Dar bienes para un centro benéfico. **3.** Conceder la naturaleza a alguien determinadas cualidades.

dote *s. amb.* Bienes que lleva la mujer cuando contrae matrimonio.

dovela *s. f.* Piedra labrada en figura de cuña para formar arcos, bóvedas, etc.

dracma *s. m.* **1.** Moneda de plata de los griegos y de los romanos. **2.** Octava parte de una onza.

draga *s. f.* Máquina para limpiar los puertos de mar, los ríos, etc., extrayendo de ellos fango, piedras, arena, etc.

dragaminas *s. m.* Buque destinado a limpiar de minas los mares.

dragar *v. tr.* Excavar el fondo y limpiar con draga los puertos de mar, los ríos, etc.

dragontea *s. f.* Planta herbácea vivaz, arácea, cultivada en jardines.

drama *s. m.* Obra de teatro, entre la tragedia y la comedia.

dramático, ca *adj.* Propio, característico del drama.

dramaturgo, ga *s. m. y s. f.* Autor de obras dramáticas.

drástico, ca *adj., fig.* Tajante, enérgico, contundente.

drenaje *s. m.* Procedimiento empleado para la eliminación de líquidos de una herida.

driza *s. f.* Cuerda o cabo con que se izan y arrían las vergas, velas, banderas, etc.

droga *s. f.* Nombre genérico de ciertas sustancias usadas en química, industria, medicina, etc.

droguería *s. f.* **1.** Comercio de drogas. **2.** Tienda donde se venden drogas, especialmente pinturas y productos de limpieza.

dromedario *s. m.* Rumiante que se diferencia del camello por tener sólo una giba.

druida *s. m.* Sacerdote de los antiguos galos y britanos.

drupa *s. f.* Fruta de mesocarpio carnoso y endocarpio leñoso con una sola semilla.

dual *adj.* Se dice de lo que consta de dos partes, aspectos, etc.

dualidad *s. f.* Condición de reunir dos caracteres distintos una misma persona o cosa.

ducado *s. m.* **1.** Título o dignidad de duque. **2.** Lugar sobre el que recaía este título.

ducha *s. f.* Chorro de agua que se hace caer sobre el cuerpo para limpieza o refresco.

ducho, cha *adj.* Experimentado, diestro.

dudar *v. intr.* **1.** Estar el ánimo entre resoluciones y juicios contradictorios. **2.** Desconfiar de algo o alguien.

duela *s. f.* Cada una de las tablas que forman las paredes curvas de las pipas, cubas, etc.

duelo[1] *s. m.* Combate o pelea entre dos personas, precediendo desafío o reto.

duelo[2] *s. m.* Dolor, lástima, sentimiento.

duende *s. m.* Espíritu que, según algunas creencias populares, habita en las casas causando en ellas trastornos y estruendos.

dueño, ña *s. m. y s. f.* Persona que tiene dominio o señorío sobre alguien o algo.

dulce *adj.* **1.** Que causa cierta sensación agradable al paladar, como el azúcar. **2.** *fig.* Apacible, agradable.

dulcificar *v. tr.* Volver dulce una cosa.

dulzaina *s. f.* Instrumento musical de viento parecido a la chirimía, pero más corto.

duna *s. f.* Colina de arena movediza que en los desiertos y en las playas forma el viento.

dúo *s. m.* Composición musical para dos voces o instrumentos.

duodeno *s. m.* Primera parte del intestino delgado de los mamíferos que está unida al estómago y termina en el yeyuno.

duplicado *s. m.* Segundo documento o escrito que se expide del mismo tenor que el primero.

duplicar *v. tr.* Hacer doble una cosa.

duplo, pla *adj. num.* Doble, que contiene un número exactamente dos veces.

duque, sa *s. m. y s. f.* Título nobiliario inferior al de príncipe y superior al de conde y marqués.

duración *s. f.* Tiempo que dura algo.

duramadre *s. f.* La más externa de las tres membranas que envuelven el encéfalo y la médula espinal de los batracios, reptiles, aves y mamíferos.

duramen *s. m.* Parte más seca y compacta del tronco de un árbol y de sus ramas más gruesas.

durante *prep.* Denota el período de tiempo en el que algo sucede.

durar *v. intr.* **1.** Continuar siendo, actuando, sirviendo. **2.** Subsistir, permanecer.

duraznero *s. m.* Árbol, variedad del melocotonero, cuyo fruto es más pequeño.

duro, ra *adj.* **1.** Se dice del cuerpo que presenta resistencia a ser cortado, roto, deformado, etc. **2.** Fuerte, resistente. Muy severo. **3.** Terco y obstinado.

E

e¹ *s.f.* **1.** Sexta letra del abecedario español y segunda de las vocales. **2.** Signo de la proposición universal negativa.

e² *conj. cop.* Se usa en vez de "y" ante las palabras que empiezan por "i" o "hi".

¡ea! *interj.* que se emplea para denotar alguna resolución de la voluntad, o para animar, estimular o excitar.

ebanista *s. m. y s. f.* Persona que tiene por oficio trabajar en ébano o en madera fina.

ébano *s. m.* Árbol de tronco grueso y madera maciza, muy estimada en ebanistería.

ebonita *s. f.* Preparación de goma elástica, azufre y aceite de linaza, negra y dura.

ebrio, bria *adj.* **1.** Embriagado. También s. m. y s. f. **2.** Arrebatado por una pasión.

ebullición *s. f.* Hervor.

ebúrneo, a *adj.* De marfil, o parecido a él.

eccehomo *s. m.* **1.** Imagen de Jesucristo como le presentó Pilatos al pueblo. **2.** *fig.* Persona de lastimoso aspecto.

eccema *s. m.* Afección de la piel, caracterizada por vejiguillas rojizas.

echar *v. tr.* **1.** Arrojar. **2.** Hacer salir. **3.** Deponer a alguien de su empleo. ‖ *v. prnl.* **4.** Arrojarse. **5.** Tenderse.

echarpe *s. f.* Chal angosto y largo que visten sobre los hombros las mujeres.

eclecticismo *s. m.* Modo de obrar o juzgar adoptando soluciones intermedias.

eclesial *adj.* Perteneciente a la Iglesia.

eclesiástico *s. m.* Clérigo, sacerdote.

eclipsar *v. tr.* **1.** Causar un astro el eclipse de otro. **2.** *fig.* Oscurecer, deslucir. También prnl. ‖ *v. prnl.* **3.** *fig.* Evadirse.

eclipse *s. m.* **1.** Ocultación transitoria de un astro. **2.** Desaparición transitoria.

eclosión *s. f.* **1.** Apertura de una flor. **2.** Manifestación repentina de un movimiento histórico, social, etc. **3.** Apertura del ovario para dar salida al óvulo.

eco *s. m.* **1.** Repetición de un sonido reflejado por un cuerpo duro. **2.** Sonido que se percibe débil y confusamente.

ecografía *s. f.* Técnica de exploración de los órganos internos.

ecoico, ca *adj.* Perteneciente al eco.

ecolocación *s. f.* Sistema que permite medir la distancia a la que se encuentra un objeto por el tiempo que pasa entre la emisión de una onda acústica y la recepción de la onda reflejada en dicho objeto.

ecología *s. f.* Parte de la biología que estudia las relaciones existentes entre los organismos y el medio en que viven.

economato *s. m.* Almacén de artículos.

economía *s. f.* **1.** Administración recta y prudente de los bienes. **2.** Riqueza pública, conjunto de ejercicios y de intereses económicos.

económico, ca *adj.* **1.** Poco costoso, que cuesta poco. **2.** Muy detenido en gastar.

economizar *v. tr.* **1.** Ahorrar para el futuro. **2.** *fig.* Evitar un trabajo, riesgo, etc.

ecónomo *adj.* **1.** Se dice del cura que hace las veces del párroco. ‖ *s. m.* **2.** Administrador.

ecosistema *s. m.* Comunidad de seres vivos en equilibrio de producción de unos en favor de otros y su ambiente físico.

ectima *s. f.* Enfermedad cutánea.

ectopia *s. f.* Anomalía de situación de un órgano o aparato.

ecu *s. m.* Unidad de moneda europea.

ecuación *s. f.* Igualdad que contiene una o mas incógnitas.

ecuador *s. m.* Círculo máximo de la esfera celeste, perpendicular al eje de la Tierra.

ecualizar *v. tr.* Ajustar mediante un circuito electrónico las frecuencias de reproducción de un sonido.

ecuanimidad *s. f.* **1.** Igualdad y constancia de ánimo. **2.** Imparcialidad del juicio.

ecuestre *adj.* **1.** Perteneciente al caballo. **2.** Se dice de la figura puesta a caballo.

ecúmene *s. f.* Comunidad humana que habita una zona extensa de la Tierra.

ecuménico, ca *adj.* Universal, que se extiende a todo el mundo.

ecúmeno *s. m.* Porción de la Tierra apta para la vida humana.

ecuóreo, a *adj.* Perteneciente al mar.

eczema *s. f.* Eccema.

edad *s. f.* **1.** Tiempo que una persona ha vivido a contar desde que nació. **2.** Duración de las cosas. **3.** Período histórico.

edáfico, ca *adj.* Perteneciente o relativo al suelo.

edecán *s. m.* **1.** Ayudante de campo. **2.** *fig. y fam.* Auxiliar, acompañante.

edelweis *s. m.* Planta de hojas lanosas y blancas que crece en alta montaña.

edema *s. m.* Hinchazón blanda de una parte del cuerpo.

edén *s. m.* **1.** Paraíso terrestre. **2.** *fig.* Lugar muy ameno y delicioso.

edición *s. f.* **1.** Impresión de una obra para su publicación. **2.** Conjunto de ejemplares de una obra impreso de una sola vez.

edicto *s. m.* Decreto publicado con autoridad del príncipe o del magistrado.

edificación *s. m.* Construcción.

edificar *v. tr.* **1.** Construir un edificio o mandarlo hacer. **2.** *fig.* Infundir en otros sentimientos de piedad y virtud.

edificio *s. m.* Obra o fábrica construida como casa, templo, teatro, etc.

edil, la *s. m. y s. f.* Concejal, miembro de un ayuntamiento.

editar *v. tr.* Publicar, por medio de la imprenta u otro medio de reproducción gráfica, una obra, periódico, mapa, etc.

editor, ra *s. m. y s. f.* Persona que saca a la luz pública una obra, a través de la imprenta o de otro arte gráfico.

editorial *s. m.* **1.** Artículo de fondo no firmado. ‖ *s. f.* **2.** Empresa editora.

edredón *s. m.* **1.** Plumón de ciertas aves. **2.** Relleno que se emplea como cobertor.

educación *s. f.* **1.** Crianza, enseñanza y doctrina que se da a un individuo. **2.** Cortesía, urbanidad.

educado, da *adj.* Que tiene buena educación o urbanidad.

educador, ra *s. m. y s. f.* Persona que educa.

educar *v. tr.* **1.** Encaminar, doctrinar. **2.** Desarrollar o perfeccionar las facultades intelectuales y morales de un individuo. **3.** Enseñar urbanidad y cortesía.

educir *v. tr.* Sacar una cosa de otra, deducir.

edulcorar *v. tr.* Endulzar una sustancia de sabor desagradable o insípido.

efable *adj.* Se dice de lo que puede decirse o manifestarse con palabras.

efebo *s. m.* Mancebo, adolescente.

efectivo, va *adj.* **1.** Real y verdadero. **2.** Dinero contante. ‖ *s. m. pl.* **3.** Grupo de militares que se hallan bajo un solo mando.

efecto *s. m.* **1.** Lo que se sigue por virtud de una causa. **2.** Impresión. ‖ *s. m. pl.* **3.** Bienes muebles, enseres.

efectuar *v. tr.* **1.** Poner por obra, ejecutar una cosa. ‖ *v. prnl.* **2.** Cumplirse, hacerse efectiva una cosa.

EFÉLIDE - EJERCER

efélide *s. f.* Peca causada por el sol y el aire.
efeméride *s. f.* Acontecimiento notable que se recuerda en su aniversario.
eferente *adj.* Se dice de los vasos y otros conductos orgánicos.
efervescencia *s. f.* **1.** Desprendimiento de burbujas gaseosas a través de un líquido. **2.** *fig.* Agitación, entusiasmo.
eficacia *s. f.* **1.** Capacidad y fuerza para obrar. **2.** Actividad y poder para obrar.
eficiencia *s. f.* Virtud y facultad para lograr un efecto determinado.
efigie *s. f.* Imagen, representación de una persona real y verdadera.
efímero, ra *adj.* De corta duración.
eflorescencia *s. f.* **1.** Erupción aguda y rojiza. **2.** Conversión en polvo de algunas sales al perder agua de cristalización.
efluente *s. m.* Líquido procedente de una instalación industrial.
efluir *v. intr.* Fluir al exterior un líquido o gas.
efluvio *s. m.* **1.** Emisión de partículas sutilísimas. **2.** *fig.* Emanación de lo inmaterial.
efugio *s. m.* Salida, recurso para sortear una dificultad.
efundir *v. tr.* **1.** Derramar, verter un líquido. **2.** Decir, contar una cosa.
efusión *s. f.* **1.** Derramamiento de un líquido. **2.** *fig.* Expansión de afectos del ánimo.
egida *s. f., fig.* Protección, defensa.
egiptología *s. f.* Estudio de las antigüedades de Egipto.
égloga *s. f.* Composición poética del género bucólico.
egocentrismo *s. m.* Exagerada exaltación de la propia personalidad.
egoísmo *s. m.* Inmoderado, excesivo amor que alguien tiene a sí mismo.
egolatría *s. f.* Culto, adoración, amor excesivo de sí mismo.
egotismo *s. m.* Afán de hablar alguien de sí mismo.
egregio, gia *adj.* Insigne, ilustre.
egresión *s. f.* Título por el cual se traspasaba a una comunidad o particular algún derecho perteneciente a la Corona.
egreso *s. m.* Salida, partida de descargo.
¡eh! *interj.* que se emplea para preguntar, llamar, despreciar, reprender o advertir.
eidético, ca *adj.* Relativo a la esencia.
einstenio *s. m.* Elemento radiactivo artificial.
eje *s. m.* **1.** Varilla que atraviesa un cuerpo giratorio, sirviéndole de sostén. **2.** *fig.* Idea fundamental en un raciocinio, escrito, etc.; sostén principal de una empresa.
ejecutar *v. tr.* **1.** Poner por obra una cosa. **2.** Ajusticiar.
ejecutivo, va *s. m. y s. f.* **1.** Persona que desempeña un cargo directivo. ‖ *s. f.* **2.** Junta directiva de una asociación.
ejecutoria *s. f.* **1.** Título en que consta la nobleza de una persona. **2.** *fig.* Sentencia que alcanzó la firmeza de cosa juzgada.
¡ejem! *interj.* con que se llama la atención o se deja en suspenso el discurso.
ejemplar *adj.* **1.** Que sirve de ejemplo ‖ *s. m.* **2.** Original, prototipo. **3.** Cada uno de los escritos impresos, grabados, etc. **4.** Cada uno de los individuos de una especie o de un género.
ejemplarizar *v. tr.* Dar ejemplo, edificar.
ejemplificar *v. tr.* Demostrar o autorizar con ejemplos.
ejemplo *s. m.* Hecho que se cita para que se siga haciendo o para que se evite.
ejercer *v. tr.* Practicar los actos propios de un oficio, facultad, etc. También *intr.*

EJERCICIO - ELECTROTERAPIA

ejercicio s. m. **1.** Tiempo durante el cual rige una ley de presupuestos. **2.** Trabajo que tiene por objeto la adquisición, desarrollo o conservación de una facultad.

ejercitar v. tr. **1.** Dedicarse al ejercicio de un arte o profesión. **2.** Hacer que alguien aprenda una cosa mediante la práctica.

ejército s. m. **1.** Gente de guerra unida. **2.** Conjunto de las fuerzas militares de un Estado. **3.** fig. Colectividad numerosa.

ejido s. m. Campo común de un pueblo, que no se labra.

el art. det. Forma masculina singular del artículo determinado.

él, ella, ello pron. pers. Formas del pronombre personal de tercera persona, género masculino, femenino y neutro, y número singular.

elaborar v. tr. Preparar un producto por medio de un trabajo adecuado.

elación s. f. Altivez, presunción, soberbia.

elanio s. m. Ave falconiforme de pequeño tamaño y plumaje claro.

elasticidad s. f. Una de las propiedades, que poseen los cuerpos, de volver a su forma primitiva después de que cesa la fuerza exterior que los había deformado.

elastina s. f. Sustancia albuminoidea, amarilla y quebradiza, que existe en los tejidos conjuntivos óseo y cartilaginoso.

elato, ta adj. Altivo, presuntuoso, soberbio.

eléboro s. m. Género de plantas de la familia de las ranunculáceas.

elección s. f. **1.** Nombramiento hecho por votos. **2.** Libertad para obrar. ‖ s. f. pl. **3.** Votación para elegir cargos públicos.

electo s. m. El elegido para un empleo.

elector, ra adj. Que elige o tiene potestad para hacerlo. También s. m. y s. f.

electricidad s. f. Agente que se manifiesta por atracciones y repulsiones, por chispas, etc. Se desarrolla por frotamiento, presión, calor, acción química, etc.

electricista adj. Perito en aplicaciones científicas y mecánicas de la electricidad. También s. m. y s. f.

electrificar v. tr. Sustituir otra fuerza motriz por la electricidad.

electrizar v. tr. Comunicar o producir la electricidad en un cuerpo. También prnl.

electrocutar v. tr. Matar por medio de la electricidad.

electrochoque s. m. Tratamiento de una perturbación mental, mediante la aplicación de una descarga eléctrica.

electrodo s. m. Barra o lámina que forma cada uno de los polos en un electrólito.

electrodoméstico, ca adj. Se aplica a los artefactos de empleo casero, accionados por electricidad. También s. m. pl.

electrógeno s. m. Generador eléctrico.

electroimán s. m. Pieza de hierro dulce imantada por una corriente eléctrica.

electrólisis s. f. Descomposición de un cuerpo producida por la electricidad.

electrolizar v. tr. Descomponer un cuerpo, por medio de la electricidad.

electrología s. f. Ciencia que estudia los fenómenos de la electricidad y sus leyes.

electromotriz adj. Se dice de la fuerza que origina el movimiento de la electricidad, producida por un generador.

electrón s. m. Elemento hipotético del átomo, cargado de electricidad negativa.

electrónica s. f. Rama de la física que estudia el movimiento de los átomos.

electroterapia s. f. Empleo de la electricidad en el tratamiento de enfermedades.

ELEFANTA - EMBALSAMAR

elefanta *s. f.* Hembra del elefante.
elefante *s. m.* Mamífero de orejas grandes y colgantes, patas altas y fuertes, nariz muy prolongada en forma de trompa prensil y armado de dos incisivos largos. Se cría en Asia y África.
elegancia *s. f.* Forma bella de expresar los pensamientos. Se usa más en pl.
elegía *s. f.* Composición poética en que se lamenta un suceso digno de ser llorado.
elegir *v. tr.* **1.** Escoger a una persona o cosa para un fin. **2.** *fig.* Nombrar por elección para un cargo o dignidad.
elemental *adj.* **1.** *fig.* Fundamental, primordial. **2.** *fig.* Obvio, evidente.
elemento *s. m.* **1.** Cuerpo simple. **2.** El agua y el aire considerados como medio en que vive un ser. **3.** Cada una de las partes más simples de que consta una cosa. ‖ *s. m. pl.* **4.** Medios, recursos.
elenco *s. m.* **1.** Catálogo, índice. **2.** Nómina de una compañía de teatro o de circo.
elepé *s. m.* Disco de larga duración.
elevación *s. f.* Altura, encumbramiento.
elevalunas *s. m.* Dispositivo que, en los automóviles, sirve para subir o bajar los cristales de las ventanillas.
elevar *v. tr.* **1.** Levantar una cosa. También prnl. **2.** *fig.* Mejorar la condición social o política de alguien. También prnl.
elidir *v. tr.* Frustrar, debilitar una cosa.
eliminar *v. tr.* Quitar, separar una cosa.
elipse *s. f.* Curva cerrada, simétrica respecto a dos ejes perpendiculares entre sí.
elipsis *s. f.* Omisión de una o más palabras sin dañar el sentido de la oración.
elite *s. f.* Minoría selecta o rectora.
elixir *s. m.* **1.** Licor compuesto de sustancias medicinales. **2.** Remedio maravilloso.

elocución *s. f.* Modo de elegir y distribuir las palabras e ideas en un discurso.
elocuencia *s. f.* Facultad de hablar o escribir de modo eficaz para deleitar.
elogiar *v. tr.* Hacer elogios.
elogio *s. m.* Alabanza de las buenas prendas y méritos de una persona o cosa.
elucidar *v. tr.* Poner en claro, dilucidar.
eluctable *adj.* Que se puede vencer luchando.
elucubrar *v. tr.* Trabajar con aplicación en obras de ingenio.
eludir *v. tr.* **1.** Huir la dificultad o salir de ella. **2.** Hacer que algo no tenga efecto.
emanar *v. intr.* **1.** Proceder una cosa de otra. **2.** Desprenderse de los cuerpos las sustancias volátiles.
emancipar *v. tr.* Libertar de la tutela, de la servidumbre, etc. También prnl.
emascular *v. tr.* Castrar.
embadurnar *v. tr.* Untar, manchar, pintarrajear. También prnl.
embaír *v. tr.* Embaucar.
embajada *s. f.* **1.** Mensaje para tratar un asunto importante. **2.** Conjunto de empleados que dependen del embajador.
embajador, ra *s. m. y s. f.* **1.** Agente diplomático con carácter de ministro público. **2.** *fig.* Emisario, mensajero.
embalaje *s. m.* Cubierta con que se resguardan los objetos.
embalar[1] *v. tr.* Colocar dentro de cubiertas.
embalar[2] *v. intr.* **1.** Hacer que adquiera gran velocidad un motor. También prnl. ‖ *v. prnl.* **2.** *fig.* Dejarse llevar por un afán, deseo, etc.
embaldosar *v. tr.* Pavimentar con baldosas.
embalsamar *v. tr.* **1.** Llenar de sustancias balsámicas los cadáveres, para evitar su

EMBALSAR - EMBOCADURA

putrefacción. **2.** Perfumar, aromatizar. También prnl.
embalsar *v. tr.* Recoger las aguas formando un estanque. Se usa más como prnl.
embalse *s. m.* Balsa artificial donde se acopian las aguas de un río o arroyo.
embarazar *v. tr.* **1.** Impedir, estorbar. **2.** Poner encinta a una mujer. También prnl. ‖ *v. prnl.* **3.** Hallarse impedido con cualquier embarazo.
embarazo *s. m.* **1.** Impedimento, dificultad. **2.** Período de gestación de la mujer.
embarbillar *v. tr.* Ensamblar en un madero la extremidad de otro inclinado.
embarcación *s. f.* **1.** Barco. **2.** Tiempo que dura la navegación.
embarcadero *s. m.* **1.** Lugar destinado para embarcar. **2.** Andén de ferrocarril.
embarcar *v. tr.* **1.** Dar ingreso a personas o mercancías en una embarcación o ferrocarril. También prnl. **2.** *fig.* Incluir a alguien en un negocio. También prnl.
embargar *v. tr.* **1.** Embarazar, impedir, detener. **2.** *fig.* Retener por mandamiento de juez competente.
embarque *s. m.* Acción de depositar mercancías o embarcarse personas en un barco o tren para ser transportadas.
embarrancar *v. intr.* Varar el buque, encallándose al fondo. También tr. **2.** Atascarse en un barranco o dificultad.
embarrar *v. tr.* **1.** Untar o manchar con barro. También prnl. **2.** Embadurnar con cualquier sustancia viscosa.
embarullar *v. tr.* Confundir, mezclar desordenadamente unas cosas con otras.
embasamiento *s. m.* Basa de un edificio.
embastar *v. tr.* **1.** Asegurar al bastidor la tela que se ha de bordar. **2.** Hilvanar.

embaste *s. m.* Costura de puntadas largas.
embastecer *v. intr.* **1.** Engrosar, engordar. ‖ *v. prnl.* **2.** Ponerse basto y tosco.
embate *s. m.* **1.** Golpe impetuoso del mar. **2.** Acometida impetuosa.
embaucar *v. tr.* Engañar, embelesar, alucinar, valiéndose de su experiencia.
embebecer *v. tr.* **1.** Entretener, divertir. ‖ *v. prnl.* **2.** Quedarse embelesado.
embeber *v. tr.* **1.** Absorber un cuerpo sólido a otro líquido. **2.** Encajar. ‖ *v. intr.* **3.** Encogerse la lana. ‖ *v. prnl.* **4.** *fig.* Instruirse alguien bien en una materia.
embelecar *v. tr.* Engañar con artificios y falsas apariencias.
embelesar *v. tr.* Suspender, cautivar los sentidos. También prnl.
embellecedor *s. m.* Cada una de las molduras cromadas de los automóviles.
embellecer *v. tr.* Hacer o poner a una persona o cosa bella. También prnl.
embeodar *v. tr.* Emborrachar.
emberrincharse *v. prnl., fam.* Enfadarse con demasía, tomar un berrinche.
embestir *v. tr.* **1.** Venir con ímpetu sobre una persona o cosa con intención hostil. ‖ *v. intr.* **2.** Arremeter, arrojarse.
embetunar *v. tr.* Cubrir con betún.
embijar *v. tr.* Pintar o teñir con bija o con bermellón. También prnl.
emblema *s. m.* Jeroglífico, símbolo o empresa con un lema que declara el concepto que encierra. También s. f.
embobar *v. tr.* **1.** Embelesar. ‖ *v. prnl.* **2.** Quedarse alguien absorto y admirado.
embocadura *s. f.* **1.** Boquilla de un instrumento musical. **2.** Hablando de vinos, sabor. **3.** Lugar por donde los buques pueden entrar en los ríos desde el mar.

EMBOCAR - EMBRUJAR

embocar *v. tr.* **1.** Meter por la boca. **2.** Entrar por una parte estrecha. **3.** Comenzar un empeño o negocio.

embojo *s. m.* Conjunto de ramas, generalmente de boja, que se ponen a los gusanos de seda para que hilen.

embolado *s. m., fig.* Artificio engañoso.

embolar[1] *v. tr.* Poner bolas de madera en las puntas de los cuernos del toro.

embolar[2] *v. tr.* Dar betún al calzado.

embolia *s. f.* Enfermedad ocasionada por un coágulo que obstruye un vaso sanguíneo.

émbolo *s. m.* Disco que se mueve en el interior de un cuerpo de bomba o del cilindro de una máquina para comprimir un fluido o para recibir de él movimiento.

embolsar *v. tr.* **1.** Guardar una cosa en la bolsa. **2.** Cobrar.

emboque *s. m.* Paso de la bola por el arco o de otra cosa por una parte estrecha.

emboquillar *v. tr.* **1.** Poner boquillas a los cigarrillos. **2.** Preparar la entrada de una galería o de un túnel.

emborrachar *v. tr.* **1.** Causar embriaguez. **2.** Atontar. También prnl. || *v. prnl.* **3.** Beber licor hasta perder el uso de razón.

emborrascar *v. tr.* **1.** Irritar, alterar. || *v. prnl.* **2.** Hacerse el tiempo borrascoso.

emborronar *v. tr.* Echar borrones o hacer garabatos en un papel.

emboscada *s. f.* **1.** Ocultación de una o varias personas, para atacar por sorpresa. **2.** *fig.* Maquinación en daño de alguien.

emboscar *v. tr.* **1.** Ocultar tropa para sorprender al enemigo. También prnl. || *v. prnl.* **2.** *fig.* Mantenerse a cubierto.

embotar[1] *v. tr.* **1.** Engrosar los filos y puntas de las armas. También prnl. **2.** *fig.* Enervar, debilitar una cosa.

embotar[2] *v. tr.* Poner algo en un bote.

embotellamiento *s. m.* Congestión de vehículos.

embotellar *v. tr.* Echar el vino u otro líquido en botellas.

embozar *v. tr.* **1.** Cubrir el rostro con el embozo. También prnl. **2.** Poner bozal. **3.** Disfrazar. **4.** Obstruir un conducto.

embozo *s. m.* **1.** Parte de una prenda con que alguien se emboza. **2.** Doblez de la sábana por la parte que toca al rostro. **3.** *fig.* Recato artificioso.

embragar *v. tr.* Hacer que un eje participe del movimiento de otro, por medio de un mecanismo adecuado.

embrague *s. m.* Mecanismo dispuesto para que un eje participe o no, en el mecanismo de otro.

embravecer *v. tr.* Irritar, enfurecer. También prnl.

embriagar *v. tr.* **1.** Emborrachar. También prnl. **2.** *fig.* Atontar, perturbar, adormecer. También prnl.

embriaguez *s. f.* **1.** Turbación de las potencias por haber bebido excesivo vino u otro licor. **2.** *fig.* Enajenación del ánimo.

embrión *s. m.* **1.** Germen de un ser orgánico, animal o vegetal, por reproducción sexual. **2.** *fig.* Principio amorfo de algo.

embrocar *v. tr.* **1.** Devanar los hilos en la broca. **2.** Asegurar con brocas las suelas para hacer zapatos.

embrollar *v. tr.* Enredar, confundir las cosas. También prnl.

embrollo *s. m.* **1.** Enredo, confusión. **2.** Embuste, mentira. **3.** *fig.* Situación embarazosa de la que no se sabe cómo salir.

embromar *v. tr.* Meter broma y gresca.

embrujar *v. tr.* Hechizar.

embrutecer v. tr. Privar a alguien del uso de la razón. También prnl.

embuchar v. tr. 1. Embutir carne picada en una tripa de animal. 2. Introducir comida en el buche de un ave. 3. Colocar hojas impresas unas dentro de otras.

embudo s. m. 1. Instrumento hueco en figura de cono y rematado en un canuto. 2. Trampa. 3. Agujero en forma de embudo.

embuste s. m. 1. Mentira disfrazada con artificio. || s. m. pl. 2. Brujerías.

embutido s. m. Tripa rellena con carne de puerco picada y aderezada.

embutir v. tr. 1. Hacer embutidos. 2. Meter una cosa dentro de otra y apretarla. 3. fig. y fam. Engullir. También prnl.

emergencia s. f. Ocurrencia, accidente que sobreviene.

emerger v. intr. Brotar, salir del agua u otro líquido.

emérito, ta adj. Se dice de la persona que se ha retirado de su empleo con haber pasivo.

emersión s. f. Salida de un astro que estaba eclipsado.

emético, ca adj. Que provoca vómito.

emetropía s. f. Visión regular del ojo.

emigración s. f. Conjunto de emigrantes.

emigrante s. m. y s. f. Persona que por emigración se ha trasladado al país donde reside. También adj.

emigrar v. intr. 1. Dejar una persona su país para establecerse en otro. 2. Cambiar periódicamente de clima o localidad algunas especies animales.

eminencia s. f. 1. Elevación del terreno. 2. fig. Excelencia de ingenio u otra cosa. 3. fig. Título de honor de los cardenales.

emir s. m. Príncipe o caudillo árabe.

emisario, ria s. m. y s. f. Mensajero.

emisor s. m. Aparato productor de ondas electromagnéticas.

emisora s. f. Estación radioemisora.

emitir v. tr. 1. Arrojar, exhalar. 2. Poner en circulación monedas, etc. 3. Manifestar, hacer público. 4. Lanzar hondas hertzianas para transmitir señales, noticias, etc.

emoción s. f. Agitación del ánimo producida por ideas, recuerdos, sentimientos.

emocionar v. tr. Conmover el ánimo, causar emoción. También prnl.

emoliente adj. Se dice del medicamento que sirve para ablandar una dureza.

emolumento s. m. Gaje o utilidad que corresponde a un cargo o empleo.

emotivo, va adj. Sensible a las emociones.

empacar v. tr. Empaquetar, encajonar.

empacarse v. prnl. 1. Obstinarse. 2. fig. Turbarse, cortarse e inhibirse.

empachar v. tr. 1. Estorbar. También prnl. 2. Causar indigestión. También prnl. || v. prnl. 3. Avergonzarse.

empacho s. m. 1. Cortedad, turbación. 2. Indigestión. 3. Embarazo, estorbo.

empadrarse v. prnl. Encariñarse excesivamente con su padre o sus padres.

empadronamiento s. m. Padrón, lista que se hace de vecinos o moradores de una población.

empadronar v. tr. Escribir a alguien en el padrón de vecinos. También prnl.

empalagar v. intr. 1. Causar hastío o asco un manjar, principalmente si es dulce. 2. fig. Cansar, fastidiar. También prnl.

empalar v. tr. Espetar a alguien en un palo como se espeta un ave en el asador.

empalizada s. f. Obra hecha de estacas.

empalizar v. tr. Rodear de empalizadas.

empalmar *v. tr.* **1.** Unir dos maderas, cables, etc. || *v. intr.* **2.** Seguir o suceder una cosa a continuación de otra.

empalme *s. m.* **1.** Punto en que se empalma. **2.** Cosa que empalma con otra.

empalomado *s. m.* Murallón de piedra para represar el agua de un río.

empanadilla *s. f.* Pastel pequeño, relleno de dulce u otros manjares.

empanada *s. f.* Manjar encerrado en pan o masa y cocido después al horno.

empanar *v. tr.* **1.** Encerrar una cosa en masa o pan para cocerla en el horno. **2.** Rebozar en pan rayado.

empantanar *v. tr.* **1.** Inundar un terreno. También prnl. || *v. prnl.* **2.** *fig.* Detener, embarazar el curso de un negocio.

empañar *v. tr.* **1.** Quitar la tersura, brillo o diafanidad. También prnl. **2.** *fig.* Oscurecer la fama, el mérito, etc. También prnl.

empapar *v. tr.* **1.** Humedecer una cosa. También prnl. **2.** Absorber. || *v. prnl.* **3.** Imbuirse de un afecto, idea, etc.

empapelar *v. tr.* **1.** Envolver en papel. **2.** Recubrir de papel una superficie.

empaque[1] *s. m.* Materiales que forman la envoltura de los paquetes.

empaque[2] *s. m., fam.* Catadura, seriedad.

empaquetar *v. tr.* Formar paquetes.

emparedado *s. m.* Porción pequeña de una vianda, entre dos trozos de pan.

emparedar *v. tr.* Encerrar a una persona o cosa entre paredes. También prnl.

emparejar *v. tr.* **1.** Formar pareja. También prnl. **2.** Poner una cosa a nivel con otra. || *v. intr.* **3.** Ponerse al nivel de otro.

emparentar *v. intr.* **1.** Contraer parentesco. **2.** Tener una cosa relación de afinidad o semejanza con otra.

emparrado *s. m.* Armazón que sostiene la parra.

emparrillado *s. m.* Conjunto de barras trabadas para afirmar los cimientos en terrenos flojos.

emparvar *v. tr.* Poner en parva las mieses.

empastar *v. tr.* **1.** Cubrir de pasta una cosa. **2.** Encuadernar en pasta los libros. **3.** Rellenar con pasta el hueco producido por la caries en los dientes.

empaste *s. m.* **1.** Pasta con que se llena el hueco de un diente cariado. **2.** Unión perfecta y jugosa de los colores.

empatar *v. tr.* **1.** Obtener en un concurso u oposición igual número de votos o puntos dos o más contrincantes. **2.** *fig.* Unir una cosa a otra, igualar.

empate *s. m.* Igualdad.

empatía *s. f.* Participación, afectiva y emotiva, de un sujeto en una realidad ajena.

empavesar *v. tr.* Engalanar un barco.

empavonar *v. tr.* Pavonar.

empecer *v. intr.* Impedir, obstar.

empecinar *v. tr.* Untar de pecina o pez.

empecinarse *v. prnl.* Obstinarse.

empedernir *v. tr.* **1.** Endurecer mucho. También prnl. || *v. prnl.* **2.** *fig.* Hacerse insensible, duro de corazón.

empedrar *v. tr.* Cubrir el suelo con piedras ajustadas unas con otras.

empegar *v. tr.* **1.** Cubrir con pez los pellejos, barriles. **2.** Marcar con pez el ganado.

empeine[1] *s. m.* Parte inferior del vientre entre las ingles.

empeine[2] *s. m.* **1.** Parte superior del pie. **2.** Parte de la bota, de la caña a la pala.

empellar *v. tr.* Empujar, dar empellones.

empellón *s. m.* Empujón recio que se da con el cuerpo.

empeñar *v. tr.* **1.** Dejar algo en prenda para seguridad de pago. **2.** Obligar. || *v. prnl.* **3.** Endeudarse. **4.** Insistir con tesón.

empeño *s. m.* **1.** Obligación de pagar alguna deuda. **2.** Deseo vehemente de hacer o conseguir algo.

empeorar *v. tr.* **1.** Poner o volver peor. || *v. intr.* **2.** Ponerse peor. También prnl.

empequeñecer *v. tr.* **1.** Hacer una cosa más pequeña. || *v. prnl.* **2.** Disminuirse.

emperador *s. m.* Título de mayor dignidad dado a ciertos soberanos.

emperatriz *s. f.* Soberana de un imperio.

emperchar *v. tr.* **1.** Colgar en la percha. || *v. prnl.* **2.** Ponerse elegante.

emperejilar *v. tr., fam.* Adornar a una persona con profusión. También prnl.

emperezar *v. intr.* Dejarse dominar de la pereza. También prnl.

emperifollar *v. tr.* Emperejilar. También prnl.

empero *conj. advers.* **1.** Pero. **2.** Sin embargo.

emperrarse *v. prnl., fam.* Obstinarse.

empezar *v. tr.* **1.** Comenzar, dar principio. **2.** Iniciar el uso o consumo de una cosa. || *v. intr.* **3.** Tener principio una cosa.

empinar *v. tr.* **1.** Levantar en alto. **2.** *fig. y fam.* Beber mucho. || *v. prnl.* **3.** Alcanzar gran altura los árboles, torres, etc.

empiñonado *s. m.* Pasta con piñones.

empíreo, a *adj.* **1.** Se dice del cielo. También s. m. **2.** *fig.* Supremo, divino.

empirismo *s. m.* Método o procedimiento fundado en la práctica o experiencia.

empitonar *v. tr.* Alcanzar la res al lidiador cogiéndole con los pitones.

empizarrar *v. tr.* Cubrir un tejado de un edificio con pizarra.

emplastar *v. tr.* **1.** Poner emplastos. **2.** *fig.* Componer con afeites. También prnl.

emplastecer *v. tr.* Igualar, llenar las desigualdades de una superficie.

emplasto *s. m.* Medicamento externo glutinoso extendido sobre un trozo de tela.

emplazamiento *s. m.* Ubicación.

emplazar[1] *v. tr.* Citar a alguien en un determinado tiempo y lugar.

emplazar[2] *v. tr.* Colocar, situar.

empleado, da *s. m. y s. f.* Persona que desempeña un destino o empleo.

emplear *v. tr.* **1.** Ocupar a alguien encargándole un trabajo. También prnl. **2.** Usar, hacer servir las cosas para algo.

empleo *s. m.* **1.** Destino, ocupación, oficio. **2.** Jerarquía o categoría personal.

emplomado *s. m.* Conjunto de planchas de plomo que recubre una techumbre.

emplomar *v. tr.* Cubrir, asegurar algo con plomo.

emplumar *v. tr.* Poner plumas a una cosa o persona.

empobrecer *v. tr.* **1.** Hacer que alguien venga al estado de pobreza. || *v. intr.* **2.** Llegar a pobre. También prnl. **3.** Venir a menos una cosa. También prnl.

empodrecer *v. intr.* Pudrir, corromper una materia orgánica.

empollar *v. tr.* **1.** Calentar el ave los huevos. También prnl. **2.** Estudiar un asunto con demasiada detención. || *v. intr.* **3.** Producir las abejas cría.

empolvar *v. tr.* **1.** Echar polvo. **2.** Echar polvos de tocador en el rostro. También prnl. || *v. prnl.* **3.** Cubrirse de polvo.

emponzoñar *v. tr.* **1.** Inficionar algo con ponzoña. **2.** *fig.* Dañar. También prnl.

emporcar *v. tr.* Ensuciar. También prnl.

EMPORIO - ENCABEZAMIENTO

emporio *s. m.* Ciudad o lugar notable por el florecimiento del comercio, artes, etc.

empotrar *v. tr.* Meter una cosa en la pared o en el suelo.

emprendedor, ra *adj.* Que emprende con resolución acciones dificultosas.

emprender *v. tr.* Acometer y empezar una obra o empresa.

empreñar *v. tr.* Fecundar a la hembra el macho.

empresa *s. f.* **1.** Acción ardua y dificultosa que se comienza con valor. **2.** Casa o sociedad mercantil o industrial.

empresario, ria *s. m. y s. f.* Persona que toma a su cargo una empresa.

empréstito *s. m.* Préstamo que toma el Estado o una corporación.

empujar *v. tr.* **1.** Hacer fuerza contra una cosa para moverla. **2.** *fig.* Hacer presión, intrigar para conseguir alguna cosa.

empuje *s. m., fig.* **1.** Arranque, resolución. **2.** *fig.* Fuerza eficaz para empujar.

empujón *s. m.* Impulso dado con fuerza para mover una persona o cosa.

empuñadura *s. f.* Puño de la espada.

empuñar *v. tr.* Asir por el puño; asir una cosa abarcándola con la mano.

emputecer *v. tr.* Prostituir, corromper a alguien. También prnl.

emú *s. m.* Ave parecida al avestruz, de plumaje oscuro, que vive en Australia.

emular *v. tr.* Imitar las acciones de otro procurando excederle. También prnl.

emulgente *adj.* Se dice de las arterias y venas que conducen sangre a los riñones.

émulo, la *adj.* Competidor de una persona o cosa, procurando aventajarla.

emulsión *s. f.* Líquido de aspecto lácteo que contiene partículas aceitosas.

emulsionar *v. tr.* Convertir un líquido en emulsión.

emunción *s. f.* Evacuación de los humores y materias nocivas.

emuntorio *s. m.* Cualquier conducto que excreta las sustancias superfluas.

en *prep.* Indica en qué lugar, tiempo o modo se determinan las acciones de los verbos a que se refiere.

enagua *s. f.* Prenda de vestir de la mujer, usada debajo de la falda exterior.

enaguar *v. tr.* Llenar de agua una cosa en que no conviene que haya tanta.

enajenar *v. tr.* **1.** Transmitir a otro el dominio de una cosa. **2.** *fig.* Turbar a alguien el uso de la razón. También prnl. || *v. prnl.* **3.** Desposeerse, privarse de algo.

enaltecer *v. tr.* Ensalzar. También prnl.

enamorar *v. tr.* **1.** Excitar en alguien la pasión del amor. || *v. prnl.* **2.** Prendarse de amor de una persona. **3.** Aficionarse a una cosa.

enano, na *adj.* **1.** *fig.* Se dice de lo que es diminuto en su especie. || *s. m. y s. f.* **2.** Persona de extraordinaria pequeñez.

enarbolado *s. m.* Conjunto de piezas de madera ensambladas que constituyen la armadura de una torre o bóveda.

enarbolar *v. tr.* Levantar en alto un estandarte, bandera, etc.

enardecer *v. tr., fig.* Excitar o avivar. También prnl.

enarenar *v. tr.* Echar arena o cubrir con ella. También prnl.

encabalgar *v. intr.* Descansar, apoyarse una cosa sobre otra.

encabezamiento *s. m.* **1.** Registro para la imposición de los tributos. **2.** Fórmula con que se empiezan algunos escritos.

encabezar *v. tr.* **1.** Registrar, poner en matrícula a alguien. **2.** Poner el encabezamiento de un libro o escrito.

encabritarse *v. prnl.* **1.** Empinarse el caballo. **2.** *fig.* Envalentonarse.

encachado *s. m.* Revestimiento de piedra u hormigón con que se fortalece el cauce de una corriente de agua.

encachar *v. tr.* **1.** Hacer un encachado. **2.** Poner las cachas a una navaja, etc.

encadenar *v. tr.* **1.** Atar con cadena. **2.** Enlazar. **3.** Dejar sin movimiento. || *v. prnl.* **4.** Vincularse a alguien o a algo.

encajar *v. tr.* **1.** Unir o meter una cosa dentro de otra ajustadamente. || *v. prnl.* **2.** Meterse alguien en parte estrecha.

encaje *s. m.* Cierto tejido hecho con bolillos, aguja de coser, ganchillo, etc.

encajonar *v. tr.* **1.** Meter algo en un cajón. **2.** Meter en sitio angosto. También prnl. || *v. prnl.* **3.** Correr el río por angosturas.

encalar *v. tr.* Dar de cal o blanquear.

encallar[1] *v. intr.* **1.** Quedarse parada la embarcación por la arena del fondo. **2.** No poder salir adelante en un negocio.

encallar[2] *v. prnl.* Endurecerse los alimentos al quedar interrumpida su cocción.

encallecer *v. intr.* **1.** Criar callos. También prnl. || *v. prnl.* **2.** Endurecerse con la costumbre en los trabajos o vicios.

encallejonar *v. tr.* Meter una cosa por un callejón o por una parte estrecha y larga.

encalostrarse *v. prnl.* Enfermar el niño por haber mamado los calostros.

encamarse *v. prnl.* **1** Echarse o meterse en la cama por enfermedad. **2.** Echarse o abatirse las mieses.

encaminar *v. tr.* **1.** Poner en camino, enseñar el camino. **2.** Dirigir hacia un punto determinado. También prnl. **3.** Enderezar la intención a un fin determinado.

encamisar *v. tr.* **1.** Poner la camisa. También prnl. **2.** *fig.* Enfundar.

encandilar *v. tr.* **1.** Deslumbrar a alguien acercando mucho a los ojos una luz. **2.** Deslumbrar, alucinar con apariencias.

encanecer *v. intr.* **1.** Ponerse cano. **2.** *fig.* Envejecer una persona.

encantado, da *adj.* Satisfecho, contento.

encantar *v. tr.* **1.** Obrar maravillas, ejerciendo un poder mágico. **2.** *fig.* Cautivar la atención de alguien.

encañizada *s. f.* Enrejado de cañas.

encañonar *v. tr.* **1.** Encauzar las aguas de un río por un cauce cerrado. **2.** Entre cazadores, precisar la puntería a la pieza.

encapotar *v. tr.* **1.** Cubrir con el capote. También prnl. || *v. prnl.* **2.** *fig.* Cubrirse el cielo de nubes oscuras.

encapricharse *v. prnl.* Empeñarse alguien en conseguir su capricho.

encapuchar *v. tr.* Cubrir o tapar una cosa con capucha. También prnl.

encaramar *v. tr.* **1.** Levantar o subir a una persona o cosa. También prnl. **2.** Alabar, encarecer con extremo. También prnl.

encarar *v. intr.* **1.** Ponerse enfrente de otro. También prnl. || *v. tr.* **2.** Afrontar una cuestión. También prnl.

encarcelar *v. tr.* **1.** Poner a alguien preso en la cárcel. **2.** Asegurar con yeso o cal.

encarecer *v. tr.* **1.** Aumentar o subir el precio de algo. También prnl. y intr. **2.** *fig.* Ponderar, alabar en exceso una cosa.

encargar *v. tr.* Encomendar, poner algo al cuidado de alguien. También prnl.

encariñar *v. tr.* Aficionar o despertar cariño. Se usa más como prnl.

encarnado, da *adj.* **1.** De color de carne. **2.** Colorado, rojo.

encarnar *v. intr.* **1.** Revestir una sustancia espiritual de un cuerpo de carne. || *v. tr.* **2.** Representar alguna idea, doctrina. || *v. prnl.* **3.** Incorporarse una cosa con otra.

encarnizar *v. tr.* **1.** Cebar un perro para que se haga fiero. **2.** Encruelecer. También prnl. || *v. prnl.* **3.** Mostrarse cruel.

encaro *s. m.* Acción de mirar a alguien cara a cara con atención.

encarpetar *v. tr.* Guardar papeles en carpetas.

encarrilar *v. tr.* **1.** Encaminar, enderezar. **2.** Colocar sobre los carriles un vehículo.

encartación *s. f.* Territorio al cual se hacen extensivos fueros y exenciones de una comarca limítrofe.

encartar *v. tr.* **1.** Procesar. **2.** Incluir a alguien en una dependencia, compañía. **3.** Incluir en los padrones.

encarte *s. m.* Pliego que se introduce en un libro y que puede ir encuadernado o no.

encartonar *v. tr.* **1.** Resguardar con cartones. **2.** Encuadernar con cartones.

encasillar *v. tr.* **1.** Poner en casillas. **2.** Clasificar personas o cosas distribuyéndolas en sus sitios correspondientes.

encasquetar *v. tr.* Encajar en la cabeza. También prnl.

encasquillar *v. tr.* **1.** Poner casquillos. || *v. prnl.* **2.** Atascarse un mecanismo. **3.** Quedarse atascado al hablar o razonar.

encastar *v. tr.* **1.** Mejorar una raza o casta de animales. || *v. intr.* **2.** Procrear.

encastillar *v. tr.* **1.** Fortificar con castillos. **2.** Apilar. || *v. prnl.* **3.** *fig.* Perseverar con tesón en su parecer.

encastrar *v. tr.* Encajar, empotrar.

encausar *v. tr.* Formar causa a alguien; proceder judicialmente contra él.

encausto *s. m.* Técnica pictórica que consiste en pintar por medio del fuego.

encauzar *v. tr.* **1.** Abrir cauce; encerrar en un cauce una corriente. **2.** Encaminar.

encebollar *v. tr.* Echar cebollas en abundancia a un manjar.

encefalitis *s. f.* Inflamación del cerebro.

encéfalo *s. m.* Gran centro nervioso en el cráneo, que comprende el cerebro, el cerebelo y la médula oblonga.

enceguecer *v. tr.* **1.** Cegar. **2.** *fig.* Ofuscar el entendimiento. También prnl.

encelar *v. tr.* **1.** Dar celos. || *v. prnl.* **2.** Estar en celo un animal.

encenagarse *v. prnl.* **1.** Meterse en el cieno. **2.** *fig.* Entregarse a los vicios.

encendedor *s. m.* Aparato que sirve para encender.

encender *v. tr.* **1.** Hacer que una cosa arda. **2.** *fig.* Incitar, inflamar, enardecer. También prnl.

encendido, da *adj.* **1.** De color muy subido. || *s. m.* **2.** En los motores de explosión, conjunto de la instalación eléctrica y aparatos destinados a producir la chispa.

encentar *v. tr.* **1.** Ulcerar. También prnl. || *v. prnl.* **2.** Comenzar. **3.** Disminuir.

encepar *v. tr.* **1.** Meter en el cepo. **2.** Echar raíces las plantas.

encerado *s. m.* Cuadro de hule, madera u otra sustancia, usado para escribir en él.

enceradora *s. f.* Máquina eléctrica para dar cera y lustre a los pavimentos.

encerar *v. tr.* Aderezar con cera.

encerrar *v. tr.* **1.** Meter a una persona o cosa en un lugar del que no pueda salir. **2.** *fig.* Incluir, contener.

encestar *v. tr.* **1.** Meter en cesto. **2.** En el juego del baloncesto, introducir el balón en el cesto de la meta contraria.

encharcar *v. tr.* **1.** Cubrir de agua un terreno. También prnl. ‖ *v. prnl.* **2.** *fig.* Encenagarse, entregarse a la mala vida.

enchufar *v. tr.* **1.** Ajustar la boca de un caño en la de otro. También intr. **2.** Encajar las dos piezas de un enchufe para establecer una conexión eléctrica.

enchufe *s. m.* **1.** Parte de un caño o tubo que penetra en otro. **2.** Clavija para la toma de corriente eléctrica.

encía *s. f.* Membrana mucosa de los maxilares superior e inferior.

encíclica *s. f.* Carta que el Sumo Pontífice dirige a todos los obispos.

enciclopedia *s. f.* **1.** Conjunto de todas las ciencias. **2.** Obra en que se exponen.

encierro *s. m.* **1.** Lugar donde se encierra. **2.** Clausura, recogimiento. **3.** Acto de traer los toros a encerrarse en el toril.

encima *adv. l.* **1.** Indica un lugar superior respecto de otro inferior. **2.** Apoyándolo en la parte superior de una cosa. ‖ *adv. c.* **3.** Además.

encina *s. f.* Árbol con hojas persistentes, dentadas y punzantes, de madera muy dura y compacta; su fruto es la bellota.

encinta *adj.* Embarazada.

enclaustrar *v. tr.* Encerrar en un claustro. También prnl.

enclavado, da *adj.* **1.** Se dice del sitio encerrado dentro del área de otro. **2.** Se dice del objeto encajado en otro.

enclave *s. m.* Territorio, grupo étnico o ideológico incluido en otro más amplio con características diferentes.

enclenque *adj.* Falto de salud, enfermizo.

enclítico, ca *adj.* Se aplica a las partículas átonas, que se apoyan en el vocablo anterior. También s. m. y s. f.

encofrado *s. m.* Conjunto de planchas de madera convenientemente dispuestas para recibir el hormigón.

encofrar *v. tr.* Formar un encofrado.

encoger *v. tr.* **1.** Retirar contrayendo. También prnl. ‖ *v. intr.* **2.** Disminuir lo largo y ancho de algunas telas al mojarse.

encolar *v. tr.* **1.** Pegar con cola. **2.** Arrojar algo a un sitio, sin que se pueda alcanzar fácilmente. También prnl.

encolerizar *v. tr.* Hacer que alguien se ponga colérico. También prnl.

encomendar *v. tr.* **1.** Encargar a alguien que haga alguna cosa o que cuide de ella o de una persona. ‖ *v. prnl.* **2.** Entregarse, confiarse al amparo de alguien.

encomiar *v. tr.* Alabar con encarecimiento a una persona o cosa.

encomienda *s. f.* **1.** Encargo. **2.** Recomendación, elogio.

enconar *v. tr.* **1.** Inflamar una herida. También prnl. **2.** *fig.* Cargar la conciencia con alguna mala acción. También prnl.

encono *s. m.* Animadversión, rencor.

encontrar *v. tr.* **1.** Hallar o topar una persona con otra o con algo que busca. También prnl. ‖ *v. prnl.* **2.** Oponerse, enemistarse. **3.** Hallarse, estar.

encopetar *v. tr.* **1.** Elevar en alto. También prnl. ‖ *v. prnl.* **2.** *fig.* Engreírse.

encorar *v. tr.* **1.** Cubrir con cuero. ‖ *v. intr.* **2.** Criar piel las llagas. También prnl.

encorchar *v. tr.* **1.** Cebar a las abejas para que entren en las colmenas. **2.** Poner tapones de corcho a las botellas.

encorchetar *v. tr.* Poner corchetes.

encordar *v. tr.* Poner cuerdas a los instrumentos de música.

encorralar *v. tr.* Meter el ganado en el corral.

encorsetar *v. tr.* Poner corsé. También prnl.

encorvar *v. tr.* **1.** Doblar una cosa poniéndola corva. || *v. prnl.* **2.** *fig.* Inclinarse.

encrespar *v. tr.* **1.** Rizar. También prnl. **2.** Erizarse el pelo, plumas, por alguna emoción fuerte. También prnl. **3.** Enfurecer.

encrestarse *v. prnl.* Poner las aves tiesa la cresta.

encrucijada *s. f.* **1.** Paraje donde se cruzan dos o más caminos. **2.** Asechanza. **3.** *fig.* Situación en que es difícil decidirse.

encrudecer *v. tr.* **1.** Hacer que una cosa tenga apariencia o condición de cruda. **2.** *fig.* Exasperar, irritar. También prnl.

encruelecer *v. tr.* **1.** Instigar a alguien a que piense y obre con crueldad. || *v. prnl.* **2.** Hacerse cruel, inhumano.

encuadernar *v. tr.* Juntar y coser varios pliegos o cuadernos y ponerles cubiertas.

encuadrar *v. tr.* **1.** Encerrar en un marco. **2.** *fig.* Encajar una cosa dentro de otra.

encubierta *s. f.* Fraude.

encubrimiento *s. m.* Participación en un delito, interviniendo con posterioridad.

encubrir *v. tr.* **1.** Ocultar una cosa. También prnl. **2.** Hacerse responsable de encubrimiento en un delito.

encuentro *s. m.* **1.** Acto de coincidir dos o más personas o cosas. **2.** Oposición.

encuesta *s. f.* **1.** Averiguación. **2.** Técnica de investigación social, a través del análisis de las respuestas dadas por un número determinado de personas.

encuestar *v. tr.* **1.** Someter a encuesta un asunto. **2.** Interrogar a alguien para una encuesta. || *v. intr.* **3.** Hacer encuestas.

encumbrar *v. tr.* **1.** Levantar en alto. También prnl. **2.** *fig.* Ensalzar a alguien. También prnl. **3.** *fig.* Subir la cumbre.

encurtido *s. m.* Frutos o legumbres que se han encurtido.

encurtir *v. tr.* Conservar en vinagre ciertos frutos o legumbres.

endeble *adj.* **1.** Débil, de resistencia insuficiente. **2.** *fig.* De escaso mérito.

endécada *s. f.* Período de once años.

endecágono, na *adj.* Se aplica al polígono de 11 ángulos y 11 lados. También s. m.

endecasílabo, ba *adj.* De once sílabas.

endecha *s. f.* Canción triste y lamentable.

endemia *s. f.* Enfermedad que reina habitualmente en un país.

endémico, ca *adj.* Se dice de sucesos que se repiten con frecuencia en un país.

endemoniar *v. tr.* **1.** Introducir los demonios en el cuerpo de una persona. **2.** *fig. y fam.* Irritar, encolerizar. También prnl.

endentar *v. tr.* Encajar una cosa en otra, por medio de dientes.

enderechar *v. tr.* Enderezar.

enderezar *v. tr.* **1.** Poner derecho lo que está torcido. También prnl. **2.** Remitir, dedicar. **3.** *fig.* Enmendar, castigar.

endeudarse *v. prnl.* **1.** Llenarse de deudas. **2.** Reconocerse obligado.

endiablar *v. tr.* **1.** Endemoniar. **2.** *fig. y fam.* Dañar, pervertir. También prnl. || *v. prnl.* **3.** Irritarse, enfurecerse.

endibia *s. f.* Variedad de achicoria comestible, con hojas largas y lanceoladas.

endiosar *v. tr.* **1.** Elevar a alguien a la divinidad. || *v. prnl.* **2.** Erguirse, embebecerse.

ENDOBLE - ENFANGAR

endoble *s. m.* Jornada de doble tiempo que hacen los mineros y fundidores.

endocardio *s. m.* Membrana que tapiza las cavidades del corazón.

endocarpio *s. m.* Capa interior del pericarpio.

endocrino, na *adj.* Se dice de las glándulas de secreción interna.

endogamia *s. f.* **1.** Matrimonio entre personas con vínculos de consanguineidad. **2.** Cruce entre individuos de la misma raza.

endogénesis *s. f.* Reproducción por escisión del elemento primitivo en el interior del órgano que lo engendra.

endolinfa *s. f.* Líquido que tiene la parte interna del oído.

endometrio *s. m.* Mucosa que recubre el interior del útero.

endomingarse *v. prnl.* Vestirse con la ropa de fiesta.

endosar *v. tr.* Ceder a favor de otro un documento de crédito.

endoscopia *s. f.* Exploración visual del interior de una cavidad corporal.

endosfera *s. f.* Capa más profunda de la Tierra, compuesta de hierro y níquel.

endotelio *s. m.* Epitelio de células planas, que cubre el interior de los vasos y de las cavidades serosas y articulares.

endrina *s. f.* Fruto del endrino.

endrino *s. m.* Ciruelo silvestre.

endulzar *v. tr.* **1.** Poner dulce una cosa. También prnl. **2.** *fig.* Suavizar un trabajo.

endurecer *v. tr.* **1.** Poner dura una cosa. También prnl. **2.** *fig.* Hacer a alguien áspero. ‖ *v. prnl.* **3.** Encruelecerse.

ene *s. f.* **1.** Nombre del signo potencial indeterminado en álgebra. ‖ *adj.* **3.** Indica cantidad indeterminada.

eneágono, na *adj.* Se aplica al polígono de 9 ángulos y 9 lados. También s. m.

eneasílabo, ba *adj.* De nueve sílabas.

enebro *s. m.* Arbusto de la familia de las coníferas, de hojas de tres en tres, rígidas, punzantes, con pequeñas bayas negras y carnosas.

eneldo *s. m.* Hierba con hojas divididas en lacinias y flores amarillas en círculo.

enema[1] *s. m.* Medicamento que se aplicaba sobre las heridas sangrientas.

enema[2] *s. m.* Ayuda, lavativa.

enemigo, ga *adj.* **1.** Contrario. ‖ *s. m. y s. f.* **2.** Persona que tiene mala voluntad a otra. ‖ *s. m.* **3.** El contrario en la guerra.

enemistar *v. tr.* Hacer a alguien enemigo de otro, perder la amistad. También prnl.

energética *s. f.* Ciencia que trata de la energía.

energía *s. f.* **1.** Eficacia, virtud para obrar. **2.** Fuerza de voluntad. **3.** Capacidad que tiene la materia de producir trabajo.

energizar *v. tr.* Poner en actividad un mecanismo mediante energía eléctrica.

energúmeno, na *adj.* **1.** Poseído del demonio. **2.** *fig.* Furioso.

enero *s. m.* Primer mes del año.

enervar *v. tr.* Debilitar, quitar las fuerzas. También prnl.

enésimo, ma *adj.* Se dice del número indeterminado de veces que se repite algo.

enfadar *v. tr.* Causar enfado. También prnl.

enfado *s. m.* **1.** Impresión desagradable y molesta. **2.** Enojo, disgusto.

enfaldo *s. m.* Falda o cualquier ropa talar recogida.

enfangar *v. tr.* **1.** Cubrir de fango. ‖ *v. prnl.* **2.** Mezclarse en negocios sucios.

énfasis *s. amb.* **1.** Fuerza de expresión con que se quiere realzar lo que se dice. ‖ *s. m.* **2.** Afectación en la expresión.

enfatizar *v. intr.* **1.** Expresarse con énfasis. ‖ *v. tr.* **2.** Poner énfasis.

enfermar *v. intr.* **1.** Contraer una enfermedad. ‖ *v. tr.* **2.** *fig.* Causar enfermedad.

enfermedad *s. f.* Alteración más o menos grave de la salud.

enfermería *s. f.* **1.** Casa o sala destinada para los enfermos. **2.** Estudios relacionados con la asistencia a enfermos.

enfermero, ra *s. m. y s. f.* Persona cuyo oficio es asistir a los enfermos.

enfermo, ma *adj.* Que padece enfermedad. También *s. m. y s. f.*

enfervorizar *v. tr.* Infundir buen ánimo o fervor. También prnl.

enfilar *v. tr.* **1.** Poner en fila. **2.** Tomar una persona o cosa la dirección de otra.

enflaquecer *v. tr.* **1.** Poner flaco a alguien. **2.** *fig.* Debilitar, enervar. ‖ *v. intr.* **3.** Ponerse flaco. También prnl.

enfocar *v. tr.* **1.** Hacer que la imagen de un objeto, que se ha obtenido en un aparato óptico, se reproduzca en un plano u objeto determinado. **2.** *fig.* Descubrir los puntos esenciales de un problema.

enfoscar *v. tr.* **1.** Tapar los agujeros que quedan en una pared después de labrada. ‖ *v. prnl.* **2.** Ponerse hosco y cejudo.

enfranque *s. m.* Parte más estrecha de la suela del calzado.

enfrascar *v. tr.* Echar en frascos agua, vino u otro licor.

enfrascarse *v. prnl.* **1.** Meterse en una espesura. **2.** *fig.* Aplicarse con mucha intensidad a una cosa.

enfrenar *v. tr.* Poner el freno.

enfrentar *v. tr.* **1.** Afrontar, poner frente a frente. También prnl. y intr. **2.** Hacer frente, oponer. También prnl.

enfrente *adv. l.* **1.** A la parte opuesta, en punto que mira a otro o que está delante de otro. ‖ *adv. m.* **2.** En contra, en pugna.

enfriamiento *s. m.* Indisposición que se caracteriza por síntomas catarrales.

enfriar *v. tr.* **1.** Poner frío algo. También prnl. **2.** Entibiar, amortiguar. También prnl. ‖ *v. prnl.* **3.** Quedarse frío alguien.

enfrontar *v. tr.* **1.** Llegar al frente de algo. También intr. **2.** Afrontar. También intr.

enfundar *v. tr.* **1.** Poner fundas. **2.** Llenar. **3.** Ponerse una prenda de vestir.

enfurecer *v. tr.* **1.** Irritar a alguien o ponerle furioso. También prnl. ‖ *v. prnl.* **2.** *fig.* Alborotarse, alterarse.

engalanar *v. tr.* **1.** Poner galana una cosa. ‖ *v. prnl.* **2.** Ponerse galas.

engalle *s. m.* Parte del arnés que sirve para mantener erguida la cabeza del caballo.

enganchar *v. tr.* **1.** Agarrar una cosa con gancho o colgarla de él. También prnl. y intr. **2.** *fam.* Atraer a alguien con arte. ‖ *v. prnl.* **3.** *fam.* Hacerse adicto de algo.

enganche *s. m.* Pieza o aparato dispuesto para enganchar.

engañar *v. tr.* **1.** Dar a la mentira apariencia de verdad. **2.** Engatusar. ‖ *v. prnl.* **3.** Cerrar los ojos a la verdad. **4.** Equivocarse.

engaño *s. m.* **1.** Falta de verdad, falsedad. **2.** Cualquier arte para pescar. **3.** Muleta.

engarce *s. m.* Metal en que se engarza algo.

engarrar *v. tr.* Agarrar. También prnl.

engarzar *v. tr.* **1.** Trabar formando cadena. **2.** Rizar el pelo. **3.** Engastar.

engastar *v. tr.* Encajar y embutir una cosa en otra.

engaste *s. m.* **1.** Guarnición de metal que asegura lo que se engasta. **2.** Perla que por un lado es llana y por el otro redonda.

engatillar *v. tr.* **1.** Sujetar con gatillos ‖ *prnl.* **2.** Fallar el mecanismo de disparar, en las armas de fuego.

engatusar *v. tr., fam.* Ganar la voluntad de alguien con halagos.

engendrar *v. tr.* **1.** Procrear. **2.** *fig.* Causar, ocasionar, formar. También *prnl.*

engendro *s. m.* **1.** Feto. **2.** Criatura informe. **3.** *fig.* Plan mal concebido, absurdo.

englobar *v. tr.* **1.** Incluir varias cosas en una sola. **2.** Abarcar.

engolar *v. tr.* Dar resonancia gutural a la voz.

engolfar *v. intr.* Entrar una embarcación en mar adentro. También *prnl.*

engolillado, da *adj.* Se dice del que se precia de observar con rigor los estilos antiguos.

engolosinar *v. tr.* **1.** Excitar el deseo de alguien con algún atractivo. ‖ *v. prnl.* **2.** Aficionarse, tomar gusto a una cosa.

engomar *v. tr.* Impregnar y untar de goma.

engominarse *v. prnl.* Dar gomina.

engordar *v. tr.* **1.** Cebar. **2.** *fig.* Aumentar algo para que parezca más importante. ‖ *v. intr.* **3.** Ponerse gordo.

engorro *s. m.* Embarazo, impedimento.

engranaje *s. m.* **1.** Conjunto de piezas que engranan. **2.** Dientes de una máquina. **2.** *fig.* Trabazón de una idea.

engranar *v. tr.* **1.** Endentar. **2.** *fig.* Enlazar, trabar.

engrandecer *v. tr.* **1.** Aumentar, hacer grande. **2.** Alabar, exagerar.

engrasar *v. tr.* **1.** Dar sustancia y crasitud a algo. **2.** Untar con grasa. También *prnl.*

engrase *s. m.* Materia lubricante.

engreído, da *adj.* Soberbio y vanidoso.

engreír *v. tr.* Envanecer. También *prnl.*

engrescar *v. tr.* **1.** Incitar a riña. También *prnl.* **2.** Excitar el entusiasmo, etc.

engrosar *v. tr.* **1.** Hacer gruesa una cosa. También *prnl.* **2.** Aumentar el número de una colectividad.

engrudar *v. tr.* Untar o dar con engrudo.

engrudo *s. m.* Masa hecha con harina o almidón cocidos en agua.

enguijarrar *v. tr.* Empedrar con guijarros.

engullir *v. tr.* Tragar atropelladamente. También *intr.*

enharinar *v. tr.* **1.** Manchar de harina. **2.** cubrir con harina. También *prnl.*

enhebrar *v. tr.* **1.** Pasar una hebra por el ojo de una aguja o por el agujero de las perlas, cuentas, etc. **2.** *fig.* Decir seguidas muchas cosas sin orden ni concierto.

enherbolar *v. tr.* Poner veneno en una cosa.

enhestar *v. tr.* Levantar en alto, poner derecha una cosa. También *prnl.*

enhiesto, ta *adj.* Levantado, derecho.

enhorabuena *s. f.* **1.** Felicitación. ‖ *adv. m.* **2.** Con bien, con felicidad. **3.** Se dice para denotar aprobación, conformidad.

enhoramala *adv. m.* Se emplea para denotar disgusto o desaprobación.

enigma *s. m.* **1.** Dicho o conjunto de palabras de sentido encubierto. **2.** Cosa que no se entiende fácilmente. **3.** Misterio.

enjabonar *v. tr.* **1.** Jabonar. **2.** *fig.* Adular. **3.** *fig. y fam.* Reprender, increpar.

enjaezar *v. tr.* Poner jaeces a las caballerías.

enjambrar *v. tr.* **1.** Encerrar en las colmenas las abejas. ‖ *v. intr.* **2.** Criar la colmena un enjambre.

enjambre s. m. **1.** Muchedumbre de abejas con su maestra, que salen juntas. **2.** *fig.* Muchedumbre de personas o cosas.

enjarciar v. tr. Poner la jarcia.

enjaretar v. tr. **1.** Hacer pasar por una jareta una cinta. **2.** *fig. y fam.* Hacer o decir algo atropelladamente.

enjarje s. m. Enlace de varios nervios de una bóveda en el punto de arranque.

enjaular v. tr. **1.** Poner dentro de la jaula. **2.** *fig. y fam.* Meter en la cárcel.

enjebe s. m. **1.** Alumbre. **2.** Lejías en cuya composición entra el alumbre.

enjoyar v. tr. **1.** Adornar con joyas. **2.** Adornar. **3.** Engastar piedras preciosas.

enjuagar v. tr. **1.** Limpiar la boca o dentadura con agua u otro licor. También prnl. **2.** Lavar con agua una vasija.

enjuague s. m. **1.** Agua u otro licor para enjuagar o enjuagarse. **2.** Vaso para enjuagarse. **3.** Intriga fraudulenta.

enjuiciar v. tr. **1.** Someter una cuestión a examen. **2.** Juzgar una causa.

enjundia s. f. **1** Unto y gordura. **2.** Lo más sustancioso de algo. **3.** Fuerza, vigor.

enjuto, ta adj. Delgado, seco.

enlabiar[1] v. tr. Acercar, aplicar los labios.

enlabiar[2] v. tr. Seducir, engañar con palabras dulces y promesas.

enlace s. m. **1.** Unión, trabazón. **2.** Lo que enlaza una cosa con otra. **3.** *fig.* Parentesco, casamiento.

enladrillar v. tr. Solar, formar de ladrillos el pavimento.

enlazar v. tr. **1.** Juntar con lazos. **2.** Unir. También prnl. ‖ v. prnl. **3.** Casarse.

enlodar v. tr. **1.** Manchar con lodo. También prnl. **2.** *fig.* Infamar. También prnl.

enlodazar v. tr. Enlodar.

enloquecer v. tr. **1.** Hacer perder el juicio. ‖ v. intr. **2.** Volverse loco.

enlosado s. m. Suelo cubierto de losas.

enlosar v. tr. Solar con losas.

enlucir v. tr. **1.** Poner una capa de yeso o argamasa a las paredes, techos, etc. **2.** Limpiar los metales.

enlutar v. tr. **1.** Cubrir de luto. También prnl. **2.** *fig.* Entristecer, afligir.

enmadrarse v. prnl. Encariñarse excesivamente el hijo con la madre.

enmarañar v. tr. Enredar, revolver. También prnl.

enmaridar v. tr. Casarse la mujer. También prnl.

enmaromar v. tr. Atar o sujetar con maromas.

enmascarar v. tr. **1.** Cubrir el rostro con máscara. También prnl. **2.** *fig.* Encubrir.

enmendar v. tr. **1.** Corregir, quitar defectos. También prnl. **2.** Rectificar una sentencia. **3.** Enderezar.

enmienda s. f. **1.** Corrección de un error. **2.** Propuesta de variante de un proyecto.

enmohecer v. tr. **1.** Cubrir de moho. También prnl. **2.** Inutilizar. También prnl.

enmoquetar v. tr. Cubrir con moqueta.

enmudecer v. tr. **1.** Hacer callar. ‖ v. intr. **2.** Quedar mudo. **3.** Guardar silencio.

ennoblecer v. tr. **1.** Hacer noble. También prnl. **2.** *fig.* Dignificar.

enojar v. tr. **1.** Causar enojo. Se usa más como prnl. **2.** Molestar, desazonar.

enojo s. m. Molestia, pesar, trabajo. Se usa más en pl.

enología s. f. Conjunto de conocimientos relativos a los vinos.

enorgullecer v. tr. Llenar de orgullo. Se usa más como prnl.

enorme *adj.* Desmedido, excesivo.

enquistarse *v. prnl.* Formarse un quiste.

enraizar *v. intr.* Arraigar. También prnl.

enramar *v. tr.* **1.** Entretejer varios ramos. ‖ *v. intr.* **2.** Echar ramas un árbol.

enrarecer *v. tr.* **1.** Dilatar un cuerpo gaseoso haciéndolo menos denso. También prnl. **2.** Contaminar el aire.

enredadera *s. f.* Planta de tallos trepadores y flores en campanillas róseas.

enredar *v. tr.* **1.** Prender con red. **2.** Entretejer, enmarañar algo. También prnl.

enredo *s. m.* **1.** Complicación y maraña. **2.** *fig.* Travesura. **3.** *fig.* Engaño, mentira.

enrejado *s. m.* **1.** Conjunto de rejas. **2.** Especie de celosía de cañas o varas.

enrejar *v. tr.* **1.** Poner rejas o cercar con rejas. **2.** Meter a alguien en la cárcel.

enriquecer *v. tr.* **1.** Hacer rica a una persona, comarca, etc. **2.** *fig.* Adornar.

enristrar *v. tr.* **1.** Poner la lanza en el ristre. **2.** *fig.* Ir derecho hacia una parte.

enrojar *v. tr.* **1.** Enrojecer. También prnl. **2.** Calentar el horno.

enrojecer *v. tr.* **1.** Poner rojo algo con calor o fuego. También prnl. **2.** Dar color rojo. ‖ *v. prnl.* **3.** Encenderse el rostro.

enrolar *v. tr.* **1.** Inscribir un individuo en la lista de tripulantes de un barco. También prnl. ‖ *v. prnl.* **2.** Inscribirse en el ejército, en un partido político, etc.

enrollar *v. tr.* **1.** Poner en forma de rollo. **2.** *fam.* Convencer. ‖ *v. prnl.* **3.** *fam.* Distraerse con algo.

enronquecer *v. tr.* Poner ronco a alguien. Se usa más como prnl.

enroscar *v. tr.* **1.** Dar forma de rosca. También prnl. **2.** Introducir una cosa a vuelta de rosca.

enrudecer *v. tr.* Hacer rudo a alguien. También prnl.

ensaimada *s. f.* Bollo formado por una tira de pasta hojaldrada en espiral.

ensalada *s. f.* **1.** Hortaliza aderezada. **2.** *fig.* Mezcla confusa de cosas.

ensaladera *s. f.* Fuente honda en que se sirve la ensalada.

ensalivar *v. tr.* Llenar o empapar de saliva. También prnl.

ensalmar *v. tr.* **1.** Componer los huesos dislocados o rotos. **2.** Curar con ensalmos. También prnl.

ensalmo *s. m.* Modo supersticioso de curar.

ensalzar *v. tr.* **1.** Engrandecer, exaltar. **2.** Alabar, elogiar. También prnl.

ensamblaje *s. m.* Acoplamiento.

ensamblar *v. tr.* Unir, juntar.

ensanchar *v. tr.* **1.** Dilatar la anchura de una cosa. ‖ *v. prnl.* **2.** Engreírse.

ensanche *s. m.* **1.** Dilatación, extensión. **2.** Terreno dedicado a nuevas edificaciones en las afueras de una población.

ensangrentar *v. tr.* Manchar o teñir con sangre. También prnl.

ensañar *v. tr.* **1.** Enfurecer. ‖ *v. prnl.* **2.** Deleitarse en causar el mayor daño posible.

ensartar *v. tr.* **1.** Pasar por un hilo, alambre, etc., varias cosas. **2.** Enhebrar. **3.** Atravesar. **4.** Decir cosas sin conexión.

ensayar *v. tr.* **1.** Probar una cosa antes de usarla. **2.** Hacer la prueba de un espectáculo antes de ejecutarlo ante el público.

ensayo *s. m.* **1.** Subgénero literario en prosa, que trata con brevedad y claridad diversos temas. **2.** Prueba.

enseguida *adv. m.* Inmediatamente.

ensenada *s. f.* Entrada del mar en la tierra formando un seno.

enseña *s. f.* Insignia o estandarte.
enseñanza *s. f.* **1.** Sistema y método de dar instrucción. **2.** Ejemplo o suceso que nos sirve de experiencia.
enseñar *v. tr.* **1.** Instruir. **2.** Dar advertencia, ejemplo o escarmiento. **3.** Indicar, dar señas de una cosa. **4.** Mostrar.
enseres *s. m. pl.* Muebles, utensilios, etc., necesarios para algún fin.
ensiforme *adj.* En forma de espada.
ensillar *v. tr.* Poner la silla a la caballería.
ensimismarse *v. prnl.* Abstraerse.
ensombrecer *v. tr.* **1.** Oscurecer. También prnl. ‖ *v. prnl.* **2.** *fig.* Entristecerse.
ensordecedor, ra *adj.* Se dice del ruido o sonido muy intenso.
ensordecer *v. tr.* **1.** Causar sordera. **2.** Convertir una consonante sonora en sorda. **3.** Perturbar a alguien la intensidad de un sonido. ‖ *v. intr.* **4.** Quedarse sordo.
ensortijar *v. tr.* Encrespar. También prnl.
ensuciar *v. tr.* Manchar. También prnl.
ensueño *s. m.* **1.** Sueño, cosa que se sueña. **2.** Ilusión, fantasía.
entablamento *s. m.* Conjunto de molduras que coronan un edificio.
entablar *v. tr.* **1.** Cubrir con tablas. **2.** Dar comienzo a una conversación, batalla.
entablillar *v. tr.* Sujetar con tablillas y vendaje el hueso roto o quebrado.
entallar[1] *v. tr.* Tallar.
entallar[2] *v. tr.* Ajustar al talle. También prnl. e intr.
entapizar *v. tr.* **1.** Cubrir con tapices. **2.** Forrar con telas las paredes, sillas, etc.
entarimar *v. tr.* Cubrir con tarimas.
ente *s. m.* **1.** Lo que es, existe o puede existir. **2.** *fig.* Sujeto ridículo.
enteco, ca *adj.* Enfermizo, flaco, débil.
entelequia *s. f.* **1.** Estado de perfección al que tiende cada especie. **2.** Cosa irreal.
entender *v. tr.* **1.** Comprender las cosas. ‖ *v. prnl.* **2.** Comprenderse a sí mismo. **3.** Conocer el ánimo o intención de alguien.
entendimiento *s. m.* **1.** Facultad de comprender. **2.** Razón humana. **3.** Relación amistosa entre los pueblos.
enterar *v. tr.* **1.** Informar. También prnl. ‖ *v. prnl.* **2.** Notar, darse cuenta.
entereza *s. f.* **1.** Integridad. **2.** Fortaleza. **3.** *fig.* Severa observancia de la disciplina.
entérico, ca *adj.* Perteneciente o relativo a los intestinos.
enternecer *v. tr.* **1.** Ablandar. También prnl. **2.** Mover a la ternura. También prnl.
entero, ra *adj.* **1.** Íntegro. **2.** Se dice de la persona que tiene entereza. **3.** Robusto.
enterrador *s. m.* Sepulturero.
enterramiento *s. m.* **1.** Entierro. **2.** Sepulcro. **3.** Sepultura.
enterrar *v. tr.* **1.** Poner debajo de tierra. **2.** Dar sepultura. **3.** Relegar al olvido.
entibar *v. intr.* **1.** Estribar. ‖ *v. tr.* **2.** Apuntalar con maderas las excavaciones.
entidad *s. f.* **1.** Lo que constituye la esencia de un género. **2.** Ente. **3.** Empresa.
entierro *s. m.* **1.** Sitio en que se entierran los difuntos. **2.** El cadáver que se lleva a enterrar con su acompañamiento.
entomología *s. f.* Parte de la zoología que trata de los insectos.
entonación *s. f.* Inflexión de la voz según el sentido de lo que se dice.
entonar *v. tr.* **1.** Cantar ajustado al tono; afinar la voz. También intr. **2.** Dar el tono a los demás. **3.** Envanecerse.
entonces *adv. t.* **1.** En aquel tiempo u ocasión. ‖ *adv. m.* **2.** En tal caso, siendo así.

entono s. m. **1.** Entonación. **2.** fig. Arrogancia, presunción.

entontecer v. tr. **1.** Poner tonto. ‖ v. intr. **2.** Volverse tonto. También prnl.

entorchar v. tr. **1.** Formar antorchas. **2.** Cubrir un hilo o cuerda enroscándoles otro.

entornar v. tr. **1.** Volver la puerta o la ventana sin cerrarla del todo. **2.** Se dice de los ojos cuando no se cierran del todo.

entorno s. m. Conjunto de personas, objetos y circunstancias que rodean algo.

entorpecer v. tr. **1.** Poner torpe. También prnl. **2.** Dificultar. También prnl.

entrada s. f. **1.** Espacio por donde se entra. **2.** fig. Billete para entrar.

entramado s. m. Armazón de madera.

entramar v. tr. Hacer un entramado.

entrambos, bas adj. pl. Ambos.

entrampar v. tr. **1.** Caer en la trampa. También prnl. ‖ v. prnl. **2.** Endeudarse.

entraña s. f. **1.** Cada uno de los órganos de las cavidades del pecho y del vientre. ‖ s. f. pl. **2.** fig. Lo más oculto y escondido.

entrañar v. tr. **1.** Introducir en lo más hondo. También prnl. ‖ v. prnl. **2.** Unirse de todo corazón con alguien.

entrar v. intr. **1.** Ir de fuera a dentro. **2.** Encajar. **3.** Acometer. ‖ v. tr. **4.** Introducir algo. ‖ v. prnl. **5.** Meterse en algún lugar.

entre prep. **1.** Denota situación o estado en medio de dos o más acciones o cosas. **2.** Dentro de. **3.** Denota situación, cooperación, estado, participación en un grupo.

entreabrir v. tr. Abrir un poco o a medias. También prnl.

entreacto s. m. Intermedio en una representación.

entrecejo s. m. **1.** Espacio que hay entre las cejas. **2.** fig. Ceño, sobrecejo.

entrecomillar v. tr. Poner entre comillas una o varias palabras.

entrecoro s. m. Espacio que hay entre el coro y la capilla mayor en las catedrales.

entrecortar v. tr. Cortar una cosa sin acabar de dividirla.

entrecruzar v. tr. Cruzar dos o más cosas entre sí. También prnl.

entredicho s. m. Prohibición de hacer o decir alguna cosa.

entredós s. m. **1.** Tira de encaje que se cose entre dos telas. **2.** Armario bajo, generalmente colocado entre dos huecos.

entrefino, na adj. De calidad media.

entrega s. f. **1.** Cada uno de los cuadernos impresos en que se suele dividir un libro. **2.** Lo entregado de una vez.

entregar v. tr. **1.** Poner en poder de otro. ‖ v. prnl. **2.** Someterse a alguien. **3.** Dedicarse enteramente a una cosa.

entrelazar v. tr. Enlazar, entretejer una cosa con otra.

entrelínea s. f. Lo escrito entre dos líneas.

entrelucir v. intr. Dejarse ver una cosa entremedias de otra o al través.

entremedias adv. t. y adv. l. Entre uno y otro tiempo, espacio, lugar o cosa.

entremés s. m. **1.** Manjares ligeros que se sirven antes del primer plato. **2.** Pieza dramática jocosa de un solo acto.

entremeter v. tr. Meter una cosa entre otras.

entremezclar v. tr. Mezclar una cosa con otra sin confundirlas.

entrenar v. tr. Preparar, adiestrar personas o animales. También prnl.

entrepaño s. m. **1.** Espacio de la pared entre dos columnas, pilastras o huecos. **2.** Anaquel del estante o de la alacena.

entrepierna *s. f.* **1.** Parte inferior de los muslos. **2.** *fam.* Genitales.

entrepiso *s. m.* Piso que se construye quitando parte de la altura de otro y que queda entre éste y el superior.

entreplanta *s. f.* Entrepiso de tiendas, oficinas, etc.

entresacar *v. tr.* Sacar una cosa de otra.

entresijo *s. m.* Cosa interior, escondida.

entresuelo *s. m.* Habitación entre el cuarto bajo y el principal de una casa.

entretalla *s. f.* Media talla o bajo relieve.

entretanto *adv. t.* Entre tanto.

entretejer *v. tr.* **1.** Mezclar hilos diferentes en la tela que se teje. **2.** Trabar, enlazar.

entretela *s. f.* **1.** Lienzo, entre la tela y el forro. || *s. f. pl.* **2.** Lo íntimo del corazón.

entretener *v. tr.* **1.** Divertir, distraer. También prnl. **2.** Dar largas a un negocio.

entretiempo *s. m.* Tiempo de primavera y otoño.

entrever *v. tr.* **1.** Ver confusamente una cosa. **2.** Conjeturarla, sospecharla.

entreverar *v. tr.* Mezclar, introducir una cosa entre otras.

entrevía *s. f.* Espacio libre que queda entre dos raíles.

entrevista *s. f.* Conferencia de una o más personas para tratar un asunto.

entrevistar *v. tr.* Hacer entrevistas.

entristecer *v. tr.* **1.** Causar tristeza. || *v. prnl.* **2.** Ponerse triste y melancólico.

entrometer *v. tr.* **1.** Meter una cosa entre otras. || *v. prnl.* **2.** Meterse alguien donde no le llaman.

entroncar *v. intr.* **1.** Tener parentesco. **2.** Contraer parentesco. También prnl.

entronizar *v. tr.* **1.** Colocar en el trono. **2.** *fig.* Ensalzar. || *v. prnl.* **3.** *fig.* Engreírse.

entronque *s. m.* Parentesco entre personas que tienen un tronco común.

entuerto *s. m.* Tuerto, injusticia o agravio.

entumecer *v. tr.* Entorpecer el movimiento de un miembro. También prnl.

entumirse *v. prnl.* Entorpecerse un músculo.

enturbiar *v. tr.* Hacer o poner turbia una cosa. También prnl.

entusiasmar *v. tr.* Infundir entusiasmo. También prnl.

entusiasmo *s. m.* **1.** Exaltación del ánimo. **2.** Adhesión fervorosa a una causa.

enumeración *s. f.* Expresión sucesiva y ordenada de las partes de un todo.

enumerar *v. tr.* Hacer enumeración de las cosas.

enunciar *v. tr.* Expresar alguien breve y sencillamente una idea.

envainar *v. tr.* Meter un arma en la vaina.

envalentonar *v. tr.* **1.** Infundir valentía. || *v. prnl.* **2.** Echárselas de valiente.

envanecer *v. tr.* **1.** Infundir soberbia o vanagloria a alguien. También prnl.

envasar *v. tr.* Echar un líquido en envases; introducir en recipientes adecuados.

envase *s. m.* Recipiente o vaso en que se conservan y transportan ciertos géneros.

envejecer *v. tr.* **1.** Hacer vieja a una persona o cosa. || *v. intr.* **2.** Hacerse vieja una persona o cosa. También prnl.

envenenar *v. tr.* **1.** Emponzoñar. También prnl. **2.** *fig.* Interpretar en mal sentido las palabras o acciones.

envergadura *s. f.* **1.** Ancho de una vela. **2.** Distancia entre las puntas de las alas abiertas de las aves, aviones, etc. **3.** *fig.* Importancia, amplitud, alcance.

envés *s. m.* Revés.

envestir *v. tr.* Investir.

enviar *v. tr.* Hacer que una persona o cosa vaya o sea llevada a alguna parte.

enviciar *v. tr.* **1.** Corromper con vicio. || *v. prnl.* **2.** Aficionarse demasiado a una cosa.

envidia *s. f.* **1.** Pesar del bien ajeno. **2.** Deseo de imitar las acciones de otro.

envidiar *v. tr.* **1.** Tener envidia, sentir el bien ajeno. **2.** *fig.* Desear lo ajeno.

envilecer *v. tr.* **1.** Hacer vil y despreciable a una persona o cosa. || *v. prnl.* **2.** Perder alguien la estimación que tenía.

envío *s. m.* Remesa.

enviscar *v. tr.* **1.** Azuzar. **2.** *fig.* Irritar.

envite *s. m.* **1.** Apuesta de algunos juegos. **2.** *fig.* Ofrecimiento. **3.** *fig.* Empujón.

enviudar *v. intr.* Quedar viudo o viuda.

envoltorio *s. m.* **1.** Lío. **2.** Papel, lienzo, arpillera, etc., que sirve para envolver.

envolver *v. tr.* **1.** Cubrir una cosa rodeándola con algo. **2.** Contener una cosa a otra. || *v. prnl.* **3.** Mezclarse entre otros.

enyesar *v. tr.* Tapar o acomodar con yeso.

enzarzar *v. tr.* **1.** Cubrir de zarzas. **2.** Enredar sembrando discordias. También prnl.

enzima *s. amb.* Fermento soluble del organismo animal.

eoceno *adj.* Se dice del terreno que forma la base o comienzo del terreno terciario.

eólico, ca *adj.* Producido por el viento.

eolito *s. m.* Piedra de cuarzo usada como instrumento por el hombre primitivo.

¡epa! *interj.* **1.** ¡hola! **2.** Se usa para animar.

epéntesis *s. f.* Adición de una letra en medio de un vocablo.

epicardio *s. m.* Membrana que rodea el corazón.

epiceno *adj.* Se dice del género de los nombres de animales cuando con el mismo término y artículo designan el macho y la hembra, como la perdiz, el jilguero.

epicentro *s. m.* Centro superficial de un fenómeno sísmico.

epiciclo *s. m.* Círculo con el centro fijo en la circunferencia de otro círculo de radio mayor, llamado deferente.

épica *s. f.* Género literario escrito en verso que canta las hazañas de los héroes.

epidemia *s. f.* Enfermedad que temporalmente aflige a un pueblo, acometiendo a la vez a gran número de personas.

epidermis *s. f.* Membrana exterior de la piel.

epifanía *s. f.* Festividad que celebra la Iglesia de la adoración de los Reyes.

epiglotis *s. f.* Cartílago sujeto a la parte posterior de la lengua, que tapa la glotis.

epígono *s. m.* Que sigue a otro.

epígrafe *s. m.* **1.** Resumen, cita o sentencia que suele ponerse a la cabeza de una obra. **2.** Inscripción en piedra, metal, etc.

epigrama *s. m.* **1.** Inscripción en piedra, metal. **2.** Composición poética breve, por lo común festiva o satírica. También *s. f.*

epilepsia *s. f.* Enfermedad nerviosa, caracterizada por convulsiones y pérdida brusca del conocimiento.

epílogo *s. m.* **1.** Recapitulación de todo lo dicho. **2.** *fig.* Última parte del discurso.

episcopado *s. m.* **1.** Dignidad de obispo. **2.** Conjunto de obispos.

episodio *s. m.* **1.** Acción secundaria en una obra literaria. **2.** Suceso enlazado con otros que forman un conjunto.

epístola *s. f.* **1.** Carta misiva que se escribe a los ausentes. **2.** Parte de la misa.

epitafio *s. m.* Inscripción propia para ponerla sobre un sepulcro.

epitalamio *s. m.* Composición lírica en celebración de una boda.

epitelio *s. m.* Tejido o capa superficial que cubre la piel y las membranas mucosas.

epítema *s. f.* Medicamento tópico que se aplica en forma de apósito.

epíteto *s. m.* Adjetivo que denota una cualidad inherente al nombre al que se refiere.

epítome *s. m.* Compendio, resumen.

época *s. f.* **1.** Período de tiempo que se señala por los hechos históricos acaecidos en él. **2.** Temporada de gran duración.

epónimo, ma *adj.* Que da nombre a un pueblo, a una tribu, a un período, etc.

epopeya *s. f.* **1.** Poema narrativo de tema heroico. **2.** Conjunto de hechos gloriosos.

épsilon *s. f.* Nombre de la letra "e" breve del alfabeto griego.

epulón *s. m., fig.* Persona que come y se regala mucho.

equidad *s. f.* **1.** Igualdad de ánimo. **2.** Propensión a dejarse guiar por el sentimiento del deber. **3.** Moderación en el precio o en las condiciones de los contratos.

equidistar *v. intr.* Distar igualmente.

équido, da *adj.* Se dice de los mamíferos cuyas extremidades acaban en un solo dedo; como el caballo. También s. m.

equilátero, ra *adj.* Se aplica a las figuras cuyos lado son iguales.

equilibrar *v. tr.* **1.** Poner en equilibrio. También prnl. **2.** *fig.* Hacer que una cosa no exceda ni supere a otra.

equilibrio *s. m.* **1.** Estado de un cuerpo solicitado por fuerzas que se contrarrestan. **2.** Armonía. **3.** *fig.* Ecuanimidad.

equilibrista *adj.* Diestro en hacer ejercicios de equilibrio.

equino, na *adj.* Relativo al caballo.

equinoccio *s. m.* Época del año en que los días son iguales a las noches.

equipaje *s. m.* Conjunto de cosas que se llevan en los viajes.

equipar *v. tr.* Proveer de las cosas necesarias. También prnl.

equiparar *v. tr.* Comparar una cosa con otra, considerándolas equivalentes.

equipo *s. m.* **1.** Conjunto de ropas, etc., para uso de una persona. **2.** Grupo organizado para un servicio, deporte, etc.

equipolencia *s. f.* Igualdad en el valor de varias cosas.

equitación *s. f.* Arte de montar y manejar bien el caballo.

equivaler *v. intr.* **1.** Ser igual en el valor, potencia o eficacia. **2.** Ser de igual valor las áreas o volúmenes.

equivocar *v. tr.* Tener o tomar una cosa por otra. Se usa más como prnl.

equívoco, ca *adj.* Que puede entenderse en varios sentidos.

era[1] *s. f.* **1.** Fecha desde la cual se empiezan a contar los años. **2.** Temporada larga.

era[2] *s. f.* Espacio descubierto donde se trillan las mieses.

eral, la *s. m. y s. f.* Res vacuna de más de un año y que no pasa de dos años.

erar *v. tr.* Formar eras para poner plantas.

erario *s. m.* Tesoro público.

erbio *s. m.* Metal muy raro.

erebo *s. m.* Infierno, averno.

erección *s. f.* **1.** Fundación. **2.** Tensión.

erecto, ta *adj.* Enderezado, rígido.

eremita *s. m.* Ermitaño.

eretismo *s. m.* Exaltación de las propiedades vitales de un órgano.

ergio *s. m.* Unidad de energía equivalente al trabajo de una dina a lo largo de un cm.

ergo *conj. consec.* Por tanto, luego, pues.

ergonomía *s. f.* Estudios que tienden a mejorar la relación entre la capacidad humana y el ambiente y útiles de trabajo.

erguén *s. m.* Árbol espinoso de madera dura y semillas oleaginosas.

erguir *v. tr.* **1.** Poner derecha una cosa. También prnl. ‖ *v. prnl.* **2.** *fig.* Engreírse.

erial *adj.* Se aplica a la tierra o campo sin cultivar. También s. m.

erigir *v. tr.* Fundar, instituir o levantar.

eritema *s. m.* Inflamación cutánea superficial caracterizada por manchas rojas.

eritrocito *s. m.* Célula esferoidal que da el color rojo a la sangre.

erizar *v. tr.* Levantar, poner rígida y tiesa una cosa. Se usa más como prnl.

erizo *s. m.* Mamífero insectívoro, con el dorso y los costados cubiertos de púas.

ermita *s. f.* Capilla o santuario situado por lo común en despoblado.

ermitaño, ña *s. m. y s. f.* **1.** Persona que vive en la ermita y cuida de ella. **2.** Persona que vive en soledad.

erogar *v. tr.* **1.** Distribuir bienes o caudales. **2.** Ocasionar, originar.

eros *s. m.* Conjunto de impulsos sexuales del ser humano.

erosión *s. f.* **1.** Depresión producida por el roce. **2.** Desgaste de la superficie terrestre por agentes externos.

erosionar *v. tr.* Producir erosión.

erotismo *s. m.* **1.** Pasión fuerte de amor. **2.** Amor sensual exacerbado.

erradicar *v. tr.* Arrancar de raíz.

errante *adj.* Que anda de una parte a otra sin tener asiento fijo.

errar *v. tr.* **1.** No acertar. También intr. ‖ *v. intr.* **2.** Vagar ‖ *v. prnl.* **3.** Equivocarse.

errata *s. f.* Equivocación material cometida en lo impreso o lo manuscrito.

error *s. m.* Acción o juicio desacertado o equivocado.

erubescencia *s. f.* Rubor, vergüenza.

eructar *v. intr.* Expeler con ruido por la boca los gases del estómago.

erudición *s. f.* Instrucción en varias ciencias y artes.

eruginoso, sa *adj.* Oxidado.

erupción *s. f.* **1.** Aparición en la piel de granos o vesículas. **2.** Emisión violenta de alguna materia sólida, líquida o gaseosa.

esbelto, ta *adj.* Gallardo.

esbirro, rra *s. m.* **1.** Alguacil, policía. ‖ *s. m. y s. f.* **2.** *fig.* Persona que sirve a otra que le paga para ejecutar violencias.

esbozar *v. tr.* Bosquejar.

escabechar *v. tr.* Echar en escabeche.

escabeche *s. m.* Adobo con vinagre, hojas de laurel, etc., para conservar viandas.

escabel *s. m.* **1.** Banquillo para apoyar los pies. **2.** Asiento pequeño sin respaldo.

escabroso, sa *adj.* **1.** Desigual, lleno de dificultades. **2.** *fig.* Áspero, duro.

escabullir *v. tr.* Escapar. También prnl.

escafandra *s. f.* Aparato compuesto de una vestidura impermeable, usada para permanecer bajo el agua.

escala *s. f.* **1.** Escalera de mano. **2.** Línea graduada, dividida en partes iguales, que representan unidades de medida. **3.** Sucesión ordenada de las notas musicales.

escalafón *s. m.* Lista de los individuos de una corporación clasificados.

escalar *v. tr.* **1.** Entrar valiéndose de escalas. **2.** Subir a una gran altura.

escaldar *v. tr.* **1.** Bañar con agua hirviendo una cosa. **2.** Abrasar con fuego.

escaleno *adj.* Se dice del triángulo que tiene los tres lados desiguales.

escalera *s. f.* Serie de escalones para subir y bajar.

escalfar *v. tr.* Cocer en agua hirviendo un huevo sin la cáscara.

escalinata *s. f.* Escalera exterior de un solo tramo y hecha de fábrica.

escalofrío *s. m.* Indisposición del cuerpo, en que a un tiempo se siente frío y calor.

escalón *s. m.* **1.** Peldaño. **2.** Grado a que se asciende en dignidad.

escalonar *v. tr.* Situar ordenadamente personas o cosas. También prnl.

escalope *s. m.* Filete delgado de vaca o de ternera, empanado o rebozado y frito.

escalpelo *s. m.* Bisturí que se usa principalmente en las disecciones de cadáveres.

escama *s. f.* **1.** Membrana que cubre la piel de algunos animales. **2.** *fig.* Recelo.

escamar *v. tr.* **1.** Quitar escamas. **2.** Hacer que alguien desconfíe. También prnl.

escamotear *v. tr.* Robar con astucia.

escampar *v. tr.* **1.** Despejar, desembarazar un sitio. ‖ *v. intr.* **2.** Cesar de llover.

escanciar *v. tr.* Echar el vino.

escandalizar *v. tr.* **1.** Causar escándalo. También prnl. ‖ *v. prnl.* **2.** Enojarse.

escandallo *s. m.* Sonda que se emplea para apreciar la calidad del fondo del agua.

escándalo *s. m.* **1.** Desenfreno, mal ejemplo. **2.** Alboroto, tumulto.

escáner *s. m.* Aparato que sirve para explorar el interior de un objeto.

escaño *s. m.* Banco con respaldo y capaz para sentarse tres o más personas.

escapar *v. tr.* **1.** Librar a alguien de un peligro. ‖ *v. intr.* **3.** Salir ocultamente de un sitio. También prnl.

escaparate *s. m.* Hueco acristalado que hay en la fachada de algunas tiendas, para colocar en él muestras de los géneros.

escapatoria *s. f.* **1.** Sitio por donde se escapa. **2.** Excusa, efugio.

escape *s. m.* **1.** Fuga apresurada. **3.** Fuga de un gas o un líquido. **4.** Válvula que abre o cierra la salida de los gases.

escápula *s. f.* Omóplato.

escapulario *s. m.* Tira de tela con una imagen, que cuelga del cuello.

escaque *s. m.* Cada una de las casillas del tablero de ajedrez o damas.

escara *s. f.* Costra que se produce por la gangrena o por una quemadura.

escarabajo *s. m.* Insecto coleóptero.

escaramujo *s. m.* Especie de rosal silvestre.

escaramuza *s. f.* Pelea de poca importancia entre las avanzadas de los ejércitos.

escarapela *s. f.* Divisa de cintas, que se coloca en el sombrero.

escarbar *v. tr.* **1.** Arañar, rascar el suelo. **2.** *fig.* Inquirir algo que está oculto.

escarcela *s. f.* **1.** Especie de bolsa pendiente de la cintura. **2.** Especie de cofia.

escarceo *s. m.* **1.** Movimiento en la superficie del mar, con pequeñas olas. **2.** *fig.* Tentativa antes de iniciar una acción.

escarcha *s. f.* Rocío de la noche congelado.

escarchar *v. intr.* **1.** Formarse escarcha. ‖ *v. tr.* **2.** Preparar confituras cristalizando azúcar.

escardar *v. tr.* Entresacar y arrancar las hierbas malas de los sembrados.

escarlata *s. f.* Color carmesí fino, menos subido que el de la grana.

escarlatina *s. f.* Enfermedad contagiosa caracterizada por un exantema difuso, inflamación de la garganta y fiebre muy alta.

escarmentar *v. tr.* Corregir con rigor al que ha errado para que se enmiende.

escarnio *s. m.* Agravio que deshonra.

escarola *s. f.* Especie hortense de achicoria, de hojas radicales y recortadas, que se comen en ensalada.

escarpado, da *adj.* Se dice de las alturas que tienen subida muy agria y peligrosa.

escarpar[1] *v. tr.* Limpiar por medio del escarpelo.

escarpar[2] *v. tr.* Cortar una montaña o terreno, peinándolo en plano inclinado.

escarpelo *s. m.* Instrumento con dientecillos de hierro que usan los carpinteros.

escarpia *s. f.* Clavo con cabeza acodillada.

escarpín *s. m.* Zapato de una suela y de una costura.

escarzar[1] *v. tr.* Doblar un palo por medio de cuerdas para que forme un arco.

escarzar[2] *v. tr.* Sacar las patatas más gordas para que maduren las pequeñas.

escasear *v. tr.* **1.** Dar poco y de mala gana. **2.** Ahorrar, excusar. || *v. intr.* **3.** Faltar.

escasez *s. f.* **1.** Cortedad, mezquindad. **2.** Pobreza o falta de lo necesario.

escatimar *v. tr.* Dar con mezquindad.

escatología *s. f.* Estudio de los excrementos y suciedades.

escavar *v. tr.* Cavar ligeramente la tierra para ahuecarla y quitar la maleza.

escayola *s. f.* **1.** Yeso. **2.** Estuco. **3.** Venda con este yeso para corregir fracturas.

escayolar *v. tr.* Endurecer por medio de yeso o escayola los apósitos y vendajes destinados a sostener los huesos rotos.

escena *s. f.* **1.** Parte del teatro en que se representa la obra dramática. **2.** *fig.* Suceso de la vida real que se considera como espectáculo digno de atención.

escenario *s. m.* Parte del teatro donde se representan las obras dramáticas.

escenificar *v. tr.* Dar forma dramática a una obra literaria para ponerla en escena.

escepticismo *s. m.* Incredulidad, tendencia a recelar de la eficacia de una cosa.

escindir *v. tr.* Cortar, dividir, separar.

escisión *s. f.* **1.** Rompimiento, desavenencia. **2.** Todo tipo de reproducción, por segmentación en dos partes iguales.

esclarecer *v. tr.* **1.** Iluminar, poner en claro algo. **2.** *fig.* Ilustrar el entendimiento.

esclavina *s. f.* Especie de capa corta que se pone al cuello y cubre los hombros.

esclavitud *s. f.* **1.** Estado de esclavo. **2.** *fig.* Sujeción excesiva.

esclavizar *v. tr.* **1.** Hacer esclavo a alguien. **2.** *fig.* Tener a alguien muy sujeto.

esclavo, va *adj.* Se dice de la persona que carece de libertad, bajo el dominio de otra. También s. m. y s. f.

esclerosis *s. f.* Endurecimiento de un tejido o de un órgano.

esclusa *s. f.* Recinto con puertas para pasar tramos de distinto nivel, en un canal.

escoba *s. f.* **1.** Manojo de ramas flexibles, atadas al extremo de un palo, que sirve para barrer. **2.** Mata leguminosa con muchas ramas angulosas y flores amarillas.

escocer *v. intr.* Producirse una sensación parecida a la quemadura. También tr.

escodar *v. tr.* **1.** Labrar las piedras con martillo. **2.** Sacudir la cuerna los animales.

escofina *s. f.* Especie de lima para desbastar.

escoger *v. tr.* Tomar o elegir una o más cosas entre otras.

escolano *s. m.* Cada uno de los niños que en algunos monasterios se educaban para el servicio del culto y para el canto.

ESCOLAR - ESCRITORIO

escolar *adj.* Perteneciente al estudiante o a la escuela.

escolarizar *v. tr.* Hacer que una persona reciba la enseñanza obligatoria o complete estudios comprendidos en el sistema académico oficial.

escolio *s. m.* Nota que se pone a un texto para explicarlo.

escoliosis *s. f.* Desviación lateral de la columna vertebral.

escollera *s. f.* Obra hecha con piedras arrojadas al fondo del agua, para formar un dique de defensa.

escollo *s. m.* **1.** Peñasco que está a flor de agua. **2.** *fig.* Peligro. **3.** *fig.* Dificultad.

escolopendra *s. f.* Miriópodo con las primeras patas en forma de uñas venenosas.

escolta *s. f.* **1.** Partida de soldados o embarcación destinada a escoltar. || *s. m. y s. f.* **2.** Persona que acompaña o conduce a alguien para protegerlo o custodiarlo.

escoltar *v. tr.* Acompañar a una persona o cosa para protegerla, evitar que huya, etc.

escombrera *s. f.* Sitio donde se echan escombros.

escombro *s. m.* Desechos, cascotes, etc., de un edificio arruinado o de una mina.

esconder *v. tr.* Ocultar a una persona o cosa. También prnl.

escondite *s. m.* **1.** Lugar oculto, propio para esconder algo. **2.** Juego.

escopeta *s. f.* Arma de fuego portátil.

escoplo *s. m.* Utensilio de hierro acerado.

escora *s. f.* **1.** Línea céntrica del buque. **2.** Inclinación que toma un buque al ceder al esfuerzo de sus velas.

escorar *v. tr.* Inclinarse un buque por la fuerza del viento. **3.** Llegar la marea a su nivel más bajo.

escorbuto *s. m.* Enfermedad causada por falta de alimentos, con empobrecimiento de la sangre, ulceraciones y hemorragias.

escoria *s. f.* **1.** Residuo que queda tras la combustión del carbón. **2.** *fig.* Cosa vil.

escorpina *s. f.* Pez acantopterigio de cabeza gruesa y espinosa y vientre grande.

escorpión *s. m.* **1.** Alacrán, arácnido pulmonado venenoso. **2.** Pez muy parecido a la escorpina, pero de mayor tamaño.

escorzar *v. tr.* Representar, acortándolas, las cosas que se extienden en sentido oblicuo al plano del papel o lienzo.

escotar[1] *v. tr.* Cortar una cosa para acomodarla a la medida que se necesita

escotar[2] *v. tr.* Pagar a escote.

escote[1] *s. m.* Corte hecho en una prenda de vestir por la parte del cuello.

escote[2] *s. m.* Parte o cuota que cabe a cada uno de un gasto hecho en común.

escotilla *s. f.* Cada una de las aberturas que hay en las cubiertas del buque.

escozor *s. m.* Sensación dolorosa, como la que produce una quemadura.

escriba *s. m.* En la antigüedad, copista, amanuense.

escribanía *s. f.* **1.** Oficio que ejercen los escribanos públicos. **2.** Escritorio.

escribano, na *s. m. y s. f.* **1.** Persona que por oficio público estaba autorizada para dar fe de las escrituras. **2.** Secretario.

escribir *v. tr.* Representar las palabras o las ideas con letras u otros signos.

escrito *s. m.* **1.** Cualquier papel manuscrito. **2.** Obra literaria o científica.

escritor, ra *s. m. y s. f.* Autor de obras escritas o impresas.

escritorio *s. m.* Mueble cerrado con divisiones en su interior para guardar papeles.

ESCRITURA - ESFÍNTER

escritura *s. f.* **1.** Arte de escribir. **2.** Documento escrito.

escriturar *v. tr.* Hacer constar con escritura pública y en forma legal.

escroto *s. m.* Bolsa formada por la piel y membranas que cubren los testículos.

escrúpulo *s. m.* **1.** Duda o recelo que trae inquieto el ánimo. **2.** Escrupulosidad.

escrupulosidad *s. f.* Exactitud en el examen y averiguación de las cosas y en el cumplimiento de los deberes.

escrutar *v. tr.* **1.** Escudriñar, examinar con cuidado. **2.** Reconocer y computar votos.

escrutinio *s. m.* **1.** Examen, averiguación exacta de una cosa. **2.** Reconocimiento de los votos en las elecciones.

escuadra *s. f.* **1.** Instrumento de dibujo. **2.** Pieza para asegurar los ensamblajes. **3.** Conjunto de buques de guerra a las órdenes de un almirante.

escuadrar *v. tr.* Labrar o disponer un objeto de modo que sus caras planas formen entre sí ángulos rectos.

escuálido, da *adj.* Flaco, macilento.

escuchar *v. intr.* **1.** Aplicar el oído para oír. ǁ *v. tr.* **2.** Prestar atención a lo que se oye.

escudar *v. tr.* **1.** Amparar y resguardar con el escudo. También prnl. ǁ *v. prnl.* **2.** Valerse de algún medio para evitar un peligro.

escudero *s. m.* **1.** Paje o sirviente que acompañaba a un caballero **2.** Hidalgo.

escudilla *s. f.* Vasija ancha y de forma de una media esfera, para el caldo o la sopa.

escudo *s. m.* **1.** Arma defensiva. **2.** *fig.* Amparo, defensa, patrocinio.

escudriñar *v. tr.* Examinar, averiguar.

escuela *s. f.* **1.** Establecimiento de enseñanza. **2.** Conjunto de los que siguen una misma doctrina artística, filosófica.

escueto, ta *adj.* **1.** Descubierto, libre. **2.** Sin adornos, ni ambages, estricto.

esculcar *v. tr.* Espiar, averiguar.

esculpir *v. tr.* **1.** Labrar a mano una obra de escultura. **2.** Grabar.

escultor, ra *s. m. y s. f.* Persona que profesa el arte de la escultura.

escultura *s. f.* **1.** Arte de modelar, tallar o esculpir. **2.** Obra hecha por el escultor.

escupir *v. intr.* **1.** Arrojar saliva por la boca. ǁ *v. tr.* **2.** Arrojar con violencia algo.

escupitajo *s. m., fam.* Esputo.

escurridor *s. m.* Colador para escurrir.

escurrir *v. tr.* **1.** Hacer que una cosa empapada en un líquido despida la parte que quedaba detenida. También prnl. ǁ *v. intr.* **2.** Deslizar. También prnl. ǁ *prnl.* **3.** Escapar, salir huyendo.

escusado *s. m.* Lavabo.

esdrújulo, la *adj.* Se aplica al vocablo cuya acentuación prosódica carga en la antepenúltima sílaba. También s. m.

ese *s. f.* Eslabón de cadena en figura de ese.

ese, sa, so *pron. dem.* Designa una persona o cosa que está cerca del oyente, o señala lo que éste acaba de mencionar. También adj. en m. y f.

esencia *s. f.* **1.** Naturaleza de las cosas. **2.** Sustancia volátil, olorosa, extraída de algunos vegetales.

esencial *adj.* Sustancial, principal.

esenciero *s. m.* Frasco para esencia.

esfera *s. f.* Sólido terminado por una superficie curva cuyos puntos equidistan todos de otro interior llamado centro.

esfinge *s. amb.* Animal fabuloso, con cabeza y pecho de mujer, y cuerpo de león.

esfínter *s. m.* Músculo en forma de anillo que abre y cierra un orificio natural.

esforzar *v. tr.* **1.** Dar fuerza. **2.** Infundir ánimo. || *v. prnl.* **3.** Hacer esfuerzos.

esfuerzo *s. m.* **1.** Empleo enérgico de la fuerza física o del ánimo. **2.** Vigor, valor.

esfumar *v. tr.* **1.** Rebajar los tonos de una composición o parte de ella. || *v. prnl.* **2.** *fig.* Disiparse, desvanecerse.

esfuminar *v. tr.* Extender los trazos del lápiz para dar empaste a las sombras.

esgrima *s. f.* Arte de manejar la espada y otras armas blancas.

esgrimir *v. tr.* **1.** Usar la espada, el sable, etc. **2.** *fig.* Utilizar una cosa como arma para lograr algún intento.

esguince *s. m.* **1.** Ademán hecho con el cuerpo, torciéndolo para evitar un golpe. **2.** Distensión violenta de una coyuntura.

eslabón *s. m.* Pieza en figura de anillo que, enlazado con otros, forma cadena.

eslabonar *v. tr.* **1.** Unir unos eslabones con otros formando cadena. **2.** *fig.* Enlazar unas cosas con otras. También prnl.

eslogan *s. m.* Frase concisa y muy significativa alusiva a algo o a alguien.

eslora *s. f.* Longitud de una nave por la parte de dentro.

esmaltar *v. tr.* **1.** Cubrir con esmalte. **2.** *fig.* Adornar de varios colores y matices.

esmalte *s. m.* **1.** Barniz vítreo que se adhiere a la porcelana, metales, etc. **2.** Materia dura y blanca que cubre los dientes.

esmeralda *s. f.* Piedra fina, más dura que el cuarzo y de color verde.

esmerar *v. tr.* **1.** Pulir, limpiar. || *v. prnl.* **2.** Poner sumo cuidado en hacer las cosas.

esmerejón *s. m.* Azor.

esmeril *s. m.* Roca volcánica oscura; raya a todos los cuerpos menos al diamante.

esmerilar *v. tr.* Pulir con esmeril.

esmero *s. m.* Sumo cuidado y atención diligente en hacer las cosas.

esmirriado, da *adj.* Flaco, extenuado.

esmoquin *s. m.* Prenda masculina de etiqueta, a modo de chaqueta sin faldones.

esnifar *v. tr.* Aspirar por la nariz una sustancia, especialmente una droga.

esnobismo *s. m.* Exagerada admiración por todo lo que está de moda.

esófago *s. m.* Conducto muscular que va desde la faringe al estómago.

esotérico, ca *adj.* Oculto, reservado.

esotro, tra *pron. dem., fam.* Ese otro, esa otra. También adj.

espabilar *v. tr.* Avivar el entendimiento.

espaciar *v. tr.* **1.** Poner espacio entre las cosas. **2.** Esparcir. || *v. prnl.* **3.** Extenderse.

espacio *s. m.* **1.** Medio continuo e ilimitado en que situamos todos los cuerpos y movimientos. **2.** Parte de este medio que ocupa cada cuerpo; intervalo entre dos o más objetos. **3.** Transcurso del tiempo.

espada *s. f.* **1.** Arma blanca, larga, recta, aguda y cortante. || *s. f. pl.* **2.** Uno de los cuatro palos de la baraja española.

espadachín *s. m.* **1.** Persona que maneja bien la espada. **2.** Valiente y pendenciero.

espadaña *s. f.* Campanario de una sola pared, con huecos para las campanas.

espagueti *s. m.* Pasta alimenticia de harina de trigo, cilíndrica, alargada y no hueca.

espalda *s. f.* Parte posterior del cuerpo humano, desde los hombros hasta la cintura.

espantajo *s. m.* Lo que se pone en un paraje para espantar.

espantar *v. tr.* **1.** Causar espanto. **2.** Ahuyentar. || *v. prnl.* **3.** Asustarse.

espanto *s. m.* Terror, asombro, consternación, miedo súbito.

ESPAÑOLIZAR - ESPESAR

españolizar *v. tr.* **1.** Dar forma española a un vocablo o expresión de otro idioma. ‖ *v. prnl.* **3.** Tomar costumbres españolas.

esparadrapo *s. m.* Lienzo cubierto de emplasto, para sujetar vendajes.

esparcimiento *s. m.* Franqueza en el trato, alegría.

esparcir *v. tr.* **1.** Separar, extender. También prnl. **2.** *fig.* Divulgar. También prnl. **3.** *fig.* Divertir. También prnl.

espárrago *s. m.* Planta liliácea, de tallos comestibles, rectos y blancos.

esparraguerra *s. f.* Planta del espárrago.

esparto *s. m.* Planta gramínea de hojas filiformes y duras, con las que se hacen cuerdas, esteras, pasta de papel, etc.

espasmo *s. m.* **1.** Pasmo. **2.** Contracción involuntaria de los músculos.

espátula *s. f.* **1.** Paleta, con bordes afilados y mango largo. **2.** Ave zancuda de pico deprimido ensanchado en la punta.

especia *s. f.* Cualquiera de las drogas que se usa como condimento.

especialidad *s. f.* **1.** Particularidad, singularidad. **2.** Rama de la ciencia o arte a que se consagra una persona.

especializar *v. intr.* **1.** Cultivar con especialidad una rama determinada de una ciencia o de un arte. También prnl. **2.** Limitar una cosa a uso o fin determinado.

especie *s. f.* **1.** Conjunto de cosas con caracteres comunes. **2.** Apariencia.

especiero *s. m.* Armario con varios cajones para guardar las especias.

especificar *v. tr.* Explicar, declarar con individualidad una cosa.

espécimen *s. m.* Muestra, modelo, señal.

espectacular *adj.* Que tiene caracteres propios de espectáculo público.

espectáculo *s. m.* Función o diversión pública.

espectador, ra *adj.* Que asiste a un espectáculo. Se usa más como s. m. y s. f.

espectro *s. m.* **1.** Imagen o fantasma, por lo común horrible. **2.** Resultado de la dispersión de un conjunto de radiaciones.

especular *v. tr.* **1.** Registrar. **2.** *fig.* Meditar, contemplar. ‖ *v. intr.* **3.** Traficar. **4.** Procurar provecho con cualquier cosa.

espéculo *s. m.* Instrumento que sirve para dilatar la entrada de algunas cavidades del cuerpo para ser examinadas.

espejismo *s. m.* **1.** Ilusión óptica. **2.** *fig.* Ilusión de la imaginación.

espejo *s. m.* **1.** Lámina de vidrio azogada para que se reflejen en ella los objetos que están delante. **2.** *fig.* Modelo.

espeleología *s. f.* Ciencia que estudia el origen y formación de las cuevas.

espeluznar *v. tr.* **1.** Erizar el pelo o las plumas. **2.** Espantar. También prnl.

espera *s. f.* Tiempo que se está esperando.

esperanza *s. f.* Estado del ánimo en el cual se nos presenta como posible que se realice la cosa deseada.

esperanzar *v. tr.* **1.** Dar esperanza. ‖ *v. intr.* **2.** Tener esperanza. También prnl.

esperar *v. tr.* **1.** Tener esperanza de conseguir algo. **2.** Aguardar en un lugar.

esperma *s. amb.* Semen animal.

espermatozoide *s. m.* Célula sexual masculina.

espermatozoo *s. m.* Espermatozoide de los animales.

esperpento *s. m.* **1.** *fam.* Persona o cosa fea o de mala traza. **2.** *fam.* Desatino.

espesar *v. tr.* **1.** Hacer espeso un líquido. **2.** Apretar algo, haciéndolo más tupido.

ESPESOR - ESPONTÁNEO

espesor *s. m.* **1.** Grueso de un sólido. **2.** Densidad o condensación de un fluido.

espesura *s. f., fig.* Paraje muy poblado de árboles y matorrales.

espetar *v. tr.* Atravesar, clavar un instrumento puntiagudo.

espía *s. m.* Persona que con disimulo observa o escucha lo que pasa, para comunicarlo al que tiene interés en saberlo.

espiar *v. tr.* Acechar disimuladamente lo que se dice o hace.

espichar *v. tr.* **1.** Pinchar. || *v. intr.* **2.** Morir.

espiga *s. f.* Inflorescencia formada por un conjunto de flores o frutos dispuestos a lo largo de un tallo común.

espigar *v. tr.* **1.** Coger las espigas del rastrojo. || *v. prnl.* **2.** Crecer notablemente.

espigón *s. m.* **1.** Espiga áspera. **2.** Macizo construido a la orilla de un río o del mar.

espina *s. f.* **1.** Púa que nace del tejido de algunas plantas. **2.** Astilla pequeña. **3.** Pesar. **4.** Hueso de pez. **5.** Apófisis larga.

espinaca *s. f.* Planta hortense, con hojas radicales, estrechas y largas.

espinar *v. tr.* Punzar, herir con espinos. También intr. y prnl.

espinazo *s. m.* Columna vertebral.

espingarda *s. f.* **1.** Escopeta muy larga que usaban los moros. **2.** *fig.* Mujer alta, delgada, desgarbada.

espinilla *s. f.* **1.** Parte anterior de la canilla de la pierna. **2.** Especie de barrillo que brota en la piel.

espino *s. m.* Arbolillo espinoso con flores blancas y fruto pequeño y encarnado.

espiral *adj.* Línea curva que da vueltas alrededor de un punto, alejándose de él.

espirar *v. intr.* Respirar, tomar aliento; expeler el aire aspirado. También tr.

espiritar *v. tr.* **1.** Endemoniar. También prnl. **2.** *fig. y fam.* Agitar. También prnl.

espíritu *s. m.* **1.** Sustancia sutil que es considerada como principio de la vida. **2.** Ser inmaterial. **3.** Vivacidad, ingenio.

espiritualizar *v. tr.* Considerar como espiritual lo que de suyo es corpóreo.

espita *s. f.* Canuto que se coloca en la cuba para que salga por él el licor.

espléndido, da *adj.* **1.** Magnífico, ostentoso. **2.** Resplandeciente.

esplendor *s. m.* **1.** Resplandor. **2.** *fig.* Lustre, nobleza.

esplenio *s. m.* Músculo que une las vértebras cervicales con la cabeza.

espliego *s. m.* Mata muy aromática de flores azules en espiga.

espolear *v. tr.* **1.** Picar con la espuela a la cabalgadura. **2.** *fig.* Avivar, estimular.

espoleta *s. f.* Aparato de las bombas, granadas, etc., para dar fuego a su carga.

espolio *s. m.* Conjunto de bienes que quedan al morir el clérigo en posesión.

espolón *s. m.* **1.** Apófisis ósea que tienen algunas aves gallináceas. **2.** Malecón para contener las aguas.

espolvorear *v. tr.* Esparcir polvo.

espóndilo *s. m.* Vértebra.

esponja *s. f.* **1.** Cualquier animal del tipo de los espongiarios. **2.** Masa porosa formada por el esqueleto de los espongiarios, utilizada en varios usos domésticos.

esponjar *v. tr.* **1.** Hacer más poroso un cuerpo. || *v. prnl.* **2.** *fig.* Engreírse.

esponsales *s. m. pl.* **1.** Mutua promesa de casarse que se hacen el varón y la mujer.

espontáneo, a *adj.* **1.** Lo que procede de un impulso interior. **2.** Que se produce sin intervención del hombre.

espora *s. f.* Corpúsculo reproductor de las plantas criptógamas.

esporádico, ca *adj., fig.* Se dice de lo que es ocasional, suelto, aislado.

esposar *v. tr.* Sujetar a alguien con esposas.

esposo, sa *s. m. y s. f.* **1.** Persona casada. ‖ *s. f. pl.* **2.** Manillas de hierro con que se sujeta a los reos por las muñecas.

espuela *s. f.* Espiga de metal que se ajusta al calzado, para picar a la cabalgadura.

espuerta *s. f.* Especie de cesta de esparto, palma u otra materia, con dos asas.

espulgar *v. tr.* **1.** Limpiar de pulgas o piojos. También prnl. **2.** *fig.* Examinar.

espuma *s. f.* **1.** Conjunto de burbujas que se forman en la superficie de los líquidos. **2.** Tejido muy ligero.

espumadera *s. f.* Paleta circular llena de agujeros, para quitar la espuma.

espumar *v. tr.* **1.** Quitar la espuma. ‖ *v. intr.* **2.** Hacer espuma. **3.** *fig.* Crecer.

espúmeo, a *adj.* Relativo a la espuma.

espurio, ria *adj.* **1.** Bastardo. **2.** *fig.* Falso.

esputar *v. tr.* Arrojar por la boca flemas.

esputo *s. m.* Lo que se arroja de una vez en cada expectoración.

esqueje *s. m.* Tallo o cogollo que se introduce en tierra para multiplicar la planta.

esquela *s. f.* **1.** Carta breve. **2.** Comunicación impresa de algún suceso, sobre todo referida a la muerte de una persona.

esqueleto *s. m.* Armazón ósea del cuerpo del hombre o de un animal vertebrado.

esquema *s. m.* **1.** Representación gráfica y simbólica de cosas inmateriales. **2.** Representación de una cosa atendiendo sólo a sus líneas más salientes.

esquematizar *v. tr.* Representar una cosa en forma de esquema.

esquena *s. f.* **1.** Columna vertebral. **2.** Espina principal de los peces.

esquí *s. m.* Especie de patín de madera largo, usado para deslizarse sobre nieve.

esquiar *v. intr.* Deslizarse sobre la nieve o hielo con esquís.

esquife *s. m.* Barco pequeño que se lleva en el navío para saltar a tierra.

esquila *s. f.* Cencerro en forma de campana.

esquilar *v. tr.* Cortar con tijera el pelo, vellón o lana de un animal.

esquilmar *v. tr.* **1.** Coger el fruto de las haciendas, heredades y ganados. **2.** *fig.* Agotar una fuente de riqueza.

esquina *s. f.* Arista, ángulo saliente.

esquinar *v. tr.* **1.** Hacer o formar esquina. También intr. **2.** *fig.* Poner a mal.

esquirla *s. f.* Astilla desprendida de un hueso.

esquirol *s. m., desp.* Obrero que acude al trabajo en día de huelga.

esquisto *s. m.* Pizarra.

esquitar *v. tr.* Remitir, perdonar una deuda.

esquivar *v. tr.* **1.** Evitar, rehusar. ‖ *v. prnl.* **2.** Retraerse, excusarse, retirarse.

esquizofrenia *s. f.* Enfermedad mental que produce un debilitamiento de la afectividad.

estabilidad *s. f.* Permanencia, firmeza.

estabilizar *v. tr.* Dar estabilidad a algo.

establecer *v. tr.* **1.** Fundar, instituir. **2.** Ordenar, decretar. ‖ *v. prnl.* **3.** Fijar la residencia en alguna parte.

establecimiento *s. m.* **1.** Ley. **2.** Institución, fundación. **3.** Lugar donde se ejerce una industria o profesión.

establo *s. m.* Lugar cubierto en que se encierra ganado.

estabular *v. tr.* Criar el ganado en establos.

estaca *s. f.* **1.** Palo con punta en un extremo. **2.** Garrote.

estacar *v. tr.* **1.** Fijar una estaca. ǁ *v. prnl.* **2.** *fig.* Quedarse inmóvil y tieso.

estación *s. f.* **1.** Cada uno de los cuatro tiempos en que se divide el año. **2.** Sitio donde paran los trenes, autobuses, etc.

estacionamiento *s. m.* Lugar donde los vehículos pueden estacionarse.

estacionar *v. tr.* **1.** Situar en un lugar, asentar, colocar. También prnl. ǁ *v. prnl.* **2.** Quedarse estacionario, estancarse.

estacionario, ria *adj.* Se dice de lo que permanece en el mismo estado.

estadía *s. f.* Detención, estancia.

estadio *s. m.* **1.** Lugar público en que se celebran diversos deportes. **2.** Fase o etapa de un proceso en desarrollo.

estadística *s. f.* Ciencia cuyo objeto es clasificar y contar los hechos de un mismo orden, en un determinado territorio.

estado *s. m.* **1.** Situación en que se halla una persona o cosa. **2.** Sociedad organizada políticamente en un territorio determinado, con un poder soberano propio.

estafar *v. tr.* Robar o sacar dinero a alguien sirviéndose de artificios o engaños.

estafermo *s. m.* **1.** *fig.* Persona inactiva. **2.** *fig. y fam.* Persona de aspecto ridículo.

estafeta *s. f.* **1.** Correo ordinario que iba de un lugar a otro. **2.** Oficina del correo.

estafilococo *s. m.* Nombre de ciertas bacterias redondas, que se agrupan en racimo.

estalactita *s. f.* Concreción calcárea que cuelga del techo de algunas cavernas.

estalagmita *s. f.* Concreción formada sobre el suelo de una caverna.

estallar *v. intr.* **1.** Reventar de golpe. **2.** *fig.* Sobrevenir violentamente algo.

estambre *s. m.* Órgano sexual masculino de las plantas fanerógamas.

estamento *s. m.* **1.** Cada uno de los cuatro estados que tenían representación en las Cortes antiguas. **2.** Estrato de un grupo social, definido por su estilo de vida.

estameña *s. f.* Tejido de lana ordinario.

estampa *s. f.* **1.** Figura impresa. **2.** Figura total de una persona o animal.

estampado, da *adj.* Se dice de los tejidos con diferentes labores o dibujos.

estampar *v. tr.* **1.** Imprimir, sacar en estampa. También intr. **2.** *fam.* Arrojar a una persona o cosa haciéndola chocar.

estampido *s. m.* Ruido fuerte y seco como el producido por el disparo de un cañón.

estampilla *s. f.* **1.** Sello que contiene la firma de una persona. **2.** Sello con un letrero para estampar en los documentos.

estampillar *v. tr.* Marcar con estampilla.

estancar *v. tr.* Detener el curso de algo. También prnl.

estancia *s. f.* Mansión, habitación, asiento en un lugar.

estanco, ca *adj.* **1.** Herméticamente cerrado. ǁ *s. m.* **2.** Sitio donde se venden géneros estancados, en especial sellos, tabaco.

estándar *s. m.* Tipo, modelo, nivel.

estandarizar *v. tr.* Tipificar, ajustar a un tipo, modelo o norma.

estandarte *s. m.* **1.** Insignia, bandera. **2.** *fig.* Símbolo de una causa.

estanque *s. m.* Receptáculo de agua construido para proveer al riego, criar peces.

estante *s. m.* Armario con anaqueles y sin puertas para colocar libros, papeles, etc.

estantería *s. f.* Juego de estantes.

estañar *v. tr.* **1.** Cubrir con estaño. **2.** Soldar una cosa con estaño.

estaño *s. m.* Metal duro, dúctil y brillante, de estructura cristalina; cruje al doblarse.

estar *v. intr.* **1.** Existir, hallarse en un lugar, condición, etc. También prnl. **2.** Permanecer con cierta estabilidad en un lugar, condición, etc. También prnl. || *v. prnl.* **3.** Detenerse en algún sitio.

estarcir *v. tr.* Estampar dibujos pasando una brocha por una chapa en que están previamente recortados.

estatalizar *v. tr.* Poner una empresa o servicio privado en manos del Estado.

estática *s. f.* Parte de la mecánica que estudia las leyes del equilibrio.

estatocisto *s. m.* Cualquiera de los órganos del sentido del equilibrio.

estatua *s. f.* Figura de bulto labrada a imitación del natural.

estatuir *v. tr.* Establecer, determinar.

estatura *s. f.* Altura de una persona desde los pies a la cabeza.

estatus *s. m.* Posición social.

estatuto *s. m.* **1.** Regla que tiene fuerza de ley. **2.** Reglamento orgánico.

Este *n. p.* Oriente, levante.

este, ta, to *pron. dem.* Designa una persona o cosa que está cerca del hablante. También adj. en m. y f.

estearina *s. f.* Sustancia blanca y grasa usada para hacer velas.

esteba *s. f.* Hierba graminácea.

estegomía *s. f.* Mosquito transmisor de la fiebre amarilla.

estela[1] *s. f.* Rastro que deja tras sí un cuerpo que se mueve en el agua, o el que deja en el aire un cuerpo luminoso.

estela[2] *s. f.* Monumento conmemorativo que consta de una columna, piedra o lápida con relieves escultóricos.

estelar *adj.* **1.** Referente a las estrellas. **2.** Importante, principal.

estema[1] *s. m.* Cada uno de los ojos situados sobre la cabeza de algunos insectos.

estema[2] *s. m.* Árbol genealógico.

estenografía *s. f.* Taquigrafía.

estenosis *s. f.* Estrechamiento.

estenotipia *s. f.* Taquigrafía a máquina.

estentóreo, a *adj.* Muy fuerte o ruidoso, aplicado al acento o a la voz.

estepa[1] *s. f.* Erial llano y muy extenso.

estepa[2] *s. f.* Nombre de varios arbustos de la familia de las cistáceas.

estera *s. f.* Tejido grueso de esparto, juncos, palma, etc., que se utiliza para cubrir el suelo y otros usos semejantes.

estercolar *v. tr.* Echar estiércol.

estercolero *s. m.* Lugar donde se recoge y fermenta el estiércol.

estercóreo, a *adj.* Perteneciente a los excrementos.

estereofónico, ca *adj.* Se dice del sonido registrado simultáneamente desde dos o más puntos.

estereotipar *v. tr.* Fundir en una plancha una composición tipográfica.

estereotipia *s. f.* Arte de estereotipar.

estereotipo *s. m.* **1.** Idea simplificada y comúnmente aceptada que se tiene de alguien o algo. **2.** Plancha que se emplea en estereotipia.

estereotomía *s. f.* Arte de cortar piedras y maderas.

estéril *adj.* Que no da fruto o no produce.

esterilidad *s. f.* Enfermedad caracterizada por falta de la aptitud de fecundar en el macho y de concebir en la hembra.

esterilizar *v. tr.* **1.** Hacer estéril. También prnl. **2.** Destruir gérmenes patógenos.

esternocleidomastoideo s. m. Músculo de cuello que permite el giro o la inclinación lateral de la cabeza.

esternón s. m. Hueso plano de la parte anterior del tórax.

estertor s. m. Respiración anhelosa, con ronquido silbante, propio de la agonía.

esteta s. m. y s. f. Persona que adopta una actitud esteticista.

estética s. f. Ciencia que trata de la belleza y de la teoría del arte.

estetoscopio s. m. Instrumento que sirve para auscultar.

estezar v. tr. Curtir las pieles en seco.

estiaje s. m. **1.** Caudal mínimo de un río u otra corriente en épocas de sequía. **2.** Período que dura este nivel.

estibar v. tr. **1.** Apretar materiales o cosas sueltas para que ocupen el menor espacio posible. **2.** Colocar convenientemente todos los pesos de un buque.

estibina s. f. Sulfuro de antimonio.

estiércol s. m. **1.** Excremento de cualquier animal. **2.** Materias orgánicas podridas, que se destinan al abono de las tierras.

estigio, gia adj. Infernal, del infierno.

estigma s. m. **1.** Marca en el cuerpo, natural o impuesta. **2.** Señal de infamia.

estigmatizar v. tr. **1.** Marcar a alguien con hierro candente. **2.** fig. Afrentar, infamar.

estilar v. intr. Usar, acostumbrar. También tr.

estilete s. m. **1.** Púa o punzón. **2.** Puñal.

estilística s. f. Ciencia del estilo o de la expresión lingüística en general.

estilizar v. tr. Interpretar convecionalmente la forma de un objeto, haciendo más delicados y finos sus rasgos.

estilo s. m. **1.** Punzón que se usaba para escribir. **2.** Modo, manera, forma. **3.** Manera de escribir o hablar peculiar de un escritor u orador.

estilográfica s. f. Pluma con tinta que corre.

estima s. f. Consideración y aprecio.

estimar v. tr. **1.** Apreciar, evaluar las cosas. **2.** Juzgar, creer. **3.** Hacer aprecio y estimación. También prnl.

estimativa s. f. **1.** Facultad racional con que se hace juicio del aprecio que merecen las cosas. **2.** Instinto de los animales.

estimular v. tr. **1.** Aguijonear, picar, punzar. **2.** fig. Incitar a la ejecución de una cosa o avivar una actividad, función, etc.

estímulo s. m. Incitamiento para obrar.

estío s. m. Estación del año que comienza en el solsticio de verano y termina en el equinoccio de otoño.

estipendiar v. tr. Dar estipendio.

estipendio s. m. Paga dada a una persona por su trabajo y servicio.

estípite s. m. **1.** Pilastra en forma de pirámide truncada. **2.** Tallo largo y no ramificado de las plantas arbóreas.

estípula s. f. Apéndice foliáceo colocado en los lados del pecíolo.

estipulación s. f. **1.** Convenio verbal. **2.** Cláusula.

estipular v. tr. **1.** Hacer contrato verbal. **2.** Convenir, concertar, acordar.

estique s. m. Cincel para modelar barro.

estira s. f. Cuchilla que usan los zurradores.

estirar v. tr. **1.** Alargar una cosa, extendiéndola con fuerza para que dé de sí. También prnl. ǁ v. prnl. **2.** Desperezarse.

estirón s. m. Crecimiento rápido en altura.

estirpe s. f. **1.** Raíz y tronco de una familia. **2.** Descendencia de un sujeto.

estivación s. f. Adaptación orgánica al calor y sequedad propios del verano.

estofa *s. f.* **1.** Tela de labores, por lo común de seda. **2.** *fig.* Calidad, clase.

estofado *s. m.* Guiso de carne con otros condimentos, a fuego lento.

estofar[1] *v. tr.* **1.** Labrar una tela de manera que haga relieve. **2.** Dar de blanco a las esculturas que se han de dorar.

estofar[2] *v. tr.* Hacer estofados.

estoico, ca *adj., fig.* Que manifiesta indiferencia por el placer y dolor.

estola *s. f.* **1.** Vestidura amplia de griegos y romanos. **2.** Banda larga usada por los sacerdotes. **3.** Banda larga de piel.

estólido, da *adj.* Falto de razón y discurso.

estoma *s. m.* Cada una de las pequeñas aberturas de las hojas de los vegetales.

estomacal *adj.* Perteneciente al estómago.

estomagar *v. tr.* **1.** Empachar, afectar. **2.** *fam.* Causar fastidio o enfado.

estómago *s. m.* Víscera hueca, situada a continuación del esófago, en la que se hace la quimificación de los alimentos.

estomatología *s. f.* Tratado de las enfermedades de la boca.

estopa *s. f.* **1.** Parte basta del lino o cáñamo. **2.** Tela gruesa tejida la estopa.

estoque *s. m.* Espada angosta, con la cual sólo se puede herir de punta.

estor *s. m.* Cortinón o transparente que cubre el hueco de una puerta o balcón.

estoraque *s. m.* **1.** Árbol de la familia de las ebenáceas de cuyo tronco se obtiene un bálsamo oloroso. **2.** Este bálsamo.

estorbar *v. tr.* **1.** Poner obstáculo a la ejecución de alguna cosa. **2.** *fig.* Molestar.

estorbo *s. m.* Persona o cosa que estorba.

estornino *s. m.* Pájaro de cabeza pequeña con plumaje negro de reflejos verdes y morados y pintas blancas.

estornudar *v. intr.* Arrojar con estrépito por la nariz y la boca el aire inspirado.

estotro, tra *pron. dem.* Contracción de este, esta, esto y otro, otra. También adj.

estrabismo *s. m.* Defecto de la vista consistente en la desviación de la dirección normal de la mirada.

estrada *s. f.* Camino.

estrado *s. m.* **1.** Tarima sobre la cual se pone el trono real o la mesa presidencial. ‖ *s. m. pl.* **2.** Salas de tribunales donde los jueces oyen y sentencian los pleitos.

estrafalario, ria *adj.* **1.** Desaliñado. **2.** Extravagante. También s. m. y s. f.

estragar *v. tr.* **1.** Viciar, corromper. También prnl. **2.** Causar estrago.

estrago *s. m.* **1.** Daño hecho en guerra; matanza de gente. **2.** Daño, ruina.

estragón *s. m.* Hierba o mata, de hojas estrechas y cabezuelas pequeñas, que se usa como condimento.

estrambótico, ca *adj.* Extravagante.

estramonio *s. m.* Hierba con hojas grandes, anchas y dentadas, las cuales, secas, sirven como medicamento.

estrangulamiento *s. m.* Estrechamiento natural o artificial de un conducto.

estrangular *v. tr.* **1.** Ahogar oprimiendo el cuello. También prnl. **2.** Estrechar un conducto. También prnl.

estraperlo *s. m., fam.* Comercio ilegal de artículos intervenidos por el Estado.

estratagema *s. f.* **1.** Ardid de guerra, engaño. **2.** *fig.* Astucia, engaño artificioso.

estrategia *s. f.* Arte de dirigir las operaciones militares u otros asuntos.

estratificar *v. tr.* Formar estratos.

estrato *s. m.* **1.** Nube que se presenta en forma de faja en el horizonte. **2.** Masa de rocas sedimentarias, extendidas en sentido horizontal. **3.** Capa de una sociedad.

estratosfera *s. f.* Región de la atmósfera, superior a la troposfera.

estraza *s. f.* **1.** Trapo, pedazo o desecho de ropa basta. **2.** Papel muy áspero.

estrechar *v. tr.* **1.** Reducir a menor ancho o espacio una cosa. **2.** Presionar. ‖ *v. prnl.* **3.** Ceñirse, recogerse, apretarse.

estrechez *s. f.* **1.** Escasez de anchura. **2.** Falta de lo necesario para subsistir.

estrecho *s. m.* Paso angosto entre dos tierras que comunica un mar con otro.

estregar *v. tr.* Frotar. También prnl.

estrella *s. f.* **1.** Cada astro que brilla con luz propia en el firmamento. **2.** Persona que sobresale en su profesión. **3.** Sino.

estrellamar *s. f.* Equinodermo de figura de estrella, cubierto por una concha caliza.

estrellar *v. tr.* **1.** *fam.* Arrojar con violencia una cosa contra otra. También prnl. ‖ *v. prnl.* **2.** Quedar mal parado o matarse por efecto de un choque violento.

estremecer *v. tr.* **1.** Conmover, hacer temblar. **2.** *fig.* Ocasionar alteración o sobresalto en el ánimo. ‖ *v. prnl.* **3.** Temblar con movimiento agitado y repentino.

estrena *s. f.* Dádiva.

estrenar *v. tr.* **1.** Hacer uso por primera vez de una cosa. **2.** Representar un espectáculo por primera vez.

estrenuo, nua *adj.* Fuerte, ágil.

estreñir *v. tr.* Poner el vientre en mala disposición para evacuarse. También prnl.

estrépito *s. m.* **1.** Ruido considerable, estruendo. **2.** *fig.* Ostentación.

estreptomicina *s. f.* Sustancia elaborada por determinados organismos y usada contra la tuberculosis, etc.

estrés *s. m.* Situación de un individuo o de alguno de sus órganos que, por exigir de ellos un rendimiento muy superior al normal, los pone en peligro de enfermar.

estresar *v. tr.* **1.** Causar estrés. ‖ *v. prnl.* **2.** Sentir estrés.

estría *s. f.* Cada una de las rayas en hueco que suelen tener algunos cuerpos.

estriar *v. tr.* **1.** Formar estrías. ‖ *v. prnl.* **2.** Formar una cosa en sí surcos o canales.

estribación *s. f.* Ramal de montañas que se desprende de una cordillera.

estribar *v. intr.* **1.** Descansar el peso de una cosa en otra sólida y firme. **2.** *fig.* Fundarse, apoyarse.

estribillo *s. m.* Cláusula en verso con la que empiezan algunas composiciones líricas o que se repite después de cada estrofa.

estribo *s. m.* **1.** Pieza en que el jinete apoya el pie cuando va montado. **2.** Hueso del oído medio. **3.** Fundamento.

estribor *s. m.* Costado derecho del navío, mirando de popa a proa.

estricnina *s. f.* Alcaloide muy venenoso que se extrae de determinados vegetales.

estricto, ta *adj.* Estrecho, ajustado enteramente a la necesidad o a la ley.

estridencia *s. f.* **1.** Sonido agudo, desapacible y chirriante. **2.** Violencia de la expresión o de la acción.

estro *s. m.* **1.** Entusiasmo con que se inflaman los poetas al componer sus obras. **2.** Período de celo de los mamíferos.

estrofa *s. f.* Cada una de las partes de que constan algunas composiciones poéticas.

estrógeno *s. m.* Hormona que provoca el estro o celo de los mamíferos.

estroma *s. f.* Trama conjuntiva que sirve para el sostenimiento entre sus mallas de

ESTRONCIO - ETANOL

los elementos celulares o de las sustancias activas de algunas células.

estroncio s. m. Metal amarillo poco brillante, capaz de descomponer el agua a la temperatura ordinaria.

estropajo s. m. 1. Porción de esparto, que sirve principalmente para fregar. 2. Persona o cosa inútil. 3. Planta cuyo fruto desecado se usa como cepillo de aseo.

estropear v. tr. 1. Maltratar a una persona o cosa. También prnl. 2. fig. Echar a perder, malograr cualquier asunto.

estropicio s. m., fam. Destrozo.

estructura s. f. Distribución y orden de las partes del cuerpo, edificio, obra, etc.

estructurar v. tr. Distribuir, ordenar las partes de una obra o de un cuerpo.

estruendo s. m. 1. Ruido grande. 2. fig. Confusión, bullicio. 3. fig. Pompa.

estrujar v. tr. 1. Apretar una cosa para sacarle el zumo. 2. Apretar a alguien fuertemente. 3. fig. y fam. Agotar.

estuación s. f. Flujo o creciente del mar.

estuante adj. Demasiado caliente.

estuario s. m. Terreno próximo a la orilla de una ría, invadido por el mar.

estucar v. tr. Dar a una cosa con estuco o blanquearla con él.

estuchar v. tr. Recubrir con estuche.

estuche s. m. Caja o envoltura para guardar uno o varios objetos.

estuco s. m. 1. Masa de yeso blanco y agua de cola. 2. Pasta de cal y mármol pulverizado.

estudiante s. m. y s. f. Persona que está cursando estudios.

estudiar v. tr. 1. Ejercitar el entendimiento para comprender una cosa. 2. Cursar estudios en centros de enseñanza.

estudio s. m. 1. Aplicación, habilidad. 2. Obra con que un autor estudia una cuestión. 3. Sala donde se estudia o trabaja. 4. Lugar destinado a la impresión de películas o emisiones de radio y televisión.

estufa s. f. Hogar encerrado en una caja de metal o porcelana, usado para dar calor.

estulticia s. f. Necedad, tontería.

estuosidad s. f. Demasiado calor y enardecimiento.

estupefacción s. f. Pasmo o estupor.

estupefaciente s. m. 1. Sustancia narcótica que hace perder o amortigua la sensibilidad, como la morfina. 2. Droga.

estupendo, da adj. 1. Admirable, asombroso, pasmoso. 2. Muy bueno.

estupidez s. f. Torpeza notable en comprender las cosas.

estupor s. m. 1. Disminución de las funciones intelectuales. 2. Asombro, pasmo.

estuprar v. tr. Cometer estupro.

estupro s. m. Violación de un menor por un adulto, aprovechándose del abuso de confianza.

esturar v. tr. Asurar, socarrar.

esturión s. m. Pez de mar, comestible, de cuerpo alargado, de cuyas huevas se prepara el caviar y de su vejiga seca se obtiene una gelatina llamada cola de pescado.

esvástica s. f. Cruz gamada.

esviaje s. m. Oblicuidad de la superficie de un muro o del eje de una bóveda.

eta s. f. Nombre de la "e" larga del alfabeto griego.

etano s. m. Hidrocarburo formado por dos átomos de carbono y seis de hidrógeno.

etanol s. m. Hidrocarburo líquido, soluble en agua, usado como disolvente y componente principal de bebidas alcohólicas.

ETAPA - EUFRASIA

etapa *s. f.* **1.** Ración de comida que se da a la tropa en marcha. **2.** *fig.* Época o avance parcial en el desarrollo de una acción.

etcétera *s. f.* Voz que indica la continuación de cosas iguales. Se escribe generalmente con la abreviatura "etc.".

éter *s. m.* **1.** Cielo. **2.** Fluido hipotético invisible, imponderable y elástico que se supone llena todo el espacio. **3.** Cualquiera de los compuestos químicos que resultan de la sustitución del átomo de hidrógeno de un hidroxilo por un radical alcohólico.

etéreo, a *adj.* **1.** Relativo al cielo. **2.** Difícil de captar.

eternidad *s. f.* **1.** Perpetuidad, sin principio ni fin. **2.** *fig.* Duración dilatada de siglos y edades.

eternizar *v. tr.* **1.** Hacer durar una cosa demasiado. También prnl. || *v. prnl.* **2.** Tardar mucho, demorarse.

eterno, na *adj.* **1.** Que no tiene principio ni fin. **2.** Que dura por largo tiempo. **3.** Válido o existente en todos los tiempos.

ética *s. f.* Parte de la filosofía que estudia los juicios de valor cuando se aplican a la distinción entre el bien y el mal.

etileno *s. m.* Hidrocarburo gaseoso muy inflamable del cual se obtiene el etanol.

etílico *adj.* Se dice de cierto tipo de alcohol incoloro con sabor ardiente y fuerte olor; muy utilizado en la industria, especialmente en la fabricación de bebidas.

etilo *s. m.* Radical formado de carbono e hidrógeno.

etimología *s. f.* Origen de las palabras, razón de su existencia, de su significación y forma.

etiología *s. f.* Estudio sobre las causas de las cosas.

etiqueta *s. f.* **1.** Ceremonial que se debe observar en actos públicos solemnes. **2.** Trocito de papel o metal en que se suele escribir la marca, precio, etc., de un producto.

etiquetar *v. tr.* Colocar etiquetas.

etnia *s. f.* Pueblo o grupo de personas con unas características físicas y culturales comunes.

etnografía *s. f.* Ciencia que tiene por objeto el estudio y descripción de las razas o pueblos.

etnología *s. f.* Parte de la antropología que estudia las razas y los pueblos.

etología *s. f.* **1.** Estudio científico del carácter y modos de comportamiento del hombre. **2.** Parte de la biología que estudia el comportamiento de los animales.

etopeya *s. f.* Descripción del carácter, acciones y costumbres de una persona.

eubolia *s. f.* Virtud que ayuda a hablar convenientemente.

eucalipto *s. m.* Árbol de gran tamaño, de cuyas hojas se extrae un febrífugo y una tinta. La madera se usa en la construcción.

eucaristía *s. f.* Sacramento instituido por Jesucristo en la Última Cena.

eucrático, ca *adj.* Se dice del buen temperamento y complexión de un sujeto.

eufemismo *s. m.* Modo de expresar con suavidad o decoro ideas, cuya franca expresión sería dura o malsonante.

eufonía *s. f.* Sonoridad agradable.

euforia *s. f.* **1.** Estado normal de las funciones orgánicas. **2.** Sensación de bienestar.

eufrasia *s. f.* Hierba de pequeñas flores blancas, con rayas púrpuras y una mancha amarilla.

eugenesia *s. f.* Aplicación de las leyes biológicas de la herencia al perfeccionamiento de la especie humana.

eunuco *s. m.* Hombre castrado.

eureka *interj.* Se usa como expresión de alegría cuando se halla o descubre algo que se busca con afán.

euritmia *s. f.* Equilibrio en todas las partes de una obra de arte.

europeizar *v. tr.* Introducir en un pueblo la cultura de las naciones de Europa.

eutanasia *s. f.* Decisión voluntaria de un enfermo incurable de acortar su vida.

eutrapelia *s. f.* Virtud que modera las diversiones.

evacuar *v. tr.* **1.** Desocupar alguna cosa. **2.** Expeler humores o excrementos.

evadir *v. tr.* **1.** Evitar un peligro. También prnl. **2.** Sacar dinero de un país ilegalmente. || *v. prnl.* **3.** Fugarse, escaparse.

evaluar *v. tr.* **1.** Valorar. **2.** Estimar, apreciar el valor de las cosas no materiales.

evanescer *v. tr.* Desvanecer o esfumar.

evangelio *s. m.* Historia de la vida, doctrina y milagros de Jesucristo.

evangelizar *v. tr.* Predicar la fe de Jesucristo.

evaporar *v. tr.* **1.** Convertir en vapor. También prnl. **2.** *fig.* Disipar. También prnl. || *v. prnl.* **3.** *fig.* Fugarse.

evaporizar *v. tr.* Vaporizar. También intr. y prnl.

evasión *s. f.* **1.** Evasiva. **2.** Fuga, huida.

evasiva *s. f.* Recurso para eludir una dificultad.

evento *s. m.* Acontecimiento imprevisto.

eventualidad *s. f.* Hecho de realización incierta.

eversión *s. f.* Destrucción, ruina.

evidencia *s. f.* Certeza manifiesta y tan perceptible de algo que nadie puede racionalmente dudar de ella.

evidenciar *v. tr.* Hacer patente y manifiesta la verdad de una cosa.

evitar *v. tr.* **1.** Apartar algún daño; precaver, impedir que suceda. **2.** Huir de tratar a alguien, apartarse de su comunicación.

evo *s. m.* Duración de las cosas eternas.

evocar *v. tr.* **1.** Llamar a los espíritus y a los muertos. **2.** Traer algo a la memoria.

evolución *s. f.* **1.** Desarrollo gradual de las cosas y de los seres vivos independientemente de su propia voluntad. **2.** Desarrollo de las ideas o de las teorías.

evolucionar *v. intr.* **1.** Sufrir una evolución. **2.** Mudar de conducta o de actitud.

exabrupto *s. m.* Salida de tono.

exacción *s. f.* Cobro injusto y violento.

exacerbar *v. tr.* **1.** Causar un gran enfado. También prnl. **2.** Agravar o avivar una enfermedad, una pasión. También prnl.

exactitud *s. f.* Puntualidad y fidelidad en la ejecución de una cosa.

exageración *s. f.* Cosa que traspasa los límites de lo justo, verdadero o razonable.

exagerar *v. tr.* Encarecer, dar proporciones excesivas a una cosa.

exaltación *s. f.* Gloria que resulta de una acción notable.

exaltar *v. tr.* **1.** Elevar a una persona o cosa a mayor dignidad. || *v. prnl.* **2.** Dejarse arrebatar de una pasión sin moderación.

examen *s. m.* **1.** Indagación cuidadosa de cualidades y circunstancias. **2.** Prueba que se hace de la idoneidad de un sujeto.

examinar *v. tr.* **1.** Inquirir, investigar con diligencia una cosa. **2.** Probar o tantear la idoneidad de alguien. También prnl.

exangüe *adj.* **1.** Desangrado, falto de sangre. **2.** *fig.* Sin ningunas fuerzas.

exánime *adj.* **1.** Sin señales de vida. **2.** *fig.* Sumamente debilitado, desmayado.

exantema *s. m.* Erupción cutánea de color rojo, que aparece en enfermedades como el sarampión, la escarlatina, etc.

exasperar *v. tr.* **1.** Irritar una parte delicada. También prnl. **2.** *fig.* Dar motivo de gran enojo a alguien. También prnl.

excandecer *v. tr.* Irritar. También prnl.

excarcelar *v. tr.* Poner en libertad al preso por mandamiento judicial.

excavadora *s. f.* Máquina para excavar.

excavar *v. tr.* Hacer en el terreno hoyos, zanjas, desmontes, pozos o galerías.

excedente *adj.* **1.** Excesivo. **2.** Sobrante. **3.** Se dice del empleado público que temporalmente deja de ejercer cargo.

exceder *v. tr.* **1.** Ser una persona o cosa más grande o aventajada que otra. ‖ *v. intr.* **2.** Propasarse de lo lícito o razonable. Se usa más como prnl.

excelencia *s. f.* **1.** Superior calidad o bondad. **2.** Tratamiento de respeto y cortesía.

excelso, sa *adj.* **1.** Muy elevado, alto, eminente. **2.** *fig.* De singular excelencia.

excéntrico, ca *adj.* **1.** De carácter raro, extravagante. **2.** Que está fuera del centro.

excepción *s. f.* Cosa que se aparta de la regla general de las demás de su especie.

excepta *s. f.* Recopilación, extracto.

excepto *prep.* **1.** A excepción de, fuera de, menos. ‖ *conj. advers.* **2.** Y no, pero no, a no ser.

exceptuar *v. tr.* Excluir a una persona o cosa de la regla común. También prnl.

exceso *s. m.* **1.** Parte que excede de la medida o regla. **2.** Abuso, delito o crimen.

excitar *v. tr.* **1.** Mover, estimular. **2.** Provocar deseo sexual. ‖ *v. prnl.* **3.** Animarse por el enojo, la alegría, el deseo, etc.

exclamación *s. f.* Voz, grito o frase en que se refleja una emoción del ánimo.

exclamar *v. intr.* **1.** Emitir palabras con fuerza para expresar un vivo afecto. **2.** Proferir exclamaciones.

excluir *v. tr.* **1.** Echar a una persona o cosa fuera del lugar que ocupaba. **2.** Negar la posibilidad de alguna cosa. **3.** Separar.

exclusive *adv. m.* No tomar en cuenta el último número o elemento mencionado.

exclusivo, va *adj.* **1.** Único. ‖ *s. f.* **2.** Privilegio de hacer algo prohibido a los demás.

excombatiente *adj.* Se dice de la persona que peleó bajo alguna bandera militar.

excomulgar *v. tr.* Apartar de la comunión y del uso de los sacramentos.

excoriar *v. tr.* Corroer el cutis, quedando la carne descubierta. También prnl.

excrecencia *s. f.* Carnosidad que se cría en animales y plantas, alterando su textura y superficie natural.

excremento *s. m.* Residuos del alimento que, después de hecha la digestión, despide el cuerpo.

excrescencia *s. f.* Excrecencia.

excretar *v. intr.* **1.** Expeler el excremento. **2.** Expeler las sustancias elaboradas por las glándulas.

excretor, ra *adj.* Se dice del órgano que sirve para excretar.

exculpar *v. tr.* Descargar de culpa a alguien. También prnl.

excursión *s. f.* **1.** Correría. **2.** Ida a algún paraje para estudio, recreo o ejercicio.

excusa *s. f.* **1.** Motivo que se invoca para excusarse. **2.** Excepción o descargo.

excusado *s. m.* Lavabo.

excusar *v. tr.* Alegar razones para sacar libre a alguien de la culpa que se le imputa. También prnl.

execrar *v. tr.* **1.** Condenar y maldecir. **2.** Aborrecer. **3.** Reprobar severamente.

exedra *s. f.* Construcción descubierta, de planta semicircular, con asientos y respaldos fijos en la parte de la curva.

exégesis *s. f.* Explicación especialmente de los libros de la Sagrada Escritura.

exención *s. f.* Libertad que alguien goza para eximirse de alguna obligación.

exentar *v. tr.* Eximir. También prnl.

exento, ta *adj.* Libre.

exequias *s. f. pl.* Honras funerales.

exfoliación *s. f.* Pérdida o caída de la epidermis en forma de escamas.

exfoliar *v. tr.* Dividir una cosa en láminas o escamas. También prnl.

exhalación *s. f.* **1.** Estrella fugaz. **2.** Rayo, centella. **3.** Vapor o vaho.

exhalar *v. tr.* **1.** Despedir gases, vapores u olores. **2.** Lanzar quejas, suspiros, etc.

exhaustivo, va *adj.* Que agota o apura por completo.

exhausto, ta *adj.* Enteramente agotado.

exhibicionismo *s. m.* Prurito de exhibirse.

exhibir *v. tr.* Mostrar en público o ante quien corresponda. También prnl.

exhortación *s. f.* **1.** Palabras con que se exhorta. **2.** Plática familiar y breve.

exhortar *v. tr.* Inducir a alguien con palabras a que haga alguna cosa.

exhumar *v. tr.* **1.** Desenterrar un cadáver. **2.** *fig.* Traer a la memoria lo olvidado.

exigencia *s. f.* Pretensión desmedida.

exigir *v. tr.* **1.** Cobrar o sacar de alguien por autoridad pública dinero u otra cosa. **2.** *fig.* Pedir una cosa o algún requisito necesario para que se haga.

exiguo, gua *adj.* Insuficiente, escaso.

exiliar *v. tr.* **1.** Expulsar a alguien de su territorio. ‖ *v. prnl.* **2.** Expatriarse, generalmente por motivos políticos.

exilio *s. m.* **1.** Destierro. **2.** Expatriación.

eximio, mia *adj.* Muy excelente.

eximir *v. tr.* Libertar de una obligación, cargas, cuidados, etc. También prnl.

existencia *s. f.* **1.** Acto de existir. **2.** Vida del hombre. ‖ *s. f. pl.* **3.** Mercancías que no han tenido aún la salida o empleo a que están destinadas.

existir *v. intr.* **1.** Tener una cosa ser real. **2.** Tener vida. **3.** Haber, estar, hallarse.

éxito *s. m.* Resultado feliz de un negocio, actuación, etc.

éxodo *s. m., fig.* Emigración de un pueblo.

exonerar *v. tr.* **1.** Aliviar, descargar de peso u obligación. También prnl. **2.** Primar o destituir a alguien de su empleo.

exorbitante *adj.* Excesivo.

exorcismo *s. m.* Conjuro ordenado por la Iglesia contra el espíritu.

exorcizar *v. tr.* Usar de exorcismo contra el espíritu maligno.

exordio *s. m.* Introducción, preámbulo de una obra o discurso.

exotérico, ca *adj.* Común, vulgar.

exótico, ca *adj.* **1.** Extranjero, peregrino. **2.** Extraño, chocante, extravagante.

expandir *v. tr.* **1.** Extender, dilatar. También prnl. **2.** Difundir. También prnl.

expansión *s. f.* **1.** Dilatación, especialmente la de un gas o de un órgano. **2.** Desarrollo o difusión de una opinión.

expansionarse *v. prnl.* Desahogar.

expansivo, va *adj., fig.* Comunicativo.

expatriarse *v. prnl.* Abandonar alguien su patria. También tr.

expectación *s. f.* Intensidad con que se espera una cosa.

expectante *adj.* 1. Que espera observando. 2. Se dice del hecho de que se tiene conocimiento como venidero.

expectativa *s. f.* Esperanza o posibilidad de conseguir alguna cosa.

expectorar *v. tr.* Arrancar y arrojar por la boca las flemas y secreciones que se depositan en los órganos respiratorios.

expedición *s. f.* Excursión para realizar una empresa en punto distante.

expedientar *v. tr.* Someter a expediente a un funcionario.

expediente *s. m.* 1. Negocio que se sigue sin juicio contradictorio en los tribunales. 2. Conjunto de papeles relativos a un asunto.

expedir *v. tr.* 1. Dar curso a las causas y negocios. 2. Despachar, extender por escrito un documento. 3. Remitir, enviar.

expedito, ta *adj.* Desembarazado.

expeler *v. tr.* Arrojar, echar de alguna parte a una persona o cosa.

expender *v. tr.* 1. Gastar, hacer expensas. 2. Vender efectos de propiedad ajena por encargo de su dueño.

expendio *s. m.* Gasto, consumo.

expensas *s. f. pl.* Gastos, costas.

experiencia *s. f.* 1. Enseñanza que se adquiere con el uso. 2. Experimento.

experimentar *v. tr.* 1. Probar y examinar prácticamente una cosa. 2. Notar, sentir en sí un cambio. 3. Sufrir, padecer.

experto, ta *adj.* Hábil, experimentado.

expiar *v. tr.* Borrar las culpas por medio de algún sacrificio.

expirar *v. intr.* 1. Morir. 2. *fig.* Acabarse.

explanación *s. f.* Explicación.

explanada *s. f.* Espacio de terreno llano.

explanar *v. tr.* 1. Allanar. 2. Nivelar un terreno. 3. *fig.* Declarar, explicar.

explayar *v. tr.* 1. Ensanchar. También prnl. || *v. prnl.* 2. Difundirse. 3. Esparcirse.

explicación *s. f.* Manifestación o revelación de la causa de alguna cosa.

explicar *v. tr.* 1. Dar a conocer a otro lo que alguien piensa. También prnl. 2. Exponer una cosa de manera que se haga más perceptible. 3. Justificar.

explicitar *v. tr.* Hacer explícito.

explícito, ta *adj.* Que expresa clara y determinadamente una cosa.

explorar *v. tr.* Reconocer o averiguar con diligencias una cosa.

explosión *s. f.* Acción de reventar, con estruendo, un cuerpo continente, por la dilatación del cuerpo contenido.

explosionar *v. intr.* 1. Estallar. || *v. tr.* Hacer estallar.

explosivo, va *adj.* Que se incendia con explosión. También s. m.

explotación *s. f.* Conjunto de elementos destinados a una industria o granjería.

explotar *v. tr.* 1. Sacar utilidad de un negocio en provecho propio. 2. Estallar.

expoliar *v. tr.* Despojar con violencia o con iniquidad.

expolio *s. m.* 1. Botín del vencedor. 2. *fam.* Alboroto, bronca.

exponente *s. m.* Expresión algebraica que denota la potencia.

exponer *v. tr.* 1. Poner de manifiesto o a la vista. 2. Arriesgar. También prnl.

exportación *s. f.* Conjunto de mercaderías que se exportan.

EXPORTAR - EXTRADÓS

exportar *v. tr.* Enviar géneros del propio país a otro.

exposición *s. f.* **1.** Representación por escrito para pedir algo. **2.** Manifestación pública de productos de la tierra, etc.

expósito, ta *adj.* Se dice de la persona que, recién nacida, fue abandonada.

expositor, ra *s. m. y s. f.* **1.** Persona que expone. ‖ *s. m.* **2.** Mueble para exponer.

exprés *adj.* Rápido.

expresar *v. tr.* **1.** Manifestar con palabras. ‖ *v. prnl.* **2.** Darse a entender con palabras.

expresión *s. f.* **1.** Declaración de algo para darlo a entender. **2.** Palabra o locución. **3.** Efecto de expresar algo sin palabras.

expresivo, va *adj.* **1.** Característico, típico. **2.** Cariñoso, afectuoso.

expreso, sa *adj.* **1.** Claro, especificado. ‖ *adv. m.* **2.** Ex profeso, expresamente.

exprimidor *s. m.* Instrumento que se usa para sacar el zumo.

exprimir *v. tr.* **1.** Extraer el zumo de una cosa, apretándola. **2.** Estrujar, agotar una cosa. **3.** Expresar, manifestar.

expropiación *s. f.* Cosa expropiada.

expropiar *v. tr.* Desposeer de algo a su propietario, dándole una indemnización.

expuesto, ta *adj.* Peligroso.

expugnar *v. tr.* Tomar por fuerza de armas un puesto.

expulsar *v. tr.* Expeler, echar fuera.

expurgar *v. tr.* Limpiar o purificar.

exquisito, ta *adj.* De singular y extraordinaria invención, primor o gusto.

extasiarse *v. prnl.* Arrobarse, enajenarse.

éxtasis *s. m.* Estado del alma embargada por un sentimiento de alegría.

extemporáneo, a *adj.* **1.** Impropio del tiempo. **2.** Inoportuno, inconveniente.

extender *v. tr.* **1.** Hacer que algo ocupe más espacio. También *prnl.* **2.** Esparcir. ‖ *v. prnl.* **3.** Dilatarse en una explicación. **4.** Propagarse.

extensión *s. f.* Propiedad de los cuerpos de ocupar un espacio.

extenuar *v. tr.* Enflaquecer, debilitar. También *prnl.*

exterior *adj.* Que está por la parte de afuera.

exteriorizar *v. tr.* Hacer patente, mostrar algo al exterior.

exterminar *v. tr.* **1.** Acabar del todo con algo. **2.** Desolar por fuerza de armas.

externo, na *adj.* Se dice de lo que obra o se manifiesta al exterior.

extinguir *v. tr.* **1.** Hacer que cese el fuego o la luz. También *prnl.* **2.** Hacer que cesen ciertas cosas. También *prnl.*

extintor *s. m.* Aparato para extinguir incendios.

extirpar *v. tr.* **1.** Arrancar de raíz o de cuajo. **2.** *fig.* Acabar del todo con una cosa.

extorsión *s. f.* Cualquier daño o perjuicio.

extorsionar *v. tr.* **1.** Usurpar, arrebatar. **2.** Causar extorsión o daño.

extra *adj.* **1.** Óptimo. ‖ *s. m.* **2.** Plus. **3.** Persona que presta un servicio accidental.

extractar *v. tr.* Resumir. **2.** Sacar de algo una sustancia más concentrada.

extracto *s. m.* **1.** Resumen. **2.** Sustancia obtenida por evaporación de una disolución de sustancias vegetales o animales.

extradición *s. f.* Entrega del reo refugiado en un país a las autoridades de otro.

extraditar *v. tr.* Conceder un país la extradición de la persona reclamada por otro.

extradós *s. m.* Superficie convexa o exterior de una bóveda.

extraer *v. tr.* **1.** Sacar, poner una cosa fuera de donde estaba. **2.** Averiguar cuáles son las raíces de una cantidad dada.

extrajudicial *adj.* Que se hace o trata fuera de la vía judicial.

extralimitarse *v. prnl., fig.* Excederse en el uso de atribuciones. También tr.

extramuros *adv. l.* Fuera del recinto de una población.

extranjería *s. f.* Conjunto de normas sobre la condición de los extranjeros.

extranjerismo *s. m.* Voz o giro de un idioma extranjero empleado en español.

extranjerizar *v. tr.* Introducir costumbres extranjeras. También prnl.

extranjero, ra *adj.* **1.** Natural de una nación con respecto a los de cualquier otra. || *s. m.* **2.** Toda nación que no es la propia.

extrañar *v. tr.* **1.** Desterrar a país extranjero. **2.** Ver u oír con extrañeza. También prnl. **3.** Echar de menos. También prnl.

extraño, ña *adj.* **1.** De nación, familia o profesión distinta. **2.** Raro, singular.

extraordinario, ria *adj.* Fuera del orden o regla natural o común.

extrapolar *v. intr.* Aplicar a casos inciertos conclusiones constatadas en casos determinados.

extrarradio *s. m.* Circunscripción administrativa fuera del radio de una población.

extraterrestre *adj.* De otro planeta.

extraterritorial *adj.* Fuera del territorio de una jurisdicción.

extrauterino, na *adj.* Que está situado u ocurre fuera del útero.

extravagante *adj.* Que se hace o dice fuera del orden o modo común de obrar.

extravasarse *v. prnl.* Salirse un líquido de su vaso.

extravenar *v. tr.* **1.** Hacer salir la sangre de las venas. **2.** *fig.* Desviar.

extravertido, da *adj.* Se dice del que tiende a relacionarse con los demás.

extraviado, da *adj.* **1.** De costumbres desordenadas. **2.** Poco transitado, alejado.

extraviar *v. tr.* **1.** Hacer perder el camino. || *v. prnl.* **2.** Perderse. **3.** Errar.

extravío *s. m., fig.* Desorden en las costumbres. **2.** *fam.* Molestia, perjuicio.

extremar *v. tr.* **1.** Llevar una cosa al extremo. || *v. prnl.* **2.** Emplear alguien todo esmero en la ejecución de una cosa.

extremaunción *s. f.* Uno de los sacramentos de la Iglesia, que consiste en la unción con óleo sagrado a los fieles que se hallan en peligro inminente de morir.

extremidad *s. f.* **1.** Parte extrema o última de una cosa. || *s. f. pl.* **2.** Cabeza, brazos, piernas, etc., de animales y humanos.

extremista *adj.* Partidario de ideas extremas o exageradas. También s. m. y s. f.

extremo, ma *adj.* **1.** Último. **2.** *fig.* Se dice de lo más intenso o activo de una cosa. || *s. m.* **3.** Parte primera o última.

extrínseco, ca *adj.* Externo, no especial.

exuberancia *s. f.* Abundancia suma; plenitud y copia excesiva.

exudar *v. intr.* Salir un líquido fuera de sus continentes propios. También tr.

exultar *v. intr.* Saltar de alegría, transportarse de gozo.

exvoto *s. m.* Ofrenda dedicada a Dios, a la Virgen o a los Santos por un beneficio.

eyacular *v. tr.* **1.** Lanzar con rapidez y fuerza el contenido de un órgano, cavidad o depósito. **2.** Expulsar el semen.

eyectar *v. tr.* Impulsar con fuerza hacia afuera.

F

f *s. f.* Sexta letra del abecedario español y cuarta de sus consonantes.

fa *s. m.* Cuarta nota de la escala musical.

fabla *s. f.* Imitación convencional y literaria del español antiguo.

fábrica *s. f.* Lugar provisto de maquinaria e instalaciones adecuadas para producir determinados productos u objetos.

fabricante *s. m. y s. f.* Dueño de una fábrica.

fabricar *v. tr.* Producir una cosa por medios mecánicos y, generalmente, en serie.

fabril *adj.* Perteneciente o relativo a las fábricas o a sus operarios.

fábula *s. f.* **1.** Relato o representación falsa, inverosímil. **2.** Composición literaria que contiene una enseñanza moral, y cuyos personajes son seres irracionales, inanimados o abstractos personificados.

fabuloso, sa *adj.* **1.** Falso, de pura invención. **2.** Muy bueno, excesivo, increíble.

faca *s. f.* Cuchillo corvo.

facción *s. f.* **1.** Grupo de personas amotinadas. **2.** Grupo o partido que actúa con violencia. ‖ *s. f. pl.* **3.** Rasgos del rostro de una persona.

faceta *s. f.* **1.** Cara pequeña de un poliedro. **2.** Aspecto de un asunto.

facha *s. f., fam.* Traza, figura, aspecto.

fachada *s. f.* **1.** Parte exterior principal de un edificio. **2.** *fig. y fam.* Presencia.

fachenda *s. f.* Jactancia, vanidad.

fachendear *v. intr., fam.* Hacer ostentación vanidosa.

fachoso, sa *adj., fam.* De mala facha.

facial *adj.* Relativo al rostro.

fácil *adj.* **1.** Que se puede hacer sin mucho trabajo. **2.** Que puede suceder con mucha probabilidad.

facilitar *v. tr.* **1.** Hacer fácil o posible una cosa. **2.** Proporcionar o entregar.

facineroso, sa *s.m. y s.f.* Persona malvada, de condición perversa.

facistol *s. m.* Atril grande de las iglesias.

facsímil *s. m.* Perfecta imitación de una firma, escrito, dibujo, etc.

factible *adj.* Que se puede hacer.

fáctico, ca *adj.* **1.** Perteneciente o relativo a los hechos. **2.** Basado en hechos.

factor *s. m.* **1.** Lo que es causa de algo o circunstancia que lo determina. **2.** Cada una de las cantidades que se multiplican entre sí para formar un producto.

factoría *s. f.* Fábrica o complejo industrial.

factótum *s. m., fam.* Persona que desempeña en una casa, oficina, etc., todos los menesteres.

factura *s. f.* Cuenta detallada de los objetos o artículos de una venta.

facturar *v. tr.* **1.** Extender las facturas. **2.** Registrar en las estaciones de ferrocarril, aeropuerto, etc., equipajes o mercancías para que sean remitidos a su destino.

facultad *s. f.* **1.** Aptitud física o moral. **2.** Poder, derecho para hacer algo. **3.** Cada una de las grandes secciones en que se divide una universidad.

facultar *v. tr.* Conceder facultades a alguien para hacer algo.

facultativo, va *adj.* **1.** Potestativo, voluntario. ‖ *s. m. y s. f.* **2.** Médico o cirujano.

facundia *s. f.* Facilidad de palabra.

facundo, da *adj.* Que tiene facilidad de palabra.

faena *s. f.* **1.** Trabajo. **2.** *fig.* Quehacer. Se usa más en pl. **3.** *fam.* Trastada.

faenar *v. intr.* Hacer los trabajos de la pesca marina o las labores agrícolas.

fagot *s. m.* Instrumento musical de viento, de la familia del oboe.

faisán *s. m.* Ave galliforme, cuya carne es muy apreciada.

faja *s. f.* **1.** Tira de tela con que se rodea al cuerpo por la cintura. **2.** Prenda interior elástica que comprime el abdomen. **3.** Lista mucho más larga que ancha.

fajar *v. tr.* Ceñir cierta parte del cuerpo con una faja. También prnl.

fajero *s. m.* Faja de punto que se pone a los bebés.

fajín *s. m.* Ceñidor usado como distintivo por los generales y ciertos funcionarios.

fajina *s. f.* Conjunto de haces de mies.

fajo *s. m.* Haz o atado.

falacia *s. f.* Engaño o mentira.

falange *s. f.* **1.** Cuerpo de infantería del antiguo ejército griego. **2.** *fig.* Cada uno de los huesos de los dedos.

falárica *s. f.* Antigua lanza arrojadiza.

falaz *adj.* Que tiene el vicio de la falacia.

falbalá *s. m.* **1.** Pieza casi cuadrada que se ponía en la falsilla de la casaca. **2.** Faralá.

falcado, da *adj.* De curvatura semejante a la de la hoz.

falce *s. f.* Hoz o cuchillo corvo.

falconete *s. m.* Antigua pieza de artillería.

falda *s. f.* **1.** Prenda de vestir o parte del vestido femenino que, con más o menos vuelo, cae desde la cintura hacia abajo. **2.** Parte inferior de un monte.

faldear *v. tr.* Caminar por la falda de una montaña.

faldellín *s. m.* **1.** Falda corta. **2.** Refajo.

faldillas *s. f. pl.* En ciertos trajes, partes que cuelgan de la cintura abajo.

faldistorio *s. m.* Asiento destinado a los obispos en algunas funciones pontificales.

faldón *s. m.* **1.** Falda suelta al aire. **2.** Parte inferior de alguna ropa, colgadura, etc.

falena *s. f.* Mariposa nocturna, cuyas orugas pueden camuflarse imitando el aspecto de las ramas de los árboles.

falible *adj.* **1.** Que puede engañarse o engañar. **2.** Que puede faltar o fallar.

falla *s. f.* Quiebra que los movimientos geológicos han producido en un terreno.

fallar[1] *v. tr.* Decidir, determinar la autoridad competente un litigio, concurso, etc.

fallar[2] *v. intr.* Frustrarse o no salir como se esperaba una cosa.

falleba *s. f.* Varilla giratoria para cerrar ventanas o puertas de dos hojas.

fallecer *v. intr.* Morir.

fallido, da *adj.* Frustrado, sin efecto.

fallir *v. intr.* **1.** Faltar o acabarse algo. **2.** Equivocar, no acertar.

fallo[1] *s. m.* **1.** Sentencia definitiva del juez. **2.** Decisión tomada por persona competente sobre un asunto disputado.

fallo[2] *s. m.* **1.** Falta de un palo en el juego de cartas. **2.** Equivocación, error.

falsear *v. tr.* Adulterar algo haciéndolo disconforme con la verdad.

falsedad *s. f.* **1.** Falta de verdad o autenticidad. **2.** Falta de conformidad entre las palabras, las ideas y las cosas.

falsete *s. m.* Voz más aguda que la natural.

falsía *s. f.* Falsedad, deslealtad, doblez.

falsificación *s. f.* Delito de falsedad que se comete en un documento, moneda, etc.

falsificar *v. tr.* Falsear, contrahacer.

falsilla *s. f.* Hoja de papel con líneas muy señaladas, que se pone debajo de otro para que sirva de guía.

falso, sa *adj.* **1.** Engañoso, fingido. **2.** Contrario a la verdad. **3.** Se dice de la moneda hecha a imitación de la legítima.

falta *s. f.* **1.** Defecto o privación de una cosa necesaria o útil. **2.** Equivocación. **3.** Acto contrario al deber u obligación.

faltar *v. intr.* **1.** Estar ausente una persona o cosa de un determinado lugar. **2.** No existir una cualidad o circunstancia en lo que debiera tenerla.

falto, ta *adj.* **1.** Defectuoso o necesitado de alguna cosa. **2.** Escaso, apocado.

faltriquera *s. f.* Bolsillo de las prendas de vestir.

falúa *s. f.* Embarcación menor con carroza.

fama *s. f.* **1.** Noticia o voz común de una cosa. **2.** Opinión que se tiene acerca de una persona. **3.** Celebridad, gloria.

famélico, ca *adj.* Hambriento.

familia *s. f.* **1.** Gente que vive en una casa bajo la autoridad del señor de ella. **2.** Conjunto de personas de la misma sangre. **3.** Parentela inmediata de alguien.

familiar *adj.* **1.** Se dice del trato sencillo y sin ceremonia. **2.** Se aplica al lenguaje, tono, etc., corriente y natural. ‖ *s. m.* **3.** Cada uno de los miembros de una familia.

familiaridad *s. f.* Sencillez y confianza en el trato.

familiarizar *v. tr.* **1.** Hacer familiar o común una cosa. ‖ *v. prnl.* **2.** Introducirse y acomodarse al trato familiar de alguien. **3.** Adaptarse, acostumbrarse a algo.

famoso, sa *adj.* **1.** Que tiene fama. **2.** *fam.* Bueno, excelente en su especie.

fan *s. m. y s. f.* Admirador.

fanal *s. m.* Farol grande colocado en las torres de los puertos para que su luz sirva de señal nocturna.

fanático, ca *adj.* Que defiende con apasionamiento creencias u opiniones religiosas o políticas.

fanatizar *v. tr.* Volver fanático a alguien.

fandango *s. m.* Baile popular español con acompañamiento de guitarra y castañuelas.

fanega *s. f.* **1.** Medida de capacidad para áridos. **2.** Porción de grano, legumbres, etc., que cabe en una fanega.

fanfarria *s. f.* Baladronada, bravata.

fanfarrón, na *adj.* Que hace alarde de lo que no es, y en especial de valiente.

fanfarronear *v. intr.* Hablar con arrogancia echando fanfarronadas.

fangal *s. m.* Terreno lleno de fango.

fango *s. m.* Lodo que se forma en los lugares donde hay agua estancada.

fangoso, sa *adj.* Lleno de fango.

fantasear *v. intr.* Dejar correr la fantasía o imaginación.

fantasía *s. f.* Facultad anímica de reproducir con imágenes las cosas pasadas, de dar forma sensible a las ideales o de idealizar las reales.

fantasmagoría *s. f.* Arte de representar figuras por medio de una ilusión óptica.

fantasmón, na *adj., fam.* Presuntuoso.

fantástico, ca *adj.* **1.** Quimérico, sin realidad. **2.** *fam.* Maravilloso, excelente.

fantoche *s. m.* **1.** Títere. **2.** Persona de aspecto ridículo. **3.** Persona presumida.

faquir *s. m.* Asceta hindú de religión musulmana que vive de la caridad pública y practica severos actos de mortificación.

faraday *s. m.* Nombre del faradio en la nomenclatura internacional.

faradio *s. m.* Unidad de capacidad eléctrica en el sistema MKS.

faralá s. m. Volante que adorna la parte inferior de un vestido, cortina, etc.

farallón s. m. Roca alta y tajada.

faramalla s. f. Charla engañosa.

farándula s. f. **1.** Profesión de los comediantes y ambiente relacionado con ellos. **2.** Compañía de cómicos ambulantes.

farandulero, ra s. m. y s. f. Persona que recitaba comedias.

faraón s. m. Soberano del antiguo Egipto.

faraute s. m. **1.** Mensajero, heraldo. **2.** Rey de armas de segunda clase.

fardaje s. m. Conjunto de fardos.

fardar v. tr. **1.** Abastecer a alguien, especialmente de ropa. ‖ v. intr. **2.** *fig.* y *fam.* Presumir, alardear.

fardel s. m. **1.** Saco o talega de los pastores y caminantes. **2.** Fardo.

fardo s. m. Lío grande de ropa u otra cosa, muy apretado.

fárfara s. f. Planta herbácea compuesta, con hojas tomentosas por el envés y flores amarillas.

farfullar v. tr., *fam.* Decir o hacer algo de prisa y atropelladamente.

farináceo, a adj. Parecido a la harina.

faringe s. f. Conducto muscular membranoso que se extiende desde el velo del paladar hasta el esófago.

faringitis s. f. Inflamación de la faringe.

fariseo s. m., *fig.* Persona hipócrita.

farmacéutico, ca s. m. y s. f. Persona licenciada en farmacia.

farmacia s. f. **1.** Ciencia que enseña el conjunto de conocimientos necesarios para la preparación de los medicamentos y las sustancias que los integran. **2.** Establecimiento dedicado a la venta y preparación de productos farmacéuticos.

fármaco s. m. Medicamento.

farmacopea s. f. Libro que trata de las sustancias medicinales más corrientes y del modo de prepararlas y combinarlas.

faro s. m. **1.** Torre alta en las costas y puertos, con luz en su parte superior, para que sirva de señal y guía a los navegantes. **2.** Cada uno de los focos delanteros de un automóvil.

farol s. m. **1.** Caja con una o más caras de vidrio o de otra materia transparente dentro de la cual va una luz. **2.** Fanfarronada, hecho o dicho presuntuoso.

farola s. f. Farol grande para el alumbrado público.

farolear v. intr., *fam.* Fanfarronear.

farolillo s. m. Farol de papel de vistosos colores que se pone como adorno en verbenas y fiestas.

fárrago s. m. Conjunto de cosas o ideas superfluas, confusas y mal ordenadas.

farruco, ca adj. **1.** *fam.* Valiente, impávido. **2.** *fam.* Impertinente, desafiante.

farsa s. f. Pieza cómica breve.

farsante, ta adj., *fam.* Se dice de la persona hipócrita que finge lo que siente.

fasces s. f. pl. Insignia del cónsul romano.

fascículo s. m. **1.** Entrega, cuaderno. **2.** Haz de fibras musculares o nerviosas.

fascinar v. tr. **1.** *fig.* Engañar, alucinar. **2.** *fig.* Atraer irrefrenablemente.

fase s. f. **1.** Cada uno de los aspectos sucesivos con que se dejan ver la Luna y algunos planetas. **2.** *fig.* Cada uno de los aspectos que presenta un fenómeno natural o un asunto.

fastidiar v. tr. **1.** Causar hastío una cosa. **2.** *fig.* Enfadar, ser molesto. **3.** *fig.* Perjudicar.

fastidio s. m. Disgusto, molestia.
fasto, ta adj. **1.** Memorable, venturoso. ‖ s. m. **2.** Fausto.
fastuoso, sa adj. Ostentoso.
fatal adj. **1.** Desgraciado, infeliz. **2.** Malo. **3.** Con valor de adverbio, pésimamente.
fatalidad s. f. Desgracia, infelicidad.
fatídico, ca adj. Que vaticina el porvenir, anunciando generalmente desgracias.
fatiga s. f. Agitación, cansancio.
fatigar v. tr. **1.** Causar fatiga. También prnl. **2.** Vejar, molestar.
fatigoso, sa adj. **1.** Fatigado, agitado. **2.** Que causa fatiga.
fatuidad s. f. **1.** Falta de razón o de entendimiento. **2.** Dicho o hecho necio. **3.** Presunción, vanidad ridícula.
fatuo, tua adj. **1.** Falto de entendimiento. **2.** Lleno de presunción ridícula.
fauces s. f. pl. Parte posterior de la boca de los mamíferos.
fauna s. f. Conjunto de los animales de un país o región.
fausto, ta adj. Feliz, afortunado.
fautor, ra s. m. y s. f. Persona que favorece y ayuda a otra.
favor s. m. **1.** Ayuda, protección que se concede a alguien. **2.** Honra, beneficio.
favorable adj. **1.** Que favorece. **2.** Propicio, apacible, benévolo.
favorecer v. tr. **1.** Ayudar, socorrer a alguien. **2.** Apoyar un intento, empresa u opinión. **3.** Dar o hacer trato de favor.
favoritismo s. m. Preferencia que se da al favor sobre el mérito.
favorito, ta adj. **1.** Que es con preferencia estimado. **2.** Considerado probable ganador de una competición.
fax s. m. Telefax.

faz s. f. **1.** Rostro o cara. **2.** Vista o lado de una cosa. **3.** Anverso de las monedas.
fe s. f. Conjunto de creencias que tiene una persona o un grupo de personas.
febrero s. m. Segundo mes del año.
febrífugo, ga adj. Que quita las calenturas.
febril adj. **1.** Perteneciente o relativo a la fiebre. **2.** fig. Ardoroso, desasosegado.
fecal adj. Relativo al excremento intestinal.
fecha s. f. **1.** Indicación del tiempo y del lugar en que se hace u ocurre algo. **2.** Tiempo o momento actual.
fechar v. tr. **1.** Poner fecha a un escrito. **2.** Datar un documento, suceso, etc.
fechoría s. f. Acción mala.
fécula s. f. Sustancia blanca que se extrae de las semillas y raíces de varias plantas.
fecundar v. tr. **1.** Hacer fecunda o productiva una cosa. **2.** Unirse el elemento reproductor masculino al femenino para dar origen a un nuevo ser.
fecundizar v. tr. Fecundar.
federar v. tr. Hacer alianza, liga, unión o pacto entre varios. También prnl.
fehaciente adj. Que es fidedigno.
feldespato s. m. Silicato de alúmina con uno, dos o más metales alcalinos, potasio, sodio o calcio.
felicidad s. f. Dicha, satisfacción.
felicitación s. f. Tarjeta o nota con que se felicita a alguien.
felicitar v. tr. **1.** Manifestar a una persona satisfacción con motivo de algún suceso feliz para ella. **2.** Expresar el deseo de que una persona sea feliz.
feligrés, sa s. m. y s. f. Persona que pertenece a cierta parroquia.
feligresía s. f. **1.** Conjunto de feligreses de una parroquia. **2.** Parroquia rural.

FELINO - FERTILIZANTE

felino, na *adj.* Relativo al gato.

feliz *adj.* **1.** Que tiene o goza de felicidad. **2.** Que ocasiona felicidad.

felón, na *adj.* Que comete felonía.

felonía *s. f.* Deslealtad, traición.

felpa *s. f.* Tejido que tiene pelo por el haz.

felpudo *s. m.* Estera gruesa y afelpada, que se usa a la entrada de las casas como limpiabarros.

femenino, na *adj.* Propio de la mujer.

fementido, da *adj.* **1.** Falto de fe y palabra. **2.** Engañoso, tratándose de cosas.

fémina *s. f.* Mujer.

femoral *adj.* Perteneciente o relativo al fémur o al muslo.

fémur *s. m.* Hueso del muslo.

fenecer *v. tr.* **1.** Poner fin a una cosa. || *v. intr.* **2.** Morir. **3.** Acabarse algo.

fénix *s. m.* Ave fabulosa, que se decía era única y renacía de sus cenizas.

fenol *s. m.* Nombre genérico que se da a los alcoholes de la serie cíclica o aromática de la química orgánica.

fenomenal *adj.* **1.** *fam.* Muy grande. **2.** *fig.* Estupendo || *adv. m.* **3.** Estupendamente.

fenómeno *s. m.* **1.** Toda manifestación del orden material o espiritual. **2.** Cosa extraordinaria y sorprendente.

feo, a *adj.* **1.** Que carece de belleza. **2.** *fig.* Que causa aversión. || *s. m.* **3.** Desaire.

feracidad *s. f.* Fertilidad de los campos.

feraz *adj.* Fértil, copioso de frutos.

féretro *s. m.* Caja mortuoria.

feria *s. f.* **1.** Mercado en lugar público. **2.** Conjunto de casetas de carácter recreativo que se instalan en una población con motivo de sus fiestas.

ferial *s. m.* Feria, mercado público.

fermentar *v. intr.* Transformarse un cuerpo orgánico por la acción de otro que, en contacto con él, no se modifica.

fermento *s. m.* **1.** Cuerpo orgánico que hace fermentar a otro. **2.** *fig.* Causa o motivo de alteración entre la gente.

ferocidad *s. f.* Fiereza, crueldad.

feroz *adj.* **1.** Que obra con ferocidad. **2.** Que denota ferocidad.

férreo, a *adj.* **1.** De hierro o que tiene sus propiedades. **2.** *fig.* Duro, tenaz.

ferreruelo *s. m.* Capa corta con sólo cuello y sin capilla.

ferretear *v. tr.* Labrar con hierro.

ferretería *s. f.* Establecimiento comercial donde se venden objetos de hierro e instrumentos para bricolaje.

férrico, ca *adj.* Se aplica a las combinaciones del hierro.

ferrocarril *s. m.* **1.** Vía de dos carriles paralelos. **2.** Tren.

ferroso, sa *adj.* Se dice de los compuestos de hierro en que éste funciona con doble valencia.

ferroviario, ria *s. m. y s. f.* Empleado de ferrocarriles.

ferrugiento, ta *adj.* De hierro o con alguna de sus cualidades.

ferruginoso, sa *adj.* Se dice del mineral que contiene hierro.

ferry *s. m.* Embarcación empleada para transportar personas, vehículos y trenes de una orilla a otra de un río o canal.

fértil *adj.* **1.** Se aplica a la tierra que produce mucho. **2.** Aplicado a un ser vivo, que puede reproducirse.

fertilizante *s. m.* Compuesto nitrogenado fabricado artificialmente para fertilizar la tierra.

fertilizar *v. tr.* Abonar la tierra para que produzca abundantes frutos.

férula *s. f.* Tablilla flexible y resistente empleada en el tratamiento de las fracturas.

férvido, da *adj.* Que arde o causa ardor.

fervor *s. m.* **1.** Calor intenso. **2.** *fig.* Celo ardiente y afecto hacia cosas o personas, y en especial hacia materias religiosas.

festejar *v. tr.* **1.** Celebrar algo con una fiesta. **2.** Hacer festejos en obsequio de alguien.

festejos *s. m. pl.* Regocijos públicos o fiestas tradicionales.

festín *s. m.* **1.** Festejo particular. **2.** Banquete espléndido.

festival *s. m.* Fiesta, especialmente musical.

festividad *s. f.* **1.** Fiesta o solemnidad con que se celebra una cosa. **2.** Día festivo.

festivo, va *adj.* **1.** Chistoso, agudo. **2.** Alegre, regocijado. **3.** Solemne.

festón *s. m.* Bordado, dibujo u otro adorno en forma de ondas.

festonear *v. tr.* Adornar con festón.

fetal *adj.* Perteneciente o relativo al feto.

fetiche *s. m.* **1.** Ídolo u objeto de culto supersticioso en pueblos primitivos. **2.** Objeto ritualizado para una persona.

fetidez *s. f.* Hediondez, hedor.

fétido, da *adj.* Hediondo.

feto *s. m.* Embrión de los mamíferos placentarios y marsupiales desde que se implanta en el útero hasta su nacimiento.

feudal *adj.* Relativo al feudo.

feudo *s. m.* Contrato por el cual se concedían a una persona tierras o rentas, obligándose el que las recibía a guardar fidelidad de vasallo.

fez *s. m.* Gorro de fieltro rojo y de figura de cubilete, propio de turcos y moros.

fiador, ra *s. m. y s. f.* Persona que fía a otra o responde por ella.

fiambre *adj.* Se dice de la carne y el pescado que se comen fríos, una vez cocinados, y también de la carne curada.

fiambrera *s. f.* Caja para llevar comida.

fianza *s. f.* Obligación que alguien contrae de hacer algo a lo que otro se ha comprometido, en caso de que éste incumpla lo acordado.

fiar *v. tr.* **1.** Asegurar alguien el cumplimiento de la obligación de otra persona, respondiendo por ella. **2.** Vender una cosa aplazando su cobro.

fiasco *s. m.* Mal éxito.

fiat *s. m.* Consentimiento o mandato para que una cosa tenga efecto.

fibra *s. f.* **1.** Cada uno de los filamentos de los que se componen los tejidos orgánicos vegetales o animales, o la textura de ciertos minerales. **2.** Filamento de origen químico, utilizado en la industria textil.

fibroma *s. m.* Tumor fibroso.

fibroso, sa *adj.* Que tiene muchas fibras.

fíbula *s. f.* Hebilla a manera de imperdible.

ficción *s. f.* Invención poética.

ficha *s. f.* **1.** Pieza pequeña de marfil, madera, metal, etc., utilizada para diversos fines, como señalar los tantos en el juego, establecer comunicación telefónica, etc. **2.** Hoja de cartulina o papel fuerte en la que se consignan ciertos datos.

fichar *v. tr.* **1.** Rellenar una ficha con ciertos datos de interés. **2.** Hacer la ficha antropométrica, médica, etc., de alguien.

ficticio, cia *adj.* Fingido o fabuloso.

ficus *s. m.* Nombre que se da popularmente a diversas plantas ornamentales de hojas verdes, grandes y ovaladas.

FIDEDIGNO - FILIACIÓN

fidedigno, na *adj.* Digno de fe y crédito.

fideicomiso *s. m.* Disposición por la cual el testador deja su herencia a alguien para que cumpla su voluntad.

fidelidad *s. f.* Lealtad.

fideo *s. m.* Pasta de harina de trigo, en forma de hilo, que sirve para hacer sopa.

fiduciario, ria *adj.* Que depende del crédito o confianza que merezca.

fiebre *s. f.* Elevación de la temperatura del cuerpo acompañada de una aceleración del pulso.

fiel[1] *adj.* **1.** Que guarda fe. **2.** Exacto, conforme a la verdad.

fiel[2] *s. m.* Aguja de las balanzas y romanas, que se pone vertical cuando hay perfecta igualdad en los pesos comparados.

fieltro *s. m.* Especie de paño sin tejer que resulta de conglomerar borra, lana o pelo.

fiera *s. f.* **1.** Animal salvaje. **2.** *fig.* Persona cruel.

fiereza *s. f.* **1.** Inhumanidad. **2.** Saña, braveza natural de las fieras.

fiero, ra *adj.* **1.** Duro, intratable. **3.** *fig.* Horroroso. **5.** *fig.* Grande, excesivo.

fiesta *s. f.* **1.** Alegría o diversión. **2.** Día en que se celebra alguna solemnidad.

figle *s. m.* Instrumento musical de viento, de sonoridad grave.

figón *s. m.* Fonda o taberna donde se guisan y venden cosas ordinarias de comer.

figulino, na *adj.* De barro cocido.

figura *s. f.* **1.** Forma exterior de un cuerpo. **2.** Estatua o pintura, representativa de una persona o un animal.

figurante *s. m.* Comparsa de teatro.

figurar *v. tr.* **1.** Representar la figura de una cosa. **2.** Aparentar, suponer, fingir.

figurería *s. f.* Mueca o ademán ridículo.

figurín *s. m.* Dibujo o modelo pequeño para hacer trajes o adornos.

fijador *s. m.* **1.** Producto cosmético que se emplea para fijar el cabello. **2.** Líquido para fijar una imagen fotográfica.

fijar *v. tr.* **1.** Clavar, asegurar un cuerpo en otro. **2.** Pegar con engrudo. **3.** Determinar, limitar, precisar.

fijeza *s. f.* **1.** Firmeza, seguridad de opinión. **2.** Persistencia, continuidad.

fijo, ja *adj.* **1.** Firme, asegurado. **2.** Permanente.

fila *s. f.* Orden que guardan varias personas o cosas colocadas en línea.

filadiz *s. m.* Seda extraída del capullo roto.

filamento *s. m.* **1.** Cuerpo filiforme. **2.** Hilo muy fino que se pone incandescente en el interior de las bombillas. **3.** Parte del estambre de las flores.

filantropía *s. f.* Amor al género humano.

filántropo, pa *s. m. y s. f.* Persona que se distingue por su amor a sus semejantes.

filaria *s. f.* Nombre de varios gusanos parásitos de las personas y de los animales.

filarmonía *s. f.* Pasión por la música.

filarmónico, ca *adj.* Que ama mucho la música.

filástica *s. f.* Hilos que constituyen los cabos y jarcias.

filatelia *s. f.* Conocimiento y estudio de los sellos de correos y afición a coleccionarlos.

filatería *s. f.* **1.** Abundancia de palabras para timar a alguien. **2.** Verbosidad.

filete *s. m.* Pequeña loncha de carne magra o de pescado limpio de espinas.

filfa *s. f., fam.* Mentira, noticia falsa.

filiación *s. f.* **1.** Procedencia, vínculo de parentesco de los hijos respecto de sus padres. **3.** Dependencia, enlace.

FILIAL - FINURA

filial *s. f.* Establecimiento que depende de otro.

filiar *v. tr.* Tomar la filiación a alguien.

filiforme *adj.* Que tiene forma de hilo.

filigrana *s. f.* **1.** Obra formada de hilos de oro o plata. **2.** *fig.* Cosa delicada y pulida.

filípica *s. f.* Invectiva, censura acre.

filipichín *s. m.* Tejido de lana estampado.

filisteo, a *adj.* Se dice de la persona de poca cultura o inteligencia.

film *s. m.* Filme.

filmar *v. tr.* Tomar vistas cinematográficas para un filme.

filme *s. m.* Película cinematográfica.

filmina *s. f.* Diapositiva.

filo *s. m.* Arista o borde agudo de un instrumento cortante.

filófago, ga *adj.* Que se alimenta de hojas.

filología *s. f.* Ciencia que estudia una lengua y su literatura, a través de sus textos.

filón *s. m.* Masa de mineral que rellena una antigua quiebra de las rocas de un terreno.

filosofar *v. intr.* Discurrir acerca de una cosa con razones filosóficas.

filosofía *s. f.* Ciencia que trata de la esencia, propiedades, causas y efectos de las cosas naturales.

filoxera *s. f.* Insecto hemíptero que ataca las hojas y raíces de las vides.

filtrar *v. tr.* Hacer pasar un líquido por un filtro.

filtro *s. m.* Materia porosa o aparato a través del que se hace pasar un fluido para depurarlo.

filván *s. m.* Rebaba sutil que queda en el corte de una herramienta recién afilada.

fimosis *s. f.* Estrechez del orificio del prepucio.

fin *s. m.* **1.** Término, remate o consumación de una cosa. **2.** Término al cual tiende una acción, objeto o motivo con que se ejecuta una cosa.

finado, da *s. m. y s. f.* Persona muerta.

final *adj.* **1.** Que remata o perfecciona algo. || *s. m.* **2.** Fin, remate de una cosa.

finalidad *s. f.* Fin con que se hace algo.

finalista *s. m. y s. f.* Persona que llega a la prueba final de una competición.

finalizar *v. tr.* **1.** Concluir una obra. || *v. intr.* **2.** Extinguirse o acabarse una cosa.

financiar *v. tr.* **1.** Poner el capital necesario para la creación de una empresa, costearla. **2.** Prestar dinero a crédito.

finanzas *s. f. pl.* Operaciones relacionadas con la hacienda pública, la banca o los grandes negocios mercantiles.

finar *v. intr.* Fallecer, morir.

finca *s. f.* Propiedad inmueble, urbana o rústica.

fincharse *v. prnl., fam.* Engreírse.

fineza *s. f.* **1.** Regalo pequeño y de cariño. **2.** Delicadeza, primor.

fingimiento *s. m.* Simulación.

fingir *v. tr.* **1.** Dar a entender lo que no es cierto. **2.** Aparentar, simular.

finiquitar *v. tr.* **1.** Terminar, saldar una cuenta. **2.** *fig. y fam.* Concluir, rematar.

finiquito *s. m.* Suma de dinero con que se liquida un período laboral o una cuenta.

finisecular *adj.* Perteneciente o relativo al fin de un siglo determinado.

finito, ta *adj.* Que tiene fin o límite.

fino, na *adj.* **1.** Delicado y de buena calidad. **2.** Puro, precioso. **3.** Cortés, urbano.

finta *s. f.* Ademán o amago que se hace con intención de engañar a alguien.

finura *s. f.* **1.** Primor. **2.** Urbanidad.

fiordo *s. m.* Golfo de las costas de Escandinavia, estrecho y profundo, entre montañas de laderas abruptas, formado por los glaciares.

firma *s. f.* **1.** Nombre y apellido al pie de un escrito. **2.** Empresa comercial.

firmamento *s. m.* Bóveda celeste, en la que se pueden apreciar los astros.

firmar *v. tr.* Poner alguien su firma.

firme *adj.* **1.** Estable, sólido. **2.** Constante, que no se deja dominar. ‖ *s. m.* **3.** Pavimento de una carretera.

firmeza *s. f.* **1.** Estabilidad. **2.** *fig.* Entereza, fuerza moral.

fiscal *s. m. y s. f.* **1.** Ministro encargado de promover los intereses del fisco. **2.** Persona que representa y ejerce el ministerio público de los tribunales.

fisco *s. m.* Erario público.

fiscorno *s. m.* Instrumento musical de metal y de viento.

fisga *s. f.* **1.** Arpón de uno o tres dientes para pescar. **2.** Burla.

fisgar *v. tr.* **1.** Pescar con fisga. **2.** Husmear, atisbar. ‖ *v. intr.* **3.** Burlarse.

fisgón, na *adj.* Husmeador, curioso.

fisgonear *v. tr.* Fisgar por costumbre.

física *s. f.* Ciencia que tiene por objeto el estudio de la materia, los fenómenos de la naturaleza y la relación entre los mismos.

fisiología *s. f.* Ciencia que estudia las funciones de los seres vivos.

fisioterapia *s. f.* Método curativo por medio de agentes naturales o mecánicos.

fisirrostro, tra *adj.* Se dice de las aves con el pico corto, ancho y hendido.

fisonomía *s. f.* Aspecto particular del rostro de una persona que resulta del conjunto de sus rasgos.

fístula *s. f.* Conducto ulcerado, salida anormal de un absceso profundo hacia fuera, que se abre en la piel o en las mucosas.

fisura *s. f.* Fractura o hendidura de un hueso o mineral.

fitófago, ga *adj.* Que se alimenta de materias vegetales.

flabeliforme *adj.* En forma de abanico.

flabelo *s. m.* Abanico grande de plumas de avestruz y pavo real con mango largo.

flácido, da *adj.* Flojo, sin consistencia.

flaco, ca *adj.* **1.** De pocas carnes. **2.** *fig.* Flojo, endeble, sin fuerza.

flagelar *v. tr.* **1.** Azotar. **2.** *fig.* Vituperar.

flagelo *s. m.* **1.** Azote. **2.** *fig.* Cada una de las prolongaciones celulares filiformes móviles que ciertos protozoos poseen.

flamante *adj.* **1.** Resplandeciente, lúcido. **2.** Recién hecho o estrenado.

flamear *v. intr.* **1.** Despedir llamas. **2.** Rociar un alimento con licor y encenderlo. **3.** *fig.* Ondear las banderas y velas del buque.

flámeo *adj.* Que participa de las condiciones de la llama.

flamígero, ra *adj.* Que despide llamas.

flan *s. m.* Dulce que se hace con yemas de huevo, leche y azúcar, y que se cuaja en un molde al baño María.

flanco *s. m.* Costado, lado.

flanquear *v. tr.* Dominar una posición a otra por el flanco o costado.

flaquear *v. intr.* **1.** Debilitarse, ir perdiendo la fuerza. **2.** Amenazar ruina.

flaqueza *s. f.* **1.** Falta de vigor. **2.** Fragilidad cometida por debilidad moral.

flas *s. m.* Destello luminoso breve e intenso y dispositivo que lo produce.

flato *s. m.* Acumulación molesta de gases en el tubo digestivo.

flauta *s. f.* Instrumento musical de viento en forma de tubo cilíndrico, con orificios que se tapan con los dedos o llaves.

flavo, va *adj.* De color entre amarillo y rojo, como la miel.

flebitis *s. f.* Inflamación de las venas.

flecha *s. f.* **1.** Arma arrojadiza que se dispara con un arco y que consiste en una varilla terminada en una punta de figura triangular. **2.** Indicador de dirección con esta misma forma.

fleco *s. m.* **1.** Adorno compuesto por una serie de hilos colgantes. **2.** *fig.* Borde de una tela deshilachado por el uso.

flema *s. f.* Mucosidad pegajosa procedente de las vías respiratorias que se arroja por la boca.

flemático, ca *adj.* **1.** Tardo, lento, calmoso. **2.** Impasible.

flemón *s. m.* **1.** Tumor en las encías. **2.** Inflamación aguda del tejido celular en cualquier parte del cuerpo.

flequillo *s. m.* Porción de cabello recortado que cae sobre la frente.

fletar *v. tr.* Alquilar la nave para conducir personas o mercancías.

flete *s. m.* **1.** Precio del alquiler de una embarcación o de una parte de ella. **2.** Carga de un buque.

flexible *adj.* Que se dobla con facilidad.

flexión *s. f.* **1.** Alteración de forma que sufren las palabras para expresar sus accidentes gramaticales. **2.** Ejercicio realizado sobre el suelo al flexionar los brazos con el cuerpo en horizontal.

flexionar *v. tr.* Hacer flexiones con el cuerpo. También prnl.

flexo *s. m.* Lámpara de mesa con brazo flexible.

flirtear *v. intr.* Coquetear, galantear.

flocadura *s. f.* Guarnición hecha de flecos.

flojear *v. intr.* **1.** Obrar con descuido y pereza. **2.** Flaquear.

flojedad *s. f.* **1.** Debilidad y flaqueza en alguna cosa. **2.** *fig.* Pereza, negligencia.

flojel *s. m.* Tamo o pelillo del paño.

flojo, ja *adj.* **1.** Mal atado, poco apretado. **2.** Que no tiene mucha actividad o vigor. **3.** *fig.* Perezoso, negligente.

flor *s. f.* Órgano de la reproducción sexual de las plantas fanerógamas.

flora *s. f.* Conjunto de plantas que se desarrollan en un país o región.

florear *v. tr.* Adornar con flores.

florecer *v. intr.* **1.** Echar flor. También tr. **2.** Prosperar.

florero *s. m.* **1.** Vaso para poner flores. **2.** Maceta, tiesto con flores.

floresta *s. f.* **1.** Terreno frondoso, poblado de árboles. **2.** Reunión de cosas agradables y de buen gusto.

florete *s. m.* **1.** Esgrima con espadín. **2.** Espadín de cuatro aristas.

floricultura *s. f.* **1.** Cultivo de las flores. **2.** Arte que lo enseña.

florilegio *s. m., fig.* Colección de trozos selectos de materias literarias.

floripondio *s. m.,* Adorno de mal gusto.

floristería *s. f.* Establecimiento donde se venden flores y plantas de adorno.

floritura *s. f.* Adorno.

florón *s. m.* Adorno pictórico o arquitectónico, a modo de flor muy grande.

flota *s. f.* Conjunto de barcos de un país, flota naviera, etc.

flotador *s. m.* Aparato que se sujeta al cuerpo de una persona para que ésta flote en el agua.

FLOTAR - FOMENTAR

flotar *v. intr.* Sostenerse un cuerpo en equilibrio en la superficie de un líquido.

flotilla *s. f.* Flota de buques pequeños.

fluctuar *v. intr.* **1.** Vacilar un cuerpo sobre las aguas. **2.** Dudar en la resolución de algo. **3.** Crecer y disminuir alternativamente.

fluido, da *adj.* Se dice del cuerpo cuyas moléculas tienen entre sí poca o ninguna coherencia, y toma siempre la forma del recipiente donde está contenido.

fluir *v. intr.* **1.** Correr un líquido o un gas **2.** Desarrollarse algo sin complicaciones.

flujo *s. m.* **1.** Movimiento de ascenso de la marea. **2.** Cada uno de los compuestos que se emplean en los laboratorios para fundir minerales y aislar metales.

flúor *s. m.* Gas corrosivo y tóxico, de olor sofocante y color amarillo verdoso.

fluorescencia *s. f.* Propiedad que tiene algunos cuerpos de mostrarse luminosos mientras reciben ciertas radiaciones.

fluorita *s. f.* Mineral compuesto de flúor y calcio.

fluvial *adj.* Relativo a los ríos.

fluxión *s. f.* Acumulación morbosa de humores en cualquier órgano.

foca *s. f.* Mamífero carnívoro pinnípedo, de costumbres acuáticas.

focino *s. m.* Aguijada de punta corva con que se gobierna al elefante.

foco *s. m.* **1.** Lámpara eléctrica que produce una luz muy potente. **2.** Lugar donde está concentrada una cosa y desde donde se propaga e influye.

fofo, fa *adj.* Blando, de poca consistencia.

fogata *s. f.* **1.** Fuego que levanta llama. **2.** Hornillo de pólvora.

fogón *s. m.* Sitio adecuado en las cocinas, calderas, etc. para hacer fuego.

fogonazo *s. m.* Llamarada instantánea que producen algunas materias inflamables, como la pólvora, el magnesio, etc.

fogoso, sa *adj., fig.* Ardiente, muy vivo.

foguear *v. tr.* **1.** Limpiar con fuego un arma. **2.** Acostumbrar a las personas o caballos al fuego de la pólvora.

foie-gras *s. m.* Pasta comestible elaborada con hígado de pato, oca, cerdo, etc.

folclor *s. m.* Ciencia que estudia las manifestaciones colectivas producidas entre el pueblo en la esfera de las artes, costumbres, creencias, etc.

folgo *s. m.* Bolsa forrada de pieles, para cubrir y abrigar los pies.

foliar[1] *v. tr.* Numerar los folios de un libro, cuaderno, etc.

foliar[2] *adj.* Relativo a la hoja.

folículo *s. m.* Pericarpio membranoso con una valva que se rompe a lo largo, por un lado, y que contiene sujetas las semillas en un receptáculo propio.

folio *s. m.* Hoja de un libro o cuaderno.

folíolo *s. m.* Cada una de las hojuelas de una hoja compuesta.

follaje *s. m.* **1.** Conjunto de hojas de los árboles y otras plantas. **2.** Adorno de cogollos y hojas.

follar *v. tr., vulg.* Copular. También intr.

folletín *s. m.* **1.** Novela, artículo u otra obra que se publica en los periódicos. **2.** *fam.* Relato de tema amoroso y carácter melodramático y sensiblero.

folleto *s. m.* Obra impresa, no periódica y de pocas páginas.

follón *s. m.* Alboroto, enredo, lío.

fomentar *v. tr.* **1.** *fig.* Excitar o proteger una cosa. **2.** Aplicar a una parte enferma paños empapados en un líquido.

FONACIÓN - FORMACIÓN

fonación *s. f.* Emisión de la voz o de la palabra.

fonda *s. f.* Establecimiento público donde se da hospedaje y se sirven comidas.

fondeadero *s. m.* Paraje de profundidad suficiente para que la embarcación pueda hacer fondo.

fondear *v. tr.* **1.** Reconocer el fondo del agua. **2.** Registrar una embarcación para ver si trae contrabando.

fondillos *s. m. pl.* Parte trasera de los calzones o pantalones.

fondista *s. m. y s. f.* Deportista cuya especialidad son las carreras de fondo.

fondo *s. m.* **1.** Parte inferior de una cosa hueca. **2.** Color o dibujo que cubre una superficie y sobre la cual resaltan los adornos o dibujos de otros colores. **3.** Dinero, bienes. Se usa más en pl.

fondue *s. f.* Preparación culinaria a base de queso o carne, cocida en un hornillo con alcohol.

fonendoscopio *s. m.* Instrumento usado para auscultar.

fonética *s. f.* **1.** Conjunto de los sonidos de una lengua. **2.** Rama de la lingüística que estudia la parte acústica del lenguaje, es decir, los sonidos en su realización.

fonógrafo *s. m.* Instrumento que inscribe sobre un cilindro las vibraciones de cualquier sonido, y las reproduce.

fonograma *s. m.* Sonido representado por una o más letras.

fonología *s. f.* Rama de la lingüística que estudia los elementos fónicos en relación con su valor funcional dentro del sistema de cada lengua.

fonoteca *s. f.* Colección o archivo de grabaciones fonográficas.

fontanal *s. m.* **1.** Fontanar. **2.** Sitio que abunda en manantiales.

fontanar *s. m.* Manantial.

fontanería *s. f.* **1.** Arte de encañar y conducir las aguas. **2.** Conjunto de conductos por donde se dirige y distribuye el agua.

footing *s. m.* Ejercicio deportivo consistente en correr a ritmo moderado.

foque *s. m.* Nombre común a todas las velas triangulares que se orientan y amuran sobre el bauprés.

forajido, da *adj.* Que anda de poblado en poblado, huyendo de la justicia.

foral *adj.* Relativo al fuero.

foráneo, a *adj.* Forastero, extraño.

forastero, ra *adj.* **1.** Que es o viene de fuera del lugar. **2.** *fig.* Extraño, ajeno.

forcejear *v. intr.* **1.** Hacer fuerza para vencer alguna resistencia. **2.** *fig.* Resistir, contradecir tenazmente.

fórceps *s. m.* Instrumento que se usa para la extracción del bebé en los partos difíciles.

forestal *adj.* Relativo a los bosques.

forestar *v. tr.* Poblar de plantas forestales un paraje.

forfait *s. m.* Abono que se compra a un precio establecido y con el que se tiene acceso, en un tiempo limitado, a determinadas instalaciones o actividades.

forja *s. f.* **1.** Fragua. **2.** Mezcla, argamasa.

forjar *v. tr.* **1.** Dar la primera forma con el martillo a cualquier pieza de metal. **2.** Fabricar y formar.

forma *s. f.* **1.** Apariencia externa de una cosa. **2.** Modo de proceder en una cosa.

formación *s. f.* **1.** Reunión ordenada de tropas para ciertos actos del servicio. **2.** Proceso de aprendizaje de una técnica.

FORMAL - FÓSFORO

formal *adj.* **1.** Se aplica a la persona seria, enemiga de chanzas. **2.** Expreso, preciso, determinado.

formalidad *s. f.* **1.** Exactitud y consecuencia en las acciones. **2.** Modo de ejecutar, con la exactitud debida, un acto público. **3.** Seriedad, compostura.

formalizar *v. tr.* **1.** Dar la última forma a una cosa. **2.** Revestir una cosa de los requisitos legales. ‖ *v. prnl.* **3.** Ponerse serio.

formar *v. tr.* **1.** Dar forma a algo. **2.** Poner orden, agruparse en formación.

formatear *v. tr.* Dar la estructura adecuada a un soporte de almacenamiento informático.

formato *s. m.* **1.** Forma, tamaño de un libro. **2.** Tamaño de un cuadro, una fotografía.

formica *s. f.* Material muy versátil recubierto con resina artificial por una de sus caras, que se aplica a ciertas maderas para protegerlas.

formidable *adj.* **1.** Muy temible y que infunde asombro. **2.** Excesivamente grande. **3.** *fam.* Extraordinario.

formol *s. m.* Solución de aldehído fórmico, que se usa como desinfectante y como conservante de sustancias orgánicas.

formón *s. m.* Instrumento de carpintería, semejante al escoplo.

fórmula *s. f.* **1.** Forma establecida para expresar alguna cosa, modo convenido para ejecutarla o resolverla. **2.** Receta.

formular *v. tr.* Reducir a términos claros y precisos.

formulario *s. m.* Libro o escrito que contiene fórmulas.

fornicar *v. intr.* Mantener relaciones sexuales fuera del matrimonio. También tr.

fornido, da *adj.* Robusto.

foro *s. m.* Sitio en que los tribunales oyen y determinan las causas.

forraje *s. m.* Verde que se da al ganado.

forrar *v. tr.* **1.** Poner forro a una cosa. ‖ *v. prnl.* **2.** *fam.* Enriquecerse.

forro *s. m.* Abrigo, defensa, resguardo o cubierta con que se reviste una cosa.

fortalecer *v. tr.* Fortificar, dar fuerza.

fortaleza *s. f.* **1.** Fuerza y vigor. **2.** Recinto fortificado.

fortificar *v. tr.* **1.** Dar vigor y fuerza. **2.** Hacer fuerte con obras de defensa un pueblo o lugar. También prnl.

fortuito, ta *adj.* Que sucede casualmente.

fortuna *s. f.* **1.** Suerte favorable o desfavorable. **2.** Buena suerte. **3.** Aceptación inmediata, éxito. **4.** Hacienda, capital.

forzado, da *adj.* **1.** Ocupado o retenido por fuerza. **2.** No espontáneo.

forzar *v. tr.* **1.** Emplear la fuerza o violencia para conseguir algo. **2.** *fig.* Obligar a que se ejecute una cosa. También prnl.

forzoso, sa *adj.* Que no se puede excusar.

fosa *s. f.* **1.** Sepultura. **2.** Cada una de ciertas cavidades en el cuerpo humano.

fosco, ca *adj.* Hosco.

fosfatar *v. tr.* Fertilizar, abonar con fosfatos las tierras de cultivo.

fosfato *s. m.* Sal formada por combinación del ácido fosfórico con una o más bases.

fosforescencia *s. f.* Propiedad que tienen algunas sustancias de emitir ondas luminosas.

fosforescer *v. intr.* Manifestar fosforescencia o luminiscencia.

fosforita *s. f.* Mineral de color blanco amarillento, formado por el fosfato de cal.

fósforo *s. m.* **1.** Metaloide sólido, tóxico e inflamable. **2.** Cerilla.

fosforoscopio *s. m.* Instrumento que sirve para averiguar si un cuerpo es o no fosforescente.

fósil *adj.* Se aplica a la sustancia de origen orgánico más o menos petrificada, que se encuentra en las capas terrestres.

fosilizarse *v. prnl.* Convertirse en fósil un cuerpo orgánico.

foso *s. m.* **1.** Hoyo. **2.** Piso inferior del escenario. **3.** Excavación profunda que circuye la fortaleza.

foto *s. f., fam.* Fotografía.

fotocopia *s. f.* Copia especial obtenida directamente sobre el papel mediante reproducción fotoestática del original e impresión con tóner.

fotofobia *s. f.* Horror a la luz.

fotograbado *s. m.* **1.** Arte de grabar planchas por la acción química de la luz. **2.** Lámina grabada por este procedimiento.

fotografía *s. f.* **1.** Arte de fijar y reproducir por medio de reacciones químicas las imágenes recogidas en el fondo de una cámara oscura. **2.** Estampa obtenida por medio de estas técnicas.

fotograma *s. m.* Cada una de las imágenes de una película cinematográfica.

fotólisis *s. f.* Desdoblamiento de una sustancia por la acción de la luz.

fotón *s. m.* Partícula subnuclear sin masa ni carga eléctrica, que corresponde a la cantidad mínima de energía de que constan las radiaciones.

fotonovela *s. f.* Relato, generalmente de temática amorosa, compuesto por una sucesión de fotografías en las que se incorpora el texto mediante bocadillos.

fotosíntesis *s. f.* Proceso químico por el cual las plantas verdes consiguen su alimento, mediante la acción de la luz sobre la clorofila.

fototeca *s. f.* Archivo fotográfico.

fox-trot *s. m.* Baile surgido en Estados Unidos y muy popular en los años veinte.

frac *s. m.* Chaqueta masculina que, por delante, llega hasta la cintura y por detrás tiene dos faldones más largos.

fracasar *v. intr.* **1.** No conseguir los objetivos propuestos. **3.** *fig.* Frustrarse.

fracaso *s. m.* **1.** Caída de una cosa con estrépito. **2.** Suceso lastimoso, inopinado y funesto. **3.** Malogro, resultado adverso de una empresa o negocio.

fracción *s. f.* **1.** División de un todo en partes. **2.** Cada una de las partes o porciones de un todo con relación a él. **3.** Número quebrado.

fraccionar *v. tr.* Dividir una cosa en partes o fracciones. También prnl.

fractura *s. f.* Rotura de huesos debida a violencia externa.

fracturar *v. tr.* Romper o quebrantar algo con violencia. También prnl.

fragancia *s. f.* Olor suave y delicioso.

fragante[1] *adj.* Que despide fragancia.

fragante[2] *adj.* Que arde o resplandece.

fragata *s. f.* Buque de tres palos, con cofas y vergas en todos ellos.

frágil *adj.* **1.** Quebradizo. **2.** Se dice de la persona que cae fácilmente enferma.

fragmentar *v. tr.* **1.** Reducir a fragmentos. **2.** Dividir en partes un todo.

fragmento *s. m.* **1.** Parte o porción pequeña de algunas cosas quebradas o partidas. **2.** Parte de un libro o escrito.

fragor *s. m.* Ruido estruendoso.

fragoso, sa *adj.* **1.** Áspero, intrincado. **2.** Ruidoso, estrepitoso.

fragua *s. f.* Fogón en que se caldean los metales para forjarlos.

fraguar *v. tr.* **1.** Forjar metales. **2.** *fig.* Idear.

fraile *s. m.* Nombre que se da a los religiosos de ciertas órdenes.

frambuesa *s. f.* Fruto del frambueso, parecido en la forma a la zarzamora y de sabor agridulce muy agradable.

frambueso *s. m.* Planta rosácea, con tallos delgados y espinosos y flores blancas, cuyo fruto es la frambuesa.

francachela *s. f., fam.* Comida alegre.

franciscano, na *adj.* Se dice del religioso o religiosa de la orden de San Francisco. También s. m. y s. f.

franco, ca *adj.* **1.** Liberal, dadivoso. **2.** Desembarazado, sin impedimento alguno. **3.** Sencillo, ingenuo y leal en su trato.

francolín *s. m.* Ave gallinácea parecida a la perdiz, de pequeño tamaño.

francotirador, ra *s. m.* y *s. f.* Persona que combate aisladamente.

franela *s. f.* Tejido fino de lana o algodón, cardado por una de sus caras.

frangollo *s. m.* Trigo machacado y cocido.

franja *s. f.* **1.** Guarnición tejida que sirve para adornar los vestidos y otras cosas. **2.** Lista o tira en general.

franjar *v. tr.* Guarnecer con franjas.

franquear *v. tr.* **1.** Liberar a alguien de una contribución. **2.** Quitar los impedimentos que estorban, abrir camino. **3.** Pagar previamente en sellos el importe de algo que se envía por correo.

franqueza *s. f.* **1.** Libertad, exención. **2.** Generosidad. **3.** *fig.* Sinceridad.

franquicia *s. f.* Libertad y exención que se concede a una persona para no pagar derechos de correo o de aduanas.

frasca[1] *s. f.* Hojarasca y ramas menudas.

frasca[2] *s. f.* Vasija de vidrio.

frasco *s. m.* Vaso angosto, generalmente de vidrio y de cuello recogido.

frase *s. f.* Conjunto de palabras que tienen sentido.

frasear *v. tr.* Formar frases.

fraseología *s. f.* **1.** Modo de ordenar las frases. **2.** Abundancia excesiva de palabras.

fraternal *adj.* Propio de hermanos.

fraternidad *s. f.* Unión y buena correspondencia entre hermanos o entre los que se tratan como tales.

fraternizar *v. intr.* Unirse y tratarse como hermanos.

fraterno, na *adj.* Relativo a los hermanos.

fratricidio *s. m.* Muerte dada por alguien a su propio hermano.

fraude *s. m.* Engaño, acción contraria a la verdad o a la rectitud.

fraudulento, ta *adj.* Engañoso, falaz.

fray *s. m.* Apócope de fraile.

frecuencia *s. f.* Repetición a menudo de un acto o suceso.

frecuentar *v. tr.* **1.** Repetir un acto a menudo. **2.** Ir con frecuencia a un lugar.

frecuente *adj.* **1.** Repetido a menudo. **2.** Usual, común.

fregadero *s. m.* Pila de fregar, generalmente los cacharros de cocina.

fregar *v. tr.* **1.** Restregar con fuerza una cosa con otra. **2.** Limpiar algo restregándolo con un estropajo, cepillo, etc.

fregona *s. f.* Utensilio doméstico para fregar los suelos sin necesidad de arrodillarse.

freír *v. tr.* **1.** Cocinar un alimento crudo en aceite o grasa hirviendo. **2.** *fig.* Importunar a alguien insistentemente.

fréjol *s. m.* Judía, planta.

frenar *v. tr.* Moderar o parar con el freno el movimiento de una máquina o de un vehículo.

frenesí *s. m.* **1.** Delirio furioso. **2.** *fig.* Violenta exaltación.

frenético, ca *adj.* Poseído de frenesí.

frenillo *s. m.* Membrana que sujeta la lengua por la línea media de la parte inferior.

freno *s. m.* **1.** Instrumento de hierro que se ajusta a la boca de las caballerías y sirve para sujetarlas. **2.** Aparato que sirve para moderar o detener el movimiento en las máquinas y vehículos.

frenología *s. f.* Estudio de la mente y sus facultades mediante la inspección y palpación del cráneo.

frente *s. f.* **1.** Parte superior de la cara, comprendida entre las sienes y desde las cejas hasta el borde anterior del cuero cabelludo. ‖ *s. m.* **2.** Zona de combate en una guerra.

fresa *s. f.* Planta rosácea, con tallos rastreros, fruto casi redondo, de color rojo, fragante y comestible.

fresca *s. f.* Frío moderado.

fresco, ca *adj.* **1.** Moderadamente frío. **2.** Reciente, acabado de hacer, coger, etc. **3.** Se aplica a un alimento no congelado.

frescor *s. m.* Frescura o fresco.

frescura *s. f.* **1.** Cualidad de fresco. **2.** Desvergüenza, descaro.

fresno *s. m.* Árbol oleáceo, de tronco grueso, hojas compuestas y flores blanquecinas, cuya madera es blanca y elástica.

fresón *s. m.* Fruto semejante a la fresa, pero de tamaño mucho mayor.

frey *s. m.* Tratamiento que se usa entre los religiosos de las órdenes militares.

freza *s. f.* **1.** Desove. **2.** Huevos de los peces y pescado recién nacido de ellos.

frezar *v. intr.* **1.** Arrojar o despedir el excremento los animales. **2.** Desovar.

friable *adj.* Que se desmenuza fácilmente.

frialdad *s. f.* **1.** Sensación que proviene de la falta de calor. **2.** Indiferencia.

fricción *s. f.* Rozamiento de dos cuerpos que están en contacto.

friccionar *v. tr.* Dar fricciones o friegas.

friega *s. f.* Acción de restregar alguna parte del cuerpo con un paño o cepillo o con las manos, para remedio, higiene, etc.

frigidez *s. f.* **1.** Frialdad, sensación que proviene de la falta de calor. **2.** Falta de deseo sexual.

frigorífico *s. m.* Electrodoméstico en cuyo interior se conservan y mantienen fríos los alimentos.

frío, a *adj.* **1.** Se dice de los cuerpos de temperatura mucho más baja que la del ambiente. ‖ *s. m.* **2.** Sensación que se experimenta por la falta de calor.

friolera *s. f.* Cosa de poca importancia.

friolero, ra *adj.* Muy sensible al frío.

frisar[1] *v. tr.* **1.** Levantar y retorcer los pelillos de algún tejido.

frisar[2] *v. tr.* Refregar.

friso *s. m.* Parte del cornisamento que media entre el arquitrabe y la cornisa.

frito *s. m.* Cualquier manjar frito.

frívolo, la *adj.* Ligero, veleidoso.

fronda *s. f.* **1.** Hoja de una planta. ‖ *s. f. pl.* **2.** Conjunto espeso de hojas o ramas de plantas.

frondoso, sa *adj.* Que tiene abundancia de hojas y ramas.

frontal *s. m.* Paramento con que se adorna la parte delantera de la mesa del altar.

frontalera *s. f.* Correa de la cabezada del caballo, que le ciñe la frente.

frontera *s. f.* **1.** Confín de un Estado. **2.** Fachada.

fronterizo, za *adj.* Que está en la frontera.

frontispicio *s. m.* Fachada o delantera de un edificio u otra cosa.

frontón *s. m.* Pared contra la cual se lanza la pelota para jugar en el juego de pelota.

frotar *v. tr.* Pasar repetidamente una cosa sobre otra con fuerza. También prnl.

fructificar *v. intr.* **1.** Dar fruto los árboles y otras plantas. **2.** Producir utilidad una cosa.

fructosa *s. f.* Azúcar que se encuentra en muchas frutas, en la miel y en el azúcar de caña.

fructuoso, sa *adj.* Que da fruto o utilidad.

frugalidad *s. f.* Moderación en la comida y en la bebida.

frugívoro, ra *adj.* Se dice del animal que se alimenta de frutos.

frunce *s. m.* Pliegue o conjunto de pliegues que se hacen en una tela, papel, etc.

fruncir *v. tr.* **1.** Arrugar la frente o las cejas en señal de desabrimiento o de ira. **2.** Recoger una tela haciendo en ella arrugas pequeñas.

fruslería *s. f.* Cosa de poco valor.

frustrar *v. tr.* **1.** Privar a alguien de lo que esperaba. **2.** Dejar sin efecto, malograr un intento. También prnl.

fruta *s. f.* Fruto comestible de las plantas; como peras, uvas, melón, etc.

frutal *adj.* Se dice del árbol que da fruta.

fruticultura *s. f.* Cultivo de árboles y plantas frutales.

fruto *s. m.* **1.** Producción de los vegetales. **2.** Producto de la inteligencia o del trabajo humano.

fu *s. m.* Bufido del gato.

fúcar *s. m., fig.* Persona muy rica.

fucilazo *s. m.* Relámpago sin ruido.

fucsia *s. f.* **1.** Planta de adorno, de flores colgantes, de color entre rosa y rojo intenso. || *adj.* **2.** Se dice del color semejante al de las flores de esta planta. También s. m.

fudre *s. m.* Pellejo, cuba

fuego *s. m.* **1.** Desprendimiento de calor y luz producidos por la combustión de un cuerpo. **2.** Materia encendida en brasa o llama. **3.** Incendio.

fuel *s. m.* Combustible líquido de color pardo, utilizado para calefacción.

fuelle *s. m.* Instrumento para soplar recogiendo aire y lanzándolo con una dirección determinada.

fuente *s. f.* **1.** Manantial de agua que brota de la tierra. **2.** Construcción de piedra, hierro, ladrillo, etc., con uno o varios caños, por donde sale el agua. **3.** Plato grande para servir los alimentos.

fuera *adv. l.* A o en la parte exterior de cualquier recinto.

fuerte *adj.* **1.** Que tiene fuerza. **2.** Duro, que no se deja fácilmente labrar.

fuerza *s. f.* **1.** Causa capaz de modificar el estado de reposo o movimiento de un cuerpo. **2.** Robustez, vigor, energía.

fuga *s. f.* **1.** Huida apresurada. **2.** Salida, escape accidental de un fluido o gas.

fugarse *v. prnl.* Escaparse, huir.

fugaz *adj.* De corta duración.

fugitivo, va *adj.* **1.** Que se esconde y huye. **2.** Que pasa muy deprisa.

fulano, na *s. m. y s. f.* Voz con que se suple el nombre de una persona, cuando se ignora o no se quiere expresar.

fular *s. m.* Pañuelo para el cuello.

FULERO - FURIBUNDO

fulero, ra *adj., fam.* Poco útil, chapucero.
fulgir *v. intr.* Brillar, resplandecer.
fulgor *s. m.* Resplandor y brillo propio.
fulgurar *v. intr.* Brillar.
fullería *s. f.* **1.** Trampa que se comete en el juego. **2.** *fig.* Astucia para engañar.
fulminar *v. tr.* **1.** Arrojar rayos eléctricos. **2.** Causar la muerte los rayos eléctricos. **3.** Causar muerte repentina una enfermedad.
fumar *v. intr.* Aspirar y despedir el humo del tabaco, opio, anís, etc. También tr.
fumigar *v. tr.* Desinfectar por medio de humo, gas o vapores adecuados.
funámbulo, la *s. m. y s. f.* Volatinero.
función *s. f.* **1.** Acción propia de los seres vivos y de sus órganos, o de las máquinas e instrumentos. **2.** Acción y ejercicio de un empleo, facultad u oficio. **3.** Acto público al que concurre mucha gente.
funcionar *v. intr.* Ejecutar una persona o cosa las funciones que le son propias.
funcionario, ria *s. m. y s. f.* Persona que desempeña un empleo público.
funcionarismo *s. m.* Burocracia.
funda *s. f.* Cubierta o bolsa de paño, cuero u otra cosa, con que se envuelve una cosa para resguardarla.
fundación *s. f.* Principio, origen de algo.
fundamental *adj.* Que sirve de fundamento o es lo principal de una cosa.
fundamentar *v. tr.* **1.** Echar los cimientos de un edificio. **2.** *fig.* Establecer, asegurar y hacer firme una cosa.
fundamento *s. m.* **1.** Principio, base de una cosa. **2.** Razón principal o motivo. **3.** *fig.* Raíz y origen en que estriba una cosa no material.
fundar *v. tr.* **1.** Edificar materialmente una ciudad, edificio, empresa, etc. **2.** Instituir un mayorazgo, universidad u obra pía, dándoles rentas y estatutos para que se conserven. **3.** Establecer, crear. **4.** *fig.* Apoyar algo con motivos y razones eficaces.
fundición *s. f.* Fábrica en que se funden metales.
fundido *s. m.* Transición gradual de una escena a otra.
fundir *v. tr.* **1.** Derretir y licuar los metales y otros cuerpos sólidos. **2.** Reducir a una sola cosa varias diferentes.
fúnebre *adj.* **1.** Relativo a los difuntos. **2.** *fig.* Muy triste, luctuoso, funesto.
funeral *adj.* **1.** Perteneciente al entierro y a las exequias. || *s. m.* **2.** Pompa y solemnidad con que se hace un entierro.
funeraria *s. f.* Empresa que se encarga de organizar un entierro o funeral.
funesto, ta *adj.* **1.** Aciago, que es origen de pesares. **2.** Triste y desgraciado.
fungible *adj.* Que se consume con el uso.
fungoso, sa *adj.* **1.** Perteneciente o relativo a los hongos. **2.** Esponjoso, fofo.
funicular *adj.* Se dice del vehículo cuya tracción se efectúa por medio de un cable o cadena. También s. m.
funículo *s. m.* Cordoncillo o filamento vascular que une el óvulo a la placenta.
furgón *s. m.* Vehículo largo y cubierto, usado para transporte de equipajes, mercancías, etc.
furgoneta *s. f.* Vehículo automóvil cerrado, más pequeño que el camión, propio para el reparto de mercancías.
furia *s. f.* **1.** Ira exaltada. **2.** Persona muy irritada. **3.** *fig.* Prisa y vehemencia con que se ejecuta alguna cosa.
furibundo, da *adj.* **1.** Propenso a enfurecerse. **2.** Que denota furor.

furioso, sa *adj.* **1.** Poseído de furia. **2.** Violento, terrible. **3.** Muy grande y excesivo.

furor *s. m.* Cólera, furia.

furriel *s. m.* Cabo que tiene a su cargo la distribución de las provisiones.

furtivo, va *adj.* **1.** Que se hace a escondidas. **2.** Se dice de la persona que caza o pesca sin el permiso correspondiente.

furúnculo *s. m.* Divieso, inflamación local de la piel.

fusa *s. f.* Nota de música equivalente a la mitad de la semicorchea.

fusco, ca *adj.* Oscuro, que tira a negro.

fuselaje *s. m.* Cuerpo del avión.

fusible *s. m.* Hilo que se coloca en algunas partes de las instalaciones eléctricas para que, cuando la corriente sea excesiva, la interrumpan fundiéndose.

fusil *s. m.* Arma de fuego, portátil, destinada al uso de los soldados de infantería.

fusilar *v. tr.* **1.** Ejecutar a una persona con una descarga de fusilería. **2.** *fig. y fam.* Copiar trozos o ideas de la obra original de un autor sin citar su nombre.

fusión *s. f.* **1.** Paso de un cuerpo del estado sólido al líquido por la acción del calor. **2.** *fig.* Unión de intereses, ideas o partidos que estaban en pugna.

fusionar *v. tr.* Producir una fusión, unión, intereses encontrados o partidos separados. También prnl.

fuslina *s. f.* Lugar destinado a la fundición de minerales.

fusor *s. m.* Vaso o instrumento para fundir.

fusta *s. f.* **1.** Cierto tejido de lana. **2.** Látigo largo y delgado que por el extremo superior tiene pendiente una trencilla de correa que se utiliza para estimular a los caballos.

fuste *s. m.* **1.** Madera de los árboles. **2.** Vara, palo largo y delgado. **3.** Vara en que está fijado el hierro de la lanza. **4.** Armazón de la silla de montar.

fustigar *v. tr.* **1.** Azotar, dar azotes. **2.** *fig.* Censurar con dureza.

futbito *s. m., fam.* Variedad de fútbol-sala.

fútbol *s. m.* Deporte que se practica entre dos equipos de once jugadores cada uno y que consiste en tratar de marcar goles metiendo el balón en la portería contraria, defendida por un guardameta.

fútbol-sala *s. m.* Variante del fútbol que se juega en un campo de dimensiones más reducidas, con un balón más pequeño y con menor número de jugadores.

futbolín *s. m.* Cierto juego en que figurillas accionadas mecánicamente imitan un partido de fútbol.

futilidad *s. f.* Poca o ninguna importancia de una cosa.

futuro, ra *adj.* **1.** Que esta por venir. ǁ *s. m.* **2.** Tiempo verbal que denota una acción que ha de suceder. **3.** Tiempo que está por llegar.

futurología *s. f.* Conjunto de los estudios que se proponen predecir científicamente el futuro del ser humano.

G

g *s. f.* Séptima letra del abecedario español y quinta de sus consonantes.

gabán *s. m.* **1.** Capote con mangas y a veces con capilla. **2.** Abrigo, sobretodo.

gabardina *s. f.* Tabardo con mangas ajustadas.

gabarra *s. f.* Embarcación pequeña destinada a la carga y descarga en los puertos.

gabarro *s. m.* Enfermedad del casco de las caballerías.

gábata *s. f.* Escudilla en que se echaba la comida que se repartía a cada soldado o galeote.

gabela *s. f.* Tributo, impuesto.

gabinete *s. m.* Aposento destinado al estudio, a la investigación o a recibir personas de confianza.

gacela *s. f.* Antílope muy ágil y de hermosa figura.

gaceta *s. f.* Papel periódico en que se dan noticias de algún ramo especial de literatura, de administración, etc.

gacetilla *s. f.* Parte de un periódico destinada a la inserción de noticias cortas.

gacha *s. f.* Cualquier masa muy blanda.

gacheta[1] *s. f.* Engrudo.

gacheta[2] *s. f.* Palanqueta que sujeta el pestillo de algunas cerraduras.

gacho, cha *adj.* Encorvado.

gachonería *s. f., fam.* Gracia, donaire.

gafa *s. f.* **1.** Instrumento para armar la ballesta. **2.** Enganches con que se afianzan los anteojos detrás de las orejas.

gafedad *s. f.* Contracción permanente de los dedos, que impide su movimiento.

gafete *s. m.* Corchete, broche.

gafo, fa *adj.* Que tiene los dedos encorvados y sin movimiento.

gaita *s. f.* Flauta a modo de chirimía.

gaje *s. m.* Emolumento que corresponde a un destino o empleo. Se usa más en pl.

gajo *s. m.* **1.** Rama de árbol. **2.** Cada uno de los grupos de uvas en que se divide el racimo.

gala *s. f.* Vestido o adorno suntuoso y lucido.

galactosa *s. f.* Azúcar presente en la leche, formando parte del disacárido llamado lactosa.

galán *s. m.* **1.** Hombre de buen semblante y porte airoso. **2.** Persona que galantea a una mujer.

galancete *s. m.* Actor que representa papeles de galán joven.

galano, na *adj.* Adornado, dispuesto o vestido con primor.

galantear *v. tr.* Ser galante con una dama.

galantería *s. f.* Gracia y elegancia que se advierte en la forma o figura de algunas cosas.

galantina *s. f.* Ave deshuesada y rellena que se sirve en frío.

galanura *s. f.* **1.** Gentileza. **2.** *fig.* Elegancia.

galápago *s. m.* Reptil del orden de los quelonios, parecido a la tortuga.

galardón *s. m.* Recompensa por los méritos o servicios.

galardonar *v. tr.* Premiar los servicios o méritos de alguien.

galaxia *s. f.* Inmenso conjunto de astros, nebulosas, etc. del que forma parte nuestro sistema solar y todas las estrellas visibles, incluida la Vía láctea.

galbana *s. f., fam.* Pereza, desidia.

galena *s. f.* Mineral compuesto de azufre y plomo, de color gris y lustre intenso.

galeón *s. m.* Nave grande de vela parecida a la galera.

galeote s. m. Persona que remaba forzada en las galeras.

galera s. f. **1.** Nave antigua de vela latina y remo. ‖ s. f. pl. **2.** Castigo que se imponía a ciertos delincuentes de servir remando en las galeras reales.

galería s. f. **1.** Pieza larga y espaciosa, adornada de muchas ventanas, o sostenida por columnas o pilares. **2.** Corredor descubierto o con vidrieras que da luz a las piezas interiores en las casas particulares. **3.** Camino subterráneo.

galerna s. f. Ráfaga súbita y borrascosa.

galga s. f. Palo atado por los extremos a la caja del carro, que sirve de freno.

galicismo s. m. Giro propio de la lengua francesa.

galimatías s. m. **1.** fam. Lenguaje oscuro. **2.** fig. y fam. Desorden.

galio s. m. Metal muy raro de la familia del aluminio.

galladura s. f. Pinta como de sangre que se encuentra en la yema del huevo, y es señal de que el huevo está fecundado.

gallardear v. intr. Ostentar mucha gallardía. También prnl.

gallardete s. m. Bandera pequeña, larga y rematada en punta.

gallardía s. f. Bizarría y buen aire.

gallardo, da adj. **1.** Desembarazado, airoso y galán. **2.** fig. Grande o excelente en cosas correspondientes al ánimo.

gallera s. f. Local donde tienen lugar las peleas de gallos.

galleta s. f. Pasta compuesta de harina, azúcar y otras sustancias que, dividida en trozos pequeños, se cuece al horno.

gallina s. f. **1.** Hembra del gallo. ‖ s. m. y s. f. **2.** fig. y fam. Persona cobarde.

gallinaza s. f. Excremento de las gallinas.

gallipavo s. m. Pavo.

gallito s. m., fig. Persona presuntuosa y arrogante.

gallo s. m. Ave doméstica gallinácea, que tiene la cabeza adornada de una cresta y tarsos armados de espolones largos y agudos.

gallocresta s. f. Planta medicinal, especie de salvia.

gallofa s. f. Comida que se daba a los peregrinos que venían a Santiago pidiendo limosna.

gallofear v. intr. Pedir limosna, viviendo vaga y ociosamente.

gallón s. m. Labor que adorna los boceles de algunos órdenes de arquitectura.

galocha s. f. Calzado de madera con refuerzos de hierro que sirve para andar por la nieve y el lodo.

galón[1] s. m. Tejido fuerte y estrecho a manera de cinta.

galón[2] s. m. Medida inglesa de capacidad para los líquidos equivalente a 4,5 litros.

galopada s. f. Carrera a galope.

galopar v. intr. Ir el caballo a galope.

galope s. m. Paso más levantado y veloz del caballo.

galopín s. m. **1.** Cualquier muchacho sucio y desharrapado. **2.** Pícaro bribón.

galvanismo s. m. Electricidad que se desarrolla mediante el contacto de dos metales diferentes con un líquido interpuesto.

galvanizar v. tr. **1.** Aplicar una capa de metal sobre otro, empleando al efecto el galvanismo. **2.** fig. Dar vida momentánea a algo que está en decadencia.

galvanoplastia s. f. Arte de sobreponer a cualquier cuerpo sólido capas metálicas consistentes, mediante la electrolisis.

gama¹ *s. f.* Hembra del gamo.
gama² *s. f.* **1.** Escala musical. **2.** *fig.* Escala, gradación de colores.
gamarra *s. f.* Correa que partiendo de la cincha se afianza en la muserola.
gambax *s. m.* Jubón acolchado que se ponía debajo de la coraza.
gamberro, rra *adj.* Que realiza actos inciviles para molestar a los demás.
gambesón *s. m.* Saco acolchado que se ponía debajo de la coraza.
gambeta *s. f.* **1.** Movimiento especial de las piernas al danzar. **2.** Corveta.
gambetear *v. intr.* Hacer gambetas.
gambito *s. m.* Cierto lance en el juego de ajedrez que consiste en sacrificar, al principio de la partida, algún peón o pieza, o ambos, para lograr una posición favorable.
gamboa *s. f.* Variedad de membrillo injerto.
gamella *s. f.* Artesa que sirve para dar de comer a los animales y para otros usos.
gamma *s. f.* Tercera letra del alfabeto griego con el sonido de la "g" española.
gamo *s. m.* Mamífero rumiante cérvido, de pelaje rojizo y cuernos en forma de pala.
gamuza *s. f.* Especie de antílope del tamaño de una cabra grande.
gana *s. f.* Deseo, apetito.
ganadería *s. f.* Crianza, granjería o comercio de ganados.
ganadero, ra *adj. y s. m. y s. f.* Dueño de ganados, que trata en ellos.
ganado *s. m.* Conjunto de animales domésticos que se apacientan y andan juntos.
ganapán *s. m.* Persona que se gana la vida haciendo recados.
ganapierde *s. amb.* Juego de damas en que gana la persona que pierde antes todas las piezas.

ganar *v. tr.* **1.** Adquirir caudal o aumentarlo. **2.** Conquistar una plaza. **3.** Lograr una cosa. También *prnl.*
ganchillo *s. m.* **1.** Aguja de gancho. **2.** Labor que se hace con aguja de gancho.
gancho *s. m.* Instrumento corvo y puntiagudo en uno o ambos extremos, que sirve para prender, agarrar o colgar una cosa.
gándara *s. f.* Tierra baja, inculta y llena de maleza.
gandaya *s. f.* Tuna, vida holgazana.
gandujar *v. tr.* Encoger, fruncir, plegar.
gandul, la *adj., fam.* Holgazán.
gandulear *v. intr.* Holgazanear.
ganga *s. f.* **1.** Materia que acompaña a los minerales y que se separa de ellos como inútil. **2.** *fig.* Cosa apreciable que se adquiere a poca costa.
ganglio *s. m.* Tumor pequeño que se forma en los tendones y en las aponeurosis.
gangrena *s. f.* Privación de vida en cualquier tejido de un cuerpo animal.
gangrenarse *v. prnl.* Padecer gangrena.
ganguear *v. intr.* Hablar con resonancia nasal.
gánguil *s. m.* Barco de pesca, con dos proas y una vela latina.
gansada *s. f., fig. y fam.* Sandez.
ganso, sa *s. m. y s. f.* Se dice del ave palmípeda doméstica, apreciada por su carne y su hígado.
ganzúa *s. f.* **1.** Garfio para abrir sin llaves las cerraduras. **2.** *fig.* Ladrón.
gañir *v. intr.* Dar el perro y otros animales gritos agudos cuando los maltratan.
gañote *s. m., fam.* Garguero o gaznate.
garabatear *v. intr.* Hacer garabatos.
garabato *s. m.* Rasgo irregular hecho con la pluma, lápiz, etc.

GARAJE - GARLOPA

garaje s. m. Cochera para guardar automóviles.

garambaina s. f. Adorno de mal gusto.

garante adj. Que da garantía.

garantía s. f. Fianza, prenda.

garantir v. tr. Garantizar, dar garantía.

garantizar v. tr. Dar garantía.

garañón s. m. Asno grande destinado a la procreación.

garapiña s. f. Estado del líquido que se solidifica en grumos.

garapiñar v. tr. **1.** Poner un líquido en estado de garapiña. **2.** Bañar golosinas en el almíbar que forma grumos.

garapiñera s. f. Vasija que sirve para garapiñar o congelar los líquidos.

garapita s. f. Red espesa y pequeña.

garapito s. m. Insecto hemíptero que vive en las aguas estancadas.

garapullo s. m. Rehilete, especie de flechilla.

garbanzal s. m. Tierra sembrada de garbanzos.

garbanzo s. m. Planta leguminosa, de fruto en vaina, con una o dos semillas comestibles.

garbanzuelo s. m. Esparaván, tumor.

garbear v. intr. Afectar garbo o bizarría.

garbillar v. tr. Ahechar grano.

garbillo s. m. Especie de zaranda de esparto con que se garbilla el grano.

garbo s. m. **1.** Gentileza. **2.** Gracia.

garboso, sa adj. Airoso, gallardo.

garbullo s. m. Barullo, confusión.

garceta s. f. Ave zancuda de plumaje blanco y cabeza con penacho, del cual salen dos plumas filiformes pendientes.

gardenia s. f. Planta rubiácea de hojas ovaladas y flores blancas y olorosas.

garduña s. f. Mamífero carnívoro, nocturno y muy perjudicial.

garfa s. f. Cada una de las uñas corvas de algunos animales.

garfear v. intr. Echar los garfios para agarrar con ellos una cosa.

garfio s. m. Instrumento de hierro, corvo y puntiagudo, que sirve para aferrar algún objeto.

gargajear v. intr. Arrojar gargajos por la boca.

gargajo s. m. Flema que se expele de la garganta.

garganchón s. m. Garguero, tráquea.

garganta s. f. **1.** Parte anterior del cuello. **2.** Estrechura en una montaña.

gargantear v. intr. Cantar haciendo quiebros con la garganta.

gargantilla s. f. Collar de adorno.

gárgaras s. f. pl. Acción de mantener un líquido en la garganta, con la boca hacia arriba, sin tragarlo y arrojando el aliento.

gargarismo s. m. Licor que sirve para hacer gárgaras.

gárgol s. m. Ranura en que se hace encajar el canto de una pieza.

gárgola s. f. Canal por donde se vierte el agua de los tejados o de las fuentes.

garita s. f. **1.** Torrecilla para abrigo y defensa de centinelas. **2.** Cuarto pequeño que suelen tener los porteros en el portal.

garito s. m. Local de ambiente sórdido y mala reputación.

garlito s. m. **1.** Especie de nasa a modo de buitrón. **2.** fig. y fam. Celada o lazo que se arma a alguien para molestarlo.

garlopa s. f. Cepillo largo y con puño que sirve para igualar las superficies de la madera ya cepillada.

garnacha[1] *s. f.* Vestidura talar de los togados con mangas y sobrecuello grande.

garnacha[2] *s. f.* Especie de uva roja que tira a morada, muy dulce.

garo *s. m.* Condimento de mucho aprecio entre los romanos, que se hacía con los desperdicios de ciertos pescados.

garra *s. f.* Pata del animal armada de uñas corvas, fuertes y agudas.

garrafa *s. f.* Vasija ancha y redonda con cuello largo y angosto.

garrafal *adj.* Se dice de ciertas faltas graves.

garrancho *s. m.* Desgarrón en una rama o en un tallo.

garrapata *s. f.* Ácaro que vive parásito sobre ciertos animales, chupándoles la sangre.

garrar *v. intr.* Ir hacia atrás un buque arrastrando el ancla.

garrón *s. m.* **1.** Espolón de ave. **2.** Extremo de la pata por donde se cuelgan los cuadrúpedos después de sacrificados.

garrote *s. m.* Palo grueso y fuerte.

gárrulo, la *adj.* **1.** Se aplica al ave que canta o chirría mucho. **2.** *fig.* Se dice de la persona charlatana.

garulla *s. f.* Granuja de la uva.

garza *s. f.* Ave zancuda, de cabeza pequeña y con un moño largo y gris.

garzo, za *adj.* De color azulado.

garzota *s. f.* Ave zancuda que tiene en la nuca tres plumas largas e inclinadas hacia la cola.

gas *s. m.* Fluido sin forma ni volumen propios.

gasa *s. f.* Tela muy clara y sutil.

gaseosa *s. f.* Bebida refrescante, efervescente y sin alcohol.

gaseoso, sa *adj.* Que se halla en estado de gas.

gasificar *v. tr.* Hacer pasar un cuerpo al estado gaseoso.

gasógeno *s. m.* Aparato que sirve para obtener un gas.

gasóleo *s. m.* Derivado del petróleo que se emplea como carburante en cierto tipo de motores de explosión.

gasolina *s. f.* Mezcla de hidrocarburos, líquida, producto de la destilación del petróleo.

gasómetro *s. m.* Instrumento que sirve para medir el gas.

gastar *v. tr.* **1.** Emplear el dinero en algo. **2.** Echar a perder con el uso.

gasto *s. m.* Lo que se gasta o se ha gastado.

gastralgia *s. f.* Dolor de estómago.

gastritis *s. f.* Inflamación del estómago.

gastroenteritis *s. f.* Inflamación simultánea de la membrana mucosa del estómago y de la de los intestinos.

gastronomía *s. f.* Arte de preparar una buena comida.

gastrónomo, ma *s. m. y s. f.* Persona aficionada al arte de la gastronomía.

gata *s. f.* Hembra del gato.

gatear *v. intr.* **1.** Trepar por un árbol o tronco como los gatos, valiéndose de los brazos y las piernas. **2.** Andar a gatas.

gatera *s. f.* Agujero en la pared, tejado o puerta para que puedan pasar los gatos.

gatería *s. f.* **1.** Concurrencia de muchos gatos. **2.** *fig. y fam.* Simulación hipócrita para lograr alguna cosa.

gatillo *s. m.* En las armas de fuego portátiles, percusor o palanca para dispararlo.

gato *s. m.* **1.** Mamífero carnívoro, doméstico, de la familia de los félidos. Tiene cabeza redonda, lengua muy áspera, patas cortas. **2.** Máquina compuesta de un engranaje de piñón y cremallera, que se utiliza para levantar grandes pesos a poca altura.

gatuña *s. f.* Hierba leguminosa, con tallos ramosos, delgados, duros y con espinas.

gatuperio *s. m.* **1.** Mezcla de varias sustancias incoherentes. **2.** *fig. y fam.* Embrollo, enjuague, intriga.

gavanzo *s. m.* Agavanzo, escaramujo.

gaveta *s. f.* Cajón corredizo que hay en los escritorios.

gavia *s. f.* **1.** Jaula de madera en la cual se encerraba al que estaba loco o furioso. **2.** Vela que se coloca en el mastelero mayor.

gavilán *s. m.* Ave rapaz falcónida, con plumaje gris azulado y pardo.

gavilla *s. f.* Haz pequeño de sarmientos, cañas, mieses, ramas, hierba, etc.

gaviota *s. f.* Ave palmípeda, que vive en las costas y se alimenta de peces.

gavota *s. f.* Baile de origen francés y de movimiento moderado a otros tiempos.

gayo, ya *adj.* Alegre, vistoso.

gayola *s. f.* **1.** Jaula. **2.** *fig. y fam.* Cárcel.

gayuba *s. f.* Mata ericácea, verde y ramosa, sobre cuyas raíces vive una cochinilla que da color rojo.

gaza *s. f.* Lazo que se hace en el extremo de un cabo doblándolo.

gazapa *s. f., fam.* Mentira, embuste.

gazapatón *s. m.* Disparate en el hablar.

gazapera *s. f.* Madriguera de los conejos.

gazapo[1] *s. m.* Cría del conejo.

gazapo[2] *s. m.* Equivocación que se escapa al hablar o escribir.

gazmoñería *s. f.* Afectación de modestia, devoción o escrúpulos.

gazmoño, ña *adj.* Que afecta devoción, escrúpulos y virtudes que no tiene.

gaznápiro, ra *adj.* Palurdo, torpe.

gazpacho *s. m.* Sopa fría que se hace con agua, aceite, vinagre, sal, ajo, cebolla, pepino, tomate, trozos de pan, etc.

gazuza *s. f., fam.* Hambre.

géiser *s. m.* Fuente termal intermitente en forma de surtidor de agua y vapor, de origen volcánico.

geisha *s. f.* En Japón, joven instruida desde su infancia en el baile, canto, música y conversación para agradar a los hombres.

gelatina *s. f.* Sustancia incolora y transparente, que se saca de algunas partes blandas de los animales y de sus huesos.

gema *s. f.* Cualquier piedra preciosa.

gemación *s. f.* Reproducción asexual de muchos animales invertebrados y plantas por yemas o tubérculos.

gemelo, la *adj.* **1.** Se dice de cada uno de dos o más hermanos que han nacido en un mismo parto. También s. m. y s. f. ∥ *s. m. pl.* **2.** Anteojos.

gemir *v. intr.* **1.** Expresar con voces quejumbrosas la pena y dolor. **2.** *fig.* Aullar algunos animales.

genciana *s. f.* Planta cuya raíz se emplea en medicina.

gendarme *s. m.* Guardia civil de algunos países para mantener el orden y la seguridad pública.

gendarmería *s. f.* Cuerpo de tropa de los gendarmes.

genealogía *s. f.* Serie de progenitores y ascendientes de cada individuo.

generación *s. f.* **1.** Sucesión de descendientes en línea recta. **2.** Conjunto de todos los vivientes coetáneos.

general *adj.* **1.** Común a todos o a la mayoría. ∥ *s. m.* **2.** Oficial que tiene cualquiera de los cuatro grados superiores de la milicia. **3.** Prelado superior de una orden religiosa.

generala *s. f.* Toque para que las fuerzas de una guarnición o campo se pongan sobre las armas.

generalato *s. m.* Oficio del general de las órdenes religiosas.

generalidad *s. f.* Mayoría de las personas u objetos que componen una clase o todo.

generalísimo *s. m.* Jefe del estado militar con autoridad sobre todos los generales del ejército.

generalizar *v. tr.* Hacer común o pública una cosa. También prnl.

generativo, va *adj.* Se dice de lo que tiene virtud de engendrar.

generatriz *adj.* **1.** Se dice de la línea o figura generadora. También s. f. **2.** Se dice de la máquina que convierte la energía mecánica en eléctrica. También s. f.

genérico, ca *adj.* Común a muchas especies.

género *s. m.* **1.** Conjunto de seres o cosas que tienen caracteres comunes. **2.** Modo de hacer una cosa. **3.** Accidente gramatical mediante el cual los sustantivos, adjetivos, pronombres y artículos se clasifican en masculinos, femeninos o neutros.

generosidad *s. f.* **1.** Nobleza heredada de los mayores. **2.** Larqueza, liberalidad.

generoso, sa *adj.* Que obra con magnanimidad y nobleza de ánimo.

génesis *s. f.* Origen o principio de una cosa.

genial *adj.* Propio del genio o inclinación de alguien.

genialidad *s. f.* Singularidad propia del carácter de una persona.

genio *s. m.* **1.** Carácter de una persona. **2.** Aptitud capaz de crear o inventar.

genital *adj.* Que sirve para la generación.

genitivo, va *adj.* **1.** Que puede engendrar. || *s. m.* **2.** Uno de los casos de la declinación. Denota relación de propiedad, posesión, pertenencia o materia de que está hecha una cosa.

gente *s. f.* Pluralidad de personas.

gentil *adj.* **1.** Idólatra o pagano. **2.** Gracioso, brioso, galán.

gentileza *s. f.* Gallardía, garbo, bizarría.

gentilicio, cia *adj.* **1.** Perteneciente o relativo a las gentes o naciones. **2.** Perteneciente o relativo al linaje o familia.

gentío *s. m.* Afluencia de un número considerable de personas.

gentuza *s. f.* Gente despreciable.

genuino, na *adj.* Puro, propio, natural.

geodesia *s. f.* Ciencia que determina la figura y magnitud del globo terrestre y construye los mapas correspondientes.

geognosia *s. f.* Parte de la geología que estudia la estructura, composición y disposición de los elementos que forman la Tierra.

geografía *s. f.* Ciencia que describe la Tierra.

geología *s. f.* Ciencia que trata de la constitución del globo terrestre.

geometría *s. f.* Parte de las matemáticas que trata de las propiedades y medidas de la extensión.

geórgica *s. f.* Obra que está relacionada con la agricultura. Se usa más en pl.

geranio *s. m.* Planta de jardín, de tallo carnoso y flores zigomorfas.

gerencia *s. f.* **1.** Cargo de gerente. **2.** Oficina del gerente.

gerente *s. m. y s. f.* Persona que dirige una empresa o sociedad mercantil.

geriatría *s. f.* Rama de la medicina que trata de las enfermedades de la vejez.

gerifalte *s. m.* Ave rapaz, especie de halcón grande, que se utiliza en cetrería.

germanía *s. f.* Jerga o manera de hablar de ladrones o rufianes, que se llamaban entre sí germanos o germanes.

germanio *s. m.* Metal blanco parecido al bismuto.

germanismo *s. m.* Giro propio de la lengua alemana.

germen *s. m.* **1.** Principio orgánico. **2.** Parte de la semilla de la que se forma la planta.

germinal *s. m.* Séptimo mes del año en el calendario republicano francés.

germinar *v. intr.* Brotar y desarrollarse las plantas.

gerundio *s. m.* Forma no personal del verbo.

gesta *s. f.* Conjunto de hazañas o hechos memorables de una persona o pueblo.

gestación *s. f.* Desarrollo del óvulo fecundado, hasta el nacimiento del nuevo ser.

gestatorio, ria *adj.* Que se lleva a brazos.

gesticular *v. intr.* Hacer gestos.

gestionar *v. tr.* Hacer diligencias para conseguir algo.

gesto *s. m.* Movimiento de la cara o manos que se hace por costumbre o que expresa un estado de ánimo.

giba *s. f.* Corcova.

gibar *v. tr.* **1.** Corcovar. **2.** *fig. y fam.* Fastidiar, molestar.

gigante *adj.* De gran tamaño.

gigote *s. m.* Guiso de carne picada rehogada en manteca.

gimnasia *s. f.* Arte de desarrollar el cuerpo por medio de ciertos ejercicios.

gimnasio *s. m.* Lugar destinado a ejercicios gimnásticos.

gimnasta *s. m. y s. f.* Persona que practica ejercicios gimnásticos.

gimnoto *s. m.* Pez teleósteo, especie de anguila grande, que produce descargas eléctricas.

gimotear *v. intr.* Gemir con insistencia y con poca fuerza, por causa leve.

ginebra *s. f.* Alcohol de semillas aromatizado con las bayas del enebro.

gineceo *s. m.* Departamento retirado que los griegos antiguos destinaban para habitación de sus mujeres.

ginecología *s. f.* Parte de la medicina que trata de las enfermedades especiales de la mujer.

gingivitis *s. f.* Inflamación de las encías.

giralda *s. f.* Veleta de torre, cuando tiene figura humana o de animal.

giraldilla *s. f.* Baile popular del norte de España, principalmente asturiano.

girándula *s. f.* Rueda de cohetes que gira despidiéndolos.

girar *v. intr.* **1.** Moverse alrededor o circularmente. **2.** Expedir letras u otras órdenes de pago. También tr.

girasol *s. m.* Planta compuesta de fruto con semillas comestibles y oleaginosas.

gitano, na *adj.* Se dice de cierto pueblo nómada, que parece proceder del norte de la India, y cuyas tribus se esparcieron por Europa a fines del s. XIII.

glacial *adj.* Helado.

glacis *s. m.* En una fortificación permanente, declive desde el camino cubierto hacia el campo.

gladiador s. m. Persona que en los juegos públicos de los romanos batallaba a muerte con otra o con una bestia feroz.

gladiolo s. m. Estoque, planta.

glándula s. f. Órgano que sirve para la secreción y excreción de humores.

glasé s. m. Tafetán de mucho brillo.

glasear v. tr. Dar brillo a la superficie de algunas cosas, como al papel, la ropa, algunos manjares, etc.

glasto s. m. Planta crucífera cuyas hojas dan un colorante parecido al añil.

glauco, ca adj. Verde claro.

glaucoma s. m. Enfermedad de los ojos.

gleba s. f. Terrón que se levanta con el arado.

glicerina s. f. Líquido incoloro, inodoro, dulce, de consistencia de jarabe, que se obtiene por la saponificación de las grasas y aceites.

glíptica s. f. Arte de grabar en acero los cuños para monedas, sellos, etc.

globo s. m. Cuerpo esférico.

globular adj. **1.** De figura de glóbulo. **2.** Compuesto de glóbulos.

glóbulo s. m. **1.** Cuerpo esférico pequeño. **2.** Corpúsculo unicelular que se encuentra en muchos líquidos del cuerpo de los animales.

gloria s. f. **1.** Bienaventuranza. **2.** Cielo, lugar de los bienaventurados. **3.** Reputación, fama.

glorieta s. f. **1.** Cenador de un jardín. **2.** Plazoleta.

glorificar v. tr. **1.** Dar la gloria a alguno. **2.** Reconocer y ensalzar al que es glorioso.

glorioso, sa adj. Digno de gloria.

glosa s. f. Explicación o comentario de un texto difícil de entender.

glosar v. tr. Comentar palabras o dichos propios o ajenos, ampliándolos.

glosario s. m. **1.** Diccionario de palabras oscuras o desusadas, con definición o explicación de cada una de ellas. **2.** Catálogo de palabras de una misma disciplina, de un mismo campo de estudio, etc., definidas y comentadas.

glosopeda s. f. Enfermedad epizoótica de los ganados, que se caracteriza por el desarrollo de vesículas en la boca y entre las pezuñas.

glotis s. f. Abertura u orificio superior de la laringe.

glotón, na adj. Que come con exceso.

glucemia s. f. Presencia de glucosa en la sangre.

glucina s. f. Óxido de glucinio que entra en la composición del berilo y de la esmeralda, y que combinado con los ácidos forma sales de sabor dulce.

glucinio s. m. Metal semejante al aluminio; se le da este nombre por el sabor dulce de sus sales.

glucógeno s. m. Hidrato de carbono, de color blanco, que se encuentra abundantemente en el hígado, y en menor cantidad en los músculos y otros tejidos; es una sustancia de reserva formada por la unión de moléculas de glucosa.

glucosa s. f. Glúcido monosacárido que se encuentra en todos los seres vivos.

glucosuria s. f. Estado patológico caracterizado por la presencia de glucosa en la orina, síntoma de diabetes.

gluten s. m. Materia albuminoidea, insoluble en el agua, que se encuentra, juntamente con el almidón, en las harinas de los cereales.

glúteo s. m. Músculo de la nalga.

glutinoso, sa adj. Pegajoso.

gneis s. m. Roca metamórfica de estructura pizarrosa e igual composición que el granito y otras rocas feldespáticas.

gobelino s. m. Tapiz hecho por los gobelinos o a la manera de éstos.

gobernador, ra s. m. y s. f. Jefe superior de una provincia, ciudad o territorio.

gobernar v. tr. **1.** Regir, mandar. También intr. **2.** Guiar, dirigir. También prnl.

gobierno s. m. **1.** Conjunto de los ministros superiores de un Estado. **2.** Empleo, ministerio y dignidad del gobernador.

gobio s. m. Pez de río, comestible, cuya carne se vuelve roja al cocerla.

gofo, fa adj. Necio, ignorante y grosero.

gol s. m. En algunos juegos de pelota, suerte de entrar el balón en la portería.

gola s. f. **1.** Garganta de una persona. **2.** Pieza de la armadura que se ponía sobre el peto.

goleta s. f. Embarcación ligera, de bordas poco elevadas, con dos o tres palos y un cangrejo en cada uno.

golf s. m. Juego de origen escocés que consiste en meter una pelota en determinados hoyos.

golfo s. m. Gran porción de mar que se interna en la tierra entre dos cabos.

golfo, fa s. m. y s. f. Pilluelo, vagabundo.

golilla s. f. Adorno, especie de cuello que han usado los ministros togados y demás curiales.

gollería s. f. Manjar exquisito y delicado.

gollete s. m. **1.** Parte superior de la garganta. **2.** Cuello estrecho de algunas vasijas.

golondrina s. f. Pájaro de pico negro, de cuerpo negro, azulado por encima y blanco por debajo, alas puntiagudas y cola larga.

golondrino s. m. **1.** Pollo de la golondrina. **2.** fig. Infarto glandular en la axila.

golosina s. f. Manjar delicado, exquisito, que sirve más para el gusto que para el sustento.

goloso, sa adj. Aficionado a las golosinas.

golpe s. m. **1.** Encuentro violento y repentino de dos cuerpos. **2.** Desgracia imprevista.

golpear v. tr. Dar repetidos golpes. También intr.

goma s. f. **1.** Cualquiera de las sustancias exudadas por ciertas plantas, que se endurece al aire y forma en el agua disoluciones y sirve para pegar. **2.** Tira o banda de goma elástica a modo de cinta.

gomorresina s. f. Sustancia lechosa exudada por ciertas plantas, formando goma y resina y que se solidifica al aire.

gomoso, sa adj. Que tiene goma o se parece a ella.

góndola s. f. Embarcación de recreo usada especialmente en los canales de Venecia.

goniómetro s. m. Instrumento que sirve para medir ángulos.

gonococo s. m. Microorganismo en forma de elementos ovoides.

gonorrea s. f. Flujo mucoso de la uretra.

gordiflón, na adj., fam. Que tiene muchas carnes, pero flojas.

gordo, da adj. **1.** Que tiene muchas carnes. **2.** Muy abultado y corpulento. **3.** Pingüe, graso y mantecoso.

gordolobo s. m. Planta escrofulariácea, que tiene hojas blanquecinas, gruesas, oblongas, flores amarillas y fruto capsular con varias semillas.

gordura *s. f.* Abundancia de carne y grasa.

gorgojo *s. m.* Nombre de algunos insectos coleópteros.

gorgorito *s. m., fam.* Quiebro que se hace con la voz en la garganta.

gorgorotada *s. f.* Porción de cualquier licor, que se bebe de un golpe.

gorgoteo *s. m.* Ruido producido por el movimiento de un líquido o un gas en el interior de alguna cavidad.

gorguera *s. f.* Adorno del cuello.

gorigori *s. m., fam.* Voz con que vulgarmente se alude al canto lúgubre de los entierros.

gorila *s. m.* Mono antropomorfo, membrudo y muy fiero, de estatura igual a la del hombre, que habita en África.

gorjal *s. m.* Parte de la vestidura del sacerdote que rodea el cuello.

gorjear *v. intr.* **1.** Hacer en la garganta quiebros con la voz. **2.** Cantar el pájaro.

gorra *s. f.* Prenda sin copa ni alas, para abrigar la cabeza.

gorrinería *s. f.* Porquería, suciedad.

gorrino, na *s. m. y s. f.* Cerdo pequeño menor de cuatro meses.

gorrión *s. m.* Pájaro pequeño, con plumaje pardo, con manchas negras y rojizas.

gorrista *adj.* Que vive a costa de otro.

gorro *s. m.* Prenda de tela o punto para cubrir y abrigar la cabeza.

gorrón, na *adj.* Que tiene por costumbre vivir o divertirse a costa ajena.

gorronear *v. intr.* Comer o vivir a costa ajena.

gorulllo *s. m.* Pella de lana, engrudo, etc.

gota *s. f.* **1.** Partícula de agua o de cualquier líquido que adopta en su caída una forma esferoidal. **2.** Enfermedad que causa hinchazón muy dolorosa en ciertas articulaciones.

gotear *v. intr.* Caer gota a gota un líquido.

gotera *s. f.* Hendidura o parte del techo por donde cae agua.

goterón *s. m.* **1.** Gota muy grande de lluvia. **2.** Canal en la cara inferior de la corona de la cornisa.

gozar *v. tr.* **1.** Tener o poseer algo útil o agradable. También intr. ‖ *v. intr.* **2.** Sentir placer, experimentar gratas sensaciones.

gozne *s. m.* Herraje articulado con que se fijan las hojas de las puertas y ventanas al quicial para que giren.

gozo *s. m.* Alegría, placer.

gozque *adj.* Se dice del perro pequeño muy ladrador. También s. m.

grabador, ra *s. m. y s. f.* Persona que tiene por oficio grabar.

grabar *v. tr.* Esculpir o señalar algo con el buril o el cincel.

gracejar *v. intr.* **1.** Hablar o escribir con gracejo. **2.** Decir chistes.

gracejo *s. m.* Gracia y donaire festivo.

gracia *s. f.* **1.** Don natural. **2.** Donaire y atractivo.

grácil *adj.* Sutil, menudo.

graciosidad *s. f.* **1.** Gracia, hermosura. **2.** Chiste, ocurrencia.

gracioso, sa *adj.* **1.** Se aplica a la persona o cosa que tiene gracia, donaire o atractivo. **2.** Chistoso, agudo, lleno de donaire y gracia.

grada[1] *s. f.* **1.** Peldaño. **2.** Asiento a manera de escalón corrido.

grada[2] *s. f.* Instrumento parecido a unas parrillas grandes, que sirve para allanar la tierra después de arada.

gradación *s. f.* Disposición o realización de una cosa en grados sucesivos.

gradar *v. tr.* Allanar con la grada la tierra después de arada.

gradería *s. f.* Conjunto o serie de gradas.

gradilla[1] *s. f.* Escalerilla portátil.

gradilla[2] *s. f.* Marco para fabricar ladrillos.

grado *s. m.* **1.** Peldaño. **2.** En la enseñanza media y superior, título que se alcanza al superar algunos ciclos de estudio. **3.** Cada lugar de la escala dentro de una jerarquía.

graduador *s. m.* Instrumento que sirve para graduar la cantidad o calidad de una cosa.

gradual *adj.* Que está por grados o que va de grado en grado.

graduar *v. tr.* Dar a una cosa el grado o calidad que le corresponde, o apreciar el que tiene.

grafema *s. m.* Unidad mínima de la escritura de una lengua.

gráfico, ca *adj.* Se aplica a las descripciones, operaciones y demostraciones que se representan por medio de figuras, signos o dibujos.

gráfila *s. f.* Orlita que tienen las monedas en su anverso o reverso.

grafioles *s. m. pl.* Especie de melindres que se hacen en figura de "s", de masa de bizcocho y manteca de vaca.

grafito *s. m.* Mineral de carbono de textura compacta, color negro agrisado y lustre metálico, que se emplea para hacer lápices, crisoles refractarios, etc.

grafología *s. f.* Arte de pretender conocer, por las particularidades de la letra, algunas cualidades psicológicas de la persona que la escribe.

grafomanía *s. f.* Manía de escribir.

gragea *s. f.* Confite muy menudo.

graja *s. f.* Hembra del grajo.

grajear *v. intr.* Cantar o chillar los grajos o los cuervos.

grajo *s. m.* Ave parecida al cuervo, de plumaje violáceo negruzco, pico y pies rojos y uñas negras.

grama *s. f.* Planta medicinal gramínea, con el tallo rastrero que echa raicillas por los nudos y flores en espigas.

gramática *s. f.* Ciencia que estudia las leyes y formas básicas de una lengua, englobando su contenido significativo.

gramil *s. m.* Instrumento de carpintería para trazar paralelas en la madera.

gramo *s. m.* Unidad de masa del sistema métrico decimal.

gramófono *s. m.* Instrumento que reproduce las vibraciones de la voz humana o de otro sonido cualquiera.

gramola *s. f.* Nombre industrial de ciertos gramófonos eléctricos.

gran *adj.* Apócope de grande.

grana[1] *s. f.* Semilla de algunos vegetales.

grana[2] *s. f.* **1.** Cochinilla, insecto. **2.** Quermes, insecto.

granada *s. f.* **1.** Fruto del granado. **2.** Globo lleno de pólvora.

granadero *s. m.* Soldado que por su elevada estatura era escogido para arrojar granadas de mano.

granadilla *s. f.* Flor de la pasionaria.

granadina *s. f.* Tejido calado, que se hace con seda retorcida.

granado *s. m.* Árbol punicáceo, con flores rojas, cuyo fruto es la granada.

granalla *s. f.* Metal reducido a granos menudos.

granar *v. intr.* Formarse y crecer el grano de los frutos en algunas plantas.

granate *s. m.* **1.** Piedra fina cuyo color varía según la composición. **2.** Color rojo oscuro.

grande *adj.* Que excede a lo común y regular.

grandeza *s. f.* **1.** Tamaño excesivo. **2.** Majestad y poder.

grandilocuencia *s. f.* **1.** Elocuencia muy elevada. **2.** Estilo sublime.

grandiosidad *s. f.* Admirable grandeza, magnificencia.

grandioso, sa *adj.* Sobresaliente, magnífico.

grandor *s. m.* Tamaño de las cosas.

graneado, da *adj.* **1.** Reducido a grano. **2.** Salpicado de pintas.

granear *v. tr.* Esparcir el grano o semilla en un terreno.

granel, a *loc.* Hablando de cosas menudas, sin orden, número ni medida.

granero *s. m.* Sitio para guardar el grano.

granguardia *s. f.* Tropa de caballería, apostada a mucha distancia de un campamento, para guardar las avenidas y dar avisos.

granito *s. m.* Roca compacta y dura, granular, cristalina, compuesta de feldespato, cuarzo y mica.

granizar *v. intr.* Caer granizo.

granizo *s. m.* Agua congelada que cae de las nubes en forma de granos.

granja *s. f.* Hacienda de campo.

granjear *v. tr.* **1.** Adquirir caudal traficando. **2.** Adquirir, conseguir, captar. También prnl.

granjería *s. f.* Beneficio de las haciendas de campo y venta de sus frutos, ganados, etc.

grano *s. m.* **1.** Fruto de los cereales. **2.** Semillas pequeñas de varias plantas. **3.** Especie de tumorcillo que nace en la piel.

granoso, sa *adj.* Se dice de la superficie cubierta de granos.

granuja *s. f.* **1.** Uva desgranada. || *s. m.* **2.** Muchacho vagabundo, pilluelo.

granular[1] *adj.* Que presenta granos.

granular[2] *v. tr.* Reducir a granillos una masa.

gránulo *s. m.* Bolita de azúcar y goma arábiga con muy corta dosis de algún medicamento.

granuloso, sa *adj.* Se dice de la sustancia cuya masa forma granos pequeños.

granza[1] *s. f.* Rubia, planta.

granza[2] *s. f.* Desechos que quedan del yeso cuando se cierne.

grao *s. m.* Playa que sirve de desembarcadero.

grapa *s. f.* Pieza de hierro u otro metal que, doblada por los extremos, se clava para unir o sujetar dos tablas u otras cosas.

grasa *s. f.* Manteca, unto o sebo de un animal.

grasiento, ta *adj.* Que está untado o lleno de grasa.

graso, sa *adj.* Pingüe, mantecoso.

grata *s. f.* Escobilla de metal que sirve para limpiar, raspar o bruñir.

gratar *v. tr.* Limpiar o bruñir con la grata.

gratificación *s. f.* Recompensa pecuniaria o remuneración fija de un servicio.

gratificar *v. tr.* **1.** Recompensar con una gratificación. **2.** Dar gusto, complacer.

grátil *s. m.* Orilla o extremidad de la vela por donde se une al palo o a la verga.

gratis *adv. m.* De balde.

gratitud *s. f.* Sentimiento por el cual nos vemos obligados a agradecer el favor recibido y corresponder a él.

grato, ta *adj.* Gustoso, agradable.

gratuito, ta *adj.* **1.** De balde o de gracia. **2.** Arbitrario, sin fundamento.

grava *s. f.* Piedra machacada con que se cubre y allana el piso de los caminos y carreteras.

gravamen *s. m.* Carga, obligación que pesa sobre alguna persona.

gravar *v. tr.* Cargar.

grave *adj.* **1.** Se dice de lo que pesa. También *s. m.* **2.** Se aplica al que está enfermo de cuidado. **3.** *fig.* Serio. **4.** *fig.* Se aplica a la palabra cuyo acento prosódico carga en su penúltima sílaba.

gravear *v. intr.* Gravitar un cuerpo.

gravedad *s. f.* **1.** Tendencia de los cuerpos a dirigirse al centro de la Tierra cuando cesa la causa que lo impide. **2.** Calidad de grave.

grávido, da *adj.* Cargado, lleno.

gravitar *v. intr.* Moverse un cuerpo por la atracción gravitatoria de otro cuerpo.

gravoso, sa *adj.* Molesto, pesado y a veces intolerable.

graznar *v. intr.* Dar graznidos.

graznido *s. m.* Canto desigual que disuena al oído.

greba *s. f.* Pieza de la armadura que cubría la pierna.

greca *s. f.* Adorno que está formado por una faja en que se repite la misma combinación de elementos decorativos.

grecorromano, na *adj.* Común a griegos y romanos.

greda *s. f.* Arcilla arenosa que se usa especialmente para quitar manchas.

gregario, ria *adj.* Se dice de la persona que está en compañía de otras sin distinción.

greguería *s. f.* Algarabía, gritería confusa.

gregüescos *s. m. pl.* Calzones muy anchos usados en los siglos XVI y XVII.

gremio *s. m.* Conjunto de personas que tienen un mismo ejercicio, profesión o estado social.

greña *s. f.* **1.** Cabellera revuelta. **2.** Lo que está enredado.

gres *s. m.* Pasta con que en alfarería se fabrican objetos, que, después de cocidos, son resistentes, impermeables y refractarios.

gresca *s. f.* **1.** Bulla, algazara. **2.** Riña.

grey *s. f.* Rebaño del ganado.

grieta *s. f.* **1.** Quiebra o abertura longitudinal. **2.** Pequeña hendidura de la piel.

grifo[1] *s. m.* Animal fabuloso medio águila, medio león.

grifo[2] *s. m.* Llave para dar salida a un líquido.

grilla *s. f.* Hembra del grillo.

grillete *s. m.* Arco de hierro con dos agujeros por los cuales se pasa un perno, que sirve para asegurar una cadena al pie de un presidiario, a un punto de una embarcación o a cualquier otra parte.

grillo *s. m.* Insecto de color negro rojizo, que produce un sonido agudo y mantenido.

grima *s. f.* Desazón, horror.

grímpola *s. f.* Gallardete muy corto.

griñón[1] *s. m.* Toca que usan las beatas y las monjas.

griñón[2] *s. m.* Variedad del melocotón pequeño, de piel lisa y muy colorada.

gripe *s. f.* Enfermedad infecciosa, generalmente epidémica.

gris *adj.* **1.** Se dice del color que resulta de mezclar el blanco con el negro. **2.** *fig.* Triste, lánguido, apagado.

grisáceo, a *adj.* De color que tira a gris.

griseta *s. f.* Cierta tela de seda con dibujo menudo.

grisú *s. m.* Gas que se desprende en las minas de carbón y se vuelve inflamable en contacto con el aire.

gritar *v. intr.* Levantar la voz más de lo acostumbrado.

grito *s. m.* Voz esforzadísima y levantada.

gro *s. m.* Tela de seda sin brillo.

grog *s. m.* Bebida compuesta de aguardiente o ron, agua caliente con azúcar y limón.

grosella *s. f.* Fruto del grosellero, que es una baya jugosa de color rojo y de sabor agridulce, de cuyo zumo se hace jarabe.

grosellero *s. m.* Arbusto saxifragáceo, de flores amarilloverdosas en racimo.

grosería *s. f.* **1.** Descortesía. **2.** Tosquedad en el trabajo manual.

grosero, ra *adj.* **1.** Basto, ordinario y sin arte. **2.** Descortés. También s. m. y s. f.

grosor *s. m.* Grueso de un cuerpo.

grosura *s. f.* Sustancia crasa o mantecosa.

grotesco, ca *adj.* Ridículo y extravagante.

grúa *s. f.* Máquina para levantar pesos, compuesta de un brazo montado sobre un eje giratorio y con una o varias poleas.

grueso, sa *adj.* **1.** Corpulento y abultado. **2.** Obeso, gordo.

gruir *v. intr.* Gritar las grullas.

grujir *v. tr.* Igualar los bordes de los vidrios después de cortados éstos con el diamante.

grulla *s. f.* Ave zancuda, de pico recto y cónico, cuello largo y alas grandes.

grumete *s. m.* Marino de clase inferior.

grumo *s. m.* Parte de un líquido que se coagula.

grumoso, sa *adj.* Lleno de grumos.

gruñido *s. m.* **1.** Voz del cerdo. **2.** *fig.* Sonidos inarticulados, roncos, que emite una persona como señal, casi siempre, de mal humor.

gruñir *v. intr.* **1.** Dar gruñidos. **2.** Mostrar disgusto.

grupa *s. f.* Ancas de una caballería.

grupera *s. f.* Almohadilla que se pone detrás del borrén trasero en las sillas de montar.

grupo *s. m.* Pluralidad de seres o cosas que forman un conjunto.

gruta *s. f.* Cavidad abierta en riscos o peñas.

guacamayo *s. m.* Ave prensora de América, especie de papagayo, con plumaje rojo, azul y amarillo y la cola muy larga.

guachapear *v. tr., fam.* Golpear y agitar con los pies el agua.

guadamecí *s. m.* Cuero adobado y adornado con dibujos de pintura o relieve.

guadaña *s. f.* Instrumento para segar formado por una cuchilla puntiaguda enastada en un mango largo de madera.

guadapero *s. m.* Mozo que lleva la comida a los segadores.

guadarnés *s. m.* Lugar o sitio donde se guardan los arneses.

guagua *s. f.* Cosa baladí.

guairo *s. m.* Embarcación pequeña y con dos guairas o velas.

guaita *s. f.* Soldado que estaba en acecho durante la noche.

guájara *s. f.* Fragosidad, lo más áspero de una sierra.

gualda *s. f.* Hierba resedácea, de tallos ramosos, hojas enteras y frutos capsulares.

gualdera *s. f.* Cada uno de los dos tablones laterales, que forman una escalera, cureña, etc., y que son parte principal de algunas armazones.

gualdo, da *adj.* De color amarillo.

gualdrapa *s. f.* Cobertura larga que cubre las ancas de la cabalgadura.

gualdrapazo *s. m.* Golpe que dan las velas de un buque contra los árboles y jarcias.

gualdrapear *v. intr.* Dar gualdrapazos.

gualdrapero, ra *s. m. y s. f.* Persona que anda vestida de andrajos.

guanaco, ca *s. m. y s. f.* Mamífero rumiante parecido a la llama, que habita en los Andes meridionales.

guano *s. m.* Abono formado por el excremento de aves marinas.

guante *s. m.* Prenda que sirve para abrigar o proteger la mano.

guantelete *s. m.* Manopla, pieza de la armadura.

guapo, pa *adj., fam.* Bien parecido.

guarda *s. m. y s. f.* Persona que guarda o cuida una cosa.

guardabarrera *s. m. y s. f.* Persona que en las líneas de ferrocarriles cuida de un paso a nivel.

guardabarros *s. m.* Alero del coche.

guardabosque *s. m. y s. f.* Persona que guarda un bosque.

guardabrisa *s. m.* Fanal de cristal abierto por arriba y por abajo, dentro del cual se colocan las velas.

guardacantón *s. m.* **1.** Poste de piedra para resguardar de los carruajes las esquinas de los edificios. **2.** Cada uno de los postes de piedra colocados a los lados de los caminos para que no salgan de ellos los carruajes.

guardacostas *s. m.* Barco destinado a la defensa del litoral.

guardafreno *s. m. y s. f.* Empleado en los ferrocarriles, que tiene a su cargo el manejo de los frenos.

guardagujas *s. m. y s. f.* Persona empleada en los ferrocarriles, encargada del manejo de las agujas.

guardalado *s. m.* Pretil o antepecho.

guardapelo *s. m.* Medallón en que se guarda pelo, retratos, etc.

guardapiés *s. m.* Brial, especie de falda.

guardapolvo *s. m.* Resguardo que se pone encima de una cosa para preservarla del polvo.

guardar *v. tr.* **1.** Cuidar, custodiar, tener vigilancia sobre una cosa. **2.** Conservar.

guardarropa *s. m.* Local destinado en las casas y en establecimientos públicos para custodiar la ropa.

guardarropía *s. f.* En el teatro, cinematografía y televisión, conjunto de trajes, muebles y accesorios necesarios en las representaciones escénicas.

guardasellos *s. m. y s. f.* Funcionario que custodia un sello oficial.

guardavía *s. m. y s. f.* Persona encargada de vigilar un trozo de línea férrea.

guardería *s. f.* Institución destinada al cuidado de los niños durante las horas en que sus padres no pueden atenderlos.

guardia *s. f.* **1.** Defensa, custodia. **2.** Manera de defenderse en la esgrima.

guardián, na *s. m. y s. f.* Persona que guarda una cosa y cuida de ella.

guardilla[1] *s. f.* Buhardilla.

guardilla[2] *s. f.* Cada una de las dos púas gruesas del peine.

guarecer *v. tr.* Acoger a alguien, darle asilo.

guarida *s. f.* Cueva o espesura donde se guarecen los animales.

guarismo *s. m.* Cada uno de los signos o cifras arábigas que expresan una cantidad.

guarnecer *v. tr.* **1.** Poner guarnición a alguna cosa. **2.** Colgar, adornar, vestir.

guarnición *s. f.* **1.** Adorno en los vestidos, colgaduras y cosas semejantes. **2.** Defensa en las armas blancas para preservar la mano. **3.** Tropa que guarnece una plaza, castillo o buque de guerra.

guarnigón *s. m.* Pollo de la codorniz.

guarnir *v. tr.* **1.** Guarnecer. **2.** Colocar los cuadernales de un aparejo.

guarro, rra *adj.* Cochino.

guasa *s. f.* Chanza, burla.

guasón, na *adj., fam.* Burlón, chancero.

guata *s. f.* Lámina gruesa de algodón en rama, engomada, que sirve para acolchados o como material de relleno.

gubia *s. f.* Formón de mediacaña.

guedeja *s. f.* Cabellera larga.

güeldo *s. m.* Cebo que emplean los pescadores.

guerra *s. f.* **1.** Lucha armada. **2.** Oposición.

guerrear *v. intr.* Hacer guerra.

guerrera *s. f.* Chaqueta de uniforme ajustada y abrochada desde el cuello.

guerrilla *s. f.* Partida de tropa ligera, que hace las descubiertas y rompe las primeras escaramuzas.

guía *s. m. y s. f.* Persona que enseña y dirige a otra.

guiar *v. tr.* Ir delante mostrando el camino.

guija *s. f.* Piedra pelada y chica que se encuentra en las orillas de los ríos y arroyos.

guijarral *s. m.* Terreno abundante en guijarros.

guijarro *s. m.* Canto rodado.

guijarroso, sa *adj.* Se dice del terreno que tiene abundancia de guijarros.

guijo *s. m.* Conjunto de guijas, que se usa para consolidar o rellenar los caminos.

guilla *s. f.* Cosecha copiosa y abundante.

guilladura *s. f.* Chifladura, manía.

guillame *s. m.* Cepillo estrecho de carpintero.

guillarse *v. prnl.* Chiflarse, perder la cabeza.

guillotina *s. f.* **1.** Máquina inventada y usada en Francia para decapitar a los sentenciados a pena de muerte. **2.** Máquina de cortar papel.

guillotinar *v. tr.* Quitar la vida con la guillotina.

guimbalete *s. m.* Palanca con que se da juego al émbolo de la bomba aspirante.

guinchar *v. tr.* Picar con la punta de un palo.

guincho *s. m.* Pincho de palo.

guinda *s. f.* Fruto del guindo.

guindaleta *s. f.* Cuerda de cáñamo o cuero del grueso de un dedo.

guindar *v. tr.* **1.** Subir una cosa que ha de quedar colocada en alto. También prnl. **2.** *fam.* Ahorcar. También prnl.

guindilla *s. f.* Pimiento pequeño y encarnado que pica mucho.

guindo *s. m.* Árbol rosáceo, parecido al cerezo, pero de hojas más pequeñas y fruto más redondo y, comúnmente, ácido.

guiñapo *s. m.* **1.** Andrajo. **2.** *fig.* Persona que anda vestida de manera andrajosa.

guiñar *v. tr.* Cerrar un ojo momentáneamente quedando el otro abierto.

guiño *s. m.* Acción de guiñar.

guión *s. m.* **1.** Signo ortográfico (-) que puesto al final de un renglón, indica que la última palabra continúa en el siguien te; también separa los componentes de una palabra compuesta. **2.** Argumento de una obra cinematográfica.

guipar *v. tr.* Ver, notar, percibir.

guipur *s. m.* Encaje de mallas gruesas.

guirigay *s. m.* **1.** *fam.* Lenguaje oscuro y difícil de entender. **2.** *fam.* Griterío, bullicio.

guirlache *s. m.* Pasta comestible de almendras tostadas y caramelo.

guirnalda *s. f.* Corona abierta, tejida de flores, hierbas o ramas, con que se ciñe la cabeza.

guisa *s. f.* Modo, manera.

guisado *s. m.* Guiso preparado con salsa.

guisante *s. m.* Planta papilionácea con fruto en vaina, que contiene diversas semillas esféricas.

guisar *v. tr.* Preparar los manjares sometiéndolos a la acción del fuego.

guiso *s. m.* Manjar guisado.

guita[1] *s. f.* Cuerda delgada de cáñamo.

guita[2] *s. f., fam.* Dinero.

guitarra *s. f.* Instrumento musical de seis cuerdas, compuesto de una caja de madera, con un agujero circular en el centro de la tapa y un mástil con trastes.

guitón, na *adj.* Pícaro, vagabundo.

gula *s. f.* Exceso en la comida o bebida.

gules *s. m. pl.* Color rojo heráldico.

gulusmear *v. intr.* Andar oliendo o probando lo que se guisa. También tr.

gurbión *s. m.* Goma del euforbio.

gurdo, da *adj.* Necio, simple.

gurriato *s. m.* Pollo del gorrión.

gurrumino, na *adj., fam.* Ruin.

gurullada *s. f., fam.* Cuadrilla de gente.

gusanear *v. intr.* Hormiguear.

gusanillo *s. m.* Hilo de oro, plata, etc., ensortijado para formar con él ciertas labores.

gusano *s. m.* Animal metazoo invertebrado, de cuerpo blando, sin esqueleto, ni patas articuladas.

gusarapo, pa *s. m. y s. f.* Cualquiera de los animalejos de forma de gusanos, que se crían en los líquidos.

gustar *v. tr.* Sentir y percibir en el paladar el sabor de una cosa.

gusto *s. m.* **1.** Uno de los cinco sentidos corporales, con el cual percibimos el sabor de las cosas. **2.** Placer que se experimenta por algún motivo.

gustoso, sa *adj.* **1.** Sabroso. **2.** Que hace con gusto una cosa. **3.** Agradable.

gutapercha *s. f.* Goma translúcida, sólida, flexible e insoluble en el agua, que se obtiene mediante incisiones en el tronco de cierto árbol sapotáceo de la India.

guzla *s. f.* Instrumento musical de una sola cuerda de crin, a modo de rabel.

H

h *s. f.* Octava letra del abecedario español y sexta de sus consonantes.

haba *s. f.* Planta herbácea anual, papilionácea, con fruto en vaina con cinco o seis semillas grandes y comestibles.

haber[1] *s. m.* Hacienda, caudal, conjunto de bienes y derechos de una persona.

haber[2] *v. aux.* **1.** En la conjugación verbal, sirve para formar los tiempos compuestos. ll *v. ímpers.* **2.** Acaecer, ocurrir.

habichuela *s. f.* Judía, planta.

hábil *adj.* Inteligente y dispuesto para cualquier ejercicio, oficio o ministerio.

habilidad *s. f.* Capacidad para una cosa.

habilitar *v. tr.* Hacer a una persona o cosa hábil o apta.

habitación *s. f.* Edificio o parte de él que se destina para vivienda.

habitante *s. m. y s. f.* Cada una de las personas que constituyen la población de una ciudad, provincia, barrio, casa, etc.

habitar *v. tr.* Vivir, morar. También intr.

hábito *s. m.* **1.** Vestido o traje que cada uno usa según su estado, ministerio, etc., especialmente el que usan los religiosos y religiosas. **2.** Modo particular de proceder o comportarse, adquirido por la repetición de actos de la misma especie.

habitual *adj.* Que se hace o posee con continuación o por costumbre.

habituar *v. tr.* Acostumbrar o hacer que alguien se acostumbre a algo. También prnl.

habla *s. f.* **1.** Facultad de hablar. **2.** Manera especial de hablar. **3.** Realización del sistema lingüístico llamado lengua.

habladuría *s. f.* Dicho o expresión inoportuna que desagrada.

hablar *v. intr.* Articular, proferir palabras para darse a entender.

habón *s. m.* Bultillo que aparece en la piel en forma de haba.

hacendar *v. tr.* Dar o conferir el dominio de haciendas o bienes raíces.

hacendoso, sa *adj.* Solícito y diligente en las faenas domésticas.

hacer *v. tr.* **1.** Producir una cosa; darle el primer ser. **2.** Fabricar, dar la figura que debe tener a una cosa. **3.** Ejecutar un trabajo o acción. **4.** Causar, ocasionar. **5.** Perfeccionar algo. **6.** Habituar, acostumbrar.

hacha[1] *s. f.* Vela de cera, grande y gruesa, con cuatro pabilos.

hacha[2] *s. f.* Herramienta cortante de pala acerada, con filo algo curvo y ojo para engastarla y, a veces, con peto.

hachero *s. m.* Candelero o blandón que se utiliza para poner el hacha de cera.

hacho *s. m.* **1.** Leño resinoso o manojo de paja o esparto encendido para alumbrar. **2.** Lugar elevado cerca de la costa.

hacia *prep.* que determina la dirección del movimiento con respecto al punto de su término.

hacienda *s. f.* **1.** Finca agrícola. **2.** Cúmulo de bienes y riquezas que alguien tiene.

hacina *s. f.* **1.** Conjunto de haces colocados unos sobre otros, apretada y ordenadamente. **2.** *fig.* Montón o rimero.

hacinar *v. tr.* Poner los haces unos sobre otros formando hacina.

hada *s. f.* Ser fantástico con forma de mujer, a quien se atribuía poderes mágicos y el don de adivinar el futuro.

hado *s. m.* **1.** Divinidad desconocida que, según las creencias populares, disponía lo que había de suceder. **2.** Destino.

hagiografía *s. f.* Historia de las vidas de los santos.

¡hala! *interj.* que se emplea para meter prisa, dar ánimos, indicar sorpresa, etc.

halagar *v. tr.* **1.** Dar a alguien muestras de afecto. **2.** Adular interesadamente.

halago *s. m. fig.* Cosa que halaga.

halar *v. tr.* Tirar de un cabo, de una lona o de un remo en el acto de bogar.

halcón *s. m.* Ave rapaz diurna de las falcónidas, que se emplea en la caza de cetrería.

haldeta *s. f.* Pieza de un traje, que cuelga desde la cintura hasta un poco más abajo.

hálito *s. m.* **1.** Aliento. **2.** Vapor que una cosa arroja.

hallar *v. tr.* **1.** Dar con una persona o cosa sin buscarla. **2.** Encontrar lo que se busca. **3.** Inventar, descubrir.

hallazgo *s. m.* Cosa hallada.

halo *s. m.* Círculo luminoso de colores que aparece a veces alrededor del Sol y de la Luna.

halógeno, na *adj.* Se dice de cada uno de los elementos de la familia del cloro, que forman sales al combinarse con un metal.

haloideo, a *adj.* Se dice de las sales formadas por la combinación de un metal con un halógeno.

hamaca *s. f.* Red alargada que, asegurada por los extremos entre dos árboles o estacas, queda pendiente en el aire y sirve de cama, columpio, etc.

hambre *s. f.* **1.** Deseo y necesidad de comer. **2.** Escasez de alimentos básicos.

hampa *s. f.* Género de vida de los pícaros que vivían antiguamente en España; estaban unidos en una especie de sociedad y usaban un lenguaje particular, llamado jerigonza o germanía.

hampón *adj.* **1.** Valentón, bravo. **2.** Bribón, maleante, haragán.

hándicap *s. m.* **1.** Prueba en la que ciertos participantes reciben una determinada ventaja con el fin de que se igualen las posibilidades de victoria de todos los competidores. **2.** Obstáculo.

hangar *s. m.* Cobertizo grande, especialmente el destinado a guardar o reparar aviones.

haraganear *v. intr.* Holgazanear, estar ocioso cuando se debería estar trabajando.

harapo *s. m.* Trozo desgarrado de ropa vieja.

haraposo, sa *adj.* Andrajoso.

harén *s. m.* Departamento de las casas musulmanas destinado a las mujeres.

harina *s. f.* Polvo que resulta de moler el trigo u otras semillas.

hartar *v. tr.* Saciar el apetito de comer o beber. También prnl.

harto, ta *adj.* Bastante o sobrado.

hartura *s. f.* **1.** Abundancia, sobra. **2.** *fig.* Logro de un deseo o apetito.

hasta *prep.* que expresa el término de tiempo, lugares, acciones o cantidades.

hastial *s. m.* Fachada de una casa, en la parte superior de la cual descansan las dos vertientes del tejado o cubierta.

hastiar *v. tr.* Causar hastío, repugnancia o disgusto. También prnl.

hastío *s. m.* **1.** Repugnancia a la comida. **2.** Disgusto, tedio o aburrimiento.

hatajo *s. m.* **1.** Pequeño grupo de ganado. **2.** *desp.* Conjunto, grupo de personas o cosas.

hato *s. m.* **1.** Ropa y objetos personales que una persona precisa para el uso ordinario. **2.** Porción de ganado mayor o menor, como bueyes, ovejas, etc.

haya *s. f.* Árbol fagáceo, con tronco grueso y liso, de corteza gris y ramas altas que forman una copa redonda y espesa.

hayuco *s. m.* Fruto del haya.

haz *s. m.* Porción atada de mieses, lino, leña o cosas semejantes.

hazaña *s. f.* Hecho importante y heroico.

hazmerreír *s. m., fam.* Persona que resulta ridícula y extravagante.

he *adv.* Unido a los adverbios "aquí", "ahí" y "allí" o a los pronombres "me, te, la, le, lo, las, los", sirve para señalar o mostrar una persona o cosa.

hebilla *s. f.* Pieza, generalmente de metal, que se hace con una patilla y uno o más clavillos en medio, asegurados por un pasador, que sirve para ajustar y unir las orejas de los zapatos, las correas, cintas, etc.

hebra *s. f.* Porción de hilo, seda u otra materia semejante hilada.

hecatombe *s. f.* **1.** Cualquier sacrificio solemne en que es crecido el número de víctimas. **2.** *fig.* Matanza, mortandad de personas. **3.** *fig.* Desgracia, catástrofe.

hechicería *s. f.* **1.** Arte supersticioso de hechizar. **2.** Hechizo del que se valen los hechiceros para el logro de sus fines.

hechizar *v. tr.* Someter a alguien a supuestas influencias maléficas mediante ciertas prácticas supersticiosas.

hechizo *s. m.* Cualquier cosa supersticiosa de que se valen los hechiceros para el logro de sus fines.

hecho *s. m.* **1.** Acción u obra. **2.** Cosa que sucede.

hectárea *s. f.* Medida de superficie, que equivale a un cien áreas.

hectogramo *s. m.* Medida de peso, igual a 100 gramos.

hectolitro *s. m.* Medida de capacidad, igual a 100 litros.

hectómetro *s. m.* Medida de longitud, igual a 100 metros.

heder *v. intr.* Arrojar de sí mal olor.

hediondez *s. f.* **1.** Cosa hedionda. **2.** Hedor.

hediondo, da *adj.* **1.** Que arroja de sí hedor. **2.** *fig.* Molesto, enfadoso.

hedor *s. m.* Olor muy desagradable.

hegemonía *s. f.* Supremacía que un Estado ejerce sobre otro.

hégira *s. f.* Era de los mahometanos, que se cuenta desde el 15 de julio del año 622, en que Mahoma huyó de la Meca a Medina.

helada *s. f.* Congelación producida por la frialdad del tiempo en los líquidos.

helado, da *adj.* **1.** Muy frío. **2.** Se dice de la bebida o manjar helado.

helar *v. tr.* Convertir un líquido en sólido por la acción del frío, especialmente el agua. Se usa más como intr. y prnl.

helecho *s. m.* Planta criptógama vivaz, con tallo subterráneo y frondas divididas en una especie de hojuelas coriáceas, que llevan adheridos en el envés los órganos de la fructificación, en forma de cápsulas, con muchas esporas.

helenista *s. m. y s. f.* Especialista en el estudio de la lengua y literatura griegas.

helero *s. m.* Masa de hielo que rodea las nieves perpetuas en las altas montañas.

helgado, da *adj.* Que tiene los dientes ralos y desiguales.

helianto *s. m.* Planta compuesta, de hojas ásperas y cabezuelas amarillas.

hélice *s. f.* Conjunto de aletas helicoidales que giran alrededor de un eje, y al girar empujan el fluido ambiente y producen una fuerza propulsora.

helicoidal *adj.* En figura de hélice.

helicón *s. m.* Instrumento de viento cuyo tubo, de forma circular, permite colocarlo alrededor del cuerpo y apoyarlo sobre el hombro de quien lo toca.

helicóptero *s. m.* Aparato de aviación que se eleva merced a la acción de dos hélices que giran horizontalmente y en sentido inverso.

helio *s. m.* Cuerpo simple gaseoso, incoloro y de poca actividad química.

heliograbado *s. m.* Procedimiento para obtener, en planchas convenientemente preparadas y mediante la acción de la luz solar, grabado en relieve.

helioscopio *s. m.* Telescopio para mirar al Sol, sin que su resplandor dañe la vista.

helióstato *s. m.* Instrumento geodésico para hacer señales a larga distancia.

heliotropo *s. m.* Planta borraginácea, de jardín, con flores pequeñas de un color entre azul y rosa, en espigas, vueltas todas al mismo lado y en cimas escorpioides.

helminto *adj.* Se dice de los animales articulados que carecen de sistema nervioso y se reproducen por gemación, siendo parásitos del intestino y del hígado.

hematemesis *s. f.* Vómito de sangre que procede de una lesión de la mucosa digestiva.

hematíe *s. m.* Glóbulo rojo de la sangre, que contiene la hemoglobina.

hematoma *s. m.* Tumor producido por una contusión con acumulación de sangre en cualquier parte del cuerpo.

hematuria *s. f.* Fenómeno morboso que consiste en orinar sangre.

hembra *s. f.* **1.** Animal del sexo femenino. **2.** Mujer.

hemerálope *adj.* Se dice de la persona que de noche pierde total o parcialmente la facultad de ver.

hemeroteca *s. f.* Biblioteca en que se guardan y sirven al público diarios y otras publicaciones periódicas.

hemiciclo *s. m.* **1.** Semicírculo. **2.** Sala semicircular que suele estar provista de gradas.

hemiplejía *s. f.* Parálisis de todo un lado del cuerpo.

hemíptero, ra *adj.* Se dice de los insectos de metamorfosis sencilla, provistos de trompa chupadora y pico articulado.

hemisferio *s. m.* **1.** Cada una de las dos mitades de una esfera dividida por un plano que pase por su centro. Específicamente, del globo terráqueo o del globo celeste. **2.** Cada una de las mitades del cerebro y del cerebelo.

hemistiquio *s. m.* Cada una de las dos mitades de un verso, separadas por una cesura.

hemofilia *s. f.* Enfermedad hereditaria que se caracteriza por dificultad de la sangre para coagularse.

hemoglobina *s. f.* Sustancia roja que constituye la parte esencial de los glóbulos rojos de la sangre.

hemoptisis *s. f.* Hemorragia de la membrana mucosa pulmonar.

hemorragia *s. f.* Flujo de sangre de cualquier parte del cuerpo.

hemorroide *s. f.* Pequeño tumor sanguíneo que se forma en la parte exterior del ano o en el final del intestino.

hemostasis *s. f.* Conjunto de mecanismos para la contención de la salida de sangre por medios fisiológicos o artificiales.

henificar *v. tr.* Segar plantas forrajeras y secarlas al sol, para conservarlas como heno.

heno *s. m.* **1.** Planta gramínea, de cañitas delgadas, hojas estrechas y flores en panoja. **2.** Hierba segada, seca, para alimento del ganado.

hepatitis *s. f.* Inflamación del hígado.

heptagonal *adj.* De figura de heptágono.

heráldica *s. f.* Ciencia relacionada con los escudos nobiliarios.

heraldo *s. m.* **1.** Caballero que en la Edad Media cuidaba del ceremonial palaciego y llevaba los registros de la nobleza. **2.** Mensajero.

herbáceo, a *adj.* Se aplica a las plantas que tienen la naturaleza de la hierba.

herbario *s. m.* **1.** Colección de hierbas y plantas seca. **2.** Primera cavidad del estómago de los rumiantes.

herbívoro, ra *adj.* Se dice del animal que se alimenta de vegetales.

herboristería *s. f.* Tienda donde se venden plantas medicinales.

herciano, na *adj.* Se dice de las ondas electromagnéticas.

hércules *s. m., fig.* Persona de mucha fuerza.

heredar *v. tr.* Suceder por disposición testamentaria o legal en los bienes y acciones que tenía uno, al tiempo de su muerte.

heredero, ra *adj.* Se dice de la persona que por testamento o ley sucede, a título universal, en todo o parte de una herencia.

hereje *s. m. y s. f.* Persona que defiende y sostiene una herejía.

herejía *s. f.* Error en materia de fe, sostenido con pertinencia.

heresiarca *s. m.* Autor o seguidor de una herejía.

herida *s. f.* Rotura hecha en las carnes con un instrumento o por efecto de un golpe.

herir *v. tr.* Dañar en un organismo algún tejido con un golpe, arma, etc. También prnl.

hermafrodita *adj.* Que tiene los dos sexos.

hermanar *v. tr.* Unir espiritualmente, hacer a uno hermano de otro. También prnl.

hermanastro, tra *s. m. y s. f.* Hijo de uno de los dos cónyuges respecto al hijo del otro.

hermandad *s. f.* **1.** Parentesco entre hermanos. **2.** Cofradía, congregación de devotos.

hermano, na *s. m. y s. f.* **1.** Nacido de los mismos padres, o sólo del mismo padre o de la misma madre. **2.** *fig.* Persona considerada en cuanto a los vínculos espirituales que la unen a los demás miembros de una entidad, como la familia humana, una orden religiosa, etc.

hermenéutica *s. f.* Técnica de interpretación de los textos antiguos.

hermético, ca *adj.* **1.** Se dice de lo que cierra una abertura de modo que no deja pasar el aire ni otra materia gaseosa. **2.** *fig.* Impenetrable, incomprensible.

hermosear *v. tr.* Hacer o poner hermosa una persona o cosa. También prnl.

hermoso, sa *adj.* Dotado de hermosura.

hermosura *s. f.* Belleza de las cosas.

hernia *s. f.* Tumor blando producido por la salida de una víscera u otra parte blanda, fuera de la cavidad en que está encerrada.

héroe *s. m.* **1.** Hombre ilustre por sus hazañas o virtudes. **2.** Protagonista de un poema épico, leyenda, drama, etc.

heroína *s. f.* **1.** Mujer ilustre por sus hazañas. **2.** Protagonista de un drama, poema, novela, etc.

heroísmo *s. m.* Esfuerzo de la voluntad que lleva a la persona a realizar hechos extraordinarios.

herpes s. amb. Erupción cutánea originada por pequeñas vesículas que dejan rezumar, cuando se rompen, un humor que al secarse forma costras.

herpil s. m. Saco de red de tomiza con mallas anchas para llevar paja, melones, etc.

herrada s. f. Cubo de madera, con grandes aros de hierro, más ancho por la base que por la boca.

herradura s. f. Hierro circular que se le pone a las caballerías en los cascos para que no se dañen al andar.

herraje s. m. Conjunto de piezas de hierro o acero con que se guarnece una puerta, un cofre, etc.

herramienta s. f. Instrumento de hierro o acero con que trabajan los artesanos.

herrar v. tr. Ajustar y clavar las herraduras.

herrén s. m. Forraje de avena, trigo, centeno, cebada, etc., que se da al ganado.

herrería s. f. **1.** Fábrica en que se funde metal y labra el hierro en grueso. **2.** Taller del herrero. **3.** Oficio del herrero.

herrero, ra s. m. y s. f. Persona que tiene por oficio labrar el hierro.

herreruelo s. m. Pájaro insectívoro, de plumaje negro con el pecho blanco.

herrete s. m. Remate de alambre, hojalata u otro metal, que se pone en cintas o cordones, para que pueda entrar con facilidad por los ojetes, o por adorno.

herrumbre s. m. Óxido del hierro.

hervidero s. m. **1.** Movimiento y ruido que hacen los líquidos cuando hierven. **2.** fig. Muchedumbre.

hervir v. intr. Moverse agitadamente un líquido bajo el efecto del calor, produciendo burbujas.

hesitación s. f. Duda, vacilación.

heteróclito, ta adj., fig. Irregular, extraño.

heterodoxia s. f. Disconformidad con el dogma católico y, en general, con cualquier doctrina o sistema.

heterogéneo, na adj. **1.** Compuesto de partes de diversa naturaleza. **2.** Diferente.

heteromancia s. f. Adivinación supersticiosa por el vuelo de las aves.

heurística s. f. Arte de inventar.

hexaedro s. m. Sólido de seis caras.

hexágono, na adj. Se aplica al polígono de seis ángulos y seis lados.

hexámetro adj. Se dice del verso de la poesía griega y latina de seis pies.

hexápeda s. f. Antigua medida que equivalía a seis pies.

hez s. f. **1.** Poso o sedimento de algunos líquidos. || s. f. pl. **2.** Excrementos que arroja el cuerpo por el ano.

hialino, na adj. Se dice de lo que es diáfano como el vidrio o que es parecido a él.

hialografía s. f. Arte de grabar en vidrio.

hiato s. m. Encuentro de dos vocales que se pronuncian en sílabas distintas.

híbrido, da adj. Se aplica al animal o vegetal procreado por dos individuos de distinta especie.

hidalgo, ga s. m. y s. f. Miembro del escalafón más bajo de la antigua nobleza.

hidalguía s. f. fig. Nobleza de ánimo.

hidatídico, ca adj. Se dice del quiste que afecta a órganos del ser humano producido por la tenia del perro.

hidrácido s. m. Compuesto formado por hidrógeno y un no metal.

hidratar v. tr. Combinar una sustancia o cuerpo con el agua. También prnl.

hidrato s. m. Combinación de un cuerpo con el agua.

hidráulica *s. f.* Parte de la física mecánica que estudia el equilibrio y movimiento de los líquidos.

hidroavión *s. m.* Aeroplano provisto de flotadores o de fuselaje en forma de casco de barco para poder posarse sobre el agua.

hidrocarburo *s. m.* Carburo de hidrógeno.

hidrocele *s. f.* Acumulación serosa entre las membranas testiculares.

hidrodinámica *s. f.* Parte de la mecánica que estudia el movimiento de los fluidos.

hidrófilo, la *adj.* Que absorbe el agua con gran facilidad.

hidrógeno *s. m.* Gas incoloro, inodoro, insípido, combustible y el más ligero de todos

hidrografía *s. f.* Parte de la geografía física que trata de las aguas del globo terrestre.

hidrólisis *s. f.* Desdoblamiento de la molécula de algunos compuestos orgánicos, por exceso de agua o por la presencia de fermento de ácido.

hidrología *s. f.* Parte de las ciencias naturales que trata de las aguas.

hidropesía *s. f.* Derrame o acumulación anormal de humor seroso en cualquier cavidad del cuerpo o su infiltración en el tejido celular.

hidrosfera *s. f.* Conjunto de las partes líquidas del globo terráqueo.

hidrostática *s. f.* Parte de la mecánica que estudia el equilibrio de los fluidos.

hidruro *s. m.* Compuesto de hidrógeno y otro elemento, especialmente un metal.

hiedra *s. f.* Planta trepadora araliácea, siempre verde, con pequeñas raíces en el tallo, de hojas coriáceas y lustrosas, y flores en umbelas.

hiel *s. f.* **1.** Bilis. **2.** *fig.* Amargura, aspereza.

hielo *s. m.* Forma sólida del agua por efecto de un descenso suficiente de temperatura.

hiena *s. f.* Nombre común a varias especies de una familia de animales carnívoros de África y de Asia, de pelaje áspero, gris amarillento, con listas o manchas en el lomo y en los flancos.

hierático, ca *adj.* **1.** Muy serio, impasible. **2.** Se dice de la antigua escritura egipcia que era una abreviación de la jeroglífica.

hierba *s. f.* Toda planta que conserva su tallo siempre verde y tierno, no lignificado, a lo sumo algo leñoso en la base.

hierbabuena *s. f.* Planta labiada, de hojas vellosas y flores rojizas, que se emplea como condimento.

hierro *s. m.* Metal de color gris azulado, dúctil, maleable, muy tenaz, que puede recibir gran pulimento y es el más empleado en la industria y en las artes.

hígado *s. m.* Órgano situado a la derecha, bajo el diafragma, que segrega la bilis y realiza además importantes funciones metabólicas y antitóxicas.

higiene *s. f.* Parte de la medicina que trata de los medios de conservar la salud individual y colectiva por medio de la prevención de enfermedades.

higo *s. m.* Fruto que da la higuera, de sabor dulce y color encarnado.

higrometría *s. f.* Parte de la física que tiene por objeto la determinación de las causas productoras de la humedad atmosférica y la medida de sus variaciones.

higuera *s. f.* Árbol frutal moráceo, de savia láctea y hojas grandes y lobuladas.

hijastro, tra *s. m. y s. f.* Respecto de uno de los cónyuges, hijo o hija tenido por el otro en matrimonio anterior.

hijo, ja *s. m. y s. f.* Persona o animal, respecto de su padre o de su madre.

hijuela *s. f.* Documento donde se reseñan los bienes que tocan en una partición a uno de los partícipes en el caudal que dejó el difunto.

hijuelo *s. m.* Hablando de árboles, retoño.

hiladillo *s. m.* **1.** Hilo que sale de la maraña de la seda, el cual se hila en la rueca como el lino. **2.** Cinta estrecha de hilo o seda.

hilar *v. tr.* Reducir a hilo el lino, lana, algodón, etc.

hilarante *adj.* Que mueve a risa o inspira alegría.

hilaridad *s. f.* Algazara en una reunión.

hilera *s. f.* Formación en línea de un número de personas o cosas.

hilo *s. m.* **1.** Hebra larga y delgada formada por un conjunto de fibras sacadas de una materia textil. **2.** Alambre muy delgado que se saca de los metales.

hilván *s. m.* Costura de puntadas largas con que se prepara lo que se ha de coser después de otra manera.

hilvanar *v. tr.* Unir con hilvanes.

himeneo *s. m.* Boda o casamiento.

himenóptero, ra *adj.* De alas membranosas.

himno *s. m.* Composición poética en honor de dioses o héroes.

hincar *v. tr.* Introducir una cosa en otra.

hincha *adj.* Partidario entusiasta de un equipo deportivo.

hinchar *v. tr.* **1.** Hacer que un cuerpo aumente de volumen, llenándolo de aire u otra cosa. También prnl. **2.** Envanecerse.

hinchazón *s. m.* **1.** Inflamación cutánea. **2.** *fig.* Vanidad, soberbia o engreimiento.

hiniesta *s. f.* Retama, planta leguminosa.

hinojo *s. m.* Planta umbelífera, silvestre, aromática y de flores pequeñas y amarillas.

hioides *s. m.* Hueso situado en la raíz de la lengua y encima de la laringe.

hipar *v. intr.* **1.** Dar hipos reiteradamente. **2.** Llorar produciendo sonidos parecidos al hipo.

hipérbaton *s. m.* Figura que consiste en invertir el orden que en el discurso deben tener las palabras con arreglo a las leyes de la sintaxis regular.

hipérbola *s. f.* Curva cónica, simétrica respecto de dos ejes perpendiculares entre sí, con dos focos, compuesta de dos porciones abiertas, dirigidas en sentido opuesto, que se aproximan indefinidamente a dos asíntotas.

hipérbole *s. f.* Figura que consiste en aumentar o disminuir exageradamente la verdad de aquello de que se habla.

hiperbóreo, a *adj.* Se aplica a las regiones muy septentrionales.

hipertrofia *s. f.* Desarrollo excesivo del volumen de un órgano.

hípica *s. f.* Deporte que se practica a caballo.

hipnosis *s. m.* Estado singular del sistema nervioso, semejante al sonambulismo, producido por el hipnotismo.

hipnotismo *s. m.* Procedimiento para producir por sugestión la hipnosis.

hipnotizar *v. tr.* Producir la hipnosis en alguna persona o animal.

hipo *s. m.* Denominación onomatopéyica para designar el movimiento convulsivo del diafragma, al que acompaña un ruido gutural característico.

hipocausto *s. m.* Habitación griega y romana que se calentaba por medio de hornillos.

hipocondría *s. f.* Afección caracterizada por una gran sensibilidad del sistema nervioso con depresión habitual.

hipocondrio *s. m.* Cada una de las dos partes laterales de la región superior del abdomen, a ambos lados del epigastrio.

hipocresía *s. f.* Fingimiento de sentimientos que no se tienen.

hipócrita *adj.* Que finge o aparenta lo que no es o siente.

hipódromo *s. m.* Lugar destinado a carreras de caballos y carros.

hipogastrio *s. m.* Parte inferior del vientre.

hipogrifo *s. m.* Animal fabuloso, mitad grifo con alas y mitad caballo.

hipopótamo *s. m.* Mamífero paquidermo artiodáctilo africano, de patas cortas y cabeza y boca enormes.

hipoteca *s. f.* Finca afectada a la seguridad del pago de un crédito.

hipotecar *v. tr.* Gravar bienes inmuebles con la hipoteca para responder con ellos de un pago.

hipotenusa *s. f.* En un triángulo rectángulo, el lado opuesto al ángulo recto.

hipótesis *s. f.* Proposición no demostrada que se admite para orientar las investigaciones y experimentos.

hirsuto, ta *adj.* Se dice del pelo áspero y duro, y de lo que está cubierto de pelo de esta clase o de púas o espinas.

hisopo *s. m.* **1.** Mata muy olorosa de las labiadas, empleada en medicina y perfumería. **2.** Palo corto que en su extremidad lleva una escobilla de cerdas o una bola de metal hueca con agujeros, y sirve para rociar el agua bendita en las iglesias.

histerismo *s. m.* Enfermedad de origen psíquico, consistente en un estado patológico, caracterizado por una gran excitabilidad emocional.

histología *s. f.* Parte de la anatomía que estudia la estructura de los tejidos animales y vegetales.

historia *s. f.* Exposición sistemática de los acontecimientos relativos a los pueblos y a cualquiera de sus actividades.

historial *adj.* De la historia.

historiar *v. tr.* Componer historias.

historieta *s. f.* Fábula o relación breve y divertida de suceso de poca importancia.

histrión *s. m.* Persona que representaba disfrazada en la comedia o tragedia.

hito, ta *adj.* **1.** Unido, inmediato. **2.** Fijo, firme.

hocico *s. m.* Parte más o menos prolongada de la cabeza de algunos animales, en que están la boca y las narices.

hocino *s. m.* Instrumento corvo de hierro acerado, especie de hoz, que se usa para cortar la leña y para trasplantar.

hogar *s. m.* **1.** Sitio donde se coloca la lumbre en las cocinas, etc. **2.** Sitio donde vive una persona con su familia.

hogaza *s. f.* Pan grande, de forma circular.

hoguera *s. f.* Porción de materias combustibles que al arder levantan mucha llama.

hoja *s. f.* **1.** Cada una de las partes, generalmente verdes, planas y delgadas, que nacen en la extremidad de los tallos y ramas de los vegetales. **2.** Lámina delgada de cualquier materia, como papel, metal, etc. **3.** En las puertas, ventanas, etc., cada una de las partes que se abren y cierran.

hojalata *s. f.* Lámina de hierro o acero, estañada por las dos caras.

hojaldrar *v. tr.* Trabajar la masa para hacer hojaldre.

hojaldre *s. m.* Masa de harina con manteca trabajada de cierta manera, que al ser cocida al horno, hace hojas delgadas y superpuestas.

hojarasca *s. f.* Conjunto de las hojas caídas de los árboles.

hojear *v. tr.* **1.** Mover o pasar las hojas de un libro o cuaderno. **2.** Leer algo de prisa y superficialmente.

¡hola! *interj.* que se emplea para denotar extrañeza y como salutación familiar.

holgado, da *adj.* **1.** Desocupado. **2.** Ancho y sobrado para lo que se ha de contener. **3.** *fig.* Se dice de la persona que sin ser rica vive con bienestar.

holgar *v. intr.* **1.** Descansar, tomar aliento después de una fatiga. **2.** Estar ocioso.

holgazán, na *adj.* Vagabundo, ocioso.

holgazanear *v. intr.* Estar voluntariamente inactivo, cuando se debería estar trabajando.

holgazanería *s. f.* Haraganería.

holgura *s. f.* **1.** Anchura. **2.** Regocijo, diversión entre muchos. **3.** Espacio vacío que queda entre dos piezas o superficies que deberían encajar.

hollar *v. tr.* **1.** Pisar con los pies. **2.** *fig.* Abatir, humillar.

hollejo *s. m.* Piel delgada que cubre algunas frutas y legumbres.

hollín *s. m.* Sustancia grasa y negra que el humo deposita.

holocausto *s. m.* Gran matanza de seres humanos.

holografía *s. f.* Técnica fotográfica basada en la luz producida por el láser, que genera imágenes tridimensionales.

hombre *s. m.* **1.** Animal racional. **2.** Varón. **3.** El que ha llegado a la edad viril.

hombrera *s. f.* Pieza de la armadura antigua que defendía los hombros.

hombro *s. m.* Parte superior y lateral del tronco humano y de los primates, de donde nace el brazo.

homenaje *s. m.* **1.** Acto o serie de ellos que se celebran en honor de una persona. **2.** *fig.* Sumisión, veneración, respeto a una persona.

homeopatía *s. f.* Sistema curativo que administra dosis muy pequeñas de las mismas sustancias que, en mayor cantidad, provocan la enfermedad que se pretende combatir.

homicida *adj.* Se dice de la persona que ocasiona la muerte de otra.

homicidio *s. m.* Muerte causada a una persona por otra.

homilía *s. f.* En la liturgia católica, sermón que el sacerdote dirige a los fieles para explicar los textos bíblicos.

homófono, na *adj.* Se dice de las palabras que con distinta significación se pronuncian de igual modo.

homogéneo, a *adj.* Se dice del compuesto cuyos elementos son de igual naturaleza.

homólogo, ga *adj.* Se dice de los elementos, órganos, etc., que en dos o más figuras, organismos, etc., se corresponden por su estructura, función, etc.

homónimo, ma *adj.* Se aplica a las palabras que tienen distinta significación, a pesar de ser iguales por su forma.

honda *s. f.* Tira de cuero o trenza de lana u otra materia, para tirar piedras y otros proyectiles con violencia, haciéndola girar.

hondo, da *adj.* **1.** Que tiene profundidad. **2.** *fig.* Tratándose de un sentimiento, intenso, extremado.

hondonada *s. f.* Espacio de terreno hondo.
hondura *s. f.* Profundidad de una cosa.
honestidad *s. f.* Decencia en la persona.
honesto, ta *adj.* Honrado, decente.
hongo *s. m.* Planta talofita sin clorofila, que vive sobre materia orgánica en descomposición, o es parásita de vegetales o animales, aunque puede habitar en medios acuáticos.
honor *s. m.* **1.** Cualidad moral que nos hace conducirnos con rectitud y cumplir nuestros deberes respecto al prójimo y nosotros mismos. **2.** Gloria que se sigue a las acciones heroicas.
honorarios *s. m. pl.* Sueldo que se da en las profesiones liberales.
honra *s. f.* Estima y respeto de la dignidad propia.
honrar *v. tr.* **1.** Respetar a una persona. **2.** Enaltecer o premiar su mérito de algún modo. **3.** Dar honor o celebridad.
hopa *s. f.* Especie de vestidura en forma de túnica cerrada.
hora *s. f.* Cada una de las 24 partes en que se divide el día solar.
horadar *v. tr.* Agujerear una cosa atravesándola de parte a parte.
horario *s. m.* **1.** Manecilla del reloj que señala las horas. **2.** Conjunto de horas durante las cuales se desarrolla una determinada actividad.
horca *s. f.* Conjunto de tres palos, uno de ellos horizontal y sostenido por los otros dos, del que cuelga una cuerda para ahorcar a los condenados.
horcajadura *s. f.* Ángulo que forman los dos muslos o piernas en su nacimiento.
horchata *s. f.* Bebida hecha de almendras, chufas, pepitas de melón o sandía, u otro fruto semejante, todo machacado y exprimido con agua y sazonado con azúcar.
horda *s. f.* **1.** Grupo de nómadas que forman una comunidad. **2.** Grupo de gente armada que no pertenece a un ejército regular.
horizontal *adj.* Que está en el horizonte o paralelo a él.
horizonte *s. m.* Línea que limita la parte de superficie terrestre visible desde un punto.
horma *s. f.* **1.** Molde con que se fabrica o da forma a una cosa. **2.** Pared de piedra sin argamasa.
hormiga *s. f.* Insecto himenóptero, de cabeza gruesa, tórax y abdomen casi iguales.
hormigón *s. m.* Mezcla de piedras menudas y mortero de cal o cemento y arena.
hormiguear *v. intr.* Experimentar alguna parte del cuerpo una sensación, semejante a la que resultaría si por él bulleran o corrieran hormigas.
hormiguero *s. m.* Lugar donde se crían y recogen las hormigas.
hormiguillo *s. m.* Enfermedad que padecen las caballerías en los cascos y que poco a poco se los va gastando.
hornacho *s. m.* Agujero que se hace en las montañas donde se cavan algunos minerales o tierras.
hornacina *s. f.* Hueco o nicho en forma de arco, practicado en un muro.
hornada *s. f.* Cantidad de pan, cerámica etc., que se cuece de una vez en el horno.
hornaguera *s. f.* Carbón de piedra.
hornaguero, ra *adj.* **1.** Flojo, holgado o espacioso. **2.** Se aplica al terreno en que hay hornaguera.
hornear *v. intr.* Tener un alimento durante cierto tiempo en el horno para que se cueza o dore.

hornija *s. f.* Leña menuda para el horno.

hornilla *s. f.* Hueco efectuado en la pared del palomar a fin de que las palomas aniden en él.

hornillo *s. m.* Horno manual que se emplea en laboratorios, cocinas y usos industriales, para calentar, fundir o tostar.

horno *s. m.* Obra de albañilería, dentro de la cual se produce calor por la combustión de gas, carbón, etc., provista de chimenea y de una o varias bocas, donde se funden o cuecen cosas.

horóscopo *s. m.* Observación que los astrólogos hacen del estado del cielo en el momento del nacimiento de una persona para predecir los sucesos de su futuro.

horqueta *s. f.* Parte del árbol donde el tronco y la rama forman un ángulo agudo.

horquilla *s. f.* Alfiler doblado que se utiliza para sujetar el pelo.

hórreo *s. m.* Construcción que se hace sobre cuatro pilotes para guardar el grano.

horripilar *v. tr.* Horrorizar. También prnl.

horrísono, na *adj.* Se dice de un sonido que causa horror.

horro, rra *adj.* Se dice del esclavo que alcanza la libertad.

horror *s. m.* Algo que desagrada o disgusta exageradamente.

horrorizar *v. tr.* Causar horror.

hortaliza *s. f.* Verduras y plantas comestibles que se cultivan en huerto.

hortensia *s. f.* Arbusto saxifragáceo de jardín, de hojas simples y dentadas, flores olorosas, en inflorescencias globulosas y tallos ramosos de un metro de altura.

hortera *s. f.* **1.** Escudilla o cazuela de madera. || *adj.* **2.** Se dice de la persona de gusto vulgar y llamativo.

horticultor, ra *s. m. y s. f.* Persona que se dedica a la horticultura.

horticultura *s. f.* Cultivo de los huertos.

hosanna *interj.* Se usa en la liturgia católica, para expresar alegría y júbilo.

hosco, ca *adj.* Ceñudo e intratable.

hospedaje *s. m.* Alojamiento y asistencia que se da a una persona.

hospedar *v. tr.* Recibir uno en su casa huéspedes. También prnl.

hospedería *s. f.* Casa que se destina al alojamiento de visitantes o viandantes.

hospiciano, na *adj.* Se dice del niño que vive en el hospicio o la persona que se ha criado en él.

hospicio *s. m.* **1.** Casa donde se alberga a niños huérfanos, pobres o abandonados. **2.** Hospedaje donde se aloja a peregrinos y pobres.

hospital *s. m.* Establecimiento público o privado en que se curan enfermos.

hospitalario, ria *adj.* Que socorre y alberga a los extranjeros y necesitados.

hospitalidad *s. f.* Virtud que se ejercita con todos los necesitados prestándoles la debida asistencia y acogida.

hospitalizar *v. tr.* Internar a alguien en un hospital o clínica para prestarle la asistencia que necesita.

hostelería *s. f.* Conjunto de servicios que proporcionan alojamiento y comida a los viajeros.

hostería *s. f.* Casa donde se da de comer y alojamiento al que lo paga.

hostia *s. f.* Oblea redonda y fina de pan ázimo con que el sacerdote administra la comunión en la misa.

hostigar *v. tr.* **1.** Azotar. **2.** *fig.* Perseguir, molestar a alguien.

HOSTIL - HUMANO

hostil *adj.* Contrario o enemigo.
hostilidad *s. f.* Agresión armada de un pueblo, ejército o tropa.
hotel *s. m.* Establecimiento público de más categoría que el hostal, donde se da alojamiento y comida a los clientes.
hoy *adv. t.* En este día, en el día presente.
hoya *s. f.* **1.** Cavidad grande en el terreno. **2.** Sepultura. **3.** Llanura extensa rodeada de montañas.
hoz[1] *s. f.* Instrumento que sirve para segar mieses y hierbas, de hoja acerada, corva y cortante, sujeta a un mango de madera.
hoz[2] *s. f.* Angostura de un valle profundo, o la que forma un río que corre por entre dos sierras.
hozar *v. tr.* Remover la tierra con el hocico.
hucha *s. f.* Recipiente con una ranura para guardar el dinero ahorrado.
hueco, ca *adj.* **1.** Cóncavo o vacío por dentro. **2.** Presumido, vano.
huelga *s. f.* **1.** Tiempo en que se está sin trabajar. **2.** Sitio que invita a la recreación.
huella *s. f.* **1.** Señal que deja el pie en la tierra por donde ha pasado. **2.** Señal, vestigio en general.
huérfano, na *adj.* Se dice de la persona de menor edad que pierde a su padre y madre o a alguno de los dos.
huero, ra *adj.* **1.** Vacío. **2.** Insustancial.
huerta *s. f.* Terreno destinado al cultivo de árboles frutales y hortalizas.
huerto *s. m.* Terreno pequeño, que suele estar cercado, en el que se plantan verduras, legumbres y árboles frutales.
huesa *s. f.* Sepultura u hoyo para enterrar en él un cadáver.
hueso *s. m.* Cada una de las partes sólidas y resistentes del cuerpo, formadas por sustancia orgánica y sales minerales, que constituyen el esqueleto de la mayoría de los vertebrados.
huésped, da *s. m. y s. f.* **1.** Persona alojada en casa ajena.
hueste *s. f.* **1.** Ejército en campaña. **2.** *fig.* Conjunto de secuaces o partidarios de una persona o causa.
hueva *s. f.* Masa que forman los huevos de ciertos pescados, contenida en una bolsa oval.
huevar *v. intr.* Comenzar las aves a tener huevos.
huevo *s. m.* Cuerpo esferoidal que producen las hembras de muchos animales para la multiplicación de la especie, formado por una sola célula y que encierra el embrión con las sustancias adecuadas a su primer desarrollo.
huir *v. intr.* Alejarse rápidamente de un sitio para evitar un daño o peligro. También prnl.
hule *s. m.* Tela pintada al óleo y barnizada por un lado para hacerla impermeable.
hulla *s. f.* Carbón fósil, muy negro brillante o mate y duro, que se quiebra en aristas. Tiene un alto poder calorífico y calcinado produce gas y coque.
humanar *v. tr.* Hacer a uno humano, familiar y afable.
humanidad *s. f.* **1.** Condición de ser humano. **2.** Género humano.
humanitario, ria *adj.* **1.** Que mira o se refiere al bien del género humano. **2.** Benigno, caritativo, compasivo.
humanizar *v. tr.* Humanar, hacer humano.
humano, na *adj.* **1.** Se aplica a la persona que se compadece de las desgracias ajenas. ‖ *s. m.* **2.** Hombre o persona.

humareda *s. f.* Gran cantidad de humo.

humear *v. intr.* Exhalar, echar de sí humo, vapor o vaho. También prnl.

humedad *s. f.* **1.** Agua de que está impregnado un cuerpo. **2.** Cantidad de vapor de agua que hay en el aire atmosférico.

humedecer *v. tr.* Producir o causar humedad.

húmedo, da *adj.* Ligeramente impregnado de agua o de otro líquido.

humeral *adj.* Paño blanco que se pone el sacerdote sobre los hombros para coger la custodia o el copón.

húmero *s. m.* Hueso del brazo, entre el hombro y el codo.

humildad *s. f.* Condición de los que no presumen de sus méritos y cualidades, y reconocen sus errores y defectos.

humilladero *s. m.* Lugar devoto que suele haber a las entradas de los pueblos con una cruz o imagen.

humillar *v. tr.* Bajar, inclinar una parte del cuerpo en señal de acatamiento.

humo *s. m.* Producto que se desprende en forma gaseosa de una combustión incompleta, compuesto de vapor de agua y anhídrido carbónico, que llevan consigo carbón en polvo muy tenue.

humor *s. m.* **1.** Cualquiera de los líquidos del cuerpo del animal. **2.** Estado de ánimo. **3.** Jovialidad.

humus *s. m.* Mantillo del suelo formado por la descomposición de materia orgánica.

hundimiento *s. m.* Parte de una superficie que está más hundida.

hundir *v. tr.* **1.** Sumir, meter en lo hondo. También prnl. || *v. prnl.* **2.** Arruinarse un edificio, sumergirse una cosa.

huracán *s. m.* Ciclón tropical, viento muy impetuoso que gira en grandes círculos a modo de torbellino.

huraño, ña *adj.* Que huye de la gente.

hurgar *v. tr.* Menear o remover una cosa.

hurgón *s. m.* Instrumento de hierro para remover y atizar la lumbre.

hurgonear *v. tr.* Menear y remover la lumbre con el hurgón.

hurón *s. m.* Mamífero carnívoro, mustélido, de cuerpo pequeño y prolongado, cabeza pequeña y glándulas anales que despiden un olor muy desagradable.

huronear *v. intr.* **1.** Cazar con hurón. **2.** *fig. y fam.* Procurar saber y escudriñar cuanto sucede.

¡hurra! *interj.* que denota entusiasmo.

hurtar *v. tr.* **1.** Robar a escondidas, sin intimidación en las personas ni fuerza en las cosas. **2.** *fig.* Desviar, apartar. || *v. prnl.* **3.** *fig.* Ocultarse, desviarse.

hurto *s. m.* Cosa hurtada.

húsar *s. m.* Soldado de caballería ligera vestido a la húngara.

husillo *s. m.* Tornillo de prensas y máquinas análogas.

husmear *v. tr.* Rastrear con el olfato.

huso *s. m.* Instrumento manual para torcer y enrollar, en el hilado hecho a mano, el hilo que se va formando.

¡huy! *interj.* con que se denota dolor físico agudo, melindre o asombro pueril.

I

i *s. f.* Novena letra del abecedario español y tercera de sus vocales.

íbice *s. m.* Especie de cabra montés.

ibis *s. f.* Nombre de varias aves zancudas de pico largo.

ícaro *adj., fig.* Atrevido, osado.

icástico, ca *adj.* Natural, sin adorno.

iceberg *s. m.* Gran masa de hielo que flota sobre la superficie de los mares polares.

icnografía *s. f.* Delineación de la planta de un edificio.

icono *s. m.* Toda pintura religiosa de pincel o relieve, realizada sobre una tabla, por oposición al fresco mural.

iconoclasta *adj.* Se dice de la persona que niega el culto a las imágenes sagradas.

iconografía *s. f.* Descripción de imágenes, retratos, cuadros, estatuas o monumentos.

icosaedro *s. m.* Sólido de veinte caras.

ictericia *s. f.* Enfermedad producida por la acumulación de pigmentos biliares en la sangre.

ictiol *s. m.* Aceite medicinal, obtenido por la destilación de rocas bituminosas ricas en peces fósiles.

ictiología *s. f.* Parte de la zoología dedicada al estudio de los peces.

ida *s. f.* Acción de ir de un lugar a otro.

idea *s. f.* **1.** Primero de los actos del entendimiento, que se limita al conocimiento de una cosa. **2.** Opinión formada de una persona o cosa. **3.** Plan para la formación de una obra. **4.** Intención de hacer una cosa.

ideal *adj.* **1.** Excelente, perfecto en su línea. ‖ *s. m.* **2.** Prototipo.

idealista *adj.* Se dice de la persona que tiende a idealizar las cosas.

idealizar *v. tr.* Atribuir a una persona o cosa características y excelencias ideales.

idear *v. tr.* Formar idea de una cosa.

ídem *pron.* Significa 'el mismo', 'lo mismo'.

idéntico, ca *adj.* Se dice de lo que es lo mismo que otra cosa con que se compara.

identidad *s. f.* Conjunto de circunstancias que distinguen a una persona.

identificar *v. tr.* Hacer que dos o más cosas diversas aparezcan y se consideren como una misma. También prnl.

ideografía *s. f.* Representación de las ideas por medio de imágenes o símbolos.

ideología *s. f.* Rama de la filosofía que estudia las ideas.

idilio *s. m.* Composición poética que tiene por tema las cosas del campo y los afectos amorosos de los pastores.

idioma *s. m.* Lengua de una nación o pueblo, o común a varios.

idiosincrasia *s. f.* Índole del carácter de cada individuo o colectividad, por la cual se distingue de los demás.

idiota *adj., fig.* De poco entendimiento.

idiotez *s. f., fig. y fam.* Tontería, estupidez.

idiotismo *s. m.* Ignorancia.

idolatrar *v. tr.* Adorar ídolos.

ídolo *s. m.* Figura de una falsa deidad a la que se da adoración.

iglesia *s. f.* **1.** Templo destinado para la celebración del culto religioso. **2.** Congregación de fieles que siguen las enseñanzas de Cristo. **3.** Estado eclesiástico que comprende a los ordenados y su jerarquía.

iglú *s. m.* Vivienda de bloques de hielo, de forma semiesférica, que construyen los esquimales para pasar el invierno.

ignaro, ra *adj.* Ignorante.

ignavia *s. f.* Pereza.

ígneo, a *adj.* **1.** De fuego o que tiene alguna de sus cualidades. **2.** De color de fuego.

ignífugo, ga *adj.* Se dice de las materias, sustancias o productos que protegen contra el incendio.

ignominia *s. f.* Afrenta pública que alguien padece con causa o sin ella.

ignorancia *s. f.* **1.** Falta de instrucción. **2.** Falta de conocimientos acerca de una materia dada.

ignorar *v. tr.* No saber una o muchas cosas, debiendo saberla o saberlas.

ignoto, ta *adj.* No conocido ni descubierto.

igual *adj.* **1.** De la misma naturaleza, forma, cantidad o calidad de otra cosa. **2.** Liso. **3.** Muy parecido o semejante.

iguala *s. f.* Ajuste por el que se contratan los servicios de alguien por un precio determinado y durante cierto tiempo.

igualar *v. tr.* **1.** Poner al igual con otra a una persona o cosa. **2.** Allanar. **3.** *fig.* Convenirse con pacto sobre una cosa.

igualdad *s. f.* **1.** Condición de ser una cosa igual que otra en naturaleza, forma, calidad o cantidad. **2.** Expresión de la equivalencia de dos cantidades.

iguana *s. f.* Nombre genérico de unos reptiles saurios de América Central y del Sur.

ijada *s. f.* Cualquiera de las dos cavidades colocadas simétricamente entre las costillas falsas y los huesos de las caderas.

ilación *s. f.* Conexión lógica entre antecedente y consecuente.

ilapso *s. m.* Éxtasis contemplativo.

ilegal *adj.* Contrario a las prescripciones de las leyes.

ilegible *adj.* Que no se puede leer.

ilegitimar *v. tr.* Privar a alguien de la legitimidad.

ilegítimo, ma *adj.* No legítimo.

íleo *s. m.* Enfermedad que origina oclusión intestinal a nivel del intestino delgado.

íleon *s. m.* Tercera porción del intestino delgado de los mamíferos.

ileso, sa *adj.* Que no ha recibido daño.

iletrado, da *adj.* Falto de cultura.

ilícito, ta *adj.* No permitido.

ilimitado, da *adj.* Que no tiene límites.

ilion *s. m.* Uno de los tres huesos que dan lugar, por su unión, a la formación del ilíaco o coxal del adulto.

ilógico, ca *adj.* Que carece de lógica.

ilota *s. m. y s. f.* Persona que se encuentra desposeída de los derechos de ciudadano.

iludir *v. tr.* Burlar.

iluminación *s. f.* Conjunto de luces que iluminan un lugar.

iluminado, da *adj.* Se dice de la persona que ve visiones en materia de religión.

iluminar *v. tr.* **1.** Alumbrar. **2.** Adornar con luces una fachada, un templo, etc.

ilusión *s. f.* **1.** Falsa percepción de un objeto. **2.** Esperanza de conseguir algo.

ilusionar *v. tr.* Despertar esperanzas especialmente atractivas.

ilusionista *adj.* Se dice del artista que produce efectos ilusorios mediante juegos de manos, trucos, etc.

ilusivo, va *adj.* Falso, engañoso, aparente.

iluso, sa *adj.* **1.** Engañado. **2.** Propenso a ilusionarse, soñador.

ilusorio, ria *adj.* Engañoso, irreal.

ilustración *s. f.* **1.** Cultura. **2.** Estampa, grabado o dibujo que adorna un libro.

ilustrar *v. tr.* **1.** Dar luz del entendimiento con ciencias y estudios. También prnl. **2.** *fig.* Instruir, civilizar. También prnl.

ilustre *adj.* Insigne, célebre.

ilustrísimo, ma *adj.* Se aplica como tratamiento a ciertas personas por razón de su cargo o dignidad.

imagen *s. f.* **1.** Representación y apariencia de una persona o cosa imitada por el dibujo, la escultura o la pintura. **2.** Efigie de un personaje sagrado o divinidad.

imaginación *s. f.* Facultad de evocar imágenes de cosas reales o ideales.

imaginar *v. tr.* Representar idealmente una cosa, crearla en la imaginación.

imaginaria *s. f.* Soldado que por turno vela durante la noche en cada compañía o dormitorio de un cuartel.

imaginativa *s. f.* Facultad de imaginar.

imaginería *s. f.* Talla o pintura de imágenes sagradas.

imán[1] *s. m.* Guía o modelo espiritual y religioso de una sociedad musulmana.

imán[2] *s. m.* Sustancia que posee o ha adquirido la propiedad de atraer el hierro.

imantar *v. tr.* Comunicar a un cuerpo la propiedad magnética. También prnl.

imbécil *adj.* Alelado, escaso de razón.

imbecilidad *s. f.* Escasez de razón.

imberbe *adj.* Se dice del joven que no tiene barba.

imbornal *s. m.* Agujero por donde se vacía el agua de lluvia de los terrados.

imbricado, da *adj.* Se dice de las hojas, semillas y escamas que están sobrepuestas unas a otras.

imbuir *v. tr.* Infundir, persuadir.

imitación *s. f.* Cosa hecha imitando a otra.

imitar *v. tr.* Hacer o tratar de hacer lo mismo o algo parecido a lo hecho por otro.

imoscapo *s. m.* Parte curva con que empieza el fuste de una columna.

impacción *s. f.* Choque con penetración.

impacientar *v. tr.* Hacer que alguien pierda la paciencia.

impaciente *adj.* Que no tiene paciencia.

impacto *s. m.* **1.** Choque de un proyectil. **2.** Huella o señal que deja.

impalpable *adj., fig.* Poco perceptible.

impar *adj.* Que no tiene par o igual.

imparcialidad *s. f.* Falta de prevención en favor o en contra de personas o cosas, que permite juzgar con rectitud.

imparisílabo, ba *adj.* Se dice de las voces o versos que tienen un número impar de sílabas.

impartir *v. tr.* Repartir, comunicar, dar.

impavidez *s. f.* Denuedo, valor y serenidad de ánimo ante los peligros.

impávido, da *adj.* Libre de pavor.

impecable *adj., fig.* Perfecto.

impedimenta *s. f.* Bagaje que suele llevar la tropa e impide la celeridad en la marcha.

impedimento *s. m.* Obstáculo, estorbo.

impedir *v. tr.* Imposibilitar la ejecución de una cosa.

impeler *v. tr.* Dar empuje a una cosa.

impenetrabilidad *s. f.* Propiedad de los cuerpos que impide que, al mismo tiempo, uno esté en el lugar que ocupa otro.

impenetrable *adj., fig.* Difícil de entender o de descifrar.

impensado, da *adj.* Se aplica a las cosas que suceden sin pensar en ellas.

imperar *v. intr.* **1.** Dominar, mandar.

imperceptible *adj.* Que no se puede percibir.

imperdible *s. m.* Alfiler que se abrocha metiendo su punta dentro de un gancho, de modo que no pueda abrirse fácilmente.

imperdonable *adj.* Que no se debe o puede perdonar.

imperecedero, ra *adj., fig.* Inmortal.
imperfecto, ta *adj.* Empezado y no concluido o perfeccionado.
impericia *s. f.* Falta de pericia.
imperio *s. m.* Espacio de tiempo que dura el gobierno de un emperador.
impermeable *adj.* Impenetrable al agua o a otro fluido.
impersonal *adj.* Que no pertenece o se aplica a ninguna persona en particular.
impertérrito, ta *adj.* Se dice de aquel a quien no se infunde fácilmente terror.
impertinencia *s. f.* Dicho o hecho fuera de propósito.
impertinente *adj.* Que no viene al caso, o que molesta de palabra o de obra.
imperturbable *adj.* Que no se perturba.
impétigo *s. m.* Erupción cutánea infecciosa.
impetrar *v. tr.* Solicitar algo con ahínco.
ímpetu *s. m.* Movimiento acelerado y violento.
impetuosidad *s. f.* Precipitación.
impetuoso, sa *adj.* Violento, precipitado.
impío, a *adj.* Falto de piedad.
implacable *adj.* Que no se puede aplacar.
implantar *v. tr.* **1.** Injertar. **2.** Establecer, instaurar una doctrina, reforma, etc.
implicar *v. tr.* **1.** Enredar. También prnl. **2.** *fig.* Significar. ‖ *v. intr.* **3.** Impedir, envolver contradicción.
implícito, ta *adj.* Se dice de lo que se entiende incluido en otra cosa sin expresarlo.
implorar *v. tr.* Pedir con ruegos.
impluvio *s. m.* Espacio descubierto en medio del atrio de las casas romanas por donde entraban las aguas de la lluvia.
impoluto, ta *adj.* Limpio, sin mancha.
imponderable *adj.* Que no puede pesarse, medirse o precisarse.
imponer *v. tr.* **1.** Poner carga, obligación, etc. **2.** Atribuir falsamente a otro una cosa.
impopular *adj.* Que no es popular.
importación *s. f.* Acción de introducir en el país mercancías extranjeras.
importancia *s. f.* Cualidad de lo que es conveniente o interesante.
importante *adj.* Conveniente o interesante.
importar *v. intr.* **1.** Convenir, interesar, hacer al caso. ‖ *v. tr.* **2.** Hablando del precio de las cosas, sumar, valer tal cantidad la cosa comprada o ajustada.
importe *s. m.* Cuantía de un precio, crédito, deuda, etc.
importunar *v. tr.* Incomodar o molestar con una pretensión o solicitud.
importuno, na *adj.* Molesto, enfadoso.
imposibilidad *s. f.* Falta de posibilidad para existir una cosa o para hacerla.
imposibilitar *v. tr.* **1.** Quitar la posibilidad de ejecutar o conseguir una cosa. ‖ *v. prnl.* **2.** Quedarse impedido, tullido.
imposible *adj.* **1.** No posible. **2.** Muy difícil.
imposición *s. f.* **1.** Acción de imponer. **2.** Carga, tributo u obligación que se impone.
imposta *s. f.* Hilada de sillares, algo voladiza, sobre la cual va sentado un arco.
impostor, ra *adj.* **1.** Se dice de la persona que calumnia o atribuye falsamente a alguien alguna cosa. **2.** Se dice de la persona que engaña con apariencia de verdad.
impostura *s. f.* Imputación falsa y maliciosa.
impotencia *s. f.* **1.** Falta de poder para hacer una cosa. **2.** Incapacidad de engendrar o concebir.
impotente *adj.* Que no tiene potencia.
impracticable *adj.* Que no se puede practicar.

imprecar *v. tr.* Proferir palabras que denotan el vivo deseo que se tiene de que alguien reciba un mal, daño, etc.

impregnar *v. tr.* Introducir entre las moléculas de un cuerpo las de otro en cantidad perceptible sin combinación.

imprenta *s. f.* **1.** Arte de imprimir. **2.** Taller o lugar donde se imprime. **3.** Impresión, calidad o forma de letra.

imprescindible *adj.* Se dice de aquello de lo que no se puede prescindir.

imprescriptible *adj.* Que no puede prescribir.

impresión *s. f.* Marca que una cosa deja en otra al apretar sobre ella.

impresionar *v. tr.* Exponer una superficie convenientemente preparada a la acción de las vibraciones luminosas o acústicas, de modo que queden fijadas en ella y puedan ser reproducidas por métodos fotográficos o fonográficos.

impreso *s. m.* Libro, folleto u hoja impresa.

imprevisto, ta *adj.* No previsto.

imprimar *v. tr.* Preparar con los ingredientes necesarios las cosas que han de ser pintadas o teñidas.

imprimátur *s. m., fig.* Licencia otorgada por la autoridad eclesiástica para imprimir un escrito.

imprimir *v. tr.* Dejar en el papel u otra materia, mediante la presión mecánica, la huella de un dibujo, texto, etc., grabando sobre una plancha metálica caracteres o letras movibles.

improbable *adj.* No probable.

ímprobo, ba *adj.* **1.** Malo, malvado. **2.** Se dice del trabajo excesivo y continuado.

improcedencia *s. f.* Falta de oportunidad, de fundamento o de derecho.

improductivo, va *adj.* Que no produce.

impromptu *s. m.* Composición musical que improvisa el ejecutante.

impronta *s. f.* Reproducción de imágenes en hueco o de relieve, en cualquier materia blanda o dúctil, como papel humedecido, lacre, cera, escayola, etc.

improperio *s. m.* Injuria grave de palabra.

impropio, pia *adj.* Falto de las cualidades convenientes según las circunstancias.

improrrogable *adj.* Que no se puede prorrogar.

improvisación *s. f.* **1.** Acción de improvisar. **2.** Obra o composición improvisada.

improvisar *v. tr.* Hacer una cosa de pronto, sin preparación alguna.

improviso, sa *adj.* Que no se prevé ni previene.

imprudente *adj.* Que no tiene prudencia.

impúber *adj.* Que no ha llegado aún a la pubertad.

impudencia *s. f.* Descaro, desvergüenza.

impudente *adj.* Desvergonzado, sin pudor.

impudicia *s. f.* Deshonestidad, descaro, desvergüenza.

impúdico, ca *adj.* Deshonesto, sin pudor.

impuesto *s. m.* Tributo, carga.

impugnar *v. tr.* Combatir, refutar.

impulsivo, va *adj.* Se dice de lo que impele o puede impeler.

impulso *s. m.* **1.** Acción y efecto de impeler. **2.** Instigación, sugestión.

impulsor, ra *adj.* Que impele.

impune *adj.* Que queda sin castigo.

impuro, ra *adj.* No puro.

imputable *adj.* Que se puede imputar.

imputar *v. tr.* Atribuir a otro una culpa, delito o acción.

imputrescible *adj.* Que no se pufre fácilmente.
inabordable *adj.* Que no se puede abordar.
inaccesible *adj.* No accesible.
inacción *s. f.* Falta de acción, ociosidad.
inaceptable *adj.* No aceptable.
inactivo, va *adj.* Sin acción, quieto.
inadaptable *adj.* No adaptable.
inadecuado, da *adj.* No adecuado.
inadmisible *adj.* No admisible.
inadvertencia *s. f.* Falta de advertencia.
inadvertido, da *adj.* Se dice de la persona que no advierte o repara en las cosas que debiera.
inagotable *adj.* Que no se puede agotar.
inaguantable *adj.* Que no se puede aguantar o sufrir.
inalienable *adj.* Que no se puede enajenar.
inalterable *adj.* Que no se puede alterar.
inamovible *adj.* Que no es movible.
inane *adj.* Vano, fútil, inútil.
inanición *s. f.* Extremada debilidad por falta de alimento o por otras causas.
inanimado, da *adj.* Que no tiene vida.
inapelable *adj.* Se aplica a la sentencia o fallo que no se puede apelar.
inapetente *adj.* Que no tiene apetencia.
inapreciable *adj.* Que no se puede apreciar, por su mucho valor o mérito o por su extremada pequeñez u otro motivo.
inarmónico, ca *adj.* Falto de armonía.
inarticulado, da *adj.* No articulado.
inasequible *adj.* No asequible.
inaudito, ta *adj.* **1.** Nunca oído. **2.** *fig.* Monstruoso, extremadamente vituperable.
inauguración *s. f.* Acto de inaugurar.
inaugurar *v. tr.* Dar principio a una cosa con cierta pompa o solemnidad.
incalculable *adj.* Que no se puede calcular.

incalificable *adj.* **1.** Que no se puede calificar. **2.** Muy vituperable.
incandescente *adj.* Candente.
incansable *adj.* Que no se cansa.
incapacidad *s. f.* **1.** Falta de capacidad para hacer, recibir o aprender una cosa. **2.** *fig.* Falta de preparación o de los medios necesarios para realizar algo.
incapacitar *v. tr.* Hacer imposible a alguien la ejecución de cualquier acto.
incapaz *adj.* **1.** Falto de cabida **2.** Que carece de aptitud o de medios para hacer algo.
incautarse *v. prnl.* Tomar posesión un tribunal u otra autoridad competente, de dinero o bienes de otra clase.
incauto, ta *adj.* Que no tiene cautela.
incendaja *s. f.* Materia combustible a propósito para incendiar. Se usa más en pl.
incendiar *v. tr.* Prender fuego a una cosa que no está destinada a arder, como mieses, edificios, etc. También prnl.
incendiario, ria *adj.* **1.** Que incendia con premeditación. **2.** *fig.* Escandaloso, subversivo.
incendio *s. m.* Fuego grande que destruye lo que no está destinado a arder, como edificios, mieses, etc.
incensar *v. tr.* **1.** Dirigir con el incensario el humo del incienso hacia una persona o cosa. **2.** Lisonjear.
incensario *s. m.* Braserillo con cadenillas y tapa, que sirve para incensar.
incentivo, va *adj.* Que mueve o excita a hacer una cosa. Se usa más como s. m.
incertidumbre *s. f.* Falta de certidumbre.
incesto *s. m.* Relación sexual entre parientes dentro de los grados en que está prohibido el matrimonio.

incidencia *s. f.* Lo que sobreviene en el discurso de un asunto o negocio y tiene con él alguna conexión.

incidente *s. m.* Hecho que sobreviene en el discurso de un asunto o negocio y tiene con él algún enlace.

incidir *v. intr.* Incurrir en una falta, error, etc.

incienso *s. m.* Gomorresina aromática en forma de lágrimas, de sabor acre, que se extrae de varios árboles, y que se quema en las ceremonias del culto.

incierto, ta *adj.* No verdadero, falso.

incinerar *v. tr.* Reducir una cosa a cenizas.

incipiente *adj.* Que empieza.

incircunciso, sa *adj.* No circuncidado.

incircunscrito, ta *adj.* No comprendido dentro de determinados límites.

incisión *s. f.* Hendidura hecha en algunos cuerpos con instrumentos cortantes.

incisivo, va *adj.* Apto para abrir o cortar.

inciso *s. m.* Cada uno de los miembros que, en los períodos, encierra un sentido parcial.

incisura *s. f.* Fisura, hendidura.

incitar *v. tr.* Estimular a alguien para que ejecute una cosa; moverle vivamente.

incivil *adj.* Falto de civilidad o cultura.

inclaustración *s. f.* Ingreso en una orden monástica.

inclemencia *s. f.* **1.** Falta de clemencia. **2.** *fig.* Rigor del tiempo.

inclemente *adj.* Falto de clemencia.

inclinación *s. f., fig.* Disposición del ánimo hacia una cosa, propensión, afecto, etc.

inclinar *v. tr.* **1.** Apartar una cosa de su posición perpendicular. También *prnl.* **2.** *fig.* Persuadir a alguien a que diga o haga lo que dudaba decir o hacer. ‖ *v. prnl.* **3.** Propender a hacer, pensar o sentir una cosa.

ínclito, ta *adj.* Ilustre, afamado.

incluir *v. tr.* Poner una cosa dentro de otra o dentro de sus límites.

inclusa *s. f.* Casa en donde se recogen y crían los niños expósitos.

incoar *v. tr.* Comenzar una cosa. Se dice de un proceso, pleito, etc.

incoativo, va *adj.* Que denota el principio de una cosa o de una acción.

incobrable *adj.* Que no se puede cobrar o es de muy dudosa cobranza.

incoercible *adj.* Que no puede ser coercido.

incógnita *s. f.* **1.** Cantidad desconocida que es preciso determinar en una ecuación o problema para resolverlos. **2.** *fig.* Causa o razón oculta de un hecho que se examina.

incógnito, ta *adj.* No conocido.

incognoscible *adj.* Que no se puede conocer.

incoherente *adj.* No coherente, carente de unidad o trabazón.

incoloro, ra *adj.* Que carece de color.

incólume *adj.* Sano, sin lesión.

incombustibilidad *s. f.* Calidad de incombustible.

incombustible *adj.* Que no se puede quemar.

incomodador, ra *adj.* Que incomoda.

incomodar *v. tr.* Causar incomodidad.

incomodidad *s. f.* Molestia, fatiga.

incómodo, da *adj.* **1.** Que incomoda. **2.** Que carece de comodidad.

incomparable *adj.* Que no tiene o no admite comparación.

incompatibilidad *s. f.* Imposibilidad legal para ejercer alguna función determinada o para ejercer dos o más cargos a la vez.

incompatible *adj.* No compatible con otra cosa.

incompetencia *s. f.* Falta de competencia o de jurisdicción.
incomplejo, ja *adj.* Desunido, sin trabazón ni coherencia.
incompleto, ta *adj.* No completo.
incomprensible *adj.* Que no se puede comprender.
incomunicación *s. f.* Aislamiento temporal de procesados o testigos, que acuerdan los jueces instructores de un sumario.
incomunicado, da *adj.* Que no tiene comunicación.
incomunicar *v. tr.* Privar de comunicación a personas o cosas.
inconcebible *adj.* Que no puede concebirse o comprenderse.
inconciliable *adj.* Que no puede conciliarse.
inconcuso, sa *adj.* Firme, sin duda ni contradicción.
incondicional *adj.* Absoluto, sin restricción ni requisito.
inconexo, xa *adj.* Que no tiene conexión con una cosa.
inconfesable *adj.* Se dice de lo que por ser vergonzoso no puede confesarse.
inconfeso, sa *adj.* Se dice del presunto reo que no confiesa el delito que se le imputa.
incongruente *adj.* No congruente.
inconmensurable *adj.* No conmensurable.
inconmovible *adj.* Que no se puede conmover o alterar.
inconsciencia *s. f.* Estado en que el individuo no se da cuenta exacta del alcance de sus palabras o acciones.
inconsciente *adj.* No consciente.
inconsecuente *adj.* Que procede con inconsecuencia.
inconsiderado, da *adj.* No considerado ni reflexionado.
inconsistencia *s. f.* Falta de consistencia.
inconsolable *adj.* Que no puede ser consolado o consolarse.
inconstancia *s. f.* **1.** Falta de estabilidad y permanencia de una cosa. **2.** Ligereza con que uno cambia de opinión, amigos, etc.
inconstante *adj.* No estable ni permanente.
inconsútil *adj.* Sin costura.
incontaminado, da *adj.* No contaminado.
incontestable *adj.* Que no se puede impugnar ni dudar con fundamento.
incontinente *adj.* Desenfrenado en el deseo sexual.
incontrastable *adj.* **1.** Que no se puede contrastar. **2.** *fig.* Que no se deja reducir o convencer.
incontrovertible *adj.* Que no admite duda ni discusión.
inconveniencia *s. f.* Incomodidad.
inconveniente *adj.* **1.** No conveniente, poco oportuno. || *s. m.* **2.** Impedimento, dificultad que hay para hacer una cosa.
incordio *s. m.* **1.** Tumor grande. **2.** *fam.* Persona o cosa incómoda, molesta.
incorporar *v. tr.* **1.** Agregar, unir dos o más cosas para que hagan un todo y un cuerpo entre sí. **2.** Levantar la parte superior del cuerpo la persona que está echada.
incorpóreo, a *adj.* No corpóreo.
incorrección *s. f.* **1.** Cualidad de incorrecto. **2.** Dicho o hecho incorrecto.
incorrecto, ta *adj.* No correcto.
incorregible *adj.* No corregible.
incorrupción *s. f.* Estado de una cosa que no se corrompe.
incorrupto, ta *adj.* Que está sin corromperse.

incredulidad *s. f.* **1.** Repugnancia o dificultad en creer una cosa. **2.** Falta de fe y creencia religiosa.
incrédulo, la *adj.* Que no cree con facilidad.
increíble *adj.* Que no puede creerse.
incremento *s. m.* Aumento, crecimiento.
increpar *v. tr.* Reprender a alguien con dureza y severidad.
incriminar *v. tr.* Acusar de un delito.
incruento, ta *adj.* No sangriento.
incrustación *s. f.* Cosa incrustada.
incrustar *v. tr.* **1.** Embutir en una superficie lisa y dura piedras, metales, maderas, etc., formando dibujos. **2.** Cubrir una superficie con una costra dura.
incubar *v. intr.* **1.** Encobar. || *v. tr.* **2.** Empollar el ave los huevos.
incuestionable *adj.* No cuestionable.
inculcar *v. tr.* Infundir con ahínco en el ánimo de alguien una idea, concepto, etc.
inculpabilidad *s. f.* Exención de culpa.
inculpar *v. tr.* Culpar a alguien de una cosa.
inculto, ta *adj.* **1.** Que no tiene cultivo ni labor. **2.** *fig.* Se aplica a la persona, pueblo o nación de modales rústicos y groseros o de poca cultura.
incultura *s. f.* Falta de cultivo o de cultura.
incumbencia *s. f.* Obligación y cargo de hacer una cosa.
incumbir *v. intr.* Estar a cargo de alguien una cosa.
incumplido, da *adj.* Que no cumple con sus obligaciones o con lo que promete.
incunable *adj.* Se aplica a las ediciones hechas desde la invención de la imprenta hasta principios del s. XVI.
incurable *adj.* Que no se puede curar.
incuria *s. f.* Falta de cuidado, negligencia.

incurrir *v. intr.* Construido con la preposición "en" y sustantivo que signifique culpa, error o castigo, ejecutar la acción o merecer la pena expresada por el sustantivo.
indagar *v. tr.* Tratar de llegar al conocimiento de una cosa discurriendo o por medio de conjeturas y señales.
indagatoria *s. f.* Declaración que, acerca del delito que se está averiguando, se toma al presunto reo sin recibirle juramento.
indebido, da *adj.* Que no es obligatorio ni exigible.
indecencia *s. f.* **1.** Falta de decencia o de modestia. **2.** Dicho o hecho vituperable.
indecente *adj.* No decente, indecoroso.
indecible *adj.* Que no se puede decir o explicar.
indecisión *s. f.* Irresolución, dificultad de alguien para decidirse.
indeclinable *adj.* Que necesariamente tiene que hacerse o cumplirse.
indecoroso, sa *adj.* Que no tiene decoro o lo ofende.
indefectible *adj.* Que no puede faltar o dejar de ser.
indefenso, sa *adj.* Que carece de defensa.
indefinible *adj.* Que no se puede definir.
indefinido, da *adj.* No definido.
indehiscente *adj.* No dehiscente.
indeleble *adj.* Que no se puede borrar o quitar.
indeliberado, da *adj.* Hecho sin deliberación ni reflexión.
indemne *adj.* Libre o exento de daño.
indemnidad *s. f.* Estado de la persona que está libre de padecer daño o perjuicio.
indemnizar *v. tr.* Resarcir de un daño o perjuicio.

INDEMOSTRABLE - INDISPOSICIÓN

indemostrable *adj.* Que no puede demostrarse.

independencia *s. f.* **1.** Cualidad o condición de independiente. **2.** Libertad, autonomía, especialmente la de un Estado que no depende de otro.

independiente *adj.* **1.** Que no tiene dependencia. **2.** Autónomo.

indescifrable *adj.* Que no se puede descifrar.

indescriptible *adj.* Que no se puede describir.

indestructible *adj.* Que no se puede destruir.

indeterminación *s. f.* Falta de determinación en las cosas o de resolución en las personas.

indeterminado, da *adj.* No determinado.

indiana *s. f.* Tela de lino o algodón, o de mezcla de ambos, estampada por un lado.

indicador, ra *adj.* Que indica o sirve para indicar.

indicar *v. tr.* Dar a entender una cosa con indicios, señales, gestos o palabras.

indicativo, va *adj.* Que indica o sirve para indicar.

indicción *s. f.* Convocación para una junta sinodal o conciliar.

índice *s. m.* Lista breve y ordenada del contenido de un libro.

indicio *s. m.* Cualquier acto o señal que da a conocer lo oculto.

indiferencia *s. f.* Estado del ánimo en que no se siente ni inclinación ni repugnancia hacia un objeto, persona o negocio.

indiferente *adj.* Que no siente inclinación, afecto o interés.

indígena *adj.* Originario del país de que se trata.

indigencia *s. f.* Falta de medios para alimentarse, vestirse etc.

indigente *adj.* Falto de medios para vivir.

indigestarse *v. prnl.* No sentar bien un manjar o comida.

indigestión *s. f.* Trastorno que se padece por no haber digerido bien los alimentos.

indigesto, ta *adj.* Que no se digiere o se digiere con dificultad.

indignación *s. f.* Enojo, ira, enfado contra una persona o contra sus actos.

indignar *v. tr.* Irritar, enfadar a alguien.

indigno, na *adj.* **1.** Que no tiene mérito ni disposición para una cosa. **2.** Vil, ruin.

índigo *s. m.* Añil.

indirecta *s. f.* Medio indirecto de que alguien se vale para no significar claramente una cosa y darla, sin embargo, a entender.

indirecto, ta *adj.* Que no va rectamente a un fin, aunque se encamine a él.

indisciplina *s. f.* Falta de disciplina.

indisciplinarse *v. prnl.* Infringir o quebrantar la disciplina.

indiscreción *s. f.* **1.** Falta de discreción y prudencia. **2.** Dicho o hecho indiscreto.

indiscreto, ta *adj.* **1.** Que obra sin discreción. **2.** *fig.* Que se hace sin discreción.

indisculpable *adj.* Que no tiene disculpa.

indiscutible *adj.* No discutible.

indisoluble *adj.* Que no se puede disolver o desatar.

indispensable *adj.* Que es necesario o muy aconsejable que suceda.

indisponer *v. tr.* Privar una cosa de la disposición conveniente.

indisposición *s. f.* **1.** Falta de disposición y de preparación para una cosa. **2.** Desazón o quebranto leve de la salud.

indispuesto, ta *adj.* Que se siente algo enfermo o con alguna alteración en la salud.

indistinto, ta *adj.* Que no se distingue de otra cosa.

individual *adj.* Particular, propio y característico de una persona o cosa.

individualidad *s. f.* Cualidad de una persona o cosa por la cual se da a conocer o se señala singularmente.

individuo, dua *adj.* **1.** Individual. **2.** Indivisible. ‖ *s. m.* **3.** Cada ser organizado, sea animal o vegetal, respecto de la especie a la que pertenece.

indivisible *adj.* Que no puede ser dividido.

indiviso, sa *adj.* No dividido en partes.

indócil *adj.* Que no tiene docilidad.

indocto, ta *adj.* Falto de instrucción, inculto.

indocumentado, da *adj.* Se dice de la persona que carece de documento oficial por el cual pueda identificarse.

índole *s. f.* Condición e inclinación natural propia de cada uno.

indolente *adj.* Que no siente dolor.

indoloro, ra *adj.* Que no causa dolor.

indomable *adj.* Que no se puede domar.

indómito, ta *adj.* No domado.

indotación *s. f.* Falta de dotación.

inducir *v. tr.* **1.** Instigar, persuadir a alguien. **2.** Producir un cuerpo electrizado por inducción fenómenos eléctricos o magnéticos a otro situado a cierta distancia de sí.

inductivo, va *adj.* Que se hace por inducción.

indudable *adj.* Que no puede dudarse.

indulgencia *s. f.* **1.** Facilidad en perdonar o disimular las culpas o en conceder gracias. **2.** Remisión que hace la Iglesia de las penas debidas por los pecados.

indulgente *adj.* Inclinado a perdonar y disimular culpas o a conceder gracias.

indultar *v. tr.* Perdonar a alguien total o parcialmente la pena que tiene impuesta, o conmutarla por otra.

indulto *s. m.* Gracia por la cual el superior conmuta una pena o exceptúa y exime a alguien de la ley o de otra obligación.

indumentaria *s. f.* **1.** Estudio histórico del traje. **2.** Conjunto de prendas de vestir.

inedia *s. f.* Estado de la persona que está sin alimentarse más tiempo del regular.

inédito, ta *adj.* Escrito y no publicado. **2.** Desconocido, nuevo.

inefable *adj.* Que no se puede explicar con palabras.

ineficaz *adj.* No eficaz.

ineludible *adj.* Que no se puede eludir.

inepto, ta *adj.* **1.** Que carece de aptitud para una cosa. **2.** Necio, incapaz.

inequívoco, ca *adj.* Que no admite duda.

inercia *s. f.* **1.** Flojedad, desidia, inacción. **2.** Falta de energía física o moral.

inerme *adj.* Que está sin armas.

inerte *adj.* Inactivo, ineficaz, inútil, átono.

inescrutable *adj.* Que no se puede saber ni averiguar.

inesperado, da *adj.* Que sucede sin esperarse.

inestable *adj.* No estable.

inestimable *adj.* Incapaz de ser estimado como corresponde.

inevitable *adj.* Que no se puede evitar.

inexactitud *s. f.* Falta de exactitud.

inexcusable *adj.* Que no se puede dejar de hacer, que no admite pretextos.

inexistente *adj.* Que carece de existencia.

inexorable *adj.* Que no se deja vencer por los ruegos.

inexperto, ta *adj.* Falto de experiencia.
inexplicable *adj.* Que no se puede explicar.
inexpugnable *adj., fig.* Que no se deja vencer ni persuadir.
inextinguible *adj.* No extinguible.
in extremis *loc. lat.* que significa 'en los últimos instantes de la existencia'.
inextricable *adj.* Difícil de desenredar, muy intrincado y confuso.
infalible *adj.* Que no puede equivocarse.
infamar *v. tr.* Cubrir de ignominia a una persona o cosa personificada.
infamatorio, ria *adj.* Que infama.
infame *adj.* Que carece de honra o crédito.
infamia *s. f.* **1.** Descrédito, deshonra, vergüenza pública. **2.** Maldad, vileza.
infancia *s. f.* **1.** Período de la vida de una persona desde que nace hasta el comienzo de su pubertad. **2.** *fig.* Conjunto o clase de los niños de tal edad.
infante *s. m.* Niño que aún no ha llegado a los siete años de edad.
infantería *s. f.* Tropa que sirve a pie en la milicia.
infanticidio *s. m.* Muerte dada a un niño, sobre todo si es recién nacido o está próximo a nacer.
infantil *adj.* Relativo a la infancia.
infanzón, na *s. m. y s. f.* Hijodalgo o hijadalgo que en sus heredamientos tenían potestad y señorío limitados.
infarto *s. m.* Hinchazón u obstrucción de un órgano o parte del cuerpo.
infatigable *adj.* Incansable.
infatuar *v. tr.* Engreír a alguien.
infausto, ta *adj.* Desgraciado, infeliz.
infectar *v. tr.* **1.** Inficionar. **2.** Contaminar un organismo o una cosa con los gérmenes de una enfermedad.
infecto, ta *adj.* Inficionado, contagiado.
infecundo, da *adj.* No fecundo.
infelicidad *s. f.* Desgracia, suerte adversa.
infeliz *adj.* Desgraciado.
inferior *adj.* Que está situado debajo de otra cosa o más bajo que ella.
inferir *v. tr.* Sacar una consecuencia de una cosa.
infernal *adj.* **1.** Relativo al infierno. **2.** *fig.* Muy malo, perjudicial en su línea.
infestar *v. tr.* **1.** Inficionar, apestar. **2.** Invadir un lugar los animales o las plantas perjudiciales.
inficionar *v. tr.* **1.** Infectar, causar infección. **2.** *fig.* Corromper con malas doctrinas o ejemplos.
infidencia *s. f.* Falta a la confianza y fe debida a otro.
infiel *adj.* **1.** Falto de fidelidad, desleal. **2.** Que no profesa la fe considerada como verdadera.
infiernillo *s. m.* Cocinilla para calentar.
infierno *s. m.* Lugar destinado por la divina justicia para eterno castigo de los malos.
iinfiltrar *v. tr.* **1.** Introducir gradualmente un líquido entre los poros de un sólido. **2.** Infundir en el ánimo ideas o doctrinas.
ínfimo, ma *adj.* **1.** Que en su situación está muy bajo. **2.** En el orden y graduación de las cosas, se dice de la que es última y menos que las demás.
infinidad *s. f.* **1.** Cualidad de infinito. **2.** *fig.* Gran muchedumbre de personas o cosas.
infinitesimal *adj.* Se dice de las cantidades infinitamente pequeñas.
infinitivo *adj.* Se dice del modo del verbo que no expresa, por sí mismo, número, ni persona, ni tiempo determinados.

infinito, ta *adj.* **1.** Que no tiene, ni puede tener, fin ni término. **2.** Muy numeroso, grande y excesivo en cualquier línea.

inflación *s. f.* **1.** Acción y efecto de inflar. **2.** Aumento en el volumen del poder adquisitivo suficiente para producir, en un período relativamente corto, un aumento notable de los precios.

inflamable *adj.* Que se enciende con facilidad.

inflamar *v. tr.* **1.** Encender una cosa levantando llama. ‖ *v. prnl.* **2.** Producirse inflamación en una parte del organismo.

inflamatorio, ria *adj.* Que causa inflamación.

inflar *v. tr.* **1.** Hinchar una cosa. **2.** *fig.* Engreír. También prnl.

inflexibilidad *s. f.* **1.** Cualidad de inflexible. **2.** *fig.* Constancia y firmeza de ánimo para no conmoverse ni doblegarse.

inflexible *adj.* **1.** Incapaz de torcerse o de doblarse. **2.** *fig.* Que por su firmeza de ánimo no se conmueve ni se doblega.

inflexión *s. f.* **1.** Torcimiento de una cosa que estaba recta o plana. **2.** Elevación o atenuación hecha con la voz, quebrándola o pasando de un tono a otro.

infligir *v. tr.* **1.** Hablando de castigos y penas corporales, imponerlas, condenar a ellas. **2.** Producir un daño.

inflorescencia *s. f.* Forma con que aparecen colocadas las flores al brotar en las plantas.

influir *v. intr.* **1.** Producir unas cosas sobre otras ciertos efectos. ‖ *v. tr.* **2.** *fig.* Contribuir al éxito de un negocio.

influjo *s. m.* **1.** Influencia. **2.** Flujo de la marea.

influyente *adj.* Que goza de influencia.

infolio *s. m.* Libro en folio.

información *s. f.* **1.** Acción y efecto de informar o informarse. **2.** En los periódicos, noticia detallada sobre un suceso.

informal *adj.* Que carece de formalidad.

informalidad *s. f.* **1.** Cualidad de informal. **2.** *fig.* Cosa reprimible por informal.

informar *v. tr.* **1.** Enterar, dar noticia de una cosa. ‖ *v. intr.* **2.** Hablar en estrados los fiscales y los abogados.

informativo, va *adj.* Se dice de lo que informa o sirve para dar noticia de una cosa.

informe *s. m.* Noticia o instrucción que se da de un negocio o suceso, o acerca de una persona.

infortunado, da *adj.* Desafortunado.

infortunio *s. m.* **1.** Estado desgraciado en que se encuentra una persona. **2.** Hecho o acaecimiento desgraciado.

infosura *s. f.* Enfermedad de las caballerías que se presenta con dolores en dos o en los cuatro remos.

infracción *s. f.* Quebrantamiento de una ley, pacto y tratado, o de una norma moral, lógica o doctrinal.

infractor, ra *adj.* Transgresor.

infranqueable *adj.* Imposible o difícil de franquear.

infrarrojo, ja *adj.* Se aplica a la radiación del espectro luminoso que se encuentra más allá del rojo visible y de mayor longitud de onda.

infrascrito, ta *adj.* Que firma al fin de un escrito.

infringir *v. tr.* Quebrantar leyes, órdenes, convenios, etc.

infructuoso, sa *adj.* Inútil para algún fin.

infrutescencia *s. f.* Fructificación formada por agrupación de varios frutillos procedentes de las flores de una inflorescencia y con apariencia de unidad.

ínfula *s. f. pl., fig.* Presunción o vanidad.

infundado, da *adj.* Que carece de fundamento real o racional.

infundio *s. m.* Mentira, patraña, embuste.

infundir *v. tr.* **1.** *fig.* Comunicar Dios al alma un don o gracia. **2.** *fig.* Causar en el ánimo un impulso moral o afectivo.

infusorio *s. m.* Célula o microorganismo que vive en los líquidos, en los que se desplaza por medio de cilios.

ingeniar *v. tr.* Trazar ingeniosamente.

ingeniería *s. f.* Arte de aplicar los conocimientos científicos a la invención, perfeccionamiento o utilización de la técnica industrial en todas sus dimensiones.

ingenio *s. m.* **1.** Facultad en el ser humano para discurrir o inventar con prontitud y facilidad. **2.** Persona dotada de esta facultad.

ingenioso, sa *adj.* Que tiene ingenio.

ingénito, ta *adj.* No engendrado.

ingente *adj.* Muy grande.

ingenuidad *s. f.* Sinceridad, candor.

ingenuo, nua *adj.* Real, candoroso, sincero, sin doblez.

ingerir *v. tr.* Introducir por la boca comida, bebida o medicamentos.

ingestión *s. f.* Acción de ingerir.

ingle *s. f.* Parte del cuerpo en que se juntan los muslos con el vientre.

ingobernable *adj.* Que no se puede gobernar.

ingratitud *s. f.* Desagradecimiento.

ingrato, ta *adj.* **1.** Desagradecido, que olvida o desconoce los beneficios recibidos. **2.** Desabrido, áspero, desagradable.

ingrávido, da *adj.* Ligero, leve, tenue y sin peso, como la gasa o la niebla.

ingrediente *s. m.* Cualquier cosa que entra con otras en un compuesto, guiso, etc.

ingreso *s. m.* **1.** Entrada, lugar por donde se entra a alguna parte. **2.** Caudal de dinero que entra en poder de alguien y que le es de cargo en las cuentas.

inguinal *adj.* Relativo a la ingle.

ingurgitar *v. tr.* Engullir.

inhábil *adj.* **1.** Torpe, desmañado. **2.** Inepto, incapaz, incompetente.

inhabilitar *v. tr.* Imposibilitar para alguna cosa.

inhabitable *adj.* No habitable.

inhabitado, da *adj.* No habitado.

inhalar *v. tr.* Aspirar, con fin terapéutico, algún gas, vapor o líquido pulverizado.

inherencia *s. f.* Unión de cosas inseparables por su naturaleza.

inherente *adj.* Se dice de aquello que por su naturaleza está de tal manera unido a otra cosa, que no se puede separar de ella.

inhibir *v. tr.* **1.** Impedir que un juez prosiga en el conocimiento de una causa. || *v. prnl.* **2.** Salirse de un asunto o abstenerse de intervenir en él.

inhibitorio, ria *adj.* Se aplica al despacho, decreto o letras que inhiben al juez.

inhospitalario, ria *adj.* **1.** Falto de hospitalidad. **2.** Se dice de lo que no ofrece seguridad ni abrigo.

inhumanidad *s. f.* Falta de humanidad, barbarie, crueldad.

inhumano, na *adj.* Falto de humanidad.

inhumar *v. tr.* Enterrar un cadáver.

inicial *adj.* Perteneciente o relativo al origen de las cosas.

iniciar *v. tr.* **1.** Comenzar una cosa. **2.** Instruir en una enseñanza.

iniciativa *s. f.* **1.** Derecho de hacer una propuesta. **2.** Cualidad personal que inclina a esta acción.

inicuo, cua *adj.* Malvado, injusto.

inimitable *adj.* No imitable.

ininteligible *adj.* No inteligible.

iniquidad *s. f.* Maldad, injusticia grande.

injertar *v. tr.* Insertar en la rama o tronco de un árbol alguna parte de otro, en la cual debe haber yema para que pueda brotar.

injerto *s. m.* Parte de una planta con una o más yemas que, aplicada al patrón o tronco principal en el que se va a injertar, se suelda con él.

injuria *s. f.* Ultraje que se hace al nombre u honor de alguien con obras o palabras.

injuriar *v. tr.* **1.** Ultrajar con obras o palabras a alguien. **2.** Dañar, menoscabar.

injurioso, sa *adj.* Que injuria.

injusticia *s. f.* Acción contraria a la justicia.

injustificable *adj.* Que no se puede justificar.

injusto, ta *adj.* No justo.

inmaculado, da *adj.* Que no tiene mancha.

inmanente *adj.* Se dice de lo que es inherente a un ser o va unido de un modo inseparable a su esencia.

inmarcesible *adj.* Que no se puede marchitar.

inmaterial *adj.* No material.

inmediación *s. f.* **1.** Calidad de inmediato. **2.** Conjunto de derechos atribuidos al sucesor inmediato en una vinculación.

inmediato, ta *adj.* Contiguo o muy cercano.

inmejorable *adj.* Que no se puede mejorar.

inmenso, sa *adj.* Tan grande que no puede medirse.

inmerecido, da *adj.* No merecido.

inmersión *s. f.* Acción de introducir o introducirse una cosa en un líquido.

inmigrar *v. intr.* Llegar a un país, para establecerse en él, los habitantes de otro.

inminente *adj.* Que amenaza o está para suceder prontamente.

inmiscuir *v. tr.* **1.** Poner una sustancia en otra para que resulte una mezcla. ‖ *v. prnl.* **2.** Entrometerse en algo.

inmoble *adj.* Que no se mueve.

inmoderado, da *adj.* Falto de moderación.

inmodestia *s. f.* Falta de modestia.

inmolar *v. tr.* **1.** Sacrificar una víctima. ‖ *v. prnl.* **2.** Dar la vida, la hacienda, etc., en provecho de una persona, ideal, etc.

inmoral *adj.* Que se opone a la moral o a las buenas costumbres.

inmoralidad *s. f.* **1.** Falta de moralidad, desarreglo en las costumbres. **2.** Acción inmoral.

inmortal *adj.* No mortal o que no puede morir.

inmortalizar *v. tr.* Hacer perpetua una cosa en la memoria de las personas.

inmotivado, da *adj.* Sin motivo.

inmóvil *adj.* Que no se mueve.

inmovilizar *v. tr.* Hacer que una cosa quede inmóvil.

inmueble *s. m.* Casa o edificio.

inmundicia *s. f.* Suciedad, basura.

inmundo, da *adj.* **1.** Sucio, asqueroso. **2.** *fig.* Impuro.

inmune *adj.* Exento de ciertos oficios, cargos, gravámenes o penas.

inmunizar *v. tr.* Hacer inmune.

inmutable *adj.* No mudable.

inmutar *v. tr.* **1.** Alterar o variar una cosa. ‖ *v. prnl.* **2.** *fig.* Sentir cierta conmoción repentina del ánimo.

innato, ta *adj.* Se dice de los caracteres que se presentan desde el nacimiento y, no obstante, no son hereditarios.

innecesario, ria *adj.* No necesario.

innegable *adj.* Que no se puede negar.

innoble *adj.* Que no es noble.

innocuo, cua *adj.* Que no hace daño.

innominado, da *adj.* Que no tiene nombre especial.

innovar *v. tr.* Mudar o alterar las cosas, introduciendo una novedad en ellas.

innumerable *adj.* Que no se puede reducir a número.

inobediencia *s. f.* Falta de obediencia.

inobservancia *s. f.* Falta de observancia.

inocencia *s. f.* Condición de inocente.

inocentada *s. f.* **1.** *fam.* Acción o palabra candorosa o simple. **2.** *fam.* Engaño ridículo en que alguien cae por descuido o por falta de malicia.

inocente *adj.* **1.** Libre de culpa. **2.** Cándido, sin malicia, fácil de engañar.

inocular *v. tr.* Comunicar por medios artificiales los gérmenes de una enfermedad contagiosa. También prnl.

inocuo, cua *adj.* Que no hace daño.

inodoro *s. m.* Lavabo.

inofensivo, va *adj.* Incapaz de ofender.

inoficioso, sa *adj.* Que lesiona los derechos de herencia forzosa.

inolvidable *adj.* Que no puede o no debe olvidarse.

inopinado, da *adj.* Que sucede sin pensar en ello o sin esperarlo.

inoportuno, na *adj.* Fuera de tiempo o de propósito.

inorgánico, ca *adj.* No orgánico. Se dice de cualquier cuerpo sin órganos para la vida, como los minerales.

inoxidable *adj.* Que no se puede oxidar.

inquebrantable *adj.* Que persiste sin quebranto o no puede quebrantarse.

inquietar *v. tr.* Causar inquietud, quitar el sosiego. También prnl.

inquieto, ta *adj.* **1.** Que no está quieto o es de índole bulliciosa. **2.** *fig.* Desasosegado por un temor, aprensión, duda, etc.

inquietud *s. f.* Falta de quietud, desazón.

inquilinato *s. m.* Arriendo, alquiler.

inquilino, na *s. m. y s. f.* Persona que ha tomado una casa o parte de ella en alquiler.

inquina *s. f.* Aversión, mala voluntad.

inquinar *v. tr.* Manchar, contagiar.

inquirir *v. tr.* Indagar o examinar cuidadosamente una cosa.

inri *s. m.* Nombre que resulta de leer como una palabra las iniciales de "Ieus Nazarenus Rex Iudaeorum", rótulo latino de la Santa Cruz.

insaciable *adj.* Que tiene apetitos o deseos tan desmedidos que no los puede saciar o hartar.

insacular *v. tr.* Poner en un saco, cántaro o urna, cédulas o boletos con números o con nombres de personas o cosas para sacar una o más por suerte.

insalivar *v. tr.* Mezclar los alimentos con la saliva en la cavidad bucal.

insalubre *adj.* Malsano, dañoso a la salud.

insania *s. f.* Locura.

insano, na *adj.* **1.** Malsano. **2.** Demente.

inscribir *v. tr.* **1.** Grabar letreros en metal, piedra u otra materia. **2.** Tomar razón, en algún registro, de los documentos o las declaraciones que han de asentarse en él, según las leyes.

inscripción *s. f.* **1.** Escrito sucinto grabado en piedra, metal, etc., para conservar la memoria de una persona, cosa o acontecimiento importante. **2.** Letrero rectilíneo en las monedas y medallas.

insecticida *adj.* Que sirve para matar insectos. Se dice de los productos destinados a este fin. También s. m.

insectívoro, ra *adj.* Se dice de los animales que se alimentan principalmente de insectos. También s. m.

insecto *adj.* Se dice del artrópodo de respiración traqueal, con un par de antenas, tres pares de patas y el cuerpo dividido en cabeza, tórax y abdomen.

inseguridad *s. f.* Falta de seguridad.

insensatez *s. f.* **1.** Necedad, falta de sentido o de razón. **2.** Dicho o hecho insensato.

insensato, ta *adj.* Tonto, necio, fatuo.

insensibilidad *s. f.* Falta de sensibilidad.

insensible *adj.* **1.** Que carece de sensibilidad. **2.** Privado de sentido.

inseparable *adj.* Que no se puede separar.

insepulto, ta *adj.* No sepultado.

insertar *v. tr.* **1.** Incluir una cosa en otra. || *v. prnl.* **2.** Introducirse más o menos profundamente un órgano entre las partes de otro o adherirse a su superficie.

inservible *adj.* No servible.

insidioso, sa *adj.* Que arma asechanzas.

insigne *adj.* Célebre, famoso.

insignia *s. f.* **1.** Señal, distintivo o divisa honorífica. **2.** Bandera. **3.** Pendón, estandarte, etc., de una hermandad o cofradía.

insignificancia *s. f.* Pequeñez.

insignificante *adj.* **1.** Que no significa nada. **2.** Baladí, pequeño, despreciable.

insinuar *v. tr.* **1.** Dar a entender una cosa no haciendo más que indicarla ligeramente. || *v. prnl.* **2.** Introducirse mañosamente en el ánimo de alguien.

insípido, da *adj.* Falto de sabor.

insipiente *adj.* **1.** Falto de sabiduría o ciencia. **2.** Falto de juicio.

insistencia *s. f.* Reiteración y porfía acerca de una cosa.

insistir *v. intr.* Instar reiteradamente.

insociable *adj.* Intratable, huraño.

insolación *s. f.* Conjunto de síntomas de variable intensidad que aparecen como consecuencia de una exposición excesiva al sol o al calor.

insolencia *s. f.* **1.** Cualidad de insolente. **2.** Dicho o hecho ofensivo e insultante.

insolente *adj.* Que falta al debido respeto.

insólito, ta *adj.* No común ni ordinario.

insoluble *adj.* Que no puede disolverse ni diluirse.

insolvencia *s. f.* Incapacidad de pagar una deuda.

insolvente *adj.* Que no tiene con qué pagar.

insomne *adj.* Que no duerme, desvelado.

insomnio *s. m.* Vigilia, desvelo.

insondable *adj.* **1.** Que no se puede sondear. **2.** *fig.* Que no se puede averiguar.

insoportable *adj.* **1.** Insufrible, intolerable. **2.** *fig.* Muy incómodo, enfadoso.

insostenible *adj.* Que no se puede sostener.

inspeccionar *v. tr.* Examinar, reconocer atentamente una cosa.

inspector, ra *s. m. y s. f.* Empleado público o particular que tiene a su cargo la inspección y vigilancia en el ramo a que pertenece.

inspiración *s. f.* **1.** *fig.* Ilustración o movimiento sobrenatural que Dios comunica al individuo. **2.** *fig.* Cosa inspirada.

inspirar *v. tr.* **1.** Aspirar, atraer el aire a los pulmones. **2.** *fig.* Sugerir ideas. **3.** *fig.*

INSTALACIÓN - INSURRECTO

Iluminar Dios el entendimiento de alguien o excitar y mover su voluntad.

instalación *s. f.* Conjunto de cosas instaladas.

instalar *v. tr.* **1.** Colocar en un edificio o en otro lugar los aparatos o enseres para algún servicio. || *v. prnl.* **2.** Establecerse.

instancia *s. f.* Memorial, solicitud.

instantánea *s. f.* Impresión fotográfica que se hace instantáneamente.

instantáneo, a *adj.* Que sólo dura un instante.

instante *s. m.* Porción brevísima de tiempo.

instar *v. tr.* **1.** Insistir en una petición o súplica. || *v. intr.* **2.** Apretar o urgir la pronta ejecución de una cosa.

instaurar *v. tr.* Renovar, restaurar.

instigar *v. tr.* Incitar a alguien a que haga una cosa.

instintivo, va *adj.* Que es resultado de un instinto y no del juicio o la reflexión.

instinto *s. m.* Estímulo interior que determina a los animales a una acción dirigida a su conservación o reproducción.

institución *s. f.* **1.** Establecimiento o fundación de una cosa. **2.** Cada una de las organizaciones fundamentales de un estado, nación o sociedad.

instituir *v. tr.* Fundar.

instituto *s. m.* **1.** Constitución o regla que prescribe cierta forma y método de vida o de enseñanza. **2.** Corporación científica, literaria, artística, benéfica, etc.

institutriz *s. f.* Maestra encargada de la educación o instrucción de uno o varios niños, en el propio hogar.

instrucción *s. f.* **1.** Caudal de conocimientos adquiridos. **2.** Conjunto de reglas para algún fin. Se usa más en pl.

instructivo, va *adj.* Que instruye.

instructor, ra *adj.* Que instruye.

instruir *v. tr.* **1.** Enseñar, doctrinar. **2.** Comunicar conocimientos o doctrinas. **3.** Informar a alguien acerca de una cosa.

instrumental *adj.* Relativo al instrumento.

instrumentista *s. m. y s. f.* Músico que toca un instrumento.

instrumento *s. m.* **1.** Aquello de que nos servimos para hacer una cosa. **2.** Escritura con que se justifica o prueba una cosa.

insubordinar *v. tr.* **1.** Introducir la insubordinación. || *v. prnl.* **2.** Sublevarse.

insuficiencia *s. f.* Falta de suficiencia.

insuficiente *adj.* No suficiente.

insuflar *v. tr.* Introducir soplando en una cavidad del cuerpo u órgano un gas, vapor, líquido o sustancia pulverulenta.

insufrible *adj., fig.* Muy difícil de sufrir.

ínsula *s. f.* Isla.

insular *adj.* Isleño.

insulina *s. f.* Hormona que segrega el páncreas y que, vertida en la sangre, regula la cantidad de glucosa de ésta.

insulsez *s. f.* **1.** Cualidad de insulso. **2.** Dicho insulso.

insulso, sa *adj.* Insípido, falto de sabor.

insultar *v. tr.* Ofender a alguien provocándole con palabras o acciones.

insumergible *adj.* No sumergible.

insumiso, sa *adj.* Desobediente, rebelde.

insuperable *adj.* No superable.

insurgente *adj.* Levantado, sublevado.

insurreccionar *v. tr.* **1.** Concitar a las gentes para que se amotinen contra las autoridades. || *v. prnl.* **2.** Sublevarse, alzarse contra la autoridad pública.

insurrecto, ta *adj.* Levantado contra la autoridad pública; rebelde.

insustancial *adj.* De poca o ninguna sustancia.

insustituible *adj.* Que no puede sustituirse.

intacto, ta *adj.* **1.** No tocado o palpado. **2.** Que no ha sufrido alteración, menoscabo o deterioro. **3.** *fig.* Puro, sin mezcla.

intangible *adj.* Que no puede o no debe tocarse.

integración *s. f.* Operación que consiste en hallar la integral de una diferencial o de una ecuación diferencial.

integral *adj.* **1.** Se aplica a las partes que entran en la composición de un todo. **2.** Resultado de integrar una expresión diferencial.

integrante *adj.* Se dice de las partes que entran en la composición de un todo.

integrar *v. tr.* **1.** Componer un todo con sus partes integrantes. **2.** Determinar por el cálculo una cantidad de la que sólo se conoce la expresión diferencial.

íntegro, gra *adj.* **1.** Se dice de aquello a lo que no le falta ninguna de sus partes. **2.** Se dice de la persona recta, intachable.

intelectiva *s. f.* Facultad de entender.

intelecto *s. m.* Entendimiento.

intelectual *adj.* **1.** Relativo al entendimiento. **2.** Se dice de la persona dedicada al cultivo de las ciencias y letras.

intelectualidad *s. f., fig.* Conjunto de las personas cultas de un país, región, etc.

inteligencia *s. f.* Facultad de entender o comprender.

inteligente *adj.* **1.** Sabio, instruido. **2.** Dotado de inteligencia.

inteligible *adj.* **1.** Que puede ser entendido. **2.** Que se oye clara y distintamente.

intemperancia *s. f.* Falta de templanza.

intemperante *adj.* Falto de templanza.

intemperie *s. f.* Destemplanza del tiempo.

intempestivo, va *adj.* Que está fuera de tiempo y razón.

intención *s. f.* Determinación de la voluntad en relación a un fin.

intencionado, da *adj.* Que tiene alguna intención.

intencional *adj.* **1.** Relativo a los actos interiores del alma. **2.** Deliberado, hecho a sabiendas.

intendencia *s. f.* **1.** Dirección, cuidado y gobierno de una cosa. **2.** Empleo del intendente.

intendente *s. m.* **1.** Jefe superior económico. **2.** Jefe de fábricas u otras empresas explotadas por cuenta del erario.

intensidad *s. f.* Grado de energía de un agente natural o mecánico, de una cualidad, de una expresión, etc.

intensivo, va *adj.* Que intensifica.

intenso, sa *adj.* **1.** Que tiene intensidad. **2.** *fig.* Muy vehemente y vivo.

intentar *v. tr.* **1.** Preparar o iniciar la ejecución de algo. **2.** Procurar o pretender.

intento *s. m.* **1.** Propósito, designio. **2.** Cosa intentada.

intentona *s. f., fam.* Intento temerario.

intercadencia *s. f.* Desigualdad o inconstancia en la conducta o en los afectos.

intercalar *v. tr.* Poner una cosa entre otras.

intercambiar *v. tr.* Cambiar mutuamente dos o más personas o entidades, ideas, proyectos, informes, publicaciones, etc.

interceder *v. intr.* Rogar o mediar por otro para alcanzarle una gracia o librarle de un mal.

interceptar *v. tr.* **1.** Detener una cosa en su camino. **2.** Interrumpir u obstruir una vía de comunicación.

intercolumnio *s. m.* Espacio que hay entre dos columnas.

intercontinental *adj.* Que llega de uno a otro continente.

intercostal *adj.* Que está entre las costillas.

interdicto *s. m.* Entredicho.

interdigital *adj.* Se dice de cualquiera de las membranas, músculos, etc., situados entre los dedos.

interés *s. m.* Provecho, utilidad, ganacia.

interesado, da *adj.* Que tiene interés en una cosa.

interesante *adj.* Que interesa o que es digno de interés.

interesar *v. tr.* **1.** Hacer tomar parte a uno en los negocios o intereses ajenos. **2.** Inspirar interés o afecto. **3.** Afectar.

interferencia *s. f.* Acción recíproca de las ondas, ya sea en el agua, en la propagación de la luz, del sonido, etc., que produce aumento, disminución o neutralización del movimiento ondulatorio.

interfoliar *v. tr.* Intercalar entre las hojas impresas de un libro, otras en blanco.

ínterin *adv. t.* Entretanto, mientras.

interinidad *s. f.* **1.** Cualidad de interino. **2.** Tiempo que dura el desempeño interino de un cargo.

interino, na *adj.* Que sirve por algún tiempo en sustitución de otra persona o cosa.

interior *adj.* **1.** Que está en la parte de adentro. || *s. m.* **2.** Ánimo o espíritu.

interioridad *s. f.* **1.** Cualidad de interior. || *s. f. pl.* **2.** Cosas privativas, por lo general secretas, de las personas, familias, etc.

interjección *s. f.* Voz que, formando por sí sola una oración elíptica o abreviada, expresa los estados afectivos súbitos, como sorpresa, júbilo, dolor, etc.

interlineal *adj.* Escrito o impreso entre dos líneas o renglones.

interlocución *s. f.* Diálogo entre dos o más personas.

interlocutor, ra *s. m. y s. f.* Cada una de las personas que toman parte en un diálogo.

interludio *s. m.* Composición breve que ejecutan los organistas a modo de intermedio en la música instrumental.

intermediario, ria *adj.* Que media entre dos o más personas para algún fin.

intermedio, dia *adj.* Que está en medio de los extremos de lugar, tiempo, calidad, etc.

interminable *adj.* Que no tiene fin.

intermisión *s. f.* Interrupción de una labor o de cualquiera otra cosa por algún tiempo.

intermitente *adj.* Que se interrumpe o cesa y prosigue o se repite.

internacional *adj.* Relativo a dos o más naciones.

internado *s. m.* **1.** Estado del alumno interno. **2.** Establecimiento donde viven alumnos u otras personas internas.

internar *v. tr.* Conducir o mandar trasladar tierra adentro a una persona o cosa.

interno, na *adj.* Interior.

interoceánico, ca *adj.* Que pone en comunicación dos océanos.

interpelar *v. tr.* **1.** Dirigir la palabra a alguien solicitando su amparo y protección. **2.** Compeler a alguien para que dé explicaciones sobre un hecho cualquiera.

interplanetario, ria *adj.* Se dice del espacio existente entre dos o más planetas.

interpolar *v. tr.* Poner una cosa entre otras.

interponer *v. tr.* **1.** Interpolar una cosa entre otras. **2.** Poner por mediador a alguien.

interpretar *v. tr.* **1.** Explicar el sentido de una cosa. **2.** Traducir de una lengua a otra.

intérprete *s. m. y s. f.* **1.** Persona que interpreta. **2.** Persona que se ocupa en explicar a otras, en idioma que entienden, lo dicho en lengua que les es desconocida.

interregno *s. m.* Espacio de tiempo en que un Estado no tiene soberano.

interrogación *s. f.* **1.** Pregunta. **2.** Signo ortográfico (¿?) que se pone al principio y fin de palabra o cláusula interrogativa.

interrogar *v. tr.* Preguntar.

interrogativo, va *adj.* Que implica o denota interrogación.

interrogatorio *s. m.* **1.** Serie de preguntas, generalmente formuladas por escrito. **2.** Papel o documento que las contiene.

interrumpir *v. tr.* **1.** Cortar la continuación de una acción en el lugar o en el tiempo. **2.** Suspender o parar por algún tiempo la continuación de algo.

interruptor, ra *adj.* Que interrumpe.

intersección *s. f.* Encuentro de dos líneas, dos superficies o dos sólidos que recíprocamente se cortan.

intersticio *s. m.* Espacio pequeño que media entre dos cuerpos o entre dos partes de un mismo cuerpo.

interurbano, na *adj.* Se dice de las relaciones y servicios de comunicación entre distintas poblaciones o entre distintos barrios de una misma ciudad.

intervalo *s. m.* Espacio o distancia que hay de un tiempo a otro o de un lugar a otro.

intervenir *v. intr.* **1.** Tomar parte en algo. **2.** Mediar o interceder por alguien.

interventor, ra *adj.* **1.** Que interviene. || *s. m. y s. f.* **2.** Funcionario que autoriza y fiscaliza ciertas operaciones a fin de que se hagan con legalidad.

interviú *s. amb.* Entrevista.

intestado, da *adj.* Que muere sin hacer testamento válido.

intestinal *adj.* Relativo a los intestinos.

intestino, na *adj.* **1.** Interno, interior. **2.** *fig.* Civil, doméstico. || *s. m.* **3.** Conducto membranoso que forma parte del aparato digestivo de gusanos, artrópodos, moluscos, procordados y vertebrados y que se extiende desde el estómago al ano.

intimar *v. tr.* **1.** Declarar, notificar, hacer saber una cosa. || *v. prnl.* **2.** *fig.* Introducirse en el afecto o ánimo de alguien.

intimidad *s. f.* Amistad íntima.

intimidar *v. tr.* Causar o infundir miedo.

íntimo, ma *adj.* **1.** Lo más interior o interno. **2.** Se dice de la amistad muy estrecha y del amigo de confianza.

intitular *v. tr.* Poner título a un libro o escrito.

intolerable *adj.* Que no se puede tolerar.

intolerante *adj.* Que no tiene tolerancia.

intoxicar *v. tr.* Envenenar, emponzoñar.

intradós *s. m.* Superficie interior y cóncava de un arco o bóveda, que queda a la vista por la parte inferior del edificio de que forma parte.

intramuros *adv. l.* Dentro de una ciudad, villa o lugar.

intranquilo, la *adj.* Falto de tranquilidad.

intransferible *adj.* No transferible.

intransigente *adj.* Que no transige.

intransitable *adj.* Se dice del lugar o sitio por donde no se puede transitar.

intratable *adj.* **1.** No tratable ni manejable. **2.** *fig.* Insociable o de genio áspero.

intrepidez *s. f.* **1.** Arrojo, valor en los peligros. **2.** *fig.* Osadía, irreflexión.

intrépido, da *adj.* Que no teme en los peligros.

NATURALEZA
MAMÍFEROS

Elefante

Chimpancé

Nutria

Zorro Ártico

Camello

Okapi

Koala

Ballena

Ardilla

NATURALEZA
AVES

Quetzal

Cisne negro

Cóndor

Cigüeña

Nido del cuco

Pito Real

Martín pescador

Halcón peregrino

NATURALEZA
REPTILES Y ANFIBIOS

Rana

Anaconda

Serpiente
de cascabel

Tuatara

Cocodrilo
y sus crías

NATURALEZA
PECES

Tiburón

Pez payaso

Trucha

Anguila

Salmón

Carpa

Piraña

Raya

NATURALEZA
INVERTEBRADOS

- Caracol
- Gusano
- Araña
- Pulpo
- Esponja
- Estrella de mar
- Mariposa
- Abeja
- Medusa
- Cangrejo

NATURALEZA
Plantas

Setas

Orquídea

Saguaro

Manzano en flor

Maíz

Secuoya

Haya

Bonsai

NATURALEZA
MINERALES

Diamante

Hulla

Yeso

Granito

Pizarra

Cuarzo

Oro

CUERPO HUMANO
ESQUELETO

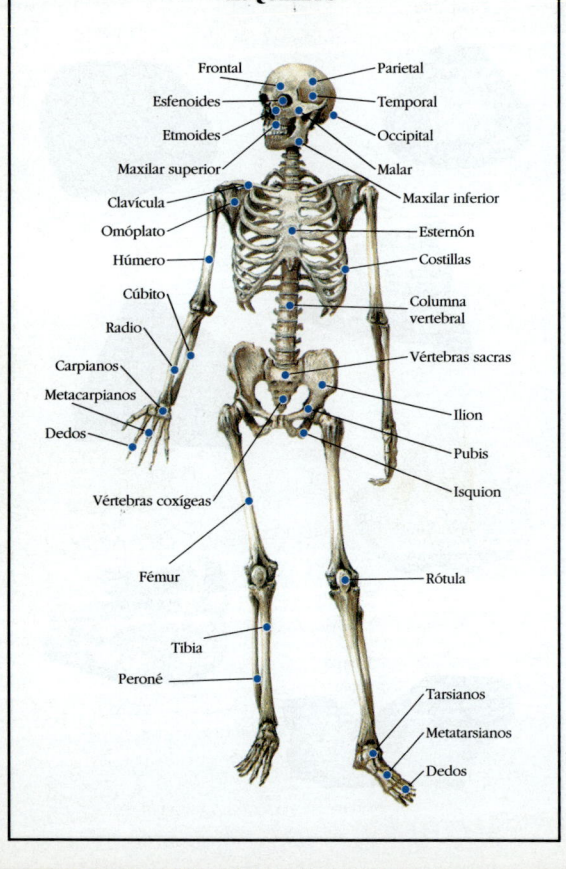

- Frontal
- Parietal
- Esfenoides
- Temporal
- Etmoides
- Occipital
- Maxilar superior
- Malar
- Maxilar inferior
- Clavícula
- Omóplato
- Esternón
- Húmero
- Costillas
- Cúbito
- Columna vertebral
- Radio
- Vértebras sacras
- Carpianos
- Metacarpianos
- Ilion
- Dedos
- Pubis
- Isquion
- Vértebras coxígeas
- Fémur
- Rótula
- Tibia
- Peroné
- Tarsianos
- Metatarsianos
- Dedos

Cuerpo Humano
Musculos

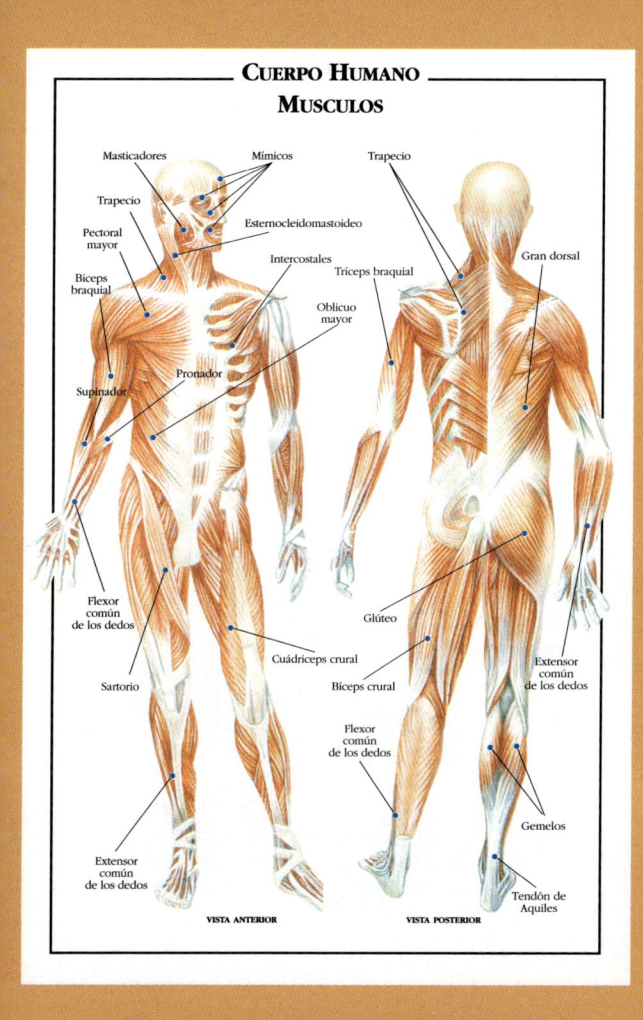

Masticadores
Mímicos
Trapecio
Trapecio
Esternocleidomastoideo
Pectoral mayor
Intercostales
Tríceps braquial
Bíceps braquial
Gran dorsal
Oblicuo mayor
Pronador
Supinador

Flexor común de los dedos
Glúteo
Sartorio
Extensor común de los dedos
Cuádriceps crural
Bíceps crural
Flexor común de los dedos
Gemelos
Extensor común de los dedos
Tendón de Aquiles

VISTA ANTERIOR **VISTA POSTERIOR**

CUERPO HUMANO

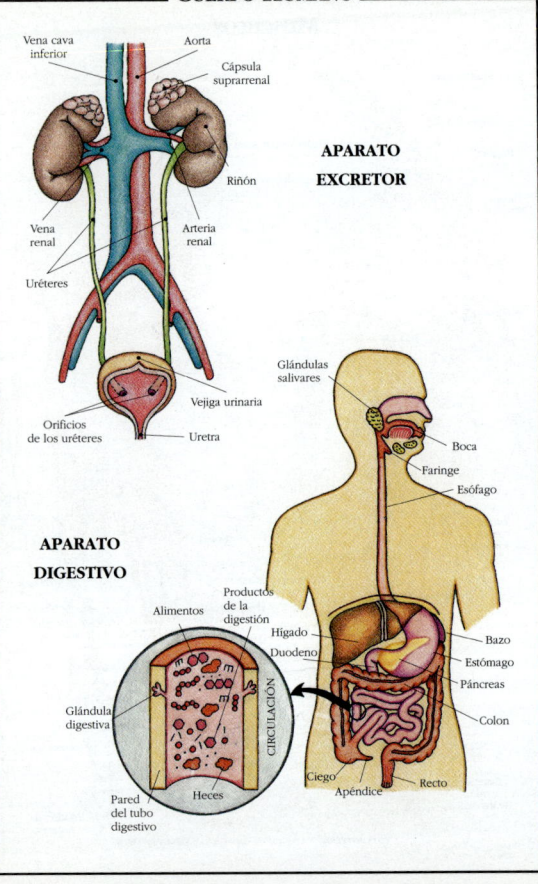

APARATO EXCRETOR

- Vena cava inferior
- Aorta
- Cápsula suprarrenal
- Riñón
- Vena renal
- Arteria renal
- Uréteres
- Orificios de los uréteres
- Vejiga urinaria
- Uretra

APARATO DIGESTIVO

- Glándulas salivares
- Boca
- Faringe
- Esófago
- Alimentos
- Productos de la digestión
- Hígado
- Duodeno
- Bazo
- Estómago
- Páncreas
- Colon
- Glándula digestiva
- CIRCULACIÓN
- Ciego
- Apéndice
- Recto
- Pared del tubo digestivo
- Heces

CUERPO HUMANO

CORAZON
APARATO CIRCULATORIO

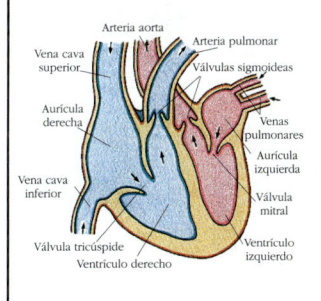

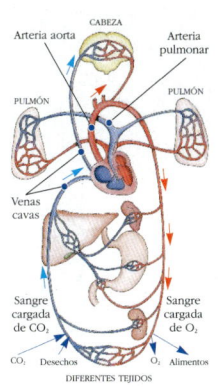

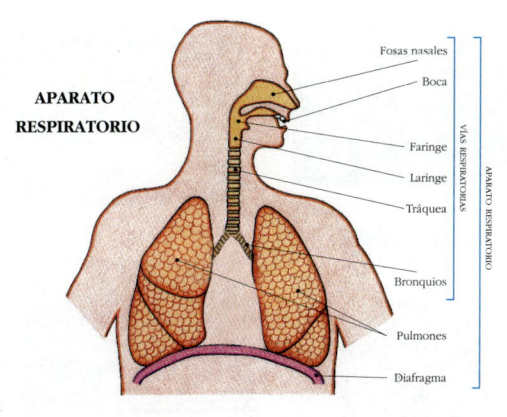

- Vena cava superior
- Arteria aorta
- Arteria pulmonar
- Válvulas sigmoideas
- Aurícula derecha
- Venas pulmonares
- Aurícula izquierda
- Vena cava inferior
- Válvula mitral
- Válvula tricúspide
- Ventrículo izquierdo
- Ventrículo derecho

CABEZA
- Arteria aorta
- Arteria pulmonar
- PULMÓN
- Venas cavas
- Sangre cargada de CO_2
- Sangre cargada de O_2
- CO_2 Desechos
- O_2 Alimentos

DIFERENTES TEJIDOS

APARATO RESPIRATORIO

- Fosas nasales
- Boca
- Faringe
- Laringe
- Tráquea
- Bronquios
- Pulmones
- Diafragma

VÍAS RESPIRATORIAS

APARATO RESPIRATORIO

Deportes

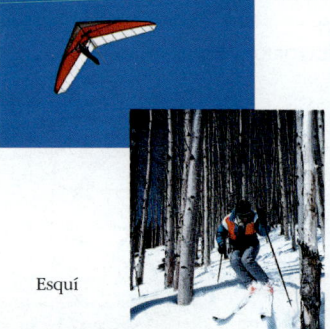

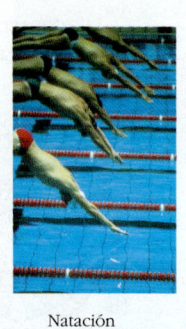

Ala Delta

Esquí

Natación

Automovilismo

Béisbol

Atletismo

Fútbol

TRANSPORTES Y COMUNICACIONES

Avión

Ferrocarril

Automóvil

Petrolero

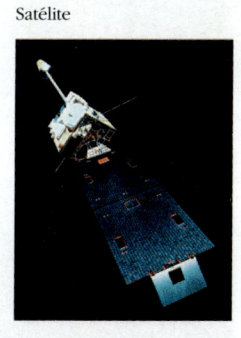

Satélite

Nave espacial

Cultura
Arquitectura

Las Pirámides de Egipto

El Coliseo de Roma

La Ciudad Prohibida de China

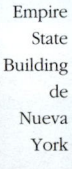

Empire State Building de Nueva York

Castillo de Peñafiel en Valladolid

El Palacio de la Ópera de Sidney

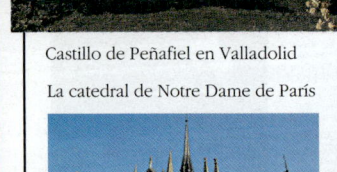

La catedral de Notre Dame de París

Cultura
Pintura

Pinturas rupestres de Altamira

La Gioconda de Leonardo da Vinci

Toros en un pueblo de Francisco de Goya

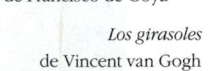

El Nacimiento de Venus de Sandro Botticelli

Los girasoles de Vincent van Gogh

El pintor y su modelo de Pablo Picasso

CULTURA
ESCULTURA

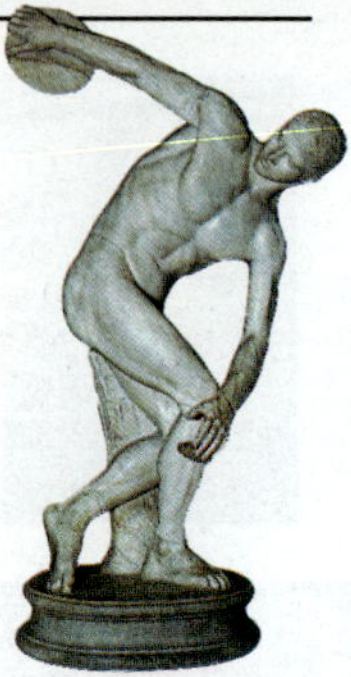

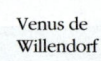

El *Discóbolo* de Mirón

Venus de Willendorf

Busto de Nefertiti

El *Pórtico de la Gloria* de la catedral de Santiago de Compostela

Detalle del Pórtico

David de Miguel Ángel

El Pensador de Auguste Rodin

intriga *s. f.* Enredo, embrollo.

intrigar *v. tr.* **1.** Emplear intrigas, usar de ellas. ‖ *v. tr.* **2.** Inspirar viva curiosidad una cosa o persona.

intrincar *v. tr.* **1.** Enredar una cosa. **2.** *fig.* Confundir los pensamientos o conceptos.

intríngulis *s. m., fam.* Intención solapada que se entrevé en una persona o acción.

intrínseco, ca *adj.* Íntimo, esencial.

introducir *v. tr.* **1.** Dar entrada a una persona en un lugar. **2.** *fig.* Hacer adoptar, poner en uso. **3.** *fig.* Atraer, ocasionar.

introito *s. m.* **1.** Principio de un escrito o de una oración. **2.** Lo primero que decía el sacerdote al dar principio a la misa.

intromisión *s. f.* Acción y efecto de entrometer o entrometerse.

introspección *s. f.* Reflexión de los propios actos y estados de ánimo.

introversión *s. f.* Acción y efecto de penetrar el alma humana dentro de sí misma, abstrayéndose de los sentidos.

intrusión *s. f.* Acción y efecto de introducirse sin derecho en una dignidad, jurisdicción, oficio, etc.

intruso, sa *adj.* Que se ha introducido sin derecho.

intuición *s. f.* Percepción clara, instantánea, de una idea o una verdad, sin el concurso del razonamiento.

intuitivo, va *adj.* Relativo a la intuición.

intumescencia *s. f.* Efecto de hincharse.

inulto, ta *adj.* No vengado o castigado.

inundar *v. tr.* Cubrir el agua los terrenos y, a veces, las poblaciones.

inusitado, da *adj.* Inusual, insólito, raro.

inútil *adj.* No útil.

inutilizar *v. tr.* Hacer inútil, vana o nula a una persona o cosa. También prnl.

invadir *v. tr.* Acometer, entrar por fuerza en alguna parte.

invalidar *v. tr.* Hacer inválida, nula o de ningún valor y efecto una cosa.

inválido, da *adj.* **1.** Que padece una deficiencia física o psíquica. **2.** *fig.* Nulo y de ningún valor por no tener las condiciones que eligen las leyes.

invariable *adj.* Que no padece o no puede padecer variación.

invasión *s. f.* Acción y efecto de invadir.

invasor, ra *adj.* Que invade.

invectiva *s. f.* Discurso o escrito acre y violento contra alguien o algo.

invencible *adj.* Que no puede ser vencido.

invención *s. f.* **1.** Cosa inventada. **2.** Hallazgo, acción de hallar.

inventar *v. tr.* **1.** Descubrir con ingenio y estudio, o por mero azar, alguna cosa nueva o no conocida. **2.** Idear, imaginar, crear su obra el poeta o el artista.

inventariar *v. tr.* Hacer inventario.

inventario *s. m.* Asiento de los bienes y demás cosas pertenecientes a una persona o comunidad, hecho con orden y precisión.

inventiva *s. f.* Facultad para inventar.

invento *s. m.* Cosa inventada, invención.

inventor, ra *adj.* Que inventa.

invernáculo *s. m.* Lugar cubierto y abrigado artificialmente con el fin de defender las plantas de la acción del frío.

invernada *s. f.* Estación de invierno.

invernadero *s. m.* Sitio a propósito para pasar el invierno y destinado a este fin.

invernar *v. intr.* Pasar el invierno en determinado lugar.

inverosímil *adj.* Que no tiene apariencia de verdad.

inversión *s. f.* Acción y efecto de invertir.

INVERSO - IRREGULARIDAD

inverso, sa *adj.* Alterado, trastornado.
inversor, ra *adj.* Que invierte.
invertebrado, da *adj.* Se dice de los animales que no tienen columna vertebral.
invertir *v. tr.* **1.** Trastornar las cosas o el orden de ellas. **2.** Emplear caudales en aplicaciones productivas.
investir *v. tr.* Conferir una dignidad o cargo importante.
inveterarse *v. prnl.* Envejecer.
invicto, ta *adj.* No vencido.
invierno *s. m.* Estación del año que, astronómicamente, comienza en el solsticio del mismo nombre y termina en el equinoccio de primavera.
inviolable *adj.* Que no se debe o no se puede violar o profanar.
inviolado, da *adj.* Que se conserva en toda su integridad y pureza.
invisible *adj.* Incapaz de ser visto.
invitación *s. f.* Cédula o tarjeta con que se invita o se es invitado.
invitado, da *s. m. y s. f.* Persona que ha recibido invitación.
invitar *v. tr.* **1.** Llamar a alguien para un convite o para asistir a algún acto. **2.** Incitar.
invocar *v. tr.* **1.** Llamar uno a otro en su auxilio. **2.** Acogerse a una ley, costumbre o razón; exponerla, alegarla.
involucrar *v. tr.* Implicar a alguien en algo.
involuntario, ria *adj.* No voluntario.
invulnerable *adj.* Que no puede ser herido o afectado.
inyección *s. f.* Fluido inyectado.
inyectar *v. tr.* Introducir a presión un gas, un líquido o una masa fluida en el interior de un cuerpo o cavidad.
ion *s. m.* Radical simple o compuesto que se disocia de las sustancias al disolverse éstas.

ipso facto *loc. lat.* que significa 'inmediatamente' o 'en el acto'.
ir *v. intr.* **1.** Moverse de un lugar a otro. También *prnl.* **2.** Andar de acá para allá.
ira *s. f.* **1.** Pasión que mueve a indignación y enojo. **2.** *fig.* Violencia de los elementos.
iracundo, da *adj.* Propenso a la ira.
irascible *adj.* Propenso a irritarse.
iridiscente *adj.* Lo que muestra o refleja los colores del arco iris.
iris *s. m.* **1.** Diafragma musculoso, opaco y contráctil, en cuyo centro se halla la pupila del ojo. **2.** Arco de colores que se forma cuando el Sol refleja su luz en la lluvia.
irisar *v. tr.* Presentar un cuerpo reflejos de luz, con todos los colores del arco iris.
ironía *s. f.* Figura consistente en dar a entender lo contrario de lo que se dice.
irracional *adj.* Opuesto a la razón.
irradiación *s. f.* Cantidad de radiación que incide sobre la unidad de superficie.
irradiar *v. tr.* Despedir un cuerpo rayos de luz, calor u otra energía en todas direcciones.
irrazonable *adj.* No razonable.
irreal *adj.* No real, falto de realidad.
irrealizable *adj.* No realizable.
irrebatible *adj.* No refutable.
irreconciliable *adj.* Incompatible.
irrecusable *adj.* Inevitable.
irredimible *adj.* Que no se puede redimir.
irreducible *adj.* Se aplica al acto fisiológico que no se puede explicar por otros más simples.
irreflexivo, va *adj.* Que no reflexiona.
irregular *adj.* Que no tiene regla.
irregularidad *s. f., fam.* Malversación, inmoralidad en la gestión o administración pública, o en la privada.

irreligioso, sa *adj.* Falto de religión.
irremediable *adj.* Que no se puede remediar.
irremisible *adj.* Que no se puede perdonar.
irreparable *adj.* Que no se puede reparar.
irreprochable *adj.* Que no puede ser reprochado.
irresistible *adj.* Que no se puede resistir.
irresoluble *adj.* Que no se puede resolver.
irresoluto, ta *adj.* Que carece de resolución.
irrespetuoso, sa *adj.* No respetuoso.
irrespirable *adj.* Que no puede respirarse.
irresponsable *adj.* Se dice de la persona a quien no se puede exigir responsabilidad.
irreverencia *s. f.* Falta de reverencia.
irrevocable *adj.* Que no se puede revocar.
irrigar *v. tr.* Rociar con un líquido alguna parte del cuerpo.
irrisión *s. f.* Burla con que se provoca a risa.
irrisorio, ria *adj.* Que provoca a risa.
irritabilidad *s. f.* Propensión a conmoverse o irritarse con violencia o facilidad.
irritar *v. tr.* Hacer sentir ira. También prnl.
irrogar *v. tr.* Tratándose de daños o perjuicios, causarlos. También prnl.
irrompible *adj.* Que no se puede romper.
irrumpir *v. intr.* Entrar violentamente en un lugar.
irrupción *s. f.* Acometimiento impetuoso.
isagoge *s. f.* Exordio, introducción.
isla *s. f.* Porción de tierra rodeada enteramente de agua.
isleño, ña *adj.* Natural de una isla.
islote *s. m.* Isla pequeña y despoblada.
isóbara *s. f.* Línea imaginaria que pasa por todos los puntos de la misma presión atmosférica media.
isócrono, na *adj.* Se aplica a los movimientos que se hacen en tiempos de igual duración.
isodáctilo, la *adj.* Que tiene los dedos iguales.
isógono, na *adj.* Se aplica a cuerpos cristalizados de ángulos iguales.
isómero, ra *adj.* Se aplica a los cuerpos que, poseyendo una composición química idéntica, tienen diferentes propiedades físicas a causa de una diferencia en la estructura molecular.
isomorfo, fa *adj.* Se aplica a cuerpos de diferente composición química, pero con la misma estructura molecular e igual forma cristalina.
isópodo, da *adj.* Que tiene las patas iguales.
isósceles *s. m.* Triángulo que tiene dos lados iguales.
isotermo, ma *adj.* De igual temperatura.
isótopo *s. m.* Diferentes formas de un mismo elemento que están situadas en el mismo lugar del sistema periódico y sólo se distinguen por su peso molecular.
isquion *s. m.* Hueso posterior e inferior de los tres que forman la región coxal.
istmo *s. m.* Lengua de tierra que une dos continentes o una península y un continente.
itinerario *s. m.* Descripción de un camino o viaje, expresando los lugares, accidentes, paradas, etc., que existen a lo largo de él.
izar *v. tr.* Hacer subir una cosa tirando de la cuerda de que está colgada, la cual, para este fin, pasa por un punto más elevado.
izquierdo, da *adj.* Se dice de lo que está en la mitad longitudinal del cuerpo humano que aloja la mayor parte del corazón.

J

j *s. f.* Décima letra del abecedario español y séptima de sus consonantes.

jabalcón *s. m.* Madero que se coloca oblicuamente ensamblado en uno vertical.

jabalí *s. m.* Mamífero que se considera como un cerdo salvaje.

jabalina *s. f.* Vara larga y delgada que se emplea en los ejercicios atléticos.

jabardear *v. intr.* Dar jabardos las colmenas.

jabardillo *s. m.* **1.** Bandada grande, susurradora e inquieta, de insectos o avecillas. **2.** *fam.* Remolino de mucha gente que se mueve con confusión y ruido.

jabardo *s. m.* Enjambre pequeño producido por una colmena.

jabato *s. m.* Cachorro de la jabalina.

jábega[1] *s. f.* Red muy larga, compuesta de un copo y dos bandas, de las cuales se tira desde tierra.

jábega[2] *s. f.* Embarcación más pequeña que el jabeque que se utiliza para pescar.

jabegote *s. m.* Cada una de las personas que tiran de los cabos de la jábega.

jabeque *s. m.* Barco velero de tres palos, con velas latinas.

jabera *s. f.* Especie de canto popular andaluz, en compás de tres por ocho.

jable *s. m.* Gárgol en que se encajan las tiestas de las tapas de toneles y botas.

jabón *s. m.* Producto soluble en el agua que sirve para lavar.

jabonar *v. tr.* **1.** Fregar la ropa u otras cosas con jabón y agua. **2.** Humedecer la barba con agua jabonosa para afeitarla.

jaboncillo *s. m.* Pastilla de jabón aromático.

jabonera *s. f.* Caja que hay para el jabón en los lavabos y tocadores.

jabonoso, sa *adj.* Que es de jabón.

jaca *s. f.* Caballo cuya alzada no llega a siete cuartas.

jácara *s. f.* **1.** Romance alegre. **2.** Grupo de gente alegre que de noche anda cantando por las calles. **3.** Cuento.

jacarandoso, sa *adj., fam.* Donairoso, alegre, desenvuelto.

jacarear *v. intr.* Cantar jácaras.

jacarero, ra *s. m. y s. f.* **1.** Persona que anda por las calles cantando jácaras. **2.** *fig. y fam.* Persona alegre y chancera.

jacilla *s. f.* Señal que deja una cosa sobre la tierra en que ha estado por un tiempo.

jacinto *s. m.* Planta liliácea, de flores olorosas, acampanadas y de diversos colores.

jaco[1] *s. m.* Cota de malla de manga corta.

jaco[2] *s. m.* Caballo pequeño y ruin.

jacobeo, a *adj.* Perteneciente o relativo al apóstol Santiago.

jactancia *s. f.* Alabanza propia, desordenada y presuntuosa.

jactancioso, sa *adj.* Que se jacta. También s. m. y s. f.

jactarse *v. prnl.* Alabarse presuntuosamente.

jaculatoria *s. f.* Oración breve.

jade *s. m.* Piedra muy dura y de aspecto jabonoso, susceptible de pulimento.

jadear *v. intr.* Respirar anhelosamente.

jaez *s. m.* Cualquier adorno que se pone a las caballerías. Se usa más en pl.

jaguar *s. m.* Mamífero félido carnívoro, parecido a la pantera, que vive en América.

jaguarzo *s. m.* Arbusto cistáceo, de flores blancas y fruto capsular, pequeño, liso y globoso.

jaique *s. m.* Capa árabe con capucha.

¡JAJAY! - JARRETERA

¡jajay! *interj.* que denota burla o risa.

jalapa *s. f.* Raíz de una planta vivaz americana, que se usa como purgante.

jalde *adj.* Amarillo subido.

jalea *s. f.* Conserva transparente y gelatinosa hecha del zumo de algunas frutas.

jalear *v. tr.* **1.** Llamar a los perros a voces para que sigan la caza. **2.** Animar.

jaleo *s. m.* Juerga ruidosa.

jalifa *s. f.* Autoridad suprema del antiguo protectorado español en Marruecos.

jalón *s. m.* Vara con regatón de hierro para clavar en tierra y determinar puntos fijos cuando se levanta el plano de un terreno.

jaloque *s. m.* Viento sudeste.

jamás *adv. t.* Nunca.

jamba *s. f.* Cualquiera de las dos piezas que, puestas verticalmente en los lados de las puertas o ventanas, sostienen el dintel.

jambaje *s. m.* Conjunto de las dos jambas y el dintel que forman el marco de una puerta o ventana.

jamelgo *s. m.* Caballo flaco y desgarbado.

jamón *s. m.* Carne curada de la pierna del cerdo.

jamugas *s. f. pl.* Silla de tijera que se coloca sobre el aparejo de las caballerías para montar cómodamente a las damas.

jangada *s. f.* **1.** Idea necia. **2.** Trastada. **3.** Balsa de maderos unidos unos con otros.

jaque *s. m.* Lance del ajedrez, en el que el rey o la reina de un jugador están amenazados por alguna pieza del otro, quien tiene obligación de avisarlo.

jaqueca *s. f.* Dolor de cabeza que ataca solamente en un lado o parte de ella.

jaquel *s. m.* Escaque del blasón.

jaquelado, da *adj.* Dividido en escaques.

jaquetón *s. m., fam.* Jaque.

jáquima *s. f.* Cabezada de cordel.

jara *s. f.* Planta cistácea, cuyo arbusto segrega a veces una resina aromática.

jarabe *s. m.* **1.** Bebida compuesta de azúcar y sustancias medicinales. **2.** *fig.* Bebida excesivamente dulce.

jaral *s. m.* Sitio poblado de jaras.

jaramago *s. m.* Planta crucífera, común entre los escombros.

jarana *s. f., fam.* Diversión bulliciosa de un grupo de gente.

jaranear *v. intr., fam.* Andar en jaranas.

jaranero, ra *adj.* Aficionado a jaranas.

jarcia *s. f.* Aparejos y cabos de un buque. Se usa más en pl.

jardín *s. m.* Terreno donde se cultivan plantas y flores de adorno.

jardinera *s. f.* Mueble para colocar en él macetas con plantas de adorno.

jardinería *s. f.* Arte de cultivar los jardines.

jareta *s. f.* Dobladillo que se hace en la ropa para meter en él una cinta o cordón.

jaro, ra *adj.* Se dice del animal que tiene el pelo rojizo. También s. m. y s. f.

jarocho, cha *s. m. y s. f.* Persona de modales bruscos y algo insolentes.

jaropar *v. tr., fam.* Dar a alguien muchos jaropes medicinales.

jarope *s. m.* **1.** Jarabe. **2.** *fig. y fam.* Trago amargo o bebida desabrida.

jaropear *v. tr.* Dar con frecuencia jaropes.

jarra *s. f.* Vasija con cuello y boca anchos y una o más asas.

jarrete *s. m.* **1.** Corva de la rodilla. **2.** Parte alta y carnuda de la pantorrilla hacia la corva.

jarretera *s. f.* Liga con que se ata la media o el calzón por el jarrete.

jarro *s. m.* Vasija a manera de jarra y con solo un asa.
jarrón *s. m.* Vaso labrado.
jaspe *s. m.* Piedra silícea de grano fino, de colores variados formando vetas.
jaspeado, da *adj.* Veteado o salpicado de pintas como el jaspe.
jaspear *v. tr.* Pintar imitando las vetas y salpicaduras del jaspe.
jaula *s. f.* Caja hecha con listones de madera, mimbres, alambres, etc., dispuesta para encerrar animales.
jauría *s. f.* Conjunto de perros de caza.
jayán, na *s. m. y s. f.* Persona de gran estatura y de mucha fuerza.
jazmín *s. m.* Arbusto oleáceo de jardín, de flores blancas muy olorosas.
jedive *s. m.* Título del virrey de Egipto.
jefatura *s. f.* Cargo de jefe.
jefe, fa *s. m. y s. f.* Superior de un cuerpo u oficio.
Jehová *n. p.* Nombre de Dios, el Ser Supremo en la lengua hebrea.
jeme *s. m.* Distancia que hay desde la extremidad del dedo pulgar a la del dedo índice.
jengibre *s. m.* Planta cingiberácea, cuyo rizoma es de olor aromático y de sabor acre y picante. Se usa en medicina y como especia.
jenízaro *s. m.* Soldado de infantería de la antigua guardia del emperador de los turcos.
jeque *s. m.* Régulo que entre los musulmanes y otros pueblos orientales gobierna un territorio.
jerarca *s. m.* Superior en la jerarquía eclesiástica.
jerarquía *s. f.* Orden o grado.

jerga[1] *s. f.* Tela tosca de lana.
jerga[2] *s. f.* Lenguaje especial que usan las personas de ciertas profesiones y oficios.
jergón *s. m.* Colchón de paja, esparto o hierba, sin bastas.
jerife *s. m.* Descendiente de Mahoma por su hija Fátima, esposa de Alí.
jerigonza *s. f.* **1.** Lenguaje especial de estudiantes, toreros, etc. **2.** Lenguaje difícil de entender. **3.** Acción ridícula.
jeringa *s. f.* Instrumento para aspirar o impeler líquidos.
jeringar *v. tr.* **1.** Inyectar un líquido por medio de la jeringa. **2.** *fig. y fam.* Molestar, enfadar a alguien. También prnl.
jeroglífico *s. m.* Conjunto de signos y figuras con que se expresa una frase, y cuyo descifre constituye generalmente un pasatiempo o juego de ingenio.
jerpa *s. f.* Sarmiento estéril que las vides echan junto al tronco.
jersey *s. m.* Prenda de vestir, que cubre desde los hombros hasta la cintura.
Jesucristo *n. p.* Para los cristianos, nombre del hijo de Dios hecho hombre.
jesuita *adj.* Se dice del religioso de la Compañía de Jesús. También s. m.
Jesús *n. p.* Jesucristo.
jeta *s. f.* **1.** Boca saliente. **2.** Cara o parte anterior de la cabeza. **3.** Hocico de cerdo.
ji *s. f.* Vigésima segunda letra del alfabeto griego.
jibia *s. f.* Molusco cefalópodo muy parecido al calamar y comestible.
jícara *s. f.* Vasija pequeña que suele emplearse para tomar chocolate.
jifero, ra *adj.* **1.** Relativo al matadero. ‖ *s. m.* **2.** Cuchillo con que matan las reses. **3.** Oficial que mata las reses.

jilguero *s. m.* Pájaro que canta bien y se domestica fácilmente.

jimelga *s. f.* Refuerzo de madera que se da a los palos, vergas, etc.

jineta *s. f.* Mamífero carnívoro de color gris oscuro, con hocico y cuello largos.

jinete *s. m.* **1.** Soldado que peleaba con lanza y adarga montado a caballo. **2.** Persona que cabalga.

jinglar *v. intr.* Moverse de una parte a otra colgado, como en el columpio.

jingoísmo *s. m.* Patriotería exaltada que propugna la agresión contra las demás naciones.

jipijapa *s. f.* Tira flexible que se emplea para tejer sombreros y otros objetos.

jira[1] *s. f.* Pedazo algo grande y largo que se corta o rasga de una tela.

jira[2] *s. f.* Banquete o merienda campestre.

jirafa *s. f.* Mamífero rumiante de cuello largo y esbelto, y pelaje rubio con manchas leonadas.

jirón *s. m.* Pedazo desgarrado del vestido o de otra prenda cualquiera.

jiu-jitsu *s. m.* Sistema de lucha japonesa.

jockey *s. m.* Yóquei.

jocó *s. m.* Orangután.

jocoso, sa *adj.* Gracioso, festivo.

jofaina *s. f.* Vasija ancha y poco profunda.

jolgorio *s. m., fam.* Diversión ruidosa.

jorguín, na *s. m. y s. f.* Hechicero.

jornada *s. f.* Camino que se anda en un día de viaje.

jornal *s. m.* Estipendio que gana el trabajador por cada día de trabajo.

jornalero, ra *s. m. y s. f.* Persona que trabaja a jornal.

joroba *s. f.* Deformidad producida por desviación de la columna.

jorobado, da *adj.* Corcovado, cheposo.

jorobar *v. tr., fig.* Fastidiar, molestar. También prnl.

jota[1] *s. f.* Nombre de la letra "j".

jota[2] *s. f.* Baile popular propio de Aragón, Valencia y Navarra.

joven *adj.* De poca edad. También s. m. y s. f.

jovenado *s. m.* Tiempo que están los religiosos o religiosas en algunas órdenes, después de la profesión, bajo la dirección de un maestro.

jovial *adj.* **1.** Perteneciente o relativo a Jove o Júpiter. **2.** Alegre, festivo.

jovialidad *s. f.* Alegría y apacibilidad de carácter.

joya *s. f.* Objeto de metal precioso, algunas veces con perlas o piedras finas, que sirve para adorno de las personas.

joyel *s. m.* Joya pequeña.

joyería *s. f.* Establecimiento donde se hacen o venden joyas.

joyero, ra *s. m.* **1.** Estuche para guardar joyas. || *s. m. y s. f.* **2.** Persona que tiene por oficio hacer o vender joyas.

juanete *s. m.* Hueso del nacimiento del dedo grueso del pie, cuando sobresale demasiado.

juanetero *s. m.* Marinero encargado de la maniobra de los juanetes.

juanetudo, da *adj.* Que tiene juanetes.

juarda *s. f.* Suciedad que sacan el paño o la seda por estar éstos mal desengrasados en el momento de su fabricación.

jubilación *s. f.* Haber pasivo que disfruta la persona jubilada.

jubilar *v. tr.* Eximir del servicio a un funcionario, por razón de ancianidad o imposibilidad física.

jubileo *s. m.* **1.** Fiesta pública que celebraban los hebreos cada cincuenta años. **2.** Entre los cristianos, indulgencia plenaria, solemne y universal concedida por el Papa.

júbilo *s. m.* Gran alegría, manifestada especialmente con signos exteriores.

jubiloso, sa *adj.* Lleno de júbilo, alegre.

jubón *s. m.* Vestidura que cubre desde los hombros hasta la cintura, ceñida y ajustada al cuerpo.

judas *s. m.* Persona traidora.

judería *s. f.* Barrio de los judíos.

judía *s. f.* Planta leguminosa que se cultiva en las huertas.

judicatura *s. f.* **1.** Ejercicio de juzgar. **2.** Dignidad o empleo de juez y tiempo que dura.

judicial *adj.* Perteneciente o relativo al juicio, a la administración de justicia o a la judicatura.

judío, a *adj.* Hebreo. También s. m. y s. f.

judión *s. m.* Variedad de judía, de hoja mayor y más redonda, y con las vainas más anchas.

juego *s. m.* **1.** Acción y efecto de jugar. **2.** Actividad recreativa sometida a ciertas reglas y en la cual se gana o se pierde.

juerga *s. f., fam.* Diversión.

jueves *s. m.* Día de la semana comprendido entre el miércoles y el viernes.

juez *s. m. y s. f.* Persona que tiene potestad para juzgar y sentenciar.

jugada *s. f.* **1.** Acción de jugar el jugador cuando le toca el turno. **2.** Lance de juego que de este acto se origina.

jugar *v. intr.* **1.** Hacer algo con el solo fin de entretenerse. **2.** Retozar.

jugarreta *s. f., fam.* Jugada mal hecha.

juglar *s. m.* Persona que por dinero iba por cortes, castillos y fiestas recitando, cantando, bailando y haciendo juegos.

juglaresa *s. f.* Mujer juglar.

juglaría *s. f.* Arte de los juglares.

jugo *s. m.* Líquido contenido en ciertas sustancias animales o vegetales, que puede extraerse por presión, cocción, etc.

jugoso, sa *adj.* **1.** Que tiene jugo. **2.** *fig.* Sustancioso.

juguete *s. m.* Objeto hecho expresamente para que jueguen los niños.

juguetear *v. intr.* Entretenerse jugando.

juguetón, na *adj.* Que juega o retoza con frecuencia.

juicio *s. m.* **1.** Facultad del ser humano, gracias a la cual puede distinguir el bien del mal y lo verdadero de lo falso. **2.** *fig.* Seso, cordura. **3.** *fig.* Opinión.

juicioso, sa *adj.* Que tiene juicio.

julepe *s. m.* **1.** Poción de aguas destiladas, jarabes y otras materias medicinales. **2.** Cierto juego de naipes.

julio[1] *s. m.* Séptimo mes del año.

julio[2] *s. m.* Unidad de trabajo.

julo *s. m.* Res o caballería que va a la cabeza de las demás en el ganado o la recua.

jumento *s. m.* Asno.

juncal *adj.* **1.** Perteneciente o relativo al junco. **2.** *fig.* Se dice del cuerpo humano flexible, airoso.

juncia *s. f.* Planta ciperácea, medicinal y olorosa, especialmente su rizoma.

junco *s. m.* Planta juncácea, que se cría en parajes húmedos.

jungla *s. f.* Extensión de terreno con abundantísima flora. Se encuentra principalmente en Asia y América.

junio *s. m.* Sexto mes del año.

junquera *s. f.* Junco, planta.

junquillo *s. m.* Planta de jardinería, especie de narciso, de flores amarillas muy olorosas y tallo liso.

junta *s. f.* **1.** Reunión de varias personas para tratar de un asunto. **2.** Unión de dos o más cosas.

juntar *v. tr.* **1.** Unir unas cosas con otras. **2.** Agrupar en un mismo lugar. También prnl.

junto, ta *adj.* **1.** Unido, cercano. ‖ *adv. l.* **2.** Seguido de la prep. "a", cerca de.

juntura *s. f.* Parte o lugar en que se juntan o unen dos o más cosas.

jura *s. f.* Juramento.

jurado *s. m.* Tribunal que tiene a su cargo determinar y declarar el hecho justiciable o la culpabilidad del acusado.

juramentar *v. tr.* **1.** Tomar juramento a alguien. ‖ *v. prnl.* **2.** Obligarse con juramento.

juramento *s. m.* Aseveración de una cosa, poniendo a Dios por testigo, en sí mismo o en sus criaturas.

jurar *v. tr.* Afirmar o negar una cosa por juramento.

jurel *s. m.* Pez teleósteo marino.

jurídico, ca *adj.* Que atañe al derecho o se ajusta a él.

jurisconsulto, ta *s. m. y s. f.* Persona que se dedica a la ciencia del derecho.

jurisdicción *s. f.* Autoridad que tiene alguien para gobernar y poner en ejecución las leyes.

jurisdiccional *adj.* Perteneciente o relativo a la jurisdicción.

jurisperito, ta *s. m. y s. f.* Persona versada en el derecho civil y canónico.

jurisprudencia *s. f.* Ciencia del derecho.

jurista *s. m. y s. f.* Persona que estudia o profesa la ciencia del derecho.

juro *s. m.* Derecho perpetuo de propiedad.

justa *s. f.* Pelea o combate singular a caballo y con lanza.

justar *v. intr.* Pelear en las justas.

justicia *s. f.* Virtud que consiste en poner en práctica el derecho que asiste a toda persona.

justiciero, ra *adj.* Que observa y hace observar estrictamente la justicia.

justificación *s. f.* Acción o efecto de justificar o justificarse.

justificar *v. tr.* **1.** Probar una cosa con razones o argumentos. **2.** Rectificar una cosa. **3.** Hacer Dios justo a alguien dándole la gracia.

justificativo, va *adj.* Que sirve para justificar una cosa.

justillo *s. m.* Prenda interior de vestir, ceñida y sin mangas, que no baja de la cintura.

justipreciar *v. tr.* Apreciar o tasar una cosa.

justo, ta *adj.* Que obra según justicia y razón. También s. m. y s. f.

juvenil *adj.* Perteneciente o relativo a la juventud.

juventud *s. f.* **1.** Edad que media entre la niñez y la edad adulta. **2.** Conjunto de jóvenes.

juzgado *s. m.* **1.** Junta de jueces que concurren a dar sentencia. **2.** Sitio donde se juzga.

juzgador, ra *adj.* Que juzga.

juzgar *v. tr.* **1.** Deliberar, quien tiene autoridad para ello, acerca de la culpabilidad de una persona o acerca de alguna cuestión, y pronunciar sentencia. **2.** Persuadirse de una cosa, creerla.

K

k *s. f.* Undécima letra del abecedario español y octava de sus consonantes.

ka *s. f.* Nombre de la letra "k".

káiser *s. m.* Título de emperador de Alemania.

kamikaze *s. m. y s. f.* Persona de conducta temeraria.

kan *s. m.* Príncipe o jefe, entre los tártaros.

karaoke *s. m.* Local público dotado de un escenario, al que se accede para cantar una canción con la música pregrabada.

kárate *s. m.* Método de lucha, principalmente de autodefensa.

kart *s. m.* Vehículo de competición u ocio dotado de motor de explosión, con un chasis simple sin carrocería y desprovisto de suspensiones.

katiuska *s. f.* Bota de goma que no deja pasar el agua y que llega hasta media pierna o hasta la rodilla.

kéfir *s. m.* Leche fermentada artificialmente y que contiene ácido láctico, alcohol y ácido carbónico.

kenaf *s. m.* Planta de la familia del algodón, de la que se obtiene una fibra que se emplea en la confección de sacos y papel.

kendo *s. m.* Arte marcial japonés que se practica con espadas de bambú.

kentia *s. f.* Planta ornamental de la familia de las palmas.

kilim *s. m.* Alfombra oriental de pequeñas dimensiones, con motivos geométricos y de vivos colores.

kilo *s. m.* **1.** Kilogramo. **2.** *fam.* Un millón de pesetas.

kilobyte *s. m.* Unidad de medida en informática equivalente a 1 024 bytes.

kilocaloría *s. f.* Unidad de energía térmica equivalente a 1 000 calorías.

kilogramo *s. m.* Unidad de masa en el Sistema Internacional, que equivale a 1 000 gramos.

kilolitro *s. m.* Medida de capacidad que tiene 1 000 litros.

kilometraje *s. m.* **1.** Medida de una distancia en kilómetros. **2.** Cantidad de kilómetros recorridos.

kilómetro *s. m.* Medida de longitud en el Sistema Internacional que tiene 1 000 metros.

kilt *s. m.* Falda de tela de cuadros que forma parte del traje nacional masculino de los escoceses.

kimono *s. m.* Quimono.

kiosko *s. m.* Quiosco.

kit *s. m.* **1.** Colección de cosas que se empaquetan conjuntamente para un uso concreto. **2.** Conjunto de piezas acompañadas de instrucciones para que el usuario pueda montar él mismo un objeto.

kiwi *s. m.* **1.** Ave nocturna con un gran pico curvado y alas rudimentarias, que habita en los bosques de Nueva Zelanda. **2.** Arbusto trepador de flores blancas o amarillas y fruto comestible de piel vellosa y pulpa de color verde.

knock-out *s. m.* En boxeo, fuera de combate.

koala *s. m.* Mamífero marsupial que pasa la mayor parte de su vida en los árboles de los bosques australianos.

koljós *s. m.* Tipo de cooperativa agrícola de producción en la antigua Unión Soviética, basado en la dirección estatal de los planes de cultivo y la supresión de propiedad privada.

L

l *s. f.* **1.** Duodécima letra del abecedario español y novena de sus consonantes. **2.** Letra que tiene el valor de 50 en la numeración romana.

la[1] *art. det.* **1.** Forma del artículo determinado en género femenino y número singular. || *pron. pers.* **2.** Forma átona del pronombre personal de tercera persona, género femenino y número singular, que funciona como complemento directo.

la[2] *s. m.* Nota musical, sexta voz de la escala fundamental.

lábaro *s. m.* Estandarte de los emperadores romanos, en el cual mandó Constantino bordar la cruz y el monograma de Cristo.

laberinto *s. m.* Lugar artificiosamente formado de calles, encrucijadas y plazuelas intrincadas para que, confundiéndose la persona que está dentro, no pueda acertar con la salida.

labia *s. f., fam.* Verbosidad persuasiva y gracia en el hablar.

labio *s. m.* Cada una de las dos partes exteriores, carnosas y movibles de la boca que cubren la dentadura.

labor *s. f.* Labranza, en especial la de las tierras que se siembran.

laborable *adj.* Que se puede trabajar.

laborar *v. tr.* **1.** Labrar. || *v. intr.* **2.** *fig.* Gestionar o intrigar con algún designio.

laboratorio *s. m.* Local dispuesto para llevar a cabo en él experimentos científicos, operaciones químicas, farmacéuticas, etc.

laboreo *s. m.* **1.** Cultivo del campo. **2.** Arte de explotar las minas, haciendo las labores o excavaciones necesarias, fortificándolas, disponiendo el tránsito por ellas y extrayendo las menas aprovechables.

laborioso, sa *adj.* Trabajador, aficionado al trabajo.

labrador, ra *adj.* Que labra la tierra.

labradorita *s. f.* Feldespato laminar de color gris.

labrantío, a *adj.* Se aplica al campo o tierra de labor.

labranza *s. f.* Cultivo de los campos.

labrar *v. tr.* **1.** Trabajar en un oficio. **2.** Cultivar la tierra. **3.** Arar. **4.** Coser o bordar, o hacer otras labores de costura.

labriego, ga *s. m. y s. f.* Labrador rústico.

labrusca *s. f.* Vid silvestre.

laca *s. f.* **1.** Sustancia resinosa, traslúcida y frágil, formada en las ramas de varios árboles de Oriente. **2.** Barniz duro y brillante fabricado con esta sustancia.

lacayo *s. m.* Criado de librea, cuya principal ocupación era acompañar a su amo a pie, a caballo o en coche.

lacerar *v. tr.* **1.** Lastimar, magullar, herir. **2.** *fig.* Dañar, vulnerar.

lacio, cia *adj.* **1.** Marchito, ajado. **2.** Flojo, sin vigor.

lacónico, ca *adj.* Breve, conciso.

lacra *s. f.* **1.** Reliquia o señal de una enfermedad. **2.** Defecto o vicio de una cosa, físico o moral.

lacrar[1] *v. tr.* **1.** Dañar la salud de alguien, pegarle una enfermedad. También prnl. **2.** *fig.* Dañar o perjudicar a alguien en sus intereses.

lacrar[2] *v. tr.* Cerrar con lacre.

lacre *s. m.* Pasta compuesta de goma, laca y trementina, con añadidura de bermellón o de otro color, que se emplea derretida, para cerrar y sellar cartas, documentos, etc.

lacrimoso, sa *adj.* Que tiene lágrimas.

lactancia *s. f.* Período de la vida en que la criatura mama.

lactar *v. tr.* **1.** Amamantar. **2.** Criar con leche.

lacticinio *s. m.* Leche o cualquier manjar compuesto con ella.

lactosa *s. f.* Azúcar de la leche.

ládano *s. m.* Sustancia resinosa que fluye de las hojas y ramas de la jara.

ladear *v. tr.* **1.** Inclinar y torcer una cosa hacia un lado. También intr. y prnl. ‖ *v. intr.* **2.** Andar o caminar por las laderas.

ladera *s. f.* Declive de un monte o de una altura.

ladilla *s. f.* Insecto unipolar, próximo a los piojos, que vive parásito en las partes vellosas del cuerpo humano.

ladino, na *adj., fig.* Sagaz, taimado.

lado *s. m.* Lo que está a la derecha o a la izquierda de un todo.

ladrar *v. intr.* Dar ladridos el perro.

ladrillo *s. m.* Masa de arcilla cocida, en forma de paralelepípedo rectangular, usado en albañilería.

ladrón, na *adj.* **1.** Que hurta o roba. ‖ *s. m.* **2.** Portillo hecho en un río para sacarle el agua o en las acequias para robarla.

lagar *s. m.* Recipiente donde se pisa la uva.

lagarta *s. f.* Insecto lepidóptero parecido al gusano de seda.

lagartija *s. f.* Nombre común a aquellas especies de saurios de la familia de los lacértidos, cuya longitud no suele pasar de los 15 cm; son muy ágiles y asustadizas.

lagarto *s. m.* Reptil saurio de cuerpo largo y casi cilíndrico, cola larga y cónica, sumamente ágil, inofensivo y muy útil para la agricultura.

lago *s. m.* Gran masa de agua en hondonadas del terreno.

lagotear *v. intr., fam.* Hacer halagos y zalamerías para conseguir una cosa.

lagotería *s. f., fam.* Zalamería.

lágrima *s. f.* Cada una de las gotas del humor que destila la glándula lagrimal y que vierten los ojos por causas morales o físicas.

lagrimoso, sa *adj.* Se aplica a los ojos tiernos y húmedos y a la persona o animal que así los tiene.

laguna *s. f.* Depósito natural de agua, por lo común de agua dulce y de menores dimensiones que el lago.

lagunajo *s. m.* Charco que queda en el campo después de haber llovido o haberse inundado.

laico, ca *adj.* Lego o que no tiene órdenes clericales.

laja *s. f.* **1.** Lancha, piedra lisa. **2.** Bajo de piedra, a manera de meseta llana.

lama[1] *s. f.* Cieno blando, que se halla en el fondo del mar o de los ríos, y en el de los vasos o parajes donde hay o ha habido agua estancada.

lama[2] *s. m.* Sacerdote de los tártaros occidentales, cercanos a China.

lambda *s. f.* Undécima letra del alfabeto griego que corresponde a nuestra "ele".

lambel *s. m.* Pieza que tiene la figura de una faja con tres caídas muy semejantes a las gotas de la arquitectura.

lambucear *v. intr.* Lamer, por glotonería, un plato o vasija.

lamedal *s. m.* Sitio con mucho cieno.

lamentación *s. f.* Queja con alguna muestra de dolor.

lamentar *v. tr.* Sentir una cosa con llanto u otra demostración de dolor. También intr. y prnl.

lamento *s. m.* Lamentación, queja.

lamer *v. tr.* Pasar repetidas veces la lengua por una cosa. También prnl.

lámina *s. f.* **1.** Plancha delgada, especialmente de un metal. **2.** Plancha metálica en la cual está grabado un dibujo para estamparlo. **3.** Figura que se traslada al papel u otra materia; estampa.

laminar[1] *adj.* De forma de lámina.

laminar[2] *v. tr.* **1.** Tirar láminas, planchas o barras. **2.** Guarnecer con láminas.

lámpara *s. f.* Utensilio para dar luz.

lamparilla *s. f.* Mariposa, candelilla que se enciende en un vaso con aceite.

lamparón *s. m.* Mancha que cae en la ropa, especialmente la de grasa.

lampazo *s. m.* Planta compuesta, de tallo grueso, flores purpúreas y de raíz diurética y depurativa.

lampiño, ña *adj.* **1.** Que no tiene barba. **2.** Que tiene poco pelo o vello.

lamprea *s. f.* Nombre de varios peces petromizóntidos, de cuerpo cilíndrico y cola aplastada, sin escamas y con mucosas que los hacen muy escurridizos.

lana *s. f.* Pelo de las ovejas y carneros y de otros animales que lo tienen parecido al de estas reses, que sirve como materia textil.

lanar *adj.* Se dice del ganado o la res que tiene lana.

lance *s. m.* **1.** Acción de echar la red para pescar. **2.** Pesca que se saca de una vez. **3.** Trance u ocasión crítica. **4.** En el poema dramático y en la novela, suceso, situación interesante o notable.

lanceolado, da *adj.* Se aplica a los objetos que tienen forma de lanza.

lanceta *s. f.* Instrumento de acero, de corte en ambos lados y punta agudísima, que sirve para sangrar y también para abrir tumores y otras cosas.

lancha[1] *s. f.* Piedra naturalmente lisa, plana y delgada.

lancha[2] *s. f.* Bote grande, propio para ayudar en las faenas que se ejecutan en los buques y para transportar carga y pasajeros en el interior de los puertos o entre puntos cercanos de la costa.

landa *s. f.* Gran llanura de tierra en la que sólo se crían plantas silvestres.

landó *s. m.* Coche de cuatro ruedas, con capota delantera y trasera.

landre *s. f.* Tumor del tamaño de una bellota, que se forma en las zonas glandulosas, como el sobaco, la ingle o el cuello.

langosta *s. f.* **1.** Nombre común de diversos insectos ortópteros, saltadores, de costumbres migratorias, que se reproducen copiosamente y llegan a constituir verdaderas plagas que arrasan comarcas enteras. **2.** Crustáceo marino con caparazón muy fuerte y sin pinzas, cuya carne se tiene por manjar delicado.

langostino *s. m.* Crustáceo decápodo marino, de color grisáceo que se vuelve rosa con la cocción y cuya carne es muy apreciada.

langostón *s. m.* Insecto ortóptero parecido a la langosta.

languidecer *v. intr.* Adolecer de languidez, perder el espíritu o el vigor.

languidez *s. f.* **1.** Flaqueza, debilidad. **2.** Falta de espíritu, valor o energía.

lánguido, da *adj.* **1.** Flaco, débil, fatigado. **2.** De poco espíritu, valor y energía.

lanosidad *s. f.* Pelusa o vello que tienen las hojas de algunas plantas, las frutas y otras cosas.

lanoso, sa *adj.* Que tiene mucha lana o vello.

lanza *s. f.* Arma ofensiva compuesta de un asta en cuya extremidad está fijo un hierro puntiagudo y cortante.

lanzadera *s. f.* Instrumento de figura de barquichuelo con una canilla dentro, que usan los tejedores para tramar.

lanzallamas *s. m.* Aparato usado en las guerras modernas para lanzar a corta distancia un chorro de líquido inflamado.

lanzar *v. tr.* **1.** Arrojar. También prnl. **2.** Soltar, dejar libre.

lanzón *s. m.* Lanza corta y gruesa, con un rejón de hierro ancho y grande.

laña *s. f.* Grapa, pieza de metal que sirve para unir o sujetar algunas cosas.

lapa *s. f.* Nombre de algunos moluscos gasterópodos comestibles, que viven asidos fuertemente a las piedras de las costas.

lapachar *s. m.* Terreno cenagoso o excesivamente húmedo.

lapicero *s. m.* **1.** Instrumento en que se coloca el lápiz para servirse de él. **2.** Lápiz, barrita de grafito.

lápida *s. f.* Piedra llana en que ordinariamente se pone una inscripción con carácter conmemorativo.

lapidar *v. tr.* Apedrear, matar a pedradas.

lapislázuli *s. m.* Mineral de color azul intenso, silicato de aluminio, cal y sosa.

lápiz *s. m.* Nombre genérico de varias sustancias minerales que sirven para dibujar.

lapso *s. m.* Curso de un espacio de tiempo transcurrido.

lar *s. m.* Cada uno de los dioses de la casa u hogar en Roma.

lardear *v. tr.* Untar con lardo o grasa lo que se está asando.

lardo *s. m.* **1.** Lo gordo del tocino. **2.** Grasa o unto de los animales.

lardón *s. m.* Adición hecha al margen en el original o en las pruebas.

lardoso, sa *adj.* Grasiento, pringoso.

largar *v. tr.* Aflojar, ir soltando poco a poco.

largo, ga *adj.* Que tiene más o menos longitud.

larguero, ra *s. m.* Cada uno de los dos palos que se ponen a lo largo de una obra de carpintería, como los de las camas.

laringe *s. f.* Órgano de la voz situado en las fauces delante del esófago; comunica por una abertura con el fondo de la boca y se une interiormente con la tráquea.

laringología *s. f.* Parte de la patología, que estudia las enfermedades de la laringe.

laringotomía *s. f.* Incisión que se hace en la laringe para extraer cuerpos extraños, extirpar tumores, pólipos, etc.

larva *s. f.* Insecto después de salir del huevo y antes de su primera transformación; su cuerpo es prolongado y cilíndrico.

las *art. det.* **1.** Forma del artículo determinado en género femenino y número plural. || *pron. pers.* **2.** Forma átona del pronombre personal de tercera persona en género femenino y número plural.

lascar *v. tr.* Aflojar o arriar muy poco a poco un cabo.

lascivia *s. f.* Propensión, tendencia a los placeres sexuales.

lasitud *s. f.* Desfallecimiento, cansancio, falta de vigor y fuerzas.

laso, sa *adj.* **1.** Cansado. **2.** Flojo.

lastar *v. tr.* Suplir lo que otro debe pagar, con el derecho de reintegrarse.

lástima *s. f.* Enternecimiento y compasión que excitan los males de otro.

lastimar *v. tr.* **1.** Herir o hacer daño. También prnl. **2.** Compadecer. **3.** *fig.* Agraviar, ofender la estimación u honra.

lastimoso, sa *adj.* Que mueve a lástima y compasión.

lastra *s. f.* Lancha, piedra plana y delgada.

lastre *s. m.* Piedra, arena, agua u otra cosa de peso que se pone en el fondo de la embarcación para que ésta se sumerja hasta donde convenga.

lata *s. f.* **1.** Hoja de lata. **2.** Envase hecho de hojalata, con su contenido o sin él. **3.** *fig.* Discurso o conversación fastidiosa y, en general, todo lo que cansa o harta.

lataz *s. m.* Nutria marina que vive a orillas del océano Pacífico septentrional.

latente *adj.* Oculto, escondido.

lateral *adj.* Que pertenece o está situado al lado de una cosa.

látex *s. m.* Jugo lechoso, de composición muy compleja, propio de los vegetales, que se coagula al contacto del aire y constituye las gomas, resinas, etc.

latifundio *s. m.* Finca rústica de gran extensión, en especial cuando pertenece a un solo dueño.

látigo *s. m.* Azote con que se aviva y castiga, especialmente a las caballerías.

latín *s. m.* Lengua indoeuropea e itálica del Lacio hablada por los romanos antiguos.

latinismo *s. m.* Empleo en otro idioma de voces o giros que pertenecen a la lengua latina.

latinista *s. m. y s. f.* Persona versada en la lengua y literatura latina.

latir *v. intr.* Dar latidos el corazón, las arterias, el pulso, etc.

latitud *s. f.* **1.** Extensión de un territorio, tanto en ancho como en largo. **2.** La menor de las dos dimensiones principales de una figura plana cualquiera, en contraposición a la mayor o longitud.

lato, ta *adj.* Dilatado, extendido.

latón *s. m.* Aleación de cobre y cinc de color amarillo pálido, susceptible de gran brillo y pulimento.

latoso, sa *adj.* Fastidioso, pesado.

latría *s. f.* Adoración, culto que sólo se debe a Dios.

latrocinio *s. m.* Hurto o costumbre de hurtar o defraudar a los demás.

laúd *s. m.* Instrumento musical de cuerda, de caja cóncava en su parte inferior, que se toca pulsando las cuerdas.

láudano *s. m.* Tintura o extracto de opio.

laudar *v. tr.* Fallar una cuestión el juez árbitro o el amigable componedor.

laude *s. f.* Lápida sepulcral, por lo común con una inscripción o escudo de armas.

laudo *s. m.* Fallo que dictan los árbitros o amigables componedores.

laureola *s. f.* **1.** Corona de laurel con la cual se premiaban las acciones heroicas o se coronaban los sacerdotes de los gentiles. **2.** Aureola.

lava *s. f.* Materias derretidas que salen de los volcanes al tiempo de la erupción.

lavabo *s. m.* **1.** Mesa con jofaina y demás recado para la limpieza y aseo personal. **2.** Cuarto dispuesto para este aseo.

lavado *s. m.* Pintura a la aguada hecha con un solo color.

lavar *v. tr.* **1.** Limpiar una cosa con agua u otro líquido. También prnl. **2.** Dar los albañiles la última mano al blanqueado con un paño mojado.

lavativa *s. f.* **1.** Enema. **2.** Instrumento manual para realizarlo.

lavatorio *s. m.* Ceremonia de lavar los pies a algunos pobres que se hace el Jueves Santo, en memoria de haberlos lavado Jesucristo a sus apóstoles la noche de la Cena.

lavazas *s. f. pl.* Agua sucia o mezclada con las impurezas de lo que se lavó en ella.

laxante *s. m.* Medicamento para mover el vientre.

laxar *v. tr.* Aflojar, disminuir la tensión de una cosa, suavizarla. También prnl.

laxo, xa *adj.* Flojo.

laya *s. f.* Pala de hierro con cabo de madera que sirve para labrar y remover la tierra.

layar *v. tr.* Labrar la tierra con la laya.

lazada *s. f.* Atadura o nudo que se hace con hilo, cinta o cosa parecida, que se desata fácilmente tirando de uno de sus cabos.

lazar *v. tr.* Coger o sujetar con lazo.

lazarillo *s. m.* Muchacho que guía y dirige a un ciego.

lazo *s. m.* **1.** Atadura de cintas o cosa parecida que sirve de adorno. **2.** *fig.* Unión.

le *pron. pers.* **1.** Forma átona del pronombre personal de tercera persona, género masculino, femenino o neutro y número singular, que funciona como complemento indirecto. **2.** Forma átona del pronombre personal de tercera persona, género masculino y número singular, que funciona como complemento directo, cuando se trata de personas.

leal *adj.* Incapaz de traicionar, que guarda la debida fidelidad a personas o a cosas.

lealtad *s. f.* Cumplimiento de lo que exigen las leyes de la fidelidad y las del honor.

lebrel, la *adj.* Se dice del perro que tiene el labio superior y las orejas caídas, el hocico recio, el lomo recto, el cuerpo largo y las piernas hacia atrás.

lebrillo *s. m.* Vasija más ancha por el borde que por el fondo.

lección *s. f.* **1.** Lectura o acción de leer. **2.** Comprensión de un texto. **3.** Conjunto de conocimientos que cada vez da un maestro a sus discípulos o les señala para que lo estudien.

lechada *s. f.* Masa fina de cal o yeso, o de cal mezclada con arena, o de yeso con tierra, que sirve para blanquear paredes, para unir piedras o hiladas de ladrillo.

lechal *adj.* Se aplica al animal de cría que aún mama, en especial al cordero.

leche *s. f.* Líquido blanco y opaco que se forma en los pechos de las mujeres y de las hembras de los animales vivíparos para alimento de sus hijos o crías.

lechigada *s. f.* Conjunto de animalillos que han nacido de un parto y se crían juntos en un mismo sitio.

lechino *s. m.* Clavo de hilas que se introduce, a modo de drenaje, en las úlceras y heridas para facilitar la supuración.

lecho *s. m.* **1.** Cama con colchones, sábanas, etc., para descansar y dormir. **2.** *fig.* Terreno por donde corre un río.

lechón, na *s. m. y s. f.* Cochinillo que todavía mama.

lechuga *s. f.* Planta hortense herbácea, compuesta, que se cultiva en las huertas y sus hojas se comen en ensalada.

lechuza *s. f.* Ave rapaz nocturna, de cabeza redonda, pico corto y encorvado en la punta, ojos grandes y plumaje suave y amarillento.

lectivo, va *adj.* Se dice del tiempo y días destinados para dar lección en las universidades y demás centros de enseñanza.

lectura *s. f.* Obra o cosa leída.

ledo, da *adj., poét.* Alegre, plácido, contento.

leer *v. tr.* **1.** Pasar la vista por lo escrito o impreso, haciéndose cargo del valor y significación de los caracteres empleados. **2.** Enseñar un profesor a sus oyentes alguna materia sobre un texto. **3.** *fig.* Penetrar el interior de alguien, por lo que exteriormente aparece, o adivinarle un secreto.

legación *s. f.* Cargo diplomático que da un Gobierno a un individuo para que le represente cerca de otro gobierno extranjero.

legado *s. m.* **1.** Manda que el testador deja en su testamento a una o varias personas. **2.** Personas que una suprema potestad eclesiástica o civil envía a otra para tratar un negocio.

legajo *s. m.* Atado de papeles o conjunto de los reunidos por tratar de una misma materia.

legal *adj.* Prescrito por la ley y conforme a ella.

legalizar *v. tr.* **1.** Dar estado legal a una cosa. **2.** Certificar o comprobar la autenticidad de un documento o una firma.

légamo *s. m.* Cieno, lodo pegajoso.

legaña *s. f.* Humor producido por las glándulas sebáceas situadas en los párpados, que se acumula en el borde de éstos y en los ángulos de la abertura ocular.

legar *v. tr.* Dejar una persona a otra alguna donación en su testamento.

legión *s. f.* **1.** Cuerpo de tropa romana compuesto de infantería y caballería. **2.** *fig.* Número indeterminado y copioso de personas o espíritus.

legionario, ria *s. m.* **1.** Soldado que servía en la legión romana. **2.** En los ejércitos modernos, soldado de algún cuerpo de los que tienen nombre de legión.

legislación *s. f.* **1.** Conjunto de leyes de un Estado o que hacen relación a una materia determinada. **2.** Ciencia de las leyes.

legislar *v. intr.* Dar o establecer leyes. También tr.

legislativo, va *adj.* Se aplica al derecho de hacer leyes.

legislatura *s. f.* Tiempo durante el cual funcionan los cuerpos legislativos del Estado.

legitimar *v. tr.* **1.** Justificar la verdad de una cosa o la calidad de una persona o cosa conforme a las leyes. **2.** Hacer legítimo al hijo que no lo era.

legítimo, ma *adj.* **1.** Conforme a las leyes. **2.** Cierto, genuino y verdadero.

lego, ga *adj.* **1.** Que no tiene órdenes clericales. **2.** Falto de letras o noticias.

legón *s. m.* Especie de azadón.

legua *s. f.* Medida itineraria equivalente a 5 572 m y siete dm.

leguleyo, ya *s. m. y s. f.* Persona que trata de leyes no conociéndolas sino vulgar y escasamente.

legumbre *s. f.* Todo fruto o semilla seco que se cría en vaina.

lejanía *s. f.* Parte distante o remota de un lugar.

lejano, na *adj.* Distante, apartado en el tiempo o en el espacio.

lejía *s. f.* Agua que tiene en disolución álcalis o sales alcalinas, sobre todo la empleada para la colada, por sus cualidades detergentes y blanqueadoras.

lejos *adv. l. y t.* A gran distancia; en lugar y tiempo distante o remoto.

lelo, la *adj.* Fatuo, simple y como pasmado.

lema *s. m.* **1.** Argumento que precede a ciertas composiciones literarias para indicar en términos breves el asunto de la

lémur - leonera

obra. **2.** Letra o mote que se pone en los emblemas y empresas.

lémur *s. m.* **1.** Género de mamíferos cuadrúmanos, con los dientes incisivos de la mandíbula inferior inclinados hacia delante y la cola muy larga. Son propios de Madagascar. || *s. m. pl.* **2.** Fantasmas, duendes.

lena *s. f.* Aliento, vigor.

lencería *s. f.* **1.** Conjunto de lienzos de distintos géneros. **2.** Tienda donde se vende ropa femenina de lencería.

lendrera *s. f.* Peine de púas finas y espesas, a propósito para limpiar la cabeza.

lengua *s. f.* **1.** Órgano muscular situado en la cavidad de la boca y que sirve para gustar, deglutir y articular los sonidos de la voz. **2.** Sistema abstracto y normativo de signos que adopta convencionalmente un grupo social para intercomunicarse.

lenguaraz *adj.* Se aplica a la persona que comprende y habla dos o más lenguas.

lengüeta *s. f.* **1.** Epiglotis, lámina cartilaginosa que tapa el orificio de la laringe. **2.** Fiel de la balanza o de la romana. **3.** Laminilla móvil de metal que en el tubo de ciertos instrumentos musicales de viento produce el sonido.

lenidad *s. f.* Blandura en exigir el cumplimiento de algo o en castigar las faltas.

lenificar *v. tr.* Suavizar, ablandar.

lenitivo, va *adj.* Que tiene virtud de suavizar y ablandar.

lenocinio *s. m.* Alcahuetería.

lente *s. amb.* Cristal o medio refringente limitado por dos caras curvas o una curva y otra plana que se emplea en varios instrumentos ópticos.

lenteja *s. f.* Planta leguminosa de la familia de las papilionáceas, de semillas en forma de disco de 0,5 cm de diámetro, muy alimenticias y nutritivas.

lentejuela *s. f.* Laminilla o disco de metal brillante, que se cose en la ropa para adornar.

lenticular *adj.* De forma parecida a la semilla de la lenteja.

lentisco *s. m.* Arbusto mediterráneo anacardiáceo, siempre verde, de hojas persistentes, de madera rojiza dura, aromática y útil para algunas obras de ebanistería.

lentitud *s. f.* **1.** Tardanza o calma con que se ejecuta una cosa. **2.** Velocidad escasa en el movimiento.

lento, ta *adj.* Tardo o pausado en el movimiento o en la operación.

leña *s. f.* Parte de los árboles y matas cortadas, hechas trozos, destinada para la lumbre.

leño *s. m.* **1.** Trozo de árbol después de cortado y limpio de ramas. **2.** Parte más consistente del tronco y tallo de los vegetales, bajo la corteza, y más externa que la médula.

leñoso, sa *adj.* Hablando de arbustos, plantas, frutos, etc., que tiene consistencia y dureza como la de la madera.

león *s. m.* **1.** Mamífero carnívoro, félido; muy corpulento, de cabeza grande, dientes y uñas muy fuertes y la cola larga. El macho tiene una larga melena que le cubre la nuca y el cuello. **2.** *fig.* Hombre audaz, imperioso y valiente.

leona *s. f.* **1.** Hembra del león. **2.** *fig.* Mujer audaz, imperiosa y valiente.

leonado, da *adj.* De color rubio oscuro, parecido al pelo del león.

leonera *s. f.* **1.** Lugar en que se tienen encerrados los leones. **2.** *fig. y fam.* Aposento en que se guardan muchas cosas en desorden.

leopardo s. m. Mamífero carnívoro, félido, cuyo aspecto general es el de un gato grande, de pelaje blanco en el pecho y el vientre y rojizo, con manchas negras y redondas regularmente distribuidas, en todo el resto del cuerpo.

lepisma s. f. Insecto tisanuro nocturno, que roe la azúcar, el papel y la tela.

lepra s. f. Enfermedad crónica infecciosa, que se manifiesta por manchas, tubérculos, ulceraciones y desnutrición.

lerdo, da adj. **1.** Pesado y torpe en el andar. **2.** fig. Tardo y torpe para comprender o ejecutar una cosa.

les pron. pers. Forma átona del pronombre personal de tercera persona en género masculino o femenino y número plural.

lesión s. f. **1.** Daño corporal causado por una herida, golpe o enfermedad. **2.** fig. Cualquier daño, perjuicio o detrimento.

lesionar v. tr. Causar lesión.

leso, sa adj. Agraviado, lastimado.

letal adj. Mortífero, capaz de ocasionar la muerte.

letanía s. f. Oración formada por una súplica que se hace a Dios, invocando a la Santísima Trinidad y poniendo por medianeros a Jesucristo, a la Virgen y a los santos.

letargo s. m. Estado patológico que consiste en la suspensión del uso de los sentidos y de las facultades del ánimo.

letificar v. tr. Alegrar, regocijar.

letra s. f. **1.** Cada uno de los signos con que se representan los sonidos de un idioma. **2.** Conjunto de las palabras que llevan música e integran una canción, himno, etc.

letrado, da adj. **1.** Sabio, docto e instruido. || s. m. y s. f. **2.** Abogado, perito en el derecho.

letrero s. m. Palabra o conjunto de palabras escritas para publicar o hacer saber una cosa.

letrilla s. f. Composición poética de versos cortos que suele ponerse en música.

letrina s. f. Lugar destinado en la casa para expeler en él los excrementos.

leucemia s. f. Enfermedad que se manifiesta por un exceso anormal de leucocitos en la sangre.

leucocito s. m. Cada uno de los glóbulos blancos de la sangre.

leucoma s. f. Manchita blanca opaca en la córnea transparente del ojo.

leudo, da adj. Se aplica a la masa o pan fermentado con levadura.

leva s. f. **1.** Partida de las embarcaciones del puerto. **2.** Recluta de gente para el servicio de un Estado.

levadizo, za adj. Que se puede levantar.

levadura s. f. Masa constituida principalmente por microorganismos, capaces de actuar como fermentos.

levantamiento s. m. Alzamiento, alboroto.

levantar v. tr. **1.** Mover de abajo hacia arriba una cosa. También prnl. **2.** Poner una cosa en lugar más alto que el que antes estaba. También prnl. **3.** Poner derecha a una persona o cosa que antes estaba inclinada, tendida, etc. También prnl.

levante s. m. Oriente o punto por donde sale el Sol.

levantisco, ca adj. De genio inquieto y turbulento.

levar v. tr. Hablando de las anclas, arrancar y suspender la que está fondeada.

leve *adj.* Ligero, de poco peso.

levigar *v. tr.* Desleír en agua una materia en polvo para separar la parte más leve de la más pesada, que se deposita en el fondo de la vasija.

levita *s. f.* Vestidura masculina, cuyos faldones, a diferencia de los del frac, llegaban a cruzarse por delante.

léxico *s. m.* Caudal de voces, modismos y giros de una lengua, autor o una persona en su lenguaje escrito o hablado.

lexicografía *s. f.* Arte de componer léxicos o diccionarios.

lexicología *s. f.* Tratado de lo relativo a la analogía, significación y etimología de los vocablos que han de entrar en un léxico.

lexicón *s. m.* Léxico, diccionario.

ley *s. f.* **1.** Regla universal y norma constante e invariable a la que están sujetos los fenómenos de la naturaleza. **2.** Norma jurídica dictada, reflexiva y solemnemente, por la legítima autoridad estatal. **3.** Fidelidad, lealtad. **4.** Calidad, peso o medida que han de tener las cosas.

leyenda *s. f.* **1.** Obra que se lee. **2.** Relación de sucesos que generalmente tienen más de maravillosos que de verdaderos. **3.** Inscripción de moneda, medalla, sello, etc., o del pie de un cuadro, grabado o mapa.

lezna *s. f.* Instrumento que se compone de un hierrecillo con punta muy sutil y un mango de madera que usan los zapateros y otros artesanos para agujerear y coser.

lía *s. f.* Soga de esparto machacado, tejida como trenza, para atar y asegurar los fardos, cargas y otras cosas.

liar *v. tr.* **1.** Ligar, atar y asegurar los fardos y cargas con lías. **2.** Envolver una cosa sujetándola con papeles, cuerda, etc.

libamen *s. m.* Ofrenda en el sacrificio.

libar *v. tr.* **1.** Chupar el jugo de una cosa suavemente. **2.** Hacer la libación para el sacrificio. **3.** Probar o gustar un licor.

llibelo *s. m.* **1.** Escrito denigratorio o infamante contra personas o cosas. **2.** Petición o memorial.

líber *s. m.* Conjunto de capas delgadas de tejido fibroso, que forman la parte interior de la corteza de los vegetales dicotiledones.

liberal *adj.* Que obra con liberalidad.

liberalidad *s. f.* **1.** Virtud que consiste en distribuir alguien generosamente sus bienes, sin esperar recompensa. **2.** Generosidad, desprendimiento.

libertad *s. f.* **1.** Inmunidad de determinación respecto de los actos. **2.** Propiedad de la voluntad por la que el ser humano es dueño de sus acciones.

libertar *v. tr.* **1.** Poner a alguien en libertad, sacarle de esclavitud y sujeción. También prnl. **2.** Eximir a alguien de una obligación. También prnl.

libertinaje *s. m.* Desenfreno en la conducta.

liberto, ta *s. m. y s. f.* Esclavo a quien se había dado la libertad.

libidinoso, sa *adj.* Lujurioso, lascivo.

libra *s. f.* Peso antiguo, variable según las provincias.

libración *s. f.* Movimiento como de oscilación que un cuerpo, ligeramente perturbado en su equilibrio, efectúa hasta recuperarlo poco a poco.

libranza *s. f.* Orden de pago que se da contra alguien que tiene fondos a disposición del que la expide.

librar *v. tr.* **1.** Sacar o preservar a alguien de un trabajo, mal o peligro. También

LIBRE - LIGA

prnl. **2.** Tratándose de la confianza, ponerla o fundarla en una persona o cosa. || *v. intr.* **3.** Expulsar la placenta la mujer al dar a luz.

libre *adj.* **1.** Que tiene facultad para obrar o no a su gusto. **2.** Que no ofrece obstáculos.

librea *s. f.* Traje que ciertas personas, como príncipes, señores y algunas entidades, dan a sus criados, generalmente uniforme y con distintivos.

librería *s. f.* **1.** Biblioteca, local en que se tienen libros, o conjunto de éstos. **2.** Establecimiento donde se venden libros.

libreta *s. f.* Cuaderno que se destina a escribir en él anotaciones, cuentas, etc.

libreto *s. m.* Obra dramática escrita para ser puesta en música total o parcialmente.

libro *s. m.* Conjunto de hojas de papel, vitela, etc., manuscritas o impresas, encuadernadas juntas en un volumen.

licantropía *s. f.* Creencia popular muy extendida de que el ser humano, en determinadas circunstancias, podía transformarse accidentalmente en lobo.

licencia *s. f.* **1.** Facultad o permiso para hacer una cosa. **2.** Libertad abusiva en decir u obrar.

licenciado, da *s. m. y s. f.* Persona que ha obtenido en una facultad el grado que la habilita para ejercer.

licenciar *v. tr.* Dar a alguien permiso o licencia.

licenciatura *s. f.* Grado de licenciado.

licencioso, sa *adj.* Libre, atrevido, disoluto.

liceo *s. m.* Nombre de ciertas sociedades literarias o recreativas.

licitar *v. tr.* Ofrecer precio por una cosa en subasta o almoneda.

lícito, ta *adj.* Justo, permitido.

licnobio, bia *adj.* Se dice de la persona que hace su vida ordinaria con luz artificial y duerme de día.

licor *s. m.* Bebida espiritosa obtenida por destilación del alambique, maceración o mezcla de diversas sustancias, y compuesta de alcohol, agua, azúcar y esencias aromáticas variadas.

lictor *s. m.* Ministro de justicia o especie de alguacil de la antigua Roma.

licuar *v. tr.* Liquidar o hacer líquida una cosa sólida. También prnl.

licuefacción *s. f.* Paso de un sólido o un gas al estado líquido.

lid *s. f.* **1.** Combate, pelea. **2.** *fig.* Disputa, contienda de razones y argumentos.

lidia *s. f.* Conjunto de suertes que se practican con el toro desde que se le da suelta del toril hasta que se le arrastra.

lidiar *v. intr.* **1.** Batallar, pelear. **2.** *fig.* Hacer frente a alguien, oponérsele. || *v. tr.* **3.** Sortear al toro luchando con él y esquivando sus acometidas hasta darle muerte, según las reglas de la tauromaquia.

liebre *s. f.* **1.** Mamífero roedor muy tímido, solitario y de veloz carrera, de pelo suave, cabeza pequeña, orejas largas, cuerpo estrecho, cola y extremidades posteriores más largas que las anteriores. **2.** *fig. y fam.* Persona tímida y cobarde.

liendre *s. f.* Huevecillo del piojo.

lientera *s. f.* Diarrea de alimentos no digeridos.

liento, ta *adj.* Húmedo, poco mojado.

lienzo *s. m.* **1.** Tela que se fabrica de lino, cáñamo o algodón. **2.** Pintura sobre lienzo.

liga *s. f.* **1.** Cinta con que se aseguran las medias y los calcetines. **2.** Unión o mezcla. **3.** Aleación. **4.** Unión, confederación que ha-

LIGAMENTO - LÍMPIDO

cen entre sí los Estados para defenderse de sus enemigos.

ligamento *s. m.* **1.** Acción de ligar. **2.** Cordón fibroso, que liga los huesos de las articulaciones, o pliegue membranoso que sostiene en la debida posición cualquier órgano del cuerpo de un animal.

ligar *v. tr.* **1.** Atar. **2.** Unir, conciliar, enlazar.

ligazón *s. f.* Unión, trabazón de una cosa.

ligereza *s. f.* **1.** Presteza, agilidad. **2.** Levedad, liviandad.

ligero, ra *adj.* **1.** Que pesa poco. **2.** Ágil, veloz, pronto.

lignito *s. m.* Carbón fósil que no produce coque cuando se calcina en vasos cerrados.

lija *s. f.* **1.** Pez marino, selacio, de piel sin escamas, pero cubierta de una especie de granillos córneos muy duros, que la hacen áspera. **2.** Papel rugoso o cubierto de pequeñas partículas duras destinado a pulir la madera u otros materiales.

lijar *v. tr.* Alisar y pulir una cosa con lija o papel de lija.

lila *s. f.* Arbusto oleáceo, de flores pequeñas, olorosas y de color morado claro en racimos piramidales, originario de Persia.

liliputiense *adj., fig.* Se dice de la persona muy pequeña y endeble.

lima *s. f.* Instrumento de acero templado, estriado, propio para desgastar los metales y otras materias duras.

limar *v. tr.* Cortar, pulir los metales, la madera, etc., con la lima.

limatón *s. m.* Lima redonda, gruesa y áspera.

limaza *s. f.* Babosa, molusco.

limazo *s. m.* Viscosidad o babaza.

limbo *s. m.* Lugar donde las almas de los justos del Antiguo Testamento esperaban la redención del género humano.

limero *s. m.* Árbol rutáceo, con tronco liso y ramoso, copa abierta, hojas alternas y persistentes, y de flores blancas, olorosas y pequeñas. Su fruto es la lima.

limeta *s. f.* Botella de vientre ancho y corto y cuello bastante largo.

limitación *s. f.* Término, demarcación.

limitar *v. tr.* **1.** Poner límite a un terreno. **2.** *fig.* Cortar, ceñir, reducir, restringir. También prnl.

limitativo, va *adj.* Restrictivo.

límite *s. m.* **1.** Término o lindero de reinos, provincias, posesiones, etc. **2.** *fig.* Fin, término.

limo *s. m.* Lodo o légamo.

limón *s. m.* Fruto del limonero, de un amarillo pálido, cáscara delgada y pulpa muy jugosa, agria y digestiva.

limonada *s. f.* Bebida compuesta de agua, azúcar y zumo de limón.

limonero *s. m.* Árbol rutáceo, siempre verde, florido y con fruto; tronco liso y ramoso, copa abierta, hojas alternas elípticas; flores olorosas, de color rosa por fuera y blancas por dentro.

limosna *s. f.* Lo que se da para socorrer una necesidad a una persona necesitada.

limpiabotas *s. m. y s. f.* Persona que tiene por oficio limpiar y lustrar botas y zapatos.

limpiachimeneas *s. m. y s. f.* Persona que por oficio deshollina chimeneas.

limpiadientes *s. m.* Mondadientes, palillo o instrumento semejante de otra materia para limpiar los dientes.

limpiar *v. tr.* **1.** Quitar la suciedad de una cosa. También prnl. **2.** *fig. y fam.* Hurtar o robar algo.

límpido, da *adj., poét.* Limpio, puro, terso.

limpio, pia *adj.* Que no tiene mancha ni suciedad.

linaje *s. m.* Ascendencia o descendencia de cualquier familia.

linaria *s. f.* Planta escrofulariácea, que vive en terrenos áridos y se ha empleado en medicina como depurativo y purgante.

linaza *s. f.* Simiente del lino que, molida, proporciona una harina muy usada para cataplasmas emolientes.

lince *s. m.* **1.** Mamífero carnívoro, parecido al gato cerval, al que en la antigüedad atribuían una agudeza de vista extraordinaria. **2.** *fig.* Persona aguda y sagaz.

linchar *v. tr.* Castigar, usualmente con la muerte, sin proceso y tumultuariamente, a un sospechoso o a un reo.

lindar *v. intr.* Estar contiguos dos territorios, terrenos, locales, fincas, etc.

linde *s. amb.* Límite, término o línea que divide unas heredades de otras.

lindero *s. m.* Linde o lindes de dos terrenos.

lindeza *s. f.* Calidad de lindo.

lindo, da *adj.* **1.** Hermoso, apacible y grato a la vista. **2.** *fig.* Bueno, primoroso y exquisito.

línea *s. f.* **1.** Raya en un cuerpo cualquiera. **2.** Extensión considerada en dimensión de la longitud. **3.** Renglón, conjunto de palabras o caracteres escritos o impresos. **4.** Vía terrestre, marítima o aérea.

linfa *s. f.* Humor acuoso, casi transparente, que corre por los vasos llamados linfáticos y sirve de intermediario en los cambios nutritivos entre la sangre y los tejidos.

linfocito *s. m.* Variedad de los leucocitos de pequeño tamaño, con núcleo único, esférico, muy rico en cromatina, rodeado de una pequeña franja de protoplasma.

lingote *s. m.* Barra de metal en bruto.

lingüística *s. f.* Ciencia del lenguaje, al que tiende a estudiar de forma autónoma y comparativa.

linimento *s. m.* Preparación menos espesa que el ungüento, que se aplica exteriormente en fricciones.

lino *s. m.* Planta anual linácea, de la cual se emplean las fibras como materia textil, las semillas en medicina y el aceite en la preparación de pintura.

linón *s. m.* Tela de hilo muy ligera, clara y fuertemente engomada.

linotipia *s. f.* Máquina de composición mecánica, utilizada preferentemente para la composición de textos.

linterna *s. f.* Farol portátil, con una sola cara de vidrio y un asa en la opuesta.

liño *s. m.* Línea de árboles o plantas.

lío *s. m.* **1.** Porción de ropa o de otras cosas atadas. **2.** *fig. y fam.* Embrollo.

liorna *s. f., fam.* Algazara, desorden.

lioso, sa *adj.* **1.** Embrollador o embrollado. **2.** *fam.* Se dice también de las cosas cuando están embrolladas.

lipotimia *s. f.* Pérdida súbita y pasajera del sentido y del movimiento.

liquen *s. m.* Planta criptógama constituida por la asociación simbiótica de un hongo y un alga; en ella no se distinguen hojas ni tallos sino una especie de lacinias.

liquidación *s. f.* Venta al por menor, con gran rebaja de precios, que hace una casa de comercio por cesación, quiebra, reforma o traslado del establecimiento, etc.

liquidámbar *s. m.* Líquido bellísimo de color amarillo rojizo y de sabor acre, que tiene propiedades emolientes y purificadoras.

LIQUIDAR - LITOGRAFÍA

liquidar *v. tr.* **1.** Hacer líquido un cuerpo sólido o gaseoso. También prnl. **2.** *fig.* Poner término a una cosa o a un estado de cosas, desistir de un negocio o empeño.

líquido *s. m.* Uno de los estados de la materia en el que las moléculas del cuerpo tienen tan poca trabazón, que se adaptan a la forma de la cavidad que los contiene y tienden siempre a ponerse a nivel.

lira *s. f.* Instrumento de música antiguo de cuerda, que se tocaba con las dos manos o con un plectro.

lírica *s. f.* Conjunto de composiciones literarias poéticas que conforman el género lírico en una clasificación de la Literatura.

lirio *s. m.* Planta iridácea, de flores terminales, ranillas, sépalos muy estrechos en la base, los externos encorvados hacia atrás y los internos erguidos, azules o morados y a veces blancos.

lirón *s. m.* Mamífero roedor, parecido al ratón, que vive en los árboles, de cuyos frutos se alimenta; pasa el invierno adormecido y oculto; y su carne era considerada como manjar exquisito por los romanos.

lis *s. f.* **1.** Lirio. **2.** En heráldica, flor de lis.

lisiar *v. tr.* Producir una lesión en alguna parte del cuerpo, especialmente si es permanente. También prnl.

lisimaquia *s. f.* Planta herbácea primulácea, propia de terrenos húmedos, que se ha empleado contra las hemorragias.

liso, sa *adj.* Se dice de una superficie que no presenta asperezas, adornos, ni realces.

lisonja *s. f.* Alabanza afectada, para ganar la voluntad de alguien.

lisonjear *v. tr.* **1.** Adular. **2.** *fig.* Deleitar, agradar.

lista *s. f.* **1.** Tira de tela, papel, etc. **2.** Línea que, por combinación de un color con otro, se coloca en un cuerpo cualquiera, especialmente en los tejidos. **3.** Catálogo, relación de personas o cosas.

listo, ta *adj.* **1.** Diligente, expedito. **2.** Apercibido, preparado o dispuesto para hacer una cosa. **3.** Sagaz, avisado, astuto.

lisura *s. f.* Igualdad y tersura de la superficie de una cosa.

litargirio *s. m.* Óxido de plomo, que se obtiene calentando el plomo en contacto con el aire y dejándolo cristalizar.

lite *s. f.* Pleito, litigio judicial.

litera *s. f.* Cada una de las camas de los camarotes de los buques, trenes, cuarteles, dormitorios, etc., y que por economía se suelen colocar una encima de otra.

literal *adj.* Conforme a la letra del texto o al sentido exacto y propio de las palabras.

literato, ta *adj.* Se dice de la persona versada en literatura o que, por profesión o estudio, la cultiva.

litiasis *s. f.* Mal de piedra.

litigar *v. tr.* **1.** Pleitear, disputar en juicio sobre alguna cosa. || *v. intr.* **2.** *fig.* Altercar, contender, disputar.

litigio *s. m.* **1.** Pleito, alteración en juicio. **2.** *fig.* Disputa, contienda, altercado.

litina *s. f.* Óxido de litio, parecido a la sosa, que existe en ciertos minerales y disuelto en ciertas aguas medicinales.

litio *s. m.* Metal alcalino, de color blanco de plata, blando y ligero.

litófago, ga *adj.* Se dice de los moluscos que perforan las rocas y viven en ellas.

litografía *s. f.* Arte de grabar o dibujar en piedra preparada al efecto, para reproducir los ejemplares de un dibujo o escrito.

litología *s. f.* Ciencia que estudia y describe los caracteres de las rocas y las clasifica sistemáticamente.

litoral *s. m.* Costa de un mar, país o territorio.

litro *s. m.* Unidad de capacidad del sistema métrico decimal que equivale a un decímetro cúbico.

liturgia *s. f.* Orden y forma, que la Iglesia ha aprobado, para celebrar los oficios divinos y especialmente el sacrificio de la misa.

liviano, na *adj.* **1.** Leve, ligero, de poco peso. **2.** *fig.* Fácil, inconstante, voluble. **3.** *fig.* Lascivo, incontinente, impúdico.

lívido, da *adj.* Amoratado, que tira a morado.

livor *s. m.* Color cárdeno.

lizo *s. m.* Hilo fuerte que sirve de urdimbre para ciertos tejidos.

llaga *s. f.* **1.** Úlcera. **2.** *fig.* Daño o infortunio que causa pena, dolor y pesadumbre.

llagar *v. tr.* Hacer o producir llagas. Se usa más como prnl.

llama[1] *s. f.* Masa gaseosa en combustión que se eleva de los cuerpos que arden.

llama[2] *s. f.* Mamífero rumiante de los camélidos, propio de América del Sur, del que se aprovecha su leche, carne, cuero y pelo.

llamada *s. f.* Señal que, en impresos o manuscritos, sirve para llamar la atención desde un lugar hacia otro, en que se pone una cita, nota, corrección o advertencia.

llamador *s. m.* Aldaba.

llamar *v. tr.* Gritar o hacer gestos a alguien para que venga o atienda.

llamarada *s. f.* Llama grande y de poca duración.

llamativo, va *adj.*, *fig.* Que llama la atención exageradamente.

llamazar *s. m.* Terreno pantanoso.

llambria *s. f.* Parte de una peña que forma un plano muy inclinado.

llamear *v. intr.* Despedir llamas.

llana *s. f.* Herramienta usada por los albañiles para extender el yeso y la argamasa.

llaneza *s. f. fig.* Sencillez en el trato.

llano, na *adj.* Igual, sin altos ni bajos.

llanta *s. f.* Cerco metálico exterior de las ruedas de los coches, carros, bicicletas, etc.

llantén *s. m.* Planta herbácea plantaginácea, muy común en sitios húmedos, que posee aplicaciones medicinales.

llanto *s. m.* Efusión de lágrimas acompañada de lamentos y sollozos.

llanura *s. f.* **1.** Igualdad de la superficie de una cosa. **2.** Terreno sin altos ni bajos.

llave *s. f.* **1.** Instrumento generalmente metálico, utilizado para abrir o cerrar el pestillo de una cerradura. **2.** Clave. **3.** En algunos deportes de lucha, movimiento o conjunto de movimientos que se realizan con la intención de inmovilizar al contrario.

llavero, ra *s. m.* Anillo en que se llevan las llaves.

llavín *s. m.* Llave pequeña con que se abre el picaporte.

lleco, ca *adj.* Se dice del campo que nunca se ha labrado para sembrar.

llegar *v. intr.* **1.** Arribar de un sitio a otro. **2.** Ascender, importar cierta suma.

llenar *v. tr.* **1.** Ocupar con algo un espacio vacío. **2.** Abarrotar.

lleta *s. f.* Tallo recién nacido.

llevar *v. tr.* **1.** Transportar una cosa de una parte a otra. **2.** Guiar, dirigir.

llorar *v. intr.* Derramar lágrimas.

lloroso, sa *adj.* Que muestra marcas de haber llorado.

llovedizo, za *adj.* Se dice de las bóvedas o cubiertas que dejan pasar el agua de lluvia.

llover *v. intr.* Caer agua de las nubes.

llovizna *s. f.* Lluvia menuda.

lloviznar *v. intr.* Soltar las nubes pequeñas gotas.

llueca *adj.* Clueca.

lluvioso, sa *adj.* Se aplica al tiempo o al lugar en que llueve mucho.

lo¹ *art. det.* **1.** Forma del artículo determinado en género neutro, que precede a los adjetivos, sustantivándolos. **2.** Seguido de un adverbio o de "que", tiene valor expresivo. ‖ *pron. pers.* **3.** Forma átona del pronombre personal de tercera persona, género masculino o neutro y número singular, que funciona como complemento directo.

loba¹ *s. f.* Hembra del lobo.

loba² *s. f.* Sotana, vestidura de eclesiásticos.

lobato *s. m.* Cachorro de lobo.

lobezno *s. m.* **1.** Lobo pequeño. **2.** Lobato.

lobina *s. f.* Róbalo, pez teleósteo marino.

lobo *s. m.* Mamífero carnívoro parecido a ciertos perrros, muy voraz, de pelaje gris oscuro, orejas tiesas y cola larga peluda.

lóbrego, ga *adj.* Oscuro, tenebroso.

lóbulo *s. m.* Cada una de las partes, a manera de ondas, que sobresalen en el borde de una cosa.

local *adj.* **1.** Municipal o provincial, por oposición a general o nacional. ‖ *s. m.* **2.** Sitio o paraje cerrado y cubierto.

localidad *s. f.* Lugar o pueblo, población.

localizar *v. tr.* Fijar, encerrar en límites determinados. También prnl.

locha *s. f.* Pez malacopterigio abdominal, comestible, propio de los lagos y ríos de agua fría.

loción *s. f.* **1.** Lavadura, acción de lavar. **2.** Producto preparado para la limpieza del cabello.

loco, ca *adj.* Se dice de la persona que tiene perturbadas sus facultades mentales.

locomoción *s. f.* Traslación de un punto a otro.

locomotor, ra *adj.* Propio para la locomoción o que la produce.

locomotriz *adj.* Propia para la locomoción.

locomóvil *adj.* Que puede llevarse de un sitio a otro.

locuaz *adj.* Que habla mucho.

locución *s. f.* Expresión, giro o modo de hablar.

locuela *s. f.* Modo y tono particular de hablar de cada uno.

lóculo *s. m.* Cada una de las celdillas en que están encerradas las semillas de un fruto.

locura *s. f.* Privación del juicio o del uso de la razón.

locutor, ra *s. m. y s. f.* Persona que habla ante el micrófono en las estaciones de radiodifusión para dar avisos, anuncios y comunicar toda clase de indicaciones relativas a la emisión.

locutorio *s. m.* Departamento dividido comúnmente por una reja, para que los visitantes puedan hablar con las monjas o los presos.

lodo *s. m.* Barro que resulta de la mezcla de la lluvia con la tierra cuando llueve.

logaritmo *s. m.* Exponente a que es necesario elevar una cantidad positiva para que resulte un número determinado.

lógica *s. f.* Ciencia que expone las leyes, modos y formas del conocimiento científico.

lógico, ca *adj.* Que se produce de acuerdo con las leyes del pensamiento o que se sigue de los antecedentes o de las circunstancias concurrentes.

logogrifo *s. m.* Enigma que consiste en hacer diversas combinaciones con las letras de una palabra, de manera que formen otra cuyo significado, además del de la voz principal, se propone con alguna oscuridad.

logomaquia *s. f.* Discusión en que se atiende a las palabras y no al fondo del asunto.

lograr *v. tr.* **1.** Conseguir lo que se intenta o desea. **2.** Gozar o disfrutar una cosa.

logro *s. m.* **1.** Lucro, ganancia. **2.** Usura, ganancia excesiva.

loma *s. f.* Altura pequeña y prolongada.

lombarda *s. f.* **1.** Antiguo cañón. **2.** Variedad de berza, muy semejante al repollo, pero de color que tira a morado.

lombriguera *adj.* Hierba medicinal, compuesta, de sabor muy amargo.

lombriz *s. f.* Nombre con que se designan diversos órdenes de gusanos que tienen el cuerpo delgado, blando y cilíndrico.

lomera *s. f.* Correa que se acomoda en el lomo de la caballería para que mantenga las demás piezas de la guarnición.

lomillo *s. m.* Parte superior de la albarda.

lomo *s. m.* **1.** Parte inferior y central de la espalda. **2.** Todo el espinazo de los cuadrúpedos. **3.** Parte del libro opuesta al corte por donde se cosen los pliegos.

lona *s. f.* Tela fuerte de algodón o cáñamo para velas de navío, toldos y otros usos.

loncha *s. f.* Cosa plana y delgada de piedra u otras materias.

longanimidad *s. f.* Grandeza y constancia de ánimo en las adversidades.

longaniza *s. f.* Pedazo de tripa, rellena de carne de cerdo picada y adobada.

longevidad *s. f.* Largo vivir.

longevo, va *adj.* Muy anciano, que vive mucho tiempo.

longitud *s. f.* La mayor de las dos dimensiones de una figura plana en contraposición a la menor, que se llama anchura.

lonja[1] *s. f.* Parte larga, ancha y de poco grosor que se corta o se separa de otra.

lonja[2] *s. f.* Edificio público donde se reúnen comerciantes para sus operaciones.

lontananza *s. f.* Términos de un cuadro más distantes del plano principal.

lord *s. m.* Título de honor de los miembros de la primera nobleza del Reino Unido.

loriga *s. f.* Especie de coraza de láminas pequeñas de acero.

loro *s. m.* Nombre vulgar de algunas aves que se distinguen por el predominio del color verde en el plumaje, la cola y alas rojas, habituarse a la domesticidad y a repetir palabras y frases.

lorza *s. f.* Pliegue para acortar una prenda.

los *art. det.* **1.** Forma del artículo determinado en género masculino y número plural. || *pron. pers.* **2.** Forma masculina plural del pronombre personal átono de tercera persona.

losa *s. f.* **1.** Piedra llana y de poco grosor, casi siempre labrada, que sirve para solar y otros usos. **2.** *fig.* Sepulcro de cadáver.

losange *s. m.* Figura de rombo en la que uno de los ángulos agudos queda por pie y su opuesto por cabeza.

losar *v. tr.* Cubrir el suelo con losetas.

loseta *s. f.* Ladrillo fino para solar, baldosa.

lote *s. m.* Cada una de las partes en que se divide un todo para su distribución.

LOTERÍA - LUJURIA

lotería *s. f.* **1.** Especie de rifa en que se sortean diversos premios. **2.** Juego público en que se premian, con diversas cantidades, varios billetes sacados a la suerte entre un gran número de ellos que se ponen a la venta.

loto *s. m.* Planta ninfeácea, de hojas muy grandes y fruto globoso, con semillas que se comen después de tostadas y molidas.

loza *s. f.* Barro fino, cocido y barnizado, de que están hechos platos, tazas, etc.

lozanía *s. f.* **1.** Frondosidad y verdor en las plantas. **2.** Vigor, robustez, gallardía en el hombre y los animales.

lozano, na *adj.* Que tiene lozanía.

lubina *s. f.* Pez teleóstomo serránido, de cuerpo oblongo, cuya carne es apreciadísima.

lubricar *v. tr.* Hacer resbaladiza una cosa.

lúbrico, ca *adj.* **1.** Resbaladizo. **2.** *fig.* Propenso a un vicio y, particularmente, a la lujuria. **3.** *fig.* Libidinoso, lascivo.

lucera *s. f.* Ventana o claraboya, en la parte alta de los edificios.

lucerna *s. f.* **1.** Araña grande para alumbrar. **2.** Abertura alta de una habitación que proporciona ventilación y luz.

lucero *s. m.* Cada astro grande y brillante.

lucha *s. f.* **1.** Pelea entre dos, en que abrazándole uno a otro, cada cual procura dar con su contrario en tierra. **2.** Lid, combate. **3.** *fig.* Disputa, debate.

luchador, ra *s. m. y s. f.* Persona que lucha.

luchar *v. intr.* **1.** Contender dos personas a brazo partido. **2.** Pelear, combatir. **3.** *fig.* Disputar, bregar.

lucido, da *adj.* Que hace o desempeña las cosas con gracia, liberalidad y esplendor.

lúcido, da *adj., fig.* Claro en el razonamiento, en el estilo, etc.

luciérnaga *s. f.* Insecto coleóptero, de cuerpo blando, cuya hembra carece de alas y está dotada de un aparato fosforescente, que despide una luz de color blanco verdoso.

Lucifer *n. p.* El príncipe de los ángeles rebeldes.

lucio, cia *adj.* Terso, lúcido.

lucir *v. intr.* Brillar, resplandecer.

lucrar *v. prnl.* Sacar provecho de un negocio o encargo.

lucrativo, va *adj.* Que produce ganancia.

lucro *s. m.* Ganancia que se regula por la que produce el dinero en el tiempo que ha estado en empréstito.

luctuoso, sa *adj.* Triste y digno de llanto.

lucubrar *v. tr.* Trabajar velando y con aplicación en obras de ingenio.

ludibrio *s. m.* Escarnio, mofa.

ludir *v. tr.* Frotar una cosa con otra.

luego *adv. t.* Prontamente, sin dilación.

lugar *s. m.* **1.** Espacio ocupado ya o que puede ser ocupado por un cuerpo. **2.** Sitio o paraje. **3.** Ciudad, pueblo, especialmente si es pequeño.

lugareño, ña *adj.* Habitante de una población pequeña.

lugarteniente *s. m.* Persona que tiene autoridad y poder para hacer las veces de otra en un ministerio o empleo.

lugre *s. m.* Embarcación pequeña, con tres palos, velas al tercio y gavias volantes.

lúgubre *adj.* Triste, funesto, melancólico.

lujo *s. m.* Demasía en el adorno, en la pompa y en el regalo.

lujuria *s. f.* Uso abundante o apetito desordenado de los deleites carnales.

lujurioso, sa *adj.* Dado a la lujuria.
lumbago *s. m.* Dolor reumático de la musculatura lumbar.
lumbar *adj.* Perteneciente o relativo a los lomos.
lumbrera *s. f.* **1.** Cuerpo que despide luz. **2.** *fig.* Persona sabia, insigne y virtuosa.
lumbrical *adj.* Se dice de cada uno de los cuatro músculos que en la mano y en el pie sirven para el movimiento de todos sus dedos, menos el pulgar.
lumen *s. m.* Unidad de flujo luminoso.
luminar *s. m.* Cualquiera de los astros que despiden luz y claridad.
luminaria *s. f.* Luz que se pone en ventanas, balcones, torres y calles como señal de fiesta y regocijo público.
luminiscencia *s. f.* Propiedad que poseen ciertas sustancias de despedir radiaciones luminosas características.
luminoso, sa *adj.* Que despide luz.
Luna *n. p.* Astro satélite de la Tierra que ofrece diferentes aspectos o fases según que el Sol ilumine una parte mayor o menor de ella.
lunación *s. f.* Tiempo que emplea la Luna desde una conjunción con el Sol hasta la siguiente.
lunado, da *adj.* Que tiene figura de media luna.
lunar *s. m.* Pequeña mancha de melanina en el rostro o en otra parte del cuerpo.
lunático, ca *adj.* Que padece locura por intervalos.
lunes *s. m.* Día de la semana comprendido entre el domingo y el martes.
luneta *s. f.* Lente de los anteojos.
luneto *s. m.* Bovedilla en forma de media luna, abierta en la bóveda principal, para dar luz a ésta.
lupa *s. f.* Lente de aumento provista de un mango.
lupanar *s. m.* Mancebía, casa de prostitutas.
lúpulo *s. m.* Planta trepadora cannabácea, cuyos frutos, desecados, se utilizan para aromatizar y dar sabor amargo a la cerveza.
lupus *s. m.* Enfermedad de la piel o de las mucosas de origen tuberculoso.
luquete *s. m.* Redecilla del limón o naranja que se echa en el vino.
lusitanismo *s. m.* Giro o modo de hablar propio de la lengua portuguesa.
lustrar *v. tr.* Dar lustre a metales, piedras, etc.
lustre *s. m.* **1.** Brillo de las cosas tersas o bruñidas. **2.** *fig.* Esplendor, fama, gloria.
lustrina *s. f.* Tela vistosa, de seda, oro y plata, empleada en ornamentos de iglesia.
lustro *s. m.* Espacio de cinco años.
lustroso, sa *adj.* Que tiene lustre.
lúteo, a *adj.* De lodo.
luto *s. m.* **1.** Signo exterior de duelo en ropas, adornos y otros objetos. **2.** Duelo, aflicción por la muerte de una persona.
lux *s. m.* Unidad de intensidad de iluminación.
luxación *s. f.* Dislocación de un hueso.
luz *s. f.* Agente físico que ilumina los objetos y los hace visibles.

M

m *s. f.* Decimotercera letra del abecedario español y décima de sus consonantes.

macabro, bra *adj.* Se dice de lo que participa de lo feo y repulsivo de la muerte.

macaca *s. f.* Hembra del macaco.

macaco *s. m.* Cuadrumano parecido a la mona, pero más pequeño que ella, con cola corta, cuerpo robusto y cabeza grande con el hocico saliente y aplastado.

macadán *s. m.* Pavimento formado con piedra machacada, que una vez tendida se comprime con el rodillo.

macana *s. f.* Palo corto y grueso a manera de machete, usado por los primitivos habitantes de América.

macareno, na *adj., fig.* Guapo, majo, baladrón. También s. m. y s. f.

macarrón *s. m.* Pasta alimenticia de harina de trigo en figura de tubos largos, de paredes gruesas y de color blanco, amarillo o gris. Se usa más en pl.

macarrónico, ca *adj.* Se dice del latín muy defectuoso y del lenguaje vulgar e incorrecto.

macerar *v. tr.* Ablandar una cosa estrujándola, golpeándola o manteniéndola durante algún tiempo sumergida en un líquido.

macero *s. m.* Persona que lleva la maza delante de los cuerpos o personas que usan esta señal de dignidad.

maceta *s. f.* Vaso de barro cocido, que lleno de tierra sirve para cultivar plantas.

macetero *s. m.* Soporte destinado a colocar en él macetas de flores.

macfarlán *s. m.* Gabán con esclavina y sin mangas.

machaca *s. f.* **1.** Instrumento con que se machaca. ‖ *adj.* **2.** *fig.* Se dice de la persona pesada con su conversación.

machacar *v. tr.* Golpear una cosa para romperla o deformarla.

machacón, na *adj.* Impertinente, pesado, que repite mucho las cosas. También s. m. y s. f.

machar *v. tr.* Machacar.

machete *s. m.* Arma blanca más corta que la espada, ancha, de mucho peso y de un solo filo.

machetear *v. tr.* Golpear con el machete.

machetero, ra *s. m. y s. f.* Persona que desmonta con machete los pasos obstaculizados con árboles, maleza, etc.

machihembrar *v. tr.* Ensamblar dos piezas de madera a caja y espiga o a ranura y lengüeta.

machina *s. f.* Grúa que se utiliza en los puertos marítimos.

macho[1] *s. m.* Animal del sexo masculino.

macho[2] *s. m.* Mulo.

macho[3] *s. m.* Mazo grande de herrero.

machorra *s. f.* Hembra estéril.

machucho, cha *adj.* Sosegado, juicioso.

macilento, ta *adj.* Flaco, descolorido, triste.

macis *s. f.* Corteza olorosa de la nuez moscada, en forma de red y de color rojo.

macizo, za *adj.* Lleno, sin huecos, sólido. También s. m.

macolla *s. f.* Conjunto de vástagos, flores o espigas que nacen de un mismo pie.

macrocéfalo, la *adj.* De cabeza muy grande y desproporcionada en relación con el cuerpo. También s. m. y s. f.

macrocosmos *s. m.* Según ciertos filósofos, el universo considerado como un ser animal semejante al hombre y, como él, compuesto de cuerpo y alma.

mácula *s. f.* Mancha que ensucia un cuerpo.

maculatura *s. f.* Pliego que se desecha por mal impreso o manchado.

macuto *s. m.* Mochila de soldado.

madapolán *s. m.* Especie de percal blanco y de buena calidad.

madeja *s. f.* Hilo recogido en vueltas iguales para que se pueda devanar fácilmente.

madera *s. f.* Parte sólida de los árboles debajo de la corteza.

madero *s. m.* Pieza larga de madera escuadrada o rolliza.

madrás *s. m.* Tela fina de algodón que se usa para camisas y trajes femeninos.

madrastra *s. f.* Mujer del padre respecto de los hijos que éste tiene de un matrimonio anterior.

madraza *s. f., fam.* Madre que mima mucho a sus hijos.

madre *s. f.* **1.** Hembra que ha parido. **2.** Título que se da a algunas religiosas.

madrecilla *s. f.* Huevera, oviducto de las aves.

madreperla *s. f.* Molusco lamelibranquio, de concha casi circular, que se cría en el fondo de los mares intertropicales, donde se pesca para recoger las perlas que suele contener en su interior y aprovechar el nácar de la concha.

madrépora *s. f.* Celentéreo antozoo de los mares intertropicales, que forma un polípero pétreo y arborescente.

madreselva *s. f.* Arbusto sarmentoso de las caprifoliáceas, con tallos largos, hojas compuestas, flores olorosas, en cabezuelas terminales con largo pedúnculo, y fruto en baya pequeña y carnosa.

madrigal *s. m.* Composición lírica en endecasílabos y heptasílabos breves, de tema amoroso o pensamiento delicado.

madriguera *s. f.* Cueva pequeña en que habitan ciertos animales, especialmente los conejos.

madrina *s. f.* Mujer que presenta o asiste a una persona en algún sacramento, especialmente el bautismo.

madroñal *s. m.* Terreno poblado de madroños.

madroño *s. m.* Arbusto ericáceo, de hojas lanceoladas, flores de corola globosa, fruto esférico, encarnado, granuloso y comestible.

madrugada *s. f.* Alba, principio del día.

madrugar *v. intr.* Levantarse al amanecer o muy temprano.

madurar *v. tr.* **1.** Dar sazón a los frutos. **2.** *fig.* Meditar una idea, un proyecto, etc. ‖ *v. intr.* **3.** *fig.* Crecer en edad y juicio.

madurez *s. f.* **1.** Sazón de los frutos. **2.** *fig.* Buen juicio, prudencia o sensatez con que una persona procede. **3.** *fig.* Edad adulta.

maduro, ra *adj.* **1.** Que está en sazón. **2.** Juicioso, prudente. **3.** Se dice de la persona entrada en años.

maestrante *s. m.* Cada uno de los caballeros de la maestranza.

maestranza *s. f.* **1.** Sociedad de caballeros cuyo objetivo es ejercitarse en la equitación, y fue además en su origen escuela del manejo de las armas a caballo. **2.** Conjunto de talleres y oficinas donde se recomponen y construyen los montajes para las piezas de artillería.

maestrazgo *s. m.* Dignidad de maestre de cualquiera de las órdenes militares.

maestre *s. m.* Superior de cualquiera de las órdenes militares.

maestrear *v. tr.* Intervenir con otras personas como maestro en una operación.

maestresala *s. m.* Criado principal que asistía a la mesa de un señor y se encargaba de probar lo que se servía, para garantizar que no contuviera veneno.

maestrescuela *s. m.* Dignidad de algunas catedrales, que tenía la misión de enseñar las ciencias eclesiásticas.

maestría *s. f.* **1.** Arte y destreza en enseñar o ejecutar una cosa. **2.** Título de maestro.

maestril *s. m.* Celdilla del panal de miel donde se transforma en insecto adulto la larva de la abeja maestra.

maestro, tra *adj.* **1.** Se dice de la persona u obra de relevante mérito entre las de su clase. ‖ *s. m. y s. f.* **2.** Persona que enseña una ciencia, oficio, etc. o tiene título para hacerlo. **3.** Persona que dirige el personal o las operaciones de un servicio.

magdalena *s. f.* Bollo pequeño hecho con los mismos ingredientes que el bizcocho de confitería.

magia *s. f.* Arte o ciencia oculta que pretende producir efectos extraordinarios, con ayuda de seres sobrenaturales o de fuerzas secretas de la naturaleza.

mágico, ca *adj.* Fantástico, estupendo.

magín *s. m., fam.* Imaginación.

magisterio *s. m.* **1.** Cargo o profesión de maestro. **2.** Conjunto de los maestros de una nación, provincia, etc.

magistrado, da *s. m. y s. f.* Superior en el orden civil, en especial ministro de justicia, como corregidor, consejero, etc.

magistral *adj.* Se dice de lo que se hace con maestría.

magistratura *s. f.* **1.** Dignidad y cargo de magistrado. **2.** Tiempo que dura su ejercicio.

magma *s. m.* Materia ígnea en fusión, existente en el interior de la Tierra, cuya solidificación ha originado ciertos minerales.

magnanimidad *s. f.* Grandeza y elevación de ánimo.

magnate *s. m. y s. f.* Persona muy importante en el terreno empresarial o financiero por su cargo o poder.

magnesia *s. f.* Sustancia blanca, terrosa, ligeramente alcalina, la cual, mezclada con ciertos ácidos, forma sales que se usan como purgantes.

magnesita *s. f.* Silicato de magnesia hidratado, espuma de mar.

magnetismo *s. m.* Fuerza atractiva de un imán.

magnetita *s. f.* Óxido de hierro cúbico que tiene la propiedad de atraer el hierro y el acero.

magnetizar *v. tr.* Comunicar a algún cuerpo la propiedad magnética.

magneto *s. f.* Generador de electricidad de alto potencial, usado especialmente en los motores de explosión.

magnetófono *s. m.* Aparato que permite registrar los sonidos sobre una cinta magnética para su ulterior reproducción.

magnificar *v. tr.* Engrandecer, ensalzar. También prnl.

magnificat *s. m.* Cántico que dirigió a Dios la Virgen María en la visitación a su prima Santa Isabel.

magnificencia *s. f.* **1.** Liberalidad para grandes gastos o disposición para grandes empresas. **2.** Ostentación, grandeza.

magnífico, ca *adj.* Espléndido, suntuoso.

MAGNITUD - MALBARATAR

magnitud *s. f.* Tamaño de un cuerpo.

magno, na *adj.* Grande.

magnolia *s. f.* Árbol magnoliáceo, de hojas persistentes y coriáceas, flores hermosas, solitarias, muy blancas y olorosas.

mago, ga *adj.* **1.** Se dice de la persona versada en la magia o que la practica. También s. m. y s. f. **2.** Se dice de los tres reyes que fueron a adorar a Jesús recién nacido en Belén. También n. p.

magosto *s. m.* Hoguera para asar castañas.

magra *s. f.* Lonja de jamón.

magro, gra *adj.* Flaco o enjuto, con poca o ninguna grasa.

magullar *v. tr.* Causar a un cuerpo contusiones.

maitines *s. m. pl.* Primera de las horas canónicas que antiguamente se rezaba antes de amanecer.

maíz *s. m.* Planta gramínea, de tallo macizo, hojas largas y puntiagudas, flores masculinas en racimo y femeninas en espigas axilares envueltas en una vaina.

maizal *s. m.* Tierra sembrada de maíz.

majada *s. f.* Lugar donde se recoge de noche el ganado y se cobijan los pastores.

majadear *v. intr.* Hacer noche el ganado en una majada.

majadería *s. f.* Dicho o hecho necio, imprudente y molesto.

majadero, ra *adj., fig.* Necio, porfiado.

majar *v. tr.* **1.** Machacar. **2.** *fig. y fam.* Molestar, importunar.

majestad *s. f.* **1.** Grandeza, superioridad de algo o alguien. **2.** Título que se da a Dios y también a emperadores y reyes.

majo, ja *adj.* **1.** *fam.* Ataviado, lujoso. **2.** *fam.* Bonito, vistoso.

majuela *s. f.* Fruto del majuelo.

majuelo *s. m.* **1.** Arbusto espinoso, de flores blancas, olorosas y fruto rojo y dulce. **2.** Viña o cepa nueva.

mal[1] *adj.* **1.** Apócope de malo. ‖ *s. m.* **2.** Enfermedad, dolencia.

mal[2] *adv. m.* Contrariamente a lo que es debido.

malabarismo *s. m.* Arte de ejercicios de equilibrio y habilidad.

malacate *s. m.* Máquina movida por dos caballerías, muy usada en las minas para sacar minerales y agua.

malacia *s. f.* Deseo de comer materias impropias para la nutrición, como arena, carbón, tierra, yeso, etc.

malaconsejado, da *adj.* Que obra desatinadamente llevado de malos consejos.

malacopterigio *adj.* Se dice de los peces teleósteos, caracterizados por carecer de aletas abdominales o tenerlas colocadas detrás del abdomen o debajo de las branquias. También s. m.

malacostumbrado, da *adj.* Que tiene malos hábitos y costumbres.

malagueña *s. f.* Aire popular propio de la provincia de Málaga, parecido al fandango.

malagueta *s. f.* Fruto pequeño, de olor y sabor aromático que se usa como especia y es producto de un árbol tropical.

malandanza *s. f.* Mala fortuna, desgracia.

malandrín, na *adj.* Maligno, perverso.

malaquita *s. f.* Mineral de hermoso color verde, que suele emplearse en joyería.

malaria *s. f.* Fiebre palúdica.

malaventura *s. f.* Desventura, infortunio.

malaventurado, da *adj.* Infeliz o de mala ventura.

malbaratar *v. tr.* **1.** Vender la hacienda a bajo precio. **2.** Disiparla, malgastarla.

malcomer *v. tr.* Comer escasamente o con poco gusto o alimentos de mala calidad.

malcontento, ta *adj.* **1.** Descontento. **2.** Revoltoso, perturbador del orden público.

malcriado, da *adj.* Falto de buena educación, descortés.

malcriar *v. tr.* Educar mal a los hijos, dándoles demasiados caprichos.

maldecir *v. tr.* **1.** Echar maldiciones contra una persona o cosa. ‖ *v. intr.* **2.** Hablar con mordacidad en perjuicio de alguien, denigrándole.

maldiciente *adj.* Detractor por hábito.

maldición *s. f.* Manifestación de enojo o aversión contra alguien o algo.

maldito, ta *adj.* Perverso, de malas intenciones.

maleable *adj.* Se dice de los metales que pueden batirse y extenderse en planchas o láminas.

maleante *adj.* **1.** Burlador, maligno. ‖ *s. m. y s. f.* **2.** Delincuente.

malear *v. tr.* **1.** Dañar, echar a perder una cosa, estropear. También prnl. **2.** *fig.* Pervertir a alguien. También prnl.

malecón *s. m.* Murallón que se construye para defenderse de las aguas.

maléfico, ca *adj.* Que ocasiona o puede ocasionar daño.

malestar *s. m.* Desazón, incomodidad.

maleta *s. f.* Caja pequeña, hecha de lona, cuero, etc., que sirve para llevar ropa y otros efectos personales en los viajes.

malevolencia *s. f.* Mala voluntad.

malévolo, la *adj.* Inclinado a hacer mal o con malas intenciones.

maleza *s. f.* **1.** Abundancia de hierbas malas que perjudican a los sembrados. **2.** Espesura de arbustos.

malgastar *v. tr.* Gastar el dinero en cosas malas o inútiles; se dice también referido al tiempo, la paciencia, etc.

malhablado, da *adj.* Desvergonzado o atrevido en el hablar.

malhadado, da *adj.* Infeliz, desventurado.

malhechor, ra *adj.* Que comete delitos habitualmente.

malherir *v. tr.* Herir gravemente.

malhumorado, da *adj.* Que está de mal humor.

malicia *s. f.* **1.** Maldad, cualidad de malo. ‖ *s. f. pl.* **2.** *fam.* Sospecha, recelo.

malicioso, sa *adj.* **1.** Que por malicia ve mala intención en lo que dicen y hacen los demás. **2.** Que contiene malicia.

malignidad *s. f.* Tendencia a pensar u obrar mal.

maligno, na *adj.* **1.** Propenso a pensar u obrar mal. También s. m. y s. f. **2.** De índole perniciosa.

malintencionado, da *adj.* Que tiene mala intención.

malla *s. f.* Cada uno de los cuadriláteros que constituyen el tejido de la red.

mallo *s. m.* Juego en que se hacen correr por el suelo unas bolas dándoles con unos mazos.

malo, la *adj.* **1.** Que carece de la bondad que debe tener según su naturaleza o destino. **2.** Que es de mala vida y costumbres. **3.** Enfermo.

malograr *v. tr.* **1.** No aprovechar una cosa, como la ocasión, el tiempo, etc. ‖ *v. prnl.* **2.** Frustrarse lo que se pretendía o se esperaba conseguir.

maloliente *adj.* Que exhala mal olor.

malparado, da *adj.* Que ha sufrido notable menoscabo en cualquier línea.

malparar *v. tr.* Poner en mal estado.

malquerencia *s. f.* Mala voluntad, aversión a una persona o cosa.

malquerer *v. tr.* Tener mala voluntad a una persona o cosa.

malquistar *v. tr.* Poner mal a una persona con otra u otras.

malquisto, ta *adj.* Que está enemistado con una o varias personas.

malrotar *v. tr.* Disipar, malgastar los bienes.

malsano, na *adj.* Nocivo para la salud.

malsín *s. m.* Cizañero, soplón.

malsonante *adj.* Se aplica a las palabras o expresiones groseras, de mal gusto o gramaticalmente incorrectas.

malta *s. f.* **1.** Cebada que, germinada artificialmente y luego tostada, se emplea en la fabricación de la cerveza. ‖ *s. m.* **2.** Granos de cebada o de trigo tostados para sustituir al café.

maltosa *s. f.* Azúcar blanco, cristalino, compacto, dextrógiro, formado por acción de la diastasa sobre el almidón.

maltratar *v. tr.* **1.** Tratar mal a alguien de palabra u obra. También prnl. **2.** Menoscabar, echar a perder.

maltrecho, cha *adj.* Maltratado.

malva *s. f.* Planta de flores grandes y violáceas, que se usa mucho en medicina.

malvado, da *adj.* Muy malo, perverso.

malvar *s. m.* Lugar poblado de malvas.

malvasía *s. f.* **1.** Uva muy dulce y fragante. **2.** Vino que se hace de esta uva.

malvavisco *s. m.* Planta malvácea, de hojas suaves, flores axilares de color blanco rojizo, cuya gruesa raíz se emplea como emoliente.

malvender *v. tr.* Vender a bajo precio, sin apenas ganancia.

malversar *v. tr.* Invertir ilícitamente los bienes ajenos que alguien tiene a su cargo.

malvís *s. m.* Tordo de plumaje verde oscuro manchado de negro y rojo.

mama *s. f.* Teta de los mamíferos.

mamá *s. f., fam.* Madre.

mamadera *s. f.* Instrumento para aliviar los pechos en el período de la lactancia.

mamar *v. tr.* Chupar con los labios y lengua la leche de los pechos.

mamarracho *s. m.* **1.** *fam.* Cosa extravagante y ridícula. **2.** *fig.* Persona informal, que no merece respeto.

mamey *s. m.* Árbol gutífero, de flores blancas, olorosas y fruto casi redondo.

mamífero, ra *adj.* Se dice de los animales vertebrados de temperatura constante, cuyas hembras alimentan a sus crías con la leche de sus mamas. También s. m.

mamola *s. f.* Caricia o burla amistosa que se hace a alguien dándole golpecitos debajo de la barbilla.

mamotreto *s. m., fig. y fam.* Libro o legajo muy abultado, cuando es deforme.

mampara *s. f.* Armazón vertical de cristal, madera, plástico, etc., que sirve para dividir una habitación, cubrir las puertas y para otros usos.

mamparo *s. m.* Tabique con que se divide en compartimentos el interior de un barco.

mamporro *s. m., fam.* Golpe, coscorrón.

mampostería *s. f.* Obra hecha con mampuestos colocados con argamasa.

mampuesto, ta *adj.* Se dice del material usado en las obras de mampostería.

mamut *s. m.* Especie de elefante fósil, de la era cuaternaria, que tenía el cuerpo cubierto de pelo largo y los incisivos superiores muy desarrollados.

maná *s. m.* Milagroso manjar enviado por Dios desde el cielo, a modo de escarcha, para alimentar al pueblo de Israel en el desierto.

manada *s. f.* Conjunto de ciertos animales de una misma especie que andan reunidos.

manantial *s. m.* **1.** Nacimiento de las aguas. **2.** *fig.* Origen y principio de donde proviene una cosa.

manar *v. intr.* **1.** Brotar un líquido de alguna parte. También tr. **2.** *fig.* Abundar.

manatí *s. m.* Mamífero sirenio, herbívoro, de cuerpo grueso y redondeado, y miembros torácicos muy desarrollados.

mancar *v. tr.* Lisiar, herir a alguien en las manos. También prnl.

manceba *s. f.* Concubina.

mancebía *s. f.* **1.** Prostíbulo. **2.** Travesura o diversión deshonesta.

mancebo, ba *s. m. y s. f.* Joven.

mancera *s. f.* Pieza del arado.

mancha *s. f.* Señal que una cosa hace en un cuerpo, ensuciándolo o echándolo a perder.

manchar *v. tr.* Poner sucia una cosa.

mancilla *s. f.* Mancha, deshonra.

manco, ca *adj.* Se aplica a la persona o animal a quien falta un brazo o mano.

mancomunar *v. tr.* Unir personas, fuerzas o caudales para un fin. También prnl.

mancornar *v. tr.* Atar dos reses por los cuernos para que anden juntas.

mandamiento *s. m.* Precepto u orden de un superior a un inferior.

mandar *v. tr.* **1.** Ordenar el superior a su súbdito. **2.** Legar algo en testamento. **3.** Enviar algo a alguien.

mandarín *s. m.* En la China antigua, alto funcionario que tenía a su cargo el gobierno de una ciudad o la administración de justicia.

mandato *s. m.* **1.** Orden o precepto de un superior. **2.** Encargo o representación que por la elección se confiere a los diputados, concejales, etc.

mandíbula *s. f.* Cada una de las dos piezas óseas de la boca de los vertebrados en las que están implantados los dientes.

mandil *s. m.* Prenda de cuero o tela fuerte que protege desde el cuello hasta por debajo de las rodillas.

mandioca *s. f.* Arbusto euforbiáceo, de cuya raíz se extrae almidón, harina y tapioca.

mando *s. m.* **1.** Autoridad y poder que tiene el superior sobre sus súbditos. **2.** Persona o conjunto de personas que tiene dicha autoridad.

mandolina *s. f.* Instrumento musical semejante al laúd, con cuatro o seis cuerdas pareadas.

mandrágora *s. f.* Planta solanácea, sin tallo, de hojas anchas y rugosas, y flores blanquecinas y rojizas, que se ha usado en medicina como narcótico.

mandril *s. m.* Primate catarrino africano, de robusta constitución, con el hocico alargado y marcado con profundos surcos, muchas veces coloreados.

manducar *v. tr., fam.* Comer. También intr.

manecilla *s. f.* **1.** Broche con que cierran algunas cosas. **2.** Saetilla del reloj que sirve para señalar las horas, minutos, etc.

manejar *v. tr.* **1.** Usar algo con las manos. **2.** *fig.* Dirigir, gobernar.

manera *s. f.* **1.** Modo con que se ejecuta o sucede una cosa. **2.** Porte y modales de una persona. Se usa más en pl.

manes *s. m. pl.* Las almas de los difuntos.

manga *s. f.* **1.** Parte del vestido en que se mete el brazo y lo cubre total o parcialmente. **2.** Tubo de cuero, caucho, etc. que se acopla a las bombas o bocas de riego. **3.** Anchura mayor de un buque.

manganeso *s. m.* Metal de color y brillo acerados, quebradizo y muy oxidable.

manganilla *s. f.* Engaño, ardid de guerra.

manglar *s. m.* Sitio poblado de mangles.

mangle *s. m.* Arbusto rizoforáceo, cuyas ramas dan unos vástagos que descienden hasta tocar el suelo y arraigar en él.

mango *s. m.* Parte por donde se coge con la mano un utensilio.

mangonear *v. intr.* Entrometerse alguien en cosas que no le incumben, dirigiéndolas o mandando en ellas.

mangosta *s. f.* Cuadrúpedo carnívoro, que habita en África.

manguera *s. f.* Manga de las bocas de riego.

mangueta *s. f.* Bolsa con pitón que servía para poner ayudas.

manguito *s. m.* Rollo, con aberturas en ambos lados, de piel y algodonado por dentro, que utilizan las señoras para llevar abrigadas las manos.

maní *s. m.* Cacahuete, planta.

manía *s. f.* **1.** Especie de locura, caracterizada por agitación y tendencia al furor. **2.** Extravagancia, capricho por algo determinado. **3.** Ojeriza.

maníaco, ca *adj.* Enajenado, que padece manía. También s. m. y s. f.

maniatar *v. tr.* Atar las manos.

manicura *s. f.* Cuidado de las manos y especialmente de las uñas.

manido, da *adj.* **1.** Sobado, ajado. **2.** Se dice de la carne, pescado, etc., que está a punto de pudrirse.

manifestar *v. tr.* **1.** Declarar, dar a conocer. También prnl. **2.** Descubrir, poner a la vista. También prnl.

manifiesto, ta *adj.* **1.** Patente, ostensible, claro. || *s. m.* **2.** Escrito que una persona, partido o agrupación dirige a la opinión pública.

manija *s. f.* Mango, puño o manubrio de ciertos utensilios y herramientas.

manilla *s. f.* **1.** Pulsera. **2.** Grillete para las muñecas.

maniluvio *s. m.* Baño de la mano. Se usa más en pl.

maniobra *s. f.* **1.** Cualquier operación que se realiza con las manos. || *s. f. pl.* **2.** Simulacros en que se ejercita la tropa.

maniobrar *v. intr.* Ejecutar maniobras.

maniota *s. f.* Cuerda con que se atan las manos de un animal para que no huya.

manipular *v. tr.* **1.** Realizar algo con las manos o con cualquier instrumento. **2.** *fig. y fam.* Manejar alguien los negocios a su manera o mezclarse en los ajenos.

manípulo *s. m.* Ornamento sagrado que por medio de un fijador se sujetaba al antebrazo izquierdo sobre la manga del alba.

maniquete *s. m.* Mitón de tul negro con calados y labores.

maniquí *s. m.* Figura movible, de aspecto humano, que puede ser colocada en diversas actitudes.

manir *v. tr.* Hacer que las carnes y algunos manjares se pongan más tiernos, dejando pasar el tiempo conveniente antes de condimentarlos.

manirroto, ta *adj.* Demasiado liberal, pródigo. También s. m. y s. f.

manivela *s. f.* Manubrio.

manjar *s. m.* Cualquier cosa comestible.

mano *s. f.* Parte del cuerpo humano, que comprende desde la muñeca hasta la punta de los dedos.

manojo *s. m.* Hacecillo de hierbas o de otras cosas que se puede coger con la mano.

manómetro *s. m.* Instrumento destinado a medir la presión de líquidos y gases.

manopla *s. f.* Guante sin separaciones para los dedos, excepto para el pulgar.

manosear *v. tr.* Tocar repetidamente una cosa con las manos.

manotear *v. tr.* **1.** Dar manotazos. ‖ *v. intr.* **2.** Mover las manos para dar mayor fuerza a lo que se habla o para mostrar un estado de ánimo.

mansalva, a *loc. adv.* Sin peligro, sobre seguro.

mansedumbre *s. f.* Suavidad, benignidad.

mansión[1] *s. f.* Casa grande con propiedades y personas de servicio.

mansión[2] *s. f.* **1.** Detención, permanencia. **2.** Morada, albergue.

manso, sa *adj.* **1.** Benigno y suave en su condición. **2.** *fig.* Apacible, sosegado.

manta *s. f.* Pieza de forma rectangular y de un tejido grueso y tupido que sirve para abrigar, especialmente en la cama.

mantear *v. tr.* Lanzar al aire a una persona puesta en una manta, tirando a un tiempo de las orillas varias personas.

manteca *s. f.* **1.** Gordura de los animales, especialmente la del cerdo. **2.** Sustancia grasa de la leche.

mantecada *s. f.* Rebanada de pan untada con mantequilla y azúcar.

mantecoso, sa *adj.* Que tiene mucha manteca.

mantel *s. m.* Pieza de tela, plástico o papel con que se cubre la mesa para comer.

mantelería *s. f.* Juego de mantel y servilletas.

manteleta *s. f.* Especie de esclavina grande, a manera de chal, que usan las mujeres para abrigo o como adorno.

mantelete *s. m.* Vestidura con dos aberturas para sacar los brazos, que llevan los obispos y prelados sobre el roquete.

mantener *v. tr.* **1.** Proveer a alguien del alimento necesario. También prnl. **2.** Conservar una cosa en su ser.

manteo *s. m.* Capa larga con cuello, que llevan los eclesiásticos sobre la sotana.

mantequilla *s. f.* **1.** Manteca que se obtiene de la leche de vaca. **2.** Pasta blanda y suave de manteca de vaca batida y mezclada con azúcar.

mantilla *s. f.* Prenda femenina de tul, encaje, etc., utilizada para cubrir la cabeza.

manto *s. m.* **1.** Prenda suelta que se lleva sobre el vestido y cubre desde la cabeza o los hombros hasta los pies. **2.** Mantilla grande sin adornos.

mantón *s. m.* Pañuelo grande que se echa sobre los hombros.

mantudo, da *adj.* Se dice del ave cuando tiene caídas las alas.

manual *adj.* **1.** Que se ejecuta con las manos. ‖ *s. m.* **2.** Libro en que se compendia lo más sustancial de una materia.

manubrio *s. m.* Empuñadura de un instrumento.

manuela *s. f.* Antiguo coche de alquiler, abierto y tirado por un caballo.

manuella *s. f.* Barra del cabrestante.

manufactura *s. f.* **1.** Obra hecha a mano o con ayuda de máquina. **2.** Fábrica.

manumitir *v. tr.* Dar libertad a un esclavo.

manuscrito *s. m.* Papel o libro escrito a mano.

manzana *s. f.* **1.** Fruto del manzano. **2.** Pomo de la espada.

manzanilla *s. f.* Hierba compuesta, de flores olorosas, que se toman en infusión.

manzanillo *adj.* Se dice de una variedad de olivo que produce una aceituna muy pequeña. También *s. m.*

manzano *s. m.* Árbol rosáceo, de hojas sencillas y ovaladas y flores en umbela, cuyo fruto es la manzana.

maña *s. f.* **1.** Destreza. **2.** Astucia. **3.** Vicio o mala costumbre. Se usa más en pl.

mañana *s. f.* Tiempo desde que amanece hasta el mediodía.

mañoso, sa *adj.* Que tiene maña.

mapa *s. m.* Representación geográfica de la Tierra o parte de ella en una superficie plana.

mapache *s. m.* Mamífero carnívoro, de pelaje grisáceo denso y cola poblada, anillada con bandas negras.

mapamundi *s. m.* Mapa que representa la superficie de la Tierra dividida en dos hemisferios.

maque *s. m.* Laca.

maquear *v. tr.* Adornar muebles u otros objetos con maque.

maqueta *s. f.* Modelo exacto en tamaño reducido, de un monumento, edificio, etc.

maquí *s. m.* Monte bajo mediterráneo formado por vegetación cerrada, arbustiva de hoja perenne, como laurel, madroño, romero, retama, jara, lentisco, boj, etc.

maquila *s. f.* Porción de grano, harina o aceite que corresponde al molinero por la molienda.

maquillaje *s. m.* **1.** Acción y efecto de maquillar o maquillarse. **2.** Producto cosmético utilizado para maquillar el rostro.

maquillar *v. tr.* **1.** Aplicar productos cosméticos al rostro de alguien para embellecerlo o caracterizarlo. **2.** *fig.* Tergiversar los datos de un resultado, encuesta, etc. para que ofrezca una apariencia mejor.

máquina *s. f.* Artificio para aprovechar, dirigir o regular la acción de una fuerza o para producirla.

maquinación *s. f.* Asechanza oculta dirigida generalmente a un mal fin.

maquinal *adj.* **1.** Perteneciente o relativo a los movimientos y efectos de la máquina. **2.** *fig.* Se aplica a los actos y movimientos ejecutados sin deliberación.

maquinar *v. tr.* Urdir, tramar algo oculta y artificiosamente.

maquinaria *s. f.* **1.** Conjunto de máquinas para un fin determinado. **2.** Arte que enseñaba a fabricar las máquinas.

mar *s. amb.* Masa de agua salada que cubre la mayor parte de la superficie de la Tierra.

marabú *s. m.* Ave zancuda africana de las cicónidas, parecida a la cigüeña, de patas delgadas, alas grandes, cabeza y cuello desnudo y plumaje blanco en el vientre.

maraña *s. f.* **1.** Maleza, espesura de arbustos. **2.** *fig.* Situación intrincada y de difícil salida.

marasmo *s. m.* Grado extremo de extensión o enflaquecimiento del cuerpo humano.

maravedí *s. m.* Moneda española, efectiva o imaginaria, que ha tenido diferentes valores y calificativos.

maravilla *s. f.* Suceso o cosa extraordinaria, que causa admiración.

maravillar *v. tr.* Admirar. También prnl.

maravilloso, sa *adj.* Extraordinario, admirable.

marbete *s. m.* **1.** Cédula que se adhiere a un objeto para indicar la marca de fábrica, contenido, cualidades, etc. **2.** Cédula pegada en los equipajes, fardos, etc., en el ferrocarril, para anotar el punto de destino y el número de registro. **3.** Orilla, perfil.

marca *s. f.* **1.** Provincia, distrito fronterizo. **2.** Señal hecha en una persona, animal o cosa para distinguirla de otra o denotar calidad o pertenencia.

marcar *v. tr.* Poner una señal a algo o alguien.

marcasita *s. f.* Especie de pirita de hierro que se emplea en joyería.

marcear *v. tr.* Esquilar las bestias.

marchamo *s. m.* Marca que se pone en los fardos o bultos en las aduanas, en prueba de que están reconocidos.

marchante *adj.* **1.** Mercantil. || *s. m. y s. f.* **2.** Traficante.

marchar *v. intr.* **1.** Caminar, andar. También prnl. **2.** Ir o partir de un lugar. También prnl. **3.** Funcionar un mecanismo.

marchitar *v. tr.* **1.** Ajar, quitar el jugo y frescura a las hierbas, flores y otras cosas. También prnl. **2.** *fig.* Enflaquecer, quitar el vigor. También prnl.

marcial *adj., fig.* Bizarro, varonil, franco.

marco *s. m.* Reborde de madera u otro material para enmarcar cuadros, tapices, etc.

marconigrama *s. m.* Telegrama transmitido por telegrafía sin hilos.

marea *s. f.* Movimiento periódico y alternativo de ascenso y descenso de las aguas del mar, debido a las atracciones combinadas del Sol y la Luna.

marear *v. tr.* **1.** Poner en movimiento una embarcación en el mar; gobernarla, dirigirla. || *v. tr.* **2.** Sentir alguien que la cabeza le da vueltas y se le revuelve el estómago.

marejada *s. f.* Movimiento tumultuoso de grandes olas, aunque no haya borrasca.

márfaga *s. f.* Tela gruesa y tosca.

marfil *s. m.* Sustancia de que están formados los dientes de los vertebrados y, especialmente, los colmillos de los elefantes. Es compacta, dura, blanca y recubierta por esmalte.

marga *s. f.* Roca compuesta de carbonato de cal y arcilla que se usa como abono.

margarina *s. f.* Sustancia grasa de consistencia blanda, que se obtiene de las grasas y aceites vegetales.

margarita *s. f.* **1.** Perla de los moluscos. **2.** Planta herbácea compuesta de flores terminales de centro amarillo y corola blanca.

margen *s. amb.* **1.** Extremidad y orilla de una cosa. **2.** Espacio que queda en blanco en los cuatro lados de una página.

marginar *v. tr.* **1.** Apostillar. **2.** Dejar márgenes en el papel en que se escribe o imprime.

marica *s. f.* **1.** Urraca. || *s. m.* **2.** *fam.* Hombre homosexual o afeminado.

marido *s. m.* Hombre casado, con respecto a su mujer.

marimacho *s. m., fam.* Mujer de aspecto y comportamiento parecido al del hombre.

marimorena *s. f., fam.* Riña, pelea.

marina *s. f.* Parte de tierra junto al mar.

marinero, ra *adj.* **1.** Se dice del buque que navega con facilidad y seguridad. || *s. m.* **2.** Persona que presta servicio en un barco.

marino, na *s. m. y s. f.* Persona que se ejercita en la náutica.

marioneta *s. f.* Títere movido por medio de hilos.

mariposa *s. f.* **1.** Insecto lepidóptero en su fase adulta. **2.** Especie de candelilla que se pone en un vaso con aceite para conservar luz de noche.

mariposear *v. intr., fig.* Variar con frecuencia de aficiones y caprichos.

mariquita *s. f.* Insecto coleóptero con élitros cupuliformes de color rojo y puntos negros, que se alimenta de pulgones.

mariscal *s. m.* Grado más alto del ejército en ciertos países.

mariscar *v. tr.* Coger mariscos.

marisco *s. m.* Cualquier molusco o crustáceo, en especial los comestibles.

marisma *s. f.* Terreno bajo y pantanoso inundado por las aguas del mar.

marjal *s. m.* Terreno bajo y pantanoso.

marjoleta *s. f.* Fruto del marjoleto.

marjoleto *s. m.* **1.** Espino arbóreo de hojas de borde velloso, flores en corimbos, madera dura y fruto aovado, que abunda en Sierra Nevada. **2.** Majuelo, espino.

marmita *s. f.* Olla de metal, con tapadera ajustada y una o dos asas.

mármol *s. m.* **1.** Piedra caliza metamórfica, de textura compacta y cristalina, susceptible de buen pulimento y mezclada generalmente con sustancias que le dan colores diversos o figuran manchas o vetas. **2.** Obra artística hecha con este material.

marmóreo, a *adj.* De mármol.

marmota *s. f.* **1.** Mamífero roedor, de cabeza grande, orejas pequeñas y pelaje largo y espeso. **2.** *fig.* Persona que duerme mucho.

marojo *s. m.* Planta parecida al muérdago.

marola *s. f.* Marejada del mar.

maroma *s. f.* Cuerda gruesa de esparto o cáñamo.

marqués, sa *s. m. y s. f.* Título de nobleza, inferior al de duque y superior al de conde.

marquesina *s. f.* Cubierta, generalmente de cristal, que se pone en una puerta, escalinata, parada de transporte público, etc., para resguardarlos de la lluvia.

marqueta *s. f.* Pan de cera sin labrar.

marquetería *s. f.* **1.** Ebanistería. **2.** Taracea.

marrajo, ja *adj.* **1.** *fig.* Hipócrita, astuto. ∥ *s. m.* **2.** Tiburón.

marrano, na *s. m. y s. f.* **1.** Cerdo, animal. **2.** *fig. y fam.* Persona sucia y desaseada. También adj.

marrar *v. intr.* **1.** Faltar, errar. **2.** *fig.* Desviarse de lo recto.

marrasquino *s. m.* Licor hecho con el zumo de cierta variedad de cerezas amargas y gran cantidad de azúcar.

marrazo *s. m.* Hacha de dos bocas, usada por los soldados para cortar leña.

marrillo *s. m.* Palo corto y algo grueso.

marro *s. m.* **1.** Juego. **2.** Falta, yerro.

marrón[1] *s. m.* Piedra para jugar al marro.

marrón[2] *adj.* Se dice del color castaño. También s. m.

marrubio *s. m.* Planta herbácea labiada, de flores medicinales, blancas, en falsos verticilos, y fruto seco con semillas menudas. Abunda en parajes secos.

marrullería *s. f.* Astucia con que, halagando a alguien, se pretende confundirlo.

marsopa *s. f.* Cetáceo parecido al delfín, pero más pequeño y con el hocico obtuso.

marsupial *adj.* Se dice de los mamíferos cuyas hembras no tienen placenta sino marsupio. También s. m.

marsupio *s. m.* Repliegue tegumentario, a modo de bolsa, que tienen en el abdomen la mayoría de los marsupiales, en la cual tienen las mamas y hacen la vida las crías en sus primeros meses.

marta *s. f.* Mamífero carnívoro mustélido, de cabeza pequeña, cuerpo delgado, cola larga, patas cortas y pelo espeso y suave.

martagón *s. m.* Planta herbácea de jardín, liliácea, de flores rosadas con puntos purpúreos, que abunda en España.

martellina *s. f.* Martillo de cantero.

martes *s. m.* Día de la semana comprendido entre el lunes y el miércoles.

martillear *v. tr.* Golpear con el martillo.

martillo *s. m.* **1.** Herramienta de percusión, compuesta de una cabeza de hierro o acero y un mango, generalmente de madera. **2.** Hueso del oído medio.

martinete[1] *s. m.* Ave zancuda, de blancas y largas plumas occipitales a modo de cintas que se erizan en las ceremonias de cortejo.

martinete[2] *s. m.* Mazo de gran peso, para batir algunos metales, etc.

mártir *adj.* Se dice de la persona que muere o padece mucho en defensa de una creencia o causa.

martirio *s. m.* Tormento que alguien padece por sostener la verdad de su creencia.

martirizar *v. tr.* **1.** Atormentar a alguien o matarle por motivos religiosos. **2.** *fig.* Afligir, maltratar. También prnl.

martirologio *s. m.* Libro o catálogo de los mártires y de todos los santos.

marzo *s. m.* Tercer mes del año.

mas *conj. advers.* Pero, sino.

más *adv. compar.* Denota mayor cantidad numérica o mayor intensidad de las cualidades máximas.

masa *s. f.* Mezcla consistente y homogénea que se hace incorporando un líquido con una materia pulverizada.

masada *s. f.* Casa de campo y de labor, con tierras, aperos y ganado.

masaje *s. m.* Método terapéutico manual o instrumental que consiste en presionar, frotar, etc., el cuerpo o una parte concreta del mismo.

mascabado, da *adj.* Se dice del azúcar de caña, de segunda producción.

mascar *v. tr.* Partir y triturar un alimento con la dentadura.

máscara *s. f.* Pieza de cartón, tela, etc., imitando un rostro humano o animal, con que una persona se tapa la cara o parte de ella para no ser conocida.

mascarada *s. f.* **1.** Fiesta de personas enmascaradas. **2.** Comparsa de máscaras.

mascarilla *s. f.* **1.** Máscara que sólo cubre la parte superior del rostro. **2.** Vaciado que se saca sobre el rostro de una persona o escultura.

mascarón *s. m.* Cara disforme o fantástica que se usa como adorno en algunas obras de arquitectura.

mascota *s. f.* Persona, animal o cosa que se supone trae buena suerte.

masculino, na *adj.* Se dice del ser que está dotado de órganos para fecundar.

mascullar *v. tr., fam.* Hablar entre dientes o pronunciando mal las palabras.

masera *s. f.* Artesa grande para amasar.

masetero *adj.* Se dice del músculo que sirve de elevador de la mandíbula inferior, situado en la parte posterior de la mejilla.

masicote s. m. Óxido de plomo, de color amarillo, usado mucho en pintura.

masilla s. f. Pasta hecha de tiza y aceite de linaza, usada para sujetar los cristales.

maslo s. m. Tronco de la cola de los cuadrúpedos.

mastaba s. f. Tumba egipcia en forma de pirámide truncada, cuya base superior presenta una abertura que da acceso a un pozo que lleva a la cámara mortuoria.

mastelero s. m. Palo menor que se pone en los navíos y demás embarcaciones sobre cada uno de los mayores.

masticar v. tr. Partir y triturar con los dientes un alimento.

mástil s. m. Palo de una embarcación.

mástique s. m. Resina.

mastitis s. f. Inflamación de la mama.

mastodonte s. m. Mamífero paquidermo fósil, parecido al elefante y al mamut, cuyos restos se encuentran en los terrenos terciarios.

mastranzo s. m. Planta herbácea, labiada, de hojas elípticas, flores pequeñas en espiga terminal y fruto seco, encerrado en el cáliz. Es aromática y medicinal.

mastuerzo s. m. Planta herbácea, hortense, crucífera, que se come en ensalada y es de sabor picante.

masturbar v. tr. Procurar placer sexual estimulando los órganos sexuales o zonas erógenas con la mano o por otros medios. Se usa más como prnl.

mata s. f. Planta de tallo bajo, ramificado y leñoso, que vive varios años.

matacán s. m. Composición venenosa para matar perros.

matacandelas s. m. Instrumento de hojalata que, fijo en el extremo de una caña, sirve para apagar las velas o cirios colocados en lo alto.

matacandil s. m. Planta herbácea crucífera, con hojas pecioladas, flores de pétalos pequeños y amarillos y fruto en vainillas con semillas elipsoidales.

matachín s. m. **1.** Matarife. **2.** fig. y fam. Hombre pendenciero, camorrista.

matadero s. m. Sitio donde se mata y desuella el ganado para abasto público.

matador, ra adj. **1.** Que mata. También s. m. y s. f. ‖ s. m. **2.** Torero.

matalón, na adj. Se dice de la caballería flaca y llena casi siempre de llagas.

matalote s. m. Buque anterior y buque posterior a cada uno de los que forman una columna.

matamoscas s. m. Instrumento o producto para matar moscas.

matanza s. f. Época del año en que generalmente se matan los cerdos.

matapolvo s. m. Lluvia o riego pasajero y menudo.

matar v. tr. **1.** Quitar la vida. También prnl. **2.** Herir a un animal con el roce de un aparejo. También prnl.

matarife s. m. y s. f. Persona que tiene por oficio matar y descuartizar las reses.

matasellos s. m. Estampilla con que se inutilizan los sellos de las cartas y otros envíos postales en las oficinas de correos.

match s. m. Encuentro entre dos jugadores o equipos.

mate[1] adj. Sin brillo, apagado.

mate[2] s. m. Lance del juego de ajedrez que pone término a la partida.

matemática s. f. Ciencia que estudia la cantidad, sus relaciones y propiedades, mediante el método deductivo.

matemático, ca *adj., fig.* Exacto, preciso.

materia *s. f.* **1.** Sustancia extensa, impenetrable, divisible e inerte, capaz de recibir toda clase de formas. **2.** Pus.

material *s. m.* Cualquiera de las materias o conjunto de ellas que se necesitan para una obra.

materializar *v. tr.* **1.** Considerar como material una cosa que no lo es. **2.** Hacer realidad proyectos o ideas que se tenían en la mente.

maternidad *s. f.* Estado de madre.

matinal *adj.* De la mañana o relativo a ella.

matiz *s. m.* Unión de diversos colores mezclados con proporción en las pinturas, bordados, etc.

matizar *v. tr.* **1.** Armonizar con proporción diversos colores. **2.** Graduar con delicadeza sonidos, expresiones, conceptos, etc.

mato *s. m.* Matorral.

matojo *s. m.* Planta de monte muy poblada y espesa.

matón *s. m., fam.* Espadachín, pendenciero.

matorral *s. m.* Campo sin cultivar lleno de matas y malezas.

matraca *s. f.* Instrumento hecho de tablas fijas, en forma de aspa, entre las que cuelgan mazos que, al girar aquel, producen un ruido grande y desapacible.

matraquear *v. intr., fam.* Hacer ruido continuado con la matraca.

matraz *s. m.* Vasija o frasco de vidrio o de cristal, de figura esférica y que termina en un tubo angosto y recto, que se emplea en los laboratorios químicos.

matrero, ra *adj.* **1.** Astuto, sagaz. **2.** Suspicaz, receloso.

matriarcado *s. m.* Sistema de organización social de algunos pueblos, en virtud del cual se da la primacía del parentesco por línea materna y las mujeres ejercen la autoridad preponderante en la familia.

matricaria *s. f.* Planta herbácea, compuesta, olorosa, cuyas flores, cocidas, se usan como antiespasmódico.

matricidio *s. m.* Delito de matar a la propia madre.

matrícula *s. f.* Lista de los nombres de las personas que se asientan para un fin determinado por las leyes o reglamentos.

matricular *v. tr.* Inscribir o hacer inscribir el nombre de uno en la matrícula.

matrimonio *s. m.* Unión de un hombre y una mujer, concertada mediante determinados ritos o formalidades legales.

matriz *s. f.* Órgano, situado en el interior de la pelvis de la mujer y de las hembras de los mamíferos, en que se desarrolla el feto.

matrona *s. f.* **1.** Madre de familia noble y respetable. **2.** Mujer autorizada para asistir en los partos.

matusalén *s. m.* Hombre de mucha edad.

matute *s. m.* Introducción de géneros en una población eludiendo el impuesto de consumos.

matutino, na *adj.* Perteneciente o relativo a las horas de la mañana.

maula *s. f.* **1.** Cosa inútil y despreciable. **2.** Engaño o artificio encubierto.

maullar *v. intr.* Dar maullidos.

maullido *s. m.* Voz del gato.

máuser *s. m.* Especie de fusil de repetición.

mausoleo *s. m.* Sepulcro monumental y suntuoso.

maxilar *adj.* Perteneciente o relativo a la quijada o mandíbula.

máxima *s. f.* **1.** Sentencia o doctrina buena que contiene un precepto moral. **2.**

Norma o designio a que se ajusta la manera de obrar.

máxime *adv. m.* Principalmente.

máximo, ma *adj.* **1.** Se dice de lo que es tan grande en su especie, que no lo hay mayor ni igual. ‖ *s. m.* **2.** Límite superior o extremo a que puede llegar una cosa.

maya *s. f.* Planta herbácea compuesta, de flor única terminal, con el centro amarillo y circunferencia blanca o matizada de rojo por la cara inferior.

mayal *s. m.* Palo del cual tira la caballería que mueve los molinos de aceite, tahonas o malacates.

mayar *v. intr.* Maullar.

mayo *s. m.* Quinto mes del año.

mayonesa *s. f.* Salsa espesa elaborada a base de yemas de huevo y aceite, sazonada con sal y vinagre.

mayor *s. m.* Superior o jefe de una comunidad o cuerpo.

mayoral *s. m.* **1.** Pastor principal de los rebaños. **2.** Persona que gobernaba el tiro de mulas o caballos en las galeras y diligencias.

mayorazgo *s. m.* **1.** Institución del derecho civil, destinada a perpetuar en una familia la propiedad de ciertos bienes. **2.** Conjunto de estos bienes.

mayordomo, ma *s. m. y s. f.* Criado principal a cuyo cargo está el gobierno económico de una casa o hacienda.

mayoría *s. f.* Edad fijada por la ley en que una persona puede ejercer y asumir plenamente sus derechos y obligaciones civiles.

mayorista *s. m. y s. f.* Comerciante que vende al por mayor.

mayúsculo, la *adj.* Algo mayor que lo ordinario en su especie.

maza *s. f.* Arma antigua, de hierro o de palo, a modo de bastón, con la cabeza gruesa.

mazacote *s. m.* **1.** Hormigón. **2.** Cualquier objeto de arte tosco, en el cual se ha procurado más la solidez que la elegancia.

mazapán *s. m.* Pasta hecha con almendras molidas y azúcar, y cocida al horno.

mazar *v. tr.* Batir la leche dentro de un odre para que se separe la manteca.

mazmorra *s. f.* Prisión subterránea.

maznar *v. tr.* **1.** Amasar con las manos. **2.** Machacar el hierro mientras está caliente.

mazo *s. m.* **1.** Martillo grande de madera. **2.** Porción de mercaderías u otras cosas juntas, formando grupo.

mazonería *s. f.* Fábrica de cal y canto.

mazorca *s. f.* Espiga en que se crían los frutos muy juntos y dispuestos alrededor de un eje, como la del maíz.

mazorral *adj.* Grosero, rudo, basto.

mazurca *s. f.* **1.** Danza de origen polaco, de movimiento al compás de tres por cuatro. **2.** Música de esta danza.

me *pron. pers.* Forma átona del pronombre personal de primera persona, género masculino o femenino y número singular, que puede funcionar como complemento directo o como indirecto.

meada *s. f.* **1.** Orina que se expele de una vez. **2.** Sitio que moja o señal que deja.

meandro *s. m.* Cada una de las curvas que describe un río durante su recorrido.

meato *s. m.* Cada uno de ciertos orificios o conductos del cuerpo.

mecánica *s. f.* Parte de la física que trata del movimiento y del equilibrio, y de las fuerzas que pueden producirlos.

mecánico, ca *s. m. y s. f.* Persona que tiene por oficio manejar y arreglar máquinas, especialmente en un taller de automóviles.

mecanismo s. m. Estructura de un cuerpo natural o artificial y combinación de sus partes constitutivas.

mecanografía s. f. Arte de escribir a máquina.

mecedora s. f. Silla de brazos cuyos pies terminan en forma curva, en la que puede mecerse el que se sienta.

mecenas s. m., fig. Persona o institución poderosa que patrocina las letras y las artes.

mecer v. tr. **1.** Menear y mover un líquido para que se mezcle. **2.** Mover una cosa acompasadamente de un lado a otro sin que cambie de lugar. También prnl.

mecha s. f. **1.** Cuerda retorcida de filamentos combustibles, que se pone dentro de las lámparas o bujías. **2.** Tubo de algodón, relleno de pólvora o cuerda preparada, para dar fuego a minas y barrenos.

mechar v. tr. Introducir lonchas de tocino gordo en la carne que se ha de asar.

mechazo s. m. Combustión de una mecha sin inflamar el barreno.

mechero s. m. **1.** Canutillo en donde se pone la mecha para alumbrar o para encender lumbre. **2.** Encendedor de bolsillo.

mechinal s. m. Agujero cuadrado que se deja en las paredes de un edificio para formar los andamios.

mechón s. m. Porción de pelos, hilos, etc., separada de un conjunto de la misma clase.

medalla s. f. **1.** Pedazo de metal batido o acuñada, generalmente de forma redonda, con alguna figura, símbolo o emblema. **2.** Distinción honorífica concedida en exposiciones y certámenes. **3.** Condecoración.

medallón s. m. Bajorrelieve de figura redonda o elíptica.

médano s. m. **1.** Duna. **2.** Montón de arena casi a flor de agua.

media[1] s. f. **1.** Mitad de algunas cosas, como de unidades de medida. **2.** Promedio.

media[2] s. f. Prenda de seda, espuma, etc., que le cubre pie y la pierna hasta la rodilla o poco más arriba.

mediacaña s. f. **1.** Moldura cóncava, cuyo perfil es generalmente semicircular. **2.** Formón de boca arqueada.

mediana s. f. **1.** Taco de billar algo mayor que los comunes. **2.** En un triángulo, recta que une un vértice con el punto medio del lado opuesto.

mediano, na adj. De calidad intermedia.

medianoche s. f. **1.** Hora en que el Sol está en el punto opuesto al del mediodía. **2.** fig. Bollo pequeño relleno de jamón, queso, carne, etc.

mediar v. intr. **1.** Llegar a la mitad de una cosa. **2.** Interceder por alguien. **3.** Interponerse entre dos o más personas que riñen, tratando de reconciliarlas.

mediato, ta adj. Se dice de lo que en tiempo, lugar o grado está próximo a una cosa, mediando otra entre las dos, como el nieto respecto del abuelo.

medicamento s. m. Cualquier sustancia que, siendo aplicada interior o exteriormente al organismo, produce generalmente efectos curativos.

medicina s. f. Ciencia y arte de prevenir y curar las enfermedades del cuerpo humano.

medida s. f. **1.** Acción y efecto de medir. **2.** Unidad que sirve para medir. **3.** Cordura, prudencia.

MEDIEVO - MELAR

medievo s. m. Edad Media.

medio, dia adj. **1.** Igual a la mitad de una cosa. **2.** Que está entre dos extremos, en el centro de algo o entre dos cosas.

mediocre adj. De poca calidad.

mediodía s. m. Hora en que está el Sol en el más alto punto de su elevación sobre el horizonte.

medir v. tr. Determinar la longitud, extensión, volumen o capacidad de alguna cosa.

meditabundo, da adj. Que medita o reflexiona en silencio.

meditar v. tr. **1.** Aplicar con atención el pensamiento a la consideración de una cosa. **2.** Discurrir con atención.

médium s. m. y s. f. Persona a la que se supone dotada de facultades para ejercer de intermediario en los fenómenos paranormales o comunicación con espíritus.

medra s. f. Aumento, mejora, progreso.

medrar v. intr. **1.** Crecer los animales y plantas. **2.** fig. Mejorar alguien de fortuna aumentando sus bienes, reputación, etc.

medroso, sa adj. **1.** Temeroso. **2.** Que infunde o causa miedo.

médula s. f. Sustancia grasa y blanquecina que se halla dentro de algunos huesos de los animales.

medusa s. f. Animal marino de la clase de los acalefos, que tiene forma de campana con tentáculos colgantes.

mefítico, ca adj. Se dice de lo que, respirado, puede causar daño y especialmente cuando es fétido.

megáfono s. m. Aparato utilizado para reforzar la voz cuando se tiene que hablar a gran distancia.

megalito s. m. Monumento prehistórico construido con grandes piedras sin labrar.

megaterio s. m. Mamífero desdentado fósil, con huesos más robustos que los del elefante.

mejido, da adj. Se dice del huevo o yema de huevo batido con azúcar y disuelto en leche o agua caliente.

mejilla s. f. Cada una de las dos prominencias que hay en el rostro humano debajo de los ojos.

mejillón s. m. Molusco lamelibranquio marino, comestible, de valvas casi triangulares y de color negro azulado.

mejor adj. Comparativo de bueno. Superior a otra cosa y que la excede en una cualidad natural o moral.

mejora s. f. Adelantamiento y aumento de una cosa.

mejorana s. f. Hierba labiada, medicinal, de hojas vellosas y flores olorosas en espiga, que se cultiva en los jardines.

mejorar v. tr. Hacer pasar una cosa de un estado bueno a otro mejor.

mejoría s. f. Alivio en una dolencia o enfermedad.

mejunje s. m. Cosmético o medicamento formado por la mezcla de varios ingredientes.

melado, da adj. De color de miel.

melampo s. m. En el teatro, candelero de pantalla, de que se sirve el traspunte.

melancolía s. f. Tristeza vaga, profunda y permanente.

melanita s. f. Variedad del granate, muy brillante, negra y opaca.

melanosis s. f. Alteración de los tejidos orgánicos, caracterizada por el color oscuro que presentan.

melar v. intr. En los ingenios de azúcar, dar la segunda cocción al zumo de la caña, hasta que se pone en consistencia de miel.

melaza *s. f.* Líquido más o menos consistente de sabor muy dulce, que queda como residuo de la cristalización del azúcar.

melcocha *s. f.* Miel que, estando muy concentrada y caliente, se echa en agua fría y amasándola queda muy correosa.

melena *s. f.* **1.** Cabello largo y suelto. **2.** Crin del león.

melificar *v. tr.* Hacer las abejas la miel.

melifluo, flua *adj.* Que tiene miel o es parecido a ella en sus propiedades.

meliloto *s. m.* Planta leguminosa papilionácea, cuyas flores amarillentas y olorosas se usan en medicina como emolientes.

melindre *s. m.* **1.** Fruta de sartén, hecha con miel y harina. **2.** *fig.* Delicadeza afectada en palabras, acciones y ademanes. Se usa más en pl.

melinita *s. f.* Sustancia explosiva a base de ácido pícrico.

mella *s. f.* **1.** Rotura o hendidura en el filo o en el borde de una herramienta o arma. **2.** *fig.* Menoscabo, merma.

mellizo, za *adj.* Se dice de cada uno de los hermanos nacidos en un mismo parto.

melocotón *s. m.* **1.** Melocotonero. **2.** Fruto de este árbol.

melocotonero *s. m.* Árbol frutal, variedad del pérsico, cuyo fruto es el melocotón.

melodía *s. f.* Dulzura y suavidad de la voz o del sonido de un instrumento.

melodioso, sa *adj.* Dulce y agradable al oído.

melodrama *s. m.* **1.** Ópera, drama puesto en música. **2.** Obra dramática que trata de conmover al auditorio por la violencia de las situaciones y la exageración de los sentimientos.

melografía *s. f.* Arte de escribir música.

melojo *s. m.* Árbol cupulífero, parecido al roble albar, de tronco bajo e irregular y copa ancha, que se cría en España.

melómano, na *s. m. y s. f.* Persona fanática por la música.

melón *s. m.* Planta herbácea, cucurbitácea, cuyo fruto de forma elipsoidal, corteza verde o amarillenta y pulpa blanquecina, es comestible.

melosidad *s. f., fig.* Dulzura, suavidad o blandura de una cosa no material.

meloso, sa *adj.* **1.** De calidad o naturaleza de miel. **2.** *fig.* Se dice de las personas excesivamente blandas y suaves.

membrana *s. f.* **1.** Piel delgada o túnica a modo de pergamino. **2.** Tejido flexible, elástico, delgado, que envuelve ciertos órganos o absorbe, exhala o segrega ciertos fluidos.

membrete *s. m.* Nombre, título o anagrama de una persona o corporación, puesto a la cabeza de la primera plana, al final del escrito que se les dirige o estampado en el papel que usan para escribir.

membrillo *s. m.* Arbusto rosáceo, frutal, muy ramoso, de fruto en pomo, amarillo, muy aromático, de carne áspera y granulosa.

membrudo, da *adj.* Fornido y robusto de cuerpo y miembros.

memo, ma *adj.* Tonto, simple, mentecato.

memorándum *s. m.* **1.** Librito para anotar las cosas que alguien debe recordar. **2.** Comunicación diplomática por lo común no firmada, en que se recapitulan hechos y razones para que se tengan presentes en un asunto grave.

memoria *s. f.* **1.** Potencia de la mente, por la cual recordamos ideas u objetos ya co-

MEMORIAL - MENSUALIDAD

nocidos, refiriéndolos al pasado de nuestra vida. **2.** Recuerdo.

memorial *s. m.* **1.** Libro o cuaderno en que se apunta una cosa para un fin. **2.** Escrito en que se pide una gracia, alegando los méritos en que se funda la petición.

memorizar *v. tr.* Aprender de memoria.

mena *s. f.* Mineral metalífero tal como se extrae del criadero y antes de limpiarlo.

menaje *s. m.* Muebles y accesorios de una casa.

mención *s. f.* Recuerdo o memoria que se hace de una persona o cosa.

mencionar *v. tr.* Hacer mención de alguien.

mendicante *adj.* Que mendiga de puerta en puerta. También s. m. y s. f.

mendigar *v. tr.* **1.** Pedir limosna de puerta en puerta. También intr. **2.** *fig.* Solicitar el favor de alguien con humillación.

mendrugo *s. m.* Pedazo de pan duro.

menear *v. tr.* Mover o agitar una cosa de una parte a otra. También prnl.

meneo *s. m.*, *fam.* Vapuleo.

menester *s. m.* Necesidad de una cosa.

menesteroso, sa *adj.* Necesitado, que carece de una cosa o de muchas.

menestra *s. f.* Guiso de diferentes hortalizas y trozos pequeños de carne o jamón.

mengano, na *s. m. y s. f.* Voz para designar a una persona cuyo nombre no se conoce o se quiere ocultar.

menguar *v. intr.* Disminuir o irse consumiendo una cosa física o moralmente.

menhir *s. m.* Monumento megalítico formado por una piedra larga hincada verticalmente en el suelo.

menina *s. f.* Señora de corta edad que entraba a servir a la reina o a las infantas niñas.

meninge *s. f.* Cada una de las tres membranas que envuelven el encéfalo y la médula espinal.

menino *s. m.* Caballero que desde niño entraba en palacio a servir a la reina o a los príncipes niños.

menisco *s. m.* Vidrio cóncavo por una cara y convexo por la otra.

menopausia *s. f.* Cesación natural de la menstruación de la mujer.

menor *adj.* Comparativo de pequeño. Que tiene menos cantidad, intensidad o calidad que otra cosa de la misma especie.

menorragia *s. f.* Menstruación excesiva.

menos *adv. compar.* **1.** Denota idea de falta, disminución, restricción o inferioridad en comparación expresa o sobrentendida. || *s. m.* **2.** Signo de sustracción o resta, que se representa por una raya horizontal (-).

menoscabar *v. tr.* Disminuir una cosa, quitándole una parte. También prnl.

menospreciar *v. tr.* **1.** Tener a una persona o cosa en menos de lo que merece. **2.** Despreciar.

menosprecio *s. m.* **1.** Poco aprecio, poca estimación. **2.** Desprecio, desdén.

mensaje *s. m.* Recado oral o escrito que envía una persona a otra.

mensajero, ra *s. m. y s. f.* Persona que lleva un mensaje, recado o noticia a otra.

menstruación *s. f.* Fenómeno fisiológico del ciclo sexual femenino, por el que se elimina periódicamente material celular uterino, con flujo sanguíneo.

mensual *adj.* **1.** Que sucede cada mes. **2.** Que dura un mes.

mensualidad *s. f.* Sueldo o salario de un mes.

ménsula *s. f.* **1.** Repisa o apoyo para sustentar una cosa. **2.** Miembro arquitectónico que sobresale de un plano vertical para sostener alguna cosa.

mensurar *v. tr.* Medir.

menta *s. f.* Hierbabuena.

mentalidad *s. f.* Capacidad, actividad mental.

mentar *v. tr.* Mencionar a alguien o algo.

mente *s. f.* Potencia intelectual del alma.

mentecatería *s. f.* Necedad, falta de juicio.

mentecato, ta *adj.* Tonto, falto de juicio, necio. También s. m. y s. f.

mentir *v. intr.* Decir o manifestar lo contrario de lo que se piensa, cree o sabe.

mentira *s. f.* Expresión o manifestación contraria a lo que se sabe, cree o piensa.

mentiroso, sa *adj.* Que tiene costumbre de mentir. También s. m. y s. f.

mentís *s. m.* Voz injuriosa con que se desmiente a una persona.

mentol *s. m.* Parte sólida de la esencia de menta.

mentón *s. m.* Barbilla o prominencia de la mandíbula inferior.

mentor *s. m. fig.* Consejero o guía de una persona.

menú *s. m.* Conjunto de platos que constituyen una comida.

menudencia *s. f.* **1.** Pequeñez de una cosa. **2.** Esmero y escrupulosidad con que se considera y reconoce una cosa. ‖ *s. f. pl.* **3.** Despojos del cerdo.

menudeo *s. m.* Venta al por menor.

menudillos *s. m. pl.* Hígado, molleja y otras vísceras de las aves.

menudo, da *adj.* **1.** Pequeño, chico. **2.** Despreciable, de poca importancia. **3.** Exacto, minucioso.

meñique *adj.* Se dice del dedo más pequeño de la mano. También s. m.

meollar *s. m.* Especie de cordel que se forma torciendo tres o más hilos.

meollo *s. m.* **1.** Médula. **2.** *fig.* Sustancia, fondo o lo más principal de una cosa.

mequetrefe *s. m. y s. f., fam.* Persona entrometida, bulliciosa y de poco provecho.

mercachifle *s. m., desp.* Mercader de poca importancia.

mercader, ra *s. m. y s. f.* Persona que trata o comercia con géneros vendibles.

mercadería *s. f.* Mercancía.

mercado *s. m.* Sitio público destinado permanentemente o en días señalados para comerciar.

mercancía *s. f.* Todo género vendible.

mercar *v. tr.* Comprar. También prnl.

merced *s. f.* Cualquier beneficio que se hace a alguien.

mercenario, ria *adj.* Se aplica al soldado que sirve en la guerra por dinero.

mercería *s. f.* Comercio de cosas menudas de poco valor, como alfileres, hilos, etc.

merdoso, sa *adj.* Asqueroso, sucio.

merecer *v. tr.* Hacerse alguien digno de premio o de castigo.

merendar *v. intr.* **1.** Tomar la merienda. ‖ *v. prnl.* **2.** *fam.* Lograr algo con facilidad.

merendero *s. m.* Sitio en que se merienda.

merendona *s. f., fig.* Merienda espléndida y abundante.

merengue *s. m.* Dulce hecho con claras de huevo y azúcar.

meretriz *s. f.* Prostituta.

mergo *s. m.* Cuervo marino.

meridiano, na *adj.* **1.** Perteneciente o relativo a la hora del mediodía. **2.** *fig.* Clarísimo, luminosísimo.

MERIENDA - METACARPO

merienda *s. f.* Comida ligera que se toma por la tarde antes de la cena.

merino, na *adj.* Se dice de una raza de carneros y ovejas que dan una lana muy fina, corta y rizada.

meristema *s. m.* Tejido joven formado por células que originan todos los tejidos de los órganos.

mérito *s. m.* **1.** Acción que hace a una persona digna de premio o de castigo. **2.** Lo que da valor a una cosa.

meritorio, ria *adj.* **1.** Digno de premio o galardón. ‖ *s. m. y s. f.* **2.** Persona que trabaja sin sueldo, sólo para hacer méritos a fin de conseguir una plaza remunerada. **3.** Aprendiz de un despacho.

merlo *s. m.* Zorzal marino.

merluza *s. f.* Pez marino malacopterigio, de cuerpo alargado y fusiforme, cuya carne es muy apreciada.

mermar *v. intr.* **1.** Bajar o disminuir una cosa o consumirse una parte de lo que antes tenía. También prnl. ‖ *v. tr.* **2.** Quitar una parte de aquello que le corresponde a alguien.

mermelada *s. f.* Conserva de membrillo u otras frutas con miel o azúcar.

mero, ra *adj.* Puro, simple y que no tiene mezcla de otra cosa.

merodear *v. intr.* Vagar por las inmediaciones de un lugar, generalmente con malas intenciones.

mes *s. m.* **1.** Cada una de las doce partes en que se divide el año. **2.** Mensualidad.

mesa *s. f.* Mueble compuesto por una tabla lisa sostenida por uno o varios pies, y que sirve para comer, escribir, etc.

mesada *s. f.* Porción de dinero u otra cosa que se da o paga mensualmente.

mesana *s. amb.* **1.** Mástil que está más a popa en el buque de tres palos. ‖ *s. f.* **2.** Vela atravesada en el mástil que se sujeta a la verga llamada cangrejo.

mesar *v. tr.* Arrancar o estrujar los cabellos o barbas con las manos. También prnl.

mesenterio *s. m.* Repliegue del peritoneo que fija las diferentes porciones del intestino a las paredes abdominales.

meseta *s. f.* **1.** Descansillo de una escalera. **2.** Terreno elevado y llano de gran extensión, a considerable altura sobre el nivel del mar.

Mesías *n. p.* El Hijo de Dios, prometido por los profetas al pueblo hebreo.

mesidor *s. m.* Décimo mes del año según el calendario republicano francés.

mesocarpio *s. m.* Parte intermedia del pericarpio en los frutos carnosos.

mesocracia *s. f.* Forma de gobierno en que la clase media tiene preponderancia.

mesón *s. m.* Posada donde se da albergue a viajeros, caballerías y carruajes.

mesozoico, ca *adj.* Secundario, período geológico.

mestizo, za *adj.* Se dice de la persona nacida de padre y madre de raza distinta y, especialmente, del hijo de padre de raza blanca y madre de raza india o al contrario.

meta *s. f.* **1.** Término señalado a una carrera. **2.** *fig.* Fin a que tienden las acciones o deseos de una persona.

metabolismo *s. m.* Conjunto de reacciones químicas que se producen en las células vivas en virtud de dos procesos, uno de asimilación y otro de desintegración.

metacarpo *s. m.* Esqueleto de la parte de la mano comprendida entre la muñeca y las falanges de los dedos.

metafísica s. f. Parte de la filosofía que trata del ser, en cuanto tal, y de sus causas, principios y atributos primeros.

metáfora s. f. Tropo que consiste en trasladar el sentido recto de las voces en otro figurado, en virtud de una comparación tácita.

metal s. m. Cuerpo simple, sólido a la temperatura ordinaria, conductor del calor y de la electricidad y que con el oxígeno forma óxidos básicos.

metálico, ca adj. 1. De metal o perteneciente a él. || s. m. 2. Dinero en efectivo.

metalizar v. tr. Hacer que un cuerpo adquiera propiedades metálicas.

metaloide s. m. Denominación usada antiguamente para designar a los elementos no-metales.

metalurgia s. f. Arte o industria que tiene por objeto beneficiar los minerales y extraer los metales que contienen.

metamorfosis s. f. Transformación de una cosa en otra.

metaplasma s. m. Sustancia propia de una célula que no es materia viva.

metaplasmo s. m. Nombre genérico de las figuras de dicción.

metatarso s. m. Esqueleto de la parte del pie comprendida entre el tarso y las falanges de los dedos.

metátesis s. f. Metaplasmo que consiste en alterar el orden de las letras de un vocablo.

metazoo adj. Se dice de los animales no protozoos, es decir, los pluricelulares que están constituidos por células diferenciadas y agrupadas en tejidos.

metemuertos s. m. y s. f. Empleado que en los teatros retiraba los muebles en las mutaciones escénicas.

meteorismo s. m Abultamiento del vientre por gases acumulados en el tubo digestivo.

meteorito s. m. Aerolito.

meteorizar v. tr. 1. Causar meteorismo. || v. prnl. 2. Recibir la tierra la influencia de los meteoros. 3. Padecer meteorismo.

meteoro s. m. Cualquier fenómeno atmosférico, aéreo, acuoso, luminoso o eléctrico, como el viento, la lluvia la nieve, el arco iris o el rayo.

meteorología s. f. Ciencia que trata de los meteoros.

meter v. tr. Introducir o incluir una cosa dentro de otra o en alguna parte. También prnl.

meticuloso, sa adj. Concienzudo, minucioso. También s. m. y s. f.

metódico, ca adj. 1. Hecho con método. 2. Que usa de método.

método s. m. Modo de decir o hacer con orden una cosa para llegar a un resultado o fin determinado.

metonimia s. f. Tropo que consiste en designar una cosa con el nombre de otra contigua.

metopa s. f. Espacio que media entre dos triglifos en el friso dórico.

metralla s. f. Munición menuda con que se cargan ciertos explosivos.

métrica s. f. Ciencia que trata de la medida de los versos, de sus tipos y de las combinaciones que con ellos pueden formarse.

metrificar v. intr. Versificar. También tr.

metro s. m. 1. Medida particular de cada clase de versos. 2. Unidad de longitud, base del sistema métrico decimal.

metrópoli s. f. Ciudad principal, cabeza de provincia o Estado.

MEZCLAR - MIGAJA

mezclar *v. tr.* **1.** Juntar, incorporar una cosa con otra. También prnl. || *v. prnl.* **2.** Introducirse o meterse uno entre otros.

mezcolanza *s. f., fam.* Mezcla extraña y confusa y algunas veces ridícula.

mezquino, na *adj.* **1.** Avaro, miserable. **2.** Pequeño, diminuto.

mezquita *s. f.* Edificio en que los musulmanes practican sus ceremonias religiosas.

mi[1] *s. m.* Tercera nota de la escala música.

mi[2] *adj. pos.* Forma apocopada de "mío, a" cuando precede al sustantivo.

mí *pron. pers.* Forma tónica del pronombre personal de primera persona, género masculino o femenino y número singular, que, precedida siempre de preposición, funciona como complemento.

mialgia *s. f.* Dolor muscular.

miau *onomat.* del maullido del gato.

mica *s. f.* Mineral compuesto de hojuelas brillantes, elásticas y sumamente delgadas. Es un silicato nativo múltiple, de coloraciones diversas.

micacita *s. f.* Roca de textura pizarrosa, compuesta de cuarzo y mica.

mico, ca *s. m. y s. f.* Mono de cola larga.

micología *s. f.* Parte de la botánica que trata de los hongos.

micosis *s. f.* Infección producida por ciertos órganos en alguna parte del organismo.

micra *s. f.* Medida de longitud que equivale a la milésima parte de un milímetro.

microbio *s. m.* Ser microscópico y unicelular que se desarrolla en el aire, en el agua y en toda clase de organismos.

microcéfalo, la *adj.* Se dice del animal que tiene la cabeza más pequeña de lo normal en su especie.

micrófono *s. m.* Aparato que transforma las ondas acústicas en corrientes eléctricas para su amplificación.

micrómetro *s. m.* Instrumento destinado a medir cantidades lineales o angulares muy pequeñas.

microorganismo *s. m.* Microbio.

microscopio *s. m.* Instrumento óptico consistente en un sistema de lentes, destinado a observar de cerca objetos extremadamente pequeños.

miedo *s. m.* Perturbación angustiosa del ánimo, por peligro real o imaginario.

miel *s. f.* Sustancia viscosa, muy dulce, que producen las abejas a partir del néctar de las flores.

mielga *s. f.* Planta herbácea anual, papilionácea, muy usada como forraje.

mielina *s. f.* Sustancia que sirve de envoltura y protección a las fibras nerviosas.

miembro *s. m.* **1.** Cualquiera de las extremidades del ser humano o de los animales, articuladas con el tronco. **2.** Individuo que forma parte de una comunidad o de una secta, sociedad, etc.

mientras *adv. t.* **1.** En tanto, entre tanto. || *conj. temp.* **2.** Durante el tiempo en que.

miércoles *s. m.* Día de la semana comprendido entre el martes y el jueves.

mierda *s. f.* **1.** Excremento humano. **2.** Excremento de algunos animales.

mies *s. f.* Cereal maduro, de cuya semilla se hace el pan.

miga *s. f.* **1.** Migaja, porción de pan o de cualquier cosa. **2.** Parte más blanda del pan, cubierta por la corteza. **3.** *fam.* Sustancia y virtud interior de las cosas físicas.

migaja *s. f.* Porción pequeña de cualquier cosa.

migar *v. tr.* Desmenuzar el pan en pedazos muy pequeños para hacer migas u otra cosa semejante.

migración *s. f.* **1.** Emigración. **2.** Viaje periódico de las aves, peces y otros animales.

migraña *s. f.* Jaqueca.

mihrab *s. m.* Hornacina que en las mezquitas señala el sitio adonde han de mirar los que oran.

mijo *s. m.* Planta gramínea, de tallo robusto, flores en panojas terminales y grano redondo, pequeño y amarillento.

mil *adj. num.* Diez veces cien.

milagro *s. m.* Hecho sensible del poder divino, superior al orden natural.

milagroso, sa *adj.* Maravilloso, asombroso.

milano *s. m.* Ave rapaz falconera, diurna, de plumaje rojizo y cola y alas muy largas.

milenario, ria *adj.* **1.** Perteneciente al número mil o al millar. || *s. m.* **2.** Espacio de mil años.

milésimo, ma *adj. num.* Que ocupa el último lugar en una serie ordenada de mil.

miliárea *s. f.* Medida de superficie que equivale a la milésima parte de un área.

milicia *s. f.* **1.** Arte de hacer la guerra y de disciplinar a los soldados para ella. **2.** Servicio o profesión militar.

miligramo *s. m.* Medida de peso equivalente a la milésima parte de un gramo.

mililitro *s. m.* Medida de capacidad equivalente a la milésima parte de un litro.

milímetro *s. m.* Medida de longitud equivalente a la milésima parte de un metro.

militar[1] *adj.* **1.** Relativo a la milicia o a la guerra, por contraposición a civil. || *s. m.* **2.** Persona que profesa la milicia.

militar[2] *v. intr.* Servir en la guerra o profesar la milicia.

militarismo *s. m.* Predominio del elemento militar en el gobierno del Estado.

milla *s. f.* Antigua medida para las vías romanas, equivalente a cerca de un cuarto de legua.

millar *s. m.* Conjunto de mil unidades.

millón *s. m.* Mil millares.

millonario, ria *adj., fam.* Que tiene mucho dinero.

millonésimo, ma *adj. num.* Se dice de cada una del millón de partes, iguales entre sí, en que se divide un todo.

miloca *s. f.* Ave rapaz nocturna, muy parecida al búho.

milocha *s. f.* Cometa, juguete.

mimar *v. tr.* Tratar con excesivo regalo y condescendencia a alguien, especialmente a los niños.

mimbre *s. amb.* **1.** Mimbrera, arbusto. **2.** Cada una de las varitas que produce la mimbrera, especialmente la desnuda que se usa en cestería.

mimbrera *s. f.* Arbusto salicáceo, común a orillas de los ríos, de ramillas largas, delgadas y flexibles.

mímesis *s. f.* Imitación que se hace de una persona, enmendándola en el modo de hablar y gesticular, especialmente para burlarse de ella.

mimetismo *s. m.* Propiedad que tienen algunos animales y plantas de asemejarse a los seres y objetos del medio en que viven, que les sirve para protegerse o disimular su presencia.

mímica *s. f.* Arte de imitar, representar o darse a entender por medio de gestos, ademanes o actitudes.

mimo[1] *s. m.* Entre griegos y romanos, representación teatral ligera y festiva.

mimo² *s. m.* **1.** Cariño, demostración expresiva de ternura. **2.** Excesiva condescendencia con que se trata a alguien, especialmente a los niños.

mimosa *s. f.* Género de plantas exóticas, mimosáceas, arbustivas o arbóreas, de hojas bipinnadas y flores amarillas.

mimoso, sa *adj.* Melindroso, delicado.

mina *s. f.* Yacimiento de minerales de útil explotación.

minar *v. tr.* **1.** Abrir caminos o galerías por debajo de tierra. **2.** *fig.* Consumir, destruir poco a poco. **3.** *fig.* Hacer minas cavando la tierra o colocar los artefactos explosivos del mismo nombre para volar o derribar muros, edificios, etc.

mineral *s. m.* Sustancia inorgánica existente en las diversas capas de la corteza terrestre o en la superficie.

mineralizar *v. tr.* Comunicar a una sustancia en el seno de la tierra las condiciones de mineral o mena. También prnl.

mineralogía *s. f.* Ciencia que estudia los minerales.

minería *s. f.* Arte de laborear las minas.

minero, ra *s. m. y s. f.* Persona que trabaja en las minas.

mineromedicinal *adj.* Se dice del agua mineral usada en medicina para la curación de algunas dolencias.

mingo *s. m.* Bola que al empezar cada mano del juego de billar se coloca en la cabecera de la mesa.

miniatura *s. f.* Pintura de pequeñas dimensiones hecha generalmente sobre papel, pergamino, marfil, etc.

mínimo, ma *adj. sup.* de pequeño. || *adj.* **2.** Se dice de lo que es tan pequeño en su especie que no lo hay menor ni igual.

mínimum *s. m.* Mínimo, límite o extremo.

minino, na *s. m. y s. f., fam.* Gato.

minio *s. m.* Óxido de plomo en forma de cuerpo pulverulento, de color rojo.

ministerio *s. m.* **1.** Gobierno del Estado, considerado en el conjunto de los varios departamentos en que se divide. **2.** Cargo de ministro de un Estado y tiempo que dura su ejercicio.

ministro, tra *s. m. y s. f.* Jefe de cada uno de los departamentos en que se divide la gobernación del Estado.

minorar *v. tr.* Aminorar. También prnl.

minoría *s. f.* En un país, grupo, etc., parte menor de sus componentes.

minoridad *s. f.* Minoría de edad legal de una persona.

minucia *s. f.* Menudencia, cosa de poco valor y entidad.

minucioso, sa *adj.* Que se detiene en las cosas más pequeñas.

minué *s. m.* Danza de origen francés para dos personas, de moda en el s. XVIII.

minuendo *s. m.* Cantidad de la que ha de restarse otra.

minúsculo, la *adj.* Que es de muy pequeñas dimensiones o de muy poca entidad.

minuta *s. f.* Borrador que se hace de un contrato, anotando sus cláusulas esenciales.

minutero *s. m.* Manecilla del reloj que señala los minutos.

minuto *s. m.* Cada una de las sesenta partes iguales en que se divide una hora.

mío, a *adj. pos.* Forma del posesivo masculino y femenino de la primera persona del singular. Indica posesión o pertenencia a la persona que habla. También pron.

miocardio *s. m.* Parte musculosa del corazón, entre el pericardio y el endocardio.

mioceno *adj.* Se dice del terreno terciario que sigue inmediatamente en edad al oligoceno. También s. m.

miología *s. f.* Parte de la anatomía que trata de los músculos.

miope *adj.* Se dice de la persona que padece miopía. También s. m. y s. f.

miopía *s. f.* Defecto o imperfección del ojo a causa del cual las refracciones de los rayos de luz procedentes de los objetos lejanos se reúnen un poco antes de llegar a la retina. Este defecto obliga a aproximarse mucho a los objetos para verlos.

mira *s. f.* **1.** Toda pieza que en ciertos instrumentos sirve para dirigir la vista hacia un objeto. **2.** Regla graduada para las operaciones topográficas.

mirador *s. m.* Corredor, galería o terrado para explayar la vista.

miraguano *s. m.* Palmera de poca altura, que crece en América y Oceanía.

miramiento *s. m.* Respeto y circunspección que se debe observar en la ejecución de algo o que se guarda a una persona.

mirar *v. tr.* **1.** Fijar atentamente la vista en algún objeto. También prnl. **2.** Observar. ‖ *v. intr.* **3.** *fig.* Cuidar, atender a alguien.

miríada *s. f.* Cantidad muy grande e indefinida.

miriámetro *s. m.* Medida de longitud equivalente a diez mil metros.

mirífico, ca *adj.* Admirable, maravilloso.

miriñaque *s. m.* Tela rígida o muy almidonada, a veces con aros, que se coloca debajo de las faldas para darles vuelo.

miriópodo *adj.* Se dice de animales artrópodos terrestres, con respiración traqueal, cuerpo segmentado, con uno o dos pares de patas en cada elemento, con antenas y mandíbulas, como el ciempiés.

mirlo *s. m.* Ave paseriforme túrdida, de plumaje oscuro y pico amarillo, apreciada por su canto melodioso.

mirobálano *s. m.* Árbol de la India, combretáceo, cuyos frutos se usan en medicina y tintorería.

mirra *s. f.* Gomorresina en forma de lágrimas, de gusto amargo, aromática, que procede de un árbol de Arabia y Abisinia de la familia de las burseráceas.

misa *s. f.* Ceremonia ritual del culto cristiano en que se conmemora la muerte y resurrección de Jesucristo.

misacantano *s. m.* Sacerdote que celebra su primera misa.

misal *s. m.* Libro litúrgico en que se contiene el orden y modo de celebrar la misa.

misántropo, pa *s. m. y s. f.* Persona que siente aversión a la sociedad humana.

miscelánea *s. f.* Mezcla, unión de cosas diversas.

miscible *adj.* Mezclable.

miserable *adj.* **1.** Pobre, desdichado, infeliz. **2.** Perverso, canalla.

miserere *s. m.* Salmo penitencial que empieza con esta palabra.

miseria *s. f.* **1.** Desgracia, infortunio. **2.** Pobreza extremada. **3.** Mezquindad.

misericordia *s. f.* Virtud que inclina al ánimo a compadecerse de las penalidades y miserias ajenas y a tratar de aliviarlas.

mísero, ra *adj.* Infeliz, desgraciado.

misérrimo, ma *adj. sup.* de mísero.

misión *s. f.* **1.** Acción de enviar. **2.** Comisión temporal dada por un gobierno a un diplomático o agente especial para un determinado fin.

misionero, ra *s. m. y s. f.* Persona de una orden religiosa que predica el evangelio.

misivo, va *adj.* Se dice de los escritos remitidos a alguien. Se usa más como s. f.

mismo, ma *adj.* **1.** Indica que es una persona o cosa la que se ha visto o de que se hace mérito y no otra. **2.** Semejante o igual.

misógino, na *adj.* Que odia a las mujeres. Se usa más como s. m.

miss *s. f.* Tratamiento inglés equivalente a señorita.

mistela *s. f.* Vino obtenido de la mezcla de mosto de uva y alcohol vínico.

míster *s. m.* Tratamiento inglés equivalente al de señor.

misterio *s. m.* **1.** En la religión cristiana, cosa inaccesible a la razón y que es objeto de fe. **2.** Cosa secreta en cualquier religión. **3.** Cosa incomprensible.

misterioso, sa *adj.* Que implica misterio o un sentido oculto.

mística *s. f.* Parte de la teología que trata de la vida espiritual y contemplativa y del conocimiento y dirección de los espíritus.

mitad *s. f.* Cada una de las dos partes iguales en que se divide un todo.

mitigar *v. tr.* Disminuir, moderar o suavizar una cosa áspera o rigurosa. También prnl.

mitin *s. m.* Reunión donde se discuten públicamente asuntos políticos o sociales.

mito *s. m.* Fábula, ficción.

mitología *s. f.* Conjunto de mitos de un pueblo o cultura.

mitón *s. m.* Guante de punto que cubre desde la muñeca hasta la mitad del pulgar y el nacimiento de los demás dedos.

mitra *s. f.* Toca alta y apuntada con que en las grandes solemnidades se cubren la cabeza los arzobispos, obispos y otras dignidades eclesiásticas.

mixtilíneo, a *adj.* Se dice dela figura cuyos lados son rectos unos y curvos otros.

mixtión *s. f.* Mezcla, mixtura.

mixto, ta *adj.* Se dice de lo formado por la reunión de elementos de naturaleza distinta. Se usa más como s. m.

mixtura *s. f.* Mezcla de varias cosas.

mízcalo *s. m.* Hongo comestible que crece en los pinares.

mnemotecnia *s. f.* Arte de desarrollar la memoria, basándose principalmente en la asociación de ideas.

moaré *s. m.* Tela fuerte que forma ondulaciones o brillos.

mobiliario, ria *adj.* **1.** Mueble, aplicado por lo común a los efectos públicos al portador o transferibles por endoso. || *s. m.* **2.** Conjunto de muebles de una casa.

mocasín *s. m.* Calzado usado por los nativos norteamericanos, hecho de piel sin curtir.

mocedad *s. f.* Época de la vida humana desde la pubertad hasta la edad adulta.

mochila *s. f.* Caja forrada de cuero, sujeta a la espalda con correas, que usan los soldados para llevar el equipo.

mocho, cha *adj.* **1.** Se dice de todo aquello a que falta la punta o la debida terminación. **2.** *fig. y fam.* Pelado o con el pelo cortado.

mochuelo *s. m.* Ave rapaz nocturna, de cabeza grande con ojos frontales y pico ganchudo.

moco *s. m.* **1.** Humor espeso y pegajoso segregado por una membrana mucosa, especialmente la nasal. **2.** Extremidad del pabilo de una vela encendida.

moda *s. f.* Uso, modo o costumbre que está en boga durante algún tiempo, principalmente en el modo de vestir, vivir, etc.

modalidad *s. f.* Modo de ser o de manifestarse una cosa.

modelar *v. tr.* Formar de cera, barro, etc., una figura o adorno.

modelo *s. m.* Arquetipo que se pretende imitar o reproducir.

moderación *s. f.* Templanza en las palabras o acciones.

moderar *v. tr.* Templar, arreglar una cosa, evitando el exceso. También prnl.

moderno, na *adj.* Que pertenece al tiempo actual.

modestia *s. f.* Virtud que modera y equilibra las acciones.

módico, ca *adj.* Moderado, limitado.

modificar *v. tr.* Transformar una cosa cambiando alguno de sus accidentes. También prnl.

modillón *s. m.* Saliente con que se adorna por debajo una cornisa.

modismo *s. m.* Modo particular de hablar propio y característico de una lengua.

modisto, ta *s. m. y s. f.* Persona que tiene por oficio hacer trajes y otras prendas de vestir.

modo *s. m.* **1.** Forma variable que puede recibir o no un ser sin que cambie su esencia. **2.** Cada una de las distintas maneras generales de manifestarse la significación del verbo.

modorra *s. f.* **1.** Sueño muy pesado. **2.** Enfermedad del ganado lanar.

modorro, rra *adj.* **1.** Que padece modorra. **2.** *fig.* Ignorante, torpe, lerdo.

modular *v. intr.* **1.** Variar de tono de voz en el habla o en el canto.

módulo *s. m.* Medida tomada como unidad para establecer la proporción entre las diferentes partes de algo.

mofa *s. f.* Burla y escarnio que se hace de una persona o cosa.

mofeta *s. f.* Cualquiera de los gases perniciosos que se desprenden de las minas y otros sitios subterráneos.

moflete *s. m., fam.* Carrillo demasiado grueso y carnoso.

mogate *s. m.* Baño que cubre alguna cosa, y en particular el barniz que usan los alfareros.

mogote *s. m.* Montículo aislado, de forma cónica y rematado en punta roma.

moharra *s. f.* Punta de la lanza, comprendiendo la cuchilla y el cubo.

mohatra *s. f.* **1.** Venta fingida que se hace fraudulentamente. **2.** Fraude, engaño.

moheda *s. f.* Monte alto con malezas.

mohín *s. m.* Mueca, gesto.

mohína *s. f.* Enojo, enfado.

moho[1] *s. m.* **1.** Nombre genérico de varias especies de hongos que se desarrollan sobre algunos cuerpos orgánicos y producen su descomposición. **2.** Capa que se forma en la superficie de un cuerpo metálico por alteración química de su materia, como la herrumbre.

mojama *s. f.* Cecina de atún.

mojar *v. tr.* Humedecer una cosa con agua u otro líquido. También prnl.

mojarra *s. f.* Pez teleósteo del suborden de los acantopterigios, de cabeza ancha, ojos grandes y cuerpo ovalado y comprimido, apreciado por su carne blanca y fino sabor.

moje *s. m.* Salsa o caldo de cualquier guiso.

mojicón *s. m.* Especie de bizcocho de mazapán.

mojiganga s. f. Fiesta pública que se hace con disfraces ridículos.

mojigato, ta adj. **1.** Que afecta humildad o cobardía para lograr sus intenciones. **2.** Beato, santurrón.

mojón s. m. Señal permanente que se pone para fijar los linderos de heredades, términos y fronteras.

molde s. m. Pieza en la que se hace, en hueco, la figura que en sólido quiere darse a la materia fundida que, en él, se vacía, como la cera, un metal, etc.

moldear v. tr. **1.** Moldurar. **2.** Sacar el molde de una figura.

moldura s. f. Parte saliente y corrida, de perfil uniforme, que sirve para adornar obras de arquitectura, carpintería y otras artes.

mole s. f. Cosa de gran bulto o corpulencia.

molécula s. f. Agrupación definida y ordenada de átomos que es la menor porción que puede separarse de un cuerpo sin que se altere su composición química.

moledura s. f. Agotamiento, cansancio, fatiga.

moler v. tr. Quebrantar una cosa reduciéndola a partes muy pequeñas o hasta hacerla polvo.

molestar v. tr. Causar molestia.

molestia s. f. **1.** Fastidio, inquietud del ánimo. **2.** Desazón cuya causa es un leve daño físico o la falta de salud.

molesto, ta adj. **1.** Que causa molestia. **2.** fig. Que la siente.

moleta s. f. **1.** Piedra que se emplea para moler drogas, colores, etc. **2.** Aparato para alisar y pulir el cristal.

molibdeno s. m. Metal de color y brillo plomizos, difícilmente fusible.

molicie s. f. **1.** Blandura de las cosas al tacto. **2.** fig. Tendencia a la excesiva pereza y ociosidad.

molienda s. f. Cantidad de caña de azúcar, trigo, aceituna, etc., que se muele de una vez.

molinete s. m. Ruedecilla con aspas que se pone en las vidrieras de una habitación para renovar el aire.

molinillo s. m. Instrumento pequeño para moler, especialmente café.

molino s. m. **1.** Máquina para moler, laminar o quebrantar algo. **2.** Casa o edificio en que hay un molino.

molla s. f. Parte magra de la carne.

mollar adj. **1.** Blando y fácil de partir o quebrantar. **2.** fig. Se dice de las cosas que dan mucha utilidad, sin carga considerable.

molledo s. m. **1.** Parte carnosa y redonda de los brazos, muslos y pantorrillas. **2.** Miga del pan.

molleja s. f. Estómago muscular de las aves, de paredes gruesas, donde los alimentos sufren una trituración.

mollera s. f. **1.** Parte más alta de la cabeza, junto a la comisura coronal. **2.** fig. Caletre, seso.

mollete s. m. Panecillo de forma ovalada, esponjado y de poca cocción.

molondro s. m., fam. Persona perezosa y falta de enseñanza.

moloso s. m. Pie de la poesía clásica compuesto de tres sílabas largas.

moltura s. f. Molienda.

molusco adj. Se aplica a los animales invertebrados de cuerpo blando y sin segmentar, dividido en cabeza, pie musculoso, masa visceral y manto.

momentáneo, a *adj.* Que sólo dura un momento.

momento *s. m.* Espacio muy breve de tiempo.

momia *s. f.* Cadáver que se deseca con el transcurso del tiempo sin entrar en putrefacción.

momificar *v. tr.* Convertir en momia un cadáver. Se usa más como prnl.

momo *s. m.* Gesto, figura o mofa hecha para divertir en juegos, danzas, etc.

mona *s. f.* **1.** Hembra del mono. **2.** *fig. y fam.* Persona que hace las cosas por imitación. **3.** *fig. y fam.* Borrachera.

monacato *s. m.* **1.** Estado o profesión de monje. **2.** Institución monástica.

monada *s. f.* **1.** Acción propia de un mono. **2.** *fig.* Acción graciosa, especialmente de los niños.

monaguillo *s. m.* Niño que ayuda al sacerdote durante la celebración de la misa.

monarca *s. m. y s. f.* Soberano de una monarquía.

monarquía *s. f.* Estado regido por un monarca.

monasterio *s. m.* Casa o convento donde viven en comunidad los monjes.

monda *s. f.* **1.** Acción y efecto de mondar. **2.** Mondadura.

mondadientes *s. m.* Instrumento pequeño y rematado en punta utilizado para limpiarse los dientes.

mondadura *s. f.* Despojo o desperdicio de las cosas que se mondan.

mondar *v. tr.* **1.** Limpiar una cosa quitándole lo superfluo o adherido que está mezclado con ella. **2.** Quitar la cáscara a las frutas, la corteza o piel a los tubérculos o la vaina a las legumbres.

mondón *s. m.* Tronco de árbol sin corteza.

mondongo *s. m.* Intestinos y panza de las reses, especialmente los del cerdo.

moneda *s. f.* Pieza de metal, en figura de disco y acuñada, que sirve de medida común para el precio de las cosas.

monedero *s. m.* Bolsa pequeña o cartera que sirve para guardar el dinero, especialmente monedas.

monería *s. f.* **1.** *fig.* Gesto o acción graciosa de los niños. **2.** *fig.* Cualquier cosa fútil y de poca importancia o que suele ser enfadosa en personas mayores.

monetizar *v. tr.* Dar curso legal como moneda a billetes de banco u otros signos pecuniarios.

monigote *s. m.* **1.** Lego de convento. **2. 3.** *fig. y fam.* Muñeco o figura ridícula.

monís *s. m., fam.* Dinero.

monitor, ra *s. m. y s. f.* **1.** Instructor, animador de cursos relacionados especialmente con los deportes, actividades de tiempo libre y campamentos juveniles. ‖ *s. m.* **2.** Barco de guerra de poco calado, artillado, acorazado y con espolón de acero a proa.

monja *s. f.* Religiosa de alguna de las órdenes aprobadas por la Iglesia.

monje *s. m.* Religioso de una de las órdenes monacales, cuyos miembros sirven en monasterios y llevan vida de comunidad.

monjía *s. f.* Plaza y derechos que el monje tiene en su monasterio.

mono, na *adj.* **1.** *fig.* Pulido, delicado. ‖ *s. m.* **2.** Nombre genérico con que se designa a cualquiera de los animales del orden de los primates. **3.** *fig.* Traje de faena compuesto de cuerpo y pantalones en una sola pieza y de tela fuerte.

monociclo *s. m.* Velocípedo de una sola rueda usado por los equilibristas.

monocotiledóneo, a *adj.* Se dice de las plantas cuyo embrión tiene un solo cotiledón. También s. f.

monocromo, ma *adj.* De un solo color.

monóculo *s. m.* Lente para un solo ojo.

monofásico, ca *adj.* Se dice de la corriente eléctrica alterna de una sola fase.

monogamia *s. f.* Régimen familiar que veda la pluralidad de esposas.

monógamo, ma *adj.* Casado con una sola mujer. También s. m.

monografía *s. f.* Descripción o tratado especial de determinada parte de una ciencia o de algún asunto en particular.

monograma *s. m.* Cifra que como abreviatura se emplea en sellos, marcas, etc.

monoico, ca *adj.* Se dice de las plantas que tienen separadas las flores de cada sexo, pero en un mismo pie.

monolito *s. m.* Monumento de piedra de una sola pieza.

monólogo *s. m.* **1.** Soliloquio. **2.** Especie de obra dramática en que habla un solo personaje.

monomio *s. m.* Expresión algebraica que consta de un solo término.

monoplano *s. m.* Aeroplano con sólo un par de alas que forman un mismo plano.

monopolio *s. m.* Privilegio exclusivo de vender algo en un lugar o territorio.

monopolizar *v. tr.* **1.** Tener, adquirir o atribuirse el monopolio de alguna cosa. **2.** Acaparar a alguien o algo.

monorrimo, ma *adj.* De una sola rima.

monosilábico, ca *adj.* De una sola sílaba.

monoteísmo *s. m.* Doctrina teológica de los que reconocen un solo Dios.

monotonía *s. f.* **1.** Uniformidad, igualdad de tono en la persona que habla, en la voz, música, etc. **2.** *fig.* Falta de variedad.

monovalente *adj.* Que tiene una sola valencia.

monseñor *s. m.* Título honorífico que otorga el Papa a determinados eclesiásticos.

monserga *s. f., fam.* Lenguaje confuso y embrollado.

monstruo *s. m.* **1.** Producción contra el orden regular de la naturaleza. **2.** Cosa excesivamente grande o extraordinaria en cualquier línea. **3.** Persona muy cruel y perversa.

monstruoso, sa *adj.* **1.** Que es contrario al orden natural. **2.** Excesivamente grande, extraordinario.

montacargas *s. m.* Ascensor destinado a elevar pesos.

montaje *s. m.* **1.** Acción y efecto de colocar en el lugar adecuado las piezas de un aparato o máquina. ‖ *s. m. pl.* **2.** Cureña de las piezas de artillería.

montaña *s. f.* Monte, elevación natural del terreno.

montar *v. intr.* **1.** Subirse encima de una cosa. También prnl. **2.** Cabalgar. También tr. ‖ *v. tr.* **3.** Engastar las piedras preciosas.

montaraz *adj.* **1.** Que anda por los montes o se ha criado en ellos. **2.** Se aplica al genio y propiedades agrestes y feroces.

monte *s. m.* **1.** Gran elevación natural de terreno. **2.** Tierra sin roturar. **3.** Cierto juego de envite y azar.

montear[1] *v. tr.* Buscar y perseguir la caza en los montes u ojearla hacia un sitio.

montear[2] *v. tr.* Trazar un dibujo de tamaño natural de una obra arquitectónica.

montepío s. m. Depósito de dinero, formado con los descuentos hechos a los miembros de un cuerpo para socorrer a sus viudas y huérfanos o auxiliarles en sus necesidades.

montera s. f. **1.** Prenda, generalmente de paño, para abrigo de la cabeza. **2.** Cubierta de cristales sobre un patio, galería, etc.

montería s. f. Caza mayor.

montés adj. Que anda, está o se cría en el monte.

montículo s. m. Monte pequeño, por lo común aislado, obra de la naturaleza o de la mano del hombre.

montón s. m. Conjunto de cosas puestas sin orden unas sobre otras.

montonera s. f. Montón, cantidad grande de alguna cosa.

montura s. f. **1.** Cabalgadura, bestia en que se cabalga. **2.** Conjunto de los arreos de una caballería de silla. **3.** Montaje, acción de montar las distintas piezas de un aparato o máquina.

monumental adj. **1.** Perteneciente o relativo al monumento. **2.** fig. y fam. Muy excelente o señalado en su línea.

monumento s. m. Obra escultórica o arquitectónica que se erige en conmemoración de una persona, una acción heroica, etc.

monzón s. m. Viento periódico que sopla en ciertos mares, particularmente en el océano Índico, unos meses en una dirección y otros en la opuesta.

moña s. f. Muñeca, maniquí o figurilla de mujer que sirve de juguete a los niños.

moño s. m. **1.** Castaña o rodete que se hace con el cabello. **2.** Grupo de plumas que sobresale en la cabeza de algunas aves.

moqueo s. m. Secreción nasal abundante.

moquero s. m. Pañuelo para limpiarse los mocos.

moqueta s. f. Tela fuerte de lana cuya trama es de cáñamo, de la que se hacen alfombras y tapices.

moquillo s. m. Enfermedad catarral de algunos animales.

mora[1] s. f. Tardanza en cumplir una obligación.

mora[2] s. f. Fruto de la morera, similar al del moral, pero más pequeño.

morada s. f. **1.** Casa o habitación. **2.** Estancia más o menos continuada en un lugar.

morado, da adj. De color entre carmín y azul. También s. m.

moral[1] s. f. Ciencia o doctrina de la conducta y de las acciones humanas en orden a su bondad o malicia.

moral[2] s. m. Árbol moráceo, de tronco grueso, copa amplia, hojas ásperas y flores unisexuales, cuyo fruto es la mora.

moraleja s. f. Enseñanza provechosa que se deduce de un cuento, fábula, etc.

moralidad s. f. Conformidad de una acción o doctrina con los preceptos de la sana moral.

moralizar v. tr. Reformar las malas costumbres enseñando las buenas.

morar v. intr. Residir habitualmente en un lugar.

moratoria s. f. Plazo concedido para el pago de una deuda vencida.

mórbido, da adj. **1.** Que padece enfermedad o la ocasiona. **2.** Blando, suave.

morbo s. m. Enfermedad.

morboso, sa adj. Que causa enfermedad o concierne a ella.

morcajo s. m. Mezcla de trigo y centeno.

morcilla *s. f.* Trozo de tripa rellena de sangre cocida y condimentada con cebolla, especias, etc.

morcillo *s. m.* Parte carnosa del brazo, desde el hombro hasta cerca del codo.

morcón *s. m.* Morcilla hecha del intestino ciego.

mordaz *adj.* **1.** Corrosivo. **2.** Áspero, picante al paladar. **3.** *fig.* Que critica con maldad.

mordaza *s. f.* Instrumento que se pone en la boca para impedir hablar.

morder *v. tr.* Asir con los dientes una cosa clavándolos en ella.

mordiscar *v. tr.* Morder repetidamente y con poca fuerza.

mordisco *s. m.* **1.** Mordedura ligera y leve. **2.** Pedazo que se saca de una cosa mordiéndola.

morena *s. f.* Pez marino malacopterigio ápodo, comestible, de cuerpo cilíndrico alargado, sin aletas pectorales y con la dorsal unida con la cola.

moreno, na *adj.* Se dice del color muy oscuro.

morera *s. f.* Árbol moráceo, originario de Asia y muy cultivado en España para aprovechar la hoja, que sirve de alimento al gusano de seda; es muy parecido al moral, pero su fruto es blanco.

moretón *s. m., fam.* Moradura en la piel.

morfina *s. f.* Sustancia narcótica, alcaloide del opio.

morfología *s. f.* Tratado de las formas de las palabras.

morga *s. f.* Líquido fétido de las aceitunas.

moribundo, da *adj.* Que se está muriendo o muy cercano a morir. También s. m. y s. f., aplicado a personas.

morigeración *s. f.* Templanza en las costumbres y en el modo de vida.

morillo *s. m.* Caballete puesto en el hogar de la chimenea para sustentar la leña.

morir *v. intr.* **1.** Acabar la vida. También prnl. **2.** *fig.* Acabar del todo cualquier cosa, aunque no sea material ni viviente.

morlaco *s. m.* Toro de lidia de gran tamaño.

morlaco, ca *adj.* Que finge tontería o ignorancia. También s. m. y s. f.

morondanga *s. f., fam.* Mezcla de cosas inútiles y de poca entidad.

morondo, da *adj.* Pelado o mondado de cabellos o de hojas.

morosidad *s. f.* **1.** Lentitud, tardanza. **2.** Falta de actividad o puntualidad.

moroso, sa *adj.* Retrasado en el pago de impuestos o deudas.

morrada *s. f.* **1.** Golpe dado con la cabeza. **2.** *fig.* Guantada, bofetada.

morral *s. m.* Talego que contiene el pienso y se cuelga de la cabeza de las bestias para que coman cuando no están en el pesebre.

morralla *s. f.* **1.** Pescado menudo. **2.** *fig.* Conjunto de cosas inútiles y despreciables.

morrillo *s. m.* Porción carnosa de las reses en la parte superior y anterior del cuello.

morriña *s. f., fig. y fam.* Tristeza, melancolía, especialmente la nostalgia de la tierra natal.

morrión *s. m.* Armadura de la parte superior de la cabeza, que está hecha en forma de casco.

morro *s. m.* **1.** Saliente que forman los labios abultados o gruesos. **2.** Monte o peñasco pequeño y redondo.

morrocotudo, da *adj., fam.* De mucha importancia o dificultad.

morsa *s. f.* Mamífero pinnípedo, muy parecido a la foca pero de mayor tamaño, con dos largos caninos de más de medio metro en la mandíbula superior.

mortadela *s. f.* Embutido grueso de carne picada de cerdo o de vaca, especie de salchichón.

mortaja *s. f.* **1.** Vestidura en que se envuelve el cadáver para sepultarle. **2.** Muesca en una cosa para encajar otra.

mortal *adj.* Que ha de morir.

mortalidad *s. f.* Número proporcional de defunciones en una población o tiempo determinados.

mortandad *s. f.* Multitud de muertes debidas a epidemias, guerras, etc.

mortecino, na *adj., fig.* Que se está casi muriendo o apagándose.

mortero *s. m.* **1.** Utensilio con forma de vaso de cavidad semiesférica, que sirve para machacar en él especias, semillas, etc. **2.** Pieza de artillería más corta que un cañón del mismo calibre y destinada a lanzar bombas.

mortificar *v. tr.* Privar de vitalidad alguna parte del cuerpo, dañarla.

mortuorio, ria *adj.* Relativo a la persona que ha muerto o a las honras que por ella se hacen.

morueco *s. m.* Carnero padre o que ha servido para la propagación.

mosca *s. f.* **1.** Insecto díptero, muy común y molesto, de unos seis mm de largo, de boca en forma de trompa chupadora y alas transparentes. **2.** *fig. y fam.* Persona impertinente, molesta y pesada.

moscardón *s. m.* Moscón.

moscatel *adj.* Se dice de una variedad de uva de grano redondo y muy dulce.

moscón *s. m.* **1.** Especie de mosca zumbadora que deposita los huevos en las carnes frescas. **2.** *fam.* Persona impertinente.

mosconear *v. tr.* Molestar con impertinencia y pesadez.

mosquear *v. tr.* **1.** Ahuyentar las moscas. También prnl. **2.** *fig.* Azotar, vapulear.

mosquete *s. m.* Arma de fuego antigua, más larga y de mayor calibre que el fusil.

mosquetón *s. m.* Carabina corta de cañón rayado.

mosquito *s. m.* Insecto díptero, con patas largas y finas, alas transparentes, cabeza con dos antenas y trompa armada de un aguijón.

mostacho *s. m.* **1.** Bigote del hombre. **2.** Cada uno de los cabos gruesos con que se asegura el bauprés a una y otra banda.

mostaza *s. f.* Planta anual crucífera, abundante en los campos, de hojas alternas, flores amarillas en espiga y semillas negras y muy pequeñas, de frecuente empleo en condimentos y medicina.

mostear *v. intr.* Destilar las uvas el mosto.

mosto *s. m.* Zumo de la uva, antes de fermentar y hacerse vino.

mostrador *s. m.* Mesa que hay en las tiendas, bares, etc., para presentar los géneros que los clientes van a comprar o consumir.

mostrar *v. tr.* **1.** Exponer a la vista una cosa, enseñarla para que se vea. **2.** Dar a entender o conocer un estado de ánimo.

mota *s. f.* **1.** Nudillo o granillo que se forma en el paño. **2.** Partícula de hilo o cosa semejante que se pega a los vestidos.

mote *s. m.* Apodo dado a las personas.

motear *v. tr.* Salpicar de motas una tela.

motejar *v. tr.* Notar, censurar las acciones de alguien con motes o apodos.

motín *s. m.* Rebelión, generalmente contra el gobierno constituido.

motivar *v. tr.* **1.** Dar motivo para una cosa. **2.** Explicar la razón o motivo que se ha tenido para hacer una cosa.

motivo *s. m.* **1.** Causa o razón que mueve para hacer una cosa. **2.** Tema de una composición.

motocicleta *s. f.* Vehículo automóvil de dos ruedas propulsado por un motor de explosión.

motonave *s. f.* Nave con motor.

motor *s. m.* Máquina que transforma una determinada clase de energía en energía mecánica o movimiento.

motorista *s. m. y s. f.* Persona que conduce un vehículo automóvil y se ocupa del motor.

motriz *adj.* Que mueve.

movedizo, za *adj.* **1.** Fácil de moverse o ser movido. **2.** Inseguro, que no está firme.

mover *v. tr.* **1.** Hacer que un cuerpo ocupe lugar distinto del que ocupaba. También *prnl.* **2.** *fig.* Dar motivo para una cosa; inducir, persuadir o incitar a ella.

móvil *adj.* **1.** Que puede moverse o ser movido. || *s. m.* **2.** Cuerpo en movimiento.

movilizar *v. tr.* **1.** Poner en actividad o movimiento tropas, partidos políticos, etc. **2.** Incorporar a filas, poner en pie de guerra tropas u otros elementos militares.

movimiento *s. m.* **1.** Acción y efecto de mover. **2.** Estado de los cuerpos mientras cambian de posición o de lugar.

moyuelo *s. m.* Salvado muy fino.

mozo, za *adj.* **1.** Joven. También *s. m. y s. f.* **2.** Célibe, soltero. También *s. m. y s. f.* || *s. m.* **3.** Hombre que sirve en las casas o al público en oficios humildes.

mozuelo, la *s. m. y s. f.* Muchacho, chico.

mu *onomat.* Representa la voz del toro o de la vaca.

muceta *s. f.* Esclavina abotonada que usan el Papa, los cardenales, los obispos y otras dignidades, y también los licenciados y doctores universitarios.

muchacho, cha *s. m. y s. f.* Niño o niña que no ha llegado a la adolescencia.

muchedumbre *s. f.* Abundancia, multitud de personas o cosas.

mucho, cha *adj.* **1.** Abundante, numeroso o que excede a lo ordinario o preciso. || *adv. c.* **2.** Con abundancia, en gran cantidad; más de lo preciso.

mucílago *s. m.* Sustancia viscosa que se halla en algunos vegetales o se prepara disolviendo en agua materias gomosas.

mucoso, sa *adj.* Que tiene mucosidad o la produce. También *s. f.*

muda *s. f.* **1.** Acción de mudar una cosa. **2.** Ropa que se muda de una vez, se refiere generalmente a la ropa interior. **3.** Tiempo de mudar las aves la pluma o la piel algunos animales.

mudanza *s. f.* Cambio de domicilio o de habitación.

mudar *v. tr.* Dar o tomar otro ser o naturaleza, otro estado, figura, etc.

mudez *s. f.* Imposibilidad física de hablar.

mudo, da *adj.* Privado físicamente de la facultad de hablar. También *s. m. y s. f.*

mueble *s. m.* Objeto movible que sirve para comodidad o adorno en las casas, oficinas, etc.

mueca *s. f.* Contorsión del rostro, generalmente burlesca.

muecín *s. m.* Musulmán que convoca desde el alminar.

muela *s. f.* **1.** Piedra de molino. **2.** Cada uno de los dientes posteriores a los caninos y que sirven para triturar los alimentos.

muelle *s. m.* Pieza elástica, generalmente de metal, colocada de modo que pueda utilizarse la fuerza que hace al recobrar su posición natural cuando ha sido separada de ella.

muérdago *s. m.* Planta que vive parásita sobre los troncos y ramas de los árboles.

muerte *s. f.* **1.** Cesación de la vida. **2.** Separación del cuerpo y del alma, en el pensamiento tradicional.

muerto, ta *adj.* Que está sin vida.

muesca *s. f.* Concavidad o hueco que hay o se hace en una cosa para encajar otra.

muestra *s. f.* Pequeña cantidad de una mercancía que se enseña para dar a conocer su calidad.

muestrario *s. m.* Colección de muestras de mercancías.

mufla *s. f.* Hornillo colocado dentro de un horno a fin de reconcentrar el calor y conseguir la fusión de diversos cuerpos.

muga[1] *s. f.* Mojón, término o límite.

muga[2] *s. f.* **1.** Desove de los peces. **2.** Fecundación de las huevas, en los peces y anfibios.

mugido *s. m.* Voz del toro y de la vaca.

mugir *v. intr.* Dar mugidos la res vacuna.

mugre *s. f.* Suciedad de la lana, vestidos, etc.

mugriento, ta *adj.* Lleno de mugre.

muguete *s. m.* Planta vivaz liliácea, cuya infusión se usa en medicina contra las enfermedades cardíacas.

mujer *s. f.* **1.** Persona del sexo femenino. **2.** La casada, con relación al marido.

mujerío *s. m.* Grupo de mujeres.

mújol *s. m.* Pez acantopterigio, cuya carne y huevas son muy estimadas.

mula *s. f.* Hija de asno y yegua o de caballo y burra.

muladar *s. m.* Lugar donde se echa el estiércol o basura de las casas.

mulato, ta *adj.* Se aplica a la persona hija de madre de raza negra y padre blanco, o al contrario. También *s. m.* y *s. f.*

muleta *s. f.* Especie de bastón alto con un travesaño en uno de sus extremos, que se coloca debajo de la axila para apoyarse al andar.

muletilla *s. f.* **1.** Muleta antigua de toreo, mucho más pequeña que la actual. **2.** *fig.* Frase o voz que se repite mucho por hábito en la conversación.

muletón *s. m.* Tela suave y afelpada, de algodón o lana.

mulillas *s. f. pl.* Tiro de mulas que arrastran los toros y caballos muertos en las corridas.

mullido *s. m.* Cosa blanda a propósito para rellenar colchones, asientos, etc.

mullir *v. tr.* Esponjar una cosa para que esté blanda y suave.

mulo *s. m.* Cuadrúpedo, híbrido de asno y yegua o de caballo y burra.

multa *s. f.* Pena pecuniaria que se pone por una infracción, falta o delito.

multar *v. tr.* Imponer una multa a alguien.

multicolor *adj.* De muchos colores.

multicopista *adj.* Se dice de la máquina utilizada para sacar de una vez varias copias de un escrito. También *s. f.*

multimillonario, ria *adj.* Que tiene fortuna por valor de varios millones.

multípara *adj.* Se dice de las hembras que tienen varios hijos en un solo parto.

múltiple *adj.* Vario, de muchas maneras; se opone a simple.

multiplicador *s. m.* Factor que indica las veces que el multiplicando ha de tomarse como sumando.

multiplicando *s. m.* Factor que ha de ser multiplicado.

multiplicar *v. tr.* Aumentar en número considerable el número o la cantidad de cosas de una especie. También prnl. y intr.

múltiplo, pla *adj.* Se dice del número o cantidad que contiene a otro u otra varias veces exactamente.

multitud *s. f.* Número grande de personas o cosas.

mundial *adj.* Relativo al mundo entero.

mundillo *s. m.* Almohadilla empleada para hacer encaje.

mundo *s. m.* **1.** La Tierra, nuestro planeta. **2.** Totalidad de los hombres que pueblan la Tierra. **3.** Vida secular, por oposición a la monástica.

mundología *s. f.* Experiencia y habilidad para defenderse en la vida.

munición *s. f.* **1.** Pertrechos y bastimentos necesarios en un ejército o en una plaza fuerte. **2.** Carga de las armas de fuego.

municionar *v. tr.* Proveer de municiones una plaza o una fuerza armada.

municipal *s. m.* Miembro del cuerpo de policía que depende del ayuntamiento.

municipalidad *s. f.* Ayuntamiento de un término municipal.

munícipe *s. m. y s. f.* Vecino de un municipio.

municipio *s. m.* **1.** Conjunto de habitantes de un término jurisdiccional, regido por un ayuntamiento. **2.** El mismo ayuntamiento.

munificencia *s. f.* Largueza, liberalidad del rey o de un magnate.

munitoria *s. f.* Arte de fortificar una plaza.

muñeca *s. f.* **1.** Parte del cuerpo humano, en donde se articula la mano con el antebrazo. **2.** Maniquí para trajes y vestidos femeninos.

muñeco *s. m.* Juguete que tiene forma de figurilla de hombre.

muñeira *s. f.* Baile popular de Galicia.

muñequera *s. f.* Pulsera de reloj.

muñir *v. tr.* Convocar a las juntas o a otra cosa.

muñón *s. m.* Parte de un miembro cortado que permanece adherida al cuerpo.

muralla *s. f.* Muro que ciñe y encierra para su defensa una plaza, una ciudad, etc.

murar *v. tr.* Cercar con muro una ciudad, fortaleza o cualquier recinto.

murciélago *s. m.* Mamífero quiróptero, insectívoro y nocturno, con membranas en las extremidades anteriores que le sirven para volar.

murga *s. f., fam.* Compañía de músicos que toca a las puertas de las casas con la esperanza de recibir algún obsequio.

muriático, ca *adj.* Se dice de las combinaciones del cloro y del hidrógeno.

múrice *s. m.* Molusco marino univalvo, que segrega, como la púrpura, un licor muy usado antiguamente en tintorería.

murmujear *v. intr., fam.* Murmurar.

murmullo *s. m.* Ruido continuado y confuso de algunas cosas.

murmurar *v. intr.* **1.** Hacer ruido blando y apacible la corriente de las aguas, las hojas de los árboles, etc. **2.** *fig. y fam.* Conversar en perjuicio de un ausente, censurando sus acciones. También tr.

muro *s. m.* **1.** Pared o tapia. **2.** Muralla.

murria *s. f., fam.* Tristeza, melancolía.

mus *s. m.* Cierto juego de naipes y de envite.

musa *s. f.* Cada una de las deidades que, según la fábula, habitaban en el Parnaso o en el Helicón y protegían las ciencias y las artes liberales, especialmente el canto y la poesía.

musaraña *s. f.* Cualquier sabandija, insecto o animal pequeño.

musculatura *s. f.* Conjunto y disposición de los músculos de todo el cuerpo o de parte de él.

músculo *s. m.* Cada uno de los órganos de tejido compuesto por fibras carnosas y contráctiles que sirven para producir el movimiento en el ser humano y en los animales.

musculoso, sa *adj.* Que tiene los músculos muy abultados y visibles.

muselina *s. f.* Tela de algodón, lana, seda, etc., fina y poco tupida.

museo *s. m.* Lugar en que se guardan, para su estudio y exposición al público, colecciones de objetos de gran valor artístico, científico, histórico o de otro tipo.

muserola *s. f.* Correa de la brida, que da vuelta al hocico del caballo por encima de la nariz.

musgaño *s. m.* Mamífero insectívoro, de pequeño tamaño, hocico alargado y puntiagudo, cola desarrollada y pelaje denso.

musgo *s. m.* Cada una de las plantas criptógamas que crecen en lugares sombríos, formando capa sobre la tierra, las rocas, los troncos y los árboles y aun en el agua.

música *s. f.* Arte de expresar determinados sentimientos por medio de sonidos armónicos, melódicos y rítmicos.

músico, ca *s. m. y s. f.* Persona que profesa o sabe el arte de la música.

musitar *v. intr.* Hablar entre dientes.

muslo *s. m.* Parte de la pierna, desde la cadera hasta la rodilla.

musmón *s. m.* Híbrido de carnero y cabra.

mustela *s. f.* Tiburón de carne comestible, cuya piel se utiliza como lija.

mustélido, da *adj.* Se dice de los mamíferos carnívoros, semiplantígrados, con el cuello largo y el cuerpo muy flexible.

mustio, tia *adj.* **1.** Melancólico, triste. **2.** Lánguido, marchito.

musulmán, na *adj.* Que profesa la religión islámica. También s. m. y s. f.

mutación *s. f.* Cambio de decorado en una escena teatral.

mutilar *v. tr.* Cortar o cercenar un miembro o parte del cuerpo de un ser vivo. También prnl.

mutismo *s. m.* Silencio voluntario o impuesto.

mutual *adj.* Mutuo, recíproco.

mutualidad *s. f.* **1.** Cualidad de mutual. **2.** Régimen de prestaciones mutuas que sirven de base a determinadas asociaciones.

mutuo, tua *adj.* Se aplica a lo que recíprocamente se hace entre dos o más personas, animales o cosas.

muy *adv. c.* Apócope de mucho.

N

n *s. f.* Decimocuarta letra del abecedario español y undécima de sus consonantes.

naba *s. f.* Planta crucífera, de raíz carnosa muy grande, amarillenta o rojiza, parecida al nabo, comestible.

nabab *s. m.* Gobernador de una provincia en la India mahometana.

nabar *s. m.* Tierra sembrada de nabos.

nabiza *s. f.* Hoja tierna del nabo.

nabo *s. m.* Planta crucífera, de raíz carnosa, comestible, blanca o amarillenta.

nácar *s. m.* Sustancia dura, blanca, brillante y con reflejos irisados, que se forma en el interior de ciertas conchas.

nacarino, na *adj.* Propio del nácar.

nacer *v. intr.* **1.** Salir el animal del vientre materno o del huevo. **2.** Empezar a salir un vegetal de su semilla.

nacimiento *s. m.* Principio de una cosa.

nación *s. f.* **1.** Conjunto de personas de un mismo origen étnico y que generalmente hablan un mismo idioma y tienen una tradición común. **2.** Conjunto de los habitantes de un país regido por el mismo gobierno.

nacional *adj.* Natural de una nación.

nacionalidad *s. f.* Condición y carácter peculiar de los pueblos e individuos de una nación.

nacionalizar *v. tr.* **1.** Naturalizar en un país personas o cosas de otro. También prnl. **2.** Atribuir al Estado bienes o empresas de personas individuales o colectivas.

nada *s. f.* El no ser o la carencia absoluta de todo ser.

nadar *v. intr.* Mantenerse una persona o un animal sobre el agua, o ir por ella sin tocar el fondo.

nadería *s. f.* Cosa de poca importancia.

nadie *pron. indef.* Ninguna persona.

nadir *s. m.* Punto de la esfera celeste diametralmente opuesto al cénit.

nafta *s. f.* Líquido incoloro, volátil, inflamable, compuesto de hidrocarburos de poco peso molecular.

naftaleno *s. m.* Hidrocarburo aromático, que se encuentra en grandes cantidades en el alquitrán de hulla.

naftol *s. m.* Compuesto fenólico derivado del naftaleno; se encuentra en pequeña cantidad en el alquitrán de hulla.

nailon *s. m.* Materia textil sintética obtenida a partir del carbón, aire y agua.

naipe *s. m.* Cada una de las cartulinas rectangulares que se usan para jugar, que llevan pintadas en una de las caras una figura o cierto número de objetos correspondientes a cada uno de los cuatro palos de la baraja.

nalga *s. f.* Cada una de las dos porciones carnosas y redondeadas que constituyen el trasero.

nana *s. f.* **1.** *fam.* Abuela. **2.** Canción de cuna.

nansa *s. f.* **1.** Nasa. **2.** Estanque pequeño para peces.

nao *s. f.* Nave.

naonato, ta *adj.* Se dice de la persona nacida en una embarcación que navega.

naranja *s. f.* Fruto del naranjo, de forma más o menos globosa, de color entre rojo o amarillo, como el de la pulpa; en el interior con ocho o doce gajos con pelos muy jugosos, agridulces y cada uno con dos a tres pepitas.

naranjada *s. f.* Agua de naranja.

naranjo s. m. Árbol rutáceo, de hojas coriáceas persistentes, flores blancas y fruto en hesperidio, comestible.

narcisismo s. m. Manía del que presume de narciso.

narciso s. m. **1.** Planta amarilidácea con flores blancas o amarillas y olorosas. **2.** Persona que cuida demasiado de su aspecto físico y manifiesta un excesivo enamoramiento de sí mismo.

narcótico, ca adj. Se dice de la droga o medicamento que produce sopor, relajación muscular y embotamiento de la sensibilidad.

narcotina s. f. Alcaloide que se extrae del opio.

nardo s. m. Planta liliácea de jardín, de hojas radicales y flores blancas, muy olorosas, en espiga.

narguile s. m. Pipa para fumar que usan los orientales.

nariz s. f. Órgano olfativo, parte prominente del rostro humano entre la frente y la boca, con dos orificios que comunican con la membrana pituitaria y el aparato de la respiración.

narración s. f. **1.** Parte del discurso retórico en que se refieren los hechos. **2.** Obra literaria de carácter narrativo o novelesco.

narrar v. tr. Contar, referir lo sucedido.

narrativa s. f. **1.** Habilidad en contar las cosas. **2.** Género literario de carácter narrativo que abarca novelas, cuentos, etc.

narria s. f. Cajón o escalera de carro, a propósito para llevar arrastrando cosas de gran peso.

narval s. m. Mamífero cetáceo de unos seis metros de largo del cual se utilizan su grasa y el marfil de su diente mayor.

nasa s. f. Arte de pesca, formada por un cilindro de juncos, red, etc., con una especie de embudo dirigido hacia dentro en una de sus bases.

nata s. f. Sustancia grasa un poco amarillenta, que forma una capa sobre la leche que se deja en reposo.

natación s. f. Arte de nadar.

natal s. m. Nacimiento.

natalidad s. f. Número proporcional de nacimientos en población y tiempo determinados.

natillas s. f. pl. Dulce de yema de huevo, leche y azúcar.

nativo, va adj. Natural, nacido en el lugar de que se trata.

nato, ta adj. Se dice de la cualidad que una persona tiene desde el momento de su nacimiento.

natrón s. m. Sal blanca, traslúcida, cristalizable y eflorescente.

natural adj. **1.** Originario de un pueblo o nación. **2.** Sin afectación, sin doblez, ingenuo.

naturaleza s. f. **1.** Esencia y propiedad característica de cada ser. **2.** Conjunto de las obras de creación, por oposición a las de las personas o del arte.

naturalidad s. f. Ingenuidad y sencillez.

naturalizar v. tr. Conceder a un extranjero los derechos de los naturales del país en que fue admitido.

naufragar v. intr. Irse a pique o perderse la embarcación.

naufragio s. m. Acto o hecho de naufragar.

náusea s. f. **1.** Basca, ansia de vomitar. **2.** fig. Repugnancia.

náutica s. f. Ciencia o arte de navegar.

nautilo s. m. Argonauta, molusco.

nava *s. f.* Tierra baja y llana entre montañas.

navaja *s. f.* Cuchillo cuya hoja puede doblarse sobre el mango para guardar el filo entre las cachas.

nave *s. f.* **1.** Barco, embarcación. **2.** Espacio que entre muros o filas de arcadas se extiende a lo largo de las iglesias y otros edificios.

navegación *s. f.* Náutica.

navegar *v. intr.* Hacer viaje o andar por el agua con embarcación. También tr.

naveta *s. f.* Vaso en forma de navecilla, que sirve en la iglesia para guardar el incienso.

navicular *adj.* De forma abarquillada.

Navidad *n. p.* Fiesta conmemorativa del nacimiento de Jesucristo.

naviero, ra *s. m.* Dueño de un navío o embarcación capaz de navegar en alta mar.

navío *s. m.* Nave grande, de cubierta, con velas y muy fortificada, aunque no sea de guerra y se aplique para el comercio, correos, etc.

náyade *s. f.* Cualquiera de las ninfas de los ríos y fuentes.

nazareno, na *adj.* Se dice de la imagen de Jesucristo que viste un ropón morado.

neblí *s. m.* Ave de rapiña, variedad del halcón.

neblina *s. f.* Niebla espesa y baja.

nebulosa *s. f.* Masa de materia cósmica celeste, difusa y luminosa, que ofrece diversas formas, de contorno impreciso.

nebulosidad *s. f.* Pequeña oscuridad.

necedad *s. f.* Dicho o hecho necio.

necesario, ria *adj.* **1.** Que inevitablemente ha de ser o suceder. || *s. f.* **2.** Letrina, excusado.

neceser *s. m.* Estuche o caja con diversos objetos de tocador o costura.

necesidad *s. f.* **1.** Impulso irresistible que hace que las causas obren infaliblemente en cierto sentido. **2.** Todo aquello de lo que no puede uno prescindir.

necesitar *v. tr.* Tener necesidad de alguien o de alguna cosa.

necio, cia *adj.* Ignorante.

necrología *s. f.* Biografía de una persona notable, muerta recientemente.

necrópolis *s. f.* Cementerio de gran extensión, en que abundan los monumentos fúnebres.

necrosis *s. f.* Muerte local de células y tejidos en el organismo vivo, especialmente del tejido óseo.

néctar *s. m., fig.* Cualquier licor delicioso y suave.

necton *s. m.* Conjunto de animales marinos o lacustres que pueden moverse por su propio impulso a través del agua.

nefando, da *adj.* Muy malo, torpe, del que no se puede hablar sin repugnancia.

nefario, ria *adj.* Sumamente malvado, impío e indigno del trato humano.

nefasto, ta *adj.* Aplicado a día o a cualquier otra división de tiempo, triste, funesto, ominoso.

nefritis *s. f.* Inflamación de los riñones.

negación *s. f.* **1.** Falta total de una cosa. **2.** Partícula o voz que sirve para negar.

negar *v. tr.* **1.** Declarar que no es verdad una cosa sobre la cual se pregunta. **2.** Decir que no a lo que se pretende o se pide, o no concederlo.

negatrón *s. m.* Electrón negativo.

negligencia *s. f.* Descuido, omisión.

negligente *adj.* Descuidado, omiso.

negociado *s. m.* Cada una de las dependencias de una organización administrativa.

negociante *s. m. y s. f.* Comerciante.

negociar *v. intr.* Tratar y comerciar, comprando, vendiendo o cambiando géneros, mercaderías o valores.

negocio *s. m.* Cualquier ocupación hecha por lucro o interés.

negrear *v. intr.* Tirar a negro.

negrilla *s. f.* Hongos parásito que atacan a los olivos, naranjos y limoneros.

negrillo *s. m.* Olmo, árbol.

negro, gra *adj.* **1.** De color totalmente oscuro, como el carbón. **2.** Se dice de la persona perteneciente a la raza negra.

negrura *s. f.* Hongo parásito del olivo perteneciente al género torula.

neguilla *s. f.* Planta cariofilácea, lanuginosa y fosforescente, de flores rojizas.

nema *s. f.* Cierre o sello de una carta.

nene, na *s. m. y s. f. fam.* Niño pequeño.

nenúfar *s. m.* Planta acuática ninfeácea, de rizoma largo y nudoso, fijo al fondo de los estanques, lagos o ríos en que habitan; su fruto es capsular.

neófito, ta *s. m. y s. f.* Persona, especialmente adulta, recién bautizada o admitida recientemente al estado eclesiástico o religioso.

neologismo *s. m.* Vocablo, acepción o giro nuevo en una lengua.

neón *s. m.* Neo, gas noble, poco activo, que se encuentra en el aire, incoloro e inodoro.

neoplasia *s. f.* Formación anormal de un tejido cuyos elementos sustituyen invasoramente a los de los tejidos normales.

neoplasma *s. f.* Tejido celular anormal de nueva formación.

nepa *s. m.* Género de insectos hemípteros heterópteros, de los népidos.

nepote *s. m.* Pariente y privado del Papa.

nepotismo *s. m.* Favoritismo hacia los parientes para las gracias o empleos públicos.

nereida *s. f.* Cualquiera de las ninfas que residían en el mar, mitad mujer, mitad pez.

nervadura *s. f.* **1.** Nervio, arco que sirve para formar la estructura de las bóvedas góticas. **2.** Conjunto de los nervios de una hoja.

nervio *s. m.* **1.** Cada uno de los órganos en forma de cordón blanquecino que, partiendo del cerebro, la médula espinal u otros centros, se distribuyen por todas las partes del cuerpo. **2.** Haz fibroso que, en forma de hilo, corre a lo largo de las hojas. **3.** Arco que, cruzándose con otro, forma la bóveda de crucería.

nerviosidad *s. f.* Estado pasajero de excitación nerviosa.

nerviosismo *s. m.* Nerviosidad, excitación.

nervioso, sa *adj.* Se aplica a la persona cuyos nervios fácilmente se excitan.

nervosidad *s. f.* Fuerza y actividad de los nervios.

nesciente *adj.* Que no sabe.

nesga *s. f.* Pieza de lienzo o paño de forma triangular que se añade a un vestido para darle vuelo.

nesgar *v. tr.* Cortar una tela en dirección oblicua a la de sus hilos.

neto, ta *adj.* **1.** Limpio y puro. **2.** Que resulta líquido en la suma, precio o valor de una cosa después de comparar el cargo con la data.

neumático, ca *adj.* Se dice de varios aparatos destinados a operar con el aire.

neumococo *s. m.* Diplococo que es el agente patógeno de algunas pulmonías.

neumotórax *s. m.* Acumulación natural o provocada de aire u otros gases en la cavidad de la pleura.

neuralgia *s. f.* Dolor vivo a lo largo de un nervio y de sus ramificaciones.

neurastenia *s. f.* Enfermedad producida por debilidad nerviosa, caracterizada por una depresión de las fuerzas vitales y otros síntomas diversos.

neuritis *s. f.* Lesión inflamatoria o degenerativa de un nervio.

neurología *s. f.* Parte de la anatomía que estudia el sistema nervioso y sus enfermedades.

neuroma *s. f.* Tumor circunscrito formado por tejido nervioso y acompañado de intenso dolor.

neurona *s. f.* Célula nerviosa con prolongaciones protoplasmáticas y cilindroeje, constituyente del sistema nervioso.

neurópata *s. m. y s. f.* Persona que padece enfermedades nerviosas.

neurosis *s. f.* Enfermedad nerviosa.

neutral *adj.* Que, entre dos partes que contienden, no es ni de una ni de otra; se dice de personas y cosas.

neutralización *s. f.* Anulación de efectos perjudiciales en circuitos eléctricos.

neutralizar *v. tr.* **1.** Hacer neutral un estado o territorio. También prnl. **2.** Reducir o vencer a un atacante o contrincante.

neutrino *s. m.* Partícula eléctricamente neutra y cuya masa es inapreciable.

neutro, tra *adj.* **1.** Se dice del compuesto químico en que no predominan las propiedades de ninguno de sus elementos. **2.** Se dice del cuerpo que posee cantidades iguales de electricidad positiva y negativa. **3.** Se dice de algunos animales que no tienen sexo.

neutrón *s. m.* Uno de los tres constituyentes corpusculares del núcleo atómico, de carga eléctrica nula.

nevada *s. f.* Cantidad de nieve caída de una vez y sin interrupción sobre la tierra.

nevadilla *s. f.* Hierba cariofilácea, de tallos vellosos, hojas puntiagudas, flores pequeñas y verdosas.

nevar *v. intr.* Caer nieve.

nevera *s. f.* **1.** Sitio en que se guarda o conserva nieve. **2.** Armario frigorífico para el enfriamiento o conservación de alimentos y bebidas.

nevero *s. m.* Paraje de las montañas elevadas donde se conserva la nieve todo el año.

nevisca *s. f.* Nevada corta de copos menudos.

neviscar *v. intr.* Nevar ligeramente.

nexo *s. m.* Nudo, unión o vínculo de una cosa con otra.

ni *conj. cop.* Cópula que enlaza vocablos o frases, denotando negación, precedida o seguida de otra u otras.

nicho *s. m.* Concavidad en el espesor de un muro.

nicotina *s. f.* Alcaloide venenoso, sin oxígeno, líquido, oleaginoso, que se extrae del tabaco.

nidada *s. f.* Conjunto de los huevos puestos en el nido.

nidal *s. m.* Lugar donde las gallinas u otras aves domésticas suelen poner sus huevos.

nidificar *v. intr.* Hacer nidos las aves.

niebla *s. f.* Nube en contacto con la Tierra y que oscurece más o menos la atmósfera.

niel *s. m.* Labor en hueco sobre metales preciosos, rellena con esmalte negro.

nielar *v. tr.* Adornar con nieles.

nieto, ta *s. m. y s. f.* Respecto de una persona, hijo o hija de su hijo o de su hija.

nieve *s. f.* Agua helada que se desprende de las nubes, en forma de pequeños cristales, los cuales, agrupándose al caer, llegan al suelo en copos blancos.

nigromancia *s. f.* Arte supersticioso de adivinar lo futuro evocando a los muertos.

nimbar *v. tr.* Rodear de nimbo o aureola una figura o imagen.

nimbo *s. m.* **1.** Aureola, disco luminoso de las cabezas de las imágenes. **2.** Capa de nubes formada por cúmulos.

nimiedad *s. f.* **1.** Exceso, demasía. **2.** Prolijidad, minuciosidad.

nimio, mia *adj.* **1.** Excesivo, exagerado; en general, se dice de las cosas no materiales. **2.** Prolijo, minucioso.

ninfa *s. f.* Cualquiera de las fabulosas deidades de las aguas, bosques, selvas, etc., representadas por mujeres.

ningún *adj.* Apócope de ninguno.

niña *s. f.* Pupila del ojo.

niñada *s. f.* Dicho o hecho impropio de la edad adulta, sin advertencia ni reflexión.

niñear *v. intr.* Hacer niñadas o portarse alguien como si fuera un niño.

niñera *s. f.* Persona destinada a cuidar niños.

niñería *s. f., fig.* Hecho o dicho de poca entidad o sustancia.

niñez *s. f.* Primer período de la vida humana, desde el nacimiento hasta la adolescencia.

niño, ña *s. m. y s. f.* Persona que se halla en la niñez.

níquel *s. m.* Metal duro, magnético, dúctil, de color y brillo semejante a los de la plata, algo más pesado que el hierro, difícil de fundir y de oxidar.

nirvana *s. m.* En el budismo, suprema y eterna beatitud consistente en una existencia despojada de todo atributo corpóreo.

níspero *s. m.* Árbol rosáceo, de tronco tortuoso, delgado y con ramas abiertas; hojas grandes, flores blancas axilares y fruto aovado del mismo nombre.

níspola *s. f.* Fruto del níspero, blando, pulposo, dulce y comestible cuando está pasado.

nistagmo *s. m.* Movimiento inconsciente y rápido del globo ocular, ocasionado por afección del cerebelo.

nitral *s. m.* Criadero de nitro.

nitrato *s. m.* Compuesto derivado de la combinación del ácido nítrico con una sal.

nitro *s. m.* Nitrato potásico que se encuentra en forma de agujas o de polvillo blanquecino en la superficie de los terrenos húmedos y salados.

nitrógeno *s. m.* Elemento gaseoso, incoloro, transparente, insípido e inodoro, que constituye las cuatro quintas partes del aire atmosférico.

nitroglicerina *s. f.* Líquido pesado, aceitoso, inodoro y explosivo, que resulta de la acción del ácido nítrico en la glicerina.

nivel *s. m.* Aparato para averiguar la diferencia de altura entre dos puntos o comprobar si tienen la misma.

nivelar *v. tr.* Echar el nivel para ver la condición de horizontalidad.

níveo, a *adj.* De nieve o semejante a ella.

no *adv. neg.* Con este sentido se emplea principalmente respondiendo negativamente a una pregunta.

nobiliario, ria *adj.* Se dice del libro que trata de la nobleza.

noble *adj.* **1.** Preclaro, ilustre, generoso. **2.** Se dice de la persona y, por extensión, de sus parientes, que por su nacimiento o por gracia del príncipe tiene algún título del reino que la distingue de las demás.

nobleza *s. f.* Conjunto o cuerpo de los nobles de una región o Estado.

noche *s. f.* Tiempo comprendido entre la puesta y la salida del Sol.

Nochebuena *n. p.* Noche de la víspera de Navidad.

Nochevieja *n. p.* La última del año.

noción *s. f.* Conocimiento o idea que se tiene de una cosa.

nocivo, va *adj.* Dañoso, perjudicial.

noctámbulo, la *adj.* Se dice de la persona que anda vagando durante la noche.

nodo *s. m.* Cada uno de los dos puntos opuestos en que la órbita de un astro corta la Eclíptica.

nodriza *s. f.* Mujer que da de mamar a una criatura ajena, ama de cría.

nódulo *s. m.* Concreción de poco volumen.

nogal *s. m.* Árbol juglandáceo, de tronco corto y robusto, copa grande; hojas puntiagudas dentadas y de olor aromático; flores blanquecinas y por fruto la nuez.

nogalina *s. f.* Color obtenido de la cáscara de la nuez, usado para pintar imitando el color de nogal.

nolición *s. f.* Acto de no querer.

nómada *adj.* Se dice del individuo, familia, pueblo o especie animal que anda vagando sin domicilio fijo.

nombradía *s. f.* Notoriedad, reputación.

nombrado, da *adj.* Célebre, famoso.

nombramiento *s. m.* Documento en que consta un nombramiento para un cargo u oficio.

nombrar *v. tr.* **1.** Decir el nombre o mencionar a una persona o cosa. **2.** Hacer mención particular de alguien o algo.

nombre *s. m.* **1.** Palabra que se aplica a una persona o cosa para distinguirla de las demás. **2.** Sobrenombre que se da a alguien.

nomenclátor *s. m.* Catálogo de nombres, de pueblos, de sujetos o de voces técnicas de una ciencia o facultad.

nomenclatura *s. f.* **1.** Lista o catálogo. **2.** Conjunto de voces técnicas de una ciencia o facultad.

nómina *s. f.* Lista o catálogo de nombres de personas o cosas.

nominal *adj.* Que tiene nombre de una cosa y le falta la realidad de ella en todo o en parte.

nominativo *s. m.* Caso de la declinación que designa el sujeto de la oración y no lleva preposición.

nominilla *s. f.* En las oficinas, autorización que se entrega a los que cobran como pasivos para que, presentándola, puedan percibir su haber.

nómino *s. m.* Sujeto capaz de ejercer en la república los empleos y cargos honoríficos por nominación que se hace para ellos de su persona.

nomografía *s. f.* Tratado sobre las leyes.

nomograma *s. m.* Representación gráfica de una nomografía.

nona *s. f.* Última de las cuatro partes iguales en que dividían los romanos el día artificial.

nonada *s. f.* Cosa sin importancia.

nonagenario, ria *adj.* Que ha cumplido la edad de noventa años y no llega a la de cien.

nonato, ta *adj.* No nacido naturalmente, sino extraído del claustro materno mediante la operación cesárea.

noningentésimo, ma *adj. num.* Se dice de cada una de las 900 partes iguales en que se divide un todo.

nonio *s. m.* Pieza de varios instrumentos matemáticos y que se aplica sobre una regla con valores graduados, a fin de apreciar las fracciones de las divisiones menores de la graduación.

nono, na *adj. num.* Noveno.

nopal *s. m.* Planta cactácea, con tallos formados por paletas ovales, erizadas de espinas que representan las hojas, flores grandes, y por fruto el higo chumbo o tuna.

noque *s. m.* Pequeño estanque o pozuelo en que se ponen a curtir las pieles.

noquear *v. tr.* En boxeo, dejar fuera de combate.

nordeste *s. m.* Punto del horizonte situado a igual distancia del Norte y del Este.

noria *s. f.* Máquina compuesta de dos grandes ruedas, una horizontal, a manera de linterna, movida por una palanca, y otra vertical, que engrana en la primera y lleva colgada una maroma con arcaduces para sacar agua de un pozo.

norma *s. f.* **1.** Escuadra que usan los artífices para arreglar maderas, piedras, etc. **2.** *fig.* Regla que se debe seguir o a que se deben ajustar las operaciones, conductas, etc.

normal *adj.* **1.** Que se halla en su estado natural. **2.** Que sirve de norma o regla.

normalizar *v. tr.* Poner en buen orden lo que no lo estaba.

noroeste *s. m.* Punto del horizonte situado a igual distancia del Norte y del Oeste.

Norte *n. p.* Punto cardinal que cae frente a un observador a cuya derecha da el Oriente.

nos *pron. pers.* Forma átona del pronombre personal de primera persona, género masculino o femenino y número plural, que puede funcionar como complemento directo o como complemento indirecto.

nosocomio *s. m.* Hospital de enfermos.

nosología *s. f.* Parte de la medicina que tiene por objeto diferenciar, describir y clasificar las enfermedades.

nosotros, tras *pron. pers.* Forma átona del pronombre personal de primera persona, género masculino o femenino y número plural, que puede funcionar como sujeto o como pronombre con preposición.

nostalgia *s. f.* Pena de verse ausente de la patria o de los deudos o amigos.

nota *s. f.* **1.** Marca o señal que se pone en una cosa para darla a conocer. **2.** Advertencia, comentario, etc. que en impresos o manuscritos va fuera de texto.

notabilidad *s. f.* Persona notable por sus cualidades o méritos.

notable *adj.* Digno de nota, reparo, atención o cuidado.

notación *s. f.* Representación por medio de un sistema de signos convencionales.

notar *v. tr.* **1.** Señalar una cosa para que se conozca o se advierta. **2.** Reparar, observar o advertir.

notaría *s. f.* Profesión de notario.

notariado, da *adj.* Se dice de lo autorizado ante notario.

notario, ria *s. m. y s. f.* Funcionario público autorizado para dar fe de los contratos, testamentos y otros actos extrajudiciales, conforme a las leyes.

noticia *s. f.* **1.** Noción, conocimiento elemental. **2.** Suceso que se comunica.

noticioso, sa *adj.* Sabedor o que tiene noticia de una cosa.

notificación *s. f.* Documento en que se hace constar.

notificar *v. tr.* Hacer saber una resolución de la autoridad con las formalidades preceptuadas para el caso.

noto *s. m.* **1.** Austro, viento del sur. **2.** Sur, punto cardinal.

notoriedad *s. f.* Nombradía, fama.

novador, ra *adj.* Inventor de novedades.

novar *v. tr.* Sustituir una obligación a otra otorgada anteriormente, la cual queda anulada con este acto.

novatada *s. f.* Broma y molestias causadas a los alumnos en las academias, colegios, ejército, etc., por los veteranos a los novatos, quintos, etc.

novato, ta *adj.* Nuevo o principiante en cualquier facultad o materia.

novecientos, tas *adj. num.* Nueve veces ciento.

novedad *s. f.* Estado de las cosas recién hechas o discurridas, o nuevamente vistas, oídas o descubiertas.

novel *adj.* Novato, sin experiencia.

novela *s. f.* Obra literaria en prosa de cierta extensión, en que se narra una acción fingida, en todo o en parte, caracteres, personajes, etc.

novelista *s. m. y s. f.* Persona que escribe novelas literarias.

novena *s. f.* Ejercicio devoto dedicado a un determinado culto por el espacio de nueve días.

novenario *s. m.* Espacio de nueve días que se dedica a la memoria de un difunto.

noveno, na *adj. num.* Que ocupa el último lugar en una serie ordenada de nueve.

noventa *adj. num.* Nueve veces diez.

noviazgo *s. m.* **1.** Estado o condición de novio o novia. **2.** Tiempo que dura.

noviciado *s. m.* **1.** Tiempo de prueba por el que pasa un religioso antes de profesar órdenes. **2.** Casa en que habitan los novicios.

novicio, cia *s. m. y s. f.* **1.** Religioso que aún no ha profesado. **2.** *fig.* Principiante en cualquier arte, oficio o facultad.

noviembre *s. m.* Undécimo mes del año; consta de 30 días.

novillo, lla *s. m. y s. f.* Toro o vaca de dos o tres años, en especial cuando todavía no están domados.

novilunio *s. m.* Conjunción de la Luna con el Sol.

novio, via *s. m. y s. f.* Persona que va a contraer matrimonio.

nubada *s. f.* Golpe abundante de agua.

nubarrón *s. m.* Nube grande y separada de las otras.

nube *s. f.* Masa de vapor acuoso suspendida en la atmósfera y que por la acción de la luz aparece de color blanco, oscuro o de diverso matiz.

núbil *adj.* Se dice de la persona que ha llegado a la edad en que es apta para el matrimonio.

nubilidad *s. f.* Edad en que hay aptitud para contraer matrimonio.

nubloso, sa *adj.* Cubierto de nubes.

nuca *s. f.* Parte alta de la cerviz, correspondiente al lugar en que se une el espinazo con la cabeza.

núcleo *s. m.* Parte fundamental de algo.

nucléolo *s. m.* Corpúsculo secundario de que consta el núcleo de la célula.

nudillo *s. m.* Cualquiera de las articulaciones de las falanges de los dedos.

nudo *s. m.* **1.** Lazo que se estrecha y cierra de modo que con dificultad se puede soltar. **2.** Cada una de las divisiones de la corredera; trayecto de navegación que se mide con cada una de ellas.

nuera *s. f.* Mujer del hijo, respecto de los padres de éste.

nueva *s. f.* Noticia que no se ha dicho o no se ha oído antes.

nueve *adj. num.* Ocho y uno.

nuevo, va *adj.* Recién hecho o fabricado.

nuez *s. f.* Fruto del nogal.

nueza *s. f.* Planta herbácea cucurbitácea, trepadora, de flores de color verde amarillento y fruto encarnado en baya.

nulidad *s. f., fam.* Persona incapaz, inepta.

nulo, la *adj.* Falto de valor y fuerza para obligar o tener efecto legal.

numen *s. m.* Inspiración del escritor o artista.

numerable *adj.* Que se puede reducir a número.

numeración *s. f.* Arte de expresar de palabra o por escrito todos los números con una cantidad limitada de vocablos y de caracteres o guarismos.

numerador *s. m.* Guarismo que señala el número de partes iguales de la unidad que contiene un quebrado.

numerar *v. tr.* **1.** Contar por el orden de los números. **2.** Marcar con números.

numerario, ria *adj.* **1.** Que es del número o perteneciente a él. ‖ *s. m.* **2.** Moneda acuñada o dinero efectivo.

numérico, ca *adj.* Compuesto o ejecutado con números.

número *s. m.* Expresión de la cantidad computada con relación a una unidad.

numeroso, sa *adj.* Que incluye gran número de personas o cosas.

numismática *s. f.* Ciencia que trata del conocimiento de las monedas y medallas, principalmente de las antiguas.

numulario, ria *s. m. y s. f.* Persona que comercia o trata con dinero.

nunca *adv. t.* En ningún tiempo.

nunciatura *s. f.* **1.** Dignidad de nuncio. **2.** Tribunal de la Rota de la nunciatura apostólica en España.

nuncio *s. m.* **1.** Persona que lleva aviso o noticia de un sujeto a otro. **2.** Representante diplomático del Papa.

nuncupativo, va *adj.* Se dice del acto que se realiza oral y públicamente aunque después se reduzca a escritura.

nupcialidad *s. f.* Número proporcional de matrimonios en un tiempo y lugar determinados.

nutación *s. f.* Ligera oscilación periódica del eje de la Tierra.

nutria *s. f.* Mamífero carnívoro mustélido, de cabeza ancha y aplastada, cuerpo delgado, patas cortas, cola larga y gruesa, y pelaje espeso y muy fino.

nutrir *v. tr.* Proporcionar a un organismo viviente las sustancias que necesita para su crecimiento y para reparar sus pérdidas. También prnl.

nutritivo, va *adj.* Capaz de nutrir.

nylon *s. m.* Nailon.

Ñ

ñ *s. f.* Decimoquinta letra del abecedario español y decimosegunda de sus consonantes.

ñacurutú *s. m.* Ave nocturna parecida a la lechuza, de color amarillento y grisáceo.

ñagaza *s. f.* Objeto que sirve para atrapar aves.

ñame *s. m.* Planta herbácea dioscoreácea, de tallos endebles, hojas grandes, flores pequeñas y verdosas, y raíz tuberculosa comestible.

ñandú *s. m.* Ave corredora, parecida al avestruz, que se diferencia de ésta por tener tres dedos en cada pie y ser algo más pequeña y de plumaje gris.

ñaque *s. m.* Conjunto de cosas generalmente inútiles.

ñarro, rra *adj.* Se dice de las personas o cosas que son muy pequeñas.

ñoclo *s. m.* Especie de dulce hecho de harina, azúcar, huevos, vino y anís.

ñoñería *s. f.* Acción o dicho propio de persona ñoña.

ñoño, ña *adj.* **1.** *fam.* Se dice de la persona muy apocada o melindrosa. **2.** Dicho de una cosa, de poca sustancia.

ñoqui *s. m.* Alimento de origen italiano con forma de concha, elaborado a base de sémola, leche y huevo.

ñora *s. f.* Pimiento seco que se usa como condimento.

ñu *s. m.* Mamífero que habita en África del Sur, perteneciente a los bóvidos, caracterizado por su gran velocidad. Tiene cabeza ancha y corta, y cuernos cilíndricos colocados hacia delante y arriba.

O

o¹ *s. f.* Decimosexta letra del abecedario español y cuarta de sus vocales.

o² *conj. disy.* Denota diferencia, separación o alternancia entre dos o más personas, cosas o ideas.

oasis *s. m.* **1.** Paraje con vegetación y a veces con manantiales, en medio de un desierto. **2.** *fig.* Tregua, descanso.

obcecación *s. f.* Ofuscación tenaz y persistente.

obcecar *v. tr.* Cegar, deslumbrar. También prnl.

obedecer *v. tr.* Cumplir la voluntad de quien manda.

obediente *adj.* Propenso a obedecer.

obelisco *s. m.* Monumento en forma de pilar muy alto, de sección cuadrada y remate piramidal.

obenque *s. m.* Cada uno de los cabos gruesos que sujetan la cabeza de un palo o de un mastelero a la mesa de guarnición o a la cofa correspondiente.

obertura *s. f.* Pieza instrumental con que se da principio a una ópera, oratorio, etc.

obeso, sa *adj.* Se dice de la persona excesivamente gruesa.

óbice *s. m.* Obstáculo, estorbo.

obispillo *s. m.* **1.** Morcilla grande y gruesa. **2.** Rabadilla de las aves.

obispo *s. m.* Prelado dotado de jurisdicción sobre una diócesis.

óbito *s. m.* Fallecimiento de una persona.

obituario *s. m.* Libro parroquial en que se anotan las partidas de defunción y de entierro.

objeción *s. f.* Razón con que se impugna una proposición o una afirmación ajena.

objetar *v. tr.* Oponer reparo a una opinión o designio; proponer una razón contraria a lo que se ha dicho o intentado.

objetivo *s. m.* Lente o sistema de lentes colocados en los extremos de los microscopios, anteojos, etc., en la parte dirigida hacia los objetos.

objeto *s. m.* **1.** Todo lo que puede ser materia de conocimiento o sensibilidad de parte del sujeto. **2.** Materia y sujeto de una ciencia.

oblación *s. f.* Ofrenda y sacrificio que se hace a Dios.

oblata *s. f.* Dinero que se da a la Iglesia por el gasto de vino, hostias, cera u ornamentos para decir las misas.

oblea *s. f.* Hoja muy delgada de masa de harina y agua, cocida en molde.

oblicuo, cua *adj.* Que no es perpendicular ni paralelo a un plano, a una recta o a una dirección determinada.

obligación *s. f.* **1.** Imposición o exigencia moral que debe regir la voluntad libre. **2.** Vínculo que sujeta a hacer o abstenerse de hacer una cosa.

obligacionista *s. m. y s. f.* Portador o tenedor de una o varias obligaciones negociables.

obligar *v. tr.* **1.** Mover, compeler a alguien a cumplir una cosa. **2.** Ganar la voluntad de alguien con beneficios u obsequios. **3.** Hacer fuerza en una cosa para conseguir un efecto.

obliterar *v. tr.* Obstruir o cerrar un conducto del cuerpo. También prnl.

oblongo, ga *adj.* Más largo que ancho.

oboe *s. m.* Instrumento de viento, formado por un tubo cónico de madera, con agujeros y llaves, dividido en tres piezas.

ÓBOLO - OCASO

óbolo *s. m.* **1.** Moneda griega antigua de plata. **2.** *fig.* Donativo escaso con que se contribuye para un fin determinado.

obra *s. f.* **1.** Cosa hecha o producida por un agente. **2.** Cualquier producción del entendimiento en ciencias, letras o artes. **3.** Edificio en construcción.

obrador *s. m.* Taller, local en que se trabaja una obra de manos.

obraje *s. m.* Manufactura.

obrar *v. tr.* **1.** Hacer una cosa, trabajar en ella. *v. intr.* **2.** Exonerar el vientre.

obrepción *s. f.* Falsa narración de un hecho, que se hace al superior para conseguir alguna ventaja, de modo que oculta el impedimento que haya para su logro.

obrero, ra *s. m. y s. f.* Trabajador manual retribuido.

obscenidad *s. f.* Cosa obscena.

obsceno, na *adj.* Ofensivo al pudor.

obsequiar *v. tr.* Agasajar a alguien con atenciones, servicios o regalos.

obsequio *s. m.* Regalo.

observar *v. tr.* **1.** Cumplir exactamente lo que se manda. **2.** Advertir, reparar.

observatorio *s. m.* **1.** Lugar o posición que sirve para hacer observaciones. **2.** Edificio con inclusión de personal e instrumentos apropiados para las observaciones astronómicas o meteorológicas.

obsesión *s. f., fig.* Apoderamiento del espíritu por una idea o preocupación.

obstáculo *s. m.* Impedimento, embarazo, inconveniente.

obstar *v. intr.* Impedir, estorbar, hacer contradicción y repugnancia.

obstetricia *s. f.* Parte de la medicina que trata de la gestación, el parto y el tiempo que sigue a éste.

obstinación *s. f.* Pertinacia, terquedad.

obstinado, da *adj.* Perseverante o tenaz en ideas o empresas.

obstinarse *v. prnl.* Mantenerse alguien en su resolución y tema, sin dejarse vencer por razonamientos, ruegos o amonestaciones, ni por obstáculos o reveses.

obstruir *v. tr.* **1.** Estorbar el paso, cerrar un conducto o camino. **2.** Impedir la acción.

obtener *v. tr.* **1.** Alcanzar, conseguir y lograr una cosa que se merece, solicita o pretende. **2.** Tener.

obturar *v. tr.* Tapar o cerrar una abertura o conducto introduciendo o aplicando un cuerpo. También *v. prnl.*

obtusángulo, la *adj.* Se dice del triángulo que tiene obtuso uno de sus ángulos.

obtuso, sa *adj.* **1.** Romo, sin punta. **2.** *fig.* Torpe, tardo de comprensión.

obús *s. m.* Pieza de artillería para disparar granadas.

obvención *s. f.* Utilidad, fija o eventual, además del sueldo que se disfruta.

obviar *v. tr.* Evitar, rehuir, apartar y quitar de en medio obstáculos o inconvenientes.

oca *s. f.* Ánsar o ganso, ave.

ocarina *s. f.* Instrumento musical de forma ovoide, más o menos alargado y con ocho agujeros.

ocasión *s. f.* **1.** Oportunidad que se ofrece para ejecutar o conseguir una cosa. **2.** Peligro o riesgo.

ocasional *adj.* **1.** Se dice de lo que ocasiona. **2.** Que sobreviene accidentalmente.

ocasionar *v. tr.* **1.** Ser causa o motivo para que suceda una cosa. **2.** Mover o excitar. **3.** Poner en riesgo o peligro.

ocaso *s. m.* Puesta del Sol al trasponer el horizonte.

occidente *s. m.* Punto cardinal del horizonte por donde se pone el Sol en los días equinocciales.

occipital *s. m.* Hueso del cráneo correspondiente al occipucio.

occipucio *s. m.* Parte inferoposterior de la cabeza por donde ésta se une con las vértebras del cuello.

occisión *s. f.* Muerte violenta.

océano *s. m.* Masa total de agua salada que ocupa aproximadamente las tres cuartas partes de la Tierra.

oceanografía *s. f.* Ciencia que estudia los mares, con sus fenómenos, su fauna y su flora.

ocelo *s. m.* Ojo rudimentario de algunos animales inferiores.

ocelote *s. m.* Mamífero félido americano, de poco más de un metro de largo, cuerpo esbelto y pelaje suave y brillante con dibujos de varios matices.

ochavo *s. m.* Moneda de cobre con valor de dos maravedís.

ochenta *adj. num.* Ocho veces diez. También pron. y s. m.

ocho *adj. num.* **1.** Siete y uno. También pron. y s. m. ∥ **2.** Signo o cifra con que se representa el número ocho.

ocio *s. m.* **1.** Cesación del trabajo, inacción o total omisión de la actividad. **2.** Diversión y ocupación reposada, por descanso de otras tareas.

ocioso, sa *adj.* Se dice de la persona que está sin trabajar o sin hacer alguna cosa.

ocluir *v. tr.* Cerrar un conducto con algo que lo obstruya.

ocre *s. m.* Mineral terroso, de color amarillo, que es un óxido de hierro hidratado. Se emplea en pintura.

octaedro *s. m.* Sólido de ocho caras o planos, que son otros tantos triángulos.

octágono *s. m.* Polígono de ocho ángulos y ocho lados.

octante *s. m.* Instrumento astronómico análogo al sextante, cuyo sector comprende sólo la octava parte del círculo.

octava *s. f.* **1.** Toda composición métrica de ocho versos. **2.** Serie diatónica en que se incluyen los siete sonidos de una escala.

octavilla *s. f.* Papel impreso que se distribuye gratuitamente.

octavo, va *adj. num.* Se dice de cada una de las ocho partes iguales en que se divide un todo. También s. m.

octogésimo, ma *adj. num.* Se dice de cada una de las 80 partes iguales en que se divide un todo. También s. m. y s. f.

octóstilo, la *adj.* Que tiene ocho columnas.

octubre *s. m.* Décimo mes del año.

ocular *s. m.* Lente o combinación de cristales que los anteojos y otros aparatos de óptica tienen en la parte por donde mira o aplica el ojo el observador.

oculista *s. m. y s. f.* Médico que se dedica a las enfermedades de los ojos.

ocultar *v. tr.* Esconder, tapar, encubrir a la vista. También prnl.

ocultismo *s. m.* Conjunto de doctrinas y prácticas misteriosas que pretende investigar y someter al dominio humano las fuerzas ocultas de la naturaleza, las psíquicas y las de carácter misterioso.

ocupación *s. f.* Empleo, oficio o dignidad.

ocupar *v. tr.* **1.** Tomar posesión, apoderarse de una cosa. **2.** Llenar un espacio o lugar.

ocurrencia *s. f.* **1.** Encuentro, suceso casual. **2.** Idea inesperada, pensamiento, dicho agudo u original.

ocurrente *adj.* Se dice de la persona que tiene ocurrencias ingeniosas.

ocurrir *v. intr.* **1.** Prevenir, anticiparse o salir al encuentro. **2.** Acaecer, acontecer, suceder una cosa.

oda *s. f.* Composición poética del género lírico.

odiar *v. tr.* Tener odio.

odio *s. m.* Aversión hacia alguna cosa o persona cuyo mal se desea.

odioso, sa *adj.* Digno de odio.

odisea *s. f., fig.* Viaje largo y en el cual, por comparación con la leyenda mitológica griega, abundan las aventuras adversas y favorables, y sucesos extraños.

odontalgia *s. f.* Dolor de dientes o muelas.

odontología *s. f.* Estudio de los dientes y del tratamiento de sus dolencias.

odre *s. m.* Recipiente de cuero que se utiliza para contener líquidos.

oeste *n. p.* **1.** Occidente, punto cardinal. ‖ *s. m.* **2.** Viento que sopla de esta parte.

ofender *v. tr.* **1.** Hacer daño a alguien físicamente, hiriéndolo o maltratándolo. **2.** Injuriar de palabra o denostar a alguien. **3.** Causar molestia o asco.

ofensiva *s. f.* Situación o estado de la persona que pretende ofender o atacar.

oferta *s. f.* **1.** Promesa que se hace de dar, cumplir o ejecutar una cosa. **2.** Presentación de mercancía o mano de obra en solicitud de venta o contratación.

ofertorio *s. m.* Parte de la misa en que el sacerdote ofrece a Dios la hostia y el vino del cáliz, antes de consagrarlos.

oficial *adj.* **1.** Que es de oficio, y no particular o privado, que emana de la autoridad constituida. ‖ *s. m.* **2.** Militar que posee un cargo o empleo.

oficiar *v. tr.* Ayudar a cantar las misas y demás oficios divinos.

oficina *s. f.* Sitio donde se hace, se ordena o trabaja una cosa.

oficio *s. m.* **1.** Ocupación habitual. **2.** Profesión de alguna arte mecánica. **3.** Función propia o uso normal de alguna cosa.

oficioso, sa *adj.* **1.** Que se complace en ser útil y agradable a alguien. **2.** Provechoso, eficaz.

ofidio, dia *adj.* Se dice de los reptiles sin extremidades, con la boca dilatable y el cuerpo largo y estrecho revestido de piel escamosa. También s. m.

ofrecer *v. tr.* Presentar y dar voluntariamente una cosa.

ofrenda *s. f.* Don que se dedica a Dios o a los santos para implorar su auxilio o para cumplir con un voto u obligación.

ofrendar *v. tr.* Ofrecer dones y sacrificios a Dios por un beneficio recibido o en señal de rendimiento y adoración.

oftalmología *s. f.* Parte de la patología que trata de las enfermedades de los ojos.

oftalmólogo, ga *s. m. y s. f.* Oculista.

oftalmoscopio *s. m.* Instrumento para reconocer las partes interiores del ojo.

ofuscamiento *s. m.* **1.** Turbación de la vista debida a un reflejo grande de luz que da en los ojos. **2.** *fig.* Oscuridad de la razón.

ofuscar *v. tr.* **1.** Turbar la vista. También prnl. **2.** *fig.* Trastornar, conturbar o confundir las ideas; alucinar. También prnl.

ogro *s. m.* Gigante que se alimentaba de carne humana.

¡oh! *interj.* usada para manifestar diferentes emociones.

ohmio *s. m.* Unidad de resistencia eléctrica.

oídio s. m. Nombre genérico de ciertos hongos parásitos, como el que ataca la vid.

oído s. m. **1.** Sentido corporal con el cual se oyen los sonidos. **2.** Orificio en el taco de un barreno para colocar la mecha.

oír v. tr. **1.** Percibir los sonidos. **2.** Acceder a los ruegos, súplicas o avisos de alguien.

ojal s. m. **1.** Hendedura para abrochar un botón. **2.** Agujero que atraviesa de parte a parte algunas cosas.

¡ojalá! interj. que denota vivo deseo de que suceda una cosa.

ojaranzo s. m. Variedad de jara, ramosa, de tallos algo rojizos, hojas grandes y flores en corola grande y blanca.

ojeada s. f. Mirada rápida y ligera.

ojear[1] v. tr. Dirigir los ojos y mirar a determinada parte.

ojear[2] v. tr. Espantar la caza y acosarla hasta que llegue al sitio conveniente.

ojén s. m. Aguardiente preparado con anís y azúcar hasta la saturación.

ojera s. f. Coloración más o menos cárdena alrededor de la base del párpado inferior. Se usa más en pl.

ojeriza s. f. Enojo y mala voluntad contra alguien.

ojimiel s. m. Preparado farmacéutico antiguo a base de miel y vinagre.

ojiva s. f. Figura formada por dos arcos de círculo iguales, que presentan su concavidad contrapuesta y se cortan por uno de sus extremos.

ojo s. m. **1.** Órgano de la vista en el hombre y en los animales. **2.** Malla de la red.

ola s. f. Onda de gran amplitud, formada en la superficie de las aguas.

¡olé! interj. que se utiliza para denotar ánimo y aplauso. También s. m., y en pl.

oleada s. f. **1.** Ola grande. **2.** Movimiento impetuoso de una muchedumbre.

oleaje s. m. Sucesión continuada de olas.

oleína s. f. Sustancia líquida, ligeramente amarillenta, oleosa, soluble sólo en éter y alcohol, que entra en la composición de las grasas.

óleo s. m. Cuadro o lienzo realizado con pinturas disueltas en aceite secante.

oleoducto s. m. Tubería provista de bombas y otros aparatos para la conducción del petróleo a larga distancia.

oler v. tr. **1.** Percibir los olores. **2.** fig. Inquirir con curiosidad lo que hacen otros. ‖ v. intr. **3.** Exhalar olor o hedor.

olfato s. m. **1.** Sentido corporal con que se perciben los olores. **2.** fig. Sagacidad e ingenio para descubrir lo que está oculto o encubierto.

olíbano s. m. Incienso aromático, gomorresina.

oliera s. f. Vaso en que se guarda el santo óleo o crisma.

oligarquía s. f. Forma de gobierno en que unas cuantas personas asumen todos los poderes del Estado.

oligoceno, na adj. Se aplica al período geológico de la era terciaria que sucede al eoceno. También s. m.

olimpiada s. f. **1.** Fiesta o juego público que se hacía cada cuatro años en la antigua ciudad de Olimpia. **2.** Período de cuatro años comprendido entre dos celebraciones consecutivas de juegos olímpicos.

olimpo s. m. Morada de los dioses del paganismo griego.

oliscar v. tr. **1.** Oler con cuidado y persistencia. **2.** fig. Averiguar, inquirir o procurar saber una noticia.

oliva *s. f.* Aceituna, fruto del olivo.

oliváceo, a *adj.* De color de aceituna.

olivarda *s. f.* Ave, variedad de halcón, de plumaje amarillo verdoso.

olivicultura *s. f.* Arte de cultivar el olivo.

olivo *s. m.* Árbol oleáceo de cuyo fruto se extrae el aceite común.

olla *s. f.* **1.** Vasija redonda, de barro o metal, y con una o dos asas. **2.** Plato o guiso principal de la comida diaria en muchas regiones de España, compuesto de garbanzos, carne y tocino.

ollar *s. m.* Cada uno de los dos orificios de la nariz de las caballerías.

olmo *s. m.* Árbol ulmáceo, de tronco robusto y derecho, copa ancha y excelente madera.

ológrafo, fa *adj.* Se dice del testamento o de la memoria testamentaria de puño y letra del testador. También s. m. y s. f.

olor *s. m.* **1.** Sensación que las emanaciones de ciertos cuerpos producen en el olfato. **2.** *fig.* Fama, opinión y reputación.

olvidar *v. tr.* **1.** Perder la memoria de una cosa. También prnl. **2.** Descuidar inadvertidamente una cosa.

olvido *s. m.* **1.** Falta de memoria. **2.** Cesación del cariño que antes se tenía. **3.** Descuido.

ombligo *s. m.* **1.** Cicatriz redonda y arrugada que se forma en medio del vientre, después de romperse y secarse el cordón umbilical. **2.** *fig.* Centro de cualquier cosa.

omega *s. f.* Última letra del alfabeto griego.

ominoso, sa *adj.* Azaroso, de mal agüero, abominable, que predice desgracia.

omisión *s. f.* **1.** Incumplimiento parcial o total de una obligación. **2.** Descuido.

omiso, sa *adj.* Negligente y descuidado.

omitir *v. tr.* **1.** Dejar de hacer una cosa. **2.** Pasar en silencio una cosa. También prnl.

ómnibus *s. m.* Vehículo de gran capacidad que sirve para transportar personas dentro de las poblaciones, por precio módico.

omnipotencia *s. f.* **1.** Poder omnímodo, atributo exclusivo de Dios. **2.** *fig.* Poder muy grande.

omnipresencia *s. f.* Ubicuidad, capacidad de estar en todas partes.

omnisciencia *s. f.* Conocimiento de todas las cosas; atributo exclusivo de Dios.

omnívoro, ra *adj.* Se dice de los animales que se alimentan de toda clase de sustancias orgánicas, tanto vegetales como animales. También s. m.

omóplato *s. m.* Cada uno de los dos huesos anchos y planos, situados a uno y otro lado de la espalda, donde se articulan los brazos.

onagro *s. m.* Asno silvestre.

oncejera *s. f.* Lazo para cazar oncejos y otros pájaros pequeños.

onda *s. f.* **1.** Porción de agua que alternativamente se eleva y deprime en la superficie del mar, de un lago, etc. **2.** Ondulación.

ondear *v. intr.* **1.** Hacer ondas el agua impelida por el aire. **2.** *fig.* Formar ondas los pliegues que se hacen en una cosa.

ondina *s. f.* Ninfa que residía en el agua.

ondular *v. intr.* Moverse una cosa formando giros.

oneroso, sa *adj.* Pesado, molesto, gravoso.

ónice *s. m.* Ágata veteada de colores alternativamente claros y muy oscuros, usada para hacer camafeos.

onomatopeya *s. f.* Imitación del sonido de una cosa en el vocablo que se forma para significarla.

ontogenia *s. f.* Formación y desarrollo del individuo, referido al período embrionario.

ontología *s. f.* Parte de la metafísica que trata del ser en general y de sus propiedades transcendentales.

onza[1] *s. f.* Peso que es una de las dieciseisava parte en que se divide la libra.

onza[2] *s. f.* Mamífero carnívoro félido.

opaco, ca *adj.* **1.** Que impide el paso a la luz. **2.** Oscuro, sombrío.

opalino, na *adj.* De color entre blanco y azulado con reflejos irisados.

ópalo *s. m.* Mineral silíceo con algo de agua, lustre resinoso, duro, pero quebradizo y de colores diversos.

opción *s. f.* **1.** Libertad o facultad de elegir. **2.** La elección misma.

ópera *s. f.* Poema dramático compuesto en música todo él.

operar *v. tr.* **1.** Ejecutar sobre el cuerpo animal vivo algún trabajo para curar una enfermedad, suplir la acción de la naturaleza o corregir un defecto físico. || *v. intr.* **2.** Obrar una cosa.

operativo, va *adj.* Se dice de lo que obra y hace su efecto.

opérculo *s. m.* Pieza que, a modo de tapadera, sirve para tapar ciertas aberturas, como la que cierra las agallas de los peces.

opereta *s. f.* Ópera musical de poca extensión y de carácter cómico.

opilación *s. f.* **1.** Obstrucción en general. **2.** Hidropesía.

opimo, ma *adj.* Rico, fértil, abundante.

opinar *v. intr.* **1.** Formar o tener opinión. **2.** Hacer conjeturas referentes a la verdad o certeza de una cosa.

opinión *s. f.* **1.** Concepto que se forma o se tiene de una cosa cuestionable. **2.** Fama.

opio *s. m.* Sustancia de propiedades narcóticas, que se emplea en medicina.

opíparo, ra *adj.* Copioso y espléndido, tratándose de banquete, comida, etc.

oploteca *s. f.* Colección o museo de armas antiguas, preciosas o raras.

oponer *v. tr.* **1.** Poner una cosa contra otra para robarle o impedirle su efecto. También prnl. **2.** Proponer una razón o discurso contra lo que otro dice o siente.

oportunidad *s. f.* Conveniencia de tiempo y lugar para determinado fin.

oposición *s. f.* Contraposición, colocación de unas cosas enfrente de otras.

opoterapia *s. f.* Procedimiento terapéutico que se basa en el empleo de zumos de órganos animales o de sus extractos.

opresión *s. f.* Molestia producida por algo que oprime.

oprimir *v. tr.* **1.** Ejercer presión sobre una cosa. **2.** *fig.* Afligir, tiranizar.

oprobio *s. m.* Ignominia, afrenta.

optar *v. tr.* Escoger una cosa entre varias. También intr.

óptica *s. f.* **1.** Parte de la física que estudia las leyes y los fenómenos de la luz. **2.** Arte de construir espejos, lentes e instrumentos de óptica.

optimismo *s. m.* Propensión a ver y juzgar las cosas en su aspecto más favorable.

optómetro *s. m.* Instrumento para medir el límite de la visión distinta, calcular la dirección de los rayos luminosos en el ojo y elegir cristales, cuya aplicación principal es la graduación de la vista.

opuesto, ta *adj.* Enemigo o contrario.

opugnar *v. tr.* **1.** Hacer oposición con fuerza y violencia. **2.** Contradecir o rechazar las razones.

opulencia *s. f.* Riqueza.

opúsculo *s. m.* Obra científica o literaria de poca extensión.

oquedad *s. f.* Espacio que en un cuerpo sólido queda vacío.

oquedal *s. m.* Monte de árboles altos, sin matas.

oqueruela *s. f.* Lazadilla que se forma en el hilo de coser cuando está muy retorcido.

ora *conj. distrib.* Implica alternancia entre los elementos que relaciona.

oración *s. f.* **1.** Discurso pronunciado en público para persuadir o mover el ánimo. **2.** Ruego que se hace a Dios y a los santos.

oráculo *s. m., fig.* Persona sabia cuyo dictamen se considera como indiscutible.

orador, ra *s. m. y s. f.* **1.** Persona que ejerce la oratoria, que habla en público. **2.** Persona que pide y ruega.

oral *adj.* Expresado con la boca o con la palabra, a diferencia de lo escrito.

orangután *s. m.* Mono antropomorfo muy robusto e inteligente.

orante *adj.* Se dice de la figura humana pintada o esculpida en actitud de orar.

orar *v. intr.* **1.** Hablar en público. **2.** Hacer oración a Dios, vocal o mentalmente.

orario *s. m.* Estola grande que usa el Papa.

oratoria *s. f.* Arte de hablar con elocuencia.

oratorio *s. m.* Lugar destinado para hacer oración a Dios.

orbe *s. m.* **1.** Redondez o círculo. **2.** Esfera celeste o terrestre.

orbicular *adj.* Redondo o circular.

órbita *s. f.* Curva que describe un cuerpo celeste o un satélite artificial en un campo de fuerzas gravitatorio.

orca *s. f.* Cetáceo que puede medir diez m de largo, y que vive en los mares del Norte.

orden *s. amb.* **1.** Colocación de las cosas en el lugar correspondiente. **2.** Concierto, buena disposición de las cosas entre sí. **3.** Regla para hacer las cosas.

ordenación *s. f.* Disposición, prevención.

ordenanza *s. f.* **1.** Método, orden y concierto en las cosas que se ejecutan. **2.** Empleado subalterno en ciertas oficinas.

ordenar *v. tr.* **1.** Poner en orden una cosa. **2.** Mandar que se haga una cosa. **3.** Guiar, encaminar y dirigir a un fin.

ordeñar *v. tr.* Extraer la leche exprimiendo la ubre.

ordinal *adj.* **1.** Referente al orden. **2.** Se aplica al número y al adjetivo numeral que envuelven la idea de orden.

ordinario, ria *adj.* **1.** Común, regular. **2.** Bajo, vulgar. || *s. m.* **4.** Recadero que conduce personas o mercancías de un lugar a otro.

orear *v. tr.* Dar en una cosa el aire para que se seque o se le quite la humedad o el olor que ha contraído. Se usa más como prnl.

orégano *s. m.* Planta herbácea aromática, de la familia de las labiadas, cuyas hojas y flores se usan como condimento.

oreja *s. f.* Repliegue cutáneo sostenido por una lámina cartilaginosa que en las personas y en los mamíferos forma la parte externa del oído.

orejear *v. intr.* **1.** Mover las orejas un animal. **2.** *fig.* Hacer una cosa de mala gana y con repugnancia.

orejera *s. f.* Cada una de las dos piezas de la gorra o montera que cubren las orejas y se atan debajo de la barba.

orejón *s. m.* **1.** Pedazo de melocotón en forma de cinta secado al aire y al sol. Se usa más en pl. **2.** Tirón de orejas.

orejuela *s. f.* Cada una de las dos asas pequeñas que suelen tener las escudillas, bandejas, etc.

oreo *s. m.* Soplo del aire que da suavemente en una cosa.

orfanato *s. m.* Asilo de huérfanos.

orfandad *s. f.* Estado en que quedan los hijos por la muerte de sus padres o sólo del padre.

orfebre *s. m. y s. f.* Artífice que trabaja objetos artísticos de oro o plata.

orfeón *s. m.* Agrupación de cantantes en coro, sin instrumentos que los acompañen.

organdí *s. m.* Tela blanca de algodón muy fina y transparente.

orgánico, ca *adj.* Se aplica al cuerpo apto para la vida.

organismo *s. m.* **1.** Conjunto de los órganos que constituyen un ser vivo. **2.** Conjunto de leyes, usos y costumbres por los que se rige un cuerpo o institución social.

organización *s. f.* Disposición, orden.

organizar *v. tr.* Ordenar o disponer algo.

órgano *s. m.* Instrumento musical compuesto de muchos tubos, donde se produce el sonido mediante el paso del aire impelido mecánicamente.

orgánulo *s. m.* Parte de una célula que cumple la función de un órgano.

orgasmo *s. m.* Culminación o clímax de la excitación sexual.

orgía *s. f.* **1.** Banquete en que se cometen excesos. **2.** *fig.* Desenfreno en la satisfacción de apetitos o pasiones.

orgullo *s. m.* **1.** Estimación propia. **2.** Arrogancia o vanidad.

orientar *v. tr.* Colocar una cosa en posición determinada respecto a los puntos cardinales.

oriente *s. m.* **1.** Punto cardinal del horizonte, por donde aparece el Sol en los equinoccios. **2.** Nacimiento o principio de una cosa.

orificio *s. m.* Boca o agujero.

origen *s. m.* **1.** Aquello de que una cosa procede o se deriva. **2.** Ascendencia. **3.** *fig.* Principio o causa moral de una cosa.

original *adj.* Se dice de toda obra humana que no es copia o imitación de otra.

originar *v. tr.* Dar origen o principio a algo.

orilla *s. f.* **1.** Término, borde o extremo de la extensión superficial de algunas cosas. **2.** Extremo o remate de una tela de lana, de un vestido, etc.

orillar *v. intr.* Arrimarse a las orillas.

orillo *s. m.* Orilla de paño que normalmente se hace de la lana más basta, y de uno o más colores.

orín *s. m.* Óxido rojizo que se forma en la superficie del hierro.

orina *s. f.* Secreción líquida excrementicia de los riñones, de color amarillo cetrino, conducida a la vejiga por los uréteres y expelida por la uretra.

orinal *s. m.* Vasija para recoger la orina.

orinar *v. intr.* Expeler naturalmente la orina. También *prnl*.

orinque *s. m.* Cabo que une y sujeta una boya a un ancla fondeada.

oriundo, da *adj.* Originario.

orla *s. f.* **1.** Orilla de paños u otras cosas, con algún adorno que las distingue. **2.** Adorno que se pone en las orillas de una hoja de papel en torno de lo escrito o impreso, o de un retrato, cifra, etc.

ornamentar *v. tr.* Adornar.

ornamento *s. m.* **1.** Adorno || *s. m. pl.* **2.** Vestiduras sagradas y adornos del altar.

ornato s. m. Adorno, atavío, aparato.

ornitología s. f. Parte de la zoología que trata de las aves.

ornitorrinco s. m. Mamífero de Australia, del tamaño aproximado de un conejo.

oro s. m. **1.** Metal amarillo, muy dúctil y maleable. || s. m. pl. **2.** Uno de los cuatro palos de la baraja española.

orografía s. f. Parte de la geografía física que trata de la descripción de las montañas.

orondo, da adj. **1.** Se aplica a las vasijas de mucha concavidad. **2.** fam. Hueco. **3.** fig. y fam. Lleno de presunción.

oropel s. m. Lámina de latón, muy batida y adelgazada, que imita al oro.

oropéndola s. f. Pájaro de plumaje amarillo, con las alas y la cola negras, que hace el nido colgándolo de las ramas horizontales de los árboles.

oropimente s. m. Mineral compuesto de arsénico y azufre, de color de limón, de textura laminar o fibrosa.

orozuz s. m. Regaliz, planta.

orquesta s. f. Conjunto de músicos que ejecutan una obra instrumental.

orquídea s. f. **1.** Cualquier planta de las orquidáceas. **2.** Flor de una de ellas.

orquitis s. f. Inflamación del testículo.

ortiga s. f. Planta herbácea urticácea, con hojas cubiertas de pelos espinosos que segregan un líquido urente.

orto s. m. Salida o aparición del Sol o de otro astro por el horizonte.

ortodoxia s. f. Conformidad con el dogma católico.

ortogonio, nia adj. Se dice del triángulo rectángulo.

ortografía s. f. Parte de la gramática que enseña a escribir correctamente.

ortología s. f. Arte de pronunciar correctamente.

ortopedia s. f. Arte de corregir o de evitar las deformidades del cuerpo humano.

ortóptero, ra adj. Se aplica a los insectos masticadores con un par de élitros consistentes y otro de alas membranosas plegadas longitudinalmente. También s. m.

oruga s. f. Larva de los insectos lepidópteros.

orujo s. m. Hollejo de la uva, después de exprimida y sacada toda la sustancia.

orza s. f. Vasija vidriada de barro, alta y sin asas.

orzar v. intr. Inclinar la proa hacia la parte de donde viene el viento.

orzuelo[1] s. m. Divieso que nace en el borde de un párpado.

orzuelo[2] s. m. Especie de cepo para cazar las fieras por los pies.

osadía s. f. Atrevimiento, audacia.

osamenta s. f. Armazón óseo.

osar v. intr. Atreverse. También tr.

osario s. m. Lugar destinado en las iglesias o cementerios para reunir los huesos que se sacan de las sepulturas.

oscilar v. intr. Efectuar movimientos de vaivén a la manera de un péndulo o de un cuerpo colgado de un resorte o movido por él.

oscilatorio, ria adj. Se aplica al movimiento de los cuerpos que oscilan y a su aptitud o disposición para oscilar.

ósculo s. m. Beso de afecto.

oscurecer v. tr. **1.** Privar de luz y claridad. **2.** fig. Disminuir la estimación de las cosas, desacreditarlas. **3.** fig. Ofuscar la razón.

oscuro, ra adj. **1.** Que carece de luz o claridad. **2.** Se dice del color que casi lle-

ÓSEO - OVERA

ga a ser negro. También s. m. || *adj.* **3.** *fig.* Humilde.

óseo, a *adj.* De la naturaleza del hueso.

osezno *s. m.* Cachorro del oso.

osmio *s. m.* Metal semejante al platino, atacable por los ácidos, que forma con el oxígeno un ácido de olor muy fuerte y desagradable, y el más pesado de todos los cuerpos conocidos.

ósmosis *s. f.* Paso recíproco de líquidos de distinta densidad a través de una membrana que los separa.

oso *s. m.* Mamífero carnívoro plantígrado, de pelaje pardo y abundante.

osteítis *s. f.* Inflamación de los huesos.

ostensible *adj.* Manifiesto, patente.

ostensión *s. f.* Manifestación, a veces exagerada, de una cosa.

ostentación *s. f.* Jactancia y vanagloria.

ostentar *v. tr.* Hacer patente una cosa.

ostento *s. m.* Prodigio de la naturaleza o cosa milagrosa o monstruosa.

ostentoso, sa *adj.* Magnífico, suntuoso, pomposo.

osteología *s. f.* Parte de la anatomía, que trata de los huesos.

ostra *s. f.* Molusco acéfalo lamelibranquio, con una concha rugosa, que es marisco muy apreciado.

ostracismo *s. m.* **1.** Destierro político acostumbrado entre los antiguos griegos. **2.** *fig.* Exclusión voluntaria o forzosa de los oficios públicos.

ostrogodo, da *adj.* Se dice del individuo del pueblo godo que estuvo establecido al oriente del Dniéper. También s. m. y s. f.

otalgia *s. f.* Dolor de oídos.

otear *v. tr.* **1.** Registrar desde un lugar alto lo que está abajo. **2.** Escudriñar.

otero *s. m.* Cerro aislado que domina un llano.

otitis *s. f.* Inflamación del órgano del oído.

otología *s. f.* Parte de la patología que estudia las enfermedades del oído.

otoñal *adj.* Propio del otoño.

otoño *s. m.* Estación del año que comienza en el equinoccio del mismo nombre y termina en el solsticio de invierno.

otorgar *v. tr.* Consentir, condescender o conceder algo.

otorrea *s. f.* Flujo mucoso o purulento procedente del oído.

otorrinolaringología *s. f.* Parte de la patología que trata de las enfermedades del oído, nariz y laringe.

otro, tra *adj. indef.* Se aplica a la persona o cosa distinta de aquella de que se habla. También pron.

otrosí *adv. c.* Demás de esto, además.

ova *s. f.* Planta de la familia de las algas, formada por frondas más o menos filamentosas. Se usa más en pl.

ovación *s. f.* Aplauso ruidoso que tributa una muchedumbre.

oval *adj.* De figura semejante a la de un huevo.

ovalar *v. tr.* Dar a figura de óvalo.

óvalo *s. m.* **1.** Cualquier curva cerrada, parecida a la elipse. **2.** Cualquier figura plana, oblonga y curvilínea.

ovante *adj.* Victorioso o triunfante.

ovario *s. m.* Glándula sexual femenina en la cual se forman los óvulos.

ovariotomía *s. f.* Operación que consiste en la extirpación de uno o de ambos ovarios.

oveja *s. f.* Hembra del carnero.

overa *s. f.* Ovario de las aves.

oviducto *s. m.* Conducto interno que desde los ovarios llevan los óvulos o huevos al útero. En la especie humana se llama trompa de Falopio.

ovillar *v. intr.* Hacer ovillos.

ovillo *s. m.* Bola que se forma devanando hilos.

ovino, na *adj.* Se aplica al ganado lanar.

ovíparo, ra *adj.* Se aplica a las especies animales cuyas hembras ponen huevos. También s. m.

ovoide *adj.* Aovado, de figura de huevo.

óvulo *s. m.* Macrogameto, vesícula que contiene el germen de un nuevo ser orgánico antes de la fecundación.

¡ox! *interj.* que se usa para espantar la caza y las aves domésticas.

oxálico, ca *adj.* Se dice del ácido que se extrae de las acederas y otras sustancias.

oxalme *s. m.* Salmuera con vinagre.

oxear *v. tr.* Espantar las gallinas u otras aves domésticas.

oxidable *adj.* Que se puede oxidar.

oxidar *v. tr.* Transformar un cuerpo por la acción del oxígeno o de un oxidante. También prnl.

óxido *s. m.* Combinación del oxígeno con un metal o un metaloide, distinta de la de los ácidos.

oxigenar *v. tr.* **1.** Combinar el oxígeno formando óxidos. También prnl. ‖ *v. prnl.* **2.** *fig.* Airearse, respirar el aire libre.

oxígeno *s. m.* Metaloide gaseoso, esencial a la respiración, algo más pesado que el aire y parte integrante de él, del agua, de los óxidos, de casi todos los ácidos y de gran número de sustancias orgánicas.

oxiuro *s. m.* Lombriz intestinal, blanca y delgada.

¡oxte! *interj.* que se usa para rechazar a la persona o cosa que molesta.

oyente *s. m. y s. f.* Asistente a un aula, no matriculado como alumno.

ozono *s. m.* Gas muy oxidante, incoloro y de olor a marisco.

P

p *s. f.* Decimosexta letra del abecedario español y decimotercera de sus consonantes.

pabellón *s. m.* **1.** Edificio aislado que depende de otro contiguo a él. **2.** Bandera nacional.

pabilo *s. m.* **1.** Mecha que está en el centro de la vela o antorcha. **2.** Parte carbonizada de esta torcida.

pábulo *s. m.* **1.** Pasto, comida. **2.** Cualquier sustento en las cosas inmateriales.

pacato, ta *adj.* Muy pacífico y apacible.

pacer *v. intr.* Comer el ganado la hierba en los campos.

pachorra *s. f., fam.* Flema, tardanza.

paciencia *s. f.* Virtud que consiste en sufrir con entereza los infortunios y trabajos.

paciente *adj.* **1.** Que tiene paciencia. ‖ *s. m. y s. f.* **2.** Persona que padece una enfermedad, un mal físico.

pacificar *v. tr.* Establecer la paz donde había guerra, reconciliar a los enemistados.

pacotilla *s. f.* Porción de géneros que los marineros pueden embarcar sin pagar.

pactar *v. tr.* Poner condiciones para concluir un negocio u otra cosa entre partes, obligándose mutuamente a su observancia.

pacto *s. m.* Concierto o asiento entre dos o más personas o entidades que se obligan a su observancia.

padecer *v. tr.* **1.** Sentir corporalmente un daño, dolor, enfermedad, etc. **2.** Sentir agravios, injurias, pesares, etc.

padilla *s. f.* **1.** Sartén pequeña. **2.** Horno de pan con una abertura en el centro de la plaza.

padrastro *s. m.* Marido de la madre respecto de los hijos que ésta tiene de un matrimonio anterior.

padrazo *s. m., fam.* Padre muy indulgente.

padre *s. m.* **1.** Varón o macho que ha engendrado. **2.** Religioso o sacerdote, dicho en señal de veneración y respeto.

padrenuestro *s. m.* Oración de la Iglesia que comienza con estas palabras.

padrino *s. m.* Persona que presenta o asiste a otra que recibe el sacramento del bautismo, de la confirmación, del matrimonio o del orden, si es varón, o que profesa, si es religiosa.

padrón *s. m.* Nómina o lista que se hace en los pueblos para saber por sus nombres el número de vecinos o moradores.

paella *s. f.* Plato de arroz cocido y seco, con carne, legumbres, marisco, etc.

paga *s. f.* Cantidad de dinero que se da en pago.

pagano, na *adj.* Se aplica a los idólatras y politeístas, y a todo infiel no bautizado.

pagar *v. tr.* **1.** Dar a alguien lo que se le debe. **2.** *fig.* Expiar un delito por medio de la pena correspondiente.

pagaré *s. m.* Obligación escrita de pagar cierta cantidad en tiempo determinado.

pagel *s. m.* Pez marino acantopterigio, comestible, de cabeza y ojos grandes.

página *s. f.* **1.** Cada una de las dos planas de la hoja de un libro o cuaderno. **2.** Lo escrito o impreso en cada página.

paginar *v. tr.* Numerar páginas o planas.

pago *s. m.* **1.** Entrega de un dinero o especie que se debe. **2.** Satisfacción, recompensa.

pagoda *s. f.* Templo de los ídolos en algunos pueblos de Oriente.

paidología *s. f.* Ciencia que estudia lo referente al buen desarrollo físico o intelectual de la infancia.

paila *s. f.* Vasija grande de metal, a modo de sartén.

pailebote *s. m.* Goleta pequeña, con dos palos, sin gavias, muy rasa y fina.

paipái *s. m.* Abanico hecho con esta hoja, en forma de pala y con mango.

pairar *v. intr.* Estar quieta la nave con las velas tendidas y largas las escotas.

país *s. m.* Nación, territorio.

paisaje *s. m.* País, pintura o dibujo.

paja *s. f.* Caña de trigo y otras gramíneas, después de seca y separada del grano.

pajar *s. m.* Lugar donde se guarda la paja.

pajarete *s. m.* Vino licoroso, muy fino y delicado.

pajarita *s. f.* Figura de papel con forma de pájaro que resulta de doblar éste varias veces.

pájaro *s. m.* **1.** Nombre genérico que comprende toda especie de aves, sobre todo las pequeñas. **2.** *fig.* Hombre astuto.

pajarota *s. f., fam.* Noticia falsa y engañosa.

pajarraco, ca *s. m. y s. f., fig. y fam.* Persona disimulada y astuta.

pajaza *s. f.* Desecho de la paja larga que los caballos dejan en el pesebre.

paje *s. m.* **1.** Criado joven para acompañar a sus amos, servir a la mesa, etc. **2.** *fig.* Mueble formado por un espejo con pie alto y una mesita para utensilios de tocador.

pajera *s. f.* Pajar pequeño que suele haber en las caballerizas.

pajilla *s. f.* Cigarrillo hecho en una hoja de maíz recortada.

pajizo, za *adj.* **1.** Hecho o cubierto de paja. **2.** De color de paja.

pajuela *s. f.* Paja de centeno, tira de cañaheja o torcida de algodón, cubierta de azufre, que arde con llama.

pala *s. f.* Instrumento compuesto de una lámina de madera o hierro y un mango grueso, más o menos largo.

palabra *s. f.* **1.** Sonido o conjunto de sonidos articulados que expresan una idea. **2.** Representación escrita de estos signos. **3.** Facultad de hablar

palabrería *s. f.* Abundancia de palabras vanas y ociosas.

palabrota *s. f.* Dicho ofensivo, deshonesto o grosero.

palaciego, ga *adj.* Se dice de la persona que sirve o asiste en palacio y sabe sus estilos y modas. También s. m. y s. f.

palacio *s. m.* Cualquier casa suntuosa, destinada a habitación de grandes personajes.

palacra *s. f.* Pepita de oro.

paladar *s. m.* **1.** Parte interior y superior de la boca. **2.** *fig.* Gusto que se percibe de los manjares. **3.** *fig.* Sensibilidad.

paladear *v. tr.* Tomar poco a poco el gusto de una cosa. También prnl.

paladín *s. m.* **1.** Caballero fuerte y valeroso que en la guerra se distingue por sus hazañas. **2.** *fig.* Defensor denodado de alguna causa.

paladino, na *adj.* Público, claro y patente.

paladio *s. m.* Metal bastante raro, parecido por sus cualidades a la plata y al platino, utilizado en joyería y en laboratorios químicos como absorbente del hidrógeno.

palafito *s. m.* Vivienda lacustre primitiva construida en el agua o sobre suelo pantanoso, sobre estacas.

palafrén *s. m.* Caballo manso en que solían montar las damas y señoras.

palanca *s. f.* Barra inflexible que, apoyada o articulada en un punto, sirve para transmitir la fuerza, levantar pesos, etc.

palangana s. f. Jofaina.

palanganero s. m. Mueble donde se coloca la palangana o jofaina.

palangre s. m. Cordel largo provisto de ramales con anzuelos para pescar.

palanquera s. f. Valla de madera.

palanquín s. m. Especie de andas usadas en Oriente para llevar en ellas a los personajes destacados.

palastro s. m. **1.** Chapa en que se coloca el pestillo de una cerradura. **2.** Hierro o acero laminado.

palco s. m. Localidad independiente con balcón en los teatros y otros lugares de espectáculo.

palear v. tr. Apalear, aventar el grano.

palenque s. m. Estacada de madera.

paleografía s. f. Arte de leer las inscripciones y escritos de los libros y documentos antiguos.

paleología s. f. Ciencia que estudia las lenguas antiguas.

paleontología s. f. Tratado de los seres orgánicos cuyos restos o vestigios se encuentran fósiles.

palestra s. f. **1.** Lugar donde se lidia o lucha. **2.** fig. La misma lucha. **3.** fig. Sitio o paraje en que se celebran certámenes literarios públicos.

paleta s. f. **1.** Tabla delgada sin mango y con un agujero a uno de sus extremos, por donde mete el pintor el dedo pulgar izquierdo, y en la cual tiene ordenados los colores. **2.** Badil u otro instrumento semejante con que se remueve la lumbre.

paletilla s. f. Ternilla en que termina el esternón y que corresponde a la región llamada boca del estómago.

paleto, ta s. m., fig. Persona rústica y zafia.

palia s. f. **1.** Lienzo, regularmente cuadrado sobre el que se extienden los corporales para decir misa. **2.** Cortina que se pone delante del sagrario o del altar.

paliar v. tr. **1.** Encubrir, disimular. **2.** Mitigar la violencia de ciertas enfermedades sin curarlas.

paliativo, va adj. Se dice de los remedios que se aplican a las enfermedades incurables para mitigar su violencia y refrenar su rapidez. También s. m.

palidecer v. intr. Ponerse pálido.

palidez s. f. Amarillez del rostro, falta del color natural.

pálido, da adj. **1.** Amarillo, macilento o descaecido de su color natural. **2.** fig. Falto de expresión y colorido.

palillo s. m. **1.** Varilla en que se encaja la aguja para hacer media. **2.** Mondadientes de madera.

palimpsesto s. m. Manuscrito antiguo que conserva huellas de una escritura anterior borrada artificialmente.

palingenesia s. f. Regeneración, resurrección de los seres.

palinodia s. f. Retractación pública de lo que se había dicho.

palio s. m. **1.** Prenda principal, exterior, del traje griego, a manera de manto, sujeta al pecho por una hebilla o broche. **2.** Insignia que da el Papa a los prelados. **3.** Dosel portátil colocado sobre unas varas largas, bajo el cual, en las procesiones, va el sacerdote.

palique s. m., fam. Conversación de poca importancia.

palisandro s. m. Madera americana parecida al palo santo, muy estimada en la construcción de muebles de lujo.

palitroque *s. m.* Palo pequeño y tosco.

paliza *s. f.* **1.** Zurra de golpes dados con palo. **2.** *fig. y fam.* Disputa en que alguien queda vencido.

palizada *s. f.* Presa o dique de estacas y terraplenado para impedir la salida de los ríos o dirigir su corriente.

palma *s. f.* **1.** Palmera. **2.** Parte interior y algo cóncava de la mano desde la muñeca hasta los dedos. **3.** *fig.* Victoria del mártir. ‖ *s. f. pl.* **4.** Palmadas de aplausos.

palmadas *s. f.* *pl.* Ruido que se hace golpeando una con otra las palmas de las manos.

palmar¹ *s. m.* Lugar donde se crían palmas.

palmar² *v. intr., fam.* Morir una persona.

palmatoria *s. f.* **1.** Palmeta de los maestros. **2.** Candelero bajo, con mango y pie.

palmear *v. intr.* Dar golpes con las palmas de las manos.

palmera *s. f.* Árbol con tronco áspero y cilíndrico, copa formada por las hojas con el nervio central recto y leñoso, y fruto en bayas oblongas y comestibles.

palmetazo *s. m., fig.* Represión áspera y desabrida.

palmípedo, da *adj.* Se dice de las aves que tienen los dedos palmeados, a propósito para la natación. También s. f.

palmito *s. m.* Planta con tronco subterráneo, hojas en figura de abanico y fruto rojizo, comestible y con hueso duro.

palmo *s. m.* Medida de longitud, cuarta parte de la vara.

palmotear *v. intr.* Palmear, dar palmadas.

palo *s. m.* **1.** Trozo de madera, generalmente cilíndrico y manuable, y mucho más largo que grueso. **2.** Golpe dado con un palo.

paloma *s. f.* Nombre común a varias especies de aves, que se distinguen por tener la mandíbula superior abovedada en la punta y los dedos libres.

palomadura *s. f.* Ligadura con que de trecho en trecho y a falta de costuras, se sujeta el cabo a su vela.

palomar¹ *s. m.* Edificio donde se recogen y crían las palomas.

palomar² *adj.* Se dice del hilo más delgado y retorcido que el regular.

palomera *s. f.* **1.** Palomar pequeño de palomas domésticas. **2.** Páramo de corta extensión.

palomilla *s. f.* **1.** Mariposa nocturna, ceniciente, de alas horizontales y estrechas y antenas verticales. **2.** Parte anterior de la grupa de las caballerías.

palomina *s. f.* Excremento de las palomas.

palomino *s. m.* **1.** Pollo de la paloma brava. **2.** *fam.* Mancha de excremento en la parte posterior de la camisa.

palomo *s. m.* Macho de la paloma.

palote *s. m.* **1.** Palo mediano, como las baquetas con que se tocan los tambores. **2.** Cada uno de los trazos que los niños hacen en el papel pautado como primer ejercicio de escritura.

paloteado *s. m.* **1.** Danza en que los bailarines hacen figuras, paloteando a compás de la música. **2.** *fig. y fam.* Riña o contienda ruidosa en que hay golpes.

palotear *v. intr.* **1.** Herir unos palos con otros o hacer ruido con ellos. **2.** *fig.* Hablar mucho y discutir acaloradamente.

palpable *adj.* Que puede tocarse con las manos.

palpar *v. tr.* **1.** Tocar con las manos una cosa para percibirla o reconocerla por el tacto.

2. Andar a tientas o a oscuras, valiéndose de las manos para no caer o tropezar.

palpitar *v. intr.* Contraerse y dilatarse alternativamente el corazón.

palpo *s. m.* Cada uno de los apéndices articulados y movibles que tienen los artrópodos alrededor de la boca con el fin de sujetar y palpar lo que comen.

palúdico, ca *adj.* Se dice de la fiebre causada por microbios procedentes de pantanos, que inoculan ciertos insectos.

paludismo *s. m.* Enfermedad endémica infecciosa producida en el ser humano por un protozoo específico que se desarrolla en los pantanos o lugares pantanosos y se transmite mediante la hembra de un mosquito del género "Anofeles".

palurdo, da *adj.* Tosco, grosero.

palustre *s. m.* Paleta de albañil.

pamela *s. f.* Sombrero femenino de paja, ancho de alas.

pamema *s. f., fam.* Hecho o dicho insignificante, al que se ha querido dar importancia.

pampa *s. f.* Cualquiera de las llanuras extensas de América del Sur, desprovistas de arbolado.

pámpano *s. m.* Sarmiento verde, tierno y delgado, o pimpollo de la vid.

pampirolada *s. f.* **1.** Salsa de pan y ajos machacados y desleídos en agua. **2.** *fig. y fam.* Necedad o cosa insustancial.

pamplina *s. f.* **1.** Planta papaverácea, anual de flores amarillas en panojas pequeñas, muy abundante en los sembrados de suelo arenisco. **2.** *fig. y fam.* Cosa insignificante, de poca utilidad.

pamporcino *s. m.* Planta herbácea, vivaz, primulácea, con rizoma grande que sirve de alimento a los cerdos.

pan *s. m.* **1.** Porción de masa de harina y agua, que después de fermentada y cocida en horno sirve de alimento al ser humano. **2.** *fig.* Todo lo que sirve para el sustento diario.

pana *s. f.* **1.** Tela gruesa, semejante en el tejido al terciopelo. **2.** Cada una de las tablas levadizas que forman el suelo de una embarcación menor.

panacea *s. f.* Medicamento al que se atribuye eficacia para curar diversas enfermedades.

panadero, ra *s. m. y s. f.* Persona que tiene por oficio hacer o vender pan.

panadizo *s. m.* **1.** Inflamación aguda del tejido celular de los dedos. **2.** *fig. y fam.* Persona que tiene el color muy pálido.

panal *s. m.* Conjunto de celdillas prismáticas hexagonales de cera que las abejas forman dentro de la colmena para depositar la miel.

panca *s. f.* **1.** Embarcación filipina. **2.** Especie de abanico grande, rectangular, suspendido del techo, que se mueve tirando de una cuerda.

pancarta *s. f.* Pergamino que contiene copiados varios documentos.

páncreas *s. m.* Glándula situada en la cavidad abdominal de los mamíferos, unida al intestino duodeno, donde vierte un jugo parecido a la saliva y que contribuye a la digestión.

panda *s. f.* Cada una de las galerías o corredores de un claustro.

pandear *v. intr.* Torcerse una cosa encorvándose, especialmente en el medio.

pandectas *s. f. pl.* Recopilación de obras de derecho que el emperador Justiniano puso en su colección de textos legales.

PANDEMONIUM - PANTOMIMO

pandemonium *s. m.* **1.** Capital imaginaria del infierno. **2.** *fig. y fam.* Lugar en que hay mucho ruido y confusión.

pandereta *s. f.* Pandero, instrumento con sonajas y cascabeles.

pandero *s. m.* Instrumento rústico de percusión, formado de una piel estirada sobre un aro estrecho de madera, provisto de cascabeles.

pandilla *s. f.* **1.** Liga. **2.** Reunión de gente, y en especial la que se forma para divertirse.

pando *s. m.* Terreno casi llano situado entre dos montañas.

panegírico *s. m.* **1.** Discurso de alabanza de una persona. **2.** Elogio de alguna persona por escrito.

panel *s. m.* **1.** Cada uno de los espacios en que para su ornamentación se dividen los lienzos de pared, las hojas de puertas, etc. **2.** Cada una de las tablas que forman el suelo movible de algunas embarcaciones pequeñas.

panera *s. f.* **1.** Cámara donde se guardan los cereales, el pan o la harina. **2.** Cesta de esparto sin asa para transportar pan.

panetela *s. f.* Cigarro puro largo y delgado.

pánfilo, la *adj.* Pausado, y tardo en obrar.

pangolín *s. m.* Mamífero desdentado, parecido al lagarto, y cubierto de escamas duras y puntiagudas.

paniaguado *s. m.* Servidor de una casa, que recibe habitación, alimento y salario.

pánico *s. m.* Miedo o terror grande.

panículo *s. m.* Capa subcutánea formada por un tejido.

panificar *v. tr.* Convertir la harina en pan.

panilla *s. f.* Medida de capacidad para el aceite, que equivale a la cuarta parte de una libra.

panizo *s. m.* Planta anual gramínea, de cuya raíz salen varios tallos con hojas anchas y ásperas, y flores en panojas grandes.

panoja *s. f.* **1.** Mazorca del maíz. **2.** Conjunto de espigas que nacen de un eje común.

panoplia *s. f.* **1.** Armadura de todas piezas. **2.** Colección de armas.

panorama *s. m.* **1.** Vista pintada en un gran cilindro hueco, para contemplarla desde el interior del mismo. **2.** Por ext., vista de un horizonte muy dilatado.

pantalla *s. f.* **1.** Lámina que se sujeta delante o alrededor de la luz artificial, para que no ofenda a los ojos o para dirigirla hacia donde se desee. **2.** *fig.* Persona o cosa que, puesta delante de otra la oculta o le hace sombra.

pantalón *s. m.* Prenda de vestir que ciñe al cuerpo en la cintura y baja cubriendo cada pierna hasta los tobillos. Se usa más en pl.

pantano *s. m.* **1.** Hondonada donde se acumulan aguas, con fondo más o menos cenagoso. **2.** Gran depósito de agua, formado en un valle artificialmente, que sirve para alimentar las acequias de riego.

panteón *s. m.* Monumento funerario destinado a dar sepultura a varias personas.

pantera *s. f.* Leopardo cuyas manchas circulares de la piel son todas anilladas.

pantógrafo *s. m.* Instrumento a modo de paralelogramo que sirve para copiar, ampliar o reducir un plano o dibujo.

pantómetra *s. f.* Especie de compás de proporción.

pantomima *s. f.* Representación hecha por medio de figuras y gestos sin que intervengan palabras.

pantomimo *s. m.* Representante que en los teatros imita diversas figuras.

pantoque s. m. Parte plana del casco de un barco, que forma el fondo junto a la quilla.

pantorrilla s. f. Parte carnosa y abultada de la pierna, por debajo de la corva.

pantufla s. f. Calzado para casa a modo de zapato sin orejas ni talón.

panza s. f. **1.** Barriga o vientre, especialmente el muy abultado. **2.** Parte convexa y más saliente de vasijas u otras cosas. **3.** Primera de las cuatro cavidades en que se divide el estómago de los rumiantes.

pañal s. m. Sabanilla o pedazo de lienzo en que se envuelve a los niños de teta.

paño s. m. Tela de lana muy tupida y con pelo corto.

pañol s. m. Cualquiera de los compartimientos que se hacen en el buque para guardar víveres, municiones, etc.

pañoleta s. f. Prenda triangular, a modo de medio pañuelo, que usan las mujeres al cuello como adorno o abrigo.

pañolón s. m. Mantón, pañuelo grande.

pañuelo s. m. Pedazo de tela cuadrado y de una sola pieza.

Papa n. p. Sumo Pontífice romano, vicario de Jesucristo, cabeza visible de la Iglesia Católica.

papa[1] s. f., fam. Paparrucha.

papa[2] s. f. Patata.

papá s. m., fam. Padre.

papada s. f. Abultamiento carnoso anormal que se forma debajo de la barba.

papado s. m. **1.** Dignidad de Papa. **2.** Tiempo que dura.

papagayo s. m. Ave trepadora, de pico fuerte, grueso y encorvado, y plumaje amarillento en la cabeza y verde en el cuerpo.

papalina s. f. Gorra o birrete con dos puntas que cubre las orejas.

papamoscas s. m. Pájaro dentirrostro con plumaje negruzco y blanco, moño amarillo o negro, frente y vientre blanco.

papanatas s. m. y s. f., fam. Persona simple y crédula o demasiado cándida.

papar v. tr. **1.** Comer cosas blandas sin masticar. **2.** fam. Hacer inmotivadamente poco caso de las cosas, incurrir en descuido.

paparrucha s. f. Noticia falsa o irracional.

papaya s. f. Fruto del papayo, cuya parte mollar, semejante a la del melón, se emplea para hacer confitura.

papayo s. m. Arbolillo de las papayáceas, de madera blanda, cuyo fruto es la papaya.

papel s. m. **1.** Hoja delgada consistente en fibras de celulosa reducidas a pasta por procedimientos químicos y mecánicos, y obtenidas de trapos, madera, esparto, etc. Se usa para escribir, dibujar, imprimir, etc. **2.** Carta, credencial, título, documento o manuscrito de cualquier clase.

papelera s. f. **1.** Fábrica de papel. **2.** Cesto para echar papeles inservibles.

papeleta s. f. **1.** Cédula. **2.** Hoja en que se halla escrito un tema de examen u oposición.

papera s. f. **1.** Bocio. **2.** Parótida, tumor.

papila s. f. Cada una de las pequeñas eminencias formadas debajo de la piel y en la superficie de las membranas mucosas, por ramificaciones nerviosas y vasculares.

papilla s. f. Sopa espesa que se da a los niños.

papiro s. m. **1.** Planta vivaz de Oriente, ciperácea, con hojas largas y estrechas, terminadas en un penacho de espigas con flores pequeñas y verdosas. **2.** Lámina sacada del tallo de esta planta y empleada por los antiguos para escribir en ella.

papo s. m. **1.** Parte abultada del animal entre la barba y el cuello. **2.** Buche de las aves.

pápula s. f. Tumorcillo eruptivo que se presenta en la piel, sin pus ni serosidad.

paquebote s. m. Embarcación que lleva el correo y los pasajeros de un puerto a otro.

paquete s. m. Envoltorio bien dispuesto y no muy abultado.

paquidermo adj. Se dice de los mamíferos ungulados artiodáctilos, omnívoros, de dentición completa, con la piel muy gruesa y dura. También s. m.

par adj. **1.** Igual o semejante totalmente. **2.** Se aplica al número dos y a todos sus múltiplos. ‖ s. m. **3.** Título de alta dignidad en algunos Estados.

para prep. Denota el fin o término a que se encamina una acción.

parábola s. f. **1.** Narración de un suceso imaginario del que se deduce, por comparación o semejanza, una verdad importante o una enseñanza moral. **2.** Curva abierta, simétrica respecto de un eje, con un sólo foco que resulta de cortar un cono circular recto por un plano paralelo a una de sus generatrices que encuentra todas las otras en una sola hoja.

parabrisas s. m. Bastidor de cristal que lleva el automóvil en su parte anterior.

paracaídas s. m. Aparato hecho de tela resistente que al extenderse en el aire toma la forma de una sombrilla grande y cae lentamente gracias a la resistencia que el aire opone a su movimiento de descenso.

parada s. f. Lugar donde se para.

paradera s. f. Compuerta con que se desagua el caz del molino.

paradero s. m. **1.** Lugar donde se para o se va a parar. **2.** Fin o término de una cosa.

paradigma s. m. Ejemplo que sirve de norma.

parado, da adj. **1.** Remiso, tímido. **2.** Desocupado, sin ejercicio o empleo.

paradoja s. f. **1.** Especie opuesta a la común opinión y especialmente, la que parece opuesta siendo exacta. **2.** Aserción inverosímil o absurda, presentada con apariencias de verdadera.

parafina s. f. Sustancia sólida, blanca, menos densa que el agua y fácilmente fusible, que se obtiene destilando petróleo o materias bituminosas naturales.

parafrasear v. tr. Hacer la paráfrasis de un texto o escrito.

paráfrasis s. f. **1.** Explicación o interpretación amplificativa de un texto para ilustrarlo o hacerlo más inteligible. **2.** Traducción libre en verso de otro texto original.

paragoge s. f. Metaplasmo que consististe en añadir una letra al fin de un vocablo.

paraguas s. m. Utensilio portátil para resguardarse de la lluvia, compuesto de un bailón y un varillaje cubierto de tela que puede extenderse o plegarse.

paraguaya s. f. Fruta parecida al melocotón mollar, pero de forma más aplanada.

parahúso s. m. Instrumento manual para taladrar.

paraíso s. m. **1.** Lugar amenísimo donde Dios puso a Adán después de crearlo, según la Biblia. **2.** Cielo, mansión de los ángeles y de los justos.

paraje s. m. Lugar, sitio o estancia.

paralelepípedo s. m. Sólido terminado por seis paralelogramos, siendo iguales y paralelos cada dos opuestos entre sí.

paralelo, la adj. **1.** Se aplica a las líneas o planos equidistantes entre sí y que por más que se prolonguen no pueden encontrarse. **2.** Correspondiente o semejante. || s. m. **3.** Cada uno de los círculos menores paralelos al ecuador.

paralelogramo *s. m.* Cuadrilátero cuyos lados opuestos son iguales y paralelos entre sí.

parálisis *s. f.* Pérdida total o parcial de la sensibilidad y del movimiento voluntario de una parte del cuerpo.

paralización *s. f., fig.* Detención de una cosa dotada de actividad o movimiento.

paralizar *v. tr.* Causar parálisis a una parte del cuerpo. También prnl.

paralogismo *s. m.* Razonamiento falso.

paralogizar *v. tr.* Intentar persuadir con falsedades o argucias. También v. prnl.

paramento *s. m.* Adorno o atavío con que se cubre una cosa.

parámetro *s. m.* Línea constante e invariable que entra en la ecuación de algunas curvas.

páramo *s. m.* Terreno yermo, raso y desabrigado.

parangón *s. m.* Comparación.

parangonar *v. tr.* Hacer comparación de una cosa con otra.

paraninfo *s. m.* **1.** Padrino de las bodas. **2.** Salón de actos académicos en algunas universidades.

parapetarse *v. prnl.* Resguardarse con parapetos u otra cosa que supla su falta.

parapeto *s. m.* Pared o baranda que se pone para evitar caídas en los puentes, escaleras, etc.

parar *v. intr.* **1.** Cesar en el movimiento o en la acción. **2.** Llegar a un término o al fin. **3.** Venir en dominio o propiedad de alguna cosa, después de otros dueños.

pararrayos *s. m.* Artificio que para proteger contra el rayo los edificios se coloca en lo alto de los mismos.

paraselene *s. f.* Imagen de la Luna que se representa en una nube.

parásito, ta *adj.* Se dice del animal o vegetal que vive dentro o en la superficie de otro organismo, de cuyas sustancias se alimenta. También s. m.

parasol *s. m.* En un automóvil, accesorio plegable colocado en el interior sobre el parabrisas y que sirve para evitar el deslumbramiento.

parcela *s. f.* **1.** Porción pequeña de terreno. **2.** En el catastro, cada una de las tierras de distinto dueño que constituyen un pago o término.

parcelar *v. tr.* **1.** Medir las parcelas para el catastro. **2.** Dividir una finca grande en parcelas para venderla o arrendarla.

parche *s. m.* **1.** Pedazo de tela, papel, piel, etc. que por medio de un aglutinante se pega sobre una cosa. **2.** *fig.* Tambor, instrumento musical.

parcial *adj.* No cabal o completo.

parcialidad *s. f.* **1.** Unión de algunos que se confederan para un fin, separándole del común y formando cuerpo aparte. **2.** Amistad, familiaridad en el trato.

parco, ca *adj.* Corto, sobrio, moderado en el uso o concesión de las cosas.

pardillo *s. m.* Pájaro granívoro de plumaje pardo rojizo, negruzco en las alas y la cola, carmesí en la cabeza y en el pecho y blanco en el vientre.

pardo, da *adj.* Se dice del color de la tierra o de la piel del oso común, intermedio entre blanco y negro.

pardusco, ca *adj.* Que tira a pardo.

pareado *s. m.* Estrofa de dos versos que van unidos y aconsonantados.

parear *v. tr.* Juntar, igualar dos cosas comparándolas entre sí.

parecer[1] *s. m.* Opinión, juicio o dictamen.

parecer[2] *v. intr.* **1.** Manifestarse, dejarse ver. **2.** Tener determinado aspecto. || *v. intr.* **3.** Asemejarse.

parecido *s. m.* Semejanza, calidad de semejante.

pared *s. f.* **1.** Obra de fábrica levantada a plomo con dimensiones proporcionadas para cerrar un espacio o sostener las techumbres. **2.** Tabique.

paredón *s. m.* Pared que queda en pie en medio de unas ruinas.

pareja *s. f.* **1.** Conjunto de dos personas o cosas especialmente consortes o novios, con alguna correlación o semejanza. **2.** Compañero o compañera en los bailes. || *s. f. pl.* **3.** En los naipes, dos cartas iguales en número o semejantes en figura.

parejo, ja *adj.* Igual o semejante.

parénquima *s. m.* Tejido funcional de un órgano, generalmente glanduloso.

parentela *s. f.* Conjunto de todo género de parientes.

parentesco *s. m.* Vínculo, conexión, enlace por consanguinidad o afinidad.

paréntesis *s. m.* **1.** Signo ortográfico ( ) en que suele encerrarse la alabra o grupo de palabras que se intercala en el período sin enlace necesario con él y no altera su sentido. **2.** Suspensión o interrupción.

parhelio *s. m.* Fenómeno luminoso consistente en la aparición simultánea de varias imágenes del Sol reflejadas en las nubes.

paria *s. m. y s. f.* Persona de la casta ínfima de los indios que siguen la ley de Brahma.

parias *s. f. pl.* Placenta del útero.

paridad *s. f.* **1.** Comparación de una cosa con otra por ejemplo o símil. **2.** Igualdad o semejanza de las cosas entre sí.

pariente, ta *s. m. y s. f.* Respecto de una persona, cada uno de los ascendientes, descendientes y colaterales de su misma familia, y por consanguinidad o afinidad.

parietal *s. m.* Cada uno de los dos huesos situados en las partes media y laterales de la cabeza.

parietaria *s. f.* Planta herbácea, anual, urticácea, con tallos rojizos, ramas muy cortas y flores en grupos, pequeñas y verdosas.

parihuela *s. f.* Mueble compuesto de dos varas gruesas como las de la silla de manos, con unas tablas atravesadas en medio, donde se coloca la carga para llevarla entre dos. Se usa más en pl.

parir *v. intr.* **1.** Expeler la hembra de cualquier especie vivípara el feto que tenía concebido. También tr. **2.** *fig.* Salir a luz lo que estaba oculto o ignorado.

parla *s. f.* Verbosidad insustancial.

parlamentar *v. intr.* **1.** Hablar, conversar unos con otros. **2.** Entrar en tratos para un arreglo, capitulación.

parlamentario, ria *s. m. y s. f.* Miembro de un parlamento.

parlamento *s. m.* **1.** Órgano político formado por los representantes de la nación y compuesto por una o dos cámaras. **2.** Edificio donde tiene su sede este órgano.

parlanchín *adj., fam.* Que habla mucho y con imprudencia.

parlar *v. tr.* **1.** Hablar con soltura. **2.** Hablar mucho y sin sustancia.

parlotear *v. intr.* Charlar mucho y sin sustancia.

parnaso *s. m.* Conjunto de todos los poetas, o de los de un pueblo o tiempo concreto.

paro *s. m.* **1.** Interrupción de un ejercicio o de una explotación industrial o agrícola por parte de los patronos. **2.** Situación de la persona que se encuentra sin trabajo.

parodia *s. f.* Imitación burlesca de una obra seria de literatura, del estilo de un escritor, de un género de poemas, etc.

parodiar *v. tr.* Hacer una parodia de una obra literaria, del estilo de un escritor, etc.

parola *s. f.* **1.** *fam.* Labia, verbosidad. **2.** *fam.* Conversación larga e insustancial.

parónimo, ma *adj.* Se dice de cada uno de dos o más vocablos que tienen entre sí semejanza, por su etimología, por su forma o por su pronunciación.

paronomasia *s. f.* Semejanza entre dos o más vocablos que sólo se diferencian por la vocal acentuada en cada uno de ellos.

parótida *s. f.* Cada una de las dos glándulas salivales situadas debajo del oído y detrás de la mandíbula inferior.

paroxismo *s. m.* Exacerbación o acceso violento de una enfermedad.

parpadear *v. intr.* Abrir y cerrar los ojos.

párpado *s. m.* Cada uno de los dos repliegues movibles cubiertos por la piel, que sirven para resguardar el ojo en el ser humano, los mamíferos, las aves y numerosos reptiles.

parque *s. m.* Sitio cercado y con plantas, para caza o recreo.

parquedad *s. f.* Moderación económica y prudente en el uso de las cosas.

parra¹ *s. f.* Vid, especialmente la que está levantada artificialmente.

parra² *s. f.* Vaso de barro, bajo y ancho, con dos asas.

párrafo *s. m.* Cada una de las divisiones de un escrito señaladas por letra mayúscula al principio del renglón y punto y aparte al final del trozo de escritura.

parranda *s. f., fam.* Jolgorio, diversión.

parricidio *s. m.* Muerte violenta que alguien da a su ascendiente, descendiente o cónyuge.

parrilla *s. f.* Utensilio de hierro en figura de rejilla, con mango y pies, que se usa para poner a la lumbre lo que se ha de asar.

párroco *s. m.* Cura, sacerdote encargado de las almas de una feligresía. También adj.

parroquia *s. f.* **1.** Feligresía, conjunto de feligreses. **2.** Territorio que está bajo la jurisdicción espiritual del cura párroco.

parsimonia *s. f.* **1.** Frugalidad y moderación en los gastos. **2.** Circunspección, templanza.

parte *s. f.* **1.** Cada una de las fracciones que resultan de dividir un todo. **2.** Porción que le corresponde a alguien en un reparto. **3.** Sitio o lugar.

partesana *s. f.* Arma ofensiva, a modo de alabarda, con el hierro muy grande, ancho y cortante por ambos lados.

partición *s. f.* Reparto o división entre algunas personas, de hacienda, herencia, etc.

participar *v. tr.* **1.** Dar parte, noticiar, comunicar. ‖ *v. intr.* **2.** Tener alguien parte en una cosa o tocarle algo de ella.

partícipe *adj.* Que tiene parte en algo o entra con otros a la parte en su distribución.

participio *s. m.* Forma no personal del verbo llamada así porque en sus varias aplicaciones participa, ya de la índole del verbo, ya de la del adjetivo.

partícula *s. f.* **1.** Parte pequeña. **2.** Parte indeclinable de la oración.

particular *adj.* **1.** Propio y privativo de una persona o cosa. **2.** Se dice de la persona que no tiene título o empleo que la distinga de los demás ciudadanos.

particularizar *v. tr.* **1.** Expresar una cosa con todas sus particularidades y circunstancias. ‖ *v. prnl.* **2.** Distinguirse.

partida *s. f.* **1.** Acción de partir o salir de un punto para otro. **2.** Registro de bautismo, confirmación, matrimonio o entierro, que se hace en los libros de las parroquias o del registro civil. **3.** Copia certificada de alguno de estos registro. **4.** Guerrilla.

partidario, ria *adj.* **1.** Que sigue un partido o bando o entra en él. **2.** Adicto a una persona o idea.

partido *s. m.* **1.** Parcialidad o agrupación de los que siguen una misma opinión o doctrina. **2.** Distrito o territorio de una jurisdicción o administración.

partija *s. f.* Partición, repartimiento.

partir *v. tr.* **1.** Dividir una cosa en dos o más partes. **2.** Hender, rajar. ‖ *v. intr.* **3.** *fig.* Empezar a caminar, ponerse en camino.

partitivo, va *adj.* Se dice del nombre y del adjetivo numeral que expresan división de un todo en partes, como mitad, medio, tercia, cuarta, etc.

partitura *s. f.* Texto completo de una obra musical para varias voces o instrumentos.

parto *s. m.* Acción de parir.

parturienta *adj.* Se dice de la mujer que está de parto o lo ha estado recientemente.

parva[1] *s. f.* Mies tendida en la era.

parva[2] *s. f.* Parvedad, pequeña porción de alimento.

parvedad *s. f.* **1.** Pequeñez, poquedad. **2.** Escasa porción de alimento que se toma por la mañana en los días de ayuno.

párvulo, la *adj.* **1.** Que está en la niñez. También s. m. y s. f. **2.** *fig.* Inocente, que sabe poco o es fácil de engañar.

pasa *s. f.* Uva seca. También adj.

pasacalle *s. m.* Marcha popular de compás muy movido, que se toca generalmente con guitarras o vihuelas.

pasadizo *s. m.* Paso estrecho que ataja.

pasado, da *adj.* **1.** Que ha sucedido en un tiempo pretérito. ‖ *s. m.* **2.** Tiempo que pasó, cosas que sucedieron en él.

pasador *s. m.* Barrita de hierro sujeta con grapas a una hoja de puerta o ventana, o a una tapa, que sirve para cerrar corriéndola hasta hacerla entrar en una hembrilla fija en el marco.

pasaje *s. m.* **1.** Lugar por donde se pasa. **2.** Estrecho entre dos islas o entre una isla y tierra firme. **3.** Trozo o lugar de un libro, escrito, composición literaria, musical, etc. que ofrece cierta particularidad.

pasamanería *s. f.* **1.** Obra de pasamanos. **2.** Establecimiento donde se vende.

pasamano *s. m.* **1.** Especie de galón, cordones, flecos y demás adornos de oro, plata, seda, etc. que se hacen y sirven para guarnecer y adornar los vestidos y otras cosas. **2.** Barandilla.

pasaporte *s. m.* Licencia por escrito que se obtienen para poder pasar libre y seguramente de un pueblo o país a otro.

pasapuré *s. m.* Especie de colador usado para homogeneizar o triturar comidas como patatas, lentejas, verduras, etc., convirtiéndolas en puré.

pasar *v. tr.* **1.** Llevar, conducir de un sitio a otro. **2.** Penetrar o traspasar. **3.** Transferir o traspasar una cosa de un sujeto a otro. También intr. ‖ *v. intr.* **4.** Vivir, tener salud.

pasatiempo *s. m.* Diversión y entretenimiento en que se pasa el rato.

pascua *s. f.* En la Iglesia Católica, fiesta solemne de la Resurrección del Señor.

pase *s. m.* Licencia por escrito para pasar algunos géneros de un lugar a otro, transitar por algún sitio, entrar en un local, etc.

pasear *v. intr.* **1.** Andar por diversión o por hacer ejercicio. || *v. tr.* **2.** Hacer paseos a alguien o a algo.

paseo *s. m.* Lugar público destinado para pasearse.

pasillo *s. m.* Pieza de paso, larga y angosta, en un edificio.

pasión *s. f.* Cualquier perturbación o afecto desordenado del ánimo.

pasionaria *s. f.* Planta pasiflorácea, con tallos trepadores, ramosos, flores olorosas, grandes y solitarias, y fruto amarillo del tamaño y figura de un huevo de paloma.

pasivo, va *adj.* **1.** Se dice del sujeto que recibe la acción del agente, sin cooperar a ella. **2.** Se dice del haber o pensión que disfrutan algunas personas en virtud de servicios prestados.

pasmar *v. tr.* **1.** Enfriar mucho o bruscamente. **2.** Causar a alguien suspensión o pérdida de los sentidos y del movimiento.

pasmarote *s. m. y s. f., fam.* Persona embobada.

pasmo *s. m.* **1.** Efecto de enfriamiento que se manifiesta por romadizo, dolor de huesos, etc. **2.** Admiración extremada que deja como suspensa la razón y el discurso.

paso *s. m.* **1.** Movimiento de cada uno de los pies que hace una persona al andar para ir de una parte a otra. **2.** Espacio comprendido en la longitud de un pie y la distancia entre éste y el talón del que se ha movido hacia delante para ir de una parte a otra. **3.** Pieza dramática muy breve.

paso, sa *adj.* Se dice de la fruta curada y desecada al sol, y también por cualquier otro procedimiento.

pasquín *s. m.* Escrito anónimo de contenido satírico u ofensivo.

pasta *s. f.* **1.** Masa blanda formada con diversas cosas machacadas. **2.** Encuadernación de los libros que se hace de cartones cubiertos con pieles bruñidas, telas, etc.

pastar *v. intr.* Pacer.

pastel *s. m.* Masa de harina y manteca, en que de ordinario se envuelve crema o dulce, cocida después al horno.

pastelería *s. f.* Lugar donde se hacen o venden pasteles.

pastelero, ra *s. m. y s. f.* Persona que tiene por oficio hacer o vender pasteles.

pasteurizar *v. tr.* Esterilizar la leche, el vino y otros líquidos, según el procedimiento de Pasteur.

pastilla *s. f.* Pequeña porción de pasta medicinal.

pasto *s. m.* Hierba que pace el ganado en el mismo terreno donde se cría.

pastor, ra *s. m. y s. f.* Persona que guarda, guía y apacienta el ganado.

pastoral *s. f.* Especie de drama bucólico, cuyos interlocutores son pastores y pastoras.

pastorear *v. tr.* Llevar los ganados al campo y cuidar de ellos mientras pacen.

pastorela *s. f.* **1.** Tañido y canto sencillo y alegre a modo del que usan los pastores. **2.** Composición poética en que intervienen generalmente un caballero y una pastora, desarrollada en la literatura provenzal de los siglos XI y XII.

pastoril *adj.* Característico de los pastores.

pastoso, sa *adj.* Se dice de las cosas que al tacto son suaves y blandas a semejanza de la masa y la pasta.

pastura *s. f.* Porción de comida que se les da a los animales.

pata *s. f.* **1.** Pie y pierna de los animales. **2.** Hembra del pato.

patada *s. f.* Golpe dado de llano con la planta del pie o con la pata del animal.

patalear *v. intr.* Doblar las piernas o patas violentamente y con ligereza, para herir con ellas o en respuesta a un dolor.

pataleo *s. m.* Ruido hecho con las patas o los pies.

pataleta *s. f., fam.* Convulsión, enfado, especialmente cuando se cree que es fingido.

patán *s. m.* **1.** *fam.* Hombre inculto y rústico. **2.** *fam.* Hombre tosco y grosero.

patarata *s. f.* Cosa ridícula y despreciable.

patata *s. f.* Planta herbácea con tallos ramosos, fruto en baya y raíces fibrosas con tubérculos redondeados o rojizos por dentro y que son uno de los alimentos más útiles y nutritivos para el ser humano.

patatús *s. m., fam.* Accidente leve.

pateadura *s. f., fig. y fam.* Represión.

patear *v. tr.* **1.** *fam.* Dar golpes con los pies. **2.** *fig. y fam.* Tratar desconsiderada y rudamente a alguien, al reprenderle, al reprobar sus obras o al discutir con él.

patena *s. f.* Platillo de oro, plata u otro metal dorado, en el cual se pone la hostia en la misa.

patentar *v. tr.* Obtener la patente de un invento.

patente *adj.* **1.** Manifiesto, visible. ‖ *s. f.* **2.** Título o despacho para el goce de un empleo o privilegio.

patentizar *v. tr.* Hacer patente una cosa.

paternal *adj.* Propio del afecto, cariño o solicitud de padre.

patético, ca *adj.* Capaz de conmover y agitar el ánimo con afectos vehementes, y con particularidad dolor, tristeza o melancolía.

patíbulo *s. m.* Tablado o lugar en que se ejecuta la pena de muerte.

patilla *s. f.* **1.** Porción de barba que se deja crecer en cada uno de los carrillos. **2.** Gozne de las hebillas.

patín *s. m.* Aparato para patinar.

pátina *s. f.* Barniz de color aceitunado que, a consecuencia de la humedad, se aprecia en los objetos de bronce.

patinar *v. intr.* **1.** Deslizarse con patines. **2.** Resbalar o dar vueltas las ruedas de un vehículo sin que éste avance.

patio *s. m.* Espacio cerrado con paredes o galerías, que en algunos edificios y casas se deja al descubierto.

patitieso, sa *adj., fam.* Se dice de la persona que, por un accidente repentino, se ha quedado sin sentido ni movimiento en las piernas.

patizambo, ba *adj.* Que tiene las piernas torcidas hacia fuera y junta mucho las rodillas.

pato *s. m.* Ave palmípeda, con el pico más ancho en la punta que en la base, cuello y tarsos cortos, y una mancha de reflejos metálicos en cada ala.

patochada *s. f.* Disparate, sandez.

patojo, ja *adj.* Que tiene las piernas o pies torcidos o desproporcionado.

patología *s. f.* Parte de la medicina que trata del estudio de las enfermedades.

patraña *s. f.* Mentira o noticia fabulosa.

patria *s. f.* Lugar, ciudad o país en que alguien ha nacido.

patriarca *s. m.* **1.** Nombre que se da a algunos personajes de la Biblia por haber sido cabezas de dilatadas y numerosas familias. **2.** Título de dignidad concedido por el Papa a algunos prelados. **3.** *fig.* Persona que por su edad y sabiduría ejerce autoridad moral en una familia o en una colectividad.

patricio, cia *adj.* Descendiente de los primeros senadores romanos establecidos por Rómulo, cuyo conjunto constituía la clase social noble o privilegiada.

patrimonio *s. m.* Hacienda que una persona hereda de sus ascendientes.

patriota *s. m. y s. f.* Persona que tiene amor a su patria o trabaja por ella.

patriotismo *s. m.* Amor a la patria.

patrocinar *v. tr.* Defender, proteger.

patrocinio *s. m.* Amparo, auxilio, protección de la persona que patrocina algo.

patrón, na *s. m. y s. f.* **1.** Santo titular de una iglesia, un pueblo, una congregación, etc. **2.** Amo, dueño de un negocio o de una explotación.

patronato *s. m.* **1.** Derecho, poder o facultad que tienen el patrono o patronos. **2.** Corporación que forman los patronos.

patronear *v. tr.* Ejercer el cargo de patrón en una embarcación.

patronímico, ca *adj.* Se dice del apellido que antiguamente se daba en España a los hijos, formado del nombre de sus padres.

patrono, na *s. m. y s. f.* **1.** Defensor, protector, amparador. **2.** Persona que emplea obreros en trabajos manuales.

patrulla *s. f.* Pequeña partida de gente armada, que ronda en las plazas, campamentos y líneas avanzadas, para mantener su orden y seguridad.

patrullar *v. intr.* Rondar una patrulla.

paulatino, na *adj.* Que procede u obra despacio o lentamente.

pauperismo *s. m.* Existencia de gran número de pobres en un Estado.

paupérrimo, ma *adj. sup.* de pobre, muy pobre.

pausa *s. f.* **1.** Breve interrupción del movimiento, acción o ejercicio. **2.** Tardanza, lentitud.

pauta *s. f.* **1.** Instrumento para rayar el papel. **2.** *fig.* Norma, costumbre.

pautar *v. tr.* **1.** Rayar el papel con la pauta. **2.** *fig.* Dar reglas o determinar el modo de hacer o ejecutar una acción.

pava *s. f.* Fuelle grande usado en ciertos hornos metalúrgicos.

pavada *s. f.* **1.** Manada de pavos. **2.** *fig. y fam.* Sosería, insulsez.

pavana *s. f.* Antigua danza de origen español, grave y seria, de movimientos pausados.

pavés *s. m.* Escudo oblongo y de bastante tamaño que cubría casi todo el cuerpo.

pavesa *s. f.* Partícula incandescente que se desprende de una materia encendida y acaba en ceniza.

pavía *s. f.* Variedad del melocotón, cuyo fruto tiene la piel lisa y la carne jugosa y pegada al hueso.

pávido, da *adj., poét.* Tímido, cobarde.

pavimentar *v. tr.* Revestir el suelo con ladrillos, baldosines, etc.

pavimento *s. m.* Suelo, superficie artificial hecha para que el piso esté sólido y pulido.

pavipollo *s. m.* Pollo del pavo.

pavo *s. m.* Ave gallinácea de plumaje pardo verdoso con reflejos cobrizos y manchas blanquecinas en los extremos de las alas y de la cola.

pavón s. m. Color negro, azul o café, con que se cubre la superficie de los objetos de hierro o acero, para que no se oxiden.

pavonar v. tr. Dar pavón al hierro o al acero.

pavonear v. intr. Hacer alguien vana ostentación de su gallardía.

pavor s. m. Temor con espanto y sobresalto.

payaso, sa s. m. y s. f. Titiritero que hace de gracioso con traje, ademanes y gestos ridículos en los circos y en las ferias.

paz s. f. Equilibrio interior, estado de ánimo en tranquilidad.

pazguato, ta adj. Simple, que se pasma y admira de lo que ve y oye.

peaje s. m. Cantidad de dinero que hay que pagar por el derecho de tránsito en un lugar.

peal s. m. Parte de la media que cubre el pie.

peana s. f. **1.** Basa para colocar encima una figura u otra cosa. **2.** Tarima que hay delante del altar, arrimada a él.

peatón s. m. y s. f. Persona que camina a pie.

pebete s. m. Pasta hecha con polvos aromáticos, que encendida, exhala un humo muy fragante.

pebetero s. m. Vaso de quemar perfumes.

peca s. f. Cualquiera de las manchas pequeñas y de color pardo que suelen salir en el cutis.

pecado s. m. **1.** Toda acción u omisión voluntaria contra la ley de Dios o algún precepto de la Iglesia. **2.** Lo que se aparta de lo recto y justo.

pecar v. intr. **1.** Quebrantar la ley de Dios. **2.** Faltar a cualquier precepto o regla.

pecera s. f. Vasija o globo de cristal, llena de agua, para tener a la vista algunos peces de colores.

pechar v. tr. Pagar pecho o tributo.

pechera s. f. Pedazo de lienzo o paño con que se abriga el pecho.

pechigonga s. f. Juego de naipes en que se dan nueve cartas a cada jugador en tres veces; se puede envidar según se van recibiendo.

pecho s. m. Parte del cuerpo humano, comprendida entre el cuello y el vientre, y en cuya cavidad se contienen el corazón y los pulmones.

pechuga s. f. Pecho del ave, que está dividido en dos, a una y otra parte del esternón.

pecíolo s. m. Rabillo de la hoja.

pécora s. f. Cabeza de ganado lanar.

peculado s. m. Delito que consiste en el hurto de caudales del erario público, hecho por quien los administra.

peculiar adj. Propio de cada persona o cosa.

peculio s. m. Dinero que particularmente tiene cada uno.

pecunia s. f., fam. Moneda o dinero.

pedagogía s. f. Arte o ciencia de educar e instruir a los niños.

pedal s. m. Palanca que pone en movimiento un mecanismo oprimiéndola con el pie.

pedante adj. Se dice de la persona que por engreimiento hace alarde inoportuno y vano de erudición, o afecta poseerla.

pedazo s. m. Parte o porción de una cosa separada del todo.

pederastia s. f. Abuso deshonesto cometido contra los niños.

pedernal s. m. Variedad de cuarzo de color gris amarillento, compacto, de fractura concoidea y translúcido en los bordes.

pedestal s. m. Cuerpo sólido, generalmente una basa con figura de paralelepípedo rectangular, que sostiene una columna, estatua, etc.

pedestre *adj.* **1.** Que anda a pie. **2.** *fig.* Llano, vulgar, inculto, bajo.

pedículo *s. m.* Pedúnculo.

pedido *s. m.* **1.** Encargo hecho a un fabricante o vendedor de géneros de su tráfico. **2.** Petición.

pedigüeño, ña *adj.* Que pide con frecuencia e importunidad.

pediluvio *s. m.* Baño de pies medicinal.

pedimento *s. m.* Petición, pedidora.

pedir *v. tr.* **1.** Rogar a alguien que dé o haga una cosa, de gracia o de justicia. **2.** Querer, desear o apetecer.

pedo *s. m.* Ventosidad ruidosa que se expele del vientre por el ano.

pedorrera *s. f.* Frecuencia o muchedumbre de ventosidad expelidas del vientre.

pedrea *s. f.* Combate a pedradas.

pedregal *s. m.* Terreno cubierto casi todo él de piedras sueltas.

pedregoso, sa *adj.* Se dice del terreno naturalmente cubierto de piedras.

pedrera *s. f.* Cantera, sitio o lugar de donde se sacan las piedras.

pedrería *s. f.* Conjunto de piedras preciosas como diamantes, esmeraldas, rubíes, etc.

pedrisco *s. m.* Granizo grueso que cae de las nubes en abundancia.

pedrusco *s. m.* Pedazo de piedra sin labrar.

pedúnculo *s. m.* Pezón, rabillo en las plantas.

pega *s. f.* **1.** Baño que se da con la pez a los vasos o vasijas, tinajas, ollas, pellejos, etc. **2.** *fig.* Pregunta capciosa o difícil de contestar.

pegadizo, za *adj.* **1.** Pegajoso, que se pega. **2.** Contagioso.

pegajoso, sa *adj.* **1.** Que con facilidad se pega. **2.** De aspecto viscoso.

pegamoide *s. m.* Celulosa disuelta con que se impregna una tela o papel y se obtiene una especie de hule resistente.

pegar *v. tr.* **1.** Adherir una cosa con otra. **2.** *fig.* Castigar o maltratar dando golpes. || *v. prnl.* **3.** Reñir, tener una disputa.

pegote *s. m.* **1.** Emplasto que se hace de pez u otra cosa para pegar. **2.** *fam.* Persona impertinente que no se aparta de otra.

peguntar *v. tr.* Marcar o señalar las reses con pez derretida.

peinado *s. m.* Adorno y compostura del cabello.

peinador *s. m.* Toalla o lienzo, que puesto al cuello, cubre el cuerpo del que se peina o afeita.

peinar *v. tr.* Desenredar, limpiar o componer el cabello a una persona. También prnl.

peine *s. m.* Utensilio de madera, marfil, etc., provisto de muchos dientes espesos, con el que se limpia y compone el pelo.

peineta *s. f.* Peine convexo que se usa para adornar o asegurar el peinado.

peje *s. m.* **1.** Pez, animal acuático. **2.** *fig.* Persona astuta, sagaz e industriosa.

pejepalo *s. m.* Abadejo sin aplastar y curado al humo.

pejerrey *s. m.* Pez marino acantopterigio comestible, de cuerpo fusiforme, y color plateado y reluciente.

pejesapo *s. m.* Pez marino acantopterigio comestible, con cabeza enorme, redonda y aplastada; boca grandísima, colocada, así como los ojos, en la parte superior de la cabeza.

pejiguera *s. f., fam.* Cualquier cosa de poco provecho, que causa dificultades.

peladilla s. f. **1.** Almendra confitada, lisa y redonda. **2.** Canto rodado pequeño.

pelafustán, na s. m. y s. f., fam. Persona holgazana, perdida y pobretona.

pelagatos s. m. y s. f., fig. y fam. Persona pobre y despreciable.

pelagra s. f. Enfermedad crónica, con manifestaciones en la piel y perturbaciones digestivas y nerviosas.

pelaje s. m. Naturaleza y calidad del pelo o de la lana que tiene un animal.

pelambre s. m. **1.** Porción de pieles que se apelambran. **2.** Conjunto de pelo en todo el cuerpo o en algunas partes de él.

pelambrera s. f. **1.** Lugar donde se apelambran las pieles. **2.** Porción de pelo o de vello espeso y crecido.

pelar v. tr. **1.** Cortar, arrancar o raer el pelo. **2.** Desplumar. **3.** Quitar la piel, la película o la corteza a una cosa. **4.** Quitar con engaño o violencia los bienes a otro.

pelazga s. f., fam. Pendencia, disputa.

peldaño s. m. Cada uno de los planos o travesaños de una escalera.

pelea s. f. Combate, contienda, riña.

pelear v. intr. Batallar, combatir o contender con armas o sin ellas.

pelechar v. intr. **1.** Echar los animales pelo o pluma. **2.** fam. Comenzar a medrar, a mejorar de fortuna o a recobrar la salud.

pelele s. m. **1.** Muñeco de figura humana, de paja o trapos, que se suele poner en los balcones o que mantea el pueblo en carnaval. **2.** fig. y fam. Persona cándida.

pelerina s. f. Esclavina.

peliagudo, da adj., fam. Muy difícil de resolver.

pelícano s. m. Ave palmípeda, acuática, con plumaje blanco en general, pico ancho y muy largo, con la piel de la mandíbula inferior en forma de bolsa, donde deposita los alimentos.

película s. f. **1.** Piel o cubierta membranosa, delgada y delicada. **2.** Lámina de celuloide con forma de cinta, que contiene una serie continua de imágenes fotográficas para reproducirlas proyectándola en una pantalla.

peligro s. m. **1.** Contingencia inminente de que suceda algún mal. **2.** Ocasión en que aumenta la inminencia del daño.

pelitre s. m. Planta compuesta, herbácea, anual, cuya raíz, de sabor salino muy fuerte, se ha usado en medicina como masticatorio para provocar la salivación.

pella s. f. Masa unida y apretada.

␣pelleja s. f. Piel quitada del cuerpo del animal.

pellejo s. m. **1.** Piel. **2.** Odre.

pellico s. m. Zamarra de pastor.

␣pelliza s. f. Prenda de abrigo hecha o forrada de pieles finas.

pellizcar v. tr. Asir con el dedo pulgar y cualquiera de los otros una pequeña porción de piel y carne, apretándola de suerte que cause dolor. También prnl.

pelmazo s. m. **1.** Cualquier cosa apretada o aplastada más de lo debido o conveniente. ‖ s. m. y s. f. **2.** fig. y fam. Persona calmosa y pesada en sus acciones.

pelo s. m. **1.** Cada uno de los filamentos cilíndricos, de naturaleza córnea, que nace y crece entre los poros de la piel de casi todos los mamíferos y de algunos otros animales. **2.** Cabello. **3.** Cualquier hebra delgada.

pelón, na adj. **1.** Que no tiene pelo o tiene muy poco. **2.** fig. y fam. Pobre.

pelota *s. f.* **1.** Bola maciza o hueca que se usa en varios juegos, hecha de goma o cualquier otra materia elástica. **2.** Juego que se hace con ella.

pelotari *s. m. y s. f.* Persona que tiene por oficio jugar a la pelota vasca.

pelote *s. m.* Pelo de cabra, empleado para rellenar muebles de tapicería y para otros usos industriales.

pelotera *s. f., fam.* Riña, contienda.

pelotillero, ra *adj.* Adulador.

pelotón *s. m., fig.* Cuerpo de soldados, menor que una sección, al mando de un cabo o sargento.

peltre *s. m.* Aleación de cinc, plomo y estaño.

peluca *s. f.* **1.** Cabellera postiza. **2.** *fam.* Represión severa dada a un inferior.

peluche *s. m.* Muñeco frabricado de felpa.

pelucona *s. f., fam.* Onza de oro.

peluquero, ra *s. m. y s. f.* Persona que tiene por oficio peinar, cortar el pelo, o hacer o vender pelucas, rizos, etc.

peluquín *s. m.* Peluca pequeña o que sólo cubre parte de la cabeza.

pelusa *s. f.* **1.** Vello de algunas frutas. **2.** Pelo que se desprende de las telas con el uso.

pelvis *s. f.* Cavidad del cuerpo humano en la parte interior del tronco, determinada por los dos coxales, el sacro y el cóccix, donde se alojan la terminación del tubo digestivo y algunos órganos del aparato excretor y genital, principalmente en la mujer.

pena *s. f.* **1.** Castigo impuesto al que ha cometido un delito o falta, por superior legítimo. **2.** Aflicción o sentimiento interior grande. **3.** Esfuerzo que cuesta una cosa.

penacho *s. m.* Grupo de plumas que tienen algunas aves en la parte superior de la cabeza.

penal *s. m.* Lugar en que los penados cumplen condenas superiores a las de arresto.

penalidad *s. f.* **1.** Trabajo aflictivo, molestia, incomodidad. **2.** Sanción impuesta por la ley penal, las ordenanzas, etc.

penar *v. tr.* **1.** Imponer a alguien una pena. || *v. intr.* **2.** Sufrir un dolor o pena.

penca *s. f.* Hoja carnosa de ciertas plantas, como la del nopal y algunas hortalizas.

pendencia *s. f.* Contienda, riña.

pendenciar *v. intr.* Reñir.

pendenciero, ra *adj.* Propenso a riñas.

pender *v. intr.* Estar colgada, suspendida o inclinada alguna cosa.

pendiente *adj.* **1.** *fig.* Que está por resolver o terminarse. || *s. m.* **2.** Arete con adorno colgante o sin él. || *s. f.* **3.** Cuesta o declive de un terreno.

péndol *s. m.* Operación que hacen los marineros con objeto de limpiar los fondos de una embarcación, cargando peso a una banda o lado y descubriendo así el fondo del costado opuesto.

pendón *s. m.* **1.** Bandera o estandarte pequeño. **2.** *fig. y fam.* Persona moralmente despreciable.

péndulo *s. m.* Cuerpo grave que puede ser suspendido desde un punto fijo por la acción combinada de la gravedad y de la inercia.

pene *s. m.* Miembro viril.

peneque *adj., fam.* Borracho, ebrio.

penetrar *v. tr.* **1.** Introducirse un cuerpo en otro. **2.** *fig.* Comprender el interior de alguien o de una cosa dificultosa.

penicilina *s. f.* Antibiótico extraído de cierto moho.

península *s. f.* Porción de tierra rodeada de agua, y que sólo por una parte relativamente estrecha, llamada istmo, está unida con otra tierra de extensión mayor.

penique *s. m.* Moneda inglesa de cobre, duodécima parte del chelín. En la actualidad corresponde a la centésima parte de la libra esterlina.

penitencia *s. f.* Sacramento según el cual, por la absolución del sacerdote, se perdonan los pecados cometidos al que se confiesa con dolor, propósito de la enmienda y demás condiciones debidas.

penitente, ta *s. m. y s. f.* Persona que hace penitencia.

penol *s. m.* Extremo de las vergas.

pensamiento *s. m.* **1.** Facultad de pensar. **2.** Acto de pensar. **3.** Idea capital de una obra cualquiera.

pensar *v. tr.* **1.** Imaginar o discurrir. **2.** Reflexionar, examinar algo con cuidado.

pensil *adj.* **1.** Pendiente o colgado en el aire. ‖ *s. m.* **2.** *fig.* Jardín delicioso.

pensión *s. f.* Cantidad anual que se asigna a alguien por méritos o servicios propios o extraños.

pensionista *s. m. y s. f.* **1.** Persona que tiene derecho a percibir una pensión. **2.** Persona que paga cierta pensión por estar en un colegio o casa particular, por sus alimentos y enseñanzas.

pentadáctilo, la *adj.* Que tiene cinco dedos o cinco divisiones en forma de dedos.

pentaedro *s. m.* Sólido de cinco caras.

pentágono *s. m.* Polígono de cinco ángulos y cinco lados.

pentagrama *s. m.* Renglonada formada con cinco rectas paralelas y equidistantes, sobre la cual se escribe la música.

pentasílabo, ba *adj.* Que consta de cinco sílabas.

penúltimo, ma *adj.* Inmediatamente antes de lo último.

penumbra *s. f.* Sombra débil entre la luz y la oscuridad.

penuria *s. f.* Escasez, estrechez.

peña *s. f.* **1.** Piedra grande sin labrar. **2.** Nombre que se da a algunos círculos de recreo, deportivos, etc.

peñasco *s. m.* Peña grande y elevada.

péñola *s. f.* Pluma de ave para escribir.

peñón *s. m.* Monte peñascoso.

peón *s. m.* **1.** Persona que camina o anda a pie. **2.** Jornalero que sirve al oficial. **3.** Cualquiera de las ocho piezas iguales del juego de damas, del ajedrez y de algunos de otros tableros.

peonada *s. f.* Obra que un peón o jornalero hace en un día.

peonaje *s. m.* Conjunto de peones que trabajan en una obra.

peonía *s. f.* Planta perenne ranunculácea, de flores purpúreas, blancas, rosadas o amarillas, que se cultiva en los jardines.

peonza *s. f.* Juguete de madera que se hace bailar dándole con un látigo.

peor *adj.* De inferior calidad respecto de otra cosa con que se compara.

pepino *s. m.* Planta herbácea, de tallos rastreros y vellosos, flores amarillentas, fruto pulposo, cilíndrico, amarillo cuando está maduro y antes verde.

pepita *s. f.* Simiente plana y larga de algunas frutas.

pepitoria *s. f.* Guiso que se hace con todas las partes comestibles del ave, cuya salsa tiene yema de huevo.

pepona *s. f.* Muñeca grande de cartón.

pepsina *s. f.* Fermento segregado por la membrana mucosa del estómago, que es el principio más importante del jugo gástrico y ayuda a la digestión.

pequeñez *s. f.* Cosa insignificante.

pequeño, ña *adj.* **1.** Corto, limitado. **2.** De muy corta edad.

pera *s. f.* **1.** Fruto del peral, carnoso oval y redondo. **2.** *fig.* Porción de pelo que se deja crecer en la punta de la barba.

peral *s. m.* Árbol rosáceo, de tronco recto y liso, hojas puntiagudas, flores blancas y fruto en pomo.

peralte *s. m.* En las carreteras, vías férreas, etc., la mayor elevación de la parte exterior de una curva en relación con la interior.

perborato *s. m.* Sal producida por la oxidación del borato.

perca *s. f.* Pez de río, acantopterigio, de cuerpo oblongo, escamas duras y ásperas, y carne comestible muy delicada.

percal *s. m.* Tela de algodón, más o menos fina, blanca o pintada, que sirve para vestidos femeninos y otros usos.

percance *s. m.* Contratiempo.

percatar *v. intr.* Advertir, considerar, darse cuenta, observar. También prnl.

percebe *s. m.* Crustáceo cuya concha se compone de cinco valvas y un pedúnculo carnoso comestible. Se usa más en pl.

percha *s. f.* **1.** Madero o estaca larga y delgada que suele atravesarse en otras para sostener una cosa, como parras, etc. **2.** Pieza o mueble de madera o metal, con colgaderos para la ropa u otros objetos.

perchel *s. m.* Aparato de pesca que consiste en uno o varios palos dispuestos para colgar las redes.

percherón, na *adj.* Se dice del caballo o yegua que, por su peso y corpulencia, es muy adecuado para arrastrar pesos.

percibir *v. tr.* **1.** Recibir o cobrar. **2.** Recibir por uno de los sentidos las impresiones exteriores.

percusor, ra *s. m. y s. f.* Persona que hiere. || *s. m.* **2.** Pieza que golpea en cualquier máquina.

perder *v. tr.* **1.** Verse privado alguien de una cosa o persona. **2.** Desperdiciar, o malgastar. **3.** No conseguir lo que se espera, desea o ama.

pérdida *s. f.* **1.** Carencia, privación de lo que se poseía. **2.** Daño o menoscabo que se recibe en una cosa.

perdido, da *adj.* **1.** Que no tiene o no lleva destino determinado. || *s. m.* **2.** Persona sin provecho y sin moral.

perdigar *v. tr.* Soasar la perdiz o cualquier otra ave o vianda para que se conserve algún tiempo sin dañarse.

perdigón *s. m.* **1.** Pollo de la perdiz. **2.** Cada uno de los granos de plomo que forman la munición de caza.

perdiguero, ra *adj.* Se dice del animal que caza perdices.

perdis *s. m., fam.* Persona de poco juicio.

perdiz *s. f.* Ave gallinácea, de cuerpo grueso, cuello corto, cabeza pequeña, pies encarnados y plumaje color ceniciento rojizo con manchas encarnadas en las partes superiores.

perdón *s. m.* Indulgencia.

perdonar *v. tr.* **1.** Remitir la deuda, ofensa, falta, delito u otra cosa que toque al que remite. **2.** *fig.* Renunciar a un derecho, goce o disfrute.

perdulario, ria *adj.* **1.** Sumamente desaliñado en sus intereses o en su persona. **2.** Vicioso incorregible.

perdurar *v. intr.* Durar mucho, subsistir.

perecedero, ra *adj.* Poco durable.
perecer *v. intr.* 1. Acabar, morir. 2. *fig.* Padecer un daño, trabajo o molestia.
peregrinación *s. f.* 1. Viaje por tierras extrañas. 2. Viaje que se hace a un santuario por devoción o por voto.
peregrinar *v. intr.* 1. Andar alguien por tierras extrañas. 2. Ir en romería a un santuario por devoción o por voto.
peregrino, na *adj.* 1. Se aplica al que anda por tierras extrañas. 2. Se dice del ave de paso. 3. Raro, extraño, pocas veces visto.
perejil *s. m.* Planta herbácea, vivaz, de tallos angulosos, hojas lustrosas de color verde oscuro, flores blancas o verdosas y semillas menudas, parduscas aovadas y con venas muy finas que se usan como condimento.
perendengue *s. m.* 1. Pendiente, arete. 2. Cualquier adorno de poco valor.
perengano, na *s. m. y s. f.* Voz que se usa para aludir a una persona cuyo nombre se ignora o no se quiere expresar.
perenne *adj.* 1. Incesante, continuo, perpetuo, que no tiene intermisión. 2. Vivaz, que vive más de dos años.
perentorio, ria *adj.* 1. Se dice del último plazo que se concede, o de la decisión que pone fin a cualquier asunto. 2. Concluyente, decisivo, determinante.
pereza *s. f.* 1. Negligencia o descuido en las cosas a que estamos obligados. 2. Repugnancia al trabajo. 3. Flojedad, tardanza en las acciones o movimientos.
perfeccionar *v. tr.* Acabar enteramente una obra, dándole el mayor grado posible de excelencia.
perfecto, ta *adj.* 1. Que tiene el mayor grado posible de bondad o excelencia en su línea. 2. De plena eficacia jurídica.

perfidia *s. f.* Deslealtad, traición o quebrantamiento de la fe recibida.
pérfido, da *adj.* Desleal.
perfil *s. m.* 1. Adorno sutil y delicado. 2. Trazo fino y delicado. 3. Postura en que sólo se ve una de las dos mitades laterales del cuerpo.
perfilar *v. tr.* 1. Presentar el perfil o sacar los perfiles de alguna cosa. 2. *fig.* Afinar, rematar esmeradamente una cosa.
perforar *v. tr.* Horadar.
perfumar *v. tr.* 1. Aromatizar quemando materias olorosas. 2. *fig.* Esparcir cualquier olor bueno.
perfume *s. m.* Materia odorífica y aromática que puesta al fuego echa de sí un humo fragante y oloroso.
perfumería *s. f.* 1. Tienda donde se preparan o venden perfumes. 2. Arte de fabricarlos.
pergamino *s. m.* Piel de la res, raída, adobada y estirada, que se usa para escribir en ella, encuadernar libros, etc.
pergeñar *v. tr., fam.* Ejecutar una cosa con más o menos habilidad.
pericardio *s. m.* Tejido membranoso seroso que envuelve el corazón.
pericarditis *s. f.* Inflamación aguda o crónica del pericardio.
pericarpio *s. m.* Parte exterior del fruto que envuelve y protege a las semillas.
pericia *s. f.* Sabiduría, práctica, experiencia o habilidad en una ciencia o arte.
perico *s. m.* 1. Ave de las trepadoras, especie de papagayo pequeño. 2. Abanico grande. 3. Espárrago de gran tamaño.
peridoto *s. m.* Mineral cristalino, compuesto de magnesia y hierro, que suele encontrarse entre las rocas volcánicas.

periferia *s. f.* Término, contorno de una figura curvilínea.

perigallo *s. m.* Pellejo que con exceso pende de la barba o de la garganta.

perigeo *s. m.* Punto en que un cuerpo celeste se halla más próximo a la Tierra en la órbita.

perihelio *s. m.* Punto más próximo al Sol, en la órbita de un planeta.

perilla *s. f.* **1.** Adorno en figura de pera. **2.** Porción de pelo que se deja crecer en la punta de la barba.

perillán, na *s. m. y s. f., fam.* Persona pícara, astuta.

perímetro *s. m.* Contorno de una figura.

perínclito, ta *adj.* Heroico, ínclito en sumo grado.

perineo *s. m.* Espacio comprendido entre el ano y las partes sexuales.

perinola *s. f.* **1.** Peonza pequeña. **2.** Adorno. **3.** Mujer pequeña.

periódico, ca *adj.* **1.** Que guarda un período determinado. **2.** Se dice del impreso que se publica con determinados intervalos de tiempo. También *s. m.*

período *s. m.* **1.** Espacio de tiempo que una cosa tarda en volver al estado o posición que tenía al principio. **2.** Menstruación, evacuación del menstruo. **3.** Ciclo.

periostio *s. m.* Membrana fibrosa adherida a los huesos, que sirve para su nutrición y renovación.

peripecia *s. f.* Accidente imprevisto que cambia el estado de las cosas.

periplo *s. m.* **1.** Navegación alrededor del mundo. **2.** Obra antigua en que se refiere un viaje alrededor del mundo.

peripuesto, ta *adj., fam.* Que se adereza y viste con demasiado esmero y afectación.

periquete *s. m. fam.* Brevísimo espacio de tiempo.

periscopio *s. m.* Aparato óptico que usan los submarinos, cuando navegan sumergidos, para ver los objetos sobre la superficie del mar.

peristilo *s. m.* Galería de columnas que rodea un edificio o parte de él.

perito, ta *adj.* Sabio, experimentado.

peritoneo *s. m.* Membrana serosa que cubre la superficie interior del vientre.

perjudicar *v. tr.* Ocasionar daño o menoscabo material o moral. También *prnl.*

perjurar *v. intr.* Jurar en falso.

perjurio *s. m.* Delito de jurar en falso.

perla *s. f.* Concreción esferoidal, nacarada, de color blanco agrisado y reflejo brillante, que se forma en el interior de las conchas de diversos moluscos.

permanecer *v. intr.* Mantenerse sin mutación en un mismo lugar, estado o calidad.

permanencia *s. f.* Estado de permanente, duración firme, estancia en algún lugar.

permiso *s. m.* Licencia, consentimiento dado a alguien para hacer o decir algo.

permitir *v. tr.* Dar alguien su consentimiento para que otros hagan o dejen de hacer algo.

permutar *v. tr.* **1.** Cambiar una cosa por otra. **2.** Variar la disposición u orden en que estaban dos o más cosas.

pernera *s. f.* Pernil del pantalón.

pernicioso, sa *adj.* Muy perjudicial.

pernil *s. m.* **1.** Anca y muslo del animal. **2.** Parte del pantalón que cubre cada pierna.

pernio *s. m.* Gozne que se pone en las puertas y ventanas para que giren las hojas.

perniquebrar *v. tr.* Romper, quebrar una pierna o las dos. También *prnl.*

perno *s. m.* Clavo corto o pieza larga y cilíndrica, de cabeza redonda por un extremo, y que por el otro se asegura con un remache; se usa para afirmar piezas de gran volumen.

pernoctar *v. intr.* Pasar la noche en alguna parte, fuera del propio domicilio.

pero *conj. advers.* Contrapone a un concepto otro diverso o ampliativo del anterior.

perogrullada *s. f., fam.* Verdad o especie que por sabida es necedad el decirla.

perol *s. m.* Vasija de metal, en forma de media esfera.

peroné *s. m.* Hueso largo y delgado de la pierna situado detrás de la tibia.

peroración *s. f.* Última parte del discurso, en que se sacan las conclusiones.

perorata *s. f.* Discurso molesto o inoportuno.

perpendicular *adj.* Se aplica a la línea o al plano que forma ángulo recto con otra línea o con otro plano.

perpetrar *v. tr.* Consumar, cometer.

perpetuo, tua *adj.* Que dura y permanece para siempre.

perplejidad *s. f.* Confusión, irresolución.

perplejo, ja *adj.* Dudoso, irresoluto.

perro, rra *s. m. y s. f.* Mamífero carnívoro doméstico, de tamaño, forma y pelaje muy diversos según las razas. Es muy leal al hombre, tiene el olfato muy fino y es inteligente. **2.** Persona o cosa despreciable.

perseguir *v. tr.* **1.** Seguir al que huye para alcanzarle. **2.** *fig.* Molestar, fatigar a alguien; procurar hacerle daño.

perseverar *v. intr.* Mantenerse constantemente en una manera de ser o de obrar.

persiana *s. f.* Especie de celosía, formada de tablillas fijas o movibles que dejan paso al aire y no al Sol.

pérsico *s. m.* Árbol frutal rosáceo, de flores de color de rosa claro y fruto carnoso.

persignar *v. tr.* Signar y santiguar a continuación. También prnl.

persistencia *s. f.* Insistencia, constancia.

persistir *v. intr.* Mantenerse firme o constante en una cosa.

persona *s. f.* Individuo de la especie humana.

personaje *s. m.* **1.** Individuo importante. **2.** Criatura de ficción de un obra literaria.

personalidad *s. f.* Diferencia individual que constituye a cada persona y la distingue de otra.

personalizar *v. tr.* Incurrir en personalidades o dichos ofensivos, aludiendo a personas determinadas. También prnl.

personarse *v. prnl.* Presentarse personalmente en alguna parte.

personificar *v. tr.* Atribuir vida o cualidades propias del ser racional al irracional, o a las cosas inanimadas, abstractas.

perspectiva *s. f.* **1.** Arte que enseña el modo de representar los objetos de tres dimensiones. **2.** Punto de vista.

perspicaz *adj.* Se dice de la vista, la mirada, etc. muy aguda y que alcanza mucho.

persuadir *v. tr.* Inducir a alguien con razones a hacer o creer una cosa.

pertenecer *v. intr.* **1.** Ser propia de alguien alguna cosa o serle debida. **2.** Referirse o hacer relación una cosa a otra, o formar parte integrante de ella.

pertenencia *s. f.* Derecho que alguien tiene a la propiedad de una cosa.

pértiga *s. f.* Vara larga.

pértigo *s. m.* Lanza del carro.

pertinaz *adj.* **1.** Obstinado, terco. **2.** *fig.* Muy duradero o persistente.

pertinente *adj.* Que viene a propósito.

pertrechar *v. tr.* Disponer o preparar lo necesario para la ejecución de una cosa.

perturbar *v. tr.* Alterar el orden y concierto de las cosas o su quietud y sosiego.

perversidad *s. f.* Suma maldad o corrupción de las costumbres o de la calidad o estado debido.

perversión *s. f.* Estado de inmoralidad o corrupción de costumbres.

perverso, sa *adj.* Sumamente malo.

pervertir *v. tr.* **1.** Perturbar el orden o estado de las cosas. **2.** Viciar, corromper con malas doctrinas o ejemplos.

pesa *s. f.* Pieza de determinado peso que sirve para medir el peso de otra cosa.

pesadilla *s. f.* **1.** Sueño angustioso y tenaz. **2.** *fig.* Preocupación grave y continua.

pesadumbre *s. f.* Molestia, disgusto.

pésame *s. m.* Expresión con que se significa a alguien el sentimiento que se tiene de su pena o aflicción, especialmente con motivo de algún fallecimiento.

pesantez *s. f.* Gravedad, fuerza que atrae los cuerpos hacia el centro de la tierra.

pesar[1] *s. m.* Sentimiento o dolor interior que molesta y desazona.

pesar[2] *v. intr.* **1.** Tener peso. **2.** *fig.* Causar un hecho o dicho arrepentimiento o dolor.

pescadería *s. f.* Establecimiento donde se vende pescado.

pescadilla *s. f.* Merluza pequeña.

pescado *s. m.* Pez comestible sacado del agua por cualquiera de los procedimientos de pesca.

pescante *s. m.* **1.** En los coches, asiento del cochero. **2.** En los teatros, tramoya.

pescar *v. tr.* Coger con redes, cañas u otros instrumentos peces, mariscos, etc.

pescuezo *s. m.* Parte del cuerpo del animal desde la nuca hasta el tronco.

pesebre *s. m.* Especie de cajón donde comen las bestias.

pesimismo *s. m.* Propensión a ver y a juzgar las cosas por el lado más desfavorable.

pésimo, ma *adj. sup.* de malo.

peso *s. m.* **1.** Fuerza de gravitación ejercida sobre una materia. **2.** Balanza.

pespunte *s. m.* Labor de costura, con puntadas unidas, que se hacen volviendo la aguja hacia atrás para meter la hebra por el mismo sitio por donde pasó antes.

pesquisa *s. f.* Investigación.

pestaña *s. f.* Cada uno de los pelos que nacen en los bordes de los párpados, para defensa de los ojos.

pestañear *v. intr.* Mover los párpados.

peste *s. f.* **1.** Enfermedad contagiosa que causa gran mortandad. **2.** Mal olor. **3.** *fig.* Cualquier cosa mala. ‖ *s. f. pl.* **4.** Palabras de enojo o amenaza.

pestillo *s. m.* Pasador con que se asegura una puerta o ventana corriéndolo a modo de cerrojo.

pestiño *s. m.* Fruta de sartén, hecha de masa de harina y huevo batidos, bañada con miel.

pesuño *s. m.* Cada uno de los dedos, cubiertos con su uña, de los animales de pata hendida.

petaca *s. f.* Estuche de cuero, metal, etc. para llevar cigarros o tabaco picado.

pétalo *s. m.* Cada una de las hojas que forman la corola de la flor.

petardo *s. m.* Trozo de tubo que se llena de pólvora y se ataca y liga fuertemente para que, prendiéndole fuego, produzca una gran detonación.

petate *s. m.* **1.** Esterilla de palma usada en los países cálidos para dormir. **2.** Lío de la cama y la ropa de cada marinero o de cada soldado en el cuartel y de cada penado en su prisión.

petequia *s. f.* Mancha roja viva debida a una hemorragia cutánea.

petimetre, tra *s. m. y s. f.* Persona que cuida excesivamente de su compostura y de seguir las modas.

petirrojo *s. m.* Pájaro del tamaño del pardillo, de color verde oliva, con la frente, cuello, garganta y pecho de color rojo vivo uniforme y el resto de las partes inferiores, blanco brillante.

peto *s. m.* **1.** Armadura del pecho. **2.** Parte de algunas herramientas opuesta a la pala y en el otro lado del ojo.

petral *s. m.* Correa que asida por ambos lados a la parte delantera de la silla de montar rodea el pecho de la cabalgadura.

petrel *s. m.* Ave palmípeda muy voladora, común en todos los mares, que vive en bandadas entre las rocas.

pétreo, a *adj.* De piedra, roca o peñasco.

petrificar *v. tr.* Convertir en piedra, o dar a una cosa la dureza de la piedra de modo que lo parezca. También prnl.

petróleo *s. m.* Líquido oleoso de color oscuro y olor fuerte, que se encuentra nativo formando a veces grandes manantiales en el interior de la tierra.

petrolero *s. m.* Buque cisterna dedicado al transporte de petróleo.

petulancia *s. f.* **1.** Insolencia o atrevimiento. **2.** Vana y ridícula presunción.

petunia *s. f.* Planta de jardín, con flores olorosas y color blanquecino o púrpura violáceo.

pez[1] *s. m.* Animal acuático, vertebrado, de respiración branquial, sangre roja, siempre o casi siempre con aletas, piel cubierta de escamas y generación ovípara.

pez[2] *s. f.* Sustancia negra, resinosa, sólida, quebradiza, que se obtiene echando en agua fría el residuo que deja la trementina al acabar de sacarle el aguarrás.

pezón *s. m.* **1.** Rabillo que sostiene la hoja, la flor o el fruto de las plantas. **2.** Botoncito eréctil que sobresale en los pechos o tetas de las hembras por donde los hijos chupan la leche.

pezuña *s. f.* Conjunto de los pesuños de una misma pata en los animales de pata hendida.

piadoso, sa *adj.* **1.** Inclinado a la piedad y conmiseración. **2.** Religioso, devoto.

piafar *v. intr.* Alzar el caballo, cuando está preparado, ya una mano, ya otra, dejándola caer con fuerza y rapidez casi en el mismo sitio donde las levantó.

piamáter *s. f.* La más interior de las tres meninges que envuelven el cerebro y la médula espinal.

piano *s. m.* Instrumento musical de teclado y percusión.

pianola *s. f.* Piano que puede tocarse mecánicamente por medio de corriente eléctrica o pedales.

piar *v. intr.* Emitir los polluelos y algunas aves cierto género de sonido o voz.

piara *s. f.* Manada de cerdos, y por ext., la de yeguas, mulas, etc.

pica *s. f.* **1.** Especie de lanza larga, con un hierro pequeño y agudo en el extremo superior. **2.** Puya del picador de toros.

picacho *s. m.* Punta aguda, a modo de pico, que tienen algunos montes y riscos.

picadero *s. m.* Lugar donde los picadores adiestran los caballos, y las personas aprenden a montar.

picadillo *s. m.* Lomo de cerdo picado y adobado para hacer embutidos o freír.

picador, ra *s. m. y s. f.* **1.** Persona que tiene el oficio de domar y adiestrar caballos. || *s. m.* **2.** Jinete que pica con puya a los toros.

picadura *s. f.* Mordedura o punzada de un ave o un insecto, o de ciertos reptiles.

picaporte *s. m.* Llave para cerrar puertas y ventanas.

picar *v. tr.* **1.** Herir levemente con instrumento punzante. **2.** Punzar o morder las aves, los insectos y ciertos reptiles. **3.** Causar o producir escozor o picor. || *v. intr.* **4.** Calentar mucho el Sol.

picardía *s. f.* **1.** Acción baja, ruindad, vileza. **2.** Travesura de muchachos.

pícaro, ra *adj.* **1.** Bajo, ruin, falto de honra y vergüenza. **2.** Astuto, taimado.

picatoste *s. m.* Rebanada de pan tostada.

picazón *s. f.* Desazón que causa una cosa que pica en alguna parte del cuerpo.

pichel *s. m.* Vaso alto y redondo, ordinariamente de estaño y con tapa engoznada en el remate del asa.

pichón, na *s. m.* Pollo de la paloma casera.

pico *s. m.* **1.** Parte saliente de la cabeza de las aves. **2.** Punta acanalada que tienen en el borde algunas vasijas. **3.** Cúspide aguda de una montaña. **4.** Montaña de cumbre puntiaguda.

picor *s. m.* Picazón, desazón que produce en el cuerpo algo que pica.

picota *s. f.* Juego infantil en que cada jugador tira un palo puntiagudo para clavarlo en el suelo y derribar el del contrario.

picotear *v. tr.* **1.** Golpear o herir algo las aves con el pico. || *v. intr.* **2.** *fam.* Hablar mucho y de cosas inútiles e insustanciales.

picudo, da *adj.* Que tiene pico o forma de pico.

pie *s. m.* Parte terminal de las extremidades de cualquiera de los dos miembros inferiores del ser humano.

piedad *s. f.* **1.** Lástima, misericordia, compasión, conmiseración. **2.** Virtud que inspira, por el amor a Dios, devoción a las cosas santas y, por el amor al prójimo, actos de abnegación y caridad.

piedra *s. f.* **1.** Sustancia mineral, más o menos dura y compacta, que no es terrosa ni de aspecto metálico. **2.** Granizo grueso. **3.** Cálculo urinario.

piel *s. f.* **1.** Membrana exterior extendida sobre todo el cuerpo del ser humano o del animal. **2.** Cuero curtido.

piélago *s. m.* Parte del mar que dista mucho de la tierra.

pienso *s. m.* Porción de alimento seco que se da al ganado.

pierna *s. f.* Parte del miembro inferior de las personas comprendida entre el pie y la rodilla.

pierrot *s. m.* Payaso.

pieza *s. f.* **1.** Cada una de las partes que unidas con otras forman un objeto. **2.** Moneda. **3.** Sala o aposento de una casa. **4.** Animal de caza o pesca.

pifia *s. f., fam.* Paso o dicho desacertado.

pigargo *s. m.* Ave rapaz de gran tamaño con el pico corvo, que vive en las costas y se alimenta de peces y aves acuáticas.

pigmento *s. m.* Materia colorante empleada en pintura.

pignorar *v. tr.* Empeñar, dar en prenda.

pigre *adj.* Calmoso, negligente, desidioso.
pigricia *s. f.* Pereza, negligencia, descuido.
pijama *s. m.* Traje de dormir compuesto de pantalón y blusa de tela ligera y lavable.
pila *s. f.* Recipiente grande de piedra o de otra materia, cóncava y profunda, donde cae o se echa el agua para varios usos.
pilar *s. m.* **1.** Pilón, abrevadero. **2.** Hito o mojón que se pone para señalar los caminos. **3.** Especie de pilastra que se pone aislada en los edificios, o sirve para sostener otra fábrica o armazón cualquiera.
pilastra *s. f.* Columna cuadrada.
píldora *s. f.* Bolita que se hace mezclando un medicamento con un excipiente.
pillaje *s. m.* Hurto, rapiña, latrocinio.
pillar *v. tr.* **1.** Hurtar, robar. **2.** Coger, aprehender una cosa. **3.** *fam.* Sorprender a alguien en un descuido o mentira.
pillo, lla *s. m. y s. f.* **1.** *fam.* Pícaro desvergonzado. **2.** *fam.* Persona sagaz, astuta.
pilongo, ga *adj.* Flaco, extenuado.
píloro *s. m.* Abertura inferior del estómago, por la cual entran los alimentos en los intestinos.
pilote *s. m.* Madero rollizo que se hinca en tierra para consolidar los cimientos.
piloto *s. m.* **1.** Persona que dirige un globo, un aeroplano, un automóvil, etc. **2.** El segundo de un buque mercante.
piltrafa *s. f.* Parte de carne flaca, que casi no tiene más que el pellejo.
pimentero *s. m.* Arbusto piperáceo, tropical, trepador, con tallos ramosos, hojas alternas, cuyo fruto es la pimienta.
pimentón *s. m.* Polvo que se obtiene moliendo pimientos encarnados y secos.
pimienta *s. f.* Baya aromática, de sabor picante, usada como condimento.

pimiento *s. m.* Planta herbácea anual, solanácea, cuyo fruto es una baya hueca comestible, de color verde primero y luego rojo y con una multitud de pequeñas semillas planas.
pimpollo *s. m.* **1.** Árbol nuevo. **2.** Capullo de rosa. **3.** *fam.* Niño o niña, o persona joven que se distingue por su belleza.
pinacoteca *s. f.* Museo de pinturas.
pináculo *s. m.* Parte superior y más alta de un edificio, templo o cúpula.
pincel *s. m.* Haz de pelos fijos en la extremidad de un mango de madera, de pluma, etc. con que el pintor asienta los colores sobre una superficie.
pinchar *v. tr.* **1.** Picar con una cosa punzante. **2.** *fig.* Poner inyecciones.
pinche, cha *s. m. y s. f.* Persona ayudante de cocina.
pincho *s. m.* Punta aguda de hierro u otra materia.
pineal *adj.* De forma parecida a la de una piña.
pingajo *s. m., fam.* Harapo.
pingar *v. intr.* **1.** Gotear lo que está empapado en algún líquido. **2.** Brincar, saltar.
pingo *s. m.* **1.** *fam.* Pingajo. **2.** *fam.* Persona que lleva una vida irregular y licenciosa.
pingüe *adj.* **1.** Craso, mantecoso, gordo. **2.** *fig.* Abundante, fértil.
pingüino *s. m.* Pájaro bobo, ave palmípeda.
pinnípedo, da *adj.* Se dice de los mamíferos de vida anfibia, de cuatro extremidades cortas y anchas a propósito para la natación, como la foca y la morsa.
pino *s. m.* Árbol de madera resinosa, hojas muy estrechas y puntiagudas, que persisten durante el invierno. Da por fruto una piña cuya semilla es el piñón.

pinocha s. f. Hoja del pino.

pinocho s. m. Piña de pino rodeno.

pinole s. m. Mezcla de polvos de vainilla y otras especies aromáticas, que daba exquisito sabor al chocolate.

pinta[1] s. f. **1.** Mancha en el plumaje, pelo o piel de los animales y en la masa de un mineral. **2.** *fig.* Señal o muestra exterior que permite apreciar la calidad o aspecto de personas o cosas.

pinta[2] s. f. Medida para líquidos.

pintar v. tr. **1.** Cubrir con un color la superficie de una cosa. **2.** *fig.* Describir animadamente personas o cosas por medio de la palabra.

pintarrajo s. m., *fam.* Pintura mal hecha y de colores impropios.

pintiparado, da adj. **1.** Parecido, muy semejante a otro que en nada difiere de él. **2.** Se dice de lo que se acomoda perfectamente a otra cosa.

pintor, ra s. m. y s. f. Persona que profesa o ejercita el arte de la pintura.

pintoresco, ca adj. Se dice de las cosas que presentan una imagen agradable, peculiar y digna de ser pintada.

pintura s. f. **1.** Arte de pintar. **2.** La obra pintada. **3.** Color preparado para pintar.

pínula s. f. Tablilla metálica con una abertura circular o longitudinal que en los instrumentos topográficos y astronómicos sirve para dirigir visuales.

pinza s. f. Instrumento de metal, a manera de tenacillas que sirve para coger o sujetar cosas menudas.

pinzón s. m. Pájaro del tamaño de un gorrión, con plumaje rojo oscuro en la cara, pecho y abdomen, y pardo rojizo en el lomo; la hembra es de color pardo.

piña s. f. **1.** Fruto del pino. **2.** *fig.* Conjunto de personas o cosas unidas o agregadas estrechamente. **3.** Ananás.

piñata s. f. **1.** Olla, vasija. **2.** Vasija o cosa semejante, llena de dulces, que se cuelga del techo para romperla a palos con los ojos vendados.

piñón[1] s. m. Simiente del pino.

piñón[2] s. m. Rueda pequeña dentada que engrana en una máquina con otra mayor.

piñonata s. f. Género de conserva hecha de almendra raspada y azúcar en punto para que se incorpore.

piñonate s. m. Pasta dulce de piñones y azúcar.

pío s. m. Voz del pollo o cualquier ave.

pío, a adj. Benigno, compasivo.

piocha s. f. Herramienta para desprender los revoques de las paredes y para escafilar los ladrillos.

piogenia s. f. Formación de pus.

piojo s. m. Insecto unipolar muy pequeño, que vive parásito sobre las personas y otros mamíferos, de cuya sangre se alimenta.

piojoso, sa adj., *fig.* Miserable, mezquino.

piorrea s. f. Flujo de pus.

pipa s. f. **1.** Tonel o cuba. **2.** Utensilio para fumar tabaco picado. **3.** Lengüeta de las chirimías y otros instrumentos de viento, por donde se echa el aire.

pipeta s. f. Tubo de cristal ensanchado en su parte media, que sirve para trasladar pequeñas cantidades de líquido.

pipirigallo s. m. Planta leguminosa, herbácea, vivaz, que se cultiva en los jardines por la belleza de sus flores rojas.

pipiritaña s. f. Silbato que suelen hacer los muchachos con las cañas del alcacer.

pipote *s. m.* Pipa o cuba pequeña para licores, pescados, etc.

pique *s. m.* Resentimiento ocasionado por una disputa u otra cosa semejante.

piqué *s. m.* Tela de algodón que forma grano u otro género de labrado en relieve.

piquera *s. f.* Agujero practicado en las colmenas para el paso de las abejas.

piquero *s. m.* Soldado que servía con la pica en el ejército.

piqueta *s. f.* Herramienta de albañilería, con mango de madera y dos bocas opuestas, una plana, como de martillo, y otra aguzada, como de pico.

pira *s. f.* Hoguera.

piragua *s. f.* Embarcación larga y estrecha, mayor que la canoa, hecha de una pieza o con bordas de tabla o cañas.

piramidal *adj.* De figura de pirámide.

pirámide *s. f.* Sólido que tiene por base un polígono cualquiera y cuyas caras son triángulos que se juntan en un solo punto común llamado vértice, y forman un ángulo poliedro.

pirata *s. m.* Ladrón que andaba robando por el mar.

pirita *s. f.* Sulfuro de hierro, brillante, de color amarillo de oro, y tan duro que da chispas con el eslabón.

piróforo *s. m.* Cierto cuerpo que se inflama al contacto del aire.

pirógeno, na *adj.* Se aplica a los terrenos volcánicos.

pirograbado *s. m.* Procedimiento para grabar en madera por medio de una punta de platino incandescente.

pirómetro *s. m.* Instrumento para medir temperaturas muy elevadas.

piropear *v. tr., fam.* Decir piropos.

piropo *s. m.* **1.** Variedad de granate, de color rojo de fuego. **2.** *fam.* Lisonja, requiebro, en especial el dicho por galantería.

piróscafo *s. m.* Buque de vapor.

pirosis *s. f.* Sensación como de quemadura que sube desde el estómago hasta la faringe, producida por regurgitación de líquido estomacal cargado de ácido.

pirotecnia *s. f.* Arte que trata de todo género de invenciones de fuego en máquinas militares y en otros artificios para diversión y festejo.

pirueta *s. f.* Cabriola.

pisada *s. f.* Huella o señal que deja el pie en la tierra.

pisapapeles *s. m.* Utensilio que en las mesas de escritorio, mostradores, etc. se pone sobre los papeles para sujetarlos.

pisar *v. tr.* **1.** Poner el pie sobre alguna cosa. **2.** *fig.* Infringir una ley, orden, etc.

piscicultura *s. f.* Arte de dirigir y fomentar la reproducción de los peces y mariscos.

pisciforme *adj.* De forma de pez.

piscina *s. f.* **1.** Estanque en los jardines para tener peces. **2.** Estanque donde pueden bañarse diversas personas.

piscolabis *s. m.* Ligera porción de alimento que se toma por ocasión festiva o regalo.

piso *s. m.* **1.** Suelo o pavimento de las habitaciones de las casas. **2.** Suelo natural o artificial de un terreno. **3.** Suela de calzado.

pisón *s. m.* Instrumento de madera que sirve para apretar la tierra, piedras, etc.

pisotear *v. tr.* **1.** Pisar repetidamente una cosa maltratándola. **2.** *fig.* Humillar, maltratar de palabra a una o más personas.

pista *s. f.* **1.** Huella o rastro que dejan los animales en la tierra por donde han pasado. **2.** Sitio dedicado a las carreras y

PISTILO - PLANEAR

otros ejercicios. **3.** Carretera de gran anchura con un firme liso y resistente.

pistilo *s. m.* Órgano femenino de la flor, que consta de ovario, estilo y estigma.

pisto *s. m.* Fritada de pimientos, tomates, huevo, cebolla, etc., picados y revueltos.

pistola *s. f.* **1.** Arma de fuego. **2.** Utensilio de forma similar que se utiliza para proyectar pintura y otras sustancias.

pistolete *s. m.* Arma de fuego más corta que la pistola.

pistón *s. m.* **1.** Émbolo de bomba o máquina. **2.** Parte central de la cápsula, donde está colocado el fulminante.

pita[1] *s. f.* Planta vivaz, amarilidácea, con pencas carnosas, terminadas en un fuerte aguijón, en pirámide triangular, de color verde claro y flores amarillentas.

pita[2] *s. f., fam.* Pitada.

pitada *s. f.* **1.** Sonido del pito. **2.** *fig.* Muestra general de desagrado con silbidos.

pitar *v. intr.* **1.** Tocar o sonar el pito. **2.** Abuchear, dar pitidos y silbidos.

pitillo *s. m.* Cigarrillo.

pito *s. m.* Flauta pequeña, como un silbato, de sonido agudo.

pitón[1] *s. m.* Género de reptiles ofidios no venenosos, de gran tamaño, que atacan a los grandes animales y algunas veces a las personas.

pitón[2] *s. m.* Punta del cuerno del toro.

pitonisa *s. f.* Encantadora, hechicera.

pitorrearse *v. prnl.* Guasearse, burlarse.

pitorro *s. m.* Pitón de los botijos.

pizarra *s. f.* **1.** Roca homogénea, de grano muy fino, de color negro azulado, que se usa en construcción para cubiertas y solados. **2.** Tablero pintado de negro para escribir en él con tiza.

pizarrín *s. m.* Barrita de lápiz o de pizarra blanda con que se escribe, dibuja, etc. en las pizarras de piedra.

pizca *s. f., fam.* Porción mínima de una cosa.

placa *s. f.* Plancha de metal u otra materia, en general rígida.

placenta *s. f.* Masa esponjosa de carne, una de cuyas caras se adhiere a la superficie interna del útero, y de la opuesta nace el cordón umbilical.

placentero, ra *adj.* Agradable, alegre.

placer *v. tr.* Agradar o dar gusto.

plácet *s. m.* Fórmula de aprobación de las autoridades.

plácido, da *adj.* **1.** Quieto, sosegado y sin perturbación. **2.** Grato, apacible.

plaga *s. f.* **1.** Calamidad grande pública. || *s. m.* **2.** *fig.* Infortunio, trabajo, pesar.

plagar *v. tr.* Llenar a alguna persona o cosa de algo nocivo.

plan *s. m.* **1.** Altitud o nivel. **2.** Intento, proyecto, estructura. **3.** Extracto, traza o diseño de una cosa. **4.** Plano, representación gráfica de un terreno.

plana[1] *s. f.* Llana de albañil.

plana[2] *s. f.* **1.** Cada una de las dos caras o haces de una hoja de papel. **2.** Conjunto de líneas ya ajustadas de que se compone cada página.

plancha *s. f.* **1.** Lámina delgada y lisa de metal, madera, etc. **2.** Utensilio para planchar.

planchar *v. tr.* Estirar y alisar la ropa pasando sobre ella una plancha caliente.

planeador *s. m.* Avión sin motor.

planear[1] *v. tr.* Trazar el plan de una obra.

planear[2] *v. intr.* Sostenerse en el aire, volar o descender un avión lentamente con el motor parado.

planeta s. m. Cuerpo celeste que sólo brilla por la luz refleja del Sol, alrededor del cual describe una órbita.

planicie s. f. Llanura, campo sin altos ni bajos.

planimetría s. f. Arte de medir superficies planas.

planisferio s. m. Carta en que la esfera celeste o la terrestre se representa en un plano.

plano, na adj. **1.** Llano, liso, sin estorbos ni tropiezos. ‖ s. m. **2.** Superficie plana, representación de dos dimensiones.

planta s. f. **1.** Parte inferior del pie con que se pisa, y sobre la cual se sostiene el cuerpo. **2.** Vegetal, ser orgánico que vive y crece sin cambiar de sitio por impulso voluntario. **3.** Piso.

plantación s. f. Conjunto de lo plantado.

plantar v. tr. **1.** Meter en tierra una planta, un esqueje, etc. para que arraigue. **2.** Fijar y poner derecha y enhiesta una cosa.

plante s. m. Confabulación entre varias personas que hacen algo en común para exigir o rechazar airadamente alguna cosa.

plantear v. tr. Estudiar el plan de una cosa para alcanzar el acierto en ella.

plantel s. m. **1.** Criadero de plantas. **2.** fig. Lugar en que se forman personas capaces para una profesión, ejercicio, etc.

plantificar v. tr. **1.** Plantear, establecer. **2.** fam. Golpear. **3.** fam. Obligar a alguien a ponerse en un lugar contra su deseo.

plantígrado, da adj. Se dice de los cuadrúpedos que al andar apoyan en el suelo toda la planta de los pies y las manos, como el oso. También s. m.

plantilla s. f. **1.** Pieza de badana, corcho, etc., con que interiormente se cubre la planta del calzado. **2.** Plantel, conjunto de empleados de una oficina o fábrica.

plantío, a adj. Se aplica a la tierra o sitio plantado o que se puede plantar.

plañidera s. f. Mujer que se contrataba para llorar en los entierros.

plañidero, ra adj. Lloroso y lastimero.

plañir v. intr. Gemir y llorar sollozando.

plaqué s. m. Chapa muy delgada, de oro o de plata, que recubre la superficie de otro metal de menos valor.

plaqueta s. f. Elemento celular microscópico de la sangre, en forma de disco.

plasma s. m. Parte líquida de la sangre en circulación, formada de suero y parte coagulante.

plasmar v. tr. Crear una cosa, darle forma.

plasta s. f. **1.** Masa blanda. **2.** Cosa aplastada.

plastecer v. tr. Llenar, tapar con plaste.

plástico, ca adj. Dúctil, blando, que se deja modelar fácilmente.

plata s. f. Metal blanco brillante, dúctil y maleable, más pesado que el cobre y menos que el plomo.

plataforma s. f. **1.** Tablero horizontal, elevado sobre el suelo. **2.** Vagón descubierto y con bordes de poca altura en sus cuatro lados. **3.** Parte anterior y posterior de los tranvías, coches de ferrocarril, etc. en que se va de pie.

plátano s. m. Árbol de tronco recto, flores en cabezuelas unisexuales y frutos rodeados de largos pelos en su base y agrupados en bolas pendientes de un largo pedúnculo.

platea s. f. **1.** Patio, parte baja de los teatros. **2.** Cada uno de los palcos situados en esta parte del teatro.

platear v. tr. Cubrir de plata una cosa.

platel *s. m.* Especie de plato o bandeja.

platelminto *adj.* Se dice del gusano de cuerpo aplanado, prolongado u oval, desprovisto de apéndices, con la cavidad general rellena de tejido conjuntivo.

plática *s. f.* **1.** Conversación, acto de hablar una o varias personas con otra u otras. **2.** Discurso breve que hacen los predicadores para exhortar a los actos de virtud o instruir en la doctrina cristiana.

platicar *v. intr.* Conversar, hablar unos con otros, tratar de un negocio o materia.

platija *s. f.* Pez marino malacopterigio, semejante al lenguado, pero de escamas más fuertes y unidas y de carne poco apreciada.

platillo *s. m.* **1.** Cada una de las dos piezas que tiene la balanza. **2.** Cada una de las dos chapas metálicas circulares que forman un instrumento de percusión, usado para acompañamiento.

platina *s. f.* **1.** Parte del microscopio en que se coloca el objeto que se quiere observar. **2.** Disco de vidrio deslustrado o de metal y perfectamente plano para que ajuste en su superficie el borde del recipiente de la máquina neumática.

platino *s. m.* Metal el más pesado de todos, de color de plata aunque menos vivo y brillante, muy duro y menos dúctil que el oro.

plato *s. m.* **1.** Vasija baja y redonda, con una concavidad en medio y borde generalmente plano alrededor, que se emplea en las mesas para servir las viandas y comer en él. **2.** Manjar preparado para ser comido.

plausible *adj.* Digno de aplauso.

playa *s. f.* Ribera del mar o de un río grande, formada de arenales en superficie casi plana.

plaza *s. f.* **1.** Lugar amplio y espacioso dentro de un poblado. **2.** Lugar fortificado con muros, baluartes, etc. para que la gente se pueda defender del enemigo.

plazo *s. m.* **1.** Término o tiempo señalado para una cosa. **2.** Cada parte de una cantidad pagadera en dos o más veces.

pleamar *s. f.* **1.** Fin o término de la marea creciente del mar. **2.** Tiempo que ésta dura.

plebe *s. f.* Estado llano.

plebiscito *s. m.* Resolución tomada por todo un pueblo por mayoría de votos.

plectro *s. m.* Púa o pequeña pieza de marfil, hueso, madera, etc. que se usaba para tocar ciertos instrumentos de cuerda.

plegar *v. tr.* **1.** Hacer pliegues en una cosa. || *v. prnl.* **2.** *fig.* Doblarse, someterse.

plegaria *s. f.* Deprecación o súplica humilde y ferviente para pedir una cosa.

pleitear *v. tr.* Litigar o contender judicialmente sobre una cosa.

pleito *s. m.* **1.** Contienda, disputa, litigio judicial entre partes. **2.** Disputa, riña o pendencia doméstica o privada.

plenario, ria *adj.* Lleno, entero, total.

plenilunio *s. m.* Luna llena.

plenipotencia *s. f.* Poder pleno que se concede a otra persona para ejecutar, concluir o resolver una cosa.

plenipotenciario, ria *adj.* Se dice del diplomático que envían los soberanos o los gobiernos a otros Estados con pleno poder para tratar convenios, ajustar paces, etc.

plenitud *s. f.* **1.** Totalidad, integridad o calidad de pleno. **2.** Abundancia o exceso de un humor en el cuerpo.

pleno, na *adj.* **1.** Entero, completo. || *s. m.* **2.** Reunión o junta general de una corporación.

PLEONASMO - PLUVIÓMETRO

pleonasmo s. m. Figura de construcción, consistente en emplear en la oración, enfáticamente, más palabras de las necesarias.

plepa s. f., fam. Persona, animal o cosa que tiene muchos defectos en lo físico o en lo moral, o que no sirve para nada.

plétora s. f. **1.** Plenitud de sangre. **2.** Abundancia de humores en el organismo o en una parte de él.

pletórico, ca adj., fig. Eufórico, satisfecho.

pleura s. f. Cada una de las dos membranas serosas que en ambos lados del pecho cubren las paredes de la cavidad torácica y la superficie de los pulmones.

pleuritis s. f. Inflamación crónica de la pleura.

plexiglás s. m. **1.** Resina sintética que tiene el aspecto del vidrio. **2.** Material transparente y flexible del que se hacen telas, tapices, etc.

plexo s. m. Red formada por varios filamentos nerviosos o vasculares entrelazados.

plica s. f. Sobre cerrado y sellado en que se reserva algún documento que no debe publicarse hasta fecha u ocasión determinada.

pliego s. m. Porción o pieza de papel de forma rectangular y doblada por medio.

pliegue s. m. Doblez que se hace en un papel, tela u otra cosa flexible.

plinto s. m. Base cuadrada de poca altura.

plioceno adj. Se dice del terreno que forma la parte superior o más moderna del terciario. También s. m.

plisar v. tr. Plegar, fruncir.

plomo s. m. Metal pesado, blando, fusible, de color gris ligeramente azulado.

pluma s. f. Cada una de las excrecencias epidérmicas córneas de que está cubierto el cuerpo de las aves.

plumaje s. m. Conjunto de plumas que adornan y visten al ave.

plumazo s. m. **1.** Colchón o almohada grande llena de plumas. **2.** Trazo fuerte de pluma.

plúmbeo, a adj. **1.** De plomo. **2.** fig. Que pesa como el plomo.

plumear v. tr. Trazar líneas con el lápiz o la pluma, para sombrear un dibujo.

plumero s. m. Mazo de plumas, generalmente atadas a un mango de madera torneado, que sirve para quitar el polvo.

plumón s. m. Pluma muy delgada y sedosa que tienen las aves debajo del plumaje exterior.

plúmula s. f. Yemecilla que en el embrión de la planta contenido en la semilla es rudimento del tallo.

plural adj. Se dice del número que se refiere a dos o más personas o cosas.

pluralidad s. f. **1.** Multitud. **2.** Calidad de ser más de uno.

pluricelular adj. Que está formado por más de una célula.

plus s. m. Gratificación, remuneración adicional o sobresueldo.

pluscuamperfecto adj. Se dice del tiempo que enuncia que una cosa estaba ya hecha o podía estarlo cuando otra se hizo.

plus ultra expr. lat. Más allá.

plutocracia s. f. Preponderancia de los ricos en el gobierno del Estado.

plutonio s. m. Elemento metálico radiactivo que se encuentra en ciertas variedades de sulfuro de cinc.

pluvial adj. Se dice del agua de lluvia.

pluviómetro s. m. Aparato que sirve para medir la lluvia que cae en un lugar y tiempo dados.

POBLACIÓN - POLEO

población *s. f.* **1.** Número de personas de un pueblo, provincia, nación, etc. **2.** Ciudad, villa o lugar.

poblar *v. tr.* **1.** Fundar uno o más pueblos. También intr. **2.** Ocupar la gente un sitio para trabajar o habitar en él.

pobre *adj.* **1.** Falto de lo necesario para vivir, o que lo tiene con escasez. **2.** Escaso, que carece de algo para su cumplimiento.

pobreza *s. f.* **1.** Escasez o carencia de lo necesario para vivir. **2.** Falta, escasez.

pocilga *s. f.* **1.** Establo para ganado de cerda. **2.** *fam.* Lugar hediondo y asqueroso.

pocillo *s. m.* Tinaja o vasija empotrada en la tierra para recoger un líquido.

pócima *s. f.* Cocimiento medicinal de materias vegetales.

poción *s. f.* Bebida.

poco, ca *adj.* Escaso, limitado y corto en cantidad o calidad.

poda *s. f.* Acción y efecto de podar.

podagra *s. f.* Enfermedad de gota, y especialmente la que se padece en los pies.

podar *v. tr.* Cortar las ramas superfluas de los árboles, vides y otras plantas para que fructifiquen con más vigor.

poder *s. m.* **1.** Facultad de hacer alguna cosa, material o inmaterial. **2.** Fuerza, vigor, capacidad, posibilidad, poderío.

poderío *s. m.* **1.** Facultad de hacer o impedir una cosa. **2.** Vigor, fuerza grande.

poderoso, sa *adj.* **1.** Que tiene poder. **2.** Muy rico, colmado de bienes o de fortuna.

podio *s. m.* Pedestal largo en que estriban varias columnas.

podómetro *s. m.* Aparato en forma de reloj de bolsillo, para contar el número de pasos de quien lo lleva.

podre *s. f.* Putrefacción de algunas cosas.

poema *s. m.* Obra en verso o de contenido poético por su fondo o estilo, aunque esté escrito en prosa.

poesía *s. f.* Expresión artística de la belleza por medio de la palabra sujeta a la medida, ritmo o cadencia de que resulta el verso o la prosa poética.

poeta *s. m.* Persona que compone obras poéticas y está dotada de las facultades necesarias para componerlas.

poética *s. f.* Poesía, arte de componer obras poéticas.

poetisa *s. f.* Mujer poeta.

poetizar *v. intr.* Hacer o componer versos.

polacra *s. f.* Buque de cruz, de dos o tres palos enterizos y sin cofas.

polaina *s. f.* Especie de media calza, que cubre la pierna hasta la rodilla.

polaridad *s. f.* Propiedad que tienen los agentes físicos de acumularse en los polos de un cuerpo y de polarizarse.

polarizar *v. tr.* **1.** Modificar los rayos luminosos por medio de refracción o reflexión, de tal manera que queden incapaces de refractarse o reflejarse de nuevo en ciertas direcciones. || *v. prnl.* **2.** *fig.* Concentrar la atención en una cosa.

polca *s. f.* Danza de origen bohemio, de movimiento rápido y en compás de dos por cuatro.

polea *s. f.* Rueda móvil alrededor de un eje, con una canal en su circunferencia, que sirve para levantar y mover pesos.

polémica *s. f., fig.* Riña, altercado.

polen *s. m.* Polvillo fecundante contenido en las anteras de las flores.

poleo *s. m.* Planta herbácea anual, labiada, de olor agradable, que se usan en infusión como estomacal.

poliandria *s. f.* Régimen familiar en que se permite a la mujer vivir casada simultáneamente con dos o más hombres.

poliarquía *s. f.* Gobierno de muchos.

polichinela *s. m.* Títere, muñeco.

policía *s. f.* **1.** Organización y reglamentación interna de un Estado, cumpliéndose las leyes u ordenanzas establecidas para guardar orden y seguridad pública. **2.** Cuerpo encargado de vigilar el cumplimiento de las leyes de un Estado.

policlínica *s. f.* Consultorio médico con diversas secciones o especialidades.

polícromo, ma *adj.* De varios colores.

poliedro *s. m.* Sólido limitado por todas partes por planos.

polifagia *s. f.* Ingestión considerable de alimentos, debida al hambre extraordinaria y excesiva.

polifásico, ca *adj.* Se dice de la corriente eléctrica alterna, constituida por la combinación de varias corrientes monofásicas del mismo período, pero cuyas fases no concuerdan.

polifonía *s. f.* Conjunto de sonidos simultáneos en que cada uno expresa su idea musical y forma con los demás un todo armónico.

poligamia *s. f.* Régimen familiar en que se permiten los matrimonios múltiples, poligínicos, un hombre con dos o más mujeres, o poliándricos, una mujer con dos o más hombres.

polígloto *s. m. y s. f.* Persona que domina varias lenguas.

polígono *s. m.* Porción de plano limitado por rectas.

poligrafía *s. f.* Arte de escribir por diferentes modos secretos o extraordinarios, de suerte que lo escrito no sea inteligible sino para quien conozca la clave.

polilla *s. f.* Mariposa nocturna, cenicienta, cuya larva destruye tejidos, pieles, etc.

polinomio *s. m.* Expresión algebraica que consta de más de un término.

poliomielitis *s. f.* Inflamación de la sustancia gris de la médula espinal.

pólipo *s. m.* Animal celentéreo, cuya boca, circundada de tentáculos, conduce a un estómago sencillo o seguido de intestinos.

polipodio *s. m.* Helecho.

polisílabo, ba *adj.* Se dice de la palabra que consta de muchas sílabas.

polisón *s. m.* Miriñaque que sobre la cintura usaron las mujeres, para que abultasen las faldas por detrás.

polistilo, la *adj.* Que tiene muchas columnas.

politécnico, ca *adj.* Que abraza muchas ciencias o artes.

política *s. f.* Ciencia y arte de gobernar y dar leyes para mantener la seguridad de un Estado en sus asuntos interiores y exteriores.

polivalente *adj.* Se dice del elemento o función química que actúa con varias valencias.

póliza *s. f.* **1.** Orden de cobro. **2.** Sello suelto con que se satisface el impuesto del timbre en ciertos documentos.

polizón *s. m.* Persona que se embarca clandestinamente.

polla *s. f.* Gallina nueva, medianamente crecida, que no pone huevos o que hace poco tiempo que ha empezado a ponerlos.

pollazón *s. f.* Echadura de huevos que de una vez empollan las aves.

pollino, na *s. m. y s. f.* **1.** Asno joven y cerril. **2.** Persona necia, ignorante o ruda.

pollo s. m. Cría que sacan de cada huevo las aves y especialmente las gallinas.

polo[1] s. m. Cualquiera de los dos extremos del eje de rotación de una esfera o cuerpo redondeado dotado de este movimiento real o imaginariamente.

polo[2] s. m. Juego entre grupos de jinetes que con mazas de astiles largos lanzan sobre el césped del terreno una bola, observando algunas reglas.

poltrón, na adj. **1.** Flojo, perezoso, haragán. ‖ s. f. **2.** Butaca ancha y cómoda.

poltronería s. f. Pereza, haraganería.

poluto, ta adj. Sucio, inmundo.

polvareda s. f. Cantidad de polvo que se levanta de la tierra.

polvera s. f. Vaso de tocador, que sirve para contener los polvos y la borla con que se suelen aplicar.

polvo s. m. **1.** Masa de partículas de tierra seca y de otros sólidos que se levanta en el aire con cualquier movimiento y se posa sobre los objetos. ‖ s. m. pl. **2.** Los de almidón, arroz, etc. que se usan como afeite.

pólvora s. f. Mezcla de salitre, azufre y carbón, que a cierto grado de calor se inflama desprendiendo gran cantidad de gases.

polvoriento, ta adj. Lleno de polvo.

polvorín s. m. Lugar o edificio convenientemente dispuesto para guardar la pólvora, municiones, etc.

polvorón s. m. Torta pequeña, de harina, manteca y azúcar, cocida en horno fuerte y que se deshace en polvo al comerla.

poma s. f. **1.** Manzana, fruta. **2.** Cajita para perfumes.

pomada s. f. Mixtura de una sustancia grasa con otros ingredientes, empleada como afeite o medicamento.

pompa s. f. **1.** Acompañamiento suntuoso y de gran aparato que se hace en una ceremonia de regocijo o fúnebre. **2.** Fausto, vanidad. **3.** Burbuja que forma el agua por el aire que se introduce.

pompón s. m. Esfera metálica o bola de estambre o seda con que se adornaba la parte anterior y superior de los morriones.

pomposo, sa adj. Ostentoso, magnífico.

pómulo s. m. Hueso de cada una de las mejillas.

ponche s. m. Bebida que se hace mezclando ron u otro licor espirituoso en agua, limón, azúcar y a veces té.

poncho s. m. Especie de capote sin mangas, pero sujeto a los hombros, que ciñe y cae a lo largo del cuerpo.

ponderación s. f. Atención, consideración con que se dice o hace una cosa.

ponderar v. tr. **1.** Pesar. **2.** Examinar con cuidado un asunto. **3.** Exagerar, encarecer.

ponencia s. f. **1.** Cargo de ponente. **2.** Informe o dictamen dado por el ponente.

ponente adj. Se dice de la persona a quien toca hacer relación de un asunto y proponer la resolución.

poner v. tr. **1.** Colocar en un sitio una persona o cosa, o disponerla en el lugar o grado que debe tener. **2.** Disponer una cosa con lo que ha menester para algún fin. **3.** Apostar. **4.** Soltar el huevo las aves.

poniente s. m. **1.** Occidente, punto cardinal. **2.** Viento que sopla de la parte occidental.

pontazgo s. m. Derechos que se pagan en algunas partes para pasar por los puentes.

pontificado s. m. Dignidad de pontífice.

pontífice s. m. Obispo o arzobispo de una diócesis.

pontón *s. m.* **1.** Barco chato para pasar los ríos o construir puentes, y en los puertos para limpiar su fondo con el auxilio de algunas máquinas. **2.** Buque viejo.

ponzoña *s. f.* Sustancia venenosa.

popa *s. f.* Parte posterior de las embarcaciones, donde se coloca el timón y están las cámaras o habitaciones principales.

pope *s. m.* Sacerdote de la iglesia ortodoxa rusa.

popelina *s. f.* Tela delgada de algodón, de seda o de una mezcla de algodón y seda o lana y seda para camisas y usos análogos.

populacho *s. m.* Multitud de personas en revuelta o desorden.

popular *adj.* Del pueblo o de la plebe.

popularidad *s. f.* Aceptación y aplauso que alguien tiene en el pueblo.

popularizar *v. tr.* Acreditar a alguien o algo, extendiendo su fama entre el público.

populoso, sa *adj.* Poblado o lleno.

popurrí *s. m.* Composición formada con fragmentos o temas de diversas obras musicales.

poquedad *s. f.* **1.** Escasez, cortedad o miseria. **2.** Timidez, cobardía.

por *prep.* Indica el lugar o tiempo en que se hace algo, o la causa o el modo de hacerlo.

porcelana *s. f.* Especie de loza fina, transparente.

porcentaje *s. m.* Tanto por ciento.

porche *s. m.* Soportal.

porción *s. f.* Cantidad segregada de otra mayor.

pordiosear *v. intr.* **1.** Mendigar, pedir limosna. **2.** *fig.* Pedir porfiadamente y con humildad una cosa.

pordiosero, ra *adj.* Mendigo que pide limosna.

porfiado, da *adj.* Se dice del sujeto obstinado y terco en su parecer, que se mantiene en él con tesón y necedad.

porfiar *v. intr.* **1.** Discutir y altercar obstinadamente. **2.** Importunar.

pórfido *s. m.* Roca compacta y dura de color oscuro, formada por cristales de feldespato y cuarzo.

pormenor *s. m.* Conjunto de circunstancias menudas y detalles de una cosa.

pornografía *s. f.* **1.** Tratado acerca de la prostitución. **2.** Carácter obsceno de obras literarias, fotográficas o artísticas.

poro *s. m.* Espacio que hay entre las partículas o moléculas que constituyen un cuerpo.

porque *conj. caus.* **1.** Por causa o razón de que. || *conj. consec.* **2.** Para que.

porqué *s. m., fam.* Causa, razón o motivo.

porquería *s. f.* **1.** Suciedad, basura. **2.** Acción sucia o indecente. **3.** *fam.* Grosería.

porqueriza *s. f.* Pocilga donde se crían y recogen los puercos.

porra *s. f.* Palo cuyo grueso aumenta desde la empuñadura al extremo opuesto.

porrazo *s. m.* Golpe dado con la porra.

porreta *s. f.* Hojas verdes del puerro.

porrillo, a *loc., fam.* En abundancia, copiosamente.

porrón *s. m.* Redoma de vidrio, para beber vino a chorro por el pitón largo que tiene en la panza.

porta *s. f.* Cada una de las aberturas practicadas en los costados y popa de los buques para dar luz y ventilarlos.

portaaviones *s. m.* Buque de guerra dotado de las instalaciones necesarias para transportar aviones, con cubierta dispuesta para que de ella puedan despegar y aterrizar.

portada *s. f.* **1.** Obra de ornamentación en las fachadas principales de los edificios suntuosos. **2.** Primera plana de los libros impresos. **3.** Cara principal de cualquier cosa.

portador, ra *adj.* Que lleva o trae una cosa de una parte a otra.

portaestandarte *s. m.* Oficial de caballería que lleva el estandarte.

portafusil *s. m.* Correa que pasa por dos asas del fusil, y sirve para echarlo a la espalda dejándolo pegado del hombro.

portal *s. m.* **1.** Primera pieza de la casa, donde está la entrada principal. **2.** Soportal cubierto. **3.** Pórtico de columnas.

portalámparas *s. f.* Pieza adecuada para sostener una lámpara.

portalón *s. m.* Abertura a manera de puerta, hecha en el costado del buque, que sirve para entrada y salida de personas y cosas.

portamonedas *s. m.* Bolsa pequeña o cartera para llevar dinero a mano.

portante *adj.* Se dice del paso de las caballerías en el cual mueven a un tiempo la mano y el pie del mismo lado.

portañola *s. f.* Cañonera, tronera.

portapliegos *s. m.* Cartera pendiente del hombro o de la cintura, para llevar pliegos.

portaplumas *s. m.* Mango en que se coloca la pluma metálica para escribir.

portar *v. tr.* **1.** Llevar o traer alguna cosa. || *v. prnl.* **2.** Conducirse, gobernarse.

portarretrato *s. m.* Marco utilizado para poner una fotografía.

portátil *adj.* Fácil de transportarse.

portavoz *s. m.* Persona que, por su autoridad, lleva la voz de una colectividad.

portazgo *s. m.* Derechos que se pagan por pasar por un sitio determinado de un camino.

porte *s. m.* **1.** Acción de portear mercancías de una parte a otra. Se usa más en pl. **2.** Conducta, modo de proceder. **3.** Aspecto, disposición de una persona en cuanto al modo de vestirse, modales, etc.

portear *v. tr.* Conducir o llevar una cosa de una parte a otra por el precio o porte convenido o señalado.

portento *s. m.* Cualquier cosa, acción o suceso singular que por su extrañeza o novedad causa admiración, terror o pasmo.

portentoso, sa *adj.* **1.** Singular y admirable. **2.** Maravilloso, asombroso, milagroso.

portería *s. f.* **1.** Pieza del zaguán de los edificios o establecimientos públicos o particulares donde está situado el portero. **2.** Empleo de portero.

portero, ra *s. m. y s. f.* **1.** Persona encargada de guardar, cerrar y abrir las puertas, la limpieza del portal, etc. **2.** Jugador que en algunos deportes defiende la meta de su bando.

portezuela *s. f.* Puerta de carruaje.

pórtico *s. m.* Lugar cubierto y con columnas que se construye delante de los templos u otros edificios suntuosos.

portier *s. m.* Antepuesta o cortinón.

portillo *s. m.* **1.** Abertura que hay en las murallas, paredes o tapias. **2.** Postigo o puerta chica en otra mayor.

portón *s. m.* Puerta que divide el zaguán del resto de la casa.

porvenir *s. m.* Suceso o tiempo futuro.

pos *prep.* Significa detrás o después de.

posada *s. f.* **1.** Casa donde habita cada uno. **2.** Mesón. **3.** Casa de huéspedes.

posaderas *s. f. pl.* Nalgas.

posadero, ra *s. m. y s. f.* Persona que tiene una casa de huéspedes.

posar *v. intr.* **1.** Alojar u hospedarse en una posada o casa particular. **2.** Descansar, asentarse, reposar.

posdata *s. f.* Lo que se añade a una carta ya concluida y firmada.

pose *s. f.* Postura, actitud de posar para un público, la cámara, etc.

poseer *v. tr.* **1.** Tener alguien algo en su poder. **2.** Saber suficientemente una cosa, como arte, doctrina, idioma, etc.

poseído, da *adj.* Poseso.

posesivo, va *adj.* Que denota posesión.

poseso, sa *adj.* Se dice de la persona que padece posesión de algún espíritu.

posible *adj.* Que puede ser o suceder.

posición *s. f.* **1.** Modo de estar colocada una persona o cosa. **2.** Punto fortificado o naturalmente ventajoso para la guerra.

positivo, va *adj.* **1.** Cierto, verdadero, efectivo, que no ofrece duda. **2.** Se dice de la persona que busca la realidad de las cosas especialmente en cuanto a los goces de la vida y comodidades.

positrón *s. m.* Elemento del átomo que tiene la misma masa que el electrón, pero cargado de electricidad receptiva.

poso *s. m.* **1.** Sedimento del líquido contenido en una vasija. **2.** Quietud, descanso.

posponer *v. tr.* **1.** Poner a una persona o cosa después de otra, tanto en espacio como en tiempo. || *v. intr.* **2.** *fig.* Apreciar a una persona o cosa menos que a otra.

posta *s. f.* Conjunto de caballerías preparadas para que, mudando los tiros, los correos y otras personas caminasen con toda diligencia.

postal *adj.* **1.** Relativo al ramo de correos. **2.** Se dice de la tarjeta de tamaño determinado, con un espacio dispuesto para escribir en él, que se expide por correo, como carta sin sobre.

poste *s. m.* Madero, piedra o columna colocada verticalmente como apoyo o señal.

postergar *v. tr.* Hacer sufrir atraso a una persona o cosa.

posteridad *s. f.* **1.** Descendencia o generación venidera. **2.** Fama póstuma.

posterior *adj.* Que está o viene después en el tiempo o en el espacio.

postigo *s. m.* **1.** Puerta falsa. **2.** Portezuela de una ventana.

postilla *s. f.* Costra de las llagas o heridas cuando se van secando.

postizo, za *adj.* **1.** Que no es natural ni propio, sino añadido, fingido o sobrepuesto. || *s. m.* **2.** Añadido o tejido de pelo que suple la falta o escasez de éste.

postmeridiano, na *adj.* Relativo a la tarde, o que es después del mediodía.

postor *s. m.* Persona que puja.

postración *s. f.* Abatimiento por enfermedad o aflicción.

postrar *v. tr.* **1.** Rendir, humillar o derribar una cosa. **2.** Debilitar, quitar el vigor y fuerza a alguien. || *v. prnl.* **3.** Hincarse de rodillas humillándose por tierra.

postre *s. m.* Fruta, dulce y otras cosas que se sirven al fin de la comida.

postrero, ra *adj.* **1.** Último en orden. **2.** Que está, se queda o viene detrás.

postrimería *s. f.* Último período o últimos años de la vida.

postulado *s. m.* Proposición que, sin ser evidente, se admite como cierta sin demostración y que es necesaria para servir de base en ulteriores razonamientos.

postular *v. tr.* Pedir una cosa, especialmente donativos para fines benéficos.

póstumo, ma *adj.* Que sale a luz después de la muerte del padre o autor.

postura *s. f.* Colocación, actitud o modo en que está puesto alguien o algo.

potaje *s. m.* Caldo de olla u otro guiso.

potasa *s. f.* Carbonato de potasio, obtenido principalmente de cenizas vegetales.

potasio *s. m.* Metal de color argentino blando y ligero, que se extrae de la potasa.

pote *s. m.* **1.** Vaso de barro, alto, para beber o guardar licores y confecciones. **2.** Vasija redonda, con barriga y boca ancha y con tres pies, usada para cocer viandas al fuego.

potencia *s. f.* **1.** Poder para hacer una cosa o producir un efecto. **2.** Estado soberano. **3.** Fuerza motora de una máquina.

potencial *adj.* Posible, que puede suceder o existir, en contraposición a actual.

potentado, da *s. m.* **1.** Príncipe o soberano que tiene dominio independiente en una provincia o Estado, pero toma investidura de otro príncipe superior. || *s. m. y s. f.* **2.** Persona poderosa y opulenta.

potente *adj.* Que tiene poder, eficacia o virtud para producir un efecto.

poterna *s. f.* En las fortificaciones, puerta no principal, que da al foso o al extremo de una rampa.

potestad *s. f.* Dominio, poder o jurisdicción que se tiene sobre una cosa.

potingue *s. m.* Cualquier preparado de botica.

potra *s. f.* Yegua desde que nace hasta que muda los dientes de leche, aproximadamente a los cuatro años y medio de edad.

potranca *s. f.* Yegua menor de tres años.

potril *s. m.* Dehesa para criar potros.

potro *s. m.* **1.** Caballo desde que nace hasta que muda los dientes de leche. **2.** Aparato de madera en el cual sentaban a los procesados para darles tormento.

poyo *s. m.* Banco de piedra, yeso, etc. que se fabrica arrimado a las paredes.

poza *s. f.* **1.** Charca de agua. **2.** Balsa para empozar y macerar el cáñamo o el lino.

pozo *s. m.* Hoyo que se hace en la tierra vertical hasta encontrar una vena de agua.

práctica *s. f.* **1.** Ejercicio de cualquier arte o facultad, conforme a sus reglas. **2.** Destreza adquirida con este ejercicio.

practicante, ta *s. m. y s. f.* Persona que posee título para el ejercicio de la cirugía menor.

practicar *v. tr.* **1.** Ejercitar, poner en práctica una cosa que se ha aprendido. **2.** Usar o ejercer continuamente una cosa.

práctico, ca *adj.* Experimentado, versado y diestro en una cosa.

pradera *s. f.* Prado grande.

pradial *s. m.* Noveno mes del año según el calendario republicano francés.

prado *s. m.* Tierra húmeda o de regadío, en la que crece la hierba para el pasto de los ganados.

prao *s. m.* Embarcación malaya de poco calado, muy larga y estrecha.

preámbulo *s. m.* **1.** Exordio, aquello que se dice antes de entrar en materia. **2.** Rodeo o digresión impertinente antes de decir claramente una cosa.

prebenda *s. f.* Renta anexa a un oficio eclesiástico.

prebendar *v. tr.* **1.** Conferir prebenda a alguien. || *v. intr.* **2.** Obtenerla.

preboste *s. m.* Sujeto que es cabeza de una comunidad y la preside o gobierna.

precario, ria *adj.* De poca estabilidad o duración.

precaución *s. f.* Cautela para evitar o prevenir los inconvenientes que pueden temerse.

precaver *v. tr.* Prevenir o evitar un riesgo o peligro. También prnl.

precavido, da *adj.* Sagaz, cauto.

precedencia *s. f.* **1.** Anterioridad, prioridad de tiempo. **2.** Primacía, superioridad.

precedente *s. m.* Antecedente.

preceder *v. tr.* **1.** Ir delante de una persona o cosa en tiempo o lugar. **2.** Tener una persona o cosa preferencia sobre otra.

preceptista *adj.* Se dice de las personas que dan o enseñan preceptos o reglas.

precepto *s. m.* Mandato u orden que el superior hace observar al inferior.

preceptor, ra *s. m. y s. f.* Persona que enseña, especialmente como maestro privado.

preceptuar *v. tr.* Dar o dictar preceptos.

preciado, da *adj.* **1.** Precioso, de mucha estimación. **2.** Jactancioso, vano.

preciar *v. tr.* **1.** Apreciar, estimar. || *v. prnl.* **2.** Gloriarse, jactarse.

precintar *v. tr.* Asegurar y afianzar los cajones, poniéndoles a lo largo precintas.

precinto *s. m.* Ligadura sellada convenientemente con que se atan cajones, baúles, etc., a fin de que no se abran sino cuando y por quien corresponda.

precio *s. m.* Valor pecuniario en que se estima una cosa.

preciosidad *s. f.* Cosa preciosa.

precioso, sa *adj.* **1.** Excelente, exquisito, primoroso. **2.** *fig.* Hermoso.

precipicio *s. m.* Despeñadero.

precipitado, da *adj.* Atropellado, alocado, irreflexivo.

precipitar *v. tr.* **1.** Despeñar, derribar de un lugar o alto. **2.** Atropellar, acelerar algo.

precipuo, pua *adj.* Señalado o principal.

precisar *v. tr.* **1.** Fijar o determinar de un modo preciso. **2.** Obligar, forzar determinadamente y sin excusa a ejecutar algo.

preciso, sa *adj.* **1.** Necesario, indispensable para un fin. **2.** Exactamente determinado o definido. **3.** Distinto, claro y formal.

preclaro, ra *adj.* Esclarecido, ilustre, famoso y digno de admiración y respeto.

preconizar *v. tr.* Encomiar públicamente.

precordial *adj.* Se dice de la región o parte del pecho que corresponde al corazón.

precoz *adj.* **1.** Se dice del fruto temprano. **2.** Se dice del proceso que aparece antes de lo habitual.

predecesor, ra *s. m. y s. f.* Antecesor.

predecir *v. tr.* Anunciar por revelación, ciencia o conjetura algo que ha de suceder.

predestinar *v. tr.* Destinar anticipadamente una cosa para un fin.

prédica *s. f.* Sermón o plática.

predicado *s. m.* Lo que se afirma del sujeto en una proposición.

predicar *v. tr.* **1.** Publicar, hacer patente y clara un cosa. **2.** Pronunciar un sermón. **3.** *fam.* Amonestar, hacer reproches.

predilección *s. f.* Preferencia con que se distingue a una persona o cosa entre otras.

predilecto, ta *adj.* Preferido por amor o afecto especial.

predio *s. m.* Tierra o posesión inmueble.

predisponer *v. tr.* Preparar, disponer anticipadamente el ánimo de las personas para un fin determinado. También prnl.

predisposición *s. f.* Tendencia biológica a contraer determinadas enfermedades.

predominar *v. tr.* Prevalecer, tener mayor dominio. También intr.

predominio *s. m.* Imperio, poder, influjo que se tiene sobre una persona o cosa.

preeminencia s. f. Privilegio, preferencia que goza alguien respecto de otro.

preeminente adj. Sublime, superior, honorífico y que está más elevado.

preexistir v. intr. Existir con antelación.

prefacio s. m. 1. Prelación. 2. Prólogo o introducción de un libro.

prefecto s. m. 1. Entre los romanos, título de varios jefes militares o civiles. 2. En Francia, gobernador de un departamento.

preferencia s. f. 1. Primacía, ventaja que una persona o cosa tiene sobre otra. 2. Elección de alguien o algo entre varios.

preferible adj. Digno de preferirse.

preferir v. tr. 1. Dar la preferencia a alguna persona o cosa. 2. Exceder, aventajar.

prefijar v. tr. Fijar anticipadamente una cosa.

prefijo s. m. Afijo antepuesto a un vocablo.

pregón s. m. Promulgación que se hace en voz alta por los lugares públicos de una cosa que conviene que sepan todos.

pregonar v. tr. 1. Hacer notoria en voz alta una cosa para que venga a noticia de todos. 2. Decir y publicar a voces alguien la mercancía que lleva para vender.

pregunta s. f. Demanda o interrogación que se hace a alguien para que responda lo que sabe.

preguntar v. tr. Hacer preguntas a alguien para que diga y responda lo que sabe sobre un asunto. También prnl.

preguntón, na adj., fam. Molesto en preguntar.

prehistoria s. f. Ciencia que estudia la vida de los hombres con anterioridad a todo documento de carácter histórico.

prejuzgar v. tr. Juzgar las cosas antes de tiempo o sin tener de ellas cabal conocimiento.

prelación s. f. Preferencia con que una cosa debe ser atendida respecto de otra.

prelado s. m. Superior eclesiástico constituido en una de las dignidades de la Iglesia, como abad, obispo, etc.

preliminar adj. Que sirve de preámbulo.

preludiar v. tr., fig. Preparar o iniciar una cosa, darle entrada.

prematuro, ra adj. 1. Que no está en sazón. 2. Que ocurre antes de tiempo.

premeditar v. tr. Pensar reflexivamente una cosa antes de ejecutarla.

premiar v. tr. Remunerar, galardonar con privilegios, empleos o rentas los méritos y servicios de alguien.

premio s. m. 1. Recompensa que se da por algún mérito. 2. Cada uno de los lotes sorteados en una lotería.

premioso, sa adj. 1. Tan ajustado o apretado que dificultosamente se puede mover. 2. Gravoso, molesto.

premisa s. f. Cada una de las dos primeras proposiciones del silogismo, de donde se infiere y saca la conclusión.

premolar adj. Se dice de los dientes molares primero y segundo.

premura s. f. Aprieto, prisa, urgencia.

prenda s. f. Cosa que se da en garantía del cumplimiento de una obligación.

prendarse v. prnl. Aficionarse, enamorarse de una persona o cosa.

prender v. tr. 1. Asir, agarrar, sujetar una cosa. 2. Apoderarse de una persona privándola de la libertad, y principalmente ponerla en la cárcel por delito cometido.

prensa s. f. 1. Máquina para prensar o comprimir. 2. fig. Imprenta.

prensado s. m Lustre o labor que queda en los tejidos, por efecto de la prensa.

prensar *v. tr.* Apretar en la prensa una cosa.

prensil *adj.* Que sirve para asir o coger.

preñado, da *adj.* Se dice de la hembra de cualquier especie que ha concebido y tiene el feto en el vientre.

preocupar *v. tr.* Prevenir el ánimo de alguien con prejuicios.

preopinante *adj.* Se dice de la persona que en una discusión ha hablado o manifestado su opinión antes que otro.

prepalatal *adj.* Se dice de la consonante para cuya pronunciación choca la parte superior de la lengua contra el paladar, como sucede con la "ch".

preparar *v. tr.* **1.** Disponer una cosa para un fin. || *v. prnl.* **2.** Disponerse, prevenirse para ejecutar una cosa.

preponderancia *s. f.* **1.** Exceso del peso, o mayor peso, de una cosa respecto de otra. **2.** *fig.* Superioridad de crédito, autoridad o prestigio.

preponderar *v. intr.* Pesar más una cosa respecto de otra.

preposición *s. f.* Parte invariable de la oración cuyo oficio es denotar el régimen o relación que entre sí tienen dos palabras o términos.

prepotente *adj.* Muy poderoso.

prepucio *s. m.* Piel móvil que cubre el bálano del pene.

prerrogativa *s. f.* Privilegio o exención que se concede a alguien.

presa *s. f.* **1.** Acción de prender o agarrar algo. **2.** Cosa apresada, cazada o robada. **3.** Muro para contener el cauce de un río.

presada *s. f.* Agua que se junta y retiene en el caz del molino para servir de fuerza motriz durante cierto tiempo si la corriente no basta para el trabajo continuo.

presagiar *v. tr.* Anunciar o prever una cosa, induciéndola de presagios o conjeturas.

presagio *s. m.* Señal que indica, previene y anuncia un suceso futuro.

présbita *adj.* Se dice de la persona que por defecto de acomodación percibe confusamente los objetos próximos y con mayor claridad los lejanos.

presbiterado *s. m.* Sacerdocio, orden de sacerdote.

presbiterio *s. m.* Área del altar mayor hasta el pie de las gradas por donde se sube a él.

presbítero *s. m.* Clérigo ordenado de misa, sacerdote.

presciencia *s. f.* Conocimiento de las cosas futuras.

prescindir *v. intr.* Hacer abstracción de una persona o cosa.

presea *s. f.* Alhaja o cosa preciosa.

presencia *s. f.* Asistencia personal, acto de estar una persona en un sitio.

presenciar *v. tr.* Hallarse presente en un acontecimiento, etc.

presentar *v. tr.* **1.** Poner una cosa en la presencia de alguien. || *v. prnl.* **2.** Ofrecerse voluntariamente para un fin.

presente *adj.* **1.** Que está en presencia o delante de algo o alguien. **2.** Se dice del tiempo actual. || *s. m.* **3.** Don o regalo que una persona da a otra.

presentir *v. tr.* Prever, por cierto movimiento interior del ánimo, o por indicios exteriores lo que ha de suceder.

preservar *v. tr.* Proteger a una persona o cosa de algún daño o peligro.

presidencia *s. f.* **1.** Acción de presidir. **2.** Dignidad, empleo o cargo de presidente.

presidente *s. m. y s. f.* Persona que preside.

presidiario, ria *s. m. y s. f.* Penado que cumple en presidio su condena.

presidio *s. m.* Prisión en que cumplen sus condenas los penados por graves delitos.

presidir *v. tr.* Tener el primer lugar en una asamblea, corporación, junta, etc.

presilla *s. f.* Cordón pequeño, en forma de lazo, con que se asegura una cosa.

preso, sa *adj.* Que permanece en prisión.

prestación *s. f.* Cosa o servicio exigido por una autoridad o a consecuencia de un pacto o contrato.

prestamista *s. m. y s. f.* Persona que da dinero a préstamo.

préstamo *s. m.* Empréstito.

prestancia *s. f.* Excelencia, superior calidad.

prestar *v. tr.* Entregar a alguien dinero u otra cosa para usar de ella con la obligación de devolverlo.

preste *s. m.* Sacerdote que celebra la misa cantada asistido del diácono y del subdiácono.

presteza *s. f.* Prontitud y brevedad en hacer o hacer una cosa.

prestidigitación *s. f.* Arte o habilidad para hacer juegos de manos y otros embelecos para distracción del público.

prestigio *s. m.* **1.** Fascinación que se atribuye a la magia. **2.** Ascendiente, influencia.

presto, ta *adj.* **1.** Pronto, ligero, diligente. **2.** Aparejado, preparado o dispuesto para ejecutar una cosa o para un fin.

presumir *v. tr.* **1.** Conjeturar una cosa por tener indicios o señales para ello. || *v. intr.* **2.** Vanagloriarse, engreírse.

presuntuoso, sa *adj.* Lleno de presunción y orgullo.

presuponer *v. tr.* Dar por supuesta y notoria una cosa para pasar a tratar de otra.

presuposición *s. f.* Suposición previa.

presupuesto *s. m.* Motivo, causa o pretexto con que se ejecuta una cosa.

presuroso, sa *adj.* Pronto, ligero, veloz.

pretencioso, sa *adj.* Presuntuoso.

pretender *v. tr.* Solicitar una cosa, a la cual alguien aspira o cree tener cierto derecho.

preterir *v. tr.* **1.** Hacer caso omiso de una persona o cosa. **2.** Omitir en el testamento a un heredero forzoso.

pretérito, ta *adj.* Se dice de lo que ya ha pasado o sucedido.

pretextar *v. tr.* Valerse de un pretexto.

pretexto *s. m.* Motivo o causa aparente que se alega para hacer una cosa o para excusarse de no haberla ejecutado.

pretil *s. m.* Murete o vallado de piedra u otra materia, que se pone en los puentes y otros parajes para preservar de caídas.

pretina *s. f.* Correa con hebilla para sujetar en la cintura una prenda de ropa.

pretor *s. m.* Magistrado romano.

pretoriano, na *adj.* Se dice de los soldados de la guardia de los emperadores romanos.

pretorio *s. m.* Palacio de los emperadores romanos donde habitan y juzgan las causas.

prevalecer *v. intr.* Sobresalir alguien o algo.

prevaricar *v. intr.* **1.** Faltar alguien a sabiendas a la obligación del cargo que desempeña. **2.** *fam.* Desvariar, decir desatinos.

prevenido, da *adj.* **1.** Dispuesto para una cosa. **2.** Advertido, cuidadoso.

prevenir *v. tr.* **1.** Preparar. **2.** Prever, conocer de antemano un daño o perjuicio. **3.** Precaver, evitar o estorbar una cosa.

preventivo, va *adj.* Que previene.

prever *v. tr.* Ver con anticipación.

previo, via *adj.* Anticipado, que va delante o que sucede primero.

prez *s. amb.* Estima, gloria u honor que se adquiere o gana con una acción gloriosa.

prieto, ta *adj.* **1.** Se dice del color muy oscuro. **2.** *fig.* Mísero, escaso, codicioso.

prima *s. f.* **1.** En algunos instrumentos de cuerda, la que es primera en orden. **2.** Precio que el asegurado paga al asegurador.

primacía *s. f.* **1.** Superioridad. **2.** Dignidad o empleo de primado.

primada *s. f., fam.* Engaño que padece la persona que es poco cauta, pagando lo que otras gastan, o cosa parecida.

primado *s. m.* Primero y más preeminente de todos los arzobispos y obispos de un país o región.

primario, ria *adj.* **1.** Principal o primero en orden o grado. **2.** Perteneciente a los terrenos sedimentarios más antiguos.

primates *s. m. pl.* Orden de mamíferos superiores que comprende a los monos y al hombre.

primavera *s. f.* Estación del año que, astronómicamente, comienza en el equinoccio del mismo nombre y termina en el solsticio de verano.

primazgo *s. m.* **1.** Parentesco que tienen entre sí los primos. **2.** Primacía.

primer *adj.* Apócope de primero.

primerizo, za *adj.* Que hace por vez primera una cosa, o es novicio o principiante en un arte, profesión o ejercicio.

primero, ra *adj.* **1.** Se dice de la persona o cosa que precede a las demás de su especie en orden, tiempo, etc. **2.** Excelente y que aventaja a otro.

primicia *s. f.* Fruto primero de cualquier cosa.

primitivo, va *adj.* Primero en su línea, que no tiene ni toma origen de otra cosa.

primo, ma *adj.* **1.** Primero. **2.** Primoroso, excelente. || *s. m.* y *s. f.* **3.** Respecto de una persona, hijo o hija de su tío o tía. **4.** *fam.* Persona demasiado cándida.

primogénito, ta *adj.* Se dice del hijo que nace primero.

primor *s. m.* Destreza, habilidad, esmero en hacer o decir una cosa.

primordial *adj.* **1.** Primitivo, primero. **2.** Se dice del principio fundamental de cualquier cosa.

primoroso, sa *adj.* **1.** Excelente, delicado y perfecto. **2.** Diestro, hábil.

princesa *s. f.* **1.** Mujer del príncipe. **2.** En España, hija del rey, inmediata sucesora del reino.

principal *adj.* **1.** Se dice de la persona o cosa que tiene el primer lugar en estimación o importancia. **2.** Ilustre, esclarecido en nobleza.

príncipe *s. m.* **1.** Hijo primogénito del rey, heredero de su corona. **2.** Soberano de un Estado.

principiante *adj.* Que empieza a estudiar, o a practicar un arte o profesión.

principiar *v. tr.* Dar principio a una cosa.

principio *s. m.* **1.** Primer instante del ser de una cosa. **2.** Fundamento de un razonamiento o discurso. **3.** Origen de una cosa.

pringar *v. tr.* **1.** Empapar con pringue un alimento. **2.** Manchar con pringue.

pringue *s. m.* y *s. f.* **1.** Grasa que suelta el tocino u otra cosa semejante sometida a la acción del fuego. **2.** *fig.* Suciedad, grasa que se pega a la ropa o a otra cosa.

prior *adj.* **1.** En lo escolástico, se dice de lo que precede a otra cosa en cualquier orden. || *s. m.* **2.** En algunas comunidades, superior o prelado ordinario del convento.

PRIORA - PROCESO

priora *s. f.* Prelada de algunos conventos de religiosas.

prioridad *s. f.* Anterioridad de una cosa respecto de otra, en tiempo o en orden.

prisa *s. f.* Prontitud, rapidez con que sucede o se ejecuta una cosa.

prisión *s. f.* Cárcel o sitio donde se encierran y asesoran los presos.

prisionero, ra *s. m. y s. f.* Persona que en guerra cae en poder del enemigo.

prisma *s. m.* Sólido terminado por dos caras paralelas e iguales, llamadas bases, y por tantos paralelogramos cuantos lados tenga cada base.

prístino, na *adj.* Antiguo, primitivo.

privación *s. f.* Carencia o falta de una cosa.

privado, da *adj.* **1.** Que se ejecuta a vista de pocos, familiar y domésticamente. **2.** Particular y personal de cada uno.

privar *v. tr.* **1.** Despojar a alguien de algo que poseía o de que gozaba. **2.** Prohibir, vedar una cosa a alguien.

privilegio *s. m.* Gracia, prerrogativa o exención.

proa *s. f.* Parte delantera de la nave, con la cual corta las aguas.

probable *adj.* **1.** Verosímil, que se funda en razón prudente. **2.** Que se puede probar.

probanza *s. f.* **1.** Averiguación o prueba jurídica que se hace de una cosa. **2.** Cosa o conjunto de ellas que acreditan una verdad o un hecho.

probar *v. tr.* **1.** Hacer examen de las cualidades de personas o cosas. **2.** Justificar o hacer patente la certeza de un hecho o la verdad de una cosa.

probeta *s. f.* Tubo de cristal, con pie o sin él, cerrado por un extremo y destinado a contener líquidos o gases.

problema *s. m.* Cuestión que se plantea e intenta solucionar, proposición dudosa.

problemático, ca *adj.* Que causa problemas.

proboscidio *adj.* Se dice de los mamíferos terrestres de gran tamaño que poseen gruesas patas, trompa prensil y colmillos formados por los largos incisivos superiores, como el elefante. También *s. m.*

procacidad *s. f.* Desvergüenza, atrevimiento, insolencia.

procaz *adj.* Desvergonzado, atrevido.

procedencia *s. f.* **1.** Origen, principio de una cosa. **2.** Punto de salida de un barco, un tren, una persona, etc. cuando llega a término de su viaje.

proceder[1] *v. intr.* Ir en realidad o figuradamente algunas personas o cosas unas tras otras guardando cierto orden.

proceder[2] *s. m.* Modo de comportarse.

procedimiento *s. m.* **1.** Acción de proceder. **2.** Actuación por trámites judiciales o administrativos.

procela *s. f.* Borrasca, tormenta.

prócer *adj.* **1.** Eminente, o alto. || *s. m.* **2.** Persona de la primera distinción o constituida en alta dignidad.

procesado, da *adj.* Declarado presunto reo en un proceso criminal.

procesar *v. tr.* **1.** Formar autos y procesos contra alguien. **2.** Declarar a una persona presunto reo de delito.

procesión *s. f.* **1.** Acción de proceder una cosa de otra. **2.** Acto de ir ordenadamente de un lugar a otro muchas personas con algún fin público y solemne, por lo general religioso.

proceso *s. m.* **1.** Progreso, acción de ir adelante. **2.** Transcurso del tiempo. **3.** Conjunto de diligencias judiciales de una causa.

proclama s. f. **1.** Notificación pública. **2.** Alocución política o militar.

proclamar v. tr. Publicar en alta voz una cosa para que se haga notoria a todos.

proclítico, ca adj. Se dice del monosílabo que, por no tener acento propio, se liga en la pronunciación a la palabra siguiente, aunque al escribirlo se mantenga separada.

proclive adj. Inclinado, propenso a una cosa mala o perversa.

procomún s. m. Utilidad pública.

procónsul s. m. Gobernador de una provincia entre los romanos, con jurisdicción e insignias consulares.

procrear v. tr. Multiplicar una especie.

procurador, ra s. m. y s. f. Persona que con la necesaria habilitación legal ejerce ante los tribunales la representación de cada interesado en un juicio civil o criminal.

procurar v. tr. **1.** Hacer diligencias o esfuerzos para conseguir algo. **2.** Ejercer el oficio de procurador.

prodición s. f. Alevosía, traición.

prodigalidad s. f. **1.** Profusión. **2.** Copia, abundancia o multitud.

prodigar v. tr. Derrochar, malgastar.

prodigio s. m. **1.** Hecho sobrenatural. **2.** Cosa primorosa en su línea. **3.** Milagro.

prodigioso, sa adj. **1.** Extraordinario, maravilloso. **2.** Excelente, primoroso.

pródigo, ga adj. **1.** Disipador, que desperdicia y consume su hacienda en gastos inútiles y vanos. **2.** Muy dadivoso.

pródromo s. m. Malestar que precede a una enfermedad.

producción s. f. **1.** Acción de producir. **2.** Cosa producida, producto.

producir v. tr. **1.** Engendrar, procrear. **2.** Dar, rendir fruto los terrenos, árboles, etc. **3.** Rentar interés, utilidad o beneficio anual una cosa o un capital.

productividad s. f. Índice del rendimiento de una industria entre las horas invertidas y los productos elaborados.

producto s. m. **1.** Cosa producida. **2.** Caudal que se obtiene de una cosa cuando se vende, arrienda o explota.

proemio s. m. Prólogo de un libro.

proeza s. f. Hazaña.

profanar v. tr. Tratar una cosa sagrada sin el debido respeto o aplicarla a usos profanos.

profano, na adj. Que no es sagrado ni sirve a usos sagrados.

profecía s. f. Don sobrenatural que consiste en conocer por inspiración divina las cosas distantes o futuras.

proferir v. tr. Pronunciar, decir palabras.

profesar v. tr. Ejercer una ciencia, arte u oficio.

profesión s. f. Empleo, facultad y oficio que cada uno tiene y ejerce públicamente.

profesional adj. Perteneciente a la profesión en general y particularmente al magisterio de ciencias y artes.

profeso, sa adj. Se dice del religioso que ha profesado.

profesor, ra s. m. y s. f. Persona que ejerce o enseña una ciencia o arte.

profesorado s. m. **1.** Cargo de profesor. **2.** Cuerpo de profesores.

profeta s. m. Persona que posee el don de profecía.

profetisa s. f. Mujer que posee el don de profecía.

profetizar v. tr. Predecir las cosas distantes o futuras en virtud del don de profecía.

profiláctico, ca adj. Que previene.

prófugo, ga adj. Fugitivo.

profundidad *s. f.* Hondura.

profundizar *v. tr.* Cavar una cosa para hacerla más profunda.

profundo, da *adj.* **1.** Que tiene el fondo muy distante de la boca o borde de la cavidad. **2.** Más hondo que lo normal.

profusión *s. f.* Copia, abundancia excesiva en lo que se da, expende, etc.

profuso, sa *adj.* Abundante con exceso, copioso, superfluamente excesivo.

progenie *s. f.* Casta o familia de la cual desciende una persona.

progenitor *s. m.* Ascendiente en línea recta de quien procede una persona.

progenitura *s. f.* Progenie.

prognato, ta *adj.* Se dice de la persona que tiene salientes las mandíbulas.

programa *s. m.* **1.** Anuncio público. **2.** Previa declaración de lo que se piensa hacer en alguna materia. **3.** Tema que se da para un discurso, cuadro, etc.

progresar *v. intr.* Hacer progresos o adelantos en una materia.

progresión *s. f.* **1.** Acción de avanzar o de proseguir alguna cosa. **2.** Serie de números o términos algebraicos en la cual cada tres consecutivos forman proporción continua.

progresivo, va *adj.* Que progresa o aumenta en cantidad o en perfección.

progreso *s. m.* **1.** Acción de ir hacia delante. **2.** Adelantamiento.

prohibir *v. tr.* Vedar o impedir el uso o ejecución de una cosa.

prohijar *v. tr.* **1.** Recibir como hijo. **2.** Acoger como propias las opiniones ajenas.

prohombre *s. m.* Persona que goza de especial consideración o fama entre las de su clase.

prójimo, ma *s. m. y s. f.* Cualquier hombre o mujer respecto de otro, como miembro de la comunidad humana.

prolapso *s. m.* Descenso de una parte interna del cuerpo.

prole *s. f.* Linaje, descendencia de alguien.

prolegómeno *s. m.* Escrito preliminar que se pone al principio de una obra, en el cual se exponen los fundamentos de la materia que se ha de tratar.

proletario, ria *s. m. y s. f.* Persona de la clase trabajadora.

proliferación *s. f.* Multiplicación muy activa de elementos orgánicos semejantes.

prolijo, ja *adj.* **1.** Demasiadamente cuidadoso. **2.** Largo, dilatado con exceso.

prologar *v. tr.* Escribir el prólogo de una obra.

prólogo *s. m.* Escrito antepuesto al cuerpo de la obra en un libro de cualquier clase.

prolongar *v. tr.* **1.** Alargar, dilatar o extender una cosa a lo largo. **2.** Hacer que dure una cosa más tiempo que lo regular.

promediar *v. tr.* Repartir una cosa en dos partes iguales.

promedio *s. m.* **1.** Punto en que una cosa se divide por mitad o casi por la mitad. **2.** Término medio, cociente.

promesa *s. f.* **1.** Expresión de la voluntad de dar a alguien o hacer por él una cosa. **2.** Ofrecimiento hecho a Dios de ejecutar una obra piadosa.

prometer *v. tr.* **1.** Obligarse a hacer, decir o dar alguna cosa. || *v. intr.* **2.** Dar una persona o cosa buenas muestras de sí para lo futuro o venidero.

prometido, da *s. m. y s. f.* Novio o novia, persona comprometida con otra para casarse.

prominencia s. f. Elevación de una cosa sobre lo que está alrededor o próxima a ella.

prominente adj. Que se eleva sobre lo que está a su alrededor o inmediación.

promiscuar v. intr. **1.** Comer en días de abstinencia carne y pescado en una misma comida. **2.** fig. Participar o mezclarse indistintamente en cosas heterogéneas u opuestas.

promiscuidad s. f. Mezcla, confusión.

promisión s. f. Promesa, ofrecimiento de hacer o dar alguna cosa.

promoción s. f. Conjunto de individuos que obtienen un grado o empleo al mismo tiempo en determinada carrera o profesión.

promontorio s. m. **1.** Altura muy considerable de tierra. **2.** fig. Altura considerable de tierra que avanza dentro del mar.

promover v. tr. **1.** Iniciar una cosa procurando su logro. **2.** Elevar a alguien a una dignidad o empleo superior al que tenía.

promulgar v. tr. Publicar una cosa solemnemente.

prono, na adj. Inclinado demasiado a una cosa.

pronombre s. m. Parte de la oración que suple al nombre, lo determina y desempeña sus funciones.

pronosticar v. tr. Conocer por algunos indicios lo futuro.

prontitud s. f. **1.** Celeridad. **2.** Viveza de ingenio.

pronto, ta adj. Veloz, acelerado, ligero.

prontuario s. m. **1.** Resumen o apuntamiento en que se notan varias cosas para tenerlas presentes cuando se necesiten. **2.** Compendio de las reglas de una ciencia o arte.

pronunciamiento s. m. **1.** Rebelión militar. **2.** Cada una de las declaraciones, condenas o mandatos del juzgador.

pronunciar v. tr. **1.** Emitir y articular sonidos para hablar. **2.** Publicar la sentencia.

propaganda s. f. Publicidad, difusión de algún mensaje, producto o imagen.

propagar v. tr. **1.** Multiplicar por generación u otra vía de reproducción. **2.** fig. Extender o aumentar una cosa.

propalar v. tr. Divulgar una cosa oculta.

propano s. m. Hidrocarburo obtenido del gas de hulla y de las emanaciones de pozos petrolíferos, por reducción con polvo de cinc del yoduro de propilo.

propasarse v. prnl. Excederse alguien de lo razonable en lo que hace o dice.

propender v. intr. Inclinarse alguien a una cosa por especial afición u otro motivo.

propensión s. f. Inclinación de una persona o cosa a lo que es de su gusto o naturaleza.

propenso, sa adj. Con inclinación o afecto a lo que es natural a alguien.

propiciar v. tr. Aplacar la ira de alguien haciéndole favorable o captando su voluntad.

propicio, cia adj. Benigno, inclinado a hacer bien.

propiedad s. f. **1.** Derecho de disponer de una cosa, con exclusión del arbitrio ajeno, y de reclamar la devolución de ella si está en poder de otro. **2.** Cosa sobre que recae este derecho.

propienda s. f. Cada una de las tiras de lienzo fijas en los banzos del bastidor para bordar.

propietario, ria adj. Que tiene derecho de propiedad sobre una cosa, y especialmente sobre bienes inmuebles.

propileo *s. m.* Peristilo de columnas.

propina *s. f.* Gratificación que sobre el precio convenido se da por algún servicio.

propinar *v. tr.* **1.** Dar a beber. **2.** Administrar un medicamento.

propincuo, cua *adj.* Allegado, cercano, próximo.

propio, pia *adj.* **1.** Perteneciente a alguien en propiedad. **2.** Conveniente y a propósito para un fin.

propóleos *s. m.* Sustancia cérea con que las abejas bañan las colmenas.

proponer *v. tr.* Manifestar a alguien con razones una cosa para inducirle a adoptarla.

proporción *s. f.* Correspondencia debida de las partes de una cosa con el todo o entre cosas relacionadas entre sí.

proporcionar *v. tr.* Disponer una cosa con la debida proporción en sus partes.

proposición *s. f.* **1.** Expresión verbal de un juicio. **2.** Oración gramatical.

propósito *s. m.* Intención de hacer o de no hacer una cosa.

propuesta *s. f.* **1.** Proposición o idea que se manifiesta y ofrece a alguien para un fin. **2.** Consulta.

propugnar *v. tr.* Defender, amparar.

propulsar *v. tr.* **1.** Repulsar. **2.** Impeler hacia delante.

prorrata *s. f.* Cuota o porción que toca a alguien en el prorrateo.

prorratear *v. tr.* Repartir una cantidad entre varios.

prorrateo *s. m.* Distribución proporcional de una cantidad entre varios.

prorrogación *s. f.* Continuación de una cosa por un tiempo determinado.

prorrumpir *v. tr.* **1.** Salir con ímpetu una cosa. **2.** *fig.* Exclamar repentinamente y con fuerza una voz, queja u otra demostración de dolor o pasión vehemente.

prosa *s. f.* Estructura o forma natural del lenguaje, no sujeta, como el verso, a medida y cadencia determinadas.

prosaísmo *s. m.* Defecto de la obra en verso o de cualquiera de sus partes, que consiste en la excesiva llaneza de la expresión, o en la vulgaridad del concepto.

prosapia *s. f.* Ascendencia de una persona.

proscenio *s. m.* **1.** En el antiguo teatro griego y latino, lugar entre la escena y la orquesta. **2.** Parte del escenario más inmediata al público, entre el borde del escenario y el primer orden de bastidores.

proscribir *v. tr.* **1.** Echar a alguien del territorio de su patria, comúnmente por razones políticas. **2.** Prohibir el uso de una cosa.

proscrito, ta *adj.* Perseguido por la ley o declarado culpable.

proseguir *v. tr.* Seguir, continuar, llevar adelante lo que se tenía empezado.

prosélito *s. m.* Partidario.

prosodia *s. f.* Parte de la gramática que enseña la recta pronunciación y acentuación de las letras, sílabas y palabras.

prosopopeya *s. f., fam.* Afectación de gravedad y pompa.

prospecto *s. m.* Exposición breve que se hace al público sobre una obra, escrito, etc.

prosperar *v. tr.* **1.** Ocasionar prosperidad. || *v. intr.* **2.** Tener o gozar prosperidad.

prosperidad *s. f.* Curso favorable de las cosas, éxito feliz.

próspero, ra *adj.* Favorable, propicio.

próstata *s. f.* Glándula pequeña que tienen los machos de los mamíferos unida al cuello de la vejiga de la orina y a la uretra.

prostíbulo *s. m.* Casa de prostitución.

prostituir *v. tr.* **1.** Exponer públicamente al comercio sexual. **2.** *fig.* Envilecer alguien su talento, empleo, autoridad, etc. a cambio de prebendas o influencias.

protagonista *s. m. y s. f.* Personaje principal de una obra literaria o dramática.

protectorado *s. m.* Parte de soberanía que un Estado ejerce en territorio que no pertenece a su país y en el cual existen autoridades propias.

proteger *v. tr.* Amparar, favorecer.

protegido, da *s. m. y s. f.* Favorito, ahijado.

proteína *s. f.* Nombre de ciertos albuminoides, compuestos de carbono, hidrógeno, oxígeno, nitrógeno, y fundamentales en la constitución de organismos.

prótesis *s. f.* Procedimiento mediante el cual se suple o repara artificialmente la falta de un órgano o parte de él.

protesta *s. f.* Manifestación pública en contra de algo.

protestar *v. tr.* Manifestar públicamente y en grupo el desacuerdo por algo.

prótido *s. m.* Cualquiera de los tipos de sustancias componentes de los seres vivos que forman la parte fundamental de las células, los órganos y los líquidos orgánicos.

protocolo *s. m.* Ordenada serie de escrituras matrices y otros documentos que un notario autoriza y custodia con ciertas formalidades.

protón *s. m.* Elemento del núcleo del átomo, provisto de carga eléctrica positiva, numéricamente igual a la negativa del electrón.

protoplasma *s. m.* Materia organizada y viviente que constituye la parte esencialmente activa y viva de la célula.

prototipo *s. m.* Modelo, original o primer molde en que se fabrica una cosa.

protóxido *s. m.* Cuerpo que resulta de la combinación de oxígeno con un radical simple o compuesto, en su primer grado de oxidación.

protozoo *s. m.* Animal microscópico.

protuberancia *s. f.* Prominencia más o menos redonda.

provecho *s. m.* **1.** Utilidad que se proporciona a otro. **2.** Aprovechamiento en las ciencias, artes o virtudes.

provecto, ta *adj.* **1.** Que está ya adelantado, o que ha aprovechado en una cosa. **2.** Maduro, entrado en años.

proveedor, ra *s. m. y s. f.* Persona encargada de proveer de todo lo necesario a una colectividad o casa de gran consumo.

proveer *v. tr.* **1.** Prevenir y acopiar todas las cosas necesarias para un fin. También prnl. **2.** Decidir, resolver, dar salida a un negocio. **3.** Dar una dignidad, empleo, etc.

provenir *v. intr.* Originarse una cosa de otro como de su principio.

proverbial *adj.* Muy notorio.

proverbio *s. m.* **1.** Refrán, máxima o adagio. || *s. m. pl.* **2.** Libro de la Biblia que contiene varias sentencias de Salomón.

providencia *s. f.* Disposición anticipada y prevención encaminada al logro de un fin.

próvido, da *adj.* **1.** Prevenido, cuidadoso y diligente. **2.** Propicio, favorable.

provincia *s. f.* Cada una de las grandes divisiones de un territorio o Estado.

provisión *s. f.* Víveres o cosas que se previenen y tiene prontas para un fin.

provisional *adj.* Dispuesto interinamente.

provocar *v. tr.* **1.** Inducir a alguien a que ejecute una cosa. **2.** Irritar a alguien con palabras u obras para que se enoje.

proxeneta *adj.* Alcahuete, tercero.

proximidad *s. f.* Contorno, inmediaciones, cercanías. Se usa más en pl.

próximo, ma *adj.* Cercano, vecino.

proyectar *v. tr.* **1.** Lanzar o dirigir una cosa hacia delante o a distancia. **2.** Trazar o preparar el plan de una obra. **3.** Hacer un proyecto de arquitectura o ingeniería.

proyectil *s. m.* Cualquier cuerpo arrojadizo, como saeta, bala, etc.

proyecto *s. m.* Designio de ejecutar algo.

prudencia *s. f.* **1.** Una de las cuatro virtudes cardinales, que consiste en discernir y distinguir lo bueno de lo malo, para seguirlo o huir de ello. **2.** Cordura.

prudente *adj.* Que tiene prudencia y obra con recato y circunspección.

prueba *s. f.* **1.** Razón, argumento, etc. con que se pretende hacer patente la verdad o falsedad de una cosa. **2.** Ensayo, experiencia que se hace de una cosa.

prurito *s. m.* **1.** Comezón, picor. **2.** *fig.* Deseo persistente y vehemente.

psicastenia *s. f.* Enfermedad mental caracterizada por depresión, atonía o inercia general de las facultades espirituales.

psicoanálisis *s. m.* Método de exploración o tratamiento de ciertas enfermedades nerviosas o mentales, basado en el análisis retrospectivo de las causas morales y afectivas que determinan el estado morboso.

psicología *s. f.* Parte de la filosofía que trata del alma, sus facultades y operaciones.

psicópata *s. m. y s. f.* Persona que padece alguna enfermedad mental.

psicosis *s. f.* Nombre general que se aplica a todas las enfermedades mentales.

psicoterapia *s. f.* Tratamiento de ciertas enfermedades, especialmente nerviosas y mentales, por la persuasión o sugestión.

psique *s. f.* El espíritu humano, el alma.

psiquiatría *s. f.* Parte de la medicina que trata de las enfermedades mentales.

psoriasis *s. f.* Dermatosis general crónica.

ptialismo *s. m.* Salivación excesiva.

púa *s. f.* **1.** Cuerpo delgado y rígido que acaba en punta aguda. **2.** Diente de un peine. **3.** Cada uno de los pinchos o espinas del erizo, puerco espín, etc.

pubertad *s. f.* Fase de la adolescencia en la que comienza la función de los órganos reproductores.

pubis *s. m.* **1.** Parte inferior del vientre. **2.** El anterior de los tres huesos que forman el coxal; ocupa la parte inferior del vientre.

publicación *s. f.* Obra literaria o artística publicada.

publicar *v. tr.* Imprimir y poner a la venta un escrito, diario, libro, estampa, etc.

publicidad *s. f.* **1.** Calidad o estado de público. **2.** Conjunto de medios empleados para divulgar las cosas o los hechos.

público, ca *adj.* **1.** Notorio, manifiesto, visto o sabido por todos. **2.** Vulgar, común y notado de todos. **3.** Se dice de la potestad, jurisdicción y autoridad para hacer una cosa, como contrapuesto a privado.

puches *s. f. pl.* Gachas, cocido de harina con agua, sal y otros ingredientes.

pudendo, da *adj.* Torpe, feo, indecente.

pudibundo, da *adj.* Pudoroso, honesto.

púdico, ca *adj.* Honesto, casto, pudoroso.

pudiente *adj.* Poderoso, rico, hacendado.

pudor *s. m.* Honestidad, recato, modestia.

pudoroso, sa *adj.* Lleno de pudor.

pudrir *v. tr.* Corromper o descomponer una materia orgánica. También prnl.

pueblo *s. m.* **1.** Población, ciudad, villa etc. **2.** Conjunto de los habitantes de un

lugar, región o país. **3.** Gente común y humilde de una población. **4.** Nación, conjunto de los habitantes de un país.

puente *s. m.* Fábrica de cemento, madera, hierro, etc. que se construye sobre los ríos, fosos y otros sitios, para poder pasarlos.

puerco, ca *s. m. y s. f.* Mamífero paquidermo doméstico, que se cría y ceba para aprovechar su carne y grasa.

puericultura *s. f.* Ciencia que trata de la crianza y cuidado de los niños durante los primeros años de su infancia.

pueril *adj., fig.* Fútil, frívolo, trivial.

puerilidad *s. f., fig.* Cosa insignificante.

puerperio *s. m.* Tiempo que sigue al parto.

puerro *s. m.* Planta herbácea anual, cuyo bulbo es apreciado como condimento.

puerta *s. f.* Hueco abierto en una pared, cerca o verja, desde el suelo hasta la altura conveniente, para entrar y salir.

puerto *s. m.* Lugar en la costa, defendido de los vientos y que ofrece seguridad a las naves.

pues *conj. caus.* Denota causa, motivo o razón.

púgil *s. m.* Boxeador.

pugilato *s. m.* **1.** Pelea a puñadas entre dos o más personas. **2.** Boxeo.

pugna *s. f.* **1.** Batalla, pelea. **2.** Oposición, enfrentamiento entre personas o entre naciones, bandos o parcialidades.

puja[1] *s. f.* Acción de hacer fuerza para pasar adelante o proseguir.

puja[2] *s. f.* Cantidad que un licitador ofrece.

pujanza *s. f.* Fuerza grande, vigor para impulsar o ejecutar una acción.

pujar *v. tr.* Hacer fuerza para pasar adelante o proseguir una acción, procurando vencer el obstáculo que se encuentra.

pujavante *s. m.* Instrumento para cortar el casco de las caballerías.

pulcro, cra *adj.* Aseado, esmerado en el adorno de su persona.

pulga *s. f.* Insecto díptero, parásito, de cuerpo de color negro rojizo y patas saltadoras, que vive de la sangre de otros animales.

pulgada *s. f.* Medida de longitud, equivalente a algo más de 23 mm.

pulgar *s. m.* Dedo primero y más grueso de los de la mano. También adj.

pulgón *s. m.* Insecto hemíptero de color negro, bronceado o verdoso, sin alas las hembras y con cuatro los machos.

pulido, da *adj.* Agraciado, bello, pulcro.

pulimentar *v. tr.* Alisar o dar lustre o tersura a una cosa.

pulir *v. tr.* **1.** Dar tersura y lustre a una cosa. **2.** Perfeccionar algo dándole la última mano para su mayor primor y adorno.

pulla *s. f.* **1.** Palabra o dicho obsceno. **2.** Expresión aguda y picante.

pulmón *s. m.* Órgano de la respiración aérea del ser humano y de la mayor parte de los vertebrados.

pulmonía *s. f.* Inflamación del pulmón o de una parte de él.

pulpa *s. f.* **1.** Parte mollar de las carnes o carne pura, sin huesos ni ternilla. **2.** Médula de las plantas leñosas.

pulpejo *s. m.* Parte carnosa y mollar de la palma de la mano, de donde sale el dedo pulgar, o de un miembro pequeño, como la oreja o el dedo.

púlpito *s. m.* Plataforma pequeña con antepecho y tornavoz que hay en las iglesias en lugar adecuado, para dirigirse desde ella el predicador a los fieles.

pulpo *s. m.* Molusco cefalópodo, de carne comestible, con ocho tentáculos provistos de dos filas de ventosas.

pulsación *s. f.* Latido de una arteria.

pulsar *v. tr.* **1.** Tomar el pulso a un enfermo. **2.** *fig.* Tantear un asunto para descubrir el medio de tratarlo.

pulsera *s. f.* Brazalete de metal o de otra materia o joya que se lleva en la muñeca.

pulso *s. m.* Latido intermitente de las arterias que se observa especialmente en las muñecas.

pulular *v. intr.* **1.** Empezar a echar renuevos o vástagos una planta. **2.** Provenir o nacer una cosa de otra.

pulverizar *v. tr.* Reducir a polvo una cosa sólida. También prnl.

¡pum! *interj.* que se usa para expresar ruido, explosión o golpe.

puma *s. m.* Mamífero carnívoro parecido al tigre, pero de pelo suave y leonado.

punción *s. f.* Operación quirúrgica que consiste en atravesar con un instrumento cortante y punzante los tejidos hasta llegar a una cavidad, para reconocer o vaciar el contenido de ésta.

pundonor *s. m.* Sentimiento de la dignidad personal, delicado y susceptible.

punición *s. f.* Castigo, pena.

punta *s. f.* **1.** Extremo agudo de un arma u otro instrumento con que se puede herir. **2.** Cuerno del toro. **3.** Lengua de tierra que penetra en el mar.

puntada *s. f.* Cada uno de los agujeros hechos con aguja, lezna, etc. en la tela, cuero u otra materia que se va cosiendo.

puntal *s. m.* **1.** Madero hincado en firme, para sostener la pared o el edificio que amenaza ruina. **2.** *fig.* Apoyo, fundamento.

puntear *v. tr.* **1.** Marcar puntos en una superficie. **2.** Coser o dar puntadas.

puntera *s. f.* Contrafuerte de piel que se coloca en la punta de la pala del calzado.

puntería *s. f.* Destreza del tirador para dar en el blanco.

puntero *s. m.* **1.** Vara con que se señala una cosa para llamar la atención sobre ella. **2.** Cincel de boca puntiaguda y cabeza plana, para labrar piedras muy duras.

puntilla *s. f.* **1.** Encaje muy angosto hecho en puntas, para guarnecer pañuelos, escotes, etc. **2.** Cachetero, puñal corto.

puntillo *s. m.* Cualquier cosa leve en que una persona nimiamente pundonorosa repara o hace consistir el hono.

punto *s. m.* **1.** Señal de dimensiones poco o nada perceptibles que, por contraste de color o de relieve, es perceptible en una superficie. **2.** Signo ortográfico (.) que indica el final de una oración o período, y también la supresión de una letra o letras en las abreviaturas.

puntuación *s. f.* Conjunto de los signos ortográficos que sirven para puntuar.

puntual *adj.* Diligente en la ejecución de las cosas, especialmente se dice de lo que se cumple a la hora o plazo convenidos.

puntualizar *v. tr.* Grabar con exactitud una cosa en la memoria.

puntuar *v. tr.* Poner los signos ortográficos en los escritos.

punzón *s. m.* **1.** Instrumento de hierro puntiagudo que sirve para abrir ojetes y otros usos. **2.** Pitón, cuerno.

puñado *s. m.* Porción de cualquier cosa que se puede contener en el puño.

puñal *s. m.* Arma corta ofensiva, de acero, de corto tamaño, que sólo hiere de punta.

puño *s. m.* **1.** Mano cerrada. **2.** Parte de las prendas de vestir que rodea la muñeca. **3.** Mango de algunas armas blancas.

pupa *s. f.* **1.** Erupción en los labios. **2.** Postilla que queda en la piel cuando se seca un grano.

pupila *s. f.* Abertura circular o en forma de rendija, situada en el centro del iris, por donde penetra la luz en la cámara posterior del ojo.

pupilo, la *s. m. y s. f.* Persona que se hospeda en casa particular por precio ajustado.

pupitre *s. m.* Mueble de madera, con tapa en forma de plano inclinado, para escribir sobre él.

puré *s. m.* Pasta de legumbres u otras cosas comestibles, cocidas y pasadas por colador.

pureza *s. f.* Perfección, limpidez.

purga *s. f.* Medicina que se toma por la boca para descargar el vientre.

purgar *v. tr.* **1.** Limpiar, purificar una cosa. **2.** Dar al enfermo la medicina conveniente para exonerar el vientre.

purgatorio *s. m.* Lugar donde las almas de los que mueren en gracia se purifican de sus culpas leves con las penas que padecen, para ir después al cielo.

purificar *v. tr.* Quitar de una cosa lo que le es extraño, dejándola en el ser y perfección que debe tener según su calidad.

purista *adj.* Que escribe o habla con pureza.

puro, ra *adj.* Libre y exento de toda mezcla de otra cosa.

púrpura *s. f.* **1.** Molusco gasterópodo marino, que segrega un líquido amarillento, el cual, por oxidación, se torna rojo o violado, muy usado antiguamente en tintontería y pintura. **2.** Color rojo subido que tira a violado.

purpúreo, a *adj.* De color de púrpura.

purpurina *s. f.* **1.** Sustancia colorante roja, extraída de la raíz de la rubia **2.** Polvo finísimo de bronce o de metal blanco, que se usa en pintura para dorar o platear.

pus *s. m.* Secreción espesa, más o menos amarillenta, que fluye de los tejidos inflamados, llagas, tumores, etc.

pusilánime *adj.* Falto de ánimo y valor.

pústula *s. f.* Vejiguilla inflamatoria de la piel llena de pus.

putativo, va *adj.* Reputado o tenido por padre, hermano, etc. no siéndolo.

puto, ta *s. m. y s. f., vulg.* Persona que ejerce la prostitución.

putrefacto, ta *adj.* Podrido, corrompido.

pútrido, da *adj.* Podrido, corrompido.

puya *s. f.* Punta acerada que en un extremo tienen las varas de los picadores y vaqueros, con la cual aguijan a las reses.

Q

q *s. f.* Decimoctava letra del abecedario español y decimocuarta de sus consonantes.

que *pron. rel.* **1.** Con esta sola forma conviene a los géneros masculino, femenino y neutro y a los números singular y plural. Se emplea para introducir oraciones subordinadas adjetivas explicativas o especificativas, y puede tener como antecedente un nombre o un pronombre. Cuando introduce una oración subordinada adjetiva explicativa, equivale a el cual, la cual, etc. || *conj.* **2.** Se emplea como conjunción comparativa. **3.** Se utiliza en vez de la conjunción copulativa "y", pero denotando, en cierto modo, sentido adversativo.

quebrada *s. f.* Abertura estrecha y áspera entre montañas.

quebradizo, za *adj.* Fácil de quebrarse.

quebradura *s. f.* **1.** Hendidura, rotura. **2.** Hernia.

quebraja *s. f.* Grieta, raja en la madera, etc.

quebrantar *v. tr.* **1.** Romper, separar con violencia las partes de un todo. **2.** Cascar o hender una cosa. También prnl.

quebrar *v. tr.* **1.** Quebrantar, romper con violencia. También prnl. **2.** Traspasar, violar una ley u obligación. **3.** Doblar o torcer algo. También prnl.

queche *s. m.* Embarcación usada en el norte de Europa, de un solo palo y de igual figura por la proa que por la popa.

queda *s. f.* Hora de la noche, señalada en algunos pueblos con un toque de campana para que todos se recojan.

quedar *v. intr.* **1.** Estar, detenerse forzosa o voluntariamente en un paraje, con propósito de permanecer en él o de pasar a otro. También prnl. **2.** Subsistir parte de una cosa. **3.** Cesar, terminar.

quedo, da *adj.* **1.** Quieto. || *adv. m.* **2.** En voz baja. **3.** Con tiento.

quehacer *s. m.* Ocupación.

queja *s. f.* **1.** Expresión de dolor, pena o sentimiento. **2.** Querella.

quejido *s. m.* Voz lastimosa motivada por un dolor o pena.

quejumbroso, sa *adj.* Se dice de la voz, tono, etc., que se emplean para quejarse.

quelonio *adj.* Se dice de los reptiles con cuatro extremidades cortas, mandíbulas córneas y sin dientes, y cuerpo protegido por una concha dura.

quema *s. f.* Incendio, fuego.

quemadura *s. f.* **1.** Descomposición de un tejido orgánico, producida por el contacto del fuego o de una sustancia corrosiva. **2.** Llaga o huella que queda.

quemar *v. tr.* **1.** Consumir una cosa por medio del fuego. **2.** Calentar con demasía. **3.** Abrasar, secar por excesivo calor.

quemazón *s. f.* **1.** Quema. **2.** Calor excesivo.

quepis *s. m.* Gorra, de forma ligeramente cónica y con visera horizontal.

queratina *s. f.* Proteína que forma parte del tejido epidérmico, piloso, córneo, etc.

queratitis *s. f.* Inflamación de la córnea transparente del ojo.

querella *s. f.* **1.** Discordia, pendencia. **2.** Acusación propuesta ante el juez por el agraviado a consecuencia de un delito.

querellarse *v. prnl.* **1.** Quejarse. **2.** Presentar ante el juez querella contra alguien.

querencia *s. f.* **1.** Acción de amar o querer bien a alguien o algo. **2.** Tendencia de los seres humanos y de ciertos animales a volver al sitio donde se han criado.

querer[1] *s. m.* Cariño, amor.

querer[2] *v. tr.* **1.** Desear o apetecer. **2.** Tener voluntad de ejecutar una cosa.

quermes *s. m.* Insecto hemíptero, parecido a la cochinilla, que vive en la coscoja.

querubín *s. m.* Cada uno de los espíritus celestes caracterizados por la plenitud de ciencia con que ven y contemplan la belleza divina. Forman el segundo coro.

quesera *s. f.* Vasija de barro destinada a guardar y conservar los quesos.

queso *s. m.* Masa hecha de leche cuajada y privada del suero.

quetzal *s. m.* **1.** Ave trepadora, de unos 20 cm de longitud, propia de América tropical, de plumaje verde tornasolado y muy brillante en las partes superiores del cuerpo y rojo en el pecho y abdomen.

quevedos *s. m. pl.* Lentes en forma circular con armadura dispuesta para que se sujete sólo en la nariz.

¡quia! *interj., fam.* con que se expresa incredulidad o negación.

quicio *s. m.* Parte de las puertas y ventanas en que entra el espigón del quicial.

quid *s. m.* Esencia, causa de una cosa.

quídam *s. m. fam.* Persona despreciable y de poco valor, cuyo nombre se ignora o se quiere omitir.

quiebra *s. f.* **1.** Rotura de una cosa por alguna parte. **2.** Hendedura o abertura de la tierra en los montes o causada en los valles por abundantes lluvias.

quiebro *s. m.* **1.** Movimiento hecho con el cuerpo como quebrándolo por la cintura. **2.** Inflexión acelerada, dulce y graciosa de la voz.

quien *pron. rel.* Equivale al pronombre "que" o a "la que", "el que", etc. y algunas veces a "el cual", "la cual", etc.

quienquiera *pron. indef.* Persona indeterminada, alguno, sea el que fuere.

quiescente *adj.* Que se encuentra quieto, aunque puede tener movimiento por sí mismo.

quieto, ta *adj.* **1.** Que no tiene o no hace movimiento. **2.** *fig.* Pacífico, sosegado.

quietud *s. f.* **1.** Falta de movimiento. **2.** *fig.* Sosiego, reposo, descanso.

quijada *s. f.* Cada una de las dos mandíbulas de los vertebrados.

quijera *s. f.* Cada una de las dos correas de la cabezada de los caballos, que van de la frontalera a la musarola.

quijote, sa *s. m. y s. f.* **1.** *fig.* Persona exageradamente seria o puntillosa. || *s. m.* **2.** *fig.* Persona soñadora que pugna con las opiniones y los usos corrientes, por excesivo amor a lo ideal.

quijotismo *s. m.* **1.** Exageración en los sentimientos caballerosos. **2.** Engreimiento, orgullo.

quilate *s. m.* Unidad de peso utilizada para las perlas y piedras preciosas, que equivale a 205 mg.

quilífero, ra *adj.* Se dice de cada uno de los vasos linfáticos de los intestinos que absorben el quilo durante la quilificación y lo conducen al canal torácico.

quilificar *v. tr.* Convertir en quilo el alimento. Se usa más como prnl.

quilla *s. f.* Pieza que va de popa a proa por la parte inferior del barco.

quilo *s. m.* Líquido que el intestino delgado secreta del quimo formado en el estómago con los alimentos.

QUIMERA - QUINTILLA

quimera *s. f.* **1.** Monstruo imaginario que vomitaba llamas y tenía cabeza de león, vientre de cabra y cola de dragón. **2.** *fig.* Aquello que alguien se imagina como posible y verdadero, no siéndolo.

química *s. f.* Ciencia que estudia la composición de las sustancias y sus transformaciones, y la acción que ejercen unas sobre otras.

quimificar *v. tr.* Convertir en quimo el alimento. Se usa más como prnl.

quimioterapia *s. f.* Método curativo de las enfermedades que se basa en el empleo de sustancias químicas.

quimo *s. m.* Masa homogénea y agria, que resulta de la digestión estomacal de los alimentos.

quimono *s. m.* Túnica larga japonesa o hecha a su semejanza, con mangas largas y anchas, que usan las mujeres.

quina *s. f.* Corteza del quino, de aspecto variable según la especie de árbol de que procede, muy usada en medicina.

quinario, ria *adj.* Compuesto de cinco elementos, unidades o guarismos.

quincalla *s. f.* Conjunto de objetos de metal de escaso valor, como tijeras, dedales, imitaciones de joyas, etc.

quincallería *s. f.* **1.** Fábrica de quincalla. **2.** Establecimiento donde se vende. **3.** Conjunto de quincalla.

quince *adj. num.* Diez y cinco.

quincena *s. f.* Período de tiempo de quince días.

quincuagésimo, ma *adj. num.* Se dice de cada una de las cincuenta partes iguales en que se divide un todo.

quiniela *s. f.* En el juego del fútbol, sistema reglamentario de apuestas en el que se pronostican los resultados de determinados partidos.

quinientos, tas *adj. num.* Cinco veces cien.

quinina *s. f.* Alcaloide vegetal que se extrae de la quina y es el principio activo febrífugo de este medicamento.

quino *s. m.* Árbol americano, perteneciente a la familia de las rubiáceas, y de cuya corteza se extrae la quina.

quínola *s. f.* En cierto juego de naipes, lance principal, que consiste en reunir cuatro cartas de un palo.

quinqué *s. m.* Pequeña lámpara de petróleo con un tubo o pantalla de cristal.

quinquenio *s. m.* Período de tiempo de cinco años.

quinta *s. f.* **1.** Casa de recreo en el campo, cuyos colonos solían pagar por renta la quinta parte de los frutos. **2.** Reemplazo que ingresa cada año en el servicio militar.

quintal *s. m.* Peso de cien libras, que equivalía en Castilla a 46 kg.

quintana *s. f.* Quinta, casa de recreo.

quintar *v. tr.* **1.** Sacar por sorteo uno de cada cinco. **2.** Sacar por sorteo los nombres de los que han de cumplir el servicio militar.

quintero, ra *s. m. y s. f.* **1.** Persona que tiene arrendada una quinta o cultiva las heredades que pertenecen a la misma. || *s. m.* **2.** Mozo o criado de labrador.

quinteto *s. m.* **1.** Combinación métrica de cinco versos de arte mayor aconsonantados y ordenados como los de la quintilla. **2.** Composición con cinco voces o instrumentos.

quintilla *s. f.* Combinación métrica de cinco versos octosílabos aconsonantados; riman generalmente el primero y cuarto y el segundo, tercero y quinto.

quinto, ta *adj. num.* **1.** Que ocupa el último lugar en una serie ordenada de cinco. || *s. m.* **2.** Aquel a quien toca por sorteo ir al servicio militar.

quintuplicar *v. tr.* Hacer cinco veces mayor una cantidad. También prnl.

quíntuplo, pla *adj. num.* Que contiene un número exactamente cinco veces.

quiñón *s. m.* **1.** Parte de terreno que alguien siembra en común con otros. **2.** Porción de tierra de labor, de dimensión variable según los usos locales.

quiosco *s. m.* Pabellón que se construye en sitios públicos o en la calle, con el fin de vender periódicos, flores, etc.

quirófano *s. m.* Sala para realizar operaciones quirúrgicas.

quiromancia *s. f.* Adivinación de lo relativo a una persona por las rayas de su mano.

quiróptero, ra *adj.* Se dice del mamífero nocturno que vuela con alas formadas por una extensa membrana situada entre los dedos de las extremidades anteriores.

quirurgo, ga *s. m. y s. f.* Cirujano.

quisicosa *s. f.* **1.** *fam.* Enigma, problema o acertijo. **2.** *fam.* Cosa extraña.

quisquilla *s. f.* **1.** Reparo o dificultad de poca importancia. **2.** Camarón, crustáceo.

quisquilloso, sa *adj.* **1.** Que se para en quisquillas o cosas de poca importancia. **2.** Demasiado delicado en el trato.

quiste *s. m.* Vejiga membranosa que se desarrolla anormalmente en diferentes partes del cuerpo y que contiene materias alteradas.

quitamanchas *s. m.* Producto natural o preparado que sirve para limpiar o quitar manchas.

quitanieves *s. m.* Máquina que se emplea para quitar la nieve de los caminos, calles o vías de ferrocarril.

quitapesares *s. m., fam.* Consuelo o alivio en una pena.

quitar *v. tr.* **1.** Tomar una cosa separándola y apartándola de otras o del lugar en que estaba. **2.** Desempeñar. **3.** Hurtar. **4.** Impedir o estorbar.

quitasol *s. m.* Especie de paraguas para quitar el sol.

quite *s. m.* **1.** Acción de quitar o estorbar. **2.** Suerte que ejecuta un torero, de ordinario con el capote, para librar a otro de la acometida del toro.

quitina *s. f.* Sustancia de que se compone la cutícula de los insectos y que proporciona rigidez y elasticidad a su parte externa.

quizá *adv. dud.* Denota la posibilidad de aquello de que se habla.

quórum *s. m.* **1.** Número mínimo de votos necesarios para que una asamblea pueda tomar ciertos acuerdos. **2.** Número de personas que deben estar presentes para que puedan tener lugar ciertas asambleas o reuniones.

R

r *s. f.* Decimonovena letra del abecedario español y decimoquinta de sus consonantes.

rabadán *s. m.* Mayoral que cuida y gobierna a los hatos de ganado de una cabaña.

rabadilla *s. f.* Punta o extremidad del espinazo formada por la última pieza del hueso sacro y por todas las del cóccix.

rabaniza *s. f.* **1.** Simiente del rábano. **2.** Planta herbácea anual, crucífera, con flores blancas, que abunda en terrenos incultos.

rábano *s. m.* Planta herbácea anual, crucífera, de tallo ramoso y velludo, y raíz carnosa y comestible.

rabel *s. m.* Antiguo instrumento musical pastoril parecido al laúd, pero con sólo tres cuerdas, que se tocan con arco.

rabera *s. f.* Parte posterior de cualquier cosa.

rabí *s. m.* Título con que los israelitas honran a los sabios de su ley.

rabia *s. f.* **1.** Enfermedad caracterizada por ciertos desórdenes nerviosos, contracciones espasmódicas y dificultad de tragar. La padecen principalmente los perros y se comunica por la saliva a otros animales y a las personas. **2.** Irritación, enfado grande.

rabiar *v. intr.* **1.** Padecer el mal de rabia. **2.** Enojarse con muestras de cólera y enfado.

rabicorto, ta *adj.* Se dice del animal que tiene corto el rabo.

rabieta *s. f., fam.* Enfado o enojo grande, por leve motivo y poca duración.

rabino *s. m.* Maestro hebreo que interpreta la Sagrada Escritura.

rabión *s. m.* Corriente muy impetuosa del río en los parajes estrechos o inclinados.

rabiza *s. f.* Punta de la caña de pescar en la que se pone el sedal.

rabo *s. m.* **1.** Cola, especialmente la de los cuadrúpedos. **2.** Pecíolo o pedúnculo de hojas y frutos.

racamento *s. m.* Guarnimiento, especie de anillo que sujeta las vergas a sus palos o masteleros respectivos.

racha *s. f.* **1.** Ráfaga de viento. **2.** *fam.* Período breve de fortuna o desgracia.

racimo *s. m.* Porción de uvas unidas por sus pedúnculos a un mismo tallo.

raciocinar *v. intr.* Usar del entendimiento y la razón para conocer y juzgar.

ración *s. f.* Porción que se da para alimento en cada comida.

racional *adj.* Dotado de razón.

racionar *v. tr.* En épocas de escasez, limitar la adquisición de ciertos artículos.

rada *s. f.* Ensenada donde las naves pueden estar ancladas al abrigo de los vientos.

radiación *s. f.* Energía ondulatoria que se propaga a través del espacio.

radiado, da *adj.* Se dice de las cosas dispuestas a la manera de los radios de una circunferencia con relación a su centro.

radiador *s. m.* Aparato de calefacción compuesto de uno o más cuerpos huecos, a través de los cuales pasa una corriente de agua o vapor a elevada temperatura.

radiante *adj.* Que despide luz.

radiar *v. tr.* Emitir señales, palabras o sonidos por radiodifusión.

radical *adj.* **1.** Fundamental. **2.** Se dice de la persona extremista en cualquier aspecto.

radicar *v. intr.* Arraigar. También prnl.

radícula *s. f.* Parte del embrión que al germinar formará la raíz de la nueva planta.

radiestesia *s. f.* Sensibilidad para captar ciertas radiaciones como la de los zahoríes para descubrir manantiales subterráneos.

radio[1] *s. m.* **1.** Segmento rectilíneo comprendido entre el centro del círculo y la circunferencia, o entre el centro de la esfera y su superficie. **2.** Hueso contiguo al cúbito, con el cual forma el antebrazo.

radio[2] *s. m.* Metal muy raro, intensamente radiactivo.

radiodifusión *s. f.* Emisión radiotelefónica de noticias, conciertos, etc.

radiografía *s. f.* Obtención de una imagen fotográfica de un órgano interior o de un objeto oculto a la vista, por la impresión de una superficie sensible mediante los rayos X.

radiograma *s. m.* Telegrama transmitido por medio de la telegrafía sin hilos.

radiología *s. f.* Parte de la medicina que estudia las aplicaciones de los rayos X.

radioteléfono *s. m.* Teléfono en el que la comunicación se establece por medio de ondas electromagnéticas en lugar de hilos.

radiotelegrafía *s. f.* Telegrafía sin hilos, sistema de comunicación telegráfica por medio de ondas hertzianas.

radiotelégrafo *s. m.* Aparato receptor-emisor en el que la comunicación se establece por medio de ondas hertzianas.

radioyente *s. m. y s. f.* Persona que oye lo que se transmite por radiotelefonía.

raedera *s. f.* Instrumento para raer.

raer *v. tr.* Quitar, como raspando la superficie de una cosa, con un instrumento cortante.

rafa *s. f.* Grieta en el casco del caballo.

ráfaga *s. f.* Golpe de viento, fuerte y repentino.

rafe *s. amb.* Cordoncillo que forma el funículo en algunas semillas.

rafia *s. f.* Género de palmeras de las cuales se saca una fibra resistente y muy flexible.

raído, da *adj.* Se dice de la prenda o tela muy gastada por el uso.

raigambre *s. f.* Conjunto de raíces de los vegetales unidas entre sí.

raigón *s. m.* Raíz de las muelas y dientes.

raíl *s. m.* Carril de las vías férreas.

raíz *s. f.* **1.** Órgano de las plantas que crece en dirección inversa al tallo y que absorbe de la tierra las materias necesarias para el desarrollo de la planta. **2.** Parte de los dientes engastada en los alveolos.

raja *s. f.* **1.** Una de las partes de un leño que resultan de abrirlo al hilo con hacha, cuña, etc. **2.** Hendedura, quiebra de una cosa.

rajá *s. m.* Soberano índico.

rajar *v. tr.* **1.** Dividir en rajas. **2.** Hender, partir. || *v. intr.* **3.** *fam.* Hablar mucho.

ralea *s. f.* **1.** Especie, género de las cosas. **2.** *desp.* Raza o linaje de las personas.

rallador *s. m.* Utensilio de cocina, compuesto de una chapa de metal, curva y llena de agujeros de borde saliente, contra el cual se raspa el pan, el queso, etc.

rallar *v. tr.* Desmenuzar una cosa restregándola con el rallador.

ralo, la *adj.* Se dice de las cosas cuyas partes están separadas más de lo regular en su clase.

rama *s. f.* **1.** Cada una de las partes que nacen del tronco o tallo principal de la planta y en las cuales brotan hojas, flores y frutos. **2.** *fig.* Parte secundaria de una cosa que se deriva de otra principal.

ramadán *s. m.* Noveno mes del año lunar de los mahometanos, durante el cual éstos hacen riguroso ayuno.

ramal *s. m.* **1.** Cada uno de los cabos de que se componen las cuerdas, sogas, etc. **2.** Parte en que se bifurca un camino, mina, etc.

ramalazo s. m. Dolor agudo y repentino.

rambla s. f. Lecho natural de las aguas pluviales cuando caen copiosamente.

ramera s. f. Mujer que mantiene relaciones sexuales por dinero.

ramificar v. intr. **1.** Echar ramas un árbol. ‖ v. prnl. **2.** Esparcirse y dividirse en ramas una cosa. **3.** fig. Propagarse las consecuencias de un hecho o suceso.

ramillete s. m. Ramo pequeño formado artificialmente.

ramio s. m. Planta urticácea, de la India, con tallos herbáceos y ramosos, de los cuales se obtienen fibras textiles muy tenaces y resistentes a la humedad.

ramiza s. f. Conjunto de ramas cortadas.

ramo s. m. **1.** Rama que nace de la principal. **2.** Rama cortada de árbol. **3.** Conjunto de flores, ramas o hierbas o de unas y otras.

ramonear v. intr. Cortar las puntas de las ramas de los árboles.

rampa s. f. Plano inclinado dispuesto para subir y bajar por él.

ramplón, na adj., fig. Tosco o vulgar.

rampollo s. m. Rama cortada del árbol para plantarla.

rana s. f. Batracio anuro, con ojos saltones y patas muy largas, que vive en agua dulce y camina o nada a saltos.

rancho s. m. Comida hecha para muchos en común y que, generalmente, se reduce a un solo guiso.

rancio, cia adj. Se dice del vino y de los comestibles grasientos que con el tiempo adquieren sabor y olor más fuertes, mejorándose o echándose a perder.

randa s. f. **1.** Encaje labrado con aguja o tejido que se suele poner en vestidos. ‖ s. m. **2.** fam. Ratero, granuja.

rango s. m. Jerarquía, orden de importancia que observan las cosas o las personas.

ranura s. f. Canal estrecha y larga que se abre en un madero, piedra u otro material.

rapacejo s. m. **1.** Hebra que sirve de alma para formar cordoncillo. **2.** Fleco liso.

rapapolvo s. m., fam. Reprensión áspera.

rapar v. tr. **1.** Afeitar la barba. También prnl. **2.** Cortar el pelo al rape.

rape, al expr. A la orilla o casi de raíz.

rapé adj. Se dice del tabaco en polvo para sorberlo por las narices.

rapidez s. f. Movimiento acelerado.

rápido, da adj. Que se mueve a gran velocidad.

rapiña s. f. Robo ejecutado con violencia.

raposa s. f. Zorra, mamífero.

rapsoda s. m. y s. f. Recitador de versos.

rapsodia s. f. **1.** Trozo de un poema épico, que se suele recitar de una vez. **2.** Obra compuesta de retazos ajenos.

rapto s. m. **1.** Impulso. **2.** Secuestro de personas con el fin de obtener un rescate.

raque s. m. Acto de recoger los objetos perdidos en las costas por algún naufragio.

raqueta s. f. **1.** Bastidor de madera con mango, que sujeta una red o pergamino, y que se emplea como pala en varios juegos. **2.** Objeto similar a la raqueta de tenis que se pone en los pies para andar por la nieve.

raquis s. m. **1.** Raspa, eje de una espiga. **2.** Espinazo, columna vertebral. **3.** Nervio principal de una hoja compuesta.

raquítico, ca adj. **1.** Aplicado a personas, extremadamente delgado. **2.** Aplicado a las cosas, muy pequeño.

rareza s. f. Cosa rara.

raro, ra adj. **1.** De poca densidad. **2.** Poco común, extraordinario. **3.** Insigne.

ras *s. m.* Igualdad en la superficie o altura de las cosas.

rasante *s. f.* Línea de una calle o camino considerada en su inclinación o paralelismo respecto al plano horizontal.

rascacielos *s. m.* Edificio muy alto y de muchos pisos.

rascar *v. tr.* **1.** Refregar con fuerza la piel. También prnl. **2.** Arañar, hacer arañazos.

rasgar *v. tr.* Hacer pedazos, sin el auxilio de ningún instrumento, cosas de poca consistencia, como tejidos, pieles, papel, etc.

rasgo *s. m.* **1.** Línea airosa trazada con la pluma por lo común para adorno de las letras al escribir. **2.** *fig.* Facción del rostro.

rasgón *s. m.* Rotura de un vestido o tela.

rasguear *v. tr.* **1.** Tocar la guitarra u otro instrumento rozando varias cuerdas a la vez con las puntas de los dedos. || *v. intr.* **2.** Hacer rasgos con la pluma.

rasguñar *v. tr.* Arañar o rascar una cosa con las uñas o con algún instrumento cortante.

rasguño *s. m.* Arañazo.

rasilla *s. f.* **1.** Tela de lana delgada. **2.** Ladrillo delgado y hueco para solar.

raso, sa *adj.* **1.** Liso, sin estorbos. **2.** Que carece de título, grado o distinción. **3.** Se dice de la atmósfera, cuando está libre de nubes y nieblas. || *s. m.* **4.** Tela de seda lustrosa, de cuerpo intermedio entre el tafetán y el terciopelo.

raspa *s. f.* **1.** Arista del grano de trigo. **2.** Espina de los pescados.

raspar *v. tr.* Raer ligeramente la superficie de una cosa.

raspear *v. intr.* Correr con aspereza la pluma, despidiendo chispitas de tinta.

rasponazo *s. m.* Herida superficial producida por un cuerpo punzante que raspa.

rasqueta *s. f.* Planchuela de hierro, de cantos afilados y con mango de madera, que se usa para raer y limpiar los palos, cubiertas y costados de las embarcaciones.

rastra *s. f.* **1.** Rastro para recoger hierba. **2.** Vestigio que queda de algún hecho.

rastrear *v. tr.* **1.** Seguir el rastro o buscar alguna cosa por él. **2.** Inquirir una cosa discurriendo por conjeturas o señales.

rastrero, ra *adj.* Se dice de lo bajo, vil.

rastrillar *v. tr.* Limpiar el lino o cáñamo de la arista y estopa.

rastrillo *s. m.* Tabla con muchos dientes de alambre grueso, a manera de carda, sobre los que se pasa el lino o cáñamo para apartar la estopa y separar bien las fibras.

rastro *s. m.* **1.** Instrumento compuesto de un mango largo y delgado cruzado en uno de sus extremos por un travesaño armado de púas a manera de dientes, y que sirve para recoger hierba, paja, etc. **2.** Mercado callejero donde suelen venderse generalmente objetos de segunda mano.

rastrojar *v. tr.* Arrancar el rastrojo de un campo.

rastrojo *s. m.* **1.** Residuo de las cañas de la mies que queda en la tierra después de segar. **2.** El campo, después de segar la mies y antes de recibir nueva labor. || *s. m. pl.* **3.** Residuos que quedan de algo.

rasurar *v. tr.* Afeitar la barba.

rata *s. f.* Mamífero roedor con cabeza pequeña, hocico puntiagudo, orejas tiesas, cuerpo grueso, patas cortas, cola delgada y pelaje gris oscuro.

ratero, ra *adj.* Se dice del ladrón que hurta con maña y cautela cosas de poco valor.

ratificar *v. tr.* Confirmar una cosa que se ha dicho o hecho, dándola por cierta.

rátigo *s. m.* Conjunto de cosas diversas que lleva un carro.

rato *s. m.* Espacio de tiempo, y especialmente cuando es corto.

ratón *s. m.* Mamífero roedor de pelaje gris, parecido a la rata, pero más pequeño, que vive en las casas, donde es muy perjudicial por lo que roe y destruye.

raudal *s. m.* **1.** Copia de agua que corre arrebatadamente. **2.** Abundancia de cosas que de golpe concurren o se derraman.

raudo, da *adj.* Rápido y violento.

raya[1] *s. f.* Señal larga y estrecha que se hace o forma en un cuerpo cualquiera.

raya[2] *s. f.* Pez marino selacio, comestible, de cuerpo aplastado y cola ancha y delgada.

rayano, na *adj.* **1.** Que linda con una cosa. **2.** *fig.* Cercano, con semejanza que se aproxima a igualdad.

rayar *v. tr.* **1.** Hacer o tirar rayas. **2.** Tachar lo manuscrito o impreso con una o varias rayas.

rayo *s. m.* **1.** Línea de luz que procede de un cuerpo luminoso, y especialmente las que vienen del Sol. **2.** Chispa eléctrica de gran intensidad originada por descarga entre dos nubes o entre una nube y la tierra.

rayuela *s. f.* Juego en el que, tirando monedas o tejos a una raya hecha en el suelo y a cierta distancia, gana el que la toca o se acerca más a ella.

raza *s. f.* **1.** Casta o calidad del origen. **2.** Cada uno de los grupos de seres humanos que por el color de su piel y otros caracteres se distinguen en raza blanca, amarilla, cobriza y negra.

razón *s. f.* **1.** Facultad de discurrir. **2.** Argumento en que se apoya alguna cosa. **3.** Causa de un acto.

razonable *adj.* **1.** Conforme a razón. **2.** Regular, bastante en calidad o en cantidad.

razonamiento *s. m.* Serie de conceptos encaminados a demostrar una cosa o a persuadir o mover a lectores u oyentes.

razonar *v. intr.* Discurrir manifestando lo que se discurre, o hablar dando razones para probar una cosa.

re *s. m.* Segunda nota de la escala músical.

reabsorber *v. tr.* Volver a absorber.

reacción *s. f.* Acción que resiste a otra acción, obrando el sentido opuesto a ella.

reaccionario, ria *adj.* Que propende a restablecer lo abolido.

reacio, cia *adj.* Que muestra resistencia a hacer algo.

reactivo, va *adj.* Se dice de la sustancia empleada para producir una reacción o para revelar la presencia o medir la cantidad de otra sustancia.

reactor *s. m.* Dispositivo destinado a la producción y regulación de energía mediante la fisión nuclear de cuerpos radiactivos, provocando una reacción en cadena mediante los neutrones liberados en las mismas.

readmitir *v. tr.* Volver a admitir.

real *adj.* Que tiene existencia verdadera y efectiva.

realce *s. m.* **1.** Adorno o labor que sobresale en la superficie de una cosa. **2.** *fig.* Lustre, estimación, grandeza sobresaliente.

realeza *s. f.* Dignidad o soberanía real.

realidad *s. f.* **1.** Existencia real y efectiva de una cosa. **2.** Verdad, sinceridad.

realismo *s. m.* Forma de representar las cosas tal como son.

realizar *v. tr.* Verificar, hacer real y efectiva una cosa.

realzar *v. tr.* **1.** Levantar o elevar una cosa más de lo que estaba. También prnl. **2.** *fig.* Engrandecer a alguien. También prnl.

reanimar *v. tr.* **1.** Confortar, dar vigor, restablecer las fuerzas. **2.** *fig.* Infundir ánimo y valor al que está abatido.

reanudar *v. tr., fig.* Renovar o continuar, después de interrumpido, un trabajo, estudio, conferencia, etc. También prnl.

reaparecer *v. intr.* Volver a aparecer.

reasumir *v. tr.* Volver a tomar lo que antes se tenía o se había dejado.

reata *s. f.* **1.** Cuerda o correa que sirve para sujetar algunas cosas. **2.** Correa que ata y une dos o más caballerías para que vayan en hilera una detrás de otra.

rebaja *s. f.* Descuento de una cosa, particularmente en la cantidad o precio.

rebajar *v. tr.* **1.** Hacer más bajo el nivel o la altura de un terreno u otro objeto. **2.** Disminuir una cantidad, precio, etc. **3.** *fig.* Abatir, humillar a alguien. También prnl.

rebalsa *s. f.* Porción de agua que, detenida en su curso, forma balsa.

rebalsar *v. tr.* Detener y recoger el agua u otro líquido de modo que haga balsa.

rebanada *s. f.* Porción delgada, ancha y larga que se saca de una cosa, especialmente del pan.

rebanar *v. tr.* **1.** Hacer rebanadas una cosa, particularmente el pan. **2.** Cortar o dividir una cosa de una parte a otra.

rebañar *v. tr.* **1.** Recoger alguna cosa sin dejar nada. **2.** Apurar los restos de comida de un plato.

rebaño *s. m.* Hato grande de ganado, especialmente el lanar.

rebasar *v. tr.* **1.** Pasar de cierto límite. **2.** En una marcha, dejar atrás. **3.** Pasar navegando más allá de un buque, cabo, escollo u otro peligro cualquiera.

rebatir *v. tr.* **1.** Rechazar la fuerza o violencia de alguien. **2.** Refutar un argumento o una resolución.

rebato *s. m.* Convocación de los vecinos de uno o más pueblos, hecha por medio de campana u otra señal, con el fin de defenderse de un peligro.

rebelarse *v. prnl.* **1.** Levantarse, faltando a la obediencia debida a un superior o a la autoridad legítima. **2.** Oponer resistencia.

rebelde *adj.* Que se rebela o subleva, faltando a la obediencia debida.

rebelión *s. f.* Delito contra el orden público, penado por la ley ordinaria y por la militar.

reblandecer *v. tr.* Ablandar una cosa o ponerla tierna. También prnl.

rebociño *s. m.* Mantilla o toca corta usada por las mujeres para rebozarse.

rebollo *s. m.* Árbol fagáceo, de tronco grueso, copa ancha, corteza ceniciente, hojas caedizas, oblongas, sinuosas y verdes; flores en amento, y bellotas solitarias.

reborde *s. m.* Faja estrecha y saliente a lo largo del borde de alguna cosa.

rebosar *v. intr.* **1.** Derramarse un líquido por encima de los bordes de un recipiente en que no cabe. **2.** *fig.* Abundar con demasía una cosa. También tr.

rebotar *v. intr.* Botar repetidamente un cuerpo elástico al chocar con otro cuerpo.

rebote *s. m.* Cada uno de los botes que después del primero da el cuerpo que rebota.

rebotica *s. f.* Pieza que está detrás de la principal de la botica y le sirve de desahogo.

rebozar *v. tr.* **1.** Cubrir casi todo el rostro con la capa o manto. También prnl. **2.** Bañar un alimento en huevo batido, harina, etc.

rebozo *s. m.* **1.** Modo de llevar la capa o manto cuando con él se cubre casi todo el rostro. **2.** Simulación para encubrir un acto.

rebramar *v. intr.* **1.** Volver a bramar o bramar fuertemente. **2.** Responder a un bramido con otro.

rebufo *s. m.* Expansión del aire alrededor de la boca del arma de fuego al salir el tiro.

rebujo *s. m.* **1.** Embozo usado por las mujeres para no ser conocidas. **2.** Envoltorio hecho con desaliño de papel, trapos, etc.

rebullir *v. intr.* Empezar a moverse lo que estaba quieto. También prnl.

rebuscar *v. tr.* **1.** Buscar una cosa repetidamente con demasiado cuidado. **2.** Recoger el fruto que queda en los campos después de alzadas las cosechas.

rebuznar *v. intr.* Dar rebuznos.

rebuzno *s. m.* Voz del asno.

recabar *v. tr.* Conseguir con instancias o súplicas lo que se desea.

recado *s. m.* **1.** Mensaje o respuesta que de palabra se da o se envía a otro. **2.** Encargo.

recaer *v. intr.* **1.** Volver a caer. **2.** Caer de nuevo enfermo de la misma dolencia la persona que estaba convaleciendo o había ya recobrado la salud. **3.** Reincidir en los errores, malos hábitos, etc.

recalar *v. tr.* **1.** Penetrar poco a poco un líquido por los poros de un cuerpo seco, dejándolo húmedo. ‖ *v. intr.* **2.** Llegar la embarcación a la vista de un punto de la costa.

recalcar *v. tr.* **1.** Ajustar, apretar mucho una cosa con otra o sobre otra. **2.** *fig.* Tratándose de palabras, decirlas lentamente y con demasiada fuerza expresiva como para llamar la atención sobre ellas.

recalcitrante *adj.* Obstinado en una opinión o una conducta.

recalentar *v. tr.* Volver a calentar o calentar demasiado una cosa.

recalzar *v. tr.* Arrimar tierra alrededor de las plantas y árboles.

recamado *s. m.* Bordado de realce, en el que sobresalen mucho los adornos hechos con la aguja.

recámara *s. f.* **1.** Cuarto después de la cámara, destinado para guardar los vestidos o alhajas. **2.** En las armas de fuego, lugar del ánima del cañón al extremo opuesto a la boca, en el cual se coloca el cartucho.

recambiar *v. tr.* Hacer segundo cambio o trueque de alguna cosa.

recambio *s. m.* Repuesto de piezas de una máquina.

recapacitar *v. tr.* Recorrer la memoria refrescando ideas y reflexionando acerca de las mismas. Se usa más como intr.

recapitular *v. tr.* Recordar sumaria y ordenadamente lo que se ha manifestado con alguna extensión por escrito o de palabra.

recargar *v. tr.* **1.** Volver a cargar. **2.** Aumentar carga.

recargo *s. m.* Nueva carga o aumento de carga.

recatado, da *adj.* **1.** Se dice de la persona circunspecta, cauta. **2.** Honrado, modesto.

recatar *v. tr.* **1.** Ocultar lo que no se quiere que se vea o se sepa. ‖ *v. prnl.* **2.** Mostrar recelo en tomar una resolución.

recato *s. m.* **1.** Cautela, reserva en las acciones y palabras. **2.** Honestidad, modestia.

recaudación *s. f.* Cantidad recaudada.

recaudar *v. tr.* **1.** Cobrar o percibir caudales o efectos. **2.** Poner o tener en custodia.

recazo *s. m.* Guarnición o parte intermedia comprendida entre la hoja y la empuñadura de la espada y de otras armas blancas.

recelar *v. tr.* Temer, sospechar de algo o alguien. También prnl.

recentadura *s. f.* Porción de levadura que se reserva para otra fermentación.

recepción *s. f.* **1.** Admisión en un empleo o sociedad. **2.** Acto solemne en el que desfilan ante alguna alta autoridad del estado los representantes de cuerpos o clases.

receptáculo *s. m.* Cavidad en que se contiene o puede contenerse una sustancia.

receptividad *s. f.* Capacidad de recibir.

receptor, ra *adj.* **1.** Que recibe. **2.** Se dice del motor que recibe la energía de un generador instalado a distancia.

receta *s. f.* **1.** Prescripción o fórmula facultativa. **2.** Nota escrita de esta prescripción.

recetar *v. tr.* Prescribir un medicamento con especificación de su dosis y uso.

recetario *s. m.* **1.** Asiento o apuntamiento de todo lo que el médico ordena que se suministre al enfermo. **2.** Libro para estos asientos, en los hospitales.

rechazar *v. tr.* Resistir un cuerpo a otro, obligándole a retroceder en su curso o movimiento.

rechazo *s. m.* Retroceso que hace un cuerpo por encontrarse con alguna resistencia.

rechiflar *v. tr.* **1.** Silbar con insistencia. || *v. prnl.* **2.** Burlarse, mofarse de alguien.

rechinar *v. intr.* Hacer o causar una cosa un sonido desapacible por frotar con otra.

recial *s. m.* Corriente impetuosa de los ríos.

reciario *s. m.* Gladiador cuya arma principal era una red que lanzaba sobre su adversario a fin de envolverle e impedirle cualquier movimiento.

recibimiento *s. m.* **1.** Acogida buena o mala hecha al que viene de fuera. **2.** En algunas partes, antesala.

recibir *v. tr.* **1.** Tomar alguien lo que le dan o le envían. **2.** Hacerse cargo de lo que le dan. **3.** Admitir dentro de sí una cosa a otra, como el mar, los ríos, etc.

recibo *s. m.* Resguardo firmado en que se declara haber recibido dinero u otra cosa.

reciclar *v. tr.* Someter una materia a un mismo ciclo varias veces para incrementar los efectos de éste.

recidiva *s. f.* Repetición de una enfermedad poco después de terminada la convalecencia.

reciente *adj.* Nuevo, fresco o acabado de hacer.

recinto *s. m.* Espacio comprendido dentro de ciertos límites.

recio, cia *adj.* **1.** Fuerte y robusto. **2.** Gordo, abultado. **3.** Áspero, duro de genio.

récipe *s. m.* **1.** Palabra que solía ponerse en abreviatura a la cabeza de la receta. **2.** *fam.* Receta, prescripción facultativa.

recipiente *s. m.* Receptáculo, cavidad.

reciprocidad *s. f.* Correspondencia mutua de una persona o cosa con otra.

recíproco, ca *adj.* Igual en la correspondencia de uno a otro.

recitar *v. tr.* Referir o decir en voz alta versos, discursos, lecciones, etc.

reclamación *s. f.* Oposición o impugnación que se hace a una cosa como injusta, o mostrando no consentir en ella.

reclamar *v. intr.* Clamar contra una cosa, oponerse a ella de palabra o por escrito.

reclamo *s. m.* Ave amaestrada que se lleva a la caza para que con su canto atraiga otras de su especie.

recle *s. m.* Tiempo en que se permite a las personas que tienen prebenda no asistir al coro, para su descanso y recreación.

reclinar *v. tr.* Inclinar el cuerpo, o parte de él, apoyándolo sobre alguna cosa.

reclinatorio *s. m.* **1.** Cualquier cosa acomodada y dispuesta para reclinarse. **2.** Mueble acomodado para arrodillarse y orar.

recluir *v. tr.* Poner en reclusión.

reclusión *s. f.* **1.** Encierro o prisión voluntaria o forzada. **2.** Lugar o sitio en que alguien está recluido.

recluta *s. f.* **1.** Reclutamiento. || *s. m.* **2.** Persona que libre y voluntariamente sienta plaza de soldado.

reclutamiento *s. m.* Conjunto de los reclutas de un año.

reclutar *v. tr.* Alistar reclutas.

recobrar *v. tr.* **1.** Volver a tomar o adquirir lo que antes se tenía o poseía. || *v. prnl.* **2.** Repararse de un daño recibido.

recocer *v. tr.* Volver a cocer o cocer mucho una cosa. También prnl.

recocina *s. f.* Cuarto contiguo a la cocina.

recodo *s. m.* Ángulo o revuelta que forman las calles, caminos, ríos, etc., torciendo la dirección que traían.

recoger *v. tr.* **1.** Volver a coger o tomar por segunda vez una cosa. **2.** Hacer la recolección de los frutos. **3.** Reunir ordenadamente las cosas cuando han dejado de usarse.

recogida *s. f.* Suspensión del curso de alguna cosa.

recolección *s. f.* **1.** Recopilación, resumen o compendio. **2.** Cosecha de los frutos.

recolectar *v. tr.* Recoger la cosecha.

recomendación *s. f.* **1.** Encargo o súplica hecha a otro, poniendo a su cuidado y diligencia una cosa. **2.** Elogio, alabanza de un sujeto para introducirlo con otro.

recomendar *v. tr.* **1.** Encargar, pedir o dar orden a alguien para que tome a su cargo una persona o negocio. **2.** Hablar o empeñarse por alguien elogiándole.

recompensar *v. tr.* **1.** Compensar el daño hecho. **2.** Remunerar un servicio. **3.** Premiar un beneficio, favor o mérito.

recomponer *v. tr.* Componer de nuevo.

reconcentrar *v. tr.* **1.** Introducir una cosa en otra. **2.** Reunir en un punto las personas o cosas que estaban esparcidas.

reconciliar *v. tr.* Volver a las amistades, o restablecer los ánimos que antes estaban desunidos. También prnl.

reconditez *s. f., fam.* Cosa recóndita.

recóndito, ta *adj.* Muy escondido, reservado y oculto.

reconfortar *v. tr.* Confortar de nuevo o con energía y eficacia.

reconocer *v. tr.* **1.** Examinar con cuidado a alguien o algo para enterarse de su identidad, naturaleza, etc. **2.** Percibir una persona o cosa ya conocida, comprobando su identidad y distinguiéndola de otras.

reconocimiento *s. m.* Gratitud, agradecimiento.

reconquistar *v. tr.* **1.** Volver a conquistar una plaza, provincia o reino. **2.** *fig.* Recuperar la opinión, el afecto, la hacienda, etc.

reconstituir *v. tr.* **1.** Volver a constituir, rehacer una cosa. También prnl. **2.** Dar o volver a la sangre y al organismo sus condiciones normales. También prnl.

reconstruir *v. tr.* **1.** Volver a construir una cosa. **2.** Unir en la memoria todas las circunstancias de un hecho para completar su conocimiento o el concepto de algo.

recontar *v. tr.* **1.** Contar o volver a contar el número de cosas. **2.** Referir, narrar.

reconvenir *v. tr.* Hacer cargo a alguien, arguyéndole con su propio hecho o palabra.

recopilación *s. f.* **1.** Resumen de una obra o discurso. **2.** Colección de escritos diversos.

recopilar *v. tr.* Juntar en compendio, recoger o unir diversas cosas.

récord *s. m.* Prueba fehaciente de una hazaña deportiva digna de registrarse.

recordar *v. tr.* Traer a la memoria una cosa.

recordatorio *s. m.* Aviso, advertencia, comunicación u otro medio para hacer recordar alguna cosa.

recorrer *v. tr.* **1.** Transitar de un cabo a otro un espacio determinado. **2.** Efectuar un trayecto. **3.** Registrar, andando una parte a otra, para averiguar lo que se desea saber o hallar.

recorrido *s. m.* Espacio que recorre o ha de recorrer una persona o cosa.

recortar *v. tr.* **1.** Cortar o cercenar lo que sobra de una cosa. **2.** Cortar con arte el papel u otra cosa en varias figuras.

recortes *s. m. pl.* Porciones excedentes de cualquier materia recortada que se trabaja hasta reducirla a la forma que conviene.

recova *s. f.* **1.** Comercio de huevos, gallinas y otras cosas parecidas. **2.** Cuadrilla de perros de caza.

recoveco *s. m.* **1.** Vuelta y revuelta de un callejón, pasillo, arroyo, etc. **2.** Lugar escondido. **3.** *fig.* Fingimiento de que alguien se vale para conseguir un fin.

recreación *s. f.* Diversión para alivio del trabajo.

recrear *v. tr.* **1.** Crear de nuevo una cosa. **2.** Causar regocijo y alegría. También prnl.

recreo *s. m.* Lugar dispuesto o apto para diversión.

recriar *v. tr.* Fomentar, a fuerza de pasto y pienso, el desarrollo de animales nacidos y criados en región distinta.

recriminar *v. tr.* Responder a cargos o acusaciones con otros u otras.

recrudecer *v. intr.* Tomar nuevo incremento un mal físico o moral o un afecto o cosa desagradable, después de haber empezado a remitir o ceder. También prnl.

rectangular *adj.* **1.** Que tiene forma de rectángulo. **2.** Que tiene uno o más ángulos rectos.

rectángulo *s. m.* Paralelogramo que tiene los cuatro ángulos rectos y los lados contiguos desiguales.

rectificar *v. tr.* **1.** Reducir una cosa a la exactitud que debe tener. **2.** Procurar alguien corregir los dichos y hechos que se le atribuyen para reducirlos a la conveniente exactitud y certeza.

rectilíneo, a *adj.* Que se compone de líneas rectas.

rectitud *s. f.* **1.** Distancia más breve entre dos puntos. **2.** *fig.* Recta razón de lo que debemos hacer o decir.

recto, ta *adj.* **1.** Que no se inclina a ningún lado. **2.** Justo. **3.** Se dice de la última porción del intestino. También s. m.

rector, ra *adj.* **1.** Que rige o gobierna. ‖ *s. m. y s. f.* **2.** Superior encargado del gobierno de una comunidad, hospital o colegio. ‖ *s. m.* **3.** Superior de una universidad y su distrito. **4.** Párroco o cura propio.

recua *s. f.* **1.** Conjunto de animales de carga que sirve para trajinar. **2.** Conjunto de cosas que van o siguen unas detrás de otras.

recuento *s. m.* Cuenta o segunda cuenta que se hace de una cosa.

recuerdo *s. m.* **1.** Memoria que se hace de una cosa pasada. **2.** *fig.* Cosa que se regala en testimonio de buen afecto.

recular *v. intr.* Cejar o retroceder.

RECUPERAR - REDUCIR

recuperar *v. tr.* Volver a tener lo que se había perdido.

recurrente *adj.* Se dice de lo que vuelve a suceder o aparecer después de un tiempo.

recurrir *v. intr.* Acudir a un juez o autoridad con una demanda o petición.

recurso *s. m.* **1.** Medio que se emplea para conseguir lo que se pretende. **2.** Memorial, solicitud, petición por escrito.

recusar *v. tr.* No querer admitir o aceptar una cosa, rechazándola.

red *s. f.* **1.** Aparejo hecho con hilos, cuerdas o alambres trabados en forma de mallas, utilizado para pescar, cazar, cercar, sujetar, etc. **2.** Labor o tejido de mallas.

redactar *v. tr.* Poner por escrito hechos, noticias o una cosa pensada con anterioridad.

redada *s. f.* **1.** Lance de red. **2.** *fam.* Conjunto de personas o cosas tomadas de una vez.

redaño *s. m.* **1.** Prolongación del peritoneo, que cubre por delante los intestinos formando un extenso pliegue adherido al estómago, al colon transverso y a otras vísceras. ‖ *s. m. pl.* **2.** *fig.* Fuerzas, brío, valor.

redargüir *v. tr.* Convertir el argumento contra la persona que lo hace.

redecilla *s. f.* **1.** Tejido de mallas con que se hacen las redes. **2.** Segunda de las cuatro cavidades en que se divide el estómago de los rumiantes.

redentor, ra *adj.* **1.** Que redime. ‖ *s. m.* **2.** Por antonom., Jesucristo.

redhibir *v. tr.* Deshacer el comprador la venta, según derecho, por no haberle manifestado el vendedor el vicio o gravamen de la cosa vendida.

redil *s. m.* Aprisco circuido con un vallado de estacas y redes, o de trozos de barrera armados con listones.

redimir *v. tr.* Rescatar o sacar de esclavitud al cautivo mediante precio.

redingote *s. m.* Capote de poco vuelo y con mangas ajustadas.

rédito *s. m.* Renta, utilidad renovable que rinde un capital.

redituar *v. tr.* Rendir o producir una cosa utilidad o rendimiento periódicamente.

redoblante *s. m.* Tambor de caja prolongada sin bordones en la cara inferior, por cuyo motivo su sonoridad es algo velada.

redoblar *v. tr.* **1.** Aumentar una cosa otro tanto al doble de lo que antes era. ‖ *v. intr.* **2.** Tocar redobles en el tambor.

redoble *s. m.* Toque vivo sostenido que se produce hiriendo rápidamente el tambor con los palillos.

redoma *s. f.* Vasija de vidrio, ancha en su fondo que va angostándose hacia la boca.

redonda *s. f.* **1.** Comarca. **2.** Dehesa o coto de pasto. **3.** Semibreve.

redondear *v. tr.* **1.** Poner redonda una cosa. También prnl. **2.** Hablando de cantidades, prescindir de fracciones para completar unidades de cierto orden.

redondel *s. m.* **1.** *fam.* Círculo o circunferencia. **2.** *fam.* Espacio destinado a la lidia, en las plazas de toros.

redondez *s. f.* Circuito de una figura curva.

redondilla *s. f.* Combinación métrica de cuatro versos octosílabos, en la cual riman el primero con el cuarto y el segundo con el tercero.

redondo, da *adj.* De figura de círculo o esfera o parecida a ellas.

redova *s. f.* Danza polaca, compuesta de vals y de mazurca, y música de esta danza.

reducir *v. tr.* **1.** Volver una cosa al lugar donde antes estaba o al estado que tenía.

2. Disminuir o empequeñecer. **3.** Dividir un cuerpo en partes muy pequeñas.

reducto *s. m.* Obra de campaña cerrada, que consta de parapeto y una o más banquetas.

redundancia *s. f.* Demasiada abundancia de cualquier cosa o en cualquier línea.

redundar *v. intr.* Rebosar, salirse una cosa de sus límites por demasiada abundancia.

reduplicar *v. tr.* Aumentar algo al doble.

reedificar *v. tr.* Volver a edificar o a construir de nuevo lo arruinado o lo que se derriba con tal intento.

reembolsar *v. tr.* Volver una cantidad a poder de la persona que la había desembolsado.

reemplazar *v. tr.* Sustituir una cosa por otra haciendo sus veces.

reemplazo *s. m.* Sustitución hecha de una persona o cosa por otra.

reenganchar *v. tr.* Volver a enganchar como soldado a alguien que ya había prestado dicho servicio. También prnl.

refacción *s. f.* Alimento moderado que se toma para reparar las fuerzas.

refajo *s. m.* Falda corta y con vuelo que usaban las mujeres, unas veces como prenda interior y otras encima de las enaguas.

refectorio *s. m.* Habitación destinada en las comunidades y en algunos colegios para juntarse a comer.

referencia *s. f.* **1.** Narración o relación de una cosa. **2.** Informe que acerca de la integridad, solvencia u otras cualidades de tercero da una persona a otra.

referéndum *s. m.* Procedimiento jurídico por el que se someten al voto popular asuntos de interés común.

referir *v. tr.* Expresar de palabra o por escrito un hecho verdadero o ficticio.

refilón, de *adv. m.* **1.** Oblicuamente. **2.** *fig.* De pasada.

refinamiento *s. m.* Esmero, buen gusto.

refinar *v. tr.* Hacer una cosa más fina y pura, separando las heces y materias heterogéneas o groseras.

refino, na *adj.* Muy fino y acendrado.

refirmar *v. tr.* **1.** Apoyar una cosa sobre otra. **2.** Ratificar una especie.

reflector *s. m.* Aparato que lanza la luz de un foco en determinada dirección.

reflejar *v. intr.* Hacer retroceder o cambiar de dirección la luz, el sonido, el calor, etc., oponiéndoles una superficie lisa.

reflexión *s. f.* Advertencia o consejo con que uno intenta persuadir o convencer a otro.

reflexionar *v. tr.* Considerar nueva o detenidamente una cosa.

reflexivo, va *adj.* **1.** Que refleja. **2.** Prudente, sensato, caviloso.

refluir *v. intr.* Volver hacia atrás o hacer retroceso un líquido.

reflujo *s. m.* Movimiento de descenso de la marea.

refocilar *v. tr.* Recrear, alegrar.

reforma *s. f.* Lo que se propone, proyecta o ejecuta como innovación o mejora en alguna cosa.

reformatorio *s. m.* Centro en donde, por medios educativos especiales, se trata de modificar la inadecuada conducta de algunos jóvenes.

reforzar *v. tr.* Engrosar o añadir nuevas fuerzas a una cosa.

refractar *v. tr.* Hacer que cambie de dirección el rayo de luz que pasa oblicuamente de un medio a otro de diferente densidad.

refractario, ria *adj.* **1.** Se dice de la persona que rehúsa cumplir una promesa u obligación. **2.** Se dice del cuerpo que resiste la acción del fuego sin cambiar de estado ni descomponerse.

refrán *s. m.* Dicho agudo y sentencioso de uso común.

refregar *v. tr.* Restregar una cosa con otra.

refrenar *v. tr.* **1.** Sujetar y reducir al caballo con el freno. **2.** *fig.* Contener, reprimir el ánimo o las maneras. También prnl.

refrendar *v. tr.* **1.** Autorizar un despacho u otro documento por medio de la firma de persona hábil para ello. **2.** Corroborar una cosa afirmándola.

refrescar *v. tr.* **1.** Disminuir o rebajar el calor de una cosa. **2.** *fig.* Renovar, reproducir una acción. || *v. intr.* **3.** Coger fuerzas.

refresco *s. m.* **1.** Alimento moderado que se toma para fortalecerse y continuar en el trabajo. **2.** Bebida fría o del tiempo.

refriega *s. f.* Reencuentro o combate de menos importancia que la batalla.

refrigerador *s. m.* Electrodoméstico con refrigeración eléctrica para conservar alimentos.

refrigerar *v. tr.* **1.** Refrescar, disminuir el calor. **2.** *fig.* Reparar las fuerzas.

refrigerio *s. m.* **1.** Beneficio o alivio que se siente con lo fresco. **2.** *fig.* Corto alimento que se toma para reparar las fuerzas.

refuerzo *s. m.* **1.** Mayor grueso dado a una cosa, para hacerla más resistente. **2.** Reparo para fortalecer una cosa que puede flaquear o amenazar ruina.

refugiar *v. tr.* Acoger o amparar a alguien, sirviéndole de resguardo y asilo.

refugio *s. m.* Asilo, acogida o amparo.

refulgencia *s. f.* Resplandor que emite el cuerpo resplandeciente.

refundición *s. f.* La obra refundida.

refundir *v. tr.* **1.** Volver a fundir los metales. **2.** *fig.* Dar nueva forma a una obra de ingenio, discurso, etc. con el fin de mejorarla.

refunfuñar *v. intr.* Emitir voces o palabras confusas en señal de enojo o desagrado.

refutación *s. f.* Argumento o prueba cuyo objeto es destruir las razones del contrario.

refutar *v. tr.* Contradecir con argumentos o razones lo que otros dicen.

regadera *s. f.* Vasija o recipiente portátil a propósito para regar.

regadío, a *adj.* Se dice del terreno que se puede regar.

regala *s. f.* Tablón que forma el borde de las embarcaciones y cubre todas las cabezas de las ligazones en su extremo superior.

regalar *v. tr.* **1.** Dar a alguien graciosamente una cosa. || *v. prnl.* **2.** Tratarse bien, procurando tener toda suerte de comodidades.

regalía *s. f.* **1.** Preeminencia que, en virtud de suprema potestad, ejerce un soberano en su Estado, como el acuñar moneda, etc. **2.** Privilegio que la Santa Sede concede a los soberanos en algún punto relativo a la disciplina de la Iglesia.

regaliz *s. m.* **1.** Planta herbácea con tallos casi leñosos y pequeñas flores azuladas. El jugo de sus rizomas se emplea en medicina como pectoral y emoliente. **2.** Rizomas de dicha planta.

regalo *s. m.* Dádiva hecha voluntariamente o por costumbre.

regañadientes, a *adv. m.* De mala gana.

regañar *v. intr.* **1.** Dar muestras de enfado con palabras y gestos. **2.** *fam.* Reñir, disputar. || *v. tr.* **3.** *fam.* Reprender.

regaño *s. m.* Gesto, acompañado de palabras ásperas, con que se muestra enfado.

regar *v. tr.* Esparcir agua sobre una superficie.

regata[1] *s. f.* Surco por donde se lleva el agua del riego en las huertas y jardines.

regata[2] *s. f.* Pugna entre dos o más buques ligeros, para ganar un premio o apuesta el que llega antes a un punto determinado.

regate *s. m.* Movimiento pronto y rápido que se hace hurtando el cuerpo.

regatear *v. tr.* **1.** Debatir el comprador y el vendedor el precio de una cosa puesta en venta. || *v. intr.* **3.** Hacer regates.

regazo *s. m.* Enfaldo de la saya, que hace seno desde la cintura hasta la rodilla, estando la persona sentada.

regenerar *v. tr.* Dar nuevo ser a una cosa que degeneró, restablecerla o mejorarla.

regentar *v. tr.* Desempeñar temporalmente ciertos cargos o empleos.

regente *s. m. y s. f.* Persona que gobierna un estado en la menor edad de su príncipe o por otro motivo.

regicida *adj.* Asesino de un rey o reina.

regidor, ra *adj.* **1.** Que rige o gobierna. || *s. m. y s. f.* **2.** Concejal.

régimen *s. m.* **1.** Modo de gobernarse o regirse en una cosa. **2.** Forma de gobierno.

regio, gia *adj., fig.* Suntuoso, magnífico.

región *s. f.* **1.** Porción de territorio determinada por caracteres étnicos o circunstancias especiales de clima, topografía, gobierno, etc. **2.** Cada una de las grandes divisiones territoriales dentro de una nación efectuadas en virtud de características geográficas e históricas particulares.

regir *v. tr.* Dirigir, gobernar o mandar.

registrar *v. tr.* **1.** Mirar una cosa o persona con cuidado y diligencia. **2.** Copiar al pie de la letra en los libros de registro un privilegio, cédula, etc. librado por el rey o por un organismo competente. **3.** Señalar.

registro *s. m.* **1.** Matrícula y padrón. **2.** Protocolo, tratándose de cuestiones notariales. **3.** Libro a modo de inventario, en que se practican anotaciones.

regla *s. f.* **1.** Instrumento de materia rígida, usado para trazar líneas rectas. **2.** Constitución, estatuto. **3.** Precepto en las ciencias o artes. **4.** Menstruación.

reglamentar *v. tr.* Sujetar a reglamento un instituto o una materia determinada.

reglamento *s. m.* Colección ordenada de reglas o preceptos dada por autoridad competente para la ejecución de una ley, para el régimen de una corporación, etc.

reglar *v. tr.* **1.** Tirar o hacer líneas o rayas derechas, valiéndose especialmente de una regla. **2.** Sujetar a reglas una cosa.

regleta *s. f.* Planchuela de metal, que sirve para regletear.

regletear *v. tr.* Espaciar la composición poniendo regletas entre los renglones.

regocijar *v. tr.* Alegrar, causar gusto o placer.

regocijo *s. m.* **1.** Júbilo. **2.** Acto con que se manifiesta la alegría.

regodearse *v. prnl., fam.* Complacerse en lo que gusta o se goza, deteniéndose en ello.

regojo *s. m.* Pedazo de pan que queda de sobra en la mesa después de haber comido.

regosto *s. m.* Apetito de repetir lo que con delectación se empezó a gustar o gozar.

regresar *v. intr.* Volver al lugar de donde se partió.

reguera *s. f.* Canal que se hace en la tierra a fin de conducir el agua para el riego.

reguero *s. m.* Corriente, a modo de arroyo pequeño, que se hace en una cosa líquida.

regular[1] *adj.* Ajustado y conforme a regla.

regular[2] *v. tr.* Medir, ajustar o concertar una cosa según ciertas reglas.

regurgitar *v. intr.* Expeler por la boca, sin esfuerzo, sustancias sólidas o líquidas contenidas en el esófago o en el estómago.

rehabilitar *v. tr.* Habilitar de nuevo o restituir una persona o cosa a su antiguo estado.

rehacer *v. tr.* **1.** Volver a hacer lo que se había deshecho. **2.** Restablecer lo disminuido o deteriorado.

rehala *s. f.* **1.** Rebaño de ganado lanar formado por el de diversos dueños. **2.** Conjunto de perros de caza.

rehecho, cha *adj.* De estatura mediana, grueso, fuerte y robusto.

rehén *s. m. y s. f.* Persona de estimación y calidad que, como prenda o garantía, queda en poder del enemigo mientras está pendiente un ajuste o tratado.

rehilar *v. tr.* Hilar demasiado o torcer mucho lo que se hila.

rehilete *s. m.* **1.** Flechilla con púa en un extremo y papel o plumas en el otro, para tirar al blanco por diversión. **2.** Banderilla para clavarla en el morrillo del toro.

rehogar *v. tr.* Sazonar un alimento a fuego lento, sin agua y tapado, en manteca, aceite y otros condimentos.

rehuir *v. tr.* Retirar, apartar o evitar una cosa por algún temor, sospecha o recelo.

rehusar *v. tr.* Excusar, no aceptar una cosa.

reimprimir *v. tr.* Volver a imprimir, o repetir la impresión de una obra o escrito.

reina *s. f.* **1.** Esposa del rey. **2.** La que ejerce la potestad real por derecho propio. **3.** Pieza del juego de ajedrez, la más importante después del rey.

reinar *v. intr.* Regir un rey o reina un estado.

reincidir *v. intr.* Volver a caer o incurrir en un error, falta o delito.

reincorporar *v. tr.* Volver a incorporar.

reingresar *v. intr.* Volver a ingresar.

reino *s. m.* Territorio o estado con sus habitantes sujetos a un rey.

reinstalar *v. tr.* Volver a instalar.

reintegrar *v. tr.* Restituir o satisfacer íntegramente una cosa.

reintegro *s. m.* En la lotería, premio igual a la cantidad jugada.

reír *v. intr.* **1.** Manifestar alegría y regocijo con determinados movimientos del rostro, acompañados de la emisión de sonidos explosivos e inarticulados. **2.** *fig.* Hacer burla de una persona o cosa.

reiterar *v. tr.* Volver a decir o ejecutar algo.

reivindicar *v. tr.* Recuperar alguien lo que le pertenece.

reja[1] *s. f.* Pieza de hierro del arado que sirve para romper y revolver la tierra.

reja[2] *s. f.* Red formada de barras de hierro que se pone en las ventanas y otras aberturas.

rejalgar *s. m.* Sulfuro de arsénico, muy venenoso, de color rojo y lustre resinoso.

rejilla *s. f.* Celosía fija o movible, tela metálica, etc. que suele ponerse en las ventanillas de los confesionarios, en el ventanillo de la puerta exterior de las casas, etc.

rejón *s. m.* Barra o barrón de hierro cortante que remata en punta.

rejonear *v. tr.* En el toreo a caballo, herir con el rejón al toro.

rejuela *s. f.* Braserito en forma de arquilla y con rejilla en la tapa, que sirve para calentarse los pies.

rejuvenecer *v. tr.* Dar a alguien la fortaleza y el vigor propios de la juventud.

relación *s. f.* Conexión de una cosa con otra.

relacionar *v. tr.* Poner en relación.

relajar *v. tr.* **1.** Ablandar, aflojar una cosa. **2.** Esparcir el ánimo con algún descanso.

relamer *v. tr.* **1.** Volver a lamer. ‖ *v. prnl.* **2.** Lamerse los labios una y otra vez.

relamido, da *adj.* Afectado, pedante.

relámpago *s. m.* Resplandor vivísimo e instantáneo producido en las nubes por una descarga eléctrica.

relance *s. m.* **1.** Segundo lance, redada o suerte. **2.** Suceso casual y dudoso.

relatar *v. tr.* **1.** Dar a conocer un hecho. **2.** Hacer relación de un proceso o pleito.

relato *s. m.* Narración de un hecho real o ficticio.

releer *v. tr.* Leer de nuevo o volver a leer una cosa.

relegar *v. tr.* **1.** Desterrar, echar a alguien por justicia. **2.** *fig.* Apartar, posponer.

relejar *v. intr.* Atenuar algo físico o moral.

relente *s. m.* Humedad que en noches serenas se nota en la atmósfera.

relevante *adj.* Se dice de lo que destaca.

relevar *v. tr.* **1.** Hacer de relieve o saliente una cosa. **2.** Exonerar de un peso o gravamen, y también de un empleo o cargo.

relicario *s. m.* Caja o estuche, regularmente precioso, para custodiar reliquias.

relieve *s. m.* **1.** Figura que resalta sobre el plano. **2.** Renombre de una persona o cosa.

religión *s. f.* Conjunto de creencias acerca de la divinidad y de prácticas rituales para darle culto.

religioso, sa *adj.* Que ha tomado hábito en una orden religiosa regular.

relinchar *v. intr.* Emitir con fuerza su voz el caballo.

relinga *s. f.* Cada una de las cuerdas en que van colocados los corchos que sirven para sostener las redes en el agua.

reliquia *s. f.* **1.** Residuo que queda de un todo. **2.** Parte del cuerpo de un santo o lo que por haberle tocado es digno de veneración. **3.** *fig.* Vestigio de cosas pasadas.

reloj *s. m.* Máquina con movimiento uniforme que sirve para medir el tiempo o dividir el día en horas, minutos y segundos.

relucir *v. intr.* Despedir o reflejar luz una cosa resplandeciente.

relumbrar *v. intr.* Dar una cosa viva luz o alumbrar con exceso.

remachar *v. tr.* Machacar la punta o la cabeza del clavo ya clavado.

remallar *v. tr.* Componer las mallas rotas.

remanente *s. m.* Residuo de una cosa.

remanso *s. m.* Detención o suspensión de la corriente del agua o cualquier otro líquido.

remar *v. intr.* Mover convenientemente el remo para impeler la embarcación en el agua.

rematar *v. tr.* **1.** Acabar una cosa. **2.** Poner fin a la vida de la persona o del animal que está en trance de muerte.

remate *s. m.* Extremidad de una cosa.

remedar *v. tr.* **1.** Imitar o contrahacer una cosa, hacerla parecida a otra. **2.** Seguir uno las mismas huellas y ejemplo de otro o llevar su mismo método y disciplina.

remedio *s. m.* Medio que se toma para reparar un daño o inconveniente.

remedo *s. m.* Imitación de algo, particularmente cuando no es perfecto el parecido.

rememorar *v. tr.* Recordar, traer a la memoria alguna cosa.

remendar *v. tr.* Reforzar con remiendo lo que está viejo o roto.

remesa *s. f.* Envío que se hace de una cosa de una parte a otra.

remeter *v. tr.* Volver a meter o meter más adentro una cosa.

remiendo *s. m.* Pedazo de paño u otra tela que se cose a lo que está viejo o roto.

remilgarse *v. prnl.* Repulirse y hacer gestos y ademanes con el rostro.

reminiscencia *s. f.* Facultad del alma, con que traemos a la memoria aquellas especies que no tenemos presente.

remirado, da *adj.* Que reflexiona escrupulosamente sobre sus acciones.

remiso, sa *adj.* Tímido e indeciso.

remitido *s. m.* Artículo o noticia que un particular envía a un periódico para que sea insertado mediante pago.

remitir *v. tr.* **1.** Enviar una cosa al lugar destinado. **2.** Perdonar, alzar la pena, libertar de una obligación. **3.** Disminuir, aflojar o perder una cosa parte de su fuerza.

remo *s. m.* Pala de madera, larga y estrecha, que sirve para mover las embarcaciones haciendo fuerza en el agua.

remojar *v. tr.* Empapar una cosa sumergiéndola en agua.

remolacha *s. f.* Planta herbácea anual quenopodiácea, de raíz carnosa, fusiforme, comestible y de la cual se extrae azúcar.

remolcar *v. tr.* **1.** Llevar una embarcación u otra cosa sobre el agua, tirando de ella por medio de un cable, cadena, etc. **2.** Llevar un vehículo en fuerte tirando de él.

remolino *s. m.* Movimiento giratorio y rápido del aire, el agua, el polvo, el humo, etc.

remolonear *v. intr.* Resistirse en hacer o admitir una cosa por pereza. También prnl.

remolque *s. m.* Cosa que se lleva remolcada por mar o por tierra.

remonta *s. f.* **1.** Compostura del calzado cuando se le pone nuevo el pie o las suelas. **2.** Compra, cría y cuidado de los caballos para proveer al ejército.

remontar *v. tr.* **1.** Ahuyentar una cosa. **2.** Echar nuevas suelas o pie al calzado.

remoquete *s. m.* **1.** Puñetazo dado en el rostro. **2.** *fig.* Dicho agudo y satírico.

rémora *s. f.* **1.** Pez marino acantopterigio, fusiforme, de color ceniciento, con una aleta dorsal y otra ventral. **2.** Lo que sirve de obstáculo al progreso de algo o lo dificulta.

remorder *v. tr.* **1.** Volver a morder o morderse uno a otro. **2.** Causar remordimiento.

remordimiento *s. m.* Pesar interno que queda después de hacer una mala acción.

remosquearse *v. prnl., fam.* Mostrarse receloso a causa de lo que se oye o advierte.

remoto, ta *adj.* Distante o apartado.

remover *v. tr.* **1.** Pasar una cosa de un lugar a otro. **2.** Mover una cosa, dándole vueltas para que sus elementos se mezclen.

remozar *v. tr.* Dar cierta especie de robustez y lozanía propias de la juventud.

remuda *s. f.* Muda de ropa.

remudar *v. tr.* Reemplazar a una persona o cosa con otra. También prnl.

remunerar *v. tr.* Recompensar a alguien por alguna cosa.

renacer *v. intr.* **1.** Volver a nacer. **2.** Adquirir por el bautismo la vida de la gracia.

renacuajo *s. m.* **1.** Larva de la rana, mientras conserva la cola y respira por branquias. **2.** Larva de otros batracios.

rencilla *s. f.* Cuestión o riña de la que queda algún encono.

renco, ca *adj.* Cojo por lesión de las caderas.

rencor *s. m.* Resentimiento arraigado y tenaz.

rendaje *s. m.* Conjunto de riendas y demás correas de la brida de las cabalgaduras.

rendar *v. tr.* Binar, dar segunda labor a la tierra o segunda cava a las viñas.

rendija *s. f.* Abertura larga y angosta, que se produce naturalmente en cualquier cuerpo sólido y lo atraviesa de parte a parte.

RENDIMIENTO - REPECHO

rendimiento *s. m.* **1.** Decaimiento de las fuerzas. **2.** Producto que da una cosa.

rendir *v. tr.* **1.** Obligar a las tropas, plazas fuertes enemigas, etc. a que se entreguen. **2.** Someter una cosa al dominio de alguien. También prnl. **3.** Dar a alguien lo que le corresponde. **4.** Causar fatiga.

renegado, da *adj.* Que abandona su religión.

renegar *v. tr.* **1.** Negar con insistencia una cosa. **2.** Detestar, abominar.

renglón *s. m.* Serie de palabras o caracteres escritos o impresos en línea recta.

reniego *s. m.* **1.** Blasfemia. **2.** *fig. y fam.* Dicho injurioso y atroz.

reno *s. m.* Mamífero rumiante cérvido, con astas ramosas lo mismo el macho que la hembra, pelaje espeso y pezuñas gruesas.

renombrado, da *adj.* Se dice de la persona o cosa célebre.

renombre *s. m.* **1.** Apellido o sobrenombre propio. **2.** Celebridad que adquiere alguien por sus hechos gloriosos o por haber dado muestras de ciencia y talento.

renovar *v. tr.* **1.** Hacer como de nuevo una cosa, o volverla a su primer estado. **2.** Restablecer una relación u otra cosa que se había interrumpido.

renquear *v. intr.* Andar como cojo, meneándose a un lado y a otro.

renta *s. f.* Beneficio que rinde anualmente una cosa, o lo que de ella se cobra.

rentar *v. tr.* Producir una cosa beneficio o utilidad anualmente.

rentoy *s. m.* Cierto juego de naipes, entre dos cuatro, seis u ocho personas.

renuencia *s. f.* Repugnancia que se deja ver al hacer una cosa.

renuente *adj.* Indócil y remiso.

renuevo *s. m.* Vástago que echa el árbol después de podado o cortado.

renuncia *s. f.* Dejación voluntaria de una cosa que se posee, o del derecho a ella.

renunciar *v. tr.* **1.** Hacer dejación voluntaria o dimisión de una cosa que se tiene o del derecho o acción que se puede tener. **2.** No querer aceptar una cosa.

renuncio *s. m., fig. y fam.* Mentira o contradicción en, que se coge a alguien.

renvalso *s. m.* Rebajo que se hace en el canto de las hojas de puertas y ventanas para que encaje en el marco o unas con otras.

reñir *v. intr.* **1.** Contender altercando de obra o de palabra. **2.** Enemistarse.

reo, a *s. m. y s. f.* Persona que por haber cometido una culpa merece castigo.

reorganizar *v. tr.* Volver a organizar algo.

reóstato *s. m.* Instrumento para hacer variar la resistencia en un circuito eléctrico.

reparar *v. tr.* **1.** Componer, aderezar el menoscabo que ha sufrido alguna cosa. **2.** Notar, advertir una cosa. **3.** Reflexionar sobre un asunto. **4.** Corregir, enmendar.

reparo *s. m.* **1.** Restauración o remedio. **2.** Advertencia, nota sobre una cosa. **3.** Duda, dificultad que surge en un asunto.

repartir *v. tr.* Distribuir entre varios una cosa, dividiéndola por partes.

repasar *v. tr.* **1.** Volver a pasar por un mismo sitio o lugar. **2.** Zurcir la ropa.

repasata *s. f., fam.* Reprensión, corrección.

repaso *s. m.* Estudio ligero que se hace de lo que se tiene visto o estudiado, para mayor comprensión y firmeza en la memoria.

repatriar *v. tr.* Hacer que alguien regrese a su patria. También intr. y prnl.

repecho *s. m.* Cuesta bastante pronunciada y no larga.

repeler *v. tr.* **1.** Arrojar, echar de sí una cosa con impulso o violencia. **2.** Rechazar, contradecir una idea, proposición o aserto.

repente *s. m., fam.* Movimiento súbito o no previsto de personas o animales.

repentino, na *adj.* Se dice de lo que llega o se acomete de manera impensada.

repercusión *s. f.* Hecho de tener resonancia una cosa.

repercutir *v. intr.* Producir efecto una cosa en otra ulterior.

repertorio *s. m.* **1.** Libro abreviado en que sucintamente se hace mención de cosas notables. **2.** Colección de obras o de noticias de una misma clase.

repetir *v. tr.* Volver a hacer lo que se había hecho, o decir lo que se había dicho.

repicar *v. tr.* **1.** Picar mucho una cosa, reducirla a partes muy menudas. **2.** Tañer o sonar repetidamente y con cierto compás las campanas y otros instrumentos.

repintar *v. tr.* **1.** Pintar sobre lo ya pintado. || *v. prnl.* **2.** Arreglarse con esmero.

repiquetear *v. tr.* Repicar con viveza las campanas u otro instrumento sonoro.

repisa *s. f.* Miembro arquitectónico, que tiene más longitud que vuelo y sirve para sostener un objeto, o de piso a un balcón.

replantar *v. tr.* **1.** Volver a plantar en el sitio que ha estado plantado. **2.** Trasplantar.

replegar *v. tr.* Doblar algo muchas veces.

repleto, ta *adj.* Muy lleno.

réplica *s. f.* Argumento con que se replica.

replicar *v. intr.* Instar o argüir contra la respuesta o argumento.

repliegue *s. m.* Pliegue doble.

repoblar *v. tr.* **1.** Volver a poblar. También *prnl.* **2.** Volver a plantar árboles y otras especies vegetales en un lugar.

repollo *s. m.* Especie de col con hojas firmes, comprimidas y abrazadas estrechamente.

reponer *v. tr.* **1.** Volver a poner, colocar a una persona o cosa en el lugar o estado que antes tenía. **2.** Completar lo que falta o lo que se había sacado de alguna parte.

reportaje *s. m.* Conjunto de noticias, más o menos glosadas, que se dan a conocer en los periódicos o en el cinematógrafo.

reportar *v. tr.* **1.** Reprimir una pasión o al que la tiene. **2.** Lograr provecho de algo.

reportero, ra *adj.* Se dice del periodista que se dedica a los reportajes o crónicas.

reposar *v. intr.* **1.** Descansar, dar intermisión a la fatiga o al trabajo. || *v. prnl.* **2.** Tratándose de líquidos, posarse. También *intr.*

reposo *s. m.* Estado de inmovilidad de un cuerpo respecto de lo que se toma como referencia.

repostero, ra *s. m. y s. f.* Persona que tiene por oficio hacer o vender pastas, dulces y algunas bebidas.

reprender *v. tr.* Amonestar a alguien vituperando lo que ha dicho o hecho.

represalia *s. f.* Derecho que se arrogan los enemigos para causarse recíprocamente igual o mayor daño que el recibido.

represar *v. tr.* **1.** Detener el agua corriente. **2.** *fig.* Detener, contener, reprimir.

representar *v. tr.* **1.** Hacer presente una persona o cosa en la imaginación por medio de figuras o palabras. **2.** Informar de algo. **3.** Sustituir a alguien.

representativo, va *adj.* Se dice de lo que sirve para representar otra cosa.

represión *s. f.* Acto ordenado desde el poder para castigar con violencia una actuación.

reprimenda *s. f.* Amonestación vehemente.

reprimir *v. tr.* Contener, refrenar las acciones o palabras. También prnl.

reprobar *v. tr.* No aprobar a una persona o cosa, dar por malo.

réprobo, ba *adj.* Condenado a las penas eternas.

reprochar *v. tr.* Echar en cara alguna cosa.

reproducir *v. tr.* **1.** Volver a producir o producir de nuevo. También prnl. **2.** Sacar copia de un escrito o una obra de arte por procedimientos mecánicos.

reptar *v. intr.* Andar arrastrándose como algunos reptiles.

reptil *adj.* Se dice de los vertebrados ovíparos u ovovivíparos, de sangre fría y respiración pulmonar, piel cubierta de escamas y escudos córneos; y con pies muy cortos o sin ellos, como la culebra.

república *s. f.* **1.** Estado, cuerpo político. **2.** Forma de gobierno representativo en que el poder reside en una asamblea del pueblo, personificado éste por un jefe supremo llamado presidente.

repudiar *v. tr.* Rechazar algo.

repuesto *s. m.* Prevención de comestibles u otras cosas para cuando sean necesarias.

repugnancia *s. f.* **1.** Oposición entre dos cosas. **2.** Aversión a las cosas o personas.

repugnar *v. tr.* **1.** Ser opuesta una cosa a otra. **2.** Realizar de mala gana una cosa o admitirla difícilmente. || *v. intr.* **3.** Producir asco una cosa.

repujar *v. tr.* Labrar a martillo chapas metálicas de modo que en una de las caras resulten figuras de relieve, o hacerlas resaltar en cuero u otra materia adecuada.

repulgo *s. m.* **1.** Dobladillo de la ropa. **2.** *fam.* Recelo de conciencia que se tiene sobre la bondad o necesidad de un acto.

repulir *v. tr.* **1.** Volver a pulir una cosa. **2.** Acicalar, componer con demasiada afectación a una persona. También prnl.

repulsa *s. f.* Condena tajante de un hecho.

repulsar *v. tr.* Desechar o despreciar algo.

repulsión *s. f.* **1.** Repulsa. **2.** Repugnancia hacia algo o alguien.

repurgar *v. tr.* Volver a limpiar o purificar una cosa.

reputación *s. f.* Fama, opinión común sobre algo.

requebrar *v. tr.* **1.** Volver a quebrar en piezas más menudas lo que estaba ya quebrado. **2.** *fig.* Adular, lisonjear.

requemar *v. tr.* Volver a quemar o tostar con exceso alguna cosa.

requerir *v. tr.* **1.** Hacer saber o preguntar una cosa con autoridad pública. **2.** Necesitar algo.

requesón *s. m.* Masa blanca y mantecosa que se hace cuajando la leche en moldes de mimbres, por cuyas rendijas se escurre el suero sobrante.

requiebro *s. m.* Galantería.

réquiem *s. m.* Composición musical que se canta con el texto litúrgico de la misa de difuntos, o parte de él.

requinto *s. m.* Clarinete pequeño y de tono agudo usado en las bandas de música.

requisar *v. tr.* Expropiar ciertos bienes considerados aptos para las necesidades de interés público.

requisito *s. m.* Condición necesaria para una cosa.

res *s. f.* Cualquier animal cuadrúpedo de ciertas especies domésticas o de los salvajes.

resabio *s. m.* **1.** Sabor desagradable que deja una cosa. **2.** Mala costumbre o inclinación que se toma o adquiere.

resaca *s. f.* Movimiento en retroceso de las olas después que han llegado a la orilla.

resalado, da *adj., fig. y fam.* Que tiene mucha sal, gracia y donaire.

resaltar *v. intr.* **1.** Botar repetidamente. **2.** Saltar, sobresalir mucho una cosa. **3.** *fig.* Distinguirse mucho una cosa entre otras.

resarcir *v. tr.* Reparar un daño o agravio.

resbalar *v. intr.* **1.** Escurrirse, perder el equilibrio. **2.** Incurrir en un desliz.

rescatar *v. tr.* Recobrar por precio o por fuerza una persona o cosa, particularmente lo que el enemigo ha cogido.

rescindir *v. tr.* Dejar sin efecto un contrato, obligación, etc.

rescoldo *s. m.* **1.** Brasa menuda resguardada por la ceniza. **2.** *fig.* Escozor, recelo.

rescripto *s. m.* Decisión del Papa, de un emperador o de cualquier soberano para resolver una consulta o responder a una petición.

resecar *v. tr.* Secar mucho una cosa.

reseco, ca *adj.* Muy seco.

reseda *s. f.* Planta herbácea anual, resedácea, de jardín, de tallos ramosos, hojas alternas y flores amarillentas y olorosas.

resentirse *v. prnl.* **1.** Empezar a flaquear o sentirse una cosa. **2.** *fig.* Tener sentimiento, pesar o enojo por una cosa.

reseña *s. f.* **1.** Revista que se hace de la tropa. **2.** Noticia y examen somero de una obra literaria o científica.

reseñar *v. tr.* Hacer la reseña de una cosa.

reserva *s. f.* **1.** Guarda o custodia que se hace de alguna cosa, o prevención que se hace para que sirva a su tiempo. **2.** Actitud comedida en palabras y actos.

reservado, da *adj.* Cauteloso, reacio en manifestar su interior.

reservar *v. tr.* **1.** Guardar algo para más adelante, o para cuando sea necesario. **2.** Separar una cosa de las que se distribuyen, reteniéndola para sí o para entregarla a otra persona.

resfriado *s. m.* **1.** Destemple general del cuerpo ocasionado por interrumpirse la transpiración. **2.** Catarro.

resfriar *v. tr.* **1.** Enfriar. **2.** *fig.* Entibiar, templar el ardor o fervor. También prnl.

resguardar *v. tr.* Defender o reparar algo. ‖ *v. prnl.* **2.** Prevenirse contra un daño.

resguardo *s. m.* **1.** Guardia, seguridad que se pone en una cosa. **2.** Documento donde consta esta seguridad.

residencia *s. f.* Lugar en que se reside.

residir *v. intr.* **1.** Estar de asiento en un lugar. **2.** *fig.* Radicar en un punto determinado el interés de una cuestión.

residuo *s. m.* **1.** Parte que queda de un todo. **2.** Resultado de la operación de restar.

resiembra *s. f.* Siembra que se hace en un terreno sin dejarlo descansar.

resignarse *v. prnl.* Conformarse con las adversidades.

resina *s. f.* Sustancia orgánica de origen vegetal, sólida o de consistencia pastosa, transparente, soluble en alcohol y en aceites esenciales.

resistir *v. intr.* **1.** Oponerse un cuerpo o una fuerza a la acción de otra. **2.** Sentir rechazo ante un hecho o una idea. ‖ *v. tr.* **3.** Combatir las pasiones, deseos, etc.

resol *s. m.* Reverberación del Sol.

resolución *s. f.* **1.** Valor para acometer una acción. **2.** Actividad, prontitud de ánimo.

resolutivo, va *adj.* **1.** Se dice del método en que se procede analíticamente. **2.** Que tiene virtud de resolver.

RESOLVER - RESTAURAR

resolver *v. tr.* **1.** Tomar una determinación. || *v. prnl.* **2.** Solucionar, aclarar algo.

resonancia *s. f.* **1.** Prolongación del sonido, que se va disminuyendo por grados. **2.** *fig.* Gran divulgación que adquiere un hecho o las cualidades de una persona.

resonar *v. intr.* Hacer sonido por repercusión o sonar mucho.

resoplar *v. intr.* Dar fuertes resuellos.

resorte *s. m.* **1.** Muelle. **2.** Fuerza elástica de una cosa. **3.** *fig.* Medio del cual alguien se vale para lograr algún fin.

respaldar *v. tr.* **1.** Prestar apoyo a alguien en un asunto. || *v. prnl.* **2.** Inclinarse de espaldas o arrimarse al respaldo de un asiento.

respaldo *s. m.* Parte de la silla o banco en que descansa la espalda.

respectivamente *adv. m.* Con relación, proporción o consideración a una cosa.

respecto *s. m.* Proporción de una cosa a otra.

respetar *v. tr.* Tener respeto.

respeto *s. m.* **1.** Acatamiento que se hace a alguien. **2.** Miramiento, atención que se tiene con alguien.

respetuoso, sa *adj.* Que causa o mueve a veneración y respeto.

réspice *s. m.* **1.** Respuesta seca y desabrida. **2.** Represión corta, pero fuerte.

respingar *v. intr.* **1.** Sacudirse la bestia y gruñir. **2.** *fig. y fam.* Hacer gruñendo lo que se manda.

respingo *s. m.* Sacudida violenta del cuerpo.

respirar *v. intr.* **1.** Absorber el aire los seres vivos, tomando parte de las sustancias que lo componen, y expelerlo sucesivamente para mantener las funciones vitales de la sangre. **2.** *fam.* Hablar, chistar.

resplandecer *v. intr.* **1.** Despedir rayos de luz una cosa. **2.** Sobresalir en algo.

resplandor *s. m.* **1.** Luz clara que despide un cuerpo luminoso. **2.** Luminosisdad.

responder *v. tr.* **1.** Contestar a lo que se pregunta. **2.** Contestar alguien al que le llama o al que toca a la puerta. **3.** Replicar a un alegato. || *v. intr.* **4.** Corresponder.

responsabilidad *s. f.* Capacidad de todo sujeto activo para reconocer y aceptar las consecuencias de un hecho realizado.

responsable *adj.* Obligado a responder de alguna cosa o por alguna persona.

responso *s. m.* **1.** Responsorio que se dice por los difuntos. **2.** *fam.* Reprimenda.

responsorio *s. m.* Ciertos versículos y preces que se dicen en el rezo.

respuesta *s. f.* **1.** Satisfacción a una pregunta o duda. **2.** Contestación a una carta.

resquebrajar *v. tr.* Hender ligeramente algunos cuerpos duros, producir grietas.

resquicio *s. m.* **1.** Abertura comprendida entre el quicio y la puerta. **2.** *fig.* Coyuntura u ocasión que se proporciona para un fin.

resta *s. f.* **1.** Operación de restar. **2.** Residuo de dicha operación.

restablecer *v. tr.* **1.** Volver a establecer una cosa. || *v. prnl.* **2.** Recobrar la salud, repararse de una dolencia u otro daño.

restallar *v. intr.* **1.** Chasquear la honda o el látigo. **2.** Crujir, hacer fuerte ruido.

restañar *v. tr.* Estancar el curso de un líquido, en especial la sangre. También *intr.*

restar *v. tr.* **1.** Separar una parte de un todo y hallar el residuo que queda. **2.** Hallar la diferencia entre dos cantidades.

restaurante *s. m.* Establecimiento donde se sirven comidas.

restaurar *v. tr.* **1.** Recuperar o recobrar. **2.** Reparar, volver a poner una cosa en aquel estado o estimación que antes tenía.

restinga *s. f.* Banco de arena o piedra debajo del agua y a poca profundidad, que en algunos casos emerge formando islotes.

restituir *v. tr.* Volver una cosa a quien la tenía antes.

resto *s. m.* Residuo, parte que queda.

restregar *v. tr.* Frotar mucho una cosa.

restricción *s. f.* Limitación en una actividad.

restrictivo, va *adj.* Se dice de lo que tiene virtud o fuerza para restringir y apretar.

restricto, ta *adj.* Limitado, ceñido o preciso.

restringir *v. tr.* Ceñir a menores límites.

resucitar *v. tr.* **1.** Volver a la vida a un muerto. ‖ *v. intr.* **2.** Volver alguien a la vida.

resudar *v. intr.* Sudar ligeramente.

resuello *s. m.* Respiración, especialmente la violenta.

resulta *s. f.* **1.** Efecto de una acción. **2.** Lo que últimamente se resuelve en una deliberación o conferencia.

resultado *s. m.* Efecto y consecuencia de un hecho, operación o deliberación.

resultante *adj.* Se dice de una fuerza que equivale al conjunto de otras varias.

resumen *s. m.* Exposición resumida de un asunto o materia.

resumir *v. tr.* Reducir a términos breves y precisos lo esencial de un asunto o materia.

resurgir *v. intr.* **1.** Surgir de nuevo, volver a aparecer. **2.** Resucitar.

retablo *s. m.* Conjunto o colección de figuras pintadas o de talla, que representan en serie una historia o suceso.

retaco, ca *adj.* **1.** Se dice de la persona rechoncha. ‖ *s. m.* **2.** Escopeta corta reforzada en la recámara.

retaguardia *s. f.* Postrer cuerpo de tropa que cubre las marchas y movimientos de un ejército en marcha o en operaciones.

retahíla *s. f.* Serie de muchas cosas que van ordenadas una tras otra.

retajar *v. tr.* Cortar en redondo una cosa.

retal *s. m.* Pedazo sobrante de una tela, piel, chapa, etc.

retama *s. f.* Mata leguminosa papilionácea, con muchas ramas delgadas, flores amarillas en racimos y fruto de vaina.

retar *v. tr.* Provocar a duelo o contienda.

retardar *v. tr.* Diferir, detener la ejecución de una cosa. También prnl.

retazo *s. m.* **1.** Retal de una tela. **2.** Pedazo de cualquier cosa. **3.** *fig.* Trozo o fragmento de un razonamiento o discurso.

retejar *v. tr.* Recorrer los tejados, poniendo las tejas que les faltan.

retejer *v. tr.* Tejer unida y apretadamente.

retel *s. m.* Arte usado para la pesca de cangrejos de río.

retén *s. m.* **1.** Prevención que se tiene de una cosa. **2.** Tropa dispuesta para reforzar un puesto militar cuando se requiera.

retener *v. tr.* No devolver una cosa.

retentiva *s. f.* Facultad de retener datos en la mente.

reticencia *s. f.* Efecto de no decir sino en parte, o de dar a entender que se oculta algo que pudiera decirse.

reticular *adj.* De figura de redecilla o red.

retículo *s. m.* **1.** Tejido en forma de red. **2.** Conjunto de dos o más hilos cruzados o paralelos que se pone en el foco de algunos instrumentos ópticos y sirve para precisar la visual o efectuar medidas muy delicadas.

retina *s. f.* Membrana interior del ojo, formada por expansiones del nervio óptico y en la que se reciben las impresiones luminosas y se representan las imágenes de los objetos.

retinar *v. tr.* Manipular con la lana en las fábricas de paños.

retiración *s. f.* Molde para imprimir por la segunda cara el papel que está ya impreso por la primera.

retirar *v. tr.* **1.** Apartar o separar una persona o cosa de otra o de un sitio. **2.** Apartar de la vista una cosa. **3.** Expulsar.

retiro *s. m.* **1.** Lugar apartado del concurso de la gente. **2.** Recogimiento, apartamiento. **3.** Situación del trabajador jubilado.

reto *s. m.* Citación al duelo o desafío.

retocar *v. tr.* **1.** Volver a tocar o tocar repetidas veces una cosa. **2.** Restaurar las pinturas deterioradas.

retoñar *v. intr.* Volver a echar vástagos la planta.

retoño *s. m.* Vástago, tallo que echa de nuevo la planta.

retoque *s. m.* Última mano que se da a cualquier obra.

retor *s. m.* Tela de algodón fuerte y ordinaria, con la trama y urdimbre muy torcidas.

retorcer *v. tr.* **1.** Torcer mucho una cosa, dándole vueltas alrededor. También prnl. **2.** *fig.* Dirigir un argumento o raciocinio contra el mismo que lo hace.

retórica *s. f.* Arte de bien decir, de dar al lenguaje eficacia para deleitar, persuadir, etc.

retornar *v. tr.* **1.** Devolver, restituir. **2.** Volver a torcer una cosa.

retornelo *s. m.* Frase que servía de preludio a una composición, que después se repetía en medio de ésta o al final y que se usa en algunos villancicos y otras canciones.

retorta *s. f.* Vasija de cuello largo encorvado.

retortero *s. m.* Vuelta alrededor.

retortijón *s. m.* Ensortijamiento de una cosa.

retozar *v. intr.* Saltar y brincar alegremente.

retractar *v. tr.* Revocar expresamente lo que se ha dicho, desdecirse de ello.

retráctil *adj.* Se dice de los órganos que pueden encogerse o retroceder quedando ocultos al exterior.

retraer *v. tr.* **1.** Volver a traer alguna cosa. **2.** Disuadir de un propósito. También prnl.

retraído, da *adj.* Que gusta de la soledad.

retraimiento *s. m.* Reserva, poca comunicación con los demás.

retranca *s. f.* Correa ancha.

retrasar *v. tr.* Diferir o suspender la ejecución de una cosa. También prnl.

retratar *v. tr.* Hacer el retrato de una persona o cosa dibujando su figura o por medio de la fotografía, escultura, etc.

retrato *s. m.* Pintura o efigie que representa alguna persona o cosa.

retreta *s. f.* Toque militar que se usa para marchar en retirada, y para avisar a la tropa que se recoja por la noche al cuartel.

retribuir *v. tr.* Recompensar o pagar un servicio o favor.

retroactivo, va *adj.* Que obra o tiene fuerza sobre lo pasado.

retroceder *v. intr.* Volver hacia atrás.

retrospectivo, va *adj.* Que se refiere a tiempo pasado.

retrotraer *v. tr.* Fingir que una cosa sucedió en un tiempo anterior a aquel en que realmente ocurrió. También prnl.

retruécano *s. m.* Inversión de los términos de una cláusula en otra subsiguiente para que el sentido de esta última forme contraste o antítesis con el de la anterior.

retumbar *v. intr.* Resonar mucho o hacer gran estruendo una cosa.

reumatismo *s. m.* Enfermedad que se manifiesta por dolores en las articulaciones, o en las partes musculares y fibrosas del cuerpo.

reunión *s. f.* Conjunto de personas reunidas.

reunir *v. tr.* **1.** Volver a unir. **2.** Juntar, congregar varias cosas o personas dispersas.

revalidar *v. tr.* **1.** Ratificar, dar nuevo valor y firmeza a algo. ‖ *v. prnl.* **2.** Hacer el examen para obtener un grado académico.

revancha *s. f.* Venganza, represalia.

revelar *v. tr.* Descubrir lo secreto o ignorado.

revender *v. tr.* Vender uno lo que otra persona le ha vendido.

reventar *v. intr.* Abrirse una cosa por impulso interior. También prnl.

reverberar *v. intr.* Hacer reflexión la luz de un cuerpo luminoso en otro bruñido.

reverdecer *v. intr.* Cobrar nuevo verdor los campos. También tr.

reverencia *s. f.* **1.** Respeto o veneración que una persona tiene a otra. **2.** Inclinación del cuerpo en señal de respeto.

reverenciar *v. tr.* Respetar o venerar a Dios, a los santos, cosas sagradas, etc.

reverendo, da *adj.* **1.** Digno de reverencia. **2.** Como tratamiento, se aplica a las dignidades eclesiásticas y a los prelados y superiores de las órdenes religiosas.

reversión *s. f.* Restitución de una cosa al estado que tenía.

reverso, sa *s. m.* **1.** Revés. **2.** En las monedas y medallas, haz opuesto al anverso.

reverter *v. intr.* Rebosar o salir una cosa de sus términos o límites.

revertir *v. intr.* Volver una cosa a la propiedad del dueño que tuvo antes.

revés *s. m.* **1.** Espalda o parte opuesta de una cosa. **2.** *fig.* Infortunio, contratiempo.

revestimiento *s. m.* Capa o cubierta con que se resguarda o adorna una superficie.

revestir *v. tr.* **1.** Vestir una ropa sobre otra. **2.** Disfrazar una realidad con artificios.

revirar *v. tr.* **1.** Desviar una cosa de su posición normal. ‖ *v. intr.* **2.** Volver a virar.

revisar *v. tr.* **1.** Ver con atención una cosa. **2.** Someter algo a examen para corregirlo.

revista *s. f.* **1.** Inspección que un jefe hace de las personas o cosas sometidas a su cuidado o autoridad. **2.** Publicación periódica por cuadernos, con escritos sobre varias materias, o sobre una sola.

revivir *v. intr.* **1.** Volver a la vida. **2.** Volver en sí la persona que parecía muerta.

revocar *v. tr.* **1.** Dejar sin efecto una concesión, mandato o resolución. **2.** Enlucir de nuevo las paredes exteriores de un edificio.

revolcar *v. tr.* Derribar a alguien y maltratarle, dándole vueltas por el suelo.

revolotear *v. intr.* Volar haciendo tornos o giros en poco espacio.

revoltillo *s. m.* **1.** Conjunto de cosas sin orden ni método. **2.** *fig.* Confusión, enredo.

revoltoso, sa *adj.* **1.** Sedicioso, alborotador. **2.** Travieso, enredador, revuelto.

revolución *s. f.* **1.** Alboroto, sedición. **2.** Cambio violento en las instituciones políticas de la nación.

revolver *v. tr.* **1.** Agitar una cosa de un lado a otro o de arriba abajo. **2.** Enredar, inquietar, promover alborotos.

revólver *s. m.* Pistola de cilindro giratorio con varias recámaras.

revoque *s. m.* Mezcla de cal y arena, u otro material análogo, con que se revoca.

revuelo *s. m.* Turbación de algunas cosas o agitación e inquietud entre las personas.

revuelta *s. f.* Alboroto, sedición.

rey *s. m.* **1.** Monarca o príncipe soberano de un reino. **2.** Pieza principal del juego de ajedrez. **3.** Carta duodécima de cada palo de la baraja, que tiene dibujada la figura de un rey.

reyerta *s. f.* Contienda, disputa violenta.

reyezuelo *s. m.* Pájaro cantor, de plumaje vistoso por la variedad de sus colores.

rezagar *v. tr.* Dejar atrás una cosa.

rezar *v. tr.* Orar vocalmente pronunciando oraciones aprobadas por la Iglesia.

rezongar *v. intr.* Gruñir, protestar.

rezumar *v. tr.* Transpirar un líquido por los poros de un recipiente. También prnl.

ría *s. f.* Parte del río próxima a su entrada en el mar, hasta donde llegan las mareas y se mezcla el agua dulce con la salada.

riachuelo *s. m.* Río pequeño de poco caudal.

riada *s. f.* Avenida, crecida de las aguas.

ribaldo, da *adj.* **1.** Pícaro. **2.** Rufián.

ribazo *s. m.* Porción de tierra con alguna elevación y declive.

ribera *s. f.* Margen y orilla del mar o río.

ribete *s. m.* **1.** Cinta o cosa análoga con que se guarnece la orilla del vestido, calzado, etc. ‖ *s. m. pl.* **2.** Asomo de una cosa.

ribetear *v. tr.* Echar ribetes.

ricino *s. m.* Planta euforbiácea, de cuyas semillas se extrae un aceite purgante.

rico, ca *adj.* **1.** Se dice de la persona que tiene mucho dinero. **2.** Se dice de las cosas que presentan un gusto agradable.

rictus *s. m.* Contracción de los labios.

ridiculez *s. f.* Dicho o hecho extravagante.

ridiculizar *v. tr.* Burlarse de alguien o algo por las extravagancias o defectos que tiene.

ridículo, la *adj.* **1.** Que por su rareza mueve a risa. **2.** Escaso, de poca estimación.

riego *s. m.* Agua disponible para regar.

riel *s. m.* **1.** Barra pequeña de metal en bruto. **2.** Carril, de una vía férrea.

rielar *v. intr., poét.* Brillar con luz trémula.

rienda *s. f.* Cada una de las correas o cuerdas que sirven para gobernar las caballerías.

riesgo *s. m.* Contingencia de un daño.

rifa *s. f.* Juego que consiste en sortear una cosa entre varios.

rifar *v. tr.* **1.** Sortear una cosa en rifa. ‖ *v. prnl.* **2.** Romperse una vela.

rifirrafe *s. m., fam.* Contienda, bulla ligera.

rifle *s. m.* Fusil rayado de procedencia norteamericana.

rígido, da *adj.* **1.** Inflexible. **2.** *fig.* Riguroso, severo.

rigodón *s. m.* Cierta especie de contradanza.

rigor *s. m.* **1.** Severidad escrupulosa. **2.** Propiedad, exactitud.

riguroso, sa *adj.* **1.** Áspero y acre. **2.** Gobernado por la austeridad.

rija *s. f.* Fístula debajo del lagrimal.

rima *s. f.* Semejanza entre los sonidos finales de un verso.

rimar *v. intr.* Componer en verso con rima.

rimbombante *adj., fig.* Se dice de lo que se hace o conlleva ostentación.

rimero *s. m.* Pila o montón de cosas puestas unas sobre otras.

rincón *s. m.* Ángulo entrante que se forma en el encuentro de dos superficies.

rinconada *s. f.* Ángulo entrante que se forma en la unión de dos casas, calles, etc.

rinconera *s. f.* Mesa o estante pequeños comúnmente de figura triangular, que se colocan en un rincón de una habitación.

ringlera *s. f.* Fila de cosas puestas unas tras otras.

rinoceronte *s. m.* Mamífero perisodáctilo, corpulento, de patas cortas, cabeza estrecha con el hocico puntiagudo y uno o dos cuernos sobre la línea media de la nariz.

riña *s. f.* Pendencia, disputa.

riñón *s. m.* Cada una de las dos glándulas secretorias de la orina situadas una a cada lado de la columna vertebral.

río *s. m.* Corriente de agua que se origina en la tierra y fluye continuamente hasta desembocar en otra o en el mar.

ripio *s. m.* **1.** Residuo que queda de una cosa. **2.** Palabra superficial que se emplea con el único objeto de completar el verso.

riqueza *s. f.* Abundancia de bienes.

risa *s. f.* Acción de reír.

risco *s. m.* **1.** Corte, hendedura. **2.** Peñasco alto o escarpado.

risotada *s. f.* Carcajada, risa estrepitosa.

ristra *s. f.* Trenza hecha de los tallos de ajos o cebollas con un número de ellos o de ellas.

ristre *s. m.* Hierro del peto de la armadura antigua.

risueño, ña *adj.* **1.** Que muestra risa en el semblante. **2.** Que con facilidad se ríe.

ritmo *s. m.* Armoniosa combinación y sucesión de sílabas, notas musicales, movimientos, etc. que se logra combinando acertadamente pausas, acentos, voces, etc.

rito *s. m.* **1.** Costumbre o ceremonia. **2.** Conjunto de reglas establecidas para el culto.

ritual *s. m.* Conjunto de ritos de una iglesia o de una religión.

rival *s. m. y s. f.* Persona que compite con otra por la consecución de una cosa.

rivalidad *s. f.* **1.** Oposición entre dos o más personas que aspiran a obtener una misma cosa. **2.** Enemistad.

rivera *s. f.* Arroyo, riachuelo.

riza *s. f.* Estrago hecho en una cosa.

rizar *v. tr.* **1.** Formar artificialmente en el pelo sortijillas, bucles, etc. **2.** Mover el viento la mar formando olas pequeñas.

rizo *s. m.* Mechón de pelo que tiene forma de sortija o bucle.

rizoma *s. m.* Tallo horizontal y subterráneo.

róbalo *s. m.* Pez marino, acantopterigio, con vientre blanco y dorso azul oscuro, dos aletas en el lomo y cola recta.

robar *v. tr.* **1.** Tomar para sí con violencia lo ajeno. **2.** Hurtar, de cualquier modo.

roblar *v. tr.* Remachar un clavo, perno, etc.

roble *s. m.* Árbol fagáceao, de madera dura y muy apreciada, cuyo fruto es la bellota.

roblón *s. m.* Especie de clavo de hierro que después de pasado por los taladros de las piezas que ha de asegurar se remacha por el extremo opuesto.

robo *s. m.* Acción y efecto de robar.

robusto, ta *adj.* Fuerte y vigoroso.

roca *s. f.* Sustancia mineral que forma parte importante de la masa terrestre.

rocalla *s. f.* Conjunto de piedras desprendidas de las rocas por efecto de la erosión o de haber sido labradas.

roce *s. m., fig.* Trato frecuente entre las personas.

rociar *v. intr.* **1.** Caer sobre la tierra el rocío. || *v. tr.* **2.** Esparcir un líquido en gotas muy pequeñas. **3.** *fig.* Arrojar algunas cosas de manera que caigan diseminadas.

rocín *s. m.* Caballo de poca alzada y mal aspecto en general.

rocinante *s. m., fig.* Rocín.

rocío *s. m.* Vapor que en el frío de la noche se condensa en la atmósfera en gotas pequeñas y cae sobre la tierra o las plantas.

roda *s. f.* Pieza gruesa y curva, de madera o de hierro, que forma la proa de la nave.

rodaballo *s. m.* Pez teleósteo, anacanto, con el cuerpo aplanado y blanquecino en el vientre y azulado en el dorso.

rodada *s. f.* Señal que deja impresa la rueda de un vehículo en el suelo.

rodado, da *adj.* Se dice de los pedazos de mineral desprendidos de la veta y esparcidos por el suelo.

rodaja *s. f.* **1.** Pieza circular y plana. **2.** Tajada circular o rueda de algunos alimentos.

rodaje *s. m.* **1.** Conjunto de ruedas. **2.** Impuesto o arbitrio sobre los carruajes.

rodapié *s. m.* **1.** Paramento que cubre los pies de camas, mesas y otros muebles. **2.** Zócalo de una pared.

rodar *v. intr.* **1.** Dar vueltas un cuerpo alrededor de su eje, con o sin desplazamiento. **2.** Moverse una cosa por medio de ruedas. **3.** Caer dando vueltas o resbalando. || *v. tr.* **4.** Filmar una película.

rodear *v. intr.* **1.** Andar alrededor. **2.** Ir por camino más largo que el ordinario.

rodela *s. f.* Escudo redondo y delgado que cubría el pecho al que se servía de él.

rodeno, na *adj.* Rojo.

rodeo *s. m.* Camino más largo o desviación del camino derecho.

rodete *s. m.* **1.** Rosca de lienzo u otra materia que se pone en la cabeza para cargar y llevar sobre ella un peso. **2.** Chapa circular de la cerradura, que permite girar únicamente la llave cuyas guardas se ajustan a ella.

rodezno *s. m.* Rueda hidráulica con paletas curvas y eje vertical.

rodilla *s. f.* Conjunto de partes que forman la unión del muslo con la pierna, y especialmente la parte anterior de dicha región.

rodillera *s. f.* Lo que se pone para comodidad, defensa o adorno de la rodilla.

rodillo *s. m.* **1.** Madero redondo y fuerte sobre el cual se coloca una cosa de mucho peso para arrastrarla con más facilidad. **2.** Cilindro muy pesado que se hace rodar sobre la tierra para allanarla o para consolidar el firme de las carreteras. **3.** Cilindro que se emplea para dar tinta en las imprentas, litografías, etc.

rodio *s. m.* Metal raro de color blanco de plata, que es difícilmente fusible.

rododendro *s. m.* Arbolillo o arbusto ericáceo que se cultiva como planta de adorno por la hermosura de sus flores.

rodrigón *s. m.* Vara que se clava al pie de una planta para sostener sus tallos y ramas.

roedor, ra *adj.* Se dice del mamífero unguiculado con los incisivos dispuestos para roer, como el ratón, el conejo, etc.

roel *s. m.* Pieza redonda en los escudos de armas.

roela *s. f.* Disco de oro o de plata en bruto.

roer *v. tr.* Cortar o desmenuzar con los dientes la superficie de una cosa dura.

rogar *v. tr.* Pedir por gracia una cosa.

rogativa *s. f.* Oración pública hecha a Dios para conseguir el remedio de una necesidad grave. Se usa más en pl.

rojo, ja *adj.* Se dice del color encarnado muy vivo.

rol *s. m.* **1.** Lista, nómina o catálogo. **2.** Licencia que lleva el capitán de un buque en la cual consta la lista de la marinería.

rollizo, za *adj.* Robusto y grueso.

rollo *s. m.* Cualquier materia que toma forma cilíndrica por rodar o dar vueltas.

romana *s. f.* Instrumento para pesar formado por una palanca de brazos desiguales.

romance *adj.* **1.** Se dice de cada una de las lenguas modernas derivadas del latín. || *s. m.* **2.** Combinación métrica cuya rima se reduce a la asonancia de los versos pares.

romancero *s. m.* Colección de romances.

ROMANEAR - ROQUE

romanear *v. tr.* **1.** Pesar con la romana. **2.** Levantar en vilo a alguien o algo.
romanero *s. m.* Fiel de romana.
romántico, ca *adj.* Sentimental y fantástico.
romanza *s. f.* Aria generalmente de carácter sencillo y tierno.
romaza *s. f.* Hierba perennepoligonácea, cuyas hojas se comen en potaje y la raíz, en cocimiento, se usa como tónico y laxante.
rombo *s. m.* Paralelogramo de lados iguales y dos de sus ángulos mayores que los otros dos.
romboide *s. m.* Paralelogramo cuyos lados contiguos son desiguales y dos de sus ángulos mayores que los otros dos.
romería *s. f.* Peregrinación, especialmente la que se hace por devoción a un santuario.
romo, ma *adj.* **1.** Obtuso y sin punta. **2.** De nariz pequeña y poco puntiaguda.
rompecabezas *s. m., fig. y fam.* Problema o acertijo de difícil solución.
romper *v. tr.* **1.** Separar con más o menos violencia las partes de un todo. **2.** Hacer pedazos una cosa. **3.** Desgastar, destrozar.
rompiente *s. m.* Bajo o costa donde, cortado el curso de la corriente de un río o el de las olas, rompe y se levanta el agua.
ron *s. m.* Licor alcohólico que se saca de una mezcla fermentada de melazas y zumo de caña de azúcar.
ronca *s. f.* Grito del gamo en época de celo.
roncar *v. intr.* **1.** Hacer ruido bronco con la respiración cuando se duerme. **2.** Llamar el gamo a la hembra cuando está en celo.
roncear *v. intr.* Retardar la ejecución de una cosa por hacerla de mala gana.
roncería *s. f.* **1.** Tardanza o lentitud en hacer lo que se manda. **2.** *fam.* Expresión de halago para conseguir un fin.

roncha¹ *s. f.* Cardenal.
roncha² *s. f.* Tajada delgada de cualquier cosa, cortada en redondo.
ronco, ca *adj.* **1.** Que tiene ronquera. **2.** Se aplica también a la voz o sonido áspero.
rondalla *s. f.* **1.** Cuento, patraña. **2.** Conjunto musical de instrumentos de cuerda.
rondar *v. intr.* **1.** Recorrer de noche una población, campamento, etc. para vigilar ciertos servicios o impedir los desórdenes, la persona que tiene este ministerio. **2.** Andar de noche paseando las calles. **3.** Pasear los mozos las calles donde viven las mozas a quienes galantean.
rondó *s. m.* Composición musical cuyo tema se repite o insinúa varias veces.
ronquear *v. intr.* Estar ronco.
ronquera *s. f.* Afección de la laringe, que cambia el timbre de la voz echándole bronco y poco sonoro.
ronquido *s. m.* Ruido que se hace roncando.
ronzal *s. m.* Cuerda que se ata al pescuezo o a la cabeza de las caballerías con el fin de sujetarlas o conducirlas caminando.
ronzar *v. tr.* Mascar las cosas duras, quebrantándolas con algún ruido.
roña *s. f.* **1.** Sarna del ganado lanar. **2.** Porquería pegada fuertemente.
roñoso, sa *adj.* **1.** Que tiene o padece roña. **2.** Que está muy sucio.
ropa *s. f.* Todo género de tela que sirve para el uso o adorno de las personas o cosas.
ropero *s. m.* Armario o cuarto donde se guarda ropa.
ropilla *s. f.* Vestidura corta con mangas y brahones que se ponía sobre el jubón.
ropón *s. m.* Ropa larga que se pone suelta sobre los demás vestidos.
roque *s. m.* Torre del ajedrez.

roquete s. m. Especie de sobrepelliz de mangas cortas.

rorcual s. m. Ballena de los mares del Norte que llega a pesar 150 toneladas.

rorro s. m., fam. Niño pequeño.

rosa s. f. Flor del rosal.

rosado, da adj. Se aplica al color de la rosa.

rosal s. m. Arbusto rosáceo, con tallos ramosos, hojas alternas; flores terminales, solitarias o en panoja, blancas, amarillas o rojas en diversos matices según las variedades.

rosario s. m. **1.** Rezo de la Iglesia en que se conmemoran los quince misterios de la Virgen. **2.** Sarta de cuentas que sirve para rezar ordenadamente el Rosario.

rosbif s. m. Carne de vaca poco asada.

rosca s. f. **1.** Máquina que se compone de tornillo y tuerca. **2.** Pan o bollo de esta forma.

roscón s. m. Bollo en forma de rosca grande.

roseta s. f. Joya adornada con una piedra preciosa a la que rodean otras pequeñas.

rosetón s. m. Ventana circular calada, con adornos.

rosicler s. m. **1.** Color rosado, claro y suave, de la aurora. **2.** Plata roja.

rosoli s. m. Licor compuesto de aguardiente mezclado con azúcar, canela, anís, etc.

rosquilla s. f. Masa dulce y delicada formada en figura de roscas pequeñas.

rostro s. m. **1.** Pico del ave. **2.** Cara, parte anterior de la cabeza.

rotativo, va adj. Se dice de la máquina de imprimir que imprime los ejemplares de un periódico a gran velocidad.

rotatorio, ria adj. Que tiene movimiento circular.

roto, ta adj. Andrajoso, desastrado.

rotonda s. f. Templo, edificio o sala de planta circular.

rótula s. f. Hueso en la parte anterior de la articulación de la tibia con el fémur.

rotular v. tr. Poner un rótulo.

rótulo s. m. Título, encabezamiento, letrero.

rotundo, da adj. **1.** fig. Aplicado al lenguaje, lleno y sonoro. **2.** fig. Terminante.

rotura s. f. Acción y efecto de romper.

roturar v. tr. Arar por primera vez las tierras para ponerlas en cultivo.

roya s. f. Hongo parásito que se cría en varios cereales y en diversas plantas.

rozadura s. f. Herida superficial de la piel.

rozamiento s. m. **1.** Roce. **2.** Disgusto leve entre dos personas o entidades.

rozar v. tr. **1.** Limpiar las tierras de las hierbas inútiles. ‖ v. intr. **2.** Pasar una cosa tocando ligeramente la superficie de otra.

rozno s. m. Borrico pequeño.

rúa s. f. **1.** Calle de un pueblo. **2.** Camino carretero.

rúbeo, a adj. Que tira a rojo.

rubéola s. f. Enfermedad infecciosa que se caracteriza por infartos ganglionares y una erupción semejante a la del sarampión.

rubescente adj. Que tira a rojo.

rubí s. m. Mineral cristalizado, más duro que el acero, de color rojo y brillo intenso.

rubia s. f. Planta vivaz rubiácea cuya raíz, seca y pulverizada, sirve para preparar una sustancia colorante roja usada en tintorería.

rubicundez s. f. Color rojo que se presenta, a veces, en la piel y en las mucosas.

rubicundo, da adj. **1.** De color rubio que tira a rojo. **2.** Se aplica a la persona de buen color y aspecto sano.

rubidio s. m. Metal raro, semejante al potasio, aunque más blando y más pesado.

rubio, bia adj. De color rojo claro parecido al del oro.

rubor *s. m.* **1.** Color encarnado o rojo muy encendido. **2.** Color que la vergüenza saca al rostro y que lo pone encendido.

ruborizar *v. tr.* Causar rubor o vergüenza.

rubricar *v. tr.* Suscribir, firmar un despacho o papel y ponerle el sello.

ruda *s. f.* Planta perenne, rutácea, de olor fuerte y desagradable, usada en medicina.

rudimento *s. m.* **1.** Embrión o estado primordial e informe de un ser orgánico. ‖ *s. m. pl.* **2.** Primeros estudios de cualquier ciencia o profesión.

rudo, da *adj.* **1.** Tosco, sin pulimento. **2.** Necio, de inteligencia torpe.

rueca *s. f.* Instrumento que sirve para hilar.

rueda *s. f.* Pieza circular poca gruesa respecto a su radio, que puede girar sobre un eje.

rufián *s. m.* Hombre sin honor, perverso.

rufo, fa *adj.* Rubio, rojo o bermejo.

rugby *s. m.* Juego que se practica con un balón ovalado entre dos equipos de 15 jugadores cuyo objetivo es puntuar, bien colocando el balón detrás de la línea de ensayo del campo contrario, o bien lanzando el balón por encima de la portería contraria.

rugido *s. m.* **1.** Voz del león. **2.** Bramido.

rugoso, sa *adj.* Que tiene arrugas.

ruibarbo *s. m.* Planta vivaz herbácea, poligonácea, cuya raíz se usa como purgante.

ruido *s. m.* **1.** Sonido inarticulado y confuso. **2.** *fig.* Pendencia, alboroto.

ruin *adj.* **1.** Despreciable, bajo. **2.** De pequeño tamaño o entidad.

ruina *s. f.* **1.** *fig.* Pérdida grande de los bienes de fortuna. **2.** *fig.* Decadencia de una persona, familia, etc.

ruiseñor *s. m.* Pájaro dentirrostro, con plumaje pardo rojizo y notable por su canto melodioso.

ruleta *s. f.* Juego de azar para el que se usa una rueda horizontal giratoria dividida en 36 casillas radiales, numeradas y pintadas alternativamente de negro y rojo.

rulo *s. m.* Bola gruesa u otra cosa redonda que rueda fácilmente.

rumbo *s. m.* **1.** Dirección en el plano del horizonte. **2.** Camino o método que se propone seguir una persona.

rumboso, sa *adj.* **1.** *fam.* Que tiene pompa. **2.** *fam.* Desprendido, generoso.

rumiante *adj.* Se aplica a los mamíferos vivíparos, que carecen de dientes incisivos en la mandíbula superior y tienen el estómago compuesto de cuatro cavidades.

rumiar *v. tr.* Masticar por segunda vez, volviéndolo a la boca, el alimento que ya estuvo en el depósito que a este efecto tienen algunos animales.

rumor *s. m.* **1.** Voz que corre entre el público. **2.** Ruido confuso de voces.

runrún *s. m., fam.* Rumor.

rupestre *adj.* Se dice de las pinturas y dibujos prehistóricos existentes en algunas rocas y cavernas.

rupia *s. f.* Enfermedad de la piel, caracterizada por la aparición de ampollas grandes que contienen un líquido oscuro.

ruptura *s. f.* Desavenencia en una relación.

ruta *s. f.* **1.** Rumbo de un viaje. **2.** Itinerario para él.

rutenio *s. m.* Metal parecido al osmio, del que se distingue por tener óxidos de color rojo.

rutilar *v. intr., poét.* Brillar como oro, o resplandecer y despedir rayos de luz.

rutina *s. f.* Costumbre inveterada, hábito adquirido de hacer las cosas por mera práctica y sin razonarlas.

S

s *s. f.* Vigésima letra del abecedario español y decimosexta de sus consonantes.

sábado *s. m.* Día de la semana comprendido entre el viernes y el domingo.

sábalo *s. m.* Pez marino malacopterigio abdominal, con el cuerpo en forma de lanzadera.

sabana *s. f.* Llanura extensa sin vegetación arbórea.

sábana *s. f.* Cada una de las dos piezas de lienzo, de tamaño suficiente para cubrir la cama y colocar el cuerpo entre ambas.

sabandija *s. f.* **1.** Cualquier reptil pequeño o insecto, especialmente de los perjudiciales y molestos. **2.** *fig.* Persona despreciable.

sabañón *s. m.* Rubicundez, hinchazón o ulceración de la piel, principalmente de las manos, pies y orejas.

sabático, ca *adj.* **1.** Se aplica al séptimo año, en que los hebreos dejaban descansar sus tierras. **2.** Se aplica al año de licencia con sueldo que conceden algunas universidades a su personal docente.

sabedor, ra *adj.* Conocedor de una cosa.

sabela *s. f.* Género de gusanos anélidos marítimos con las branquias colocadas en semicírculo.

saber[1] *s. m.* Conocimiento de una materia.

saber[2] *v. tr.* **1.** Tener noticia de una cosa. **2.** Ser docto en alguna materia. **3.** Tener habilidad para una cosa. || *v. intr.* **4.** Estar informado de la existencia o estado de una persona o cosa. **5.** Tener sabor una cosa.

sabiduría *s. f.* Conocimiento profundo en ciencias, letras o artes.

sabiendas, a *adv. m.* **1.** De un modo cierto. **2.** Con conocimiento y deliberación.

sabio, bia *adj.* Se dice de la persona que posee sabiduría.

sabiondo, da *adj., fam.* Que presume de sabio sin serlo.

sable *s. m.* Arma blanca algo corva y generalmente de un solo corte.

sablear *v. intr., fam.* Sacar dinero con maña.

saboneta *s. f.* Reloj de bolsillo cuya tapa se abre apretando un muelle.

sabor *s. m.* Sensación que ciertos cuerpos producen en el órgano del gusto.

saborear *v. tr.* **1.** Dar sabor y gusto a las cosas. **2.** Percibir detenidamente y con deleite el sabor de una cosa.

sabotaje *s. m.* **1.** Destrucción intencionada que para perjudicar a los patronos hacen los obreros en la maquinaria, productos, etc. **2.** *fig.* Oposición y obstaculización de proyectos, órdenes, decisiones, etc.

sabotear *v. tr.* Realizar actos de sabotaje.

sabroso, sa *adj.* **1.** Sazonado y grato al sentido del gusto. **2.** Deleitable al ánimo.

sabueso, sa *s. m. y s. f., fig.* Persona que sabe investigar y descubrir las cosas.

sábulo *s. m.* Arena gruesa y pesada.

saburra *s. f.* **1.** Secreción mucosa espesa que se acumula en las paredes del estómago. **2.** Capa blanquecina que cubre la lengua por efecto de dicha secreción.

saca *s. f.* Costal muy grande de tela fuerte.

sacabalas *s. m.* Instrumento de hierro para extraer los proyectiles ojivales del ánima de los cañones rayados.

sacabocados *s. m.* Instrumento de hierro que sirve para taladrar.

sacabuche *s. m.* Trompeta que se alarga y acorta para que haga la diferencia de voces.

sacacorchos *s. m.* Instrumento para quitar los tapones de corcho a las botellas.

sacadineros *s. m. y s. f., fam.* Persona que tiene arte para sacar dinero a otras con cualquier engaño.

sacamuelas *s. m. y s. f.* **1.** Persona que tiene por oficio sacar muelas. **2.** *fig.* Charlatán. **3.** *fig.* Embaucador.

sacanete *s. m.* Juego de envite y azar, en que se juntan y mezclan hasta seis barajas.

sacapuntas *s. m.* Instrumento para afilar la mina de los lapiceros.

sacar *v. tr.* **1.** Quitar una cosa del interior de otra. **2.** Quitar a una persona o cosa del sitio en que se halla. **3.** Aprender, averiguar, resolver. **4.** Descubrir por indicios.

sacarígeno, na *adj.* Se dice de la sustancia capaz de convertirse en azúcar mediante la hidratación, como las féculas.

sacarina *s. f.* Sustancia blanca pulverulenta, que se extrae de la brea de hulla y que endulza mucho más que el azúcar.

sacerdocio *s. m.* **1.** Dignidad y estado de sacerdote. **2.** Ejercicio y ministerio propio del sacerdote.

sacerdote *s. m.* **1.** Hombre dedicado y consagrado a hacer, celebrar y ofrecer sacrificios. **2.** En la iglesia católica, hombre consagrado a Dios, ungido y ordenado para celebrar y ofrecer el sacrificio de la misa.

sacerdotisa *s. f.* Mujer dedicada a ofrecer sacrificios a ciertas deidades gentílicas y cuidar de sus templos.

sachar *v. tr.* Escardar la tierra sembrada.

sacho *s. m.* Instrumento de hierro en figura de azadón pequeño que sirve para sachar.

saciar *v. tr.* Hartar, satisfacer.

saciedad *s. f.* Hartura.

saco *s. m.* Receptáculo de tela, cuero, papel, etc., generalmente de forma rectangular, abierto por uno de los lados.

sacra *s. f.* Cada una de las tres hojas, impresas o manuscritas, que en sus correspondientes cuadros se suelen poner en el altar para que el sacerdote pueda leer algunas partes de la misa sin necesidad del misal.

sacramental *adj.* Perteneciente a los sacramentos.

sacramentar *v. tr.* **1.** Convertir el pan en el cuerpo de Jesucristo en el sacramento de la eucaristía. **2.** Administrar a un enfermo el viático y la extremaunción.

sacramento *s. m.* Signo sensible de un efecto interior y espiritual que Dios obra en nuestras almas.

sacrificar *v. tr.* **1.** Ofrecer o dar una cosa en reconocimiento de la divinidad. **2.** Matar las reses para el consumo. **3.** Poner a una persona o cosa en algún riesgo o trabajo en provecho de un interés. **4.** Renunciar a una cosa para conseguir otra.

sacrificio *s. m.* **1.** Ofrenda a una deidad. **2.** *fig.* Peligro o trabajo grande a que se somete a una persona.

sacrilegio *s. m.* Profanación de una cosa, persona o lugar sagrados.

sacrílego, ga *adj.* **1.** Que comete o contiene sacrilegio. **2.** Relativo al sacrilegio.

sacristán *s. m.* Persona que en las iglesias ayuda al sacerdote y cuida de los ornamentos y de la limpieza de la iglesia y sacristía.

sacristana *s. f.* Religiosa que en un convento cuida de las cosas de la sacristía.

sacristía *s. f.* Lugar, en las iglesias, donde se revisten los sacerdotes y están guardados los ornamentos y otras cosas pertenecientes al culto.

sacro, cra *adj.* **1.** Sagrado. **2.** Referente a la región en que está situado el hueso sacro, desde el lomo hasta el cóccix.

sacrosanto, ta *adj.* Sagrado y santo.

sacudir *v. tr.* **1.** Mover violentamente una cosa a una y otra parte. **2.** Golpear una cosa o agitarla con violencia en el aire. **3.** Golpear, dar golpes. **4.** Arrojar una cosa o apartarla violentamente de sí.

sadismo *s. m.* Perversión sexual que se satisface con las humillaciones y torturas inferidas a otra persona.

saeta *s. f.* **1.** Arma arrojadiza que se dispara con el arco. **2.** Manecilla del reloj. **3.** Copla breve que se canta al paso de las imágenes en algunas procesiones religiosas.

saetera *s. f.* **1.** Aspillera para disparar saetas. **2.** *fig.* Ventanilla estrecha.

saetín *s. m.* **1.** Clavito delgado y sin cabeza. **2.** En los molinos, canal por donde se conduce el agua hasta la rueda hidráulica.

safari *s. m.* **1.** Expedición de caza mayor que se hace en algunos lugares de África. **2.** Por ext., cualquier expedición de caza.

sáfico, ca *adj.* Se dice de un verso griego o latino de once sílabas. También *s. m.*

saga *s. f.* **1.** Leyenda poética escandinava. **2.** Relato novelesco que abarca las vivencias de una familia y su entorno a través de dos o más generaciones.

sagaz *adj.* **1.** Se dice de la persona avispada y astuta. **2.** Precavido, que prevé las cosas.

sagita *s. f.* Porción de recta comprendida entre el punto medio de un arco de círculo y el de su cuerda.

sagrado, da *adj.* Que según rito está dedicado a Dios y al culto divino.

sagrario *s. m.* Tabernáculo o lugar en que se deposita a Cristo sacramentado.

sagú *s. m.* Planta tropical cicadácea, cuyo tronco tiene una médula abundante en fécula.

sahumar *v. tr.* Dar humo aromático a algo.

sahumerio *s. m.* **1.** Humo que produce una materia aromática que se echa en el fuego. **2.** Esta misma materia.

sainete *s. m.* **1.** Salsa que se pone a ciertos manjares para hacerlos más apetitosos. **2.** Pieza dramática jocosa en un acto, de carácter popular.

saja *s. f.* Pecíolo del abacá, del cual se extrae el filamento textil.

sajar *v. tr.* Hacer cortaduras en la carne.

sake *s. m.* Bebida alcohólica japonesa obtenida mediante la fermentación del arroz.

sal *s. f.* **1.** Sustancia blanca, cristalina, muy soluble en agua, que se emplea para sazonar los manjares y conservar las carnes. Es un compuesto de cloro y sodio. **2.** Agudeza, donaire. **3.** Garbo, gallardía.

sala *s. f.* **1.** Pieza principal de la casa. **2.** Aposento de grandes dimensiones. **3.** Pieza donde se constituye un tribunal de justicia para celebrar audiencia.

saladar *s. m.* Lagunajo en que se cuela sal en las marismas.

salado, da *adj.* **1.** Se dice del terreno estéril por demasiado salitroso. **2.** Se aplica a los manjares que tienen más sal de la necesaria. **3.** *fig.* Se aplica a lo gracioso o agudo.

salamandra *s. f.* Batracio insectívoro de piel lisa, de color negro intenso con manchas amarillas simétricas.

salamanquesa *s. f.* Saurio con cuerpo comprimido y ceniciento, y piel tuberculosa.

salar *v. tr.* **1.** Echar en sal carnes, pescados y otras sustancias para su conservación. **2.** Sazonar con sal un manjar. **3.** Echar más sal de la necesaria.

salario *s. m.* Estipendio, paga.

salaz *adj.* Muy inclinado a la lujuria.

salazón s. f. **1.** Acción y efecto de salar carnes o pescados. **2.** Acopio de carnes o pescados salados.

salchicha s. f. Embutido, en tripa delgada, de carne de cerdo picada, que se sazona con sal, pimentón y otras especias, y que se consume en fresco.

salchichón s. m. Embutido de jamón, tocino y pimienta en grano, prensado y curado.

salcochar v. tr. Cocer carnes u otras viandas sólo con agua y sal.

saldar v. tr. **1.** Liquidar enteramente una cuenta. **2.** Vender a bajo precio una mercancía para salir pronto de ella.

saldo s. m. **1.** Pago o finiquito de deuda. **2.** Cantidad que de una cuenta resulta en favor o en contra de alguien.

saledizo adj. Saliente, que sobresale.

salegar s. m. Sitio en que se da sal a los ganados en el campo.

salero s. m. **1.** Recipiente en que se sirve la sal en la mesa. **2.** fam. Gracia, donaire.

saleta s. f. Habitación que antecede a la antecámara del rey o de las personas reales.

salicilato s. m. Sal formada por el ácido salicílico y una base.

salicílico, ca adj. Se dice de un ácido que se obtiene de la salicina.

salicina s. f. Glucósido cristalizable que se extrae de la corteza del sauce.

salida s. f. **1.** Acción y efecto de salir. **2.** Parte por donde se sale fuera de un sitio o lugar. **3.** fig. Evasiva, pretexto. **4.** fam. Ocurrencia, dicho ingenioso.

salido, da adj. Que sobresale mucho.

saliente s. m. Parte que sobresale de algo.

salificar v. tr. Convertir en sal una sustancia.

salina s. f. **1.** Mina de sal. **2.** Establecimiento donde se beneficia la sal de las aguas.

salino, na adj. Que naturalmente contiene sal o participa de sus caracteres.

salir v. intr. **1.** Pasar de la parte de adentro a la de afuera. **2.** Partir de un lugar a otro. **3.** Manifestarse, aparecer. **4.** Surgir, nacer, brotar. **5.** Sobresalir, destacar una cosa.

salitre s. m. **1.** Nitro. **2.** Cualquier sustancia salina.

saliva s. f. Humor alcalino, acuoso, segregado por glándulas cuyos conductos excretorios se abren en la cavidad de la boca; prepara los alimentos para la digestión.

salivar v. intr. Arrojar saliva.

salmear v. intr. Rezar o cantar los salmos.

salmo s. m. Composición o cántico que contiene alabanzas a Dios.

salmodia s. f. **1.** Canto usado en la Iglesia para los salmos. **2.** fam. Canto monótono.

salmón s. m. Pez teleósteo fluvial y marino, de carne muy estimada, que vive cerca de las costas y remonta los ríos en la época de la cría.

salmonete s. m. Pez marino acantopterigio, comestible, de color rojizo.

salmuera s. f. Agua cargada de sal.

salobre adj. Que por su naturaleza tiene sabor de sal.

saloma s. f. Canto cadencioso con que acompañan los marineros su faena.

salón s. m. **1.** Pieza de grandes dimensiones para visitas y fiestas en las casas particulares. **2.** Lugar destinado a la exposición comercial de determinados productos.

salpa s. f. Pez marino acantopterigio, semejante a la boga marina.

salpicar v. tr. **1.** Hacer que salte un líquido esparcido en gotas menudas por choque o movimiento brusco. **2.** Caer gotas de un líquido en una persona o cosa.

salpicón *s. m.* Guiso de carne, pescado o marisco desmenuzado y aderezado con pimienta, sal, aceite, vinagre y cebolla.

salpimentar *v. tr.* Adobar una cosa con sal y pimienta.

salpullido *s. m.* Erupción leve y pasajera en el cutis.

salsa *s. f.* Mezcla de varias sustancias comestibles desleídas, que se hace para aderezar o condimentar la comida.

salsera *s. f.* Vasija en que se sirve salsa.

salserilla *s. f.* Taza pequeña y de poco fondo.

saltador, ra *adj.* **1.** Que salta. || *s. m. y s. f.* **2.** Persona que tiene por oficio saltar.

saltamontes *s. m.* Insecto ortóptero, especie de langosta, con las patas anteriores cortas y largas las posteriores, con las cuales da grandes saltos.

saltar *v. intr.* **1.** Levantarse del suelo con impulso y ligereza, ya para dejarse caer en el mismo sitio, ya para pasar a otro. **2.** Arrojarse desde una altura para caer de pie. **3.** Desprenderse una cosa de otra. **4.** Salir con ímpetu un líquido hacia arriba.

saltarín, na *adj.* **1.** Que danza o baila. **2.** Se dice de la persona inquieta.

saltear *v. tr.* **1.** Salir a los caminos y robar a los pasajeros. **2.** Asaltar, acometer.

salterio *s. m.* Libro de coro con los salmos.

saltimbanqui *s. m., fam.* Titiritero.

salto *s. m.* Espacio entre el punto de donde se salta y aquel a que se llega.

saltón, na *adj.* **1.** Que anda a saltos o salta mucho. **2.** Se dice de algunas cosas que sobresalen más de lo regular.

salubre *adj.* Saludable, bueno para la salud.

salud *s. f.* Estado en que el ser orgánico ejerce normalmente todas las funciones.

saludable *adj.* **1.** Que sirve para conservar o restablecer la salud corporal. **2.** Que tiene aspecto sano. **3.** Provechoso para un fin.

saludar *v. tr.* Dirigir a alguien palabras de cortesía.

saludo *s. m.* Palabra o gesto que sirve para saludar.

salva *s. f.* **1.** Prueba que se hace de los manjares servidos a los reyes y grandes señores. **2.** Saludo, bienvenida. **3.** Saludo hecho con armas de fuego.

salvadera *s. f.* Vaso en que se tiene la arenilla para enjugar lo escrito.

salvado *s. m.* Cáscara del grano desmenuzada por la molienda.

salvaguardar *v. tr.* Salvar, defender.

salvaguardia *s. m.* **1.** Guarda que se pone para la custodia de una cosa. || *s. f.* **2.** *fig.* Custodia, amparo, garantía.

salvaje *adj.* **1.** Se dice de las plantas silvestres y sin cultivo. **2.** Se dice del animal que no es doméstico.

salvajina *s. f.* **1.** Conjunto de fieras montesas. **2.** Animal montaraz.

salvar *v. tr.* **1.** Librar de un riesgo o peligro, poner en seguro. **2.** Eludir una dificultad, inconveniente, etc. **3.** Excluir, exceptuar, apartar.

salvavidas *s. m.* Objeto de corcho, goma, etc. que permite a alguien mantenerse a flote en el agua.

salve *s. f.* Una de las oraciones que se rezan a la Virgen.

salvedad *s. f.* Advertencia que excusa o limita el alcance de lo que se va a decir o hacer.

salvia *s. f.* Mata labiada, de hojas oblongas o lanceoladas, cuyo cocimiento se usa como sudorífico y astringente.

SALVILLA - SANGUINARIO

salvilla *s. f.* Bandeja con una o varias encajaduras para asegurar las copas o tazas.

salvo *prep.* Fuera de, con excepción de.

salvo, va *adj.* **1.** Ileso, librado de un peligro. **2.** Exceptuado, omitido. ‖ *adv. m.* **3.** Excepto, fuera de.

salvoconducto *s. m.* Licencia expedida por una autoridad para transitar por un lugar.

sambenito *s. m.* **1.** Capotillo o escapulario que se ponía a los penitentes reconciliados por el tribunal de la Inquisición. **2.** *fig.* Mala nota que queda de una acción.

samovar *s. m.* Recipiente provisto de un tubo interior donde se colocan carbones, utilizado para calentar el agua del té.

sampán *s. m.* Embarcación pequeña china, de remos o de vela.

san *adj.* Apócope de santo.

sanar *v. tr.* **1.** Restituir a alguien la salud. ‖ *v. intr.* **2.** Recobrar la salud el enfermo.

sanatorio *s. m.* Establecimiento convenientemente dispuesto para la estancia de enfermos que necesitan someterse a distintos tratamientos médicos.

sanción *s. f.* **1.** Estatuto o ley. **2.** Pena que la ley establece para quien la infringe.

sancionar *v. tr.* **1.** Dar fuerza de ley a una disposición. **2.** Aplicar un castigo.

sancochar *v. tr.* Cocer a medias una vianda.

sanctus *s. m.* Parte de la misa, después del prefacio y antes del canon.

sandalia *s. f.* Calzado compuesto de una suela que se asegura con correas o cintas.

sándalo *s. m.* Planta herbácea olorosa, labiada, con tallo ramoso, hojas pecioladas y flores rosadas.

sandáraca *s. f.* Resina amarillenta que se saca del enebro y de otras coníferas y se usa para hacer barnices.

sandez *s. f.* Dicho o hecho necio y vacío.

sandía *s. f.* Planta herbácea anual, cucurbitácea, de tallo tendido, flores amarillas y fruto grande, casi esférico, con la pulpa encarnada comestible.

sandio, dia *adj.* Necio o simple.

sandunga *s. f., fam.* Gracia, donaire.

sándwich *s. m.* Emparedado hecho de jamón, queso, vegetales u otros ingredientes entre dos rebanadas de pan de molde.

saneado, da *adj.* Se dice de los bienes o la renta libres de cargas y descuentos.

saneamiento *s. m.* Conjunto de elementos destinados a favorecer las condiciones higiénicas de un edificio, comunidad, etc.

sanear *v. tr.* **1.** Afianzar o asegurar el reparo de un daño que puede sobrevenir. **2.** Remediar una cosa. **3.** Dar condiciones de salubridad a una cosa.

sanedrín *s. m.* Consejo supremo judío.

sangradura *s. f.* **1.** Corte de la vena para sacar sangre. **2.** *fig.* Salida que se da a las aguas de un río o canal.

sangrar *v. tr.* **1.** Abrir una vena a un enfermo y dejar salir determinada cantidad de sangre. **2.** *fig.* Dar salida a un líquido abriendo un conducto por donde corra. **3.** *fig. y fam.* Sisar, hurtar.

sangre *s. f.* **1.** Líquido coagulable que circula por las arterias y las venas. **2.** *fig.* Linaje o parentesco.

sangriento, ta *adj.* **1.** Que echa sangre. **2.** Manchado de sangre o mezclado con ella.

sanguijuela *s. f.* Anélido de boca chupadora que vive en las aguas dulces.

sanguinaria *s. f.* Piedra semejante al ágata, de color de sangre.

sanguinario, ria *adj.* Que se goza en derramar sangre.

SANGUÍNEO - SARDINA

sanguíneo, a *adj.* **1.** De sangre. **2.** Que contiene sangre. **3.** De color de sangre.

sanguinolento, ta *adj.* Sangriento, que echa sangre, o mezclado con ella.

sanguis *s. m.* La sangre de Cristo bajo los accidentes del vino.

sanidad *s. f.* **1.** Calidad de sano. **2.** Salubridad. **3.** Conjunto de servicios gubernativos, ordenados para preservar la salud del común de los habitantes de un país.

sanitario, ria *adj.* **1.** Relativo a la sanidad o a las instalaciones sanitarias de una casa, edificio, etc. ‖ *s. m. y s. f.* **2.** Persona que trabaja en la sanidad.

sano, na *adj.* **1.** Que goza de perfecta salud. **2.** *fig.* Sin daño o corrupción.

sánscrito, ta *adj.* Se dice de la antigua lengua de los brahmanes, que sigue siendo la sagrada del Indostán. También *s. m.*

sansón *s. m., fig.* Persona muy forzuda.

santabárbara *s. f.* Pañol o paraje destinado en las embarcaciones para custodiar la pólvora y municiones.

santero, ra *adj.* Que tributa a las imágenes un culto supersticioso.

santiamén, en un *fra., fam.* En un instante.

santidad *s. f.* **1.** Calidad de santo. **2.** Tratamiento honorífico que se da al Papa.

santificar *v. tr.* Hacer a alguien santo por medio de la gracia.

santiguar *v. tr.* Hacer con la mano la señal de la cruz desde la frente al pecho y desde el hombro izquierdo al derecho. Se usa más como prnl.

santo, ta *adj.* **1.** Perfecto y libre de toda culpa. **2.** Se dice de la persona a quien la Iglesia declara como tal. **3.** Se dice de la persona de especial virtud y ejemplo.

santonina *s. f.* Sustancia amarga que se emplea para matar lombrices intestinales.

santoral *s. m.* **1.** Libro que contiene vidas de santos. **2.** Lista de los santos cuya festividad se conmemora en cada uno de los días del año.

santuario *s. m.* Templo en que se venera la imagen o reliquia de un santo.

santurrón, na *adj.* Nimio y exagerado en los actos de devoción.

saña *s. f.* **1.** Furor. **2.** Intención rencorosa.

sápido, da *adj.* Que tiene sabor.

sapiencia *s. f.* Sabiduría.

sapo *s. m.* Anfibio anuro, parecido a la rana, pero de cuerpo más grueso, y con la piel llena de verrugas.

saponificar *v. tr.* Convertir en jabón un cuerpo graso. También prnl.

saprofito, ta *adj.* Se dice de las plantas que viven sobre materias orgánicas en descomposición.

saque *s. m.* **1.** Acción de sacar. **2.** Raya o sitio desde el cual se saca la pelota.

saquear *v. tr.* Apoderarse violentamente de algo los soldados u otras gentes.

sarampión *s. m.* Enfermedad febril contagiosa que produce multitud de manchitas pequeñas y rojas en la piel.

sarao *s. m.* Reunión nocturna con baile.

sarcasmo *s. m.* Burla sangrienta, ironía mordaz.

sarcocele *s. m.* Tumor crónico del testículo.

sarcófago *s. m.* Obra de piedra u otro material en que se da sepultura a un cadáver.

sarcoma *s. m.* Tumor maligno constituido por tejido embrionario.

sardana *s. f.* Danza tradicional de Cataluña.

sardina *s. f.* Pez marino malacopterigio abdominal, comestible, parecido al arenque.

sardineta *s. f.* Adorno formado por dos galones apareados y terminando en punta.

sardónice *s. f.* Ágata de color amarillento con zonas más o menos oscuras.

sarga *s. f.* Tela de lana o estambre, cuyo tejido forma unas líneas diagonales.

sargazo *s. m.* Algas marinas feofíceas que flotan en los mares cálidos.

sargento, ta *s. m. y s. f.* Persona de la clase de tropa, con empleo superior al de cabo.

sarmentar *v. intr.* Coger los sarmientos podados.

sarmiento *s. m.* Vástago de la vid, largo, delgado, flexible y nudoso.

sarna *s. f.* Enfermedad cutánea, contagiosa, producida por el ácaro o arado.

sarracina *s. f.* Pelea entre muchos.

sarria *s. f.* Red basta para transportar paja.

sarrieta *s. f.* Espuerta honda y alargada en que se echa de comer a las bestias.

sarro *s. m.* **1.** Sedimento que dejan en las vasijas algunos líquidos. **2.** Sustancia amarillenta que se adhiere al esmalte de los dientes.

sarta *s. f.* Serie de cosas metidas por orden en un hilo, cuerda etc.

sartén *s. f.* Vasija de hierro, circular, más ancha que honda, de fondo plano y con mango largo.

sastre, tra *s. m. y s. f.* Persona que tiene por oficio cortar y coser trajes.

Satanás *n. p.* El demonio, Lucifer, Luzbel.

satánico, ca *adj.* **1.** Perteneciente a Satanás. **2.** *fig.* Extremadamente perverso.

satélite *s. m.* Cuerpo celeste opaco que sólo brilla por la luz refleja del Sol y gira alrededor de un planeta primario.

satén *s. m.* Tela de seda o algodón semejante al raso en brillo pero de inferior calidad.

satinar *v. tr.* Dar al papel o a la tela tersura y lustre por medio de la presión.

sátira *s. f.* Dicho agudo y mordaz para censurar o poner en ridículo a alguien o algo.

satirizar *v. intr.* **1.** Escribir sátiras. || *v. tr.* **2.** Zaherir y motejar a alguien.

sátiro *s. m.* Monstruo de la mitología grecorromana, medio hombre y medio cabra, con el cuerpo velludo y cuernos y patas de macho cabrío.

satisfacer *v. tr.* **1.** Pagar enteramente lo que se debe. **2.** Solucionar una dificultad o una duda. **3.** Deshacer un agravio. **4.** Saciar un apetito.

satisfactorio, ria *adj.* **1.** Que puede satisfacer. **2.** Se dice de lo grato, próspero.

satisfecho, cha *adj.* **1.** Presumido o pagado de sí mismo. **2.** Complacido, contento.

sátrapa *s. m.* **1.** Gobernador antiguo persa. **2.** *fam.* Hombre ladino. También *adj.*

saturar *v. tr.* **1.** Saciar. **2.** Llenar algo completamente. También *prnl.*

saturnino, na *adj.* Se dice de la persona de genio triste y taciturno.

sauce *s. m.* Árbol salicáceo, de ramas erectas, hojas angostas y flores en amento.

saúco *s. m.* Arbusto caprifoliáceo, de hojas aserradas y flores olorosas blancas.

saudade *s. f.* Añoranza, nostalgia.

sauna *s. f.* **1.** Baño de vapor a altas temperaturas que produce una rápida sudoración con fines beneficiosos para el organismo. **2.** Local en el que se toman estos baños.

saurio, ria *adj.* Se dice de los reptiles con cuatro extremidades cortas, mandíbula dotada de dientes, cuerpo y cola largos y piel escamosa. También *s. m.*

sauzgatillo *s. m.* Arbusto verbenáceo, de ramas abundantes y pequeñas flores azules.

savia *s. f.* **1.** Líquido que circula por el tejido celular de las plantas y las nutre. **2.** *fig.* Energía, elemento vivificador.

saxífraga *s. f.* Planta herbácea, vivaz, saxifragácea, de flores blancas en corimbo.

saxófono *s. m.* Instrumento musical de viento, integrado por un tubo cónico de metal encorvado en forma de U de palos desiguales, varias llaves y una boquilla.

saya *s. f.* Falda que usan las mujeres.

sayal *s. m.* Tela de lana burda.

sayo *s. m.* **1.** Casaca hueca, larga y sin botones. **2.** *fam.* Cualquier vestido.

sayón *s. m.* **1.** En la Edad Media, ministro de justicia que hacía las citaciones y ejecutaba los embargos. **2.** Verdugo.

sazón *s. f.* **1.** Madurez de las cosas o estado de perfección en su línea. **2.** Ocasión, tiempo oportuno para hacer algo. **3.** Gusto y sabor que se percibe en los manjares.

sazonar *v. tr.* **1.** Dar sazón al manjar. **2.** Poner algo en su punto.

script *s. m. y s. f.* En el mundo del cine, persona encargada de tomar nota de todo lo concerniente a las escenas que se filman.

se¹ *pron. pers.* **1.** Forma reflexiva átona del pronombre personal de tercera persona, género masculino o femenino y número singular y plural, que puede funcionar como complemento directo o indirecto. **2.** Se usa además para formar oraciones impersonales y de pasiva refleja.

se² *pron. pers.* Forma del pronombre personal de tercera persona, género masculino o femenino y número singular y plural, que funciona como complemento indirecto en combinación con los pronombres de complemento directo "lo", "la" y sus respectivos plurales.

sebáceo, a *adj.* **1.** Que participa de la naturaleza del sebo. **2.** Se dice de ciertas glándulas que segregan la grasa que lubrica el pelo y el cutis.

sebe *s. f.* Cercado de estacas altas entretejidas con ramas largas.

sebestén *s. m.* Arbolito borragináceo, de flores blancas y fruto amarillento parecido a una ciruela.

sebo *s. m.* **1.** Grasa sólida de los animales herbívoros. **2.** Cualquier tipo de gordura.

seborrea *s. f.* Aumento de la secreción de las glándulas sebáceas de la piel.

secador *s. m.* Aparato que sirve para secar algunas cosas, especialmente el cabello.

secano *s. m.* Terreno que no tiene riego.

secante *adj.* Se dice de las líneas o superficies que cortan a otras. También s. f.

secar *v. tr.* **1.** Extraer la humedad o hacer que se exhale de un cuerpo mojado. **2.** Enjugar con un trapo el líquido de una superficie. **3.** Cicatrizar una herida. || *v. prnl.* **4.** Quedarse sin agua un río, fuente, etc. **5.** Perder un vegetal su verdor.

sección *s. f.* **1.** Cortadura hecha en un cuerpo por un instrumento cortante. **2.** Cada una de las partes en que se divide un todo. **3.** Dibujo de perfil o figura que resultaría si se cortara un terreno, edificio, máquina, etc. por un plano.

seccionar *v. tr.* Cortar, dividir en secciones.

secesión *s. f.* Acto de separarse de una nación parte de su pueblo y territorio.

seco, ca *adj.* **1.** Que carece de jugo o humedad. **2.** Falto de agua. **3.** Se dice de las frutas, en especial de las que tienen la cáscara dura. **5.** Se aplica también al tiempo en que no llueve.

secoya *s. f.* Árbol gigantesco de las coníferas.

secreción s. f. **1.** Apartamiento, separación. **2.** Sustancia secretada.

secretar v. tr. Elaborar y despedir las glándulas, membranas y células una sustancia.

secretaría s. f. Sección de un organismo público o privado que se ocupa de las tareas administrativas.

secretario, ria s. m. y s. f. Persona encargada de escribir la correspondencia, extender actas, custodiar los documentos, etc. en una oficina, asamblea o corporación.

secretear v. intr., fam. Hablar en secreto una persona con otra.

secreter s. m. Mueble con tablero para escribir y cajones para guardar papeles.

secreto, ta adj. **1.** Se dice de lo que se mantiene oculto. **2.** Se dice de lo que se mantiene callado o reservado.

secta s. f. Conjunto de personas que siguen una doctrina.

sector s. m. **1.** Porción de círculo comprendida entre un arco y los dos radios que pasan sus extremidades. **2.** fig. Parte de una clase o colectividad que presenta caracteres peculiares.

secuaz adj. Que sigue el partido, doctrina u opinión de otro.

secuela s. f. Consecuencia.

secuestrar v. tr. **1.** Embargar judicialmente. **2.** Retener contra su voluntad a una persona, exigiendo dinero por su rescate.

secular adj. **1.** Seglar. **2.** Que sucede o se repite cada siglo.

secularizar v. tr. **1.** Hacer secular lo que era eclesiástico. **2.** Autorizar a un religioso o a una religiosa para que pueda vivir fuera de la clausura.

secundar v. tr. Ayudar, favorecer a alguien en una causa.

secundario, ria adj. Segundo en orden y no principal.

secundinas s. f. pl. Placenta y membranas que envuelven el feto.

sed s. f. **1.** Gana y necesidad de beber. **2.** fig. Necesidad de agua. **3.** fig. Apetito o deseo ardiente de una cosa.

seda s. f. **1.** Líquido viscoso segregado por algunos artrópodos y que al contacto con el aire se solidifica en forma de hebra muy flexible y de gran resistencia, con que hacen sus capullos ciertas larvas. **2.** Hilo fino, suave y lustroso, hecho de varias de estas hebras producidas por el gusano de seda y a propósito para coser o tejer.

sedal s. m. Hilo que se ata por un extremo al anzuelo y por el otro a la caña de pescar.

sedante adj. Se aplica al medicamento que tiene virtud de calmar o sosegar.

sede s. f. **1.** Asiento de un prelado que ejerce jurisdicción. **2.** Capital de una diócesis.

sedentario, ria adj. **1.** Se aplica al oficio o vida de poco movimiento. **2.** Se dice del pueblo que se dedica a la agricultura y se encuentra asentado en un lugar.

sedeño, ña adj. De seda.

sedición s. f. Tumulto, levantamiento popular contra la autoridad.

sedicioso, sa adj. Que promueve una sedición o toma parte en ella.

sediento, ta adj. Que tiene sed.

sedimento s. m. Materia que se posa en el fondo.

seducir v. tr. **1.** Engañar con maña. **2.** Cautivar el ánimo.

sefardí adj. **1.** Se dice del judío oriundo de España. **2.** Relativo a ellos.

segadora adj. Se dice de la máquina que se utiliza para segar. También s. f.

segar *v. tr.* Cortar mieses o hierba con la hoz, guadaña, máquina, etc. a propósito.

seglar *adj.* **1.** Perteneciente a la vida o costumbres del siglo o mundo. **2.** Lego.

segmento *s. m.* **1.** Pedazo o parte cortada de una cosa. **2.** Parte de círculo comprendida entre un arco y su cuerda.

segregar *v. tr.* Separar, secretar.

seguidilla *s. f.* Estrofa formada por versos heptasílabos y pentasílabos, corriente en la poesía popular y en el género festivo.

seguido, da *adj.* Continuo, sin interrupción.

seguir *v. tr.* **1.** Ir después o detrás de alguien. **2.** Ir en busca de una persona o cosa. **3.** Continuar en lo comenzado. **4.** Profesar una ciencia, arte o estado.

según *prep.* Conforme o con arreglo a.

segundero *s. m.* Manecilla que señala los segundos en el reloj.

segundo, da *adj.* **1.** Que sigue inmediatamente en orden al o a lo primero. ‖ *s. m.* **2.** Cada una de las 60 partes iguales en que se divide un minuto de tiempo.

segur *s. f.* **1.** Hacha grande para cortar. **2.** Hoz o guadaña.

seguro, ra *adj.* **1.** Libre y exento de todo peligro o riesgo. **2.** Cierto, indubitable. **3.** Firme. ‖ *s. m.* **4.** Contrato por el cual una persona se obliga a resarcir daños o pérdidas que ocurran en las cosas que corren un riesgo. ‖ *adv.* **5.** Seguramente.

seis *adj. num.* Cinco y uno.

seiscientos, tas *adj. num.* Seis veces cien.

seisillo *s. m.* Conjunto de seis notas iguales que se deben cantar o tocar en el tiempo correspondiente a cuatro de ellas.

seísmo *s. m.* Movimiento de tierra.

selacio, cia *adj.* Se dice de los peces cartilagíneos que tienen las branquias fijas por sus dos bordes y móvil la mandíbula inferior, como el tiburón. También *s. m.*

selección *s. f.* Elección de una persona o cosa entre otras.

seleccionar *v. tr.* Elegir, escoger entre varias posibilidades.

selecto, ta *adj.* Lo mejor entre otras cosas de su especie.

selenio *s. m.* Metaloide de color pardo rojizo y brillo metálico, que tiene propiedades semejantes a las del azufre.

selenita *s. f.* Yeso.

sellar *v. tr.* Imprimir el sello a una cosa.

sello *s. m.* **1.** Utensilio que sirve para estampar las armas, divisas o cifras en él grabadas. **2.** Lo que queda estampado. **3.** Timbre oficial que se usa en el franqueo de cartas y otros paquetes postales.

seltz *s. m.* Agua carbónica.

selva *s. f.* Terreno extenso, inculto y muy poblado de árboles.

semáforo *s. m.* **1.** Telégrafo óptico de las costas, para comunicarse con los buques. **2.** Aparato eléctrico de señales luminosas para regular la circulación.

semana *s. f.* Serie de siete días naturales consecutivos.

semanario *s. m.* Periódico que se publica cada semana.

semántica *s. f.* Parte de la lingüística que estudia la significación de las palabras.

semblante *s. m.* Cara, rostro.

semblanza *s. f.* Bosquejo biográfico.

sembrado *s. m.* Tierra sembrada.

sembrar *v. tr.* **1.** Esparcir las semillas en la tierra preparada para este fin. **2.** Desparramar algo. **3.** Ser causa o principio de algo.

semejante *adj.* **1.** Parecido, análogo a otro ser. ‖ *s. m.* **2.** Prójimo.

SEMEJAR - SENSITIVA

semejar *v. intr.* Parecerse una persona o cosa a otra. También prnl.

semen *s. m.* **1.** Líquido que segregan las glándulas genitales masculinas y que contiene los espermatozoos. **2.** Semilla.

semental *adj.* **1.** Relativo a la siembra o sementera. **2.** Se dice del animal macho que se destina a padrear. También s. m.

sementera *s. f.* Tierra sembrada.

semestre *s. m.* Espacio de seis meses.

semibreve *s. f.* Nota musical que equivale a un compás menor entero.

semicírculo *s. m.* Cada una de las dos mitades del círculo separadas por un diámetro.

semicircunferencia *s. f.* Cada una de las dos mitades de la circunferencia.

semicorchea *s. f.* Nota musical cuyo valor equivale a la mitad de la corchea.

semidiós, sa *s. m. y s. f.* Héroe a quien los gentiles colocaban entre sus deidades.

semifusa *s. f.* Nota musical equivalente a la mitad de la fusa.

semilla *s. f.* **1.** Parte del fruto de las plantas fanerógamas que contiene el embrión de la futura planta. **2.** *fig.* Cosa que es causa u origen de que proceden otras.

seminal *adj.* Relativo al semen o a la semilla.

seminario *s. m.* **1.** Organismo docente en que, mediante el trabajo de maestros y discípulos en común, se adiestran éstos en la investigación de cierta disciplina. **2.** Casa destinada para la educación de los jóvenes que se dedican al estado eclesiástico.

seminarista *s. m.* Alumno de un seminario.

semiótica *s. f.* **1.** Parte de la medicina que trata de los síntomas de las enfermedades. **2.** Teoría general de los signos.

semitono *s. m.* Cada una de las dos partes en que se divide el intervalo de un tono.

sémola *s. f.* **1.** Trigo candeal desnudo de su corteza. **2.** Pasta de harina de flor reducida a granos muy menudos y que se emplea para sopa.

sena *s. f.* Conjunto de seis puntos señalados en una de las caras del dado.

senado *s. m.* **1.** Asamblea de patricios que formaba el Consejo supremo de la antigua Roma. **2.** Cuerpo legislativo formado por personas cualificadas, elegidas para dicho cargo.

sencillo, lla *adj.* **1.** Que no tiene artificio ni composición. **2.** Que carece de ostentación y adornos. **3.** Que no presenta dificultades para su realización o comprensión.

senda *s. f.* Camino estrecho.

sendero *s. m.* Senda, camino.

sendos, das *adj. distrib.* Uno o una para cada cual de dos o más personas o cosas.

senectud *s. f.* Edad senil, que comúnmente empieza a los sesenta años.

senil *adj.* Perteneciente a la vejez.

seno *s. m.* **1.** Concavidad o hueco. **2.** Pecho humano. **3.** Cualquiera de las concavidades interiores del cuerpo del animal.

sensación *s. f.* **1.** Impresión que las cosas producen en el alma por medio de los sentidos. **2.** Emoción producida en el ánimo por un suceso o noticia de importancia.

sensato, ta *adj.* Prudente, de buen juicio.

sensibilidad *s. f.* Facultad de sentir.

sensibilizar *v. tr.* Hacer sensibles a la acción de la luz ciertas materias fotográficas.

sensible *adj.* **1.** Capaz de sentir. **2.** Que puede ser percibido por los sentidos.

sensiblería *s. f.* Sentimentalismo exagerado, trivial o fingido.

sensitiva *s. f.* Planta mimosácea cuyas hojas se pliegan al ser tocadas.

sensorio *s. m.* Centro común de todas las sensaciones.

sensual *adj.* 1. Perteneciente a los sentidos. 2. Perteneciente al deseo sexual.

sensualismo *s. m.* Propensión excesiva a los placeres de los sentidos.

sentado, da *adj.* 1. Juicioso, quieto. 2. Se dice de las partes de una planta que carecen de pedúnculo.

sentar *v. tr.* 1. Colocar a alguien sobre una silla o un mueble similar de modo que quede apoyado sobre las nalgas. También prnl. || *v. intr.* 2. *fig. y fam.* Con relación a algo que puede influir en la salud del cuerpo, hacer provecho.

sentencia *s. f.* 1. Dictamen, opinión. 2. Resolución del juez.

sentenciar *v. tr.* 1. Dar sentencia. 2. Expresar el dictamen sobre una cuestión.

sentencioso, sa *adj.* 1. Que encierra moralidad o doctrina. 2. Se dice del tono de la persona que habla con gravedad.

sentido, da *adj.* 1. Que incluye o explica un sentimiento. 2. Que se ofende con facilidad. || *s. m.* 3. Entendimiento o razón, en cuanto disciernen las cosas.

sentimental *adj.* 1. Que expresa o excita sentimientos tiernos. 2. Propenso a ellos.

sentimiento *s. m.* Impresión que causan en el ánimo las cosas espirituales.

sentina *s. f.* 1. Cavidad inferior de la nave. 2. *fig.* Lugar lleno de inmundicias.

sentir¹ *s. m.* 1. Sentimiento del ánimo. 2. Parecer de alguien sobre una materia.

sentir² *v. tr.* 1. Experimentar sensaciones. 2. Opinar, juzgar, criticar.

seña *s. f.* 1. Nota, indicio. 2. Signo que se emplea para acordarse de algo. 3. Vestigio que queda de una cosa.

señal *s. f.* 1. Marca para distinguir una cosa. 2. Signo. 3. Vestigio.

señalado, da *adj.* Insigne, famoso.

señalar *v. tr.* 1. Poner una marca o señal. 2. Llamar la atención hacia una persona o cosa. 3. Hacer una herida en el cuerpo, especialmente en la cara.

señor, ra *s. m. y s. f.* 1. Dueño de una cosa. 2. Tratamiento de respeto.

señorear *v. tr.* 1. Mandar como dueño de algo. 2. Apropiarse de una cosa.

señoría *s. f.* Tratamiento que se da a las personas a quienes compete por su dignidad.

señorío *s. m.* 1. Dominio sobre una cosa. 2. Gravedad en el porte o en las acciones.

señuelo *s. m.* Cualquier cosa que sirve para atraer a las aves.

sépalo *s. m.* Cada una de las divisiones del cáliz de la flor.

separar *v. tr.* 1. Poner dos personas o cosas fuera de contacto. También prnl. 2. Distinguir. 3. Destituir de un empleo. || *v. prnl.* 4. Retirarse alguien de algún ejercicio u ocupación.

sepelio *s. m.* Acción de inhumar la Iglesia a los fieles.

sepia *s. f.* 1. Jibia, molusco. 2. Materia colorante sacada de ésta.

septena *s. f.* Conjunto de siete cosas.

septenio *s. m.* Período de siete años.

Septentrión *n. p.* Norte, punto cardinal.

septicemia *s. f.* Alteración de la sangre por la presencia de gérmenes patógenos.

séptico, ca *adj.* Que produce putrefacción.

septiembre *s. m.* Noveno mes del año.

séptimo, ma *adj. num.* 1. Se dice de cada una de las siete partes iguales en que se divide un todo. 2. Que ocupa el último lugar en una serie ordenada de siete.

septuagenario, ria *adj.* Que tiene setenta años de edad.

sepulcro *s. m.* Obra que se construye levantada del suelo, para dar en ella sepultura al cadáver de una persona.

sepultar *v. tr.* **1.** Enterrar a un difunto. **2.** Ocultar alguna cosa como enterrándola.

sepultura *s. f.* Lugar en que está enterrado un cadáver.

sequía *s. f.* Tiempo seco de larga duración.

sequillo *s. m.* Rosquilla de masa azucarada.

séquito *s. m.* Grupo de personas que acompaña y sigue a alguien.

ser[1] *s. m.* **1.** Esencia o naturaleza. **2.** Ente, lo que es o existe.

ser[2] *v. cop.* **1.** Afirma del sujeto lo que significa el atributo. || *v. aux.* **2.** Sirve para la conjugación de los verbos en la voz pasiva.

sera *s. f.* Espuerta grande sin asas.

serafín *s. m.* Cada uno de los espíritus bienaventurados que forman el primer coro.

serba *s. f.* Fruto del serbal, con figura de pera pequeña y color rojizo y amarillento.

serbal *s. m.* Árbol rosáceo, de flores blancas en corimbo y fruto en pomo.

serenar *v. tr.* Aclarar, sosegar una cosa.

serenata *s. f.* Música al aire libre y durante la noche, para festejar a una persona.

sereno, na *adj.* **1.** Claro, despejado de nubes o nieblas. || *s. m.* **2.** Guarda encargado de rondar de noche para velar por la seguridad del vecindario.

sergas *s. f. pl.* Proezas, hazañas.

serial *s. m.* Programa radiofónico o televisivo cuyo argumento se desarrolla en emisiones sucesivas.

seriar *v. tr.* Poner en serie, formar series.

sericicultura *s. f.* Industria que tiene por objeto la producción de la seda.

serie *s. f.* Conjunto de cosas relacionadas entre sí y que se suceden unas a otras.

serio, ria *adj.* Grave, importante.

sermón *s. m.* **1.** Discurso pronunciado por un sacerdote. **2.** *fig.* Amonestación.

sermonear *v. intr.* Amonestar o reprender a alguien.

serón *s. m.* Sera más larga que ancha.

serosidad *s. f.* Líquido albuminoideo que segregan ciertas membranas.

seroterapia *s. f.* Tratamiento de las enfermedades a través de sueros medicinales.

serpentear *v. intr.* Moverse formando vueltas y tornos como las serpientes.

serpentín *s. m.* Tubo largo en espiral para facilitar el enfriamiento de la destilación en los alambiques.

serpentina *s. f.* **1.** Piedra de color verdoso, con manchas más o menos oscuras. **2.** Tira de papel enrollada que en ciertas fiestas se arrojan unas personas a otras.

serpentón *s. m.* Instrumento musical de viento, de gran tamaño y tonos graves.

serpiente *s. f.* Culebra, por lo general de gran tamaño.

serpigo *s. m.* Llaga que se cicatriza por un extremo y se extiende por el otro.

serpollo *s. m.* Cada una de las ramas nuevas que brotan al pie de un árbol.

serranía *s. f.* Terreno compuesto de montañas y sierras.

serrar *v. tr.* Cortar con una sierra.

serrátil *adj.* Se dice del pulso frecuente y desigual.

serrato, ta *adj.* Se aplica al músculo que tiene dientes a modo de sierra. También s. m.

serreta *s. f.* Medida de hierro con dentecillos, que se pone sujeta al cabezón sobre la nariz de las caballerías.

serrín *s. m.* Conjunto de partículas desprendidas al serrar madera.

serrucho *s. m.* Sierra de hoja ancha y con una sola manija.

serventesio *s. m.* Estrofa endecasílaba en la que riman en consonante el primer verso con el tercero y el segundo con el cuarto.

servicial *adj.* **1.** Que sirve con diligencia. **2.** Pronto a complacer y servir a otros.

servicio *s. m.* **1.** Estado de criado o sirviente. **2.** Cubierto que se pone a cada comensal. **3.** Conjunto de vajilla y otras cosas para servir la comida, el té, etc.

servidor, ra *s. m. y s. f.* Persona que sirve como criado.

servidumbre *s. f.* **1.** Trabajo o ejercicio propio del siervo. **2.** Conjunto de criados de una casa.

servil *adj.* **1.** Perteneciente a los siervos y criados. **2.** Humilde y de poca estimación. **3.** Rastrero.

servilleta *s. f.* Pedazo de tela que sirve en la mesa para limpiarse la boca.

servir *v. intr.* **1.** Estar al servicio de otro o sujeto a él. También tr. **2.** Ser soldado en activo. **3.** Valer.

sesada *s. f.* Sesos de un animal.

sésamo *s. m.* Planta pedalácea.

sesenta *adj. num.* Seis veces diez.

sesera *s. f.* Parte de la cabeza en que están los sesos.

sesgar *v. tr.* Cortar o partir en sesgo.

sesgo, ga *adj.* Cortado oblicuamente.

sesión *s. f.* **1.** Conferencia o consulta entre varios para determinar una cosa. **2.** Cada una de las funciones de teatro o cine que se celebran el mismo día en distintas horas.

seso *s. m.* **1.** Masa nerviosa contenida en la cavidad del cráneo. **2.** Prudencia, madurez.

sestear *v. intr.* **1.** Pasar la siesta durmiendo o descansando. **2.** Recogerse el ganado durante el día en un paraje sombrío.

sestercio *s. m.* Antigua moneda de plata de los romanos.

sesudo, da *adj.* Prudente y sensato.

seta *s. f.* Cualquier especie de hongos de forma de sombrero o casquete sostenido por un pedicelo.

setecientos, tas *adj. num.* Siete veces cien.

setenta *adj. num.* Siete veces diez.

seto *s. m.* Cercado de varas entretejidas.

seudónimo, ma *adj.* Se dice del autor que oculta con un nombre falso el suyo verdadero.

seudópodo *s. m.* Cualquiera de las prolongaciones de protoplasma que emiten muchos seres unicelulares y mediante los cuales efectúan su locomoción.

severo, ra *adj.* **1.** Que no tiene indulgencia por las faltas o por las debilidades. **2.** Grave, serio.

sevicia *s. f.* Crueldad excesiva.

sevillanas *s. f. pl.* Aire musical propio de Sevilla, bailable, y con el cual se cantan seguidillas.

sexagenario, ria *adj.* Que tiene sesenta años de edad.

sexagesimal *adj.* Se dice del sistema de contar o de subdividir de 60 en 60.

sexenio *s. m.* Período de seis años.

sexo *s. m.* Condición orgánica que distingue al macho de la hembra.

sexteto *s. m.* Composición para seis instrumentos o seis voces.

sexto, ta *adj. num.* Que ocupa el último lugar en una serie ordenada de seis.

sextuplicar *v. tr.* Aumentar seis veces el número, la cantidad, etc., de una cosa.

SI - SIGNIFICATIVO

si *s. m.* Séptima voz de la escala musical.

sí[1] *pron. pers.* Forma reflexiva tónica del pronombre personal de tercera persona, género masculino o femenino y número singular y plural, que, precedida siempre de preposición, funciona como complemento.

sí[2] *adv. afirm.* **1.** Se usa como sustantivo para consentimiento o permiso. **2.** Se usa como énfasis para avivar la afirmación expresada por el verbo con que se une.

sibarita *adj., fig.* Se dice de la persona muy dada a los lujos y placeres.

sibila *s. f.* Mujer sabia a quien los antiguos atribuyeron espíritu profético.

sibilante *adj.* Que silba o suena a manera de silbido.

sibilino, na *adj., fig.* Misterioso, oscuro.

sicalipsis *s. f.* Picardía erótica.

sicario *s. m.* Asesino asalariado.

siclo *s. m.* Moneda hebrea de plata.

sicofanta *s. m.* Impostor, calumniador.

sicómoro *s. m.* Higuera propia de Egipto, con fruto pequeño de color amarillento y madera incorruptible.

sidecar *s. m.* Cochecillo que algunas motocicletas llevan unido en un lateral.

siderita *s. f.* **1.** Siderosa, mineral. **2.** Planta labiada, con flores amarillas con el labio superior blanco y fruto seco.

siderosa *s. f.* Mineral de color pardo amarillento. Es un carbonato ferroso.

siderurgia *s. f.* Arte de extraer el hierro y de trabajarlo.

sidra *s. f.* Bebida alcohólica obtenida por la fermentación del zumo de las manzanas.

siega *s. f.* Tiempo en que se siega.

siembra *s. f.* Sembrado, tierra sembrada.

siempre *adv. t.* **1.** En todo o en cualquier tiempo. **2.** En todo caso o cuando menos.

siempreviva *s. f.* Perpetua amarilla.

sien *s. f.* Cada una de las dos partes laterales de la cabeza comprendidas entre la frente, la oreja y la mejilla.

sierpe *s. f.* **1.** Serpiente, culebra. **2.** *fig.* Persona muy fea o muy feroz.

sierra *s. f.* **1.** Herramienta para fragmentar. **2.** Cordillera de montes.

siervo, va *s. m. y s. f.* Esclavo.

sieso *s. m.* Parte inferior y terminal del intestino recto.

siesta *s. f.* Sueño que se echa después de comer.

siete *adj. num.* Seis y uno.

sietemesino, na *adj.* Se dice del bebé que nace a los siete meses de engendrado.

sífilis *s. f.* Enfermedad venérea, infecciosa.

sifón *s. m.* **1.** Tubo para trasvasar líquidos. **2.** Botella cerrada herméticamente que contiene agua cargada de ácido carbónico.

sigilo *s. m.* Silencio cauteloso.

sigla *s. f.* Letra inicial que se usa como abreviatura.

siglo *s. m.* Espacio de cien años.

signar *v. tr.* **1.** Sellar, poner o imprimir el signo. **2.** Firmar.

signatura *s. f.* **1.** Señal que se pone en las cosas para distinguirlas unas de otras. **2.** Cierto tribunal de la corte romana.

significación *s. f.* **1.** Sentido de una palabra o frase. **2.** Importancia en cualquier orden.

significado, da *adj.* **1.** Conocido, importante. ‖ *s. m.* **2.** Significación.

significar *v. tr.* **1.** Ser una cosa por naturaleza signo, representación o indicio de otra. ‖ *v. intr.* **2.** Representar, importar, valer.

significativo, va *adj.* **1.** Que da a entender algo. **2.** Que tiene importancia por representar o significar algún valor.

signo s. m. **1.** Carácter empleado en la escritura y en la imprenta. **2.** Figura que los notarios añaden a su firma en los documentos públicos. **3.** Cada una de las doce partes del Zodíaco.

siguiente adj. Ulterior, posterior.

sílaba s. f. Sonido o sonidos que constituyen un solo núcleo fónico entre dos depresiones sucesivas de la emisión de voz.

silabario s. m. Libro para enseñar a deletrear a los niños.

silabear v. intr. Ir pronunciando separadamente cada sílaba. También tr.

silbar v. intr. Dar silbidos.

silbato s. m. Instrumento pequeño y hueco que produce un silbo agudo.

silbido s. m. **1.** Sonido agudo que hace el aire. **2.** Sonido agudo que resulta de hacer pasar con fuerza el aire por la boca con los labios fruncidos.

silenciador s. m. Dispositivo que acoplado al tubo de salida de gases de los motores de explosión, o al cañón de un arma, amortigua el ruido.

silencio s. m. **1.** Abstención de hablar. **2.** Pausa.

silepsis s. f. Figura que consiste en quebrantar la concordancia gramatical.

sílex s. m. Pedernal opaco.

sílfide s. f. Ninfa del aire.

silfo s. m. Espíritu elemental del aire.

silicato s. m. Sal compuesta de ácido silícico y una base.

sílice s. f. Combinación del silicio con el oxígeno.

sílico adj. Se dice del ácido compuesto de silicio, oxígeno e hidrógeno.

silicio s. m. Metaloide que se extrae de la sílice por reducción del cuarzo.

silicosis s. f. Enfermedad respiratoria, producida por el polvo de sílice.

silla s. f. **1.** Asiento individual, generalmente con respaldo y con cuatro patas. **2.** Sede de un prelado.

sillar s. m. Cada una de las piedras labradas de una construcción.

silleta s. f. Recipiente de forma plana para excretar en la cama los enfermos.

sillín s. m. **1.** Silla de montar más ligera que la común. **2.** Asiento de la bicicleta.

sillón s. m. Silla de brazos mayor y más cómoda que la ordinaria.

silo s. m. Lugar seco en donde se guarda el trigo, las semillas o forrajes.

silogismo s. m. Razonamiento que consta de tres proposiciones.

silueta s. f. **1.** Dibujo del contorno de la sombra de un objeto. **2.** Perfil.

siluro s. m. Pez malacopterigio de agua dulce parecido a la anguila.

silva s. f. Combinación métrica de versos endecasílabos y heptasílabos.

silvestre adj. Que se cría naturalmente sin cultivo en selvas o campos.

silvicultura s. f. Cultivo de los bosques y montes.

sima s. f. Cavidad grande y muy profunda en la tierra.

simbiosis s. f. Asociación de organismos de especies diferentes que se favorecen mutuamente en su desarrollo.

simbolismo s. m. Sistema de símbolos que se destinan a representar alguna cosa.

simbolizar v. tr. Servir una cosa como símbolo de otra.

símbolo s. m. Figura con que es representado un concepto, por alguna semejanza que el entendimiento percibe entre ambos.

simetría *s. f.* **1.** Proporción adecuada de las partes de un todo. **2.** Armonía de posición, forma y dimensiones de las partes o puntos similares unos respecto de otros, y referente a punto, línea o plano determinado.

simiente *s. f.* **1.** Semilla. **2.** Semen.

símil *s. m.* **1.** Semejanza entre dos cosas. **2.** Figura que consiste en comparar expresamente una cosa con otra, para dar idea viva y eficaz de una de ellas.

similar *adj.* Que tiene semejanza con algo.

similitud *s. f.* Semejanza de una cosa con otra.

similor *s. m.* Aleación de cinc y cobre, que tiene el color y el brillo del oro.

simio *s. m.* Mono.

simonía *s. f.* Compra o venta ilícita de cosas espirituales.

simpatía *s. f.* Inclinación instintiva que ejerce una persona sobre otra.

simpático, ca *adj.* Que inspira simpatía.

simpatizar *v. intr.* Sentir simpatía.

simple *adj.* **1.** Sin composición. **2.** *fig.* Desabrido. **3.** *fig.* Apacible e incauto.

simpleza *s. f.* **1.** Bobería, necedad. **2.** Dicho o hecho simple.

simplificar *v. tr.* Hacer más sencilla o más fácil una cosa.

simulacro *s. m.* Imagen hecha a semejanza de una cosa o persona.

simular *v. tr.* Representar una cosa, fingiendo lo que no es.

simultanear *v. tr.* Realizar en el mismo espacio de tiempo dos operaciones.

simultáneo, a *adj.* Que se hace u ocurre al mismo tiempo que otra cosa.

simún *s. m.* Viento que sopla en el desierto.

sin *prep.* **1.** Denota carencia o falta. **2.** Fuera de o además de.

sinagoga *s. f.* **1.** Congregación religiosa de los judíos. **2.** Templo de los judíos.

sinalefa *s. f.* Enlace de la última vocal de una palabra y la primera de la palabra siguiente, pronunciándola en una sola sílaba.

sinapismo *s. m.* Tópico hecho con polvo de mostaza.

sinartrosis *s. f.* Articulación no movible, como la de los huesos del cráneo.

sincerar *v. tr.* Justificar la inculpabilidad o culpabilidad de alguien. También prnl.

sinceridad *s. f.* Veracidad, modo de expresarse libre de fingimiento.

sincero, ra *adj.* Ingenuo, exento de hipocresía o simulación.

síncopa *s. f.* **1.** Supresión de una o más letras en medio de una palabra. **2.** Enlace de dos sonidos iguales.

sincopado, da *adj.* Se dice del ritmo o canto que tiene notas sincopadas.

sincopar *v. tr.* Hacer síncopa.

síncope *s. m.* Pérdida repentina del conocimiento y de la sensibilidad.

sincrónico, ca *adj.* Que ocurre a un mismo tiempo.

sindéresis *s. f.* Capacidad natural para juzgar rectamente.

sindicar *v. tr.* **1.** Acusar o delatar. **2.** Asociar varios individuos de una misma profesión, o de intereses comunes, para constituir un sindicato. También prnl.

sindicato *s. m.* Asociación formada para la defensa de intereses económicos o políticos comunes a todos los asociados.

sinecura *s. f.* Empleo o cargo retribuido que ocasiona poco o ningún trabajo.

sinéresis *s. f.* Pronunciación en una sola sílaba de dos vocales de una palabra que de ordinario se pronuncian separadas.

sinergia *s. f.* Acción activa y concertada de varios órganos para realizar una función.

sínfisis *s. f.* Conjunto de partes orgánicas que aseguran y afirman las relaciones de determinados huesos entre sí.

sinfonía *s. f.* **1.** Conjunto de voces, de instrumentos, o de ambas cosas, que suenan a la vez. **2.** Armonía de los colores.

singladura *s. f.* Distancia recorrida por una nave en 24 horas.

singlar *v. intr.* Navegar la nave con rumbo determinado.

singular *adj.* **1.** Único. **2.** *fig.* Se dice de lo extraordinario, raro.

singularidad *s. f.* Particularidad, separación de lo común.

siniestra *s. f.* Izquierda.

siniestro, tra *adj.* **1.** Que está a la mano izquierda. **2.** *fig.* Aviso, mal intencionado.

sinnúmero *s. m.* Número incalculable.

sino[1] *s. m.* Signo, hado, destino.

sino[2] *conj. advers.* Contrapone a un concepto negativo otro afirmativo.

sínodo *s. m.* Concilio de los obispos.

sinonimia *s. f.* Circunstancia de ser sinónimos dos o más vocablos.

sinónimo, ma *adj.* Se dice de los vocablos y expresiones que tienen una misma o muy parecida significación, o alguna acepción equivalente. También *s. m.*

sinopsis *s. f.* Compendio de una materia que la explica más fácilmente.

sinóptico, ca *adj.* Que presenta con claridad las partes principales de un todo.

sinovia *s. f.* Humor líquido transparente y viscoso que lubrica las articulaciones de los huesos.

sinrazón *s. f.* Acción hecha contra justicia y fuera de lo razonable o debido.

sinsabor *s. m., fig.* Pesar, desazón.

sintaxis *s. f.* Parte de la gramática que enseña a coordinar y unir palabras para formar las oraciones, y el enlace de unas oraciones con otras.

síntesis *s. f.* Compendio de una materia.

sintetizar *v. tr.* Hacer síntesis.

síntoma *s. m.* Fenómeno revelador de una enfermedad.

sinuoso, sa *adj.* Que tiene senos, ondulaciones o recodos.

sinusitis *s. f.* Inflamación de los senos del cráneo.

sinvergüenza *adj.* Que comete actos ilegales o inmorales.

siquiera *conj. advers. y conces.* Equivale a "bien que" o "aunque".

sirena *s. f.* Ninfa marina con busto de mujer y cuerpo de pez.

sirga *s. f.* Maroma para tirar las redes.

sirle *s. m.* Excremento del ganado lanar y cabrío.

sirviente, ta *s. m. y s. f.* Persona que se dedica al servicio doméstico.

sisa *s. f.* **1.** Parte que se hurta en la compra diaria. **2.** Sesgadura hecha en la tela de las prendas de vestir para que ajusten bien al cuerpo y, especialmente, corte curvo correspondiente a la parte de las axilas.

sisar *v. tr.* **1.** Cometer el hurto llamado sisa. **2.** Hacer sisas en las prendas de vestir.

sisear *v. intr.* Emitir repetidamente el sonido inarticulado de "s" y "ch" para manifestar desagrado o para llamar a alguien.

sismógrafo *s. m.* Instrumento para registrar, durante un terremoto, la dirección de las oscilaciones y sacudimientos de la tierra.

sismología *s. f.* Parte de la geología que trata de los terremotos.

sismómetro s. m. Instrumento para medir la fuerza de oscilaciones sísmicas.

sistema s. m. **1.** Conjunto de reglas, principios o medidas, enlazados entre sí. **2.** Norma de conducta.

sistematizar v. tr. Reducir a sistema.

sístole s. f. Movimiento de contracción rítmica del corazón y de las arterias.

sitial s. m. Asiento de ceremonia.

sitiar v. tr. **1.** Cercar una plaza o fortaleza. **2.** fig. Cercar a alguien.

sitio s. m. **1.** Lugar, espacio. **2.** Paraje o terreno a propósito para alguna cosa.

sito, ta adj. Situado o fundado.

situación s. f. **1.** Disposición de una cosa respecto del lugar que ocupa. **2.** Estado de las cosas y personas.

situar v. tr. **1.** Poner a una persona o cosa en determinado sitio o situación. **2.** Asignar fondos para algún pago o inversión.

ski s. m. Esquí.

slogan s. m. Eslogan.

smoking s. m. Chaqueta masculina que se usa con traje de etiqueta y muchas veces en sustitución del frac.

so prep. Bajo, debajo de.

¡so! interj. que se emplea para hacer que se paren las caballerías.

soasar v. tr. Medio asar o asar ligeramente.

soba s. f., fig. Aporreamiento o zurra.

sobaco s. m. Concavidad que forma el arranque del brazo con el cuerpo.

sobajar v. tr. Manosear una cosa ajándola.

sobar v. tr. Manejar y oprimir una cosa repetidamente a fin de que se ablande.

soberanía s. f. **1.** Calidad de soberano, dominio. **2.** Orgullo, soberbia.

soberano, na adj. Que ejerce o posee la autoridad suprema e independiente.

soberbia s. f. Estimación excesiva de sí mismo menospreciando a los demás.

soberbio, bia adj. **1.** Altivo, arrogante. **2.** fig. Orgullosa y violento.

sobina s. f. Clavo de madera.

sobón, na adj., fam. Que por sus excesivas caricias se hace fastidioso.

sobornar v. tr. Corromper a alguien con dádivas.

soborno s. m. Dádiva con que se soborna.

sobra s. f. **1.** Demasía y exceso en cualquier cosa sobre su justo ser, peso o valor. || s. f. pl. **2.** Desperdicios o desechos.

sobrado, da adj. **1.** Demasiado. **2.** Audaz y licencioso. **3.** Rico. || s. m. **4.** Desván.

sobrar v. tr. **1.** Exceder o sobrepujar. || v. intr. **2.** Haber más de lo que se necesita.

sobrasada s. f. Embuchado grueso de carne de cerdo, muy picada y sazonada con sal, pimienta y pimiento molido.

sobrasar v. tr. Poner brasas al pie de la olla para que cueza mejor o más pronto.

sobre[1] prep. **1.** Encima de. **2.** Acerca de.

sobre[2] s. m. Cubierta de papel en que se incluye una carta, documento, etc.

sobreagudo, da adj. Se dice de los sonidos más agudos del sistema musical.

sobrealiento s. m. Respiración difícil y fatigosa.

sobrealimentar v. tr. Dar a un individuo más alimento del que ordinariamente toma o necesita para alimentarse.

sobreasar v. tr. Volver a poner al fuego lo que ya está asado o cocido.

sobrecama s. f. Colcha.

sobrecarga s. f. **1.** Lo que se añade a una carga regular. **2.** fig. Molestia.

sobrecargar v. tr. Cargar algo con exceso.

sobrecejo s. m. Ceño del rostro.

sobrecincho *s. m.* Faja o correa que pasa por debajo de la barriga de la cabalgadura y por encima del aparejo.

sobrecoger *v. tr.* **1.** Coger de repente y desprevenido a alguien. || *v. prnl.* **2.** Sorprenderse, intimidarse.

sobrecubierta *s. f.* Segunda cubierta que se pone a una cosa para resguardarla.

sobredicho, cha *adj.* Dicho antes o arriba.

sobredorar *v. tr.* Dorar los metales, y especialmente la plata.

sobrefalda *s. f.* Falda corta que se coloca como adorno sobre otra.

sobrehumano, na *adj.* Que excede a lo humano.

sobrellevar *v. tr.* **1.** *fig.* Ayudar a sufrir los trabajos o molestias de la vida. **2.** *fig.* Resignarse a algo con paciencia.

sobremanera *adv. m.* En extremo.

sobremesa *s. f.* **1.** Tapete que se pone sobre la mesa. **2.** Tiempo que se está a la mesa después de haber comido.

sobrenadar *v. intr.* Mantenerse encima de un líquido sin hundirse.

sobrenatural *adj.* Que excede los términos de la naturaleza.

sobrenombre *s. m.* Nombre que se añade a veces al apellido para distinguir a dos personas que tienen el mismo.

sobrepaga *s. f.* Aumento de paga.

sobrepelliz *s. f.* Vestidura blanca, de lienzo fino con mangas, que se pone sobre la sotana.

sobreponer *v. tr.* Añadir una cosa o ponerla encima de otra.

sobreprecio *s. m.* Recargo en el precio ordinario.

sobrepujar *v. tr.* Exceder una cosa o persona a otra en cualquier línea.

sobresaliente *s. m.* En la calificación de exámenes, nota superior, la más alta de todas.

sobresalir *v. intr.* Exceder una persona o cosa a otras en figura, tamaño, etc.

sobresaltar *v. tr.* **1.** Saltar, venir y acometer de repente. **2.** Asustar, alterar a alguien repentinamente. También *prnl.*

sobresalto *s. m.* Temor o susto repentino.

sobresdrújulo, la *adj.* Se aplica a las voces que llevan un acento en la sílaba anterior a la antepenúltima.

sobreseer *v. intr.* **1.** Desistir de la pretensión que se tenía. **2.** Cesar en el cumplimiento de una obligación.

sobrestante *s. m.* Capataz de una obra.

sobresueldo *s. m.* Salario que se añade al sueldo fijo.

sobretodo *s. m.* Prenda de vestir, ancha, larga y con mangas, que se lleva sobre el traje ordinario.

sobrevenir *v. intr.* Suceder una cosa además o después de otra.

sobrevivir *v. intr.* Vivir alguien después de la muerte de otro o después de un determinado suceso o plazo.

sobrino, na *s. m. y s. f.* Respecto de una persona, hijo o hija de su hermano o hermana, o de su primo o prima.

sobrio, bria *adj.* Moderado en comer y beber.

socaire *s. m.* Abrigo que ofrece una cosa en su lado opuesto a aquel de donde sopla el viento.

socaliña *s. f.* Artificio con que se saca a alguien lo que no está obligado a dar.

socarrar *v. tr.* Tostar superficialmente algo.

socarrén *s. m.* Parte del alero del tejado que sobresale de la pared.

socarrena *s. f.* Hueco.

socarrón, na *adj.* Se dice de la persona que obra con socarronería.

socarronería *s. f.* Astucia con burla encubierta.

socavar *v. tr.* Excavar por debajo alguna cosa dejándola en falso.

socavón *s. m.* Cueva que se excava en un monte.

sociable *adj.* Naturalmente inclinado a la sociedad.

sociedad *s. f.* Conjunto organizado de personas, familias, pueblos o naciones.

socio, cia *s. m. y s. f.* Persona asociada con otra para algún fin.

socollada *s. f.* Sacudida que dan las velas.

socorrer *v. tr.* Ayudar a alguien en un peligro o necesidad.

socrocio *s. m.* Emplasto en que entra el azafrán.

soda *s. f.* Bebida de agua gaseosa, que contiene ácido carbónico y está aromatizada con un jarabe o esencia de alguna fruta.

sodio *s. m.* Metal blando, de color y brillo similar al de la plata, muy ligero.

sodomía *s. f.* Coito anal, especialmente entre personas del mismo sexo.

soez *adj.* Se dice de lo bajo y grosero.

sofá *s. m.* Asiento cómodo con respaldo y brazos para dos o más personas.

sofaldar *v. tr.* **1.** Alzar las faldas. **2.** *fig.* Levantar cualquier cosa para descubrir otra.

sofión *s. m.* Bufido, demostración de enfado.

sofisma *s. m.* Argumento correcto en apariencia con que se quiere defender lo que es falso.

sofisticar *v. tr.* Adulterar con sofismas.

sofito *s. m.* Plano inferior del saliente de una cornisa o de otro cuerpo semejante.

soflama *s. f.* **1.** Llama tenue. **2.** Bochorno o ardor que suele subir al rostro.

soflamar *v. tr.* **1.** Usar palabras afectadas para engañar a alguien. || *v. prnl.* **2.** Tostarse, requemarse con la llama.

sofocar *v. tr.* **1.** Ahogar, impedir la respiración. **2.** Apagar, dominar, extinguir.

sofoco *s. m., fig.* Disgusto grave.

sofocón *s. m., fam.* Desazón, disgusto que sofoca o aturde.

sofreír *v. tr.* Freír ligeramente una cosa.

sofrenar *v. tr.* Reprimir el jinete a la caballería tirando violentamente de las riendas.

soga *s. f.* Cuerda gruesa de esparto.

soguilla *s. f.* **1.** Trenza delgada hecha con el pelo. **2.** Trenza delgada de esparto.

sojuzgar *v. tr.* Mandar con violencia.

Sol *n. p.* Astro luminoso, centro de nuestro sistema planetario.

sol^2 *s. m.* Quinta voz de la escala fundamental.

solana *s. f.* Paraje donde el sol da de lleno.

solano *s. m.* Viento que sopla de donde nace el Sol.

solapa *s. f.* **1.** Parte del vestido, correspondiente al pecho, y que suele ir doblada hacia fuera sobre la misma prenda de vestir. **2.** *fig.* Ficción para disimular algo.

solapar *v. tr.* **1.** Poner solapas a los vestidos. **2.** *fig.* Ocultar maliciosa y cautelosamente la verdad o la intención.

solar^1 *s. m.* Terreno donde se ha edificado o que se destina a edificar en él.

solar^2 *adj.* Perteneciente al Sol.

solar^3 *v. tr.* Revestir el suelo con ladrillos, losas, etc.

solar^4 *v. tr.* Poner suelas al calzado.

solaz *s. m.* Esparcimiento, alivio de los trabajos.

soldada *s. f.* Sueldo, salario que se paga por un trabajo.

soldado *s. m.* Persona que sirve en la milicia.

soldar *v. tr.* Pegar sólidamente dos cosas o partes de una misma cosa.

solear *v. tr.* Asolear, tener alguna cosa al sol por algún tiempo. También prnl.

solecismo *s. m.* Vicio de dicción consistente en alterar la sintaxis normal de un idioma.

soledad *s. f.* **1.** Carencia de compañía. **2.** Lugar desierto o tierra no habitada.

solemne *adj.* **1.** Celebrado o hecho públicamente, con pompa o ceremonias extraordinarias. **2.** Formal, válido.

soler *v. intr.* **1.** Con referencia a seres vivos, acostumbrar. **2.** Tratándose de hechos o cosas, ser frecuentes.

solera *s. f.* **1.** Una de las piedras del molino. **2.** Suelo del horno. **3.** Heces o sedimentos del vino.

soleta *s. f.* Pieza de lienzo u otra cosa análoga con que se remienda la planta del pie de la media o calcetín.

solfa *s. f.* Arte que enseña a leer y entonar las diversas voces de la música.

solfatara *s. f.* Abertura en los terrenos volcánicos.

solfear *v. tr.* Cantar marcando el compás y pronunciando los nombres de las notas.

solicitar *v. tr.* Decir o buscar una cosa con diligencia y cuidado.

solícito, ta *adj.* Afanoso por servir o atender a una persona o cosa.

solicitud *s. f.* Diligencia cuidadosa.

solidaridad *s. f.* Entera comunidad de intereses, sentimientos y aspiraciones.

solideo *s. m.* Casquete que usan los eclesiásticos para cubrirse la corona.

solidificar *v. tr.* Hacer sólido un fluido.

sólido, da *adj.* Se dice de los cuerpos cuyas moléculas tienen entre sí mayor cohesión que las de los líquidos. También s. m.

soliloquio *s. m.* Lo que habla una persona consigo misma.

solípedo, da *adj.* Se dice de los mamíferos ungulados, con las extremidades terminadas en una sola pieza, como el caballo.

solitaria *s. f.* Tenia, gusano intestinal.

solitario, ria *adj.* **1.** Desamparado, desierto. **2.** Solo, sin compañía.

soliviantar *v. tr.* Inducir a una persona a adoptar una actitud rebelde.

sollozar *v. intr.* Llorar interrumpiendo el llanto con gemidos.

solo, la *adj.* **1.** Único en su especie. **2.** Dicho de personas, sin compañía.

sólo *adv. m.* De un solo modo, en una sola cosa o sin otra cosa.

solomillo *s. m.* En los animales de matadero, capa muscular que se extiende por entre las costillas y el lomo.

solsticio *s. m.* Época en que el Sol se halla en uno de los dos trópicos.

soltar *v. tr.* **1.** Desceñir lo que está sujeto. **2.** Dar libertad a lo que estaba detenido o preso. **3.** Desasir lo que se tenía sujeto.

soltero, ra *adj.* Se dice de la persona que no ha contraído matrimonio.

soltura *s. f.* **1.** Agilidad, prontitud, expedición. **2.** Facilidad y lucidez de dicción.

soluble *adj.* Que se puede disolver o desleír.

solución *s. f.* **1.** Desenlace o término de un proceso, negocio, etc. **2.** Resultado de disolver una sustancia.

solventar *v. tr.* Arreglar cuentas, pagando la deuda a que se refieren.

solvente *adj.* Capaz de cumplir debidamente una obligación, cargo, etc.

sombra *s. f.* **1.** Falta de luz. **2.** Imagen oscura que, sobre una superficie cualquiera, proyecta un cuerpo opaco, al interceptar los rayos directos de la luz.

sombrajo *s. m.* Resguardo de ramas, mimbres, etc., para hacer sombra.

sombrear *v. tr.* **1.** Dar o producir sombra. **2.** Poner sombra en una pintura o dibujo.

sombrero *s. m.* Prenda de vestir que sirve para cubrir la cabeza.

sombrilla *s. f.* Quitasol.

sombrío, a *adj.* **1.** Se dice del lugar en que frecuentemente hay sombra. **2.** *fig.* Tétrico, melancólico.

somero, ra *adj., fig.* Ligero, superficial.

someter *v. tr.* Subordinar la voluntad de uno a la de otra persona. También prnl.

somier *s. m.* Soporte de tela metálica, láminas de madera, etc., sobre el cual se coloca el colchón.

somnífero, ra *adj.* Que causa o da sueño.

somnolencia *s. f.* Pesadez y torpeza de los sentidos motivada por el sueño.

son *s. m.* **1.** Sonido que afecta agradablemente al oído. **2.** *fig.* Noticia, fama.

sonado, da *adj.* **1.** Famoso. **2.** Divulgado con mucho ruido y admiración.

sonaja *s. f.* Par o pares de chapas de metal que se hacen sonar agitándolas.

sonajero *s. m.* Juguete con sonajas o cascabeles que sirve para entretener a los bebés.

sonámbulo, la *adj.* Se dice de la persona que durante el sueño realiza actos de forma automática, sin que pueda recordarlos una vez despierta.

sonar *v. intr.* **1.** Hacer ruido una cosa. **2.** *fam.* Ofrecerse débilmente el recuerdo de alguna cosa oída con anterioridad. || *v. tr.* **3.** Quitar los mocos de la nariz.

sonata *s. f.* Composición de música instrumental.

sonda *s. f.* Cuerda con un peso de plomo que sirve para medir la profundidad de las aguas y explorar el fondo.

sondar *v. tr.* **1.** Medir con la sonda. **2.** Inquirir con cautela la intención de alguien.

soneto *s. m.* Composición poética que consta de catorce versos generalmente endecasílabos, distribuidos en dos cuartetos y dos tercetos, que repiten sus rimas.

sonido *s. m.* Sensación producida en el órgano del oído.

sonoro, ra *adj.* **1.** Que suena. **2.** Que refleja bien el sonido.

sonreír *v. intr.* Reírse levemente.

sonrojar *v. tr.* Hacer que a alguien le salgan los colores en el rostro por vergüenza.

sonsacar *v. tr., fig.* Procurar con maña que alguien diga lo que sabe y reserva.

sonsonete *s. m.* **1.** *fig.* Ruido poco intenso y continuado. **2.** *fig.* Tono de la persona que habla o lee sin expresión, que denota desprecio o ironía.

soñador, ra *adj.* **1.** Que sueña mucho. **2.** Que se aparta de la realidad.

soñar *v. tr.* Representarse en la fantasía imágenes o sucesos durante el sueño.

soñoliento, ta *adj.* **1.** Acometido de sueño. **2.** Que está dormitando.

sopa *s. f.* **1.** Pedazo de pan empapado en cualquier líquido. **2.** Plato compuesto caldo y de rebanadas de pan, fideos, arroz, etc.

sopapo *s. m., fam.* Golpe que se da con la mano en la cara.

sopera *s. f.* Vasija en que se sirve la sopa.

sopero, ra *adj.* Se dice del plato hondo en que se come la sopa.

sopesar *v. tr.* Levantar una cosa como para tantear el peso que tiene.

sopicaldo *s. m.* Caldo con muy pocas sopas.

soplamocos *s. m., fam.* Golpe que se da a alguien en la cara.

soplar *v. intr.* **1.** Despedir aire con violencia por la boca, estrechando los labios. **2.** Despedir los fuelles u otros artificios adecuados el aire que han recibido. **3.** Correr el viento, dejándose sentir.

soplete *s. m.* Instrumento constituido esencialmente por un tubo que aplica una corriente gaseosa a una llama para dirigirla sobre determinados objetos.

soplo *s. m.* **1.** *fig.* Instante. **2.** *fig. y fam.* Aviso dado en secreto y con cautela.

soplón, na *adj., fam.* Se dice de la persona que acusa en secreto y cautelosamente.

soponcio *s. m., fam.* Desmayo, congoja.

sopor *s. m.* Modorra morbosa parecida a un sueño profundo.

soporífero, ra *adj.* Que inclina al sueño o que lo produce.

soportal *s. m.* **1.** Espacio cubierto que precede a la entrada principal. **2.** Pórtico a manera de claustro.

soportar *v. tr.* **1.** Sostener o llevar sobre sí una carga o peso. **2.** *fig.* Sufrir, tolerar.

soporte *s. m.* Apoyo o sostén.

soprano *s. m.* La más aguda de las voces humanas.

sor *s. f.* Precediendo al nombre de ciertas religiosas, hermana.

sorber *v. tr.* **1.** Beber aspirando. **2.** *fig.* Atraer hacia dentro de sí algo.

sorbete *s. m.* Refresco azucarado de zumo de frutas, agua, leche, yemas de huevo, etc., al que se da cierto grado de congelación.

sorbo *s. m.* Porción de líquido que se puede tomar de una vez.

sordera *s. f.* Privación o disminución de la facultad de oír.

sórdido, da *adj.* **1.** Se dice de lo sucio. **2.** *fig.* Se dice de la persona mezquina.

sordina *s. f.* Pieza que puesta en un instrumento musical sirve para disminuir el timbre del sonido.

sordo, da *adj.* **1.** Que no oye o no oye bien. **2.** Callado, silencioso. **3.** Insensible o indócil a las persuasiones o consejos.

sordomudo, da *adj.* Se dice de la persona que está privada del sentido del oído y de la facultad de hablar.

sorna *s. f.* **1.** Espacio o lentitud con que se hace una cosa. **2.** Disimulo y burla con que se hace o se dice una cosa.

sorprendente *adj.* Raro, extraordinario.

sorprender *v. tr.* **1.** Coger desprevenido a alguien. **2.** Descubrir lo que otro ocultaba o disimulaba.

sorpresa *s. f.* Cosa que da motivo para que alguien se sorprenda.

sorra *s. f.* Arena gruesa que sirve de lastre.

sortear *v. tr.* **1.** Someter a personas o cosas a la decisión de la suerte. **2.** *fig.* Evitar con maña un compromiso o riesgo.

sortija *s. f.* **1.** Aro pequeño que se ajusta a los dedos. **2.** Rizo del cabello, en figura de anillo.

sortilegio *s. m.* Adivinación que se hace por suertes supersticiosas.

sosa *s. f.* Óxido de sodio, base salificable muy cáustica.

sosaina *s. m. y s. f.* Persona sosa, sin gracia.

sosegar *v. tr.* Aplacar, tranquilizar.

sosería *s. f.* Falta de gracia y viveza.

sosiego *s. m.* Estado de tranquilidad.

soslayar v. tr. 1. Poner una cosa ladeada para pasar una estrechez. 2. Pasar de largo, evitando con un rodeo una dificultad.

soso, sa adj. 1. Que no tiene sal, o tiene poca. 2. Se dice de la persona, acción o palabra que carecen de gracia y viveza.

sospechar v. tr. 1. Aprehender o imaginar una cosa por conjeturas fundadas en apariencias o visos de verdad. ‖ v. intr. 2. Desconfiar, dudar. También tr.

sospechoso, sa adj. 1. Que da motivo para sospechar. 2. Que sospecha.

sostén s. m., fig. Apoyo moral, protección.

sostenido, da adj. Se dice de la nota cuya entonación es un tono más alta que la que corresponde a su sonido natural.

sota s. f. Carta décima de cada palo de la baraja española.

sotabanco s. m. Piso habitable colocado por encima de la cornisa general de la casa.

sotabarba s. f. Barba que se deja crecer por debajo de la barbilla.

sotana s. f. Vestido talar que usan los eclesiásticos y los legos que sirven en las funciones de iglesia.

sótano s. m. Pieza subterránea, entre los cimientos de un edificio.

sotechado s. m. Cobertizo, techado.

soterrar v. tr. 1. Poner una cosa debajo de tierra. 2. fig. Esconder o guardar una cosa de modo que no aparezca.

sotil adj. Sutil.

soto s. m. Terreno poblado de árboles y arbustos en las riberas o vegas.

su adj. pos. Forma apocopada de "suyo, ya".

suave adj. 1. Liso y blando al tacto. 2. Dulce, grato a los sentidos. 3. fig. Tranquilo, manso.

suavizar v. tr. Hacer suave una cosa.

subafluente s. m. Río, arroyo que desemboca en un afluente.

subalterno, na adj. 1. Inferior, o que está debajo de una persona o cosa. ‖ s. m. y s. f. 2. Empleado de categoría inferior.

subarrendar v. tr. Dar o tomar en arriendo una cosa, no de su dueño sino de otro arrendador de la misma.

subasta s. f. Venta pública de bienes o alhajas que se hace al mejor postor.

subconsciecia s. f. Estado inferior de la conciencia psicológica en el que, por la poca intensidad o duración de las percepciones, no se da cuenta de éstas el sujeto.

subcutáneo, a adj. Que está inmediatamente debajo de la piel.

subdelegado, da adj. Se dice de la persona que sirve a las órdenes del delegado o le sustituye en sus funciones.

subdirector, ra s. m. y s. f. Persona que sirve a las órdenes del director o le sustituye en sus funciones.

súbdito, ta adj. 1. Sujeto a la autoridad de un superior con obligación de obedecerle. ‖ s. m. y s. f. 2. Persona natural de un país que, como tal, está sujeta a las autoridades políticas de éste.

subdividir v. tr. Dividir una parte que ya había sido dividida anteriormente.

suberoso, sa adj. Parecido al corcho.

subida s. f. Lugar en declive.

subinspector, ra s. m. y s. f. Jefe inmediato después del inspector.

subir v. intr. 1. Pasar de un sitio o lugar a otro superior o más alto. 2. Cabalgar, montar. 3. Crecer en alto ciertas cosas.

subitáneo, a adj. Que sucede súbitamente.

súbito, ta adj. 1. Improviso, repentino. 2. Precipitado, violento en obras o palabras.

SUBJEFE - SUCESIVO

subjefe, fa *s. m. y s. f.* Persona que hace las veces de jefe y sirve a sus órdenes.

subjetivo, va *adj.* Relativo a nuestro modo de pensar o de sentir.

subjuntivo, va *adj.* Se dice del modo del verbo que expresa el hecho como un deseo, o como dependiente y subordinado a otro hecho. También s. m.

sublevarse *v. prnl.* Rebelarse.

sublimar *v. tr.* Ensalzar a alguien o algo.

sublime *adj.* Excelso, eminente.

sublingual *adj.* Situado debajo de la lengua.

submarino, na *adj.* Que está bajo la superficie del mar.

submúltiplo, pla *adj.* Se dice del número o cantidad que otro u otra contiene exactamente dos o más veces.

suboficial *s. m.* Categoría militar comprendida entre las de oficial y sargento.

subordinación *s. f.* Sujeción a la orden o dominio de alguien.

subordinar *v. tr.* Sujetar personas o cosas a la dependencia de otras.

subprefecto, ta *s. m. y s. f.* Jefe o magistrado inmediatamente inferior al prefecto.

subrayar *v. tr.* **1.** Señalar por debajo con una raya una letra, palabra o frase escritaa. **2.** *fig.* Recalcar las palabras.

subrogar *v. tr.* Substituir o poner una persona o cosa en lugar de otra.

subsanar *v. tr.* Paliar un defecto o resarcir un daño.

subsecretario, ria *s. m. y s. f.* **1.** Persona que hace las veces del secretario. **2.** Secretario general de un ministro.

subsidiario, ria *adj.* Que se da en socorro o subsidio de alguien.

subsidio *s. m.* Socorro extraordinario.

subsiguiente *adj.* Que sigue inmediatamente a aquello que se expresa.

subsistencia *s. f.* **1.** Estabilidad y conservación de las cosas. **2.** Conjunto de medios necesarios para el sustento de la vida humana.

subsistir *v. intr.* **1.** Conservarse una cosa o durar. **2.** Vivir, mantener la vida.

subsuelo *s. m.* Terreno que está debajo de la capa laborable o, en general, debajo de una capa de tierra.

subteniente *s. m.* Oficial de categoría inmediatamente inferior a la de teniente.

subterfugio *s. m.* Pretexto.

subterráneo, a *adj.* Que está debajo de tierra.

subtítulo *s. m.* Título secundario que se pone a veces después del principal.

suburbano, na *adj.* Se dice del edificio, terreno o campo próximo a la ciudad.

suburbio *s. m.* Barrio o aldea cerca de la ciudad, especialmente el habitado por personas de baja condición social.

subvención *s. f.* Cantidad con que se subviene.

subvenir *v. tr.* Auxiliar en sus necesidades a alguien o a algo.

subyugar *v. tr.* Dominar poderosa o violentamente. También prnl.

succión *s. f.* Acción de chupar con los labios.

sucedáneo, a *adj.* Se dice de la sustancia que por tener propiedades parecidas a las de otra, puede reemplazarla.

suceder *v. intr.* **1.** Entrar una persona o cosa en lugar de otra o seguirse a ella. **2.** Entrar como heredero en la posesión de los bienes de un difunto.

sucesión *s. f.* Procedencia de un progenitor.

sucesivo, va *adj.* Que sucede a otra cosa.

SUCESO - SUJETO

suceso *s. m.* Cosa que sucede.

sucesor, ra *adj.* Que sucede a alguien o sobreviene en su lugar.

suciedad *s. f.* Cosa sucia.

sucinto, ta *adj.* Breve.

sucio, cia *adj.* **1.** Que tiene manchas o impurezas. **2.** *fig.* Deshonesto, obsceno.

sucucho *s. m.* Rincón, ángulo entrante que forman dos paredes.

suculento, ta *adj.* Que tiene sustancia.

sucumbir *v. intr.* **1.** Someterse ante algo o alguien. **2.** Morir, perecer.

sucursal *adj.* Se dice del establecimiento que sirve de ampliación a otro del cual depende. También s. f.

sudar *v. intr.* **1.** Exhalar el sudor. **2.** Trabajar fatigosamente. || *v. tr.* **3.** Empapar en sudor.

sudario *s. m.* Lienzo que se ponía sobre el rostro de los difuntos o en que se envolvía el cadáver.

sudeste *s. m.* Punto del horizonte entre el Sur y el Este, a igual distancia de ambos.

sudoeste *s. m.* Punto del horizonte entre el Sur y el Oeste, a igual distancia de ambos.

sudor *s. m.* **1.** Serosidad transparente que sale por los orificios de las glándulas sudoríparas de la piel. **2.** Trabajo y fatiga.

sudoríparo, ra *adj.* Se dice de la glándula o folículo que segrega el sudor.

suegro, gra *s. m. y s. f.* Padre o madre de un cónyuge, respecto del otro.

suela *s. f.* Parte del calzado que toca el suelo.

sueldo *s. m.* Remuneración asignada a una persona por desempeñar un cargo o servicio profesional.

suelo *s. m.* **1.** Superficie de la tierra. **2.** Piso de un cuarto o vivienda.

suelto, ta *adj.* **1.** Veloz. **2.** Ágil en la ejecución de las cosas.

sueño *s. m.* **1.** Acto de dormir. **2.** Ganas de dormir. **3.** *fig.* Cosa fantástica, sin fundamento, ni razón.

suero *s. m.* Parte líquida de la sangre del quilo o de la linfa que se separa del coágulo de estos humores cuando salen del organismo.

suerte *s. f.* **1.** Encadenamiento de los sucesos, considerado como fortuito o casual. **2.** Circunstancia de ser, por mera casualidad, favorable o adverso lo que sucede.

suficiente *adj.* **1.** Bastante para lo que se necesita. **2.** Apto o idóneo para algo.

sufijo, ja *adj.* Se dice de los afijos que se sitúan a continuación de las palabras para formar derivados. También s. m.

sufragáneo, a *adj.* Que depende de la jurisdicción y autoridad de alguien.

sufragar *v. tr.* **1.** Ayudar. **2.** Costear.

sufragio *s. m.* **1.** Ayuda, socorro. **2.** Voto, parecer de la voluntad de alguien.

sufrido, da *adj.* **1.** Que sufre con resignación. **2.** Se dice del color que disimula lo sucio.

sufrimiento *s. m.* Paciencia, conformidad con que se sufre una cosa.

sufrir *v. tr.* **1.** Padecer. **2.** Aguantar una carga.

sugerencia *s. f.* Inspiración, idea sugerida.

sugerir *v. tr.* Hacer entrar o despertar en el ánimo de alguien una idea o imagen.

sugestionar *v. tr.* **1.** Inspirar una persona a otra hipnotizada palabras o actos involuntarios. **2.** Dominar la voluntad de alguien.

suicidarse *v. prnl.* Quitarse voluntariamente la vida.

sujetar *v. tr.* **1.** Someter al dominio de alguien. **2.** Afirmar una cosa con la fuerza.

sujeto *s. m.* **1.** Asunto sobre el que se habla o escribe. **2.** Persona innominada.

SULFATO - SUPLICATORIA

sulfato *s. m.* Cualquier combinación del ácido sulfúrico con un radical mineral u orgánico.

sulfurar *v. tr.* **1.** Combinar un cuerpo con el azufre. **2.** *fig.* Causar enfado o irritación, encolerizar. Se usa más como prnl.

sulfuro *s. m.* Cuerpo que resulta de la combinación del azufre con un metal.

sultán *s. m.* **1.** Emperador de los turcos. **2.** Príncipe o gobernador mahometano.

suma *s. f.* **1.** Agregado de muchas cosas. **2.** Acción y resultado de sumar.

sumando *s. m.* Cada una de las cantidades parciales que han de añadirse unas a otras para formar la suma.

sumar *v. tr.* **1.** Recopilar una materia. **2.** Reunir en una sola varias cantidades homogéneas.

sumario, ria *adj.* **1.** Se dice de lo resumido, breve. || *s. m.* **2.** Resumen, compendio de una cosa.

sumarísimo, ma *adj.* Se dice de cierta clase de juicios a los que señala la ley una tramitación brevísima.

sumergir *v. tr.* Meter una cosa debajo del agua o de otro líquido.

sumidero *s. m.* Conducto o canal por donde se sumen las aguas.

suministrar *v. tr.* Proveer a alguien de algo que necesita.

suministro *s. m.* Provisión de víveres o utensilios para las tropas, prisioneros, etc.

sumir *v. tr.* **1.** Hundir debajo de la tierra o del agua. **2.** Sumergir.

sumiso, sa *adj.* **1.** Obediente. **2.** Rendido, subyugado.

sumo, ma *adj.* **1.** Supremo, altísimo o que no tiene superior. **2.** Muy grande, enorme.

suntuoso, sa *adj.* Magnífico.

supeditar *v. tr.* Sujetar, oprimir con rigor.

superar *v. tr.* **1.** Ser superior a otro. **2.** Vencer obstáculos y dificultades.

superávit *s. m.* En las cuentas, exceso del haber o caudal sobre el debe o sobre las obligaciones.

superchería *s. f.* Engaño, dolo, fraude.

superficial *adj., fig.* Aparente, sin solidez.

superficie *s. f.* **1.** Límite exterior de un cuerpo que lo separa y distingue del resto del espacio. **2.** Aspecto externo de algo.

superfluo, flua *adj.* No necesario, que está de sobra.

superior[1] *adj.* Que está más alto y en lugar preeminente con relación a otra cosa.

superior[2] *s. m. y s. f.* Persona que manda o dirige una congregación o comunidad.

superioridad *s. f.* Preeminencia en una persona o cosa respecto de otra.

superlativo, va *adj.* Muy grande y excelente en su línea.

superponer *v. tr.* Poner una cosa encima de otra. También prnl.

superstición *s. f.* Creencia extraña a la fe religiosa y contraria a la razón.

suplantar *v. tr.* **1.** Falsificar un escrito con palabras o cláusulas que modifiquen sustancialmente su sentido. **2.** Ocupar ilegalmente el puesto de otro, usurpar su personalidad o sus derechos.

suplementario, ria *adj.* Que sirve para suplir o sustituir una cosa o completarla.

suplemento *s. m.* Cosa que se añade a otra para perfeccionarla.

supletorio, ria *adj.* Que suple una falta.

suplicar *v. tr.* Pedir con sumisión y humildad una cosa.

suplicatoria *s. f.* Carta u oficio que pasa un tribunal o juez a otro superior.

SUPLICIO - SUYO

suplicio *s. m.* **1.** Lesión corporal, o muerte infligida como castigo. **2.** *fig.* Grave dolor físico o moral.

suplir *v. tr.* Completar lo que falta en una cosa o remediar la carencia de ella.

suponer *v. tr.* **1.** Dar por sentada y existente una cosa. **2.** Fingir una cosa. **3.** Conjeturar algo a través de los indicios que se poseen.

supositorio *s. m.* Preparado de pasta en forma cónica, para ser introducido en el recto, la vagina, uretra, etc.

suprarrenal *adj.* Situado encima de los riñones.

supremo, ma *adj.* **1.** Sumo, altísimo. **2.** Que no tiene superior en su línea.

suprimir *v. tr.* **1.** Hacer cesar, hacer desaparecer. **2.** Omitir, pasar por alto.

supuesto *s. m.* Hipótesis.

supurar *v. intr.* Formar o echar pus.

sur *s. m.* Punto cardinal del horizonte, diametralmente opuesto al Norte.

surcar *v. tr.* Hacer surcos en la tierra.

surco *s. m.* **1.** Hendidura que se hace en la tierra con el arado. **2.** Arruga en el rostro o en otra parte del cuerpo.

surgir *v. intr.* **1.** Surtir, brotar el agua. **2.** *fig.* Alzarse, manifestarse.

surtido, da *adj.* Se aplica al artículo de comercio que se ofrece como mezcla de diversas clases. También s. m.

surtidor *s. m.* Chorro de agua que brota especialmente hacia arriba.

surtir *v. tr.* **1.** Proveer a alguien de alguna cosa. ‖ *v. intr.* **2.** Brotar, salir el agua.

surto, ta *adj., fig.* Tranquilo, en reposo.

susceptible *adj.* Capaz de padecer o recibir modificación o impresión.

suscitar *v. tr.* Levantar, promover.

suscribir *v. tr.* **1.** Firmar al final de un escrito. ‖ *v. prnl.* **2.** Obligarse alguien a contribuir como otros al pago de una cantidad para cualquier obra.

suspender *v. tr.* **1.** Levantar, sostener algo en alto o en el aire. ‖ *v. intr.* **2.** *fig.* Producir admiración. **3.** No pasar el examen por no obtener la puntuación necesaria.

suspenso *s. m.* Nota de haber sido suspendido en un examen.

suspicaz *adj.* Propenso a concebir sospechas.

suspirar *v. tr.* Dar suspiros.

suspiro *s. m.* Aspiración fuerte y prolongada, seguida de una espiración y que suele denotar queja, aflicción o deseo.

sustancia *s. f.* **1.** Parte nutritiva de los alimentos. **2.** Ser, esencia de las cosas.

sustentar *v. tr.* **1.** Proporcionar el alimento necesario. **2.** Sostener una cosa para que no se caiga. **3.** Defender una opinión.

sustento *s. m.* Mantenimiento, alimento.

sustituir *v. tr.* Poner a una persona o cosa en lugar de otra.

susto *s. m.* Impresión repentina de miedo.

sustraer *v. tr.* **1.** Apartar, separar, extraer. **2.** Hurtar. **3.** Restar.

susurro *s. m.* Rumor suave que resulta de hablar quedo.

sutil *adj.* **1.** Delgado. **2.** Agudo, perspicaz.

sutileza *s. f.* Dicho o concepto excesivamente agudo, pero falso o superficial.

sutura *s. f.* Costura que unen los labios de una herida.

suyo, ya *adj. pos.* Forma del posesivo masculino y femenino de la tercera persona del singular o del plural. Indica posesión o pertenencia a la persona o personas de que se habla. También pron.

T

t *s. f.* Vigésimo primera letra del abecedario español y decimoséptima de sus consonantes.

taba *s. f.* **1.** Hueso del pie. **2.** Juego en que se tira al aire una taba de carnero y se gana según la cara que queda hacia arriba.

tabaco *s. m.* Planta solanácea, de olor fuerte, hojas alternas, grandes, lanceoladas y glutinosas, que se usan para fumar.

tábano *s. m.* Insecto díptero, de color pardo, que molesta con sus picaduras, principalmente a las caballerías.

tabanque *s. m.* Rueda de madera que mueven con el pie los alfareros para hacer girar el torno.

tabaquismo *s. m.* Intoxicación crónica producida por el abuso del tabaco.

tabardillo *s. m.* **1.** Fiebre grave y endémica con síntomas nerviosos y alteración de la sangre. **2.** *fam.* Insolación.

tabardo *s. m.* Prenda de abrigo ancha y larga, de paño tosco.

tabarra *s. f.* Cosa impertinente y molesta.

taberna *s. f.* Tienda donde se vende al por menor vino y otras bebidas alcohólicas.

tabernáculo *s. m.* **1.** Lugar donde los hebreos tenían colocada el arca del Testamento. **2.** Sagrario donde se guarda el Santísimo Sacramento.

tabicar *v. tr.* **1.** Cerrar con tabique una cosa. **2.** *fig.* Cerrar o tapar una cosa que debía estar abierta. También prnl.

tabinete *s. m.* Tela parecida al raso, con trama de algodón y urdimbre de seda, usada para el calzado femenino.

tabique *s. m.* Pared delgada que se hace principalmente para la división de los cuartos o aposentos de las casas.

tabla *s. f.* **1.** Pieza de madera plana, más larga que ancha, de caras paralelas y de poco grosor respecto del resto de sus dimensiones. **2.** Lista o catálogo de cosas puestas por orden.

tablado *s. m.* **1.** Suelo plano formado de tablas unidas por el canto. **2.** Suelo de tablas realizado en alto sobre una armazón. **3.** Pavimento del escenario de un teatro.

tablazón *s. f.* Conjunto o compuesto de tablas con que se hacen las cubiertas de las embarcaciones y otras obras.

tablear *v. tr.* Dividir un madero en tablas.

tablero *adj.* Se dice del madero a propósito para cortarlo en tablas.

tabletear *v. intr.* Hacer chocar tabletas o tablas con el fin de producir ruido.

tablilla *s. f.* Tabla pequeña en la cual se expone al público una lista o un anuncio.

tablón *s. m.* Tabla gruesa.

tabloncillo *s. m.* Madera de sierra de diferentes dimensiones, según la región.

tabú *s. m.* Prohibición supersticiosa fundada en prejuicios irracionales.

tabuco *s. m.* Aposento pequeño.

tabular *adj.* Que tiene forma de tabla.

taburete *s. m.* Asiento sin brazos ni respaldo para una persona.

taca *s. f.* Alacena pequeña.

tacaño, ña *adj.* **1.** Que engaña con sus ardides y embustes. **2.** Que escatima exageradamente en lo que gasta o da.

tacha *s. f.* Falta o defecto que se halla en una persona o cosa.

tachar *v. tr.* **1.** Poner en una cosa falta o tacha. **2.** Borrar lo escrito.

tachón[1] *s. m.* Cada una de las rayas que se hacen sobre lo escrito para borrarlo.

tachón² *s. m.* Tachuela grande de cabeza dorada o plateada.

tachonar *v. tr.* Adornar una cosa sobreponiéndole tachones.

tachuela *s. f.* Clavo corto y de cabeza grande.

tácito, ta *adj.* **1.** Callado, silencioso. **2.** Que no se oye o dice formalmente, sino que se supone.

taciturno, na *adj.* **1.** Callado, que le molesta hablar. **2.** *fig.* De carácter triste y melancólico.

taco *s. m.* Pedazo de madera, metal u otra materia, corto y grueso, con que se tapa o llena algún hueco.

tacón *s. m.* Pieza semicircular que va exteriormente unida a la suela del calzado en la parte correspondiente al talón.

taconear *v. intr.* Pisar causando ruido con el tacón.

táctica *s. f.* Arte que enseña a poner en orden las cosas.

táctil *adj.* Referente al tacto.

tacto *s. m.* **1.** Uno de los cinco sentidos corporales con el cual conocemos la forma y extensión de los objetos, su aspereza o suavidad, su dureza o blandura, etc. **2.** *fig.* Habilidad para obrar o hablar con acierto, según las circunstancias.

tafetán *s. m.* Tela delgada de seda, muy tupida.

tafilete *s. m.* Cuero bruñido y lustroso, empleado en la fabricación de zapatos finos, encuadernación de lujo, etc.

tagarnina *s. f.* **1.** Cardillo, planta. **2.** *fam.* Cigarro puro muy malo.

tagarote *s. m., fig.* Escribiente de notario.

tahalí *s. m.* Tira de cuero u otra materia, para llevar colgada del hombro la espada, el sable o el tambor.

tahona *s. f.* Molino de harina cuya rueda se mueve con caballería.

tahúr, ra *adj.* Jugador, que tiene el vicio de jugar.

taifa *s. f.* **1.** Parcialidad, partido político. **2.** *fig. y fam.* Reunión de pícaros.

taimado, da *adj.* Astuto, disimulado.

tajada *s. f.* **1.** Porción cortada de una cosa. **2.** *fam.* Ronquera o tos ocasionada por un resfriado.

tajadera *s. f.* Cuchilla a modo de media luna para cortar queso o turrón.

tajamar *s. m.* Tablón recortado en forma curva y ensamblado en la parte posterior de la roda que hiende el agua cuando el buque marcha.

tajar *v. tr.* Dividir una cosa en dos o más partes con un instrumento cortante.

tajo *s. m.* **1.** Corte hecho con un instrumento adecuado. **2.** Precipicio o escarpa alta y cortada casi vertical.

tal *adj.* **1.** Igual, semejante o de la misma forma. ‖ *adv. m.* **2.** Así, de esta manera.

talabarte *s. m.* Cinturón que lleva pendientes los tiros de que cuelga la espada.

taladrar *v. tr.* Horadar una cosa con taladro u otro instrumento semejante.

taladro *s. m.* **1.** Instrumento agudo o cortante con que se agujerea la madera u otro material. **2.** Agujero angosto hecho con el taladro.

tálamo *s. m.* **1.** Lugar preeminente donde los novios celebraban sus bodas. **2.** Cama de los desposados, lecho conyugal.

talante *s. m.* **1.** Modo de ejecutar una cosa. **2.** Semblante o disposición personal, o estado y calidad de las cosas.

talar¹ *adj.* Se dice del traje o vestido que llega hasta los talones.

talar² *v. tr.* Cortar por la base masas de árboles para dejar la tierra devastada.

talco *s. m.* Silicato de magnesia, blando, suave al tacto, de textura hojosa que, reducido a polvo, se usa en farmacia.

talega *s. f.* Bolsa de tela, ancha y corta, que sirve para llevar o guardar cosas.

talego *s. m.* Saco de lienzo largo y estrecho.

talento *s. m.* **1.** *fig.* Dotes intelectuales que resplandecen en una persona. **2.** *fig.* Entendimiento.

talgo *s. m.* Tren articulado que alcanza gran velocidad.

talión *s. m.* Pena que consiste en hacer sufrir al delincuente un daño igual al que causó.

talismán *s. m.* Cualquier objeto o dibujo con relación a los signos zodiacales con atribuciones mágicas.

talla *s. f.* **1.** Obra de escultura, especialmente en madera. **2.** Estatura o altura de una persona. **3.** Marca, altura.

tallar *v. tr.* Hacer obras de talla.

tallarín *s. m.* Cinta de pasta alimenticia hecha con harina de trigo, agua y huevo, que se suele servir enrollada formando una especie de nido. Se usa más en pl.

talle *s. m.* **1.** Disposición o aspecto proporcionado del cuerpo humano. **2.** Cintura.

taller *s. m.* Oficina en que se trabaja una obra manual.

tallo *s. m.* Órgano de las plantas que se prolonga en sentido contrario al de la raíz y sirve como sujeción a las hojas, flores y frutos.

talón *s. m.* **1.** Parte posterior del pie humano. **2.** Parte del calzado que cubre el calcañar.

talonario, ria *adj.* Se dice del documento que se corta de un libro, quedando en él una parte de cada hoja para acreditar con ella su legitimidad.

talud *s. m.* Inclinación del paramento de un muro o de un terreno.

tamaño, ña *adj. compar.* **1.** Tan grande o tan pequeño. || *s. m.* **2.** Mayor o menor volumen o dimensiones de una cosa.

tambalearse *v. prnl.* Menearse una cosa a uno y otro lado, como si fuera a caerse.

también *adv. m.* Se usa para afirmar la igualdad o semejanza de una cosa con otra ya nombrada.

tambor *s. m.* Instrumento musical de percusión, de forma cilíndrica, hueco, cubierto por sus dos bases con piel estirada.

tamboril *s. m.* Tambor pequeño que se toca con un solo palillo en las fiestas populares.

tamborilada *s. f., fam.* Golpe que se da con fuerza cayendo sentado en el suelo.

tamborilear *v. intr.* Tocar el tamboril.

tamborilete *s. m.* Tablilla cuadrada para nivelar las letras de un molde.

tamiz *s. m.* Cedazo muy tupido.

tamizar *v. tr.* Pasar una cosa por tamiz.

tamo *s. m.* Pelusa que se desprende del lino, algodón o lana.

tampoco *adv. neg.* Niega una cosa después de haberse negado otra.

tampón *s. m.* Almohadilla, encerrada en una pequeña caja metálica, que sirve para entintar sellos, estampillas, etc.

tan *adv. c.* Apócope de tanto.

tanda *s. f.* **1.** Alternativa, turno. **2.** Cada uno de los grupos en que se dividen las personas o las bestias empleadas en un trabajo.

tándem *s. m.* Bicicleta para dos personas provista de pedales para ambos.

tanganillo s. m. Palo, piedra o cosa semejante que se pone para sostener y apoyar algo provisionalmente.

tangente adj. **1.** Que toca. **2.** Se dice de las líneas y superficies que se tocan o tienen puntos comunes sin cortarse.

tango s. m. Fiesta y baile de los habitantes de raza negra o de gente del pueblo, en determinados países de América, de movimiento modelado y muy marcado.

tanino s. m. Sustancia ácida, muy astringente, contenida en algunos vegetales y que sirve para curtir las pieles.

tanque s. m. **1.** Automóvil de guerra blindado y armado que, moviéndose sobre una llanta flexible, puede andar por terreno muy escabroso. **2.** Depósito de agua u otro líquido, transportado en un vehículo.

tanqueta s. f. Vehículo de combate ligero.

tantear v. tr. Medir o parangonar una cosa con otra para ver si viene bien.

tanteo s. m. Número determinado de tantos que se ganan en el juego.

tanto, ta adj. **1.** Se dice de la cantidad de una cosa indeterminada o indefinida. **2.** Tan grande o muy grande. **3.** Ficha, moneda u objeto a propósito con que se señalan los puntos ganados en ciertos juegos.

tañer v. tr. Tocar un instrumento musical.

tañido s. m. Son particular que se toca en cualquier instrumento.

tapa s. f. **1.** Pieza que cierra por la parte superior las cajas, cofres, etc. **2.** Cubierta córnea que rodea el casco de las caballerías.

tapadera s. f. **1.** Parte movible que cubre la boca de alguna cavidad. **2.** Persona que encubre lo que otra desea que se ignore.

tapar v. tr. **1.** Poner algo para cubrir o llenar un agujero o algo que está abierto. **2.** Abrigar o cubrir. **3.** Cerrar con tapa. **4.** fig. Encubrir u ocultar un defecto.

tapete s. m. Paño que se pone como adorno encima de las mesas y otros muebles.

tapia s. f. **1.** Cada uno de los trozos de pared que de una sola vez se hacen con tierra amasada y apisonada en una horma y secada al aire. **2.** Muro de cerca.

tapiar v. tr. Cerrar con tapias.

tapicería s. f. **1.** Juego de tapices. **2.** Arte de tejer tapices.

tapioca s. f. Fécula blanca y granillosa que se saca de la raíz de la mandioca o yuca.

tapir s. m. Mamífero paquidermo semejante al jabalí, con el hocico prolongado en forma de pequeña trompa.

tapiz s. m. Paño grande, tejido, con que se adornan generalmente las paredes de las habitaciones.

tapizar v. tr. Forrar con tela los muebles o las paredes.

tapón s. m. Pieza de corcho, cristal, madera, etc. con que se tapan botellas, toneles y otras vasijas.

taponar v. tr. Cerrar con tapón un orificio, una herida o una cavidad del cuerpo.

tapsia s. f. Planta umbelífera, de cuya raíz se saca un jugo de consistencia de miel, muy usado como revulsivo.

tapujarse v. prnl., fam. Taparse de rebozo o embozarse.

tapujo s. m. **1.** Embozo con que una persona se tapa para no ser conocida. **2.** fam. Disimulo con que se disfraza la verdad.

taquicardia s. f. Frecuencia excesiva del ritmo de las contracciones cardiacas.

taquigrafía s. f. Arte de escribir tan deprisa como se habla, por medio de signos especiales.

taquilla *s. f.* **1.** Armario para guardar papeles. **2.** Casillero para los billetes de teatro, ferrocarril, etc.

taquímetro *s. m.* Instrumento para medir rápidamente distancias y ángulos.

tara *s. f.* **1.** Parte de peso que se rebaja en las mercancías por razón de los embalajes en que están incluidos. **2.** Estigma de degeneración o enfermedad.

tarabilla *s. f.* Zoquetillo de madera que sirve para cerrar las puertas o ventanas, de manera que las asegure al girar.

taracea *s. f.* **1.** Embutido hecho con pedazos menudos de madera, concha, nácar, etc. **2.** Entarimado hecho con maderas finas de diversos colores formando dibujo.

tarambana *s. m. y s. f. fam.* Persona alocada, de poco juicio.

tarantela *s. f.* Antigua danza de origen italiano, de movimiento muy vivo.

tarántula *s. f.* Araña grande de picadura venenosa, pero no mortal.

tararear *v. tr.* Cantar una canción entre dientes y sin articular palabras.

tarasca *s. f.* Figura de sierpe monstruosa, que en algunas partes se saca en la procesión del Corpus.

tarascada *s. f.* **1.** Herida hecha con los dientes. **2.** *fam.* Respuesta áspera o grosera.

taray *s. m.* Arbusto tamariscáceo que crece a orillas de los ríos, con flores pequeñas, en espigas, de cáliz encarnado y pétalos blancos.

tarde *s. f.* Parte del día comprendida entre el mediodía y el anochecer.

tardígrado, da *adj.* Se dice de los animales mamíferos del orden de los desdentados, que se distinguen por la lentitud de sus movimientos.

tardío, a *adj.* Pausado, lento.

tardo, da *adj.* **1.** Lento, perezoso. **2.** Que sucede después del tiempo oportuno.

tarea *s. f.* **1.** Cualquier obra o trabajo. **2.** El que debe hacerse en tiempo limitado.

tarifa *s. f.* Tabla de los precios, derechos o impuestos que se han de pagar por algo.

tarima *s. f.* Entablado móvil de varias dimensiones según su uso.

tarja *s. f.* **1.** Escudo grande que cubría todo el cuerpo. **2.** Chapa que sirve de contraseña.

tarjeta *s. f.* Pedazo de cartulina, pequeño y rectangular, con el nombre, título o cargo y dirección de una persona, con una invitación o con cualquier aviso.

tarquín *s. m.* Barro que las riadas depositan en los campos que los ríos inundan.

tarro *s. m.* Vasija cilíndrica, por lo común más alta que ancha, de porcelana, vidrio u otra materia.

tarso *s. m.* **1.** Parte posterior del pie, entre el metatarso y la pierna. **2.** Corvejón de los cuadrúpedos.

tarta *s. f.* Pastel hecho con cualquier tipo de masa homogénea y rellena con dulces de frutas, crema, nata, etc.

tartajear *v. intr.* Hablar pronunciando las palabras con torpeza, debido a algún impedimento en la lengua.

tartalear *v. intr.* **1.** Moverse sin orden o con movimiento trémulo. **2.** Turbarse alguien, de modo que no acierte a hablar.

tartamudear *v. intr.* Hablar con pronunciación entrecortada y repitiendo sílabas o sonidos.

tartán *s. m.* Tela de lana con cuadros o listas cruzadas de diferentes colores.

tartana *s. f.* Carruaje de dos ruedas con cubierta abovedada y asientos laterales.

tártaro *s. m.* Sarro de los dientes.

tartera *s. f.* Recipiente con cierre hermético que sirve para conservar los alimentos.

tartufo *s. m.* Persona hipócrita y falsa.

tarugo *s. m.* **1.** Clavija gruesa de madera. **2.** Zoquete de madera o de pan. **3.** Trozo grueso de madera, en forma de paralelepípedo, que se usa para pavimentar calles.

tas *s. m.* Yunque pequeño de los plateros.

tasa *s. f.* Precio fijo puesto por la autoridad a las cosas vendibles.

tasación *s. f.* Valoración del activo de una empresa.

tasajo *s. m.* Pedazo de carne acecinado.

tasar *v. tr.* **1.** Poner precio a las cosas vendibles. **2.** Graduar el valor de las cosas. **3.** Regular la remuneración que corresponde a un trabajo.

tasca *s. f.* **1.** Garito o casa de juego de mala fama. **2.** Taberna.

tasto *s. m.* Sabor desagradable que dan algunas viandas revenidas.

tatarabuelo, la *s. m. y s. f.* Tercer abuelo.

tataranieto, ta *s. m. y s. f.* Tercer nieto.

¡tate! *interj.* **1.** Equivale a ¡cuidado!, o poco a poco. **2.** Denota sorpresa por haber conseguido entender algo que antes no se había comprendido.

tato, ta *adj.* Tartamudo, que vuelve la "c" y "s" en "t".

tatuar *v. tr.* Grabar dibujos indelebles en la piel, introduciendo materias colorantes bajo la epidermis.

tau *s. m.* **1.** Última letra del alfabeto hebreo. **2.** *fig.* Divisa, distintivo.

taujel *s. m.* Listón de madera, reglón.

taumaturgia *s. f.* Facultad de realizar prodigios.

tauromaquia *s. f.* Arte de lidiar toros.

taxativo, va *adj.* Que limita y reduce un caso a determinadas circunstancias.

taxi *s. m.* Automóvil de alquiler con conductor, cuya tarifa va especificada en un taxímetro.

taxidermia *s. f.* Arte de disecar los animales muertos para conservarlos con apariencia de vivos.

taxímetro *s. m.* Aparato que en los automóviles marca la distancia recorrida y la cantidad que se debe pagar.

taxista *s. m. y s. f.* Conductor de taxi.

taxonomía *s. f.* Ciencia que trata de los principios de la clasificación.

taza *s. f.* **1.** Vasija pequeña, con asa, para tomar líquidos. **2.** Lo que cabe en ella.

tazón *s. m.* Taza grande de desayuno.

te *pron. pers.* Forma átona del pronombre personal de segunda persona, género masculino o femenino y número singular, que puede funcionar como complemento directo o como indirecto.

té *s. m.* **1.** Arbusto de la familia de las camelias, propio de Asia, de hojas coriáceas, flores blancas axilares y fruto capsular. **2.** Hoja de esta planta desecada, arrollada y tostada ligeramente. **3.** Infusión que se hace con esta hoja en agua hirviendo.

tea *s. f.* Astilla o raja de madera muy impregnada en resina, que sirve para dar luz.

teatro *s. m.* **1.** Edificio destinado a la representación de obras dramáticas. **2.** *fig.* Literatura dramática.

techar *v. tr.* Cubrir un edificio formando el techo.

techo *s. m.* **1.** Parte interior y superior de una habitación o edificio, que lo cubre y cierra. **2.** *fig.* Casa, habitación o domicilio.

techumbre *s. f.* Cubierta de un edificio.

TECLA - TELEOLOGÍA

tecla *s. f.* Cada una de las piezas que, por la presión de los dedos, ponen en movimiento las palancas que hacen sonar los cañones del órgano o las cuerdas del piano y otros instrumentos semejantes.

teclado *s. m.* Conjunto ordenado de teclas de un instrumento u otro aparato.

teclear *v. intr.* Mover las teclas.

tecnicismo *s. m.* Conjunto de voces específicas del lenguaje de una ciencia, arte, oficio, etc.

técnico, ca *s. m. y s. f.* Persona que está versada en una ciencia, arte u oficio.

tecnología *s. f.* Conjunto de los conocimientos propios de un oficio mecánico o arte industrial.

tedéum *s. m.* Cántico que usa la Iglesia para dar gracias a Dios por algún beneficio.

tedio *s. m.* Repugnancia, fastidio, molestia.

tegumento *s. m.* Tejido orgánico que recubre ciertas partes de las plantas.

teína *s. f.* Principio activo del té.

teja *s. f.* Pieza de barro cocido en forma de canal, para cubrir exteriormente los techos.

tejado *s. m.* Cubierta hecha generalmente con tejas.

tejedor *s. m.* Insecto hemíptero que corre con agilidad por la superficie del agua.

tejemaneje *s. m.* **1.** *fam.* Afán y destreza con que se hace una cosa. **2.** Manejos enredosos para algún asunto turbio.

tejer *v. tr.* **1.** Formar en el telar la tela con la trama y la urdimbre. **2.** Entrelazar hilos de seda lana, algodón, etc., o los nudos o anillos de un solo hilo para formar telas, trencillas, esteras, etc.

tejido *s. m.* **1.** Textura de una tela. **2.** Cosa tejida.

tejo *s. m.* **1.** Pedazo redondo de teja que sirve para jugar. **2.** Disco metálico grueso. **3.** Trozo de oro en pasta.

tejón *s. m.* Mamífero carnívoro mustélido de patas y cola cortas, orejas pequeñas y pelaje espeso.

tejuelo *s. m.* Cuadrito de piel o de papel que se pega al lomo de un libro para poner el rótulo.

tela *s. f.* **1.** Obra hecha de muchos hilos que, entrecruzados, forman una hoja o lámina. **2.** *fig.* Asunto que se trata.

telar *s. m.* Máquina para tejer.

telaraña *s. f.* **1.** Tela que forma la araña. **2.** *fig.* Cosa sutil de poca entidad.

telecomunicación *s. f.* Sistema de comunicación telegráfica, telefónica o radiotelegráfica y demás análogos.

telefonear *v. tr.* Comunicar algo por medio del teléfono.

telefonía *s. f.* Arte de construir, instalar y manejar teléfonos.

telefonista *s. m. y s. f.* Persona ocupada en el servicio de los aparatos telefónicos.

teléfono *s. m.* Conjunto de aparatos e hilos conductores con que se transmite a distancia el sonido por la acción de la electricidad.

telegrafía *s. f.* Arte de construir, instalar y manejar los telégrafos.

telegrafiar *v. tr.* **1.** Manejar el telégrafo. **2.** Dictar comunicaciones para su expedición telegráfica.

telégrafo *s. m.* Conjunto de aparatos para transmitir despachos con rapidez y a larga distancia mediante señales convenidas.

telegrama *s. m.* Despacho telegráfico.

teleología *s. f.* Parte de la metafísica que estudia las causas finales.

telepatía *s. f.* Percepción extraordinaria de un fenómeno que tiene lugar fuera del alcance de los sentidos.

telescopio *s. m.* Anteojo de gran alcance que se destina a observar objetos lejanos, especialmente los cuerpos celestes.

teletipo *s. m.* Aparato telegráfico que sirve para transmitir y recibir mensajes en tipos comunes mediante un teclado parecido al de la máquina de escribir.

televisión *s. f.* **1.** Transmisión de imágenes a distancia a través de ondas eléctricas. **2.** Televisor

televisor *s. m.* Aparato receptor de televisión.

telón *s. m.* Lienzo grande que puede subirse y bajarse en el escenario de un teatro.

telurio *s. m.* Metaloide cristalino muy escaso, análogo al selenio.

tema *s. m.* **1.** Proposición, texto o asunto sobre que versa un discurso, discusión, escrito, etc. **2.** Idea principal de una composición, con arreglo a la cual se desarrolla el resto de ella.

temblar *v. intr.* **1.** Agitarse una persona con movimientos frecuentes e involuntarios. **2.** *fig.* Tener mucho miedo.

tembleque *adj.* Que tiembla.

temblor *s. m.* Movimiento involuntario, repetido y continuado.

temer *v. tr.* **1.** Tener a una persona o cosa por objeto de temor. **2.** Recelar un daño. **3.** Sospechar, creer. También prnl.

temerario, ria *adj.* Imprudente, que se expone innecesariamente a los peligros.

temor *s. m.* **1.** Pasión del ánimo que incita a rehusar las cosas que se consideran dañinas o arriesgadas. **2.** Recelo, especialmente de un daño futuro.

temoso, sa *adj.* Tenaz, porfiado en una idea.

témpano *s. m.* **1.** Timbal, instrumento musical. **2.** Piel extendida del pandero, tambor, etc. **3.** Pedazo de cualquier cosa dura y plana.

temperamento *s. m.* Carácter físico y mental peculiar de cada individuo, que resulta del predominio fisiológico de un sistema orgánico o de un humor.

temperar *v. tr.* **1.** Atemperar. También prnl. **2.** Templar o calmar el exceso de acción o de excitación orgánica.

temperatura *s. f.* Grado mayor o menor de calor de los cuerpos.

temperie *s. f.* Estado de la atmósfera, según los diversos grados de calor o humedad.

tempero *s. m.* Buena disposición que adquiere la tierra con la lluvia.

tempestad *s. f.* Fuerte perturbación de la atmósfera acompañada de lluvia, nieve o granizo, y frecuentemente de rayos y relámpagos.

tempestuoso, sa *adj.* Que causa o constituye una tempestad.

templanza *s. f.* **1.** Una de las cuatro virtudes cardinales, que nos induce a refrenar la sensualidad y a usar de todas las cosas con moderación. **2.** Sobriedad y continencia.

templar *v. tr.* **1.** Moderar la fuerza de una cosa. **2.** Quitar el frío de una cosa, calentarla ligeramente, especialmente hablando de líquidos. **3.** Poner en tensión o presión moderada una cuerda, un freno, etc.

temple *s. m.* **1.** Temperie. **2.** Temperatura de los cuerpos. **3.** *fig.* Calidad o estado del genio. **4.** *fig.* Arrojo, valentía serena para afrontar las dificultades.

templete *s. m.* **1.** Armazón pequeño con forma de templo, que sirve para cobijar una imagen. **2.** Pabellón o quiosco cubierto con una cúpula sostenida por columnas.

templo *s. m.* Edificio destinado públicamente a un culto.

témpora *s. f.* Tiempo de ayuno en el comienzo de cada una de las cuatro estaciones del año. Se usa más en pl.

temporada *s. f.* Espacio de varios días, meses o años que se consideran aparte formando un conjunto.

temporal *adj.* **1.** Que dura por algún tiempo. ‖ *s. m.* **2.** Tempestad.

temporero, ra *adj.* Se dice de la persona encargada temporalmente del ejercicio de un oficio o de un trabajo.

temprano, na *adj.* **1.** Adelantado, que es o está antes del tiempo ordinario. ‖ *s. m.* **2.** Sembrado o plantío de fruto temprano.

tena *s. f.* Cobertizo para el ganado.

tenacillas *s. f. pl.* Nombre de diversos instrumentos a modo de tenazas pequeñas.

tenaz *adj.* **1.** Que se pega o prende con fuerza a una cosa y es difícil de separar. **2.** *fig.* Firme, terco en un propósito.

tenaza *s. f.* **1.** Instrumento de metal, compuesto de dos brazos movibles trabados por un eje o enlazados por un muelle semicircular. Se usa más en pl. **2.** Pinza de las patas de algunos artrópodos.

tenca *s. f.* Pez teleósteo comestible de agua dulce, de cuerpo fusiforme.

tendal *s. m.* **1.** Toldo o cubierta. **2.** Trozo largo y ancho de lienzo en que se recogen las aceitunas al caer de los olivos. **3.** Conjunto de cosas tendidas.

tendejón *s. m.* Tienda pequeña o barraca mal construida.

tendencia *s. f.* Propensión de orden físico o espiritual hacia determinados fines.

tender *v. tr.* **1.** Desdoblar, extender lo que está doblado o amontonado, especialmente la ropa mojada para que se seque. **2.** Echar por el suelo una cosa, esparciéndola. ‖ *v. prnl.* **3.** Echarse a la larga.

tenderete *s. m.* Puesto de venta al por menor, instalado al aire libre.

tendero, ra *s. m. y s. f.* **1.** Persona que tiene tienda. **2.** Persona que vende al por menor.

tendido, da *adj.* **1.** Se dice del galope del caballo cuando éste se tiende. ‖ *s. m.* **2.** Gradería descubierta y próxima a la barrera en las plazas de toros.

tendón *s. m.* Haz de fibras conjuntivas que une los músculos a los huesos.

tenebroso, sa *adj.* **1.** Oscuro, cubierto de tinieblas. **2.** Hecho con intenciones ocultas y perversas.

tenedor *s. m.* Utensilio de mesa que consiste en un mango con tres o cuatro púas iguales para pinchar los alimentos sólidos y llevarlos a la boca.

tenencia *s. f.* **1.** Ocupación y posesión de una cosa. **2.** Cargo u oficio de teniente.

tener *v. tr.* **1.** Asir o mantener asida una cosa. **2.** Poseer y gozar de alguna cosa. **3.** Sostener, mantener. También prnl.

tenesmo *s. m.* Deseo doloroso e ineficaz de orinar o defecar.

tenia *s. f.* Gusano platelminto, de cabeza pequeña y cuerpo largo y aplanado. Es parásito del intestino del ser humano y de algunos animales.

teniente *s. m.* Oficial inmediatamente inferior al capitán.

tenis *s. m.* Juego en que los jugadores, separados en dos bandos por una red, se lanzan una pelota por medio de raquetas.

tenor[1] *s. m.* Contenido literal de un escrito.

tenor² *s. m.* Voz media entre la de contralto y la de barítono.

tenorio *s. m., fig.* Galanteador audaz y pendenciero.

tensión *s. f.* **1.** Estado de un cuerpo sometido a la acción de fuerzas que lo estiran. **2.** Fuerza que impide separarse unas de otras a las partes de un mismo cuerpo cuando se halla en dicho estado.

tenso, sa *adj.* Que se halla en tensión.

tentación *s. f.* Instigación que induce a una cosa mala.

tentáculo *s. m.* Cualquiera de los apéndices móviles y blandos que tienen algunos animales invertebrados, que les sirven como órganos del tacto o para hacer presas.

tentar *v. tr.* **1.** Palpar una cosa, reconocerla por medio del tacto. **2.** Inducir a alguien a hacer algo. **3.** Procurar, probar.

tentemozo *s. m.* **1.** Puntal que se aplica a una cosa expuesta a caerse. **2.** Palo que cuelga del pértigo del carro y, puesto de punta contra el suelo, impide que aquél caiga hacia delante.

tentempié *s. m., fam.* Comida ligera que se toma entre horas.

tenue *adj.* Se dice de las cosas delicadas.

tenuidad *s. f.* Cualquier cosa de poco valor o estimación.

teñir *v. tr.* **1.** Dar a una cosa un color distinto de su color natural o del que pueda tener accidentalmente. También prnl. **2.** Rebajar un color con otros más oscuros.

teocracia *s. f.* Gobierno ejercido directamente por Dios o por sus sacerdotes.

teodicea *s. f.* Teología natural.

teodolito *s. m.* Instrumento topográfico de precisión para medir ángulos en sus planos respectivos.

teogonía *s. f.* Tratado sobre el origen y descendencia de los dioses de los gentiles.

teología *s. f.* Ciencia que trata de la existencia, naturaleza y atributos de Dios.

teorema *s. m.* Proposición que afirma una verdad demostrable, partiendo de axiomas, por medio de reglas de inferencia establecidas.

teoría *s. f.* Síntesis comprensiva de los conocimientos que una ciencia ha obtenido en el estudio de un determinado orden de hechos.

teórico, ca *adj.* Versado en el conocimiento de la teoría de algún arte o ciencia.

tepe *s. m.* Trozo de tierra cubierto de césped y muy trabado por las raíces de esta hierba, el cual, cortado en forma prismática, se utiliza para construir paredes.

terapéutica *s. f.* Parte de la medicina, que enseña el tratamiento y remedio de las enfermedades.

teratología *s. f.* Estudio de las anomalías del organismo animal o vegetal.

tercer *adj.* Apócope de tercero.

tercero, ra *adj. num.* Que ocupa el último lugar en una serie ordenada de tres.

tercerola *s. f.* Arma de fuego un tercio más corta que la carabina.

terceto *s. m.* Combinación métrica de tres versos endecasílabos en la cual riman el primero y el tercer verso en consonante, mientras que el segundo rima con el primer y el tercer verso del terceto siguiente, aunque también puede quedar libre.

tercia *s. f.* Tercera parte de una vara.

terciado, da *adj.* Se dice del azúcar un poco moreno.

terciar *v. tr.* **1.** Poner una cosa atravesada diagonalmente o al sesgo. **2.** Dividir una cosa en tres partes. || *v. intr.* **3.** Interponerse y mediar para resolver un litigio.

tercio, cia *adj. num.* **1.** Tercero. || *s. m.* **2.** Cada una de las tres partes iguales en que se divide un todo.

terciopelo *s. m.* Tela velluda y tupida, de seda o algodón, formada por dos urdimbres y una trama.

terco, ca *adj.* Se dice de la persona obstinada en sus acciones o ideas.

tergiversar *v. tr.* Equivocar la interpretación de un texto, argumento o suceso.

termas *s. f. pl.* **1.** Caldas, baños calientes. **2.** Baños públicos de los antiguos romanos.

termes *s. m.* Insecto masticador, que corroe la madera.

termidor *s. m.* Undécimo mes del año según el calendario republicano francés.

terminación *s. f.* Parte final de algo.

terminal *adj.* Que pone término a algo.

terminante *adj.* Claro, concluyente.

terminar *v. tr.* **1.** Poner término a algo, acabarlo. **2.** Acabar, rematar con esmero.

término *s. m.* **1.** Último punto hasta donde llega una cosa. **2.** Límite, línea divisoria. **3.** Plazo concreto. **4.** Conjunto de sonidos articulados que expresan una idea.

terminología *s. f.* Conjunto de términos o vocablos característicos de determinada profesión, ciencia o materia o de un autor o libro concretos.

termo *s. m.* Vasija para conservar la temperatura de las sustancias que en ella se ponen aislándolas de la temperatura exterior.

termoelectricidad *s. f.* Electricidad producida por la acción del calor.

termómetro *s. m.* Instrumento para medir la temperatura.

termoscopio *s. m.* Termómetro diferencial.

termostato *s. m.* Aparato que se conecta a una fuente de calor y que mediante un mecanismo automático impide que la temperatura suba o baje del grado que se desea o se necesita.

terna *s. f.* Conjunto de tres personas propuestas para que se designe de entre ellas la que haya de desempeñar un cargo.

ternario, ria *adj.* Compuesto de tres elementos, unidades o guarismos.

ternera *s. f.* Cría hembra de la vaca.

ternero *s. m.* Cría macho de la vaca.

terneza *s. f.* **1.** Ternura. **2.** Requiebro, dicho lisonjero.

ternilla *s. f.* Cartílago, especialmente el que forma lámina en el cuerpo de los animales vertebrados.

terno *s. m.* **1.** Conjunto de tres cosas de una misma especie. **2.** Conjunto del oficiante y sus dos ministros en una misa mayor.

ternura *s. f.* **1.** Requiebro, dicho lisonjero. **2.** Amor, afecto, cariño.

terquedad *s. f.* Porfía molesta y cansada.

terracota *s. f.* **1.** Arcilla modelada y endurecida al horno. **2.** Escultura de barro cocido.

terrado *s. m.* Sitio de una casa, descubierto y generalmente elevado.

terraja *s. f.* **1.** Tabla guarnecida con una chapa de metal recortada con arreglo al perfil de una moldura. **2.** Barra de acero con un agujero en medio, donde se ajustan las piezas que labran las roscas de los tornillos.

terraplén *s. m.* Macizo de tierra con que se rellena un hueco, o que se levanta con algún fin.

terráqueo, a *adj.* Que está compuesto de tierra y agua. Se aplica únicamente a la esfera o globo terrestre.

terrateniente *s. m. y s. f.* Dueño o poseedor de tierra o hacienda.

terraza *s. f.* **1.** Sitio abierto de una casa. **2.** Espacio de terreno llano que forma escalón en un jardín, a la orilla de un río, etc.

terremoto *s. m.* Sacudida de la superficie terrestre debida a fuerzas que actúan en el interior del globo.

terreno *s. m.* Espacio de tierra.

térreo, a *adj.* De tierra.

terrero, ra *adj.* Se dice del vuelo rastrero de algunas aves.

terrible *adj.* Digno de ser temido, que causa terror.

terrícola *s. m. y s. f.* Habitante de la Tierra.

territorio *s. m.* Extensión de superficie terrestre perteneciente a una nación, región, provincia, etc.

terrón *s. m.* **1.** Pequeña masa de tierra compacta. **2.** Masa pequeña y suelta de otras sustancias.

terror *s. m.* Miedo extremo.

terrorífico, ca *adj.* Que infunde terror.

terrorismo *s. m.* **1.** Dominación por el terror. **2.** Actos de violencia ejecutados para infundir terror.

terroso, sa *adj.* Que participa de la naturaleza y propiedades de la tierra.

terruño *s. m.* **1.** Terrón, pequeña masa de tierra. **2.** Comarca o tierra, especialmente el país natal.

terso, sa *adj.* Limpio, bruñido.

tertulia *s. f.* Conjunto de personas que se juntan para conversar o recrearse.

tesar *v. tr.* Poner tirantes los cabos, velas, etc.

tesis *s. f.* Proposición que se mantiene con razonamientos.

tesitura *s. f.* Conjunto de sonidos propios de cada voz o de cada instrumento.

teso *s. m.* Cima de un cerro.

tesón *s. m.* Firmeza, perseverancia que se pone en la ejecución de algo.

tesorero, ra *s. m. y s. f.* Persona encargada de custodiar y distribuir los caudales de una colectividad.

tesoro *s. m.* **1.** Cantidad de dinero, alhajas, etc. reunida y guardada. **2.** Erario de la nación.

test *s. m.* **1.** Examen, prueba. **2.** Prueba psicológica que pretende estudiar alguna función o capacidad.

testa *s. f.* Cabeza del ser humano y de los animales.

testáceo, a *adj.* Se dice de los animales que tienen concha.

testaferro *s. m.* Persona que presta su nombre en un contrato o negocio ajeno.

testamento *s. m.* **1.** Negocio jurídico, unilateral y solemne, mediante el cual una persona dicta disposiciones, respecto de sus bienes y asuntos, para después de su muerte. **2.** Documento legal en que consta este negocio jurídico.

testar *v. intr.* Hacer testamento.

testarudo, da *adj.* Porfiado, terco.

testera *s. f.* Principal fachada de una cosa.

testículo *s. m.* Cada uno de los órganos sexuales masculinos productores de espermatozoos.

testificar *v. tr.* **1.** Firmar o probar de oficio una cosa con referencia a testigos o documentos auténticos. **2.** Deponer como testigo en algún acto judicial. **3.** *fig.* Declarar con seguridad y verdad una cosa.

testigo *s. m. y s. f.* Persona que da testimonio de una cosa o la presencia.

testimoniar *v. tr.* Atestiguar.

testimonio *s. m.* Aseveración de una cosa.

testuz *s. f.* En algunos animales, frente, y en otros, nuca.

teta *s. f.* **1.** Cada uno de los órganos glandulosos y salientes que tienen los mamíferos y sirven en las hembras para la secreción de la leche. **2.** Pezón del pecho.

tétanos *s. m.* Enfermedad infecciosa que se caracteriza por la rigidez y tensión convulsiva de los músculos.

tetera *s. f.* Vasija con tapadera y un pitorro que sirve para preparar o servir el té.

tetilla *s. f.* **1.** Cada una de las tetas de los machos en los mamíferos, menos desarrolladas que en las hembras. **2.** Especie de pezón de goma que se pone al biberón para que chupe el niño.

tetraedro *s. m.* Sólido terminado por cuatro caras o planos.

tetrarca *s. m.* Gobernador de una provincia o territorio.

tétrico, ca *adj.* De tristeza deprimente, grave y melancólico.

textil *adj.* **1.** Se dice de la materia que puede tejerse. **2.** Referente al arte de tejer o a los tejidos.

texto *s. m.* **1.** Lo dicho o escrito por un autor o en una ley, a distinción de las glosas, notas o comentarios que sobre ello se hacen. **2.** Todo lo que se dice en el cuerpo de la obra manuscrita o impresa, a diferencia de las portadas, índices, etc.

textual *adj.* Se aplica al que autoriza sus pensamientos con lo literal de los textos.

textura *s. f.* Disposición y orden de los hilos en una tela.

tez *s. f.* Superficie, especialmente la del rostro humano.

ti *pron. pers.* Forma tónica del pronombre personal de segunda persona, género masculino o femenino y número singular, que, precedida siempre de preposición, funciona como complemento.

tía *s. f.* Respecto de una persona, hermana o prima de su padre o madre.

tiara *s. f.* Mitra alta, ceñida por tres coronas, usada por el Papa como insignia de su autoridad suprema.

tibia *s. f.* **1.** Flauta. **2.** Hueso principal y anterior de la pierna de un ser racional y de la extremidad posterior de un animal, entre el tarso y la rodilla.

tibio, bia *adj.* **1.** Templado, que no está ni caliente ni frío. **2.** *fig.* Se dice de las personas poco afectuosas o indiferentes.

tibor *s. m.* Vaso grande de barro, de China o de Japón, decorado exteriormente.

tiburón *s. m.* Pez marino selacio, de gran tamaño, muy voraz, con el dorso gris azulado y el vientre blanco.

tic *s. m.* Movimiento inconsciente habitual ocasionado por la contracción de un músculo.

tiempo *s. m.* **1.** Duración de las cosas sujetas a mudanza. **2.** Época durante la cual vive una persona o sucede una cosa. **3.** Edad.

tienda *s. f.* **1.** Armazón de palos hincados en tierra y cubierta con telas o pieles, que sirven de alojamiento en el campo. **2.** Establecimiento donde se vende al público artículos de comercio al por menor.

tiento *s. m.* **1.** Ejercicio del sentido del tacto. **2.** *fig.* Consideración, miramiento al hacer algo o tratar a alguien.

tierno, na *adj.* **1.** Blando, delicado, flexible. **2.** *fig.* Reciente, de poco tiempo.

tierra *s. f.* **1.** Planeta que habitamos. Se escribe con mayúscula. **2.** Parte de este planeta no ocupada por el mar. **3.** Materia inorgánica que puede descomponerse. Es el principal componente del suelo natural. **4.** Distrito o territorio.

tieso, sa *adj.* Duro, que cede con dificultad, se dobla o rompe.

tiesta *s. f.* Canto de las tablas que sirven de fondos o tapas de los toneles.

tiesto *s. m.* Maceta para plantas.

tiesura *s. f.* **1.** Dureza o rigidez de alguna cosa. **2.** *fig.* Gravedad excesiva y afectada.

tifo, fa *adj., fam.* Harto, repleto.

tifón *s. m.* **1.** Manga, tromba marina. **2.** Huracán propio del mar de la China.

tifus *s. m.* Enfermedad infecciosa muy grave, febril, que se caracteriza por desórdenes cerebrales y erupción de manchas rojas en algunas partes del cuerpo.

tigre *s. m.* Mamífero carnívoro muy feroz, de gran tamaño y con el pelaje amarillento y rayado de negro en el lomo y la cola.

tijera *s. f.* Instrumento para cortar compuesto de dos hojas de acero, que pueden girar alrededor de un eje que las traba.

tijereta *s. f.* **1.** Cada uno de los órganos largos y finos que nacen en los sarmientos de las vides. **2.** Cortapicos, insecto.

tila *s. f.* **1.** Tilo. **2.** Flor del tilo. **3.** Bebida hecha de flores de tilo en infusión.

tílburi *s. m.* Especie de coche de dos ruedas grandes, ligero y sin cubierta, y tirado por una sola caballería.

tildar *v. tr.* **1.** Poner tilde a las letras que lo necesitan. **2.** Tachar lo escrito. **3.** Señalar con alguna nota denigrativa a una persona.

tilde *s. amb.* **1.** Rasgo que se pone sobre algunas abreviaturas, el que lleva la "ñ" y cualquier otro signo análogo. Se usa más como *s. f.* ‖ *s. f.* **2.** Tacha, nota denigrativa.

tilín *s. m.* Sonido de la campanilla.

tilla *s. f.* Entablado que cubre una parte de las embarcaciones menores.

tilo *s. m.* Árbol tiliáceo, de flores blanquecinas, olorosas y medicinales. Su madera es muy usada en escultura y carpintería.

timar *v. tr.* Quitar o hurtar algo con engaño.

timba *s. f.* **1.** *fam.* Partida de juego de azar. **2.** *fam.* Casa de juego.

timbal *s. m.* Especie de tambor, con caja metálica hemisférica cubierta por una piel tirante.

timbrar *v. tr.* Estampar un timbre, sello o membrete en un papel, documento, etc.

timbre *s. m.* **1.** Insignia colocada encima del escudo de armas, para distinguir los grados de nobleza. **2.** Sello, especialmente el que se estampa en seco. **3.** Aparato de llamada compuesto de un macito que, al ser movido por un resorte, la electricidad, etc., hace sonar una campana.

tímido, da *adj.* Que siente vergüenza con facilidad.

timo *s. m.* Glándula situada detrás del esternón, cuya secreción actúa sobre el crecimiento de los huesos y el desarrollo de las glándulas genitales.

timocracia *s. f.* Gobierno en que ejercen el poder los ciudadanos más adinerados.

timol *s. m.* Sustancia de carácter ácido, blanca, cristalina, aromática, que existe en el aceite de algunas plantas, especialmente del tomillo. Se usa como desinfectante.

timón *s. m.* **1.** Palo derecho que sale de la cama del arado en su extremidad. **2.** *fig.* Pieza de madera o de hierro situada en la popa de la nave, que sirve para gobernarla.

timonel *s. m.* Persona que gobierna el timón de la nave.

timorato, ta *adj.* **1.** Que tiene temor de Dios. **2.** Tímido, indeciso.

tímpano *s. m.* **1.** Tamboril. **2.** Membrana que separa el conducto auditivo externo del oído medio.

tina *s. f.* **1.** Tinaja de barro. **2.** Vasija de madera de forma de media cuba.

tinada *s. f.* Montón de leña.

tinaja *s. f.* Vasija grande de barro cocido, mucho más ancha por el medio que por el fondo y por la boca.

tinelo *s. m.* Comedor de la servidumbre en las casas de los grandes señores.

tinglado *s. m.* **1.** Cobertizo. **2.** Tablado armado a la ligera. **3.** *fig.* Artificio, enredo.

tiniebla *s. f.* **1.** Falta de luz. Se usa más en pl. || *s. f. pl.* **2.** *fig.* Suma ignorancia.

tino *s. m.* **1.** Hábito o facilidad de acertar a tientas con las cosas que se buscan. **2.** Destreza para dar en el blanco.

tinta *s. f.* Sustancia de color, fluida o viscosa, para escribir, dibujar o imprimir.

tintar *v. tr.* Dar a una cosa un color diferente del que antes tenía. También prnl.

tinte *s. m.* Color con que se tiñe.

tintero *s. m.* Vaso o frasco de boca ancha, en que se pone la tinta de escribir.

tintín *s. m.* Onomatopeya del sonido de la campanilla, timbre, y el que hacen al chocar los vasos, copas, etc.

tinto, ta *adj.* Se dice de la uva que tiene negro el zumo y del vino que de ella se obtiene.

tintorero, ra *s. m. y s. f.* Persona que tiene por oficio teñir o dar tintes.

tintura *s. f.* **1.** Tinte, acción y efecto de teñir y sustancia con que se tiñe. **2.** Disolución de una sustancia medicinal en agua, alcohol o éter.

tiña *s. f.* **1.** Arañuelo que daña las colmenas. **2.** Cualquiera de las enfermedades contagiosas de la piel, producidas por parásitos vegetales, que produce costras o la caída del cabello. **3.** *fam.* Mezquindad.

tiñoso, sa *adj.* **1.** Que padece tiña. **2.** *fig. y fam.* Se aplica a la persona tacaña.

tío *s. m.* Respecto de una persona, hermano o primo de su padre o madre.

tiorba *s. f.* Antiguo instrumento musical de cuerda, semejante al laúd.

tiovivo *s. m.* Plataforma giratoria sobre la cual se instalan caballitos de madera, coches, etc., y sirve de diversión en las ferias.

típico, ca *adj.* **1.** Peculiar de la persona o cosa de que se trata. **2.** Se aplica a las costumbres, productos, etc. de un país o región.

tiple *s. m.* La más aguda de las voces humanas.

tipo *s. m.* **1.** Modelo ideal que reúne los caracteres esenciales de todos los seres de igual naturaleza. **2.** Letra de imprenta, y cada una de las clases de esta letra. **3.** Figura de una persona.

tipómetro *s. m.* Instrumento que sirve para medir el tamaño de la letra.

típula *s. f.* Insecto díptero, parecido al mosquito, que se alimenta del jugo de las flores.

tiquismiquis *s. m. pl.* **1.** Escrúpulos o reparos vanos o nimios. || *s. m. y s. f.* Persona muy escrupulosa.

tira *s. f.* Pedazo largo y angosto de tela, papel u otra cosa delgada.

tirabuzón *s. m.* Rizo de cabello, largo y pendiente en espiral.

tirada *s. f.* Número de ejemplares de una edición.

tiralíneas *s. m.* Instrumento de metal que sirve para trazar líneas de tinta.

TIRANÍA - TÍTULO

tiranía *s. f.* **1.** Gobierno ejercido por un tirano. **2.** *fig.* Abuso de cualquier poder o fuerza.

tiranizar *v. tr.* **1.** Gobernar como tirano algún estado. **2.** Dominar tiránicamente.

tirano, na *adj.* **1.** Se dice de la persona que se apropia del poder supremo ilegítimamente, o que rige un estado sin justicia. **2.** Se dice de la persona que abusa de su poder, superioridad o fuerza.

tirante *adj.* **1.** Tenso. || *s. m.* **2.** Cada una de las dos tiras elásticas o de tela que suspenden de los hombros el pantalón y otras prendas de vestir.

tirar *v. tr.* **1.** Despedir de la mano una cosa. **2.** Arrojar, lanzar en alguna dirección determinada. **3.** Derribar, echar abajo algo. **4.** Disparar un arma de fuego, o un artefacto de pólvora. También intr.

tiritar *v. intr.* Temblar, estremecerse de frío.

tiritón *s. m.* Estremecimiento de la persona que tirita.

tiro *s. m.* **1.** Señal que hace lo que se tira. **2.** Disparo de un arma de fuego. **3.** Conjunto de caballerías que tiran de un carruaje.

tiroides *adj.* **1.** Se aplica a la glándula que está en la parte superior y delantera de la tráquea, cuyas hormonas influyen en el metabolismo y en el crecimiento. **2.** Se aplica al cartílago principal de la laringe.

tirón *s. m.* Persona que se inicia en el conocimiento de alguna disciplina.

tirotear *v. tr.* Disparar repetidamente de una parte a otra contra el enemigo.

tirria *s. f., fam.* Manía contra algo o alguien.

tisana *s. f.* Bebida medicinal que resulta de cocer en agua ciertas hierbas.

tisis *s. f.* Enfermedad en que hay debilitamiento gradual y lento, fiebre y ulceración en algún órgano, especialmente tuberculosis pulmonar.

tisú *s. m.* Tela de seda entretejida con hilos de oro y plata que pasan desde el haz al envés.

titán *s. m.* Cada uno de los gigantes que según la mitología habían querido asaltar el cielo.

titánico, ca *adj., fig.* Desmesurado, excesivo, como de titanes.

titanio *s. m.* Metal pulverulento, infusible, de color gris de acero, casi tan pesado como el hierro y fácil de combinar con el nitrógeno.

títere *s. m.* **1.** Figurilla de pasta u otra materia, movida con algún artificio, que imita los movimientos humanos. **2.** *fam.* Persona ridícula, presumida o informal.

tití *s. m.* Mamífero cuadrumano, pequeño, de color ceniciento, cara blanca y nariz negra, tímido y fácil de domesticar.

titilar *v. intr.* **1.** Agitarse con ligero temblor alguna parte del organismo animal. **2.** Por ext., centellear con temblor ligero un cuerpo luminoso o brillante.

titiritero, ra *s. m. y s. f.* Persona que trae o gobierna los títeres.

titubear *v. intr.* **1.** Oscilar, tambalearse al andar perdiendo la estabilidad. **2.** Vacilar o tropezar en la elección o pronunciación de las palabras.

titulado, da *s. m. y s. f.* Persona que tiene un título académico o nobiliario.

titular *v. tr.* **1.** Poner título o nombre a una cosa. || *v. intr.* **2.** Obtener un título nobiliario. || *v. prnl.* **3.** Obtener un título académico.

título *s. m.* **1.** Denominación de una obra escrita o impresa, o de cada una de las partes que la integran. **2.** Inscripción que

TIZA - TOLETE

sirve para indicar el contenido, objeto o finalidad de otras cosas. **4.** Distintivo con que se denomina a una persona.

tiza *s. f.* Arcilla blanca que se usa para escribir en los encerados y para limpiar metales.

tiznar *v. tr.* **1.** Manchar con tizne, hollín u otra materia semejante. **2.** *fig.* Deslustrar o manchar la fama de alguien.

tizne *s. amb.* Humo, hollín, etc. que se pega a las sartenes y otras vasijas que han estado a la lumbre.

tizo *s. m.* Pedazo de leña mal carbonizado.

tizón *s. m.* **1.** Palo a medio quemar. **2.** Honguillo de color negruzco, parásito del trigo y de otros cereales.

toalla *s. f.* Lienzo para limpiarse y secarse las manos y la cara, después de lavarse.

toba *s. f.* **1.** Piedra caliza muy porosa y ligera. **2.** Sarro de los dientes.

tobera *s. f.* Abertura tubular por donde entra el aire que se introduce en un horno o forja.

tobillo *s. m.* Protuberancia de cada uno de los dos huesos de la pierna llamados tibia y peroné, en el lugar donde la pierna se une con el pie.

tobogán *s. m.* Deslizadero con altibajos que suele armarse en ferias, verbenas y parques infantiles.

toca *s. f.* **1.** Prenda de tela con que se cubría la cabeza. **2.** Prenda de lienzo blanco que, ceñida al rostro, usan las monjas para cubrir la cabeza.

tocado *s. m.* Peinado y adorno de la cabeza, en las mujeres.

tocador *s. m.* **1.** Paño que servía para cubrir y adornar la cabeza. **2.** Mueble con espejo, para el peinado y aseo de una persona. **3.** Neceser.

tocadura *s. f.* Tocado para cubrir la cabeza.

tocar *v. tr.* **1.** Entrar en contacto una parte del cuerpo, particularmente la mano, con una cosa de manera que éste impresione el sentido del tacto. **2.** Llegar a una cosa con la mano, sin asirla. **3.** Hacer sonar, según arte, cualquier instrumento.

tocata *s. f.* **1.** Breve composición musical generalmente para órgano, piano, etc. **2.** *fig. y fam.* Zurra, paliza.

tocayo, ya *s. m. y s. f.* Respecto de una persona, otra que tiene su mismo nombre.

tocho, cha *adj.* **1.** Se dice de la persona inculta y grosera. || *s. m.* **2.** Lingote de hierro.

tocino *s. m.* Carne gorda del cerdo, especialmente la salada.

tocología *s. f.* Rama de la cirugía que se ocupa de la asistencia a partos.

todavía *adv. t.* Hasta un momento determinado desde tiempo anterior.

todo, da *adj.* Se dice de lo que se toma o se comprende enteramente en la cantidad.

todopoderoso, sa *adj.* Que todo lo puede.

toga *s. f.* **1.** Prenda principal exterior del traje nacional romano, en forma de manto amplio y largo. **2.** Ropa talar exterior con mangas y esclavina, que, como insignia de su función, se ponen los magistrados, catedráticos, abogados, etc. encima del traje ordinario.

toldilla *s. f.* Cubierta parcial que tienen algunos buques a la altura de la borda desde el palo mesana al coronamiento de popa.

toldo *s. m.* Pabellón o cubierta de tela que se tiende para hacer sombra en alguna parte.

tolerancia *s. f.* Disposición a admitir en los demás una manera de ser, de obrar o de pensar distinta de la propia.

tolete *s. m.* Estaca a que se ata el remo.

tollina *s. f., fam.* Zurra, paliza.

tollo *s. m.* Hoyo o enramada donde se ocultan los cazadores en espera de la caza.

tolondro, dra *adj.* **1.** Aturdido, desatinado. || *s. m.* **2.** Bulto que se levanta a causa de un golpe.

tolva *s. f.* Caja en forma de tronco de pirámide o de cono invertido y abierta por debajo en la que se echa el grano en los molinos, para que vaya cayendo entre las muelas.

tolvanera *s. f.* Remolino de polvo.

tomaína *s. f.* Cada una de ciertos alcaloides venenosos que resultan de la putrefacción de las sustancias animales.

tomar *v. tr.* **1.** Coger con la mano una cosa. **2.** Ocupar o adquirir alguna cosa por la fuerza. **3.** Comer o beber. || *v. intr.* **4.** Comenzar a seguir cierta dirección.

tomate *s. m.* Fruto de la tomatera, que es casi rojo, blando, y compuesto en su interior de varias celdillas llenas de simientes.

tomatera *s. f.* Planta hortense, solanácea, originaria de América, cuyo fruto es una baya globosa, encarnada y jugosa.

tómbola *s. f.* Rifa o lotería generalmente organizada con fines benéficos, y en la que los premios son objetos y no dinero.

tomento *s. m.* **1.** Estopa basta que queda del lino después de rastrillado. **2.** Vello suave y entrelazado que cubre la superficie de los órganos de algunas plantas.

tomillo *s. m.* Planta perenne, labiada, muy olorosa, con flores blancas o róseas en cabezuelas.

tomiza *s. f.* Soguilla de esparto.

tomo *s. m.* Cada una de las partes, con paginación propia y encuadernadas separadamente, en que suelen dividirse las obras impresas o manuscritas de cierta extensión.

tonada *s. f.* Composición métrica para cantarse.

tonadilla *s. f.* Tonada alegre y ligera.

tonalidad *s. f.* Sistema de sonidos que sirve de fundamento a una composición musical.

tonel *s. m.* Cuba grande.

tonelada *s. f.* **1.** Peso de 1000 kg o diez quintales métricos. **2.** Unidad de peso o de capacidad que se usa para calcular el desplazamiento de los buques.

tonelaje *s. m.* Cabida de una embarcación.

tonelete *s. m.* Falda o traje que sólo cubre hasta las rodillas.

tongada *s. f.* Capa de una cosa.

tonicidad *s. f.* Grado de tensión de los órganos del cuerpo vivo.

tónico, ca *adj.* Que entona o vigoriza.

tonificar *v. tr.* Dar vigor o tensión al organismo.

tonillo *s. m.* **1.** Tono monótono y desagradable al leer o al hablar. **2.** Modo particular de acentuar los finales de las palabras algunas personas.

tono *s. m.* **1.** Grado de elevación de un sonido. **2.** Inflexión de la voz y manera especial de decir una cosa, según la intención o el estado de ánimo de la persona que habla.

tonsurar *v. tr.* Cortar el pelo o la lana a personas o animales.

tontear *v. intr.* Hacer o decir tonterías.

tontería *s. f.* Dicho o hecho de tonto.

tontillo *s. m.* Faldellín con aros de ballena que usaban las mujeres para ahuecar las faldas.

tontina *s. f.* Operación de lucro, que consiste en poner un fondo entre varias personas para repartirlo en una época dada, con los intereses acumulados, entre los socios supervivientes.

tonto, ta *adj.* Falto o escaso de entendimiento.

topacio *s. m.* Piedra fina de color amarillo, muy dura.

topar *v. tr.* **1.** Tropezar una cosa con otra. **2.** Hallar casualmente a alguien o algo.

tope *s. m.* **1.** Parte por la que dos cosas pueden topar. **2.** Pieza que sirve para detener o limitar el movimiento de un mecanismo.

topetar *v. tr.* **1.** Dar con la cabeza en alguna cosa con golpe e impulso, especialmente dar golpes con la cabeza los toros, carneros, etc. **2.** Topar, chocar.

tópico *s. m.* Expresión vulgar o trivial.

topo *s. m.* Mamífero insectívoro, de pelaje muy fino, ojos pequeños, brazos recios, manos anchas y cinco dedos armados de fuertes uñas con las cuales hace galerías subterráneas donde vive.

topografía *s. f.* Arte de describir y declinar con detalle la superficie de un terreno.

toquilla *s. f.* Pañuelo, generalmente triangular, que se ponen las mujeres en la cabeza o al cuello, o el de punto que usaban para abrigo las mujeres y los niños.

tórax *s. m.* **1.** Pecho del ser humano y de los animales. **2.** Cavidad del pecho.

torbellino *s. m.* **1.** Remolino de viento. **2.** *fam.* Persona demasiado viva e inquieta.

torcaz *adj.* Se dice de una variedad de paloma de cuello verdoso cortado por un collar incompleto muy blanco.

torcedura *s. f.* Distensión de las partes blandas que rodean las articulaciones.

torcer *v. tr.* **1.** Dar vueltas a una cosa sobre sí misma de manera que tome forma helicoidal y se apriete. **2.** Encorvar o doblar una cosa recta y, en general, hacer que una cosa cambie de dirección o su posición normal. **3.** *fig.* Cambiar la voluntad o el parecer de alguien.

torcida *s. f.* Mecha de los velones, candiles, etc. que suele ser de algodón o trapo torcido.

torcido, da *adj.* **1.** Que no está recto o derecho. **2.** *fig.* Se dice de la persona que no obra con rectitud.

torcijón *s. m.* Retorcimiento de tripas en las personas.

tórculo *s. m.* Prensa, y particularmente la que se usa para estampar grabados en cobre, acero, etc.

tordo, da *adj.* **1.** Se dice de las caballerías que tienen el pelo mezclado de negro y blanco. ‖ *s. m.* **2.** Pájaro dentirrostro, de cuerpo grueso, pico delgado y negro, lomo gris aceitunado y vientre blanco amarillento, con manchas pardas.

torear *v. intr.* **1.** Lidiar los toros en la plaza. **2.** Echar los toros a las vacas.

torero, ra *s. m. y s. f.* Persona que por oficio o afición acostumbra a torear en las plazas.

torete *s. m.* **1.** Toro pequeño. **2.** *fam.* Grave dificultad, asunto difícil de resolver.

toril *s. m.* Lugar donde están encerrados los toros que han de lidiarse.

torio *s. m.* Metal radiactivo, de color plomizo e infusible.

tormenta *s. f.* **1.** Tempestad en la atmósfera. **2.** *fig.* Adversidad, desgracia.

tormento *s. m.* **1.** Dolor corporal que se causaba al reo para obligarle a declarar. **2.** *fig.* Congoja o aflicción del ánimo. **3.** *fig.* Especie o sujeto que la ocasiona.

tormentoso, sa *adj.* Que ocasiona tormenta.

tornadizo, za *adj.* Que se torna fácilmente.

tornado *s. m.* Viento giratorio de gran fuerza.

tornapunta *s. f.* Madero ensamblado en uno horizontal, para apear otro vertical o inclinado.

tornar *v. tr.* **1.** Devolver lo que no es propio a su dueño. **2.** Mudar a una persona o cosa su naturaleza o estado.

tornasol *s. m.* **1.** Planta herbácea anual, euforbiácea, que se emplea para preparar la tintura de tornasol. **2.** Reflejo o viso que hace la luz en algunas telas o en otras cosas muy tersas.

tornavoz *s. m.* **1.** Aparato preparado para que el sonido repercuta y se oiga mejor. **2.** Sombrero del púlpito, concha del apuntador en los teatros, o cualquier cosa que recoge y refleja el sonido. **3.** Eco, resonancia.

tornear *v. tr.* **1.** Labrar o redondear una cosa al torno. ‖ *v. intr.* **2.** Dar vueltas alrededor de un torno.

torneo *s. m.* **1.** Combate a caballo entre varias personas, unidas en cuadrillas, y fiesta pública en que se imita un combate a caballo. **2.** Competición entre varios participantes que se van eliminando en sucesivos encuentros.

tornillo *s. m.* Cilindro de metal, madera, etc., con resalto helicoidal, que entra en la tuerca.

torniquete *s. m.* Palanca angular de hierro que se utiliza para comunicar el movimiento del tirador a la campanilla.

torniscón *s. m., fam.* Pellizco retorcido.

torno *s. m.* Máquina simple que consiste en un cilindro dispuesto para girar alrededor de su eje y que actúa sobre la resistencia por medio de una cuerda que se va enrollando al mismo.

toro *s. m.* **1.** Mamífero rumiante bóvido, de cabeza gruesa armada de cuernos, piel dura con pelo corto, y cola larga, cerdosa hacia el remate. ‖ *s. m. pl.* **2.** Fiesta o corrida de toros.

toronja *s. f.* Fruto comestible de una especie de cidro espinosos, parecido a la naranja, aunque de tamaño bastante mayor y de corteza amarillenta. Su zumo es agridulce y muy abundante.

toronjil *s. m.* Planta labiada, de flores blancas en verticilos, las cuales, al igual que las hojas, se emplean como tónico y antiespasmódico.

toronjo *s. m.* Variedad de cidro que produce un fruto globoso.

torozón *s. m.* Movimiento violento que hacen los animales cuando padecen enteritis.

torpe *adj.* Que no tiene movimiento libre o es tardo.

torpedear *v. tr.* Lanzar torpedos.

torpedo *s. m.* **1.** Pez marino selácedo batoideo, dotado de un par de órganos eléctricos capaces de producir una conmoción a la persona o animal que lo toca. **2.** Máquina de guerra, fusiforme, submarina y dirigible, que tiene por objeto echar a pique, mediante una explosión, al buque que choca con ella o se sitúa dentro de su radio de acción.

torrar *v. tr.* Tostar al fuego.

torre *s. f.* **1.** Edificio fuerte, más alto que ancho, que servía para defensa. **2.** Pieza grande del juego de ajedrez, en figura de torre, que camina en cualquier dirección paralela a los lados del tablero.

torrencial *adj.* Parecido al torrente.
torrente *s. m.* **1.** Corriente de agua rápida, impetuosa, que sobreviene en tiempos de muchas lluvias. **2.** *fig.* Muchedumbre que afluye a un lugar.
torrentera *s. f.* Cauce de un torrente.
torreón *s. m.* Torre grande para defensa de una plaza o castillo.
torrezno *s. m.* Pedazo de tocino frito.
tórrido, da *adj.* Muy ardiente o quemado.
torrija *s. f.* Rebanada de pan empapada en vino o leche, frita y endulzada con miel o azúcar.
torrontero *s. m.* Montón de tierra que dejan los cursos de agua a su paso.
torso *s. m.* **1.** Tronco del cuerpo humano. **2.** Estatua falta de cabeza, brazos y piernas.
torta *s. f.* **1.** Masa de harina, de figura redonda, que se cuece a fuego lento. **2.** *fig. y fam.* Caída, accidente.
tortícolis *s. m.* Dolor del cuello que obliga a tener éste torcido.
tortilla *s. f.* Fritada de huevo batido en forma de torta, y en la cual se incluye generalmente algún otro manjar.
tórtola *s. f.* Ave del orden de las palomas, de plumaje vistoso.
tortuga *s. f.* **1.** Reptil marino quelonio, con las extremidades en forma de paletas que no pueden ocultarse, y coraza, cuyas láminas, más fuertes en el espaldar que en el peto, tienen manchas verdosas y rojizas. **2.** Reptil terrestre quelonio, con los dedos reunidos en forma de muñón, espaldar muy convexo, y láminas granujientas en el centro y manchadas de negro y amarillo en los bordes.
tortuoso, sa *adj.* **1.** Que tiene vueltas y rodeos. **2.** *fig.* Se dice de lo ejecutado con cautela o a escondidas y de la persona que así actúa.
tortura *s. f.* Grave dolor físico o psicológico infligido a una persona con el fin de castigarla u obtener de ella una confesión.
torturar *v. tr.* **1.** Dar tortura, atormentar. También prnl. **2.** Someter a tortura.
torva *s. f.* Remolino de lluvia o nieve.
torvo, va *adj.* Fiero, terrible a la vista.
torzal *s. m.* Cordoncillo delgado de seda, hecho de varias hebras torcidas, para coser o bordar.
tos *s. f.* Expulsión brusca y ruidosa del aire contenido en los pulmones, producida por la irritación de las vías respiratorias.
tosco, ca *adj.* **1.** Grosero, basto, sin pulimento. **2.** *fig.* Inculto, sin doctrina.
toser *v. intr.* Tener y padecer la tos.
tósigo *s. m.* Sustancia venenosa.
tostada *s. f.* Rebanada de pan, que después de tostada se come untada de miel, mermelada, etc.
tostadero, ra *adj.* Se dice del aparato utilizado para tostar.
tostado, da *adj.* Se dice del color subido y oscuro.
tostar *v. tr.* **1.** Secar una cosa a la lumbre sin quemarla, hasta que tome color. **2.** *fig.* Calentar demasiado. **3.** *fig.* Atezar el Sol o el viento la piel del cuerpo.
total *adj.* **1.** General, que lo comprende todo en su especie. ‖ *s. m.* **2.** Cantidad equivalente a dos o más homogéneas. ‖ *adv. m.* **3.** En suma, en resumen.
totalidad *s. f.* Todo, cosa íntegra.
totalizar *v. tr.* Determinar el total de varias cantidades.
tótem *s. m.* Objeto de la naturaleza, generalmente un animal, que en la mitología

de algunos pueblos primitivos se toma como emblema protector del grupo o del individuo.

tóxico, ca *adj.* Se dice de las sustancias venenosas.

toxicología *s. f.* Parte de la medicina que trata de los venenos.

toxina *s. f.* Sustancia tóxica producida en el cuerpo de los seres vivos, en especial por los microbios, y que obra como veneno.

tozudo, da *adj.* Se dice de la persona que no cede fácilmente en sus actitudes o ideas.

tozuelo *s. m.* Cerviz gruesa de un animal.

traba *s. f.* **1.** Instrumento con que se unen y sujetan dos cosas entre sí. **2.** Ligadura con que se atan los pies a las caballerías. **3.** Estorbo, dificultad.

trabacuenta *s. f.* **1.** Error en una cuenta, que la complica o dificulta. **2.** *fig.* Discusión, controversia o disputa.

trabadero *s. m.* Cuartilla de las caballerías.

trabajador, ra *adj.* **1.** Que trabaja. ‖ *s. m. y s. f.* **2.** Jornalero, obrero.

trabajar *v. intr.* **1.** Ocuparse en un ejercicio, obra o ministerio. **2.** Aplicarse alguien asiduamente a la realización de una cosa.

trabajo *s. m.* Esfuerzo humano aplicado a la producción de riqueza.

trabajoso, sa *adj.* Que exige mucho trabajo.

trabalenguas *s. m.* Palabra o frase difícil de pronunciar rápidamente, especialmente cuando sirve de juego para hacer a alguien equivocarse.

trabar *v. tr.* **1.** Echar trabas para unir alguna cosa y, particularmente, juntar, unir. **2.** *fig.* Enlazar o conciliar.

trabazón *s. f.* **1.** Enlace de dos o más cosas. **2.** Espesor o consistencia dada a un líquido o masa.

trabilla *s. f.* Tira pequeña de tela o de cuero que pasa por debajo del pie para sujetar los bordes del pantalón, polaina, etc.

trabucar *v. tr.* **1.** Trastornar el buen orden de una cosa. **2.** *fig.* Ofuscar el entendimiento. **3.** *fig.* Confundir o tergiversar especies o noticias.

trabuco *s. m.* **1.** Máquina antigua de guerra que se usaba para batir las murallas, disparando piedras muy gruesas contra ellas. **2.** Arma de fuego más corta y de mayor calibre que la escopeta ordinaria.

traca *s. f.* Serie de petardos o cohetes colocados a lo largo de una cuerda y que estallan sucesivamente.

tracoma *s. m.* Conjuntivitis granulosa y contagiosa producida por un micrococo.

tracto *s. m.* **1.** Espacio que media entre dos lugares. **2.** Lapso de tiempo.

tractor *s. m.* Máquina que produce tracción.

tradición *s. f.* Transmisión oral de noticias, composiciones literarias, costumbres, etc., hecha de generación en generación.

traducir *v. tr.* Expresar en una lengua lo que está expresado antes en otra.

traer *v. tr.* **1.** Transportar una cosa al lugar en donde se habla. **2.** Atraer hacia sí. **3.** Vestir, usar una prenda, alhaja, etc.

traficar *v. intr.* Comerciar, negociar.

tráfico *s. m.* Circulación de vehículos por carreteras, calles, etc.

tragacanto *s. m.* Nombre de varios arbustos leguminosos de Asia, de cuyo tronco y ramas fluye una goma blanquecina muy usada en farmacia y en la industria.

tragaldabas *s. m. y s. f., fam.* Persona muy tragona.

tragaluz *s. m.* Ventana abierta en un techo o en la parte superior de una pared.

tragar *v. tr.* **1.** Hacer pasar un alimento o similar de la boca al aparato digestivo. **2.** Creer con facilidad algo inverosímil.

tragedia *s. f.* Obra dramática seria en que intervienen principalmente personajes ilustres o heroicos y en la que el protagonista se ve conducido por una pasión o por la fatalidad a un desenlace funesto.

tragicomedia *s. f.* Obra dramática que tiene a la vez características propias de los géneros trágico y cómico.

trago *s. m.* **1.** Porción de líquido que se bebe de una vez. **2.** *fam.* Suceso infortunado.

traición *s. f.* **1.** Delito que se comete contra la seguridad de la patria por los ciudadanos o por los militares. **2.** Comportamiento de la persona que falta a la lealtad de alguien que ha confiado en ella.

traicionar *v. tr.* Hacer traición o engañar a una persona.

traílla *s. f.* Cuerda o correa con que los cazadores llevan atado el perro a las cacerías.

traína *s. f.* Denominación que se da a varias redes de fondo, especialmente la de pescar sardina.

trainera *adj.* Se dice de la barca que pesca con traína.

traje *s. m.* **1.** Vestido completo de una persona. **2.** Vestido peculiar de una clase de personas o de los naturales de un país.

trajín *s. m.* Ajetreo, jaleo.

trajinar *v. tr.* **1.** Acarrear mercaderías de un lugar a otro. || *v. intr.* **2.** Andar de un sitio a otro; moverse mucho.

tralla *s. f.* **1.** Cuerda más gruesa que el bramante. **2.** Trencilla del extremo del látigo para que restalle.

trama *s. f.* **1.** Conjunto de hilos que, cruzados y enlazados con los de la urdimbre, forman una tela. **2.** *fig.* Artificio, confabulación con que se perjudica a alguien.

tramar *v. tr.* **1.** Atravesar los hilos de la trama por entre los de la urdimbre. **2.** Disponer con astucia un enredo o traición.

tramitar *v. tr.* Hacer pasar un negocio por los trámites debidos.

trámite *s. m.* **1.** Paso de una parte a otra o de una cosa a otra. **2.** Cada uno de los estados y diligencias que hay que recorrer en un negocio hasta su conclusión.

tramo *s. m.* **1.** Trozo de terreno contiguo a otros y separado de los demás por una señal cualquiera. **2.** Parte de una escalera, comprendida entre dos mesetas.

tramontana *s. f.* **1.** Norte o septentrión. **2.** *fig.* Vanidad.

tramontano, na *adj.* Se dice de lo que está del otro lado de los montes.

tramoya *s. f.* **1.** Máquina o conjunto de ellas para efectuar transformaciones en el teatro. **2.** Enredo dispuesto con ingenio.

trampa *s. f.* **1.** Artificio de caza. **2.** Puerta abierta en el suelo, para poner en comunicación cualquier parte de un edificio con otra inferior. **3.** Ardid para burlar o perjudicar a alguien.

trampear *v. intr., fam.* Petardear, pedir prestado o fiado sin intención de pagar.

trampilla *s. f.* Ventanilla en el suelo de las habitaciones altas, para ver lo que pasa en el piso bajo.

trampolín *s. m.* Plano inclinado u horizontal que presta impulso al gimnasta para dar grandes saltos.

tramposo, sa *adj.* **1.** Persona que contrae deudas que no piensa pagar. **2.** Que hace trampas en el juego.

tranca *s. f.* Palo grueso y fuerte.

trancar *v. tr.* Atrancar, cerrar asegurando la puerta con una tranca o con otro cierre.

trance *s. m.* Momento crítico.

tranco *s. m.* **1.** Paso largo. **2.** Umbral de la puerta.

tranquilo, la *adj.* **1.** Quieto, en reposo. **2.** Se dice de las personas poco propensas a alterarse por preocupaciones como el trabajo, compromisos, etc.

transbordador *s. m.* Barquilla que circula entre dos puntos, marchando en ambos sentidos alternativamente.

transbordar *v. tr.* Trasladar efectos o personas de un buque a otro. También prnl.

transcontinental *adj.* Que atraviesa un continente.

transcribir *v. tr.* Copiar un escrito.

transcurrir *v. intr.* Pasar, correr el tiempo.

transcurso *s. m.* Paso o carrera del tiempo.

transeúnte *adj.* Que transita o pasa de un lugar a otro.

transferencia *s. f.* Operación bancaria consistente en imponer una cantidad para ser abonada en la cuenta corriente de una persona residente en población distinta.

transferir *v. tr.* **1.** Pasar o llevar una cosa desde un lugar a otro, para darle nueva estancia o trasladar la estancia de alguien. **2.** Retardar un asunto.

transformar *v. tr.* Hacer cambiar a una cosa de forma, o a una persona.

tránsfuga *s. m. y s. f.* Persona que huye de una parte a otra.

transfundir *v. tr.* Echar un líquido poco a poco de un recipiente a otro.

transgredir *v. tr.* Violar un precepto o ley.

transición *s. f.* **1.** Modo de pasar de una materia a otra. **2.** Cambio repentino de tono y expresión.

transido, da *adj., fig.* Angustiado por alguna causa.

transigir *v. intr.* Consentir en parte con lo que repugna, a fin de llegar a una concordia.

transitar *v. intr.* **1.** Pasar por vías o parajes públicos. **2.** Viajar haciendo tránsitos.

transitivo, va *adj.* Se dice del verbo o forma verbal que se construye acompañado del complemento directo.

tránsito *s. m.* **1.** Sitio por donde se pasa de un lugar a otro. **2.** Paso de un estado o empleo a otro.

transitorio, ria *adj.* **1.** Pasajero, temporal. **2.** Caduco, perecedero.

translúcido, da *adj.* Se dice del cuerpo a través del cual pasa la luz, pero que no permite ver lo que hay detrás de él.

transmigrar *v. intr.* **1.** Pasar a otro país para vivir en él. **2.** Según ciertas creencias, pasar un alma de un cuerpo a otro.

transmisor, ra *adj.* Que transmite.

transmitir *v. tr.* Trasladar, transferir.

transmutar *v. tr.* Convertir una cosa en otra.

transparente *adj.* Se dice del cuerpo a través del cual pueden verse los objetos distintamente.

transpirar *v. intr.* Pasar los humores de la parte inferior a la exterior del cuerpo a través de los poros de la piel.

transponer *v. tr.* Poner a alguien o algo en lugar diferente del que ocupaba.

transportar *v. tr.* Llevar una cosa de un lugar a otro.

transubstanciar *v. tr.* Convertir totalmente una sustancia en otra.

transversal *adj.* Que se halla atravesado de un lado a otro.

transverso, sa *adj.* Colocado al través.

tranvía *s. m.* Ferrocarril establecido en una calle o camino carretero.

tranzar *v. tr.* **1.** Cortar, tronchar. **2.** Trenzar.

tranzón *s. m.* Cada una de las partes en que para su aprovechamiento se divide un monte o un pago de tierras.

trapa *s. f.* Cabo provisional para cargar una vela.

trapacear *v. intr.* Utilizar engaños.

trapajoso, sa *adj.* Roto, desaseado.

trápala *s. f.* **1.** Ruido, movimiento de gente. **2.** Ruido acompasado del trote de un caballo. **3.** *fam.* Embuste, engaño.

trapaza *s. f.* Artificio engañoso, con que se defrauda a una persona en algún negocio.

trapecio *s. m.* **1.** Palo horizontal suspendido en sus extremos por dos cuerdas paralelas, y que sirve para ejercicios gimnásticos. **2.** Cuadrilátero irregular que tiene paralelos sólo dos de sus lados.

trapezoide *s. m.* Cuadrilátero irregular que no tiene ningún lado paralelo a otro.

trapiche *s. m.* Molino para extraer el jugo de algunos frutos o productos de la tierra, particularmente la caña de azúcar.

trapichear *v. intr.* **1.** *fam.* Buscar medios o recursos, no siempre lícitos, para lograr algo. **2.** *fam.* Comerciar al menudeo.

trapío *s. m.* **1.** *fam.* Aire garboso que suelen tener algunas personas. **2.** *fam.* Buena planta y gallardía del toro de lidia.

trapisonda *s. f.* **1.** *fam.* Bulla o riña con voces o acciones. **2.** *fig.* Embrollo, enredo.

trapo *s. m.* **1.** Pedazo de tela desechado por viejo y roto. **2.** Velamen. **3.** *fam.* Capote que usa el torero en la lidia.

traque *s. m.* Estallido del cohete.

tráquea *s. f.* Conducto cilíndrico, que empieza en la laringe y desciende por delante del esófago hasta la mitad del pecho, donde se bifurca formando los bronquios.

traqueotomía *s. f.* Incisión de la tráquea que se practica en determinados casos para impedir la sofocación de los enfermos.

traquetear *v. intr.* **1.** Hacer ruido o estrépito. || *v. tr.* **2.** Agitar una cosa de una parte a otra.

traqueteo *s. m.* Ruido continuo del disparo de los cohetes en los fuegos artificiales.

traquido *s. m.* **1.** Estruendo causado por disparo el de un arma de fuego. **2.** Chasquido de la madera.

tras *prep.* **1.** Después de, a continuación de, aplicado al espacio o al tiempo. **2.** Detrás de, en situación posterior. **3.** Fuera de esto, además.

trasca *s. f.* Correa fuerte de piel de toro, curtida y muy sobada, para hacer arreos.

trascendental *adj.* **1.** Que se comunica o extiende a otras cosas. **2.** *fig.* Que es de mucha importancia o gravedad.

trascendente *adj.* Que se eleva por encima de un nivel o de un límite dados.

trascender *v. intr.* **1.** Exhalar olor vivo y penetrante. **2.** Empezar a ser conocido algo que estaba oculto.

trascolar *v. tr.* **1.** Colar a través de alguna cosa como tela, piel, etc. También prnl. **2.** *fig.* Pasar desde un lado a otro.

trascordarse *v. prnl.* Perder la noticia puntual de una cosa o confundirla con otra.

trascoro *s. m.* Sitio que en las iglesias está situado detrás del coro.

trasdós *s. m.* Superficie exterior de un arco o bóveda.

trasegar *v. tr.* **1.** Trastornar, revolver. **2.** Pasar las cosas de un lugar a otro, y especialmente un líquido de una vasija a otra.

trasero, ra *adj.* **1.** Que está o viene detrás. **2.** Se dice del carro cargado que tiene más peso detrás que delante. || *s. m.* **3.** Parte posterior del animal.

trasgo *s. m.* **1.** Duende, espíritu travieso. **2.** *fig.* Niño vivo y enredador.

trashojar *v. tr.* Hojear un libro.

trashumar *v. intr.* Pasar el ganado con sus conductores desde las dehesas de invierno a las de verano, y viceversa.

trasladar *v. tr.* **1.** Llevar o mudar una cosa de un lugar. También prnl. **2.** Expresar de otra forma el contenido de un escrito.

traslaticio, cia *adj.* Se dice del sentido en que se usa un vocablo para que signifique una cosa distinta de la que con él se expresa en su acepción corriente.

traslativo, va *adj.* Que transfiere.

traslucirse *v. prnl.* **1.** Ser traslúcido un cuerpo. **2.** *fig.* Conjeturarse una cosa, en virtud de algún antecedente o indicio.

traslumbrar *v. tr.* Deslumbrar a alguien una luz viva. También prnl.

trasluz *s. m.* Luz que pasa a través de un cuerpo translúcido.

trasmallo *s. m.* Arte de pesca formado por tres redes.

trasnochada *s. f.* **1.** Noche que ha precedido al día actual. **2.** Vela, vigilia.

trasnochado, da *adj.* **1.** Se dice de lo que por haber pasado toda la noche por ello, se echa a perder. **2.** *fig.* Falto de novedad y de oportunidad.

trasnochar *v. intr.* **1.** Pasar alguien la noche, o gran parte de ella, velando o sin dormir. **2.** Pernoctar.

trasojado, da *adj.* Ojeroso, macilento.

traspapelar *v. tr.* Confundirse, desaparecer un papel entre otros. También tr.

traspasar *v. tr.* **1.** Pasar a la otra parte de alguna cosa. **2.** Atravesar de parte a parte. **3.** Transgredir una ley o una norma.

traspié *s. m.* Tropezón al caminar.

traspintarse *v. prnl.* Clarearse por el revés del papel, tela, etc. lo escrito o dibujado por el derecho.

trasplantar *v. tr.* Mudar un vegetal del sitio donde está plantado a otro.

traspunte *s. m.* Apuntador que previene a cada actor lo que ha de hacer al salir a escena.

trasquilar *v. tr.* **1.** Cortar el pelo a alguien sin orden ni arte. También prnl. **2.** Esquilar a los animales.

trastada *s. f.* *fam.* Acción propia de un trasto, mala pasada. **2.** *fam.* Artimaña con la que se perjudica a alguien.

traste *s. m.* Cada uno de los resaltos de metal o hueso que se colocan a trechos en el mástil de la guitarra u otros instrumentos parecidos.

trastear[1] *v. tr.* Poner los trastes a la guitarra u otro instrumento.

trastear[2] *v. tr.* **1.** Dar el espada al toro pases de muleta. || *v. intr.* **2.** *fig.* Discurrir con viveza y travesura.

trastero *s. m.* Pieza destinada para guardar los trastos inútiles.

trastienda *s. f.* **1.** Pieza situado detrás de la tienda. **2.** *fig. y fam.* Cautela, astucia.

trasto *s. m.* **1.** Mueble o utensilio doméstico, especialmente si es inútil. **2.** *fig. y fam.* Persona inútil o informal. || *s. m. pl.* **3.** Utensilios de un arte o ejercicio.

trastornar *v. tr.* **1.** Volver una cosa de abajo arriba o de un lado a otro. **2.** Invertir el orden regular de una cosa. **3.** *fig.* Inquietar, perturbar.

trastrocar *v. tr.* Mudar el ser o estado de una cosa. También prnl.

trasudar *v. tr.* Exhalar trasudor.

trasudor *s. m.* Sudor ligero.

trasverter *v. intr.* Rebosar un líquido del recipiente que lo contiene.

trata *s. f.* Comercio, en ocasiones ilegal.

tratable *adj.* Se dice de la persona cortés y accesible.

tratadista *s. m. y s. f.* Autor que escribe tratados sobre una materia determinada.

tratado *s. m.* **1.** Ajuste, convenio, especialmente entre naciones, después de haber hablado sobre ello. **2.** Escrito o discurso sobre una materia determinada.

tratamiento *s. m.* **1.** Trato. **2.** Título de cortesía que se da a una persona, como merced, señoría, etc. **3.** Sistema que se emplea para curar enfermos.

tratante *s. m. y s. f.* Persona que se dedica a comprar géneros para revenderlos.

tratar *v. tr.* **1.** Manejar una cosa, usar materialmente de ella. **2.** Comunicar, o tener relación amistosa con una persona. **4.** Asistir y cuidar bien, o mal, a alguien, en especial tratándose de la comida, vestido, etc.

trato *s. m.* **1.** Manera de tratar a alguien. **2.** Tratado, ajuste entre dos partes. **3.** Tratamiento, título de cortesía.

traumatismo *s. m.* Lesión de los tejidos por agentes mecánicos.

través *s. m.* **1.** Inclinación o torcimiento. **2.** *fig.* Desgracia, fatalidad.

travesaño *s. m.* **1.** Pieza que atraviesa de una parte a otra. **2.** Almohada larga que ocupa toda la cabecera de la cama.

travesear *v. intr.* **1.** Andar inquieto y revoltoso de una parte a otra. **2.** *fig.* Discurrir con ingenio y viveza.

travesía *s. f.* **1.** Camino transversal. **2.** Callejuela que atraviesa entre calles principales.

travesura *s. f.* Viveza y sutileza de ingenio.

travieso, sa *adj.* **1.** Atravesado o puesto al través. **2.** *fig.* Sutil, sagaz. **3.** *fig.* Se dice de las personas inquietas y revoltosas.

trayecto *s. m.* Espacio que se recorre de un punto a otro.

trayectoria *s. f.* Línea descrita en el espacio por un punto que se mueve, y especialmente parábola de un proyectil.

traza *s. f.* **1.** Diseño para la fábrica de un edificio u otra obra. **2.** *fig.* Plan para realizar un fin.

trazar *v. tr.* **1.** Hacer trazos o dibujar líneas. **2.** Diseñar la traza que se ha de seguir en un edificio u otra obra. **3.** Disponer los medios adecuados para conseguir algo.

trazo *s. m.* **1.** Delineación de la traza de una obra. **2.** Línea, raya.

trébol *s. m.* Planta leguminosa, papilionácea, de hojas casi redondas, pecioladas de tres en tres, que se usa como forraje.

trece *adj. num.* Diez y tres.

tregua *s. f.* **1.** Cesación de hostilidades, por determinado tiempo, entre los beligerantes. **2.** *fig.* Descanso en alguna labor.

treinta *adj. num.* Tres veces diez.

treintena *s. f.* Conjunto de treinta unidades.

tremebundo, da *adj.* Espeluznante, que hace temblar.

tremedal *s. m.* Terreno pantanoso abundante en turba, cubierto de césped, y que retiembla cuando se anda sobre él.

tremendo, da *adj.* **1.** Terrible, digno de ser temido. **2.** *fig. y fam.* Muy grande.

trementina *s. f.* Resina semifluida que exudan los pinos, abetos, alerces y terebintos.

tremesino, na *adj.* De tres meses.

tremolar *v. tr.* Temblar las banderas u otra cosa de tela a impulsos del viento.

trémulo, la *adj.* Que tiembla.

tren *s. m.* **1.** Conjunto de máquinas dispuestas en serie que se emplean para una misma operación. **2.** Serie de vagones enlazados unos con otros que, arrastrados por una locomotora, circulan por las vías.

trenado, da *adj.* Dispuesto en forma de redecilla, enrejado o trenza.

trencilla *s. f.* Galoncillo de seda, algodón o lana.

treno *s. m.* Canto fúnebre, lamentación.

trenza *s. f.* Enlace de tres o más ramales que se entretejen, cruzándolos alternativamente.

trenzado, da *s. m.* **1.** Trenza. **2.** En la danza, salto ligero cruzando los pies.

trenzar *v. tr.* Hacer trenzas.

trepanar *v. tr.* Horadar el cráneo u otro hueso con el trépano.

trepar[1] *v. intr.* Subir a un lugar valiéndose de los pies y las manos. También tr.

trepar[2] *v. tr.* Taladrar, horadar.

trepidar *v. intr.* Temblar, estremecerse.

tres *adj. num.* Dos y uno.

tresalbo, ba *adj.* Se dice de la caballería que tiene tres pies blancos.

tresañejo, ja *adj.* Que tiene tres años.

trescientos, tas *adj. num.* Tres veces cien.

tresillo *s. m.* **1.** Juego de naipes que se juega entre tres personas. **2.** Conjunto de un sofá y dos butacas. **3.** Sortija con tres piedras que hacen juego.

tresnal *s. m.* Conjunto de haces de mies, apilados en el campo para que se sequen antes de llevarlos a la era.

treta *s. f.* Artificio ingenioso.

tríada *s. f.* Conjunto de tres.

triangular *adj.* De figura de triángulo o semejante a él.

triángulo *s. m.* Figura formada por tres líneas que se cortan mutuamente, formando tres ángulos.

triar *v. tr.* **1.** Escoger algo entre varias posibilidades. || *v. intr.* **2.** Entrar y salir con frecuencia las abejas de una colmena muy poblada y fuerte.

triásico, ca *adj.* Se dice del primer período de la era secundaria y del terreno a él correspondiente.

tribu *s. f.* Cada una de las agrupaciones en que se dividían algunos pueblos antiguos.

tribulación *s. f.* **1.** Congoja, aflicción que atormenta el espíritu. **2.** Adversidad que padece la persona.

tribuna *s. f.* **1.** Plataforma elevada desde la cual se lee o perora en las asambleas. **2.** Galería destinada a los espectadores en estas asambleas o en otros lugares públicos.

tribunal *s. m.* **1.** Lugar destinado a los jueces para administrar justicia. **2.** Ministro o ministros que administran justicia.

tribuno *s. m.* Cada uno de los magistrados elegidos por el pueblo romano.

tributar *v. tr.* Entregar el vasallo al señor o el súbdito al Estado, para las cargas públicas, cierta cantidad en dinero o especie.

tributo *s. m.* **1.** Lo que se tributa. **2.** Carga u obligación de tributar. **3.** Censo sobre un inmueble.

tríceps *adj.* Se dice del músculo que tiene tres porciones o cabezas.

triclinio *s. m.* Lecho en que los griegos y romanos se reclinaban para comer.

tricolor *adj.* De tres colores.

tricot *s. m.* Género de punto.

tricúspide *adj.* De tres cúspides o puntas.

tridente *adj.* **1.** De tres dientes. ‖ *s. m.* **2.** Cetro en forma de arpón que tienen en la mano las figuras de Neptuno.

triduo *s. m.* Ejercicio devoto que se practica durante tres días.

triedro *adj.* Se dice del ángulo formado por tres planos que concurren en un punto.

trienal *adj.* Que se repite cada trienio.

trienio *s. m.* Espacio de tres años.

trifásico, ca *adj.* De tres fases.

trifinio *s. m.* Punto donde confluyen los términos de tres divisiones territoriales.

triforme *adj.* De tres formas o figuras.

trifulca *s. f.* **1.** Aparato para dar movimiento a los fuelles de los hornos metalúrgicos. **2.** *fam.* Disputa con grandes voces.

trigémino *s. m.* Nervio del quinto par de los craneales, que es el nervio sensitivo de la cara.

trigésimo, ma *adj. num.* Que ocupa el último lugar en una serie ordenada de treinta.

triglifo *s. m.* Miembro arquitectónico en forma de rectángulo saliente y surcado por tres canales. Alterna con las metopas.

trigo *s. m.* **1.** Género de plantas gramíneas, con espigas terminales de cuatro o más carreras de granos, de los cuales, triturados, se saca la harina con que se hace el pan. **2.** Grano de esta planta.

trigonometría *s. f.* Parte de las matemáticas que estudia la resolución de los triángulos planos y esféricos por medio del cálculo.

trilingüe *adj.* **1.** Que habla tres lenguas. **2.** Escrito en tres lenguas.

trilítero, ra *adj.* De tres letras.

trillado, da *adj.* **1.** Se dice del camino muy frecuentado. **2.** Común y sabido.

trillar *v. tr.* Quebrantar la mies tendida en la era y separar el grano de la paja.

trillo *s. m.* Instrumento para trillar que consiste en un tablón guarnecido por abajo con cuchillas de acero y tirado por animales.

trillón *s. m.* Un millón de billones.

trilogía *s. f.* **1.** Conjunto de tres obras dramáticas que tienen entre sí cierto enlace.

trimestral *adj.* Que sucede cada trimestre.

trimestre *s. m.* Espacio de tres meses.

trinar *v. intr.* **1.** Hacer trinos. **2.** *fig. y fam.* Rabiar, impacientarse.

trinca *s. f.* **1.** Junta de tres cosas de una misma clase. **2.** Cabo para trincar una cosa.

trincar[1] *v. tr.* Atar fuertemente alguna cosa.

trincar[2] *v. tr.* Partir o desmenuzar en trozos alguna cosa.

trincar[3] *v. tr.* Beber una bebida alcohólica.

trincha *s. f.* Ajustador de ciertas prendas que sirve para ceñirlas al cuerpo por medio de hebillas o botones.

trinchar *v. tr.* Partir en trozos la vianda para servirla.

trinchera *s. f.* **1.** Defensa hecha de tierra que cubre el cuerpo del soldado. **2.** Cierto abrigo impermeable.

trineo *s. m.* Vehículo sin ruedas que se desliza sobre el hielo.

trinidad *s. f.* Distinción de tres personas divinas en una sola y única esencia.

trino, na *adj.* Que contiene en sí tres cosas distintas.

trinomio *s. m.* Expresión algebraica que consta de tres términos.

trío *s. m.* **1.** Conjunto musical de tres voces o tres instrumentos. **2.** Conjunto de tres personas.

tripa *s. f.* **1.** Intestino. **2.** Vientre. **3.** Panza de una vasija.

tripe *s. m.* Tejido fuerte de lana o esparto, parecido al terciopelo, para hacer alfombras.

triple *adj. num.* Que contiene un número exactamente tres veces.

triplicar *v. tr.* Multiplicar por tres.

trípode *s. amb.* Mesa, banquillo, etc. de tres pies.

triptongo *s. m.* Conjunto de tres vocales, dos débiles y una fuerte entre ambas, que forman una sola sílaba.

tripulación *s. f.* Conjunto de personas que van en una embarcación o en un aparato de transporte aéreo dedicadas a la maniobra y servicio.

tripular *v. tr.* Dotar de tripulación a un barco o a un vehículo aéreo.

triquina *s. f.* Gusano nematelminto que vive en el interior de los músculos de los animales vertebrados, especialmente en el cerdo.

triquiñuela *s. f., fam.* Medio con el que se consigue algún fin.

triquitraque *s. m.* Ruido como de golpes desordenados y repetidos.

trirreme *s. m.* Embarcación antigua de tres órdenes de remos.

tris *s. m.* Leve sonido de una cosa delicada al quebrarse, como el vidrio.

triscar *v. intr.* **1.** Hacer ruido con los pies. **2.** *fig.* Retozar, travesear.

trisílabo, ba *adj.* De tres sílabas.

triste *adj.* **1.** Apesadumbrado por algo. **2.** De carácter o genio melancólico. **3.** *fig.* Que denota u ocasiona pesadumbre.

tritón *s. m.* Cada una de ciertas deidades marinas a que se atribuía figura de hombre desde la cabeza hasta la cintura, y de pez el resto.

triturar *v. tr.* Moler, desmenuzar una materia sólida, sin reducirla a polvo.

triunfar *v. intr.* Quedar victorioso en la guerra o en cualquier contienda.

triunfo *s. m.* **1.** Victoria. **2.** Carta del palo preferido en ciertos juegos de naipes.

triunvirato *s. m.* Magistratura de la antigua Roma en que intervenían tres personas.

trivial *adj.* **1.** Vulgarizado, sabido de todos. **2.** Que carece de toda novedad.

triza *s. f.* Pedazo pequeño o partícula de un cuerpo.

trocánter *s. m.* Prominencia que algunos huesos largos tienen en su extremidad superior para inserción de los músculos.

trocar *v. tr.* Cambiar una cosa por otra.

trocha *s. f.* **1.** Vereda, camino angosto y excusado. **2.** Camino abierto en la maleza.

troche y moche, a *adv. m., fam.* Disparatada e inconsideradamente.

trofeo *s. m.* **1.** Monumento, insignia o señal de una victoria. **2.** Botín de guerra.

troglodita *adj.* Se dice de la persona que habita en cavernas.

troica *s. f.* Especie de trineo ruso de grandes dimensiones, tirado por tres caballos.

troj *s. f.* Espacio limitado por tabiques, para guardar frutos o cereales.

trola *s. f., fam.* Engaño, mentira, falsedad.

trole *s. m.* Pértiga de hierro que sirve para transmitir a los carruajes de los tranvías eléctricos la corriente del cable conductor.

trolebús *s. m.* Vehículo urbano de tracción eléctrica, sin raíles, que cierra circuito por medio de un doble trole.

trombo *s. m.* Coágulo formado en la sangre.

trombón *s. m.* Instrumento musical de viento de gran flexibilidad sonora.

trompa *s. f.* **1.** Instrumento musical de viento, que consiste en un tubo de latón enroscado circularmente y que va ensanchándose desde la boquilla al pabellón. **2.** Prolongación muscular de la nariz en algunos animales, como el elefante. **3.** Aparato chupador, contráctil y dilatable, propio de algunos insectos.

trompeta *s. f.* **1.** Instrumento musical de viento que produce diversidad de sonidos según la fuerza con que la boca impele el aire. **2.** Clarín, instrumento de sonidos agudos.

trompetilla *s. f.* Aparato en forma de trompeta que sirve para que las personas sordas perciban los sonidos.

trompicón *s. m.* Cada uno de los tropezones que da la persona que trompica.

trompo *s. m.* **1.** Peón, juguete. **2.** Peonza.

tronada *s. f.* Tempestad de truenos.

tronado, da *adj.* **1.** Deteriorado por efecto del uso. **2.** Falto de recursos, empobrecido. **3.** *fig.* Chalado.

tronar *v. intr.* **1.** Sonar truenos. **2.** Despedir o causar ruido o estampido.

tronchar *v. tr.* Partir o romper con violencia el tronco, tallo o ramas de un vegetal.

troncho *s. m.* Tallo de las hortalizas que queda envuelto por las hojas.

tronco *s. m.* **1.** Tallo fuerte y macizo de los árboles y arbustos. **2.** Cuerpo humano o de cualquier animal prescindiendo de la cabeza y las extremidades. **3.** Ascendiente común de dos o más ramas, líneas o familias.

tronera *s. f.* **1.** Abertura en el costado de un buque, en el parapeto de una muralla o en el espaldón de una batería, para disparar con acierto y seguridad los cañones. **2.** Ventana pequeña y angosta.

trono *s. m.* **1.** Asiento con gradas y dosel utilizado por los monarcas y otras personas de alta dignidad,. **2.** Tabernáculo colocado encima de la mesa del altar y en el que se expone el Santísimo Sacramento.

tronzar *v. tr.* Dividir algo o hacerlo trozos.

tropa *s. f.* **1.** Turba, muchedumbre de gente. **2.** Gente militar.

tropel *s. m.* Movimiento acelerado, ruidoso y desordenado de varias personas o cosas.

tropelía *s. f.* **1.** Aceleración desordenada y confusa. **2.** Atropellamiento o violencia en las acciones. **3.** Hecho ilegal. **4.** Vejación, atropello.

tropezar *v. intr.* Dar con los pies en un estorbo que pone en peligro de caer.

trópico *s. m.* Cada uno de los dos círculos menores que se consideran en la esfera celeste, paralelos al ecuador.

tropiezo *s. m.* **1.** Aquello en que se tropieza. **2.** Error en que se incurre moralmente. **3.** Dificultad o impedimento en un negocio.

tropo *s. m.* Figura que consiste en modificar el sentido propio de una palabra para emplearla en sentido figurado.

troquel *s. m.* Molde empleado en la acuñación de monedas, medallas, etc.

trotaconventos *s. f., fam.* Alcahueta.

trotar *v. intr.* **1.** Ir el caballo al trote. **2.** *fig. y fam.* Andar mucho o deprisa.

trote *s. m.* **1.** Modo de caminar acelerado natural a todas las caballerías. **2.** *fig.* Faena apresurada y fatigosa.

trova *s. f.* **1.** Verso. **2.** Canción amorosa compuesta o cantada por los trovadores.

trovador, ra *adj.* Poeta provenzal de la Edad Media que trovaba en lengua de oc.

trovar *v. intr.* **1.** Hacer versos. **2.** Componer trovas.

trozo *s. m.* Pedazo de una cosa considerado aparte del resto.

trucar *v. intr.* **1.** Hacer el primer envite en el juego del truque. **2.** Hacer trucos en el juego de este nombre y en el del billar.

trucha *s. f.* Pez malacopterigio abdominal, de carne muy sabrosa, de agua dulce, con cuerpo fusiforme de color pardo y lleno de pintas rojizas o negras.

truco *s. m.* **1.** Cierta suerte del juego de los trucos. **2.** Apariencia engañosa hecha con arte.

truculento, ta *adj.* Cruel.

trueno *s. m.* Ruido que sigue al rayo debido a la expansión del aire al paso de la descarga eléctrica.

trueque *s. m.* Intercambio de bienes o servicios sin mediación de dinero.

trufa *s. f.* **1.** Variedad muy aromática de criadilla de tierra. **2.** Pasta hecha con chocolate y mantequilla.

trufar *v. tr.* **1.** Rellenar de trufas las aves y otros manjares. ‖ *v. intr.* **2.** Inventar trufas o mentiras.

truhán, na *adj.* Se dice de la persona sin vergüenza, que vive de engaños y estafas.

trujal *s. m.* **1.** Prensa para estrujar las uvas o la aceituna. **2.** Molino de aceite.

trulla[1] *s. f.* **1.** Ruido, confusión de voces. **2.** Multitud de gente.

trulla[2] *s. f.* Llana, herramienta de albañil.

trullo[1] *s. m.* Ave palmípeda, de cabeza negra y con moño, que se alimenta de peces.

trullo[2] *s. m.* Lagar con depósito inferior donde cae el mosto cuando se pisa la uva.

truncar *v. tr.* **1.** Cortar una parte a alguna cosa. **2.** *fig.* Dejar incompleto el sentido de lo que se lee o se escribe.

truque *s. m.* Cierto juego de envite en el que gana quien echa la carta de mayor valor.

trust *s. m.* Unión de empresas formada por los principales productores o acaparadores de un producto que tratan de monopolizar una determinada industria.

tu *adj. pos.* Forma apocopada de "tuyo, ya" cuando precede al sustantivo.

tú *pron. pers.* Forma del pronombre personal de segunda persona, género masculino o femenino y número singular, que funciona como sujeto.

tuba *s. f.* Instrumento de viento de metal de grandes proporciones y sonoridad voluminosa y grave.

tubérculo *s. m.* Rizoma engrosado y convertido en órgano de reserva, como la patata.

tubería *s. f.* Conducto formado por tubos para llevar líquidos o gases.

tubo *s. m.* Pieza hueca, cilíndrica y generalmente abierta por ambos extremos.

tucán *s. m.* Ave trepadora americana, de pico arqueado, grueso, pico ligero y casi tan largo como su cuerpo.

tueco *s. m.* **1.** Tocón de un árbol. **2.** Oquedad producida por la carcoma en la madera.

tuerca *s. f.* Pieza con un hueco helicoidal, que ajusta exactamente en la rosca de un tornillo.

tuerto, ta *adj.* Falto de la vista en un ojo.

tuétano *s. m.* Sustancia blanca que se encuentra en el interior de los huesos.

tufarada *s. f.* Olor vivo y fuerte que se percibe de pronto.

tufillas *s. m. y s. f., fam.* Persona irritable que se enoja fácilmente.

tufo *s. m.* **1.** Emanación gaseosa que se desprende de las fermentaciones y combustibles imperfectos. **2.** *fam.* Soberbia.

tugurio *s. m.* **1.** Choza de pastores. **2.** Habitación, vivienda o local pequeño y mezquino.

tul *s. m.* Tejido delgado de algodón o hilo que forma malla, a menudo en octágonos.

tulipa *s. f.* **1.** Tulipán pequeño. **2.** Pantalla de vidrio con forma algo parecida a la del tulipán.

tulipán *s. m.* Planta liliácea, bulbosa, vivaz y flor única en lo alto del escapo, grande, globosa, de seis pétalos de hermosos colores; se cultiva en los jardines.

tullidura *s. f.* Excremento de las aves de rapiña. Se usa más en pl.

tullir *v. tr.* **1.** Hacer que alguien quede tullido por haberle maltratado. || *v. prnl.* **2.** Perder alguien el uso y movimiento del cuerpo o de parte de él.

tumba *s. f.* Lugar, excavado o construido, donde está enterrado un cadáver.

tumbaga *s. f.* Aleación muy quebradiza de oro y cobre.

tumbar *v. tr.* **1.** Hacer caer o derribar. **2.** *fam.* Quitar a alguien el sentido una cosa fuerte. || *v. prnl.* **3.** *fam.* Tenderse, especialmente echarse a dormir.

tumbo *s. m.* Vaivén violento.

tumbón, na *adj.* **1.** *fam.* Socarrón. **2.** *fam.* Persona poco dada al trabajo. || *s. f.* **3.** Silla abatible con respaldo muy largo.

tumefacción *s. f.* Hinchazón.

tumor *s. m.* Hinchazón, producción o acumulación de tejidos que se forma anormalmente en alguna parte del cuerpo.

túmulo *s. m.* **1.** Sepulcro levantado de la tierra. **2.** Armazón de madera, vestida de paños fúnebres, que se erige para la celebración de las honras de un difunto.

tumulto *s. m.* **1.** Motín, alboroto producido por una multitud. **2.** Confusión agitada o desorden ruidoso.

tuna *s. f.* **1.** Vida holgazana, libre y vagabunda. **2.** Grupo musical formado exclusivamente por estudiantes.

tunante, ta *s. m. y s. f.* Persona taimada.

tunar *v. intr.* Andar vagando de un lugar a otro en vida holgazana y libre.

tunda *s. f.* Castigo riguroso de palos, azotes, etc.

tundir[1] *v. tr.* Cortar o igualar con tijera el pelo de los paños.

tundir[2] *v. tr.*, *fig. y fam.* Castigar con golpes palos o azotes.

tundra *s. f.* Pradera casi estaparia, de subsuelo helado y falto de vegetación arbórea, suelo cubierto de musgo y líquenes, y pantanoso en muchos sitios.

túnel *s. m.* Paso subterráneo que se abre para el tránsito de un ferrocarril o de una carretera, para establecer una comunicación a través de un monte, por debajo de un río, etc.

tungsteno *s. m.* Cuerpo simple, metálico, de color gris, muy duro, denso y de difícil fusión.

túnica *s. f.* Vestidura sin mangas, que usaban los antiguos a modo de camisa.

tuno, na *adj.* **1.** Tunante. **2.** Componente de una tuna, conjunto musical de estudiantes.

tupé *s. m.* **1.** Copete, pelo. **2.** *fig. y fam.* Atrevimiento al obrar o hablar.

tupido, da *adj.* **1.** Espeso, que tiene los elementos que lo componen muy apretados. **2.** Dicho del entendimiento y los sentidos, obtuso, torpe.

tupir *v. tr.* Apretar mucho una cosa cerrando sus poros o intersticios.

turba[1] *s. f.* Combustible fósil, de poco peso, formado de residuos vegetales acumulados en sitios pantanosos.

turba[2] *s. f.* Muchedumbre de gente confusa y desordenada.

turbante *s. m.* Tocado que, en lugar de sombrero, se usa en los pueblos orientales, y que consiste en una faja larga de tela rodeada a la cabeza.

turbar *v. tr.* **1.** Alterar o conmover el estado o curso natural de una cosa. **2.** Aturdir a alguien, hacerle perder la serenidad o el libre uso de sus facultades.

turbina *s. f.* Máquina hidráulica, consistente en una rueda encerrada en un tambor y provista de paletas curvas, sobre las que actúa la presión del agua, que llega con bastante velocidad desde un nivel superior.

turbio, bia *adj.* Mezclado o alterado por una cosa que oscurece o quita transparencia.

turbión *s. m.* Aguacero con viento fuerte y de poca duración.

turbonada *s. f.* Fuerte chubasco acompañado de truenos.

turbulencia *s. f.* **1.** Alteración de las cosas claras y transparentes. **2.** *fig.* Confusión o alboroto de personas o cosas.

turbulento, ta *adj.* **1.** Turbio. **2.** *fig.* Se aplica a las situaciones confusas.

turgente *adj.* **1.** *poét.* Se dice de lo que está abultado, elevado. **2.** Se aplica al humor que produce hinchazón.

túrgido, da *adj., poét.* Turgente, abultado.

turiferario *s. m.* Persona que lleva el incensario.

turismo *s. m.* Afición a viajar por gusto de recorrer países.

turista *s. m. y s. f.* Persona que recorre un país por recreo.

turma *s. f.* Testículo o criadilla.

turmalina *s. f.* Mineral formado por un silicato de alúmina con ácido bórico, magnesia, cal, óxido de hierro y otras sustancias en proporciones pequeñas.

turnar *v. intr.* Alternar con una o más personas en el ejercicio o disfrute de alguna cosa siguiendo determinado orden.

turnio, nia *adj.* **1.** Se dice de los ojos torcidos. **2.** Que tiene ojos turnios.

turno *s. m.* Orden o alternativa que se observa entre varias personas, para la ejecución de una cosa, o en la sucesión de éstas.

turrón *s. m.* Masa de almendras, piñones avellanas o nueces, tostado todo y mezclado con miel y otros ingredientes.

tusón *s. m.* Vellón del carnero o de la oveja.

tute *s. m.* Juego de naipes en que gana la partida quien reúne los cuatro reyes o los cuatro caballos.

tutear *v. tr.* Hablar a alguien empleando el pronombre de segunda persona.

tutela *s. f.* **1.** Autoridad que, en defecto de la paterna o materna, se confiere a alguien para que cuide de la persona y los bienes de un menor o de otra persona que no tiene completa capacidad civil.

tutelar *adj.* Que guía, ampara o defiende.

tutiplén, a *adv. m., fam.* En abundancia, a porrillo.

tutor, ra *s. m. y s. f.* **1.** Persona que ejerce una tutela. **2.** *fig.* Defensor, protector.

tuyo, ya *adj. pos.* Forma del posesivo masculino y femenino de la segunda persona del singular. Indica posesión o pertenencia a la persona a quien se habla. También pron.

U

u¹ *s. f.* Vigésimo segunda letra del abecedario español y última de sus vocales.

u² *conj. disy.* Conjunción que, para evitar el hiato, se emplea en vez de "o" ante palabras que empiezan por esta última letra o por "ho".

ubajay *s. m.* Árbol mirtáceo, de ramaje abundante y fruto comestible algo ácido.

ubérrimo, ma *adj. sup.* Muy abundante y fértil.

ubicación *s. f.* Lugar en que se encuentra ubicada una cosa.

ubicar *v. intr.* Estar en determinado espacio o lugar. También prnl.

ubicuo, cua *adj.* Que está presente a un mismo tiempo en todas partes.

ubre *s. f.* En los mamíferos, cada una de las tetas de la hembra.

ubrera *s. f.* Excoriación que suelen padecer en la boca los niños de teta.

ucase *s. m.* Decreto del zar.

udómetro *s. m.* Pluviómetro.

¡uf! *interj.* con que se denota cansancio, fastidio, asco, etc.

ufanarse *v. prnl.* Jactarse de algo con excesivo orgullo.

ufano, na *adj.* Orgulloso, arrogante.

¡uh! *interj.* que se emplea para expresar desilusión o desdén.

ujier *s. m.* Portero de estrados de un palacio o tribunal.

ulano *s. m.* Soldado de caballería ligera en los ejércitos austríaco, alemán y ruso.

úlcera *s. f.* Solución de continuidad con pérdida de sustancia en los tejidos orgánicos acompañada ordinariamente de secreción de pus.

ulcerar *v. tr.* Causar úlcera. También prnl.

ulema *s. m.* Doctor de la ley mahometana, entre los turcos.

ulterior *adj.* **1.** Que está en la parte de allá de un sitio o territorio. **2.** Que se dice, sucede o se hace después de otra cosa.

ultimar *v. tr.* Poner fin a una cosa.

ultimátum *s. m.* **1.** En el lenguaje diplomático, resolución terminante y definitiva. **2.** *fam.* Decisión definitiva.

último, ma *adj.* **1.** Se dice de lo que en su línea no tiene otro detrás de sí. **2.** Se dice de lo que en una serie de cosas está o se considera en el lugar postrero. **3.** Se dice de lo más lejano, retirado o escondido.

ultra *adv. lat.* Además de.

ultrajar *v. tr.* Injuriar de obra o de palabra.

ultraje *s. m.* Injuria o desprecio de palabra o de obra.

ultramar *s. m.* País que está en la otra parte del mar.

ultramarinos *adj. pl.* Se aplica a las tiendas de comestibles.

ultramicroscopio *s. m.* Aparato óptico que sirve para ver objetos de dimensiones tan pequeñas que no se perciben con el microscopio ordinario.

ultranza, a *adv. m.* A muerte, a todo trance, resueltamente.

ultrapuertos *s. m.* Lo que está más allá o a la otra parte de los puertos.

ultrarrojo *adj.* Infrarrojo.

ultrasonido *s. m.* Vibración superior a las perceptibles por el oído humano.

ultratumba *s. f.* Aquello que se cree o se supone que existe después de la muerte.

ultravioleta *adj.* Perteneciente o relativo a la parte invisible del espectro luminoso, a continuación del color violado.

ulular *v. intr.* **1.** Dar gritos o alaridos. **2.** Producir el sonido del viento.

ululato *s. m.* Clamor, lamento, alarido.

umbela *s. f.* Grupo de flores o frutos que nacen en un mismo punto del tallo y se elevan a igual altura.

umbelífero, ra *adj.* Se dice de plantas angiospermas dicotiledóneas, de fruto compuesto de dos aquenios.

umbilicado, da *adj.* De figura de ombligo.

umbilical *adj.* Relativo al ombligo.

umbráculo *s. m.* Cobertizo para resguardar las plantas de la fuerza del sol.

umbral *s. m.* **1.** Parte inferior y contrapuesta al dintel de la puerta. **2.** *fig.* Paso primero o entrada de cualquier cosa.

umbralar *v. tr.* Poner umbral al vano de un muro.

umbrío, a *adj.* **1.** Sombrío, que está en sombra. || *s. f.* **2.** Parte de terreno que casi siempre hace sombra.

un, una *art. indet.* **1.** Artículo indeterminado en género másculino y femenino y número singular. || *adj.* **2.** Uno.

unánime *adj.* Se dice del conjunto de las personas que tienen un mismo parecer.

uncia *s. f.* Moneda romana de cobre.

uncial *adj.* Se dice de ciertas letras, todas mayúsculas y del tamaño de una pulgada, que se usaron hasta el s. VII.

unciforme *adj.* Se dice de uno de los huesos de la segunda fila del carpo. También s. m.

unción *s. f.* Extremaunción.

uncir *v. tr.* Atar al yugo bueyes, mulas u otras bestias.

undecágono *s. m.* Polígono de 11 ángulos y 11 lados.

undécimo, ma *adj. num.* Que ocupa el último lugar en una serie ordenada de 11.

undécuplo, pla *adj. num.* Que contiene un número exactamente 11 veces.

underground *adj.* Se dice de las manifestaciones culturales marginales.

undoso, sa *adj.* Que se mueve haciendo olas.

ungido *s. m.* Rey o sacerdote signado con el óleo santo.

ungir *v. tr.* **1.** Aplicar a una cosa aceite u otra materia pingüe, extendiéndola superficialmente. **2.** Signar con óleo sagrado a una persona.

ungüento *s. m.* **1.** Todo aquello que sirve para ungir o untar. **2.** Medicamento que se aplica al exterior compuesto de diversas sustancias grasas. **3.** Compuesto de simples olorosos que se usaba para embalsamar cadáveres.

unguiculado, da *adj.* Se dice del animal cuyos dedos terminan en uñas.

unguis *s. m.* Hueso muy pequeño de la parte anterior e interna de cada una de las órbitas.

ungulado, da *adj.* Se dice del animal que tiene casco o pezuña. También s. m.

único, ca *adj.* **1.** Solo y sin otro de su propia especie. **2.** *fig.* Se dice de lo singular y extraordinario.

unicolor *adj.* De un solo color.

unicornio *s. m.* Animal quimérico de figura de caballo y con un cuerno recto en mitad de la frente.

unidad *s. f.* **1.** Propiedad de todo ser, en virtud de la cual no puede dividirse sin que su esencia se destruya o altere. **2.** Singularidad en número o calidad. **3.** Conformidad entre dos o más partes.

unificar *v. tr.* Hacer de muchas cosas una, o reducirlas a una misma especie. También prnl.

uniformar *v. tr.* **1.** Hacer uniforme una cosa o varias entre sí. También prnl. **2.** Hacer que alguien lleve uniforme.

uniforme *adj.* **1.** Se dice de dos o más cosas que tienen la misma forma. || *s. m.* **2.** Traje especial y distintivo que usan los militares y otros empleados o las personas pertenecientes a un mismo cuerpo o colegio.

unigénito, ta *adj.* Se aplica al hijo único.

unilateral *adj.* Se dice de lo que se refiere a una parte o un aspecto de alguna cosa.

unípede *adj.* De un solo pie.

unipersonal *adj.* Que consta de una sola persona.

unir *v. tr.* **1.** Juntar, mezclar dos o más cosas entre sí. **2.** Atar o juntar una cosa con otra, física o moralmente. || *v. prnl.* **3.** Asociarse varios para el logro de algún intento. **4.** Agregarse uno a la compañía de otro.

unisexual *adj.* De un solo sexo.

unisón *adj.* Unísono.

unisonar *v. intr.* Sonar al unísono o en el mismo tono dos voces o instrumentos.

unísono, na *adj.* Se dice de lo que tiene el mismo tono que otra cosa.

unitivo, va *adj.* Que tiene virtud de unir.

univalvo, va *adj.* **1.** Se dice de la concha de una sola pieza. **2.** Se aplica al molusco que tiene concha de esta clase.

universal *adj.* **1.** Que comprende o es común a todos en su especie, sin excepción de ninguno. **2.** Que pertenece o se extiende a todo el mundo, a todos los países, a todos los tiempos.

universidad *s. f.* Institución de enseñanza superior que comprende diversas facultades y escuelas, y que confiere los grados académicos correspondientes.

universitario, ria *s. m. y s. f.* Profesor, graduado o estudiante de universidad.

universo *s. m.* Mundo, conjunto de todo lo creado.

univocarse *v. prnl.* Convenir en una misma razón dos o más cosas.

unívoco, ca *adj.* Se dice de lo que tiene igual naturaleza o valor que otra cosa.

uno, na *adj.* **1.** Se dice de la persona o cosa idéntica o unida, física o moralmente, con otra. **2.** Idéntico, lo mismo. **3.** Único. || *s. m.* **4.** Unidad, cantidad que sirve de medida. **5.** Número o guarismo con que se expresa la unidad sola.

untadura *s. f.* Materia con que se unta.

untar *v. tr.* **1.** Ungir con una materia grasa. **2.** *fam.* Sobornar a alguien con dones o dinero. || *v. prnl.* **3.** Mancharse con una materia untosa o sucia.

unto *s. m.* Craso o gordura del cuerpo del animal.

untuoso, sa *adj.* Se dice de la materia pingüe y pegajosa.

uña *s. f.* **1.** Parte del cuerpo, de naturaleza córnea, que nace y crece en las extremidades de los dedos. **2.** Casco o pezuña de los animales.

uñarada *s. f.* Arañazo.

uñero *s. m.* Inflamación en la raíz de la uña.

uñeta *s. f.* Cincel de boca ancha que usan los canteros.

uñoso, sa *adj.* Que tiene largas las uñas.

¡upa! *interj.* que se usa para esforzar a levantar algún peso o a levantarse.

upar *v. tr.* Levantar, aupar.

URALITA - URTICARIA

uralita s. f. Denominación registrada de una mezcla de cemento y amianto con la cual se fabrican placas planas y onduladas, tubos, canalones, etc.

uranio s. m. Metal muy denso, duro, de color parecido al del níquel y fusible a elevadísima temperatura.

uranografía s. f. Cosmografía.

uranometría s. f. Parte de la astronomía que trata de la medición de las distancias celestes.

urato s. m. Compuesto salino correspondiente al ácido úrico.

urbanidad s. f. Cortesía, buen trato y buenos modales.

urbanización s. f. Núcleo residencial urbanizado.

urbanizar v. tr. 1. Hacer urbano y sociable a alguien. También prnl. 2. Convertir en poblado un terreno, o prepararlo para ello, abriendo calles y dotándolas de luz, empedrado y servicios municipales.

urbano, na adj., fig. Cortés, atento.

urbe s. f. Ciudad, especialmente la muy populosa.

urca s. f. Embarcación grande para el transporte de granos y otros géneros.

urce s. m. Brezo.

urchilla s. f. Liquen que vive en las rocas bañadas por el agua del mar.

urdidera s. f. Instrumento donde se preparan los hilos para las urdimbres.

urdimbre s. f. 1. Estambre después de urdido para tejerlo. 2. Conjunto de hilos que se colocan en el telar paralelamente unos a otros para formar una tela.

urdir v. tr. 1. Arrollar los hilos en la urdidera que ha de pasar después al telar. 2. Maquinar cautelosamente una cosa.

urea s. f. Sustancia nitrogenada, cristalina, que constituye la mayor parte de la materia orgánica contenida en la orina.

urente adj. Que escuece, ardiente.

uréter s. m. Cada uno de los conductos por donde desciende la orina a la vejiga desde los riñones.

uretra s. f. Conducto por donde se expele la orina.

uretritis s. f. Inflamación de la membrana mucosa que tapiza el conducto de la uretra.

urgencia s. f. 1. Falta apremiante de lo que es menester para algún negocio. || s. f. pl. 2. Sección de un hospital en la que se atiende a los enfermos y heridos que necesitan cuidados médicos inmediatos.

urgir v. intr. Instar una cosa a su pronta ejecución.

urinario s. m. Lugar destinado para orinar.

urna s. f. 1. Vaso o caja que entre los antiguos servía para guardar dinero, las cenizas de los cadáveres, etc. 2. Arquita que sirve para depositar números o papeletas en los sorteos, elecciones, etc.

uro s. m. Animal salvaje muy parecido al bisonte, extinguido en 1627.

urogallo s. m. Ave gallinácea, con plumaje negruzco jaspeado de gris, patas y pico negros, que vive en los bosques.

urología s. f. Parte de la medicina que trata de las enfermedades del aparato urinario.

urraca s. f. Ave de plumaje blanco en el vientre y negro con reflejos metálicos en el resto del cuerpo.

urticaria s. f. Enfermedad eruptiva de la piel, caracterizada por una comezón parecida a la que producen las picaduras de la ortiga.

usado, da *adj.* Gastado, deslucido.

usagre *s. m.* **1.** Erupción pustulosa que ataca a algunos niños durante la primera dentición. **2.** Sarna en el cuello del perro y otros animales domésticos.

usanza *s. f.* **1.** Ejercicio de una cosa. **2.** Costumbre que está de actualidad.

usar *v. tr.* **1.** Hacer servir una cosa para algo. También intr. **2.** Disfrutar alguien cierta cosa, utilizarla, sea o no su dueño.

uso *s. m.* **1.** Ejercicio o práctica general de una cosa. **2.** Eficacia o modo determinado de obrar que tiene una persona o cosa.

usted *pron. pers.* Forma del pronombre personal de segunda persona, género masculino o femenino y número singular, que se usa como tratamiento de respeto o de cortesía.

usual *adj.* **1.** Que común o frecuentemente se usa o se practica. **2.** Se dice de las cosas que se pueden usar con facilidad.

usuario, ria *adj.* Que usa ordinariamente una cosa o se sirve de ella. Se usa más como s. m. y s. f.

usucapión *s. f.* Adquisición de un derecho mediante su ejercicio en las condiciones y durante el tiempo que la ley señala.

usucapir *v. tr.* Adquirir una cosa por usucapión.

usufructo *s. m.* Derecho de usar de la cosa ajena y aprovecharse de todos sus frutos sin deteriorarla.

usufructuar *v. tr.* Tener o gozar el usufructo de una cosa.

usura *s. f.* Interés que se lleva por el dinero o el género en el contrato de préstamo.

usurario, ria *adj.* Se aplica a los tratos y contratos en que hay usura.

usurear *v. intr.* Dar o tomar a usura.

usurero, ra *s. m. y s. f.* Persona que presta con usura o con interés excesivo.

usurpar *v. tr.* Quitar a alguien lo que es suyo o quedarse con ello; generalmente con violencia.

utensilio *s. m.* Lo que sirve para el uso manual y frecuente. Se usa más en pl.

uterino, na *adj.* Relativo al útero.

útero *s. m.* Matriz de las hembras en los mamíferos.

útil[1] *adj.* Que produce o procura algún provecho, conveniencia o ventaja.

útil[2] *s. m.* Utensilio o herramienta.

utilizar *v. tr.* Aprovecharse de una cosa.

utopía *s. f., fig.* Plan o sistema halagüeño, pero irrealizable.

utrero, ra *s. m. y s. f.* Novillo o ternera desde los dos años hasta cumplir los tres.

utrículo *s. m.* Pequeña cavidad, celdilla.

uva *s. f.* Fruto de la vid en forma de baya o grano redondo y jugoso.

uvada *s. f.* Abundancia de uva.

uval *adj.* Parecido a la uva.

uvate *s. m.* Conserva hecha de uvas.

uvayema *s. f.* Especie de vid silvestre trepadora.

úvula *s. f.* Parte media del velo palatino, de forma cónica y textura membranosa y muscular, la cual divide la garganta en dos mitades a modo de arcos.

uxoricida *adj.* Se dice de la persona que mata a su mujer. También s. m.

uxoricidio *s. m.* Muerte causada a la mujer por su marido.

V

v *s. f.* Vigésimo tercera letra del abecedario español y decimoctava de sus consonantes.

vaca *s. f.* **1.** Hembra del toro. **2.** Dinero que juegan en común varias personas.

vacación *s. f.* Suspensión del trabajo o del estudio durante algún tiempo.

vacada *s. f.* Manada o conjunto de ganado vacuno.

vacante *adj.* Se dice del cargo, empleo o dignidad que está sin proveer.

vacar *v. intr.* Cesar alguien por algún tiempo en sus habituales negocios o trabajos.

vaciadero *s. m.* **1.** Sitio en que se vacía una cosa. **2.** Conducto por donde se vacía.

vaciar *v. tr.* **1.** Dejar vacía alguna vasija, algún local, etc. También prnl. **2.** Sacar o verter el contenido de una vasija u otra cosa semejante. También prnl.

vaciedad *s. f., fig.* Idea o dicho necio.

vacilación *s. f., fig.* Irresolución.

vacilar *v. intr.* **1.** Moverse indeterminadamente una cosa. **2.** Estar poco firme una cosa en su sitio o estado.

vacilón, na *adj.* Se dice de la persona parrandera y juerguista.

vacío, a *adj.* Falto de contenido.

vacuna *s. f.* Cualquier virus o principio orgánico que, convenientemente preparado, se inocula a una persona o animal para preservarlos de una enfermedad determinada.

vacuno *s. m.* Animal bovino.

vacuo, cua *adj.* Vacío, sin contenido.

vacuola *s. f.* Pequeña cavidad o espacio en una célula o en el tejido de un organismo, llena de aire o de un jugo.

vadear *v. tr.* Pasar una corriente de agua por un sitio donde se pueda hacer pie.

vademécum *s. m.* Libro que puede alguien llevar consigo para consultarlo con frecuencia.

vado *s. m.* Paraje de un río con fondo firme y poco profundo por donde se puede pasar.

vadoso, sa *adj.* Se dice del paraje del mar, río o lago que tiene vados.

vagabundear *v. intr.* Andar vagabundo.

vagar[1] *s. m.* Tiempo desembarazado y libre para hacer una cosa.

vagar[2] *v. intr.* Estar ocioso.

vagar[3] *v. intr.* Andar una persona de un lado a otro sin hallar lo que busca.

vagido *s. m.* Llanto del recién nacido.

vagina *s. f.* Conducto que, en las hembras de los mamíferos, se extiende desde la vulva hasta la matriz.

vaginitis *s. f.* Inflamación de la vagina.

vago, ga *adj.* Desocupado, sin oficio.

vagón *s. m.* Carruaje de viajeros o de mercancías y equipajes, en los ferrocarriles.

vagoneta *s. f.* Vagón pequeño y descubierto, para transporte.

vaguada *s. f.* Línea que marca la parte más honda de un valle.

vagueación *s. f.* Inquietud de la imaginación.

vaguear[1] *v. intr.* Holgazanear.

vaguear[2] *v. intr.* Vagar.

vaguido, da *adj.* Turbado.

vaharera *s. f.* Excoriación que se forma en la comisura de los labios.

vaharina *s. f., fam.* Vapor o niebla.

vahear *v. intr.* Echar de sí vaho o vapor.

vahído *s. m.* Desvanecimiento, turbación breve por alguna indisposición.

vaho *s. m.* Vapor que despiden los cuerpos en determinadas condiciones.

VAÍDA - VALLE

vaída *adj.* Se dice de la bóveda formada por un hemisferio cortado por cuatro planos verticales, paralelos dos a dos.

vaina *s. f.* **1.** Funda en que se guardan algunas armas de metal. **2.** Cáscara tierna y larga en que están encerradas algunas simientes. **3.** *fig. y fam.* Persona despreciable.

vainazas *s. m. y s. f., fam.* Persona floja, descuidada y desvaída.

vainero *s. m.* Oficial que se dedica a hacer vainas para las armas.

vainica *s. f.* Deshilado menudo que por adorno se hace en la tela.

vainilla *s. f.* Planta de las orquidáceas, usada como condimento y en perfumería.

vaivén *s. m.* Movimiento alternativo de un cuerpo en dos sentidos opuestos.

vajilla *s. f.* Conjunto de utensilios y vasijas para el servicio de mesa.

vale *s. m.* **1.** Papel en que uno se obliga a pagar a otro cierta cantidad de dinero. **2.** Nota firmada que se da al que ha de entregar algo, para que acredite la entrega.

valedor, ra *s. m. y s. f.* Persona que vale o ampara a otra.

valencia *s. f.* Capacidad de saturación de los radicales, que se determina por el número de átomos de hidrógeno con que aquellos pueden combinarse.

valentía *s. f.* **1.** Esfuerzo, aliento. **2.** Hecho o hazaña heroica. **3.** Gallardía, arrojo.

valer¹ *v. tr.* **1.** Proteger a una persona. **2.** Fructificar, redituar. **3.** Tratándose de números y cuentas, importar. **4.** Tener las cosas un precio determinado para el comercio.

valer² *s. m.* Valor, valía.

valeriana *s. f.* Planta de las valerianáceas, con fruto seco y rizoma aromático, que se usa como antiespasmódico.

valeroso, sa *adj.* **1.** Eficaz. **2.** Valiente. **3.** Valioso.

valí *s. m.* Gobernador de una provincia en un estado musulmán.

valía *s. f.* Valor, aprecio de una cosa.

validación *s. f.* Firmeza de un acto.

validar *v. tr.* Dar fuerza y validez a una cosa.

válido, da *adj.* **1.** Firme y que vale legalmente. **2.** Robusto, fuerte.

valiente *adj.* **1.** Fuerte, robusto en su línea. **2.** Esforzado, que tiene valor. **3.** Eficaz y activo. **4.** Grande, excesivo.

valija *s. f.* **1.** Maleta. **2.** Saco de cuero, cerrado con llave, donde llevan la correspondencia los correos.

valijero, ra *s. m. y s. f.* Persona que conduce las cartas desde una caja o administración de correos a pueblos que de ella dependen.

valimiento *s. m.* Privanza o aceptación particular que una persona tiene con otra.

valioso, sa *adj.* Rico, que tiene buen caudal.

valla *s. f.* **1.** Vallado o estacada para defensa o para cerrar algún sitio. **2.** Línea o término formado de estacas hincadas en el suelo o de tablas unidas, para cerrar algún sitio o señalarlo.

valladar *s. m.* **1.** Vallado. ‖ *s. f.* **2.** *fig.* Obstáculo.

vallado *s. m.* Cerco que se levanta para defender un lugar e impedir la entrada en él.

vallar¹ *adj.* Valar.

vallar² *v. tr.* Cercar un sitio con vallado.

valle *s. m.* Espacio de tierra entre montes o alturas.

valón s.m. Idioma que es un dialecto del antiguo francés.

valona s. f. Cuello grande y vuelto sobre la espalda, hombros y pechos, que se usó antiguamente.

valor s. m. **1.** Grado de utilidad de las cosas, para satisfacer las necesidades. **2.** Alcance y trascendencia de una cosa. **3.** Cualidad moral que mueve a realizar grandes empresas.

valorar v. tr. Determinar el valor correspondiente de una cosa, ponerle precio.

valoría s. f. Valía, estimación.

valorizar v. tr. Valorar, poner valor a algo.

valquiria s. f. Cada una de ciertas divinidades de la mitología nórdica que en los combates designaban los héroes que habían de morir, y en el cielo les servían.

vals s. m. **1.** Danza, de origen alemán, que ejecutan las parejas con un movimiento giratorio. **2.** Música de este baile.

valsar v. intr. Bailar el vals.

valuar v. tr. Señalar el valor de una cosa.

valva s. f. Cada una de las piezas duras y movibles que constituyen la concha de los moluscos lamelibranquios, de algunos cirrípedos y de los gusanos branquiópodos.

válvula s. f. Pieza que, colocada en una abertura de máquinas o instrumentos, sirve para interrumpir la comunicación entre dos de sus órganos o entre éstos y el medio exterior, moviéndose a impulso de fuerzas contrarias.

¡vamos! interj. usada con varios valores, principalmente exhortativo.

vampiro s. m. Espectro o cadáver que, según la creencia popular, va por las noches a chupar la sangre de los vivos.

vanadio s. m. Elemento de color y brillo parecido al de la plata, pero de menor peso específico.

vanagloria s. f. Jactancia del propio valer.

vanagloriarse v. prnl. Jactarse de su propio valer u obrar.

vanaglorioso, sa adj. Se dice del modo de obrar ufano y envanecido.

vandalismo s. m. **1.** Devastación propia de los antiguos vándalos. **2.** fig. Espíritu de destrucción que no respeta ninguna cosa.

vándalo, la adj. **1.** Se dice del individuo perteneciente a un pueblo de la antigua Germania. || s. m. y s. f. **2.** fig. Persona que comete acciones propias de gente inculta.

vanguardia s. f. **1.** Parte de una fuerza armada que va delante del cuerpo principal. **2.** Conjunto de ideas, personas, etc., que se adelantan a su tiempo en cualquier actividad.

vanidad s. f. Pompa vana, ostentación.

vanilocuencia s. f. Verbosidad inútil e insustancial.

vanílocuo, cua adj. Hablador u orador insustancial.

vaniloquio s. m. Discurso inútil e insustancial.

vanistorio s. m. **1.** fam. Vanidad ridícula y afectada. **2.** fam. Persona vanidosa.

vano, na adj. Falto de realidad, sustancia o entidad.

vapor s. m. Gas en que se transforma un líquido o sólido absorbiendo calor. Por antonom., el de agua. **2.** fig. Buque de vapor.

vaporable adj. Capaz de arrojar vapores o evaporarse.

vaporizador s. m. Aparato para vaporizar.

vaporizar *v. tr.* Hacer pasar un cuerpo del estado líquido al de vapor, por la acción del fuego. También prnl.

vapulear *v. tr.* **1.** Zarandear a una persona o cosa. **2.** *fig.* Golpear repetidamente a una persona o cosa. También prnl.

vaquería *s. f.* **1.** Rebaño de ganado vacuno. **2.** Lugar donde hay vacas o se vende su leche.

vaqueriza *s. f.* Estancia donde se recoge el ganado mayor en el invierno.

vaquerizo, za *s. m. y s. f.* Vaquero.

vaquero, ra *s. m. y s. f.* **1.** Pastor de reses vacunas. ‖ *s. m.* **2.** Pantalón vaquero.

vaqueta *s. f.* Cuero de ternera curtido.

vara *s. f.* **1.** Ramo delgado, largo y sin hojas. **2.** Bastón que, como símbolo de autoridad, usaban los ministros de justicia. **3.** Medida de longitud equivalente a 835 mm y nueve décimas.

varadera *s. f.* Cualquiera de los palos que se ponen en el costado de un buque para que sirvan de resguardo a la tablazón.

varadero *s. m.* Lugar donde varan las embarcaciones para resguardarlas o componerlas.

varal *s. m.* Vara muy larga y gruesa.

varapalo *s. m., fig. y fam.* Daño o quebranto recibido en los intereses.

varar *v. intr.* **1.** Encallar la embarcación. **2.** *fig.* Quedar detenido un negocio.

varaseto *s. m.* Cerramiento, enrejado de cañas y varas.

vareador, ra *s. m. y s. f.* Persona que varea.

varear *v. tr.* **1.** Golpear algo o alguien con una vara; particularmente derribar con una vara los frutos de algunos árboles. **2.** Medir con la vara.

varejón *s. m.* Vara larga y gruesa.

varenga *s. f.* Pieza curva que va atravesada sobre la quilla para formar la cuaderna.

vareta *s. f.* **1.** Palito delgado que, untado con liga, se emplea para cazar pájaros. **2.** Lista de color diferente del fondo de un tejido.

varetear *v. tr.* Formar varetas en un tejido.

varga *s. f.* Parte más pendiente de una cuesta.

várgano *s. m.* Cada uno de los palos dispuestos para construir una empalizada.

variable *adj.* Se dice de lo inestable y fácilmente mudable.

variación *s. f.* Cada una de las imitaciones melódicas de un mismo tema.

variado, da *adj.* De varios colores.

variar *v. tr.* **1.** Dar variedad. ‖ *v. intr.* **2.** Cambiar alguna cosa de forma, propiedad o estado.

varice *s. f.* Dilatación permanente de una vena.

varicela *s. f.* Enfermedad contagiosa, caracterizada por una erupción parecida a la de la viruela benigna.

varicocele *s. m.* Tumor formado por la dilatación de las venas del escroto y del cordón espermático.

variedad *s. f.* **1.** Diferencia dentro de la unidad, conjunto de cosas diversas. **2.** Mudanza o alteración.

varilarguero *s. m., fam.* Picador de toros.

varilla *s. f.* **1.** Barra larga y delgada. ‖ *s. f. pl.* **2.** Bastidor rectangular en que se mueven los cedazos para cerner.

varillaje *s. m.* Conjunto de varillas de un utensilio, como abanico, paraguas, etc.

vario, ria *adj.* **1.** Se dice de lo diverso o diferente. **2.** Inconstante, mudable.

varioloide *s. f.* Viruela atenuada y benigna.
varón *s. m.* Criatura racional del sexo masculino.
varona *s. f.* Persona de sexo femenino.
varonesa *s. f.* Persona de sexo femenino.
varonil *adj.* Se dice del hombre esforzado, valeroso y firme.
vasallaje *s. m.* **1.** Vínculo de dependencia y fidelidad que una persona tenía respecto de otra. **2.** Tributo pagado por el vasallo.
vasallo, lla *adj.* **1.** Sujeto a algún señor con vínculo de dependencia y fidelidad a causa de un feudo. || *s. m. y s. f.* **2.** Súbdito de un soberano.
vasar *s. m.* Poyo o anaquelería que, sobresaliendo en la pared, sirve para poner vasos, platos, etc.
vaselina *s. f.* Sustancia crasa, amarillenta y translúcida, que se utiliza como lubricante y para hacer ungüentos.
vasera *s. f.* Vasar.
vasija *s. f.* Recipiente para contener líquidos o cosas destinadas a la alimentación.
vaso *s. m.* Recipiente, por lo común de forma cilíndrica, destinado a contener un líquido, especialmente el que sirve para beber.
vasomotor, ra *adj.* Concerniente al movimiento que regula los vasos sanguíneos.
vástago *s. m.* **1.** Ramo tierno de un árbol. **2.** *fig.* Persona descendiente de otra.
vastedad *s. f.* Dilatación, anchura.
vasto, ta *adj.* Dilatado, muy extendido.
váter *s. m.* Lavabo.
vaticinar *v. tr.* Pronosticar lo que está por venir.
vaticinio *s. m.* Predicción del futuro.
vatio *s. m.* Unidad de potencia eléctrica igual a la potencia capaz de hacer trabajo de un julio por segundo.

vaya *s. f.* Burla, chasco.
ve *s. f.* Nombre de la letra "v".
vecera *s. f.* Manada de ganado, por lo común porcino, perteneciente a un vecindario.
vecero, ra *adj.* Se dice de las plantas que en un año dan mucho fruto y poco o ninguno en otro.
vecindad *s. f.* **1.** Conjunto de las personas que viven en los distintos pisos de una misma casa, en varias inmediatas o en un mismo barrio. **2.** Cercanías de un sitio.
vecindario *s. m.* Conjunto de los vecinos de una población.
vecino, na *adj.* Se dice de la persona que habita con otros en un mismo pueblo, barrio, casa, etc.
vector *s. m.* Representación geométrica de la magnitud vectorial; por abstracción se define como todo segmento rectilíneo, contado desde un punto del espacio, en una dirección determinada y en uno de sus sentidos.
veda *s. f.* Espacio de tiempo en que está vedado cazar y pescar.
vedado, da *s. m.* Campo o sitio acotado por ley, donde está prohibido entrar o cazar.
vedar *v. tr.* **1.** Prohibir una cosa por ley, estatuto o mandato. **2.** Impedir la ejecución de algo.
vedeja *s. f.* Cabello largo.
vedette *s. f.* Artista principal en un espectáculo de revista o variedades.
vedija *s. f.* **1.** Mechón de lana. **2.** Mata de pelo enredada.
vedijero, ra *s. m. y s. f.* Persona que recoge la lana de inferior calidad cuando se esquila el ganado.

veedor, ra *s. m. y s. f.* Persona que tiene oficio, en las ciudades o villas, de reconocer si se realizan conforme a la ley determinadas obras.

veeduría *s. f.* Cargo u oficio de veedor.

vega *s. f.* Tierra baja, bien regada y fértil.

vegetación *s. f.* Conjunto de vegetales propios o existentes en un paraje o terreno.

vegetal *s. m.* Ser orgánico viviente, que no muda de lugar por impulso voluntario.

vegetar *v. intr.* Germinar, crecer y desarrollarse las plantas. También prnl.

vegetariano, na *adj.* Se dice de la persona que se alimenta exclusivamente de vegetales.

vegetativo, va *adj.* Se dice de los órganos y funciones que concurren a la conservación y desarrollo del organismo.

veguero, ra *s. m. y s. f.* Labrador que cultiva una vega.

vehemente *adj.* Se dice de lo que se siente o se expone con viveza.

vehículo *s. m.* Artefacto para transportar personas o cosas.

veinte *adj. num.* **1.** Dos veces diez. También pron. y s. m. **2.** Vigésimo.

veintén *s. m.* Moneda española de oro de valor de 20 reales.

veintena *s. f.* Conjunto de veinte unidades.

veintenar *s. m.* Veintena.

veintenario, ria *adj.* Se dice de lo que tiene veinte años.

veinteno, na *adj. num.* Vigésimo.

veinticinco *adj. num.* **1.** Veinte y cinco. **2.** Vigésimo quinto.

vejación *s. f.* Acto de vejar.

vejamen *s. m.* Vejación.

vejar *v. tr.* Molestar, maltratar a alguien.

vejatorio, ria *adj.* Que veja.

vejiga *s. f.* **1.** Órgano, especie de saco membranoso, que tienen los vertebrados y en el cual va depositándose la orina segregada por los riñones. **2.** Ampolla de la epidermis.

vejigatorio, ria *adj.* Se dice del emplasto o parche de sustancia irritante, puesto para levantar vejigas.

vejigoso, sa *adj.* Lleno de vejigas.

vejiguilla *s. f.* Vesícula en la epidermis.

vela[1] *s. f.* **1.** Tiempo destinado a trabajar durante la noche. **2.** Cilindro de cera u otra materia crasa con pabilo en el eje, para alumbrar.

vela[2] *s. f.* Lona formada por diversos trozos cosidos, que se amarra a las vergas para recibir el viento que impulsa la nave.

velación *s. f.* Ceremonia nupcial en la que se cubre con un velo a los cónyuges y que se celebra después del casamiento.

velada *s. f.* Reunión nocturna de varias personas, para recrearse de algún modo.

velador, ra *adj.* Se dice de la persona que cuida de alguna cosa.

veladura *s. f.* Tinta transparente que se da para suavizar el tono de lo pintado.

velamen *s. m.* Conjunto de velas de un barco.

velar[1] *v. intr.* **1.** Estar sin dormir el tiempo destinado para el sueño. **2.** Asistir por horas o turnos delante del Santísimo Sacramento. También tr.

velar[2] *v. tr.* Cubrir con un velo. También prnl.

velatorio *s. m.* **1.** Acto de velar a un difunto. **2.** Lugar destinado para velar a los difuntos.

veleidad *s. f.* **1.** Voluntad antojadiza o deseo vano. **2.** Inconstancia, ligereza.

veleidoso, sa *adj.* Se dice de lo mudable.

velería *s. f.* Tienda donde se venden velas de alumbrar.

velero, ra *adj.* **1.** Se dice de la embarcación muy ligera. ‖ *s. m.* **2.** Buque de vela.

veleta *s. f.* Pieza de metal giratoria que, colocada en lo alto de un edificio, señala la dirección del viento.

velicar *v. tr.* Punzar en alguna parte del cuerpo para dar salida a los humores.

velillo *s. m.* Tela muy sutil, tejida con hilo de plata.

vélite *s. m.* Soldado de la antigua infantería ligera romana.

vellera *s. f.* Mujer que quita el vello a otras.

vello *s. m.* Pelo corto y suave que nace en algunas partes del cuerpo humano y que es más corto que el de la cabeza.

vellocino *s. m.* Vellón que resulta de esquilar las ovejas.

vellón[1] *s. m.* Toda la lana de un carnero u oveja que, esquilada, sale junta

vellón[2] *s. m.* Antigua moneda de cobre.

véllora *s. f.* Mota o granillo en el revés de algunos paños.

vellorí *s. m.* Paño entrefino, de color pardo o de lana sin teñir.

vellosidad *s. f.* Abundancia de vello.

velludillo *s. m.* Felpa o terciopelo de algodón, de pelo muy corto.

velludo, da *adj.* Felpa o terciopelo.

vellutero, ra *s. m. y s. f.* Persona que por oficio trabaja en seda o felpa.

velo *s. m.* **1.** Cortina o tela que cubre una cosa. **2.** Prenda de tul, gasa u otra tela delgada y con la cual las mujeres se cubren la cabeza o el rostro.

velocidad *s. f.* Ligereza o prontitud en el movimiento.

velocipedista *s. m. y s. f.* Persona que anda o sabe andar en velocípedo.

velocípedo *s. m.* Vehículo formado por una especie de caballete, con dos o tres ruedas, que se desplaza por medio de unos pedales.

velódromo *s. m.* Lugar destinado para carreras en bicicleta.

velón *s. m.* Lámpara de metal para aceite, con uno o varios picos o mecheros y un eje en que puede girar.

velonero, ra *s. m. y s. f.* Repisa en que se coloca el velón u otra luz cualquiera.

veloz *adj.* **1.** Acelerado y pronto en el movimiento. **2.** Ágil y pronto en el movimiento o en lo que se ejecuta o discurre.

vena *s. f.* **1.** Cualquiera de los vasos sanguíneos por donde vuelve al corazón la sangre que ha corrido por las arterias. **2.** Filón. **3.** Cada uno de los nervios de una hoja.

venablo *s. m.* Lanza corta y arrojadiza.

venadero *s. m.* Paraje en que los venados tienen su querencia.

venado *s. m.* Ciervo.

venaje *s. m.* Conjunto de venas de agua y manantiales que dan origen a un río.

venal *adj.* Vendible o expuesto a la venta.

vencejo[1] *s. m.* Lazo o ligadura con que se ata una cosa, especialmente los haces de las mieses.

vencejo[2] *s. m.* Pájaro fisirrostro, insectívoro, parecido a la golondrina.

vencer *v. tr.* **1.** Rendir o sujetar al enemigo o contrario. **2.** Superar a otro en alguna competición.

venda *s. f.* Tira de lienzo que sirve para ligar un miembro o para sujetar los apósitos.

vendaje *s. m.* Ligadura que se hace con vendas.

vendar *v. tr.* Atar o cubrir una parte del cuerpo con una o varias vendas.

vendaval *s. m.* Viento fuerte que sopla del Sur, con tendencia al Oeste.

vendedor, ra *s. m. y s. f.* Persona que tiene por oficio vender.

vender *v. tr.* **1.** Traspasar a otro la propiedad de lo que alguien posee a cambio de una cantidad de dinero convenida. **2.** Dejarse sobornar.

vendí *s. m.* Certificado de venta, extendido por el vendedor, que acredita la procedencia y precio de lo comprado.

vendimia *s. f.* **1.** Recolección de la uva. **2.** Tiempo en que se hace.

vendimiador, ra *s. m. y s. f.* Persona que vendimia.

vendimiar *v. tr.* **1.** Recoger el fruto de las viñas. **2.** *fig. y fam.* Matar o quitar la vida. También prnl.

vendo *s. m.* Orillo del paño.

venencia *s. f.* Utensilio compuesto de un recipiente cilíndrico y de una varilla terminada en gancho, que se usa para probar los vinos.

veneno *s. m.* Cualquier sustancia que, introducida en el organismo animal, ocasiona la muerte o graves trastornos.

venera *s. f.* **1.** Concha de ciertos moluscos. **2.** Insignia que los caballeros de las órdenes militares llevaban colgada al pecho.

venerable *adj.* Digno de culto, de homenaje, de respeto.

venerar *v. tr.* **1.** Respetar en sumo grado a una persona o cosa. **2.** Dar culto a Dios, a los santos o a las cosas sagradas.

venéreo, a *adj.* Se dice de las enfermedades contagiosas que ordinariamente se contraen por el contacto sexual.

venero *s. m.* Manantial de agua.

venganza *s. f.* Satisfacción que se toma del agravio o daño recibidos, especialmente por medio de otro daño.

vengar *v. tr.* Tomar satisfacción de un agravio o daño. También prnl.

vengativo, va *adj.* Inclinado a tomar venganza de cualquier agravio o daño.

venia *s. f.* **1.** Perdón de la ofensa o culpa. **2.** Licencia para ejecutar una cosa.

venial *adj.* Se dice de lo que se opone levemente a la ley o precepto, y por eso es de fácil remisión.

venir *v. intr.* **1.** Caminar una persona o moverse una cosa de allá para acá. **2.** Llegar una persona o cosa a donde está quien habla.

venta *s. f.* **1.** Cesión en virtud de la cual se transfiere a dominio ajeno una cosa propia por el precio pactado. **2.** Posada en los caminos.

ventada *s. f.* Golpe de viento.

ventaja *s. f.* Lo que da superioridad.

ventana *s. f.* Abertura más o menos elevada sobre el suelo, que se deja en una pared para dar luz y ventilación.

ventanaje *s. m.* Conjunto de ventanas.

ventanear *v. tr., fam.* Asomarse a la ventana con frecuencia.

ventanilla *s. f.* Abertura pequeña que hay en la pared o tabique de los despachos de billetes, bancos y otras oficinas para despachar, cobrar, pagar, etc.

ventar *v. intr.* Ventear, soplar el viento.

ventarrón *s. m.* Viento muy fuerte.

ventear *v. intr.* Soplar el viento o hacer aire fuerte.

ventero, ra *s. m. y s. f.* Persona que tiene a su cuidado y cargo una venta.

VENTILACIÓN - VERAS

ventilación *s. f.* Instalación con que se ventila un lugar.

ventilador *s. m.* Instrumento que remueve el aire confinado en una habitación.

ventilar *v. tr.* **1.** Hacer penetrar el aire en algún sitio. Se usa más como prnl. **2.** Agitar una cosa en el aire. **3.** *fig.* Examinar una cuestión hasta que quede solucionada.

ventisca *s. f.* Borrasca de viento y nieve.

ventiscar *v. intr.* **1.** Nevar con viento fuerte. **2.** Levantarse la nieve por la violencia del viento.

ventiscoso, sa *adj.* Se dice del tiempo y lugar en que son frecuentes las ventiscas.

ventisquero *s. m.* **1.** Ventisca. **2.** Altura de los montes más expuesta a las ventiscas.

ventolera *s. f.* **1.** Golpe de viento recio y poco durable. **2.** *fig. y fam.* Vanidad. **3.** Determinación inesperada.

ventolina *s. f.* Viento leve y variable.

ventor, ra *adj.* Se dice del animal que, guiado por su olfato y el viento, busca un rastro o huye del cazador.

ventorrero *s. m.* Sitio alto y despejado, muy expuesto a los vientos.

ventosa *s. f.* Órgano de ciertos animales que les permite adherirse a los objetos mediante el vacío.

ventosear *v. intr.* Expeler del cuerpo los gases intestinales. También prnl.

ventosidad *s. f.* Gases intestinales, especialmente cuando se expelen.

ventrecha *s. f.* Vientre de los pescados.

ventregada *s. f.* Conjunto de animalitos que han nacido de un parto.

ventrera *s. f.* Faja que se pone para apretar el vientre.

ventrículo *s. m.* Nombre que reciben las cavidades inferiores del corazón, que envían la sangre procedente de las aurículas a las arterias.

ventril *s. m.* Pieza de madera que equilibra la viga en los molinos de aceite.

ventrílocuo, cua *adj.* Se dice de la persona que tiene el arte de modificar su voz, imitando las de otras personas o diversos sonidos.

ventriloquía *s. f.* Arte de ventrílocuo.

ventura *s. f.* **1.** Felicidad. **2.** Contingencia o casualidad.

venturina *s. f.* Variedad de cuarzo que lleva en su masa laminillas de mica.

venus *s. f., fig.* Mujer muy hermosa.

venusto, ta *adj.* Hermoso y agraciado.

ver[1] *s. m.* **1.** Sentido de la vista. **2.** Apariencia de las cosas.

ver[2] *v. tr.* **1.** Percibir por los ojos la forma y color de los objetos mediante la acción de la luz. **2.** Visitar a una persona. **3.** Conocer, juzgar.

vera *s. f.* Orilla.

veranadero *s. m.* Sitio donde en verano pastan los ganados.

veranear *v. intr.* Pasar el verano en algún lugar distinto de aquel donde se reside habitualmente.

veranero *s. m.* Sitio o paraje donde algunos animales pasan el verano.

veranillo *s. m.* Tiempo breve de calor en otoño.

verano *s. m.* La época más calurosa del año, que en el hemisferio septentrional comprende los meses de junio, julio y agosto, y en el austral corresponde a diciembre, enero y febrero.

veras *s. f. pl.* **1.** Realidad, verdad en las cosas que se dicen o hacen. **2.** Eficacia, fervor con que se ejecutan o desean las cosas.

veratrina *s. f.* Alcaloide cristalino y tóxico contenido en la raíz del vedegambre.

verbal *adj.* Referente a la palabra o que se sirve de ella.

verbena *s. f.* **1.** Planta herbácea anual, de las verbenáceas, de flores terminales en espigas de varios colores. **2.** Velada de regocijo popular.

verbenáceo, a *adj.* Se dice de las plantas dicotiledóneas de tallos y ramas cuadrangulares, de hojas opuestas y verticiladas, y flores en racimo, espiga, etc.

verbenear *v. intr.* **1.** *fig.* Bullir. **2.** Abundar.

verberar *v. tr.* **1.** Fustigar. También prnl. **2.** *fig.* Azotar el viento o el agua en alguna parte.

verbigracia *expr.* que significa "por ejemplo".

verbo *n. p.* **1.** Segunda persona de la Santísima Trinidad. ‖ *s. m.* **2.** Palabra, representación oral de una idea.

verborrea *s. f., fam.* Verbosidad excesiva.

verbosidad *s. f.* Abundancia de palabras en la locución.

verboso, sa *adj.* Abundante de palabras.

verdacho *s. m.* Arcilla teñida naturalmente de verde claro por el silicato de hierro.

verdad *s. f.* **1.** Conformidad del entendimiento con las cosas. **2.** Conformidad de lo que se dice con lo que se siente o se piensa.

verdadero, ra *adj.* Ingenuo, sincero.

verdal *adj.* Se dice de las frutas que tienen color verde aun después de maduras.

verdasca *s. f.* Vara o ramo delgado, ordinariamente verde.

verde *s. m.* Se dice del color simple que se encuentra en el espectro de luz blanca entre el amarillo y el azul.

verdea *s. f.* Vino de color verdoso.

verdear *v. prnl.* **1.** Mostrar una cosa el color verde que en sí tiene. **2.** Comenzar a brotar las plantas.

verdecer *v. intr.* Revestirse de verde la tierra o los árboles.

verdegay *adj.* De color verde claro.

verderón *s. m.* Ave cantora con el plumaje verdoso.

verdevejiga *s. m.* Compuesto de hiel y sulfato de hierro, de color verde oscuro.

verdín *s. m.* Primer color verde de las plantas que no han llegado a la sazón.

verdinegro, gra *adj.* De color verde oscuro.

verdiseco, ca *adj.* Medio seco.

verdolaga *s. f.* Planta herbácea anual, de las portulacáceas, de hojas carnosas pequeñas y ovaladas, que se comen en ensalada.

verdor *s. m.* **1.** Color verde vivo de las plantas. **2.** *fig.* Edad de la juventud.

verdugado *s. m.* Vestidura que usan las mujeres bajo las faldas para ahuecarlas.

verdugal *s. m.* Monte bajo que, después de quemado o cortado, se cubre de renuevos.

verdugo *s. m.* **1.** Vástago del árbol. **2.** Azote hecho de materia flexible, como cuero, mimbre, etc. **3.** Ministro de justicia que ejecuta las penas de muerte.

verdugón *s. m.* Roncha que levanta un golpe dado con el verdugo.

verduguillo *s. m.* Navaja pequeña y estrecha para afeitar.

verdulería *s. f.* Tienda de verduras.

verdulero, ra *s. m. y s. f.* **1.** Persona que por oficio vende verduras. **2.** *fig. y fam.* Persona desvergonzada y malhablada.

verdura *s. f.* **1.** Verdor, color verde. **2.** Hortaliza, especialmente la que se come cocida.

verecundo, da *adj.* Vergonzoso.

vereda *s. f.* Camino angosto.

veredicto *s. m.* Definición sobre un hecho dictada por el jurado.

verga *s. f.* **1.** Miembro genital de los mamíferos. **2.** Percha labrada, a la cual se asegura el grátil de una vela.

vergajo *s. m.* Verga del toro que, seca y retorcida, se usa como látigo.

vergel *s. m.* Huerto con variedad de flores y árboles frutales.

vergeteado *adj.* Se dice del escudo compuesto de diez o más palos.

vergonzante *adj.* Que tiene vergüenza.

verguear *v. tr.* Varear o sacudir una persona o cosa con una verga o vara.

vergüenza *s. f.* **1.** Turbación del ánimo, causada por una falta cometida, por una humillación recibida o por sentirse objeto de la atención de alguien. **2.** Decencia.

vergueta *s. f.* Varita delgada.

vericueto *s. m.* Lugar áspero, alto y quebrado, por donde se camina con gran dificultad.

verificador, ra *adj.* Se aplica en particular a la persona que comprueba los contadores de gas, agua, electricidad, etc.

verificar *v. tr.* Probar que una cosa que se dudaba es verdadera.

verificativo, va *adj.* Se dice de lo que sirve para verificar una cosa.

verija *s. f.* Región de los órganos genitales.

veril *s. m.* Orilla o borde de un bajo, sonda, placer, etc.

verilear *v. intr.* Navegar por un veril.

verja *s. f.* Enrejado que sirve de puerta, ventana o cerca.

verme *s. m.* Lombriz intestinal.

vermiforme *adj.* De figura de gusano.

vermis *s. m.* Parte media del cerebelo.

vermú *s. m.* Licor compuesto de vino blanco, ajenjo y otras sustancias amargas y tónicas.

vernáculo, la *adj.* Doméstico, nativo, de nuestra casa o país.

vero *s. m.* Piel de marta cebellina.

verónica *s. f.* **1.** Planta de las escrofulariáceas, de flores azules en espigas axilares. **2.** Lance taurino de capa.

verraco *s. m.* Cerdo padre.

verraquear *v. intr., fig. y fam.* Gruñir.

verraquera *s. f., fam.* Lloro con rabia.

verriondo, da *adj.* Se dice del puerco y otros animales cuando están en celo.

verruga *s. f.* Excrecencia cutánea, generalmente redonda, formada por la dilatación de las papilas vasculares y el endurecimiento de la epidermis que la cubre.

verrugo *s. m., fam.* Persona tacaña y avara.

versado, da *adj.* Se dice de la persona que tiene experiencia en alguna actividad.

versal *adj.* Se dice de la letra mayúscula.

versalita *adj.* Se dice de la letra mayúscula de igual tamaño que la minúscula.

versar *v. intr.* Tratar de cierta materia un libro, discurso, conversación, etc.

versátil *adj., fig.* De carácter voluble e inconstante.

versería *s. f.* Conjunto de versos o piezas de artillería.

versícula *s. f.* Lugar donde se ponen los libros de coro.

versiculario, ria *s. m. y s. f.* **1.** Persona que canta los versículos. **2.** Persona que cuida de los libros del coro.

versículo *s. m.* Cada una de las breves divisiones de los capítulos de ciertos libros, especialmente de la Sagrada Escritura.

versificación *s. f.* Arte de versificar.

versificar *v. intr.* **1.** Hacer o componer versos. || *v. tr.* **2.** Poner en verso.

versión *s. f.* Modo que tiene cada uno de referir un mismo suceso.

verso *s. m.* Cada una de las porciones de una obra sometidas a ritmo.

vértebra *s. f.* Cada uno de los huesos cortos articulados entre sí que forman la columna vertebral.

vertedera *s. f.* Especie de orejera que sirve para voltear y extender la tierra levantada por el arado.

vertedero *s. m.* Sitio adonde o por donde se vierte algo, escombros, basuras, etc.

vertedor, ra *s. m.* Canal o conducto para dar salida al agua.

vertello *s. m.* Cada una de las bolas de madera que, ensartadas en un cabo, forman el racamento.

verter *v. tr.* **1.** Derramar o vaciar líquidos y cosas menudas. También prnl. **2.** Inclinar un recipiente o volverlo boca abajo para que salga su contenido. También prnl.

vertical *adj.* **1.** Se dice de la recta o plano perpendicular al horizonte. **2.** En figuras, dibujos, etc., se dice de la línea que va de la cabeza a los pies.

vértice *s. m.* Punto en que concurren los dos lados de un ángulo o las caras de un ángulo poliedro.

verticidad *s. f.* Capacidad o potencia de moverse a varias partes o alrededor.

verticilo *s. m.* Conjunto de tres o más ramos, hojas, inflorescencias u órganos florales dispuestos en un mismo plano alrededor de un tallo.

vertiente *s. amb.* Declive por donde corre o puede correr el agua.

vértigo *s. m.* **1.** Trastorno del sentido del equilibrio. **2.** Turbación del juicio, generalmente pasajera.

vesania *s. f.* Enajenación del juicio.

vesicante *adj.* Se dice de la sustancia que produce ampollas en la piel.

vesícula *s. f.* Vejiga pequeña en la epidermis, llena generalmente de líquido seroso.

vesicular *adj.* De forma de vesícula.

vestal Se dice de las doncellas romanas consagradas a la diosa Vesta.

vestíbulo *s. m.* Atrio o portal en la entrada de un edificio.

vestido *s. m.* Conjunto de prendas que sirven para cubrir el cuerpo humano.

vestidura *s. f.* **1.** Vestido. **2.** Vestido que, sobrepuesto al ordinario, usan los sacerdotes y sus ministros para el culto divino.

vestigio *s. m.* **1.** Huella, señal que deja el pie por donde ha pisado. **2.** Memoria o noticia que se tiene de las acciones de los antiguos.

vestiglo *s. m.* Monstruo fantástico.

vestimenta *s. f.* Vestido.

vestir *v. tr.* Cubrir o adornar el cuerpo propio o el de otra persona con el vestido.

vestuario *s. m.* **1.** Conjunto de trajes necesarios para una representación escénica. **2.** Parte del teatro donde se visten los actores.

vestugo *s. m.* Renuevo del olivo.

veta *s. f.* **1.** Yacimiento de mineral con forma alargada. **2.** Vena, lista de ciertas piedras y maderas.

veteado, da *s. m.* Conjunto de las vetas de un material.

veterano, na *adj., fig.* Antiguo y experimentado en cualquier profesión.

veterinaria *s. f.* Ciencia y arte de prevenir y curar las enfermedades de los animales.

veterinario, ria *s. m. y s. f.* Persona que se dedica a la veterinaria por profesión o estudio.

veto *s. m.* Derecho de una persona o corporación para vedar o impedir una cosa.

vetusto, ta *adj.* Muy antiguo.

vez *s. f.* **1.** Cada uno de los casos en que tiene lugar un acto o acontecimiento susceptible de repetición. **2.** Tiempo u ocasión determinada.

vía *s. f.* **1.** Camino por donde se transita. **2.** Porción del suelo explanado en donde se asientan los carriles. **3.** *fig.* Camino o instrucción para realizar una cosa.

viable *adj., fig.* Se dice del asunto que por sus circunstancias tiene probabilidades de llevarse a cabo.

vía crucis *s. m.* Término con que se denomina el camino que recorrió Jesucristo caminando al Calvario.

viadera *s. f.* Pieza de madera de los telares antiguos para colgar los hilos y gobernar el tejido.

viador, ra *s. m. y s. f.* Criatura racional que está en esta vida y aspira y camina a la eternidad.

viaducto *s. m.* Obra a manera de puente, para el paso de un camino sobre una hondonada.

viajante *s. m. y s. f.* Dependiente comercial que hace viajes para negociar.

viajar *v. intr.* **1.** Hacer viaje. **2.** Ser transportada una cosa de una parte a otra.

viaje *s. m.* Jornada que se hace de una parte a otra.

viajero, ra *s. m. y s. f.* Persona que hace un viaje, especialmente largo.

vial *s. m.* Calle formada de dos filas paralelas de árboles u otras plantas.

vianda *s. f.* **1.** Sustento y comida de los racionales. **2.** Comida que se sirve a la mesa.

viandante *s. m. y s. f.* Persona que hace viaje o anda camino.

viaticar *v. tr.* Administrar el viático a un enfermo.

viático *s. m.* **1.** Prevención de lo necesario para un viaje. **2.** Comunión que se administra a los enfermos en peligro de muerte.

víbora *s. f.* **1.** Serpiente venenosa de cabeza en forma de corazón. **2.** *fig.* Persona maldiciente.

vibración *s. f.* Movimiento de una partícula de un cuerpo que oscila durante un período.

vibrar *v. intr.* Moverse con celeridad las moléculas de un cuerpo elástico alrededor de sus posiciones naturales de equilibrio, y también la totalidad del cuerpo.

vibrión *s. m.* Especie de bacteria.

viburno *s. m.* Arbusto de las caprifoliáceas, ramoso y de raíz rastrera.

vicaría *s. f.* Oficio o dignidad de vicario.

vicariato *s. m.* Tiempo que dura el oficio de vicario.

vicario, ria *s. m. y s. f.* Persona que en las órdenes religiosas tiene las veces y autoridad de alguno de sus superiores.

vicealmirante *s. m.* Oficial general de la armada, inmediatamente inferior al almirante.

vicecónsul *s. m.* Funcionario de la carrera consular, inferior al cónsul.

vicepresidente, ta *s. m. y s. f.* Persona que está facultada para hacer las veces de presidente o presidenta.

viceversa *adv. m.* Al contrario o por lo contrario.

viciar *v. tr.* **1.** Dañar o corromper física o moralmente. También *prnl.* **2.** Falsear o adulterar los géneros.

vicio *s. m.* **1.** Mala calidad, defecto o daño físico. **2.** Hábito de obrar mal.

vicioso, sa *adj.* Entregado a los vicios.

vicisitud *s. f.* Orden sucesivo o alternativo de una cosa.

víctima *s. f.* **1.** Persona o animal destinado al sacrificio. **2.** *fig.* Persona que se expone a un grave riesgo en obsequio de otra.

victimario *s. m.* Sirviente de los antiguos sacerdotes gentiles, que encendía el fuego y ataba o sujetaba las víctimas.

victo *s. m.* Sustento diario.

victoria[1] *s. f.* Superioridad que se obtiene del contrario en una disputa o lid.

victoria[2] *s. f.* Coche de dos asientos, abierto y con capota.

vicuña *s. f.* Mamífero rumiante camélido, parecido a la llama, de pelo largo y fino.

vid *s. f.* Arbusto de las vitáceas, sarmentoso y trepador, cuyo fruto es la uva.

vida *s. f.* **1.** Fuerza interna sustancial, mediante la que obra el ser que la posee. **2.** Espacio de tiempo comprendido entre el nacimiento de un ser y su muerte.

vidente *s. m. y s. f.* Persona que tiene la facultad de adivinar lo que aún no ha sucedido.

vídeo *s. m.* Aparato que graba y reproduce imágenes y sonidos.

videocámara *s. f.* Cámara de vídeo.

videocasete *s. f.* Cinta magnética en la que se graban imágenes y sonidos.

videoclip *s. m.* Vídeo musical.

videoclub *s. m.* Establecimiento comercial en el que se pueden alquilar o comprar cintas de vídeo.

vidriado, da *adj.* Fácil de quebrarse.

vidriar *v. tr.* Dar a las piezas de barro o loza un barniz que, fundido al horno, toma la transparencia y lustre del vidrio.

vidriera *s. f.* Bastidor con vidrios con que se cierran puertas y ventanas.

vidriería *s. f.* Taller donde se labra y corta el vidrio.

vidriero, ra *s. m. y s. f.* Persona que por oficio trabaja en vidrio o lo vende.

vidrio *s. m.* Sustancia transparente o translúcida, dura, frágil, formada por la combinación de sílice, potasa y sosa.

viduño *s. m.* Casta o variedad de vid.

vieira *s. f.* Molusco comestible.

viejo, ja *adj.* **1.** Se dice de la persona de mucha edad. **2.** Antiguo o del tiempo pasado. **3.** Deslucido, estropeado por el uso.

viento *s. m.* Corriente de aire producida en la atmósfera por causas naturales.

vientre *s. m.* Cavidad del cuerpo del animal, que contiene el estómago y los intestinos.

viernes *s. m.* Día de la semana comprendido entre el jueves y el sábado.

viga *s. f.* Madero largo y grueso que sirve generalmente para formar los techos y sostener las fábricas.

vigente *adj.* Se dice de las leyes, costumbres, etc. que están en vigor y observancia.

vigesimal *adj.* Se dice del sistema para contar de veinte en veinte.

vigésimo, ma *adj. num.* **1.** Se dice de cada una de las 20 partes iguales en que se divide un todo. **2.** Que ocupa el último lugar en una serie ordenada de 20.

vigía *s. f.* Persona destinada a vigiar.

vigiar *v. tr.* Velar o cuidar de hacer descubiertas desde un lugar adecuado.

vigilancia *s. f.* Servicio ordenado y dispuesto para vigilar.

vigilante *s. m. y s. f.* Persona encargada de velar por algo.

vigilar *v. intr.* Velar sobre una persona o cosa, o atender cuidadosamente a ella. También v. tr.

vigilia *s. f.* **1.** Trabajo intelectual. **2.** Víspera de una festividad religiosa. **3.** Falta de sueño.

vigor *s. m.* **1.** Fuerza o actividad notable de las cosas animadas o inanimadas. **2.** Fuerza de obligar en las leyes.

vigorizar *v. tr.* **1.** Dar vigor a una persona o cosa. También prnl. **2.** *fig.* Animar, esforzar. También prnl.

vigota *s. f.* Especie de motón.

viguería *s. f.* Conjunto de vigas.

vigueta *s. f.* Barra de hierro laminado, destinada a la edificación.

vihuela *s. f.* Antiguo instrumento de cuerda, semejante a la guitarra.

vihuelista *s. m. y s. f.* Persona que ejerce o toca la vihuela.

vil *adj.* **1.** Se dice de lo bajo y despreciable. **2.** Se dice de lo indigno.

vilano *s. m.* Apéndice de filamentos que corona el fruto de muchas plantas compuestas.

vílico *s. m.* Capataz de una granja, entre los romanos.

vilipendiar *v. tr.* Despreciar o tratar con vilipendio.

vilipendio *s. m.* Desprecio, denigración.

villa *s. f.* **1.** Casa de recreo situada en el campo. **2.** Población que tiene algunos privilegios.

villanaje *s. m.* Gente del estado llano en los lugares.

villancico *s. m.* Composición poética popular con estribillo, que se canta en las iglesias en Navidad y otras festividades.

villanería *s. f.* Villanía.

villanesca *s. f.* Cancioncilla rústica antigua.

villanía *s. f.* Bajeza de condición.

villano, na *adj.* **1.** Vecino del estado llano en una villa. **2.** *fig.* Se dice de la persona rústica o descortés.

villazgo *s. m.* **1.** Calidad o privilegio de villa. **2.** Tributo que se imponía a las villas como tales.

villorín *s. m.* Paño entrefino de color pardo o de lana sin teñir.

vilos *s. m.* Embarcación filipina de dos palos.

vinagrada *s. f.* Refresco compuesto de agua, vinagre y azúcar.

vinagre *s. m.* Líquido agrio y astringente.

vinagrera *s. f.* Vasija destinada a contener vinagre para el uso diario.

vinagrero, ra *s. m. y s. f.* Persona cuyo oficio es hacer o vender vinagre.

vinagreta *s. f.* Salsa compuesta de aceite, cebolla y vinagre.

vinagrillo *s. m.* Vinagre de poca fuerza.

vinagroso, sa *adj.* **1.** De gusto agrio, semejante al del vinagre. **2.** *fig. y fam.* De genio áspero y desapacible.

vinajera *s. f.* Cada uno de los dos jarrillos con que se sirven en la misa el vino y el agua.

vinariego, ga *s. m. y s. f.* Persona que tiene hacienda de viñas y es práctico en su cultivo.

vinatería *s. f.* Tienda en que se vende vino.

vinatero, ra *s. m. y s. f.* Persona que comercia con el vino.

vinaza *s. f.* Vino que se saca de las heces.

vinazo *s. m.* Vino muy fuerte y espeso.

vincular *v. tr.* Sujetar los bienes a vínculo para perpetuarlos en empleo o familia determinados por el fundador.

vínculo *s. m.* Unión o atadura de una cosa con otra.

vindicar *v. tr.* Vengar. También prnl.

vindicativo, va *adj.* Vengativo.

vindicta *s. f.* Venganza.

vinicultor, ra *s. m. y s. f.* Persona que se dedica a la vinicultura.

vinicultura *s. f.* Elaboración de vinos.

vinificación *s. f.* Fermentación del mosto de la uva, o transformación del zumo de ésta en vino.

vino *s. m.* Licor alcohólico que se hace del zumo de las uvas, fermentado.

vinolencia *s. f.* Exceso en el beber vino.

vinote *s. m.* Residuo que queda en la caldera del alambique después de destilado el vino y hecho el aguardiente.

viña *s. f.* Terreno plantado de vides.

viñadero, ra *s. m. y s. f.* Viñador.

viñador, ra *s. m. y s. f.* Persona que cultiva las viñas.

viñedo *s. m.* Terreno plantado de vides.

viñero, ra *s. m. y s. f.* Persona que tiene heredades de viñas.

viñeta *s. f.* **1.** Dibujo que se pone para adorno en el principio o el fin de los libros o capítulos. **2.** Cada uno de los recuadros que componen un cómic.

viñetero *s. m.* Armario que sirve para guardar los moldes de las viñetas.

viola *s. f.* Instrumento de la misma figura que el violín, pero de mayor tamaño y de sonoridad melancólica y penetrante.

violación *s. f.* Delito que comete la persona que obliga a otra, mediante la fuerza y en contra de su voluntad, a realizar el acto sexual, cuando ésta es menor de doce años, está sin sentido o padece algún trastorno mental.

violado, da *adj.* De color de violeta.

violar *v. tr.* **1.** Quebrantar una ley o precepto. **2.** Cometer un acto de violación.

violentar *v. tr.* Aplicar medios violentos a cosas o personas para vencer su resistencia.

violeta *s. f.* **1.** Planta de las violáceas, de tallos rastreros y flores casi siempre de color morado claro. ‖ *s. m.* **2.** Color morado claro.

violín *s. m.* Instrumento musical de cuerda y arco, compuesto de una caja de madera y un mástil al que va superpuesto el diapasón.

violinista *s. m. y s. f.* Persona que profesa el arte de tocar el violín.

violón *s. m.* Contrabajo, instrumento de cuerda.

violonchelista *s. m. y s. f.* Persona que profesa el arte de tocar el violonchelo.

violonchelo *s. m.* Instrumento musical de cuerda y arco, más pequeño que el violón y de la misma forma.

vira[1] *s. f.* Saeta delgada y de punta aguda.

vira[2] *s. f.* Tira que para dar fuerza al calzado se cose entre la suela y la pala.

virador *s. m.* Líquido empleado en fotografía para virar.

virar *v. tr.* **1.** En fotografía, sustituir la sal de plata del papel impresionado por otra que produzca un color determinado. **2.** Cambiar de rumbo. También prnl.

viratón *s. m.* Virote o vira grande.

virazón *s. f.* Viento que en las costas sopla de la parte del mar durante el día, y en sentido contrario por la noche.

VIRGEN - VISIÓN

virgen *s. m. y s. f.* **1.** Persona que no ha tenido relaciones sexuales. ‖ *adj.* **2.** Se dice de la tierra que no ha sido cultivada. ‖ *s. f.* **3.** Imagen que representa a María Santísima.

virginal *adj., fig.* Se dice de lo puro.

virginidad *s. f.* **1.** Estado de la persona que no ha tenido relaciones sexuales. **2.** *fig.* Pureza, candor.

vírgula *s. f.* **1.** Vara pequeña. **2.** Rayita o línea muy delgada.

virgulilla *s. f.* Cualquier signo ortográfico con forma de coma o rasguillo.

viril *adj.* **1.** Relativo al varón. **2.** Edad viril.

virilidad *s. f.* Edad viril.

virol *s. m.* Perfil circular de la boca de la bocina y de otros instrumentos semejantes.

virola *s. f.* **1.** Abrazadera de metal. **2.** Anillo de hierro que se coloca en la extremidad de las garrochas.

virote *s. m.* **1.** Saeta guarnecida con un casquillo. **2.** *fig. y fam.* Hombre erguido y excesivamente serio.

virotillo *s. m.* Madero corto vertical y sin zapata, que se apoya en uno horizontal y sostiene otro horizontal o inclinado.

virreina *s. f.* **1.** Mujer del virrey. **2.** La que gobierna como virrey.

virreinato *s. m.* **1.** Dignidad o cargo de virrey. **2.** Tiempo que dura este empleo o cargo.

virreino *s. m.* Virreinato.

virrey *s. m.* Persona que con este título gobierna en nombre y con autoridad del rey.

virtual *adj.* Se dice de lo implícito.

virtud *s. f.* Actividad o fuerza de las cosas para producir un efecto determinado.

virtuoso, sa *s. m. y s. f.* Persona dotada de talento natural en la técnica de su arte.

viruela *s. f.* Enfermedad aguda, contagiosa, febril, que se caracteriza por una erupción de pústulas con costras que, cuando se caen, suelen dejar un hoyo en la piel.

virulento, ta *adj.* Ponzoñoso, maligno, ocasionado por un virus.

virus *s. m.* **1.** Humor maligno. **2.** Agente infeccioso, comúnmente invisible y filtrable, que se atribuye al desarrollo de microbios.

viruta *s. f.* Hoja delgada que se saca con el cepillo al labrar la madera o los metales.

vis *s. f.* Fuerza, vigor, comodidad.

visaje *s. m.* Expresión del rostro.

visar *v. tr.* Autorizar un documento, certificado, etc.

víscera *s. f.* Entraña del ser humano o de los animales.

visco *s. m.* Liga para cazar pájaros.

viscosidad *s. f.* Materia viscosa.

viscosilla *s. f.* Material textil que se mezcla con otras materias textiles para fabricar distintos tejidos.

viscoso, sa *adj.* Se dice de lo pegajoso.

visera *s. f.* **1.** Parte movible del yelmo que cubría el rostro y tenía agujeros para poder ver. **2.** Ala pequeña que tienen en la parte delantera las gorras y otras prendas semejantes para resguardar la vista.

visibilidad *s. f.* Grado de la atmósfera, que permite ver con más o menos claridad los objetos distantes.

visible *adj.* Manifiesto, que no admite duda.

visigodo, da *adj.* Se aplica al individuo de una rama del pueblo godo, que invadió España y fundó en ella un reino autónomo.

visillo *s. m.* Cortina.

visión *s. f.* Objeto de la vista, especialmente cuando es ridículo o espantoso.

visionario, ria *adj.* Se dice de la persona que se figura y cree con facilidad cosas quiméricas.

visir *s. m.* Ministro de un soberano musulmán.

visita *s. f.* Inspección, examen.

visitador, ra *s. m. y s. f.* Empleado encargado de hacer visitas o reconocimientos.

visitar *v. tr.* **1.** Ir a ver a alguien a su casa por cortesía u otro motivo. **2.** Ir a un templo por devoción.

vislumbrar *v. tr.* **1.** Ver un objeto confusamente por la distancia o falta de luz. **2.** *fig.* Conjeturar.

vislumbre *s. f.* Reflejo o tenue resplandor por la distancia de la luz.

viso *s. m.* **1.** Reflejo de alguna cosa que parece de distinto color. **2.** Destello luminoso que despiden algunas cosas heridas por la luz.

visón *s. m.* Mamífero carnívoro mustélido, de piel muy apreciada.

visorio *s. m.* Examen pericial.

víspera *s. f.* **1.** Día que precede inmediatamente a otro determinado. ‖ *s. f. pl.* **2.** Una de las divisiones del día entre los antiguos romanos.

vista *s. f.* **1.** Sentido corporal con el cual se ven los colores y formas de las cosas. **2.** Conjunto de ambos ojos.

vistazo *s. m.* Mirada superficial o ligera.

vistillas *s. f. pl.* Lugar alto desde el cual se descubre mucho terreno.

visto, ta *adj.* Fórmula con que se da por terminada la vista pública de un negocio, o se anuncia el pronunciamiento del fallo.

visualizar *v. tr.* **1.** Visibilizar. **2.** Representar mediante imágenes fenómenos de distinto carácter. **3.** Formar en la mente la imagen de un concepto abstracto. **4.** Imaginar con rasgos visibles algo que no se tiene a la vista.

visura *s. f.* **1.** Examen visual de una cosa. **2.** Examen pericial.

vitalicista *s. m. y s. f.* Persona que disfruta de una renta vitalicia.

vitalidad *s. f.* Actividad, eficacia de las facultades vitales.

vitamina *s. f.* Cada una de las sustancias que existen en la leche, grasas, verduras, frutas, cereales, etc., y que son indispensables para el crecimiento y para el equilibrio normal de las principales funciones vitales.

vitando, da *adj.* Odioso, execrable.

vitela *s. f.* Piel de vaca o ternera adobada y muy pulida.

vitelo *s. m.* Conjunto de sustancias almacenadas en un huevo para la nutrición de un embrión.

viticultor, ra *s. m. y s. f.* Persona especialista en la viticultura.

viticultura *s. f.* Arte de cultivar la vid.

vito *s. m.* Baile andaluz muy animado.

vitola *s. f.* Plantilla para calibrar balas de cañón o de fusil.

¡vítor! *interj.* **1.** Se utiliza para aplaudir a una persona o una acción. ‖ *s. m.* **2.** Cartel público en que se elogia a una persona por alguna hazaña.

vitorear *v. tr.* Aplaudir o aclamar con vítores a una persona o acción.

vitre *s. m.* Lona muy delgada.

vítreo, a *adj.* De vidrio o parecido a él.

vitrificar *v. tr.* Convertir en vidrio una sustancia. También prnl.

vitrina *s. f.* Armario o caja con puertas, o tapas de cristales, para tener objetos expuestos a la vista y sin deterioro.

vitriolo *s. m.* Nombre que se da a algunos sulfatos.

vitualla *s. f.* Conjunto de cosas necesarias para la comida.

vituperar *v. tr.* Decir mal de una persona o cosa, tachándola de viciosa o indigna.

viudedad *s. f.* Pensión o haber pasivo que percibe la viuda de un empleado mientras permanezca en tal estado.

viudez *s. f.* Estado de viudo o viuda.

viudo, da *adj.* Se dice de la persona a quien se le ha muerto su cónyuge y no ha vuelto a casarse.

vivacidad *s. f.* Viveza, esplendor de algunas cosas.

vivaque *s. m.* Campamento militar de noche al raso.

vivaquear *v. intr.* Acampar las tropas de noche al raso.

vivar *s. m.* **1.** Paraje donde crían los conejos. **2.** Vivero de peces.

vivaracho, cha *adj., fam.* Muy vivo de genio; travieso y alegre.

vivaz *adj.* **1.** Se dice de lo eficaz y vigoroso. **2.** Agudo, de pronta comprensión e ingenio.

vivencia *s. f.* Nombre que se le da al hecho de vivir o experimentar algo.

víveres *s. m. pl.* Provisiones de alimentos.

vivero *s. m.* **1.** Terreno donde se trasplantan los arbolillos para recriarlos. **2.** Lugar donde se mantienen o se crían dentro del agua peces u otros animales.

viveza *s. f.* Prontitud en las acciones, o agilidad en la ejecución.

vívido, da *adj., poét.* Vivaz, eficaz.

vividor, ra *adj.* **1.** Vivaz. **2.** Se aplica a la persona que busca modos de vivir.

vivienda *s. f.* Lugar donde se habita.

vivificar *v. tr.* Dar vida.

vivificativo, va *adj.* Capaz de vivificar.

vivíparo, ra *adj.* Se aplica a los animales que paren vivos los hijos.

vivir[1] *s. m.* Conjunto de los medios de vida y subsistencia.

vivir[2] *v. intr.* Tener vida.

vivisección *s. f.* Disección de los animales vivos.

vivo, va *adj.* Intenso, fuerte.

vizcacha *s. f.* Roedor de la familia de los lagostómidos, parecido a la liebre y con cola larga.

vizcondado *s. m.* Título o dignidad de vizconde.

vizconde *s. m.* Sujeto que antiguamente el conde dejaba o ponía como sustituto.

vizcondesa *s. f.* **1.** Mujer del vizconde. **2.** La que por sí goza este título.

vocablo *s. m.* Sonidos articulados que expresan una idea.

vocabulario *s. m.* **1.** Diccionario. **2.** Conjunto de las palabras de un idioma o dialecto.

vocación *s. f.* Inspiración con que Dios llama a algún estado.

vocal *s. f.* Letra vocal.

vocalización *s. f.* Transformación de una consonante en vocal.

vocalizar *v. intr.* **1.** Articular claramente vocales y consonantes para hacer más inteligible el mensaje. **2.** Transformarse en vocal una consonante. También prnl.

vocativo *s. m.* Caso de la declinación, que sirve únicamente para invocar o nombrar a una persona o cosa personificada.

vocear *v. intr.* **1.** Dar voces o gritos. ‖ *v. tr.* **2.** Manifestar con voces una cosa.

vociferar *v. intr.* Vocear.

vocinglería *s. f.* Ruido de muchas voces.

vodka *s. amb.* Especie de aguardiente de centeno que se consume mucho en Rusia.

volado, da *adj.* Se dice del tipo de menor tamaño que se coloca en la parte superior del renglón.

volador, ra *adj.* Se dice de lo que está pendiente de manera que el aire lo puede mover. || *s. m.* **2.** Cohete.

volandas, en *adv. m.* Por el aire o levantado del suelo.

volandero, ra *adj., fig.* Se dice de lo casual.

volante *s. m.* **1.** Guarnición con que se adornan prendas de vestir o de tapicería. **2.** En los automóviles, pieza circular situada a la altura del pecho del conductor, que forma parte de la dirección.

volantón, na *adj.* Se dice del pájaro que está preparado para salir a volar.

volapié *s. m.* Suerte que consiste en herir de corrida el espada al toro cuando éste se halla parado.

volar *v. intr.* **1.** Ir o moverse por el aire las aves, los insectos, etc., sosteniéndose con las alas. **2.** *fig.* Elevarse en el aire y moverse de un punto a otro en una aeronave.

volatería *s. f.* **1.** Caza de aves hecha con otras enseñadas. **2.** Conjunto de aves diversas.

volatilizar *v. tr.* **1.** Transformar un cuerpo sólido o líquido en vapor o gas. || *v. prnl.* **2.** Exhalarse o disiparse una sustancia o cuerpo.

volatín *s. m. y s. f.* **1.** Volatinero. || *s. m.* **2.** Cada uno de los ejercicios del volatinero.

volatinero, ra *s. m. y s. f.* Persona que con habilidad anda y voltea por el aire sobre una cuerda o alambre y hace otras acrobacias.

volcán *s. m.* Abertura en la tierra, y más comúnmente en una montaña, por donde salen del interior llamas, materias ígneas y vapores.

volcar *v. tr.* Torcer o trastornar una cosa de modo que caiga o se vierta lo contenido en ella. También intr., tratándose de vehículos.

volea *s. f.* Voleo, golpe dado en el aire a una cosa.

volear *v. tr.* Golpear una cosa en el aire para impulsarla.

voleibol *s. m.* Balonvolea.

voleo *s. m.* Golpe dado en el aire a una cosa antes de que caiga al suelo.

volframio *s. m.* Cuerpo simple, metálico, de color gris de acero, muy duro, denso y difícilmente fusible.

volición *s. f.* Acto de la voluntad.

volitivo, va *adj.* Se dice de los actos y fenómenos de la voluntad.

volquearse *v. prnl.* Revolcarse.

volquete *s. m.* Carro muy usado en obras de explanación, derribos, etc., cuyo cuerpo consiste en un cajón que se puede volcar girando sobre un eje.

voltaje *s. m.* Potencial eléctrico o conjunto de voltios que actúan en un aparato o sistema eléctrico.

voltario, ria *adj.* Versátil, de carácter inconstante.

voltear *v. tr.* **1.** Dar vueltas a una persona o cosa. **2.** Invertir una cosa.

voltejear *v. tr.* Voltear, volver.

voltereta *s. f.* Vuelta ligera dada en el aire.

voltímetro *s. m.* Aparato que se emplea para medir potenciales eléctricos.

voltio *s. m.* Unidad de fuerza electromotriz que, aplicada a un conductor cuya resis-

VOLUMEN - VOTO

tencia sea de un ohmio, produce una corriente eléctrica de un amperio.

volumen *s. m.* Corpulencia o bulto de una cosa.

volumetría *s. f.* Ciencia que se ocupa de la medida de los volúmenes.

voluntad *s. f.* **1.** Facultad de los seres racionales de gobernar libre y conscientemente sus actos. **2.** Afecto que se siente hacia una persona.

voluntariedad *s. f.* Determinación de la propia voluntad por mero antojo.

voluntario, ria *adj.* **1.** Se dice del acto que tiene su origen en la voluntad. **2.** Voluntarioso.

voluptuosidad *s. f.* Complacencia en los placeres sensuales.

voluptuoso, sa *adj.* Dado a los placeres o deleites sensuales.

voluta *s. f.* Adorno en figura de espiral o caracol, que se coloca en los capiteles de los órdenes jónico y compuesto.

volver *v. tr.* **1.** Dar vuelta o vueltas a una cosa. **2.** Corresponder, pagar. **3.** Encaminar una cosa a otra.

vómer *s. m.* Huesecillo impar que forma la parte posterior del tabique de las fosas nasales.

vomitado, da *adj., fig. y fam.* Se dice de una persona desgarbada o descolorida.

vomitar *v. tr.* **1.** Arrojar con violencia por la boca lo contenido en el estómago. **2.** *fig.* Tratándose de injurias, maldiciones, etc., proferirlas.

vomitivo, va *adj.* Se aplica a la medicina que mueve o excita el vómito.

vómito *s. m.* Lo que se vomita.

vomitona *s. f., fam.* Vómito muy abundante.

vomitorio, ria *adj.* **1.** Vomitivo. || *s. m.* **2.** Puerta o abertura de los circos o teatros antiguos, por donde entraba el público a las gradas.

vorágine *s. f.* Remolino impetuoso que hacen en algunos parajes las aguas.

voraginoso, sa *adj.* Se aplica al sitio en que hay vorágines.

voraz *adj.* Se aplica al animal muy comedor y a las personas que comen con ansia.

vórtice *s. m.* **1.** Torbellino, remolino. **2.** Centro de un ciclón.

vorticela *s. f.* Género de protozoos infusorios, de la familia de los vorticélidos.

vortiginoso, sa *adj.* Se dice del movimiento o remolino que hacen el agua o el viento en forma circular o espiral.

vos *pron. pers.* Cualquiera de los casos de segunda persona en género masculino o femenino y número singular o plural, cuando esta voz se emplea como tratamiento.

vosotros, tras *pron. pers.* Forma del pronombre personal de segunda persona, género masculino y femenino y número plural, que puede funcionar como sujeto o como complemento con preposición.

votación *s. f.* Conjunto de votos emitidos.

votar *v. intr.* **1.** Hacer voto a Dios o a los santos. También tr. **2.** Dar alguien su voto o decir su dictamen en una reunión o cuerpo deliberante. También tr.

voto *s. m.* **1.** Promesa hecha a Dios, o la Virgen o a un santo. **2.** Parecer o dictamen en orden a la decisión de un punto o elección de un sujeto; y en especial el que se da a una junta o asamblea, ya sea razonándolo o por medio de una señal convenida.

voz *s. f.* **1.** Sonido que produce el aire cuando al salir de los pulmones hace vibrar las cuerdas de la laringe. **2.** Grito. **3.** Vocablo. **4.** *fig.* Facultad de hablar, aunque no de votar, en una asamblea.

vudú *s. m.* Creencias y prácticas religiosas procedentes de África muy extendidas entre la población de raza negra de las Indias occidentales y sur de Estados Unidos.

vuelco *s. m.* Movimiento con que una cosa se vuelve o trastorna enteramente.

vuelo *s. m.* **1.** Espacio que se recorre volando sin posarse. **2.** Trayecto que recorre un avión, haciendo o no escalas. **3.** En arquitectura, parte saliente de una construcción.

vuelta *s. f.* **1.** Movimiento de una cosa alrededor de un punto o girando sobre sí misma. **2.** Curvatura en una línea o apartamiento del camino directo. **3.** Regreso. **4.** En algunos deportes, como el ciclismo, carrera por etapas. **5.** Dinero sobrante de un pago.

vuestro, tra *adj. pos.* Forma del posesivo masculino y femenino de la segunda persona del plural. También pron.

vulcanizar *v. tr.* Combinar azufre con la goma elástica para que adquiera ciertas propiedades.

vulgar *adj.* **1.** Común o general. **2.** Se aplica a las lenguas que se hablan actualmente.

vulgaridad *s. f.* Especie, dicho o hecho vulgar, que carece de novedad e importancia.

vulgarizar *v. tr.* **1.** Convertir una cosa en vulgar. **2.** Traducir un escrito de otra lengua a la común o vulgar.

vulgo *s. m.* Plebe, el conjunto de la gente popular.

vulnerar *v. tr.* Dañar, perjudicar.

vulnerario, ria *adj.* Se aplica al clérigo que ha herido o matado a otra persona.

vulpeja *s. f.* Zorra.

vultuoso, sa *adj.* Se dice del rostro hinchado y abultado por congestión.

vultúrido, da *adj.* Se dice de las aves rapaces diurnas y grandes, como el buitre.

vulturno *s. m.* Bochorno, aire caliente.

vulva *s. f.* Partes que rodean y constituyen la abertura externa de la vagina.

vulvitis *s. f.* Inflamación de la vulva.

W

w *s. f.* Vigésimo cuarta letra del abecedario español y decimonovena de sus consonantes.

wagneriano, na *adj.* **1.** Perteneciente o relativo al músico alemán R. Wagner o a su escuela. **2.** Partidario de su música. También s. m. y s. f.

walkie-talkie *s. m.* Aparato radiofónico portátil que sirve de emisor y receptor en comunicaciones a corta distancia.

walkiria *s. f.* Valkiria.

walkman *s. m.* Aparato eléctrico musical portátil, dotado de auriculares que permiten escuchar casetes de forma individual.

walón, na *adj.* Valón.

water *s. m.* Váter.

waterpolo *s. m.* Juego acuático de pelota entre dos equipos de siete nadadores.

watt *s. m.* Nombre del vatio en la nomenclatura internacional.

welter *s. m.* Categoría del boxeo a la que pertenecen los púgiles cuyo peso está entre 63,503 y 66,678 kg.

western *s. m.* Género cinematográfico al que pertenecen las películas ambientadas en el oeste de América del Norte, durante la colonización.

whisky *s. m.* Güisqui.

windsurf *s. m.* Deporte que se practica en el agua sobre una tabla con una vela.

wolframio *s. m.* Volframio.

X

x *s. f.* **1.** Vigésimo quinta letra del abecedario español y vigésima de sus consonantes. **2.** Letra numeral que tiene el valor de diez en la numeración romana.

xantofila *s. f.* Pigmento oxigenado que impregna matices variables, desde el amarillo al rojo, a los cromoplastos de las plantas.

xenofobia *s. f.* Odio u hostilidad hacia los extranjeros.

xenón *s. m.* Gas noble que se encuentra en el aire en pequeñas cantidades.

xerocopia *s. f.* Copia fotográfica que se obtiene por medio de la xerografía.

xerocopiar *v. tr.* Reproducir en copia xerográfica.

xerófilo, la *adj.* Se aplica a las plantas que almacenan agua en su parénquima, por lo que pueden subsistir en climas muy secos.

xeroftalmia *s. f.* Enfermedad de los ojos caracterizada por la sequedad de la conjuntiva u opacidad de la córnea. Se produce por falta de determinadas vitaminas en la alimentación.

xerografía *s. f.* Procedimiento de impresión sin contacto, fijándose las imágenes mediante un sistema electrostático.

xerografiar *v. tr.* Reproducir textos o imágenes por medio de la xerografía.

xi *s. f.* Decimocuarta letra del alfabeto griego.

xifoideo, a *adj.* Perteneciente o relativo al apéndice xifoides.

xifoides *adj.* Se dice del cartílago en que termina el esternón humano, parecido a la punta de una espada. También s. m.

xilófago, ga *adj.* Se dice de los insectos que se alimentan de madera.

xilófono *s. m.* Instrumento de percusión compuesto de láminas de madera o metal que se golpean con dos macillos.

xilografía *s. f.* Arte de grabar en madera.

xiloprotector *adj.* Se dice de la sustancia o producto que sirve para proteger la madera.

Y

y¹ *s. f.* Vigésimo sexta letra del abecedario español y vigésima primera de sus consonantes.

y² *conj. cop.* Enlace coordinante cuyo oficio es unir palabras o cláusulas en concepto afirmativo.

ya *adv. t.* **1.** Denota tiempo pasado. || *conj. distrib.* **2.** Enlace coordinante cuyo oficio es unir palabras o cláusulas que se alternan.

yac *s. m.* Bóvido que habita en las altas montañas tibetanas.

yacal *s. m.* Árbol de las dipterocarpáceas de gran altura. Su madera es muy apreciada en la construcción y en la fabricación de muebles.

yacedor, ra *s. m. y s. f.* Persona que se encarga de llevar las caballerías a yacer.

yacer *v. intr.* **1.** Estar alguien tendido. **2.** Estar enterrado un cadáver.

yacija *s. f.* **1.** Lecho o camastro que sirve para acostarse en él. **2.** Sepultura.

yacimiento *s. m.* Sitio donde se halla una roca, un mineral o un fósil.

yámbico, ca *adj.* Perteneciente o relativo al yambo.

yambo¹ *s. m.* Pie de la poesía clásica formado por dos sílabas, la primera breve y la segunda larga.

yambo² *s. m.* Árbol de las mirtáceas muy cultivado en las Antillas.

yantar *s. m.* Manjar, vianda.

yate *s. m.* Embarcación de lujo o de recreo.

ye *s. f.* Nombre de la letra "y".

yegua *s. f.* Hembra del caballo.

yeguada *s. f.* Rebaño de ganado caballar.

yeísmo *s. m.* Fenómeno fonético que consiste en pronunciar la "elle" como "ye".

yelmo *s. m.* Parte de la armadura antigua que protegía la cabeza y el rostro.

yema *s. f.* **1.** Brote con forma de botón escamoso, que nace en el tallo de los vegetales. **2.** Parte central del huevo de las aves y otros vertebrados ovíparos.

yen *s. m.* Unidad monetaria de Japón.

yerba *s. f.* Hierba.

yermo, ma *adj.* **1.** Inhabitado. También s. m. **2.** Incultivado, estéril.

yerno *s. m.* Respecto de una persona, marido de su hija.

yerro *s. m.* **1.** Falta cometida por ignorancia o malicia. **2.** Equivocación por descuido o inadvertencia.

yerto, ta *adj.* Tieso o rígido, principalmente a causa del frío o la muerte.

yesca *s. f.* Materia seca y muy inflamable.

yeso *s. m.* Sulfato de cal hidratado generalmente blanco.

yesón *s. m.* Cascote de yeso.

yesoso, sa *adj.* De yeso o parecido a él.

yesquero, ra *adj.* **1.** Se dice de una variedad de cardo y de otra de hongo. || *s. m. y s. f.* **2.** Persona que por oficio fabrica o vende yesca.

yeyuno *s. m.* Segunda porción del intestino delgado que comienza en el duodeno y acaba en el íleon.

yo *pron. pers.* Forma del pronombre personal de primera persona, género masculino o femenino y número singular, que funciona como sujeto.

yodado, da *adj.* Que contiene yodo.

yodo *s. m.* Metaloide halógeno, sólido, cristalino y brillante, que se volatiliza a una temperatura poco elevada, desprendiendo vapores de color azul violeta.

yodoformo *s. m.* Compuesto de yodo, hidrógeno y carbono, en forma de polvo amarillento que se usa como antiséptico en medicina.

yodurar *v. tr.* **1.** Convertir en yoduro. **2.** Preparar con yoduro.

yoduro *s. m.* Cualquier compuesto de yodo y otro elemento o radical simple o compuesto.

yoga *s. m.* Conjunto de técnicas físico-mentales hindúes cuyo fin es conseguir la perfección espiritual. .

yogur *s. m.* Variedad de leche cuajada, sometida a la acción de un fermento llamado maya.

yola *s. f.* Embarcación estrecha y ligera movida a remo y vela.

yóquei *s. m. y s. f.* Jinete profesional de carreras de caballos.

yoyó *s. m.* Juguete que consiste en dos pequeños discos unidos por un eje, que suben o bajan a lo largo de una cuerda enrollada a ese mismo eje.

yubarta *s. f.* Animal parecido a la ballena.

yuca *s. f.* Planta americana liliácea, de la que se obtiene harina alimenticia.

yudo *s. m.* Deporte y sistema de lucha japonés, cuyo objetivo es defenderse sin armas mediante llaves.

yugo *s. m.* Instrumento de madera utilizado para uncir las mulas o bueyes que tiran de un carro, arado, etc.

yugular *adj.* **1.** Relativo a la garganta. **2.** Se dice de cada una de las dos venas situadas a uno y otro lado del cuello.

yunque *s. m.* Prisma de hierro acerado encajado en un tajo de madera fuerte, sobre el que se trabaja a martillo los metales.

yunta *s. f.* Par de bueyes, mulas u otros animales que sirven en la labor del campo o en los acarreos.

yuntero, ra *s. m. y s. f.* Persona que labra la tierra con un par de bueyes, mulos u otros animales.

yusera *s. f.* Piedra circular o conjunto de dovelas que sirve de suelo en el alfarje de los molinos de aceite.

yusión *s. f.* Mandato.

yute *s. m.* **1.** Materia textil que se extrae de una planta de la familia de las tiliáceas. **2.** Tejido que se fabrica con esta materia.

yuxtalineal *adj.* Se dice de la traducción que acompaña a su original, o del cotejo de textos cuando se disponen a dos columnas.

yuxtaponer *v. tr.* Poner una cosa junto a otra. También prnl.

Z

z *s. f.* Vigésimo séptima y última letra del abecedario español y vigésimo segunda de sus consonantes.

¡za! *interj.* para ahuyentar a los perros y otros animales.

zaborda *s. f.* Acción y efecto de zabordar.

zabordar *v. intr.* Encallar un barco.

zabra *s. f.* Buque de dos palos de cruz.

zabuqueo *s. m.* Acción y efecto de zabucar.

zaca *s. f.* Odre que se emplea en el desagüe de los pozos de las minas.

zacapela *s. f.* Riña o contienda con gritos.

zacatín *s. m.* Calle o plaza de algunos pueblos donde se vende ropa.

zafar *v. tr.* Adornar o cubrir una cosa.

zafarse *v. prnl.* **1.** Escaparse, ocultarse. **2.** Librarse de hacer algo.

zafarí *adj.* Se dice de una variedad de higo que es muy tierno y dulce.

zafarrancho *s. m., fig. y fam.* Riña.

zafio, fia *adj.* Tosco, grosero en sus modales o en su comportamiento.

zafirino, na *adj.* De color de zafiro.

zafiro *s. m.* Corindón cristalizado de color azul.

zafo, fa *adj.* Libre y desembarazado.

zafra[1] *s. f.* Vasija grande de metal en que se guarda aceite.

zafra[2] *s. f.* **1.** Cosecha de la caña de azúcar. **2.** Fabricación del azúcar de caña y del de remolacha.

zafre *s. m.* Óxido de cobalto mezclado con cuarzo.

zaga *s. f.* Parte trasera o posterior de una cosa.

zagal, la *s. m. y s. f.* **1.** Muchacho o muchacha adolescente. **2.** Pastor o pastora joven.

zaguán *s. m.* Espacio cubierto, contiguo a la puerta de la calle, que sirve de entrada a una casa.

zaguero, ra *adj.* **1.** Que va, se queda o está atrás. ‖ *s. m.* **2.** Jugador que se sitúa en la parte de atrás de la cancha en los partidos de pelota por parejas.

zahareño, ña *adj.* **1.** Se dice del ave difícil de amansar. **2.** *fig.* Intratable.

zaherir *v. tr.* Decir o hacer algo a alguien para humillarlo o maltratarlo.

zahína *s. f.* Sorgo.

zahinar *s. m.* Terreno sembrado de zahína.

zahón *s. m.* Calzón de cuero o paño, con perniles abiertos por detrás que se atan a los muslos, usado por los cazadores y gente del campo para proteger la ropa.

zahonado, da *adj.* Se dice de las patas y manos que en algunas reses tienen distinto color por delante que por detrás.

zahondar *v. tr.* **1.** Ahondar la tierra. ‖ *v. intr.* **2.** Hundirse los pies en ella.

zahorí *s. m.* **1.** Persona a quien se atribuye la facultad de ver lo que está oculto, especialmente veneros de agua subterránea. **2.** Persona perspicaz e intuitiva.

zahorra *s. f.* Lastre de una embarcación.

zahúrda *s. f.* Pocilga.

zaida *s. f.* Grulla.

zaino[1] *adj.* Traidor, falso.

zaino[2] *adj.* Se dice del caballo o yegua de color castaño oscuro.

zalagarda *s. f.* **1.** Emboscada. **2.** Escaramuza. **3.** Lazo usado para cazar animales. **4.** *fig. y fam.* Alboroto, bullicio.

zalamería *s. f.* Demostración de cariño afectada y empalagosa.

zalea *s. f.* Cuero de oveja o carnero curtido.

zalear *v. tr.* **1.** Arrastrar o mover algo con facilidad. **2.** Espantar a los perros.

zalema *s. f., fam.* Reverencia realizada como muestra de sumisión.

zallar *v. tr.* Hacer rodar o resbalar algo en el sentido de su longitud y hacia la parte exterior de la nave.

zamacuco, ca *s. m. y s. f.* **1.** *fam.* Persona tonta y bruta. || *s. m.* **2.** *fam.* Embriaguez.

zamarra *s. f.* **1.** Prenda de vestir en forma de chaqueta, hecha de piel con su pelo o lana. **2.** Chaqueta de abrigo.

zamarrear *v. tr.* **1.** Sacudir a un lado y otro la presa que el lobo, el perro u otro animal, tiene cogida entre los dientes. **2.** *fam.* Zarandear a alguien.

zamarro *s. m.* Piel de cordero.

zambaigo, ga *adj.* Se dice del hijo de madre de raza negra y padre de raza india, o al revés.

zambapalo *s. m.* Danza grotesca española de los siglos XVI y XVII.

zambarco *s. m.* Correa ancha que ciñe el pecho de las caballerías de tiro.

zambo, ba *adj.* Se dice de la persona que tiene las rodillas juntas y separadas las piernas hacia fuera.

zambomba *s. f.* Instrumento musical formado por un cilindro hueco de madera, abierto por un extremo y cerrado por el otro con una piel muy tirante, que tiene en el centro un carrizo, que, al frotarlo con la mano, produce un sonido fuerte y monótono.

zambombazo *s. m.* Explosión ruidosa.

zambra[1] *s. f.* **1.** Fiesta que celebran los moriscos con baile y mucho alboroto. **2.** *fam.* Algazara, bulla producida por un grupo de personas que se divierten.

zambra[2] *s. f.* Especie de barco que usaban los musulmanes.

zambucar *v. tr., fam.* Esconder una cosa entre otras para que no pueda ser vista o reconocida.

zambullir *v. tr.* **1.** Meter algo debajo del agua con ímpetu o de golpe. También prnl. || *v. prnl.* **2.** *fig.* Esconderse o meterse en alguna parte, o cubrirse con algo.

zambullo *s. m.* Bacín grande.

zampar *v. tr.* **1.** Meter rápidamente una cosa en un sitio para que no se vea. **2.** Comer mucho apresuradamente.

zampatortas *s. m. y s. f.* **1.** Persona que come con exceso. **2.** *fig. y fam.* Persona patosa y desgarbada.

zampeado *s. m.* Obra que se hace con cadenas de madera y macizos de mampostería para construir sobre terrenos falsos o invadidos por el agua.

zampear *v. tr.* Afirmar el terreno con zampeados.

zampoña *s. f.* Instrumento rústico parecido a una flauta, o compuesto por varias flautas.

zanahoria *s. f.* Planta umbelífera, con flores blancas y raíz fusiforme, jugosa y comestible.

zanca *s. f.* **1.** Parte más larga de las patas de las aves. **2.** Madera inclinada que sirve de apoyo a los peldaños de una escalera.

zancada *s. f.* Paso largo.

zancadilla *s. f.* Acción de cruzar uno su pierna por delante de la de otro para derribarle.

zancajear *v. intr.* Andar mucho y aceleradamente de una parte a otra.

zancajera *s. f.* Parte del estribo de un coche de caballos donde se pone el pie para entrar o apearse de él.

zancajo *s. m.* **1.** Hueso del pie que forma el talón. **2.** *fig.* Parte del zapato, media, etc., que cubre el talón.

zancajoso, sa *adj.* Que tiene los pies torcidos y vueltos hacia fuera.

zancarrón *s. m.* **1.** *fam.* Cualquiera de los huesos de la pierna, despojado de carne. **2.** *fig. y fam.* Persona flaca, vieja y poco aseada.

zanco *s. m.* Cada uno de los dos palos largos, con salientes para apoyar los pies, que se usan para andar por terrenos pantanosos, o en juegos de equilibrio.

zancón, na *adj., fam.* Zancudo.

zancudo, da *adj.* **1.** Que tiene las zancas largas. **2.** Se aplica a las aves que tienen los tarsos muy largos y desprovistos de plumas.

zanfonía *s. f.* Antiguo instrumento músical de cuerda, que se tocaba haciendo dar vueltas con un manubrio a un cilindro provisto de púas.

zanga *s. f.* Juego de naipes parecido al cuatrillo, en el que el último toma las ocho cartas sobrantes.

zangala *s. f.* Tela de hilo muy engomada.

zangamanga *s. f., fam.* Treta, ardid.

zanganada *s. f., fam.* Hecho o dicho impertinente o inoportuno.

zangandungo, ga *s. m. y s. f., fam.* Persona torpe, desmañada y holgazana.

zanganear *v. intr., fam.* Hacer el vago.

zángano, na *s. m.* **1.** Macho de la abeja reina. ‖ *s. m. y s. f.* **2.** *fam.* Persona holgazana que vive de lo ajeno. También adj.

zangarilleja *s. f., fam.* Persona desaseada y vagabunda.

zangarrear *v. intr.* Tocar o rasguear sin arte en la guitarra.

zangarriana *s. f.* **1.** Especie de hidropesía de los animales. **2.** *fam.* Dolencia leve y pasajera que se repite con frecuencia.

zangolotear *v. tr., intr.* Mover continua y violentamente una cosa. También prnl.

zangolotino, na *adj., fam.* Muchacho que quiere pasar por niño.

zangón *s. m.* Joven alto y desgarbado.

zanguanga *s. f., fam.* Simulación de una enfermedad para no trabajar.

zanguango, ga *adj., fam.* Indolente, perezoso.

zanguayo *s. m., fam.* Persona alta, desvaída, ociosa y que se hace la simple.

zanja *s. f.* Excavación larga y estrecha que se hace en la tierra para echar los cimientos, conducir las aguas, etc.

zanjar *v. tr.* **1.** Abrir zanjas en un terreno para construir un edificio o para otro fin. **2.** *fig.* Resolver un asunto o negocio.

zanqueador, ra *adj.* Se dice de la persona que anda mucho.

zanquear *v. intr.* Torcer las piernas al andar.

zanquilargo, ga *adj., fam.* Se dice de la persona que tiene las piernas muy largas.

zanquituerto, ta *adj., fam.* Se dice de la persona que tiene las piernas torcidas.

zapa[1] *s. f.* **1.** Especie de pala que usan los zapadores o gastadores. **2.** Excavación de una galería subterránea o de una zanja al descubierto.

zapa[2] *s. f.* Piel áspera de algunos selacios.

zapador *s. m.* Soldado que trabaja con la zapa.

zapapico *s. m.* Herramienta con mango de madera, con un extremo en punta y otro estrecho y afilado.

zapar *v. intr.* Trabajar con la zapa.

zaparrastrar *v. intr.* Llevar arrastrando los vestidos de modo que se ensucien.

zapata *s. f.* **1.** Calzado que llega a media pierna. **2.** Pedazo de cuero que a veces se pone debajo del quicio de la puerta.

zapateado *s. m.* Antiguo baile español que se ejecuta en compás ternario y con zapateo.

zapatear *v. tr.* Golpear con el zapato.

zapatería *s. f.* **1.** Taller donde se fabrican zapatos. **2.** Tienda donde se venden.

zapatero, ra *adj.* **1.** Se aplica a las legumbres y otros alimentos que se encrudecen al echar agua fría en la olla cuando se están cociendo. ‖ *s. m.* y *s. f.* **2.** Persona que tiene por oficio hacer zapatos, arreglarlos o venderlos.

zapateta *s. f.* Golpe que da un pie contra otro al brincar en señal de regocijo.

zapatilla *s. f.* **1.** Zapato ligero y de suela muy delgada. **2.** Zapato cómodo, generalmente de abrigo, para estar en casa.

zapato *s. m.* Calzado que no pasa del tobillo, con la suela de cuero y lo demás de piel, fieltro, etc.

zapatudo, da[1] *adj.* Que tiene los zapatos demasiado grandes o de cuero fuerte.

zapatudo, da[2] *adj.* Asegurado o reforzado con una zapata.

¡zape! *interj., fam.* Se emplea para ahuyentar a los gatos.

zapear *v. tr.* Espantar al gato con la interjección ¡zape!

zapping *s. m.* Cambio constante de canal de televisión usando el mando a distancia.

zaque *s. m.* Odre pequeño.

zaquear *v. tr.* Trasegar líquidos de unos zaques a otros.

zaquizamí *s. m.* **1.** Desván a teja vana. **2.** Cuarto pequeño, sucio y poco cómodo.

zar *s. m.* Título que se daba al emperador de Rusia y al soberano de Bulgaria.

zarabanda *s. f.* Danza popular española de los siglos XVI y XVII, frecuentemente censurada por los moralistas debido a sus movimientos.

zarabandista *adj.* Que baila, canta o tañe la zarabanda.

zaragalla *s. f.* Carbón vegetal menudo.

zaragata *s. f., fam.* Riña, alboroto.

zaragatero, ra *adj., fam.* Bullicioso, aficionado a zaragatas.

zaragatona *s. f.* Planta herbácea plantaginácea, con tallo ramificado y hojas lanceoladas, que se emplea en medicina y para aprestar telas.

zaragüelles *s. m. pl.* Especie de calzones anchos y con pliegues, usados por la gente del campo de Valencia y Murcia.

zaragutear *v. tr.* Embrollar, hacer las cosas atropelladamente.

zaragutero, ra *adj., fam.* Que zaragutea.

zarambeque *s. m.* Tañido y danza africana, alegre y bulliciosa.

zaranda *s. f.* **1.** Criba. **2.** Cedazo rectangular con fondo de red de tomiza, usado en los lagares.

zarandajas *s. f. pl., fam.* Cosa menuda, sin valor o de poca importancia.

zarandar *v. tr.* Limpiar el grano o la uva, pasándolos por la zaranda.

zarandear *v. tr.* Ajetrear.

zarandillo *s. m.* Zaranda pequeña.

zarapatel *s. m.* Especie de alboronía.

zarapito *s. m.* Ave zancuda, del tamaño de un gallo, con pico largo, delgado y encorvado por la punta.

zaratán *s. m.* Cáncer de pecho.

zaraza *s. f.* Tela de algodón, ancha y fina, y con listas de colores o flores estampadas.

zarcear *v. tr.* Limpiar los conductos y cañerías usando unas zarzas largas.

zarceño, ña *adj.* Perteneciente o relativo a la zarza.

zarcero, ra *adj.* Perro corto de patas

zarcillo *s. m.* Pendiente, arete.

zarco, ca *adj.* De color azul claro.

zariano, na *adj.* Relativo al zar.

zarigüeya *s. f.* Mamífero marsupial de América, nocturno y omnívoro.

zarina *s. f.* **1.** Esposa del zar. **2.** Emperatriz de Rusia.

zarpa *s. f.* Acción de zarpar. **2.** Mano de ciertos animales, como el león y el tigre, con dedos y uñas.

zarpada *s. f.* Golpe dado con la zarpa.

zarpanel *adj.* Se dice del arco que consta de varias porciones de circunferencias tangentes entre sí y trazadas desde distintos centros.

zarpar *v. tr.* Salir un barco del lugar en el que estaba fondeado.

zarpazo *s. m.* Golpe dado con la zarpa.

zarracatín *s. m., fam.* Persona que procura comprar barato para vender caro.

zarramplín *s. m., fam.* Persona chapucera y de poca habilidad en una profesión u oficio.

zarrapastrón, na *adj., fam.* Que anda muy zarrapastroso.

zarrapastroso, sa *adj., fam.* Desaliñado, andrajoso, desaseado.

zarria *s. f.* **1.** Cascarria. **2.** Pingajo, harapo.

zarriento, ta *adj.* Que tiene zarrias o cascarrias.

zarza *s. f.* Arbusto rosáceo, de tallos sarmentosos provistos de aguijones, flores blancas o róseas y fruto en eterio de drupas.

zarzagán *s. m.* Cierzo no muy fuerte, pero muy frío

zarzaganillo *s. m.* Viento cierzo que causa tempestades.

zarzahán *s. m.* Especie de tela de seda, delgada como el tafetán y con listas de colores.

zarzal *s. m.* Lugar poblado de zarzas.

zarzaleño, ña *adj.* Relativo al zarzal.

zarzamora *s. f.* Fruto de la zarza.

zarzaparrilla *s. f.* **1.** Arbusto liliáceo, de tallos delgados y volubles, hojas acorazonadas, flores verdosas en racimos, fruto en bayas y raíces cilíndricas y fibrosas. **2.** Bebida refrescante preparada con esta planta.

zarzaparrillar *s. m.* Campo poblado de zarzaparrillas.

zarzaperruna *s. f.* Escaramujo, planta y fruto.

zarzo *s. m.* Tejido hecho con cañas, varas o mimbres, que forma una superficie plana.

zarzuela *s. f.* Obra dramática y musical que alterna el canto y la declamación.

¡zas! *interj.* usada para representar el sonido que hace un golpe o el golpe mismo.

zascandil *s. m., fam.* Persona inquieta y revoltosa.

zatara *s. f.* Especie de balsa para transportes fluviales.

zedilla *s. f.* Cedilla.

zen *s. m.* Doctrina japonesa del budismo, que se basa en el profundo conocimiento y control del espíritu para alcanzar el estado de iluminación.

zepelín *s. m.* Globo dirigible.

zeugma *s. f.* Figura de construcción consistente en sobrentender un verbo o un adjetivo, cuando se repite en construcciones homogéneas y sucesivas.

zigzag *s. m.* Serie de líneas que forman alternativamente ángulos entrantes y salientes.

zigzaguear *v. intr.* Serpentear, andar, moverse o extenderse en zigzag.

zipizape *s. m., fam.* Riña ruidosa o con golpes.

¡zis, zas! *interj., fam.* con que se expresa repetición de un golpe.

zócalo *s. m.* **1.** Cuerpo inferior de un edificio, que sirve para elevar los basamentos a un mismo nivel. **2.** Friso.

zocato, ta *adj., fam.* Se dice del fruto que se pone acorchado y amarillo sin madurar.

zoclo *s. m.* Zueco, chanclo.

zoco *s. m.* En Marruecos, mercado, lugar en que se celebra.

zodiacal *adj.* Relativo al Zodíaco.

Zodíaco *n. p.* Zona de la esfera celeste, de 16 a 18 grados de ancho, por el centro de la cual pasa la Eclíptica.

zofra *s. f.* Especie de tapete morisco.

zoilo *s. m., fig.* Crítico presumido, maligno censurador o murmurador de las obras ajenas.

zollipar *v. intr.* Dar zollipos o sollozar.

zollipo *s. m., fam.* Sollozo con hipo.

zolocho, cha *adj., fam.* Mentecato, aturdido o poco expédito.

zombi *s. m.* Según la religión vudú, cuerpo inanimado que ha sido revivido por arte de brujería y actúa sin tener conciencia de sus actos.

zompo, pa *adj.* Se dice del pie torcido.

zona *s. f.* **1.** Lista o faja. **2.** Extensión considerable de terreno.

zonzo, za *adj.* Soso, insulso.

zoófago, ga *adj.* Que se alimenta de materias animales.

zoófito *s. m.* Animal que tiene aspecto de planta.

zoogeografía *s. f.* Rama de la zoología que estudia la distribución de los animales en la tierra.

zoografía *s. f.* Parte de la zoología que tiene por objeto la descripción de los animales.

zoolatría *s. f.* Adoración, culto a los animales.

zoología *s. f.* Rama de la biología que estudia los animales.

zoólogo, ga *s. m. y s. f.* Persona que profesa o tiene especiales conocimientos en zoología.

zoospermo *s. m.* Espermatozoide.

zootecnia *s. f.* Arte de la cría de los animales domésticos.

zopas *s. m. y s. f., fam.* Persona que cecea mucho.

zopenco, ca *adj., fam.* Tonto, bruto.

zopetero *s. m.* Ribazo.

zopisa *s. f.* Brea.

zopo, pa *adj.* Se dice del pie o mano torcidos o contrahechos.

zoquete *s. m.* **1.** *fig.* Pedazo de pan grueso e irregular. **2.** *fig. y fam.* Persona de mala traza, pequeña y gorda.

zoquetudo, da *adj.* Basto o mal hecho.

zorcico *s. m.* Baile popular en las provincias vascongadas.

zorongo s. m. Pañuelo doblado en forma de venda, que llevan a la cabeza los aragoneses y algunos navarros

zorra s. f. **1.** Mamífero cánido, de larga cola, hocico estrecho y orejas empinadas; abunda en España. **2.** Hembra de esta especie. **3.** fig. y fam. Mujer astuta y solapada.

zorrastrón, na adj., fam. Pícaro, astuto.

zorrera s. f. Cueva de zorros.

zorrería s. f., fig. y fam. Astucia y cautela de la persona que busca su utilidad.

zorrero, ra adj. **1.** Perro zorrero. **2.** fig. Astuto, capcioso.

zorro s. m. **1.** Macho de la zorra. **2.** fig. y fam. Persona que afecta simpleza o insulsez, especialmente para no trabajar. **3.** fig. y fam. Persona muy taimada y astuta.

zorronglón, na adj., fam. Se dice de la persona que hace refunfuñando las cosas que le mandan.

zorruno, na adj. Perteneciente o relativo a la zorra o raposa.

zorzal s. m. Pájaro del mismo género que el tordo, de cabeza diminuta, que vive en España durante el invierno.

zorzaleño, ña adj. Aceituna pequeña.

zote adj. Ignorante, torpe.

zozobra s. f. Acción y efecto de zozobrar.

zozobrar v. intr. Peligrar la embarcación por la fuerza de los vientos.

zuavo s. m. Soldado argelino de infantería, al servicio de Francia.

zubia s. f. Lugar por donde corre, o adonde afluye, mucha agua.

zueco s. m. **1.** Zapato de madera de una pieza que usan en varios países los campesinos. **2.** Zapato de cuero con suela de corcho o de madera.

zulacar v. tr. Untar o cubrir con zulaque.

zulaque s. m. Betún en pasta para tapar las juntas de los arcaduces y para otras obras hidráulicas.

zulla s. f. Hierba leguminosa que sirve de pasto para el ganado, común en los campos del mediodía de España.

zullarse v. prnl., fam. Ventosear.

zullenco, ca adj., fam. Que ventosea con frecuencia e involuntariamente.

zulo s. m. Escondite pequeño y generalmente debajo de tierra.

zumacar v. tr. Adobar las pieles con zumaque.

zumaque s. m. **1.** Arbusto terebintáceo, cuya corteza contiene mucho tanino y se emplea como curtiente. **2.** fam. Vino de uva.

zumaya s. f. **1.** Autillo. **2.** Ave zancuda de paso, que se alimenta de peces y moluscos.

zumba s. f. **1.** Cencerro grande. **2.** Bramadera, juguete.

zumbar v. intr. Hacer una cosa ruido continuado y bronco.

zumbel s. m. Cuerda que se enrolla al peón o trompo para hacerle bailar.

zumbido s. m. **1.** Acción y efecto de zumbar. **2.** fam. Golpe dado a alguien.

zumbón, na adj. Se dice del cencerro que lleva el cabestro y que suena más fuerte que los demás.

zumiento, ta adj. Que arroja zumo.

zumillo s. m. Dragontea, planta.

zumo s. m. **1.** Líquido que se extrae de las hierbas, flores, frutas u otras cosas parecidas. **2.** fig. Utilidad y provecho que se saca de una cosa.

zumoso, sa adj. Que tiene zumo.

zuncho *s. m.* Abrazadera de hierro o de otra materia resistente, usada como refuerzo.

zupia *s. f.* **1.** Poso de vino. **2.** Vino turbio por estar revuelto con el poso.

zurano, na *adj.* Zuro, se dice de las palomas silvestres.

zurcido *s. m.* Costura de las cosas zurcidas.

zurcidor, ra *adj.* Que zurce.

zurcidura *s. f.* Zurcido.

zurcir *v. tr.* **1.** Coser la rotura de una tela, juntando los pedazos con puntadas, de manera que la unión resulte disimulada. **2.** *fig.* Unir sutilmente una cosa con otra.

zurdería *s. f.* Calidad de zurdo.

zurdo, da *adj.* Que utiliza la mano izquierda del modo y para lo que las demás personas utilizan la derecha.

zurear *v. intr.* Hacer arrullos la paloma.

zuro, ra *adj.* Se dice de las palomas y palomos silvestres.

zurra *s. f.* **1.** Acción de zurrar las pieles. **2.** *fig. y fam.* Castigo, paliza, tunda.

zurrapa *s. f.* **1.** Brizna o sedimento que se halla en el poso de los líquidos. **2.** *fam.* Cosa vil y despreciable. **3.** *fam.* Muchacho desmedrado y feo.

zurrapelo *s. m., fam.* Reprimenda.

zurrapiento, ta *adj.* Que tiene zurrapas.

zurrar *v. tr.* **1.** Curtir y adobar las pieles quitándoles el pelo. **2.** *fam.* Castigar a alguien, especialmente con golpes. También prnl. **3.** *fam.* Censurar a alguien con dureza.

zurriagar *v. tr.* Dar con el zurriago.

zurriagazo *s. m.* Golpe dado con el zurriago o con una cosa flexible.

zurriago *s. m.* **1.** Látigo con que se castiga o zurra. **2.** Correa larga y flexible con que se hace bailar el trompo.

zurribanda *s. f.* **1.** *fam.* Zurra o castigo con muchos golpes. **2.** *fam.* Pendencia ruidosa en que hay golpes.

zurriburri *s. m.* **1.** Barullo, confusión. **2.** *fam.* Sujeto vil y despreciable. **3.** *fam.* Conjunto de personas de la ínfima plebe o de malos procederes.

zurrido *s. m.* Sonido bronco.

zurrir *v. intr.* Sonar broncamente algo.

zurrón *s. m.* Bolsa grande de pellejo, usada generalmente por los pastores.

zurrona *s. f., fam.* Mujer vil y estafadora.

zurronada *s. f.* Lo que cabe en un zurrón.

zurrusco *s. m., fam.* Churrusco.

zurullo *s. m., fam.* Pedazo rollizo de materia blanda.

zurupeto, ta *s. m. y s. f., fam.* Corredor de bolsa no matriculada.

zutano, na *s. m. y s. f., fam.* Vocablos usados como fulano y mengano, cuando se alude a tercera persona indeterminada.

¡zuzo! *interj.* usada para contener o espantar al perro.

zuzón *s. m.* Hierba cana.